MEYERS
GROSSES
TASCHEN
LEXIKON

Band 10

MEYERS GROSSES TASCHEN LEXIKON

in 24 Bänden

Herausgegeben und bearbeitet
von Meyers Lexikonredaktion
3., aktualisierte Auflage

Band 10:
Ho – Iz

B.I.-Taschenbuchverlag
Mannheim/Wien/Zürich

Chefredaktion:
Werner Digel und Gerhard Kwiatkowski

Redaktionelle Leitung der 3. Auflage:
Dr. Gerd Grill M.A.

Redaktion:
Eberhard Anger M.A., Dipl.-Geogr. Ellen Astor,
Dipl.-Math. Hermann Engesser, Reinhard Fresow, Ines Groh,
Bernd Hartmann, Jutta Hassemer-Jersch, Waltrud Heinemann,
Heinrich Kordecki M.A., Ellen Kromphardt, Wolf Kugler,
Klaus M. Lange, Dipl.-Biol. Franziska Liebisch, Mathias Münter,
Dr. Rudolf Ohlig, Heike Pfersdorff M.A., Ingo Platz,
Joachim Pöhls, Dr. Erika Retzlaff,
Hans-Peter Scherer, Ulrike Schollmeier, Elmar Schreck,
Kurt Dieter Solf, Klaus Thome, Jutta Wedemeyer, Dr. Hans Wißmann,
Dr. Hans-Werner Wittenberg

CIP-Titelaufnahme der Deutschen Bibliothek
Meyers Großes Taschenlexikon: in 24 Bänden/hrsg. u. bearb.
von Meyers Lexikonred. [Chefred.: Werner Digel
u. Gerhard Kwiatkowski].
Mannheim; Wien; Zürich: BI-Taschenbuch-Verl.
Früher im Bibliograph. Inst., Mannheim, Wien, Zürich.
ISBN 3-411-11003-1 kart. in Kassette
ISBN 3-411-02900-5 (2., neu bearb. Aufl.)
ISBN 3-411-02100-4 (Aktualisierte Neuausg.)
ISBN 3-411-01920-4 (Ausg. 1981)
NE: Digel, Werner [Red.]
Bd. 10. Ho – Iz. – 3., aktualisierte Aufl. – 1990
ISBN 3-411-11103-8

Als Warenzeichen geschützte Namen
sind durch das Zeichen (Wz) kenntlich gemacht
Etwaiges Fehlen dieses Zeichens bietet keine Gewähr dafür,
daß es sich um einen nicht geschützten Namen handelt,
der von jedermann benutzt werden darf

Das Wort MEYER ist für
Bücher aller Art für den Verlag
Bibliographisches Institut & F.A. Brockhaus AG
als Warenzeichen geschützt

Lizenzausgabe mit Genehmigung
von Meyers Lexikonverlag, Mannheim

Alle Rechte vorbehalten
Nachdruck, auch auszugsweise, verboten
© Bibliographisches Institut & F.A. Brockhaus AG, Mannheim 1990
Druck: Klambt-Druck GmbH, Speyer
Einband: Wilhelm Röck GmbH, Weinsberg
Printed in Germany
Gesamtwerk: ISBN 3-411-11003-1
Band 10: ISBN 3-411-11103-8

Ho

Ho, Ort in SO-Ghana, 46 300 E. Verwaltungssitz der Region Volta (ehem. brit. Treuhandgebiet Togo); Missionszentrum mit Schulen und Krankenhaus; Handelszentrum in einem Kakaoanbaugebiet.

Ho, chem. Symbol für ↑ Holmium.

HO [ha:'oː], Abk. für: ↑ Handelsorganisation.

Hoangho [ho'aŋho, hoaŋ'hoː] ↑ Hwangho.

Hoare, Sir Samuel [engl. hɔː] ↑ Templewood of Chelsea, Samuel Hoare, Viscount.

Hob. ↑ Hoboken, Anthony van.

Hobart [engl. 'hoʊbaːt], Hauptstadt von Tasmanien, Australien, im SO der Insel, 129 000 E. Sitz eines kath. und eines anglikan. Bischofs; Univ. (gegr. 1890), mehrere wiss. Inst., Lehrerbildungsanstalt, Staatsbibliothek von Tasmanien, Museen, Theater, botan. Garten. Ind.-, Handels- und Verkehrszentrum der Insel, mit Zinkhütte, Calciumcarbidwerk, Nahrungsmittelind., Herstellung von Baumaterialien; geschützter Naturhafen; Fährverkehr nach Sydney; ⚓. - 1804 gegründet. - Bauten aus dem 19.Jh., u. a. Parlamentsgebäude, Theatre Royal.

Hobbema, Meindert, ≈ Amsterdam 31. Okt. 1638, † ebd. 7. Dez. 1709, niederl. Maler. - Schüler von J. van Ruisdael, Maler der Haarlemer Gegend, typ. die lichtrot gedeckten Wassermühlen, Baumgruppen, der Wechsel von Licht und Schatten; u. a. „Allee von Middelharnis" (1689; London, National Gallery).

Hobbes, Thomas [engl. hɔbz], * Westport (= Malmesbury bei Bristol) 5. April 1588, † Hardwick Hall bei Chesterfield 4. Dez. 1679, engl. Philosoph und Staatstheoretiker. - Stand in engem Kontakt v.a. zu Descartes, Galilei, P. Gassendi; ausgehend von der Annahme einer log. aufgebauten, Bewegungsgesetzen unterworfenen Welt, entwickelte er eine nominalist.-empirist. Philosophie. Begriffe sind für ihn nur „Namen"; wiss. Denken - orientiert an dem Wissenschaftsideal seiner Zeit, der axiomat.-deduktiv verfahrenden Mathematik - ist ein „Rechnen" mit „Namen". Erkenntnis wird gewonnen durch Analyse der Entstehungs- und Wirkungsbedingungen des je Besonderen. Gegenstand der Erkenntnis ist alles, was sich begriffl. in seine bedingenden Elemente zerlegen läßt. Zentralstück der materialist.-mechanist. Anthropologie von H. ist die Lehre von der Unfreiheit des Willens und von dem alles menschl. Handeln steuernden Selbsterhaltungstrieb. Richtungweisend wirkte seine auf dem Naturrecht beruhende Staats- und Gesellschaftstheorie: im Naturzustand sind alle Menschen gleich, mit dem gleichen Recht auf alles ausgestattet; es herrscht der Kampf aller gegen alle (homo homini lupus „der Mensch ist des Menschen Wolf"). Der Rechtsverzicht zugunsten des Staates („Leviathan" ..., 1651), auf den alle Gewalt übertragen wird, dient der notwendigen Sicherung des Friedens und der Rechtsgüter; er ist Grundlage des ↑ Gesellschaftsvertrags. - *Weitere Werke:* Über den Bürger (1647), Lehre vom Körper (1655), Über den Menschen (1658).

⌑ *Schelsky, H.: T. H. - Eine polit. Lehre. Bln. 1981. - Fiebig, H.: Erkenntnis u. techn. Erzeugung. Hobbes operationale Philosophie der Wiss. Meisenheim 1973. - Wolf, F. O.: Die neue Wiss. des T. H. Stg. 1969.*

Hobby [engl.], als Ausgleich zur Berufs-, Tagesarbeit gewählte Beschäftigung, mit der jemand seine Freizeit ausfüllt und die er mit einem gewissen Eifer betreibt; Liebhaberei; **Hobbyraum,** [Keller]raum, in dem jemand sein H. ausübt.

Hobel, Werkzeug zum Ebnen und Glätten (durch Abheben von Spänen) von Holz- oder Metallflächen, auch zur Herstellung bzw. Bearbeitung von Gesimsen, Nuten, Federn und Profilen (Sims-, Nut-, Feder-, Profil- oder Form-H.) Der H. für die Holzbearbeitung besteht aus einer geschliffenen Stahlklinge *(H.stahl, H.eisen, H.messer),* die im sog. *Durchbruch,* einer keilförmigen Öffnung des *H.kastens,* mit einem Holzkeil in schräger Lage so befestigt ist, daß ihre Schneide an der Sohle des H. etwas herausragt und beim Längsbewegen des H. über die Bearbeitungsfläche einen Span abheben kann, der durch den Durchbruch abfließt. Man unterscheidet *Lang-H. (Rauhbank)* für das Abspanen langer, ebener Flächen, *Schrupp-H.* für grobe, *Schlicht-H.* für feinere Bearbeitung. U. a. beim Putz-H. (zur sauberen Nachbearbeitung) ist auf dem H.eisen ein zusätzl. Eisen, die *H.eisenklappe (Spanbrecherklappe)* befestigt, die für Abbruch des H.spans sorgt. *H.maschinen* für Holzbearbeitung besitzen Hobelmesserwellen; bei der *Metall-H.maschine* erfolgt das Abheben der Metallspäne durch einen *H.meißel.* - Abb. S. 6.

Hobelbank

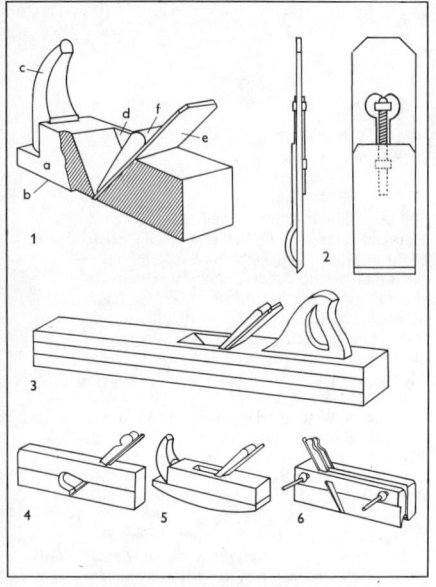

Hobel. 1 Schlichthobel (a Kasten, b Bahn, c Nase, d Durchbruch, e Hobelmesser, f Keil), 2 Doppeleisen, 3 Rauhbank, 4 Simshobel, 5 Schiffshobel, 6 Profilhobel

Hobelbank, Arbeitstisch zum Einspannen und Festhalten hölzerner Werkstücke bei deren Bearbeitung.

Hobhouse, Leonard Trelawney [engl. 'hɔbhaʊs], *Saint Ive (Cornwall) 8. Sept. 1864, † Alençon (Orne) 21. Juni 1929, brit. Philosoph und Soziologe. - Seit 1907 Prof. für Soziologie in London; entwickelte eine soziolog. Evolutionstheorie, nach der sozialer Wandel und Fortschritt durch fehlende Übereinstimmung religiöser, technolog. und institutioneller Gegebenheiten einer Gesellschaft und der daraus entstehenden Konflikte verursacht wird.

Hoboe (Hautbois) [frz.], veraltet für ↑Oboe; **Hoboist** (Hautboist), eigtl. Oboenbläser; vom ausgehenden 17. Jh. bis 1918 Bez. für den Infanteriemusiker.

Hoboken, Anthony van [niederl. 'ho:bo:kə], *Rotterdam 23. März 1887, † Zürich 2. Nov. 1983, niederl. Musikforscher. - Richtete an der Wiener Nationalbibliothek das Archiv für Photogramme musikal. Meisterhandschriften ein. Veröffentlichungen v. a. zur Haydn-Forschung, u. a. „Joseph Haydn. Themat.-bibliograph. Werkverzeichnis" (2 Bde., 1957–71; Abk. Hob.).

Hoboken [niederl. 'ho:bo:kə], belg. Ind.-gemeinde in der Agglomeration Antwerpen, 8 m ü. d. M., 35 000 E. Werft, Schiffsreparaturen, Kupfer- und Zinnerzverhüttung.

H. [engl. 'hoʊbəʊkən], Ind.stadt in New Jersey, USA, im westl. Vorortbereich von New York, 42 300 E. TH (gegr. 1870); Hafen. - H. entstand 1640 als niederl. Siedlung.

Hobrecht, Jacob ↑Obrecht, Jacob.

hoc anno, Abk. h. a., lat. „in diesem Jahr".

Hoccleve, Thomas [engl. 'hɔkli:v] ↑Occleve, Thomas.

hoc est, Abk. h. e., lat. „das ist".

Hoch, svw. ↑Hochdruckgebiet.

Hochadel ↑Adel.

Hochafrika ↑Afrika.

Hochalemannisch, oberdt. Mundart, ↑deutsche Mundarten.

Hochaltai, Autonomes Gebiet, sowjet. autonomes Gebiet innerhalb der Region Altai, RSFSR, grenzt im S an China und die Mongol. VR, 92 600 km^2, 178 000 E (1984), Hauptstadt Gorno-Altaisk. Nach N sanft abgedachtes Gebirgsland mit ausgedehnten Hochflächen in 2 500–3 000 m ü. d. M., die von breiten Gebirgstälern unterbrochen werden. Kontinentales, trockenes Klima. Viehzucht, in den Tälern Getreide- und Futterbau. - Am 1. Juni 1922 errichtet als **Autonomes Oirotengebiet** (Name bis 1948).

Hochaltar, ma., heute noch gebräuchl. Bez. für den Hauptaltar einer kath. Kirche, im Unterschied zu den Seiten- und Nebenaltären.

Hochamt (lat. missa solemnis), feierl. Form der kath. ↑Messe, als Bischofsmesse **Pontifikalamt** genannt.

Hochätzung (Hochdruckätzung), Ätzung der im Hochdruckverfahren verwendeten Druckplatten (Strich- oder Rasterätzung).

Hochbahn, im wesentl. auf Brückenkonstruktionen geführte Eisen- oder Straßenbahnstrecke v. a. im innerstädt. Verkehr und im Nahverkehrsbereich.

Hochbau, Teilbereich des Bauwesens, der sich mit der Errichtung von Gebäuden befaßt, die im wesentl. über dem Erdboden liegen.

Hochblätter, Hemmungs- und Umbildungsformen der Laubblätter höherer Pflanzen im oberen Sproßbereich. H. sind häufig mit den Laubblättern durch Übergangsformen verbunden und gegen die Sproßspitze zu durch Formvereinfachung und abnehmende Größe gekennzeichnet. Typ. Ausbildungsformen der H. sind die ↑Brakteen, Blütenscheiden (z. B. beim Aronstab) und blütenblattähnl. Organe im Blütenbereich (z. B. beim Weihnachtsstern).

Hochburgund ↑Burgund.

Hochdecker, Flugzeug, dessen Tragflächen oberhalb des Rumpfes angeordnet sind; liegen Tragflächen- und Rumpfoberkante in gleicher Höhe, so spricht man von einem **Schulterdecker.**

Hochdeutsch ↑deutsche Sprache.

Hochdorf, Hauptort des Bez. H. im schweizer. Kt. Luzern, 11 km nördl. von Luzern, 492 m ü. d. M., 6000 E. Wichtigster Ind.standort im südl. Seetal. - Wurde 1243 habsburgisch; 1395 ging H. als Pfand in Luzerner Besitz über. - Barocke Kirche (1757–68) mit klassizist. Fassade.
H., Ortsteil von ↑Eberdingen.
Hochdruck, in der *Technik* Bez. für Drücke oberhalb von etwa 100 bar.
◆ ↑Drucken.
Hochdruckätzung, svw. ↑Hochätzung.
Hochdruckausläufer ↑Druckgebilde.
Hochdruckbrücke ↑Druckgebilde.
Hochdruckgebiet (Hoch, Antizyklone), Gebiet hohen Luftdrucks mit absinkender Luftbewegung. In den unteren Schichten fließt Luft aus dem H. heraus, zum Ausgleich sinkt Luft aus höheren Schichten ab. Gewöhnl. setzt sich diese Absinkbewegung nicht bis zum Boden durch, sondern nur bis zur Obergrenze einer kalten Bodenluftschicht. Es bildet sich eine *Absinkinversion* (↑Inversion) heraus, die im Winter oft so kräftig ist, daß sie durch die Sonneneinstrahlung nicht aufgelöst werden kann; es kommt zu langanhaltendem Nebel oder Hochnebel. Darüber jedoch herrscht wolkenloser Himmel mit oft ausgezeichneter Fernsicht. Im Sommer ist es tagsüber in einem H. entweder wolkenlos oder es bilden sich flache Kumuluswolken unterhalb der Inversion heraus, die sich gegen Abend wieder auflösen. Im Rahmen der allg. atmosphär. Zirkulation liegen *beständige H.* dort, wo Luftmassen absteigen, also in den Subtropen (z. B. das Azorenhoch) oder über den Polargebieten (↑Atmosphäre, ↑Druckgebilde).

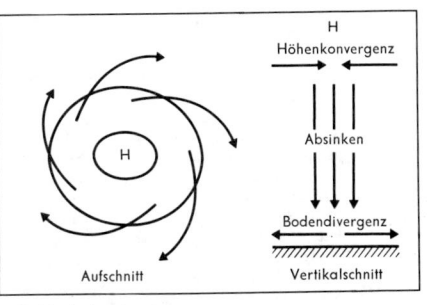

Luftzirkulation in einem Hochdruckgebiet

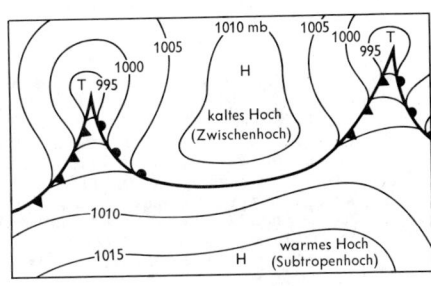

Verschiedene Arten von Hochdruckgebieten

Hochdruckhydrierung, Gewinnung von Kohlenwasserstoffen, insbes. von Benzin durch ↑Kohlehydrierung bei hohen Drücken.
Hochdruckkeil ↑Druckgebilde.
Hochdruckkrankheit (Hypertonie), svw. hoher ↑Blutdruck.
Hochdrucklampen ↑Gasentladungslampe.
Hochdruckphysik, Teilgebiet der Physik, das sich mit dem Verhalten der Materie (z. B. elektr. und therm. Leitfähigkeit, Kompressibilität, Plastizität, Viskosität, Änderung der Kristallstruktur) unter extrem hohen Drücken befaßt. - ↑auch Hochdrucktechnik.
Hochdruckrücken ↑Druckgebilde.
Hochdrucktechnik, Bereich der Technik, der mit der Erzeugung und techn. Anwendung (z. B. Herstellung synthet. Diamanten) von sehr hohen Drücken (10^4 bis 10^5 bar und mehr) befaßt ist. Die verwendeten Hochdruckanlagen sind meist nach dem Prinzip der hydraulischen Pressen arbeitende sog. *Druckwandler* oder *-übersetzer;* es lassen sich durch Ineinanderschachtelung mehrerer solcher Apparaturen Drücke bis $5 \cdot 10^5$ bar über mehrere Stunden erzielen; noch höhere Drücke erreicht man u. a. durch explosionsbedingte Stoßwellen (Drücke bis 10^7 bar für einige Mikrosekunden), Aufschlagen von Geschossen, Einwirkung von Laserstrahlen auf Flüssigkeiten (Drücke bis 10^6 bar) und durch Magnetfelder (magnet. Kompression).
Hochenergiephysik, Teilgebiet der Physik, das die Eigenschaften von ↑Elementarteilchen, ihre Struktur und Wechselwirkung (insbes. ihre Erzeugung und Umwandlung) bei extrem hohen Energien (oberhalb etwa 100 MeV) untersucht. Derartig hohe Energien kommen in der Natur bei Teilchen der ↑Höhenstrahlung vor (bis 10^9 GeV). Künstl. werden sie in Teilchenbeschleunigern erzeugt (bis 400 GeV). Bei den Experimenten der H. sind zahlr. Elementarteilchen und kurzlebige Resonanzen entdeckt worden. Mit den Methoden der H. konnten wichtige Einblicke in die Struktur von Elementarteilchen gewonnen werden. Die für die H. typ. Nachweisapparaturen sind Blasenkammer, Funkenkammer und vielkomponentige Teleskope aus Tscherenkow-Zählern, Szintillationszählern und Halbleiterdetektoren.
Höcherl, Hermann, * Brennberg bei Regensburg 31. März 1912, dt. Politiker (CSU). - Jurist; 1953–76 MdB, 1957–61 Vors. der Landesgruppe der CSU im Bundestag, 1961–

Hochfeiler

65 Bundesinnenmin., 1965-69 Bundesmin. für Ernährung, Landw. und Forsten. - † 18. Mai 1989.

Hochfeiler, mit 3510 m höchster Berg der Zillertaler Alpen, Österreich.

Hochfeistritz, nö. von Klagenfurt gelegene bed. östr. Wallfahrtskirche (1446-91), als (spätgot.) Kirchenburg zum Schutz vor Türken und Ungarn errichtet.

Hochfinanz, Gesamtheit der einflußreichen Bankiers und Finanziers, die über erhebl. wirtsch. und polit. Macht verfügt.

Hochfrequenz, Abk. HF, Bez. für den Bereich der Frequenzen von elektromagnet. Schwingungen bzw. Wellen und von elektr. Wechselströmen, die zw. 10 kHz und 300 GHz liegen, entsprechend einer Wellenlänge zw. 30 km und 1 mm.

Hochfrequenzerwärmung, Erwärmung durch Umsetzung der Energie eines hochfrequenten elektromagnet. Wechselfeldes, das mit einem Hochfrequenzgenerator erzeugt wird. Elektr. gut leitende Stoffe, v. a. Metalle, werden durch **induktive Erwärmung** behandelt (Glühen, Härten, Schmelzen, Schweißen), wobei induzierte Wirbelströme das Material erhitzen. Elektr. nicht oder schlecht leitende Stoffe werden zw. den Platten eines hochfrequenzgespeisten Kondensators (meist 13,6 oder 27,12 MHz) durch **dielektr. Erwärmung** behandelt. - ↑ auch Mikrowellenerwärmung.

Hochfrequenzgenerator, Gerät zur Erzeugung von elektr. Hochfrequenzströmen bzw. -schwingungen mit Hilfe einer Oszillatorschaltung, v. a. rückgekoppelte Röhren- und Transistorverstärker. Im Höchstfrequenzbereich werden Laufzeitröhren sowie spezielle Halbleiterbauelemente (Gunn-Dioden) eingesetzt.

Hochfrequenzhärten ↑ Wärmebehandlung.

Hochfrequenzkinematographie ↑ Hochgeschwindigkeitsphotographie.

Hochfrequenzspektroskopie ↑ Spektroskopie.

Hochfrequenztechnik, Abk. HF-Technik, Bereich der Elektrotechnik (i. e. S. der Schwachstromtechnik, Nachrichtentechnik, Elektronik), der die Verfahren und Techniken umfaßt, mit denen die Erzeugung, Fortleitung und techn. Anwendung von elektr. Wechselströmen und elektromagnet. Wellen mit Frequenzen aus dem Bereich der Hochfrequenz, i. w. S. auch aus dem der Höchstfrequenz und der Mikrowellen möglich ist.

Hochfrequenztransformator, svw. ↑ Tesla-Transformator.

Hochgebirge ↑ Gebirge.

Hochgericht, Bez. für 1. Gericht der hohen Gerichtsbarkeit in Früh- und Hoch-MA, 2. Hinrichtungsstätte.

Hochgeschwindigkeitsphotographie (High-Speed-Photographie), Verfahren zur photograph. Aufnahme extrem kurzzeitiger Vorgänge oder von Bewegungsabläufen hoher Geschwindigkeit mit Belichtungszeiten in der Größenordnung von 10^{-6} bis 10^{-9} s bzw. mit außerordentl. hoher Bildfrequenz, z. T. bis 2 Bill. Bilder/s (**Hochfrequenzkinematographie**). Derartig kurze Belichtungszeiten lassen sich verwirklichen durch Beleuchtungsanordnungen mit entsprechend kurzer Leuchtzeit (Funkenblitzgeräte, Stroboskope, Röntgen- und Elektronenstrahlimpulse), durch Kameras mit Spezialverschlüssen (Kerr-Zellen-, Faraday-Verschluß-, Bildwandlerkameras) und schließlich speziell für Serienaufnahmen durch hohe Umlaufgeschwindigkeit des Aufnahmematerials (Trommelkameras mit opt. Bildstandausgleich) bzw. Anordnungen mit ruhendem Aufnahmematerial und Drehspiegel (**Drehspiegelkamera**). Noch wesentl. kürzere Belichtungszeiten (10^{-12} s) ermöglicht die Lasertechnik sowie das Arbeiten mit ↑ superstrahlendem Licht. Die H. liefert u. a. Aufschlüsse über das Materialverhalten bei hohen Geschwindigkeiten und Beschleunigungen (z. B. bei Bauteilen von Überschallflugzeugen) oder bei Beanspruchung durch hochfrequente Schwingungsbelastungen, ermöglicht in der Ultraschall- (Hochfrequenz-) und Sprengstoffverfahrenstechnik (z. B. beim Sprengstoffplattieren) die opt. Untersuchung der Vorgänge u. a.

Hochgolling, mit 2863 m höchster Berg der Niederen Tauern, Österreich.

Hochgott ↑ höchstes Wesen.

Hochgrade, Begriff der ↑ Freimaurerei für Gradsysteme, die eine größere Anzahl von Graden haben.

Hochhaus, [vielgeschossiges] Gebäude, bei dem der Fußboden mindestens eines Aufenthaltsraumes mehr als 22 m (leichte Abweichungen je nach Bauordnungen der Länder) über der festgelegten Geländeoberfläche liegt. Für H. gelten - aus Gründen des Brandschutzes - bes. Bauvorschriften. Erst die ↑ Stahlskelettbauweise sowie auch letztl. Aufzüge machten H. möglich. Die frühesten H. entstanden in Chicago seit 1880, mit ↑ Curtain wall (1894) und Glasfassaden (W. Le Baron Jenney, L. Sullivan, D. H. Burnham und J. W. Root; W. Holabird und M. Roche: *Chicagoer Schule*), v. a. Verwaltungsbauten. Es folgten New York und Michigan. Der Chicagoer Sears-Tower mit 110 Stockwerken, 443 m hoch (fertiggestellt 1973) ist z. Z. der höchste Wolkenkratzer. Neben den Bürohaus trat bald auch das Hotel- und Appartementhochhaus. Heute sind „Satellitenstädte" oft einfallslose H.ansammlungen, andererseits gibt es äußerst elegante Lösungen bed. Architekten (z. B. L. Mies van der Rohe, Le Corbusier, G. Bunshaft).

Hochheim am Main, hess. Stadt 6 km östl. von Mainz, 129 m ü. d. M. 15 200 E. Mittelpunkt des Weinbaugebiets am Untermain;

Hochhaus. Oben rechts: Louis Henry Sullivan, Warenhaus Carson, Pirie und Scott (1899–1904). Chicago; oben links: Philip Cortelyou Johnson, Kline Science Center der Yale University (1962–65). New Haven; unten: Lúcio Costa, Oscar Niemeyer und Le Corbusier, Erziehungsministerium (1936–43). Rio de Janeiro

u. a. Sektkellereien. - Seit 1820 amtl. Stadt. - Barocke Pfarrkirche (1730–32); auf dem Plan die Hochheimer Madonna (Sandsteinplastik; 1770).

Hochhuth, Rolf [...hu:t], * Eschwege 1. April 1931, dt. Schriftsteller. - Vielbeachtete und vielgespielte, aber auch umstrittene Theaterstücke. Ausgehend von seiner Grundthese, daß die Geschichte durch das Eingreifen des einzelnen gestaltbar ist, handeln seine Stücke von der moral. Verantwortung einzelner Personen im polit. Handlungsraum, bes. während des Nationalsozialismus. Schreibt auch Erzählungen und Essays.

Werke: Der Stellvertreter (Dr., 1963), Berliner Antigone (E., 1965), Soldaten (Dr., 1967), Krieg und Klassenkrieg (Essays, 1971), Die Hebamme (Kom., 1971), Lysistrate und die Nato (Kom., 1973), Die Berliner Antigone (Prosa und Verse, 1975), Tod eines Jägers (Monodrama, 1976), Eine Liebe in Deutschland (E., 1978), Juristen (Dr., 1979), Ärztinnen (Dr., 1980), Spitze des Eisbergs (Schriften, 1982), Judith (Trag., 1984), Atlantiknovelle (En. und Ged., 1985).

 R. H. Hg. v. W. Hinck. Rbk. 1981.

Ho Chi Minh [hotʃi'mɪn (vietnames. Hô Chi Minh) „der nach Erkenntnis Strebende"], * Kim Liên 19. Mai 1890, † Hanoi 3. Sept. 1969; vietnames. Politiker. - Sohn eines Dorfgelehrten, änderte mehrfach seinen Namen; fuhr 1911 als Schiffsjunge nach Europa, seit 1915 Journalist und Photograph in Paris; 1920 Teilnehmer am Gründungskongreß der KP Frankreichs. 1923 ausgewiesen, arbeitete in Moskau, seit Ende 1924 in S-China; bis 1929 Komintern-Funktionär in Europa und Thailand, 1930 Mitbegr. der KP Indochinas in Hongkong; seit 1934 in der UdSSR, 1940 Rückkehr nach Vietnam; schuf 1941 die Vietminh und führte den Kampf um die Unabhängigkeit Indochinas; seit 1945 Präs. (bis 1955 zugleich Min.präs.) der „Demokrat. Republik Vietnam"; führte seit 1946 im Kampf gegen Frankr. die Lao-Đông-Partei (Arbeiterpartei) Vietnams; nach der Teilung Vietnams 1954 Staatspräs. von Nord-Vietnam und 1956 Generalsekretär der Lao Đông. Er wurde zur Symbolfigur des vietnames. Kampfes gegen die USA und einer der bekanntesten Führer des Weltkommunismus.

Ho-Chi-Minh-Pfad, durch den O (Küstenkette von Annam und Vorland) von S-Laos führendes Wegesystem mit zahlr. Abzweigungen, verbindet das südl. Nord-Vietnam mit Süd-Vietnam, z.T. über das nö. Kambodscha (Fortsetzung hier *Sihanukpfad* gen.); von nordvietnames. Truppen seit 1956 zur Versorgung ihrer Einheiten in Süd-Vietnam angelegt.

Ho-Chi-Minh-Stadt (früher Saigon) ↑Thanh Phô Hô Chi Minh.

Hochkirch, Gemeinde in der Oberlausitz, Bez. Dresden, DDR, 900 E. Bei H. wurde im Siebenjährigen Krieg (14. Okt. 1758) die preuß. Armee von östr. Truppen geschlagen.

Hochkirche, svw. ↑High Church.

hochkirchliche Bewegung, Bez. einer in der anglikan. Theologie bereits seit der Reformation Englands lebendigen Strömung mit dem Ziel eines stärkeren Rückgriffs auf kath. Traditionen. Ihren Höhepunkt erreichte die h.B. in der ↑Oxfordbewegung. Sie griff insbes. auf Deutschland und auf die nord. Länder über und fördert ausdrückl. die ökumenische Bewegung.

Hochkirchliche Vereinigung (seit 1947 „Ev.-ökumen. Vereinigung der Augsburg. Bekenntnisses"), ein im Okt. 1918 erfolgter Zusammenschluß ev. Theologen und Laien, der Ideale der ↑hochkirchlichen Bewegung Englands aufgriff.

Hochkommissar (Hoher Kommissar), im Völkerrecht übl. Amtsbez. für ein internat. Organ, dem die Staatengemeinschaft die Besorgung spezieller Aufgaben übertragen hat. H. ist i.d.R. eine natürl. Person, z.B. der frühere H. des Völkerbundes in Danzig.

Hochkonjunktur ↑Konjunktur.

Hochkulturen, im Ggs. zu „primitiven", „niederen" Kulturen und zu traditionellen „Volks"-Kulturen ländl.-agrarwirtsch. Gesellschaften Bez. für Kulturkreise verschiedener histor. Epochen, die sich durch entwickelte Formen techn. Naturbeherrschung, komplexe Mechanismen und Institutionen der sozialen und polit. [Herrschafts]ordnung sowie durch anspruchsvolle intellektuelle (philosoph.) Reflexions- und Kommunikationssysteme und künstler. Leistungen (Literatur, Musik, bildende Kunst) auszeichnen. Mitunter sind die Merkmale der H. nur in den Herrschaftszentren oder in urbanen Zentren der Gesellschaften festzustellen.

Hochland, als Monatsschrift 1903 von C. Muth begr. kath. konservative Kulturzeitschrift; 1941 eingestellt. Neugründung als Zweimonatsschrift 1946; abgelöst durch das „Neue Hochland" (1972–74).

Hochland ↑Flachland.

Hochland der Schotts ↑Atlas.

Hochlautung, die der Standardsprache (Hochsprache) angemessene normierte Aussprache, im Dt. aus der ↑Bühnenaussprache hervorgegangen. Die gemäßigte H. wird auch als Standardaussprache oder als Standardlautung bezeichnet.

Hochlichtaufnahme, in der Reproduktionsphotographie Bez. für eine Rasteraufnahme, bei der durch Zusatzbelichtung die Lichter rasterpunktfrei gehalten werden.

Hochmeister ↑Deutscher Orden.

Hochmittelalter ↑Mittelalter.

Hochmoor ↑Moor.

Hochmut, der der ↑Demut entgegengesetzte sittl. Grundhaltung des Menschen, vom Christentum als Ursünde qualifiziert.

Hochnebel ↑Nebel.

Hochofen, Schachtofen zur kontinuierl. Gewinnung von Roheisen (↑Eisen). Der H. (Höhe bis 50 m) besteht aus: 1. *Oberteil (Gicht)* mit Beschickungsöffnung (für Möller, d.h. Erze und Zuschlagstoffe) und Verschluß *(Gichtglocke);* 2. *Schacht* (Höhe etwa 30 m) mit Ausmauerung *(Zustellung);* 3. *Kohlensack;* 4. *Rast* (eigtl. Schmelzzone, bis 1500°C); 5. *Gestell* mit *Windformen* zum Einblasen von Heißwinden (bis 600000 m³/h, bis 1350°C); *Abstichöffnungen* für Schlacke und Roheisen (bis 1500°C); 6. *Herd* aus Zustellungsschicht. Tagesleistung bis 12000 t, Koksverbrauch ½ t je t Roheisen (↑auch Schmelzöfen). - Abb. Bd. 6, S. 80.

Hochosterwitz, Burg bei Klagenfurt; im Kern 16. Jh.; mit 14 Torbauten.

Hochpaß (Hochpaßfilter) ↑Filter.

Hochpolymere ↑Makromoleküle.

Hochpreußisch, mitteldt. Mundart, ↑deutsche Mundarten.

Hochrad ↑Fahrrad.

Hochrechnung, Verfahren der statist. Methodenlehre, das in dem Schluß von einer Stichprobe auf die Grundgesamtheit, der diese Stichprobe entnommen wurde, besteht. Durch H. wird z.B. während der Auszählung der Stimmen nach einer Wahl das Wahlergebnis vorhergesagt, indem man von den Ergebnissen in einzelnen repräsentativen Wahlkreisen, unter Berücksichtigung der entsprechenden Einzelergebnisse bei zurückliegenden Wahlen, auf das Gesamtergebnis schließt.

Hochrein, Max, * Nürnberg 2. Aug. 1897, † Ludwigshafen am Rhein 30. Juni 1973, dt. Internist. - Prof. in Leipzig, Chefarzt in Ludwigshafen; ebd. Gründer eines Inst. für Leistungs- und Begutachtungsmedizin. H. arbeitete v.a. über die Physiologie und Pathologie des Herz-Kreislauf-Systems („Der Koronarkreislauf", 1932).

Hochschulen

hochreine Metalle, Metalle, die durch spezielle metallurg. Verfahren so weitgehend raffiniert sind, daß ihr Reinheitsgrad im ppm-Bereich liegt (Verunreinigungen in Millionsteln der Gesamtsubstanz). Dieser Reinheitsgrad wird z. B. für die Elektronik und Kerntechnik gefordert.

Hochreligion, nicht eindeutig festgelegter Begriff zur Bez. der großen Weltreligionen gebraucht, oft auch für andere Religionen in Hochkulturen.

Hochrhein, Abschnitt des Rheins zw. seinem Ausfluß aus dem Bodensee und Basel.

Hochrhein-Bodensee, Region in Baden-Württemberg.

Hochsauerlandkreis, Kreis in NRW.

Hochschulassistent, nach dem Hochschulrahmengesetz (1976) Bez. der auf Widerruf beamteten wiss. Nachwuchskraft mit Lehraufgaben. Dafür laufen aus die Bez. und Positionen Dozent, Assistenzprof., Wiss. und Akadem. Rat.

Hochschuldidaktik, die Lehre von den Lehr- und Lernvorgängen auf der wiss. Hochschule bzw. der Optimierung dieser Prozesse. Vordringl. Aufgabe ist die Überprüfung der Lehrinhalte auf ihre wiss. und berufsprakt. Relevanz und die Ausarbeitung von entsprechenden neuen, stärker zielorientierten Curricula.

Hochschule für bildende Künste ↑ Kunsthochschule.

Hochschule für Musik ↑ Musikhochschule.

Hochschule für Wirtschaft und Politik, Fachhochschule in Hamburg (gegr. 1948 als Akad. für Gemeinwirtschaft, später Akad. für Wirtschaft und Politik), getragen von der Stadt Hamburg und dem Dt. Gewerkschaftsbund. Auf ein Weiterstudium (an der Univ. Hamburg) ausgerichtet.

Hochschulen, Einrichtungen im Bereich des Bildungswesens, die Aufgaben in Studium, Lehre und Forschung wahrnehmen und damit der Pflege und Entwicklung von Wiss. und Künsten dienen und auf bes. berufl. Tätigkeiten (akadem. und künstler. Berufe) vorbereiten. Dazu gehören Universitäten, techn. H. bzw. Univ., ↑ Gesamthochschulen, ↑ pädagogische Hochschulen, H. für Medizin, Tiermedizin und Sport, ↑ Kunsthochschulen und ↑ Musikhochschulen, ↑ kirchliche Hochschulen sowie ↑ Fachhochschulen. Die unterschiedl. Formen der Trägerschaft, Aufgabenstellung und Fächerangebote sind in der Entstehungsgeschichte des Bildungswesens begründet. Unter wiss. H. i. e. S. werden Univ., techn. Univ. und Hochschulen sowie H., die nur eine wiss. Disziplin (auf Universitätsebene) anbieten, verstanden.

Recht: H. in der BR Deutschland sind mit wenigen Ausnahmen Körperschaften des öff. Rechts und zugleich staatl. Einrichtungen in der Trägerschaft der einzelnen Bundesländer. Unmittelbare Wirkung für das Hochschulwesen haben die Artikel 5, 12, 73, 74, 91a und 91b GG, entsprechende Regelungen haben Landesverfassungen, das Hochschulrahmengesetz, die einzelnen Landeshochschulgesetze und einschlägige Rechts- und Verwaltungsvorschriften. In diesem Rahmen haben H. das Recht zur Selbstverwaltung und eigenverantwortl. Gestaltung ihrer Grundordnungen, an der heute alle Gruppen (Professoren, Hochschulassistenten, wiss. Mitarbeiter wie Lehrbeauftragte und Tutoren, Studenten, techn. und Verwaltungspersonal) beteiligt sind. Starke Einschränkungen erfährt diese Autonomie jedoch durch die zunehmend extensiv ausgeübte staatl. Aufsicht über Recht- und Zweckmäßigkeit des Handelns der Hochschulgremien und -verwaltungen und durch Vorschriften über das Zusammenwirken von H. und Land bes. in Finanz- und Personalan-

HOCHSCHULEN
Entwicklung des Hochschulwesens in der Bundesrepublik Deutschland

	1953	1960	1970	1985
Studenten insgesamt	150 000	291 000	511 000	1 338 000
Studienanfänger (Anteil an gleichaltriger Wohnbev.)	6,4 %	7,9 %	15,4 %	20,4 %
Aufwendungen für Personal, Sachinvestitionen, Ausbildungs- und Forschungsförderung (in Mrd. DM)	0,6	2,3	7,2	21,1 (1983)
Anteil am Bruttosozialprodukt	0,4 %	0,6 %	1,1 %	2,4 %
	1953	bis 1960	bis 1970	seit 1970
Anzahl der Neugründungen von Univ. und Gesamthochschulen	24	4	9	19

Hochschulen

HOCHSCHULEN (Übersicht)

Wiss. Hochschulen in der BR Deutschland

Ort	Gründung	Anzahl der Studierenden 1985
1. Universitäten, technische Hochschulen und Universitäten		
Aachen, TH	1870	34 400
Augsburg	1970	7 200
Bamberg	1972 (1647)	4 500
Bayreuth	1975	4 800
Berlin (Freie Univ.)	1948	52 700
Berlin, TU	1799	25 600
Bielefeld	1969	13 200
Bochum	1961	29 800
Bonn	1786	39 400
Braunschweig, TU	1745	14 700
Bremen	1964	8 600
Clausthal-Zellerfeld, TU	1775	3 700
Darmstadt, TH	1836	14 100
Dortmund	1966	17 500
Düsseldorf	1907	14 700
Erlangen-Nürnberg	1743	24 000
Frankfurt am Main	1914	29 200
Freiburg im Breisgau	1457	22 100
Gießen (Lahn)	1607	16 300
Göttingen	1734	28 800
Hamburg	1919	41 400
Hamburg-Harburg, TU	1979	350
Hannover, TU	1831	24 800
Heidelberg	1386	26 600
Hohenheim (Stuttgart-Hohenheim)	1818	5 100
Kaiserslautern	1970	6 700
Karlsruhe	1825	17 300
Kiel	1665	17 200
Köln	1388	46 000
Konstanz	1966	6 000
Mainz	1477	25 300
Mannheim	1907	10 300
Marburg a. d. Lahn	1527	14 800
München, TU	1868	21 800
München	1472	57 000
Münster (Westf.)	1780	43 600
Oldenburg	1974	9 100
Osnabrück	1974	7 400
Passau	1972	4 100
Regensburg	1962	11 300
Saarbrücken	1948	17 200
Stuttgart	1829	17 500
Trier	1970	7 100
Tübingen	1477	22 700
Ulm	1967	4 500
Würzburg	1582	16 800
2. Gesamthochschulen (mit Promotionsrecht)		
Duisburg	1972	10 400
Essen	1972	17 000
Hagen (Fernuniv.)	1974	16 100
Kassel	1970	9 200
Paderborn	1972	11 800
Siegen	1972	7 800
Wuppertal	1972	12 300
3. Hochschulen einer speziellen Fachrichtung (mit Promotionsrecht)		
Eichstätt, kath. Univ.	1972	2 100
Hannover, Medizin. Hochschule	1965	3 600
Hannover, Tierärztl. Hochschule	1778	1 900
Köln. Sporthochschule	1920	4 700
Lübeck, Medizin. Hochschule	1964	1 100
Speyer, Hochschule für Verwaltungswissenschaften	1947	460
4. Private Hochschulen		
Koblenz, Wiss. Hochschule für Unternehmensführung	1984	86
Witten-Herdecke	1983	147
Nordische Univ. Flensburg	1986	
5. Hochschulen der Bundeswehr		
Hamburg	1973	2 100
München	1973	3 000

gelegenheiten. Das ↑Hochschulrahmengesetz von 1976 hat erstmalig eine bundesrechtl. Grundlage für die Kernbereiche des Hochschulwesens geschaffen, nachdem es bis dahin nur Länderabkommen gab. Entsprechende Landeshochschulgesetze sind fristgemäß bis 1979 verabschiedet worden (außer in NRW).
Planung und Statistik: Die Zunahme des Interesses an hochschulbezogenen Ausbildungsgängen (Höherqualifizierung), zudem seit den 70er Jahren der Zustrom der geburtenstarken Jahrgänge hat das Hochschulwesen immer stärker Fragen der Planung (Ausbau) und Finanzierung unterworfen, so daß seit 1970 über die Bund-Länder-Kommission für Bildungsplanung und die Bund-Länder-Gemeinschaftsaufgabe „Neu- und Ausbau von Hochschulen" (Art. 91a GG) Planung und Finanzierung im Hochschulwesen gemeinsam und überregional vorgenommen werden. *Angaben zur quantitativen Entwicklung:* Innerhalb von 25 Jahren verdreifachte sich der Anteil der Studienanfänger, die Gesamtzahl der Studenten versechsfachte sich,

die Ausgaben stiegen um das 27fache an, und ihr Anteil am Bruttosozialprodukt vervierfachte sich, die Stellen für wiss. Personal von 1960–76 wurden um das 4,3fache vermehrt. *Qualitative Veränderungen:* Der Anteil der Arbeiterkinder unter Studenten an wiss. H. stieg von 2,1% (1928) über 4,1% (1951) auf 13,3% (1978) und der Anteil der Studentinnen an der Gesamtzahl aller Studenten von 11,7% (1928) über 20,6% (1953), 34,4% (1977) auf 37,8% (1985).

Geschichte: Das heutige Hochschulwesen fußt auf den im MA im Geiste des Frühhumanismus entstandenen Univ., Zusammenschlüssen aus privaten Gelehrtenschulen, Kloster- und Domschulen, denen kaiserl. und päpstl. Privilegien, wie Satzungsautonomie, Lehrfreiheit und eigene Gerichtsbarkeit, verliehen wurden: Salerno (um 1050), Bologna (1119), Paris (1150), Prag (1348), Wien (1365), Heidelberg (1386), Köln (1388), Erfurt (1392), Leipzig (1409) u. a. Bis ins 18. Jh. hinein wurde die Lehre an den Univ. in zunehmender Erstarrung und Verschulung durch kirchl. Dogmen und religiöse Orientierungen bestimmt. Erst Aufklärung und Einbeziehung der Naturwiss. brachten mit den Neugründungen Halle (1694) und Göttingen (1734/37) neue Impulse: Lehrfreiheit sowie Erfahrung und Experiment als neue wiss. Methoden. Im 19. Jh. wurden zwar nur wenige Univ. neu gegr., jedoch entstand ein völlig neuer Wissenschaftsbegriff. Hinter den Universitätsgründungen von Berlin (1809/10), Breslau (1811) und Bonn (1818) und der Reform Wilhelm von Humboldts stand ein Verständnis von Wiss. „als ständigem Prozeß des Mühens um Wahrheitserkenntnis", zu deren Bedingungen die enge Verbindung von Forschung und Lehre, Hochschulautonomie (akadem. Selbstverwaltung und Freiheit) und strikte Trennung von Schule und Univ. gezählt wurden. Dazu kam die Überzeugung von der persönlichkeitsbildenden Wirkung von Wiss. und Bildung, was zur Ablehnung eines berufsvorbereitenden Studiums führte. So erhielten die bis dahin unteren philosoph. Fakultät und das ↑Studium generale eine bes. Bedeutung. Im 19. Jh. entstanden techn. Spezialschulen, die gegen Ende des Jh. den Stand techn. H. erreicht hatten und um die Jh.wende den Univ. gleichgestellt wurden. Die seit 1926 gegr. pädagog. Akad. zur Lehrerausbildung werden heute (pädagog. Hochschulen) z. T. ebenfalls als wiss. H. anerkannt. Nach dem 2. Weltkrieg wurde an die alten Traditionen von Univ. und Hochschulen angeknüpft und bes. auf die H. der 20er Jahre zurückgegriffen. Seit den 60er Jahren erfolgte ein verstärkter Ausbau der H. (einschließl. neuer Formen wie Gesamthochschulen, Fachhochschulen) und es wurde eine umfassende Hochschulreform (↑Hochschulpolitik) in Angriff genommen.

⌨ *Bruch, R. v.: Die dt. Universitäten.* Ffm. 1985. - *Bildung, Politik u. Gesellschaft.* Hg. v. *G. Klingenstein u. a.* Mchn. 1978. - *Linde, H.: Hochschulplanung.* Düss. 1969–71. 4 Bde. - *Dokumente zur Gründung neuer H.* Hg. v. *R. Neuhaus.* Wsb. 1968.

Hochschulen der Bundeswehr (Bundeswehrhochschulen), 1973 in Hamburg und München errichtete Hochschulen. Das Studium dauert 3 (in Trimester gegliederte) Studienjahre und ist Kernstück der Ausbildung der Berufsoffiziere und der Offiziere mit mindestens 12jähriger Verpflichtungszeit; Studienabschluß: Diplom.

Hochschullehrer, die an Hochschulen aller Art tätigen Lehrpersonen, die ihr Gebiet selbstverantwortl. vertreten und voll prüfungsberechtigt sind. Dazu gehören außer den beamteten H. (Professoren) auch die Honorarprofessoren sowie die Privatdozenten (mit Lehrauftrag). Die H. sind zusammengeschlossen im **Hochschulverband.** - ↑auch Hochschulassistent.

Hochschulpolitik, Teilbereich der Bildungspolitik mit der Aufgabe, das Hochschulwesen (↑Hochschulen) rechtl. zu regeln; in der BR Deutschland durch Bund und Länder unter Berücksichtigung der nach Artikel 5,3 GG gewährleisteten Freiheit von Wiss., Forschung und Lehre. Die H. in der BR Deutschland ist vorrangig mit der **Hochschulreform** befaßt, deren Ansätze zur H. nach dem 2. Weltkrieg (z. B. „Blaues Gutachten", 1948) jedoch in der BR Deutschland während der Wiederaufbauphase nicht realisiert werden konnten. Erst mit Verwirklichung der Empfehlungen des Wissenschaftsrates zum Ausbau der Hochschulen von 1960, der Bildungswerbungskampagne der 60er Jahre zugunsten bisher unterprivilegierter Schichten (Arbeiter) und Gruppen (Mädchen), mit 1967 beginnenden Studentenbewegung (↑auch studentische Vereinigungen) unter Führung der neuen Linken, den Reformkonzepten und -vorschlägen insbes. der Bundesassistentenkonferenz (der 1968–74 bestehenden Vertretung der in Forschung und Lehre tätigen wiss. Beamten und Angestellten an den Hochschulen der BR Deutschland, soweit sie nicht Prof. oder Dozenten waren), des ↑Deutschen Bildungsrates Anfang der 70er Jahre begann 150 Jahre nach der letzten Hochschulreform (W. von Humboldt) eine umfassende und tiefgreifende Diskussion über Reformen im Hochschulwesen. Die Reformstrebungen richten sich 1. organisator. auf Veränderungen in den Entscheidungsstrukturen an wiss. Hochschulen durch Repräsentation und Mitbestimmung aller Gruppen, öffentl. Ausschreiben von Hochschullehrstellen u. a. („Demokratisierung der Hochschulen"); 2. materiell auf Verbesserungen der sozialen Sicherung von Studenten (Ausbildungsförderung, Wohnheimbau) und der Stellung der wiss. Mitarbeiter sowie den weiteren Ausbau der Hochschulen;

Hochschulrahmengesetz

3. strukturell auf Erweiterung des Lehrpersonals um den wiss. Mittelbau und im Sinne einer stärkeren Durchsichtigkeit auf Neugliederung des Hochschul- und Studiengangsystems; 4. inhaltlich auf Maßnahmen der Studienreform wie Orientierung der wiss. Ausbildung an Berufspraxis und weiten Tätigkeitsfeldern, ↑Hochschuldidaktik, forschendes Lernen, Zwischenprüfungen, Neuerstellen von Studien- und Prüfungsordnungen. Diese Prinzipien wurden zwar wesentl. Bestandteile neuer Landeshochschulgesetze und des ↑Hochschulrahmengesetzes oder neuer Einrichtungen wie der ↑Gesamthochschulen, zunehmend sind aber eine Gefährdung der Autonomie der Hochschulen, da die zunächst vorhandene Orientierung an emanzipator. Ansprüchen immer stärker gegenüber ökonom. und rechtl. Beschränkungen zurücktritt, sowie wieder aufkommende Restaurierungstendenzen in Richtung auf die frühere Form der Ordinarienuniv. zu beobachten. Darüber hinaus wurde als Reaktion auf die Studentenbewegung der 1960er Jahre und die rechtl. umstrittene Wahrnehmung des [allg.] polit. Mandats durch die Studentenschaften [als Zwangskörperschaften] im Rahmen der Hochschulreform in einigen Bundesländern die verfaßte Studentenschaft abgeschafft, die Vertretungsrechte der Studenten wurden auf die Mitwirkung in den Organen der Hochschulselbstverwaltung beschränkt. Nachhaltigen Einfluß auf die H. zu nehmen versuchten der Bund Freiheit der Wiss. e. V., 1970 als Reaktion auf die Aktivitäten linker Gruppierungen im Hochschulbereich gegr., dessen Mgl. sich für die Förderung und Wahrung der Freiheit von Forschung, Lehre und Studium einsetzen und sich der Unterwerfung unter die Machtansprüche einzelner polit. Gruppen widersetzen, sowie der als Gegengewicht zu diesem 1972 gegr. Bund demokrat. Wissenschaftler, dessen Mgl. ihre Aufgabe darin sehen, den friedl. und fortschrittl. Charakter der Wiss. durch das Eintreten für die Verwirklichung des demokrat. und sozialen Rechtsstaats gegen den Einfluß privilegierter Minderheiten auf Forschung und Lehre durchzusetzen. Die Kernaufgabe der nächsten Jahre wird die Studienreform sein, d. h. die Überprüfung, Neuordnung und Weiterentwicklung von Studienzielen, Studiengängen, Studien- und Prüfungsordnungen sowie der Methodik und Organisation von Lehre und Studium im Hinblick auf „Entrümpelung" und stärkeren Praxisbezug des Studiums. Bes. Probleme der H. ergeben sich für die nächsten Jahre aus den zunächst weiter wachsenden, ab 1987/88 sinkenden Studienanfängerzahlen, dem Zulassungswesen (↑Numerus clausus), der Abstimmung mit dem Arbeitsmarkt, der Frage der Förderung des wiss. Nachwuchses und aus der zu beobachtenden Entfremdung zw. Gesellschaft und Hochschulen.

📖 *Dorff, G.: H. und Hochschulrecht.* Kehl 1985. - *Bresser, R.: Kausalstrukturen in der H.* Ffm. 1982. - *Peisert, H./Framhein, G.: Das Hochschulsystem in der BR Deutschland.* Stg. 1979. - *Reimann, B. W.: Hochschulreform - Illusion u. Pleite?* Bonn 1978.

Hochschulrahmengesetz, Abk. HRG, Gesetz vom 26. 1. 1976 (mit Änderungen vom 25. Juli 1984 und 28. März 1985) zur Schaffung einer einheitl. Rechtsgrundlage für das Hochschulwesen der BR Deutschland. Bestimmungen des Gesetzes sind u. a.: die Aufnahme einer *Regelstudienzeit* (von vier Jahren für die meisten Fächer) in die Prüfungsordnungen (§ 10); die Möglichkeit der Exmatrikulation von Studenten, wenn sie Gewalt anwenden, dazu auffordern oder damit drohen (§ 28); die Regelung der Vergabe der Studienplätze in Numerus-clausus-Fächern durch die von den Ländern errichtete Zentralstelle (§ 31); die Stimmenmehrheit für Professoren in allen Gremien mit Entscheidungsbefugnissen in Angelegenheiten, die Forschung, Lehre oder die Berufung von Professoren betreffen (§ 38 Abs. 3); Verpflichtung zum Angebot zeitlich gestufter und aufeinander bezogener Studiengänge (§ 4).

Hochschulreife, Voraussetzung der Einschreibung an einer wiss. Hochschule ist das ↑Abitur (allg. Hochschulreife); dieses kann

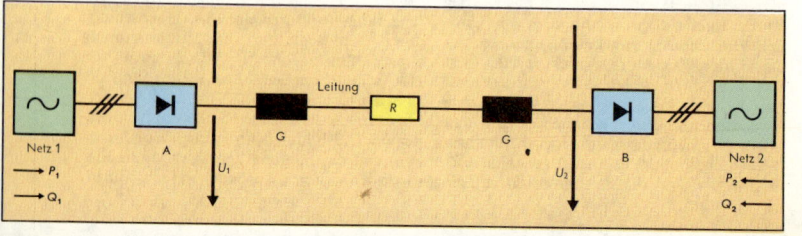

Hochspannungsgleichstromübertragung. Aufbau einer HGÜ-Anlage.
A Gleichrichterstation,
B Wechselrichterstation,
G Glättungsdrosseln, R Widerstand der Gleichstromleitung, P_1 und P_2 zugeführte beziehungsweise übertragene Wirkleistung, Q_1 und Q_2 Blindleistung für Gleich-
beziehungsweise Wechselrichterbetrieb,
U_1 und U_2 Spannung am Anfang beziehungsweise Ende der Leitung

ersetzt werden durch ein erfolgreiches Studium an einer Fachhochschule oder durch eine *Begabtenprüfung*. Für diese sind zwei Zulassungsgutachten nötig, eines (in Hessen beide) kann durch ein (gutes) Zertifikat eines Funkkollegs ersetzt werden. Vereinzelt gibt es in Unterscheidung zur „allg. Hochschulreife" auch noch die „fachgebundene H.", die in Bayern an Fachakad. und an Berufsoberschulen, in Bad.-Württ. an techn. Oberschulen erworben werden kann. Da die Studienplätze in der BR Deutschland z. T. nicht ausreichen, gibt es für bestimmte Fächer einen ↑ Numerus clausus; die Zulassung wird durch die ↑ Zentralstelle für die Vergabe von Studienplätzen vorgenommen.

Hochschulsport ↑ Sport.

Hochsee, Bez. für das offene Meer außerhalb der Küstengewässer.

Hochseefischerei ↑ Fischerei.

Hochsommer, der an den von Mai bis Juli dauernden meteorolog. *Sommer* anschließende, ungefähr mit dem Monat August übereinstimmende Zeitraum.

Hochspannung, im Ggs. zur ↑ Niederspannung Bez. für alle elektr. Spannungen bei Wechselstrom über 1 000 V (Effektivwert) und bei Gleichstrom über 1 500 V. Hohe Wechselspannungen, insbes. für die Stromversorgung, werden mit Wechsel- oder Drehstromgeneratoren bis 27 kV (↑ Wechselstrommaschinen) erzeugt und hochtransformiert (↑ Transformator). In der Praxis übl. H. werden bezeichnet als 1. *Mittelspannung* (6 kV, 10 kV, 20 kV und 30 kV), 2. *Hochspannung* (110 kV, 220 kV und 380 kV) und 3. *Höchstspannung* (765 kV und darüber). Hohe Gleichspannungen werden mit Band-, Kaskaden- oder Stoßgenerator erzeugt.

Hochspannungsgeneratoren, Dreh- oder Wechselstromgeneratoren, die Spannungen bis 27 kV (Nennspannung) für die allg. Stromversorgung liefern (↑ Wechselstrommaschinen). Zu den H. für hohe Gleichspannungen (bis mehrere Mill. Volt) zählen u. a. Alphatron, Band-, Kaskaden- und Stoßgenerator, Verwendung z. B. in der Hochenergiephysik.

Hochspannungsgleichstromübertragung, Abk. HGÜ, wirtsch. Energieübertragung großer elektr. Leistungen über große Entfernungen mit Freileitungen und Kabeln (z. B. HGÜ-Anlage Cabora Bassa [Sambesi–Johannesburg] 1 920 MW, 1 410 km Freileitung; HGÜ-Anlage Skagerrak [Norwegen–Jütland] 500 MW, 130 km Seekabel). Zur Übertragung von Leistung aus einem Drehstromnetz in ein anderes wird die Spannung auf der Erzeugerseite hochtransformiert und gleichgerichtet; ein Gleichstrom fließt zur Verbraucherseite, wo die vorhandene Gleichstromleistung über Wechselrichter dem zweiten Drehstromnetz als Wirkleistung zugeführt wird. Gleich- und Wechselrichtung erfolgt mit Thyristoren. Vorteile der H. gegenüber der herkömml. Drehstrom-Hochspannungs-Übertragung (DHÜ) sind u. a.: 1. Geringerer Aufwand an Leitermaterial (kein Skineffekt, Rückleitung über Erde möglich). 2. Geringerer Isolationsaufwand für Kabel (keine dielektr. Verluste); ein 400 kV-HGÜ-Kabel entspricht einem 110 kV-DHÜ-Kabel. 3. Auch bei größten Übertragungslängen sind keine Kompensationsmittel erforderl. (keine Umladung von elektr. und magnet. Energie). 4. Eine HGÜ-Anlage kann nur Wirkleistung übertragen, bei Kurzschluß in einem Drehstromnetz wird keine Kurzschlußleistung aus dem anderen Netz übertragen. 5. Netze mit unterschiedl. Frequenzen können gekoppelt werden (z. B. 16 $^2/_3$ oder 60 mit 50 Hz). Nachteile der H. sind: hohe Kosten der Stromrichterstationen, hoher Blindleistungsbedarf (etwa 50 % der übertragenen Wirkleistung, muß am Ort der Station aufgebracht werden).

Hochspannungsleitungen ↑ Freileitungen.

Hochspannungsmeßbrücke ↑ Schering-Brücke.

Hochspannungstechnik, Bereich der *Elektrotechnik*, der die Gesamtheit der Verfahren und Techniken zur Erzeugung, Isolation, Messung, Übertragung u. a. von Hochspannung sowie ihrer Anwendung umfaßt. Das Hauptgebiet der H. ist die Übertragung großer elektr. Leistungen über weite Entfernungen (Starkstromtechnik). Weitere wichtige Anwendungsbereiche sind Sende- und Elektronenstrahlröhren, insbes. Fernsehbildröhren, ferner Röntgengeräte, Elektronenstrahlmikroskope, Teilchenbeschleuniger, Elektrofilter u. a.
Die in der H. anfallenden Probleme erfordern zu ihrer Lösung die Kenntnis des Verlaufs der elektr. Felder sowie der Eigenschaften der verwendeten Materialien. Zum Aufgabengebiet der H. gehört außerdem die Prüfung von Schaltgeräten, Transformatoren, Isolatoren u. a. auf ihre richtige Bemessung und elektr. Festigkeit.

Hochsprache, svw. ↑ Standardsprache.

Hochsprung, leichtathlet. Disziplin, bei der eine Sprunglatte nach einem Anlauf übersprungen wird; der Springer muß mit einem Fuß abspringen. Heute werden der ↑ Straddle und der ↑ Fosbury-Flop bevorzugt angewandt, kaum mehr der ↑ Rollsprung.

Höchst, seit 1928 Stadtteil von ↑ Frankfurt am Main.

Höchstadt a. d. Aisch, Stadt auf der O-Flanke des Steigerwalds, Bay., 273 m ü. d. M., 10 500 E. Fachakad. für Sozialpädagogik, Mittelpunkt der im Aischgrund bed. Teichwirtschaft. - Erstmals um 900 erwähnt. - Spätgot. barockisierte Stadtpfarrkirche (14. Jh.), Schloß (13. und 16. Jh., später umgebaut; heute Landratsamt), z. T. erhaltene Stadtmauer (15. Jh.).

Höchstädt a. d. Donau

Höchstädt a. d. Donau, Stadt am N-Rand des Donaurieds, Bay., 417 m ü. d. M., 4500 E. Heimatmuseum. Spielwarenherstellung. - Entstanden um eine ehem. Reichsburg; seit 1270 als Stadt bezeichnet. Bekannt v. a. durch zwei Schlachten im Span. Erbfolgekrieg. Am 20. Sept. 1703 siegte das frz.-bayr. über das kaiserl. Heer. Die Entscheidung fiel jedoch in der Schlacht am 13. Aug. 1704, als das kaiserl. Heer unter Prinz Eugen und das brit. Heer unter Marlborough Bayern und die Franzosen schlugen (in der engl. Literatur: Schlacht von *Blenheim* [= Blindheim bei H. a. d. D.]). - Spätgot. Pfarrkirche (15./16. Jh.) mit barocker Kanzel (1681) und barockem Hochaltar (1659); Schloß (1589 ff.; Backsteinbau) mit mittelalterl. Bergfried (1292).

Höchstalemannisch, oberdt. Mundart, ↑deutsche Mundarten.

Hochstapler, Gauner, der unter falschem Namen und/oder mit falschem Titel als Angehöriger der oberen Klasse auftritt und gewinnreiche Betrügereien verübt. Das Wort stammt aus der Gaunersprache (hoch „vornehm", stap[p]eln „betteln, tippeln").

Hochstaudenflur (Karflur), in Hochgebirgen auf fruchtbaren, feuchten Böden wachsende, üppige Kräuterflur. Charakterist. für die H. der Alpen sind z. B. Eisenhut- und Alpendostarten, Weißer Germer sowie verschiedene Arten des Frauenmantels.

Höchstdruck, in der *Technik* Bez. für Drücke oberhalb von etwa 1 000 bar (~ 1 000 atm), in der *Physik* für Drücke, bei denen [die] Elektronen vom Atomverband losgerissen werden, so daß die Materie in einen metallähnl. Zustand übergeht.

Höchstdrucklampen (Superhochdrucklampen), Gasentladungslampen mit Gasdrücken bis 100 bar; in der Regel Quecksilberdampf- oder Xenonlampen in einem bes. dickwandigen Quarzgefäß. Lichtausbeute etwa 30 bis 70 lm/Watt. Die Lichtfarbe ist weiß bis tageslichtähnlich. Anwendungen: als Projektionslampen, Scheinwerfer, Leuchtfeuer.

Höchster Porzellan, seit 1750 in der 1746 gegr., 1796 aufgelösten Manufaktur in Höchst (= Frankfurt am Main) hergestelltes Porzellan. Berühmt die figürl. Plastik: v. a. von H. S. Feilner, L. Russinger und J. P. Melchior. Marke (mannigfach abgewandelt): Rad (Wappen von Kurmainz, in dessen Besitz sich die Manufaktur seit 1778 befand).

höchstes Gut (höchstes Gutes), 1. in der platon. Tradition idealer *Zustand,* der den gesellschaftl. Zuständen je nach dem Grad der Annäherung an ihn ihre Güte verleiht; 2. nach Aristoteles in einer Rangordnung der Güter und Werte ein *Prinzip,* nach dem die Normen des menschl. Handelns zu rechtfertigen sind. In der christl. Philosophie und Theologie ist die Platonische Idee des h. G. zum christl. Gott als dem „summum bonum" uminterpretiert worden.

höchstes Wesen (Hochgott), religionswiss. Bez. eines obersten Himmelsgottes, der Schöpfer der Welt und Herr atmosphär. Erscheinungen ist und als Schicksalsgottheit gilt.
♦ in der Aufklärung und bes. in der Frz. Revolution Ersatz für den christl. Gottesbegriff; mit dem als Auftakt eines neuen Kults eingeführten Fest des h. W. (8. Juni 1794) versuchte Robespierre, die Entchristianisierungskampagne einzudämmen und sein Herrschaftssystem durch eine metaphys. Begründung zu stabilisieren.

Hochstetter, Erich, * Berlin 14. Aug. 1888, † Greste (= Leopoldshöhe, Kreis Lemgo) 16. Juni 1968, dt. Philosoph. - 1930 Prof. in Berlin, 1950 in Münster, 1956 ebd. Leiter der Leibniz-Forschungsstelle; gab „Leibniz' Philosoph. Schriften und Briefe" (1956 ff.) heraus.

Höchstfrequenz, Abk. HHF, Frequenzbereich zw. 300 MHz und 300 GHz, ↑auch Wellenlänge.

Hochstift, im Hl. Röm. Reich (bis 1803) bei geistl. Fürsten Bez. für den reichsunmittelbaren Territorialbesitz eines Bischofs; das geistl. Ft. eines Erzbischofs hieß *Erzstift,* das eines geistl. Kurfürsten *Kurstift,* das eines Abtes *Stift.*

höchstpersönliche Rechte, Rechte, die derart mit der Person des Berechtigten verbunden sind, daß sie weder übertragbar noch vererblich sind (z. B. der Nießbrauch, Mitgliedschaftsrechte in Vereinen).

Höchstpreis, Preis, der gesetzl. oder behördl. festgesetzt ist und der eingehalten werden muß bzw. unterschritten werden darf (z. B. bei öffentl. Aufträgen, bei Verkehrstarifen). H. können festgesetzt werden, wenn die

Höchster Porzellan. Laurentius Russinger, Der Schlummer der Schäferin (um 1760). Mainz, Mittelrheinisches Landesmuseum

effektive Nachfrage das verfügbare Angebot so weit übersteigt, daß bei freier Preisbildung aus sozialen oder polit. Gründen unerwünschte Preissteigerungen eintreten würden.
Hochsträß [...ʃtrɛːs], bis 686 m hohe, hügelige Hochfläche in der südl. Schwäb. Alb.
Hochstraten, Jakob von ↑Hoogstraten, Jacob van.
Hochstspannung ↑Hochspannung.
Höchststufe, svw. Superlativ (↑Komparation).
Höchstvakuum ↑Vakuum.
Höchstwertprinzip ↑Bewertung.
Höchstzahlverfahren ↑d'Hondtsches Höchstzahlverfahren.
Hochtannbergpaß ↑Alpenpässe (Übersicht).
Hochtaunus ↑Taunus.
Hochtaunuskreis, Landkr. in Hessen.
Hochtemperaturwerkstoffe, therm. bes. stark belastbare Werkstoffe, die v. a. in der Luft- und Raumfahrt verwendet werden; es wird unterschieden zw: 1. therm. widerstandsfähigen Werkstoffen (Metalle, Metallkeramiken, Mischwerkstoffe mit hohen Schmelzpunkten), 2. therm. Absorptionswerkstoffen (Metalle und Metallegierungen mit hohen spezif. Wärmekapazitäten und Wärmeleitzahlen), 3. Schwitzwerkstoffen (mit Verdampfungskühlmitteln gekühlte poröse Werkstoffe), 4. ablativen Werkstoffen (Ablationswerkstoffe, ↑Ablation).
Hochterrasse ↑Terrasse.
Hochtonlautsprecher (Hochtöner) ↑Lautsprecher.
Hochtouristik [dt./lat.-frz.-engl.], Bez. für Bergtouren oberhalb der Baumgrenze (mindestens 2 000 m ü. d. M) mit Paßübergängen und Besteigungen im weglosen Gelände.
Hochufer, Rand der Flußaue.
Hoch- und Deutschmeister ↑Deutscher Orden.
Hochvakuum ↑Vakuum.
Hochvakuumröhren, Sammelbez. für Elektronenröhren, Röntgenröhren, Photozellen u. a., die bis auf einen Restgasdruck von 10^{-8} mbar ($\sim 10^{-11}$ atm) evakuiert worden sind und in denen ausschließl. Elektronen die Träger des elektr. Stromes sind.
Hochvakuumtechnik ↑Vakuumtechnik.
Hochverrat, gewaltsamer, vorsätzl. Angriff auf den inneren Bestand oder der verfassungsmäßige Ordnung eines Staates. Nach § 81 StGB wird mit lebenslanger oder mit Freiheitsstrafe nicht unter zehn Jahren bestraft, wer es unternimmt, mit Gewalt oder durch Drohung mit Gewalt 1. den Bestand der BR Deutschland zu beeinträchtigen (**Gebietshochverrat**) oder 2. die auf dem Grundgesetz der BR Deutschland beruhende verfassungsmäßige Ordnung zu ändern (**Verfassungshochverrat**). Mit Freiheitsstrafe von einem Jahr bis zu zehn Jahren wird bestraft, wer H. gegen ein Land der BR Deutschland unternimmt. - Das Merkmal *unternehmen* umfaßt Versuch wie Vollendung der Tathandlung. Wegen der Bed. des geschützten Rechtsgutes wird auch die **Vorbereitung eines hochverräter. Unternehmens** (§ 83 StGB) unter Strafe gestellt. - In allen Fällen des H. ist tätige Reue möglich.

Nach *östr. Recht* ist H. jedes Unternehmen, das auf eine gewaltsame Veränderung der Regierungsform, auf die Losreißung eines Teils des östr. Staatsverbandes, auf die Herbeiführung oder Vergrößerung einer Gefahr für den Staat von außen oder auf eine Empörung oder einen Bürgerkrieg im Inneren angelegt ist. Die Strafe des H. ist lebenslange Freiheitsstrafe.

Nach dem *schweizer. StGB* wird wegen H. mit Zuchthaus bis zu zwanzig Jahren oder mit Gefängnis von einem bis zu fünf Jahren bestraft, wer eine Handlung vornimmt, die darauf gerichtet ist, 1. mit Gewalt die Verfassung des Bundes oder eines Kt. abzuändern oder 2. die verfassungsmäßigen Staatsbehörden abzusetzen oder sie außerstand zu setzen, ihre Gewalt auszuüben, oder 3. schweizer. Gebiet von der Eidgenossenschaft oder Gebiet von einem Kt. abzutrennen. Vorbereitungshandlungen zur gewaltsamen Angriff werden von der gleichen Bestimmung erfaßt.
Hochvolttherapie ↑Strahlentherapie.
Hochwald ↑Hunsrück.
Hochwälder, Fritz, * Wien 28. Mai 1911, † Zürich 20. Okt. 1986, östr. Dramatiker. - Zunächst Tapezierer; emigrierte 1938 in die Schweiz. Seine streng gebauten idealist. Dramen zeigen in der Gestaltung histor. und weltanschaul. Themen eine aktualisierende Tendenz. Starke internat. Beachtung fand das Zeitdrama „Das hl. Experiment" (Uraufführung 1943).
Weitere Werke: Der Unschuldige (Kom., 1949), Der öffentl. Ankläger (Dr., 1954), Die Herberge (Dr., 1956), Der Himbeerpflücker (Dr., 1964), Der Befehl (Dr., 1967), Lazaretti oder der Säbeltiger (Dr., Uraufführung 1975).
Hochwasser, an Küsten der regelmäßige tägl. Hochstand des Wassers bei Flut.
♦ Wasserhochstand bei Flüssen, bes. nach Schneeschmelze oder starken Regenfällen.
Hochwild, wm. Bez. für das zur hohen Jagd gehörende Wild. Nach dem ReichsjagdG. von 1934 gehören zum H. Elch, Rot- und Damhirsch, Schwarzwild, Gemse, Steinbock, Mufflon und Auerhuhn.
Hochwohlgeboren, ehem. Höflichkeitsanrede; zunächst für Angehörige des Hochadels gebräuchl., dann auch auf den Niederadel und auf hohe bürgerl. Staatsbeamte übertragen.
Hochwürden (lat. reverendus), heute seltene Anrede und Ehrenbez. für kath. Priester und für die leitenden Geistlichen der ev. Kirchen.

Hochzahl ↑ Exponent.

Hochzeit [zu mittelhochdt. hōchgezīt (hōchzīt) „hohes Fest, Vermählungsfeier"] (Vermählung[sfeier], Beilager), Bez. für das Fest der Eheschließung (**grüne Hochzeit**). Als Erinnerungsfest an den Hochzeitstag werden gefeiert die **hölzerne Hochzeit** (nach 5 Jahren), die **silberne Hochzeit** (nach 25 Jahren), die **goldene Hochzeit** (nach 50 Jahren), die **diamantene Hochzeit** (nach 60 Jahren), die **eiserne Hochzeit** (landschaftl. verschieden nach 65, 70 oder 75 Jahren) und die **Gnadenhochzeit** (nach 70 Jahren). Zahlr. Hochzeitsbräuche haben sich bis heute erhalten: der Polterabend als Vorfeier am Abend vor der H.; das Tragen von Brautkleid, -strauß und -schleier; der Ringwechsel; das festl. Essen als Mittelpunkt der H. mit Tischrede und Hochzeitstanz. - Im Zuge der Säkularisierung und Industrialisierung moderner Gesellschaften hat jedoch die H. ihre frühere Bed. als Symbol und Anzeiger für soziale Statusveränderungen der Partner weitgehend verloren. Das Liebesideal als neues maßgebendes Partnerwahlprinzip hat Mitgift- und Vermögensinteressen stark in den Hintergrund gedrängt. Berufstätigkeit der künftigen Ehefrauen und z. T. längere Ausbildungszeiten auch noch nach der H. lassen die H. nicht mehr als sozioökonom. bedeutsamen Übergangsritus erscheinen.

Hochzeitsflug, Bez. für den Begattungsflug staatenbildender Insekten (Bienen, Ameisen, Termiten).

Hochzeitskleid (Brutkleid, Prachtkleid), Bez. für die Gesamtheit aller durch Hormone gesteuerten auffälligen Bildungen der Körperdecke (z. B. bunte Federn oder Flossen; Hautkämme bei Molchen), wie sie bei den ♂♂ vieler Wirbeltierarten (bes. Fische, Amphibien, Vögel) zur Anlockung von ♀♀ auftreten.

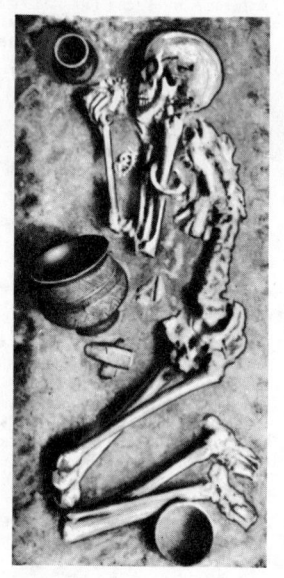

Hocke, Gustav René, * Brüssel 1. März 1908, † Genzano bei Rom 14. Juli 1985, dt. Publizist. - Schrieb „Die Welt als Labyrinth. Manier und Manie in der europ. Kunst" (1957), „Manierismus in der Literatur" (1959), auch Reiseberichte, Essays u. a.

Hocke, im *Turnen* eine Körperhaltung, bei der die geschlossenen Beine stark gebeugt und an die Brust herangezogen werden. In dieser Haltung wird z. B. die Reckstange oder der Holm des Barrens überquert oder ein Gerät (Pferd usw.) übersprungen.
♦ im *Skisport* eine Körperhaltung, bei der der Oberkörper über den stark gebeugten Beinen gekrümmt ist.
♦ auf dem Feld zum Trocknen zusammengestellte Getreidegarben.

Hockenheim, Stadt im Oberrhein. Tiefland, Bad.-Württ., 100 m ü. d. M., 17 000 E. Motodrom (**Hockenheimring**, 1932; 1963-65 modernisiert). - 769 erstmals erwähnt; seit 1895 Stadt. - Kath. Pfarrkirche im Jugendstil.

Höcker, in der Morphologie, Anatomie und Medizin eine kegel- oder buckelartige Erhebung am Körper bzw. an Körperteilen (z. B. bei Kamelen), an Organen (z. B. bei der Höckerleber) oder Knochen (als Gelenkhöcker).

Höckergans ↑ Gänse.

Hockergrab, vorgeschichtl. Bestattungsform, bei der der Tote mit mehr oder weniger an den Leib gezogenen Knien auf der rechten oder linken Körperseite im Grab liegt, seltener sitzt. Hockergräber kommen seit dem Jungpaläolithikum vor und sind bes. im Neolithikum und in der frühen Bronzezeit vorherrschend.

Höckerschmuckschildkröten (Höckerschildkröten, Graptemys), Gattung der Sumpfschildkröten mit 6 Arten in N-Amerika; Panzerlänge etwa 15-30 cm, mittlere Rückenschilder mit höckerartigen Erhebungen; Panzer und Weichteile mit oft sehr kontrastreicher Linien- und Fleckenzeichnung; beliebte Terrarientiere, z. B. die **Landkartenschildkröte** (Graptemys geographica).

Höckerschwan ↑ Schwäne.

Hockey [ˈhɔki; engl.], Stockballspiel zw. 2 Mannschaften zu je 11 Spielern (Torwart, 2 Verteidiger, 3 Läufer, 5 Stürmer). Das Ziel ist, einen Vollball aus Leder oder Kunststoff (Gewicht: zw. 156 und 163 g, Durchmesser:

Hockergrab aus dem Neolithikum (Fundort Leuna-Rössen); neben dem Skelett liegen Becher als Grabbeigaben

Hoden

rd. 7–7,5 cm) mit den am unteren Ende gekrümmten Stöcken innerhalb des Schußkreises (Radius 14,63 m) in das gegner. Tor (3,66 m breit, 2,14 m hoch) zu treiben. Das H.spielfeld ist 50–55 m breit und bis 91,40 m lang. Ein Spiel, das zweimal 35 Minuten dauert (mit 10 Minuten Halbzeitpause), wird von 2 Schiedsrichtern geleitet. Seit 1973 können 2 Spieler ausgewechselt werden.
Das Spiel wird zu Beginn, nach dem Seitenwechsel und nach jedem Torerfolg mit einem Bully eröffnet. Der H.ball darf nur mit dem H.stock bewegt, mit der Hand jedoch in der Luft und am Boden angehalten werden. Der Torwart kann den Ball auch mit dem Fuß anhalten und weiterspielen. Überschreitet der Ball die Seitenlinie, so wird er von einem Spieler der Gegenpartei mit dem Schläger eingeschoben; wird er von einem Spieler der angreifenden Partei über die gegner. Torauslinie getrieben, gibt es Abschlag für die verteidigende Mannschaft. Hat diese den Ball vor dem Überschreiten der eigenen Torauslinie zuletzt berührt, wird eine Ecke (lange Ecke) verhängt. Liegt ein absichtl. Ausspiel über die eigene Torauslinie vor, folgt eine Strafecke (kurze Ecke). Strafecke wird ebenfalls bei Verstößen der abwehrenden Partei im eigenen Schußkreis bzw. bei bewußtem Foulspiel im eigenen Schußkreis verhängt. Regelverstöße im Mittelfeld werden mit einem Freischlag für die gegner. Partei geahndet. Die Abseitsregel (↑ abseits) wurde 1973 endgültig der des Fußballs angeglichen. Bewußt grobe Regelverstöße im eigenen Schußkreis haben einen Strafstoß (Siebenmeter) zur Folge.
Im **Hallenhockey** ist das Spielfeld zw. 18 und 20 m breit und zw. 36 und 40 m lang. Eine Mannschaft besteht aus 6 Spielern und ebenso vielen Auswechselspielern. Die Tore sind 3 m breit und 2 m hoch; die Seitenlinien werden durch eine etwa 15 cm hohe Holzblende begrenzt. Die Abseitsregel entfällt ebenso wie die lange Ecke.

Hockney, David [engl. ˈhɔknɪ], *Bradford (West Yorkshire) 9. Juli 1937, engl. Maler und Graphiker. - Bed. Zeichner und Radierer sowie Maler der engl. Pop-art.

hoc loco, Abk. h. l., lat. (veraltet) „hier, an diesem Ort".

Hoddis, Jakob van, eigtl. Hans Davidsohn, *Berlin 16. Mai 1887, †bei Koblenz 30. April 1942, dt. Schriftsteller. - 1909 Mitbegr. des frühexpressionist. „Neuen Clubs"; Freundschaft mit G. Heym; seit 1912 Anzeichen von Schizophrenie; lebte seit 1933 in einer Heilanstalt bei Koblenz; 1942 deportiert und auf dem Transport ermordet. Die größte Wirkung seines schwermütigen, oft iron. Werkes voller visionärer Bilder, das 1907 und 1914 entstand, hatte das Gedicht „Weltende", das den Untergang der bürgerl. Welt als Beginn der letzten Katastrophe schildert.

Hodegetria [griech. „Wegführerin"], byzantin. Marienbildtypus; die Gottesmutter weist mit der rechten Hand auf Jesus, der auf ihrem linken Arm sitzt, hin.

Hodeida ↑ Hudaida, Al.

Hodeir, André [frz. ɔˈdɛːr], *Paris 22. Jan. 1921, frz. Komponist und Musikschriftsteller. - Gründete 1954 die „Jazz Groupe de Paris"; zahlr. analyt. Schriften zum Jazz, u. a. „Hommes et problèmes du jazz" (1954), „Toward jazz" (1962), „Les mondes du jazz" (1970).

Hoden [zu althochdt. hodo, eigtl. „das Umhüllende"] (Testis, Didymus, Orchis), männl. Keimdrüse bei Tieren und beim Menschen, die die ♂ Geschlechtszellen (Spermien) produziert und bei Wirbeltieren und Insekten Bildungsort von Hormonen ist. H. treten erstmals bei den Nesseltieren auf. Während bei den einfacheren Organismen die H. in Lage, Zahl und Form stark variieren, sind sie von den Gliedertieren an im allg. paarig ausgebildet und auf wenige Körperabschnitte oder einen bestimmten Ort innerhalb des Hinterleibs beschränkt. Bei den Insekten bestehen die H. je aus mehreren Samenschläuchen

Hoden und Nebenhoden des Menschen. aS ausführende Samenkanälchen (Ductuli efferentes testis; ihre dichten Knäuel bilden die Nebenhodenläppchen, Lobuli epididymidis), H Hoden, Hk Hodenkanälchen, Hl Hodenläppchen (Lobuli testis), Hs Hodensepten (Septula testis), N Nebenhoden, Ng Nebenhodengang (Ductus epididymidis), R Rete testis, S Samenleiter (Ductus deferens)

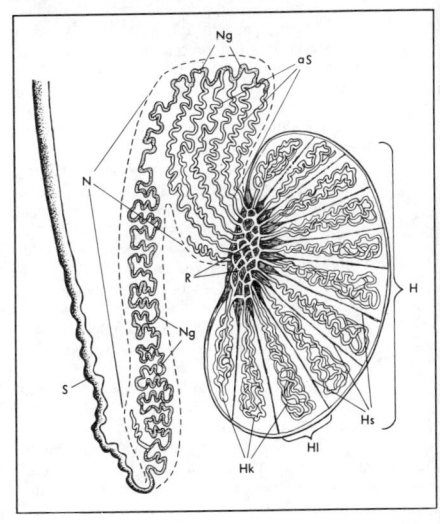

Hodenbruch

(H.follikel) auf jeder Körperseite, die in einen gemeinsamen *Samenleiter* (Vas deferens) einmünden. Der urspr. paarig angelegte H. der Weichtiere ist bei den Schnecken und Tintenfischen unpaar geworden. Er ist bei den zwittrigen Schnecken mit der ♀ Keimdrüse zur *Zwitterdrüse* vereinigt.

Bei den *Wirbeltieren* entsteht der H. dorsal in der Leibeshöhle hängend, in einer Falte des Bauchfells neben der Urnierenanlage. Es kommt zu einer Verbindung *(Urogenitalverbindung)* mit der Urniere oder dem Urnierengang. Die in der H.anlage entstehenden Keimstränge formen sich bei den höheren Wirbeltieren (einschließl. Mensch) zu gewundenen *Samenkanälchen (H.kanälchen,* Tubuli [seminiferi] contorti) um, deren Wand außer den Samenbildungszellen auch noch Nährzellen *(Sertoli-Zellen)* enthält. Im Bindegewebe zw. den Ampullen bzw. Kanälchen sind die *Leydig-Zwischenzellen* eingelagert, die Speicherfunktion haben und Androgene produzieren. Die Ausführgänge der H. *(Vasa efferentia, Ductuli efferentes)* vereinigen sich zum *Samenleiter (Vas deferens, Ductus deferens;* häufig mit Samenblase), der zw. After und Harnröhre, in die Harnblase, die Harnröhre, den After oder in die Kloake münden kann. Bei den meisten Wirbeltieren verbleibt der H. zeitlebens in der Bauchhöhle. Bei den meisten Säugetieren jedoch verlagert er sich nach hinten und wandert *(Descensus testis)* über den Leistenkanal aus der Leibeshöhle in den † Hodensack, wo er entweder dauernd verbleibt (z. B. bei Beuteltieren, Wiederkäuern, Pferden, vielen Raubtieren und den Herrentieren, einschließl. Mensch) oder aus dem er zw. den Fortpflanzungsperioden wieder in die Bauchhöhle zurückgezogen wird (z. B. bei vielen Nagetieren und Flattertieren). Bei den meisten Wirbeltieren kommt es noch zur Ausbildung eines † Nebenhodens.

Beim *Menschen* haben die beiden eiförmigen H. des erwachsenen Mannes die Größe einer kleinen Pflaume und sind von einer starken Bindegewebskapsel umschlossen, die in einem serösen Gleitspalt liegt. Weitere Hüllen schließen auch den dem H. hinten anliegenden Nebenhoden ein. Eine dieser Hüllen vermag als quergestreifter Muskel *(Musculus cremaster, Kremaster)* bei Berührung der Oberschenkels den Hodensack reflektor. anzuheben. Vor der Geschlechtsreife ist das Innere des H. durch Scheidewände in etwa 250 pyramidenförmige Fächer *(H.läppchen, Lobuli testis)* unterteilt. In jedem Läppchen liegen durchschnittl. drei bis etwa 30 cm lange, etwa 0,2 mm dicke, aufgeknäuelte, blind endende H.kanälchen, in deren Wand die Samenbildungszellen sowie die Nährzellen liegen. Die H.kanälchen münden zunächst in einem Hohlraumsystem, dem *Rete testis,* und von dort aus in die ausführenden Kanäle des Nebenhodens.

⌑ Städler, F.: *Die normale u. gestörte praepuberale H.entwicklung. Stg. 1973.*

Hodenbruch (Hodensackbruch, Skrotalhernie), Leistenbruch, bei dem der Bruchinhalt in den Hodensack eingetreten ist.

Hodenentzündung (Orchitis), schmerzhafte entzündl. Erkrankung des Hodens, die mit Rötung und Schwellung des Hodensacks, häufig auch mit Fieber einhergeht; oft als Begleiterscheinung von Infektionskrankheiten (Mumps, Typhus), auch als Folge von entzündl. Erkrankungen der Nachbarorgane oder von Verletzungen.

Hodensack (Skrotum, Scrotum), hinter dem Penis liegender Hautbeutel bei den meisten Säugetieren (einschließl. Mensch). Im H. liegt der paarige Hoden (mit Nebenhoden), getrennt durch eine bindegewebige Scheidewand. In der schwach verhornten, pigmentierten Haut des H. liegen glatte Muskelbündel, die sich bei Berührungsreizen sowie Kältereiz kontrahieren (Skrotalreflex) und so über die Runzelung der Haut wärmeschützend wirksam sind. Die Verlagerung der Hoden aus der Wärme des Körperinneren in den kühleren Bereich des H. ist bei den betreffenden Lebewesen Voraussetzung für eine normale Spermienbildung.

Hodges, Johnny [engl. ˈhɔdʒɪz], eigtl. John Cornelius H., * Cambridge (Mass.) 25. Juli 1906, † New York 11. Mai 1970, amerikan. Jazzmusiker (Altsaxophonist). - Spielte seit 1928 im Orchester Duke Ellingtons. H. verfügte über eine sehr ausdrucksstarke und flexible Tonbildung; stilbildender Saxophonist des Swing.

Hodgkin [engl. ˈhɔdʒkɪn], Sir (seit 1972) Alan Lloyd, * Banbury (Oxfordshire) 5. Nov. 1914, brit. Physiologe. - Prof. in Cambridge; arbeitete (mit A. F. Huxley) hauptsächl. auf dem Gebiet der Erregungsleitung in Nerven und entdeckte den Mechanismus der Entstehung und Weiterleitung der Aktionspotentiale in den Nervenbahnen. 1963 erhielt er mit A. F. Huxley und J. C. Eccles den Nobelpreis für Physiologie oder Medizin.

H., Dorothy Crowfoot, * Kairo 12. Mai 1910, brit. Chemikerin. - Prof. in Oxford; ermittelte die Molekülstruktur verschiedener Penicillinarten und Vitamine. 1964 erhielt sie für die röntgenograph. Analyse des Vitamins B_{12} den Nobelpreis für Chemie.

Hodgkin-Krankheit [engl. ˈhɔdʒkɪn; nach dem brit. Internisten T. Hodgkin, * 1798, † 1866], svw. † Lymphogranulomatose.

Hodler, Ferdinand, * Bern 14. März 1853, † Genf 19. Mai 1918, schweizer. Maler. - 1889 entstand „Die Nacht" (Bern, Kunstmuseum), Ausgangspunkt seines Monumentalstils mit verfestigten Umriß der Gestalten und Landschaftsformen und strengem, oft symmetr. Bildaufbau. Seine Jugendstilmalerei ist symbolistisch, u. a. bed. Historienmalerei. - *Weitere Werke:* Die Enttäuschten (1891/92), Der

Auserwählte (1893/94), Eurhythmie (1894/95), Der Tag (1900; alle Bern, Kunstmuseum), Schwingerumzug (1886/87, Zürich, Kunsthaus), Tell (1903), Eiger, Mönch und Jungfrau (1908; beide Solothurn, Museum der Stadt), Auszug der Jenenser Studenten in den Freiheitskrieg 1813 (1908/09, Jena, Univ., Freskomalerei).

Hodograph [zu griech. hodós „Weg"], Gerät zum Aufzeichnen einer beliebigen krummlinigen Bewegung und der damit verbundenen Geschwindigkeiten und Beschleunigungen.
♦ (Geschwindigkeitskurve) graph. Darstellung der Geschwindigkeitsänderung eines sich bewegenden Körpers.

Hodometer [zu griech. hodós „Weg"], Wegmesser, Schrittmesser.

Hodonín (dt. Göding), Stadt in der ČSSR, 55 km sö. von Brünn, 26 200 E. Mittelpunkt des südmähr. Erdöl- und Erdgasreviers; Abbau von Braunkohlen; Ziegeleien. - 1052 erstmals erwähnt, erhielt 1228 Stadtrecht.

Hodoskop [zu griech. hodós „Weg"], ein insbes. in der Höhenstrahlenphysik verwendetes Gerät, mit dessen Hilfe die Bahnen von atomaren Teilchen bzw. von Elementarteilchen in der Höhenstrahlung registriert werden können.

Hödr [...dər] (Hödur), in der german. Mythologie blinder Sohn Odins; erschießt ahnungslos seinen Bruder †Baldr mit dem Mistelzweig, den †Loki ihm als Pfeil reicht.

Hodža, Milan [slowak. ˈhɔdʒa], * Sučany bei Lučenec 1. Febr. 1878, † Clearwater (Fla.) 27. Juni 1944, tschechoslowak. Politiker. - 1905-18 Abg. des ungar. Reichsrates, 1918-38 des tschechoslowak. Parlaments; als führender Repräsentant der Agrarpartei nach 1919 wiederholt Min., 1935-38 Min.präs. der ČSR. 1939 Emigration in die USA; trat innenpolit. für einen gemäßigten Zentralismus ein, außenpolit. für eine föderative Ordnung des Donauraumes.

Hoech, Hannah [høːç], * Gotha 1. Nov. 1889, † Berlin 31. Mai 1978, dt. Malerin und Graphikerin. - Mgl. der Dada-Bewegung in Berlin; Photo- und Materialcollagen, groteske Puppen sowie Ölbilder.

Hoechstetter [ˈhøːçʃtɛtər], dt. Kaufmannsfamilie. Seit dem 12. Jh. als schwäb. Ministerialen (Reichsadel 1518), seit 1280 als Bürger in Augsburg nachgewiesen, begann seit Anfang des 15. Jh. (bis zu ihrem spektakulären Zusammenbruch 1529) den Aufstieg zur drittgrößten Handelsgesellschaft neben denen der Fugger und Welser.

Hoeflich, Eugen [ˈhøːflɪç], israel. Schriftsteller östr. Herkunft, †Ben-Gavriêl, Moscheh Ya'akov.

Hoeger, Fritz †Höger, Fritz.

Høegh-Guldberg, Ove [dän. høːˈɣulbɛrˀy] †Guldberg, Ove.

Hoegner, Wilhelm [ˈhøːgnər], * München

Ferdinand Hodler, Der Traum (1897-1903). Privatbesitz

23. Sept. 1887, † ebd. 5. März 1980, dt. Jurist und Politiker (SPD). - 1924-32 und 1946-70 MdL in Bayern, 1930-33 MdR, 1933-45 im Exil in Österreich und in der Schweiz; im Mai 1945 bayr. Justizmin., 1945/46 Min.präs., 1947 stellv. Min.präs. und Justizmin., 1948-50 Generalstaatsanwalt, 1950-54 Innenmin., 1954-57 Min.präs.; 1957-62 Fraktionsvors. der SPD.

Hoehme, Gerhard [ˈhøːmə], * Greppin (Landkr. Bitterfeld) 5. Febr. 1920, dt. Maler. - 1952/53 Mitbegr. des Tachismus; später Erweiterung zur Objektkunst. - † 29. Juni 1989.

Hoei [niederl. huːjː] †Huy.

Hoeksche Waard [niederl. ˈhuːksə ˈwaːrt], niederl. Insel im Rhein-Maas-Delta; Landw., die auf den Markt von Rotterdam ausgerichtet ist.

Hoek van Holland [niederl. ˈhuːk fɑn ˈhɔlɑnt] †Rotterdam.

Hoel, Sigurd [norweg. huːl], * Nord-Odal (Hedmark) 14. Dez. 1890, † Oslo 14. Okt. 1960, norweg. Schriftsteller. - Von S. Freud beeinflußter Dramatiker und Erzähler; seine pessimist., erot. Romane wie „Sünder am Meer" (1927), „Ein Tag im Oktober" (1932), „Der Weg bis ans Ende der Welt" (1934) waren Satiren gegen das norweg. Bürgertum.

Hoelscher, Ludwig ['hœlʃɐr], * Solingen 23. Aug. 1907, dt. Violoncellist. - Konzertierte seit 1931 (oft zus. mit E. Ney bzw. mit deren Trio) in den internat. Musikzentren. Bed. Interpret v. a. J. S. Bachs und zeitgenöss. Musik.

Hoelzel (Hölzel), Adolf ['hœltsəl], * Olmütz 13. Mai 1853, † Stuttgart 17. Okt. 1934, dt. Maler. - Gründete 1891 die Dachauer Malerschule in Neu-Dachau (Freilichtmalerei); setzte sich prakt. und theoret. mit den Problemen der Farbentheorie auseinander; einer der Begründer der abstrakten Malerei. Auch Glasbilder, Pastellmalerei in leuchtender Farbgebung. An der Akad. von Stuttgart (1906-18) Lehrer u. a. von J. Itten, O. Schlemmer, W. Baumeister, I. Kerkovius.

Hoensbroek [niederl. 'hu:nzbru:k], Teil der niederl. Stadt † Heerlen, bis 1975 bed. Steinkohlenbergbau. - Seit 1388 Mittelpunkt der gleichnamigen Herrschaft und späteren Gft. - Reste röm. Häuser; spätgot. alte Pfarrkirche (etwa 1400), Schloß (14. und 17. Jh.).

Hoepner, Erich ['hœpnər], * Frankfurt/Oder 14. Sept. 1886, † Berlin 8. Aug. 1944, dt. Generaloberst. - Kommandierte 1940 im Ostfeldzug die Panzergruppe 4, die er im Widerspruch zum „Führerbefehl" Ende 1941 auf eine Winterstellung zurücknahm; deswegen Anfang 1942 abgesetzt; wegen seiner Teilnahme an der Verschwörung des 20. Juli 1944 zum Tode verurteilt und hingerichtet.

Hoerschelmann, Fred von ['hœr...], * Haapsalu (Estland) 16. Nov. 1901, † Tübingen 2. Juli 1976, dt. Schriftsteller. - Verfaßte Hörspiele wie „Das Schiff Esperanza" (1953), „Die verschlossene Tür" (1958), „Dichter Nebel" (1961; als Fernsehspiel 1965), „Die blaue Küste" (1970), Dramen und Erzählungen mit geschichtl. oder gegenwartsbezogener Thematik.

Hoesch AG [hœʃ], dt. Holdinggesellschaft der Montanind., Sitz Dortmund, gegr. 1871, heutiger Name seit 1938; 1946/47 Demontage und Entflechtung, 1950 Liquidation; Neugründung 1952 und Gründung der Nachfolgegesellschaften „Hoesch Werke AG", Dortmund, „Altenessener Bergwerks AG", Essen-Altenessen, und „Industriewerte AG", Dortmund; 1956 Zusammenschluß, 1958 wieder unter der Firma „H. AG"; 1966 Zusammenschluß mit der „Dortmund-Hörder Hüttenunion AG" (DHHU); 1972 Einbringung des Betriebsvermögens der H. AG in die neue Arbeitsgesellschaft „Hoesch Werke AG" (hervorgegangen aus der „Industriewerte AG"), Dortmund, und Gründung der Zentralgesellschaft **ESTEL NV** (Sitz Nimwegen), an der sie und die Koninklijke Nederlandsche Hoogovens en Staalfabrieken NV zu je 50 % beteiligt sind.

Hoetger, Bernhard ['hœtgər], * Hörde (= Dortmund) 4. Mai 1874, † Unterseen 18. Juli 1949, dt. Bildhauer. - 1910 an die Künstlerkolonie nach Darmstadt berufen, neben Bauplastik v. a. expressive Kleinplastik mit oriental. Motiven.

Hoetzsch, Otto [hœtʃ], * Leipzig 14. Febr. 1876, † Berlin 27. Aug. 1946, dt. Historiker und Politiker. - 1906 Prof. für osteurop. Geschichte in Posen, 1913 in Berlin (1935 zwangsemeritiert); 1920-30 MdL in Preußen und MdR, bis 1929 für die DNVP, danach für die Volkskonservative Vereinigung; zahlr. Arbeiten über Rußland und Osteuropa.

Hof, Stadt an der oberen Saale, Bay., 497 m ü. d. M., 52 500 E. Verwaltungssitz des Landkr. H.; Museum. Wichtigste Wirtschaftszweige sind die Textilind. und Brauereien. ⌘ H.-Pirk. - Ersterwähnung 1214, Sitz des Vogts im Regnitzland; kam 1373 an die Burggrafen von Nürnberg, 1810 an Bayern. - 1823 wurde der histor. Baubestand durch Brand stark zerstört. Die Stadtpfarrkirche Sankt Michael wurde 1826-29 neugot. wiedererrichtet, die Spitalkirche erhielt 1688/89 die barocke Kassettendecke, Rathaus (1563-66).

H., Landkr. in Bayern.

Hof, abgeschlossener Raumbezirk hinter dem Haus bzw. zw. Gebäuden; z. T. als Wohnteil gestaltet (Innenhof, † Atrium, † Patio).

♦ svw. † Gehöft.

♦ (Curia) Bez. für die Haushaltung der Fürsten und ihrer Fam. sowie für die fürstl. Residenz. Der H. stellte das Machtzentrum des beherrschten Gebiets dar und wanderte in der Frühzeit mit dem Herrscher von Ort zu Ort, bis er vom Spät-MA an mit festen Residenzen verbunden blieb. Aus den Verhältnissen der german. Zeit entwickelte sich jener Verwaltungs- und Herrschaftsapparat, aus dem die meisten modernen Staatsbehörden hervorgegangen sind. Die Gesamtheit der im H.dienst Stehenden war als H.staat in eine strenge Rangordnung gegliedert. Im Zeremoniell des H. vollzog sich die Staatsrepräsentation des vorindustriellen Zeitalters, wobei im 15. Jh. der frz. H. zum Vorbild für das übrige Europa wurde.

♦ † Aureole.

Hofämter, Bez. für die schon z. Z. der fränk. Herrscher bestehenden vier altgerman. Hausämter Truchseß (Dapifer), Marschall, Kämmerer, Schenk. Seit Otto I. wurden sie von den höchsten Reichsfürsten ausgeübt und wandelten sich zu erbl. Ehrenämtern (Erzämter). In Frankr. traten seit dem 14. Jh. an die Stelle der seit dem 12. Jh. nicht mehr besetzten H. die vom König ernannten und abhängigen *Grands officiers,* u. a. *Grand maître de France* (Seneschall, Truchseß), *Connétable* (Konnetabel) und *Grand écuyer de France* (Marschall), *Grand chambellan* (Kämmerer) und *Grand bouteiller* (Schenk). Nach ihrer Abschaffung im Verlauf der Frz. Revolution schuf Napoleon I. ihnen entsprechende Ehrenämter (Grandes dignités).

Hofbauer, Klemens Maria (Taufname: Johannes), hl., *Taßwitz (= Tasovice, Südmähr. Gebiet) 26. Dez. 1751, †Wien 15. März 1820, östr. Redemptorist. - Von großem Einfluß als Prediger und Seelsorger, bes. auf die Romantiker (F. Schlegel, C. Brentano, J. von Eichendorff [„H.-Kreis"]). - Fest: 15. März.

Hofbeichtvater, der ständige Beichtvater kath. Fürsten, meist einflußreicher polit. Berater.

Hofbräuhaus, Brauhaus und Bierausschank in München, gegr. 1589. Seit 1614 wird nach dem Vorbild des Einbecker Biers „Einbock" („Bock", „Maibock") gebraut.

Hofdichtung, Sammelbez. für Dichtungen, die Normen höf. Standes- und Lebensideale und monarch. Herrschaftsstrukturen repräsentieren und propagieren oder Herrschergestalten verherrlichen.

Hofeffekt, svw. ↑Haloeffekt.

Hofei (Hefei) [chin. xʌfɛi], Hauptstadt der chin. Prov. Anhwei, ihr kulturelles und wirtsch. Zentrum, nahe dem See Chao Hu, 795 000 E (geschätzt). Univ., TU, Fachhochschulen für Landw., Bergbau und Medizin; Prov.museum und -bibliothek. Mittelpunkt eines Reisanbaugebiets, wichtiger Ind.standort mit Textilind., Eisen- und Stahlwerk, Aluminiumwerk u. a. An der Bahnlinie Schanghai-Sütchou gelegen; Schiffsverbindung zum Jangtsekiang; ✈.

Höfeordnungen ↑Anerbenrecht.

Hofer, Andreas, *Sankt Leonhard in Passeier 22. Nov. 1767, †Mantua 20. Febr. 1810 (erschossen), Tiroler Freiheitskämpfer. - Der Gastwirt „am Sande" („Sandwirt von Passeier") leitete 1809 mit P. J. Haspinger, P. Mayr und J. Speckbacher den Tiroler Freiheitskampf. Nach dem Sieg am Berg Isel (25. und 29. Mai) über die Bayern setzte er auch nach dem Waffenstillstand von Znaim (12. Juli) den Kampf um Tirol fort; am 13. Aug. schlug sein Volksaufgebot am Berg Isel die Franzosen, danach wurde H. Regent von Tirol. Als im Frieden von Schönbrunn (14. Okt.) Österreich auf Tirol verzichten mußte, setzte H. aus Unkenntnis der polit. Lage den Kampf fort. Durch Verrat wurde er von den Franzosen aufgespürt und hingerichtet.

H., Karl, *Karlsruhe 11. Okt. 1878, †Berlin 3. April 1955, dt. Maler und Graphiker. - 1919-36 Prof. an der Berliner Kunstakad., deren Direktor er 1945 wurde; beeinflußt von H. von Marées und Cézanne; stark konturierte Figurenbilder, Stilleben und Landschaften (aus dem Tessin). - *Werke:* Maskerade (1922; Köln, Wallraf-Richartz-Museum), Freundinnen (1923/24; Hamburg, Kunsthalle), Die schwarzen Zimmer (1928, verbrannt, Zweitfassung 1943; Berlin, neue Nationalgalerie), Lunares (1953; Karlsruhe, Kunsthalle). - Schrieb Memoiren.

Höfer, Josef, *Weidenau (= Siegen) 15. Nov. 1896, †Grafschaft (= Schmallenberg

Adolf Hoelzel, Abstraktion II (um 1913). Stuttgart, Staatsgalerie

[Hochsauerland]) 7. April 1976, dt. kath. Theologe. - 1954-67 Botschaftsrat an der dt. Botschaft beim Vatikan. Mithg. des „Lexikons für Theologie und Kirche" (1957-68).

H., Werner, *Kaisersesch bei Cochem 21. März 1913, dt. Journalist. - Seit 1952 Leiter des „Internat. Frühschoppens", einer sonntägl. Hörfunk- und (seit 1953 auch) Fernsehsendung mit Journalisten aus verschiedenen Ländern; beim WDR 1964-77 Direktor des dritten Fernsehprogramms, 1972-77 Programmdirektor Fernsehen.

Hoff, Ferdinand, *Kiel 19. April 1896, dt. Internist. - Prof. in Königsberg, Würzburg, Graz und Frankfurt am Main. H. ist bes. durch Arbeiten auf dem Gebiet der vegetativen Regulationen, der inneren Sekretion und Neuropathologie hervorgetreten. Bekannt wurde H. durch eindringl. Warnungen vor den Gefahren des Arzneimittelmißbrauchs. - †23. März 1988.

H., Jacobus Henricus van't, *Rotterdam 30. Aug. 1852, †Berlin 1. März 1911, niederl. Physikochemiker. - Prof. in Amsterdam und Berlin. Ausgehend von der opt. Aktivität der Weinsäure veröffentlichte er 1874 Vorstellungen zur räuml. Ausrichtung der Kohlenstoffvalenzen und war damit Mitbegr. der Stereochemie. Außerdem fand er die Gesetzmäßigkeiten des chem. Gleichgewichts und stellte die **Van-'t-Hoffsche Regel** (Reaktionsgeschwindigkeit-Temperatur-Regel, RGT-Regel) auf. Sie besagt, daß bei einer Temperaturerhöhung um 10 °C die Reaktionsgeschwindigkeit auf das Doppelte bis Dreifache ansteigt. Für die Entdeckung, daß für in stark verdünnter Lösung vorliegende Stoffe die Gasgesetze gelten (u. a. für den osmot. Druck die Zustandsgleichung idealer Gase) erhielt er 1901 den ersten Nobelpreis für Chemie.

H., Karl von, *Gotha 1. Nov. 1771, †ebd. 24. Mai 1837, dt. Geologe. - Direktor der wiss.

Hoffahrt

und Kunstsammlungen in Gotha, verhalf dem ↑Aktualismus zum Durchbruch, u. a. in seinem Werk „Geschichte der durch Überlieferung nachgewiesenen natürl. Veränderungen der Erdoberfläche" (1822–34).

Hoffahrt, im Lehnswesen die Verpflichtung des Lehnsträgers zu regelmäßigem Besuch des lehnsherrl. Hofes.

Hoffaktor, Bez. für den seit dem 14. Jh. bekannten Hofjuden; v. a. für die Erledigung wirtschaftl. Aufgaben zuständig, trat bes. als Hofbankier nach dem Dreißigjährigen Krieg in Erscheinung. Die H. erstrebten oft die Erhebung in den Adelsstand, die seit Mitte des 16. Jh. mehr und mehr erfolgte (z. B. die Fam. Rothschild).

Hoffart, auf mittelhochdt. „hochvart" zurückgehende, kaum mehr gebräuchl. Bez. für Hochmütigkeit, äußere Pracht, Aufwand.

Hoffman, Dustin [engl. 'hɔfmæn], * Los Angeles 8. Aug. 1937, amerikan. Filmschauspieler. - Seine schauspieler. Wandlungsfähigkeit wurde deutlich in „Die Reifeprüfung" (1967), „Asphalt Cowboy" (1970), „Little Big Man" (1971), „Papillon" (1973), in dem Film über die Watergate-Affäre „Die Unbestechlichen" (1976), in „Tootsie" (1982) und „Rainman" (1989).

Dustin Hoffman (1977)

H., Melchior [⌣–], * Schwäbisch Hall um 1490, † Straßburg 23. Juli 1543, dt. Täufer. - Wirkte seit 1523 v. a. in Norddeutschland für die Reformation, überwarf sich aber wegen seiner spiritualist. Sakramentenlehre und apokalypt. Enderwartung mit Luther; wollte in Straßburg (seit 1533) in Gefangenschaft das Tausendjährige Reich erwarten; daraufhin errichteten seine Anhänger (Melchioriten) 1534/35 das Täuferreich in Münster (Westf.).

Hoffmann, Arthur, * Sankt Gallen 18. Juni 1857, † ebd. 23. Juli 1927, schweizer. Politiker. - Jurist; 1886–91 als Liberaler im Großen Rat von Sankt Gallen, 1896–1911 im Ständerat, 1911–17 im Bundesrat; 1914 Bundespräs.; Rücktritt nach dem gescheiterten Versuch, im Juni 1917 zw. Rußland und Deutschland einen Sonderfrieden zu vermitteln.

H., August Heinrich ↑Hoffmann von Fallersleben, August Heinrich.

H., Christoph, * Leonberg 2. Dez. 1815, † Jerusalem 8. Dez. 1885, dt. Pietist. - Begründete die Gemeinde der Jerusalemsfreunde (später ↑Tempelgesellschaft genannt).

H., Elisabeth, dt. Dichterin, ↑Langgässer, Elisabeth.

H., Ernst, * Berlin 13. Jan. 1880, † Heidelberg 28. Jan. 1952, dt. Philosoph. - 1922 Prof. in Heidelberg. Befaßte sich v. a. mit Problemen der Platonforschung und der Geschichte des Platonismus. Mithg. der Werke von Nikolaus von Kues.

H., Ernst Theodor Amadeus, eigtl. E. T. Wilhelm H., * Königsberg (Pr) 24. Jan. 1776, † Berlin 25. Juni 1822, dt. Dichter, Komponist, Zeichner und Maler. - Jurist; seit 1800 im preuß. Staatsdienst in Posen. Hier entwickelten sich Züge seiner exzentr., innerl. zerrissenen Persönlichkeit, die bei vielen Gestalten seiner literar. Werke wiederkehren: Übersensibilität sowie ein bizarres, launenhaftes und phantast. Verhalten. Seine schonungslosen Karikaturen der kleinstädt. Philisterwelt führten zur Strafversetzung nach Plock. 1804–06 Regierungsrat in Warschau; danach stellungslos. 1808 wurde ihm die Stelle eines Theaterkapellmeisters in Bamberg angeboten, wo er zugleich auch als Musikkritiker, Direktionsgehilfe, Komponist (zahlr. Opern [u. a. „Undine", 1816], Sinfonien, Kammermusik, Singspiele) und Bühnenbildner wirkte; ging 1813 als Musikdirektor der Theatertruppe J. Secondas nach Dresden und Leipzig; ab 1814 wieder im Staatsdienst (1816 Ernennung zum Kammergerichtsrat). Wie sich sein Leben in Gegensätzen bewegte, so verband H. als Dichter außerordentl. Wirklichkeitssinn mit ausschweifender romant. Phantasie, der das Lächerl.-Groteske ebenso vertraut war wie das Unheiml.-Gespensterhafte. Realist. Alltagswelt und spukhafte Geisterwelt stehen in seinen Novellen, Erzählungen und Märchen nebeneinander und gehen unvermittelt ineinander über. Bewußtseinsspaltung und Doppelgängertum spielen in seinen Werken eine bed. Rolle, wie etwa in seinem dämon., der romant. Schicksalstragödie verwandten Roman „Die Elixiere des Teufels" (1815/16). Zwei grundverschiedene Handlungsabläufe überschneiden sich in den „Lebensansichten des Katers Murr..." (R.-Fragment, 1819–21): Die Memoiren des Kapellmeisters Johannes Kreisler (ein übersteigertes Selbstporträt) und die Betrachtung seines schreibkundigen Katers, eine humorist. Relativierung von bürgerl. und romant. Künstlerwelt. Sein exemplarischer phantast. Realismus hatte großen Einfluß auf die europ. Literatur (u. a. auf Balzac, Dickens, Baudelaire, Poe, Kafka).

Weitere Werke: Nachtstücke (En., 1817), Seltsame Leiden eines Theaterdirektors (En., 1819), Die Serapionsbrüder (Erzählzyklus mit Rahmenhandlung, 1819–21), Meister Floh (Märchendichtung, 1820).

📖 *Safranski, R.: E. T. A. H. - Das Leben eines skept. Phantasten. Mchn. 1984. - Segebrecht, W.: Autobiogr. u. Dichtung. Eine Studie zum Werk E. T. A. Hoffmanns. Stg. 1967.*

H., Heinrich, * Frankfurt am Main 13. Juni 1809, † ebd. 20. Sept. 1894, dt. Schriftsteller. - Arzt und 1851–88 Direktor der städt. Nervenheilanstalt in Frankfurt am Main, an der er als erster eine bes. Abteilung für psych. abnorme Kinder einrichtete. Bekannt durch seine selbstillustrierten Kinderbücher; weltberühmt wurde „Der Struwwelpeter" (1845). - Abb. S. 26.

H., Helmut, * Flensburg 24. Aug. 1912, dt. Indologe, Iranist und Tibetologe. - 1948 Prof. für Indologie und Iranistik in München, seit 1970 in Bloomington (Ind.); Autor wichtiger Werke zur Religionsgeschichte Tibets.

H., Hermann, seit 1921 H.-Völkersamb), * Straßburg 10. Jan. 1875, † Kiel 20. Sept. 1955, dt. Jugendführer. - Begründer des dt. † Wandervogels.

H., Johannes, * Landsweiler-Reden bei Neunkirchen/Saar 23. Dez. 1890, † Völklingen 21. Sept. 1967, dt. Politiker. - Journalist; 1935–45 im Ausland; gründete 1945 die Christl. Volkspartei des Saargebiets, übernahm deren Vorsitz, wurde 1947 saarländ. MdL und Min.präs.; verfolgte die polit. Autonomie und Europäisierung des Saargebiets bei wirtsch. Anschluß an Frankr. und trat für das Saarstatut ein; nach dessen Ablehnung durch die Bev. 1955 Rücktritt vom Amt des Min.präs., 1956 vom Parteivorsitz.

H., Josef, * Pirnitz (= Brtnice, Südmähr. Gebiet) 15. Dez. 1870, † Wien 7. Mai 1956, östr. Architekt. - Begr. 1903 (als Prof. für Architektur an der Wiener Kunstgewerbeschule) die † Wiener Werkstätten. Baute Hauptwerke des Jugendstils (Sanatorium Purkersdorf bei Wien, 1904; Palais Stoclet, Brüssel, 1905–11).

H., Jutta, * Halle/Saale 3. März 1941, dt. Schauspielerin. - Eine der ausdrucksstärksten und wandlungsfähigsten Bühnen- und Filmdarstellerinnen der DDR. Spielte 1985 in J. Websters „Herzogin von Malfi" die Titelrolle in der Inszenierung von P. Zadek in Hamburg. Bed. Filme: „Solange Leben in mir ist" (1965), „Der Dritte" (1972), „Lotte in Weimar" (1975, nach T. Mann).

H., Karl-Heinz, * Mannheim 28. Nov. 1910, † Berlin (Ost) 2. Dez. 1985, dt. Politiker. - Seit 1930 Mgl. der KPD; emigrierte 1935 in die UdSSR; 1936/37 Offizier und Kriegskommissar der Internat. Brigaden in Spanien; 1939 erneut Flucht in die UdSSR; 1946–50 Funktionär der SED, 1950–55 Chef der Kasernierten Volkspolizei der DDR, 1956–59 Generalleutnant der Nat. Volksarmee, ab 1960 Min. für Nat. Verteidigung der DDR, ab 1961 Armeegeneral; Abg. der Volkskammer (ab 1950) sowie Mgl. des ZK (ab 1952) und des Politbüros (ab 1973) der SED.

H., Kurt, * Freiburg im Breisgau 12. Nov. 1910, dt. Filmregisseur. - Einer der bekanntesten Regisseure des dt. Unterhaltungsfilms; v. a. „Quax der Bruchpilot" (1941), „Drei Männer im Schnee" (1955), „Ich denke oft an Piroschka" (1955), „Bekenntnisse des Hochstaplers Felix Krull" (1957), „Das Wirtshaus im Spessart" (1957), „Wir Wunderkinder" (1958), „Das Spukschloß im Spessart" (1960), „Die Ehe des Herrn Mississippi" (1961), „Schloß Gripsholm" (1963), „Das Haus in der Karpfengasse" (1964).

H., Ludwig, * Darmstadt 30. Juli 1852, † Berlin 11. Nov. 1932, dt. Architekt. - Vertreter des Historismus; baute das Reichsgericht in Leipzig (1887–95; heute Georgi-Dimitroff-Museum) und 1896–1924 als Stadtbaurat in Berlin das Rudolf-Virchow-Krankenhaus (1899–1906), Märk. Museum (1901–07), Stadthaus (1902–11).

H., Max, * Homberg (Bez. Kassel) 25. Jan. 1869, † Bad Reichenhall 8. Juli 1927, dt. General. - 1914 an der Planung der Schlacht von Tannenberg beteiligt, ab 1916 Chef der Generalstabes beim Oberbefehlshaber Ost.

H., Roald, * Złoczew 18. Juli 1937, amerikan. Chemiker poln. Herkunft. - Entdeckte 1965 zus. mit R. B. † Woodward den Zusammenhang zw. Molekülsymmetrie und dem Ablauf bestimmter organ.-chem. Reaktionen, die er später als Woodward-Hoffmann-Regeln von der „Erhaltung der Orbitalsymmetrie" formulierte. Erhielt dafür zus. mit K. Fukui 1981 den Nobelpreis für Chemie.

Hoffmann-Krayer, Eduard, * Basel 5. Dez. 1864, † ebd. 28. Nov. 1936, schweizer. Germanist und Volkskundler. - Ab 1900 Prof. in Basel; Gründer der „Schweizer. Gesellschaft für Volkskunde".

Hoffmann-La Roche & Co. AG, F. [frz. laˈrɔʃ], einer der größten Pharmakonzerne der Erde, Sitz Basel, gegr. 1896.

Hoffmannstropfen [nach dem dt. Arzt und Chemiker F. Hoffmann, *1660, †1742] (Hoffmannsgeist, Spiritus aetherus), Gemisch aus drei Teilen Alkohol und einem Teil Äther. H. haben eine leichte zentral erregende und daher belebende Wirkung.

Hoffmann und Campe, Verlag † Verlage (Übersicht).

Hoffmann von Fallersleben, August Heinrich, eigtl. A. H. Hoffmann, * Fallersleben bei Braunschweig 2. April 1798, † Schloß Corvey (Westfalen) 19. Jan. 1874, dt. Germanist und Lyriker. - 1830 Prof. für dt. Sprache und Literatur in Breslau; wegen seiner nationalliberalen Haltung, die in den „Unpolit. Liedern" (2 Bde., 1840/41) bezeugt ist, 1842 seines Amtes enthoben und des Landes verwiesen; 1848 rehabilitiert; ab 1860 Bibliothe-

Hoffmanowa

kar des Herzogs von Ratibor in Corvey; schrieb 1841 auf Helgoland das „Deutschlandlied". Neben polit. Lyrik auch Kinderlieder („Alle Vögel sind schon da" u. a.). Entdeckte die Fragmente von Otfrids Evangelienbuch und das „Ludwigslied".

Hoffmanowa, Klementyna [poln. xɔfmaˈnɔva], geb. Tański, * Warschau 23. Nov. 1798, † bei Paris 21. Sept. 1845, poln. Schriftstellerin. - Begründerin der poln. Kinder- und Jugendliteratur; gab die erste poln. Kinderzeitung heraus.

Hoffmeister, Cuno, * Sonneberg 2. Febr. 1892, † ebd. 2. Jan. 1968, dt. Astronom. - Gründer der Sternwarte Sonneberg; arbeitete v. a. über Veränderliche, interplanetare Materie sowie bes. über Meteore.

H., Johannes, * Heldrungen 17. Dez. 1907, † Bonn 19. Okt. 1955, dt. Germanist und Philosoph. - 1948 Prof. in Bonn. Bed. Beiträge zu Problemen der Geistesgeschichte der Goethezeit und der Hegelforschung, u. a. „Goethe und der dt. Idealismus" (1932), „Dokumente zu Hegels Entwicklung" (1936); verfaßte ein „Wörterbuch der philosoph. Begriffe" (1944).

Höffner, Joseph, * Horhausen (Westerwald) 24. Dez. 1906, dt. kath. Theologe. - 1951-62 Prof. in Münster, gründete ebd. 1951 das „Institut für christl. Sozialwissenschaft". 1962-69 Bischof von Münster, seit 1969 Erzbischof von Köln und Kardinal; seit 1976 Vors. der Dt. Bischofskonferenz. - † 16. Okt. 1987.

Heinrich Hoffmann, Erstausgabe des „Struwwelpeter" (1845)

Hoffnung, Gerard, * Berlin 22. März 1925, † London 28. Sept. 1959, brit. Karikaturist und Musiker dt. Herkunft. - Wurde v. a. mit Karikaturen des brit. Musiklebens bekannt; nach seinen Karikaturen 1956, 1958 und 1959 groteske H. *Music Festivals.*

Hoffnung, in der antiken und neuzeitl. *Philosophie* meist im Gegensatz zu „Verzweiflung" definierte Grundempfindung des Menschen. Für die Argumentationen der prakt. Philosophie bedeutsam wird die H. durch Kants „moral. Gottesbeweis": Mit der H. darauf, daß die, die durch ihr moral. Handeln der Glückseligkeit würdig geworden sind, dieser auch teilhaftig werden, begründet er die Annahme des Ideals des höchsten Gutes, d. h. Gottes. Thematisiert wird die H. im philosoph. Rahmen bei E. Bloch („Das Prinzip H."). Die *christl.* H. gründet im A. T. auf der Verheißung Jahwes an sein Volk, im N. T. in der Verkündigung des kommenden Reiches Gottes und bewirkt so die Überwindung von Angst und Tod. In der christl. Theologie steht daher die H. immer im Zusammenhang mit der ↑Eschatologie. Inbegriff der H. ist die Erwartung der Wiederkunft Christi, die die Vollendung des durch seine Auferstehung angebrochenen Reiches mit sich bringt.

Hoffnungslauf, v. a. in Bahnrad-, Ruder- und Kanuwettkämpfen übl. Zwischenlauf für die Bewerber, die sich nicht für den Endlauf qualifiziert haben, an dem jedoch der Sieger des H. teilnehmen darf.

Hofgeismar, hess. Stadt 25. km nördl. von Kassel, 156 m ü. d. M., 13 700 E. Heimatmuseum, Herstellung von Autokühlern, Schlauchbooten, Orgeln u. a. - Ersterwähnung 1082, Stadt zw. 1220 und 1230; wichtiger kurmainz. Stützpunkt gegen Hessen, bis H. 1462 in die Hand der Landgrafen kam. - Got. Altstädter Kirche (ehem. roman. Basilika), spätgot. Neustädter Kirche; zahlr. Fachwerkhäuser (16.-19. Jh.), Teile der Stadtbefestigung. Im Park das frühklassizist. Schlößchen Schönburg (18. Jh.).

Hofgericht, im MA Bez. für ein Gericht, das ein Herr an seinem Hof über die zum Hof gehörenden Personen hatte: 1. Gericht eines Grundherrn über die von ihm Abhängigen. Richter nach Hofrecht war der Grundherr oder sein Verwalter; die Schöffen rekrutierten sich aus den Abhängigen (Grundholden). 2. Gericht eines geistl. oder weltl. Reichsfürsten, auch des Röm. Königs. Das H. des Kaisers wurde 1495 an das Reichskammergericht abgetreten, später im Reichshofrat konkurrierend erneuert. Das H. tagte urspr. unter dem persönl. Vorsitz des Fürsten; Schöffen waren die Großen des Hofes oder des Reiches. Seit dem Spät-MA ließ sich der König durch den Pfalzgrafen, später durch den Kammerrichter bzw. den Präs. des Reichshofrats, die übrigen Fürsten durch Hofmeister, Kanzler oder Präs. von H. vertreten. Allmählich änderte sich die Kompetenz der H.; sie wurden erste Instanz für die höheren Stände. Das H. überprüfte die Urteile anderer, untergeordneter Gerichte und wurde damit zur Rechtsmittelinstanz. Diese Entwicklung war Ende des 15. Jh. abgeschlossen. Urteiler im H. wurden je zur Hälfte Juristen und Adlige. In einigen dt. Staaten wurde das H. vervielfacht und dezentralisiert und ihm ein Ober-H. übergeordnet. Diese Gerichtsorganisation wurde erst von den Reichsjustizgesetzen 1879 beseitigt. 3. Eine Sonderstellung nahmen bis in die Neuzeit die kaiserl. Gerichte ein, die als kaiserl. Landgerichte bezeichnet wurden.

Hofhaimer (Hofhaymer), Paul Ritter von (seit 1515), * Radstadt 25. Jan. 1459, † Salzburg 1537, östr. Organist und Komponist. - Trat 1490 in die Hofkapelle Maximilians I. ein und wirkte später in Passau, Augsburg und ab 1522 als Domorganist in Salzburg. Galt als größter dt. Orgelspieler seiner Zeit. Er hinterließ drei- und vierstimmige dt. Lieder, 35 lat. Oden sowie einige Orgelwerke.

Hofheim am Taunus, hess. Krst. am Südabfall des Taunus, 121–342 m ü. d. M., 33 500 E. Verwaltungssitz des Main-Taunus-Kreises; vorwiegend Pendlerwohngemeinde. - Ersterwähnung 1263, seit 1352 Stadt. - Pfarrkirche Sankt Peter und Paul mit spätgot. W-Turm und Chor, Fachwerkhäuser (17./18. Jh.), Reste der Stadtbefestigung. Auf dem Kapellenberg latènezeitl. Doppelringwall, südl. der Stadt röm. Erdkastell (40–50).

höfische Dichtung, Sammelbez. für Dichtung, die sich themat. und formal an einer höf. (d. h. an einem Fürstenhof lebenden, geschlossenen) Adelsgesellschaft ausrichtet und sie ihrerseits prägt. In Deutschland insbes. die volkssprachige Literatur an den Höfen der Staufer und den Fürstenhöfen in Österreich und Thüringen vom letzten Drittel des 12. bis Mitte des 13. Jh.; Hauptformen sind †Minnesang und †höfischer Roman.

höfischer Roman (höf. Epos), erzählende Großform der höf. Dichtung des MA. Gegenstand ist die als Vorbild und Legitimation der Feudalgesellschaft gedachte Darstellung eines idealen Rittertums. Hauptfigur ist der höf. Ritter, der sich meist im Dienste seiner Minnedame auf Turnieren und in Zweikämpfen mit Rittern und Fabelwesen auszeichnet und seinen Platz in der höf. Welt und vor Gott zu bestimmen lernt. Für die metr. Form des zum Vortrag bestimmten h. R. ist der Reimpaarvers verbindlich. Prosa kommt erst mit den für ein lesendes Publikum geschriebenen chroniknahen Romanzyklen auf. Seine klass. Form erhält der h. R. zw. 1160 und 1180 in den Werken von Chrétien de Troyes, der den Artusroman (†Artus) entwickelt. Als Begründer des dt. h. R. gilt Heinrich von Veldeke („Eneit", um 1170). Die herausragendsten Werke sind die Versepen Hartmanns von Aue „Erec" und „Iwein" (vor 1200), Wolfram von Eschenbachs „Parzival" (um 1200) und Gottfried von Straßburgs „Tristan und Isolt" (nach 1200). Neue Stoffbereiche kamen durch Hartmanns Legendendichtungen „Gregorius" und „Der arme Heinrich" sowie Wolframs „Willehalm" (um 1220) hinzu. Nachahmer waren Ulrich von Zatzikhoven („Lanzelet", vor 1200) und Wirnt von Grafenberg („Wigalois"). In der Folge entstand eine kaum überschaubare Fülle kompilierender Versepen, die die Abenteuer einzelner Helden des Artushofs zum Inhalt haben. Eine eigenständige Fortentwicklung des h. R. im Sinne einer „Fürstenlehre" gelang Mitte des 13. Jh. Rudolf von Ems.
📖 *Ruh, K.: Höf. Epik des MA*. Bln. ²1977–80. 2 Bde.

Hofjude †Hoffaktor.

Hofkammer, Bez. für die oberste landesherrl. Finanzbehörde. Im Verfassungsstaat wurde die Kompetenz der H. auf das fürstl. Hausvermögen eingeschränkt.

Hofkanzlei, 1620 endgültig von der Reichshofkanzlei getrennte, zentrale, kollegial organisierte Verwaltungs-, Finanz- und Justizbehörde für die östr. Erblande.

Hofkapelle (lat. capella regia), in fränk. Zeit die Gemeinschaft aller am Königshof tätigen Geistlichen, die neben ihren religiösen Aufgaben auch diplomat. Tätigkeiten wahrnehmen. Bis zum Ende des 12. Jh. gingen aus der H. die künftigen geistl. Fürsten hervor.

Hofkriegsrat, 1556 errichtete, bis 1848 bestehende östr. Zentralbehörde für die Heeresverwaltung und Grenzverteidigung.

Höflich, Lucie, eigtl. L. von Holwede, * Hannover 20. Febr. 1883, † Berlin 9. Okt. 1956, dt. Schauspielerin. - 1903–32 in Berlin bei M. Reinhardt. Vitale Intensität bewies sie u. a. als Frau John („Die Ratten", G. Hauptmann), Hanne Schäl („Fuhrmann Henschel", G. Hauptmann).

Höflichkeit, verbindl., zuvorkommendes Verhalten, urspr. (seit etwa dem 15. Jh.) das gesittete Benehmen des „Hofe"; in freundl. Worte gekleidete Liebenswürdigkeit.

Hofmann, Anton, * Rinchnach (Landkr. Regen) 4. Okt. 1909, dt. kath. Theologe. - 1961 Titularbischof und Koadjutor mit dem Recht der Nachfolge, 1968–84 Bischof von Passau.

H., August Wilhelm von (seit 1888), * Gießen 8. April 1818, † Berlin 5. Mai 1892, dt. Chemiker. - Prof. in London und Berlin; begründete mit seinen Arbeiten über Anilin und seine Derivate die Chemie der künstl. Farbstoffe. Außerdem grundlegende Arbeiten über organ. Stickstoffverbindungen (†Hofmannscher Abbau); erster Präs. der von ihm mitbegr. Dt. Chem. Gesellschaft.

H., Friedrich (Fritz), * Kölleda 2. Nov. 1866, † Hannover 29. Okt. 1956, dt. Chemiker und Pharmazeut. - Leiter des Kaiser-Wilhelm-Instituts für Kohleforschung und Prof. in Breslau. Ihm gelang 1906 die techn. Darstellung

Hofmann

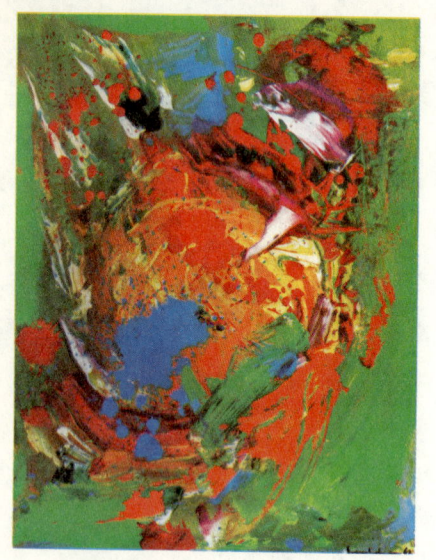

Hans Hofmann, Nr. 16 (1962). Privatbesitz

Kohlenstoffatom weniger enthalten:

$$R-CONH_2 \xrightarrow[-2HBr]{+Br_2} R-NCO \xrightarrow{+H_2O} CO_2\uparrow + R-NH_2$$

Hofmannscher Zersetzungsapparat [nach A. W. von Hofmann], Gerät zur elektrolyt. Zersetzung von Wasser. Es besteht aus drei kommunizierenden Röhren, wovon die beiden äußeren unten je eine Platinelektrode haben. Der Apparat wird mit Wasser gefüllt, dem ein Elektrolyt (meist Schwefelsäu-

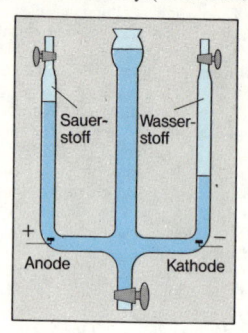

Hofmannscher Zersetzungsapparat

des Isoprens, 1909 dessen Polymerisation zum ersten Synthesekautschuk.

H., Hans, * Weißenburg i. Bay. 21. März 1880, † New York 18. Febr. 1966, amerikan. Maler dt. Herkunft. - 1930 Emigration in die USA; seine abstrakten Bilder beeinflußten die amerikan. Maler des †abstrakten Expressionismus und der Pop-art.

H., Peter, * Marienbad 22. Aug. 1944, dt. Sänger (Tenor). - Singt auf allen bed. Opernbühnen, v. a. im Wagner-Fach, auch bei den Bayreuther Festspielen; tritt auch als Rocksänger auf.

H., Werner, * Meiningen 27. Juli 1922, † Marburg a. d. Lahn 9. Nov. 1969, dt. Nationalökonom und Soziologe. - Ab 1966 Prof. in Marburg; Vertreter einer praxisbezogenen Soziologie; schrieb u. a. „Ideengeschichte der sozialen Bewegung des 19. und 20. Jh." (1962).

H., Werner, * Wien 8. Aug. 1928, östr. Kunsthistoriker. - 1959–69 Direktor des Museums des 20. Jh. in Wien, seither Direktor der Hamburger Kunsthalle. Bes. bekannt durch Repräsentationen der Kunst des 19. und 20. Jh.

Hofmannscher Abbau [nach A. W. von Hofmann], Bez. für zwei unterschiedl. Abbaumethoden der organ. Chemie: 1. der für die Aufklärung der Konstitution von Naturstoffen wichtige Abbau von Aminen durch Methylierung und anschließende therm. Zersetzung in Alkene, tertiäre Amine und Wasser; 2. der Abbau von Carbonsäureamiden zu primären Aminen, deren Moleküle ein re) zugesetzt ist, und die Elektroden werden an eine Gleichstromquelle angeschlossen. An der Kathode bildet sich Wasserstoff, an der Anode Sauerstoff im Volumenverhältnis 2:1.

Hofmannsthal, Hugo von, Pseudonyme Theophil Morren, Loris, Loris Melikow, * Wien 1. Febr. 1874, † Rodaun (= Wien) 15. Juli 1929, östr. Dichter. - 1901 freier Schriftsteller. Hg. verschiedener literar. Zeitschriften; ständige Zusammenarbeit mit R. Strauss (ab 1906) und M. Reinhardt (Mitbegr. der Salzburger Festspiele 1917). H. gehört mit Lyrik und Drama zu den bed. Vertretern des östr. Impressionismus und Symbolismus. Sein Frühwerk sind formvollendete, in verfeinerter Wortkunst lyr. bestimmte Gedichte und Dramen voll Musikalität und Empfindung. Das Ästhet. gilt als letzte Instanz des Daseins, Schönheit und Tod sind vorherrschende Themen. Aller Erfahrung wird die Welterkenntnis vorweggenommen („Der Thor und der Tod", Dr., 1900). Um Lyrismus und Ästhetizismus zu überwinden, wandte sich H. der antiken und christl.-abendländ. Tradition zu, dem griech. Drama („Elektra", Dr., 1904), dem religiösen Mysterienspiel („Jedermann", 1911), dem Altwiener Lustspiel („Der Schwierige", 1921) und dem östr. Barocktheater („Das Salzburger große Welttheater", 1922). H. gewann dabei eine eth. Grundhaltung, formalisiert in der Entscheidung für die Tragödie [und Komödie], thematisiert in der Behandlung neuer Proble-

me (Ehe, Staat), in der Gestaltung der Wirklichkeit und der veränderten Stellung zur Sprache, die als Ausdruck von Konvention und Scheinwelt verstanden wird. H. schuf mit literar. eigenständigen, von R. Strauss vertonten Opernlibretti eine neue Form des Musiktheaters („Der Rosenkavalier", Kom., 1911).
Weitere Werke: Die Frau ohne Schatten (Opernlibretto, 1916; E., 1919), Der Unbestechliche (Kom., 1923), Das Bergwerk von Falun (Dr., hg. 1933).

Hofmann von Hofmannswaldau, Christian, * Breslau 25. Dez. 1617, † ebd. 18. April 1679, dt. Dichter. - Reisen nach England, Frankr. und Italien; Ratsherr in Breslau, 1677 Präs. des Ratskollegiums. Schrieb v. a. weltl. und geistl. Lieder, Oden, Heldenbriefe (nach dem Vorbild Ovids) und galante Lieder; Wegbereiter des spätbarocken Marinismus in Deutschland.

Hofmarschall, vom MA bis in die Neuzeit Bez. für denjenigen Hofbeamten, der für den gesamten fürstl. Hof verantwortlich war.

Hofmeister, Friedrich, * Strehla 24. Jan. 1782, † Reudnitz (= Leipzig) 30. Sept. 1864, dt. Verleger. - Gründete 1807 in Leipzig einen Musik- und Buchverlag. 1950 wurde die Firma F. H. in Frankfurt am Main neu aufgebaut (seit 1964 Sitz in Hofheim am Taunus), während sie in Leipzig als *VEB F. H. Musikverlag* weitergeführt wird. Neben Bibliographien und Musikalien v. a. Volkstanzausgaben, Volks- und Chormusik.

H., Wilhelm, * Leipzig 18. Mai 1824, † Lindenau (= Leipzig) 12. Jan. 1877, dt. Botaniker. - Sohn von Friedrich H.; Prof. in Heidelberg und Tübingen. Klärte die sexuelle Fortpflanzung sowie den Generationswechsel bei blütenlosen Pflanzen endgültig auf. Durch sein Werk „Allg. Morphologie der Gewächse" (1868) wurde er zu einem der Begründer der Pflanzenmorphologie.

Hofmeister, Hofamt nach dem Vorbild klösterl. Wirtschaftsamtsträger; durch die Trennung von Hof und Verwaltung seit dem 15. Jh. erhielt der H. auch die Stellvertretung seines Herrn übertragen.
♦ im 16. und 17. Jh. „Zeremonienmeister" und Erzieher am fürstl. Höfen, im 18. Jh. des Adels allg., dessen Söhne er zu standesgemäßem Betragen erzog und auf Reisen begleitete.

Hofmiller, Josef, * Kranzegg bei Immenstadt i. Allgäu 26. April 1872, † Rosenheim 11. Okt. 1933, dt. Schriftsteller. - Mithg. der „Südt. Monatshefte"; tätig als Hg., Übersetzer, Essayist und Kritiker. Verfaßte u. a. „Über den Umgang mit Büchern" (Essays, 1927), „Nord. Märchen" (1933).

Hofnarren, seit dem hohen MA bis ins 17. Jh. (Frankr.) und 18. Jh. (Deutschland) Spaßmacher und Unterhalter an Fürstenhöfen. Zu ihrer Rolle gehörten Narrenkappe mit Eselsohren oder Hahnenkamm, Narrenzepter, Narrenschellen und Halskrause. Beliebt als H. waren v. a. Zwerge oder Krüppel. Vorläufer bereits in der Antike und im Orient. Durch die Möglichkeit, unter der Narrenkappe auch scharfe Kritik an Personen oder Zuständen üben zu können, gewannen einzelne H. erhebl. polit. Einfluß.

Hofpfalzgraf (mittellat. comes palatinus caesareus; Palatinat), eine von Kaiser Karl IV. neu geschaffene Würde, die sich unterteilte in die nur persönl. verliehene Würde des *Kleinen H.* (berechtigte u. a. zur Ernennung von Notaren, zur Adoption und später zur Erteilung bürgerl. Wappenbriefe) und des *Großen H.amts* (Recht zur Erhebung in den Niederadel und zur Verleihung der Kleinen H.würde). Beim *institutionellen Palatinat* war die Kleine H.würde mit einem anderen Amt verbunden (z. B. Universitätsrektor).

Hofprediger, an prot. Höfen angestellte Geistliche, die oft großen Einfluß auf die Landesherren und die Leitung der Landeskirche ausübten.

Hofrat (Ratsstube, Regierung, Kanzlei, Regiment), im Spät-MA von einzelnen Landesherren meist mit gelehrten Räten gebildetes beratendes Kollegium; seit dem 16. Jh. oberste Verwaltungs- und Justizbehörde in den dt. Territorien, i. d. R. wurden seit dem 17. Jh. selbständige Zentralbehörden abgezweigt; Ehrentitel noch in Österreich.

Hofrecht, Bez. für die Gesamtheit des im Bereich eines grundherrl. Hofes objektiv geltenden Rechts. Es war lange Zeit mündl. überliefertes Gewohnheitsrecht, das erst in der Neuzeit in Weistümern und Dorfordnungen schriftl. fixiert wurde.

Hofschule (lat. schola palatina), Schule am königl. Hof im Früh-MA; berühmt die H. Karls d. Gr., der bed. Lehrer wie †Alkuin und †Einhard berief.

Hofstadter, Douglas [engl. ˈhɔfstɛtə], * New York 15. Febr. 1945, amerikan. Computerfachmann. - Beschreibt in „Gödel, Escher, Bach ..." (1979) den Weg zur künstl. Intelligenz.

H., Robert, * New York 5. Febr. 1915, amerikan. Physiker. - Prof. an der Stanford University (Calif.). Bahnbrechende Untersuchung der Struktur von leichten Atomkernen mit Hilfe schneller Elektronen *(Hofstadter-Versuche).* Nobelpreis für Physik 1961 zusammen mit R. Mößbauer.

Hofstätter, Peter Robert, * Wien 20. Okt. 1913, östr. Psychologe. - Prof. an der Universität Hamburg (seit 1960). Forschungen v. a. im sozialpsycholog. Bereich; vertritt eine empir. und experimentell exakt arbeitende Psychologie. - *Werke:* Sozialpsychologie (1956), Gruppendynamik (1957), Psychologie zw. Kenntnis und Kult (1984).

Hoftag (lat. curia regis), Bez. für die v. a. seit fränk. Zeit vom König einberufene Versammlung der Reichsaristokratie an hohen Kirchenfesten; am H. holte der König Rat

William Hogarth, Symbolische Verbrennung der puritanischen Heuchler durch das Volk (um 1726)

und Hilfe der Fürsten ein und verkündete Beschlüsse.

Hogarth, William [engl. 'hoʊgɑːθ], * London 10. Nov. 1697, † ebd. 25. Okt. 1764, engl. Maler und Kupferstecher. - Um 1730 fing H. an, humorist. gesellschaftskrit. Gemäldezyklen zu schaffen, die als Kupferstiche weite Verbreitung fanden: „Leben einer Dirne" (Stichfolge von 1732), „Leben eines Wüstlings" (um 1733; London, Sir John Soane's Museum; Stichfolge 1735), „Die Modeheirat" (1742-44, London, National Gallery, auch als Stichfolge), „Die Wahlen" (1754/55, London, Sir John Soane's Museum, Stichfolge 1755-58). Auch bed. Porträtist in der Tradition von P. Mercier, J.-B. S. Chardin, F. Hals u. a.

Hogendorp, Gijsbert Karel Graf van (seit 1815) [niederl. 'hoːxəndɔrp], * Rotterdam 27. Okt. 1762, † Den Haag 5. Aug. 1834, niederl. Politiker. - 1813 Führer des Aufstands gegen die napoleon. Herrschaft und Mitglied der provisor. niederl. Exekutive. H. gestaltete weitgehend das Grundgesetz des Kgr. der Niederlande (1815).

Höger (Hœger), Fritz, * Bekenreihe (= Kiebitzreihe bei Elmshorn) 12. Juni 1877, † Bad Segeberg 21. Juni 1949, dt. Architekt. - Erneuerer des norddt. Backsteinbaus unter expressionist. Einfluß, u. a. „Chilehaus" (Hamburg 1922/23) und Rathaus Wilhelmshaven 1928/29.

Hoge Veluwe [niederl. 'hoːxə 'veːlyːwə], niederl. Nationalpark im S der ↑Veluwe.

Hogg, James, ≈ Ettrick bei Selkirk 9. Dez. 1770, † Altrive bei Yarrow (Selkirkshire) 21. Nov. 1835, schott. Dichter. - Schäfer; sein Talent wurde von W. Scott entdeckt; kam als der „Ettrick-Schäfer" in den literar. Salons Edinburghs zu hohem Ansehen; Vers- und Prosaerzähler; bevorzugte folklorist. Stoffe; auch Satiriker.
Werke: Scottish pastorals, poems and songs (1801), The mountain bard (Ged., 1807), Winter evening tales (En., 1820), Vertraul. Aufzeichnungen und Bekenntnisse eines gerechtfertigten Sünders (R., 1824).

Hoggar [frz. ɔ'gaːr] ↑Ahaggar.

Höhbeck, Anhöhe am Südufer der Elbe, 6 km nw. von Gartow, Nds. Auf ihr liegt die Vietzer Schanze, die als das bisher einzig bekannte, 789 von Karl d. Gr. erbaute Kastell gedeutet wird. Ausgrabungen 1897, 1920 und 1954-58.

Höhe, allg. der senkrechte Abstand eines Punktes von einer Grund- oder Bezugslinie oder -fläche (Basis); in der *Geometrie* z. B. die H. in einem Dreieck. In der *Luftfahrt* unterscheidet man: Die *H. über NN* („elevation"), den vertikalen Abstand eines Bezugspunktes auf der Erdoberfläche von Normalnull (NN, Meeresspiegelniveau), z. B. Flugplatz-H.; die *Flug-H. über NN* („altitude"), den vertikalen Abstand eines Luftfahrzeugs von Normalnull; die *Flug-H. über Grund* („height"), den vertikalen Abstand eines Luftfahrzeugs von der Erdoberfläche.

♦ in der *Astronomie* der Winkel zw. Horizont und Gestirn, gemessen auf dessen Vertikalkreis in Grad.

Hohe Acht, mit 747 m die höchste Erhebung der Eifel.

Hohe Behörde, amtl. Bez. für das höchste Verwaltungsorgan der Europ. Gemeinschaft für Kohle und Stahl 1952-66 mit Sitz in Luxemburg; ihr gehörten 9 Angehörige der Mitgliedstaaten an; die Entscheidungen der H. B. wurden mit Stimmenmehrheit getroffen.

Hohe Eifel ↑Eifel.

hohe Gerichtsbarkeit (Hochgerichtsbarkeit), Bez. für die seit dem dt. MA durch Verleihung des Blutbannes (Blutgerichts) übertragene Gerichtsbarkeit über Kapitalverbrechen. Die h. G. stand als öffentl. Gewalt dem Landesherrn zu; Symbole waren Schwert, Galgen und Rad, Stock und Galgen. Die Abgrenzung gegenüber der niederen Gerichtsbarkeit, die nur Strafen zu Haut und Haar verhängte, war zeitlich und regional verschieden. Die h. G. über die gemeine Bevölkerung wurde in den Landgerichten oder der hohen Zent ausgeübt. Vors. war im MA der Graf oder der Vogt, in der Neuzeit ein landesherrl. Amtsträger.

Hoheit (frz. Altesse, engl. Highness), Titel fürstl. Personen. Seit dem 17. Jh. Anrede für die nächsten Verwandten von Kaisern, Köni-

gen und Fürsten mit Thronansprüchen; ab 1844 Titel für regierende Hzg.; 1919 wurden im Dt. Reich die Titel amtlich aufgehoben.
Hoheitsakt, Maßnahme in Ausübung staatl. Gewalt.
Hoheitsaufgaben, Aufgaben, die ein Subjekt der öffentl. Verwaltung in öffentl.-rechtl. Form zu erfüllen hat. Gemäß Art. 33 Abs. 4 GG muß die Ausübung hoheitsrechtl. Befugnisse († Hoheitsrechte) als ständige Aufgabe i. d. R. solchen Angehörigen des öffentl. Dienstes übertragen werden, die in einem öffentl.-rechtl. Dienst- und Treueverhältnis stehen (Beamte).
Nach *östr.* Recht ist die Vollziehung der H. auch durch Nichtbeamte (Vertragsbedienstete) bzw. Privatpersonen verfassungsrechtlich zulässig. Das *schweizer.* Recht folgt in der Terminologie dem dt. Recht.
Hoheitsgewässer, diejenigen Gewässer, an denen staatl. Recht, insbes. Hoheitsrechte, bestehen: Binnengewässer, Küstenmeere und histor. Buchten.
Hoheitsrechte, die dem Staat zur Erfüllung des Staatszwecks und zur Ausübung der Staatsgewalt zustehenden Befugnisse, ein bestimmtes Verhalten zu befehlen und mit Zwang durchzusetzen. H. sind z. B. Rechtsetzungsgewalt, Polizeigewalt, Wehrhoheit, Finanzgewalt, Gerichtsbarkeit. Die H. bemessen sich anderen Staaten gegenüber nach dem Völkerrecht, innerstaatl. werden sie durch die Verfassung und die Gesetze begrenzt. Im demokrat. Rechtsstaat wird die Ausübung der H. durch das Prinzip der Gewaltentrennung und durch die Grundrechte eingeschränkt. Im Bundesstaat stehen neben dem Bund auch den Ländern H. zu. Gemäß Art. 24 GG kann der Bund durch Gesetze einzelne H. auf zwischenstaatl. Einrichtungen übertragen; zur Wahrung des Friedens kann er sich auch in einem System kollektiver Sicherheit einordnen und hierbei in Beschränkungen seiner H. einwilligen, wenn dies eine friedl. und dauerhafte Ordnung in Europa und zw. den Völkern herbeiführt und sichert.
Hoheitszeichen, Zeichen, die die Staatshoheit symbolisieren, z. B. Flaggen, Wappen, Standarten, Siegel, Grenzzeichen. Schwarz-Rot-Gold ist gemäß Art. 22 GG die **Bundesflagge,** womit zugleich die Bundesfarben für die übrigen H. bestimmt sind. Weitere H. sind durch Bekanntmachungen des Bundespräsidenten betreffend das **Bundeswappen** und den **Bundesadler** und durch Erlaß über die Dienstsiegel vom 20. 1. 1950 festgelegt worden. Die Länder verfügen über eigene H.; mit Ausnahme der Bundesflagge dürfen H. nur von staatl. Stellen verwendet werden. Wer bestimmte H. verunglimpft oder öffentlich angebrachte H. beschädigt, wird mit Freiheitsstrafe oder Geldstrafe bestraft (§ 90a StGB).
In *Österreich* ist H. nach dem Gesetz vom 8. 5. 1919 der einköpfige schwarze Adler mit einem roten, von einem silbernen Querbalken durchzogenen Brustschild, der auf dem Haupt eine goldene Mauerkrone, im rechten Fang eine goldene Sichel und im linken Fang einen goldenen Hammer trägt. Seit dem Gesetz vom 1. 5. 1945 umschließt eine gesprengte Kette die Fänge. Die Flagge der Republik besteht nach dem Gesetz vom 21. 10. 1919 aus drei gleich breiten, waagrechten Streifen in den Farben Rot-Weiß-Rot.
In der *Schweiz* verfügen Bund und Kt. über eigene H.; Wappen und Fahne der Eidgenossenschaft tragen nach Beschlüssen von 1815, 1840 und 1889 im roten Feld ein aufrechtes, freistehendes, weißes Kreuz. - Abb. S. 32.
hohe Jagd (großes Weidwerk), wm. Bez. für die Jagd auf Hochwild. Die h. J. stand in früheren Jh., als sie noch Regal († Regalien) war, dem Landesherrn zu (im Ggs. zur † Niederjagd).
Hohelied † Hoheslied.
höhen, mittels weißen Farbauftrags Licht aufsetzen, v. a. bei Zeichnungen und Holzschnitten auf getöntem Grund.
Höhenadaptation (Höhenanpassung), Wochen bis Monate beanspruchende Gewöhnung und Anpassung des Organismus an den geringen atmosphär. Druck und erniedrigten Sauerstoffpartialdruck in größeren Höhen. Die H. erfolgt v. a. durch die Vermehrung der roten Blutkörperchen und des Hämoglobins, ferner durch Änderung des Sauerstoffbindungsvermögens des Blutes und Zunahme des Blutvolumens.
Höhenänderungsmesser † Variometer.
Hohenasperg, alte Bergfestung (wohl schon kelt. [6./5. Jh.]; heutige Anlage 1535) bei Asperg, Bad.-Württ.; im 18./19. Jh. Staatsgefängnis, in dem u. a. F. Schubart und der Nationalökonom F. List inhaftiert waren; heute Krankenhaus der Strafanstalten von Baden-Württemberg.
Hohenberg, Sophie Herzogin von † Chotek, Sophie Gräfin.
Hohenelbe † Vrchlabí.
Hohenems, östr. Marktgemeinde in Vorarlberg, 423 m ü. d. M., 12 700 E. Sommerfrische und Wintersportplatz. U. a. Textilind., Besteckfabrik, Schuh- und Skifabrik. - Eine um 1170 erbaute Reichsburg, seit 1792 Ruine, wurde zum Zentrum einer Herrschaft der Reichsministerialen, seit 1560 Reichsgrafen von H. - Pfarrkirche (1797) mit Renaissancehochaltar. Renaissanceschloß H. (1562–67), Ruine Altems, spätgot., noch heute bewohnte Burg Glopper (Neuems). - Seit 1976 Schubert-Festival.
Höhenfleckvieh † Höhenvieh.
Höhenformel, svw. † barometrische Höhenformel.
Höhenforschungsrakete, meist ungelenkter Flugkörper für Flughöhen bis 200 km und Nutzlasten bis 1 Tonne. H. ergänzen

Hohenfriedeberg

Hoheitszeichen. Bundeswappen (oben) und großes Bundesdienstsiegel der Bundesrepublik Deutschland

Satelliten, deren untere Bahnhöhe wegen der Luftreibung mindestens 200 km beträgt. H. dienen Untersuchungen auf Gebieten wie Strahlungsphysik, Astrophysik, Biologie, Meteorologie, Wiedereintrittsdynamik, Instrumenten- und Sensorenerprobung sowie Untersuchungen unter Schwerelosigkeit.

Hohenfriedeberg (poln. Dobromierz), Stadt im Sudetenvorland, Polen*, rund 1 000 E. - Zw. 1295 und 1307 von dt. Kolonisten gegr.; Stadtrecht seit 1345. Am 4. Juni 1745 schlug Friedrich II. im 2. Schles. Krieg bei H. die östr.-sächs. Armee unter Prinz Karl Alexander von Lothringen.

Hohenfurth ↑ Vyšší Brod.

Hohenfurther Altar, um 1350 wohl in einer Prager Werkstatt entstandener Altar für die Klosterkirche in Hohenfurth (Vyšší Brod); erhalten sind neun Tafeln (heute in Prag, Národni Galerie). Verarbeitung italien. Einflüsse.

Höhengrenze, durch klimat. Faktoren bedingter Grenzsaum, über dessen Höhe eine Vegetationsformation oder eine Pflanze nicht mehr gedeihen kann.

Höhengürtel, svw. Höhenstufen, ↑ Vegetationsstufen.

Hohenheim, Franziska Reichsgräfin von (seit 1774), geb. Freiin von Bernardin zum Pernthurn, * Adelmannsfelden 10. Jan. 1748, † Kirchheim unter Teck 1. Jan. 1811, Herzogin von Württ. (seit 1786). - Seit 1769 Geliebte des Hzg. Karl Eugen von Württ.; er erreichte ihre Standeserhebung, aber erst 1786 die Anerkennung der mit H. 1770 geschlossenen morganat. Ehe.

Höhenkammer, in der Luft- und Raumfahrtmedizin eine [unter]druckfeste Kammer, in der die in den verschiedensten Höhen herrschenden atmosphär. Bedingungen (Luftdruck, Feuchtigkeit, Temperatur und Zusammensetzung der Atmosphäre) nachgebildet werden können.

Höhenklima (Hochlandklima), das Klima der Hochländer und Hochplateaus. Es ist u. a. gekennzeichnet durch geringen Luftdruck, niedrige Lufttemperaturen, geringe Luftfeuchtigkeit und starke Winde. In seiner Wirkung auf den menschl. Organismus stellt es ein Reizklima dar.

Höhenkrankheit (Bergkrankheit, Bergkoller, Ballonfahrerkrankheit, Fliegerkrankheit), bei untrainierten, nicht akklimatisierten sowie bei herz- und kreislauflabilen Menschen in Höhen über 3 000 m auftretende Erkrankung infolge Minderung der Sauerstoffsättigung des Blutes und der Gewebe durch Abnahme des Sauerstoffpartialdrucks. Symptome: Verminderung der körperl. und geistigen Leistungsfähigkeit, verbunden mit einem dem Alkoholrausch ähnl. Zustand (**Höheneuphorie, Höhenrausch**). Im fortgeschrittenen Stadium finden sich mangelnde Bewegungskoordination, Atemnot, völlige Kritik- und Entschlußlosigkeit, Bewußtseinsstörungen, Übelkeit und Erbrechen. Der im Mittelohr und in der Ohrtrompete behinderte Druckausgleich führt zu Ohrenschmerzen und Schwindel (**Höhenschwindel**). Bei länger anhaltendem Sauerstoffmangel treten Krämpfe, Cheyne-Stokes-Atmung, Herzrasen, Ohnmacht (**Höhenkollaps**) und schließl. der Tod (**Höhentod**) ein. - Nach einer langfristigen physiolog. Anpassung des Organismus liegen die Grenzen der Höhenanpassung bei 6 000 m für volle Leistungsfähigkeit und bei 8 000-8 800 m für kurzzeitige, stark eingeschränkte Leistungsfähigkeit.

Höhenkreis (Vertikalkreis), zur Höhen- oder Erhebungswinkelmessung dienender Teilkreis an opt. Instrumenten.

Höhenleitwerk ↑ Flugzeug.

Höhenmesser

Hohenlinden, Gemeinde 30 km östl. von München, Bay., 2100 E. - In H. wurde während des 2. Koalitionskrieges am 20. Sept. 1800 ein Waffenstillstand zw. Österreich und Frankr. abgeschlossen; nach dessen Bruch siegten in der Schlacht von H. am 3. Dez. 1800 die frz. Truppen.

Höhenlinien (Isohypsen), in der *Geodäsie* und *Kartographie* Bez. für die sich als Schnittlinien von Niveauflächen mit dem Gelände ergebenden Verbindungslinien von benachbarten Geländepunkten gleicher Höhe über oder unter einer Bezugsfläche (meist Normalnull). Sie ergeben ein formanschaul. Geländebild: bei flachem Gelände weiter, bei steilem Gelände enger H.abstand.

Hohenlohe, fränk. Fürstengeschlecht. Erstmals 1153 erwähnt als Herren von Weikersheim, seit 1178 im Besitz der Burg Hohlach bei Uffenheim, die die wichtige Handelsstraße Augsburg–Frankfurt kontrollierte. Unter den Staufern erfolgten Rangerhöhung und Besitzerweiterung. Trotz reicher Schenkungen an den Dt. Orden sowie mehrfacher Erbteilungen konnten die H. im Gebiet von Kocher und Tauber ein fast geschlossenes Territorium errichten. 1553 erfolgte die Teilung des Landes in die prot. Linie *H.-Neuenstein* (1764 gefürstet) und in die kath. Linie *H.-Waldenburg* (1744 gefürstet). 1806 fiel der Großteil der hohenloh. Territorien an das Kgr. Württ., kleinere Teile kamen zu Bayern.

Hohenlohekreis, Landkr. in Baden-Württemberg.

Hohenloher Ebene, flachwelliges Hügelland (Gäulandschaft), das sich halbkreisförmig vom Neckar zur Tauber erstreckt.

Hohenlohe-Schillingsfürst, Chlodwig Fürst zu, Prinz von Ratibor und Corvey, * Rotenburg a. d. Fulda 31. März 1819, † Bad Ragaz 6. Juli 1901, dt. Politiker. - Mgl. der bayr. Reichsrätekammer. Seine entschieden nationalpolit. Einstellung führte ihn 1848 in den Dienst der provisor. Zentralgewalt in Frankfurt; seitdem gehörte H.-S. in Süddeutschland zu den Verfechtern der preuß.-kleindt. Hegemoniallösung der deutschen Frage. Als bayr. Min.präs. und Außenmin. seit 1866 setzte er diese Haltung in die Festigung der Militärallianz mit Preußen um. Auf preuß. Druck sicherte H.-S. die Einbeziehung Süddeutschlands in das Zollparlament. Durch Mißtrauensvotum beider Kammern wurde er am 18. Febr. 1870 in Bayern zum Rücktritt gezwungen. 1871–81 MdR (Dt. Reichspartei), 1880 interimist. Leiter und Staatssekretär des Auswärtigen Amtes. Als Reichskanzler und preuß. Min.präs. 1894–1900 stand er im Schatten Kaiser Wilhelms II.

Höhenmarken, in das Mauerwerk von Gebäuden oder in bes. Steinpfeiler eingelassene Metall- oder Kunststoffbolzen, mit denen die Ergebnisse einer Höhenmessung festgehalten werden; sie dienen als Festpunkte (**Höhenfestpunkte**).

Höhenmesser (Altimeter), Gerät zur Höhenmessung, das in Flugzeugen die Flughöhe über Normalnull oder über Grund anzeigt. Die als kombinierte *Grob-Fein-H.* ausgebildeten **barometr. H.** sind Luftdruckmeßgeräte mit einem federelast. Meßelement (Aneroiddose), das sich mit zunehmender

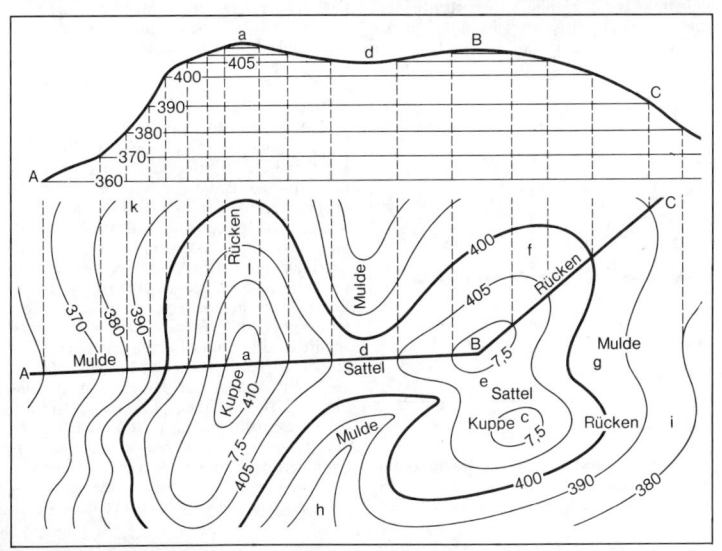

Höhenlinien. Darstellung verschiedener Formen eines Berggeländes mit Höhenlinien

Höhenmessung

Höhe infolge des abnehmenden Außendrucks ausdehnt; die Ausdehnung wird auf einer geeichten Skala angezeigt. Beim **Funkhöhenmesser** wird die Höhe aus der Laufzeit eines am Erdboden reflektierten Impulses bestimmt.

Höhenmessung (Hypsometrie), das Ermitteln des Höhenunterschieds von Punkten im Gelände (Messung ihrer relativen Höhen bezügl. einer gewählten Bezugsebene), woraus dann Normalhöhen (absolute Höhen, meist bezogen auf Normalnull) abgeleitet werden. Die H. erfolgt je nach Genauigkeit durch Nivellement (Millimetergenauigkeit), durch trigonometrische H. (Dezimetergenauigkeit), durch photogrammetr. Verfahren oder als barometr. H. durch Messung des Luftdrucks mit Hilfe von Barometern und Hypsometern.

Hohenmölsen, Krst. 10 km sö. von Weißenfels, Bez. Halle, DDR, 165 m ü. d. M., 6300 E. Chem. Industrie.
H., Landkr. im Bez. Halle, DDR.

Hohenneuffen, Zeugenberg vor dem NW-Trauf der Schwäb. Alb, östl. der Stadt Neuffen, Bad.-Württ., 743 m hoch mit Burgruine.

Hohenrechberg, Zeugenberg vor dem NW-Trauf der Schwäb. Alb, nö. von Göppingen, Bad.-Württ., 707 m hoch mit barocker Wallfahrtskirche (1686–88) und Burgruine.

Hohenrodter Bund, eine 1923 in Hohenrodt (= Loßburg bei Freudenstadt) gegr. Vereinigung zur Förderung der Erwachsenenbildung (u. a. T. Bäuerle, R. Buchwald und W. A. Flitner). Die Diskussionen kreisten um die „Volkswerdung" durch Volksbildung; 1935 aufgelöst.

Hohensalza ↑ Inowroclaw.

Höhensatz, geometr. Lehrsatz: Das Quadrat über der Höhe h eines rechtwinkligen Dreiecks ist gleich dem Produkt aus den Abschnitten p und q, in welche die Hypotenuse durch die Höhe geteilt wird: $h^2 = p \cdot q$.

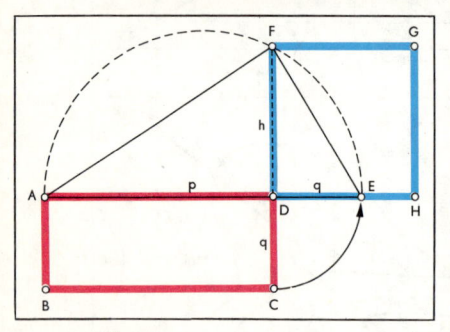

Höhensatz

Höhenschichten, in der Kartographie Bez. für die durch verschiedene Farbtöne herausgehobenen Schichten zw. zwei ausgewählten Höhenlinien (im allg. je höher, desto heller).

Hohenschwangau, Schloß in der Gemeinde Schwangau, Bayern; 1833–37 von D. Quaglio, D. Ohlmüller u. a. in neugot. Stil errichtet.

Höhenschwindel, (Bathophobie) psychogen bedingtes Gefühl eines gestörten Gleichgewichtes und des Hinabgezogenwerdens beim Hinunterblicken von hohen, steil abfallenden Standpunkten, verbunden mit mehr oder weniger mangelnder Raumorientierung, oft auch mit Angstvorstellungen, Schweißausbrüchen und Übelkeit.
♦ ↑ Höhenkrankheit.

Höhensonne, in der *Meteorologie* Bez. für die Sonnenstrahlung in größerer Höhe (bes. im Hochgebirge), die wesentl. intensiver ist als im Tiefland (geringere Absorption infolge kleinerer durchstrahlter Luftmasse, geringerem Wasserdampfgehalt) und einen größeren Anteil an UV-Strahlung besitzt.
♦ ⓦ Quecksilberdampflampe (Glaskolben aus ultraviolettdurchlässigem Quarzglas), die sehr viel UV-Licht ausstrahlt. Verwendung in der *Medizin* zur Hautbräunung und zur Heilbestrahlung (bei Rachitis, Blutarmut u. a.). Zum Schutz der Augen ist eine Schutzbrille erforderlich.

Hohenstaufen, Zeugenberg vor dem NW-Trauf der Schwäb. Alb, nö. von Göppingen, Bad.-Württ., 684 m hoch mit geringen Resten der Stammburg der Staufer.

Hohenstein-Ernstthal, Krst. im Zwikkauer Hügelland, Bez. Karl-Marx-Stadt, DDR, 310–480 m ü. d. M., 17800 E. Museum; Textil- und Metallind. - nahebei die Rennstrecke Sachsenring. - Hohenstein wurde 1513–17 als Bergleutesiedlung gegr., die 1521 von Ernst II. von Schönborg Stadtrecht erhielt. Ende des 17. Jh. wurde Ernstthal errichtet; 1898 zu H.-E. vereinigt.
H.-E., Landkr. im Bez. Karl-Marx-Stadt, DDR.

Höhenstrahlung (kosmische Strahlung, Ultrastrahlung), 1912/13 von V. F. Hess und W. Kohlhörster entdeckte, aus dem Weltraum in die Erdatmosphäre eindringende hochenerget. Teilchen- und Photonenstrahlung, deren Ursprung noch nicht bekannt ist. Sie besitzt in etwa 20 km Höhe ein Intensitätsmaximum und nimmt im oberen Teil der Erdatmosphäre einen konstanten Wert an. Dieser Wert entspricht der Intensität der sog. *primären H.,* die von außen in die Erdatmosphäre eindringt und aus sehr energiereichen nuklearen Teilchen besteht (Energie 10^9 bis 10^{18} eV). Beim Auftreffen der Primärstrahlung auf Atomkerne der Erdatmosphäre findet Kernzertrümmerung statt. Primärteilchen und Kerntrümmer fliegen weiter und zertrümmern weitere Atomkerne, erzeugen Myonen und übertragen ihre Energie auf Atomelektronen; diese wiederum erzeugen durch

Hohenzollern

Bremsstrahlungseffekte Photonen (Gammaquanten), die ihrerseits Elektron-Positron-Paare erzeugen usw., bis die urspr. Energie aufgebraucht ist. Es entsteht eine immer teilchenreicher werdende *Sekundärstrahlung*, wodurch es zunächst zu einer Erhöhung der Intensität kommt. Beim weiteren Eindringen der Sekundärstrahlung in die Erdatmosphäre nimmt die Intensität dann jedoch in Folge von Absorptionsprozessen ab. Am Erdboden wird nur noch Sekundärstrahlung beobachtet.
Man unterscheidet: 1. Die *Nukleonenkomponente* (aus Protonen und Neutronen); 2. die *harte Komponente* (aus Myonen), die erst beim Durchqueren einer 1 m dicken Bleischicht auf die Hälfte ihrer Intensität zurückgeht (sie kann deshalb noch am Grunde von tiefen Seen gemessen werden); 3. die *weiche Komponente* (aus Elektronen und Photonen), die von einer 15 cm dicken Bleischicht prakt. vollkommen absorbiert wird; 4. den *Neutrinostrom*, der wegen der schwachen Wechselwirkung von Neutrinos mit Materie prakt. ungehindert die ganze Erde durchquert und entsprechend schwer nachgewiesen werden kann.
Wegen der abschirmenden Wirkung des Erdmagnetfeldes können energieärmere Teilchen nur in der Nähe der magnet. Pole der Erde in die Atmosphäre eindringen. Die Intensität der H. ist daher am Äquator geringer als in hohen geograph. Breiten d. h. in Polnähe (**Breiteneffekt**).
📖 *Allkofer, O. C.: Introduction to cosmic radiation.* Mchn. 1975. - *Wilson, J. G./Perry, G.: Kosm. Strahlen.* Stg. 1971.

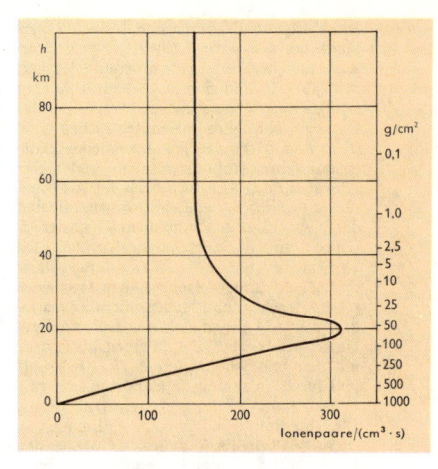

Höhenstrahlung. Höhenverteilung der von der Höhenstrahlung in mittleren Breiten je Sekunde pro cm³ erzeugten Ionenpaare. Die rechte Skala gibt die Masse der Luft an, die über 1 cm² in der jeweiligen Höhe (linke Skala) liegt. Am Erdboden werden zwei Ionenpaare je Sekunde pro cm³ erzeugt

Höhenstufen (Höhengürtel) ↑Vegetationsstufen.

Hohensyburg [...'zi:bʊrk], frühgeschichtl. Befestigung im Gebiet der Stadt Dortmund. Auf einem Bergsporn über dem Zusammenfluß von Ruhr und Lenne entstand in der 2. Hälfte des 8. Jh. eine zweiteilige altsächs. Volksburg; 775 von Karl d. Gr. erobert, der in ihr eine Peterskirche erbaute.

Höhenthal, Karl, Pseud. des dt. Schriftstellers Karl ↑May.

Hohentwiel, Bergkegel im Hegau, Bad.-Württ., 686 m hoch. - Seit kelt. Zeit besiedelt; im 10. Jh. erstmals eine Burg belegt; später war der H. häufig Sitz der Hzg. von Schwaben; 1521/38 an Hzg. Ulrich von Württemberg; Ausbau der Burg um 1549, Bau der Festungsanlagen seit 1634, geschleift 1800/01.

Höhenvieh (Höhenrind), Sammelbez. für dt. Rinderrassen, die v. a. in Vorgebirgs- und Gebirgslagen gehalten werden. Zum H. zählen **Höhenfleckvieh** (Fleckvieh) mit hoher Milch-, Fett- und Fleischleistung; kommt in den Farben gelb- oder rotscheckig, auch einfarbig gelb oder rot mit weißen Beinen vor. Genügsam, jedoch sehr leistungsfähig ist das semmel- bis rotgelbe **Gelbe Höhenvieh**, das in verschiedenen Landschlägen gezüchtet wird. Ledergelb bis rotgescheckt ist die kleinste Rinderrasse, das **Hinterwälderrind**; gute Milch- und Fleischleistung. Größer und schwerer als diese, in Farbe und Leistung ähnl. ist das **Vorderwälderrind**. Beide Rassen werden im Schwarzwald gezüchtet. In der O-Schweiz, Tirol und im Allgäu kommt das einfarbig graue bis braune **Graubraune Höhenvieh** vor; mit guter Milch-, Mast- und Arbeitsleistung; Maul schiefergrau mit heller Umrandung.

Hohenwart, Karl Sigmund Graf, * Wien 12. Febr. 1824, † ebd. 26. April 1899, östr. Politiker. - Als Min.präs. (Febr. bis Okt. 1871) versuchte H., den östr.-ungar. Ausgleich durch die Fundamentalartikel eines böhm. Ausgleichs zu erweitern.

Hohenwartetalsperre ↑Stauseen (Übersicht).

Hohenwartklub, 1891–97 von K. S. Graf Hohenwart geführte konservative östr. Parteigruppierung, setzte sich für eine föderalist. Länderautonomie ein.

Hohenwerfen, urspr. frühma. Burg auf der linken Talflanke der Salzach südl. von Salzburg, Österreich; erneuert 1530–85; 1931 brannte der Palas aus (1948 restauriert).

Höhenwind, turbulenzfreier Wind der freien Atmosphäre, der von Effekten der Bodenreibung nicht mehr beeinflußt ist.

Hohenzollern, dt. Dyn., seit 1061 als *Zol*-

Hohenzollern

lern (Mitte 16. Jh. durch den Namen H. ersetzt) nachweisbares schwäb. Dynastengeschlecht, begütert zw. oberem Neckar, Schwäb. Alb und oberer Donau. Um 1214 erfolgte durch die Söhne des 1191/92 mit der Burggft. Nürnberg belehnten Friedrich I. (III.; † um 1200) die Teilung in eine fränk. (später brandenburg.-preuß.) und eine schwäb. Linie. - Die auch nach der Reformation kath. *schwäb. Linie* zählte bis zum Beginn der Neuzeit zu den führenden Dynastengeschlechtern SW-Deutschlands. Sie teilte sich 1575 in die 1623 in den Reichsfürstenstand erhobenen Linien **Hohenzollern-Hechingen** (1869 erloschen) und **Hohenzollern-Sigmaringen,** die 1634 die gräfl. Linie **Hohenzollern-Haigerloch** beerbte. Durch einen Erbvertrag mit den brandenburg.-preuß. H. 1695/1707 und durch Anlehnung an Napoleon I. entging sie 1803/06 der Mediatisierung, trat aber Ende 1849 ihre Souveränitätsrechte an Preußen ab (1850-1945 preuß. Reg.-Bez. [„Hohenzoller. Lande"]). Der Linie H.-Sigmaringen gelang 1866/69 die Einflechtung in die europ. Politik (Fürsten/Könige von Rumänien 1866/81-1947; span. Thronkandidatur Leopolds [† 1905]). - Die seit der Reformation ev. *fränk. Linie* baute bis Ende 14. Jh. Ansbach und Bayreuth zu einer bed. Territorialherrschaft aus, wurde 1363 in den Reichsfürstenstand erhoben und erhielt 1417 die brandenburg. Kurwürde. Die Unteilbarkeit der Markgft. Brandenburg und die Errichtung der fränk. Sekundo- bzw. Tertiogenituren wurde durch Hausverträge gesichert (Dispositio Achillea 1473, Geraer Hausvertrag 1598/99). In Ansbach und Bayreuth regierte 1486-1603 die *ältere fränk. Linie,* 1603-1791 (Abtretung an Preußen) die *jüngere brandenburg. Linie* (erloschen 1806); Preußen verlor diese Gebiete 1805/07 an Bayern bzw. Frankr. Die *brandenburg. H.* (Kurlinie) hatten 1614 Kleve, Mark und Ravensberg und 1618 als poln. Lehen das Hzgt. Preußen erhalten (Anwartschaft seit dem Tod des fränk. H. und 1. weltl. Hzg. in Preußen, Albrecht [* 1490, † 1568]). Den Aufstieg zur Großmachtstellung markierte v. a. die Reg.zeit des Großen Kurfürsten Friedrich Wilhelm (⚭ 1640-88) und - nach dem Erwerb des Königstitels in (1772-1918 von) Preußen - die der Könige Friedrich Wilhelm I. (⚭ 1713-40) und Friedrich II., d. Gr. (⚭ 1740-86). 1871-1918 waren die Könige von Preußen zugleich Dt. Kaiser.
⌑ *Stribrny, W.: Der Weg der H. Limburg a. d. Lahn.* 1981. - *Hintze, O.: Die H. u. ihr Werk. Moers* 1979.

Hohenzollern, Zeugenberg vor dem SW-Trauf der Schwäb. Alb, südl. von Hechingen, Bad.-Württ., 855 m hoch mit Stammburg der Hohenzollern. 1267 erstmals belegt, 1423 zerstört, im 15. Jh. neu errichtet, im 17. Jh. zur Festung ausgebaut, später verfallen. 1850-67 wurde die neugot. viertürmige Burg errichtet und die spätgot. Sankt Michaelskapelle (1461) in die Anlage einbezogen. - Abb. S. 38.

Hohenzollernkanal ↑ Oder-Havel-Kanal.

Hohe Pforte (Pforte), urspr. Bez. für den Sultanspalast in Konstantinopel nach der Eingangspforte; 1718-1922 Bez. für den Sitz des Großwesirs bzw. für die türk. Reg. (bes. für das Außenministerium).

Hohepriesterliches Gebet, Abschluß der Abschiedsreden Jesu (Joh. 14-17).

höhere Fachschulen, seit 1968 umgewandelt in ↑ Fachhochschulen.

höhere Gewalt, von außen her einwirkendes, außergewöhnl., nicht vorhersehbares, durch äußerste zumutbare Sorgfalt nicht abwendbares Ereignis.

höhere Handelsschulen ↑ Handelsschule.

höhere Lehranstalten, als öff. Schulen *höhere Bundeslehranstalten,* in Östr. berufsbildende Schulen, die das 9.-13. Schuljahr umfassen: höhere techn. und gewerbl. Lehranstalten, h. L. für wirtsch. Frauenberufe (auf derselben Stufe Handelsakademien). Sonderformen für Abiturienten und Berufstätige.

höhere Pflanzen, Bez. für die ↑ Samenpflanzen.

höhere Pilze (Eumycetes), zusammenfassende Bez. für die drei Pilzklassen ↑ Schlauchpilze, ↑ Deuteromyzeten und ↑ Ständerpilze.

höhere Schulen, öffentl. und private weiterführende Schulen, die mit der Hochschulreife oder Fachhochschulreife abschließen; im Strukturplan des Dt. Bildungsrats (1970) zugunsten des Begriffs der „Sekundarstufe II" aufgegeben.

höheres Lehramt ↑ Lehramt.

höhere Töchterschulen ↑ Mädchenschulwesen.

Hoher Göll, Gipfel im Berchtesgadener Land, an der dt.-östr. Grenze, 2 529 m hoch.

Hoher Meißner ↑ Meißner.

Hohermuth (Hohermut), Georg, gen. Georg von Speyer, * Speyer oder Memmingen um 1500, † Coro (Venezuela) 11. Juni 1540, dt. Konquistador. - Statthalter der Welser in Venezuela, das er 1535-38 auch im Innern erforschte.

Hoher Peißenberg, Gipfel im bayr. Alpenvorland, osö. von Schongau, 994 m hoch mit meteorolog. Station (seit 1781).

Hoherpriester, Oberhaupt der Priesterschaft des Jerusalemer Tempels mit seit dem Untergang des Königtums zunehmender polit. Bed.; Aufgabenbereich: Regelung des kult.-religiösen Lebens und innenpolit. Administration mit Aufsicht über gesetzl. und richterl. Körperschaften. Das Amt erlosch mit der Zerstörung des Tempels (70 n. Chr.).

Hoher Rat ↑ Synedrium.

Hoher Rittersporn ↑ Rittersporn.

Hoher Westerwald ↑ Westerwald.

Höhle

Hohe Schule, vollendete Reitkunst, im 17. Jh. entwickelt; höchste Stufe des Dressurreitens.
Schulen auf der Erde sind die **Piaffe,** eine trabartige Bewegung auf der Stelle, bei der das Pferd die diagonalen Beinpaare federnd vom Boden abschwingt und wieder aufsetzt, die **Passage,** bei der die erhobenen diagonalen Beinpaare länger in der Schwebe bleiben als im Trab, und die **Pirouette,** eine Wendung auf der Hinterhand, um die sich die Vorhand in mehreren Sprüngen bewegt. Die *Schulen über der Erde* leiten ein die **Pesade,** in der das Pferd, sich auf seine tief gesetzte Hinterhand stützend, die Vorhand so vom Boden erhebt, daß der Körper einen Winkel von etwa 45° zum Boden bildet, und (seit dem 20. Jh.) die **Levade,** bei der das Pferd sich so erhebt, daß der Körper mit dem Boden einen Winkel von etwa 30° bildet. Unter **Mezair** versteht man eine Reihe hintereinanderfolgender kurzer Levaden, nach denen die Vorhand immer nur rasch den Boden berührt, die Hinterhand in einem Sprung nachfolgt und dann die Levade wiederholt wird. Die **Kurbette** ist die Ausführung von mehreren Sprüngen auf der Hinterhand, ohne daß das Pferd dabei mit der Vorhand den Boden berührt. Die erste Phase auf dem Weg zur Kapriole ist die **Kruppade,** in der sich das Pferd aus der Levade vom Boden abschnellt, die Beine unter dem Körper anzieht und auf den Hinterbeinen landet. Die zweite Phase, die **Ballotade,** wird zunächst wie die Kruppade ausgeführt. Die Hinterbeine sind so angezogen, daß die Hufeisen zu sehen sind. In der **Kapriole** folgen aufeinander: das Abspringen aus der Levade zur Kruppade, das energ. Austreichen mit den Hinterbeinen in dem Augenblick, in dem der Pferdekörper waagerecht in der Luft schwebt, und das Landen auf allen vier Beinen.
📖 *Podhajsky, A.: Die klass. Reitkunst. Rbk. 1980.*

hohe See, diejenigen Meeresteile, an denen nach allg. Völkerrecht Rechte, insbes. Hoheitsrechte, weder bestehen noch begründet werden können. Zur h. S. zu rechnen der *Meeresgrund,* soweit er nicht dem Festlandsockel (↑Schelf) angehört, und der über der h. S. befindl. *Luftraum,* nicht jedoch die Bodenschichten unterhalb des Meeresgrundes (daher sind die Ausbeutung von Mineralvorkommen und Tunnelbauten sonderrechtsfähig). Die h. S. unterliegt dem Grundsatz der Freiheit der Meere.

Hohes Gesenke (Altvatergebirge), Teil der Ostsudeten, im Nordmähr. Gebiet, ČSSR, im Altvater 1 492 m hoch.

Hohes Gras, mit 615 m die höchste Erhebung im Habichtswald, Hessen.

Hoheslied (Lied der Lieder; lat. Canticum canticorum), Buch des A. T., Sammlung populärer Liebes- und Hochzeitslieder, die urspr. selbständig waren, aber kaum vollständig erhalten sind. Die meisten Lieder sind möglicherweise erst in nachexil. Zeit entstanden.

Hohe Straße (Hohe Landstraße), Bez. für die im MA fest ausgebauten Handelsstraßen, bes. für die seit dem 13. Jh. von Frankfurt am Main über Eisenach–Erfurt–Halle–Leipzig nach Breslau führende Straße.

Hohes Venn, höchster Teil der ↑Ardennen.

Hohe Tatra ↑Tatra.

Hohe Tauern, Gebirgskette in den Zentralalpen (↑Alpen), Österreich, setzt sich aus der Venediger-, Granatspitz-, Glockner-, Sonnblick-, Ankogel- und Hafnergruppe zus.; höchste Erhebung ist der Großglockner (3 797 m).

Hohhot, chin. Stadt, ↑Huhehot.

Hohkönigsburg (frz. Haut-Kœnigsbourg), Burg bei Schlettstadt, Unterelsaß. Die Anlage aus dem 15./16. Jh., die auf roman. Resten basiert, wurde 1900–08 als Besitz Kaiser Wilhelms II. durch B. Ebhardt wieder aufgebaut.

Hohlblockstein, genormter Baustein aus Leichtbeton mit mehreren, nach einer Seite des Steins offenen Hohlräumen.

Höhle, großer natürl. Hohlraum im Gestein, entweder primär, d. h. zugleich mit dem Gestein entstanden (in Riffen, in vulkan. Gestein) oder sekundär, d. h. nachträgl. gebildet durch Erosion, z. B. durch Brandung oder durch Auslaugung (sog. Mischungskorrosion) von verkarstungsfähigem Gestein (↑Karst). Diese *Karsthöhlen* bilden z. T. riesige Systeme mit Seen und Flüssen. Durch Ausscheiden von Kalkspat aus Sickerwässern entsteht *Höhlensinter* in oft bizarren Formen, darunter die *Tropfsteine.* Bei diesen unterscheidet man die spitzen *Stalaktiten,* die von der Decke nach unten wachsen und die ihnen vom Boden aus entgegenwachsenden stumpfen *Stalagmiten.* Beide können zu *Stalagnaten* (Säulen) zusammenwachsen. *Schauhöhlen* sind für Besucher gefahrlos zugängl. gemachte H., sie zeichnen sich durch bes. schöne Sinterbildungen, die oft Phantasienamen tragen, durch Felsmalereien des prähistor. Menschen oder durch Eisbildungen aus, die durch komplizierte Bewetterungsverhältnisse in sog. *Eishöhlen* entstanden sind. - ↑auch Speläologie.

Vorgeschichte: Abgesehen von wenigen Resten aus dem Altpleistozän setzten die ältesten erhaltenen Kulturschichten in europ. H. erst mit dem Mittelpaläolithikum ein, gegen dessen Ende auch tiefere H.partien aufgesucht wurden, die im Jungpaläolithikum als Kult- und Initiationsplätze dienten, bei deren Ritualen auch Felsbilder entstanden. Seit dem Neolithikum dienten H. meist nur noch zum kurzfristigen Aufenthalt, gelegentl. auch als Kult- oder Grabstätte.

Hohlebene

Burg Hohenzollern

⌑ Aellen, V./Strinati, P.: *Die H. Europas*. Mchn. 1977.

♦ (Cavum) in der *Anatomie* Bez. für Hohlraum, Höhlung; z. B. Nasenhöhle (Cavum nasi).

Hohlebene, großräumiges, abflußloses Becken der Erdoberfläche mit geringer allseitiger Abdachung zur Mitte hin.

Höhlenbär (Ursus spelaeus), ausgestorbene, sehr große Bärenart im mittleren und oberen Pleistozän Europas und NW-Afrikas; sehr kräftiges Tier mit stark entwickelten Unterkiefern, einem Knick zw. Augenregion und Nasenrücken und (bei alten ♂♂) starkem Knochenkamm in der Nackenregion. Der H. war ein Allesfresser, bei dem die vorderen Vorbackenzähne fast vollständig reduziert waren. Er lebte in Höhlen oder in deren Umgebung.

Höhlenbrüter, Bez. für Vögel, die zur Aufzucht ihrer Jungen schützende Höhlen benötigen. Einheim. H. sind Spechte, Kleiber, Meisen und Rotschwänzchen.

Höhlenfische, Sammelbez. für verschiedene in dunklen Höhlengewässern lebende

Höhlen mit Tropfsteinen (links) und Bodenrosetten

Fische, v. a. aus den Gruppen Barben, Salmler, Barschlachse (z. B. Blindfische); meist gekennzeichnet durch Augenrückbildung, Pigmentlosigkeit der Haut und hochentwickeltes Geruchs-, Geschmacks- und Tastsinnesvermögen.

Höhlenflughunde (Rousettus), Gatt. bis 15 cm körperlanger, oberseits brauner, unterseits hellerer Flughunde (↑Flederhunde) mit rd. 10 Arten in Afrika südl. und östl. der Sahara, S-Asien und auf den Sundainseln; Flügelspannweite bis 60 cm; suchen als Schlafplätze Höhlen auf, wo sie sich z. T. mit Hilfe von Ultraschall orientieren.

Höhlengleichnis, bildhafte Darstellung der Möglichkeiten und Schwierigkeiten, die Wahrheit zu erkennen (in Platons „Staat", 7. Buch). In einer von der Außenwelt abgeschlossenen Höhle blicken gefesselte Menschen auf eine Wand, auf die Schatten von Gegenständen fallen: 1. Wissensstufe: Die Bilder werden für die Realität gehalten. 2. Stufe: Ein Mensch befreit sich und durchschaut den illusionären Charakter seiner bisherigen Annahmen, hält aber die Situation in der Höhle für die Realität, 3. Stufe: Er verläßt die Höhle und erkennt die Wirklichkeit.

Höhlenhyäne (Crocuta spelaea), ausgestorbene, große, vorwiegend höhlenbewohnende Hyänenart im Pleistozän Eurasiens und N-Afrikas; Vorderkörper und Kopf sehr stark entwickelt.

Höhlenkataster ↑Speläologie.

Höhlenklima, ein Mikroklima unter Tage, das sich durch Lichtmangel, hohe Luftfeuchtigkeit und eine große Gleichmäßigkeit der Temperatur sowohl im Tages- als auch im Jahresgang auszeichnet.

Höhlenkrebse, svw. ↑Brunnenkrebse.

Höhlenkunde ↑Speläologie.

Höhlenlöwe (Panthera leo spelaea), ausgestorbene Unterart des Löwen in vielen eiszeitl. Ablagerungen Europas, Kleinasiens, Syriens und Algeriens; etwa $1/3$ größer als der rezente Löwe; selten Höhlenbewohner.

Höhlenmalerei ↑Felsbilder.

Höhlensinter ↑Höhle.

Höhlentempel, svw. ↑Felsentempel.

Höhlentiere (Troglobionten), Bez. für Tiere, die sich ständig in Höhlen aufhalten; Körper meist ohne oder mit nur geringer Pigmentierung, Augen sehr häufig rückgebildet, dagegen Tastsinn hoch entwickelt. Zu den H. gehören u. a. Höhlenfische und der Grottenolm.

Höhlenwohnung, in anstehendem Gestein angelegte Behausung (u. a. in Spanien, China, in der Türkei). - Abb. Bd. 9, S. 74.

Hohler, Franz, * Biel 1. März 1943, schweizer. Kabarettist und Schriftsteller. - Seine zw. Alltag und Phantastik angesiedelten skurrilen, tragikom. oder auch grotesken Geschichten erzählt er mit dem Violoncello als Begleitinstrument („Celloballaden"). Verfaßt auch Erzählungen, Theaterstücke und arbeitet für das Fernsehen.

Hohler Lerchensporn ↑Lerchensporn.

hohle See, Bez. für das steile Auftürmen von Wellen bei geringer Wassertiefe oder bei Sturm; kann zum Auftreten von Brechern führen.

Hohlfuß ↑Fußdeformitäten.

Hohlgeschoß ↑Munition.

Hohlglas, Sammelbez. für alle nicht platten- oder tafelförmigen Glaserzeugnisse; Ggs. Tafelglas (↑Glas).

Hohlkehle, an Steilküsten svw. Brandungskehle (↑Brandung).

◆ konkaves Zierprofil an Gesimsen, Portalgewänden, Fenstern, Säulenbasen u. a.

Hohlkreuz (Hohlrücken, Rundrücken), Krümmung der Wirbelsäule im Lendenbereich nach vorn und im Brustbereich nach hinten infolge stärkerer Neigung des Beckens nach vorn; meist angeborene Körperhaltung; auch Haltungsschaden (mit Rückenschmerzen und leichter Ermüdung beim Stehen und Gehen) bzw. stat. Anpassung an eine stärkere Beckenfehlstellung.

Hohlladungsgeschoß ↑Munition.

Hohlleiter (Hohlrohrleiter), in der *Nachrichtentechnik* (Fernsehen, Richtfunk, Radar) verwendete Leitungen mit meist rechteckigem Querschnitt und elektr. leitenden Innenwänden. H. dienen zur Fortleitung hochfrequenter elektromagnet. Wellen (Dezimeter-, Zentimeterwellen), z. B. zw. Sender und Richtstrahlantenne.

Hohlmaß, Bez. für eine Volumeneinheit (z. B. Liter); vorwiegend für Flüssigkeiten oder Schüttgüter.

◆ ein meist zylinderförmiges Gefäß von bestimmtem Rauminhalt (z. B. 1 Liter).

Hohlmeißel ↑Meißel.

Hohlnadel, svw. ↑Kanüle.

Hohlnarbe (Coelogyne), Gatt. epiphyt. und terrestr. Orchideen mit rd. 130 Arten in den Monsungebieten von Ceylon bis Samoa; Pseudobulben und Blätter immergrün; Blüten meist klein, in lockerer Blütentraube, selten großblütig. Bekannteste, leicht zu kultivierende Art: **Coelogyne cristata** aus dem Himalaja mit 9–10 cm breiten, weißen, auf der Lippe gelbbraun gezeichneten Blüten.

Hohlpfanne ↑Dachziegel.

Hohlpfennige ↑Brakteaten.

Hohlplatten, leichte, wärmedämmende, mit einer Spannbewehrung versehene Betonplatten aus einer oberen und unteren Kiesfeinbetonschicht und einer mittleren Leichtbetonzone mit zylindr. Hohlräumen in gleich weitem Abstand; für Spannbetondecken und Dächer verwendet.

◆ plattenförmige Hohlkästen aus einem oberen und unteren Abschlußblech, die durch Längsstege miteinander verbunden sind; im Stahl[behelfs]brückenbau verwendet.

Hohlraumstrahlung (Strahlung des

Hohlraumversiegelung

schwarzen Körpers), die Strahlung, die im Innern eines allseitig geschlossenen hohlen Körpers auftritt, wenn die Innenwände an allen Stellen die gleiche Temperatur haben (*Hohlraumstrahler*). Die H. kann durch eine kleine Öffnung der Messung zugängl. gemacht werden; sie entspricht der Strahlung eines vollkommen schwarzen Körpers und genügt somit dem Planckschen Strahlungsgesetz.

Hohlraumversiegelung, Einsprühen eines äußerst kriechfähigen Korrosionsschutzmittels in die konstruktionsbedingten Hohlräume einer Fahrzeugkarosserie. H. mit *Hartschaum* erhöht die Festigkeit der Karosserie bes. im Seitenwandbereich.

Hohlsaum, Durchbruchstickerei, bei der zugleich der Saum befestigt wird.

Hohlschliff, Art des Schliffes von messerartigen Schneidewerkzeugen, bei dem die Schneide nach innen zu um ein geringes Maß vertieft (hohl) geschliffen ist.

Hohlspaten ↑Spaten.

Hohlspiegel ↑Spiegel.

Hohlstachler (Coelacanthini, Actinistia), Unterordnung bis 1,8 m langer, meist aber nur 60–70 cm messender Knochenfische (Ordnung ↑Quastenflosser) mit zahlr. heute ausgestorbenen Arten (v. a. aus der Fam. *Coelacanthidae*), die vom oberen Perm bis zur oberen Kreide gelebt haben (Ausnahme: die heute noch vertretene Art *Latimeria chalumnae*); primitive, urspr. süßwasserbewohnende, später ins Meer abgewanderte, bizarr aussehende Fische mit unvollkommen verknöcherter Wirbelsäule, rundl. Schuppen und auf beinartigen Erhebungen angeordneten Flossen, die von hohlen Knorpelstrahlen gestützt werden.

Hohlsteine, Sammelbez. für alle normalformatigen Beton-, Glas- und Ziegelsteine, die mit Hohlräumen versehen sind.

Hohltiere (Coelenterata, Radiata), Unterabteilung radiärsymmetr. Vielzeller mit über 9 000 Süß- und Meerwasser bewohnenden Arten mit einem Durchmesser von unter 1 mm bis etwa 1,5 m; meist kolonienbildende Tiere mit äußerst einfachem, aus Ekto- und Entoderm gebildetem Körper, einem Hohlraum (Gastralraum; dient der Vorverdauung der Nahrung) und einer einzigen Körperöffnung; getrenntgeschlechtl. oder zwittrig, häufig mit Generationswechsel. Man unterscheidet zwei Stämme: ↑Nesseltiere und ↑Aknidarier.

Hohlvenen (Venae cavae), Venen, die das verbrauchte Blut zum rechten Herzvorhof führen. Man unterscheidet: **obere Hohlvene** (*vordere H.*, Vena cava superior), die das Blut aus Kopf, Hals, den Armen und der Brust zum Herzvorhof führt; **untere Hohlvene** (*hintere Hohlvene*, Vena cava inferior), die neben der Bauchaorta zum Herzvorhof verläuft. ↑auch Abb. Blutkreisläufe, Bd. 3, S. 302.

Hohlzahn (Hanfnessel, Daun, Galeopsis), Gatt. der Lippenblütler mit rd. 10 euras. Arten; Blütenkrone purpurn oder gelbl. bis weiß; Unterlippe mit zwei hohlen, zahnförmigen Höckern. Von den einheim. Arten sind der ↑Gemeine Hohlzahn und der ↑Sandhohlzahn die verbreitetsten.

Hohlziegel ↑Dachziegel.

Hohlzunge (Coeloglossum), Gatt. der Orchideen mit vier Arten im gemäßigten Eurasien und in N-Amerika. In Deutschland (Alpen und Voralpen) kommt nur die **Grüne Hohlzunge** (Grünstendel, Coeloglossum viride) vor: mit bis 25 cm hohen Sprossen und grünl., schwach duftenden, kleinen Blüten in lockeren Ähren.

Hohmann, Walter, *Hardheim (Odenwaldkreis) 18. März 1880, †Essen 11. März 1945, dt. Ingenieur und Raumfahrtwissenschaftler. - H. lieferte wesentl. theoret. Grundlagen der Raumfahrt. Er schlug als Raumflugbahn zw. zwei Planeten eine diese Planeten tangierende Halbellipse vor. Diese nach ihm benannte Kurve (**Hohmann-Flugbahn**) erfordert den geringsten Energieaufwand.

Hohner ↑Matth. Hohner AG.

Hohnstein (Honstein), Burgruine in der Gemeinde Neustadt, Kreis Nordhausen, Bezirk Erfurt, DDR. Die Burg wurde im 12. Jh. erbaut; nach ihr nannten sich seit 1182/88 die Grafen von Ilfeld. Die Gft. H. weitete sich zu einem wichtigen Territorium in Thüringen aus. Sie fiel durch den Westfäl. Frieden (1648) in Brandenburg.

Hohnsteiner Puppenspiele ↑Jacob, Max.

Hohoff, Curt, *Emden 18. März 1913, dt. Schriftsteller. - Setzt sich in betont christl. Haltung v. a. mit aktuellen und religiösen Stoffen auseinander. Am bekanntesten ist sein russ. Kriegstagebuch „Woina, Woina" (1951). *Weitere Werke:* Hochwasser (En., 1948), Geist und Ursprung (Essays, 1954), Die Märzhasen (R., 1966), Gegen die Zeit (Essays, 1970), Venus im September (R., 1984).

Hohokamkultur [engl. hə'houkəm], formative Südwestkultur im Salt-River-Becken, Arizona, USA; starke Einflüsse aus Mesoamerika; intensiver Bodenbau mit Kanalbewässerung; rot-auf-ocker-farbene Keramik; bekannte Ruinenstätten: Snaketown, Los Muertos und Casa Grande; unterschieden werden: Pionierperiode (von etwa 300 v. Chr. bis um 500 n. Chr.), Kolonialperiode (500–900), Sedentarisierungsperiode (Sedentary Period, 900–1 100), klass. Periode (1100–1400) mit Überfremdung durch die Anasazitradition.

Höhr-Grenzhausen, Stadt im Unterwesterwald, Rhld.-Pf., 250–450 m ü. d. M., 8 200 E. Keramikmuseum. Mittelpunkt des Kannenbäckerlandes, v. a. mit keram. Ind. - Im 13. Jh. erstmals gen.; Stadt seit 1936. - Burg Grenzau (vor 1213 erbaut).

Hohwachter Bucht ↑ Kieler Bucht.

Hôi An, vietnames. Stadt im Zentralen Tiefland, 20 km sö. von Đa Nâng, 37 000 E. Verwaltungssitz der Prov. Quang Nam-Đa Nâng. Handelszentrum eines Agrargebietes; Hafen.

Hoima, Distr.hauptort in Uganda, östl. des Albertsees, 2 300 E. Kath. Bischofssitz; landw. Handelszentrum. - H. war bis 1967 Hauptstadt des ehem. Königreiches Bunyoro.

Hoitsu, Sakai, * Edo (= Tokio) 1761, † ebd. 1828, jap. Maler. - Verlieh dem dekorativen Stil ↑ Korins neuen Glanz; v. a. Pflanzen- und Tierdarstellungen.

Hojeda, Alonso de [span. ɔ'xeða] ↑ Ojeda, Alonso de.

Hojostraße, Meeresstraße zw. den jap. Inseln Kiuschu und Schikoku.

Hoka, v. a. im Westen Nordamerikas verbreitete indian. Sprachfamilie; als östl. H.sprachen werden die Coahuiltecasprachen bezeichnet; gehören zur Obergruppe Hoka-Sioux.

Hokkaido, nördlichste der vier jap. Hauptinseln, 77 900 km² groß, überwiegend gebirgig, mit aktiven Vulkanen, im Asahi 2 290 m hoch. Die Becken folgen weitgehend N-S verlaufenden Schwächezonen. Hauptstadt ist Sapporo.

Hokkohühner [indian./dt.] (Hokkos, Hockos, Cracidae), Fam. 0,4–1 m langer, meist auf Bäumen lebender und nistender Hühnervögel mit fast 50 Arten in den Wäldern M- und S-Amerikas; hochbeinig, mit kurzen, gerundeten Flügeln, zieml. langem Schwanz und meist aufrichtbarer Federhaube; leben meist gesellig.

Hokusai, Katsuschika, * Edo (= Tokio) 21. Okt. 1760, † ebd. 10. Mai 1849, jap. Meister des Farbholzschnitts. - Signierte mit 20 verschiedenen Namen (ab 1798 H.). Bevorzugte alltägl. Szenen (↑ Ukijo-E); zahlr. Landschaftsfolgen. Europ. beeinflußt (Farbabschattierung und Perspektive), beeinflußte er seinerseits (durch seine Zufallsausschnitte u. a.) Künstler des Jugendstils und des Impressionismus. - *Holzschnittfolgen:* Mangwa (ab 1814), 36 Ansichten des Fudschi (1823–32), Wasserfälle... (um 1827–29), Brücken ... (zw. 1827/30), Hundert Erzählungen (um 1839; unvollendet).

Hokuspokus [pseudolat.; Herkunft unsicher], aus den Niederlanden stammender Spruch der Taschenspieler bei der Ausführung ihrer Kunststücke; dann auch svw. Gaukelei, Betrug.

Hol, in der Hochseefischerei Bez. für den Arbeitsgang vom Ausbringen bis zum Einholen des Netzes; auch Bez. für die Menge der dabei gefangenen Fische.

Holabird, William [engl. 'hɔləbəːd], * Amenia Union (N. Y.) 11. Sept. 1854, † Evanston (Ill.) 19. Juli 1923, amerikan. Architekt. - Ab 1880 Partner von M. Roche

Hans Holbein d. Ä., Darbringung im Tempel (1500/01). Tafel vom linken Innenflügel des Hochaltars für die Dominikanerkirche in Frankfurt am Main. Hamburg, Kunsthalle

Hans Holbein d. J., Die Gesandten (1533). London, National Gallery

(* 1855, † 1927); richtungweisende Stahlskelettbauweise im Hochhausbau (Chicagoer Schule): „Tacoma-Building" (1887–89, 12 Stockwerke), „Marquette Building" (1893/94, beide in Chicago).

Holan, Vladimír, * Prag 16. Sept. 1905, † ebd. 31. März 1980, tschech. Schriftsteller. -

holandrische Merkmale

Begann mit bildreicher, vielfach visionärer Lyrik; wandte sich später einer zeitbezogenen [polit.] Dichtung zu; u. a. „Nacht mit Hamlet" (1962). Bed. auch als Übersetzer aus dem Chin., Russ. und Deutschen; gilt als der bedeutendste tschech. Lyriker der jüngsten Zeit.

holandrische Merkmale [griech./dt.], Merkmale (bzw. Gene), die ausschließl. vom Vater auf die Söhne vererbt werden; sie liegen z. B. beim Menschen auf dem Y-Chromosom. - Ggs. ↑hologyne Merkmale.

Holanschan (Helan Shan) [chin. xʌlanʃan], N–S ziehender, bis 3230 m hoher Gebirgsrücken in China, auf der Grenze Innere Mongolei/Ningsia mit steiler O- und allmähl. W-Abdachung sowie alpinen Formen.

Holarktis [zu griech. hólos „ganz"], in der *Tiergeographie* eine tiergeograph. Region, die sich aus der ↑ Paläarktis und der ↑ Nearktis zusammensetzt und sich daher v. a. über den gemäßigten und kalten kontinentalen Bereich der nördl. Halbkugel erstreckt.
♦ svw. ↑holarktisches Florenreich.

holarktisches Florenreich (Holarktis), größte pflanzengeograph. Region der Erde, die die gesamte Nordhalbkugel zw. Pol und einer Linie etwa entlang dem nördl. Wendekreis umfaßt. Die Vegetation des h. F. ist gekennzeichnet durch Arten der Birken-, Weiden-, Hahnenfuß-, Steinbrech- und Rosengewächse, viele Kreuzblütler und Doldenblütler sowie Primel- und Glockenblumengewächse, die hier ihre Hauptverbreitung haben.

Holbach, Paul Heinrich Dietrich Baron von, frz. Paul Henri Thiry d' [ˈhɔlbax, frz. ɔlˈbak], *Edesheim (Landkr. Landau-Bad Bergzabern) im Dez. 1723, † Paris 21. Jan. 1789, frz. Philosoph dt. Herkunft. - Ab 1735 in Paris, durch Vermittlung Diderots Mitarbeit an der „Encyclopédie" auf verschiedenen Gebieten der Naturwiss. (bis 1760). Sein Salon galt als das philosoph. Institut der Enzyklopädisten; bed. Vertreter der Aufklärung. Sein philosoph. Hauptwerk „Système de la nature..." (1770) wurde eines der grundlegenden Werke des frz. atheist. Determinismus und Materialismus.

Holbein, Ambrosius, *Augsburg 1494 (?), † Basel 1519 (?), dt. Maler und Zeichner. - Sohn von Hans H. d. Ä.; Lehre wohl beim Vater, ab 1516 in Basel (mit seinem Bruder Hans); v. a. Porträts.

H., Hans, d. Ä., *Augsburg um 1465, † Basel (?) 1524, dt. Maler und Zeichner. - Vater von Ambrosius H. und Hans d. J.; Lehre wohl in Ulm, dort 1493 nachgewiesen, dazu Kölner und niederl. Einflüsse (um 1490?). Malte feierl. wirkende Altarbilder in warmem Kolorit; seine Köpfe sind individuelle physiognom. Studien. 1500/01 Hochaltar für die Dominikanerkirche in Frankfurt am Main (Mitarbeit seines Bruders Sigmund H. [*um 1475, †1540] und L. Becks; heute v. a. in Frankfurt, Städel), 1502–04 Hochaltar für die Zisterzienserabtei Kaisheim (mit A. Daucher und G. Erhart; München, Alte Pinakothek). Zahlr. Bildniszeichnungen. - Abb. S. 41.

H., Hans, d. J., *Augsburg im Winter 1497/98, ▭ London 29. Nov. 1543, dt. Maler und Zeichner. - Lehre in der Werkstatt seines Vaters Hans H. d. Ä.; in Basel u. a. Bekanntschaft mit Erasmus von Rotterdam. 1518 wahrscheinl. Reise nach Oberitalien; 1526–28 und nach 1532 in London (ab etwa 1536 Hofmaler König Heinrichs VIII.). Vertreter der dt. Renaissance, seine repräsentative Porträtkunst, die sachl.-kühl beobachtet und große Könnerschaft bes. auch in der Wiedergabe stoffl. Qualitäten zeigt, war in England schulebildend. Auch Buchschmuck und -illustration; Wandmalereien (zerstört) u. a. *Werke:* Bildnis Erasmus' von Rotterdam (1523; Basel), Madonna des Bürgermeisters Meyer (um 1528; Darmstadt, Schloß), Holbeins Frau mit den beiden älteren Kindern (vermutl. 1528; Basel, Kunstmuseum), Bildnis des Kaufmanns Georg Gisze (1532; Berlin-Dahlem), Die Gesandten (1533; London, National Gallery), Bildnis des Sieur de Morette (1534/35; Dresden, Gemäldegalerie), Bildnis der Jane Seymour (1536; Wien, Kunsthistor. Museum), Bildnis Heinrichs VIII. (1537, Lugano, Privatsammlung). - Abb. S. 41.

Holberg, Ludvig Baron von (seit 1747) [dän. ˈhɔlbɛr], Pseud. Hans Mikkelsen, *Bergen (Norwegen) 3. Dez. 1684, † Kopenhagen 28. Jan. 1754, dän. Dichter und Historiker. - 1717 in Kopenhagen Prof. für Metaphysik, 1720 auch für Rhetorik und Geschichte, 1737 Administrator der Univ.; als Gelehrter wie als Dichter eine der bedeutendsten Persönlichkeiten der dän. Aufklärung; Begründer der dän. Nationalliteratur. Seine auf Quellenkritik aufgebauten Geschichtswerke, u. a. „Dän. und norweg. Staatsgeschichte" (1732–35), wurden zum Vorbild für die dän. Prosa. Literar. Bed. erlangte H. durch seine 33 derbrealist. Komödien, die er 1722–28 und nach 1747 für die dän. Nationalschaubühne schrieb, u. a. „Der polit. Kannegießer" (1722). Nach 1730 schrieb H. meist lat., satir.-moral. Dichtungen, so v. a. den utop. Reiseroman „Nicolai Klims Unterird. Reise" (1741).

Holden, William [engl. ˈhoʊldən], eigtl. W. Franklin Beele jr., *O'Fallon (Ill.) 17. April 1918, † Santa Monica (Calif.) 16. Nov. 1981, amerikan. Filmschauspieler. - Spielte u. a. in „Boulevard der Dämmerung" (1950), „Stalag 17" (1955), „Die Brücke am Kwai" (1957), „The wild bunch - Sie kannten kein Gesetz" (1969), „Network" (1976).

Holder, svw. ↑Holunder.

Hölder, Otto, *Stuttgart 22. Dez. 1859, † Leipzig 29. Aug. 1937, dt. Mathematiker. - Prof. in Tübingen, Königsberg und Leipzig. Bed. Arbeiten zur Gruppentheorie, zur Funktionentheorie und über die Fourierschen Reihen.

Hölderlin, Johann Christian Friedrich, * Lauffen am Neckar 20. März 1770, † Tübingen 7. Juni 1843, dt. Dichter. - Wuchs in enger Bindung an seine pietist.-fromme Mutter auf, die ihn für das Pfarramt bestimmte. Die Atmosphäre in den Klosterschulen Denkendorf und Maulbronn (1784–88) und am Tübinger Stift (1788–93) verstärkte jedoch seine Neigung, der Enge eines geistl. Amtes auszuweichen. Die Frz. Revolution hatte im Stift lebhaften Widerhall gefunden und hinterließ in seinem Werk ebenso tiefgreifende Spuren wie seine philosoph. Studien, die ihn in Verbindung mit den Kommilitonen Hegel und Schelling gebracht hatten. Auf Empfehlung Schillers übernahm er 1793–95 die Hofmeisterstelle in Waltershausen (Thüringen). Die Bekanntschaft mit I. von Sinclair wurde im folgenden Jenaer Aufenthalt, in dem sich H. mit den Fichteschen Ideen auseinandersetzte, zur festen Freundschaft. 1796 übernahm H. eine Hauslehrerstelle bei der Bankiersfamilie Gontard in Frankfurt am Main. Die sich entwickelnde Verbindung zw. der Hausherrin Susette Gontard („Diotima") und H. führte zum Bruch mit der Familie. Sinclair nahm den Verstörten in Bad Homburg auf (1798–1800); danach Hofmeisterstellen in Hauptwil (1801) und Bordeaux (1802), wo er von dort ersten Anzeichen geistiger Zerrüttung zurückkehrte. Nach Sinclairs Verhaftung als Jakobiner (1805) wurde H. in eine Heilanstalt gebracht und 1807 als unheilbar entlassen. Der Schreinermeister Zimmer und seine Familie pflegten ihn in Tübingen bis zu seinem Tode. H. ist Dichter des Friedens in einer Zeit totaler Gegensätze und Auseinandersetzungen. Stellen diese sich in seinem Werk als Moment fortdauernder Gefährdung dar, hält es sich doch um so fester an die Idee des Ganzen als eines Versöhnten. Daher gibt es keine „privaten" Lebensbereiche; auch die Liebe zweier Menschen wie zw. Diotima und Hyperion ist poet. allg. in ihrer gesellschaftl. Bed., ist Vorwegnahme der allg. Versöhnung auf Augenblicke, bevor sie in den widrigen Zeitumständen untergeht. Noch in der Leidenschaftlichkeit von Anklage und Trauer, wie im Briefroman „Hyperion" (1797–99), stellt sich das utop. Bild des Friedens umso reiner her. Der an der Gegenwart wahrgenommene „falsche Gang der Geschichte" bestimmt H. zum Rückgriff auf Formen (Ode, Elegie, Hymne; Versmaße) und mytholog. Bildwelt der griech. Antike; erscheint dabei Natur als sich veräußernder Geist noch in „Hyperion" und früheren Gedichten als mögl. Flucht vor der enttäuschenden polit. Realität, so ist dies in den späteren Gedichten verwehrt durch den Anspruch der Dichtung, als Einheit von Religion, Kunst, Wissenschaft und Philosophie aufzutreten, einem urspr. myst. Gedanken, der seine Radikalität aber erst durch H. aus der Bestimmung von Religion als Geschichte des Menschen erhält. Dem entspricht der Versuch der Entfaltung eines durch Aufklärung gegangenen sprachl. Mythos durch die Verschmelzung antiker und christl. Bilder in den späten Gedichten, die bes. Anlaß zu kontroverser Interpretation gibt.
H. Werk ist zu Lebzeiten nur in geringem Umfang veröffentlicht worden. Es ist in wesentl. Teilen nur handschriftl. in Entwürfen, Verbesserungen, Reinschriften überliefert, deren Übergänge und Unabgeschlossenheit auf den Prozeßcharakter des Gegenstands dieser Dichtung verweisen. - Abb. S. 44.
📖 *Wackwitz, S.: F. H. Stg. 1985. - Bertaux, P.: H.-Variationen. Ffm. 1984.*

Holdinggesellschaft [engl. 'houldiŋ „das Halten, Besitz"] (Beteiligungsgesellschaft), zur einheitl. Leitung und Verwaltung eines Konzerns dienende Obergesellschaft, die selbst keine Produktions- oder Handelsfunktionen ausübt und damit eine rechtl. Verselbständigung der Konzernhauptverwaltung darstellt. H. werden dadurch gebildet, daß mehrere Gesellschaften ihre Aktien in eine neu gegründete AG einbringen und dafür Aktien der H. erhalten. Die H. stellt zwar die Spitze des Konzerns dar, die als Konzernglieder eingebrachten Gesellschaften bleiben jedoch rechtlich selbständig.

Holenstein, Thomas, * Sankt Gallen 7. Febr. 1896, † Muralto bei Locarno 31. Okt. 1962, schweizer. Jurist und Politiker. - 1937–54 als Mgl. der Konservativen Volkspartei (seit 1957 Konservativ-christl.soziale Volkspartei) der Schweiz) Abg. des Nationalrats (1952/53 dessen Präs.), 1954–59 Bundesrat (Volkswirtschaftsdepartement); 1958 Bundespräsident.

Holger, aus den Dän. übernommener männl. Vorname (altisländ. Holmgeirr aus altisländ. holmi, holmr „Insel" und geirr „Speer").

Holgersen, Alma, * Innsbruck 27. April 1899, † ebd. 18. Febr. 1976, östr. Schriftstellerin. - Schrieb Erzählungen, Lyrik, Dramen, Kinderbücher und Romane wie „Der Aufstand der Kinder" (1935), „Die Reichen hungern" (1955), „Weiße Taube in der Nacht" (1963), „Maximilian" (1965).

Holguín [span. ɔl'yin], Stadt im östl. Kuba, 186 000 E. Verwaltungssitz einer Provinz; Theater; Verarbeitungs- und Handelszentrum eines Agrargebiets. - In der 1. Hälfte des 16. Jh. gegründet.

Holiday, Billie [engl. 'hɔlɪdeɪ], eigtl. Eleonora Gough MacKay, gen. „Lady Day", * Baltimore 7. April 1915, † New York 17. Juli 1959, amerikan. Jazzsängerin. - Sang u. a. in den Orchestern von Count Basie und A. Shaw. Gehörte neben E. Fitzgerald zu den bedeutendsten und ausdrucksstärksten Sängerinnen der Swingepoche.

Holinshed (Hollingshead), Raphael [engl. 'hɔlɪnʃed], † Bramcote (Warwickshire) um 1580, engl. Geschichtsschreiber. - Sein aus unkrit. Kompilation von Chroniken entstandenes Geschichtswerk diente u. a. Shakespeare als Materialsammlung.

Holismus [zu griech. hólos „ganz"], eine von J. C. Smuts eingeführte Bez. für den Versuch, alle Lebensphänomene aus einem ganzheitl. „metabiolog." Prinzip abzuleiten. Weitere Hauptvertreter sind J. S. Haldane, A. Meyer-Abich und E. Dacqué.

Johann Christian
Friedrich Hölderlin (1792)

Holitscher, Arthur, * Budapest 22. Aug. 1869, † Genf 14. Okt. 1941, östr. Schriftsteller. - Neben literatur- und kunstwiss. Schriften, Essays und Dramen schrieb er vom frz. Symbolismus beeinflußte psycholog. Romane, u. a. „Der vergiftete Brunnen" (1900), „Ein Mensch ganz frei" (1931) und Novellen („Leidende Menschen", 1893); große Popularität erzielte er mit seinen Reiseberichten, u. a. „Wiedersehen mit Amerika" (1970).

Holl, Elias, * Augsburg 28. Febr. 1573, † 6. Jan. 1646, dt. Baumeister. - Auf einer Venedigreise 1600/01 v. a. von Bauten Palladios beeindruckt. Stadtbaumeister in Augsburg (1602-31, bzw. 1635). In seinem Hauptwerk, dem Augsburger Rathaus (1615-20), entfernt er sich von den kleinteiligen dt. Renaissanceformen und gibt dem geschlossenen Baukörper ein „heroisches Aussehen".

H., Karl, * Tübingen 15. Mai 1866, † Berlin 23. Mai 1926, dt. ev. Theologe. - Seit 1901 Prof. in Tübingen; bed. v. a. durch seine Lutherforschung.

Hollabrunn, östr. Bez.hauptstadt im westl. Weinviertel, 237 m ü. d. M., 10 000 E. Museum, Gewerbebetriebe. - Seit 1908 Stadt. - Die got. Pfarrkirche wurde im 17. Jh. barockisiert.

Hollaender, Felix, * Leobschütz (Oberschlesien) 1. Nov. 1867, † Berlin 29. Mai 1931, dt. Schriftsteller und Theaterkritiker. - 1908-13 Dramaturg am Dt. Theater Berlin; 1920 Nachfolger M. Reinhardts am Großen Schauspielhaus in Berlin, später Theaterkritiker. H. verfaßte u. a. naturalist. Novellen und Romane mit sozialist. Thematik, auch Dramen; später Unterhaltungsromane.

H., Friedrich (in den USA: Frederick Hollander), * London 18. Okt. 1896, † München 18. Jan. 1976, dt. Komponist. - Komponierte v. a. Filmmusiken und Chansons, u. a. die Musik zu „Der blaue Engel" (1930); daneben Revuen und Musicals.

Holland [engl. 'hɔlənd], David („Dave"), * Wolverhampton 1. Okt. 1946, engl. Jazzmusiker (Bassist). - Begann mit klass. Musik; fand durch die engl. Dixieland-Bewegung zum Jazz und entwickelte sich zu einem der wichtigsten zeitgenöss. Bassisten. Spielte 1968-71 in der Miles-Davis-Group, danach zus. mit Chick Corea, A. Braxton, S. Rivers.

H., Sir (seit 1957) Sidney George, * Greendale (Neuseeland) 18. Okt. 1893, † Wellington 5. Aug. 1961, neuseeländ. Politiker. - Seit 1935 Abg. für die konservative National Party, 1940-49 Führer der Opposition; 1949-57 Premiermin., 1949-54 Finanz-, 1954-56 Polizeiminister.

Holland, ehem. Gft., im Gebiet der Maasmündungen um Dordrecht durch die Herrschaft der seit dem 10. Jh. dort bezeugten *Grafen von H.* entstanden. Die territoriale Erweiterung H. wurde 1289 durch die Angliederung von N-H. abgeschlossen. Das 1299 erloschene Geschlecht wurde durch die Grafen von Hennegau beerbt, wodurch H. unter wittelsbach., burgund. und habsburg. Herrschaft die Geschichte der burgund. Niederlande, seit 1579 die der entstehenden Vereinigten Republik der Niederlande teilte. Für letztere bürgerte sich auch der Name H. ein. - 1806-14/15 Name des aus der Batav. Republik gebildeten Königreichs.

Hollander, Walther von, * Blankenburg/Harz 29. Jan. 1892, † Ratzeburg 30. Sept. 1973, dt. Schriftsteller. - Schrieb Drehbücher, Hörspiele, Essays sowie Zeit- und Unterhaltungsromane im Stil gepflegter Unterhaltungsliteratur, v. a. Frauen- und Eheromane, auch Anweisungen zur Lebensführung.

Holländer, Mahl- und Mischwerke zur Weiterverarbeitung von Zellstoff und zur Papierherstellung (im 19. Jh. in Holland erfunden).

holländern, gefaltete Blätter (z. B. von Akten) oder Bogen (bei Broschüren) mit 3 oder 5 Stichen heften, die Faszikel oder Bogen jedoch nicht miteinander verbinden (der Umschlag wird hinten aufgeleimt).

Hollandia ↑ Jayapura.

Holländisch ↑ niederländische Sprache.

Holländischer Gulden, Abk. hfl, Währungseinheit in den Niederlanden; 1 hfl = 100 Cents (c, ct).

Holländischer Krieg (1672-78) ↑ Niederländisch-Französischer Krieg.

holländische Soße ↑ Sauce hollandaise.

Hollar, Wenzel (Václav), * Prag 13. Juli 1607, † London 28. März 1677, böhm. Zeichner und Kupferstecher. - Schuf topograph. genaue Kupferstichveduten (dt. Städte, Prag, London), Illustrationen, Porträts und zahlr. Reproduktionsstiche.

Holle (Holl), Lienhart, * Ulm, † nach 1492, dt. Inkunabeldrucker. - In den 1480er Jahren in Ulm tätig, druckte u. a. 1482–84 die „Cosmographia" des C. Ptolemäus und 1484 die „Goldene Bulle" Karls IV.

Holle (Frau Holle), weibl. Gestalt der Sage und des Volksglaubens, bes. in M-Deutschland (Hessen, Thüringen, Franken). Tritt als Angehörige, des öfteren aber als Führerin einer Dämonenschar auf; wird auch als Anführerin des Wilden Heeres genannt (landschaftl. auch als **Frau Harke** bezeichnet). Nach jüngeren Sagen läßt die Neugeborenen aus ihrem geheimnisvollen Brunnen hervorgehen und empfängt die Seelen der Verstorbenen; als Märchenfigur (wenn sie die Betten schüttelt, schneit es) weltweit verbreitet.

Hölle [zu †Hel], Bez. für die in zahlr. Religionen herrschende Vorstellung von der †Unterwelt als Bereich des Todes, der Totengottheiten, unterweltl. Dämonen, als Behausung der Toten; auch jenseitiger Vergeltungsort für die Bösen. - Im A. T. entspricht dem dt. Begriff H. die †Scheol, im N. T. ist das Gehenna der Ort eschatolog. Strafe nach dem †Jüngsten Gericht für Leib und Seele der Verdammten, auch für die Dämonen und den Satan. Die christl. Theologie bezeichnet mit H. diejenige Wirklichkeit, in der der Mensch nach Gottes Gericht das Heil nicht erlangt hat und die Strafe der Verdammnis erleidet. In der *bildenden Kunst* tritt die christl. H.darstellung v. a. in Verbindung mit der des Jüngsten Gerichts auf, vereinzelt auch im Gleichnis vom armen Lazarus oder der Höllenfahrt Christi. Die westl. Kunst stellt die H. meist als H.rachen oder als lodernden Flammenort dar (die byzantin. kannte bes. auch den Flammenstrom und Drachenschlund), auch als H.berg. Seit dem späten MA wird der H.szenerie oft drast. ausgeschmückt, sehr pointiert bei H. Bosch. Dargestellt wird auch der *Höllensturz* einzelner oder ganzer Scharen (Memling, L. Signorelli, P. P. Rubens).

Holledau †Hallertau.

Höllenfahrt Christi (Höllenabstieg Christi), Abstieg Jesu Christi in das Reich des Todes zur Erlösung der Gerechten des Alten Bundes.

Höllengebirge, Gebirgsstock der Nördl. Kalkalpen, zw. Atter- und Traunsee, Oberösterreich, im Großen Höllkogel 1 862 m hoch.

Höllenmaschine, Bez. für ein selbstgefertigtes Sprenggerät, bei dem die Zündung des Sprengstoffs meist durch ein Uhrwerk ausgelöst wird.

Höllenstein (Lapis infernalis, Argentum nitricum), volkstüml. Bez. für Silbernitrat, $AgNO_3$, in fester Form; Verwendung als Ätzmittel, u. a. in Stiftform zur Blutstillung.

Höllental, Engtal des Rotbaches im südl. Schwarzwald, Bad.-Württ.; tief in das Grundgebirge eingeschnitten; von Bahn und Straße Donaueschingen–Freiburg im Breisgau benutzt.

H., Hochtal im Wettersteingebirge, sw. von Garmisch-Partenkirchen, Bayern, Oberlauf des Hammerbachs, der im Unterlauf die steile **Höllentalklamm** bildet.

Höller, Karl, * Bamberg 25. Juli 1907, dt. Komponist. - Seine Kompositionen (Orchester-, Kammer- und Klaviermusik, Chorwerke, Lieder sowie Film- und Hörspielmusiken) stehen in der Nachfolge Regers und Hindemiths. - † 14. April 1987.

Höllerer, Walter, * Sulzbach-Rosenberg (Oberpfalz) 19. Dez. 1922, dt. Germanist und Schriftsteller. - Seit 1959 Prof. an der TU Berlin; gehörte zur Gruppe 47. 1954–68 Mithg. der literar. Zeitschrift „Akzente", seit 1961 Hg. der Zeitschrift „Sprache im techn. Zeitalter". Neben wiss. Veröffentlichungen (u. a. „Zw. Klassik und Moderne", 1958) v. a. Herausgebertätigkeit (u. a. „Transit. Lyrikbuch der Jh.mitte", 1956; „Ein Gedicht und sein Autor", 1969). Schrieb Lyrik wie „Der andere Gast" (1952), „Gedichte/Wie entsteht ein Gedicht" (1964), „Systeme" (1969) und einen modernen Erzähltechniken verpflichteten Roman „Die Elephantenuhr" (1973); veröffentlichte 1978 „Alle Vögel alle" (Kom.), 1982 „Gedichte 1942–82".

Hollerith, Hermann, * Buffalo 29. Febr. 1860, † Washington 17. Nov. 1929, amerikan. Ingenieur, Erfinder und Unternehmer dt. Abstammung. - Erfand u. a. das Hollerith-Lochkartenverfahren; gründete 1896 die Tabulating Machine Co. in New York.

Hollerith-Lochkartenverfahren [nach H. Hollerith], Verfahren der Informationsverarbeitung, bei dem gelochte Karten [als Informationsträger] durch Abtastfedern entsprechend der Lochung sortiert werden (bis 100 000 Karten pro Stunde).

Holley, Robert [William] [engl. 'hɔli], * Urbana (Ill.) 28. Jan. 1922, amerikan. Biochemiker. - Prof. an der Cornell University in Ithaca (N. Y.); Forschungen über die molekularbiolog. Vorgänge bei der Zellteilung und die Protein- und Nukleinsäuresynthese; erhielt für seinen Beitrag zur Entzifferung des genetischen Codes 1968 (zus. mit H. G. Khorana und M. W. Nirenberg) den Nobelpreis für Physiologie oder Medizin.

Hollies, The [engl. ðə 'hɔli:z], 1962 gegr. brit. Rockmusikgruppe (u. a. bis 1968 mit dem Gitarristen und Sänger G.Nash); spielten zunächst unter dem Einfluß der Everly Brothers kommerziell erfolgreiche, weiche und melodiöse Popmusik, nach 1968 unter Einbeziehung von Hard-Rock-Elementen.

45

Holliger, Heinz, * Langenthal (Kt. Bern) 21. Mai 1939, schweizer. Oboist und Komponist. - Schüler von S. Veress und P. Boulez, solist. Tätigkeit, seit 1974 Prof. an der Staatl. Musikhochschule in Freiburg im Breisgau. Seine instrumentalen Neuerungen beeinflußten zahlr. Komponisten. - *Werke:* „Siebengesang" für Oboe, Singstimmen, Orchester und Lautsprecher (1967), „Dona nobis pacem" für 12 Singstimmen (1969), „Cardiophonie" für einen Bläser und drei Magnetophone, „Atembogen" für Orchester, „Come and go" (Bühnenstück nach S. Beckett, 1976/77).

Hollmann, Hans, * Graz 2. Febr. 1933, östr. Regisseur. - Seit 1968 am Basler Theater, 1975-77 dessen Direktor. Bed., die literar. Vorlage oft sprengende Inszenierungen waren „Die letzten Tage der Menschheit" (1974) nach K. Kraus und Shakespeares „Othello" (1976). Bei den Ruhrfestspielen 1977 inszenierte H. „Coriolan" (nach Shakespeare), in München 1986 „Erfolg" (nach L. Feuchtwanger).

Hollreiser, Heinrich, * München 24. Juni 1913, dt. Dirigent. - 1945-52 Generalmusikdirektor in Düsseldorf, 1952-61 1. Kapellmeister an der Wiener Staatsoper, 1961-64 Chefdirigent an der Dt. Oper Berlin, seither Gastdirigent.

Hollywood [engl. 'hɔlıwʊd], nw. Stadtteil von Los Angeles (seit 1910), USA; Zentrum der amerikan. Filmindustrie, die sich seit 1908 (Entstehung der ersten Films), begünstigt v. a. durch lange Sonnenscheindauer, entwickelte. Eigner von Produktionsgesellschaften (bzw. Studios) wie S. Goldwyn, C. B. De Mille, W. Fox, C. Laemmle, A. Zukor, T. Ince und L. B. Mayer bauten das Starsystem auf und verhalfen H. zu einer führenden Position auf dem Weltmarkt. Als sog. „Traumfabrik" lange Zeit Hauptsitz von etwa 250 Filmgesellschaften (bes. bed. Metro-Goldwyn-Mayer, Paramount, 20th Century-Fox, Warner Brothers), ging die Filmproduktion seit den 1950er Jahren v. a. auf Grund des konkurrierenden Fernsehens stark zurück. Ein Teil der Studios dient heute der Produktion von Fernsehsendungen. Den **Hollywoodfilm** kennzeichnen Professionalität und ein tempogeladener dramat. Realismus in einer linearen, einfachen Erzähltechnik, abgestimmt auf die jeweils eingesetzten Stars. Unübertroffen ist dieser Stil in Filmgenres wie Musical, Western oder Filmkomödie. Als Gegenbewegung zu diesem „offiziellen" amerikan. Film entwickelte sich im Laufe der 1950er Jahre das **Off-Hollywood Cinema,** das gegen H. gerichtete Kino, v. a. mit Dokumentar- und Experimentalfilmen. Eine Synthese mit den tradierten Erzählformen erreichte bes. J. Cassavetes mit „Schatten" (1960).

Holm, Korfiz, * Riga 21. Aug. 1872, † München 5. Aug. 1942, dt. Schriftsteller. - Mgl. der Redaktion des „Simplicissimus"; Erzähler und Dramatiker sowie Übersetzer (russ. Klassiker).

Holm [niederdt.], Führungs- oder Handleiste eines Geländers, Griffstange am Barren, an Leitern u. a.

♦ im *Flugzeugbau:* tragendes Bauteil eines Tragflügels, bestehend aus zwei Gurten und einem dazwischen angeordneten Steg.

Holmboe, Vagn ['hɔlmboːə], * Horsens (Jütland) 20. Dez. 1909, dän. Komponist. - 1947-55 Musikkritiker, 1950-65 Kompositionslehrer und später -prof. am Konservatorium in Kopenhagen. Er schrieb die Oper „Lave og Jon" (1946), die Kammeroper „Kniven" (1963); zahlr. Orchesterwerke, darunter 10 Sinfonien; 10 Streichquartette u. a. Kammermusik; „Requiem for Nietzsche" op. 84 (1964). Verfaßte Essays über zeitgenöss. Musik („Mellemspil", 1966).

Holmenkollen, bewaldeter Höhenzug im N von Oslo, Norwegen, in etwa 500 m Höhe; bed. Wintersportplatz mit Sprungschanze und Skimuseum.

Holmes, Oliver Wendell engl. [hoʊmz], * Cambridge (Mass.) 29. Aug. 1809, † Boston 7. Okt. 1894, amerikan. Schriftsteller. - 1847-82 Prof. für Anatomie an der Harvard University. Wurde bekannt durch das patriot. Gedicht „Old Ironsides" (1836); Hauptwerke sind „Der Tisch-Despot" (1857 ff.), eine Mischung von Gedichten, Essays und Plaudereien sowie programmat. Romane, u. a. „Elsie Venner" (1861), mit rationalist.-naturwiss. Themen; zahlr. medizin. Abhandlungen.

Holmium [nach Holmia, dem latinisierten Namen Stockholms], chem. Symbol Ho; Element aus der Reihe der Lanthanoide im Periodensystem der chem. Elemente; Ordnungszahl 67, relative Atommasse 164,9304, Schmelzpunkt 1474 °C, Siedepunkt 2695 °C, Dichte 8,7947. An Isotopen sind bis heute Ho 151 bis Ho 170 bekannt; das natürl. vorkommende H. besteht aus dem Isotop Ho 165. H. ist ein gut verformbares, silbergraues, techn. fast bedeutungsloses Metall; seine dreiwertigen Verbindungen sind gelb bis braungelb gefärbt. Es kommt in der Natur zus. mit anderen Metallen der seltenen Erden vor. Entdeckt wurde es 1878 von J.-L. Soret.

Holmsen, Bjarne Peter, gemeinsames Pseud. für Arno † Holz und Johannes † Schlaf.

Holmsland Klit, 40 km lange Nehrung in W-Jütland, Dänemark, trennt den Ringkøbingfjord von der offenen Nordsee.

holo..., Holo... [zu griech. hólos „ganz"], Bestimmungswort von Zusammensetzungen mit der Bed. „ganz, völlig, unversehrt".

Holocaust ['---; engl. 'hɔləkɔst; zu griech. holókauton „Brandopfer, Ganzopfer"], im Engl. Bez. für ein Opfer, das vollständig verbrannt wird. Daraus abgeleitet in Engl. und zunehmend allgemein als Steigerung der Begriffe Genozid, Völkermord; verwendet zur Kennzeichnung der vom NS be-

Holographie

triebenen Vernichtung des jüd. Volkes; neuerdings allg. für Massenvernichtung menschl. Lebens.

Holoenzym [...o-ε...] ↑Enzyme.
Holofernes (Holophernes), nach dem alttestamentl. Buch ↑Judith ein assyr. Feldherr und zugleich Personifikation der Gottesfeindschaft, dem Judith das Haupt abschlägt und dadurch ihre Stadt vor der Vernichtung rettet.
Hologramm ↑Holographie.
Holographie, von D. Gábor 1948–51 erfundene, wellenopt. Technik der Bildspeicherung und der Bildwiedergabe, bei der eine photograph. Speicherung der Amplituden und Phasen eines aus kohärentem Licht bestehenden Wellenfeldes nach interferenzmäßiger Überlagerung mit einem anderen kohärenten Wellenfeld erfolgt. Voraussetzung für die techn. Anwendung der H. war die Erfindung des Lasers (1960) als kohärente Lichtquelle. Im Ggs. zur Photographie ist es in der H. möglich, räuml. Struktur zu speichern und wiederzugeben. Aufnahme- und Wiedergabetechnik unterscheiden sich völlig von der Photographie; entscheidend ist v. a., daß bei Aufnahme und Wiedergabe kohärentes Licht benötigt wird. Werden Gegenstände mit kohärentem Licht beleuchtet, so enthält das dann von ihnen ausgehende, bes. durch Reflexion beeinflußte Wellenfeld in seiner Amplituden- und Phasenverteilung sämtl. opt. Informationen über die beleuchteten Gegenstände. Wird diesem Wellenfeld (Objektwelle) eine kohärente Vergleichswelle (Referenzwelle) von derselben Lichtquelle (Laser) überlagert, so ergibt sich durch Überlagerung (Interferenz) ein räuml. Interferenzbild, dessen Intensitätsverteilung auf einer Photoplatte registriert werden kann. Das so erhaltene Bild bezeichnet man als **Hologramm** bzw. *holographische Aufnahme*. Während man aber bei Betrachtung eines Diapositivs immer nur ein ebenes Abbild der aufgenommenen räuml. Szene sieht und keine Möglichkeit hat, die Perspektive der Szene durch Änderung der Blickrichtung zu verändern, kann man die im Hologramm aufgenommene Szene bei der Wiedergabe von verschiedenen Seiten her betrachten. Ferner kann das Auge bei der Wiedergabe wahlweise auf den Vordergrund oder auf den Hintergrund scharf eingestellt werden. Ein Hologramm erscheint weitgehend gleichmäßig grau. Erst bei etwa 1 000facher Vergrößerung werden Strukturen erkennbar, die die gespeicherte Information enthalten: fein verteilte Streifen und Flecken. Bei der Wiedergabe wird das Hologramm mit kohärentem Licht (derselben Wellenlänge) beleuchtet, das unter demselben Winkel auf die Hologrammplatte einfällt wie bei der Aufnahme das Referenzbündel (Referenzwelle). Durch Beugung dieses Bündels entstehen hinter dem Hologramm mehrere in verschiedenen Richtungen laufen-

Holographie. Vier verschiedene Wiedergaben aus dem Hologramm einer Spielzeugszene

holographisches Testament

de Teilbündel. Von diesen ist das in Richtung der Achse des Objektbündels (Objektwelle) laufende Bündel dicht hinter der Hologrammplatte nach Amplituden- und Phasenverteilung mit dem urspr. Objektbündel an dieser Stelle identisch. Dem Betrachter erscheint daher in der rückwärtigen Verlängerung der aus dem Hologramm austretenden Strahlen der aufgenommene Gegenstand als virtuelles Bild. Bei Verwendung mehrerer kohärenter Lichtbündel mit verschiedenen Wellenlängen erlaubt die H. auch die Speicherung und Wiedergabe von farbigen Szenen (sog. **Farbholographie**). Das Verfahren kann mit allen interferenzfähigen Wellen durchgeführt werden, z. B. auch mit Schallwellen oder Mikrowellen. Weitere Anwendungsmöglichkeiten: 1. *Holograph. Aufnahme* schnell veränderl. räuml. Vorgänge und ihre nachträgl. Vermessung und Auswertung. 2. *Holograph. Interferometrie:* Doppelt belichtete Hologramme erlauben sehr empfindl. Nachweis geringfügiger Verformungen und Bewegungen. 3. *Holograph. Speicherung* von Daten in der Datenverarbeitung. 4. *Akust. H., Ultraschall-H.:* Aus den Echos von Schallwellen wird mit Hilfe eines Lasers ein räuml. Bild des schallreflektierenden Objekts rekonstruiert (in der Medizin z. B. Organdarstellung ohne Röntgenstrahlen).
 Heiß, P.: H.-Fibel. Hückelhoven 1986. - *Miler, M.: Opt. H.* Mchn. ²1978. - *Ferretti, M.: Laser, Maser, Hologramme.* Mchn. 1977. - *Ostrowski, J. I.: Dreidimensionale Bilder durch H.* Ffm. 1974.

holographisches Testament ↑Testament.

hologyne Merkmale [griech./dt.], Merkmale, die phänotypisch nur im ♀ Lebewesen ausgeprägt sind, d. h. nur in der ♀ Linie übertragen werden. - Ggs. ↑holandrische Merkmale.

Holokopie, spezielles photograph. Verfahren zur Ausschöpfung des vollen Informationsgehaltes einer photograph. Abbildung, bei dem die Kopie vom ausgebleichten Negativ gezogen wird. Dies führt zu einer Verminderung der statist. Korngrößenschwankungen; u. a. in der Himmelsphotographie, Spektroskopie und Röntgenographie angewendet.

holokrine Drüsen ↑Drüsen.

Holometabolie ↑Metamorphose.

holomorphe Funktion (reguläre Funktion), eine Funktion *f(z)* (mit komplexem Argument *z*), die in jedem Punkt *z* eines Gebietes *G* differenzierbar ist. Eine durch sie vermittelte Abbildung wird als *holomorphe Abbildung* bezeichnet.

Holon, Stadt im südl. Vorortbereich von Tel Aviv-Jaffa, Israel, 125 000 E. V. a. Wohngemeinde; Vermessungsfachschule, Sitz des Meteorolog. Dienstes; Textil- und Bekleidungsind., Bau von elektr. Geräten, Metallverarbeitung. - Gegründet 1935.

holophrastische Sprachen [griech./dt.], svw. ↑inkorporierende Sprachen.

Holostei [...te-i; griech.] (Knochenschmelzschupper, Knochenganoiden), im Mesozoikum weit verbreitete und artenreiche Überordnung der ↑Strahlenflosser; heute nur noch durch wenige Arten (Schlammfisch [↑Kahlhechte] und ↑Knochenhechte) vertreten; Körper langgestreckt, walzenförmig, mit weitgehend verknöchertem Skelett.

Holothurien [griech.], svw. ↑Seegurken.

Holozän [griech.] (Alluvium), die geolog. Gegenwart seit Abklingen der pleistozänen Eiszeit.

Holschuld ↑Leistungsort.

Holst, Erich von, * Riga 28. Nov. 1908, † Herrsching a. Ammersee 26. Mai 1962, dt. Verhaltensphysiologe. - Prof. für Zoologie in Heidelberg, ab 1957 Direktor des Max-Planck-Instituts für Verhaltensphysiologie in Seewiesen bei Starnberg. Beschäftigte sich zunächst mit Fragen der relativen Koordination und der Raumorientierung. 1950 stellte er (mit H. Mittelstaedt) das ↑Reafferenzprinzip auf. Danach arbeitete er über Konstanzphänomene und opt. Täuschungen. Untersuchte mit der Methode der lokalisierten elektr. Hirnreizung u. a. die Reaktionsintensivität und -erschöpfbarkeit und die experimentelle Reproduzierbarkeit von Triebkonfliktsituationen; entdeckte, daß das Verhalten auch durch selbsttätige Impulse des Zentralnervensystems gesteuert wird (↑Automatismen).

H., Gustav [engl. houlst], * Cheltenham 21. Sept. 1874, † London 25. Mai 1935, engl. Komponist. - Vertritt in seinen Kompositionen einen betont national-engl. Stil, u. a. „St. Paul's suite" (1913), sinfon. Suite „The planets" (1917), „Hymn of Jesus" (1917), „Ode of death" (1919), 12 „Welsh folksongs" (1933), die Opern „The perfect fool" (1923) und „The tale of the wandering scholar" (1929).

Holstein, Ernst, * Berlin 14. Mai 1901, dt. Arbeitsmediziner. - Prof. in Berlin; hatte maßgebl. Einfluß auf den Ausbau der Arbeitsmedizin als Fachgebiet.

H., Friedrich von, * Schwedt/Oder 24. April 1837, † Berlin 8. Mai 1909, dt. Diplomat. - Jurist aus preuß. Offiziers- und Gutsbesitzerfamilie; 1861–68 als Attaché in Petersburg, Rio de Janeiro, London und Washington tätig. 1876 an das Auswärtige Amt in Berlin berufen, enger Mitarbeiter Bismarcks. Ab 1885 insgeheim in Opposition zu Bismarck, suchte durch eigenmächtige Schritte dessen Politik friedl. Beziehungen zu Rußland zu untergraben und betrieb am Ende den Sturz des Kanzlers unauffällig mit. Bis zur gescheiterten Politik auf der Konferenz von Algeciras 1906 war H. die Zentralfigur der dt. Außenpolitik. Seine illusionäre Politik der „freien Hand" für das Dt. Reich zus. mit dem aggressiven Stil seiner Frankreichpolitik zerstörte die 1898–1900 auch von ihm angestrebte Bünd-

Holozän

HOLOZÄN (Nacheiszeit)

vor bzw. nach Chr.	Bezeichnung des Zeitabschnitts	vorherrschende Vegetation	Klimacharakter	Stadien der Ostsee	Stadien der Nordsee	Kulturentwicklung
	Subatlantikum II (jüngere Nachwärmezeit)	(land- und forstwirtschaftliche Nutzung)	kühler und feuchter	Myameer (heutiger Zustand)	Meeresvorstoß (Dünkirchener Transgression)	histor. Zeit
600 n. Chr.						Eisenzeit
800 v. Chr.	Subatlantikum I (ältere Nachwärmezeit, Buchenzeit)	Buchenwald und buchenreicher Mischwald	noch warm, etwas feuchter	Limneameer (Brackwasser)	Meeresrückzug bzw. Stillstand	Bronzezeit
2 500	Subboreal (späte Wärmezeit)	Eichenmischwald zu Buchenwald umgewandelt	warm, mäßig feucht (Klimaoptimum)	Litorinameer (höherer Salzgehalt als heute)		
4 000	Atlantikum II (mittlere Wärmezeit, Eichenmischwaldzeit)	Eichenmischwald (Eiche, Linde, Hasel)			Meeresvorstoß (Flandrische Transgression)	Jung- und Mittelsteinzeit
	Atlantikum I					
5 000	Boreal (frühe Wärmezeit, Haselzeit)	haselreicher Kiefern- und Eichenmischwald	warm, trocken	Ancylussee (Binnensee mit Süßwasserfauna)		
6 800	Präboreal (Vorwärmezeit, Birken-Kiefern-Zeit)	Birken- und Kiefernwald	Erwärmung	Yoldiameer*		
8 150	jüngere Dryaszeit (jüngere subarkt. Zeit)	Birken- u. Kiefernwald, z. T. Tundra	Kälterückschlag	Eisstausee	Eisbedeckung (z. T.)	
8 800	Allerödzeit (mittlere subarkt. Zeit)	Birken- und Kiefernwald	geringe Erwärmung			
9 800	ältere Dryaszeit (ältere subarkt. Zeit)	Tundra	kalt			

Abklingen der Vereisung

*(Meeresstraße zw. Nordsee und Weißem Meer)

Holstein

nischance mit Großbrit. Die Legendenbildung um die „graue Eminenz" des Auswärtigen Amtes setzte noch zu seinen Lebzeiten ein; Aktenveröffentlichungen und die neuere Forschung erwiesen sie als ungerechtfertigt.

Holstein, ehem. Hzgt. zw. Nord- und Ostsee, im S durch die Elbe, im N durch die Eider begrenzt (zur Geschichte ↑Schleswig-Holstein).

Holsteiner, in Schleswig-Holstein gezüchtete, edle und leichte Warmblutpferderasse; meist hell- oder dunkelbraune, große langgestreckte Tiere mit schwungvollem Trab und vorzügl. Galoppiervermögen.

Holsteinische Schweiz, seenreiche kuppige Moränenlandschaft im östl. Schl.-H., erstreckt sich vom Großen Eutiner See und dem Bungsberg bis über den Großen Plöner See hinaus, Zentrum Malente-Gremsmühlen.

Holsteinsborg [dän. ˈhɔlsdɑinsbɔr] (Sisimiut), Stadt an der SW-Küste Grönlands, 4500 E. Radio- und meteorolog. Station; Hafen, Gefrierfischanlage, Werft. - Gegr. um 1760.

Holstentor, zweitürmiges Stadttor in Lübeck, von Ratsbaumeister H. Helmstede errichtet (1477/78 vollendet).

Holster [niederl.-engl., zu niederdt. hulfte „Köcher"] (Halfter, Holfter), offene Ledertasche, in der eine Faustfeuerwaffe (meist Revolver) zugriffbereit getragen werden kann.

Holt, Hans, * Wien 22. Nov. 1909, östr. Schauspieler, Regisseur und Schriftsteller. - Seit 1940 am Theater in der Josefstadt in Wien; wirkte in zahlr. Filmen mit; schrieb auch Theaterstücke, u. a. „Der Herzspezialist" (1956) und „Der Traumtänzer" (1973).

H., Harold Edward [engl. hoʊlt], * Sydney 5. Aug. 1908, † Portsea (Victoria) 17. Dez. 1967 (ertrunken), austral. Politiker. - Mgl. der United Australian Party, seit 1935 Mgl. des Repräsentantenhauses, u. a. 1940/41 Min. für Arbeit und nat. Dienste (erneut 1949–58), 1949–56 Einwanderungsmin.; Mitbegründer der Liberal Party (1945), seit 1956 Führer des Repräsentantenhauses; 1958–66 Schatzmin.; 1966/67 Premiermin. und Parteivorsitzender.

Holtei, Karl von, * Breslau 24. Jan. 1798, † ebd. 12. Febr. 1880, dt. Schriftsteller und Schauspieler. - Bühnenschriftsteller mit rührseligen Stücken im Zeitgeschmack; am erfolgreichsten mit Singspielen; auch Lyrik und Romane aus dem Theaterleben. Von kulturgeschichtl. Bed. ist seine Autobiographie „Vierzig Jahre" (1843–50) und „Noch ein Jahr in Schlesien" (1864).

Holthusen, Hans Egon, * Rendsburg 15. April 1913, dt. Schriftsteller. - 1961–64 Programmdirektor des Goethe-Hauses in New York; seit 1968 Prof. für dt. Literatur in Evanston (Ill.). Vertreter eines christl. Existentialismus. Bes. bekannt durch den Essayband „Der unbehauste Mensch" (1951).

Weitere Werke: Klage um den Bruder (Ged., 1947), Labyrinth. Jahre (Ged., 1952), Das Schiff (R., 1956), Krit. Verstehen (Essays, 1961), Indiana Campus. Ein amerikan. Tagebuch (1969), Uhrenvergleich (Ged., 1971), Opus 19. Reden und Widerreden aus 25 Jahren (1983).

H., Hermann, * Hamburg 22. Sept. 1886, † ebd. 7. Mai 1971, dt. Röntgenologe. - Prof. in Hamburg; bed. Forschungen auf dem Gebiet der Strahlenbiologie und -therapie (insbes. zur Krebsbehandlung).

Hölty, Ludwig Christoph Heinrich [...ti], * Mariensee bei Hannover 21. Dez. 1748, † Hannover 1. Sept. 1776, dt. Dichter. - Mitbegründer des „Göttinger Hains". Verfaßte Gedichte (hg. 1782/83) und Balladen, die zu den frühesten dt. Versuchen in dieser Gattung gehören.

Holtzbrinck, Georg von, * Waldbauer (= Hagen) 11. Mai 1909, † Stuttgart 27. April 1983, dt. Verleger. - Konnte sich mittels Buchgemeinschaft (Dt. Bücherbund, Ev. Buchgemeinde, Dt. Buchklub) auf dem Markt durchsetzen. 1971 kam es in Stuttgart zur Gründung einer Dachgesellschaft mit dem Namen *Verlagsgruppe G. v. H. GmbH,* 1977 der *Gesellschaft für Wirtschaftspublizistik GmbH & Co.* Zum Konzern (**H.-Gruppe**) gehören S. Fischer Verlag, Droemersche Verlagsanstalt T. Knaur Nachf., Rowohlt Verlag, Kindler Verlag u. a.; Zeitungen: „Handelsblatt", „Wirtschaftswoche", „Südkurier", „Saarbrükker Zeitung".

Holtzmann, Robert, * Heidelberg 17. Okt. 1873, † Halle/Saale 27. Juni 1946, dt. Historiker. - Prof. in Gießen, Breslau, Halle und Berlin; bed. v. a. durch seine Neuherausgabe von W. Wattenbachs „Deutschlands Geschichtsquellen im MA" (1938–42, Neuausg. 1967).

Holub, Miroslav, * Pilsen 13. Sept. 1923, tschech. Schriftsteller. - Themen und Metaphorik seiner Gedichte, u. a. „Obwohl..." (1969), „Halbgedichte" (1974) stammen v. a. aus dem Bereich der Wiss. - *Weitere Werke:* Engel auf Rädern (1964), Naopak (= Umgekehrt; Ged., 1982).

Holunder (Holder, Sambucus), Gatt. der Geißblattgewächse mit rd. 20 Arten in den gemäßigten und subtrop. Gebieten; meist Sträucher oder kleine Bäume mit markhaltigen Zweigen, gegenständigen, unpaarig gefiederten Blättern und fünfzähligen Blüten in Doldentrauben oder Rispen; Frucht eine beerenartige, drei- bis fünfsamige Steinfrucht. Heim. Arten sind ↑Attich und den 6 m hohe **Schwarze Holunder** (Flieder, Sambucus nigra) mit tiefgefurchter Borke und gelblichweißen, stark duftenden Blüten. In der Volksmedizin werden die Blüten zu **Fliedertee** (gegen Erkältungen) verwendet. In Eurasien und N-Amerika wächst der **Traubenholunder** (Sambucus racemosa), ein 1–4 m hoher

Strauch mit gelblichweißen Blüten und scharlachroten, vitaminreichen Früchten.

Holyhead [engl. 'hɔlıhɛd], walis. Hafenort auf **Holy Island**, einer Insel vor der W-Küste von Anglesey, Gft. Gwynedd, 10 500 E. Hauptterminal für den Post- und Passagierverkehr zw. Großbrit. und Irland; Aluminiumschmelzwerk.

Holy Island [engl. 'hɔlı 'aılənd] (Lindisfarne), engl. Nordseeinsel vor der Küste der Gft. Northumberland, 5,4 km². - Die Insel wurde 635 Ausgangspunkt für die Christianisierung Northumbrias durch den hl. Aidan (iroschott. Mönch, †651). Die **Evangelienhandschrift von Lindisfarne** (jetzt in London, Brit. Museum) mit berühmten Miniaturen ist ein bed. Zeugnis der northumbr. Kunst des 7. Jh.

Holyoake [engl. 'hoʊlloʊk], George Jacob, * Birmingham 13. April 1817, † Brighton 22. Jan. 1906, brit. Publizist und Sozialpolitiker. - Vertrat publizist. einen radikalen Republikanismus, verbunden mit quasireligiöser wiss. Weltanschauung, setzte sich für kooperative Produktion in Arbeiterselbstverwaltung ein.

H., Keith Jacka, * Mangamutu 11. Febr. 1904, † Wellington 8. Dez. 1983, neuseeländ. Politiker. - Farmer; Abg. der konservativen National Party (1932–38 und seit 1943); 1949–57 stellv. Premiermin. und Min. für Landw.; 1957–72 Vors. der National Party; 1957 Premiermin., dann Oppositionsführer; 1960–72 erneut Premier- und Außenmin.; 1975–77 Staatsmin., 1977–80 Generalgouverneur von Neuseeland.

Holz, Arno, * Rastenburg 26. April 1863, † Berlin 26. Okt. 1929, dt. Schriftsteller. - Mit J. Schlaf Begründer des konsequenten Naturalismus in theoret. Schriften („Die Kunst, ihr Wesen und ihre Gesetze", 1891/92) und gemeinsam verfaßten Musterbeispielen naturalist. Dichtung unter dem Pseudonym Bjarne Peter Holmsen („Papa Hamlet", Novellen, 1889; „Die Familie Selicke", Dr., 1890). 1886 erschien die in Haltung und Stoff bewußt moderne, stilist. jedoch konventionelle Gedichtsammlung „Das Buch der Zeit. Lieder eines Modernen". In seinem Bemühen um neue Ausdrucksmöglichkeiten bezog H. Umgangssprache und neue Themen (soziale Tendenz, sozialrevolutionäre Bekenntnisse, Großstadtbilder) in die Literatur ein. Unter Verzicht auf Reim und alle Formregeln ist seine z. T. sprachl. virtuose Lyrik allein vom „inneren Rhythmus" her bestimmt („Phantasus", 1898/99); Imitator barocker Lyrik in der Gedichtsammlung „Dafnis" (1904).
Weitere Werke: Socialaristokraten (Kom., 1896), Traumulus (Kom., 1904; mit O. Jerschke), Sonnenfinsternis (Trag., 1908).

Holz [eigtl. „Abgehauenes"], umgangssprachl. Bez. für die Hauptsubstanz der Stämme, Äste und Wurzeln der Holzgewächse; in der Pflanzenanatomie Bez. für das vom ↑Kambium nach innen abgegebene Dauergewebe, dessen Zellwände meist durch Ligneineinlagerungen (zur Erhöhung der mechan. Festigkeit) verdickt sind.

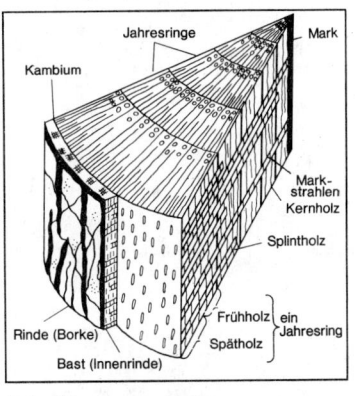

Holz. Stammquerschnitt

Aufbau des Holzes: Ohne Hilfsmittel kann man an einem Stammausschnitt folgende Einzelheiten erkennen: Im Zentrum liegt das **Mark**, das von einem breiten **Holzkörper** umschlossen wird. Dieser setzt sich bei den meisten H.arten aus dem sich durch Wechsel in Struktur und Färbung voneinander abhebenden ↑Jahresringen zusammen. Das Kambium umschließt als dünner Mantel den gesamten H.körper. Die meisten Hölzer lassen mit zunehmendem Alter eine Differenzierung des H.körpers in eine hellere, äußere Zone und eine dunkler gefärbten Kern erkennen. Die hellere Zone besteht aus den lebenden jüngsten Jahresringen und wird als **Splintholz** (Weich-H.) bezeichnet. Der dunkel gefärbte Kern ist das sog. **Kernholz**, das aus abgestorbenen Zellen besteht und nur noch mechan. Funktionen hat. Es ist fester, härter, wasserärmer und durch Einlagerung von Farbstoffen dunkler gefärbt als das Splint-H. Da es durch die Einlagerung bestimmter Stoffe (Oxidationsprodukte von Gerbstoffen) geschützt wird, ist es wirtsch. wertvoller. Einheim. Kernholzbäume sind z. B. Kiefer, Eiche, Eibe, Lärche, Ulme, Rotbuche. Importhölzer von Kernholzbäumen sind Ebenholz, Mahagoni, Palisander. Ist nur ein kleiner Kern ohne Verfärbung ausgebildet, spricht man von **Reifholzbäumen** (z. B. Fichte, Tanne, Linde). **Splintholzbäume** (z. B. Birke, Erle, Ahorn) haben keinen Kern ausgebildet, das Stamminnere besteht ebenfalls aus Splint-H. Sie werden deshalb leichter durch Fäulnis hohl. An den letzten Jahresring schließt sich nach außen zu die Bast an. Vom Bast in den H.körper hinein verlaufen zahlr. Markstrahlen. Den

Hölzer

HÖLZER (Übersicht)

Name	Herkunft	Eigenschaften	Verwendung
außertropische Hölzer			
Ahornholz	Europa, N-Amerika	weißl.; hart, elast.	Furniere, Drechslerei, Teile von Streichinstrumenten
Apfelbaum	Europa, Vorderasien	rotbraun; hart	Drechslerei
Birkenholz	Eurasien	gelblichweiß bis hellbraun; weich	Möbel, Furniere
Birnbaumholz	Eurasien, N-Amerika	rotbraun; hart	Furniere, Möbel, Drechslerei
Buche	Europa	gelblichweiß; hart, zäh	Möbel, Furniere, Bauholz
Eibe	Europa	rötlichbraun; hart	Furniere, Drechslerei
Eiche	Europa, N-Amerika	gelbl. bis dunkelbraun; hart, elast.	Möbel, Furniere, Parkett, Fässer
Erle	Europa, N-Amerika	rötlichweiß; weich	Sperrholz, Kisten, Bleistifte, Wasserbau
Esche	Europa, O-Asien, N-Amerika	gelbl. oder rötlichweiß; hart	Furniere, Möbel, Sportgeräte
Espe	Europa, N-Amerika	weiß; leicht, weich	Zündhölzer, Spankörbe
Fichte	Eurasien, N-Amerika	gelblichweiß; leicht, weich	Möbel, Furniere, Papierindustrie
Kiefer	Eurasien, N-Amerika	gelbl.; weich	Möbel, Furniere
Kirschbaum	Eurasien, N-Amerika	goldbraun; hart	Furniere, Möbel
Lärche	Eurasien, N-Amerika	hellbraun; weich	Möbel, Bauholz
Linde	Europa, N-Amerika	weiß; leicht, weich	Möbel, Schnitzholz
Nußbaum	Europa, N-Amerika	gelb, hellbraun, schwarzbraun; hart	Furniere, Möbel
Tanne	Europa, W-Asien, N-Amerika	gelbl. oder rötlichweiß; weich	Bauholz, Möbel
Ulme (Rüster)	Eurasien, N-Amerika	gelbbraun; hart	Furniere, Möbel
Zirbelkiefer	Eurasien	gelb; weich	Furniere, Möbel
tropische Hölzer			
Abachi	W-Afrika	graugelb; weich	Furniere, Sauna
Abura	W-Afrika	hellrotbraun; hart	Sperrholz, Fußböden
Afrikan. Mahagoni	W- und Z-Afrika	rotbraun; hart	Furniere, Parkett
Afrikan. Teak	Afrika	gelbbraun; hart	Furniere, Bootsbau
Afrormosiaholz	W-Afrika	gelbl.-olivfarben; hart	Furniere, Parkett
Agba	W- und Z-Afrika	hellbraun; hart	Furniere, Sperrholz, Parkett

Holz

HÖLZER (Forts.)

Name	Herkunft	Eigenschaften	Verwendung
Balsaholz	Z- und S-Amerika	weiß; sehr leicht	Modellbau, Wärmeisolierung
Bongosiholz	W-Afrika	purpurrot bis dunkelbraun; hart	Fußböden, Schiff- und Wasserbau
Cocobolo	Z-Amerika	dunkelrotbraun; hart	Musikinstrumente
Courbarilholz	Z- und S-Amerika	hell- bis dunkelrotbraun; hart	Furniere, Parkett, Schiffbau
Dahoma	Afrika	grau- bis gelbbraun; sehr hart	Konstruktions- und Bauholz
Dalli	Z-Amerika	rötlichbraun; weich	Sperrholz
Eukalyptus	Australien	hellrot, braunrot, dunkelbraun; hart	Konstruktions- und Bauholz
Ebenholz	Tropen und Subtropen	schwarzbraun; hart	Drechslerei, Teile von Musikinstrumenten
Framiré	W-Afrika	gelblichbraun; leicht	Sperrholz
Greenheart	westl. S-Amerika	gelbgrün, dunkel gestreift; hart	Wasser- und Schiffbau
Grenadillholz	Afrika	dunkelbraun oder schwarzviolett; hart	Drechslerei, Holzblasinstrumente
Limba	W-Afrika	gelbl.- bis grünlichbraun; hart	Furniere, Innenausbau, Sperrholz
Mahagoni	Z- und S-Amerika	rotbraun; hart	Furniere, Möbel, Bootsbau
Makoré	W-Afrika	rotbraun; hart	Furniere, Parkett
Palisander	Asien, Amerika	schwarz- bis violettbraun; hart	Furniere, Drechslerei
Pernambukholz	Brasilien	braungelb, dunkelrot nachdunkelnd; hart	Drechslerei, Teile von Musikinstrumenten
Pitchpine	Amerika	gelb; hart	Parkett, Konstruktionsholz
Quebracho	Z- und S-Amerika	rotbraun bis blutrot; sehr hart	Konstruktionsholz
Rosenholz	Brasilien	gelblichrot, rosa Aderung; hart	Furniere, Intarsien
Sandelholz	Asien	grünlichgelb bis goldbraun; duftend	Drechslerei, Parfümindustrie
Sapelli	W-Afrika	braunrot, goldglänzend; hart	Furniere, Parkett
Teakholz	Tropen	gelb- bis goldbraun; hart	Furniere, Parkett, Schiffbau
Wengé	W-Afrika	schwarzbraun; hart	Furniere, Parkett

Abschluß des Stamms nach außen bildet die Borke aus toten Korkzellen und abgestorbenem Bast.
Unter dem Mikroskop zeigt sich folgender Aufbau: Die Zellen des H. sind vorwiegend langgestreckt, an den Enden zugespitzt und stehen in Längsrichtung, worauf die längsgerichtete Spaltbarkeit des H. beruht. Man unterscheidet folgende Zelltypen: 1. **Gefäße,** in zwei Ausbildungsformen vorhanden: als großlumige Tracheen und als englumige Tracheiden. Erstere durchziehen meist als Rohr die ganze Länge der Pflanze. Die Tracheiden dagegen bestehen nur aus einer Zelle. Beide

Hölz

leiten das Bodenwasser mit den darin gelösten Nährsalzen zu den Blättern. 2. **Holzfasern,** sehr kleine, an beiden Enden zugespitzte Zellen mit starker Wandverdickung und engem Innendurchmesser (Lumen). Sie sind das Stützgewebe des H.körpers. Auf ihnen beruht die Trag-, Bruch- und Biegefestigkeit der Hölzer. 3. **Holzparenchym,** die lebenden Bestandteile des H.körpers. Sie übernehmen die Speicherung der organ. Substanzen. Die H.parenchymzellen sind meist in Längsreihen angeordnet. 4. **Markstrahlparenchym,** besteht aus lebenden parenchymat. Zellen und dient der Stoffspeicherung und -leitung. Die Markstrahlen verbinden die Rinde mit dem H.körper und transportieren die in den Blättern gebildeten und in den Bast gebrachten Assimilate zu den H.parenchymzellen, wo sie dann gespeichert werden.
Eigenschaften des Holzes: 1. **Dichte:** Lufttrockene (10–20 % Wassergehalt) Hölzer haben eine mittlere Dichte zw. 0,15 und 1,3 g/cm^3. Hohe Dichtewerte bedeuten hohe Festigkeitswerte. 2. **Feuchtigkeitsgehalt:** Frisch geschlagenes H. hat etwa 40–60 % Wassergehalt. 3. **Festigkeit:** Die Zug-, Druck- und Biegefestigkeit von H. ist parallel zur Stammachse etwa 5–10mal größer als quer dazu. Die Festigkeit wird außerdem noch von der Dichte, dem Feuchtigkeitsgehalt, der Abweichung vom parallelen Faserverlauf und dem Astanteil beeinflußt. Die wichtigsten einheim. Hölzer haben lufttrocken eine Druckfestigkeit von etwa 35–83 N/mm^2, eine Zugfestigkeit von 77–135 N/mm^2 und eine Biegefestigkeit von 65–168 N/mm^2. 4. **Therm. Eigenschaften:** Wärmeausdehnung ist gering. Trockenes H. hat durch die mit Luft gefüllten Zellhohlräume eine sehr gute Wärmedämmung. 5. **Chem. Eigenschaften:** Beständig gegen wässrige Alkalien und Säuren. Der Heizwert liegt etwa bei 15–20 MJ/kg. 6. **Akust. Eigenschaften:** Guter Werkstoff für Musikinstrumente, da es bei kleiner innerer Dämpfung eine große akust. Strahlungsdämpfung hat. 7. **Elektr. Eigenschaften:** Der ohmsche Widerstand von H. ist abhängig von der Feuchtigkeit; absolut trockenes H. ist ein besserer Isolator als Porzellan.
Geschichte: Aus der nord. Bronzezeit gibt es H.funde, die H.drechslerei und Böttcherarbeit zur Hallstattzeit beweisen. Seit der jüngeren Steinzeit wird H. zum Bau von Häusern (Pfahlbauten), Möbeln, Wagen, Pflügen usw. verwendet. Daneben wurde aus H. Pottasche gewonnen und es wurde als Brennstoff benutzt. - Die botan. Forschung klärte die H.bildung in der Pflanze um die Mitte des 19.Jh. auf, gegen Ende des 19.Jh. dann die Entstehung der Jahresringe im Holz. - ↑ auch Abb. S. 56.
Dahms, K. G.: Kleines Holzlex. Stg. ^{4}*1984.* - *Begemann, H. F.: Lex. der Nutzhölzer. Gernsbach* ^{3}*1983.* - *Bosshard, H. H.: H.kunde. Stg.* ^{2}*1982–84. 3 Bde.* - *Grosser, D.: Die Hölzer Mitteleuropas. Bln. u. a. 1977.*

Hölz, Max, * Moritz bei Riesa 14. Okt. 1889, † bei Gorki 15. Sept. 1933 (ertrunken), dt. Politiker. - 1918 Mgl. der USPD, 1919 der KPD; gründete 1920 nach dem Kapp-Putsch im Vogtland eine „Rote Armee". war 1921 einer der Führer des kommunist. Aufstands in Mitteldeutschland; zu lebenslängl. Gefängnisstrafe verurteilt, wirkte nach seiner Freilassung (1928) wieder für die KPD; übersiedelte 1929 nach Moskau.

Holzamer, Karl, * Frankfurt am Main 13. Okt. 1906, dt. Philosoph und Pädagoge. - 1946–62 Prof. für Philosophie, Psychologie und Pädagogik in Mainz; 1962–77 Intendant des Zweiten Dt. Fernsehens (ZDF); zahlr. Publikationen.

Holzapfel, Rudolf Maria, * Krakau 26. April 1874, † Elfenau bei Bern 8. Febr. 1930, östr. Philosoph. Psychologe und Dichter. - Versuchte durch wiss. „Seelenforschung" die psycholog. und wertphilosoph. Begründung eines alle Lebensbereiche umfassenden, für den einzelnen wie für die Gesellschaft richtungweisenden neuen Kulturideals, des sog. Panideals; erstrebte dabei eine einheitl. Sozialkultur. - *Werke:* Panideal. Psychologie der sozialen Gefühle (1901; Neufassung 1923), Welterlebnis (1928).

Holzapfel, volkstüml. Bez. für die gerbstoffreiche Frucht verschiedener wilder Arten des Apfelbaums.

Holzapfelbaum (Wilder Apfelbaum, *Malus sylvestris*), bis 7 m hoher Baum oder Strauch aus der Fam. der Rosengewächse, verbreitet in lichten Wäldern Europas und Vorderasiens; Kurztriebe mehr oder weniger verdornend; Blüten rötlichweiß, etwa 4 cm breit; Früchte kugelig, 2–4 cm breit, gelbgrün mit rötl. Backe, herbsauer.

Holzbau, seit alters beim Hausbau verwendete Bauweise. Typ. Formen des H. sind *Blockbau* oder *Vollschichtung* (Wände aus waagrecht geschichteten Stämmen), *Stab-* bzw. *Palisadenbau* oder *Vollreihung* (Wände aus senkrechten Stämmen), *Fachwerk-* oder *Rahmenbau* (hölzernes Fachwerk als tragendes Gerüst). Anwendung der H. bes. in waldreichen Gebieten oder wegen der bes. Stabilität in erdbebenreichen Gebieten. Der *Ingenieur-H.* befaßt sich mit Entwurf und Konstruktion hölzerner Tragwerke (z. B. Schalgerüste).

Holzbauer, Ignaz, * Wien 17. Sept. 1711, † Mannheim 7. April 1783, östr. Komponist. - Ab 1753 Hofkapellmeister in Mannheim; einer der Hauptvertreter der ↑ Mannheimer Schule. Schrieb Opern (erhalten zwölf italien. Opern und „Günther von Schwarzburg", 1776), Oratorien, Kirchenmusik, Sinfonien, Solokonzerte, Kammermusik; Autobiographie „Kurzer Lebensbegriff" (1783).

Holzbeton, Leichtbeton aus Zement und

Holzbildhauerei

Holzbildhauerei. Links: Gerokreuz (um 975). Köln, Dom; Franz Ignaz Günther, Chronos (um 1765–70; weiß gefaßt). München, Bayerisches Nationalmuseum; rechts: Henry Moore, Komposition (1933). Privatbesitz

Holz oder in Pflanzenstengeln einen langen Gang nagen, in dem sie hintereinander Brutzellen anlegen. H. sammeln Pollen.

Holzbildhauerei (Bildschnitzerei, Holzplastik), in nahezu allen Kulturkreisen früh bezeugte Kunst der Herstellung plast. Bildwerke und Reliefs durch Schnitzen des trockenen, in eine Schnitzbank eingespannten Holzblockes mit Meißel, Klöppel, Flach- und Hohleisen (↑ auch Holzschnitzerei). Die geschnitzte Figur erhielt im allg. durch den Faßmaler eine auf Kreide oder Gips aufgetragene Bemalung und Vergoldung („Fassung"). Im alten Ägypten, China, Japan, Afrika war die H. auf hohem Stand, in Europa brachten MA und Barock eine bed. H. hervor, einsetzend mit Marienstatuen (sog. „Goldene Madonna" wegen ihres allseitigen Goldblechbeschlags, Essen, Münster, um 980) und Kruzifixen („Gerokreuz", Köln, Dom, um 975) der otton. Zeit. Im 12. Jh. wird geschnitztes Kultgerät („Freudenstädter Lesepult", um 1150, Freudenstadt, ev. Stadtkirche) geschätzt, hervorzuheben auch die sächs. ↑Triumphkreuze. Aus dem 14. Jh. stammen die ältesten Chorgestühle (bed. das Chorgestühl von J. Syrlin d. Ä. im Ulmer Münster, 1469–74) sowie kleinformatige ↑Andachtsbilder und zahlr. Madonnen. Ein Höhepunkt der H. sind die spätgot. ↑Schnitzaltäre. Das Auftreten ungefaßter H. (T. Riemenschneider, Creglinger Altar, 1502–05) ist nicht Zeichen eines neuen Materialbewußtseins, sondern in Zusammenhang mit

Säge- oder Hobelspänen bzw. Holzwolle. Aus H. gefertigte Platten sind nagel- und sägbar und werden als Wand- und Deckenelemente verwendet.

Holzbienen (Xylocopa), Gatt. einzeln lebender, mit zahlr. Arten hauptsächl. in den Tropen verbreiteter, hummelartiger Bienen. In Deutschland kommen nur zwei Arten (blauschwarz mit dunkelblauen Flügeln) vor, darunter die 18–28 mm große **Blaue Holzbiene** (Xylocopa violacea), deren ♀♀ in altem

Holzbirne

Lärche

Limba

Amerikanisch Nußbaum

Makoré

Ulme (Rüster)

Sapelli

Abachi

Teak

der Neigung spätgot. Malerei zur Einfarbigkeit zu sehen. Mit Beginn der Renaissance zieht sich die H. größtenteils auf die Kleinplastik zurück (bes. Holzschnitzerei an Truhen, auch Chorgestühlen), während die Barockzeit in G. Petel und B. Permoser und das Rokoko in I. Günther und J. A. Feuchtmayer große Meister der H. besitzen, die auch wieder Großplastik schaffen; ebenso entstehen aber auch prunkvolle Chorgestühle sowie Holzschnitzerei an Schränken und Türen. Abgesehen von der Volkskunst erlebt die H. erst im 20. Jh. wieder eine große Blüte (E. Barlach, H. Arp, C. Brancusi, Picasso, H. Moore, L. Nevelson).

 Biedermann, R.: Holzplastik. In: Gesch. der Kunst u. der künstler. Techniken. Hg. v. H. H. Hofstätter. Bd. 2. Mchn. 1967.

Holzbirne, svw. ↑Wilder Birnbaum.

Holzblasinstrumente, im Ggs. zu den Blechblasinstrumenten die primär aus Holz gefertigten Flöten- und Rohrblattinstrumente.

Holzbock (Waldzecke, Ixodes ricinus), weltweit verbreitete, v. a. bei Säugetieren und Vögeln, auch beim Menschen blutsaugende Schildzeckenart; läßt sich auf Grund von Erschütterungs- und Geruchsreizen von Sträuchern und Gräsern auf die Wirtstiere fallen; Körper schwarzbraun, abgeflacht, 1–2 mm groß; ♀ (mit Blut vollgesogen; ♂ saugt kein Blut) über 10 mm lang; gefährl. Überträger von Krankheiten.

Holzbohrer (Cossidae), mit rd. 700 Arten weltweit verbreitete Fam. bis 25 cm spannender Nachtschmetterlinge; Rüssel rückgebildet, Körper robust; Raupen entwickeln sich mehrjährig v. a. im Innern von Baumstämmen; in Deutschland fünf Arten, u. a. der bis 6 cm spannende **Kastanienbohrer** (Zeuzera pyrina) mit weißen, blaugetupften Flügeln; Larven gelb, schwarz punktiert; schädl. an Laubbäumen. Bis 9 cm Flügelspannweite hat der **Weidenbohrer** (Cossus cossus); Vorderflügel braun und weißgrau, mit zahlr. schwarzen Querstrichen; Raupen bis 8 cm lang, fleischrot, an den Seiten gelbl.; leben im Holz von Laubbäumen, selten schädlich.

Holzdestillation (Holzverkohlung), Zersetzung von Holz durch trockenes Erhitzen unter Luftabschluß; früher im Meiler (Endprodukt war ↑Holzkohle), heute großtechn. in eisernen Retorten und Rohröfen betrieben. Dabei anfallende Produkte sind: 26,7 % Holzkohle, 6,7 % **Holzteer** (dunkelbraune bis schwarze, dickflüssige, ölige Substanz; besteht aus Essigsäure, Holzgeist, Leicht- und Schwerölen, Holzpech und Wasser; Verwendung u. a. als Holzschutzmittel), 4,4 % Essigsäure, 43,6 % Wasser, 1,8 % **Holzgeist** (Gemisch aus Methanol, Aceton, Essigsäuremethylester u. a.; zum Vergällen von Spiritus und als Lösungsmittel sowie früher zur Herstellung von reinem Methanol verwendet) und 16,8 % **Holzgase** (Gemisch aus Kohlendioxid, Kohlenmonoxid, Methan, Wasserstoff und Äthylen; während des 2. Weltkrieges und danach in Deutschland als Motorentreibgas benutzt).

Holzeinschlag (Einschlag, Holzfällerei), in der Forstwirtschaft Bez. für alle mit der Holzfällung verbundenen Vorgänge (z. B. Fällung, Aufarbeitung, Transport) sowie für die jährl. gefällte Holzmasse.

hölzerne Hochzeit ↑Hochzeit.

hölzernes Gelächter, seit dem frühen 16. bis ins 18. Jh. benutzte Bez. für ↑Xylophon.

Holzessig, Bez. für die bei der Holzdestillation gewonnene, sauer reagierende (v. a. aus Essigsäure bestehende) Flüssigkeit.

Holzfaserdämmplatten (Holzfaserisolierplatten), unverpreßte und daher eine hohe Porosität besitzende Holzfaserplatten, die zur Schalldämmung verwendet werden (Sonderausführungen mit bes. Lochung und Oberflächengestaltung).

Holzfaserplatten (Faserplatten), aus geringwertigem Faserholz, Holzabfällen oder anderen Faserstoffen hergestellte Platten, die v. a. zur Wärme- und Schallisolierung verwendet werden; mit einem zusätzl. Oberflächenschutz versehene H. finden u. a. bei der Möbelherstellung sowie im Fahrzeug- und Fertighausbau Verwendung. **Holzfaserhartplatten** (**Hartfaserplatten**) sind in hydraul. Heißpressen mit bis zu 25 Etagen bei Drücken bis zu 600 N/cm^2 stark verdichtet worden.

Holzfliegen (Erinnidae), mit rd. 150 Arten v. a. in Wäldern verbreitete Fam. mittelgroßer, schlanker, meist schwarz und rostrot gefärbter Fliegen; Imagines saugen Säfte und Nektar; Larven leben räuberisch von Würmern und Insektenlarven hauptsächl. unter der Baumrinde und in Baumstümpfen.

holzfreies Papier, aus reinem Zellstoff hergestelltes Papier, im Ggs. zu **holzhaltigem Papier**, das außerdem Holzschliff enthält.

Holzfresser, svw. ↑Xylophagen.

Holzgas ↑Holzdestillation.

Holzgewächse (Gehölze, Holzpflanzen), ausdauernde Pflanzen, deren Stamm und Äste durch sekundäres Dickenwachstum (Bildung von Holz) mehr oder weniger stark verholzen (z. B. die meisten Bäume und Sträucher).

holzhaltiges Papier ↑holzfreies Papier.

Holzhay, Johann Nepomuk, * Rappen (Landkreis Mindelheim) 26. Febr. 1741, † Ottobeuren 17. Sept. 1809, dt. Orgelbauer. - Schüler von K. J. Riepp, letzter bed. Vertreter des oberschwäb. Orgelbaus im 18. Jh.; Orgeln u. a. im Obermarchtal (1748), Rot an der Rot (1785-93).

Holzindustrie, zusammenfassende Bez. für alle Industriezweige, deren Grundstoff Holz ist. Der H. werden zugerechnet: Sägewerke und Holzbearbeitungsbetriebe, die holzverarbeitende Ind., teilweise auch die Hersteller von Holzschliff, Zellstoff sowie die Papier und Pappe erzeugende Industrie. Gelegentl. wird die Bez. H. auf die holzverarbeitende Ind., z. T. unter Ausschluß der Spiel-, Sportartikel- und Musikinstrumentenhersteller, eingeschränkt. - Holz spielt als Grundstoff für zahlr. Ind.zweige eine bed. Rolle, v. a. in der Möbelherstellung, in der Papier- und Pappeherstellung, in der Holzbauten- und Holzbauteilind., der Holzverpackungsmittelind. u. a. Die H. ist durch das Vorherrschen kleiner und mittelständ. Betriebe gekennzeichnet. In der H. (im weiteren Sinne) waren 1984 in der BR Deutschland in 4 140 Betrieben rd. 250 000 Menschen beschäftigt.

Holzinger, Franz Joseph, * Schörfling am Attersee um 1691, † Markt Sankt Florian 14. Aug. 1775, östr. Bildhauer und Stukkator. - Spätbarocke Dekorationen u. a. für Stift Sankt Florian (1724-27 Marmorsaal und Sala terrena).

Holzkitt, Kitt aus Leinöl und Harzseifen, denen Kreide, Kalk oder Ton beigemischt sind; wird zum Ausfüllen von Rissen im Holz verwendet; ähnl. Zwecken dient der aus Holzmehl und meist Zelluloseestern zusammengesetzte, pastenartige **Holzzement** (*plastisches, flüssiges Holz*), der nach dem Aufspachteln rasch trocknet.

Holzknecht, Guido, * Wien 3. Dez. 1872,

Holzkohle

† ebd. 30. Okt. 1931, östr. Röntgenologe. - Prof. in Wien; integrierte die Röntgenologie in die klin. Medizin; entwickelte 1902 den ersten Strahlendosismesser (Chromoradiometer) und gab eine - erst 20 Jahre später durch das ↑Röntgen (R) ersetzte - Röntgenstrahleneinheit an (1 H ≈ 50 R). Nach ihm benannt ist auch der **Holzknecht-Raum** (zw. Herzhinterwand und Wirbelsäule), der v. a. bei Erweiterung des linken Vorhofs des Herzens verkleinert ist.

Holzkohle, schwarze, poröse, sehr leichte Kohle, die durch Holzdestillation gewonnen wird; sie ist selbstentzündl. und stark wasserbindend. Außer als Brennstoff (Heizwert 29-33 MJ/kg; Verbrennung [fast] ohne Flamme), z. B. zum Grillen, wird H. seit dem Altertum als Reduktionsmittel in der Metallurgie und zum Raffinieren von Rohmetallen (v. a. Rohkupfer) verwendet; außerdem Verwendung als Aktivkohle und als Zeichenkohle sowie bei der Herstellung von Schwarzpulver, Schwefelkohlenstoff u. a.

Holzläuse, svw. ↑Rindenläuse.

Holzmaden, Gemeinde vor dem NW-Trauf der mittleren Schwäb. Alb, Bad.-Württ., 1 600 E. Museum Hauff (Versteinerungen); Natur- und Grabungsschutzgebiet im Posidonienschiefer (Lias).

Holzmeister, Clemens, * Fulpmes (Tirol) 27. März 1886, † Hallein 12. Juni 1983, östr. Architekt. - Gemäßigt moderne Bauten, u. a. Krematorium (1924) und das „Funkhaus" (1934-36) in Wien, Parlament in Ankara (1939 ff.), Festspielhaus in Salzburg (1960, Umbau), Kirchen.

Holzmeßanweisung (Abk.: HOMA), seit 1936 in Deutschland verbindl. Bestimmung über die Rohholzsortierung, über die Aufarbeitung von Zellstoffholz u. a.

Holzminden, Krst. an der Weser, Nds., 83 m ü. d. M., 21 800 E. Ingenieurakad. für Bauwesen, Heimatmuseum. Elektrotechn., Glas-, chem. und Holzind. - Um 1200 planmäßig gegr. (Stadtrechtsbestätigung 1245).

H., Landkr. in Nds.

Holzöl, (Tungöl) ein rasch trocknendes, gelbes bis braunes Öl, das aus dem Samen des in China, Japan und Amerika angebauten Tungbaumes (Aleurites fordii, ein Wolfsmilchgewächs) gewonnen wird. H. enthält einen hohen Anteil ungesättigter Fettsäuren, daher erstarrt es an der Luft unter Sauerstoffzutritt (zählt also zu den trocknenden Ölen). - H. wird u. a. zur Herstellung von Außen- und Bodenlacken verwendet, die einen harten und wasserbeständigen Anstrich ergeben.

◆ terpentinähnl. Destillationsprodukt des Holzes, das als Lacklösungsmittel verwendet wird

Holzpappe, aus Holzschliff hergestellte Pappe.

Holzpflanzen, svw. ↑Holzgewächse.

Holzschädlinge, Tiere und Pflanzen, die durch Fraßgänge oder Fäulnisbildung die Nutzung des Holzes beeinträchtigen.

Holzschliff (Holzstoff), durch Abschleifen von Fichten-, Tannen-, Kiefern und Pappelschwachhölzern mit großen Schleifsteinen erzeugte feine Holzmasse, die als wichtigster Grundstoff für die Papier- und Pappeherstellung dient; **Weißschliff** entsteht bei der Aufarbeitung ungedämpfter Hölzer; er wird bei Bedarf noch chem. mit Natriumsulfit und Hydrosulfiten gebleicht; **Braunschliff** entsteht, wenn das Holz vor dem Schleifprozeß gedämpft wird; die aus derartig vorbehandeltem Holz erzeugten Fasern sind länger und geschmeidiger.

Holzschnitt, graph. Technik, bei der eine Zeichnung erhaben aus einer Holzplatte herausgeschnitten wird (Hochdruckverfahren); mit Druckfarbe eingefärbt, wird sie auf Papier gepreßt und abgezogen. - Im Abendland wurden seit dem 4. Jh. holzgeschnittene Stempel (Model) zum Bedrucken von Stoff und Tapeten verwendet (Zeugdruck). Jedoch erst gegen Ende des 14. Jh. setzte mit der Verbreitung des Papiers die Entwicklung des H. als Bilddruck ein. Die frühesten Zeugnisse sind in einfachen Umrissen gedruckte Heiligenbilder (Einblattdrucke). Wenig später wurden den Bildern auch Texte, mit diesen gemeinsam aus einer Holzplatte geschnitten, hinzugefügt und zu Büchern verbunden (Blockbücher). Mit Erfindung der Buchdruckerkunst wurde der H. als Illustrationsmittel bedeutend. Berühmtes Beispiel ist die 1493 bei A. Koberger in Nürnberg erschienene „Schedelsche Weltchronik" mit H. von H. Pleydenwurff und M. Wolgemut. Durch Dürer, der neue Ausdrucksmöglichkeiten in der Liniensprache H. entwickelte, gelangte diese Kunstgattung zu so hohem Ansehen, daß Kaiser Maximilian I. Aufgaben wie „Ehrenpforte" und „Triumphzug" als H.werke in Auftrag gab. Hervorragende H. schufen neben Dürer u. a. L. Cranach, H. Burgkmair, H. Baldung, gen. Grien, die häufig den Helldunkelschnitt (**Clair-obscur-Schnitt**) anwendeten, bei dem vor dem Druck mit der Strichplatte mit „Tonplatten" gedruckt wurde; Lichter wurden ausgespart. A. Altdorfer wandte bereits den eigtl. **Farbholzschnitt** an. Bei dieser Technik wird auf jeder der Druckplatten nur ein Teil des Schnitts ausgeführt, der dann in der jeweiligen Farbe erscheint. Beil. H. schuf auch H. Holbein d. J. Auch außerhalb Deutschlands wurde der H. gepflegt: in der Schweiz u. a. von N. Manuel und U. Graf, in den Niederlanden u. a. von Lucas van Leyden. Lyon war ein Zentrum für H.bücher. Venedig war für die Entwicklung des Farbholzschnitts bedeutend. - Seit Mitte des 16. Jh. verdrängten Kupferstich und Radierung den H. mehr und mehr. Neue Möglichkeiten ergaben sich erst mit der Erfindung des **Holzstichs** (Tonstich, Xylographie i. e. S.) durch den engl. Stecher

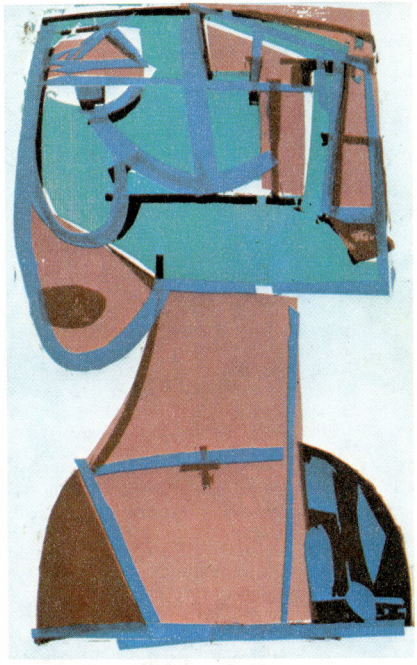

Holzschnitt

Links (von oben): Albrecht Dürer, Die Apokalyptischen Reiter (1498); Hans Christiansen, Die Schäferstunde (undatiert);
rechts (von oben): HAP Grieshaber, Janus, Frauen- und Männerkopf (1956); Edvard Munch, Angstgefühl (Ausschnitt; 1896)

Holzschnitzerei

T. Bewick kurz vor 1800, bei dem mit dem Stichel das (senkrecht zur Faser geschnittene) Hirnholz des Buchsbaums bearbeitet wird. Diese Technik, die feinste Schattierungen erlaubt, wurde in Deutschland v. a. von A. von Menzel meisterhaft angewandt, auch von A. Rethel und L. Richter. Frankr. hat den Holzstich am frühesten aufgenommen (H. Daumier, J. Gigoux, T. Johannot, G. Doré). In England fand durch die Buchkunst W. Morris' eine Neubelebung der alten H.technik statt, die einen Höhepunkt in den Jugendstilholzschnitten A. Beardsleys fand. Von großem Einfluß auf die Wiederbelebung des H. war auch der japan. H., der seit 1862 auf den Weltausstellungen vorgestellt wurde. E. Valloton, E. Bernard und P. Gauguin entwickelten einen umrißbetonten großflächigen Stil. Diese Ansätze führten E. Munch und die Künstler des dt. Expressionismus (die Brücke-Künstler E. L. Kirchner, Otto Müller, E. Nolde sowie E. Barlach und M. Beckmann) weiter. Dieser **Flächenholzschnitt** setzt schwarze und weiße Flächen gegeneinander und vermeidet Linien ganz oder teilwese. In den schwarzdruckenden Flächen können weiße Linien ausgespart werden. Durch Künstler wie F. Masereel oder HAP Grieshaber ist er bis heute lebendig.
Ostasien: In *China* wurden seit dem 7./8. Jh. H.illustrationen für Buchrollen von Holzplatten gedruckt; die älteste Rolle ist aus dem 8. Jh. erhalten. H. in dezenten Farben und weichen Übergängen zeichnen Wang Kais Musterbuch „Lehrbuch der Malerei aus dem Senfkorngarten" (1679, zwei weitere Folgen 1701) aus. - Die Blütezeit des *japan.* H. begann im 17. Jh. als Gattung des † Ukijo-E. Im 18. Jh. gelang auch der Zwei- und Dreifarbendruck (1742) und der Vielfarbendruck (1765). Stilprägend wurde Moronobu mit seiner klaren Linienzeichnung und seiner Thematik aus dem Leben in Edo. Das expressive Schauspielerporträt Scharakus und das psychologisierende Frauenporträt Utamaros sind Sonderformen der weiteren Entwicklung des Ukijo-E, während bei Hokusai die Landschaft in den Vordergrund trat. Bes. Hokusais H.kunst beeinflußte die europ. Entwicklung seit dem Jugendstil.
📖 *Fuchs, S. E.: Der H. Recklinghausen 1980. - Strauss, W. L.: Clair-Obscur. Der Farb-H. in Deutschland u. den Niederlanden im 16. u. 17. Jh. Nürnberg 1974. - Musper, H. T.: Der H. in 5. Jh. Stg. 1964.*

Holzschnitzerei, i. e. S. dekorative Schnitzerei an Möbeln (z. B. Chorgestühl, Truhen, Schränke), Türen, Treppen, Hausrat, Waffen, Instrumenten u. a. Gegenständen; i. w. S. svw. † Holzbildhauerei.

Holzschuher, Nürnberger Patriziergeschlecht, erstmals 1228 erwähnt; das bekannteste Mgl. ist der Freund A. Dürers, der Ratsherr Hieronymus H. (* 1469, † 1529).

Holzschutz (Holzkonservierung), Maßnahmen zur Erhöhung der Lebensdauer der Hölzer mit Hilfe von Schutzmitteln und -verfahren gegenüber Witterungseinflüssen, Bakterien, Pilzen, Insekten, Muscheln, Krebsen und Vögeln. Die verwendeten *H.mittel* müssen über eine große Tiefenwirkung im Holz, über Langzeitwirkung, über Verträglichkeit mit anderen Werkstoffen verfügen und dürfen durch Wasser nicht auslaugbar und für Mensch und Haustiere nicht schädlich sein. Nach ihrer spezifellen Wirksamkeit unterscheidet man: Bekämpfungs- und Schutzmittel gegen Fäulnis- und Insektenschäden an bearbeitetem Holz (auf dem Holzlagerplatz der Werke), Bekämpfungs- und Schutzmittel im verbauten Holz und Flammenschutzmittel zur Herabsetzung der Entflammbarkeit. Verwendet werden als H.mittel v. a. Alkalifluoride, -arsenite und -[hydrogen]arsenate, Fluate und Salze von Dinitrophenol, Dinitrokresol, Pentachlorphenol und Trichlorphenol sowie neben Teerölen Chlornaphthaline und Polychlorphenole.

Holzspanplatten, aus getrockneten Holzspänen bestimmter Größenmischung oder schichtweise unterschiedl. Größe durch Verleimen (vorwiegend mit Kunstharzen) und Pressen hergestellte großflächige Platten, die z. T. furniert, kunststoffbeschichtet oder lackiert geliefert werden. - † auch Holzfaserplatten.

Holzspiritus, aus Holz gewonnener Alkohol; i. e. S. durch Gärung von Holzzucker (bzw. einer bei der Holzverzuckerung anfallenden zuckerhaltigen Lösung) gewonnenes Äthanol.

Holzstich (Xylographie), Sonderform des † Holzschnitts.

Holztafeldruck (Tafeldruck), altes Druckverfahren mit Holztafeln, in die der Text ganzer Seiten sowie Bilder geschnitten waren (Einblattdrucke, Blockbücher und Spielkarten).

Holzteer † Holzdestillation.

Holzteil, svw. Xylem († Leitbündel).

Holzverkohlung, svw. † Holzdestillation.

Holzverzuckerung, die den sog. *Holzzucker* ergebende chem. Aufbereitung von Holzabfällen durch Hydrolyse ihrer Zellulose mit Mineralsäuren; dabei werden die Zellulosemoleküle hauptsächl. zu Glucosemolekülen abgebaut. Die H. erfolgt entweder durch verdünnte Säuren bei Temperaturen über 100 °C, wobei aus 100 Gewichtsteilen trockenen Nadelholzes 30 Gewichtsteile trockenes Lignin und 40 Gewichtsteile vergärbarer Zucker bzw. 24 Gewichtsteile Äthanol erhalten werden oder durch konzentrierte Säuren bei Zimmertemperatur; hierbei werden 66 Gewichtsteile Zucker bzw. 34 Gewichtsteile Äthanol sowie 4 Gewichtsteile Essigsäure gewonnen.

Holzwarth, Hans, * Dornhan 20. Aug. 1877, † Düsseldorf 21. Aug. 1953, dt. Ingenieur. - Entwickelte seit 1905 eine Verpuffungsgasturbine *(H.-Turbine)*, die erste arbeitsfähige Gasturbine.

Holzwespen (Siricidae), weltweit verbreitete Fam. der ↑Pflanzenwespen mit über 100 robust gebauten, teils bis 4 cm langen Arten; mit langen Fühlern und (im ♀ Geschlecht) langem Legeapparat, mit dem die Tiere ihre Eier (v. a. in Nadelholz) legen; Larven fressen sich durch das Holzinnere. In M-Europa kommt u. a. die **Riesenholzwespe** (Urocerus gigas) vor, 1,5–4 cm lang, mit gelbem Kopffleck und beim Männchen oberseits rotbraunem Hinterleib, beim Weibchen schwarz-gelb geringeltem Hinterleib.

Holzwolle, ineinander verknäulte, lange, gekräuselte Holzspäne (1–4 mm breit und 0,03–0,4 mm dick) als Verpackungs- und Isoliermaterial.

Holzwurm, volkstüml. Bez. für im Holz lebende Insektenlarven.

Holzzement ↑Holzkitt.
◆ elast., fußwarmer Fußboden[belag], bestehend aus Holzspänen (als Füllstoff) und Zement.

Holzzinn, feinfaserige, konzentrisch schalige Kristalle von ↑Zinnstein.

Holzzucker, in der [chem.] Technik Bez. für die bei der ↑Holzverzuckerung gewonnenen Zucker (Monosaccharide).
◆ in der Chemie svw. ↑Xylose.

hom..., Hom... ↑homo..., ↑Homo...

Homagium [mittellat.] ↑Lehnswesen.

Homann, Johann Baptist, * Oberkammlach bei Mindelheim 20. März 1664, † Nürnberg 1. Juli 1724, dt. Kartograph und Verleger. - Gründete 1702 einen Kartenverlag, die *Homännische Landkarten-Offizin;* auf H. gehen über 200 Karten mit oft reicher künstler. Ausstattung, Stadtansichten, Porträts, Globen und Armillarsphären zurück.

Homatropin (Tropinmandelsäureester), dem Atropin chem. sehr ähnl. Substanz, jedoch von geringerer Giftigkeit und geringerer physiolog. Wirkung; wird in der Augenheilkunde zur kurzfristigen Pupillenerweiterung und Akkomodationsausschaltung verwendet.

Homberg (Efze), hess. Krst. im nördl. Knüllvorland, 180–526 m ü. d. M., 14 100 E. Verwaltungssitz des Schwalm-Eder-Kreises. Museum; Elektromotorenbau, Gießerei, Schuhfabrik, Steinwerk. - Das im Schutz der 1162 erstmals belegten Burg entstandene H. war 1526 der Tagungsort der **Homberger Synode,** die die Einführung der Reformation in Hessen beschloß. - Hochgot. Stadtkirche (1340 ff.), zahlr. Fachwerkhäuser (15.–19. Jh.), Burgruine.

Homberg (Niederrhein), am Rhein gegenüber der Ruhrmündung liegender Ortsteil von Duisburg.

Homberg (Ohm) (früher Homberg, Kr. Alsfeld), hess. Stadt am Rande des Amöneburger Beckens, 261 m ü. d. M., 7 400 E. Basaltwerke. - Der 1065 erstmals genannte, bei der Burg der Herren von Homberg entstandene Ort wird 1311 erstmals als Stadt erwähnt. - Spätroman. Pfarrkirche mit spätgot. Chor, Fachwerkhäuser (17.–19. Jh.), Rathaus (1539).

Homburg, Prinz von ↑Friedrich II., Landgraf von Hessen-Homburg.

Homburg, Krst. im Saarland, am W-Rand des Pfälzer Gebrüchs, 230 m ü. d. M., 42 000 E. Verwaltungssitz des Saar-Pfalz-Kreises; medizin. Fakultät der Univ. des Saarlandes; röm. Freilichtmuseum im Stadtteil *Schwarzenacker;* v. a. Metallind. - Für 160 bis 400 n. Chr. ist eine galloröm. Siedlung nachgewiesen. Die namengebende *Hohenburg* fiel 1449 an Nassau-Saarbrücken und wurde festungsartig ausgebaut. In ihrem Schutz entstand eine Siedlung, die 1558 Stadtrecht erhielt. Während der Reunionskriege wurde H. von Frankr. besetzt und in das frz. Festungsgürtel eingegliedert (Festungsanlagen 1697 geschleift). 1778/85–93 Residenz der Herzöge von Pfalz-Zweibrücken. - Neugot. ev. Pfarrkirche (1874) mit barockem Turm (etwa 1780); Schloßberghöhlen; Ruinen des Residenzschlosses (1778–85).

Homburg, Herrenhut aus Filz mit leicht aufwärts gerundeter Krempe; zuerst von dem späteren König Eduard VII. in Bad Homburg getragen.

Homburg v. d. H., Bad ↑Bad Homburg v. d. H.

Home [engl. hju:m], seit 1605 Earlstitel der schott. Fam. H.; erbte 1857 den Besitz der Barone Douglas.

Homecomputer [engl. 'hoʊmkəm-'pju:tər] ↑Computer.

Home Fleet [engl. 'hoʊm 'fli:t „Heimatflotte"], v. a. in den beiden Weltkriegen gebräuchl. Name des Hauptteils der heimatl. Gewässern stationierten brit. Seestreitmacht.

Homer, nach der Überlieferung ältester ep. Dichter des Abendlandes; seine wahrscheinl. Lebenszeit wird zw. 750 und 650 angenommen; wirkte als wandernder - nach späterer Legende blinder - Rhapsode an ion. Fürstenhöfen. Unter seinem Namen werden die Epen „Ilias" und „Odyssee" tradiert. Die moderne Philologie nimmt jedoch im allg. an, daß beide Werke nicht vom gleichen Verfasser stammen; ihr zeitl. Abstand dürfte etwa eine Generation betragen (sprachl. und kulturelle Indizien). Die **„Ilias",** als deren Verfasser H. heute gilt, ist das älteste erhaltene Großepos der europ. Literatur (etwa 16 000 Verse); es behandelt nicht den gesamten Trojan. Krieg, sondern lediglich die entscheidenden 51 Tage der 10jährigen Belagerung. Die Geschehnisse sind unter die leitende Idee des Achilleuszornes gestellt. Zahlr. Episoden unterbrechen den Gang der Handlung, wobei in wechselnder Folge griech. und trojan. Hel-

Homer

Homer. Bildniskopf (460–450 v. Chr.; römische Kopie). München, Glyptothek

den als Protagonisten (Aristien) hervortreten. Parallel zum menschl. Geschehen läuft eine Götterhandlung; die Götter suchen den Gang der Ereignisse nach ihrem Willen (fördernd oder hemmend) zu lenken. Ob hinter dem Epos ein konkretes myken. Unternehmen gegen Troja steht, ist umstritten. Als Versmaß verwandte H. den Hexameter, der bei ihm bereits seine klass., später kaum mehr modifizierte Gestalt gefunden hat. Seine Sprache ist eine typ. Kunstsprache mit ion.-äol. Elementen. Die ep. Technik charakterisieren stehende Beiwörter (Epitheta) und Verswiederholungen (Iteraten), Formelverse und typ. Szenen. In ihr vollendet sich eine ep. Tradition, die die Summe einer jahrhundertealten Entwicklung zieht. Die **„Odyssee"** (etwa 12 000 Verse) ist der Bericht von den 10jährigen Irrfahrten des Odysseus, die sich an die Eroberung Trojas anschließen und dessen Heimkehr nach Ithaka. Das Epos vereinigt in kunstvoller Verschränkung alte Seefahrermärchen mit den Motiven der späten Rückkehr des Gatten und der Rache an Penelopes Freiern. Daß es sich bei einzelnen Abenteuern um myth. Überhöhungen geograph. Gegebenheiten handelt (z. B. die Straße von Messina als Skylla und Charybdis), ist wahrscheinlich. Odysseus verkörpert den Prototyp des ion. Seefahrers der beginnenden Kolonialzeit, der mit unersättl. Neugier in unbekannte Bereiche vorstößt. Einen eigenen Handlungszug bildet die **„Telemachie":** In Telemach, dem Sohn des Odysseus, wird ein junger Mensch gestaltet, der sich zum ersten selbständigen Handeln entschließt, indem er sich aufmacht, um nach dem Schicksal des Vaters zu forschen.

Die **„Homerische Frage"** ist ein philolog. Schlagwort zur Bez. der (wiss.) Bemühungen um die Klärung der Autorschaft der homer. Dichtungen. Bis zum 4.Jh. v.Chr. wurden H. noch andere Dichtungen (z. B. die Homer. Hymnen) neben „Ilias" und „Odyssee" zugeschrieben; danach galt H. im wesentl. als Verfasser der beiden letzteren, bis im Hellenismus eine Gruppe von Grammatikern, die „Chorizonten" (Trennenden), beide Gedichte verschiedenen Verfassern zusprach. Gestützt auf antike Nachrichten und frz. bzw. italien. Vorarbeiten, hielt F. A. Wolf (1795) „Ilias" und „Odyssee" für späte Zusammenfassungen (6. Jh.) mehrerer Einzelepen (Homeriden); andere nahmen Erweiterung einer „Ur-Ilias" durch Hinzudichtung (G. Hermann) oder Kompilation verschiedener Kleinepen an (A. Kirchhoff), zerlegten sie in Einzellieder (K. Lachmann) oder dachten an zahlr. Überarbeiter (U. von Wilamowitz-Moellendorff). H.-Übersetzungen entstanden in Deutschland im 18.Jh. (bes. von J. H. Voss: „Odyssee", 1781; „Ilias", 1793).

📖 *Latacz, J.:* H. Eine Einf. Mchn. 1985. - *Thiel, H. van:* Iliaden u. Ilias. Stg. u. Basel 1982. - *Schadewaldt, W.:* Von Homers Welt u. Werk. Stg. ⁴1966.

Homer, Winslow [engl. ˈhoʊmə], * Boston (Mass.) 24. Febr. 1836, † Pront's Neck (Maine) 29. Sept. 1910, amerikan. Maler. - Nach Tätigkeit als Illustrator (Lithographien) wurde H. der führende Vertreter der amerikan. realist. Genremalerei; im Spätwerk kamen Marinen ohne Staffage hinzu, u. a. „Der Strand im Winter" (1892, Worcester, Worcester Art Museum); auch Aquarelle.

Homerịden [griech.], urspr. Bez. für die Angehörigen der Rhapsodengilde aus Chios, die ihr Geschlecht auf Homer zurückführte; im weiteren Sinne Rhapsoden, die auf den

Winslow Homer, Nach dem Tornado (1899). Chicago, Art Institute

homogen

Vortrag der homer. Gedichte spezialisiert waren.

Homerische Hymnen, Sammlung von 33 Gedichten, die Homer zugeschrieben wurden. Sie sind zu verschiedenen Zeiten (7.–5. Jh.) in verschiedenen Gegenden entstanden; sprachl. wie stoffl. gehören sie zur rhapsod. Tradition.

homerisches Gelächter, lautes, schallendes Gelächter (nach Textstellen bei Homer, wo von dem „unauslöschl. Gelächter der seligen Götter" die Rede ist).

Homerule [engl. 'hoʊmruːl „Selbstregierung"], polit. Schlagwort; v. a. in Verbindung mit der ir. Frage seit dem 1. Kabinett W. E. Gladstone verwendet für das von der ir. Nationalpartei angestrebte Ziel, die Selbständigkeit Irlands im Rahmen des brit. Empire im Gegensatz zu den Feniern nicht durch Gewalt, sondern auf parlamentar. Wege zu erreichen. Mit der ir. Selbständigkeit (1922) für Irland mit Ausnahme Ulsters erreicht. - ↑auch Irland (Geschichte).

Homespun [engl. 'hoʊmspʌn „Heimgesponnenes"], grobfädiger, noppiger Wollstoff, bes. für Sportanzüge.

Hometrainer [engl. 'hoʊm,treɪnə], Heimübungsgerät für Trainings- oder auch heilgymnast. Zwecke, z. B. ein stationäres Fahrrad, bei dem die aufzuwendende Pedalkraft durch einen Widerstand gesteuert werden kann.

Homeyer, Josef, * Harsewinkel 1. Aug. 1929, dt. kath. Theologe. - Seit 1983 Bischof von Hildesheim.

Homiletik [griech.], Lehre von der christl. Predigt und ihrer Geschichte, seit der Aufklärung Teil der prakt. Theologie.

Homiliar [griech.-mittellat.], Sammlung von Homilien (Predigten), geordnet nach der Perikopenordnung des Kirchenjahres.

Homilie [zu griech. homilía „Versammlung, Unterricht"] ↑Predigt.

Hominidae (Hominiden) [lat.], Fam. der Herrentiere. - ↑auch Mensch.

Homininae [lat.], svw. Echtmenschen (↑Mensch).

Hominisation [lat.] (Menschwerdung), von H. von Vallois 1958 geprägte Bez. für den körperl.-geistigen Entwicklungsgang von dem äffischen Vorfahren des Menschen bis zum heutigen Menschen.

Hominoidea [lat./griech.], svw. ↑Menschenartige.

Hommage [frz. ɔ'maːʒ, zu lat. homo „Mensch"], Huldigung, Ehrerbietung, Höflichkeitsbezeigung.

Hommel, Karl Ferdinand, * Leipzig 6. Jan. 1722, † ebd. 16. Mai 1781, dt. Jurist. - Einflußreicher Aufklärungsjurist in der Nachfolge von C. Thomasius. Wichtig sind bes. seine reformer. strafrechtsphilosoph. Gedanken „Von Verbrechen und Strafen nach türk. Gesetzen" (1770, Neuausg. 1970).

Hommer, Joseph, * Koblenz 4. April 1760, † Trier 11. Nov. 1836, dt. kath. Theologe. - Seit 1824 Bischof des neu umschriebenen Bistums Trier. Trat der „Berliner Konvention" von 1834 über die Mischehe bei, von der er sich aber einen Tag vor seinem Tod wieder distanzierte. In der Folge kam es zu den Kölner Wirren.

Homo [lat., eigtl. „Irdischer" (zu humus „Erdboden")], einzige Gatt. der Hominidae mit den beiden Arten H. erectus und H. sapiens. - ↑auch Mensch.

homo..., **Homo...**, **hom...**, **Hom...** [zu griech. homós „gemeinsam"], Bestimmungswort von Zusammensetzungen mit der Bed. „gleich, gleichartig, entsprechend"; z. B. homogen, Homonym.

Homöarkton [griech.], Bez. für eine rhetor. Figur, die gleichklingenden Anfang aufeinanderfolgender Wörter oder Wortgruppen aufweist, z. B. „per aspera ad astra".

homocyclische Verbindungen [griech./dt.], svw. isocyclische Verbindungen (↑cyclische Verbindungen).

Homocystein (2-Amino-4-mercaptobuttersäure), eine schwefelhaltige aliphat. α-Aminosäure, die zum ↑Cystein homolog ist. Chem. Strukturformel:

$$HS-CH_2-CH_2-\underset{\underset{NH_2}{|}}{CH}-COOH$$

Homo erectus [lat. „aufgerichteter Mensch"], (ausgestorbene) Art der Gatt. Homo; lebte vor ld. 500 000 Jahren; fossile Funde v. a. auf Java (*H. e. erectus*) und auf dem asiat. Festland (*H. e. pekinensis*).

Homoerotik (Homoerotismus), Bez. für erot. Beziehungen zw. gleichgeschlechtl. Partnern. Diese Beziehungen schließen nicht notwendigerweise genital-sexuelle Kontakte ein.

Homo faber [lat. „der Mensch als Verfertiger"], typolog. Charakterisierung des Menschen durch die philosoph. Anthropologie. Im Vergleich zum Tier prinzipiell unspezif. geboren, d. h. organ. und instinktmäßig nicht zur Lebensbewältigung in einer bestimmten Umwelt ausgerüstet, muß der Mensch unter Zuhilfenahme von Werkzeugen die ihn umgebende Natur zu seinen „Lebensmitteln" machen. Dabei wird das entsprechende produktive, ausprobierende und sich am Erfolg orientierende Handeln nicht allein von äußeren Reizen ausgelöst, sondern auch vom eigenen Denken, einem „Stellungnehmen" gegenüber der Natur beeinflußt.

Homogamie [griech.] ↑Heterogamie.

homogen, durch und durch gleichartig (im inneren Aufbau eines Stoffes), an allen Stellen dieselben [physikal.] Eigenschaften besitzend. - Ggs. ↑heterogen.

◆ in der *Wirtschaft* gleichartig bzw. nicht unterscheidbar (von Gütern gesagt). In der Preistheorie ist die Modellvorstellung eines vollkommenen Marktes u. a. durch die Annahme der Homogenität der angebotenen und nachgefragten Güter definiert.

Homogenisat [griech.], das durch ↑ Homogenisieren erhaltene Mischprodukt.

Homogenisieren [griech.], Verändern des Verteilungszustandes und der Teilchengröße der inneren Phase von Emulsionen und Suspensionen, so daß mikroskop. betrachtet ein homogenes System entsteht und sich die verteilte Phase ohne Einwirkung äußerer Kräfte nicht absetzt und nicht aufrahmt.
♦ Glühen des Metalls zur Erzielung eines homogenen Gefüges, z. B. als Vorbehandlung bei der Aushärtung.
♦ in *Biochemie* und *Physiologie* die Zerkleinerung von Geweben und Organen durch Einwirkung von Druck- und Scherkräften, Ultraschall u. a.

Homogenität [griech.], Gleichartigkeit, gleich[artige] Beschaffenheit.

Homographe (Homogramme) [griech.], Wörter oder Wortformen, die gleich geschrieben, aber verschieden ausgesprochen werden, z. B. *modern* „faulen": *modern* „neuzeitlich"; *Tenor* „hohe Männerstimme": *Tenor* „Einstellung, Haltung". - ↑ auch Homonyme.

Homo heidelbergensis [nlat.] (Heidelbergmensch), ältester Menschenfund Deutschlands (gut erhaltener Unterkiefer mit voller Bezahnung; 1907 südl. von Heidelberg entdeckt); europ. Unterart des ↑ Homo erectus.

homo homini lupus [lat. „der Mensch (ist) dem Menschen ein Wolf"], der zuerst von T. Hobbes im „Leviathan" (engl. 1651) als Grundprämisse seiner Staatstheorie vorausgesetzte Naturzustand menschl. Verhaltens: das aus den natürl. Grundtriebkräften Selbsterhaltung und Lustgewinnung resultierende Streben nach uneingeschränkter Macht. Da zudem die Menschen von Natur aus gleich sind und das gleiche [Natur]recht zur Selbstentfaltung haben, ist die notwendige Folge der „Kampf aller gegen alle". Erst durch Aufgabe bzw. Einschränkung des Naturrechts im Gesellschaftsvertrag werden Friedenssicherung und soziales Zusammenleben möglich.

homoio..., Homoio... ↑homöo..., Homöo...

Homoioplastik, svw. ↑ Homöoplastik.

homoiusios (homöusios) [griech. „wesensähnl."] ↑ homousios.

Homolka, Oskar, * Wien 12. Aug. 1901, † Sussex (Großbrit.) 29. Jan. 1978, östr.-amerikan. Schauspieler. - Kam 1927 nach Berlin, wo er sich an verschiedenen Bühnen zu einem profilierten Charakterdarsteller entwickelte. 1933 emigrierte er über London nach Hollywood (1937). In zahlr. Filmen verkörperte er wuchtige und hintergründige Charaktere, u. a. in „Krieg und Frieden" (1956), „Der unheiml. Mr. Sardonicus" (1961), „Die Irre von Chaillot" (1969).

homolog [griech.], in der *Biologie*: stammesgeschichtl. gleichwertig, sich entsprechend, übereinstimmend, von entwicklungsgeschichtlich gleicher Herkunft; h. Organe können (im Ggs. zu konvergenten; ↑ Konvergenz) einander sehr ähnl. sein oder durch Funktionswechsel im Verlauf der stammesgeschichtl. Entwicklung eine sehr unterschiedl. Ausformung erfahren, wie z. B. die einander h. Vorderextremitäten der Wirbeltiere, die als Flossen, Laufbeine, Flügel, Grabwerkzeuge oder Arme ausgebildet sein können. Ebenfalls h. sind z. B. die Schwimmblase der Fische und die Lunge der übrigen Wirbeltiere. - Ggs. ↑ Analogie.
♦ in der *Mathematik* svw. gleichliegend, entsprechend (z. B. ↑ homologe Stücke).
♦ in der *Chemie* svw. gesetzmäßig aufeinanderfolgend (z. B. ↑ homologe Reihe).

Homologation [griech.-engl.], vom Internat. Automobilverband (FIA) festgelegtes Reglement, wonach ein Wagenmodell für Wettbewerbszwecke in bestimmter Mindeststückzahl gebaut sein muß, um als Serien-(Spezial-)Tourenwagen oder Serien-(Spezial-) Grand-Tourisme-Wagen eingestuft zu werden. Alle von der FIA homologierten Fahrzeuge erhalten ein Testblatt *(H.blatt)*, das die Bestimmung jedes Modells ermöglicht.

homologe Elemente (Homologe), Bez. für die im Periodensystem der chem. Elemente untereinander stehenden und oft sehr große Ähnlichkeit in den Eigenschaften zeigenden chem. Elemente, z. B. die Alkalimetalle, die Halogene und die Edelgase.

homologe Reihe, Stoffklassenreihe, deren Glieder sich jeweils um einen bestimmten Molekülanteil unterscheiden. In der organ. Chemie speziell eine Gruppe von Verbindungen, bei denen sich jedes Individuum vom vorhergehenden um eine CH_2-Gruppe unterscheidet, z. B. die Alkane: CH_4 (Methan), C_2H_6 (Äthan), C_3H_8 (Propan), ..., $C_{20}H_{42}$ (Eicosan) oder allg. C_nH_{2n+2}.

homologe Stücke, in der Mathematik Bez. für sich entsprechende Punkte, Seiten oder Winkel in kongruenten bzw. ähnl. Figuren.

Homologie [griech.], in der *Biologie* Bez. für die Verhältnisse, die homologe Organe betreffen.

Homolyse [griech.], in der *Chemie* die Dissoziation der Moleküle einer chem. Verbindung in zwei elektr. ungeladene ↑ Radikale durch symmetr. Spaltung von Atombindungen.

Homo-mensura-Satz [lat./dt.], der überlieferte Grundsatz des Sophisten Protagoras, der besagt: „Der Mensch (lat. homo) ist das Maß (lat. mensura) aller Dinge, der seienden, wie sie sind, der nicht seienden, wie sie nicht sind". Durch ihn wird erstmals die Abhängigkeit allen Wissens vom Menschen formuliert und so die Fundierung aller Theorie in den menschl. Handlungsweisen, der Praxis, postuliert.

homonom [griech.], gleichwertig, gleichartig hinsichtl. der einzelnen Körperabschnitte, z. B. beim Regenwurm. - Ggs. heteronom.

Homo novus [lat., eigtl. „neuer Mensch"], im alten Rom Bez. für einen meist aus dem Ritterstand stammenden Mann, der als erster seines Geschlechts in den Senat aufgenommen wurde und durch Erlangung des Konsulats die Nobilität seiner Familie begründete; heute allg. für Emporkömmling.

Homonyme [griech.], in der Sprachwiss. in diachron. (histor.) Sicht Wörter, die in der Lautung übereinstimmen, also **Homonymie** aufweisen, aber verschiedenen Ursprungs sind, z. B. *kosten* „schmecken" (aus althochdt. *kostōn*) und *kosten* „wert sein" (aus altfrz. *coster*) bzw. in synchron. (auf einen bestimmten Sprachzustand bezogener) Sicht Wörter mit gleichem Wortkörper, die aber auf Grund ihrer stark voneinander abweichenden Bedeutungen vom Sprachgefühl als verschiedene Wörter aufgefaßt werden, z. B. *Flügel* „Körperteil des Vogels" und *Flügel* „Klavierart". H. können durch verschiedene Lautentwicklung entstehen, durch Entlehnung eines Wortes aus einer anderen Sprache, z. B. *Ball* „Spielball" (aus althochdt. *bal*) und *Ball* „Tanzfest" (aus frz. *bal*) und durch semant. Prozesse (Bedeutungsdifferenzierungen), z. B. *Feder* „Vogelfeder" und *Feder* „elast. Metallstück". Wenn H. unterschiedl. Bedeutungen zu Mißverständnissen Anlaß geben, spricht man von **Homonymenkonflikt** (H.kollision), der z. B. den Untergang eines Wortes bewirken kann.

homöo..., Homöo..., homoio..., Homoio... [zu griech. homoîos „ähnlich"], Bestimmungswort in Zusammensetzungen mit der Bed. „ähnlich", z. B. Homöopathie.

Homo oeconomicus [öko...; lat./ griech.], der ausschließl. ökonom. rational ausgerichtete Mensch. Er ist eine v. a. in der klass. Nationalökonomie häufig verwendete Fiktion: An diesem abstrakten Gebilde sollen idealtypisch bestimmte menschl. Züge, insbes. das am Eigeninteresse und Gewinnstreben orientierte Verhalten, dargestellt werden.

Homöomerien [griech., eigtl. „gleichartige Teile"], nach dem Zeugnis des Aristoteles die von Anaxagoras angenommenen Urstoffe oder Elementarteilchen, die in unendl. verschiedener Mannigfaltigkeit vorhanden sind und durch Verbindung der gleichartigen Teilchen die gegebenen Dinge bilden (z. B. Fleischstoffe das Fleisch, Goldstoffe das Gold).

Homöomorphie (Homöomorphismus) [griech.], die bei manchen chem. gänzl. verschiedenen festen Stoffen zu beobachtende Ausbildung gleicher (oder sehr ähnl.) Kristallformen auf Grund eines übereinstimmenden (oder sehr ähnl.) Raumgitters.

Homöomorphismus [griech.], umkehrbar eindeutige Abbildung $f: T \to T'$ eines topologen Raumes T auf einen topologen Raum T', wobei sowohl f als auch die reziproke Abbildung f^{-1} stetig ist. Die beiden topolog. Räume, die durch einen H. auseinander hervorgehen, heißen homöomorph.

Homöonyme (Homoionyme) [griech.], 1. ähnl. lautende Wörter oder ähnl. lautende Namen, z. B. *Schmied – Schmidt*; 2. partielle ↑Synonyme, d. h. Wörter, die nicht in allen Kontexten austauschbar sind, z. B. *Bahn* und *Zug*.

Homöopathie [griech.], von dem dt. Arzt S. Hahnemann 1796 begründetes (seit 1807 H. genanntes), heute noch in zahlr. Ländern geübtes Heilverfahren (im Ggs. zur ↑Allopathie). Zur Behandlung der verschiedenen Erkrankungen dürfen nur solche Medikamente in bestimmten (niedrigen) Dosen verabreicht werden, die in höheren Dosen beim Gesunden ein ähnl. Krankheitsbild hervorrufen (*Simileprinzip:* „Similia similibus curantur" [„Gleiches wird durch Gleiches geheilt"]). Die Verabreichung der Arzneimittel erfolgt in sehr starken Verdünnungen (sog. Potenzen, die mit D [Dezimalpotenz] bezeichnet werden: D_1 = Verdünnung 1:10, D_2 = 1:100 usw.). Zugleich werden damit Nebenwirkungen auf ein Minimum reduziert. Damit in Zusammenhang stand die Annahme, schwache bzw. mittlere Reize würden die Lebenstätigkeit anfachen bzw. fördern, starke und stärkste Reize sie dagegen hemmen bzw. aufheben. Die Bez. **Homöopath** wird voll approbierten Ärzten nach Absolvierung von drei 8tägigen Ausbildungskursen sowie einer 1 1/2jährigen „Patenschaft" durch einen anerkannten homöopath. Arzt von der zuständigen Ärztekammer nach Rücksprache mit dem homöopath. Landesverband verliehen. - In der BR Deutschland gibt es z. Z. etwa 5 000 niedergelassene homöopath. Ärzte.

Homöoplastik (Homoioplastik, Homoplastik), plast.-operative Verpflanzung von Gewebe von einem Individuum auf ein anderes (genet. verschiedenes) der gleichen Art.

homöopolar, gleichartig elektrisch geladen. - Ggs. heteropolar.

homöopolare Bindung, svw. Atombindung (↑chemische Bindung).

Homöoprophoron [griech.], antike Bez. für ↑Alliteration; galt bei gehäufter Folge meist als Stilfehler.

Homöostase (Homöostasis, Homöostasie) [griech.], in der *Physiologie* die Erhaltung des normalen Gleichgewichtes der Körperfunktionen durch physiolog. Regelungsprozesse; umfaßt u. a. die Konstanthaltung des Blutdrucks und der Blutzusammensetzung sowie der Körpertemperatur durch Regelmechanismen des vegetativen Nervensystems und der [Neuro]hormone.

homöostatisches System, in den

Modellkonstruktionen bzw. Typenbildungen der modernen *Soziologie* Bez. für eine soziale Organisation, die derart strukturiert ist, daß eine hohe soziale Binnenstabilität trotz unterschiedl., sich wandelnder Einwirkungen der sozialen Umwelt aufrechterhalten wird.

Homöoteleuton [griech. „gleich endend"], rhetor. Figur; Gleichklang der Endungen aufeinanderfolgender Wörter oder Wortgruppen, z. B. „wie gewonnen, so zerronnen".

homöotherm (homoiotherm, homotherm) [griech.], gleichbleibende Körperwärme aufweisend; gesagt von Tieren und vom Menschen († Warmblüter). - Ggs. ↑ poikilotherm.

Homophilie [griech.], svw. ↑ Homosexualität.

Homophone [griech.], Wörter oder Wortformen, die gleich lauten, aber verschieden geschrieben werden, z. B. *Moor : Mohr, Kuh : Coup.*

Homophonie [zu griech. homophonía „Gleichklang"], in der Musik eine Satzweise, in der alle Stimmen rhythm. weitgehend gleich verlaufen bzw. die Melodiestimme gleichrhythm. mit Akkorden begleiten. Seit dem MA gebraucht, gewann bes. bis zum 19.Jh. größere Bedeutung. - Ggs.↑Polyphonie.

Homoplastik, svw. ↑ Homöoplastik.

Homoptera [griech.], svw. ↑ Gleichflügler.

Homorrhizie [griech.] ↑ Radikation.

Homo sapiens [lat. „weiser Mensch"], (einzige) rezente Art der Gatt. Homo; typ. Vertreter mit den morpholog. Merkmalen des Jetztmenschen (Homo sapiens sapiens) erst seit rd. 40 000 Jahren; allg. Bez. für Mensch.

Homoseiste [griech.], auf kartograph. Darstellungen eine Linie, die Orte gleichzeitiger Erdbebenwirkung verbindet.

Homosexualität (Homophilie, gleichgeschlechtliche Liebe, Sexualinversion), sexuelles Verlangen nach geschlechtl. Befriedigung durch Personen des gleichen Geschlechts; H. bei Frauen wird auch lesbische Liebe, Sapphismus, Tribadismus oder Tribadie gen., bei Männern auch Uranismus (Sonderform Päderastie). Von den Homosexuellen werden als sexuelle Praktiken am häufigsten gegenseitige Masturbation, Fellatio bzw. Cunnilingus angewandt, von männl. Homosexuellen zudem analgenitaler Verkehr. Nicht selten bestehen homo- und heterosexuelle Neigungen (mit Überwiegen der einen oder anderen) nebeneinander († Bisexualität). Nach einer Untersuchung des amerikan. Sexualforschers A. C. Kinsey verfügt etwa die Hälfte der erwachsenen Bev. der USA über homosexuelle Erfahrungen. Nach der Theorie der Psychoanalyse wird die Disposition zur H. während der frühesten Phasen der Mutter-Kind-Beziehung und durch eine bes. Ausprägung dieser Beziehung gelegt. - Die moderne Sexologie befürwortet eine neutrale Bewertung der H., die insbes. den Verzicht auf sexuelle Umorientierung zu heterosexuellem Verhalten einschließt. Ethnolog. Untersuchungen ergaben, daß H. auch bei Naturvölkern praktiziert wird; dort ist sie zuweilen (bei manchen Völkern sogar überwiegend) mit kult. und rituellen Funktionen verbunden (u. a. beim Schamanismus).

Nachdem H. lange Zeit sozial geächtet war und die strafrechtl. Verfolgung die Homosexuellen gesellschaftl. isoliert hatte, haben die Reform des § 175 StGB, Aktivitäten der Homosexuellen selbst (Zusammenschlüsse, Gründung von Homosexuellenzentren; Einflüsse aus den USA) sowie z. T. eine krit. Aufklärung in den Medien (Filme, Schriften, Illustriertenserien) eine allmähl. Emanzipation der Homosexuellen eingeleitet, die langfristig die gesellschaftl. Vorurteile über die H. abbauen könnte. Die moderne Sexologie sieht in der dennoch weiterbestehenden Diskriminierung der H. ein Abreagieren von Unlustgefühlen, die aus der Verdrängung homosexueller Neigungen in der Sexualität jedes Menschen herrühren und gegen die Homosexuellen als „Sündenböcke" gewendet werden. Sie zwingt den größten Teil der Homosexuellen weiterhin, ihre Sexualität der Gesellschaft gegenüber zu verheimlichen. Homosexuelle Partnersuche ist somit meist nur im Bereich einer eigenen Subkultur möglich. Die Ghettosituation sowie eine oft unzutreffende Verinnerlichung der eigenen Diskriminierung und damit verbundene Wendung gegen sich selbst finden ihren Ausdruck in einer stark ausgeprägten Beziehungslosigkeit innerhalb des homosexuellen „Subkultur".

Geschichtl. nachweisbar ist die H. bis in die frühe Antike. Homosexuelle Beziehungen zw. männl. Erwachsenen und Knaben im Reifealter wurden im alten Griechenland nicht nur sozial gebilligt, sondern in den Per. Staaten im 4. Jh. (bei dem Versuch, die überholte Kriegergesellschaft zu konservieren) ausdrückl. legalisiert. Das A. T. (3. Mos. 18, 22 und 20, 13) wie auch das N. T. (z. B. Röm. 1, 26 und 27; z. T. unter Umdeutung der Sünden Sodoms) verurteilten die Homosexualität. In Rom wurde bereits in der republikan. Zeit H. mit Strafe bedroht, der Codex Theodosianus (390) sah für die Ausübung der H. den Feuertod vor. Die Scholastik, bes. Thomas von Aquin mit seinen Ausführungen über die „Sünden gegen die Natur", hat die H. als Sünde klassifiziert und damit kirchl. und weltl. Recht für Jh. bestimmt. Die Carolina (1532) bedroht H. unter beiden Geschlechtern mit dem Feuertod, das gemeine Recht schließt sich hier an. Noch das Allg. Landrecht [für die preuß. Staaten] (1794) verfügt die „gänzl. Vertilgung des Andenkens" bei „dergleichen unnatürl. Sünden". Das moderne Strafrecht beurteilt H. unterschiedlich, der Code civil

(1804) stellte nur qualifizierte Tatbestände (unter Gewalt, Verführung, Autoritätsmißbrauch) unter Strafe, während die brit. Gesetzgebung (1861, 1885) auch H. unter erwachsenen Männern als Straftatbestand kennt.
In zahlr. dt. *Ländern* war der homosexuelle Verkehr zw. erwachsenen Männern bis 1871 nicht strafbar. Eine Änderung ergab sich erst mit Einführung des Reichsstrafgesetzbuches (RStGB) vom 15. 5. 1871. Dieses enthielt in § 175 urspr. folgende Bestimmung: „Die widernatürl. Unzucht, welche zw. Personen männl. Geschlechts begangen wird, ist mit Gefängnis zu bestrafen ...". Diese Bestimmung wurde in Literatur und Rechtsprechung ausschließl. dahingehend ausgelegt, daß sie allein beischlafsähnl. (orale und anale) Handlungen unter Strafe stelle. Durch den in der Strafrechtsnovelle vom 28. 6. 1935 neu gefaßten § 175 war die Strafbarkeit der männl. H. nicht mehr auf [beischlafsähnl.] Handlungen „zwischen" Männern beschränkt, sondern wurde auf jede Unzucht „mit" einem anderen Mann ausgedehnt. Gleichzeitig wurden in § 175a vier qualifizierte Formen der männl. H. als Verbrechen unter Strafe gestellt (Zuchthaus bis zu zehn Jahren).
In seiner neuen Fassung galt § 175 (und § 175a) nach Inkrafttreten des GG als Bundesrecht weiter. Für eine Gesetzesänderung trat nach dem 2. Weltkrieg zuerst die Dt. Gesellschaft für Sexualforschung ein. Das 1. StrafrechtsreformG vom 25. 6. 1969 enthielt auch eine Änderung des § 175. Seine heute gültige Fassung erhielt er im Rahmen der Neuordnung des gesamten Sexualstrafrechts durch das 4. StrafrechtsreformG vom 23. 11. 1973. Danach wird mit Freiheitsstrafe bis zu 5 Jahren oder mit Geldstrafe bestraft, wenn ein über 18 Jahre alter Mann mit einem Mann unter 18 Jahren sexuelle Handlungen vornimmt oder von diesem an sich vornehmen läßt.
Österreich hat die Strafbarkeit homosexueller Beziehungen zw. Erwachsenen erst im Aug. 1971 aufgehoben. Im übrigen gilt das zum dt. Recht Gesagte.
In der *Schweiz* fehlte bis zum Inkrafttreten des schweizer. StGB am 1. 1. 1942 eine einheitl. Regelung der Strafbarkeit homosexueller Handlungen. Die in Art. 194 des schweizer. StGB getroffene Regelung erfaßt die männl. und die weibl. homosexuelle Betätigung. Mit Strafe (Gefängnis) bedroht wird, wer eine unmündige Person gleichen Geschlechts im Alter von mehr als 16 Jahren zur Vornahme oder zur Duldung unzüchtiger Handlungen verführt oder wer von einer Person gleichen Geschlechts durch den Mißbrauch ihrer Notlage oder ihrer durch ein Amts- oder Dienstverhältnis oder auf ähnl. Weise begründeten Abhängigkeit die Duldung oder die Vornahme unzüchtiger Handlungen verlangt oder wer gewerbsmäßig mit Personen gleichen Geschlechts unzüchtige Handlungen verübt.
□ *Morgenthaler, F.: H., Heterosexualität, Perversion. Ffm. 1987. - Hohmann, J. S.: H. u. Subkultur. Ffm. ²1982. - Masters, W. H./Johnson, V.: H. Dt. Übers. Bln. 1980. - Bell, A. P./Weinberg, M. S.: Der Kinsey Institut Report über weibl. u. männl. H. Mchn. 1979. - Schroeder, F. C.: Das neue Sexualstrafrecht. Hdbg. 1975.*

Homo sociologicus [lat.], der „soziolog. Mensch", wiss. Kategorie eines Theorieansatzes der zeitgenöss. Soziologie, der soziales Handeln ledigl. als Ergebnis einer normativen, den Menschen vorgegebenen Struktur einander ergänzender oder widersprüchl. Rollen begreift und den Menschen nur als deren „Träger" betrachtet.

homosyllabisch [griech.] (tautosyllabisch), derselben Silbe angehörend. - Ggs. ↑heterosyllabisch.

homotherm, svw. ↑homöotherm.

homousios [griech. „wesensgleich"], zentraler Begriff der christolog. Auseinandersetzungen des 2./3. Jh. (↑Jesus Christus), der die Wesensidentität von Gott-Vater und Gott-Sohn (seit dem 1. Konzil von Konstanti-

Homozentrische Sphären. Das von Eudoxos von Knidos und Aristoteles zur Erklärung der Bewegung eines Planeten (P) um die Erde (E) verwendete System. Die Drehung der Sphäre 1 liefert die jährliche Planetenbewegung von W nach O, die Drehungen der Sphären 2 und 3 liefern neben den jährlichen Haltepunkten die Rückläufigkeit des Planeten sowie die Veränderung in der Breite

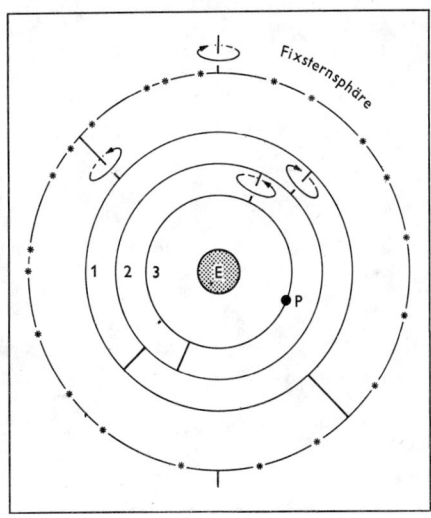

homozentrisch

nopel [381] auch von der dritten göttl. Person, dem Hl. Geist) aussagt. Die Gegner dieser Lehre vertraten die Auffassung, Vater und Sohn seien nicht wesensgleich, sondern nur wesensähnlich (griech. „homoiusios"), konnten sich jedoch nicht durchsetzen. Das 1. Konzil von Nizäa (325) übernahm den Begriff h. in das Glaubensbekenntnis.

homozentrisch, von einem Punkt ausgehend bzw. in einem Punkt zusammenlaufend (gesagt von Strahlenbüscheln).

homozentrische Sphären, in den vorkeplerschen Theorien der Planetenbewegungen zur Beschreibung und Erklärung ihrer Anomalien als anschaul. Vorstellung eingeführte, ineinander gelagerte, zur Erde als Weltmitte konzentr. Kugelschalen. Als mathemat.-kinemat. Modell (für jeden Planeten gesondert) von Eudoxos von Knidos aufgestellt und von Kallippos verbessert, von Aristoteles seiner Ätherphysik angepaßt und durch Einschaltung sog. zurückrollender Sphären (zur Ausschaltung der Übertragung spezif. Planetenbewegungen auf die jeweils weiter innen liegenden Planeten) zu einem von außen bewegten physikal. Gesamtsystem aller Planeten (mit insgesamt 55 Sphären) ausgebaut. Ein System h. S. galt, solange die aristotel. Physik als gültig angesehen wurde (d. h. bis ins 16. Jh.), als allein real im Unterschied zu der Epizykeltheorie und Exzentertheorie, die als rein mathemat. Hypothesen betrachtet wurden. - Abb. S. 67.

homozerk [griech.], svw. ↑amphizerk.

homozygot [griech.] (erbgleich, gleicherbig, reinerbig), in bezug auf die homologen Chromosomen gleiche Erbmerkmale aufweisend.

Homozygotie [griech.] (Reinerbigkeit, Gleicherbigkeit), die Erscheinung, daß eine befruchtete Eizelle (Zygote) oder ein daraus hervorgegangenes Lebewesen aus der Vereinigung zweier Keimzellen entstanden ist, die sich in den einander entsprechenden (homologen) Chromosomen überhaupt nicht unterscheiden. - Ggs. ↑Heterozygotie.

Homs, Stadt im zentralen W-Syrien, im Grenzgebiet zw. Bauern- und Nomadenland, 355 000 E. Hauptstadt des Verw.-Geb. H., bed. Ind.-, Handels- und Verkehrszentrum; Bibliothek. - Schon in vorchristl. Zeit belegt; kam aber erst in der Römerzeit unter dem Namen **Emesa** als Herkunftsort des Kaisers Elagabal zu einiger Bedeutung. Seit 636 unter arab. Herrschaft, 1516–1918 zum Osman. Reich. - Unterird. Kapelle (5. Jh.), Reste der ma. Stadtmauer und der Zitadelle.

H. ↑Chums, Al.

Homunkulus [lat. „Menschlein"], Wunschgebilde eines künstl. hergestellten Menschen. Während des 13. Jh. sollen Alchimisten erste Experimente unternommen haben, um einen künstl. Menschen im Reagenzglas zu erzeugen. Goethe läßt im 2. Teil des „Faust" den Famulus Wagner einen H. nach Anleitung des Paracelsus erzeugen.

Honan (Henan) [chin. xnan], vom Hwangho durchflossene Prov. im nördl. China, 167 000 km², 74 Mill. E (1982), Hauptstadt Tschengtschou. Das Bergland im W erreicht etwa 1 800 m ü. d. M., im O hat H. Anteil an der Großen Ebene. H. ist eines der wichtigsten chin. Anbaugebiete für Weizen, Baumwolle, Tabak und Ölpflanzen; Seidenraupenzucht. Mehrere Steinkohlenvorkommen; Schwerind. in Anyang.

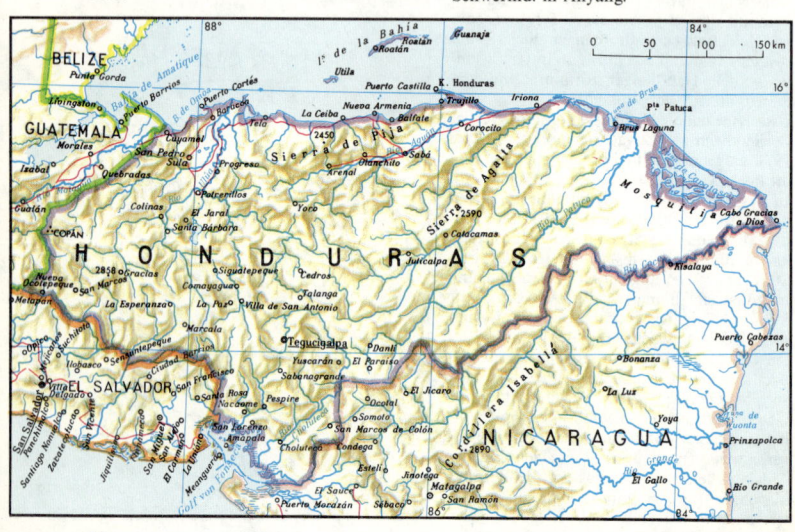

Honanseide, leinwandbindige Seidengewebe aus Tussahseide mit leichten Fadenverdickungen.

Honckenya, svw. ↑Salzmiere.

Honda Motor Co. Ltd. [engl. 'hɔndə 'moutə 'kʌmpəni'lımıtıd], jap. Unternehmen der Kfz.-Industrie, Sitz Tokio.

Hondo, jap. Stadt auf Schimo, 42 000 E. Hauptort der Amakusainseln.

H. (Honschu), größte der jap. Inseln, 231 012 km², knapp 100 Mill. E. Überwiegend eng gekammertes Gebirgsland. Gequert wird H. von der tekton. Bruchzone der **Fossa Magna,** an der der jap. Inselbogen aus der N-S in WSW-ONO-Richtung umbiegt. Hier erhebt sich der höchste Berg Japans, der Fudschijama (3 776 m). Westl. der Fossa Magna liegen die jap. Alpen. Die Küsten sind stark gegliedert. In den Küstenebenen konzentrieren sich Landw., Ind. und Verkehr. In der **Kantoebene,** mit rd. 14 700 km² größtes jap. Tieflandgebiet, liegt das Ballungsgebiet Tokio-Jokohama.

Hondtsches Höchstzahlverfahren, d' ↑d'Hondtsches Höchstzahlverfahren.

Honduras

(amtl. Vollform: República de Honduras), Republik in Z-Amerika, zw. 13° und 16° n. Br. sowie 83° 10' und 89° 20' w. L. **Staatsgebiet:** H. erstreckt sich vom Karib. Meer zum Pazifik, grenzt im SO an Nicaragua, im W an El Salvador und Guatemala. **Fläche:** 112 088 km². **Bevölkerung:** 4,09 Mill. E (1983), 36,5 E/km². **Hauptstadt:** Tegucigalpa. **Verwaltungsgliederung:** 18 Dep. **Amtssprache:** Spanisch. **Nationalfeiertag:** 15. Sept. (Unabhängigkeitstag). **Währung:** Lempira (L) = 100 Centavos. **Internat. Mitgliedschaften:** UN, OAS, ODECA, SELA. **Zeitzone:** Central Standard Time; d. i. MEZ −7 Std. (Winterzeit = MEZ −6½ Std.).

Landesnatur: Der größte Teil des Landes wird von einem Bergland mit Höhen bis 2 500 m eingenommen, in dem viele Becken liegen und das durch zahlr. Flüsse zerschnitten wird. Das karib. Küstenland weist zahlr. Lagunen und Sumpfland auf, es erweitert sich im NO zu einer breiten Küstenebene, der Mosquitia. Der pazif. Küstensaum liegt am Golf von Fonseca. Zu H. gehören noch die Islas de la Bahía und die Islas del Cisne (Swan Islands; 1858-1971 zu den USA) im Karib. Meer.

Klima: Das trop. Klima mit ausgeglichenen Temperaturen steht unter dem ständigen Einfluß des NO-Passats. Im N fallen über 2 500 mm Niederschlag/Jahr, hier haben Hurrikane oft verheerende Auswirkungen. Nach S und SW nehmen die Niederschlagsmengen ab. Das Hochbecken gehört mit 832 mm Niederschlag/Jahr zu den trockensten Landesteilen. An der Pazifikküste werden 1 000-2 000 mm Niederschlag/Jahr gemessen.

Vegetation: Der trop. Tieflandregenwald geht mit zunehmender Höhe in Berg- und Nebelwald über; in trockeneren Gebieten herrschen Trockenwald und -busch vor, in der Mosquitia u. a. Kiefern und Sumpfpflanzen.

Bevölkerung: Die Angaben über die ethn. Gruppen schwanken: 70-90 % sind Mestizen, 6-20 % Indianer, 2-5 % Neger, 1-4 % Weiße. Außer Spanisch werden Englisch und mehrere Indianersprachen gesprochen. Etwa 90 % sind kath., doch ist das Christentum stark mit altindian. Glaubensgut vermischt. Es besteht allg. Schulpflicht von 7-15 Jahren, die Analphabetenquote beträgt noch 40%. H. verfügt u. a. über drei Universitäten.

Wirtschaft: An 1. Stelle steht die Landw.; neben exportorientierten Großbetrieben (Bananen, Kaffee), die unter starkem ausländ. Einfluß stehen (USA), werden in kleinbäuerl. Betrieben für den Eigenbedarf Mais, Hirse, Reis, Bohnen, Kartoffeln, Bataten, Maniok u. a. angebaut, doch müssen Grundnahrungsmittel zusätzl. eingeführt werden. Die Viehwirtschaft, v. a. Rinder- und Schweinezucht, ist bedeutend. Die Forstwirtschaft liefert v. a. Kiefernschnitt- und Mahagonirundholz sowie Terpentin. Die Fischerei arbeitet z. T. für den Export. Die reichen Bodenschätze (Blei-, Zink-, Antimonerze, Silber, Gold u. a.) sind bisher kaum erschlossen. Ind.schwerpunkt ist neben der Hauptstadt der Raum San Pedro Sula: Nahrungsmittel-, Schuh- und Bekleidungsind., daneben Zementherstellung, ein Stahlwalzwerk, in Puerto Cortés eine Erdölraffinerie. Der Fremdenverkehr konzentriert sich auf die Hauptstadt und die Mayaruinenstätte Copán.

Außenhandel: Ausgeführt werden Bananen, Kaffee, Holz, Gefrierfleisch, Blei- und Zinkerze, Erdölerzeuge, Tabak, Garnelen und Langusten, eingeführt Maschinen, Kfz., Eisen und Stahl, chem. Erzeugnisse, Nahrungsmittel. Haupthandelspartner sind die USA, die BR Deutschland, Japan, Venezuela, Guatemala und Großbritannien.

Verkehr: 85 % des 1 004 km langen Eisenbahnnetzes (2 Spurweiten) sind im Besitz der Bananenkonzerne. Das Straßennetz ist rd. 18 000 km lang, davon entfallen 240 km auf die Carretera Interamericana im äußersten S; der NO ist bes. schlecht erschlossen. Binnenschiffahrt ist nur auf den Unterläufen der Flüsse im N mögl. Wichtigster Seehafen an der Karibik ist Puerto Cortés. Internat. ⚓ in Tegucigalpa und San Pedro Sula.

Geschichte: Der westlichste Teil von H. mit der Ruinenstätte Copán gehört zur klass. Mayakultur. Von hier gingen starke Impulse in das westhonduran. Gebiet aus. In S-H. wurden die Einflüsse der Maya (750-1000) durch solche aus „Groß-Nicoya" (1000-1200) überlagert. 1502 entdeckte Kolumbus die zu den Islas de la Bahía gehörende Insel Guanaja und betrat bei Kap H. erstmals zentrameri-

Honduras

kan. Boden. 1524 begann die Besiedlung durch die Europäer, die mit ständigen Kämpfen gegen die Indianer verbunden war. 1525 wurde H. durch königl. Erlaß als span. Prov. anerkannt. Die Islas de la Bahía waren 1642–50 von niederl. Piraten besetzt, 1742–1859 von den Briten. Infolge der brit. Schutzherrschaft über die Mosquitia (1704–86) kam es zu einem dauernden Kleinkrieg zw. den von den Briten unterstützten Misquito und den Spaniern; voll eingegliedert wurde dieser Landesteil erst nach der Unabhängigkeit. Nach der Unabhängigkeitserklärung der zentralamerikan. Prov. 1821 gehörte H. vorübergehend zu Mexiko, dann zur Zentralamerikan. Föderation, machte sich aber 1828 als Republik unabhängig und wurde zum unstabilsten Staat Zentralamerikas. Bürgerkriege, Konflikte mit den Nachbarstaaten (zuletzt Krieg mit El Salvador 1969/70, sog. Fußballkrieg, 1976 und 1979 erneute Grenzgefechte) und Interventionen der USA hatten zur Folge, daß H., das ärmste der zentralamerikan. Länder, bis heute innenpolit. unstabil blieb. Nach Militärputschen 1972, 1975 und im Aug. 1978 wurde H. von einer Junta unter Führung des Chefs der Streitkräfte, General P. J. Paz García, regiert. Nachdem bei den Wahlen zur verfassunggebenden Versammlung (April 1980) die Liberalen die absolute Mehrheit errungen hatten (Christdemokraten, Sozialisten und Kommunisten waren ausgeschlossen), wurde Paz García im Juli von der Versammlung zum Interimspräs. gewählt. Bei Parlaments- und Präsidentschaftswahlen im Nov. 1981 und 1985 kamen die Liberalen an die Regierung.
Politisches System: Nach der seit dem 20. Jan. 1982 geltenden Verfassung ist H. eine Präsidialdemokratie. *Staatsoberhaupt* ist der Präsident, der auch die *Exekutive* innehat. Die *Legislative* wird vom Parlament mit seinen 133 Abg. gebildet. Die beiden stärksten *Parteien* sind der 1890 gegr. Partido Liberal de H. (PLH) und der 1923 gegr. Partido Nacional (PN). Daneben bestehen noch Partido de Innovación y Unidad (PINU) und Partido Democrata Cristiana de H. (PDCH). Dachorganisation der rd. 100 *Gewerkschaften,* die in mehreren zentralen Gewerkschaftsbünden zusammengefaßt sind, ist die Confederación de Trabajadores de H. (CTH) mit rd. 150 000 Mitgliedern. Die *Verwaltung* ist zentralist.; der 18 Dep., an deren Spitze Gouverneure stehen, sind weiter unterteilt in 280 Stadt- und Landkreise („municipios"). Die *Streitkräfte* sind rd. 19 000 Mann stark.

Honduras, Golf von, breite Bucht des Karib. Meeres, an der Küste von Belize, Guatemala und Honduras.

Honecker, Erich, * Neunkirchen/Saar 25. Aug. 1912, dt. Politiker. - Sohn eines Bergmannes, gelernter Dachdecker; 1929 Mgl. der KPD; nach 1933 illegale Arbeit in SW-Deutschland; 1935 verhaftet, 1937–45 im Zuchthaus; 1945 Jugendsekretär des ZK der KPD, 1946–55 Vors. der FDJ, seit 1949 Abg. der Volkskammer; seit 1946 ununterbrochen Mgl. des Parteivorstands bzw. des ZK der SED, 1950–58 Kandidat, seither Mgl. des Politbüros, seit 1958 Sekretär des ZK der SED; löste 1971 W. Ulbricht als 1. Sekretär des ZK der SED ab (seit 1976 Generalsekretär des ZK); seit 1971 Vors. des Nat. Verteidigungsrates und Mgl. des Staatsrates der DDR; als Vors. des Staatsrates seit 1976 fakt. Staatsoberhaupt der DDR. Im Okt. 1989 von allen Ämtern zurückgetreten. Gegen ihn wurde ein Ermittlungsverfahren wegen Machtmißbrauchs, Korruption, Hochverrats u. a. eingeleitet. Am 3. Dez. 1989 aus der SED ausgeschlossen.

Erich Honecker (1972)

Honegger, Arthur, * Le Havre 10. März 1892, † Paris 27. Nov. 1955, frz.-schweizer. Komponist. - Schüler u. a. von V. d'Indy und C. Widor. Mitglied der Gruppe der ↑„Six"; wurde bekannt durch sein Oratorium „Le roi David" (1921) und das Orchesterwerk „Pacific 231" (1923). Seine u. a. auch vom Jazz beeinflußte Musik weist einen großen Stil- und Formenreichtum auf. Opern: „Antigone" (1924–27, J. Cocteau), „Amphion" (1929, P. Valéry), „L'aiglon" (mit J. Ibert, 1937); [szen.] Oratorien: „Judith" (1925), „Johanna auf dem Scheiterhaufen" (1935, P. Claudel), „Weihnachtskantate" (1953) u. a.; außerdem Operetten, Ballette, Schauspiel-, Hörspiel- und Filmmusiken, Orchestermusik, Kammermusik, Klavierwerke und Lieder. Schriften: „Beschwörungen" (1948), „Ich bin Komponist" (1951).

H., Fritz, * Bischofszell (Thurgau) 25. Juli 1917, schweizer. Politiker. - Seit 1974 Präs. der Freisinnig-demokrat. Partei der Schweiz; 1978–82 Bundesrat (Volkswirtschaftsdepartement); 1982 Bundespräsident.

Honen [engl.] (Feinziehschleifen) ↑ spanende Bearbeitung.

Honest John [engl. ˈɔnɪst ˈdʒɔn „ehrenwerter John"], Bez. für die bei den meisten NATO-Landstreitkräften eingeführte ungelenkte, mit einem Feststofftreibsatz versehene, drallstabilisierte Rakete. Länge 7,5 m, größter Durchmesser 76 cm, Gewicht über 2 t; Höchstschußweite etwa 40 km.

Honeymoon [engl. ˈhʌnɪmuːn „Honigmond"], engl. Bez. für Flitterwochen.

Honeywell Inc. [engl. ˈhʌnɪwɛl ɪnˈkɔːpəreɪtɪd], amerikan. Hersteller von Regelgeräten, Informations- und Regelsystemen, u. a. für Weltraumfahrt und Verteidigung, Sitz Minneapolis, gegr. 1885.

Honfleur [frz. õˈflœːr], nordfrz. Hafenstadt, Dep. Calvados. 8 500 E. Museen; Schiffbau. - Mitte des 11. Jh. gegründet, gehörte bis 1204 zum Hzgt. Normandie, dann zur frz. Krondomäne. - Spätgot. Kirche Sainte Catherine (15. Jh.; fast ganz aus Holz erbaut).

Hongkong, brit. Kronkolonie an der SO-Küste des chin. Festlands, 1 068 km², 5,4 Mill. E (1984), Hauptstadt Victoria. H. besteht aus der Insel H., der Halbinsel Kaulun und den in deren Hinterland gelegenen New Territories sowie 236 zum größten Teil unbewohnten Inseln. - Das Gebiet ist eine Fortsetzung des südchin. Berglands, das im Taimo Shan (in den New Territories) 958 m ü. d. M. erreicht. Die Hänge sind vielfach durch Monsunregen abgetragen, so daß der nackte Fels zutage tritt. Die Küstenebenen sind schmal. Ausgedehntere Ebenen sind auf den NW beschränkt. Der Meeresarm zw. Festland und der Insel H. ist einer der besten Naturhäfen der Erde. - Das trop. Klima wird vom Monsun bestimmt. Die Sommer sind feuchtheiß, v. a. von Juni-Aug. treten Taifune auf; die Winter sind kühl und trocken. - Schüttere Grasvegetation und Gestrüpp bedecken über die Hälfte der Gesamtfläche. Wald (Aufforstungen) nimmt rd. 10 % ein.

98,5 % der Bev. sind Chinesen, daneben leben andere Asiaten und Europäer in Hongkong. Amtssprachen sind Engl. und Chin., Hauptumgangssprache ist der kantones. Dialekt. Buddhismus und Taoismus sind die Hauptreligionen, außerdem sind Christentum, Islam und Hinduismus vertreten. Es besteht keine Schulpflicht, rund 20 % der Fünf bis Vierzehnjährigen nehmen nicht am Unterricht teil. H. verfügt über zwei Universitäten (gegr. 1911 bzw. 1963) und eine Polytechn. Hochschule (gegr. 1972). Nach Gründung der Kolonie erfolgte ein rasches Bev.wachstum (1840: 7 200, 1898: 300 000 E), nach 1900 kamen Flüchtlingsströme aus dem festländ. China (1921: 625 000, 1931: 864 000, 1948: 1,75 Mill. E). Die Reg. versucht seit 1954 durch forcierten Wohnungsbau die Zahl der Elendsquartiere zu reduzieren. Etwa 80 000 Menschen leben heute noch auf Hausbooten. Trotz des Baus von Satellitenstädten, des Ausbaus des Fischereihafens Aberdeen an der S-Küste der Insel H. und der Entwicklung von Kleinstädten in den New Territories zu Ind.zentren (mit maximal 1 Mill. E) weisen einzelne Viertel der Städte noch Bev.dichten bis zu 144 000 E/km² auf. Die beiden größten Städte sind die Hauptstadt *Victoria* an der N-Küste der Insel H., Sitz des Gouverneurs und der Verwaltung, in erster Linie Finanz- und Handelszentrum der Kolonie, und jenseits, auf dem Festland, *Kaulun*, Verkehrsknotenpunkt mit Fähr- und Buszentralen, Endstation der Eisenbahn sowie dem Passagierhafen Ocean Terminal. Das südl. Kaulun ist das tourist. Zentrum der Kronkolonie mit der Hauptgeschäftsstraße Nathan Road, der sog. „Goldenen Meile". - Landw. wird v. a. in den New Territories betrieben. Der Anbau hat sich von Reis auf Gemüse- und Obstbau verlagert; Geflügel- und Schweinehaltung werden intensiviert. In der Lebensmittelversorgung ist H. stark von der VR China abhängig, ebenso in der Versorgung mit Frischwasser. Neben der Meeresfischerei spielt die Süßwasserfischzucht eine Rolle. Führender Wirtschaftszweig ist die Textil- und Bekleidungsind., gefolgt von der Herstellung von Plastikwaren und Spielzeug, von Metallwaren, Elektronik- und opt. Ind., v. a. jap. und amerikan. Firmenniederlassungen, von Schiffbau, Flugzeugreparaturen sowie dem Bau von Werkzeugmaschinen, Aluminium- und Stahlcontainern. Auf der Insel Lamma Raffinerie- und Petrochemiekomplex. H. ist ein bed. Finanzzentrum (freier Devisenmarkt, niedrige Steuern). Der Fremdenverkehr spielt eine bed. Rolle. Durch die Aufnahme in das Präferenzzollsystem der USA ist der Export von H. dorthin wesentl. begünstigt. Wachsende Bed. hat der Handel mit osteurop., arab. und afrikan. Ländern. In die BR Deutschland liefert H. v. a. Bekleidung, Rundfunkgeräte, Kinderwagen, Sportartikel, Spielzeug u. a. und bezieht von ihr nichtelektr. und elektr. Maschinen, Apparate und Geräte, feinmechan. und opt. Erzeugnisse, Garne, Gewebe, Farbstoffe u. a. - Der Abschnitt der Eisenbahnstrecke Kaulun-Kanton ist in H. 36 km lang. Das Straßennetz ist 1 287 km lang, Kaulun und Victoria sind durch einen untermeer. Straßentunnel verbunden. Zur Entlastung des Verkehrs wurden auf der Insel H. und auf dem Festland mehrere Straßentunnels gebaut. Die erste Teilstrecke der in Bau befindl. U-Bahn hat 1979 den Betrieb aufgenommen. Zahlr. Fährschiffe bewältigen den Verkehr zw. Festland und den Inseln. Der internat. ✈ Kai Tak mit ins Meer hinausgebauter Start- und Landebahn wird von 30 Liniendiensten und zahlr. Chartergesellschaften angeflogen. Tragflügelboote und Hubschrauber verkehren zw. H. und Macau.

Geschichte: H. war Anfang des 19. Jh. nur von einigen Fischern bewohnt. Großbrit. ließ sich im Vertrag von Nanking (1842) die bereits 1840 besetzte Insel übereignen. Die 1843

Hongkong-Grippe

Victoria (nach dem Verwaltungszentrum im N der Insel) ben. brit. Kolonie entwickelte sich zu einem der wichtigsten Handelsplätze O- und SO-Asiens. 1860 mußte China einen Teil der Halbinsel Kaulun an Großbrit. abtreten, 1898 sicherte sich dieses durch einen Pachtvertrag auf 99 Jahre die New Territories und zahlr. kleine Inseln. Im 2. Weltkrieg 1941–45 jap. besetzt. Das brit.-chin. Abkommen von 1984/85 sieht die Rückgabe der Kolonie an China für 1997 vor. Das bisherige Wirtschafts- und Gesellschaftssystem soll dann noch mindestens 50 Jahre lang weiter bestehen. - Verwaltet wird die Kronkolonie von einem Gouverneur (als Vertreter der brit. Königin), der einem Exekutivrat (15 Mgl.) und einem Legislativrat (45 Mgl.) als Präs. vorsteht.
📖 *Buchholz, H.-J./Schöller, P.: H. Finanz- und Wirtschafts-Metropole. Braunschweig 1985.*

Hongkong-Grippe, Grippeerkrankung, die sich 1968/69, von O-Asien ausgehend, über N-Amerika und Europa ausbreitete. Erreger: eine neue Variante des Grippevirus A_2. - ↑auch asiatische Grippe.

Honiara, Hauptstadt der Salomoninseln, an der N-Küste von Guadalcanal, 23 500 E. Nahrungsmittelindustrie; Hafen; internat. ✈. - Im 2. Weltkrieg ein bed. amerikan. Luftstützpunkt.

Honig [zu althochdt. hona(n)g, eigtl. „der Goldfarbene"], von Honigbienen bereitetes, hochwertiges Nahrungsmittel mit hohem Zuckergehalt, das in frischem Zustand klebrig-flüssig ist, jedoch bei Lagerung dicker wird und schließl. durch kristallisierende Glucose eine feste Konsistenz erhält; zur Wiederverflüssigung darf man H. nicht über 50 °C erhitzen, um die Wirkstoffe nicht zu zerstören. Je nach Herkunft (Linden, Obstblüten, Heide) können Farbe (von hellgelb bis grünschwarz), Zusammensetzung und dementsprechend Geruch und Geschmack stark variieren. H. enthält durchschnittl. 70–80 % Zucker, davon ungefähr zu gleichen Teilen Fructose und Glucose sowie geringere Mengen Saccharose und Dextrine, rd. 20 % Wasser und kleine Mengen organ. Säuren, auch Aminosäuren, Eiweiße, insbes. Enzyme, sowie Spuren von Mineralstoffen und Vitaminen. Zur **Honigbereitung** nehmen die Bienen Nektar, der bei *Blüten-H.* ergibt, süße Pflanzensäfte, aber auch Honigtau (liefert den geschätzten *Blatt-H., Wald-H.*) in ihren Honigmagen auf und fügen ein enzymhaltiges Sekret der Kropfdrüsen hinzu. Der H. wird dann in Waben gespeichert und reift unter Wasserverdunstung und enzymat. Vorgängen in diesen heran. Ein Bienenvolk liefert in Deutschland durchschnittl. 7–10 kg H. im Jahr. Zur Bereitung von 1 kg ist der Besuch mehrerer Millionen Blüten nötig. - Nach den Erntemethoden unterscheidet man *Preß-H.* (aus brutfreien Waben durch hydraul. Pressen gewonnen), *Seim-H.* (aus brutfreien Waben durch vorsichtiges Erwärmen und nachfolgendes Pressen gewonnen), *Schleuder-H.* (aus brutfreien Waben ausgeschleudert) und den bes. reinen *Scheiben-H.* (*Waben-H.;* aus frisch gebauten, unbebrüteten Waben). - H., eines der ältesten Nahrungs- und Heilmittel der Menschheit, hat als leicht resorbierbares Stärkungsmittel und auf Grund seiner entzündungshemmenden Wirkung auch medizin. Bedeutung.

Honigameisen, svw. ↑Honigtopfameisen.

Honiganzeiger (Indicatoridae), Fam. 10–20 cm langer, überwiegend unscheinbar braun, grau oder grünl. gefärbter Vögel (Ordnung Spechtvögel) mit 17 Arten, v. a. in Wäldern und Steppen Afrikas (südl. der Sahara), S-Asiens und der Sundainseln. Einige Arten führen durch ihr Verhalten größere Tiere (z. B. Honigdachs, Paviane), auch den Menschen, zu den Nestern wilder Bienen.

Honigbären, svw. ↑Wickelbären.

Honigbaumgewächse ↑Honigstrauch.

Honigbienen (Apis), weltweit verbreitete Gatt. staatenbildender Bienen mit sechs aus den Tropen SO-Asiens und Afrikas stammenden Arten; blütenbesuchende Insekten, deren Hinterbeine als Pollensammelapparat ausgebildet sind. Der Unterschenkel und das erste Fußglied sind stark verbreitert, der Unterschenkel hat eine eingedellte Außenseite (**Körbchen**). Die Innenseite des Fußgliedes ist mit Borstenreihen besetzt (**Bürste**), die in das Körbchen des gegenüberliegenden Hinterbeins Pollen abstreifen (Bildung sog. *Höschen*). Zum Nestbau verwenden H. aus Drüsen abgesondertes Wachs (*Bienenwachs*), chem. ein Gemisch aus langkettigen Fettsäuren (Wachssäuren) und ihren Estern. Zu den H. gehören: **Riesenhonigbiene** (Apis dorsata), etwa hornissengroß, wildlebend in Indien und auf den Sundainseln; baut nur eine riesige, über 1 m breite Wabe mit bis zu 70 000 Zellen; **Zwerghonigbiene** (Apis florea), auf einigen Sundainseln und den Philippinen; zwei Hinterleibssegmente ziegelrot, die anderen schwarz mit weißen Querstreifen; Nester bestehen aus einer einzigen, handtellergroßen Wabe.

Die wichtigste Art ist die **Honigbiene i. e. S.** (Apis mellifica) mit ihren zahlr. Unterarten (z. B. ↑Adansonbiene). Sie lebten urspr. in hohlen Ästen oder Baumstümpfen in Eurasien und Afrika, wo sie bis zu 10 parallel nebeneinanderhängende, senkrechte Waben anlegen. Zur wirtsch. Nutzung ↑Imkerei.
Wie bei den Ameisen unterscheidet man drei Kasten: Arbeiterinnen, Drohnen und Königin. Die **Arbeiterinnen** sind 13–15 mm lang und leben etwa 4–5 Wochen. Die **Drohnen** sind 15–17 mm lange, durch Jungfernzeugung entstandene Männchen, die von den Arbeiterinnen füttern lassen. Sie erscheinen im Mai und werden im Sommer nach dem Hochzeitsflug der Königin von den

kleineren Arbeiterinnen vertrieben, z. T. getötet und aus dem Stock geworfen (**Drohnenschlacht**). Die **Königin** (Weisel) ist 20–25 mm lang und nur zum Eierlegen (bis zu 3 000 Eier pro Tag) befähigt; sie wird von den Arbeiterinnen gefüttert. Sie wird nur ein einziges Mal während des Hochzeitsfluges begattet; der Samen wird in einer Samentasche aufbewahrt. Die Jungkönigin kehrt danach in den alten Stock zurück. Etwa eine Woche vor dem Schlüpfen der Jungkönigin verläßt die alte Königin (um nicht von der schlüpfenden Jungkönigin totgestochen zu werden) mit einem Teil ihres Volkes den Stock (**Schwärmen**). Sie bildet in der Nähe des alten Stocks zus. mit den Arbeiterinnen eine große Traube (**Schwarmtraube**). Von hier aus fliegen sog. Spurbienen aus, um eine neue Unterkunft zu suchen. - Je nachdem, ob die Königin die Eier befruchtet oder nicht, entstehen Weibchen bzw. Männchen. Ob aus dem befruchteten Ei eine Arbeiterin oder Königin werden soll, bestimmen die Arbeiterinnen durch den Bau der Zelle (Königinnen brauchen eine größere Zelle: Weiselwiege) und durch die Zusammensetzung des Larvenfutters (Verfüttern von ↑ Gelée royale läßt eine Königin entstehen).
H. haben ein gut entwickeltes Verständigungssystem, mit dessen Hilfe sie sich Informationen über eine Futterquelle mitteilen (*Bienensprache*). Liegt die Futterquelle nicht weiter als 80 m vom Stock entfernt, wird ein **Rundtanz** getanzt. Ein hervorgewürgter Nahrungstropfen und mitgebrachter Duft informieren, welche Pflanzenart anzufliegen ist. Liegt die Futterquelle in größerem Abstand, werden Entfernung und Richtung durch einen **Schwänzeltanz** übermittelt. Dabei läuft die Trachtbiene auf der senkrecht stehenden Wabe eine zusammengedrückte Acht, auf deren Mittelstück sie mit dem Hinterleib wakkelt. Anzahl und Dauer der nach rechts und links erfolgenden Hinterleibsausschläge (Schwänzeln) geben die Entfernung an. Wenn das Futter nicht genau in Richtung von der Sonne weg oder zur Sonne hin zu finden ist, bildet das Mittelstück der Acht einen Winkel mit der Senkrechten, der dem Winkel zw. Flugrichtung zur Futterstelle und der Richtung zur Sonne entspricht. Weiteres zur Orientierung und Verständigung ↑ Bienen. - Abb. S. 74 und Bd. 3, S. 230.
📖 *Frisch, K. v.: Aus dem Leben der Bienen. Bln. u. a. ⁹1977. - Frisch, K. v.: Tanzsprache u. Orientierung der Bienen. Bln. u. a. 1965.*

Honigblätter, Nektar produzierende, nicht mehr zur Pollenbildung befähigte, umgebildete Staubblätter, die sich v. a. in den Blüten der Hahnenfußgewächse finden.

Honigblende ↑ Zinkblende.

Honigdachs (Mellivora capensis), 60–70 cm langer, gedrungener Marder, v. a. in Steppen und buschigen Landschaften Vorderasiens und Indiens; mit meist silbergrauer Oberseite, schwarzer Unterseite, kräftigem Gebiß und starken Grabklauen an den kurzen Vorderfüßen; vorwiegend nachtaktives Tier, das sich bes. von Kleinsäugern ernährt und eine Vorliebe für Honig hat.

Honigfresser (Meliphagidae), Fam. 10–45 cm großer Singvögel mit rd. 170 Arten, v. a. in den Wäldern der austral. Region (eine Art in S-Afrika); Schnabel relativ lang, gebogene Zunge in Anpassung an die Nektaraufnahme vorstreckbar, borstig und nahe der Spitze gespalten. Zu den H. gehören u. a. der schwarze **Priestervogel** (Tui, Poe, Prosthemadera novaeseelandiae; Länge rd. 30 cm; mit Büscheln breiter weißer Federn an den Kehlseiten; in Neuseeland und auf den benachbarten Inseln) und der schwärzl.-braune **Klunkervogel** (Anthochaera carunculata; mit zwei nackten, roten Kehllappen; in W- und SO-Australien).

Honiggras (Holcus), Gatt. der Süßgräser mit rd. zehn Arten in der gemäßigten Zone Eurasiens und in N-Afrika; mehrjährige Pflanzen mit wollig behaarten Blättern; Rispen reichblütig, oft rötl. oder violett, zur Blütezeit zuweilen nach Honig duftend. In M-Europa zwei Arten, darunter das 30–100 cm hohe, graugrüne Horste bildende **Wollige Honiggras** (Holcus lanatus) auf Wiesen und in lichten Wäldern.

Honigmagen, der Kropf der Honigbienen, in dem der aufgenommene Nektar mit Enzymen der Speicheldrüsen vermischt und in Honig umgewandelt wird.

Honigpalme (Jubaea), Gatt. der Palmen mit der einzigen Art *Jubaea chilensis* in Chile (an der W-Küste N-Amerikas kultiviert); bis 20 m hohe Fiederpalme mit kokosnußähnl. Früchten (Samen eßbar: *Coquillos*). Aus dem zuckerhaltigen Saft des Stamms wird Palmhonig und Palmwein hergestellt.

Honigsauger, svw. ↑ Nektarvögel.

Honigsheim, Paul, * Düsseldorf 28. März 1885, † East Lansing (Mich.) 22. Jan. 1967, amerikan. Soziologe dt. Herkunft. - Seit 1927 Prof. in Köln, 1933 Emigration (Frankr., Schweiz), 1936 Prof. in Panama, seit 1938 an der Michigan State University; v. a. kultur-, kunst- und religionssoziolog. Studien.

Honigstrauch (Melianthus), Gatt. der Fam. **Honigbaumgewächse** (Melianthaceae; 3 Gatt. mit rd. 40 Arten im trop. und südl. Afrika) mit sechs Arten in S-Afrika; eigentüml. riechende, graugrüne oder weißgraue Sträucher mit honigführenden, braunrötl. Blüten in Trauben. Die Art *Melianthus major* wird bisweilen als Zierpflanze kultiviert.

Hönigswald, Richard, * Ungarisch-Altenburg (= Mosonmagyaróvár) 18. Juli 1875, † New Haven (Conn.) 11. Juni 1947, dt.-östr. Philosoph. - 1916 Prof. in Breslau, 1930 in München; 1933 Zwangsemeritierung, 1938 Internierung in Dachau; 1939 Emigration in

Honigtau

Honigbienen. Bienenschwarm

die USA. Versuchte eine Vermittlung der neukantian. Erkenntnistheorie mit den Ontologien seiner Zeit (z. B. N. Hartmann).
Werke: Die Philosophie des Altertums (1917), Über die Grundlagen der Denkpsychologie (1921), Grundfragen der Erkenntnistheorie (1931), Philosophie und Sprache (1937), Die Grundlagen der allg. Methodenlehre (hg. 1969/70).

Honigtau, durchscheinender, klebrig-süßer Saft auf Pflanzen; wird von den Pflanzen selbst oder durch den Pilz des Mutterkorns (an Getreideähren) oder auch durch Insekten (Exkremente, v. a. der Blatt- und Schildläuse) gebildet.

Honigtopfameisen (Honigameisen), Bez. für verschiedene Ameisenarten aus den Gruppen der Schuppen- und Drüsenameisen (v. a. in trocken-heißen Gebieten Mexikos, S-Afrikas, Australiens und Neuguineas). H. haben die Eigenart, einige ihrer Nestgefährten mit Nektar und anderen süßen Säften vollzustopfen. Diese dadurch „aufgeblähten" Tiere (*Honigtöpfe*), die fast bewegungslos am Boden liegen oder an der Decke hängen, dienen den H. als „Vorratsbehälter".

Honigwein ↑ Met.

Honigwespen (Masaridae), v. a. in warmen und trockenen Gebieten der Erde verbreitete Fam. der Hautflügler mit rd. 80 einzeln lebenden Arten, darunter die 6–7 mm lange, schwarzgelbe Art **Celonites abbreviatus** in M-Europa; füttern ihre Larven mit Nektar und Pollen; Nest meist in Erdgängen.

Hönir ↑ Ask.

Honi soit qui mal y pense (Honni soit qui mal y pense) [frz. ɔniswakimali'pã:s „verachtet sei, wer Arges dabei denkt"], Devise des ↑ Hosenbandordens.

Honky-Tonk [engl. 'hɔŋkɪ,tɔŋk], Bez. für preiswerte Lokale der afro-amerikan. Unterschicht in den Südstaaten der USA. Der daraus abgeleitete H.-T.-Stil bezeichnet die Spielweise der in diesen Lokalen beschäftigten Blues- und Ragtimepianisten.

Honnef am Rhein, Bad ↑ Bad Honnef am Rhein.

Honnefer Modell, 1957–71 Grundlage der Studienförderung bedürftiger Studierender an wiss. Hochschulen in der BR Deutschland; abgelöst durch das ↑ Ausbildungsförderungsgesetz.

Honneurs [(h)ɔ'nø:rs; frz.; zu lat. honor „Ehre"], Ehrenerweisung; **die Honneurs machen,** Gäste begrüßen, willkommen heißen.
◆ beim Kegeln das Werfen der mittleren Kegelreihe.
◆ die vier bzw. fünf höchsten Karten bei Whist und Bridge.

Honolulu, Hauptstadt des Bundesstaats Hawaii, USA, an der S-Küste der Insel Oahu, 365 000 E. Sitz eines kath. und eines anglikan. Bischofs; zwei Univ. (gegr. 1920 bzw. 1955), Kunstakad.; ethnolog. Museum. Wichtigster Hafen und Handelszentrum von Hawaii; Konservenherstellung, Zuckerfabrik, Kaffeeaufbereitung; Fremdenverkehr; internat. ⌖. - 1794 wurde der Hafen von Briten entdeckt; seit 1845 ist H. Hauptstadt von Hawaii.

Honorar [zu lat. honorarium „Ehrensold"], Vergütung der Leistungen in freien Berufen (z. B. Künstler, Rechtsanwälte).

Honorarprofessor ↑ Professor.

Honoratioren [zu lat. honoratior „geehrter (als andere)"], Bez. für die angesehensten Bürger eines Ortes; heute oft abfällig gebraucht.

Honoratiorenpartei ↑ Partei.

honorieren [zu lat. honorare „ehren"], 1. ein Honorar bezahlen; 2. eine Leistung würdigen; 3. einen Wechsel einlösen.

honoris causa ↑ h. c.

Honorius, Name von Päpsten:
H. I., †12. Okt. 638, Papst (seit 27. Okt. [30. Okt., 3. Nov. ?] 625). - Gab in den christologischen Auseinandersetzungen eine monothelet. klingende Glaubensformel ab (↑ Monotheletismus) und wurde deshalb bis ins 11. Jh. unter den Ketzern aufgeführt. Aus diesem Sachverhalt erwuchs die **Honoriusfrage** (Causa Honorii), ob ein Papst in einer Glaubensfrage irren könne. Die neuere Forschung sieht in den Äußerungen des H. keine lehramtl. Entscheidungen.
H. II., * Fiagnano, †13. Febr. 1130, vorher Lambert, Papst (seit 21. Dez. 1124). - Verdient um Abschluß des Wormser Konkordats; bestätigte 1126 den Prämonstratenserorden.

H. III., *Rom um 1150, †18. März 1227, vorher Cencio Savelli, Papst (seit 18. Juli 1216). - Erstrebte den Ausgleich Frankr.–England und das Zusammenwirken von Papsttum und Kaisertum, um den auf dem 4. Laterankonzil (1215) beschlossenen Kreuzzug zu ermöglichen. Bestätigte die neuen Orden der Dominikaner (1216), Franziskaner (1223) und Karmeliten (1226).

Honorius, Flavius, * Konstantinopel 9. Sept. 384, †Ravenna 15. Aug. 423, weström. Kaiser (seit 395). - 393 mit seinem Bruder †Arcadius zum Augustus ernannt, nach dem Tode seines Vaters, Theodosius I., Kaiser des westl. Teiles des Röm. Reiches.

Honoriusfrage †Honorius I., Papst.

Honourable [engl. ˈɔnərəbl „Ehrenwerter". (zu lat. honor „Ehre")], Abk. Hon., Anrede für die Söhne des brit. Hochadels und höchste brit. Richter und Beamte; in den USA steht die Anrede H. Kongreßmitgliedern zu, in brit. Kolonien den Ministern.

Honschu †Hondo (jap. Insel).

Honterus (Honter), eigtl. Johannes Groß oder Gras, * Kronstadt 1498, †ebd. 23. Jan. 1549, Theologe, Humanist, Reformator Siebenbürgens. - Führte 1542/43 in Siebenbürgen die luth. Reformation durch seine Schriften „Reformatio ecclesiae Coronensis..." und „Apologia reformationis" ein, die die Grundlagen der neuen „Kirchenordnung aller Deutschen in Siebenbürgen" von 1547 wurden.

Hontheim, Johannes Nikolaus von, * Trier 27. Jan. 1701, †Schloß Montquentin (Luxemburg) 2. Sept. 1790, dt. kath. Theologe. - Übte großen Einfluß durch die Veröffentlichung seiner kirchenpolit. Schrift „De statu ecclesiae et legitima potestate Romani Pontificis" aus, die 1763 unter dem Pseudonym Justinus *Febronius* (†Febronianismus) erschien.

Honthorst, Gerrit (Gerhard) van, * Utrecht 4. Nov. 1590, †ebd. 27. April 1656, niederl. Maler. - 1610–20 in Rom, stilist. von Caravaggio beeinflußt; malte bevorzugt Nachtstücke, v. a. Genreszenen und bibl. Motive. Als Bildnismaler höf.-elegant, u. a. „Apoll und Diana" (1628; Windsor Castle [das engl. Königspaar]).

Honved (Honvéd) [ungar. „Vaterlandsverteidiger"], 1848 geprägte Bez. für ungar. Freiwillige, seit dem östr.-ungar. Ausgleich 1867 auf die ungar. Landwehr angewandt, 1919–45 Bez. für die gesamte ungar. Armee.

Hooch (Hoogh), Pieter de, ≈ Rotterdam 20. Dez. 1629, †Amsterdam nach 1684, niederl. Maler. - Malte seine Hauptwerke in warmem Kolorit zw. 1655–65, als er in Delft tätig war und von Vermeer van Delft beeinflußt wurde. Seine bevorzugten Motive sind v. a. Durchblicke in von Sonnenlicht erfüllte Innenräume.

Hood [engl. hud], Raymond, * Pawtucket (R. I.) 29. März 1881, †Stamford (Conn.) 14.

Pieter de Hooch,
Der Hinterhof (1658). London,
National Gallery

Aug. 1934, amerikan. Architekt. - Ein Hauptvertreter des †internationalen Stils in den USA (Daily News Building, 1930, McGraw Hill Building, 1931, Rockefeller Center, 1932, in New York).

H., Robin †Robin Hood.

Hooft, Pieter Cornelisz., * Amsterdam 16. März 1581, †Den Haag 21. Mai 1647, niederl. Jurist, Dichter und Historiker. - Seit 1609 Drost zu Muiden bei Amsterdam; gehört zu den wichtigsten niederl. Dichtern der Renaissance; bedeutendster Historiker der Niederlande im 17. Jahrhundert.

Hoogh, Pieter de [niederl. hoːx] †Hooch, Pieter de.

Hooghly [engl. ˈhuːglɪ], engl. für Hugli, Mündungsarm des †Ganges.

Hooghlyside [engl. ˈhuːglɪsaɪd], Name der Conurbation †Kalkutta.

Hoogstraten [niederl. ˈhoːxstraːtə], Jacob van (Jakob von Hochstraten), * Hoogstraten (Prov. Antwerpen) 1460, †Köln 27. Jan. 1527, dt. Dominikaner niederl. Herkunft. - Verlangte als päpstl. Inquisitor auf Betreiben des jüd. Konvertiten J. Pfefferkorn die Auslieferung jüd. Werke; einer der ersten literar. Gegner Luthers.

H., Samuel van, * Dordrecht 2. Aug. 1627, †ebd. 19. Okt. 1678, niederl. Maler und Kunstschriftsteller. - Schüler Rembrandts; legte Wert auf perspektivische Raffinessen.

Seine „Inleyding tot de hooge schoole der schilderkonst" (1678) ist eine wichtige Quelle für die damalige Kunst.

Hooke, Robert [engl. hʊk], *Freshwater (Isle of Wight) 18. Juli 1635, † London 3. März 1703, engl. Physiker und Naturforscher. - Sekretär der Royal Society in London. H. war einer der vielseitigsten Wissenschaftler des 17. Jh. In seinem Hauptwerk „Micrographia" (1665) berichtete er über seine umfangreichen mikroskop. Beobachtungen, gleichzeitig auch über eine Theorie der Verbrennung und über seine Untersuchungen der Farben dünner Blättchen. 1678 formulierte er das nach ihm benannte † Hookesche Gesetz. H. verbesserte physikal. Instrumente, u. a. das Mikroskop, führte die Mikrometerschraube für astronom. Instrumente ein und schlug den Eisschmelzpunkt als Nullpunkt der Thermometerskala vor.

Hooker, John Lee [engl. 'hʊkə], *Clarksdale (Miss.) 1917, amerikan. Gitarrist und Bluessänger. - Sohn eines schwarzen Geistlichen; spielt einen archaischen Gitarrenstil.

Hookesches Gesetz [engl. hʊk; nach R. Hooke], ein Gesetz, durch das der Zusammenhang zw. der elast. Verformung eines Körpers und der dazu erforderl. Kraft bzw. der dabei auftretenden rücktreibenden Kraft dargestellt wird. So ist z. B. bei einer Schraubenfeder die Verlängerung Δl der ziehenden Kraft F proportional: $F \sim \Delta l$ bzw. $\frac{F}{\Delta l}$ = const.

Hooligan [engl. 'huːligən] † Halbstarke.

Hoorn, niederl. Stadt am IJsselmeer, 52 700 E. Inst. für Viehforschung; Westfries. Museum. Marktzentrum, Pendlerwohngemeinde und Fremdenverkehrszentrum. - 1356 Stadtrecht; etwa zw. 1500 und 1600 bedeutendster Ein-. und Ausfuhrhafen an der Zuidersee. - Zwei spätgot. Kirchen: Noorderkerk (1426-1519), Oosterkerk (1450-etwa 1520); zahlr. Profanbauten (16. und v. a. 17. Jh.).

Hoorn, Kap, südlichste Spitze Südamerikas, auf der chilen. Hoorninsel. War z. Z. der Segelschiffahrt wegen seiner Klippen und schweren Stürme gefürchtet.

Hoorne, Philipp Graf von † Horne, Philipp II. von Montmorency-Nivelle, Graf von.

Hoover [engl. 'huːvə], Herbert Clark, *West Branch (Iowa) 10. Aug. 1874, † New York 20. Okt. 1964, 31. Präs. der USA (1929-33). - Bergbauingenieur; leitete 1915-19 das amerikan. Hilfswerk für Belgien, 1917-19 das amerikan. Kriegsernährungsamt; organisierte ab 1918/19 ein Hilfsprogramm für Europa (Quäker- oder H.-Speisungen); Handelsmin. 1921-28; 1928 als Republikaner zum Präs. gewählt. Seine Außenpolitik war auf Ausgleich bedacht. Der dt. Revisionspolitik unter H. Brüning kam er durch das **Hoover-Moratorium** entgegen (Stundung aller Kriegsschulden und Reparationen auf 1 Jahr). Innenpolit. konnte er wegen seines Verzichts auf staatl. Eingriffe die Wirtschaftskrise nicht beheben. 1932 bei den Präsidentschaftswahlen von F. D. Roosevelt geschlagen, dessen Politik des New Deal er scharf ablehnte; in und nach dem 2. Weltkrieg erneut in karitativen Organisationen tätig; 1947-49 und 1953-55 Vors. einer Kommission zur Reorganisation der Bundesverwaltung (H.-Commission).

H., J[ohn] Edgar, *Washington 1. Jan. 1895, † ebd. 2. Mai 1972, amerikan. Kriminalist. - Ab 1924 Direktor des Federal Bureau of Investigation (FBI). Erführte 1925 die zentralisierte Fingerabdruckkartei ein. Bes. Erfolge erzielte er bei der Bekämpfung des Gangsterunwesens.

Hoover Dam [engl. 'huːvə 'dæm], eines der größten Stauwerke der Erde, in einer Schlucht des Colorado, USA; dient der Energiegewinnung und der Bewässerung.

Hoover-Moratorium [engl. 'huːvə] † Hoover, Herbert Clark.

Hope, Bob [engl. hoʊp], eigtl. Leslie Townes H., *Eltham (London) 29. Mai 1904, amerikan. Komiker. - Übersiedelte 1907 mit seiner Familie nach Cleveland (Ohio); seit 1932 Mitwirkung in Bühnenmusicals und Revuen; 1935 erste Rundfunkauftritte; bes. populär in seiner Darstellung des untaugl.-humorigen Feiglings, dessen held. Aktionen stets fehlschlagen, wie in den Filmen „Sein Engel mit den 2 Pistolen" (1948) und „Ich heirate meine Frau" (1956).

Hopeh (Hebei) [chin. xʌbɛi̯], Prov. in NO-China, 202 700 km², 53 Mill. E (1982), Hauptstadt Schihkiatschuang. Kernraum von H. ist der nördl. des Hwangho gelegene Teil der Großen Ebene, im W und N von Gebirgsländern umrandet. Die Prov. ist der größte Baumwollproduzent Chinas, außerdem werden Weizen, Mais, Hirse, Sojabohnen, Bataten und Ölfrüchte angebaut; in den Bergländern auch Obstbau. - H. verfügt über Kohle, Eisen- und Kupfererzvorkommen; an der Küste Salzgewinnung. Die Ind. (v. a. Eisen- und Stahlind., Metallverarbeitung, Textilind.) konzentriert sich entlang der Bahnlinie Changkiakow-Peking-Tientsin und am O-Rand der Großen Ebene von Peking über Paoting und Schihkiatschuang bis Hantan.

Hopen [norweg. 'huːpən], norweg. Insel im Nordpolarmeer, 46 km², Funkstation.

Hopewell [engl. 'hoʊpwəl], Stadt im sö. Virginia, USA, 30 km ssö. von Richmond, 23 000 E. Hafen am James River; Standort eines der größten Stickstoffwerke der Erde.

Hopewellkultur [engl. 'hoʊpwəl; nach dem amerikan. Farmer C. Hopewell (19. Jh.), auf dessen Farm typ. Siedlungen gefunden wurden], eine der wichtigsten voreurop. Kulturen im östl. N-Amerika, 300 v. Chr. bis 400 n. Chr., mit dem Zentrum im mittleren Ohiotal; Feldbau mit Mais; permanente Siedlungen; künstler. hochwertige Handwerkserzeugnisse aus Ton, kaltgehämmertem Kupfer, Glimmer, Stein (Plattformpfeifen) und Holz.

Hopf, Heinz, * Grätschen (Schlesien) 19. Nov. 1894, † Zollikon bei Zürich 3. Juni 1971, schweizer. Mathematiker dt. Herkunft. - 1931–65 Prof. an der ETH Zürich; grundlegende Arbeiten über topolog. Probleme.

H., Ludwig, * Nürnberg 23. Okt. 1884, † Dublin 23. Dez. 1939, dt. Physiker und Flugtechniker. - Prof. in Aachen; 1939 Emigration nach Cambridge bzw. Dublin; befaßte sich vorwiegend mit Fragen der Flugmechanik („Aerodynamik", 1922; mit R. Fuchs).

Hopfe (Upupidae), Fam. 24–38 cm langer Rackenvögel mit sieben Arten in Steppen, Wäldern und parkartigem Gelände Eurasiens und Afrikas; Schnabel schlank, leicht gebogen. Neben dem kurzkralligen, vorwiegend am Boden lebenden ↑ Wiedehopf gibt es noch die langkralligen, nur in Afrika südl. der Sahara v. a. auf Bäumen lebenden **Baumhopfe** (*Sichelhopfe,* Phoeniculinae).

Hopfen (Humulus), Gatt. der Hanfgewächse mit 3 Arten in der nördl. gemäßigten Zone; zweihäusige Stauden mit rechtswindenden Trieben (Lianen), gegenständigen, herzförmigen oder handförmig gelappten Blättern und amboßförmigen Hafthaaren; Blüten mit einfacher, grünl. Blütenhülle, die ♂ in lockeren Rispen, die ♀ in gestielten, mit großen Brakteen besetzten Ähren (Zapfen). - Die wichtigste Art ist der **Gemeine Hopfen** (Humulus lupulus), eine Liane der Auwälder, Erlenbrüche und Ufer der nördl. gemäßigten Zone; bis 6 m hoch rankende Pflanze mit tiefreichendem Wurzelsystem und unterird. Ausläufern. Die Fruchtzapfen (*H. dolden*) sind dicht mit drüsigen Schuppen besetzt, die abgeschüttelt das *Lupulin (Hopfenmehl)* ergeben. Dieses enthält v. a. Bitterstoffe (Humulon, Lupulon), die dem Bier Haltbarkeit, Schäumvermögen und Bittergeschmack verleihen. In den feldmäßigen Anlagen (*H. gärten*) werden nur ♀♀ Pflanzen kultiviert, die durch Fechser vermehrt werden. - Die H.kultur ist in M-Europa seit der Karolingerzeit nachweisbar. H. wurde wegen des strengen Flurzwangs der Dreifelderwirtschaft zunächst nicht in Feldern, sondern in Klostergärten (*Humularia*) gezogen. Seit dem 14. Jh. wird er in M-Europa in größeren Kulturen angebaut.

Hopfenblattlaus ↑ Röhrenläuse.

Hopfenbuche (Ostrya), Gatt. der Haselnußgewächse mit fünf Arten auf der Nordhalbkugel; der Hainbuche sehr ähnl. Bäume und Sträucher; Nußfrüchte einzeln von einem sackartigen Vorblatt umhüllt; Fruchtstände an die Fruchtzapfen des Hopfens erinnernd. Die Art **Gemeine Hopfenbuche** (Ostrya carpinifolia) aus SO-Europa mit doppelt gesägten, behaarten Blättern wird häufig als Ziergehölz angepflanzt.

Hopfenklee ↑ Schneckenklee.

Hopfenmotte (Hopfenspinner, Geistermotte, Hopfenwurzelbohrer, Hepialus humuli), 45–70 mm spannender Schmetterling (Fam. Wurzelbohrer), v. a. auf Wiesen und an Waldlichtungen Europas; mit oberseits silberweißen (♂) oder lehmgelben, blaßrot gebänderten Vorderflügeln (♀); Raupe bis 5 cm lang, schmutziggelb, frißt in Wurzeln von Löwenzahn, Möhren, Ampfer und Hopfen.

Hopfenseide ↑ Kleeseide.

Hopfenspinner, svw. ↑ Hopfenmotte.

Hopfer, Daniel, * Kaufbeuren um 1470, † Augsburg 1536, dt. Plattner und Radierer. - 1493 Bürger von Augsburg; wohl Erfinder der Radierung, indem er das Ätzverfahren auf die Druckgraphik übertrug (benutzte Eisenplatten); verbreitete den Formenschatz der Renaissance.

Hopi, zu den Puebloindianern zählender Stamm in NO-Arizona. Intensiver, dem ariden Klima angepaßter Bodenbau. Bed. Kunsthandwerk (Töpfer-, Korb- und Webwa-

Gemeiner Hopfen.
Weibliche Blütenstände (rechts)

Hopewellkultur.
Plattformpfeife in Bärenform.
Columbus, Ohio State Museum

Hopkalit

ren, Silberschmuck, Masken). Ihre Sprache, Hopi, gehört zur Gruppe Uto-Aztekisch.

Hopkalit [Kw.], eine v. a. Mangandioxid und Kupferoxid in unterschiedl. Zusammensetzung enthaltende Mischung, die bereits bei normalen Temperaturen die Oxidation des giftigen Kohlenmonoxids zu Kohlendioxid ermöglicht; v. a. als Atemfilter verwendet.

Höpker, Thomas, * München 10. Juni 1936, dt. Photograph. - Gilt als einer der vielseitigsten Bildjournalisten. Lebt seit 1977 in New York. Bes. bekannt ist seine Buchpublikation „Leben in der DDR" (1977).

Höpker-Aschoff, Hermann, * Herford 31. Jan. 1883, † Karlsruhe 15. Jan. 1954, dt. Jurist und Politiker. - 1921–32 MdL in Preußen (DDP); 1925–31 preuß. Finanzmin.; 1930–32 MdR; beteiligte sich an der Gründung der FDP; Mgl. des Parlamentar. Rats 1948/49, 1949–51 MdB (FDP); verlieh dem Bundesverfassungsgericht als dessen erster Präs. (1951–54) hohes Ansehen.

Hopkins, Sir (seit 1925) Frederick [Gowland], * Eastbourne 20. Juni 1861, † Cambridge 16. Mai 1947, brit. Biochemiker. - Prof. in Cambridge. Für die Entdeckung wachstumsfördernder Vitamine erhielt er 1929 (zus. mit C. Eijkman) den Nobelpreis für Physiologie oder Medizin.

H., Harry Lloyd, * Sioux City (Iowa) 7. Aug. 1890, † New York 29. Jan. 1946, amerikan. Politiker. - Leitete unter F. D. Roosevelt Arbeitsbeschaffungsprogramme und regte bed. Sozialgesetze an. 1938–40 Handelsmin.; persönl. Berater Roosevelts u. a. auf den Konferenzen von Casablanca (1943) und Jalta (1945); erreichte als Berater Trumans 1945 eine Einigung mit Stalin über die UN (Vetofrage).

Hopliten [griech., zu hópla „Rüstung"], Bez. für schwerbewaffnete Truppen als Kern des griech. Heeres seit dem 7. Jh. v. Chr., zum Einsatz in geschlossenem Verband (Phalanx) bestimmt.

Hoplites [griech.], nur aus der Kreide bekannte Gatt. der Kopffüßer (Ordnung Ammoniten) mit kräftigen Rippen und Knoten. Einige Arten dienen als Leitfossilien.

Hoppe, Marianne, * Rostock 26. April 1911, dt. Schauspielerin. - ∞ mit G. Gründgens (1936–45); überwiegend klass. Rollenrepertoire; 1935–45 am Berliner Staatstheater, 1947–55 am Düsseldorfer Schauspielhaus; danach zahlr. Gastverpflichtungen, u. a. für die Erstaufführungen T. Bernhardts „Jagdgesellschaft" (1974) und „Am Ziel" (1981) sowie die Uraufführung T. Dorsts „Chimborasso" (1975) in Berlin. Spielte 1986 in „Savannah Bay" von M. Duras. Seit 1934 auch beim Film, u. a. „Eine Frau ohne Bedeutung" (1936), „Romanze in Moll" (1943), „Liebfrauen" (1985).

Hopper, Edward [engl. 'hɔpə], Nyack (N. Y.) 22. Juli 1882, † New York 15. März 1967, amerikan. Maler und Graphiker. - Realist. Stadtlandschaften der öden amerikan. Provinz.

Hoppe-Seyler (Doppelname seit 1864), Felix, * Freyburg/Unstrut 26. Dez. 1825, † Wasserburg (Bodensee) 11. Aug. 1895, dt. Biochemiker. - Prof. in Berlin, Tübingen und Straßburg. Begründer der neueren physiolog. Chemie, u. a. Untersuchungen über Blutfarbstoffe, Gärung und Fäulnis. 1877 begründete er die „Zeitschrift für physiolog. Chemie", das erste Publikationsorgan auf diesem Gebiet.

Hoppner, John [engl. 'hɔpnə], * Whitechapel (= London) 4. April 1758, † London 25. Jan. 1810, engl. Maler. - Beliebter Porträtist; auch Landschaftsmaler.

Hoquetus [...'keːtʊs; mittellat., zu altfrz. hoqueter „zerschneiden"] (Hoketus), eine von etwa 1200 bis um 1400 verwendete Satztechnik in der mehrstimmigen Musik, bei der zwei melodietragende Stimmen derart in einzelne Töne oder Tongruppen aufgeteilt werden, daß wenn eine pausiert, die andere nicht pausiert, und umgekehrt.

Hora, Josef, * Dobříň bei Roudnice nad Labem 8. Juli 1891, † Prag 21. Juni 1945, tschech. Schriftsteller und Kritiker. - In den 1920er Jahren einer der hervorragendsten Vertreter proletar.-revolutionärer Dichtung (Lyrik, Romane, Epigramme), später mit meditativer, methaphys. Tendenz; wandte sich unter dem Eindruck der NS-Okkupation 1938 einer volksverbundenen Heimatlyrik zu.

Hora [türk.-rumän.], in Rumänien verbreiteter Volkstanz mit zahlr. Abarten, ein Kreistanz im $^6/_8$-, $^3/_8$- oder $^2/_4$-Takt und gemäßigtem Tempo.

Horákovkultur, nach Funden aus dem Grabhügel Hlásnice bei Horákov (9 km nö. von Brünn, ČSSR) ben. südmähr. Kulturgruppe der östl. Hallstattkultur (7.–6. Jh.); gekennzeichnet durch Körper- und Brandbestattungen in Holzkammergräbern unter Hügeln sowie durch bemalte Keramik.

Horand, im mittelhochdt. Epos „Kudrun" als Lehnsmann König Hetels Herr über Dänemark; berühmt durch seine Sangeskunst. Er entführte Hilde, König Hagens Tochter.

Horatier (lat. Horatii), altröm. Patriziergeschlecht, das gegen Ende des 5. Jh. v. Chr. ausstarb. Nach der Sage kämpften unter dem röm. König Tullus Hostilius das Drillingspaar der H. auf der Seite Roms und das der Curiatier auf der Seite Alba Longas um die Vorherrschaft der Städte. Der jüngste H. entschied den Kampf für Rom und tötete seine Schwester, weil sie um einen mit ihr verlobten Curiatier trauerte. Das europ. Drama des 17. Jh. fand in der Fabel von den H. und Curiatiern einen seiner klassizist. Tendenz gemäßen Stoff.

Horatius, Name eines altröm. Patriziergeschlechtes (↑ auch Horatier), bed. v. a.: 1.

Marcus Horatius Barbatus, der als Konsul (449 v. Chr.) zusammen mit Lucius Valerius Potitus die „leges Valeriae Horatiae" erlassen haben soll, in denen der Schutz des Volkstribunats und die Gesetzeskraft der Plebiszite verfügt waren. 2. **Horatius Cocles** bewahrte gemäß der Sage Rom vor der Einnahme durch den Etrusker Porsenna durch Verteidigung der Tiberbrücke.

Horaz (Quintus Horatius Flaccus), * Venusia (= Venosa) 8. Dez. 65, † 27. Nov. 8 v. Chr., röm. Dichter. - Sohn eines Freigelassenen; nahm im Bürgerkrieg als Militärtribun unter Brutus an der Schlacht bei Philippi (42) teil; danach Schreiber in Rom. Auf Anraten von Vergil und Varius 38 von Maecenas in dessen Dichterkreis aufgenommen und 35 mit dem Landgut „Sabinum" beschenkt. Sein in 9 Büchern vorliegendes Gesamtwerk (entstanden zw. 41 und 13) ist vollständig erhalten. Zu seinem Frühwerk zählen die *Satiren* (H. nennt sie „Sermones"), poet. „Plaudereien" in Hexametern über Lebensführung, soziale Probleme und menschl. Schwächen in witziger, prägnanter Situationsschilderung, und die *Epoden*, seine „Iambi", Spottverse, z. T. gegen polit. und moral. Niedergang. Das lyr. Werk der ersten 3 Bücher der „Carmina" nimmt die mittlere Schaffensperiode (30–23) ein; es umfaßt Preis-, Trink- und Liebeslieder sowie Gedichte mit eth., sakralen und polit. motiviertem Inhalt (bes. die sog. Römeroden); Leitbilder waren v. a. Alkaios, Sappho, Pindar, Anakreon. In den „Episteln" werden philosoph. und poetolog. Fragen erörtert; das 2. Buch bildet mit dem als „Ars poetica" („Dichtkunst") bekannten Brief den Höhepunkt seiner Literaturkritik. Der Auftrag des Augustus zu einem Festlied, dem „Carmen saeculare", für die Jh.feier im Jahre 17 leitete die späte Odendichtung ein.

📖 *Kytzler, B.: H. Zürich 1985. - Fraenkel, E.: H. Dt. Übers. Darmst.* ⁶*1983. - Wege zu H. Hg. v. H. Oppermann. Darmst.* ²*1980.*

Horb am Neckar, Stadt im Oberen Gäu, Bad.-Württ., 437 m ü. d. M., 21 200 E. Heimatmuseum; Metall-, Textil-, Holz- u. a. Ind. - Im 13. Jh. Stadtrechtsverleihung, 1381–1806 habsburg., dann württembergisch. - Got. Spitalkirche, barocke Pfarrkirche Hl. Kreuz. Fachwerkhäuser.

Hörbereich, derjenige Frequenzbereich, in dem die Frequenzen der elast. Schwingungen von Materie[teilchen] liegen müssen, um vom menschl. Ohr, allgemeiner vom Gehörorgan eines Lebewesens, als Schall wahrgenommen werden zu können. Der H. des Menschen erstreckt sich von 16 Hz *(untere Hörgrenze)* bis zu 20–40 kHz *(obere Hörgrenze)*; er umfaßt also etwa 10 Oktaven. Die obere Hörgrenze sinkt mit zunehmendem Alter stark ab und liegt für 60jährige bei 5 000 Hz; diese sehr groß erscheinende Differenz bedeutet jedoch nur den relativ harmlosen Verlust von zwei Oktaven, was für die Sprachverständlichkeit keine, für das Musikhören nur eine sehr geringe Rolle spielt.

Marianne Hoppe (1934)

Attila Hörbiger (1971)

Paul Hörbiger (1972)

Obere Hörgrenze verschiedener Lebewesen	
Katze	50 000 Hz
Hund	35 000 Hz
Delphine (Großer Tümmler)	150 000 Hz
Fledermäuse (Glattnasen)	über 90 000 Hz
Kleinsäuger (Maus)	bis über 20 000 Hz
Fische (Zwergwels)	13 000 Hz
Uhu	über 8 000 Hz
Buchfink	29 000 Hz
Waldkauz	21 000 Hz
Feldheuschrecke	12 000 Hz

Hörbiger, Attila, * Budapest 21. April 1896, † Wien 27. April 1987, östr. Schauspieler. - ⚭ mit Paula Wessely, Bruder von Paul H.; 1928–50 am Theater in der Josefstadt in Wien engagiert; ab 1950 am Wiener Burgtheater. Bed. Charakterdarsteller.

H., Paul, * Budapest 29. April 1894, † Wien

Horch

5. März 1981, östr. Schauspieler. - 1926-40 an verschiedenen Berliner Theatern, 1940-46 und seit 1963 am Wiener Burgtheater. Bühnenerfolge v. a. mit Raimund- und Nestroyrollen. Populärer Filmschauspieler (z. B. „Der liebe Augustin", 1940), stellte meist kauzige Typen dar.

Horch, August, * Winningen 12. Okt. 1868, † Münchberg 3. Febr. 1951, dt. Automobilkonstrukteur und Industrieller. - H. war zunächst Mitarbeiter von C. Benz. 1899 gründete er die *August H. u. Cie.*, 1910 die Audi Automobilwerke.

Hordaland [norweg. ˌhɔrdalan], Verw.-Geb. in W-Norwegen, 15634 km², 397600 E (1985), Verwaltungssitz Bergen. Reicht vom Meer bis auf die Hardangervidda; bed. Landw. (v. a. Obstbau).

Horde [wohl zu türk. ordu „Heer", eigtl. „umherziehender Tatarenstamm"], Bez. für eine umherstreifende Völkerschaft (z. B. Goldene H.); später auch von einer wilden Schar [Aufsässiger] gesagt.
◆ in der *Völkerkunde* Gruppe von untereinander verwandten Familien mit gemeinsamem Lagerplatz.
◆ umgangssprachl. Bez. für die Herden mancher Tiere, z. B. bei bestimmten Affenarten.

Horde (Hurde) [zu althochdt. hurd „Flechtwerk aus Reisern"], Flechtwerk, Lattengestell zum Dörren (z. B. von Obst, Gemüse u. a.).

Hörde, ehem. selbständige Stadt, seit 1928 zu ↑Dortmund.

Hordenin [zu lat. hordeum „Gerste"] (Anhalin, N-Dimethyltyramin), ein im Pflanzenreich weitverbreitetes, zu den ↑biogenen Aminen zählendes Alkaloid, das den Blutdruck erhöht und als Herzanregungsmittel verwendet wird.

Hordenwäscher, Waschturm zum Reinigen und Abkühlen von Gasen; das Wasch- und Kühlwasser wird von Düsen auf darunterliegende, waagerecht übereinander angeordnete Holzhorden gegeben, an denen das Gas (im Gegenstrom) vorbeigeführt wird.

Hordeolum [lat.], svw. ↑Gerstenkorn.

Hordeum [...e-om; lat.], svw. ↑Gerste.

Horeb, im A. T. in den Quellen Elohist und Deuteronomist Name des Berges Sinai.

Horen, in der griech. Mythologie die drei anmutigen Göttinnen der Jahreszeiten: Auxo („Wachstum"), Thallo („Blüte") und Karpo („Reife").

Horen (Die H.) [nach den griech. Göttinnen], Titel einer von Schiller 1795-97 herausgegebenen und mit Cotta verlegten Zeitschrift. Die „H." wurden als erste Zeitschrift der dt. Klassik zum epochemachenden Vorbild für viele nachkommende literar. Zeitschriften.

Horen [griech.-lat.], die 7 bzw. 8 „Stunden" des christl. ↑Stundengebets.

Hören ↑Gehörorgan.

Horenstein, Jascha, * Kiew 6. Mai 1898, † London 3. April 1973, amerikan. Dirigent russ. Herkunft. - Dirigent in Berlin und Düsseldorf, 1940 in den USA; setzte sich bes. für A. Bruckner und G. Mahler ein.

Hörfunk (Tonrundfunk), Aufnahme, Übertragung und Wiedergabe hörbarer Vorgänge mit Hilfe elektromagnet. Wellen, gewöhnl. drahtlos, seltener auch über Kabel. **Sender und Empfänger:** Akust. Signale (Sprache, Musik, Geräusche) werden von Mikrophonen in elektr. Wechselspannungen umgesetzt und auf Magnetband gespeichert oder direkt (Live-Sendung) dem Sender zugeleitet. Diese Wechselspannungen werden auf der dem Hörfunksender eigenen Sendefrequenz übertragen. Zusammen mit dieser bilden sie ein Mischprodukt (modulierte Trägerwelle), das in Form elektromagnet. Wellen von der Sendeantenne abgestrahlt wird. Die Antenne des Hörfunkteilnehmers fängt Wellen der verschiedensten Sender auf und leitet sie über das Antennenkabel dem Empfangsgerät zu. Wird dessen Empfangsfrequenz auf die Sendefrequenz der entsprechenden Hörfunkstation abgestimmt, können die elektromagnet. Wellen passieren, und der Empfänger gewinnt aus ihnen die urspr. Informationen in Form der Wechselspannungen wieder zurück. Die geringen Ausgangsspannungen des Empfangsteils werden durch einen nachgeschalteten Verstärker vergrößert und dem Lautsprecher zugeführt, der sie wieder in hörbare Schallwellen umwandelt. Die Frequenz der vom Sender ausgestrahlten modulierten Trägerwelle kann im Bereich der *Langwelle* (LW; 150 bis 285 kHz), *Mittelwelle* (MW; 525-1605 kHz), *Kurzwelle* (KW; 3,95-26,1 MHz) und *Ultrakurzwelle* (UKW; 87,5-104 MHz, im Ausland bis 108 MHz) liegen. Die Verteilung der Sendefrequenzen wurde zuletzt im *Genfer Abkommen* geregelt, das am 23. Nov. 1978 in Kraft trat. LW- und MW-Sender strahlen jeweils eine *Bodenwelle* (Reichweite mehrere 100 km) und eine *Raumwelle* aus, die bes. nachts an der Ionosphäre zur Erde zurückgestrahlt wird und so Empfang über große Entfernung ermöglicht. KW-Sender ermöglichen weltweite Verbindungen, da sie nur mit der Raumwelle arbeiten. UKW-Sender haben wegen der geradlinigen Ausbreitung der Ultrakurzwellen nur eine geringe Reichweite. LW-, MW- und KW-Sender arbeiten mit der *Amplitudenmodulation* (AM; Amplitude der hochfrequenten Trägerwelle ändert sich im Rhythmus der Tonfrequenz; große Anfälligkeit gegen Störungen, z. B. bei Gewittern, da sie sich als Amplitudenspitzen auswirken), UKW-Sender mit der *Frequenzmodulation* (FM; die Trägerfrequenz ändert sich im Rhythmus der Tonfrequenz; Amplitude bleibt konstant, Störungen werden durch Amplitudenbegrenzer weitgehend ferngehalten). FM erfordert eine große Bandbreite, also einen großen Frequenzabstand von Sender zu

Hörfunk

Sender, und erlaubt Übertragungen in Hi-Fi-Qualität (↑ High-Fidelity) und von stereophonen Sendungen (↑ Stereophonie). Im MW-Bereich ist der frequenzmäßige Abstand (Kanalabstand) von Sender zu Sender 9 kHz, im UKW-Bereich 100 kHz. Bei sog. *Digitalempfängern* wird im UKW-Bereich die Empfangsfrequenz in Schritten von meist 100 kHz entsprechend den tatsächl. Sendefrequenzen verändert und digital angezeigt.

Für die Aufnahme stereophoner Sendungen werden wenigstens 2 Mikrophone (linker und rechter Kanal) benötigt. Aus den beiden Wechselspannungen der Mikrophone wird

Hörfunk. Präsenz der Bundesrundfunk- und Landesrundfunkanstalten sowie RIAS Berlin in der Bundesrepublik Deutschland und in Berlin (West) sowie die Sendebereiche der Landesrundfunkanstalten

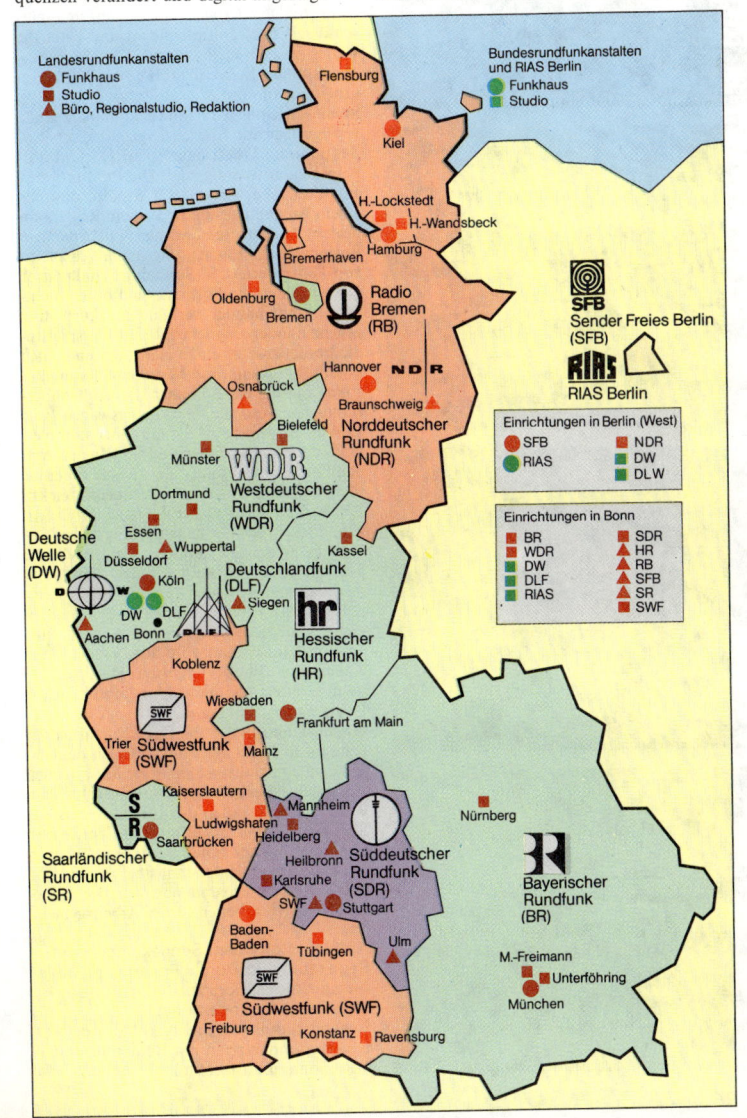

Hörfunk

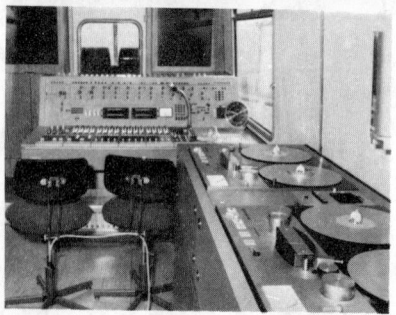

das Summen- und das Differenzsignal gebildet. Dabei stellt das *Summensignal* (Frequenzbereich 30 Hz bis 15 kHz) den Hauptkanal dar, der auch von einem Monogerät empfangen werden kann. Die von den Mikrophonen aufgezeichneten Signale sind alle im Hauptkanal enthalten. Mit Hilfe des *Differenzsignals* wird ein *Multiplexsignal* gebildet, das auf einer Trägerfrequenz von 19 kHz *(Pilotton)* parallel zum Hauptkanal mitübertragen wird. Der *Decoder* des Empfangsteils entschlüsselt das Multiplexsignal und leitet die beiden wiedergewonnenen Kanäle (links/rechts) einem Stereoverstärker zur Weiterverarbeitung zu.

Studioeinrichtungen: Ein Rundfunkgebäude verfügt über alle Einrichtungen, die zur Produktion und Übertragung von Hörfunkprogrammen notwendig sind. Die Produktionen entstehen überwiegend im Studio, das aus einem Aufnahmeraum und einem Regieraum besteht. Im letzteren finden sich neben einem Regiepult auch Einrichtungen zum Abspielen von Tonträgern (z. B. Tonband, Schallplatte). Die einzelnen Studioräume sind durch Sichtfenster miteinander verbunden, akust. aber gegeneinander abgeschirmt. Ein Hörspielstudio besitzt zusätzl. einen Hallraum und einen schalltoten Raum, um bestimmte Raumakustiken simulieren zu können. Bei Außenübertragungen werden Übertragungswagen (sog. Ü-Wagen) eingesetzt, die mit einer kompletten Studioanlage ausgerüstet sind. In den Aufnahmeräumen erfolgt die Schallaufnahme und Umwandlung in tonfrequente elektr. Wechselspannungen (NF-Signale) durch Mikrophone. Über Leitungen gelangen die NF-Signale in den Regieraum; hier regelt der Toningenieur mit Hilfe von Einzel- bzw. Summenreglern die von den einzelnen Mikrophonen bzw. Mikrophongruppen kommenden Signale. Die in der Regie für die Ausstrahlung vorbereitete Sendung wird über Verteiler und Kabel vom Regieraum zum Studioschaltraum geleitet; von hier aus erfolgt dann die Übertragung zum Sender.

Organisation: In der BR Deutschland ist der Rundfunk, damit auch der H., nach dem öffentl. Integrationssystem organisiert (↑ auch Fernsehen, Recht). Die Rundfunkanstalten besitzen als Anstalten des öffentl. Rechts das Recht auf Selbstverwaltung, die durch bes. Organe wahrgenommen wird: Rundfunkrat, Verwaltungsrat, Intendant (bei NDR und WDR zusätzl. Programmbeirat). Die Rundfunkanstalten arbeiten in der Arbeitsgemein-

Hörfunk. Von oben: Sendekomplex mit Regieraum und Durchblick zum Ansagestudio; Hörspielstudio; hintereinander angeordnete Ansagestudios mit Sichtverbindung; Übertragungswagen mit Regiepult und Tonträgeranbau (rechts)

schaft der öffentl.-rechtl. Rundfunkanstalten der BR Deutschland (ARD) zusammen. Bis 1986 sind ferner 35 private Rundfunkanstalten entstanden, von denen 27 lokale H.programme verbreiten. In der BR Deutschland strahlen auch zwei amerikanische Sender H.programme aus: „Radio Free Europe" und „Radio Liberty", die vor allem über Kurzwelle Sendungen in verschiedenen Sprachen an Hörer in Osteuropa richten. Der frz. Sender „Europa No 1" (Saarbrücken) sendet Werbefunkprogramme, die in Frankr., Belgien und in der Schweiz empfangen werden können. Ferner verbreiten Militärrundfunksender der NATO-Streitkräfte Programme für die in der BR Deutschland stationierten Einheiten. In Berlin (West) sendet der amerikan. RIAS Berlin deutschsprachige Programme.

Zu den rechtl. Grundlagen in der BR Deutschland, in Österreich und in der Schweiz ↑Fernsehen; zu den völkerrechtl. Vereinbarungen ↑Rundfunk.

Wirtschaftl. Grundlagen: Der H. ist ein Massenkommunikationsmittel, dem in der BR Deutschland über 90% der Haushalte angeschlossen sind; diese haben den Betrieb von 25,6 Mill. [Erst]empfängern bei der Deutschen Bundespost angemeldet. Die Kosten des H. werden in der BR Deutschland in erster Linie aus den Rundfunkgebühren und in geringerem Maße aus Werbeeinnahmen gedeckt. Die seit 1976 durch die Gebühreneinzugszentrale in Köln eingezogenen Gebühren für den Betrieb eines H.geräts betragen seit 1983 monatl. 5,05 DM, von denen die Dt. Bundespost rd. 13 % als Vergütung für ihre techn. Leistungen erhält. Da die Sendegebiete der Landesrundfunkanstalten und damit das Gebührenaufkommen der Sender unterschiedl. groß sind, führen die Anstalten einen Finanzausgleich durch. 1985 beliefen sich die Erträge aus den Hörfunkgebühren auf rd. 1,5 Mrd. DM, die Erträge aus Werbefunksendungen (alle Landesrundfunkanstalten außer dem WDR senden Werbefunkprogramme) betrugen 1985 460,6 Mill. DM.

Programme: Die 9 Landesrundfunkanstalten in der BR Deutschland - Bayerischer Rundfunk (BR), Hessischer Rundfunk (HR), Norddeutscher Rundfunk (NDR), Radio Bremen (RB), Saarländischer Rundfunk (SR), Sender Freies Berlin (SFB), Süddeutscher Rundfunk (SDR), Südwestfunk (SWF), Westdeutscher Rundfunk (WDR) - strahlen in ihrem Sendegebiet jeweils 3 bzw. 4 Hörfunkprogramme aus. Die *1. Programme* werden allg. über Mittelwelle (MW) und Ultrakurzwelle (UKW) abgestrahlt, von Radio Bremen und dem SDR zusätzl. über Kurzwelle (KW), die *2. Programme* über UKW, vom NDR und WDR zusätzl. über MW, vom SFB zusätzl. über MW und KW, die *3. Programme* ebenfalls über UKW, vom SDR zusätzl. über MW, vom SWF zusätzl. über KW. Die *4. Programme* werden ausschließl. über UKW abgestrahlt.

Im Mittelpunkt der 1. Programme stehen - allerdings mit erheblichen regionalen Abweichungen - leichte Musik, polit. Information und aktuelle Magazine; im 2. Programm werden vornehml. ernste Musik, Kultur- und Bildungsprogramme geboten. Eine Ausnahme machen hier NDR, SFB und WDR, die mit einem großen Anteil an leichter Musik und aktuellen Magazinsendungen ein populäres 2. Programm verbreiten. Im 3. Sendernetz strahlen NDR und WDR dagegen ein ernstes Programm für Minderheiten mit kulturellem Anspruch und Bildungsbedürfnis aus. Während die Anstalten in S- und SW-Deutschland, SDR, SWF und SR, hier leichte Musik und unterrichtende Sendungen verbreiten, wird den Hörern im Bereich von BR und HR im 3. Programm tagsüber ein Serviceprogramm für Autofahrer angeboten. Auch die (von z. Z. 6 Rundfunkanstalten abgestrahlten) 4. Programme werden unterschiedl. genutzt, vom BR z. B. zu 98% für ernste Musik, vom WDR hingegen zu rd. 85% für leichte Musik. RIAS Berlin strahlt zwei Programme über MW und UKW ab, über KW zusätzl. (im wesentl.) das 1. Programm, ferner zeitweise ein UKW-Sonderprogramm.

Wie von vielen anderen Staaten werden auch vom Boden der BR Deutschland aus Fremdsprachenprogramme verbreitet - sog. Auslandsdienste, die der polit. Selbstdarstellung dienen -, und zwar von den Anstalten des Bundesrechts Dt. Welle (DW) und Deutschlandfunk (DLF). Die DW strahlt tägl. mehrstündige kontinentale und interkontinentale Programme in insgesamt 33 Sprachen nach O-, S- und SO-Europa, Afrika, Asien, Nah- und Fernost sowie nach Nord- und Südamerika aus. Der DLF verbreitet neben einem Fremdsprachenprogramm auch ein 24stündiges Programm in dt. Sprache.

Geschichte: Der Rundfunk und damit auch der H. basiert wesentl. auf der Entwicklung der 1896 von G. Marconi verwirklichten drahtlosen Telegraphie: 1898 führte K. F. Braun den Schwingkreis ein. 1906 erfanden L. De Forest und L. von Lieben die Triode, De Forest außerdem das sehr bald als Empfänger und ab 1912 auch als Sender verwendete Audion. Mit der Einführung des Rückkopplungsprinzips durch A. Meißner (1913) setzte die bes. von G. Graf von Arco vorangetriebene Entwicklung des Röhrensenders ein. Die ersten Versuche mit Röhrensendern und Rückkopplungsempfängern, die H. Bredow und A. Meißner im 1. Weltkrieg 1917 an der dt. W-Front durchführten und bei denen Musik übertragen wurde, können in techn. Hinsicht als Ausgangspunkt des dt. Rundfunks betrachtet werden. Nach dem 1. Weltkrieg setzte v. a. in den USA die Entwicklung des Rundfunks ein. In Deutschland übertrug zum ersten Male am 22. Dez. 1920 der postei-

Horgen

gene Langwellensender Königs Wusterhausen ein Instrumentalkonzert. Ab Sept. 1922 wurde der „Wirtschaftsrundspruchdienst" als erster regelmäßiger, gebührenpflichtiger Rundfunkdienst betrieben. Nach Aufhebung des Rundfunkempfangsverbots für Privatpersonen wurde im Okt. 1923 in Berlin der erste dt. Rundfunksender (Sendeleistung 0,25 kW) eröffnet und wenig später die Dt. Welle GmbH gegr., die ab 1926 den Deutschlandsender betrieb. Die zahlr. 1924 gegr. dt. Rundfunkgesellschaften wurden 1925 in der Reichs-Rundfunk-Gesellschaft als Dachorganisation des dt. Rundfunks zusammengefaßt, an der die Dt. Reichspost wesentl. beteiligt war. Durch die 1932 beschlossene Rundfunkreform wurden die Regionalgesellschaften völlig in Staatsbesitz (Reich und Länder) übergeführt. Während der Herrschaft des NS 1933–45 war der Rundfunk unter der zentralen Steuerung und Kontrolle des Reichsministeriums für Volksaufklärung und Propaganda wichtigstes Mittel der nat.-soz. Partei- und Reg.propaganda. Nach Kriegsende 1945 übertrugen die Besatzungsmächte z. T. ihre heimatl. Rundfunkorganisationsmodelle auf die neuerrichteten dt. Anstalten: die Briten schufen nach dem Vorbild der BBC als zentrale Anstalt für ihr gesamtes Besatzungsgebiet den NWDR, aus dem 1953/55 SFB und NDR/WDR hervorgingen; die Franzosen in gleicher Weise den SWF; die Amerikaner dagegen errichteten in jedem Land ihres Besatzungsgebietes einen eigenen Sender: BR, SDR, HR, RB. 1957 wurde als letzte Landesrundfunkanstalt der SR gegr., 1960 die Rundfunkanstalten des Bundesrechts: DLF und DW. 1950 wurden auf der Funkausstellung der dt. Öffentlichkeit erstmals der UKW-Empfang von H.sendungen, 1961 die Stereophonie, 1973 die Quadrophonie, 1975 schließl. die Kunstkopfstereophonie vorgeführt.

📖 *ARD Jb. 86 Hg. v. der ARD. Hamb. 1986. - Ossenbühl, F.: Rundfunk zw. nat. Verfassungsrecht u. europ. Gemeinschaftsrecht. Ffm. 1986. - Limann, O./Pelka, H.: Funktechnik ohne Ballast. Mchn.* ^{16}*1984. - Fernsehen u. H. f. die Demokratie. Ein Hdb. über den Rundfunk in der BR Deutschland. Hg. v. J. Aufermann u. W. Scharf. Opladen u. Wsb.* ^{2}*1981. - Rundfunk in Deutschland. Hg. v. H. Bausch, Mchn. 1980. 4 Bde. - Hofer, A.: Unterhaltung im H. Nürnberg 1978. - Lerg, W. B.: Die Entstehung des Rundfunks in Deutschland. Ffm.* ^{2}*1970. -* ↑ *auch Fernsehen.*

Horgen, schweizer. Bez.hauptort am SW-Ufer des Zürichsees, Kt. Zürich, 408 m ü. d. M., 17 000 E. Maschinen- und Apparatebau. – Zunächst habsburg.; 1406 an Zürich.

Horgener Kultur, nach Funden aus der Ufersiedlung in Horgen und in Scheller (Kt. Zürich) ben. jungneolith. Kulturgruppe (3. Jt. v. Chr.) der N- und W-Schweiz mit Ausläufern nach SW-Deutschland; gekennzeichnet durch grobe Keramik, Holzgefäße, Knochengeräte, Steinbeile und Steinäxte.

Hörgeräte (Hörhilfen), elektroakust. [Schall]verstärker für Schwerhörige. H. bestehen aus Batterie, Mikrophon, Verstärker (meist als integrierte Schaltung) und Hörer (Miniaturlautsprecher). Zur Anpassung an den Hörschaden sind die H. mit mehreren Einstellmöglichkeiten versehen: Lautstärkeregler, Tonblende (zur Regelung der Klangfarbe), Begrenzungsregler (zur Begrenzung der Ausgangsleistung des Verstärkers bes. bei Mittelohrschwerhörigkeit). **Taschenhörgeräte** werden in der Oberbekleidung getragen; der Hörer ist über ein Kabel mit dem Gerät verbunden und wird von einem in den äußeren Gehörgang eingeführten Ohrstück gehalten. **Kopfgeräte** (mit sämtl. elektr. Bauteilen) werden hinter dem Ohr getragen (*Hinter-dem-Ohr-H.*, HdO-Geräte), bananenförmig mit Schallschlauch zum individuell geformten Ohrpaßstück) oder in der Ohrmuschel und dem äußeren Gehörgang (*In-dem-Ohr-H.*, IdO-Geräte). Bei **Hörbrillen** ist das H. komplett im Brillenbügel untergebracht; ein Schallschlauch führt zum Ohreinsatz. Kopf-

Hörgeräte. Hinter-Ohr-Hörgerät mit frontaler Schallaufnahme (geöffnet; oben) und Hörbrille (Bügel geöffnet)

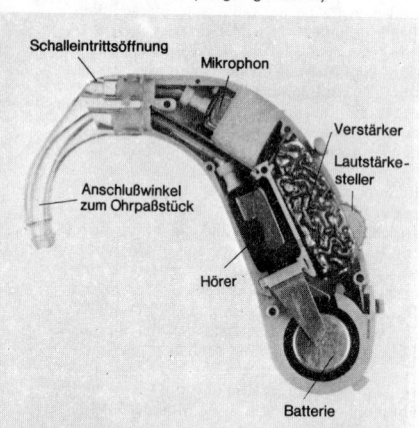

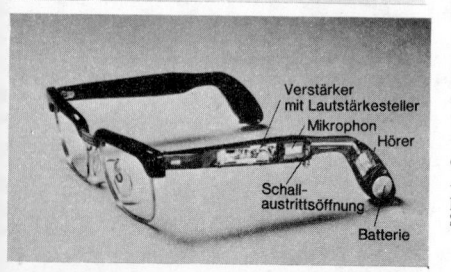

geräte mit Richtmikrophonen ermöglichen bei beidseitigem Anlegen ein räuml. bzw. Richtungshören.

Hörhilfen, svw. ↑ Hörgeräte.

Horia (Horea), eigtl. Vasile Ursu Nicola, * Albac bei Klausenburg um 1730, † Alba Iulia 28. Febr. 1785 (hingerichtet), rumän. Revolutionär. - Zus. mit Cloşca (* um 1747, † 1785) und Crişan (* 1730, † 1785) Anführer des gegen den (magyar.) Adel gerichteten Aufstandes leibeigener Bauern im westl. Siebenbürgen (1784).

Hörige (Grundholde) ↑ Leibeigenschaft.

Hörigkeit ↑ Leibeigenschaft.

◆ schrankenlose Unterwerfung des Willens einer Person unter den einer anderen, insbes. bei sexueller Abhängigkeit oder aus Angst um den Verlust des Partners.

Horiudschi [jap. 'ho,:rjuːdʒi, hoˈːrjuːdʒi], ältester erhaltener buddhist. Tempel Japans, sw. von Nara, 607 vollendet, 670 niedergebrannt, im 8. Jh. wieder aufgebaut. Im Schatz des H. befinden sich u. a. bed. Kunstwerke des 7. Jh. (Tamamuschi-Schrein). Die Wandmalereien der „Goldenen Halle" (7. oder 8. Jh.) wurden 1949 durch Feuer fast ganz zerstört.

Horizont [griech., zu horízein „begrenzen"], (Gesichtskreis) die sichtbare *Grenzlinie*, an der Himmelsgewölbe und Erde zusammenzustoßen scheinen (*natürl. H.*; auf See als **Kimm** bezeichnet). In der *Astronomie* unterscheidet man ferner den *wahren H.*, die Schnittlinie einer senkrecht zum Lot am Beobachtungsort durch den Erdmittelpunkt gelegten Ebene mit der (unendl. groß gedachten) Himmelskugel, und den *scheinbaren H.*, die Schnittlinie einer senkrecht zum Lot durch den Fußpunkt des Beobachters gelegten Ebene mit der Himmelskugel.

◆ in der *Geologie* Bez. für die kleinste Einheit innerhalb einer Formation.

◆ in der *Bodenkunde* die einzelnen Schichten eines Bodens.

◆ übertragen: geistiges Gesichtsfeld.

horizontal [griech.], waagerecht.

Horizontale [griech.], eine waagerechte Gerade oder Ebene.

Horizontalintensität, die Stärke der waagerechten Komponente des Erdmagnetfelds.

Horizontalkreis, Teilkreis an Meßinstrumenten (z. B. an Theodoliten), der zum Messen von Horizontalwinkeln dient.

Horizontalpendel, Pendel, das um eine nahezu senkrechte Drehachse in einer nahezu waagerechten Ebene schwingt. Wird als Seismometer zur Registrierung von Erdbeben verwendet.

Horizontalverschiebung ↑ Verwerfung.

Horizontdetektor (Erd[horizont]sensor, Horizonttaster, Horizontsucher), Steuergerät für aktive Raumflugsysteme im erdnahen Bereich, bei dem zwei infrarotempfindl. Sensoren mit kegelförmigem Abtastbereich (Kegelachsen senkrecht zueinander ausgerichtet) die Grenzlinie zw. der Wärme abstrahlenden Erdoberfläche und dem Himmelshintergrund (Horizont) abtasten.

Horkheimer, Max, * Stuttgart 14. Febr. 1895, † Nürnberg 7. Juli 1973, dt. Philosoph und Soziologe. - 1930–33 Prof. für Sozialphilosophie und Direktor des von ihm mitgegr. Instituts für Sozialforschung an der Universität Frankfurt; 1933 Emigration. 1934 Fortführung des inzw. durch die Nationalsozialisten geschlossenen Frankfurter Instituts als „Institute of Social Research" in New York. 1932–39 Hg. der „Zeitschrift für Sozialforschung", 1940–42 Fortsetzung als „Studies in Philosophy and Social Science". 1940 amerikan. Staatsbürgerschaft. 1943/44 Direktor der wiss. Abteilung des „American Jewish Committee" in New York. Seit 1949 wieder Prof. in Frankfurt am Main und seit 1950 Leiter des wiedererrichteten „Instituts für Sozialforschung" ebd., daneben 1954–59 Prof. in Chicago. Zus. mit T. W. Adorno einer der Begr. und bedeutendsten Repräsentanten der ↑ kritischen Theorie der sog. Frankfurter Schule; in seinen Arbeiten zu Autorität und Familie unterzog er die histor. Bedingungen der Schwächung des Individuums einer empir. Untersuchung, um die psych. Disposition der Massen für autoritäre Systeme, insbes. den Faschismus erklären zu können. Seine Kritik an spätkapitalist. Herrschaftsstrukturen gewann maßgebl. Einfluß auf die Studentenbewegung der 1960er Jahre.
Werke: Anfänge der bürgerl. Geschichtsphilosophie (1930), Dialektik der Aufklärung (1947; mit T. W. Adorno), Zur Kritik der instrumentellen Vernunft (1947), Sociologica II (1962), Krit. Theorie (1967).

Hörkopf ↑ Tonbandgerät.

Hörlickkette, Gebirge in der zentralen Antarktis, bis 3 932 m hoch.

Hormayr, Joseph Freiherr von [...maɪər], * Innsbruck 20. Jan. 1781, † München 5. Nov.

Horizontalpendel

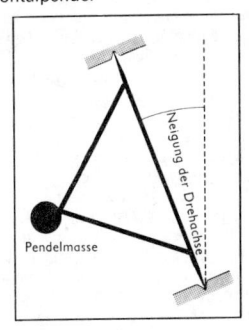

Hormisdas

1848, östr. Publizist und Historiker. - Seit 1808 Direktor des Geheimen Hausarchivs in Wien, bereitete mit Billigung Erzhzg. Johanns den Tiroler Freiheitskampf 1809 vor, den er neben A. Hofer leitete; trat 1828 in bayr. Dienste.

Hormisdas, hl., * Frosinone, † 6. Aug. 523, Papst (seit 20. Juli 514). - H. gelang die Durchsetzung der Lehre des Konzils von Chalkedon unter Betonung des päpstl. Primats.

hormonal (hormonell) [griech.], von Hormonen ausgehend, auf sie bezüglich.

hormonale Empfängnisverhütung
↑ Empfängnisverhütung.

Hormonbehandlung (Hormontherapie), die Verwendung oder Zufuhr von Hormonen bzw. Hormonpräparaten zu therapeut. Zwecken, i. e. S. in Form einer *Substitutionstherapie* (d. h. zum Ersatz einer fehlenden oder unzureichenden Hormonproduktion, z. B. Nebennierenrindenhormone bei Addison-Krankheit), i. w. S. unter Ausnutzung spezif. Hormonwirkungen (oft bei hoher Dosierung), die über die physiolog. Wirkung eines Hormons hinausgehen (z. B. die Behandlung rheumat. oder allerg. Erkrankungen mit Glukokortikoiden, die Beeinflussung des Wachstums bestimmter bösartiger Tumoren des Genitaltraktes mit gegengeschlechtl. Hormon).

Hormone [zu griech. hormān „in Bewegung setzen, antreiben"], vom menschl. und tier. Organismus gebildete körpereigene Wirkstoffe, die zus. mit dem Nervensystem die Vorgänge des Stoffwechsels, des Wachstums, die Entwicklung und den emotionalen Bereich eines Individuums steuern. - Die H. werden meist von bes. Drüsen (Hormondrüsen) gebildet. Oft sind es nur bestimmte Zellen eines Organs (bei der Bauchspeicheldrüse die α- und β-Zellen), die die H. bilden, es können aber auch mehrere H. im gleichen Organ gebildet werden (Hypophyse, Nebennieren). Von ihrem Bildungsort werden sie in das Blut abgegeben und gelangen durch den Blutkreislauf an ihre spezif. Wirkungsorte. Eingeteilt werden die H. nach ihrer chem. Struktur (bzw. Zugehörigkeit zu den drei Stoffklassen der Steroide, Aminosäuren und Peptide) oder nach den produzierenden Organen bzw. Hormondrüsen (z. B. Schilddrüsen-H., Nebennierenrinden-H.) oder nach dem Wirkungsbereich (z. B. Geschlechts-H.). - Die Steuerungsfunktion der bereits in kleinsten Mengen (10^{-11}–10^{-12} Mol/l) wirksamen H. ist sehr differenziert und erstreckt sich auch auf die Hormonproduktion selbst. Die H. wirken immer nur auf bestimmte Organe (Ziel- oder Erfolgsorgane). Diese haben spezif. Bindungsstellen (Rezeptoren; häufig in den Zellmembranen und Zellkernen), mit denen die entsprechenden Hormonmoleküle gebunden und die biochem. Reaktionen ausgelöst werden. Die wichtigste ist die Bildung von ↑ Cyclo-AMP; erst diese aktiviert den Zellstoffwechsel und verursacht die eigentl. Hormonwirkung. Jede Hormonwirkung ist an intakte Zellen gebunden; in zellfreien Systemen sind H. unwirksam. - Zw. Hormonproduktion, Ausschüttung und Wirkung bestehen vielseitige Wechselbeziehungen. Die Ausschüttung wird nach dem Rückkopplungsprinzip geregelt, d. h. die Ausschüttung einer Hormondrüse wird durch das eigene Hormon bei einer bestimmten Konzentration im Blut gehemmt. Die Hypophyse bzw. die Hypophysenhormone kontrollieren als übergeordnetes System die Hormonausschüttung anderer Hormondrüsen, und zwar ebenfalls nach dem Prinzip eines Regelkreises. - Die H. sind in der Stammesentwicklung schon sehr früh entstanden, man findet sie daher bei fast allen Tieren. Ihre Entwicklung ist mit der von Nervenzellen einhergegangen. - ↑ auch Hypophyse, ↑ Geschlechtshormone, ↑ Nebennierenrindenhormone, ↑ Schilddrüse.

📖 *Tausk, M., u. a.: Pharmakologie der H.* Stg. ⁴1986. - *Marks, F.: Molekulare Biologie der H.* Stg. 1979. - *Malkinson, A. M.: Wirkungsmechanismen der H.* Dt. Übers. Stg. 1977.

Hormonpräparate, Arzneimittel mit hormonartiger Wirkung, die entweder aus getrockneten, pulverisierten Drüsen oder Drüsenextrakten von Menschen und Tieren oder aus extrahierten, gereinigten natürl. Wirkstoffen gewonnen werden, in zunehmendem Maße aber aus synthet. Stoffen von gleicher, nicht selten auch abgewandelter chem. Struktur wie die körpereigenen Hormone hergestellt werden. Alle H., die nicht aus chem. reinen Hormonen bestehen, werden im Tierversuch standardisiert, um eine möglichst gleichbleibende Wirksamkeit zu garantieren; die Angabe des Wirkungsgrades erfolgt dann gewöhnl. in Internat. Einheiten. Die Anwendung von H. erfolgt v. a. bei den durch Hormonmangel bedingten Mangelsymptomen sowie damit verbundenen Erscheinungen. Bei fehlender oder mangelhafter Funktion der Schilddrüse werden synthet. hergestellte oder aus getrockneten Rinder- bzw. Schafsdrüsen gewonnene H., meist in Tablettenform, gegeben. Bei Diabetes mellitus wird das auch heute noch aus den Bauchspeicheldrüsen von Rindern und Schweinen extrahierte Insulin injiziert. Als H., die den Nebennierenrindenhormonen entsprechen, werden neben den seltener verwendeten Mineralokortikoiden v. a. die Glukokortikoide hergestellt und zur Behandlung von allerg., rheumat. oder entzündl. Erkrankungen, von bösartigen Systemerkrankungen (z. B. Leukämie, Plasmozytome, Hodgkin-Krankheit) sowie zur Hemmung der körpereigenen Abwehr bei Transplantationen oder zur Immunosuppression verwendet. Geschlechtsdrüsen-H. werden meist synthet. hergestellt; das Testosteron bzw. seine Derivate werden zur Behandlung von männl. Potenz-

HORMONE (Übersicht)
Hormone des Menschen und der Wirbeltiere

Name	chem. Konstitution	Bildungsort	Wirkung
Adrenalin	Tyrosinderivat	Nebennierenmark	Pulsfrequenz-, Blutzuckererhöhung (Streßhormon)
Aldosteron	Steroid	Nebennierenrinde	Regulierung des Natrium-Kalium-Gleichgewichts
Calcitonin	Protein	Schilddrüse	Senkung des Calciumspiegels
follikelstimulierendes Hormon (FSH)	Glykoproteid	Hypophysenvorderlappen	Reifung der männl. und weibl. Geschlechtszellen
Glukagon	Protein	Langerhans-Inseln	Erhöhung des Blutzuckerspiegels
Insulin	Protein	Langerhans-Inseln	Senkung des Blutzuckerspiegels
Kortikosteron und Hydrokortison	Steroid	Nebennierenrinde	Senkung des Calcium-, Erhöhung des Blutzuckerspiegels, Entzündungshemmung
luteinisierendes Hormon (LH)	Glykoproteid	Hypophysenvorderlappen	Auslösung der Ovulation, Gelbkörperbildung
luteotropes Hormon (Prolaktin, LTH)	Protein	Hypophysenvorderlappen	Förderung der Milchbildung
Melatonin	Tryptophanderivat	Zirbeldrüse	Kontraktion der Pigmentzellen bei Fischen und Lurchen; beim Menschen Verzögerung der Geschlechtsreife
Noradrenalin	Tyrosinderivat	Nebennierenmark	Blutdrucksteigerung
Östradiol	Steroid	Eierstock	Ausprägung weibl. sekundärer Geschlechtsmerkmale, Wachstum der Gebärmutterschleimhaut
Oxytozin	Oligopeptid aus 8 Aminosäuren	Hypothalamus	Gebärmutterkontraktion
Parathormon	Protein	Nebenschilddrüse	Steigerung des Calciumspiegels
Progesteron	Steroid	Gelbkörper, Plazenta	Sekretionsphase der Gebärmutterschleimhaut, Erhaltung der Schwangerschaft
Somatotropin (Wachstumshormon)	Protein	Hypophysenvorderlappen	Förderung des Körperwachstums
Testosteron	Steroid	Hoden	Ausprägung männl. sekundärer Geschlechtsmerkmale
Thyroxin	Derivat der Aminosäure Tyrosin	Schilddrüse	Steigerung des Grundumsatzes, des Eiweiß-, Kohlenhydrat-, Fett-, Wasser- und Mineralstoffwechsels, der Atmung, des Kreislaufs; bei Lurchen Auslösung der Metamorphose
Vasopressin (Adiuretin)	Oligopeptid aus 8 Aminosäuren	Hypothalamus	Wasserresorption in der Niere

oder Fertilitätsstörungen verwendet. H. mit weibl. Geschlechtshormonen (Östrogene, Gestagene) bzw. deren synthet. Derivate werden bei der Behandlung von Blutungsanomalien (z. B. Amenorrhö, Dysmenorrhö), Fruchtbarkeitsstörungen sowie zur Schwangerschaftserkennung und -verhütung eingesetzt. Das synthet. hergestellte Oxytozin wird zur Geburteneinleitung und bei Wehenschwäche verwendet.

Hormontherapie, svw. ↑Hormonbehandlung.

Hormos, Straße von, Meeresstraße, bed. Schiffahrtsweg, verbindet den Golf von Oman mit dem Pers. Golf, 60–100 km breit. In der S. v. H. liegen die iran. Inseln **Gheschm** (110 km lang, 10–30 km breit) und **Hormos** (8 km lang, 5 km breit).

Horn, Arvid Bernhard Graf [schwed. hu:rn], * Halikko (Finnland) 6. April 1664,

Horn

† Ekebyholm bei Stockholm 17. April 1742, schwed. Politiker. - Setzte als Gesandter König Karls XII. in Warschau 1704 die Königswahl Stanislaus' I. Leszczyńskis durch; als Präs. der Kanzlei (1720–38) eigentl. Leiter der schwed. Politik.

H., Gustaf Graf [schwed. hu:rn], * Örbyhus bei Uppsala 22. Okt. 1592, † Skara 10. Mai 1657, schwed. Feldherr. - Kämpfte im Dreißigjährigen Krieg zus. mit Gustav II. Adolf in Deutschland; 1634 in Nördlingen gefangengenommen (bis 1642), zwang die Dänen zum Frieden von Brömsebro (1645).

H., Gyula, * Budapest 5. Juli 1932, ungar. Politiker (Ungar. Sozialist. Arbeiterpartei, USAP). Wirtschaftswissenschaftler; 1983–85 Abteilungsleiter im ZK, zuständig für internat. Beziehungen; seit 1985 Mgl. des ZK und Staatssekretär im Außenmin.; Mai 1989– April 1990 Außenminister. - Karlspreis 1990.

Horn, Bez.hauptstadt im östl. Waldviertel, Niederösterreich, 309 m ü. d. M., 8 000 E. Museum; Mittelpunkt eines Agrargebiets; Fremdenverkehr. - Erstmals um 1046 erwähnt; Stadtrecht seit 1160; H. war eines der Zentren der Reformation in Österreich. - Barocke Pfarrkirche Sankt Stephan (18. Jh.) mit got. Chor (14. Jh.), barocke Piaristenkirche (1658– 75); Schloß (1539).

Horn [eigtl. „Spitze, Oberstes"], hauptsächl. aus †Keratin bestehende und von der Epidermis gebildete, harte, zähe, faserartige Eiweißsubstanz, die große mechan. und chem. Widerstandsfähigkeit besitzt. Aus H. bestehen die Hornschicht der Haut sowie die Haare, Federn und Schuppen. Bes. H.bildungen sind u. a. Nägel, Hufe und Hörner.

◆ in der *Instrumentenkunde* 1. Kurzform für †Waldhorn; 2. Oberbegriff für †Blasinstrumente, deren Ton durch die schwingenden Lippen des Bläsers, häufig mit Hilfe eines Mundstücks, erzeugt wird. Hierzu zählen sowohl Instrumente mit vorwiegend kon. Röhre (Bügelhorn, Kornett, Waldhorn) als auch solche mit vorwiegend zylindr. Röhre (Trompete, Posaune). - Hörner einfacher Bauart finden sich bereits in vorgeschichtl. Zeit. Sie verbreiteten sich als Kult-, Signal- und Repräsentationsinstrumente über die ganze Erde. Auf dem urtüml. H. wurden nur wenige Töne geblasen; später wurden durch Ausnutzung der Naturtöne auch Melodien möglich. Die Lücken zw. den Naturtönen wurden spätestens seit dem MA durch Tonlöcher, später durch einen Zug und durch Ventile überbrückt.

Horn, Îles de [frz. ildəˈɔrn], Inselgruppe im südl. Pazifik, †Wallis et Futuna.

Hornbach, Stadt 7 km südl. von Zweibrücken, Rhld.-Pf., 240 m ü. d. M., 1 700 E. - Bei einem Benediktinerkloster (gegr. um 740) entstanden; im 13. Jh. Stadtrecht. - Reste der Abtei: Pirminiusgrab in der Apsis der vorroman. Kirche (11. Jh.; heute Kapelle) und Teile des got. Kreuzgangs; klassizist. ev. Pfarrkirche (1785/86); Stiftskirche Sankt Fabian (v. a. 12. Jh.).

Horn-Bad Meinberg, Stadt 28 km nö. von Paderborn, NRW, 220 m ü. d. M., 16 500 E. Museum; Kurbetrieb auf Grund von Kohlesäure-, Gips- und Kochsalzquellen sowie Schwefelmoor. Holzind. - Horn wird 1031(?) erstmals erwähnt; zw. 1230 und 1248 von Bernhard III. zur Lippe als Stadt neu gegr.; 1970 Zusammenschluß der Stadt Horn und der Gem. Bad Meinberg. - Nahebei die †Externsteine.

Hornberg, Stadt an der Schwarzwaldbahn, Bad.-Württ., 350 m ü. d. M., 4 900 E. Elektro-, Textil-, Keramikind.; Fremdenverkehr. - Unterhalb der Burg von H. entstand im 13. Jh. die 1275 erstmals erwähnte Stadt als Residenz und wirtsch. Mittelpunkt der gleichnamigen Herrschaft. 1423/48 württemberg., seit 1810 badisch. - Burgruine auf dem Schloßberg. - Die Stadt ist bekannt durch das **Hornberger Schießen,** bei dem die Bürger von H. einen Herzog durch Schüsse begrüßen wollten, bei dessen Erscheinen aber kein Pulver mehr hatten. Daher die Redewendung „Es ging aus wie das Hornberger Schießen", d. h. ohne Ergebnis.

Hornblatt (Hornkraut, Ceratophyllum), einzige Gatt. der **Hornblattgewächse** (Ceratophyllaceae) mit drei Arten in allen Erdteilen; vollständig untergetaucht lebende, im Alter wurzellose Wasserpflanzen mit vielgliedrigen Blattquirlen und unscheinbaren Blüten. In M-Europa kommt das **Gemeine Hornblatt** (Ceratophyllum demersum) in stehenden, nährstoffreichen Gewässern vor.

Hornblenden (Amphibole), Gruppe sehr verbreiteter gesteinsbildender Calcium-Magnesium-Silicatminerale (mit oder ohne Aluminium und Eisen) mit nichtmetall. Glanz und bräunl.-grünem Strich; Kristallform überwiegend monoklin, seltener orthorhombisch; H. bilden oft stenglig-faserige Aggregate (z. B. Asbest). Dichte 2,9 bis 3,4 g/cm³, Mohsskale 5,0 bis 6,0. - Zu den *monoklinen H.* zählen Vertreter der Strahlsteingruppe (*Nephrit, Strahlstein* und *Tremolit*), die aluminium- und eisenhaltige grünlichschwarze **gemeine Hornblende,** die schwarze basalt. **Hornblende** (mit hohem Fe_2O_3-Gehalt), die natriumhaltige **Natronhornblende** (*Arfwedsonit, Glaukophan* und *Riebeckit*). Zu den *orthorhomb. H.* (Orthoamphibole) zählen der *Anthophyllit* und der *Holmquistit* (Varietät des Glaukophans).

Hornbostel, Erich von, * Wien 25. Febr. 1877, † Cambridge 28. Nov. 1935, östr. Musikforscher. - Beschäftigte sich mit tonpsycholog. und musikethnolog. Studien, war 1906–33 Leiter des Berliner Phonogrammarchivs (1917 Prof.), ging 1933 nach New York, 1934 nach England; gilt als der Begründer der Musikethnologie.

Hörnchen (Sciuridae), mit Ausnahme von Australien und Madagaskar nahezu weltweit verbreitete Nagetierfam. mit rd. 250 Arten von etwa 10–80 cm Körperlänge; Schwanz sehr kurz bis etwa körperlang, dicht, oft buschig behaart; Kopf kurz und breit; überwiegend Pflanzenfresser. Zu den H. gehören u. a. Baumhörnchen und Flughörnchen.

Horne, Marilyn [engl. hɔːrn], * Bradford (Pa.) 16. Jan. 1929, amerikan. Sängerin (Mezzosopran). - Kehrte nach Engagements in Europa (seit 1956) 1960 in die USA zurück; gastiert weltweit, v. a. in Opernrollen des italien. Fachs; auch Konzertsängerin.

H. (Hoorne, Horn), Philipp II. von Montmorency-Nivelle, Graf von [niederl. 'hoːrnə], * Nevele 1524 (1518?), † Brüssel 5. Juni 1568 (hingerichtet), niederl. Statthalter. - Vertrat im niederl. Staatsrat mit Egmond und Wilhelm von Oranien die ständ. Interessen, widersetzte sich der kirchl. Neueinteilung des Landes und trat für eine maßvolle Religionspolitik ein.

Hornemann, Friedrich Konrad, * Hildesheim 15. Sept. 1772, † Bokane (Nigeria) Febr. 1801, dt. Afrikareisender. - Durchquerte als erster Europäer der Neuzeit die Sahara von Kairo aus nach Tripolis (1798/99), drang auf einer 2. Reise wahrscheinl. bis zum Niger vor.

Hörner (Gehörn), verschieden geformte Kopfwaffe (v. a. für Brunstkämpfe), auch Kopfschmuck (oft steht der Kampfwert dahinter zurück; v. a. von Bed. bei Partnerwahl), u. a. bei Ziegen, Schafen, Antilopen, Gemsen, Rindern. Die H. bestehen aus einem häufig (zur Gewichtsverringerung) lufthaltigen Knochenzapfen (**Hornzapfen**), der vom Stirnbein ausgeht, und einer hornigen, epidermalen Scheide (**Hornscheide**). Durch period. unterschiedl. starke Hornbildung kommt es häufig zu einer Ringelung der Hörner. Bei Kühen zeigen die schwächeren Hornzonen die geringere Hornbildung während der Tragzeit an. Im Ggs. zum (hornlosen) †Geweih kommt ein jährl. Wechsel der H. nur bei der Gabelantilope vor. Giraffen und Okapis bilden keine Hornscheide aus; die H. bleiben fellüberzogen. Häufig sind beide Geschlechter hörnertragend, wobei die H. der ♀♀ oft schwächer ausgebildet sind. - H. werden als Jagdtrophäen gesammelt (z. B. Antilopen-H.), als Trinkgefäße verwendet (z. B. die Hornscheide der Rinder) oder zu Hornwaren verarbeitet (z. B. zu Kämmen, Dosen und Knöpfen).

◆ Bez. für bes. Hornbildungen am Kopf von Tieren, z. B. für die Nasenhörner der Nashörner oder die Hornfortsätze bei Hornfröschen, Nashornvögeln und manchen Dinosauriern.

Hörnerableiter, eine aus zwei isoliert montierten, V-förmig zueinander gebogenen Drähten bestehende Vorrichtung zum Schutz elektr. Anlagen gegen Überspannungen; ihr Abstand an der engsten Stelle ist so gewählt,

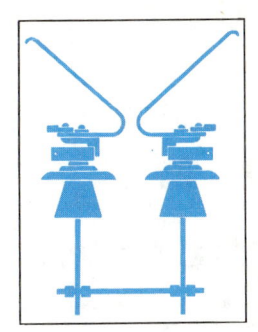

Hörnerableiter

daß bei Überspannungen (z. B. durch Schaltvorgänge) an der engsten Stelle ein Lichtbogen entsteht, in dem sich diese Spannungen zw. Leitung und Erde ausgleichen; der Lichtbogen wird infolge therm. Auftriebs und durch elektrodynam. Kräfte nach oben getrieben, wobei er sich immer mehr verlängert, bis er schließl. verlischt.

Hörnerv, der VIII. Hirnnerv (†Gehirn).

Horney ['hɔrnaɪ], Brigitte, * Berlin 29. März 1911, dt. Schauspielerin. - Tochter von Karen H.; in den 1930er Jahren internat. bekannt durch Filme wie „Rasputin" (1932), „Befreite Hände" (1939), „Das Mädchen von Fanö" (1940); zahlr. Fernsehrollen, so seit 1982 in „Jakob und Adele" mit C.-H. Schroth, in „Teufels Großmutter" (1986). - † 27. Juli 1988.

H., Karen, * Hamburg 16. Sept. 1885, † New York 4. Dez. 1952, amerikan. Psychoanalytikerin dt. Herkunft. - Lehrte 1932–41 in Chicago, anschließend in New York. Stellte statt des biolog. Antriebs die kulturellen und insbes. sozialen Bedürfnisse des Menschen in den Vordergrund ihrer Lehre. - *Werke:* Der neurot. Mensch unserer Zeit (1937), Neue Wege in der Psychoanalyse (1939), Selbstanalyse (1942), Unsere inneren Konflikte (1945).

Hornfarn (Ceratopteris), Farngatt. mit der einzigen, in den Tropen verbreiteten, sehr vielgestaltigen Art **Geweihfarn** (Wasserfarn, Ceratopteris thalictroides); einjähriger, auf dem Wasser schwimmender oder untergetauchter Farn mit kurzem Rhizom und zahlr. Wurzeln; Blätter gelappt oder fein zerteilt.

Hornfels, dunkles, oft geflecktes, dichtes Gestein, durch Kontaktmetamorphose entstanden.

Hornfisch, svw. Europ. Hornhecht († Hornhechte).

Hornfliegen (Schneckenfliegen, Sciomyzidae), weltweit verbreitete Fliegenfam. mit über 200 Arten; Körper grau oder braun, Flügel manchmal mit dunklen Zeichnungen; Fühler verlängert und hornartig vorgestreckt; hauptsächl. an Gewässerufern; Larven leben

Hornfrösche

vorwiegend im Süßwasser, meist parasit. in Schnecken oder in Wasserpflanzen.

Hornfrösche (Ceratophrys), Gatt. 2,5–20 cm großer, krötenartig gedrungener Pfeiffrösche mit rd. 20 Arten in S-Amerika; Körper meist sehr bunt (♀♀ meist bunter und größer als die ♂♂), mit warziger Oberseite, sehr großem Kopf, großem Maul und meist zu weichen Hautzipfeln ausgezogenen oberen Augenlidern; Bodenbewohner. H. sind z. T. beliebte Terrarientiere, z. B. der **Schmuckhornfrosch** (Ceratophrys ornata); rd. 10 cm groß; von M-Argentinien bis O-Brasilien verbreitet).

Hornhausen, Reiterstein von, Grabrelief des 8. Jh., gefunden in Hornhausen (Landkr. Oschersleben), heute im Landesmuseum für Vorgeschichte in Halle/Saale. Seltener Fund german. Kunst.

Hornhaut, der Teil der ↑Haut, der der Hornschicht entspricht.
◆ (Cornea) ↑Auge.

Hornhautentzündung (Keratitis), häufigste Erkrankung der Hornhaut des Auges, meist von einer Bindehautentzündung ausgehend. Anzeichen: Rötung des Auges, vermehrter Tränenfluß, Fremdkörpergefühl, Lichtscheu und Schmerzen; durch Hornhauttrübung kann auch das Sehvermögen herabgesetzt sein. Ursachen sind meist Virus-, seltener bakterielle Infektionen oder Verletzungen. Auch Lichteinwirkungen, z. B. starke UV-Bestrahlung und Allergene können oberflächl. H. auslösen.

Hornhautkegel (Keratokonus), kegelförmige Vorwölbung der Augenhornhaut mit Verdünnung der Hornhautmitte. Die dadurch bedingte Kurz- und Stabsichtigkeit wird mit Kontaktlinsen ausgeglichen.

Reiterstein von Hornhausen

Hornhautreflex (Kornealreflex), durch kurzdauernde Reizung der Augenhornhaut und Augenbindehaut ausgelöster, rascher, unwillkürl. Lidschluß. Der H. verhindert als physiolog. Schutzreflex eine Schädigung der Hornhaut durch Austrocknung oder Fremdkörper und eine Überreizung der Lichtsinneszellen in der Netzhaut. Die klin. Bed. des H. ergibt sich daraus, daß er bei Erkrankungen oder Verletzungen im Bereich des Reflexbogens abgeschwächt sein oder fehlen kann. Außerdem dient der H. zur Feststellung der Tiefe einer Bewußtlosigkeit und insbes. einer Narkose.

Hornhauttransplantation (Hornhautübertragung, Hornhautplastik, Keratoplastik, Korneaplastik), operative Verpflanzung einer konservierten oder frischen menschl. Hornhaut bzw. von Hornhautteilen auf ein erkranktes Auge bei irreversiblen Hornhauttrübungen oder bei Hornhautdefekten. Eine Abstoßung auf Grund von Antigen-Antikörper-Reaktionen ist im allg. nicht zu erwarten, da das Transplantat (die Hornhaut ist gefäßfrei) nicht mit dem Blut des Empfängers und daher auch nicht mit immunkompetenten Zellen in Kontakt kommt.

Hornhechte (Nadelhechte, Belonidae), Fam. der Knochenfische mit rd. 60 bis über 1 m (meist um 50 cm) langen Arten fast ausschließl. in Meeren der warmen und gemäßigten Regionen; mit sehr langgestrecktem Körper und schnabelartig verlängerten, mit spitzen Zähnen bestandenen Kiefern. H. sind räuber. Oberflächenfische. Im O-Atlantik (einschließl. Mittelmeer, Schwarzes Meer sowie Nord- und Ostsee) lebt der **Europ. Hornhecht** (Hornfisch, Belone belone), bis etwa 1 m lang, oberseits grünlichblau, Körperseiten silbrig.

Hornindalsvatn, See in W-Norwegen, 52 m ü. d. M., 23 km lang, bis zu 3,5 km breit, mit 514 m tiefster See Europas.

Hornisgrinde, mit 1 164 m höchster Berg des nördl. Schwarzwaldes. An der SO-Flanke liegt der **Mummelsee,** ein eiszeitl. Karsee.

Hornisse [zu althochdt. hurnus, eigtl. „gehörntes Tier" (wegen der gebogenen Fühlhörner)] (Vespa crabro), größte Wespenart in Europa und NW-Afrika; mit schwarzem, z. T. rotbraun gezeichnetem Vorderkörper und schwarzem, rötlichgelb geringeltem Hinterleib; staatenbildende Insekten, die aus abgeschabten, fein zerkauten, mit klebrigem Speichel vermengten Holzfasern ein großes (bis 0,5 m langes), ovales Papiernest v. a. in hohle Bäume, Vogelnistkästen oder unter Dächern bauen. Wie bei Honigbienen unterscheidet man auch bei den H. drei Kasten: *Königin,* bis 35 mm lang, im Herbst befruchtet, Gründerin des neuen Staates im Frühjahr; *Arbeiterinnen,* bis 25 mm lange, geschlechtl. unterentwickelte ♀♀, aus befruchteten Eiern entstanden; *Männchen* (bis 20 mm lang, aus unbefruchteten Eiern entstanden) und ge-

Hornwarze

schlechtsreife ♀♀ werden erst Anfang Herbst gebildet. Nur die (im Nest oder außerhalb des Nestes) begatteten ♀♀ überwintern, der Rest des Volkes geht zugrunde. - Die H. ernährt sich vorwiegend von anderen Insekten (die blitzschnell überfallen werden), z. T. auch von Früchten u. a. pflanzl. Substanzen. - Der Stich der H. ist sehr schmerzhaft und nicht ungefährlich (mehr als 4 Stiche können auf Grund einer allerg. Reaktion tödl. wirken), bes. wenn er das Gesicht oder die Umgebung eines Blutgefäßes trifft. - Abb. S. 92.

Hornissenschwärmer ↑ Glasflügler.

Hornito [span., eigtl. „kleiner Ofen"], über Austrittsstellen dünnflüssiger Lava gebildete Kegel- oder Turmform.

Hornklee (Lotus), Gatt. der Schmetterlingsblütler mit rd. 150 Arten in den gemäßigten Zonen, im subtrop. Eurasien, in S-Afrika und Australien; Stauden oder Halbsträucher mit meist doldenförmigen Blütenständen; Blüten mittelgroß, gelb oder rot, mit hornartig verlängertem Schiffchen; Hülsen schmal und gerade (zw. den Samen oft mit Querwänden). In M-Europa kommt v. a. der **Wiesenhornklee** (Gemeiner H., Lotus corniculatus) vor; 10-30 cm hoch, keilförmige bis linealförmige Fiederblättchen und gelbe Blüten.

Hornkraut, (Cerastium) Gatt. der Nelkengewächse mit rd. 100 Arten in Eurasien; Kräuter oder Stauden mit ungeteilten, gegenständigen Blättern und weißen Blüten in endständigen Trugdolden. Eine häufige Art ist das **Ackerhornkraut** (Cerastium arvense), eine in lockeren Rasen wachsende bis 30 cm hohe mehrjährige Pflanze; trägt etwa 2 cm große trichterförmige Blüten mit 5 weißen Kronblättern.

◆ svw. ↑ Hornblatt.

Hornmilben (Oribatei), Gruppe etwa 0,2-1 mm großer, meist dunkel gefärbter Milben mit lederartigem oder stark verhärtetem Chitinpanzer; ernähren sich von zerfallenden Pflanzenstoffen, (spielen eine wichtige Rolle bei der Humusbildung).

Hornmoose (Anthocerotales), Ordnung der Lebermoose mit zwei Fam. und vier Gatt.; eine auf feuchter Erde, bes. auf Brachäckern, vorkommende Art ist das **Fruchthorn** (Anthoceros levis) aus der Gatt. *Hornmoos (Anthoceros)*; Thallus gelappt, dünn; Sporenträger bis 3 cm lang; kalkmeidend.

Hornpipe [engl. 'hɔːnpaɪp „Hornpfeife"], (Pibgorn) ein v. a. aus Wales bekanntes Blasinstrument mit einfachem oder doppeltem Rohrblatt, sechs Grifflöchern sowie Schallstück und Windbehälter aus Tierhorn oder Tierhuf.

◆ alter engl. (auch walis., ir. und schott.) Tanz im $^3/_2$-, später $^4/_4$-Takt, mit landschaftl. unterschiedl. Ausprägung.

Hornschröter ↑ Hirschkäfer.

Hornschwämme (Keratosa), Ordnung der Schwämme mit ausschließl. aus Spongin-fasern bestehendem Skelett ohne Nadeln (Sklerite); meist große, dunkel gefärbte, massige Arten, überwiegend klumpen- oder trichterförmig; v. a. in wärmeren Meeren, Bewohner der Küstenregion (z. B. Badeschwamm).

Hornstein, eine Varietät des Jaspis.

Hornstrahlen ↑ Flossenstrahlen.

Hornstrahler (Hornantenne), trichterförmig ausgebildete Antenne, die in der Höchstfrequenztechnik verwendet wird.

Hornstrauch, svw. ↑ Hartriegel.

Horntiere (Hornträger, Bovidae), sehr formenreiche, äußerst anpassungsfähige und hoch entwickelte, mit Ausnahme der austral. Region und S-Amerikas weltweit verbreitete, jedoch überwiegend altweltl. Fam. der Paarhufer (Unterordnung Wiederkäuer); rd. 120 Arten, beide Geschlechter oder (seltener) nur die ♂♂ mit artspezif. gestalteten Hörnern, die (im Unterschied zum Geweih) nicht abgeworfen werden. - H. leben meist in Rudeln und sind fast ausschließl. Pflanzenfresser. Man unterscheidet folgende Unterfam.: Dukker, Böckchen, Waldböcke, Rinder, Kuhantilopen, Pferdeböcke, Riedböcke, Gazellenartige, Saigaartige, Ziegenartige. Einige Arten wie Hausschaf, Hausziege und Hausrind wurden vom Menschen schon früh als wertvolle Fleisch-, Milch- und Wolliefferanten domestiziert.

Hörnum (Sylt), Gemeinde auf der S-Spitze der Insel Sylt, Schl.-H., 1 400 E. Nordseebad; Hafen.

Hornung, alter Monatsname (aus Kaiser Karls d. Gr. Liste) für den Februar (eigtl. Bed. „der [in der Anzahl der Tage] zu kurz Gekommene").

Hornussen, dem Schlagballspiel ähnl. schweizer. Volksspiel; die Spieler der Schlagpartei schlagen vom „Bock" (Gestell aus Eisen oder Leichtmetall) den „Hornuß" (gleichlautend mit dem schweizer. Wort für Hornisse; Hartgummischeibe, Durchmesser 60 mm) mit dem etwa 2 m langen „Stecken" (Stock aus Leichtmetall) ins Spielfeld (Flugweite bis über 200 m). Die gegner. Mannschaft versucht mit „Schindeln" oder „Schaufeln" (mit Stiel versehene Holzbretter) den Hornuß abzufangen; mißlingt dies, erhält der Gegner einen Punkt.

Hornveilchen ↑ Veilchen.

Hornvipern (Cerastes), Gatt. bis 60 cm langer, gedrungener Vipern mit 2 Arten in den Wüsten N-Afrikas; sand- bis rötlichgelb mit brauner Fleckung und sehr kurzem, deutl. abgesetztem Schwanz. H. sind Dämmerungstiere, die den Tag mit Sand verborgen; ihr Gift schädigt die roten Blutkörperchen stark. Die **Hornviper** (Cerastes cerastes) trägt fast stets über jedem Auge eine steife, dornförmige Schuppe, die bei der **Avicennaviper** (Cerastes vipera) fehlt.

Hornwarze (Kastanie), graue, verhornte Hautstelle an den Vorder- und Hinterextre-

Hornzahnmoos

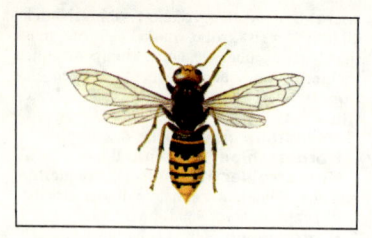

Hornisse

mitäten (kurz über den Fußwurzelknochen) bei Pferden, Zebras und Eseln.

Hornzahnmoos (Ceratodon), Gatt. der Laubmoose mit 2 weltweit verbreiteten Arten; in M-Europa v. a. die Art **Purpurzahnmoos** (Ceratodon purpureus), ein lockeres, rötl. bis blaugrüne Polster bildendes Moos; Stengel aufrecht, Blätter lanzenförmig, Kapsel rotbraun, geneigt, stark gestreift.

Höroldt (Herold, Heroldt), Johann Gregor, ≈ Jena 6. Aug. 1696, † Meißen 26. Jan. 1775, dt. Porzellanmaler. - Entwickelte neue Schmelz- und Fondfarben, die der Porzellanmalerei und damit dem Meißner Porzellan großen Auftrieb gaben. Berühmt wurden seine kostbaren Dekore *(H.-Chinoiserien).*

Horologion [griech. „Stundenzeiger, Uhr"], histor. Bez. für die Uhr (z. B. Sonnen-, Wasser- oder Sanduhr).
◆ liturg. Buch der orth. Kirchen, das hauptsächl. den feststehenden Teil des Stundengebets enthält.

Horologium [griech.] (Penderuhr) † Sternbilder (Übersicht).

Horopterkreis [griech./dt.] (Horopter), die Gesamtheit der Punkte, die bei † binokularem Sehen auf korrespondierenden Netzhautstellen abgebildet und somit einfach gesehen werden (Reize außerhalb des H. werden doppelt wahrgenommen).

Hörorgan, svw. † Gehörorgan.

Horos † Horus.

Horoskop [zu griech. horoskopeĩon, eigtl. „Stundenseher"], schemat. (häufig kreisförmige) Darstellung der Planetenkonstellation zu den Tierkreiszeichen unter bes. Berücksichtigung der „Häuser" und Aspekte zur Zeit der Geburt eines Menschen († Astrologie). - Abb. Bd. 2, S. 203.

Horowitz, Wladimir, * Berditschew 1. Okt. 1904, amerikan. Pianist ukrain. Herkunft. - Bereiste ab 1924 Europa, ab 1928 die USA und wurde als brillanter Interpret v. a. der Werke R. Schumanns, F. Liszts, P. Tschaikowskis, S. Rachmaninows und S. Prokofjews bekannt. - † 5. Nov. 1989.

Horoztepe [türk. 'hɔrɔztɛ,pɛ], Siedlungshügel der frühen Bronzezeit (um 2200 v. Chr.) bei Tokat (Türkei); Fund eines reich ausgestatteten Fürstengrabes; Beigaben: u. a. Bron-

zegefäße, ein Spiegel, Waffen, vollplast. Bronzefiguren.

Hörprüfung (Gehörprüfung), Untersuchungen zur Feststellung der Hörfähigkeit in bezug auf Lautstärke und Tonhöhe. Das einfachste Verfahren ist die Feststellung, auf welche Distanz Umgangs- bzw. Flüstersprache vom einzelnen Ohr noch wahrgenommen werden kann. Die genauere Diagnose erfolgt mit dem † Audiometer.

Horrebow, Peder [dän. 'hɔrəbou'], * Løgstør (Jütland) 24. Mai 1679, † Kopenhagen 15. April 1764, dän. Astronom. - 1703-06 Gehilfe O. Rømers; ab 1714 Prof. der Mathematik und Direktor der Sternwarte in Kopenhagen; Anhänger von N. Kopernikus und J. Kepler. Zog zur Bestimmung der geograph. Breite Zenitbeobachtungen heran. Gemeinsam mit seinen Söhnen Christian H. (* 1718, † 1776) und Peder H. (* 1728, † 1812) prägte er die Physik und Astronomie des 18. Jh. in Dänemark. Schrieb u. a. „Opera mathematico-physica (3 Bde., 1740/41).

Horrocks (Horrox, Horrocius), Jeremiah [engl. 'hɔrəks], * Lancashire um 1619, † Toxteth Park bei Liverpool 13. Jan. 1641, engl. Astronom. - Beobachtete 1639 erstmals einen von ihm selbst vorherberechneten Venusdurchgang und entdeckte als erster Störungen der Bahnen von Jupiter und Saturn.

Johann Gregor Höroldt, Vase mit Chinoiserien (1726). Dresden, Staatliche Kunstsammlungen – Porzellansammlung

Hörrohr, svw. ↑ Stethoskop.
Horror [lat.], Schrecken, Entsetzen, Abscheu.
Horrorfilm, in den 1920er Jahren entwikkeltes Filmgenre; wichtigstes Kennzeichen neben einem standardisierten Bild- und Tonrepertoire (dunkle Wälder, Schlösser, Friedhöfe, Bodennebel, unübersichtl., hallende Gänge) ist das Auftreten phantast., bedrohl. Wesen (Monster [King-Kong], Vampire [Dracula], Zombies, Werwolf, Tiermenschen, Mumien) oder auch verrückter Wissenschaftler, die künstliche Wesen schaffen (Frankenstein); die furchtverstärkende, einfache Darstellung der Ereignisse, die auch vom Zuschauer als mögl. Bedrohung empfunden werden soll, ist im Endeffekt jedoch als angstlösend kalkuliert.
Horrorliteratur, Sammelbez. für literar. Werke aller Gattungen, die Unheimliches, Laster, Verbrechen und andere Entsetzen oder Abscheu erregende Greueltaten und Zustände gestalten. Die Intentionen reichen von sog. schwarzen Humor über die soziograph. Dokumentation (Polizeigeschichten E. Donkes) und Gesellschaftskritik (von E. T. A. Hoffmann bis P. Weiss) bis zur Seelenanalyse und künstler. Psychogrammen (de Sade, Genet, Arrabal); der Großteil der H. gehört jedoch zur Trivialliteratur. Motive und Requisiten der H. besitzen eine lange Tradition, die bis auf die Gothic novel, die Gespenstergeschichte und den Schauerroman zurückreicht. Häufig wurden Werke der H. Drehbuchvorlagen für Horrorfilme.
Horror vacui [lat. „Scheu vor dem Leeren"], Gegenstand der im Rahmen der Physik des Aristoteles v. a. von R. Bacon zur Erklärung von Saugwirkungen (Heber, Pumpen) entwickelten scholast. Theorie, die (anstelle des atmosphär. Druckausgleichs) den H. v. als „aktive" bzw. teleolog. Wirkkraft der „Natur" postulierte. Galt bis 1663.
Hörschwelle, derjenige Schalldruck, bei dem gerade eine Hörempfindung im menschl. Gehörorgan hervorgerufen wird. Die H. ist stark frequenzabhängig; das Maximum der Empfindlichkeit liegt zw. 1 000 und 2 000 Hz. Trägt man die H. in Abhängigkeit von der Frequenz in einem Schalldruck-Frequenz-Diagramm ein, so ergibt sich die *Hörschwellenkurve.*
Hörschwellenmeßgerät, svw. ↑ Audiometer.
Horsd'œuvre [frz. ɔr'dœ:vr „Bei-, Nebenwerk"], appetitanregende Vorspeise (vor oder nach der Suppe).
Horsepower [engl. 'hɔːs‚pauə „Pferdestärke"], Einheitenzeichen hp (früher HP), in Großbrit. verwendete Einheit der Leistung: 1 hp = 1,01387 PS = 0,7457 kW.
Hörsing, Otto, * Groß-Schillingken (Ostpreußen) 18. Juli 1874, † Berlin 23. Aug. 1937, dt. Politiker (SPD). - Kesselschmied; 1919 Vors. des Arbeiter- und Soldatenrates für Oberschlesien sowie Reichs- und preuß. Staatskommissar für Schlesien und Posen; gründete 1924 das „Reichsbanner Schwarz-Rot-Gold" und wurde dessen 1. Vors.; 1931 aus der SPD ausgeschlossen, schied 1932 auch aus dem Reichsbanner aus.
Hörsinn, svw. ↑ Gehör.
Hörspiel, eigenständige Literaturgattung, deren Darstellungsweise und Handlungsführung an die speziellen Gegebenheiten des Hörfunks gebunden sind, und die somit nur durch die Aufführung (Sendung) zum Kunstwerk wird. Bestimmende Elemente des H. sind Ton, d. h. Sprache, Geräusch und Musik, wobei dem gesprochenen Wort, der Stimme gleichsam als „Verkörperung" bes. Bed. zukommt. Diese Beschränkung auf das Akustische ermöglicht jedoch bes. Formen des inneren Monologs und die freie Verfügbarkeit über Raum und Zeit. Themat. sind zu unterscheiden v. a. *Heimat-H., Kriminal-H., Science-fiction-H.* und *literar. Hörspiel.* **Geschichte:** Die ältesten auch gedruckt erhaltenen H. sind „Danger" (R. Hughes) und „Zaubereien auf dem Sender" (H. Flesch), beide 1924 gesendet. Das in seiner Wirkung spektakulärste H. ist O. Welles' 'The war of the worlds" (Der Krieg der Welten) über einen im Gang befindl. Angriff der Marsbewohner auf die Erde, dessen Sendung am 30. Okt. 1938 in New York Panikszenen auslöste. - In Deutschland entwickelte sich das H. phasenweise: Nach einer Darstellung v. a. fingierter oder echter Katastrophen wie Bergwerkeinsturz (1924/25) wurden 1926-28 insbes. die medialen Möglichkeiten erprobt, z. B. in „Hallo! Hier Welle Erdball!" (1928); 1929-32 erfolgte v. a. die Entwicklung von H.theorien, so Brechts „Radiotheorie" (1927-32), H. Pongs' „Das H." (1931), R. Kolbes „Das Horoskop des H." (1932). Zu dieser Zeit reichte das H. formal von der lyr. Montage, dem literar. ambitionierten H. bis zu featureähnl. Formen, ideolog. vom völk.-nat. Beitrag über das linksbürgerl., bürgerl.-humanist. Zeit-H. (A. Döblin, H. Kasack) bis zu einem sozialist. H. (W. Benjamin, J. R. Becher, B. Brecht). Ab 1933 wurde das nat.-soz. H. (A. Bronnen, E. W. Möller) als „polit. Führungsmittel" eingesetzt. Nach Bed. Anfängen mit W. Borcherts „Draußen vor der Tür" (gesendet am 13. Febr. 1947) setzte in der BR Deutschland v. a. Anfang der 1950er Jahre (bes. durch junge Autoren wie G. Eich, W. Hildesheimer, H. Böll, A. Andersch, angeregt u. a. durch M. Frischs „Biedermann u. die Brandstifter") eine Vielfalt von H.produktionen ein. Anfang der 1960er Jahre wurden neue Spielformen und -typen des literar. H. erprobt, so das *Sprachspiel,* die *Hörcollage,* das *akust. Spiel* an der Grenze zur Musik (v. a. von J. Becker, P. O. Chotjewitz, P. Handke, G. Rühm, W. Wondratschek), eine Entwicklung, die sich v. a. durch

Hörspielpreis der Kriegsblinden

den Einsatz des „O-Tons" (d. h. Verwendung von Originalaufnahmen wie zunächst nur in Reportagen und Interviews) auch im H.bereich sowie der Kunstkopftechnik fortsetzt. Eine Sonderform des H. ist die **Funkerzählung**, bei der das Erzählerische überwiegt (als eine der ersten gilt H. Kessers „Schwester Henriette", 1929); einen festen Platz im H.programm nimmt sie jedoch erst seit Mitte der 1950er Jahre ein.

📖 *Würffel, S. B.: Das dt. H. Stg. 1978. - Klose, W.: Didaktik des H. Stg. ²1977. - Keckeis, H.: Das dt. H. 1923–1973. Wsb. 1973.*

Hörspielpreis der Kriegsblinden, ein 1951 vom Bund der Kriegsblinden Deutschlands e. V. gestifteter Ehrenpreis; wird jährl. an den Autor des bedeutendsten Originalhörspiels in dt. Sprache, das im vorangegangenen Jahr von einer Rundfunkanstalt der ARD als Uraufführung gesendet wurde, vergeben.

Horst, dt. männl. Vorname, der wohl mit mittelniederdt. horst „Gehölz, niedriges Gestrüpp" zusammenhängt und eigtl. wohl „der aus dem Gehölz" bedeutet.

Horst, Horst P[eter], * Hamburg 27. Dez. 1906, dt. Photograph. - Seit Mitte der 1930er Jahre in den USA. Einer der bedeutendsten Modephotographen mit einer eigenen Bildsprache, die oft eine direkte Beziehung zw. dem Charakter des Photomodells und der Bildinszenierung herstellt.

H., Karl August, * Darmstadt 10. Aug. 1913, † Kochel a. See 30. Dez. 1973, dt. Schriftsteller und Literaturkritiker. - Arbeiten zur modernen, bes. dt. Literatur („Die dt. Literatur der Gegenwart", 1957; „Krit. Führer durch die dt. Literatur der Gegenwart", 1962; „Das Abenteuer der dt. Literatur im 20. Jh.", 1964); auch Übersetzungen; schrieb Essays, den Roman „Zero" (1951) sowie Erzählungen wie „Der Skorpion" (1963) und „Zwischen den Stühlen" (1973).

Horst [zu althochdt. hurst „Dickicht"], allg. Bez. für Strauch- und Gebüschgruppen; i. e. S. Bez. für eine Vereinigung von Bäumen, die sich durch Holzart, Alter und Wuchs von ihrer Umgebung unterscheiden und eine Einheit bilden.

♦ bei Gräsern Bez. für ein Büschel dicht beisammenstehender Bestockungstriebe; H. bildende Gräser (z. B. Knäuelgras, Glatthafer) werden als *H.gräser* bezeichnet.

♦ meist auf Bäumen angelegtes, hauptsächl. aus Reisig gebautes, umfangreiches Nest großer Vögel (bes. Greif- und Stelzvögel).

♦ in der *Geologie* Ggs. von †Graben.

Hörstel, Stadt im nördl. Münsterland, NRW, 15 300 E. Eisenhütte, Textilind. - Wurde zum 1. Jan. 1975 durch Zusammenschluß der Stadt Bevergern und der Gemeinden Dreierwalde, Hörstel und Riesenbeck sowie Einbeziehung von randl. Teilen der Stadt Rheine rechts der Ems gebildet.

Horstmar, Stadt im W der Westfäl. Bucht, NRW, 100 m ü. d. M., 6 000 E. - Seit dem frühen 11. Jh. belegt; kurz nach 1269 Stadterhebung. - Planmäßige Stadtanlage, spätgot. Pfarrkirche Sankt Gertrud (14. Jh.).

Hörstummheit (Alalie idiopathica), Stummheit trotz intakten Hörvermögens (und richtigen Verständnisses der Sprachlaute).

Horst-Wessel-Lied, nach seinem Urheber, H. Wessel, benanntes polit. Kampflied der NSDAP („Die Fahne hoch ...", 1927), das seit 1933 zusammen mit dem Deutschlandlied Nationalhymne des Dritten Reiches war.

Hort, allg.: sicherer Ort, Schutz, Zuflucht.
♦ (Kinderhort) pädagog. geleitete Kindertagesstätte für schulpflichtige Kinder.

Horta, Victor, * Gent 6. Jan. 1861, † Etterbeek 8. Sept. 1947, belg. Architekt. - Führender Vertreter des Jugendstils in Belgien: Hôtel Tassel, 1892/93; Hôtel Solvay, 1895–1900; Grand Bazar Anspach, 1895/96 (alle Brüssel), elegante Bauten in linienbetonter Jugendstilornamentik; verwendete gern Eisengitter und -konstruktionen.

Horta [portugies. ˈɔrtɐ], Stadt an der SO-Küste der Azoreninsel Faial, 7 000 E. Handelszentrum; Funktelegrafiestation für die Schiffahrt; Fischkonservenfabrik. Seit 1893 Ansiedlung von Kabelgesellschaften (noch sechs Überseekabel in Betrieb).

Horten, norweg. Stadt an der W-Küste des Oslofjords, 13 000 E. Ab 1818 Kriegshafen mit Seekriegsschule; Marinemuseum; Werft.

Horten AG, viertgrößter Warenhauskonzern in der BR Deutschland, Sitz Düsseldorf, gegr. 1954, seit 1968 AG. Der Konzern entstand aus dem 1936 gegr. Kaufhaus Helmut Horten KG, Duisburg.

Hortense [frz. ɔrˈtaːs], frz. Form des weibl. Vornamens Hortensia.

Hortense [frz. ɔrˈtãːs], * Paris 10. April 1783, † Arenenberg 5. Okt. 1837, Königin von Holland. - Tochter der späteren Kaiserin Joséphine und des Generals A. de Beauharnais; heiratete 1802 Louis Bonaparte; Mutter Napoleons III.

Hortensia, weibl. Vorname lat. Ursprungs, weibl. Form zu Hortensius, eigtl. „die aus dem Geschlecht der Hortensier"; frz. Form Hortense.

Hortensie [wohl benannt nach Hortense Lepaute, der Reisegefährtin des frz. Botanikers P. Commerson, * 1727, † 1773] (Hortensia, Hydrangea), Gatt. der Steinbrechgewächse mit rd. 90 Arten in O- und SO-Asien sowie in Amerika; Sträucher, seltener Bäume oder Klettersträucher, mit gegenständigen, einfachen bis gelappten, oft gesägten, sommergrünen oder immergrünen Blättern; Blüten klein, in Rispen oder flachen bis kugeligen Trugdolden (bes. bei Zuchtformen sind viele Blüten unfruchtbar und haben dann blumenblattartig vergrößerte Kelchblätter).

Hortensius, altröm. plebej. Geschlecht; bed. v. a. der Diktator (287 v. Chr.) **Quintus Hortensius,** der ein Gesetz *(lex Hortensia)* erließ, das Plebiszite den Gesetzen gleichstellte und verbindlich machte, sowie der Konsul **Quintus Hortensius Hortalus** (*114, †50), Konsul (69), berühmter röm. Redner, erst von Cicero übertroffen.

Hortfunde ↑Depotfunde.

Horthy, Miklós (Nikolaus H. von Nagybánya), * Kenderes 18. Juni 1868, † Estoril 9. Febr. 1957, ungar. Reichsverweser. - Marineoffizier; 1918 Konteradmiral und Oberbefehlshaber der östr.-ungar. Flotte; Mitte 1919 Kriegsmin., dann Oberbefehlshaber der gegenrevolutionären „Nationalarmee"; 1920 zum „Reichsverweser" mit beschränkten königl. Rechten gewählt; tendierte in den 1930er Jahren zu den revisionist. Kräften, die eine Annäherung Ungarns an das Dt. Reich und an Italien bewirkten; mußte nach dem Anwachsen rechtsgerichteter Kräfte im 2. Weltkrieg (Pfeilkreuzler) und seinem gescheiterten Versuch, mit den Alliierten einen Sonderfrieden zu schließen, 1944 abdanken und wurde in Deutschland interniert; lebte seit 1948 in Portugal.

Hortobágy [ungar. 'hortoba:dj], Teil des Großen Ungar. Tieflands, urspr. Überschwemmungsgebiet der Theiß, seit der Theißregulierung (Mitte 19. Jh.) z. T. trockengefallen. Dank eines Be- und Entwässerungskanalnetzes intensive agrar. Nutzung, u. a. Reisanbau.

Hortulus animae [lat. „Seelengärtchen"], im späten 15. Jh. entstandenes volkstüml. Gebetbuch (eine erste dt. Ausgabe erschien 1502); illustriert u. a. von H. Baldung.

Hortung (Horten), allg. das Anlegen eines Vorrats. - Bei Zahlungsmitteln die Stillegung im Ggs. zur verzinsl. Anlage. Die H. wirkt deflatorisch; die Auflösung der Horte *(Enthortung),* die meistens in Inflationszeiten vorgenommen wird, wirkt inflationsverstärkend.

Hortus deliciarum [lat. „Garten der Wonnen" (= Paradies)], Sammlung von Auszügen aus Bibel und theolog. Literatur u. a. von Herrad von Landsberg, berühmt durch die 336 kolorierten Miniaturen.

Horuk, eigtl. Arudsch, gen. Barbarossa, * Mitilini (Lesbos) um 1473, ✕ Tlemcen 1518, islamisierter Grieche, osman. Herrscher in Algier. - Bekämpfte die Spanier in N-Afrika, eroberte 1515 Algier.

Horus (Horos), kinder- oder falkengestaltiger ägypt. Gott, postum von dem durch Seth ermordeten Osiris gezeugt und von Isis in den Sümpfen des Nildeltas zur Welt gebracht. Herangewachsen besiegt er Seth in Zweikämpfen sowie vor Gericht und erhält die Herrschaft über Ägypten. Jeder Pharao ist seine Inkorporation und nennt sich „Horus". H. gilt als Welt- und Lichtgott und als Beschützer der Kinder. Sein Kult war in ganz Ägypten verbreitet.

Horváth, Ödön von (Edmund von H.), * Fiume (= Rijeka) 9. Dez. 1901, † Paris 1. Juni 1938 (Unfall), östr. Schriftsteller. - Lebte 1934–38 in Berlin, danach in Österreich; emigrierte 1938 nach Frankreich. In seinen z. T. sozial- und moralkrit. Bühnenwerken versuchte H., das Wiener Volksstück neu zu beleben; sie weisen eine sichere, knappe Stilisierung, dichte Atmosphäre, geschickte Dialogführung und treffende Menschendarstellung

Horus. Falkenkopf aus dem Horustempel in Hierakonpolis. Kairo, Ägyptisches Museum

Hortensie. Gartenhortensie (Hydrangea macrophylla)

auf, v. a. „Bergbahn" (Uraufführung 1929; Umarbeitung von „Revolte auf Côte 3018" [Uraufführung 1927]), „Geschichten aus dem Wiener Wald" (1931), „Glaube, Liebe, Hoffnung" (Uraufführung 1936), „Die Unbekannte aus der Seine" (Uraufführung 1949). Den deklassierten Kleinbürger schildert der Roman „Der ewige Spießer" (1930); in „Jugend ohne Gott" (R., 1938) und „Ein Kind unserer Zeit" (R., 1938) gab er seinem Entsetzen über das Wesen der Diktatur Ausdruck.

Horwitz, Kurt [Thomas], * Neuruppin 21. Dez. 1897, † München 14. Febr. 1974, dt. Schauspieler und Regisseur. - 1919-33 an den Münchner Kammerspielen, bis 1946 vorwiegend am Schauspielhaus Zürich, 1946-50 Direktor des Basler Stadttheaters, 1953-58 Intendant des Bayer. Staatsschauspiels in München.

Hörzellen ↑ Gehörorgan.

HOS, Abk. für: Heeresoffizierschule, ↑ Offizierschulen.

Hosain Ali Nuri, Mirsa ↑ Baha Ullah.

Hosanna ↑ Hosianna.

Hoschana rabba [hebr. „großes Hosianna"], der letzte Tag des jüd. Laubhüttenfests.

Höschen, Bez. für den stark mit Pollen beladenen Sammelapparat an den Hinterbeinen der bestimmten Bienen.

Hose [zu althochdt. hosa, eigtl. „die Bedeckende"], Bekleidungsstück des Unterkörpers und Beinbekleidung; als Fell-H. bereits in der Vorgeschichte nachweisbar. In der griech.-röm. Antike spielte sie keine Rolle, während sie gleichzeitig von oriental. (z. B. Parthern) und german. Völkern getragen wurde. Vom europ. MA bis ins 20. Jh. galt sie ausschließl. als männl. Bekleidungsstück. Die H. wurden unter dem (langen) Rock getragen, im 12. Jh. verengte sich modisch zum Strumpfpaar (Beinlinge), das an der „Bruch" befestigt wurde (erst im 15. Jh. durch Naht und Zwickel), zeitweise auch mit kurzem Wams und Schamkapsel getragen. Schlitz-, Pluder- und Pump-H. und die weiten „Rhingraves" folgten im 16. und 17. Jh. und schließl. im 18. Jh. enge, seidene Knie-H. („culottes"). Mit den röhrenförmigen „pantalons" des Volkes setzten die frz. Revolutionäre das Urbild der heutigen H. durch. - Als Unterwäsche ist die H. erst seit dem 16. Jh. bekannt.

Hosea (Vulgata: Osee), Prophet im Nordreich Israel, etwa 755-725 v. Chr.; Schwerpunkt seiner theolog. und sprachl. imponierenden Prophetie (enthalten im Buch H. des A. T.) sind Kritik an Kult und Politik.

Hosemann, Theodor, * Brandenburg/Havel 24. Sept. 1807, † Berlin 15. Okt. 1875, dt. Zeichner. - Originelle Buchillustrationen sowie Szenen aus dem Berliner Leben (in Almanachen).

Hosenanzug ↑ Anzug.

Hosenbandorden (engl. The Most Noble Order of the Garter „Hochedler Orden vom Hosenbande"), höchster brit. Orden. Der Anlaß für die Stiftung des einklassigen H. durch König Eduard III. 1348 ist nicht geklärt (u. a. zurückgeführt auf einen galanten Zwischenfall, interpretiert als Wiederherstellung der Tafelrunde König Artus'). Zahl der Ritter i. d. R. 25, dazu der König (zugleich Ordenssouverän); goldgesäumtes, blaues Samtband, von Herren unter dem linken Knie, von Damen am linken Oberarm getragen; dazu blaues Schulterband; Devise: ↑ Honi soit qui mal y pense. - Abb. S. 98.

Hosenbienen ↑ Sägehornbienen.

Hosenboje, Einrichtung zum Transport von Schiffbrüchigen oder Kranken von einem Schiff zum Land oder zu einem anderen Schiff; ein Rettungsring, an dem ein hosenartiger Sack angebracht ist, wird an einem Tau mit Hilfe von Jolltauen hin und hergezogen.

Hosenrock, Damenhose, die einen Rock vortäuscht; Vorläufer beim Reitkleid (Wien, 19. Jh.); v. a. in den 1930er und 1970er Jahren.

Hosenrolle, männl. Bühnenrolle, die von Frauen gespielt wird (Oktavian im „Rosenkavalier") oder weibl. Rolle in Männerkleidung („Fidelio").

Hosianna (Hosanna) [hebr. „hilf doch!"], in der Bibel zunächst Flehruf an Gott bzw. den König, dann Jubel- und Huldigungsruf, so auch in die christl. Liturgiesprache eingegangen.

Hosios Lukas, bei Delphi gelegenes Kloster aus dem 10. Jh.; Wallfahrtsort. Mittelpunkt der Anlage ist das Katholikon (Hauptkirche), eine „klass." Kreuzkuppelkirche (um 1030) mit bed. Wandmosaiken (ebenfalls mittelbyzantin.

Hosius, Stanislaus (poln. Stanisław Hozjusz), * Krakau 5. Mai 1504, † Capranica Prenestina bei Rom 5. Aug. 1579, poln. Humanist und Kardinal (seit 1561). - 1549 Bischof von Kulm, 1551 von Ermland, 1560 Nuntius in Wien; 1561-63 päpstl. Legat auf dem Tridentinum; berief 1564 die Jesuiten nach Braunsberg, mit deren Hilfe er die Konzilsbeschlüsse durchsetzte; seine „Confessio catholicae fidei" (1552/53) war weit verbreitet.

Hospital [zu lat. hospitalis „gastlich"], Bez. für Krankenhaus, seltener für Armenhaus, Altersheim.

Hospitalismus [lat.], (infektiöser H.) Sammelbez. für Infektionskrankheiten, die bei stationär behandelten Patienten in Kliniken, Pflegeheimen u. a. durch therapieresistente Keime hervorgerufen werden.
♦ Sammelbez. für die durch den Mangel an Zuwendung speziell bei längerem Aufenthalt in Pflegestätten, Heimen, Kliniken, Anstalten, Lagern entstehenden psych. und psychosomat. Schäden. Als Reaktion auf die mangelnde Gelegenheit des Gefühlsaustausches mit einer Bezugsperson wird insbes. bei Kindern u. a. Apathie, depressive Verstimmung, Weinerlichkeit, motor. Unruhe, Kontaktar-

mut und Aggressivität sowie eine verzögerte Entwicklung beobachtet. Diese *Affektentzugserscheinungen* werden häufig begleitet von Ernährungsstörungen und Infektionserkrankungen. Ein fünfmonatiger Heimaufenthalt kann bereits zu dauernden Schäden führen.

Hospitaliter (lat. Hospitalarii), Ordensgemeinschaften, die sich bes. der Krankenpflege in Hospitälern widmen, entstanden v. a. in der Kreuzzugszeit (u. a. Dt. Orden, Johanniter, Jakobus-Orden, Antoniter, Heiliggeistbrüder) und im 16. Jh. (Barmherzige Brüder und Kamillianer).

Hospitant [lat.], Gastteilnehmer (z. B. Gast einer Fraktion); **hospitieren**, als Gast teilnehmen, z. B. in der Lehrerausbildung dem Unterricht zuhören.

Hospiz [zu lat. hospitium „Herberge, Bewirtung"], in bzw. bei Klöstern und Stiften Unterkunftsstätte für Reisende, v. a. Pilger; im ev. Bereich Bez. für einen Beherbergungsbetrieb mit christl. Hausordnung.

Hoßbachniederschrift, am 10. Nov. 1937 von Hitlers Wehrmachtsadjutanten, Oberst F. Hoßbach (* 1894, † 1980) gemachte Niederschrift über eine Besprechung Hitlers am 5. Nov. 1937 mit Reichsaußenmin. K. Freiherr von Neurath, Reichskriegsmin. W. von Blomberg, den Oberbefehlshabern des Heeres, der Marine und Luftwaffe, W. von Fritsch, E. Raeder und H. Göring, in der Reichskanzlei. Die H., die als ein Schlüsseldokument im Nürnberger Hauptkriegsverbrecherprozeß diente, belegte Hitlers krieger. Absichten. Als spätesten Termin für die gewaltsame Lösung der dt. Raumfrage bezeichnete Hitler die Jahre 1943–45, als mögl. ein „blitzartiges" Vorgehen gegen die Tschechoslowakei und Österreich bereits 1938.

Hostess [engl., eigtl. „Gastgeberin" (zu lat. hospes „Gast")], zur Betreuung von Gästen bei Reise-, Flug- und Schiffahrtsgesellschaften, Verbänden und Hotels u. a. angestellte junge Frau.

Hostie [...i-ɛ; zu lat. hostia „Opfertier"], das in der kath. und luth. Eucharistie- bzw. Abendmahlsfeier verwendete ungesäuerte Weizenbrot.

Hostovský, Egon [tschech. ˈhɔstɔfskiː], * Hronov 23. April 1908, † New York 5. Mai 1973, tschech. Schriftsteller. - Lebte 1938–45 und seit 1948 in der Emigration, zuletzt in den USA; schilderte in psychologisierenden Novellen und Romanen wie „Der Mitternachtspatient" (1954) und „Das Komplott" (1960) das Problem des Ausgestoßenseins, oft am Beispiel der Prager Juden exemplar. dargestellt.

hot [engl.], heiß; häufig in aus dem Amerikan. entlehnten Ausdrücken wie z. B. „Hot Jazz" („heißer Jazz").

Hot dog [engl. ˈhɔt ˈdɔk], in ein aufgeschnittenes Brötchen gelegtes heißes Würstchen mit Ketchup oder Senf.

Hot-dry-rock-System [engl. ˈhɔt ˈdraɪ ˈrɔk] ↑ geothermische Tiefenstufe.

Hotel [frz., zu lat. hospitalis „gastlich"], Beherbergungsbetrieb, der Zimmer für vorher vereinbarte Zeiträume (im allg. mindestens 1 Tag) zu Übernachtungs- und Wohnzwecken an jedermann vermietet und meist gleichzeitig eine Bewirtung vornimmt (ein **Hotel garni** gewährt neben der Übernachtung nur ein Frühstück). Die verschiedenen H.typen unterscheiden sich nach Größe und Unternehmensform, Qualität (Einteilung in Kategorien), nach der Lage sowie nach der jährl. Öffnungszeit. Neben einer meist auch als Aufenthaltsraum dienenden Empfangshalle im Erdgeschoß, Lese- und Schreibzimmer sowie EB- oder Frühstücksräumen haben v. a. größere H. auch Konferenz- und Gesellschaftsräume sowie eine Bar, häufig auch Geschäfte, Garagen u. a.

Hôtel de Bourgogne [frz. otɛldəburˈɡɔɲ] ↑ Confrérie de la passion.

Hotelier [...liˈeː; lat.-frz.], Bez. für den Eigentümer oder Pächter eines anspruchsvolleren Beherbergungsbetriebes.

Hot intonation [engl. ˈhɔt ɪntəˈneɪʃən], Bez. für die spezif. Tonbildung des traditionellen Jazz. Charakterist. sind ein quasi explosives Einsetzen und abruptes Abbrechen des instrumentalen oder vokalen Tons.

Hot Jazz [engl. ˈhɔt ˈdʒæz], Sammelbegriff für die älteren Stilbereiche des Jazz (New-Orleans, Dixieland usw.).

Hotman, François [frz. ɔtˈmã], latinisiert Hot[o]man[n]us, * Paris 23. Aug. 1524, † Basel 12. Febr. 1590, frz. Jurist. - Prof. für röm. Recht in Genf, Straßburg, Valence und Bourges. Stellte sich 1562 den hugenott. Fürsten Condé als jurist. Verteidiger und Diplomat zur Verfügung, formulierte ein hugenott. Widerstandsrecht gegen das frz. Königtum.

Hot pants [engl. ˈhɔt ˈpænts], „heiße Höschen", von der brit. Modeschöpferin M. Quant 1971 als weibl. Tageskleidung kreierte sehr kurze, enganliegende Hose.

Ho Tschi Minh ↑ Ho Chi Minh.

Hot Springs [engl. ˈhɔt ˈsprɪŋz], Stadt am Ouachita River, Arkansas, 180–430 m ü. d. M., 35 800 E. Wirtschafts- und Fremdenverkehrszentrum für den *H. S. National Park*. Zahlr. Mineralquellen, bed. Kurbetriebe. - Dauersiedlung seit 1807. 1832 Einrichtung einer Reservation, aus der 1921 der H. S. National Park entstand.

Hottentotten (Eigenbez. Khoi-Khoin [„Menschen der Menschen"]), Volk der khoisanides Rasse, urspr. auf Großviehzucht spezialisierte Hirtennomaden, die das südlichste Afrika bewohnten und von den Weißen nach N und O abgedrängt wurden. Die nach Namibia abgewanderte Gruppe der **Nama** hat sich als einzige rein erhalten.

Hottentottenbrot ↑ Elefantenfuß.

Hottentottensprachen, zur Sprachfa-

…milie Khoi-San gehörende Gruppe afrikan. Sprachen mit rd. 40 000 Sprechern (u. a. Nama, Korana, Nhauru) im sw. Afrika; Hauptmerkmale der H. sind Schnalzlaute, die in etwa 70 % der Wörter vorkommen.

Hottentottensteiß ↑ Fettsteiß.

Hotter, Hans, * Offenbach am Main 19. Jan. 1909, dt. Sänger (Baßbariton). - War v. a. in Wagner- und Strauss-Opern sowie mit Schuberts „Winterreise" erfolgreich.

Hötzendorf, Franz Graf Conrad von ↑ Conrad von Hötzendorf, Franz Graf.

Hotzenköcherle, Rudolf, * Chur 12. April 1903, † Zürich 8. Dez. 1976, schweizer. Sprachwissenschaftler. - Seit 1935 Prof. in Zürich; widmete sich v. a. der Erforschung der schweizer. Dialekte und der wiss. Grundlegung der Sprachgeographie.

Hotzenwald, Teil des südl. Schwarzwalds zw. Wehra- und Schlüchttal, durchschnittl. 600–700 m hoch, weitgehend von Buchen-Tannen-Mischwald eingenommen.

Houdar de La Motte, Antoine [frz. udardəla'mɔt], auch La Motte-Houdar, * Paris 17. (18.?) Jan. 1672, † ebd. 26. Dez. 1731, frz. Dichter. - Bes. erfolgreich waren das Singspiel „L'Europe galante" (1697) und die Tragödie „Ines de Castro" (1723); er widersetzte sich insbes. der Forderung der drei Einheiten im Drama; verfaßte auch Fabeln (1719) und übersetzte die „Ilias" (1714).

Houdon, Jean-Antoine [frz. u'dõ], * Versailles 20. März 1741, † Paris 15. Juli 1828, frz. Bildhauer. - Bed. seine Porträtbildwerke, u. a. Büste Diderots (1771; Paris, Louvre), Sitzstatue Voltaires (1779–81; Paris, Comédie-Française), Büste B. Franklins (1778), Büste Washingtons (1785; beide New York, Metropolitan Museum).

Hosenbandorden. Ordenszeichen

Houmt-Souk [frz. umt'suk], Hauptort der tunes. Insel Djerba, an der N-Küste, 9 300 E. Seebad; Gold- und Silberschmiedehandwerk, Textilind.; Fischereihafen; ✈.

Hounsfield, Godfrey Newbold [engl. 'haʊnzfiːld], * Newark (Gft. Nottingham) 28. Aug. 1919, brit. Elektroingenieur. - Mitarbeiter des brit. Elektronikkonzerns Electrical and Musical Industries Ltd. (EMI); entwickelte 1958/59 die erste volltransistorisierte brit. Großrechenanlage (EMIDEC 1100). Ab 1967 schuf er unabhängig von A. M. Cormack die Grundlagen der Computertomographie, die er mit der Entwicklung des EMI-Scanners auch prakt. verwirklichte. Nobelpreis für Physiologie oder Medizin 1979 (zus. mit A. M. Cormack).

Houphouët-Boigny, Félix [frz. ufwɛbwa'ɲi], * Yamoussoukro 18. Okt. 1905, westafrikan. Politiker (Elfenbeinküste). - Arzt; 1940 Häuptling seines Stammesdistrikts; 1945 in die Verfassunggebende Versammlung Frankr. gewählt, 1946 Präs. des von ihm mitbegr. Rassemblement Démocratique Africain; 1956–59 Mgl. verschiedener frz. Reg.; wurde 1959 Premiermin. seines Landes, 1960 erster Präs. der unabhängigen Republik Elfenbeinküste, 1965, 1970, 1975, 1980 und 1985 wiedergewählt.

Houppelande [frz. u'plã:d], langer, weiter, vorne offener Überrock mit Gürtel (burgund.-frz. Mode, 14. bis 16. Jh.).

Hourdi [frz. ur'di] (Hurdi), Hohlstein aus gebranntem Ton für Decken und zur Ummauerung von Stahlskeletten verwendet.

House, Edward Mandell [engl. haʊs], * Houston 26. Juli 1858, † New York 28. März 1938, amerikan. Politiker. - Außenpolit. Berater von Präs. W. Wilson; koordinierte die amerikan. Kriegsallianz mit der Entente 1917/18; Mitbegr. des Völkerbundes; Bruch mit Wilson im Juni 1919 wegen dessen Verhandlungsführung bei den Versailler Friedensverhandlungen.

Houseman, John [engl. 'haʊsmən], eigtl. Jacques Haussmann, * Bukarest 22. Sept. 1902, amerikan. Theaterdirektor, Filmproduzent und -schauspieler rumän. Herkunft. - Produzierte u. a. O. Welles' „Citizen Kane" (1941) und F. Langs „Das Schloß im Schatten" (1955). Sein Filmdebüt hatte er mit „Zeit der Prüfungen" (1973); spielte u. a. auch in „Rollerball", „Die drei Tage des Condor" (beide 1975) und „Geisterstunde" (1982). - † 31. Okt. 1988.

House of Commons [engl. 'haʊs əv 'kɔmənz] ↑ Unterhaus.

House of Lords [engl. 'haʊs əv 'lɔːdz] ↑ Oberhaus.

House of Representatives [engl. 'haʊs əv rɛpri'zɛntətɪvz] ↑ Repräsentantenhaus.

Housman, Laurence [engl. 'haʊsmən], * Bromsgrove (Worcestershire) 18. Juli 1865,

† Glastonbury (Somerset) 20. Febr. 1959, engl. Dichter. - Verfaßte erfolgreiche Chronikdramen, Gedichte in der Art der Präraffaeliten und Romane, z. T. polit.-satir. Inhalts. Seine Märchen und Gedichte illustrierte er teilweise selbst.

Houssay, Bernardo Alberto [span. uˈsai̯], * Buenos Aires 10. April 1887, † ebd. 21. Sept. 1971, argentin. Physiologe. - Prof. in Buenos Aires; ermittelte die Bed. des Hypophysenvorderlappens für den Zuckerstoffwechsel und erhielt hierfür (zus. mit C. F. und G. T. Cori) 1947 den Nobelpreis für Physiologie oder Medizin.

Houston [engl. ˈhjuːstən], Stadt in der Golfküstenebene, SO-Texas, USA, 16 m ü. d. M., 1,55 Mill. E, Metropolitan Area 2,89 Mill. E. Sitz eines anglikan. und eines methodist. Bischofs; mehrere Univ., die älteste 1891 gegr.; Naturkunde-, Kunstmuseum, Theater, Symphonieorchester, Bibliotheken. Bedeutendstes Ind.- und Verkehrszentrum in Texas, wozu v. a. seine Lage in einem Erdölgebiet beigetragen hat; Handelsplatz für Baumwolle. Der Hafen ist mit dem Golf von Mexiko durch einen 80 km langen Kanal verbunden. Kontrollzentrum der NASA; internat. ⚓. - 1836 gegr. und nach General Samuel Houston, dem ersten Präs. der Republik Texas, deren Hauptstadt H. 1837-39 und 1842-45 war, benannt.

Hovawart [zu mittelhochdt. hovewart „Hofwächter, Hofhund"], kraftvoller, bis 70 cm hoher Hund von rechteckigem Körperbau; Kopf breit mit Hängeohren; Schwanz stark behaart; Fell schwarz, schwarz mit hellen Abzeichen oder falb.

Hovercraft ⓦ [engl. ˈhɔvəkrɑːft, eigtl. „Schwebefahrzeug"] ↑ Luftkissenfahrzeug.

Howaida, Amir Abbas [pers. hovejˈdɑ], * Teheran 18. Febr. 1919, † ebd. 7. April 1979 (hingerichtet), iran. Diplomat u. Politiker. - 1942-58 im diplomat. Dienst; 1964/65 Finanzmin., 1965-78 iran. Min.präs.; Ende 1978 verhaftet.

Howald, Ernst, * Bern 20. April 1887, † Ermatingen 8. Jan. 1967, schweizer. klass. Philologe. - Seit 1918 Prof. in Zürich; schrieb u. a. „Die Kultur der Antike" (1936).

Howaldtswerke – Deutsche Werft AG, dt. Schiffbau-, -reparatur- und Maschinenbauunternehmen, Sitz Hamburg und Kiel; entstanden 1967 durch Fusion der Kieler Howaldtswerke und der Hamburger Dt. Werft AG. Das Aktienkapital wird zum größten Teil von der Salzgitter AG und dem Land Schleswig-Holstein gehalten.

Howard [engl. ˈhaʊəd], engl. Adelsfamilie; bed. Vertreter:
H., Charles, Earl of Nottingham (seit 1597), Baron of Effingham (seit 1573), * Effingham (Surrey) 1536, † Haling-House bei Croydon (Surrey) 14. Dez. 1624, Admiral. - Er gehörte zu den Vertrauten Elisabeths I. und kommandierte die engl. Flotte, die 1588 die span. Armada vernichtete.
H., Henry, Earl of Surrey ↑ Surrey, Henry Howard, Earl of.
Howard [engl. ˈhaʊəd], Leslie, eigtl. Leslie Stainer, * London 3. April 1893, † 1. Juni 1943, brit. Schauspieler. - In den 1930er Jahren einer der beliebtesten Theater- und Filmstars in Großbrit. und den USA; seine Darstellung des vollendeten Gentleman kam in den Filmen „Das scharlachrote Siegel" (1934) und „Vom Winde verweht" (1939) am besten zur Geltung. Sein Flugzeug wurde auf dem Rückflug von Lissabon nach London von den Deutschen abgeschossen.
H., Trevor, * Cliftonville (Kent) 29. Sept. 1916, brit. Schauspieler. - Seit 1934 am Londoner Westendtheater, später auch am Old Vic; der film. Durchbruch gelang ihm mit „Begegnung" (1946); internat. bekannt machten ihn u. a. „Der dritte Mann" (1949), „Ryans Tochter" (1969), „Nora" (1973), „Dust" (1985). - † 7. Jan. 1988.

Howe [engl. haʊ], Clarence, * Waltham (Mass.) 15. Jan. 1886, † Montreal 31. Dez. 1960, kanad. Politiker. - Ingenieur; 1908-13 Prof. in Halifax; 1935-57 liberaler Abg. im Repräsentantenhaus; 1936-40 Transport-, 1940-46 Munitions- und Versorgungs-, 1948-57 Handelsmin., 1951-57 Min. für Verteidigungsproduktion.
H., Sir (seit 1972) Geoffrey, * Port Talbot 20. Dez. 1926, brit. Politiker (Konservativer). Jurist; 1964-66 und wieder seit 1970 Abg. im Unterhaus; 1970-72 Kronanwalt; 1973-74 Min. für Handel und Verbraucherfragen; 1979-83 Schatzkanzler, 1983-89 Außenmin.; seit 1989 stellvertr. Premierminister.
H., James Wong, eigtl. Wong Tung Chim, * Kanton 28. Aug. 1899, † Los Angeles-Hollywood 12. Juli 1976, amerikan. Kameramann chin. Herkunft. - Seit 1904 in den USA; 1917-22 Kameraassistent bei C. B. De Mille; bed. durch Einsatz von Weitwinkelobjektiven, Herausarbeitung von Schärfentiefe, Arbeit mit der Handkamera sowie waghalsige Kamerafahrten, u. a. in „Transatlantic" (1931).

Howells, William Dean [engl. ˈhaʊəlz], * Martins Ferry (Ohio) 1. März 1837, † New York 11. Mai 1920, amerikan. Schriftsteller. - 1861-65 Konsul in Venedig; Vorkämpfer des realist. Romans und führender Erzähler Amerikas vor der Jh.wende. - *Werke:* Voreilige Schlüsse (R., 1875), Die große Versuchung (R., 1885), Indian summer (R., 1886).

Howrah [engl. ˈhaʊrə] (neue amtl. Schreibung Haora), ind. Stadt gegenüber von Kalkutta, Bundesstaat West Bengal, 742 000 E. Colleges; bed. Ind.- und Handelsstadt, Aluminiumhütte; Hafen; Brücken über den Hugli.

Hoxha, Enver [alban. ˈhodʒa], * Gjirokastër 16. Okt. 1908, † Tirana 11. April 1985, alban. Politiker. - 1941 1. Provisor. Sekretär der von ihm gegr. KP Albaniens; 1944-54 Min.-

Höxter

präs. (bis 1953 auch Außen- und Innenmin.); seit 1954 1. Sekretär des ZK der „Partei der Arbeit" Albaniens; stand nach blutigen innerparteil. Säuberungen (v. a. 1948–52) fast unangefochten im Mittelpunkt der alban. Politik.

Höxter, Krst. an der Oberweser, NRW, 95 m ü. d. M., 32 000 E. Abteilung H. der Gesamthochschule Paderborn; Papier-, Holz-, Möbel-, Gummi-, Nahrungsmittelind. - 1115 Marktrecht, nach 1250 Stadtrecht. Nach der Säkularisierung der Fürstabtei ↑Corvey (1802/03), der H. seit 823 gehörte, fiel H. 1815 an Preußen. - Kilianikirche (12.–16. Jh.) mit roman. Westbau, frühgot. Marienkirche (13. Jh.), Rathaus (1610–13, Weserrenaissance), Fachwerkhäuser, Adelshöfe, Reste der Stadtbefestigung (13. Jh.).

H., Kreis in NRW.

Hoya ['hoːja], Stadt an der Weser, Nds., 18 m ü. d. M., 3700 E. Landesreitschule, Katastrophenschutzschule, Kartonagen- und Lederartikelherstellung. - Seit 1200 Sitz der Grafen Stumpenhausen, die von hier aus eine Gft. (**Grafschaft Hoya**) aufbauten, die Burg H. errichteten (1233 erstmals erwähnt) und den Namen H. annahmen. Fiel 1582 an Braunschweig-Lüneburg; seit 1929 Stadt.

Høyanger [norweg. ˌhœjaŋər], norweg. Ort am H.fjord, einem nördl. Seitenarm des Sognefjords, 5000 E. 5 Kraftwerke, Aluminiumhütte.

Hoyer ['hɔyər], Alexandra Galina von, russ. Schriftstellerin, ↑Rachmanowa, Alja.

H., Dore, eigtl. Anna Dora H., * Dresden 12. Dez. 1911, † Berlin 30. Dez. 1967 (Selbstmord), dt. Tänzerin und Choreographin. -

Hrabanus Maurus. Papst Gregor IV. nimmt von Abt Hrabanus Maurus (rechts) ein Buch entgegen. Miniatur aus einem Bildgedicht des Hrabanus Maurus (Ausschnitt; um 835). Wien, Österreichische Nationalbibliothek

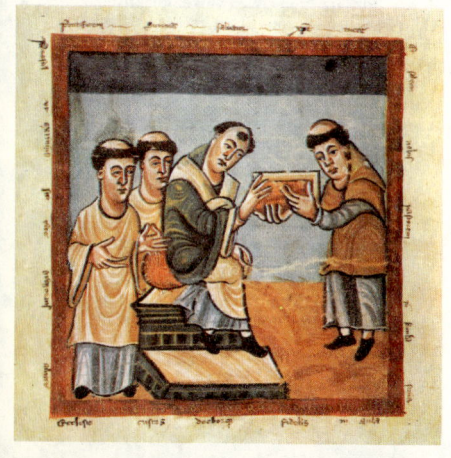

präs. (bis 1953 auch Außen- und Innenmin.); seit 1954 1. Sekretär des ZK der „Partei der Arbeit" Albaniens; stand nach blutigen innerparteil. Säuberungen (v. a. 1948–52) fast unangefochten im Mittelpunkt der alban. Politik.

Hoyerswerda [hɔyərs...], Krst. in der Oberlausitz. Bez. Cottbus, DDR, 120 m ü. d. M., 70 100 E. Theater; Baustoff-, Nahrungs- und Genußmittel-, Braunkohlenind. - 1371 Marktrecht, 1423 Stadtrecht. - Spätgot. Pfarrkirche (Anfang 16. Jh.), Renaissancerathaus und -schloß (beide Ende 16. Jh.).

H., Landkr. im Bez. Cottbus, DDR.

Hozjusz, Stanisław [poln. 'hɔzjuʃ] ↑Hosius, Stanislaus.

hp (HP) [engl. 'ɛɪtʃ'piː] ↑Horsepower.

Hrabal, Bohumil, * Brünn 28. März 1914, tschech. Schriftsteller. - Reiht in seinen skurrilen, humorist.-satir. Erzählungen die verschiedensten Themen und Anekdotisches aneinander. - *Werke:* Die Bafler (1964), Tanzstunden für Erwachsene und Fortgeschrittene (1964), Der Tod des Herrn Baetisberger (1970), Harlekins Millionen (Märchen, 1981).

Hrabanus Maurus (Rhabanus, Rabanus), * Mainz um 780, † ebd. 4. Febr. 856, Universalgelehrter und Erzbischof von Mainz. - Schüler Alkuins in Tours, wurde 804 Vorsteher der Klosterschule in Fulda und 822 Abt des Klosters, dessen Schule sich unter seiner Führung zur bedeutendsten der damaligen Zeit entwickelte; 847 Erzbischof von Mainz. - Seine schriftsteller. Tätigkeit umfaßt neben theolog. Werken auch Stellungnahmen zu Problemen aller Disziplinen der Artes liberales; deshalb erhielt er später den Ehrennamen [Primus] Praeceptor Germaniae („[Erster] Lehrer Deutschlands"). H. M. verhalf im Rahmen der karoling. Renaissance der Theologie zu großer Breitenwirkung; verfaßte dogmat. Schriften und Predigtbücher sowie enzyklopäd. Handbücher auch des profanen Wissens („De rerum naturis", 22 Bde.); viele religiöse lat. Gedichte und Hymnen (u. a. „Veni creator spiritus") werden ihm (wohl nicht immer zu Recht) zugeschrieben. Zu seinen Schülern zählten Otfrid von Weißenburg und Gottschalk von Orbais.

Hradec Králové [tschech. 'hradɛts 'kraːlovɛː] ↑Königgrätz.

Hradschin [hra'tʃiːn, 'hratʃiːn; zu tschech. hrad „Burg, Schloß"], Burg und Stadtteil in Prag.

Hranice [tschech. 'hranjitsɛ] (dt. Mährisch-Weißkirchen), Stadt am S-Rand des Odergebirges, ČSSR, 255 m ü. d. M., 19 100 E. V. a. Baustoffind. - 1169 wurde ein Benediktinerkloster gegr., um das eine Siedlung entstand, die 1251 zur Stadt erhoben wurde. - Barocke Stadtkirche (18. Jh.), Altes Rathaus (1544), Renaissanceschloß (16./17. Jh.), Reste der Stadtbefestigung (14./15. Jh.).

Hrdlicka, Alfred ['hɪrdlɪtska], * Wien 27. Febr. 1928, östr. Bildhauer und Graphiker; ab

1986 Prof. an der Berliner Hochschule der Künste. - Steinskulpturen und Reliefs sowie graph. Zyklen, in denen das Phänomen von Mord und Gewalt in unserer Zeit aufgegriffen wird, u. a. „Haarmann-Relief" (1967).

Hristić, Stevan [serbokroat. ˌhriːstitɛ], * Belgrad 19. Juni 1885, † ebd. 21. Aug. 1958, jugoslaw. Komponist. - Von serb. und makedon. Volksmusik beeinflußte Kompositionen, u. a. das Ballett „Die Ohrider Legende" (1947), Lieder, Chöre.

Hrolf Krake (altnord. Hrólfr kraki „Rolf der Schmächtige"), Gestalt der nordgerman. Heldensage; letzter und berühmtester König aus dem myth. Geschlecht der dän. Skjöldunge (histor. Kern vielleicht aus dem 5./6. Jh.). Wichtige Quellen sind die altisländ. „Bjarkamál", ein lat. Gedicht des Saxo Grammaticus sowie die spätaltisländ. „Hrólfs saga kraka" (14. Jh.).

Hromádka, Josef Luki [tschech. ˈhrɔmaːtka], * Hodslavice 8. Juni 1889, † Prag 26. Dez. 1969, tschech. ev. Theologe. - 1920 Prof. für systemat. Theologie in Prag; 1939–47 in den USA, seit 1947 wieder in Prag. Führendes Mitglied des Ökumen. Rates, Vizepräsident des Ref. Weltbundes; bemüht um den Dialog zwischen Christen und Marxisten; gründete 1958 die Christl. Friedenskonferenz, deren Präsident er bis 1968 war.

Hrotsvit von Gandersheim (Roswita von G.) [ˈroːtsvit], dt. Dichterin des 10. Jh. - Kanonisse des sächs. Stiftes Gandersheim, wohl aus einem sächs. Adelsgeschlecht, verfaßte in mittellat. Sprache Verslegenden, Dramen in Reimprosa (die ältesten dramat. Versuche des MA) und histor. Dichtungen in leonin. Hexametern, darunter „Gesta Oddonis I". In ihren Legenden und Dramen steht das Lob der Jungfräulichkeit im Mittelpunkt einer Welt der göttl. Wunder, die an Märtyrern und Heiligen offenbar werden.

Hrubín, Františsek [tschech. ˈhrubiːn], * Prag 17. Sept. 1910, † Budweis 1. März 1971, tschech. Schriftsteller. - Zunächst Liebes- und Naturlyrik; dann sozial engagierte Dichtung; verfaßte Kinderbücher („Das Hühnchen im Kornfeld"; 1957), Theaterstücke und Erzählungen.

Hsia Kuei (Xia Gui) [chin. ɕjaɡu̯ɛi], * Chientang (Prov. Tschekiang), chin. Maler des 12./13. Jh. - Nachweisbar 1190–1230, der Süd-Sung-Akad. zugehörig. Bed. Landschaftsmaler (Tuschelavierungen).

Hsiao Chien (Xiao Jian), * Peking 17. Dez. 1911, chin. Schriftsteller. - Von der westl. Literatur stark beeinflußt; bekannt durch realist. Erzählungen („Die Seidenraupen", 1944); bed. Literarhistoriker.

Hsieh Fu-chih (Xie Fuzhi) [chin. ɕjɛfudʒi], * Prov. Hupeh 1898, † Peking 26. März 1972, chin. General und Politiker. - Seit 1956 Mgl. des ZK der KPCh, seit 1959 Min. für öffentl. Sicherheit, 1963 Direktor für innere Angelegenheiten und militär. Befehlshaber der Streitkräfte für öffentl. Sicherheit; spielte als einer der mächtigsten Parteigänger Mao Tse-tungs in der Kulturrevolution eine Schlüsselrolle; seit 1967 Mgl. des Politbüros des ZK der KPCh.

Hsin-hua t'ung-hsün-she (Xinhua Tong xunshe) [chin. ɕinxu̯a tʊŋɕynʃʌ „Neues China Nachrichtenagentur"] ↑ Nachrichtenagenturen (Übersicht).

Hsü Pei-hung (Xu Beihong) [chin. ɕybɛiҳʊŋ], gen. Ju Peon, * Ihsing (Prov. Kiangsu) 1894, † Nanking 26. Sept. 1953, chin. Maler. - Studium in Paris; seit 1927 Direktor der Akad. in Peking, später Prof. in Nanking; Tiermaler (bes. Pferde).

HTL, Abk. für: Höhere Technische Lehranstalt (in Verbindung mit dem Ortsnamen).

HTOL [engl. ˈɛɪtʃtiːoʊˈɛl], Abk. für engl.: Horizontal take-off and landing („Horizontalstart und -landung"), ↑ Flugzeug.

HTP-Verfahren, Kurzbez. für Hochtemperaturpyrolyse, ein bei hohen Temperaturen (900–1 600 °C und höher) ablaufendes Verfahren zur Herstellung vorwiegend von Acetylen und Äthylen aus Leichtbenzinen mit einem Siedebereich von 35 bis 180 °C.

HU, Abk. für: ↑ Humanistische Union.

Huachipato [span. u̯atʃiˈpato] ↑ Talcahuano.

Hua Kuo-feng (Hua Guofeng) [chin. xu̯aɡu̯ɔfəŋ], * in der Prov. Hunan 1920, chin. Politiker. - 1958–67 Prov.gouverneur von Hunan, seit 1970 Erster Sekretär der KP von Hunan, 1972 polit. Kommissar der Volksbefreiungsarmee in der Militärregion Kanton, seit 1973 Erster polit. Kommissar des Militärdistriktes Hunan; seit 1975 stellv. Min.präs. und Min. für öffentl. Sicherheit; 1976–80 Min.präs. und 1976–81 Nachfolger Mao Tse-tungs als Vors. des ZK der KPCh.

Huallaga, Río [span. rrio u̯aˈjaɣa], rechter Nebenfluß des Río Marañón in NO-Peru, entspringt in den Anden, mündet 300 km wsw. von Iquitos, etwa 1 100 km lang.

Huambo [portugies. ˈu̯ɐmbu] (1928–75 Nova Lisboa), angolan. Distriktshauptstadt an der Benguelabahn, 1 713 m ü. d. M., 62 000 E. Kath. Erzbischofssitz, Bibliothek, landw. und veterinärmedizin. Forschungsinst., Handelszentrum eines Agrargebiets, ⚙. - Gegr. 1912.

Huanako [indian.] ↑ Guanako.

Huancavelica [span. u̯aŋkaβeˈlika], Hauptstadt des peruan. Dep. H. in der Westkordillere, 3 800 m ü. d. M., 29 000 E. Kath. Bischofssitz; Bergbauzentrum; Endpunkt einer Bahnlinie von Huancayo. - Gegr. 1572.

H., Dep. im südl. Z-Peru, in den Anden, 22 871 km², 347 000 E (1981), Hauptstadt H. V. a. die Täler werden landw. genutzt: Anbau von Weizen, Gerste, Mais, Kartoffeln, Zuckerrohr; Rinder- und Schafhaltung. Bergbau auf Silber-, Blei- und Quecksilbererze. - Das Dep. H. besteht seit 1822.

Huancayo

Huancayo [span. ɥaŋ'kajo], Hauptstadt des zentralperuan. Dep. Junín, in den Anden, 3270 m ü. d. M., 170000 E. Kath. Erzbischofssitz; Univ. (gegr. 1962), landw. Versuchsanstalt; Handelszentrum des wichtigsten peruan. Weizenanbaugebiets. Bahnstation. - H. entstand an der Stelle eines alten Inkazentrums.

Huangho ↑ Hwangho.

Huang Hua [chin. xɥaŋ'xɥa], * 1913, chin. Diplomat und Politiker. - Schloß sich als Student der KPCh an; seit 1953 im chin. Außenministerium tätig; Botschafter in Ghana 1960-65, in der VAR 1966-70, in Kanada 1971; 1971-76 Ständiger Vertreter Chinas bei den UN; seit 1973 Mgl. des ZK der KPCh; 1976-82 chin. Außenminister, 1980 bis 1982 auch stellv. Min.präsident, seit 1982 Mgl. des Staatsrates.

Huang Kung Wang (Huang Gong Wang) [chin. xɥaŋ...], * Pingkiang (Prov. Kiangsu) (?) 1269, † 1354, chin. Maler und Dichter. - Führender Yüan-Meister; sein Landschaftsstil im Geist des Taoismus wurde von den Literatenmalern aufgegriffen; u. a. Querrolle (33 × 638 cm) „In den Fuchun-Bergen wohnen" (1350; Taipeh, Palastmuseum).

Huánuco [span. 'ɥanuko], Hauptstadt des peruan. Dep. H., in der Zentralkordillere, 1912 m ü. d. M., 46000 E. Kath. Bischofssitz; Handelszentrum eines Agrargebiets; Quecksilbererzbergbau; ⚒. - Gegr. 1539. Nahebei die Inka-Ruinenstätte **Huánuco Viejo**.
H., Dep. in Z-Peru, 35315 km², 485000 E (1981), Hauptstadt H. Liegt im Bereich der Zentral- und Ostkordillere der Anden, zw. Río Marañón im W und Río Ucayali im O. Je nach klimat. Lage Anbau von Mais, Gerste, Weizen, Kartoffeln oder Koka, Kaffee, Kakao, Zuckerrohr, Tabak; im O werden Holz und etwas Kautschuk gewonnen. - Das Dep. H. wurde 1823 vom Dep. Junín abgetrennt.

Huaraz [span. ɥa'ras], Hauptstadt des Dep. Ancash im westl. Z-Peru, 3027 m ü. d. M., 36500 E. Kath. Bischofssitz; Handelszentrum eines Agrar- und Bergbaugebiets.

Huarikultur [span. 'ɥari], wichtige voreurop. Kultur im zentralen Andengebiet (540-900); ben. nach der Ruinenstätte Huari im westl. Z-Peru, der Hauptstadt eines großen, fast ganz Peru umfassenden Reiches; typ. sind stark stilisierte tierköpfige (Kondor und Jaguar) Dämonen auf mehrfarbigen Tongefäßen, Textilien und Muschelmosaiken.

Huáscar [span. 'ɥaskar] (Waskar), † Andamarca (Peru) 1533, 12. Herrscher der traditionellen Inkaliste. - Kämpfte gegen seinen Halbbruder Atahualpa und die Spanier, die ihn 1532 gefangennahmen. 1533 auf Befehl des Atahualpa ermordet.

Huascarán [span. ɥaska'ran], höchster Berg der Cordillera Blanca in Z-Peru, 6768 m hoch; vergletschert.

Huasco [span. 'ɥasko], Hafenort in Chile, ↑ Vallenar.

Huaxteken [huas'te:kən], zur Sprachgruppe Maya-Quiché gehörender Indianerstamm in NO-Mexiko; v. a. Kleinbauern. - Archäolog. lassen sich die H. etwa seit 1500 v. Chr. nachweisen; Blütezeit etwa seit 900 n. Chr., v. a. Steinskulpturen, schwarzweiß bemalte Keramik, Tonfiguren, Muschelschnitzereien, runde Tempelpyramiden.

Hub, allg. der Abstand zw. den beiden Umkehrpunkten einer geradlinigen, hin- und hergehenden Bewegung. - ↑ auch Hubraum.

Hubalek, Claus, * Berlin 18. März 1926, dt. Schriftsteller. - Zeitweilig Dramaturg bei B. Brecht, setzte sich krit. mit der Kriegs- und Nachkriegszeit auseinander, u. a. in „Der Hauptmann und sein Held" (Kom., Uraufführung 1954), „Stalingrad" (Dr., Uraufführung 1962), „Im Schlaraffenland" (Dr., 1971; nach H. Mann); auch Hör- und Fernsehspiele.

Hubarbeit ↑ Arbeit (physikal. Größe).

Hubay, Jenő [ungar. 'hubɔi], seit 1909 H. von Szalatna, * Budapest 15. Sept. 1858, † ebd. 12. März 1937, ungar. Violinvirtuose und Komponist. - Schüler J. Joachims; nach Konzerttätigkeit Prof. für Violine in Brüssel (1882) und Budapest (1886); Leiter eines Streichquartetts.

Hubble, Edwin Powell [engl. hʌbl], * Marshfield (Mo.) 20. Nov. 1889, † San Marino (Calif.) 28. Sept. 1953, amerikan. Astronom. - Begründete die moderne extragalakt. Astronomie. 1923/24 gelang ihm die Bestimmung der Entfernung des Andromedanebels. 1929 entdeckte er den später nach ihm benannten Hubble-Effekt.

Hubble-Effekt [engl. hʌbl], Bez. für den

Huarikultur. Gesicht einer Gottheit (Gold). Stanford University

von E. P. Hubble entdeckten Zusammenhang zw. der Größe der Rotverschiebung der Spektrallinien in den Spektren außerhalb der Milchstraße gelegener (extragalakt.) Sternsysteme und deren Entfernung; dient zur Bestimmung der Radialgeschwindigkeit und Entfernung weit entfernter Galaxien. Man deutet die beobachtete Rotverschiebung als Doppler-Effekt auf Grund einer Expansionsbewegung. Die Expansionsgeschwindigkeit (Fluchtgeschwindigkeit) der extragalakt. Systeme nimmt je 1 Mpc um etwa 75 km/s zu (**Hubble-Konstante**).

Hubbuch, Karl, * Karlsruhe 21. Nov. 1891, † ebd. 26. Dez. 1979, dt. Maler und Graphiker. - 1925–33 und 1948–57 Prof. in Karlsruhe; zunächst v. a. Graphiker, seit 1925 auch Gemälde in einem gesellschafts- und sozialkrit. engagierten Verismus; seit den 1950er Jahren v. a. Porträts. - Abb. S. 104.

Hubei [chin. xubɛi], chin. Prov., † Hupeh.

Hubel, David Hunter [engl. 'hjubel], * Windsor (Kanada) 27. Febr. 1926, amerikan. Neurophysiologe. - Erhielt zus. mit T. N. Wiesel und R. W. Sperry 1981 den Nobelpreis für Physiologie oder Medizin für die Erforschung der Verarbeitung opt. Reize durch das Gehirn.

Huber, Erwin, * Reisbach (Ldkr. Dingolfing) 26. Juli 1946, dt. Politiker (CSU). Volkswirt; seit 1978 MdL in Bayern; 1986–87 Leiter des Landtagsausschusses „Landesentwicklung und Umweltfragen"; 1987–88 stellvertr., seit Aug. 1988 Generalsekretär.

H., Klaus, * Bern 30. Nov. 1924, schweizer. Komponist. - Kompositionstechn. an A. von Webern anknüpfend, hebt sich H. mit expressiven Vokalwerken meist religiösen Inhalts von der seriellen Webern-Nachfolge ab; u. a. „Tenebrae" (1968), „Dialekt. Oper: Jot oder, Wann kommt der Herr zurück?" (1973).

H., Nicolaus A., * Passau 15. Dez. 1939, dt. Komponist. - Einer der umstrittensten Komponisten der Avantgarde; Kompositionen wie „Harakiri" (1972) oder „Anerkennung und Aufhebung" (1973) sind „polit. Musik".

H., Robert, * München 20. Febr. 1937, dt. Biochemiker. - Seit 1987 Direktor der Abt. Strukturforschung am Max-Planck-Institut für Biochemie in Planegg-Martinsried; erhielt zus. mit J. † Deisenhofer und H. † Michel den Nobelpreis für Chemie 1988 für die Bestimmung der dreidimensionalen Struktur eines photosynthet. Reaktionszentrums eines Bakteriums durch Röntgenstrukturanalyse.

H., Victor Aimé, * Stuttgart 10. März 1800, † Nöschenrode (= Wernigerode) 19. Juli 1869, dt. Literarhistoriker und Sozialpolitiker. - 1848 Mitbegr. der Konservativen Partei, wollte Anregungen der brit. Genossenschaftsbewegung durch Verbreitung der Genossenschaftsidee unter sozialkonservativem und christl.-sozialem Vorzeichen auf Deutschland übertragen und so die Arbeiterschaft in die bürgerl. Gesellschaft integrieren.

H., Wolf, * Feldkirch (Vorarlberg) um 1485, † Passau 3. Juni 1553, dt. Maler und Zeichner. - Maler der Donauschule. Landschaftsfederzeichnungen von großer Unmittelbarkeit. - *Werke:* Annenaltar (1515–21; Wien, Kunsthistor. Museum), Marienaltar (um 1525–30; Berlin-Dahlem und München, Bayer. Nationalmuseum); Bildnisse (u. a. „Jakob Ziegler" 1544–49, Wien, Kunsthistor. Museum).

Hubert, alter dt. männl. Vorname, Kurzform von Hugbert (Hugubert).

Hubertus (Hubert), hl., * um 655, † Tervuren bei Brüssel 30. Mai 727, Missionar und Bischof. - Um 703/705 Bischof von Tongern-Maastricht (später Lüttich). Auf Grund einer Legende, wonach H. sich während der Jagd durch die Erscheinung eines Hirsches mit einem Kreuz im Geweih bekehrt habe, wurde er zum Patron der Jagd und Jäger, auch von Schützenvereinen und gegen die Tollwut. - Fest: 3. Nov.

Hubertusburg, ehem. kurfürstl. Jagdschloß (erbaut v. a. 1743–51; Gem. Wermsdorf, Bez. Leipzig). Mit den hier am 15. Febr. 1763 unterzeichneten Friedensverträgen wurde der Siebenjährige Krieg beendet.

Hubinsel, schwimmfähige Bohrplattform, z. B. für Einrichtungen der Gas- und Erdölbohrung im Off-shore-Bereich. Die H. besitzt 3–12 verstellbare Stützen, die abgesenkt werden und beim Bohren auf dem Meeresboden stehen.

Hubley, John [engl. 'hʌblɪ], * New York 21. Mai 1914, † New Haven 21. Febr. 1977, amerikan. Zeichentrickfilmer. - Zeichnete für W. Disney u. a. „Schneewittchen und die 7 Zwerge" (1937), „Bambi" (1943). Sein 1956 gegr. eigenes Studio brachte u. a. den in Farbgebung und Figurenwelt äußerst differenzierten Film „Großer Vogel Mond" (1959) heraus.

Hubli-Dharwar, ind. Stadt am W-Rand des Dekhan, Bundesstaat Karnataka, 527 000 E, Univ.; Baumwollmarkt; Textilind., Eisenbahnknotenpunkt mit Eisenbahnreparaturwerkstätten. - Blütezeit von Hubli im 16./17. Jh.; 1726 von den Marathen verwüstet. - 1961 wurden Hubli und Dharwar vereinigt.

Hubmaier, Balthasar, * Friedberg bei Augsburg zw. 1480 und 1485, † Wien 10. März 1528 (verbrannt), dt. täufer. Theologe. - Gewann 1525 Waldshut für das Täufertum; vertrat, anders als andere Täufer, das Recht auch der christl. Obrigkeit auf Ausübung der Schwertgewalt.

Hubmann, Hanns, * Hannover 21. Juni 1910, dt. Bildjournalist. - Bes. bekannt durch seine eindringl.-realist. Bildberichte über Deutschland, zusammengefaßt in „Gesehen und geschossen" (1970), „Die Adenauerzeit 1947–1949" (1983), „Die Hitler-Zeit 1933–1945" (1984); auch beschreibende Dokumentationen, z. B. „Garten der Träume" (1973).

Hübner

Karl Hubbuch, Sie wohnen im gleichen Haus (um 1925/26). Privatbesitz

Hübner, Carl Wilhelm, * Königsberg (Pr) 17. Juni 1814, † Düsseldorf 5. Dez. 1879, dt. Maler. - Vertreter der Düsseldorfer Schule, zeitweise sozialkrit. Bilder, u. a. „Die schles. Weber" (1844); 1848 Mitbegr. des „Malkastens".

H., Friedrich, * Bangalore 25. Juni 1911, dt. ev. Theologe. - 1937–47 Missionar in Indien, seit 1964 Bischof für Holstein und Vorsitzender der Kirchenleitung der Ev.-Luth. Landeskirche Schleswig-Holsteins und seit deren Eingliederung in die Nordelb. ev.-luth. Kirche (1977) deren Vors. und Bischof für Holstein-Lübeck bis 1981.

H., Kurt, * Hamburg 30. Okt. 1916, dt. Regisseur. - 1959–62 Intendant des Ulmer, 1962–73 Generalintendant des Bremer Theaters, das er zu einer der führenden dt. Bühnen machte; seit 1973 Leiter der Berliner Volksbühne. H. gab jungen Regisseuren wie P. Zadek, P. Palitzsch, K. M. Grüber, P. Stein, W. Fassbinder Entfaltungsmöglichkeiten. Als Bühnenbildner zog er W. Minks heran.

Hubraum (Hubvolumen), vom Kolben einer Kolbenmaschine auf dem Weg (Hub, Kolbenhub) vom oberen Umkehrpunkt (oberer Totpunkt = **OT**) zum unteren (**UT**) überstrichener Raum, d. h. das Produkt aus Zylinderquerschnitt und Hub. Bei Mehrzylindermaschinen ergibt sich der **Gesamthubraum** als Summe der Hubvolumina aller Arbeitszylinder. Die **Hubraumleistung** (**Literleistung**) ist der Quotient aus maximaler Nutzleistung und Gesamt-H. eines Motors (Angabe in Kilowatt/Liter [kW/l], früher PS/l).

Hübsch, Heinrich, * Weinheim 9. Febr. 1795, † Karlsruhe 3. April 1863, dt. Baumeister. - Schüler und Nachfolger F. Weinbrenners als Baudirektor in Baden. Vertrat ein „rationelles" Bauen, d. h. Anwendung von Bogen und Wölbung, Offenlegung der Konstruktion und des Materials. - *Werke:* Kunsthalle (1836–45) und Orangerie (1853–57) in Karlsruhe, Rekonstruktion der Westfassade des Speyerer Domes (1854–58).

Hübschmann, Heinrich, * Erfurt 1. Juli 1848, † Freiburg im Breisgau 20. Jan. 1908, dt. Indogermanist. - Prof. in Leipzig und Straßburg; wies nach, daß das Armenische eine eigenständige indogerman. Sprache ist.

Hubschmid, Paul, * Aarau 20. Juli 1918, schweizer. Schauspieler. - Zunächst Bühnenengagements am Volkstheater und am Theater in der Josefstadt in Wien; 1948–53 in Hollywood; zahlr. Filme („Die goldene Brük-

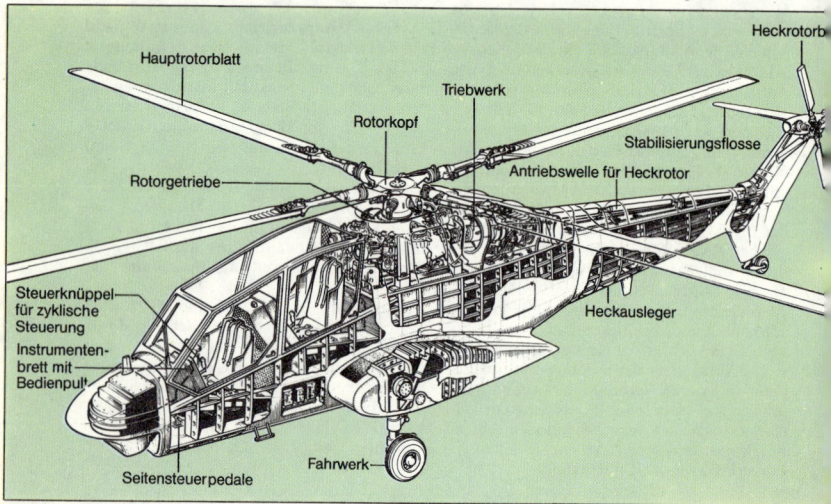

Hubschrauber. Teilschematische Darstellung eines Hochleistungshubschraubers mit gelenklosem Hauptrotrotorsystem

ke", 1954; „Finale in Berlin", 1967). Glanzrolle als Prof. Higgins in der dt. Erstaufführung von „My Fair Lady" (1961).

Hubschrauber (Helikopter), zu den *Drehflügelflugzeugen* zählende Flugzeuge, bei denen an Stelle starrer Tragflächen umlaufende Flügel vorhanden sind, sog. *Rotoren*, die den Auf- und Vortrieb erzeugen. Die *Rotorblätter* (Einzelflügel) sind gelenkig oder elast. am *Rotorkopf* befestigt; sie sind zur Steuerung um ihre Holmachsen drehbar, der Blattwinkel kann kollektiv und/oder zykl. (in Abhängigkeit vom jeweiligen Umlaufwinkel des einzelnen Blattes) verstellt werden. Beim *Aufsteigen*, *Schweben* oder *Sinken* haben alle Rotorblätter jeweils denselben Anstellwinkel; der damit verbundene Auftrieb wirkt ausschließl. in der Senkrechten. Zum *Waagrechtflug* wird in Vorwärtsrichtung eine Komponente des Auftriebs dadurch erzeugt, daß die Rotorblätter auf der hinteren Rotorkreishälfte über Taumelscheibe u. [Blattwinkel]verstellhebel (zyklisch) steiler gestellt werden. Der resultierende Auftrieb aller Blätter weist dadurch schräg nach vorn. Neben dieser *Blattwinkelsteuerung* gibt es die sog. *Kopfkippsteuerung*, bei der der gesamte Rotorkopf mit den Blättern gekippt wird.
Beim eigtl. H. erfolgt der Rotorantrieb über Wellen durch [Kolben]motor oder Gasturbine. Drehmomentenausgleich um die Hochachse entweder durch zwei gegenläufige Rotoren (z. B. beim *Tandemhubschrauber* „fliegende Banane") oder durch seitl. *Heckrotor* (Heckschraube). - Weitere Typen von Drehflügelflugzeugen: **Tragschrauber (Autogiro),** bei dem der Fahrtwind den Rotor antreibt, wodurch Auftrieb erzeugt wird; Tragschrauber benötigen eine zusätzl. Vortriebsanlage, meist in Form eines Propellers am Rumpf; senkrechtes Landen und Starten ist nicht möglich. - **Flugschrauber** haben neben Rotoren noch Vortriebseinrichtungen (Propeller oder Schubdüsen); dadurch höhere Fluggeschwindigkeiten. - Eine wesentl. Entlastung des Rotors im Horizontalflug erzielt man durch zusätzl. feste Tragflügel. Auf diese Weise entsteht der **Kombinationsflugschrauber.** Beim Start und Landung wird die gesamte Antriebsleistung vom Rotor aufgenommen, im Reiseflug vorwiegend zum Vortrieb verwendet.
H. finden u. a. Verwendung als **Lufttaxi** (Zubringerverkehr zu Flughäfen), **Kranhubschrauber** (zum Transport schwerer Lasten, z. B. komplette Hochspannungsmasten in unzugängl. Gelände), **Rettungshubschrauber** (zum schnellen Transport von Verletzten oder Kranken) und zur Verkehrsüberwachung. V. a. im militär. Bereich wird der H. in vielfältiger Weise eingesetzt (Panzerbekämpfung, Verbindungs- und Beobachtungs-H., Truppentransport).
Geschichte: Grundgedanken zum H. gibt es bereits in Aufzeichnungen von Leonardo da Vinci (1475); 1907 erster Flug eines von L. Bréguet konstruierten H., 1923 Entwicklung des Tragschraubers (Autogiro) durch J. de la Cierva.
📖 *Gersdorff, K. von/Knobling, K.: H. u. Tragschrauber. Koblenz* ²*1985.* - *Taylor, M. J./Taylor, J.: Die H. der Welt. Stg. 1978.*

Hubschrauberträger, Kriegsschiff mit Flugdeck und einer größeren Anzahl von Hubschraubern zur U-Bootbekämpfung und Durchführung von Landungsoperationen.

Hubstapler, Kraft- oder Elektrofahrzeug zum Transport und Stapeln von Stückgut mit mechan. oder hydraul. Hebevorrichtung (Plattform, Zangengreifer oder Dorn); **Gabelstapler** haben als Hebevorrichtung einen gabelförmigen Ausleger (Hubgabel) für Paletten bzw. palettierte Ladungen. - Abb. S. 106.

Hubtor, senkrecht auf und ab bewegl. Tor (z. B. für Garagen, Industriehallen).

Hubvolumen, svw. ↑ Hubraum.

Hucbald (Hugbaldus, Ubaldus, Uchubaldus), * um 840, † Saint-Aman-les-Eaux 20. Juni 930, flandr. Mönch und Musiktheoretiker. - Komponist von Heiligenoffizien und Tropen, Verfasser von Heiligenviten und des Traktats „De harmonica institutione", in dem er die Errungenschaften der antiken Musiktheorie für die Choralpraxis seiner Zeit fruchtbar zu machen versucht.

Huch, Felix, * Braunschweig 6. Sept. 1880, † Tutzing (Landkr. Starnberg) 6. Juli 1952, dt. Erzähler. - Bruder von Friedrich H., Vetter von Ricarda H.; schrieb biograph. Romane, v. a. über Komponisten, u. a. „Der junge Beethoven" (1927), „Mozart" (2 Bde., 1941-48).

H., Friedrich, * Braunschweig 19. Juni 1873, † München 12. Mai 1913, dt. Schriftsteller. - Vetter von Ricarda H.; schrieb Satiren gegen die bürgerl. Dekadenz; auch teils satir.-humorist., teils psychologisierende Romane wie „Peter Michel" (R., 1901), „Enzio" (R., 1911).

H., Ricarda, Pseud. Richard Hugo, * Braunschweig 18. Juli 1864, † Schönberg (Taunus) 17. Nov. 1947, dt. Erzählerin und Lyrikerin. - Bis 1897 Tätigkeit an der Züricher Stadtbibliothek; dann Lehrerin in Bremen; heiratete 1898 in Wien den italien. Zahnarzt E. Ceconi, nach der Scheidung 1907 ihren Vetter Richard H., von dem sie sich 1910 wieder trennte. Trat 1933 aus Protest gegen den NS aus der Preuß. Akademie der Künste aus. Waren für ihr Frühwerk v. a. Phantasie und Subjektivismus prägend, gelangte sie später zur beschreibenden „objektiven" Darstellung histor. Gestalten und Ereignisse („Der große Krieg in Deutschland", 1912-14; 1937 u. d. T. „Der Dreißigjährige Krieg"). Eine Sonderstellung nimmt ihr literar- und kulturgeschichtl. Werk „Die Romantik" (1908) ein, das für die Wiederentdeckung der Romantik und für die Überwindung des Naturalismus von großer Bed. war. Kurz vor ihrem Tod hatte sie die

Hubstapler. Gabelstapler

Herausgabe eines Buches über die dt. Widerstandsbewegung geplant („Der lautlose Aufstand", 1953, von G. Weisenborn vollendet). *Weitere Werke:* Erinnerungen von Ludolf Ursleu dem Jüngeren (R., 1893), Fra Celeste und andere Erzählungen (1899), Aus der Triumphgasse (Skizzen, 1902), Die Geschichte von Garibaldi (Bd. 1: Die Verteidigung Roms, 1906; Bd. 2: Der Kampf um Rom, 1907), Der letzte Sommer (E., 1910), Frühling in der Schweiz (Erinnerungen, 1938), Herbstfeuer (Ged., 1944), Urphänomene (Schriften, 1946).

H., Rudolf, Pseud. A. Schuster, * Porto Alegre (Brasilien) 28. Febr. 1862, † Bad Harzburg 12. Jan. 1943, dt. Schriftsteller. - Bruder von Ricarda H.; satir., zeitkrit. Romane, Erzählungen, Lustspiele und kulturkrit. Essays, u. a. „Aus dem Tagebuch eines Höhlenmolches" (R., 1896), „Mehr Goethe!" (Essay, 1899), „Die Familie Hellmann" (R., 1909).

Huchel, Peter, * Berlin 3. April 1903, † Staufen im Breisgau 30. April 1981, dt. Lyriker u. Hörspielautor. - 1945-48 am Rundfunk in Berlin (Ost); 1948-62 Chefredakteur der Zeitschrift „Sinn und Form"; seit 1971 in der BR Deutschland. Verfaßt v. a. zeitbezogene, auch polit. zu deutende Naturgedichte wie „Chausseen, Chausseen" (1963), „Die Sternenreuse. Gedichte 1925-1947" (1967), „Gezählte Tage" (1972), „Die neunte Stunde" (1977).

Huchen (Donaulachs, Rotfisch, Hucho hucho), bis 1,5 m langer, räuber. Lachsfisch (Art der Gatt. Hucho) in der Donau und ihren Nebenflüssen; große Fettflosse, bräunl. bis grauer Rücken, rötl. Seiten mit schwarzen Flecken und weißl. Bauch; Speisefisch.

Hückel, Erich, * Charlottenburg (= Berlin) 9. Aug. 1896, † Marburg 16. Febr. 1980, dt. Physiker. - Prof. in Marburg; arbeitete mit P. † Debye eine Theorie der starken Elektrolyte (Debye-Hückelsche Theorie) aus und gab eine Erklärung der C-C-Doppelbindung und der Bindung im Benzolring.

Hückelhoven [...ho:fən], Stadt an der Rur, NRW, 60 m ü. d. M., 36 100 E. Steinkohlenbergbau, Metallverarbeitung. - Das 1261 genannte H. sowie das um 1300 belegte **Ratheim** waren 1530 Zentren der Täuferbewegung. 1935 zur Gemeinde H.-Ratheim vereinigt, 1969 Stadtrecht; H. seit 1972. - Von der Burg ist das Herrenhaus (16./17. Jh.; heute Altersheim) erhalten.

Huckepackstart, Starten nicht eigenstartfähiger Flugkörper von Trägerflugzeugen bzw. -raketen aus.

Huckepackverkehr, Beförderung von Straßenfahrzeugen auf Spezialgüterwagen der Eisenbahn.

Hückeswagen, Stadt an der Wupper, NRW, 260-360 m ü. d. M., 14 600 E. Werkzeug- und Kleineisenind. - Mittelpunkt der gleichnamigen Gft.; 1260 an die Grafen von Berg; 1859 Stadtrecht. - Klassizist. ev. Pauluskirche (1783-86), Schloß (mehrfach umgebaut, heute Rathaus und Museum).

Hudaida, Al (Hodeida), Hafenstadt am Roten Meer in der Arab. Rep. Jemen, 89 000 E. Kraftwerk; Baumwollentkörnung, Zigarettenfabrik; der neue Hafen **Al Ahmadi** wurde mit sowjet. Hilfe fertiggestellt; internat. ⚓.

Huddersfield [engl. ˈhʌdəzfiːld], engl. Stadt am Colne, Metropolitan County West Yorkshire, 123 900 E. TH; Zentrum der Wollind. in West Riding. - Im Domesday Book (1086) als **Oderesfelt** erwähnt; 1888 Stadtrecht.

Hudiksvall, schwed. Hafenstadt am inneren Ende des H.fjärden (Bottensee), 38 000 E. Holzverarbeitende Ind., im Gemeindeteil **Iggesund** Sulfatzellulosewerk. - 1582 gegründet.

Hudson [engl. hʌdsn], Henry, * um 1550, † 1611, engl. Seefahrer. - Unternahm zw. 1607 und 1611 vier Reisen auf der Suche nach einer kürzeren Seeverbindung nach China durch das Nordpolarmeer. Er entdeckte und erkundete den Hudson River und die Chesapeake Bay, erreichte 1610 die Hudsonstraße und die Hudsonbai; wurde zusammen mit seinem Sohn und 7 Gefährten im Juni 1611 von der meuternden Mannschaft ausgesetzt und blieb verschollen.

H., Rock, eigtl. Roy Fitzgerald, * Winnetka (Ill.) 17. Nov. 1925, † Los Angeles 2. Okt. 1985, amerikan. Filmschauspieler. - Seit 1948 in Hollywood; internat. Erfolge in dramat., melodramat. und kom. Rollen, z. B. „Giganten"

(1956), „Duell in den Wolken" (1957), „Bettgeflüster" (1959), „Ein ruhiges Paar" (1968).
Hudsonbai [engl. hʌdsn], Binnenmeer in NO-Kanada, über die etwa 700 km lange, 60–240 km breite **Hudsonstraße** mit dem Atlantik, über den nur im Sommer passierbaren, über 300 km langen, 150–300 km breiten **Foxe Channel** mit dem Nordpolarmeer verbunden, etwa 900 km lang und breit, mit der südl. Bucht **James Bay** 1 350 km lang, durchschnittl. 128 m, maximal 218 m tief. - Wirtsch. Bed. hat die H. wegen des Kabeljau- und Lachsfangs und als Schiffahrtsstraße, die von Mitte Juli–Mitte Nov. befahren wird. - Von H. Hudson 1610 entdeckt und später nach ihm benannt. 1662 erreichte P. E. Radisson die H. über Land, 1668 folgte die Gründung des ersten Handelspostens an der Mündung des Rupert River.
Hudson River [engl. 'hʌdsn 'rɪvə], Fluß im O der USA, entspringt in mehreren Quellflüssen in den Adirondack Mountains, mündet bei New York in den Atlantik, 493 km lang. Der H. R. ist Teil des Kanalsystems zw. New York und den Großen Seen einerseits und dem Sankt-Lorenz-Strom andererseits.

Rock Hudson

Hudson River School [engl. 'hʌdsn 'rɪvə 'skuːl], amerikan. Schule der romant. Landschaftsmalerei, etwa 1825–70. Führende Malerpersönlichkeit war T. Cole, in der zweiten Generation J. F. Cropsey, J. F. Kensett, F. E. Church, G. Inness. Entdecker der amerikan. Landschaft. Sie arbeiteten zuerst in den Catskill Mountains am Hudson River, später in den Appalachen und u. a. im Polargebiet.
Hudson's Bay Company [engl. 'hʌdsnz 'beɪ 'kʌmpəni], engl. Handelskompanie, 1670 gegr. und von König Karl II. mit Handels- und Bergbauprivilegien sowie dem Rechtstitel auf alles Land im Einzugsbereich der Hudsonbai ausgestattet. 1821 mit der North West Company vereinigt; verkaufte 1869 fast ihre gesamten Besitzrechte an den Kanad. Bund, heute bed. Handelsfirma.

Hudsonstraße [engl. hʌdsn] ↑ Hudsonbai.
Huê, vietnames. Stadt im Zentralen Tiefland, 10 km oberhalb der Mündung des Huong Giang ins Südchin. Meer, 209 000 E. Verwaltungssitz der Prov. Binh Tri Thien, kath. Erzbischofssitz; Univ. (gegr. 1957); Konservatorium. Marktort an der Küstenbahnlinie; Hafen für Schiffe mit geringem Tiefgang; ✈. - Die anfangs **Phu Xuan** gen. Stadt wurde 1687 Residenz der Nguyên und 1802 Hauptstadt des vereinigten Annam. - In der Altstadt Tempel- und Palastanlagen, in ihrer Mitte der Kaiserpalast (19. Jh.).
Hueck-Dehio, Else [hyk] * Dorpat 31. Dez. 1897, † Murnau 30. Juni 1976, dt. Schriftstellerin. - Ihr vielfach autobiograph. Werk, v. a. Erzählungen wie „Ja, damals ..." (1953), „Die goldenen Äpfel" (1974) sowie Romane und Gedichte, ist dem Baltikum verpflichtet; bes. erfolgreich das Jugendbuch „Indianersommer" (1965).
Huehuetenango [span. ɣeɣete'naŋgo], Hauptstadt des Dep. H., Guatemala, 1 900 m ü. d. M., 13 000 E. Zentrum eines Landwirtschaftsgebietes. Nahebei die Tempel- und Pyramidenruinen von Zaculeu.
Huelsenbeck, Richard ['hyl...], * Frankenau 23. April 1892, † Muralto (Tessin) 20. April 1974, dt. Schriftsteller. - Arzt; 1916 Teilnahme an der Züricher, 1917 an der Berliner „Dada"-Bewegung; nach 1918 Weltreisen als Schiffsarzt und Korrespondent; 1936 Emigration nach New York, wo er, mittlerweile amerikan. Staatsbürger, als Psychiater unter dem Namen Charles R. Hulbeck lebte. - *Werke:* Phantast. Gebete (Ged., 1916), Dada siegt (Schrift, 1920), Ruhrkrieg (En., 1932), Die New Yorker Kantaten (Ged., 1952), Die Antwort der Tiefe (Ged., 1954), Mit Witz, Licht und Grütze (Erinnerungen, 1957).
Huelva [span. 'ɣelβa], span. Hafenstadt am Golf von Cádiz, 127 800 E. Verwaltungssitz der Prov. H.; Kath. Bischofssitz; biolog. Forschungsinst.; in H. laufen die Minenbahnen aus den Fördergebieten der Prov. zusammen. Kupfererzverhüttung, chem., Eisen- und Stahlind.; Erdölraffinerie, Schiffsreparaturen, Fischkonservenind. - Röm. Exporthafen für die Erze der Umgebung, geriet 713 in muslim. Hand, wurde 1238 im Zuge der Reconquista erobert, 1755 weitgehend durch das große iber. Erdbeben zerstört.
Huerta, Vicente García de la, ↑ García de la Huerta, Vicente.
Huerta [span. 'ɣerta; zu lat. hortus „Garten"], in Spanien das durch Kanäle und Gräben bewässerte, intensiv genutzte Gemüse- und Obstland in den **Vegas,** d. h. Flußauen oder bewässerbaren Gebieten.
Huesca [span. 'ɣeska], span. Stadt im Ebrobecken, 488 m ü. d. M., 44 400 E. Verwaltungssitz der Prov. H.; kath. Bischofssitz; landw. Marktzentrum. - Das röm. **Osca** war

etwa 77–72 die Hauptstadt eines span. Teilreiches unter Sertorius; 1096–1118 Hauptstadt des Kgr. Aragonien. - Roman. Kirche San Pedro el Viejo (12./13. Jh.), got. Kathedrale (13.–16. Jh.).

Huet [frz. ɥɛ], Paul, * Paris 3. Okt. 1803, † ebd. 8. Jan. 1869, frz. Maler und Graphiker. - Von Constable und R. P. Bonington, später von der Schule von Barbizon beeinflußte Landschaften; auch Holzstiche, Radierungen und Lithographien.

H., Pierre Daniel, latinisiert Huetius, * Caen 8. Febr. 1630, † Paris 26. Jan. 1721, frz. Philologe, kath. Theologe und Philosoph. - Lehrer des Dauphins, für den er zus. mit J. B. Bossuet klass. Autoren bearbeitete (↑ ad usum Delphini); 1689 Bischof von Avranches.

Huf (Ungula), die bei den Unpaarhufern (bei den Paarhufern ↑ Klaue) das Endglied der dritten (mittleren) Zehe als Schutzeinrichtung schuhartig überdeckende Hornmasse *(Hornkapsel, Hornschuh)*; i. w. S. auch Bez. für das ganze hornbedeckte Zehenendglied. Die Hornkapsel läßt sich in *Hornwand, Hornsohle* und *Hornstrahl* (letzterer ist die von der Huflederhaut erzeugte hornige, im Zentrum der Hornsohle keilartig vorspringende Erhebung) gliedern. Beim Pferde-H heißt der nach vorn gerichtete Hornwandteil *Zehenwand*, der hinterste seite *Tracht[enwand]* (Fersenwand); dazw. liegen die Seitenwände. Beim H.beschlag werden die H.nägel zur Befestigung des H.eisens durch die Hornwand hindurch eingeschlagen und jeweils vernietet.

Hufkrankheiten: Die **Rehkrankheit** (Pododermatitis aseptica) ist eine H.lederhautentzündung beim Pferd, die als plötzl. Lahmheit auftritt. Meist durch fehlerhaften H.beschlag hervorgerufen wird die **Huffistel,** die durch eitrige Geschwüre der H.lederhaut und durch Lahmen gekennzeichnet ist. Der **Hufkrebs** (Strahlkrebs, Fibroepitheliom) wird durch Wucherungen der H.lederhaut hervorgerufen und ist äußerl. erkennbar an Geschwüren und nässenden Furchen sowie Lahmen.

Hufe (oberdt. Hube), im MA Sammelbegriff für die zum Lebensunterhalt notwendige Hofstätte der bäuerl. Familie mit Ackerland und Nutzungsrecht an der Allmende; seit fränk. Zeit Grundeinheit für Abgaben an die Grundherrschaft. Die Durchschnittsgröße betrug 7–10 ha, die Königs-H. (fränk. H.) für Siedler hatte doppelte Größe. Seit dem 15./16. Jh. wurde die H. durch Entwicklung der staatl. Grundsteuer zur fiskal. Berechnungseinheit, die die Anlage von Katastern erforderte.

Hufeisen, flaches, in der Form dem äußeren Rand des Pferdehufs angepaßtes geschmiedetes Eisenstück, das als Schutz auf die Unterseite des Hufes aufgenagelt wird. Neben dem „glatten Beschlag", dem einfachsten und die Bewegungsvorgänge bei Be- und Entlastung des Hufes am wenigsten störenden H., gibt es schmale Renn-H. für Rennpferde, Halbmondeisen, die nur den Zehenteil des Hufs abdecken, Bügelhintereisen u. a.; für Zugpferde verwendet man H. mit Steck- oder Schraubstollen (an den Schenkelenden) und Griff (Vorsprung an der Zehe), um ein Ausgleiten des Pferdes zu verhindern.

Hufeisenklee (Hippocrepis), Gatt. der Schmetterlingsblütler mit rd. 20 Arten vom Mittelmeergebiet bis Z-Asien; Kräuter oder Halbsträucher mit unpaarig gefiederten Blättern; Blüten klein, meist gelb, einzeln oder in Dolden; Bruchhülsen mit einsamigen, hufeisenförmigen Gliedern. In M-Europa kommt nur der **Schopfige Hufeisenklee** (Hippocrepis comosa) vor, eine bis 40 cm hohe Pflanze auf Trockenrasen und Böschungen.

Hufeisennasen ↑ Fledermäuse.

Hufeisennatter ↑ Zornnattern.

Hufeisenniere (Ren arcuatus), angeborene Mißbildung der Nieren: Verschmelzung beider Nierenanlagen, meist am unteren Pol; oft ohne Krankheitswert, gelegentl. aber auch Ursache unbestimmter Unterbauchbeschwerden.

Hufeisenwürmer (Phoronidea), Klasse meerbewohnender Tentakelträger mit rd. 20 einzeln lebenden, etwa 6 mm–30 cm langen, in einer chitinigen Sekretröhre steckenden Arten; Körper wurmförmig, mit doppeltem Tentakelkranz, Darm U-förmig. Die H. ernähren sich von Plankton und Detritus, die von den Tentakelwimpern herbeigestrudelt werden.

Hufeland, Christoph Wilhelm von (seit 1809), * Bad Langensalza 12. Aug. 1762, † Berlin 25. Aug. 1836, dt. Arzt. - Prof. in Jena, an der Berliner Charité und königl. Leibarzt. H., der Goethe, Schiller, Herder und Wieland zu seinen Patienten zählte, wurde v. a. durch sein Hauptwerk „Makrobiotik oder die Kunst, das menschl. Leben zu verlängern" (1796) bekannt. Er setzte sich bes. für Maßnahmen der vorbeugenden Gesundheitspflege und Seuchenbekämpfung ein und befürwortete die Einführung der von E. Jenner entwickelten Pockenschutzimpfung.

Hufeland-Medaille [nach C. W. Hufeland], 1954 vom Zentralverband der Ärzte für Naturheilverfahren geschaffene Auszeichnung für Ärzte und Forscher mit hervorragenden Leistungen auf dem Gebiet der biolog. Medizin und Naturheilkunde.

Hufeland-Preis [nach C. W. Hufeland], 1960 von Versicherungsträgern gestifteter, mit 10000 DM dotierter Preis für die alljährl. beste Arbeit (Schrift oder Film) auf dem Gebiet der vorbeugenden Gesundheitspflege.

Hufenflur ↑ Flurformen.

Hüfingen, Stadt auf der Baar, Bad.-Württ., 687 m ü. d. M., 6300 E. Berühmt die Blumenteppiche zur alljährl. Fronleichnamsprozession. - Das röm. Erdkastell **Brigobanna** (um 50 n. Chr.) besaß bis zum Feldzug

Hügelgräberkultur

von 74 große strateg. Bedeutung (seit 1879 ausgegraben). - H. geht auf eine Stadtgründung des 14. Jh. zurück. - Spätgot. Stadtpfarrkirche, Schellenberger Schloß (18. Jh.). Ruinen eines Römerbads (1. Jh. n. Chr.).

Hufkrebs ↑ Huf.

Huflattich (Tussilago), Gatt. der Korbblütler mit der einzigen, auf der Nordhalbkugel verbreiteten Art **Gemeiner Huflattich** (Tussilago farfara): ausdauerndes Acker- und Schuttunkraut mit herzförmigen, unterseits weißfilzigen, grundständigen Blättern; Blütenköpfchen goldgelb, auf 10–25 cm langen, schuppig beblätterten Stengeln (erscheinen vor den Blättern).

Hufmuscheln (Gienmuscheln, Chamidae), bes. während Jura und Kreide stark entfaltete, heute nur noch wenige Arten umfassende Fam. mariner Muscheln; mit einer Schalenklappe am Untergrund festgeheftet, die andere Schalenhälfte mit zahlr. stachel- bis lappenförmigen Anhängen (**Lappenmuscheln**).

Hufnagelnotation ↑ Choralnotation.

Hufrehe, svw. Rehkrankheit († Huf).

Hüftbein (Coxa, Os coxa), paariger Beckenknochen († Becken).

Hüfte (Coxa), bei Säugetieren (einschließl. Mensch) die seitl. Körperregion vom Ober- und Vorderrand des Hüftbeins bis zum Oberschenkelansatz.

Hüftgelenk (Koxalgelenk, Articulatio coxae), Nußgelenk († Gelenk), das sich aus der Gelenkpfanne des Hüftbeins (Hüftgelenkpfanne) und dem Kopf des Oberschenkelknochens zusammensetzt und durch starke Bänder einen bes. festen Halt besitzt sowie in seiner Beweglichkeit sehr eingeschränkt ist.

Hüftgelenkentzündung (Koxitis), entzündl. Erkrankung des Hüftgelenks, akut als Begleiterscheinung oder im Gefolge von Infektionskrankheiten wie Scharlach, Typhus, Paratyphus und Ruhr, subakut und chron. bei Gelenkrheumatismus oder als tuberkulöse H. auftretend.

Hüftgelenkluxation, dominant vererbbare oder durch intrauterine Schädigungen hervorgerufene, häufigste Skelettmißbildung, die auf einer mangelhaften Ausbildung der Hüftgelenkpfanne, häufig auch einer Unterentwicklung des Oberschenkelkopfs beruht *(Hüftgelenkdysplasie)*. Im Stadium der Dysplasie steht der Oberschenkelkopf noch in der knorpeligen Pfanne, die jedoch klein, steil und abgeflacht ist. Bei der *Subluxation* hat der Oberschenkel das Pfannendach deformiert, die Pfanne jedoch noch nicht verlassen. Bei der kompletten *Luxation* (Verrenkung) infolge Belastung des Hüftgelenks ist der Oberschenkelkopf aus der Pfanne getreten und gleitet auf der Beckenschaufel nach oben und außen ab. - Die Behandlung der H. richtet sich nach dem Zeitpunkt der Diagnose bzw. dem Stadium des Leidens. Bei Dysplasie und beginnender Subluxation genügt eine Spreizlagerung durch *Spreizhöschen* (Windelhöschen mit steifer Einlage) für die Dauer von etwa sechs Monaten, um eine normale Entwicklung der Hüftgelenkpfanne zu erreichen. Bei fortgeschrittener Subluxation (mit bereits deformiertem Pfannendach) und bei eingetretener kompletter Luxation wird der Oberschenkelkopf in Narkose in die Pfanne eingestellt und in Spreizstellung mit einem Gipsverband fixiert. Innerhalb von durchschnittl. 9–12 Monaten bildet sich dann ein funktionsfähiges Pfannendach aus. Im späteren Alter kommen plast. und die Gelenkstellung korrigierende Operationen sowie Übungen, Bäder, Massagen, Bestrahlungen in Betracht.

Huftiere (Ungulata), Sammelbez. für ↑ Unpaarhufer und ↑ Paarhufer, deren Zehenglieder von Hufen oder hufartigen Gebilden (Klauen) umgeben sind. Zu den H. i. w. S. zählen neben zahlr. ausgestorbenen Ordnungen auch die Röhrenzähner, Seekühe, Rüsseltiere und Schliefer.

Hüftnerv (Ischiasnerv, Ischiadikus, Nervus ischiadicus), längster und stärkster Nerv (nahezu kleinfingerdick) des menschl. Körpers; setzt sich aus motor. und sensiblen Nervenfasern zusammen; geht aus einem Nervengeflecht im Bereich des Kreuzbeins hervor und zieht an der Hinterseite des Oberschenkels, dessen Muskulatur versorgend, bis in die Kniegegend, wo er sich in den *Schienbeinnerv* und den außen liegenden *Wadenbeinnerv* teilt, die über zahlr. Verästelungen die gesamten Muskeln und einen Großteil der Haut im Bereich des Unterschenkels und Fußes versorgen.

Hufuf, Al, Oasenstadt in der O-Prov. Saudi-Arabiens, 101 000 E. Forschungsstation für Hydrologie und Bewässerungswirtschaft, größte Oase und Handelszentrum der Landschaft Al Ahsa.

Hugbaldus ↑ Hucbald.

Hugdietrich, mittelhochdt. Sagengestalt; in dem Heldenepos „Wolfdietrich" der (heidn.) König von Konstantinopel und Vater des Titelhelden. Histor. Vorbild ist vermutl. der Merowingerkönig ↑ Chlodwig.

Hügel, Geländeerhebung von geringer relativer Höhe.

Hügelgrab, Grabanlage mit einer oder mehreren Bestattungen unter bzw. in einem aus Erde oder Steinen angehäuften Hügel; älteste Hügelgräber (mesolith.; etwa 7./6. Jt.) auf dem Pinnberg bei Ahrensburg; i. e. S. Bez. der bronzezeitl. Grabanlagen.

Hügelgräberkultur, nach der vorherrschenden Bestattungsform (Körper- oder Brandbestattung in einem Hügelgrab) ben. mittlerer Zeitabschnitt (16.–14. Jh.) der mitteleurop. Bronzezeit, in der vom Karpatenbecken bis O-Frankr. mehrere lokale Kulturgruppen erkennbar sind.

Hugenberg, Alfred, * Hannover 19. Juni 1865, † Kükenbruch 12. März 1951, dt. Wirtschaftsführer und Politiker. - 1891 Mitbegr. des Alldt. Verbandes; 1909–18 Vors. des Direktoriums der Firma Krupp; begann seit 1916 mit dem H.konzern eine eigene wirtsch.-polit. Machtposition aufzubauen, die er zum kompromißlosen Kampf gegen die Weimarer Republik benutzte; übernahm in der DNVP (1919 Mgl. der Nat.versammlung, seit 1920 MdR) zunächst die Führung des rechten Flügels, 1928 den Parteivorsitz; trug dazu bei, Hitler polit. gesellschaftsfähig zu machen; Jan.–Juni 1933 Reichswirtschafts- und Reichsernährungsmin.; blieb als MdR bis 1945 ohne größeren politischen Einfluß.

Hugenbergkonzern, von A. Hugenberg seit 1914 (im Interesse der westdt. Montanindustrie und der deutschnat. Politik) aufgebauter Medienkonzern, der während der Weimarer Republik der Verbreitung antidemokrat., antirepublikan. und antisozialist. Meinungen diente; begann mit der Gründung der Werbeagentur Ala 1914, der Übernahme des Scherl-Verlags 1916 und der Beteiligung an der Nachrichtenagentur „Telegraphen-Union" (TU) 1916 (1919 Erwerb der Aktienmehrheit). Gewann mit der Gründung der Beratungs- und Finanzierungsgesellschaft für die Presse „Vera Verlagsanstalt GmbH" 1917, der „Wirtschaftsstelle für die Provinzpresse" (Wipro) mit gedruckter und gematerter Korrespondenz und der Kreditinstitute „Mutuum-Darlehen-AG" und „Alterum-Kredit-AG" 1922 maßgebenden Einfluß auf die Provinzpresse; erreichte mit dem Erwerb der „Universum Film AG" (Ufa) 1927 den Höhepunkt seiner Machtkonzentration, 1933 (bis 1944) wurde der Konzern von den Nationalsozialisten abgebaut.

Hugenotten [frz., entstellt aus „Eidgenossen"], seit dem Eindringen des Kalvinismus in Frankr. (Mitte des 16. Jh.) Bez. für die frz. Protestanten, die 1559 auf ihrer ersten Nationalsynode in Paris ihr Bekenntnis (Confessio Gallicana) formulierten. Die H. fanden ihre Anhänger v. a. beim hohen Adel, u. a. bei den Häusern Bourbon [-Vendôme] und Châtillon. Das Ringen der H. um Anerkennung ihres Glaubens sowie der bürgerl. und polit. Rechte und andererseits das Bemühen des frz. Königs, sie zu unterdrücken, führten zu blutigen konfessionellen Bürgerkriegen, den acht sog. **Hugenottenkriegen**. Sie begannen mit dem Blutbad von Vassy (1. März 1562). 1563 wurde den H. im Edikt von Amboise eine an bestimmte Orte („Sicherheitsplätze") gebundene Kultusfreiheit - 1570 im Frieden von Saint-Germain-en-Laye noch erweitert - zugestehen. Jedoch führte die Ermordung Tausender H. und zahlr. ihrer Führer in der †Bartholomäusnacht zu weiteren H.kriegen (1572/73, 1574–76, 1576/77, 1579/80). Unter dem Einfluß der Hl. Liga begann König Heinrich III. 1585 den 8. H.krieg, nachdem er im Edikt von Nemours die den H. eingeräumten Rechte widerrufen hatte. Nach seiner Ermordung (1589) bestieg der Hugenotte Heinrich IV. von Navarra den frz. Thron. Um die nat. Einheit und die Integrität Frankr. zu wahren, trat er 1593 zum Katholizismus über, gewährte den H. aber im Edikt von Nantes (13. April 1598) freie Religionsausübung und eine polit. Sonderstellung („Staat im Staat"), wodurch die H.kriege ihr Ende fanden. Doch schon unter Richelieu wurden den H. im sog. „Gnadenedikt" von Nîmes (1629) die polit. Sonderrechte wieder genommen und ihre Sicherheitsplätze in offene Städte umgewandelt, während ihnen jedoch die religiösen Freiheiten erhalten blieben, bis sie (1685) durch das Revolutionsedikt von Fontainebleau unter Ludwig XIV. so stark eingeschränkt wurden, daß die H. sich in Frankr. nur noch als „Église du désert" („Kirche der Wüste") in der Verborgenheit halten konnten. Erst die Frz. Revolution brachte den H. die endgültige Sicherung ihrer Glaubensfreiheit. - Die auf Grund der Verfolgungen in großer Zahl erfolgende Emigration der H. v. a. nach N-Amerika, Großbrit., in die Niederlande, die Schweiz und nach Deutschland (Brandenburg) brachte Frankr. großen demograph. und wirtsch. Schaden. - Kirchl. führten die H. ein streng geordnetes Leben und widmeten sich in der Theologie v. a. der Erforschung von A. T. und N. T. sowie der Kirchengeschichte.

Schreiber, H.: Auf den Spuren der H. Mchn. 1983. - Chambon, J.: Der Frz. Protestantismus. Dt. Übers. Neuhausen 1977.

Hugenottenkriege † Hugenotten.

Huggenberger, Alfred, * Bewangen bei Winterthur 26. Dez. 1867, † Gerlikon bei Frauenfeld 14. Febr. 1960, schweizer. Schriftsteller. - Bauer; schrieb schlichte Lyrik („Hinterm Pflug", 1908) und Balladen, eine große Zahl von Romanen, Dorfgeschichten, histor. Bühnenstücken und Lustspielen.

Huggins [engl. 'hʌgɪnz], Charles, * Halifax 22. Okt. 1901, amerikan. Arzt kanad. Herkunft. - Prof. in Chicago, seit 1951 Leiter des dortigen Ben-May-Laboratoriums für Krebsforschung. Für seine Entdeckung der Möglichkeit wirksamer Behandlung von Prostatakrebs mit weibl. Geschlechtshormonen erhielt er 1966 (zus. mit F. P. Rous) den Nobelpreis für Physiologie oder Medizin.

H., Sir (seit 1897) William, * London 7. Febr. 1824, † Tulse Hill bei London 12. Mai 1910, brit. Astrophysiker. - Führte 1863 die Spektralanalyse in die Astronomie ein. Photographierte erstmals Spektren von Sternnebeln (1882).

Hughes [engl. hjuːz] (Hugh), engl. Formen des männl. Vornamens Hugo.

Hughes [engl. hjuːz], Charles Evans, * Glenn Falls (N. Y.) 11. April 1862, † Osterville (Mass.) 27. Aug. 1948, amerikan. Jurist und Politiker. - 1906–10 Gouverneur von New York; 1910–16 Richter am Supreme Court; Außenmin. 1921–25; 1926–30 Mgl. des Internat. Schiedsgerichtshofs, 1930 des Ständigen Internat. Gerichtshofs in Den Haag; Oberster Bundesrichter 1930–41.

H., Howard Robard * Houston 24. Dez. 1905, † im Flugzeug zw. Acapulco und Houston 5. April 1976, amerikan. Industrieller, Filmproduzent und Erfinder. - Produzierte bed. Filme, u. a. „Hell's Angels" (1930), „Geächtet" (1941), förderte dabei Filmstars wie J. Harlow und J. Russell; stellte mehrere Flugweltrekorde auf und konstruierte Flugzeuge. Seine Mehrheitsbeteiligung an der Trans World Airlines verkaufte er 1966 wieder, 1967 erwarb er einen großen Teil von Las Vegas. H., der sich seit 1954 völlig zurückgezogen hatte, wurde auch durch eine gefälschte Biographie über ihn Gegenstand des öffentl. Interesses.

H., [James] Langston, * Joplin (Mo.) 1. Febr. 1902, † New York 22. Mai 1967, amerikan. schwarzer Schriftsteller. - Stellte anklagend die Rassendiskriminierung der amerikan. schwarzen Bev. dar, wobei er den Dialekt Harlems einsetzte und durch literar. Adaption von Jazzelementen deren melanchol. und eleg. Stimmungen nachgestaltete, z. B. „The weary blues" (Ged., 1926) und „Das Buch vom Jazz" (1954). Er schrieb auch Romane, Kurzgeschichten, Dramen, Opernlibretti und Musicals, ferner die Autobiographie „Ich werfe meine Netze aus" (1940).

H., Richard Arthur Warren, * Weybridge (= Walton and Weybridge) 19. April 1900, † Mo-

FRANKREICH ZUR ZEIT DER HUGENOTTENKRIEGE

- Größte Ausdehnung der Heiligen Liga
- Von Hugenotten beherrschtes Gebiet
- Gebiete Heinrichs von Navarra
- Grenze Frankreichs
- × Wichtige Schlachten
- ● Sicherheitsplätze des Edikts von Nantes

redrin (bei Harlech, Wales) 28. April 1976, engl. Schriftsteller. - Gilt als Verfasser des ersten Hörspiels („Danger", 1924), schrieb auch Lyrik, Kurzgeschichten und psycholog. Romane. Von einer geplanten Romantrilogie über einen jungen Engländer in Deutschland vor und während des NS erschienen nur 2 Bde.: „Der Fuchs unterm Dach" (1961) und „The wooden sheperdess" (1973).

H., Ted, * Mytholmroyd (Yorkshire) 17. Aug. 1930, engl. Schriftsteller. - Hauptthema seiner kraftvoll-dynam., oft brutalen Gedichte ist der Kampf zw. Vitalität und Tod, zw. Mensch und Tier; auch Kurzgeschichten, Hörspiele und Kinderbücher.

Hugin ↑ Odin.

Hugli (Hooghly) ↑ Ganges.

Hugo [hu:go, frz. y'go, engl. 'hju:goʊ], alter dt. männl. Vorname (zu althochdt. hugu „Gedanke, Verstand"). Italien. Form Ugo, frz. Hugo und Hugues, engl. Hugo, Hugh und Hughes.

Hugo, Name von Herrschern:
Frankreich:
H. Capet [frz. ka'pɛ], * um 940, † Paris 24. Okt. 996, König (seit 987). - Als Erbe Hzg. H.s d. Gr. von Franzien Rivale der Karolinger. 987 zum König erhoben, schlug er karoling. Aufstände in Niederlothringen nieder; begr. Königtum und Dyn. der Kapetinger.

Franzien:
H. der Große, † 956, Hzg. (seit 923), Graf von Paris. - Sohn des westfränk. Königs Robert I. Begünstigte 936 die Rückkehr König Ludwigs IV., opponierte dann aber gegen ihn als sein mächtigster Vasall.

Italien:
H., † Arles 10. April 947, Markgraf von Vienne und König von Italien (seit 926). - Rivalisierte als Hzg. der Provence und Regent in Niederburgund mit Rudolf II. von Hochburgund. 926 zum König von Italien gekrönt, konnte er die Nachfolge seines Sohnes Lothar († 950) durchsetzen, aber nicht die Herrschaft in Rom ergreifen.

Hugo von Cluny [frz. kly'ni], hl., * Semuren-Auxois (Côte d'Or) 1024, † Cluny 28. April 1109, frz. Benediktiner. - Seit 1049 Abt des Klosters Cluny. Unter H. nahm die ↑ kluniazensische Reform zu ihrer höchsten Entfaltung.

Hugo von Montfort [frz. mõ'fɔ:r], * 1357, † 5. April 1423, mittelhochdt. Dichter. - Aus dem Geschlecht der Grafen von Montfort-Bregenz; die meisten seiner Lieder sind im Ggs. zum Minnesang stilisierende Erlebnisdichtung; Spruchgedichte, bed. Briefe.

Hugo von Oignies [frz. wa'ɲi], † bald nach 1238, fläm. Goldschmied. - Laienbruder im Kloster Oignies bei Namur. Gesichert sind drei von ihm signierte Goldschmiedearbeiten, u. a. die Einbanddeckel eines Evangeliars (um 1230).

Hugo von Payens (Payns) [frz. pa'jã:s], † 1136, frz. Kreuzfahrer. - Gründete 1119 in Jerusalem den ↑ Templerorden, den ersten großen ma. Ritterorden.

Hugo von Pisa ↑ Huguccio.

Hugo von Sankt Viktor (Hugues de Saint-Victor), * Hartingham (vermutl. bei Blankenburg/Harz) 1096, † Paris 11. Febr. 1141, scholast. Theologe. - Schrieb als bedeutendster Lehrer der Schule von ↑ Sankt Viktor Werke über fast alle Gebiete des damaligen Wissens. Sein Einfluß auf die Theologie der Scholastik und die Mystik war nachhaltig.

Hugo von Trimberg, * Werna (Oberwern bei Schweinfurt?) 1. Hälfte des 13. Jh., † wohl in Bamberg nach 1313, mittelalterl. dt. Schriftsteller. - Rektor am Stift Sankt Gangolf zu Bamberg; von seinen 7 mittelhochdt. Werken ist nur das Hauptwerk, das größte Lehrgedicht der Zeit (mehr als 24 000 Verse), „Der Renner" (nach eigenen Angaben 1300 vollendet, mit Nachträgen bis 1313) erhalten.

Hugo, Victor [frz. y'go], * Besançon 26. Febr. 1802, † Paris 22. Mai 1885, frz. Dichter. - Sohn eines napoleon. Generals; erhielt 1822 ein Dichtergehalt von Ludwig XVIII.; Gründer und Hg. des Organs der frz. Romantik „La Muse française"; 1841 Mgl. der Académie française. Trat als demokrat. Abg. der Pariser Kammer für liberale Ideen ein. 1848 Präsidentschaftskandidat; mußte 1851 als Gegner des späteren Kaisers Napoleon III. ins Exil gehen (Brüssel, Jersey, Guernsey); 1870 Rückkehr nach Paris; wurde 1871 in die Nationalversammlung und 1876 in den Senat gewählt. Einer der bedeutendsten und populärsten Dichter Frankreichs; begründete die frz. Romantik, deren Programm er in der Vorrede zu seinem Drama „Cromwell" (1827) entwickelte; mit dem Drama „Hernani oder die kastilian. Ehre" (1830) beendete er die Zeit der klassizist. Tragödie; seine Gedichte, Dramen und Romane wurden maßgebl. Beispiele romant. Dichtung, v. a. der romant.-histor. Roman „Der Glöckner von Notre Dame" (1831); Hauptthemen waren zunächst Entwicklung und Läuterung der Menschheit (so in dem von optimist. Fortschrittsglauben erfüllten Epos „Die Weltlegende" (1859–83), die er höchst phantasiereich darstellte, dann jedoch die Erneuerung der Gesellschaft, die er v. a. in den Romanen der Spätzeit forderte. Als Hauptwerke dieser sozialkrit. Schaffensperiode gelten der philanthrop.-„sozialist." Ideenroman „Die Elenden" (1862), der kulturhistor. Roman „Der lachende Mann" (1869) und der Revolutionsroman „1793" (1873). - H. betätigte sich auch zeichnerisch; auf seinen zahlr. Reisen gestaltete er in Federzeichnungen mit unheiml. Hell-Dunkel-Effekten phantast., groteske und anklagende Motive.

Weitere Werke: Odes (1822), Oden und Balladen (1826), Aus dem Morgenland (Ged., 1829), Herbstblätter (Ged., 1831), Marion Delorme (Dr., 1831), Der König amüsiert sich (Dr.,

1832), Lukrezia Borgia (Dr., 1833), Dämmerungsgesänge (Ged., 1835), Innere Stimmen (Ged., 1837), Lichter und Schatten (Ged., 1840), Ruy Blas (Dr., 1838), Die Burggrafen (Dr., 1843), William Shakespeare (Schrift, 1864), Die Arbeiter des Meeres (R., 1866), Dreiundneunzig (R., 1874).
📖 *Barrère, J.-B.: V. H. L'homme et l'œuvre. Paris* ²*1984.*

Victor Hugo (1882)

Huguccio [italien. u'guttʃo] (Hugo von Pisa), * Pisa, † Ferrara 30. April 1210, Theologe und Kanonist. - Seine „Summa in Decretum Gratiani" hatte großen Einfluß auf die Entwicklung der Kanonistik.
Hugues [frz. yg], frz. Form des männl. Vornamens Hugo.
Hugues de Saint-Victor [frz. ygdəsẽvik'tɔːr] ↑ Hugo von Sankt Viktor.
Huhehot (Hohhot), Hauptstadt der Autonomen Region Innere Mongolei, China, an einem Nebenfluß des Hwangho, 530 000 E. Univ. (gegr. 1957), PH, Fachschulen für Viehzucht, Veterinärmedizin, Forstwirtschaft und Medizin. Mongol. Nationalmuseum, Provinzbibliothek; Leder- und Wollindustrie, chem. Industrie, Bau von Dieselmotoren, Walzwerk, Zuckerraffinerie; ✈. - Entstanden aus der im 16. Jh. gegr. mongol. Siedlung **Köke Khota** (von den Chinesen später **Kweihua** genannt) und dem 4 km nö. davon im 18. Jh. angelegten chin. Verwaltungszentrum **Suiyüan**. Unter dem Namen **Kweisui** (bis 1954) wurden schließl. beide Städte vereinigt. - Ältestes Bauwerk der Stadt ist die siebenstöckige Pagode (um 1000).
Huhn, volkstüml. Bez. für das Haushuhn.
◆ Bez. für das ♀ vieler Hühnervögel.
Hühneradler (Hühneraar, Hühnergeier), wm. Bez. für den Roten Milan (↑ Milane).
Hühnerauge [wohl Lehnübersetzung von gleichbed. mittellat. oculus pullinus] (Leichdorn, Clavus), durch äußere Einflüsse (gewöhnl. Druck von unpassendem Schuhwerk) hervorgerufene Hornhautschwiele an den Füßen (bes. an den Zehen), die sich kegelartig in die tieferen Hautschichten erstreckt und starke Schmerzen verursachen kann. H. können durch Salicylpflaster (Auflösung der Hornhaut) behandelt oder operativ entfernt werden.
Hühnerei, das vom Haushuhn gelegte Ei. Es besteht wie jedes Vogelei aus der von der Dotterhaut begrenzten Eizelle und den tertiären Eihüllen und ist ein wichtiges Nahrungsmittel. Der eßbare Anteil des H. setzt sich zus. aus durchschnittl. 74 % Wasser, 13 % Eiweiße, 11 % Fett, 0,7 % Kohlenhydraten und 1 % Mineralstoffen (v. a. Natrium, Kalium, Calcium, Phosphor und Eisen) und enthält zahlr. Vitamine. Von dem durchschnittl. 50 bis 60 g schweren H. beträgt der Schalenanteil etwa 10 % (davon sind über 90 % Kalk). Das durch Laktoflavin leicht grünlichgelbe Eiklar macht etwa 58 % des H. aus, der *Dotter* etwa 32 %. Dieser enthält u. a. etwa 50 % Wasser, 16 % Stickstoffverbindungen und rd. 30 % hell- bis dunkelgelbes Dotterfett (Eieröl). In der durch die Hagelschnüre gehaltenen, aus zwiebelschalenartig geschichtetem weißem und gelbem Dotter sich zusammensetzenden Dotterkugel liegt, seitl. eingesenkt, die weißl. Keimscheibe (Hahnentritt). Der Nährwert des H. beträgt durchschnittl. 85 kcal (≈ 357 kJ). Die Einteilung der H. in *Handels- und Gewichtsklassen* wird durch EWG-Verordnung geregelt: *Klasse A:* „frische Eier" erster Qualität; *Klasse B:* a) frische Eier zweiter Qualität; b) gekühlte Eier (Kühleier); c) haltbar gemachte Eier; *Klasse C:* Aussortierte Eier. Die Produktion an H. betrug 1985 in der BR Deutschland rd. 13 124 Millionen.
Hühnerfasanen ↑ Fasanen.
Hühnerfloh ↑ Flöhe.
Hühnergans ↑ Halbgänse.
Hühnerhabicht ↑ Habichte.
Hühnerhirse (Hühnergras, Echinochloa), Gatt. der Süßgräser mit rd. 20 Arten in wärmeren Gebieten der Erde; Ährchen zweiblütig, in einseitswendigen Ähren, die in einer dichten Rispe zusammenstehen. In M-Europa kommt nur die **Gemeine Hühnerhirse** (Echinochloa crus-galli) vor, ein einjähriges, 30-120 cm hohes, breitblättriges Unkraut feuchter Äcker und Gräben mit bis 5 cm langen, rötl. Grannen an den Deckspelzen.
Hühnerläuse, Bez. für verschiedene, hauptsächl. an Hühnervögeln lebende Federlinge; z. B. **Große Hühnerlaus** (Goniodes gigas), 3,5-4 mm lang, braunschwarz, mit breit gerundetem Hinterleib; die häufige, 0,8-1,4 mm große **Flaumlaus** (Goniocotes hologaster) mit vorn gerundetem Kopf und breit-ovalem Hinterleib (Federfresser, v. a. im flaumigen Gefiederanteil); die etwa 3 mm große **Körperlaus** (Menacanthus stramineus) mit seitl. behaartem Körper (lebt v. a. in der Kloakengegend und in den Schulterfedern).
Hühnervögel (Galliformes, Galli), mit

über 260 Arten weltweit verbreitete Ordnung kräftiger, kurzflügeliger, 10 bis 150 cm körperlanger Bodenvögel; mit stark entwickelten, häufig mit Sporen versehenen Füßen, die zum Ausscharren bes. pflanzl. Nahrung im Boden dienen; Schnabel kräftig; Kropf stark dehnungsfähig, dient der Einweichung (z. T. auch Vorverdauung) harter Pflanzenteile (bes. Körner), die im sehr muskulösen Magen (häufig mit Hilfe aufgenommener Steinchen) zermahlen werden; ♂ und ♀ meist unterschiedl. gefärbt; Nestflüchter; Standvögel. Einige Arten werden zu Haus- und Ziergeflügel domestiziert. Man unterscheidet vier Fam.: Großfußhühner, Hokkohühner, Fasanenartige (u. a. das Haushuhn) und Schopfhühner.

Huidobro, Vicente [span. ui'ðoβro], eigtl. V. García H. Fernández, * Santiago de Chile 10. Jan. 1893, † ebd. 2. Jan. 1948, chilen. Lyriker. - Mitbegründer des „Creacionismo", einer Variante des Surrealismus, die das Gedicht ohne Rücksicht auf die Beziehungen seines Gegenstandes zur realen Welt als eigengesetzl. Schöpfung („creación") auffaßt.

Huila [span. 'uila], Dep. im südl. Z-Kolumbien, 19 890 km², 637 000 E (1985), Hauptstadt Neiva. Umfaßt das Einzugsgebiet des oberen Río Magdalena. Über die Hälfte des Dep. wird als Weideland genutzt; angebaut werden v. a. Kaffee, Mais, Zuckerrohr, Bananen, Reis, Maniok; ehem. bed. Abbau von Gold; daneben Eisen-, Kupfer-, Wolfram- und Bleierzvorkommen.

Huila, Nevado de [span. ne'βaðo ðe 'uila], höchster Berg der Z-Kordillere Kolumbiens, 80 km sö. von Cali, 5 750 m; vergletschert.

Huiracocha [span. uira'kotʃa] † Viracocha.

Huitzilopochtli [span. uitsilo'potʃtli], Stammes- und Kriegsgott der Azteken; sein Name (oft zu **Vitzliputzli** entstellt) bedeutet „Kolibri der linken Seite", worin die Verbindung H.s mit dem Süden (Sonne) angedeutet wird, da die Azteken sich nach Westen orientierten; vogelgestaltig dargestellt.

Huizinga, Johan [niederl. 'hœyzɪŋxaː], * Groningen 7. Dez. 1872, † De Steeg (bei Arnheim) 1. Febr. 1945, niederl. Kulturhistoriker. - 1905 Prof. für niederl. Geschichte in Groningen, 1915–40 in Leiden; seine bedeutendsten Werke sind die kulturgeschichtl. Abhandlungen „Herbst des MA" (1919), „Erasmus" (1924) und „Homo Ludens" (1938).

hujus anni, Abk. h. a., lat. „in diesem Jahr".

hujus mensis, Abk. h. m., lat. „in diesem Monat".

Huker [niederl.], anderthalbmastiger Küstensegler im Nordseeraum (18./19. Jh.).

HUK-Verband, Abk. für: **V**erband der **H**aftpflicht-, **U**nfall- und **K**raftverkehrsversicherer e. V.

Hulagu (Hülagü), * um 1217, † 1265, mongol. Ilkhan. - Enkel Dschingis-Khans; vernichtete das Kalifat der Abbasiden (1258) und errichtete das Ilkhanat von Iran.

Hulbeck, Charles R. [engl. 'hʌlbɛk], dt. Schriftsteller, † Huelsenbeck, Richard.

Huldigung, staatsrechtl. das Treuegelöbnis der Untertanen an ihren Herrn, meist vollzogen durch den Untertaneneid. Bes. Gewicht erhielt die H. in den dt. Territorien; beim Reg.wechsel mußte dem neuen Landesherrn der Treueid geleistet werden (Erbhuldigung). Seit dem Hoch-MA entsprach der H. der Bestätigungseid des Fürsten/Landesherrn für die Privilegien und Freiheitsrechte der Stände. Im 19. Jh. trat an die Stelle der H. die Vereidigung.

Hulk (Holk) [engl., zu mittelgriech. holkás „Lastkahn"], in der Hansezeit (bes. in der Nord- und Ostsee) gebräuchl., den Koggen ähnl., aber kleineres, einmastiges Frachtschiff; im 15. Jh. Bez. für eine größere, dreimastige Form der Kogge.
◆ ausgedientes und abgetakeltes Schiff; dient als Unterkunft von Mannschaften oder als Magazin bzw. Werkstatt.

Hull, Cordell [engl. hʌl], * im Overton County (Tenn.) 2. Okt. 1871, † Washington 23. Juli 1955, amerikan. Politiker (Demokrat. Partei). - 1907–21 und 1923–31 Mgl. des Repräsentantenhauses, 1931–33 des Senats; Außenmin. 1933–44; förderte die Unterstützung Großbrit. im 2. Weltkrieg, verfocht eine unnachgiebige Politik gegenüber Japan und lehnte den Morgenthau-Plan ab; erhielt 1945 den Friedensnobelpreis für die Vorbereitung der UN.

Hull [engl. hʌl] (amtl. Kingston upon Hull), engl. Stadt an der Mündung des Hull in den Humber, 268 300 E. Verwaltungssitz der Gft. Humberside, Univ. (gegr. 1927), Fischerei- und Schiffahrtsmuseum, Bibliotheken. Handels- und Fischereigroßhafen; Fähren nach Rotterdam und Göteborg. Schiffbau und -reparaturen, Maschinenbau, chem. Ind., Fischverarbeitung, Gerbereien, Mühlenindustrie, Schokoladefabrik, ⚒. - Die Handelsniederlassung **Wyke upon Hull,** 1160 erstmals genannt, erhielt 1299 Stadtrecht, wurde 1440 eigene Gft. und 1897 City. - Kirche Holy Trinity (13.–15. Jh.) im Decorated und Perpendicular style.

Hüllblätter, einfach gestaltete Hochblätter, die die Fortpflanzungsorgane bei Moosen und Blütenpflanzen († Blütenhülle) umschließen oder die Knospen schützen († Knospenschuppen).

Hülle, die Lufthülle der Erde († Atmosphäre).
◆ † Elektronenhülle.

Hüllkurve † Enveloppe.

Hüllspelzen † Spelzen.

Hüllwort, svw. † Euphemismus.

Hulock [engl.] † Gibbons.

Hülse, feste Umhüllung, Ummantelung.
◆ (Hülsenfrucht, Legumen) ↑Fruchtformen.
◆ in der *Buchbinderei* plattgedrückter Schlauch aus zähem Papier, der den Buchblockrücken mit der Rückeneinlage der Buchdecke verbindet.

Hülsenfrüchtler (Leguminosen, Fabales, Leguminosae), Ordnung der zweikeimblättrigen Pflanzen, die die Fam. Schmetterlingsblütler, Mimosengewächse und Caesalpiniengewächse umfaßt; über 12 000 Arten holziger oder krautiger Pflanzen mit Fiederblättern; Blüte nur mit einem Fruchtblatt, aus dem meist eine vielsamige Hülse hervorgeht.

Hülsenkartusche ↑Kartusche.

Hülsmeyer, Christian, * Eydelstedt (Landkr. Gfr. Diepholz) 25. Dez. 1881, † Düsseldorf 31. Jan. 1957, dt. Hochfrequenztechniker. - H. erhielt bereits 1904 ein Patent auf ein Verfahren zur Ortung metall. Gegenstände mittels elektromagnet. Wellen (Vorläufer des Radars).

Hulst, Hendrik Christoffel van de [niederl. hylst], * Utrecht 19. Nov. 1918, niederl. Astrophysiker und Astronom. - Seit 1952 Prof. in Leiden; 1958-62 erster Präs. des Committee on Space Research (COSPAR) in Paris. Arbeiten v. a. auf dem Gebiet der Radioastronomie (u. a. „A course of radio astronomy", 1951), über die Lichtstreuung an kleinen Teilchen, über die Sonnenkorona und die interstellare Materie.

Hultschiner Ländchen, Hügelland in der ČSSR, nw. von Ostrau; von eiszeitl. Ablagerungen geprägt; hauptsächl. landw. genutzt, im S auch Kohlenbergbau; Hauptort ist Hlučin. - Das seit 1742 preuß. (vorher östr.) H. L. fiel durch den Versailler Vertrag 1919 an die Tschechoslowakei.

Humajun, Nasir Ad Din H. Padischah, * Kabul 6. März 1508, † Delhi 26. oder 27. Jan. 1556, ind. Herrscher. - Versuchte die Eroberungen seines Vaters Babur in Indien zu halten; Förderer von Kunst und Wissenschaft. Sein Sohn Akbar gründete das Mogulreich.

human [zu lat. humanus, eigtl. „irdisch" (zu humus „Erde")], menschenwürdig, nachsichtig; (in der Medizin:) beim Menschen vorkommend.

Humanae vitae [lat. „des menschl. Lebens..."], Enzyklika Papst Pauls VI. vom 25. Juli 1968 über die christl. Ehe.

Human body counter ['hju:mən 'bɔdɪ 'kaʊntə, eigtl. „Zähler des menschl. Körpers"] (Ganzkörperzähler), in einem [vor Strahlung] abgeschirmten Raum aufgestelltes Strahlungsmeßgerät zum Nachweis von Menge, Art und Verteilung der vom menschl. Körper aufgenommenen bzw. inkorporierten radioaktiven, d. h. strahlenden Substanzen; dient der Strahlenschutzüberwachung.

Human engineering [engl. 'hju:mən ɛndʒɪ'nɪərɪŋ, eigtl. „menschengerechter Umgang mit Maschinen"], aus dem englischsprachigen Raum stammende Bez. für ↑Anthropotechnik.

Humangenetik (Anthropogenetik), Erblehre des Menschen als Spezialgebiet der Genetik; eine der Grundwiss. der biolog. Anthropologie, die sich in erster Linie mit der Erblichkeit normaler körperl. Merkmale (etwa der Blutgruppen) und seel.-geistiger Eigenschaften (↑Erbpsychologie) befaßt. Im Sinne der Erbpathologie befaßt sich die H. mit der Vererbung krankhafter Merkmale (↑auch Erbkrankheiten). Darüber hinaus befaßt sich die H. mit Fragen der Stammesgeschichte und mit der biolog. Zukunft des Menschen, mit rassengenet. Problemen und mit den Möglichkeiten der Anwendung humangenet. Forschungsergebnisse durch Eugenik, Erbdiagnose bzw. genet. Beratung und Vaterschaftsgutachten.

Humani generis [lat. „des Menschengeschlechts..."], Enzyklika Pius' XII. vom 12. Aug. 1950 gegen die *Nouvelle Théologie*, der Existenzialismus und Relativierung von Dogma und bibl. und lehramtl. Aussagen unterstellt wird.

Humaniora [zu lat. (studia) humaniora, eigtl. „die ‚feineren' (Studien)"], die geisteswiss. (urspr. die altphilolog.) Lehr- und Prüfungsfächer.

Humanismus [lat.], allg. das Bemühen um Humanität, um eine der Menschenwürde und freien Persönlichkeitsentfaltung entsprechende Gestaltung des Lebens und der Gesellschaft durch Bildung und Erziehung und/oder Schaffung der dafür notwendigen Lebens- und Umweltbedingungen selbst.
I. e. S. dient der Begriff als Epochenbez. v. a. zur Kennzeichnung der philolog., kulturellen und wiss. Bewegung des 14. bis 16. Jh.; dieser sog. **Renaissance-Humanismus** wandte sich zum Zwecke einer von der kirchl. Dogmatik befreiten und diesseitigen Lebensgestaltung gegen die Scholastik, indem er die Wiederdeckung und Pflege der griech. und lat. bzw. röm. Sprache, Literatur und Wiss. forderte. Oft synonym verwendet, unterscheiden sich H. und Renaissance in der Weise, daß H. von seinem Beginn her für den Rückgang auf die lat. Schriften (bes. Cicero) steht, während er sich unter Hinzunahme des griech. Denkens zur Renaissance ausweitete. Zunächst außerhalb von Wiss. und Univ., waren es in Italien Vertreter des gehobenen Bürgertums (u. a. Dante Alighieri, C. Salutati, F. Petrarca), die sich unter Rückbesinnung auf die literar. und allg. kulturellen Leistungen des antiken Römertums gegen die polit. Auflösungserscheinungen der norditalien. Staaten und den vielfach verhärteten kirchl. Dogmatismus zu wehren suchten. Seit etwa 1400 und bes. seit der Zerstörung von Byzanz kam durch den Einfluß byzantin. Gelehrter

die Beschäftigung mit der griech. Literatur hinzu (Pico della Mirandola, M. Ficino). Erst durch die Konzile von Konstanz (1414–18) und Basel (1431–49) wurde der H. auch in Frankr. (J. Faber), Spanien (F. Jiménez de Cisneros) und England (J. Colet) wirksam. In Deutschland entstanden erstmals humanist. Zirkel, die teils stärker christl. orientiert waren als ihre italien. Vorbilder, teils betont nationalist. antiröm. Tendenzen zeigten (K. Celtis). Literar. Höhepunkt waren die Schriften Erasmus' von Rotterdam und Ulrichs von Hutten sowie die †„Epistolae obscurorum virorum". Zentren des dt. H. waren Nürnberg (W. Pirckheimer, Gregor von Heimburg, Niklas von Wyle), Augsburg (K. Peutinger), Heidelberg (Philipp der Aufrichtige, Johannes von Dalberg, R. Agricola) und Straßburg (J. Wimpfeling, Geiler von Kaisersberg). Zugleich fand der H. in Deutschland mit C. Mutianus Rufus, J. Reuchlin und Melanchthon Eingang in die Universitäten. Das Denken des H. und der Renaissance ist entgegen früheren Thesen voraufklärer. geblieben und stellt keinen Bruch zur Tradition des MA dar.

Hatte der **Neuhumanismus** im 18./19. Jh. die Rezeption humanist. Denkansätze auf den Gebieten der Literatur, Ästhetik und Pädagogik fortentwickelt (v. a. Winckelmann, Herder, Lessing, Goethe, Schiller), so war der sog. **dritte Humanismus** zu Beginn des 20. Jh. der erfolglose Versuch, das Bildungsprogramm durch eine begrenzte Rückbesinnung auf die Antike neu zu beleben; dies ist wohl im Zusammenhang mit der „inneren Emigration" zur Zeit des NS in Deutschland zu sehen. - In der *sozialist. Tradition* und Gesellschaft wird zur Bestimmung von H. der aktive Dienst zum Wohle der Menschen hinzugenommen. Die Kritik am bürgerl. H.begriff richtet sich bes. gegen die Tendenz, eine humanist. Gesinnung nur dort zu sehen, wo einzelne sich auf Grund von Bildungsprivilegien bevorzugt mit der Kultur und dem Denken der röm. und griech. Antike beschäftigen können. Demnach sind alle jene Humanisten, die sich kämpfer. in Wort und Tat gegen den Feudalismus und für die Gleichheit der Bildungschancen einsetzten (Herder, Hegel, L. Feuerbach, W. von Humboldt u. a.) wahre Vorläufer der Aufklärung und damit der beiden Humanisten Marx und Engels. Bei diesen ist der H. nicht mehr Protest und theoret. Streit, sondern tätige Erkenntnis der antagonist. Klassengegensätze in der bürgerl. Gesellschaft. In diesem Sinne wird auch von einem **sozialist. Humanismus** gesprochen, der in seiner Konsequenz revolutionär ist.

📖 *H. u. Ökonomie*. Hg. v. H. Lutz. Weinheim 1982. - *Rugiero, R.: Die Grundlegung der modernen Welt*. Dt. Übers. Ffm. ¹¹1982. - *Schmitz, Rudolf/Krafft, F.: H. u. Naturwiss*. Boppard 1980. - *Rüegg, W./Wuttke, D.: Ethik im H*. Boppard 1979. - *Burdach, K.: Reformation, Renaissance, H*. Darmst. ²1978. - *Kristeller, P. O.: H. u. Renaissance*. Bln. 1976–80. 2 Bde. - *Die Humanisten in ihrer polit. u. sozialen Umwelt*. Hg. v. O. Herding u. R. Stupperich. Boppard 1976. - *Grassi, E.: H. u. Marxismus*. Reinbek. 1973.

Humanistendrama, an antiken Vorbildern geschultes, lat. verfaßtes Drama der niederl. und dt. Humanisten des 15. und 16. Jh. mit Akt- und Szeneneinteilung, Prolog und Epilog. Zunächst überwiegend an den akadem. Rahmen gebunden (Univ., Lateinschulen), wurde das H. in den religiösen Auseinandersetzungen während der 1. Hälfte des 16. Jh. zum „Propagandainstrument" von Protestanten und Katholiken; gegen das prot. lat. Reformationsdrama wandten sich die Tendenzstücke im Dienst der kath. Kirche, aus denen sich das lat. Jesuitendrama entwickelte.

humanistisches Gymnasium †Gymnasium.

Humanistische Union e. V., Abk. HU, 1961 in München gegr., überparteil. Vereinigung zur Verteidigung der freiheitl.-demokrat. Ordnung gegenüber Tendenzen zur Errichtung einer weltanschaul. (v. a. konfessionell) gebundenen Ordnung; rd. 2600 Mgl.

humanitär [lat.-frz.], menschenfreundl., wohltätig.

Humanität, „Menschlichkeit", im 16. Jh. zu dem lat. Wort „humanitas" gebildet; v. a. vom dt. Idealismus als Bildungsideal vertreten. Das H.ideal als fortschrittl. Bürgertums gipfelte im 18. Jh. in den Forderungen nach Anerkennung der Würde aller Menschen, unabhängig von Rasse, Nation und Stand, nach Aufhebung von Sklaverei und Leibeigenschaft, nach geistiger Aufklärung, Toleranz anderen Auffassungen gegenüber und polit. Gleichberechtigung aller; heute allg. eine Gesinnung, die die Verwirklichung der †Menschenrechte anstrebt.

Humanité, L' [frz. lymani'te „Menschlichkeit"], frz. Zeitung, †Zeitungen (Übersicht).

Humanities [engl. hju:'mænɪtɪz, zu lat. humanus „menschlich"], die geisteswiss. Fächer, bes. die klass. Philologie (USA).

Humanmedizin †Medizin.

Humann, Carl, * Steele (= Essen) 4. Jan. 1839, † Smyrna (= İzmir) 12. April 1896, dt. Archäologe. - Ingenieur in türk. Diensten, entdeckte den Altar von Pergamon. Leitete 1878–86 die ersten Ausgrabungen von Pergamon im Auftrag der Berliner Museen, 1891–94 die Grabungen von Magnesia am Mäander und 1895 in Priene.

Human Relations [engl. 'hju:mən rɪ'leɪʃənz „menschl. Beziehungen"], Bez. für eine in den 1930er Jahren von den USA ausgegangene Richtung betriebl. Personal- und Sozialpolitik, die neben den organisator. vorgeschriebenen Beziehungen im Betrieb die

Bed. der sich „informell", „spontan" bildenden Sozialkontakte als Mittel zur Entspannung betriebl. Konflikte und zum Abbau von Gefühlen der Unzufriedenheit betont. Die H.-R.-Forschung wurde schon frühzeitig methodolog. und ideolog. kritisiert.

Humber [engl. ˈhʌmbə], Mündung von Ouse und Trent, an der engl. O-Küste; 61 km lang, bis 12 km breit, an der Mündung in die Nordsee auf 8 km verengt.

Humberside [engl. ˈhʌmbəsaɪd], Gft. in N-England.

Humbert (Humbrecht), alter dt. männl. Vorname, entstanden aus Humberht (Humbert); Bed. von „Hum" ist umstritten (zu Hüne?); „-berht" zu althochdt. beraht „glänzend". Italien. Form: Umberto.

Humbert, italien. Herrscher:
H. I., *Turin 14. März 1844, †Monza 29. Juli 1900 (ermordet), König (seit 1878). - Sohn Viktor Emanuels II.; regierte konsequent konstitutionell, schloß wegen kolonialer Gegensätze zu Frankr. den Dreibund (1882) ab.
H. II., *Racconigi (Prov. Cuneo) 15. Sept. 1904, †Genf 18. März 1983, König (1946). - Sohn Viktor Emanuels III.; nach dem Thronverzicht seines Vaters 1944 Generalstatthalter des Kgr.; Mai/Juni 1946 König von Italien, das er auf Grund des Referendums für die Republik verließ; lebte in Portugal.

Oder, Berlin und Göttingen mit J. G. Forster Westeuropa. Von 1799–1804 führte er zus. mit dem frz. Botaniker A. Bonpland in Lateinamerika genaue Ortsbestimmungen und Höhenmessungen durch (u. a. Bestimmung des Verlaufs des Río Casiquiare, Besteigung des Chimborasso bis in 5400 m Höhe) und maß die Temperaturen des später nach ihm ben. Humboldtstroms. 1807–27 lebte er in Paris und wertete in Zusammenarbeit mit Wissenschaftlern aus aller Welt seine Amerikareise aus. Das 30bändige Werk „Voyage aux régions équinoxiales du nouveau continent" (1805–34) ist seine bedeutendste wiss. Leistung. 1827 kehrte H. nach Berlin zurück und hielt hier seine berühmten Vorlesungen über die phys. Weltbeschreibung. 1829 unternahm H. eine Expedition in das asiat. Rußland, deren wichtigstes Resultat die in Zusammenarbeit mit C. F. Gauß erfolgte Organisation eines weltweiten Netzes magnet. Beobachtungsstationen war. Seit 1830 wieder in Berlin, begann H. mit der Darstellung des gesamten Wissens über die Erde („Kosmos. Entwurf einer phys. Weltbeschreibung", hg. 1845–62). H. hatte auf seinen Reisen riesige Mengen botan. (rund 60 000 Pflanzen) und geolog. Materials gesammelt; er hatte die Abnahme der magnet. Feldstärke vom Pol zum Äquator registriert und Meteoritenschwärme beob-

Alexander Freiherr von Humboldt

Wilhelm Freiherr von Humboldt

Humbert von Silva Candida, * in Lothringen (?) Ende des 10. Jh., † Rom 5. Mai 1061, Kardinalbischof von Silva Candida (seit 1051). - Benediktiner; Vertreter der gregorian. Reform; legte als Gesandter Leos IX. nach vergebl. Verhandlungen am 16. Juli 1054 die Bannbulle gegen Michael Kerullarios auf den Altar der Hagia Sophia († Morgenländisches Schisma).

Humboldt, Alexander Frhr. von, *Berlin 14. Sept. 1769, †ebd. 6. Mai 1859, dt. Naturforscher. - Bruder von Wilhelm Frhr. von H.; bereiste nach Beendigung vorwiegend technolog. und naturhistor. Studien in Frankfurt/

achtet. Er zeichnete Isothermen und berichtete über Sprachen, Kultur und Kunst der Indianer. Durch seine Reisen und Berichte leistete H. wesentl. Beiträge zur Meeres-, Wetter-, Klima- und Landschaftskunde. Er förderte durch eigene Forschungen fast alle Naturwiss. der damaligen Zeit.
⌑ *A. von H. Leben u. Werk.* Hg. v. W.-H. Hein. Ffm. 1985.

H., Wilhelm Frhr. von, *Potsdam 22. Juni 1767, †Tegel (= Berlin) 8. April 1835, dt. Philosoph, Sprachforscher und preuß. Staatsmann. - Nach rechtswiss. Studien 1787–90 wirkte H. 1794–97 als Privatgelehrter in Jena,

1802–08 als preuß. Ministerresident in Rom. 1809/10 Direktor für Kultus und Unterricht im Innenministerium, reformierte H. das preuß. Bildungswesen, gründete u. a. die Berliner Universität. Seit 1810 Gesandter in Wien (Teilnahme am Wiener Kongreß), seit 1817 in London, 1819 wieder Minister. - Im Mittelpunkt seines Denkens steht ein stets auf die Gesellschaft hin orientiertes Humanitätsideal. Als Sprachwissenschaftler befaßte sich H. v. a. mit amerikan. Sprachen, mit Sanskrit, Ägypt., Kopt., Chin., Japanisch. In der Einleitung zu „Über die Kawi-Sprache auf der Insel Java" (1836–40) entfaltet H. die Grundthese seiner Sprachphilosophie, daß „in jeder Sprache eine eigenthüml. Weltsicht" liege; sie sei Ausdruck der Individualität einer Sprachgemeinschaft und werde durch die „innere Sprachform" dargestellt. Dabei wird Sprache als „Tätigkeit" (Energeia) bestimmt, die im Sprechen und Verstehen, in der Einheit von Ich und Du im Dialog aktualisiert werde. Bemühungen der Linguistik um eine generative Grammatik (N. Chomsky u. a.) verstehen sich weithin als Erfüllung H.scher Ideen. H. selbst dienten die sprachtheoret. Untersuchungen zur Grundlegung einer philosoph. Anthropologie.
Weitere Werke: Ideen zu einem Versuch, die Gränzen der Wirksamkeit des Staats zu bestimmen (1851), Über Einrichtung landständ. Verfassungen in den preuß. Staaten (1819).
⊕ *Scurla, H.: W. v. H. Mchn. 1984. - Hübner, U.: W. v. H. und die Bildungspolitik. Mchn. 1983.*

Humboldt River [engl. 'hʌmboʊlt 'rɪvə], Fluß in Nevada, USA, entsteht aus mehreren Quellflüssen im NO von Nevada, mündet in den abflußlosen **Humboldt Sink**, etwa 500 km lang.

Humboldt-Stiftung ↑ Alexander von Humboldt-Stiftung.

Humboldtstrom (Perustrom), kalte, nordwärts gerichtete Meeresströmung vor der W-Küste Südamerikas, von großem klimat. Einfluß auf die Küstengebiete N-Chiles und Perus (Nebelbildung, Küstenwüste).

Humbug [engl.], Unsinn, Schwindel.

Hume, David [engl. hjuːm], * Edinburgh 7. Mai 1711, † ebd. 25. Aug. 1776, schott. Philosoph und Historiker. - Vertrat einen extremen Empirismus und begründete den modernen Positivismus und Psychologismus. In seinen Ansätze von Locke und Berkeley konsequent fortsetzenden Erkenntnistheorie führte er alle Vorstellungen auf sinnl. Wahrnehmung zurück, auf die im menschl. Bewußtsein unmittelbar gegebenen Sinneseindrücke *(impressions)*, sowie auf die Ideen *(ideas)* als deren blassere Abbilder. Alles Wissen ist Kenntnis der Beziehungen zw. den Eindrücken (empir. Wiss.) oder Beziehung zw. Vorstellungen (Mathematik). Die Kategorie der Kausalität z. B., vermeintl. objektiv gegebene Beziehung zw. Naturvorgängen, entstehe durch „wiederholte Erfahrung" des Nacheinanders dieser Vorgänge.
Werke: A treatise of human nature (1739/40), Essays, moral and political (1741/42), History of Great Britain from the invasion of J. Caesar to the revolution of 1683 (1754–62).
⊕ *Linares, F.: Das polit. Denken von D. H. Hildesheim 1984. - Craig, E.: D. H. Eine Einf. in seine Philosophie. Ffm. 1979.*

Humerale [lat.] ↑ Amikt.

Hume Reservoir [engl. 'hjuːm 'rɛzəvwɑː], 90 km langer, über 5 km breiter, bis 40 m tiefer Stausee im Murray, Australien.

Hume-Rothery-Phasen [engl. 'hjuːm 'rɔðərɪ; nach dem brit. Metallurgen W. Hume-Rothery, * 1899, † 1968], eine große Gruppe von intermetall. Verbindungen, bei denen neben der überwiegenden metall. Bindung Anteile anderer Bindungsarten wirksam sind und deren jeweiliger Kristallstrukturtyp auch bei unterschied. Verhältnis ihrer Komponenten allein durch den Wert n ihrer Valenzelektronenzahl pro Atom bestimmt ist (**Hume-Rothery-Regel**, 1927).

Humerus [lat.], svw. Oberarmbein (↑ Arm).

humid [zu lat. humidus „feucht"], in der Klimatologie Bez. für ein Klima, in dem die jährl. Niederschlagsmenge größer ist als die mögl. jährl. Verdunstung; **vollhumid:** ausreichende Niederschläge in allen Monaten, **semihumid:** in einigen Monaten ist die mögl. Verdunstung größer als der Niederschlag; **Humidität,** Grad der Feuchtigkeit in Gebieten mit humidem Klima.

Humifizierung [lat.] ↑ Humus.

Humiliaten [lat.], Anhänger einer der ma. Armutsbewegungen.

Huminsäuren (Humussäuren) [lat./dt.], in Mutterboden, Torf und Braunkohle vorkommende, v. a. aus abgestorbenem pflanzl. Material durch Umbau, Stickstoffeinbau und Polymerisation entstandene, beständige, stark gefärbte, stickstoffreiche und hochmolekulare, natürl. Hydroxy- und Polyhydroxycarbonsäuren, die in geringer Konzentration wachstumsfördernd wirken. Sie sind wertvolle Bestandteile fruchtbarer Böden.

Humm, Rudolf Jakob, * Modena 13. Jan. 1895, † Zürich 27. Jan. 1977, schweizer. Schriftsteller. - Schrieb Romane und Erzählungen, in denen er u. a. Intellektuelle und Künstler analysiert, sowie Essays und Dramen. - *Werke:* Carolin (R., 1944), Spiel mit Valdivia (R., 1964), Der Kreter (R., 1973), Der Wicht (R., 1976).

Hummel, Johann Nepomuk, * Preßburg 14. Nov. 1778, † Weimar 17. Okt. 1837, östr. Komponist und Pianist. - Schüler von Mozart, Albrechtsberger und Salieri; 1816 Hofkapellmeister in Stuttgart, 1819 in Weimar. Komponierte Klavier-, Violin-, Kammermusik und mehrere Bühnenwerke.

Hummelblumen, Bez. für Blüten, die bevorzugt von Hummeln bestäubt werden. Der Nektar ist mehr oder weniger tief verborgen, so daß er nur mit langem Rüssel erreicht werden kann. Typ. H. sind Gemeine Akelei, Eisenhutarten und Wiesenklee.

Hummelkolibris ↑ Kolibri.

Hummeln (Bombini), auf der Nordhalbkugel (nur in den Anden auch südl. des Äquators) verbreitete, rd. 200 stechende Arten umfassende Gattungsgruppe staatenbildender ↑ Bienen mit einem etwa 1–3 cm großen, plumpen, pelzig und oft bunt behaarten Körper; wichtige Blütenbestäuber; Hinterbeine wie bei den Honigbienen mit Körbchen und Bürste als Sammelvorrichtung. – Die meist 100–500 Tiere zählenden Staaten sind in den warmen Gebieten mehrjährig, in den gemäßigten Zonen einjährig (es überwintern nur die begatteten ♀♀, von denen jedes im kommenden Frühjahr ein neues Nest gründet). Die Nester werden u. a. in Erdhöhlungen, unter Wurzeln, in alten Vogelnestern angelegt. Das Nestgründerweibchen verwendet zum Bau eines Honigbehälters und einer Brutzelle (für die ersten 5–12 Eier) ausgeschwitztes Wachs, das mit Harz und Blütenstaub vermengt wird. In M-Europa kommen rd. 30 Arten vor, u. a.: **Erdhummel** (Bombus terrestris), 20–28 mm groß, Körper schwarz behaart mit je einer gelben Querbinde auf Vorderbrust und Hinterleib, Hinterleibsende meist weiß behaart; **Feldhummel** (Ackerhummel, Bombus agrorum), 12–22 mm groß, lange, struppige Behaarung, Brust einfarbig rostrot, 2. und 3. Hinterleibssegment schwarz, 4.–6. gelb-rot behaart; **Gartenhummel** (Bombus hortorum), 24–28 mm groß, Körper meist schwarz mit drei gelben Querbinden, Hinterleibsende weiß behaart, Rüssel etwa körperlang; **Steinhummel** (Bombus lapidarius), bis 27 mm groß, samtschwarz mit tiefrotem Hinterleibsende; **Wiesenhummel** (Bombus pratorum), 15–20 mm groß, schwarz, Hinterleib mit zwei gelben Querbinden und roter Spitze.

Hummelragwurz ↑ Ragwurz.

Hummer [niederdt.] (Homaridae), Fam. mariner Zehnfußkrebse, von der Küstenregion bis in die Tiefsee verbreitet. H. ernähren sich hauptsächl. von Weichtieren und Aas. Sie haben (wegen ihres geschätzten Fleisches) z. T. große wirtsch. Bed., z. B. **Europ. Hummer** (Homarus gammarus), bis 50 cm lang (meist aber kleiner bleibend), Maximalgewicht 4 kg, Färbung braun bis dunkelblau (durch Kochen rot); ♀ wird erst mit sechs Jahren geschlechtsreif; werden etwa 25–30 Jahre alt.

Humor [lat. „Feuchtigkeit"], die antike und ma. Medizin kannte vier Körpersäfte („humores"), deren Mischung als ausschlaggebend für Temperament und Charakter eines Menschen angesehen wurde. Seit dem 18. Jh. Bez. für wohlwollende, gutmütige Heiterkeit, erhielt H. v. a. durch den Einfluß der engl. *Humoristen* seine heutige Bed. einer bes. Anschauungs- und Darstellungsweise und damit als Gattung des Komischen seinen Ort in der Ästhetik. – Jean Paul sah im H. einen Aspekt des Komischen, das „umgekehrt Erhabene", das „das Endliche durch den Kontrast mit der Idee" vernichtete; spätere Strukturanalysen (Kierkegaard, Höffgen) faßten den H. als das Gewahrwerden eines Eigentlichen, eines ideellen, human-eth., werthaltigen Sinnes in einer uneigtl. Erscheinungsform. Hieraus entsteht die humorist. Welthaltung: Lächeln, Heiterkeit, Versöhnlichkeit, gelassene Betrachtung menschl. Schwächen und ird. Unzulänglichkeiten, Kraft zur Erduldung von Leid und sogar Grauen.

In der *Literatur* ist zu unterscheiden: 1. Humoristisches als Stoff, d. h. die Schilderung kom., amüsanter oder liebenswürdiger Geschehnisse als naives oder reflektiertes Abbild der humorist. Welthaltung des Autors; 2. humorist. Wirkung durch eine bes. Darstellungstechnik, z. B. durch inadäquaten Erzählton, einen inkompetenten Erzähler, durch Selbstironie, Stilmischungen oder bizarren Sprachstil, Dialekt und v. a. durch bestimmte Kompositionsprinzipien wie Perspektiven- und Standortwechsel, Abschweifungen, Reflexionen; 3. H. als funktionales Gestaltungsprinzip: die H.struktur der Diskrepanz zw. Idee und Entscheidung konstituiert die Sinnstruktur, gibt die Sinndeutung des Dargestellten, z. B. Cervantes' „Don Quijote", Shakespeares Komödien, J. Swifts „Gullivers sämtl.

Erdhummel (links) und Gartenhummel

Reisens", H. Fieldings „Tom Jones", L. Sternes „Tristram Shandy", Jean Pauls „Flegeljahre", T. Manns „Joseph und seine Brüder", J. Giraudoux' „Die Irre von Chaillot". - In jüngster Zeit wird infolge eines geschwundenen metaphys. Bewußtseins, deprimierender Wirklichkeitserfahrung und postulierter Gesellschaftsveränderung der H. als literar. Mittel von anderen Darstellungsmöglichkeiten (absurde, abstrakte, dokumentar. Formen) überlagert.

📖 *Preisendanz, W.: H. als dichter. Einbildungskraft. Mchn.* ^{2}*1976.* - *Bergson, H.: Das Lachen. Dt. Übers. Neuausg. Zürich 1972.* - *Pleßner, H.: Philosoph. Anthropologie. Lachen u. Weinen. Das Lächeln. Anthropologie der Sinne. Hg. v. G. Dux. Ffm. 1970.*

humoral [lat.], in der Medizin: die Körperflüssigkeiten betreffend; auf dem Flüssigkeitsweg (über Blut oder Lymphe) übertragen.

Humoraldiagnostik, medizin. Methoden der Krankheitserkennung durch Untersuchung der Körperflüssigkeiten; z. B. Blutuntersuchung, Harnuntersuchung, Liquordiagnostik, Magensaftanalyse.

Humoralpathologie, in mehreren Kulturen, v. a. in der Antike, ausgebildete Lehre von den „Körpersäften" (Blut, Schleim, gelbe und schwarze Galle), deren rechte Mischung Gesundheit, deren Ungleichgewicht dagegen Krankheit bedeutet.

Humoreske [lat.], literar. Gattungsbez., die im 1. Jahrzehnt des 19. Jh. analog zu „Burleske", „Groteske", „Arabeske" gebildet wurde und urspr. nur auf harmlos-heitere Geschichten aus dem bürgerl. Alltag bezogen war; seit den 20er Jahren des 19. Jh. auch Bez. für mehrbändige histor. Romane ähnl., aber auch zum Satirischen tendierender Grundhaltung.

◆ mehrteiliges, kontrastreiches Tonstück von tiefsinnig-humorigem Charakter.

Humpen [niederdt.], größeres zylindr. Trinkgefäß in Glas, Keramik, Metall u. a. Material, v. a. 16.–18. Jh. z. T. mit reichem Dekor (Emailbemalung, Gravierung u. a.).

Humperdinck, Engelbert, * Siegburg 1. Sept. 1854, † Neustrelitz 27. Sept. 1921, dt. Komponist. - Internat. bekannt ist heute nur noch seine Märchenoper „Hänsel und Gretel" (1893), gekennzeichnet durch eine kindl. einfache, in der Verarbeitung von Volksliedmelodien beruhende Sanglichkeit. H. komponierte ferner sechs weitere Opern, Schauspielmusiken, Orchesterstücke, ein Streichquartett und einige Lieder.

Humphrey, Hubert Horatio [engl. 'hʌmfrɪ], * Wallace (S. Dak.) 27. Mai 1911, † Waverly (Minn.) 13. Jan. 1978, amerikan. Politiker. - 1949–64 Senator; als Mitbegr. und Vors. der „Americans for democratic action" Sprecher des linken Parteiflügels der Demokrat. Partei und Vorkämpfer für die Bürgerrechte; trat fürs eine Politik der Abrüstung und des Ausgleichs mit der UdSSR ein und befürwortete das Atomteststoppabkommen (1963); 1961 stellv. Fraktionsführer, 1965–69 Vizepräs., unterlag 1968 als Präsidentschaftskandidat R. M. Nixon; 1970 als Senator wiedergewählt.

Humus [lat. „Erde, Erdboden"], die gesamte abgestorbene tier. und v. a. pflanzl. Substanz in und auf dem Boden (mit Ausnahme frischer Streu der Waldbäume), die auf Grund mikrobiolog. und biochem. Vorgänge einem ständigen, als *Humifizierung* bezeichneten Ab-, Um- und Aufbau unterworfen und für die Fruchtbarkeit des Bodens von großer Bed. ist. Der H. stellt ein Stoffgemisch dar, das aus den urspr. organ. Substanzen (in kolloidaler Form vorliegend), kohlenstoffreichen Zwischenprodukten und einfacheren organ. Verbindungen wie Umsetzungsprodukte des Lignins, sowie Huminsäuren besteht. Man unterscheidet die nicht dunkel gefärbten Anteile wie Kohlenhydrate, Hemizellulosen u. a., die sich sehr rasch zersetzen und v. a. zur Ernährung der im Boden befindl. Mikroorganismen dienen (sie bilden den sog. **Nähr-H.**), und die dunkel gefärbten Huminstoffe (H.kohle, Huminsäuren, Humoligninsäuren u. a.), die nur schwer zersetzbar sind *(Dauer-, Reserve-H.),* aber die physikal.-chem. Eigenschaften des Bodens verbessern; sie bedingen die Krümelstruktur, die Bodengare und Sorptionsfähigkeit des Bodens und binden außerdem die Nährstoffe für die Pflanzen. Die Bildung eines für die landw. Nutzung wertvollen Dauer-H. wird durch einen hohen Gehalt der Ausgangssubstanzen an Stickstoff und Calcium sowie durch Steppenklima gefördert; sie kann durch Zufuhr von Kalk- und H.dünger und durch Anbau humusmehrender Pflanzen (Hülsenfrüchtler, Klee) günstig beeinflußt werden. Unter ungünstigen Bedingungen, wenn nur eine unvollständige Zersetzung der organ. Substanz stattfindet, bildet sich der weniger wertvolle *Roh-H.,* z. B. als starke Deckschicht naßkalter, saurer und wenig durchlüfteter Waldböden. In warmen, trockenen und stickstoffreichen Wald- und Ackerböden entsteht aus leicht zersetzl. Stoffen eine lockere H.form, der **Mull** oder **Mulm.**

Humussäuren, svw. ↑ Huminsäuren.

Hunan [chin. xunan], Prov. in China, südl. des mittleren Jangtsekiang, 210 500 km², 54 Mill. E (1982), Hauptstadt Tschangscha. Im N liegt das Becken des Sees Tung Ting Hu, den O, W und S nehmen Hügel- und Bergländer ein. H. ist eines der chin. Hauptanbaugebiete für Reis und Tee. Spezialerzeugnisse der Prov. sind Ramie und Tungöl. Holzwirtschaft in den Bergländern im W und S. Vorkommen von Wolfram- und Antimonerz, außerdem Mangan-, Blei-, Zinkerz, Kohle und Phosphaten. Die wichtigsten Ind.städte liegen an der N-S verlaufenden Haupteisenbahnlinie bzw. am schiffbaren Siangkiang: Eisen-

und Stahlind., Maschinenbau, Elektro-, Düngemittel-, Textil-, Papier- und Nahrungsmittelind. sowie Blei- und Zinkgewinnung.

Hund, Friedrich, *Karlsruhe 4. Febr. 1896, dt. Physiker. - Prof. in Rostock, Leipzig, Jena, Frankfurt und Göttingen; bed. Arbeiten zur theoret. Deutung der Atom- und Molekülspektren und zur Anwendung der Quantenmechanik, insbes. zur Theorie des Molekülbaus.

Hund (Hunt, Grubenhund), kastenförmiger Förderwagen im Bergbau.

Hunde, Gattungsgruppe meist großer, ihre Beutetiere oft rudelweise hetzender Raubtiere (Fam. ↑Hundeartige), zu denen bes. die Arten der Gatt. Canis gehören (u. a. Schakale, Wolf).
◆ svw. ↑Haushunde.

Hundeartige (Canidae), mit rd. 40 Arten nahezu weltweit verbreitete Fam. durchschnittl. 35–135 cm körperlanger Raubtiere; mit schlankem, in den Flanken eingezogenem Rumpf, langgestrecktem Kopf, nackter, feuchter Nase und meist aufgerichteten Ohren; Schwanz häufig buschig; Gebiß kräftig; vorwiegend Fleischfresser. Die H. sind z. T. nacht-, z. T. tagaktive, oft gesellig in Rudeln auftretende Hetzjäger, die sich vorwiegend nach dem Geruchs- und Gehörsinn orientieren. Sie sind anpassungsfähig, besiedeln Lebensräume der verschiedensten Art. Sie ruhen meist in selbstgegrabenen Höhlen, in denen auch die blinden, doch behaarten Jungen aufgezogen werden. - Zu den H. gehören u. a. Füchse, Schakale, Wolf.

Hundebandwurm, Bez. für verschiedene v. a. im Haushund vorkommende Bandwurmarten, z. B. ↑Blasenwurm.

Hundefloh ↑Flöhe.

Hundehaarling (Trichodectes canis), weit verbreitetes, rd. 1,5 mm langes, hellgelbes Insekt (Gruppe Federlinge) mit breitem, gerundetem Kopf und breit-ovalem Hinterleib; lebt auf Hund, Fuchs und Wolf und ernährt sich hauptsächl. von Blut; Zwischenwirt für den Gurkenkernbandwurm.

Hundelaus (Linognathus setosus), etwa 2 mm lange, weitverbreitete, gelblichweiße Lausart auf Hunden; Hinterleibssegmente mit zwei Haarreihen; geht nicht an Menschen.

Hunderassen, Bez. für die verschiedenen Kulturvarietäten des Haushundes, die sich durch (vererbbare) einheitl. äußere Erscheinung und einheitl. Wesensmerkmale (Rassenmerkmale) gegeneinander abgrenzen lassen. Die Zahl der H. wird auf über 400 geschätzt, die nach Verwendungszweck (z. B. Jagd-, Hetz-, Dienst-, Nutz- und Begleithund) oder auf Grund ähnl. anatom. Merkmale (z. B. Spitze, Doggen, Hirtenhunde, Windhunde) in größere Rassegruppierungen zusammengefaßt werden können.

Hunderennen ↑Windhundrennen.

Hundertfüßer (Chilopoda), mit rd. 2 800 Arten weltweit verbreitete, jedoch überwiegend in trop. und subtrop. Gebieten vorkommende Unterklasse der Gliederfüßer mit langgestrecktem, gleichmäßig segmentiertem Körper; bis über 25 cm lang, meist jedoch wesentl. kleiner; jedes Rumpfsegment (mit Ausnahme der beiden letzten) mit einem Beinpaar, insgesamt je nach Art 15–173 Beinpaare; erstes Beinpaar zu zangenartigem Kieferfuß umgestaltet, an dessen Spitze eine Giftdrüse mündet. Der Biß mancher Arten ist für den Menschen sehr schmerzhaft, die Giftwirkung hält jedoch meist nur sehr kurz an. Man unterscheidet die vier Ordnungen Erdläufer, Skolopender, Steinläufer und Spinnenasseln.

Hundertjähriger Kalender, 1700 von dem Arzt C. von Hellwig hg. Wettervorhersagen für 1701 bis 1801, die auf Wetterbeobachtungen (1652–58) des Abtes des Klosters Langheim, Mauritius Knauer (*1613, †1664), beruhen. Bez. H. K. seit 1721, als erstmals die [wertlosen] Wetterprognosen zus. mit Knauers Planetentafeln für 100 Jahre erschienen.

Hundertjähriger Krieg, Bez. für den Konflikt zw. England und Frankr. um die Vorherrschaft in W-Europa, dauerte von 1337–1453. Anlaß war der Anspruch König Eduards III. von England auf den frz. Königstitel gegen das Haus Valois nach dem Aussterben der Kapetinger in direkter Linie. Der Krieg, ausschließl. auf frz. Boden ausgetragen, führte dort zeitweise zum Bürgerkrieg. Dennoch konnte sich Frankr. behaupten. 1453 endeten die Kampfhandlungen, 1475 kam es zum offiziellen Friedensschluß in Picquigny, der England Calais (bis 1558) und die Kanalinseln beließ. - Karte S. 122.

Hundertschaft, allg. eine Gliederungseinheit von 100 Mann (z. B. bei der Polizei). - Als Untergliederung german. Völkerschaften der Antike und des frühen MA Heeres-, Gerichts- und Siedlungsverband; davon abgeleitet der von einer H. bewohnte Teil des Herrschafts-(Stammes-)Gebiets.

Hundert Tage, Bez. für den Zeitraum zw. der Landung Napoleons I. in Frankr. (1. März 1815) nach seiner Verbannung auf Elba und seiner endgültigen Niederlage bei Belle-Alliance (18. Juni 1815).

Hundertwasser, Friedensreich, eigtl. Friedrich Stowasser, *Wien 15. Dez. 1928, östr. Maler und Graphiker. - Schwermütige, buntfarbige, ornamentale Bilder, die oft spiralförmig oder labyrinth. angelegt sind (Wachstumsringe); Haus, Schiff und Regenwetter sind häufige symbol. Motive; auch Fassadenbemalungen (Öko-Haus, Wien 1985), Wohnhausmodelle u. a. - Abb. S. 124.

Hundespulwurm ↑Spulwürmer.

Hundestaupe (Staupe), weit verbreitete, ansteckende Viruskrankheit bei Hunden, bes. bei Jungtieren; äußerl. gekennzeichnet durch

Hundesteuer

Fieber, Freßunlust, schleimigen Nasen- und Augenausfluß *(katarrhal. H.)*, ferner Husten, Atemnot *(Lungen-H.)*, Durchfall, Erbrechen *(Darmstaupe)*, Eiterbläschen v.a. an den Innenflächen der Extremitäten *(Hautstaupe)*, Beißsucht, Krämpfe *(nervöse Staupe)* und Hornhautverdickung auf Ballen und Nase *(Hartballenkrankheit, Hartpfotenkrankheit)*; häufig tödlicher Verlauf; Schutzimpfungen sind möglich, Heilimpfungen (im Anfangsstadium) erfolgversprechend.

Hundesteuer, zu den Gemeindesteuern gehörende Verbrauchsteuer, die vom Halter eines Hundes erhoben wird. Die H. ist eine Aufwandsteuer (die Erhebung knüpft an den Aufwand für den Hund an).

Hundezecken ↑Schildzecken.

Hundhammer, Alois, * Moos (= Forstinning bei München) 25. Febr. 1900, † München 1. Aug. 1974, bayr. Politiker. - Volkswirt; 1932/33 MdL (BVP); Mitbegr. der CSU, 1946–70 MdL, 1946–50 Kultusmin. und CSU-Fraktionsvors.; 1951–54 Landtagspräs., 1957–69 Landwirtschaftsmin., 1964–1969 auch stellv. Min.präsident.

Hundredweight [engl. 'hʌndrəd‚weɪt, eigtl. „Hundertgewicht"], Einheitenzeichen **cwt** (für centweight); anglo-amerikan. Massen- und Gewichtseinheit. In Großbrit.: 1 cwt = 112 lb = 50,802352 kg. In den USA: *Long hundredweight* (Einheitenzeichen l cwt; entspricht der brit. H.) und *Short hundredweight* (Einheitenzeichen **sh cwt**): 1 sh cwt = 100 lb = 45,359243 kg.

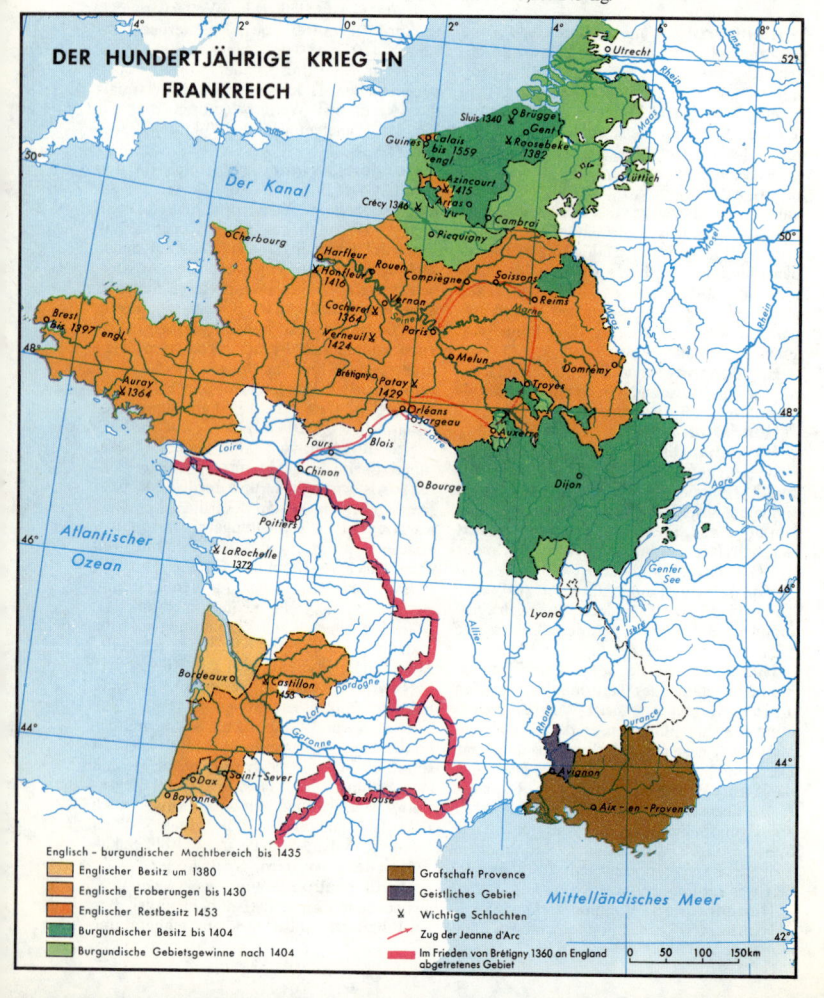

DER HUNDERTJÄHRIGE KRIEG IN FRANKREICH

- Englisch - burgundischer Machtbereich bis 1435
- Englischer Besitz um 1380
- Englische Eroberungen bis 1430
- Englischer Restbesitz 1453
- Burgundischer Besitz bis 1404
- Burgundische Gebietsgewinne nach 1404
- Grafschaft Provence
- Geistliches Gebiet
- X Wichtige Schlachten
- Zug der Jeanne d'Arc
- Im Frieden von Brétigny 1360 an England abgetretenes Gebiet

Hünfeld

Hundsaffen (Hundskopfaffen, Cercopithecoidea), Überfam. der Schmalnasen mit der Fam. Meerkatzenartige und Schlankaffen, die oft durch stark verlängerte Hundeschnauzen gekennzeichnet sind.

Hundsfieber, svw. ↑Pappatacifieber.

Hundsfische (Umbridae), artenarme, den Hechten nahestehende Fam. der Knochenfische in stehenden und langsam fließenden Süßgewässern O-Europas, NO-Asiens und N-Amerikas; kleine, räuber. Grundfische, die im feuchten Schlamm (durch Aufnahme von atmosphär. Luft) Trockenperioden zu überdauern vermögen.

Hundsflechte (Peltigera canina), Blaualgen führende Laubflechte mit etwa handgroßem, blattartigem, breitgelapptem Thallus; Oberseite weißlich-oliv-graugrün, Unterseite weiß mit zahlreichen Befestigungshyphen; auf feuchten, beschatteten Böden.

Hundsgiftgewächse (Immergrüngewächse, Apocynaceae), zweikeimblättrige Pflanzenfam. mit rd. 200 Gatt. und über 2 000 Arten vorwiegend in den Tropen und Subtropen; milchsaftführende Gehölze, Stauden und Lianen mit stielteller- oder trichterförmigen Blüten; Samen oft mit Haarschopf oder Flügeln. Bekannte Gatt. sind Immergrün und Oleander.

Hundsgugel ↑Helm.

Hundshai, (Grundhai, Schweinshai, Galeorhinus galeus) bis 2 m langer, schlanker, lebendgebärender Haifisch im östl. Atlantik (von Norwegen bis S-Afrika) und im Mittelmeer; Rücken stahlgrau, Unterseite weißlich bis perlmuttfarben; Schnauze stark verlängert, spitz; jagt v. a. Grundfische; wird dem Menschen nicht gefährlich.
♦ svw. Südl. Glatthai (↑Glatthaie).

Hundskamille (Anthemis), Gatt. kamillenähnl. Korbblütler mit rd. 100 Arten in Europa und im Mittelmeergebiet; einjährige oder ausdauernde Kräuter mit fiederteiligen Blättern; Blütenköpfchen groß, mit zungenförmigen Randblüten. Bekannte Arten sind: **Färberkamille** (Anthemis tinctoria) mit goldgelben Blütenköpfchen; kommt auf kalkhaltigen, trockenen Abhängen vor; **Ackerhundskamille** (Anthemis arvensis), ein einjähriges, bis 50 cm hohes Ackerunkraut mit weißen, waagerecht ausgebreiteten Zungenblüten und goldgelben Scheibenblüten; **Römische Kamille** (Doppelkamille, Anthemis nobilis), 15–30 cm hoch, doppelt fiederspaltig, endständige Blütenköpfchen mit silberweißen Zungenblüten (oft in gefülltblühenden Sorten kultiviert).

Hundskopfaffen, svw. ↑Hundsaffen.

Hundslattich ↑Löwenzahn.

Hundspetersilie [...i-ε] (Gartenschierling, Gleiße, Aethusa cynapium), Doldengewächs in Europa und Sibirien, einzige Art der gleichnamigen Gatt.; petersilienähnl., weißblühendes, 10–120 cm hohes, blaugrünes, einjähriges Unkraut in Gärten, auf Äckern und auf Schuttplätzen; sehr giftig.

Hundsrose ↑Rose.

Hundsstern, dt. Name für den Stern Sirius im Sternbild Großer Hund.

Hundstage, die Tage zw. dem 23. Juli und dem 23. Aug., während der die Sonne in der Nähe des Hundssterns (Sirius) steht.

Hundsveilchen ↑Veilchen.

Hundswut, svw. ↑Tollwut.

Hundszahn (Zahnlilie, Erythronium), Gatt. der Liliengewächse mit 15 Arten in N-Amerika und einer Art (**Erythronium denscanis**) in Eurasien; Blüten nickend, einzeln oder locker traubig, langgestielt, in Form und Färbung an die der Alpenveilchen erinnernd; einige Arten sind Zierpflanzen.

Hundszahngras (Cynodon), Gatt. der Süßgräser mit 12 Arten in den Tropen und Subtropen. Die bekannteste Art ist das **Fingerhundszahngras** (Bermudagras, Cynodon dactylon), ein wichtiges, dürreresistentes Futtergras wärmerer Länder (u. a. im S der USA), das in gemäßigten Gebieten (z. B. M-Europa) stellenweise heim. geworden ist.

Hundszunge (Cynoglossum), Gatt. der Rauhblattgewächse mit rd. 90 Arten in gemäßigten und subtrop. Gebieten; meist zweijährige, behaarte Kräuter mit verlängerten Blütentrauben und Klettfrüchten. In M-Europa u. a. die graufilzige **Gemeine Hundszunge** (Cynoglossum officinale) mit braunroten Blüten und rübenförmiger Wurzel, die durch Alkannarot gerötet ist.

Hundszungen (Cynoglossidae), mit über 30 Arten hauptsächl. in warmen Meeren (v. a. in flachen Küstengewässern des Ind. Ozeans) verbreitete Fam. der Plattfische; Körperform lang und schlank; Augen auf der linken Körperseite; auf der rechten fehlen Brust- und Bauchflossen.

Hüne [niederdt. „Hunne"], Riese, großer Mann.

Hunedoara (dt. Eisenmarkt), rumän. Stadt im sw. Siebenbürgen, 86 000 E. Museum, Theater; wichtigster Hüttenstandort des Landes. - Im 13. Jh. erwähnt. - Zum Schloß umgebaute Festung (14./15. Jh.); orth. Kirche (15. Jh.).

Huneke, Ferdinand, * Brilon 23. Sept. 1891, † Düsseldorf 2. Juni 1966, dt. Mediziner. - Entwickelte ab 1925 die Neuraltherapie (Behandlung mit Procainhydrochlorid) und entdeckte 1941 das ↑Sekundenphänomen.

Hünengrab, volkstüml. Bez. für ein norddt. ↑Megalithgrab, auch für ein Hügelgrab.

Hünensteine ↑Heidensteine.

Hünfeld, hess. Stadt am W-Rand der Vorderrhön, 282 m ü. d. M., 14 200 E. Museum. Nach 1945 brachte ein starker Zustrom von Flüchtlingen trotz der grenznahen Lage einen erhebl. Wirtschaftsaufschwung. - Stadtrecht seit 1310; gehörte mit wenigen Unter-

Hungaristenbewegung

brechungen bis 1802 zu Fulda, kam 1816 an Hessen-Kassel, 1866 an Preußen, 1945 an Hessen. - Spätgot. kath. Stadtpfarrkirche (1517 begonnen); z. T. erhaltene Stadtmauer.

Hungaristenbewegung ↑ Pfeilkreuzler.

Hungen, hess. Stadt 20 km sö. von Gießen, 150 m ü. d. M., 11 900 E. Handels- und Wirtschaftszentrum der Umgebung. - Stadtrecht 1361. Gehörte 1419–1806 den Grafen von Solms. - Roman.-got. Pfarrkirche; Schloß (15.–18. Jh.); Reste der Stadtbefestigung.

Hunger [zu althochdt. hungar, eigtl. „brennendes Gefühl (von Hunger, Durst)"], das subjektiv als Allgemeinempfindung auftretende Verlangen nach Nahrung, das bei leerem Magen auftritt und nach der Nahrungsaufnahme verschwindet bzw. durch das Sättigungsgefühl verdrängt wird. H. und Sättigungsgefühl sind Teile der Regulationsvorgänge, die für ausreichende Energie-, Mineral- und Vitaminversorgung des Körpers sorgen. Der H. wird im Zentralnervensystem durch zwei Faktoren ausgelöst: 1. durch reflektor. rhythm. Kontraktionen des leeren Magens, die auf nervalem Weg einem Appetitzentrum (H.zentrum) im Hypothalamus gemeldet werden; 2. durch Reizung von bestimmten Zellen (Glukostatzellen) im sog. Sättigungszentrum des Hypothalamus, die den (bei Nahrungsmangel) erniedrigten Blutzuckerspiegel registrieren. Die Aktivität des Sättigungszentrums wird jedoch nicht vom Blutzuckerspiegel, sondern von der Glucoseverwertung geregelt. Durch fehlende Glucoseverwertung wird es gehemmt und löst das H.gefühl aus. Hohe Glucoseverwertung steigert die Aktivität des Sättigungszentrums und hemmt das Appetitzentrum und löst somit das Sättigungsgefühl aus. Bei Tierversuchen wurde festgestellt, daß eine Reizung des Appetitzentrums Freßverhalten, seine Zerstörung Nahrungsverweigerung auslöst. Eine Reizung des Sättigungszentrums führt zur Beendigung der Nahrungsaufnahme, seine Zerstörung dagegen bewirkt gesteigerte Nahrungsaufnahme bis zur Fettsucht.

Bei vollem Nahrungsentzug reichen die Energiereserven eines durchschnittl. ernährten, gesunden Menschen rd. 50 Tage aus. Wichtig ist die Fettreserve des Körpers. Ein Kilogramm zusätzl. Depotfett liefert 37 800 kJ (9 000 kcal), d. h. den Energiebedarf für 5 Tage. Völlige Ruhe verringert die Stoffwechselleistung (und erhöht die ertragbare H.zeit), doch wird der Grundumsatz hierbei nur um etwa 20% verringert, weil alle lebenswichtigen Stoffwechselvorgänge weiterlaufen müssen. Bei Tieren ist die Dauer einer H.zeit unterschiedl. Viele haben spezielle Anpassungsmechanismen wie Ruhestadien (z. B. Trockenstarre, Winterschlaf) oder können Körperzellen einschmelzen (bes. niedere Tiere). Kaltblüter ertragen im allg. H. leichter als Warmblüter, Fleischfresser leichter als Pflanzenfresser. ⌑ *H. and satiety in health and disease.* Hg. v. F. Reichsmann. Basel 1972.

Hungerblümchen (Erophila), Gatt. der Kreuzblütler mit mehreren z. T. sehr formenreichen Arten in Europa, W-Asien und N-Afrika; kurzlebige, 3–20 cm hohe Kräuter mit grundständiger Blattrosette, weißen oder rötl. Blütchen und Schötchenfrüchten; u. a. das **Frühlingshungerblümchen** (Erophila verna) 5–10 cm hoch, mit weißen Blüten, auf Sandböden, Felsen, an Wegrändern.

Hungerkrankheiten, durch längerdauernden Hunger verursachte oder begünstigte, akute oder chron. Erkrankungen. Direkte Folgen unzureichender Ernährung sind

Friedensreich Hundertwasser, Regentag (1971). Lithographie

Hungerwespen

Störungen des Stoffwechsels (sog. Hungerstoffwechsel, ↑Stoffwechsel), Atrophie der Körpergewebe (Hungeratrophie), bes. des Fettgewebes und der Knochen (Hungerosteopathie) und Störungen der inneren Sekretion. Infolge Eiweißmangels nach lang andauernder Unternährung kommt es durch Ansammlung von Gewebsflüssigkeit, v. a. in den Spalten des Unterhautzellgewebes zu **Hungerödemen**. Hinzutretende (sekundäre) Krankheiten verlaufen oft wesentlich schwerer.

Hungersnöte, durch länger anhaltende Verknappung der menschl. Grundnahrungsmittel ausgelöste Katastrophen. Ursachen sind v. a. Mißernten, Kriege und Naturkatastrophen, verschärfend wirken sich fehlende Verkehrsverbindungen aus. Die erste schriftl. Nachricht über eine H. stammt aus Ägypten (etwa 2 500 v. Chr.). Die Bev.zunahme im ma. Europa machte namentl. die Städte für H. anfällig; doch auf Grund der noch geringen landw. Produktivität waren auch auf dem Lande, wo der weitaus größte Teil der Bev. lebte, H. nicht selten. Eine Mißernte brachte 1315–17 eine H. über M- und W-Europa. Eine schwere H. in China 1333–37 mag eine der Ursachen für die Ausbreitung der Pest gewesen sein (seit 1347/48 in Europa). In den folgenden Jh. wurden u. a. Rußland (1557, 1600, 1650–52) und Indien (1594–98, 1600, 1677, 1769/70 [3–10 Mill. Opfer]), 1693 und 1769 auch Frankr. betroffen. Eine Kartoffelkrankheit, die zu 3 Mißernten (1845, 1846, 1848) beitrug, führte 1846–49 zu schweren H. in Irland, in deren Verlauf etwa 800 000 Menschen an Hunger und Typhus starben; weitere 700 000 wanderten aus (starke Auswanderungsbewegung auch in Frankr. und Deutschland). Seitdem wurde die westl. Welt im allg. nur noch in Kriegszeiten von H. betroffen, im Ggs. zu Asien, bes. Indien und China. Die Zahl der Opfer der H. in N-China (1876–79) wird auf 9–13 Mill. Menschen geschätzt. Sie galt als die schwerste H. der Menschheit. Die Zahl der während des Bürgerkrieges in der Sowjetunion 1921/22 an Hunger Gestorbenen wird auf 1,5–5 Mill. geschätzt, die durch Zwangskollektivierung verstärkte H. 1932–34 soll ebenfalls 5–6 Mill. Menschen das Leben gekostet haben. Obwohl sich nach dem 2. Weltkrieg der internat. Verkehr und Welthandel sprunghaft entwickelten und internat. Organisationen sich der Bekämpfung der H. widmeten, blieb die Gefahr von H. wegen der Bev.explosion namentl. in der Dritten Welt gegenwärtig und trat bei Mißernten oder Zerstörungen durch militär. Handlungen offen zutage, so in China (1960/61), in Teilen Indiens (1967), in Biafra (1968/69), in der Sahelzone bis nach Äthiopien (seit 1973/74 wiederholt) und im Distrikt Karamoja in Uganda (1980). – ↑auch Welternährung.

📖 *Bogner, A./Franke, M.: Die Hungerproduzenten. Wien u. Mchn. 1981. - Abel, W.: Agrarkrisen u. Agrarkonjunktur. Hamb. u. Bln. ³1978.*

Hungersteine, große Steine, die im Flußbett nur bei länger anhaltender Trockenheit sichtbar werden.

Hungersteppe (Nördliche Hungersteppe), etwa 75 000 km² große Wüste in der Kasach. SSR, UdSSR, zw. der Kasach. Schwelle im N und dem Tschu im S. Im W grenzt die H. mit einer Steilstufe an den Saryssu, im O an den Balchaschsee; spärl. Salzsteppenvegetation, als Winterweide genutzt.

Hungersteppe, Südliche, Teil der ↑Kysylkum, UdSSR.

Hungerstoffwechsel ↑Stoffwechsel.

Hungerstreik, Verweigerung der Nahrungsaufnahme als Form des passiven Widerstandes, praktiziert z. B. von polit. Häftlingen oder Strafgefangenen bzw. in polit. und sozialen Auseinandersetzungen.

Hungertuch (Fastentuch), Altarverhüllung während der Fastenzeit; urspr. (Ende des 10. Jh.) als symbol. Ausschluß des sündigen Menschen vom Kultgeschehen gedacht; Ausgestaltung des H. mit Symbolen und Bildern vom Leiden Christi; heute selten.

Hungerwespen (Evaniidae), weltweit verbreitete Fam. der ↑Taillenwespen mit rd. 400 Arten, davon drei 4–10 mm große, schwarze Arten in Deutschland; H. legen ihre Eier mit dem kurzen Legebohrer in die Eikapseln von Schaben, in denen die Larven heranwachsen.

Ausbreitung der Hunnen

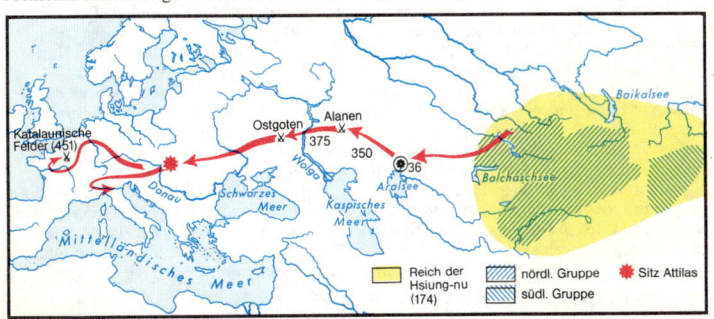

Hungnam, nordkorean. Hafenstadt am Jap. Meer, 260 000 E. Metallverarbeitung, chem. Ind., Erdölraffinerie.

Hungtze Hu (Hongzehu) [chin. xuŋdzʌxu], See nördl. von Nanking, China, 105 km lang, 8–48 km breit, entwässert über den Sanho bzw. den Kaiserkanal zum unteren Jangtsekiang sowie über einen 169 km langen Kanal zum Gelben Meer.

Hunke, Sigrid, * Kiel 26. April 1913, dt. philosoph. Schriftstellerin. - Bed. kultur- und religionsphilosoph. Arbeiten, z. B. „Allahs Sonne über dem Abendland. Unser arab. Erbe" (1960), „Europas andere Religion. Die Überwindung der religiösen Krise" (1969), „Kamele auf dem Kaisermantel. Dt.-arab. Begegnungen seit Karl d. Gr." (1976), „Glaube und Wissen" (1979).

Hunnen, im 3. Jh. v. Chr. erstmals unter dem chin. Namen Hsiung-nu in den Steppen nördl. der chin. Grenze, im Kerngebiet der heutigen Mongolei auftretende Reiter- und Viehzüchternomadenstämme; nach neuesten Theorien aus der Mandschurei stammend, mit den altaischen Sprachen zugehörigen Sprachen. Die H. gründeten unter Mao-tun (209–174) ein Reich mit dem Zentrum am Orchon. Ihre ständigen Einfälle nach China sowie ihre Tributforderungen führten unter dem Hankaiser Wu Ti (140–86) zum Beginn des chin. Abwehrkampfes und zur allmähl. Dezimierung der Hsiung-nu, deren Reste unter dem Druck der Wu-sun nach dem N der heutigen Mongolei auswichen; um 72/71 schließl. kam es zum Zusammenbruch der Macht der Hsiung-nu, deren Reste nun in eine nördl. und eine südl. Gruppe zerfielen. Letztere stellte sich (48 n. Chr.) unter die chin. Lehnsherrschaft, erholte sich aber nach schweren Kämpfen mit den Hsien-Pi (153 n. Chr.) und bildete nach der Eroberung von N-China dort ein neues Reich. Überbleibsel wurden erst von der Tangdyn. (seit 618) gänzl. vernichtet. Westl. Teile der Hsiung-nu zogen nach W, wo sie sich 36 v. Chr. am Aralsee sammelten und um 350 n. Chr. in Kämpfen mit sarmat. Stämmen, bes. den Alanen, siegreich blieben. 375 n. Chr. besiegten die H. die Ostgoten im Wolgagebiet. Ob diese im 4. Jh. an den östl. Grenzen Europas auftauchenden mongolischen Stämme, in den Quellen als H. bezeichnet, Nachkommen der fernöstl. Hsiung-nu sind, ist noch nicht völlig geklärt. Die in Europa wirksamste hunn. Gruppe war die unter Attila und Bleda, die in die Donauebene vordrang und ein Reich bildete. Ihre Ausgriffe führten bis nach Italien und Gallien, wo sie in der Schlacht auf den Katalaun. Feldern 451 n. Chr. geschlagen wurden. Nachfolgestreitigkeiten nach dem Tode Attilas 453 und Aufstände ihrer gepid. und ostgot. Untertanen um 455 führten zu ihrem Niedergang; im 6. Jh. gingen sie in anderen Völkerschaften (Wolgabulgaren, Chasaren, Tschuwaschen) auf. - Karte S. 125.

📖 *Altheim, F.: Gesch. der H. Bln.* 1–2 1962–75. *5 Bde.*

Hunnenschlacht, Bez. für die Schlacht auf den Katalaun. Feldern (451 n. Chr.).

Hunnensteine, ↑ Heidensteine.

Hunsrück, sw. Teil des Rhein. Schiefergebirges zw. Saar, Mosel, Rhein und Nahe; landw. genutzte, wellige Hochflächen (400–500 m ü. d. M.) werden von 100–300 m höher liegenden, waldbestandenen Rücken überragt, die eigene Namen haben: **Soonwald** (bis 657 m hoch), **Bingerwald** (bis 637 m hoch), **Lützelsoon** (bis 597 m hoch), **Idarwald** (757 m hoch), **Schwarzwälder Hochwald** (im Erbeskopf, der höchsten Erhebung des H., 816 m hoch) und **Osburger Hochwald** (bis 708 m hoch). Der urspr. Buchen- und Eichenwald wurde von Fichten- oder Mischwald abgelöst. Im Ggs. zu den Randlandschaften erfolgte die Besiedlung erst spät (späte Hallstatt- und ältere La-Tène-Zeit); eine Römerstraße führte durch das Gebirge von Trier nach Mainz. Von der Mitte des 3. bis ins 8. Jh. Siedlungslücke mit Wiederbewaldung, danach ma. Rodung, die die Grundlage der heutigen bäuerl. Siedlung legte. Verkehrstechn. erst spät erschlossen: Eisenbahn Ende des 19. Jh., Verbesserung des Straßennetzes seit den 1930er Jahren, unterbrochen vom 2. Weltkrieg.

Hunsrück-Eifel-Kultur, nach ihrem Hauptverbreitungsgebiet ben. Gruppe der späten Hallstattzeit und älteren La-Tène-Zeit am Mittelrhein; reiche Gräber mit Wagen und Bronzesitulen (eimerartiges Gefäß).

Hunsrückschiefer, bis 2 000 m mächtige Tonschieferserie aus dem Unterdevon des Rhein. Schiefergebirges, z. T. fossilreich.

Hunt [engl. hʌnt], James Henry Leigh, * Southgate (= London) 19. Okt. 1784, † Putney (= London) 28. Aug. 1859, engl. Schriftsteller. - Gründer, Hg. und Mitarbeiter zahlr. Zeitschriften; kurze Zusammenarbeit mit Byron; bed. v. a. als Essayist und Kritiker, der sich für kirchl. und polit. Reformen einsetzte; erster bed. engl. Theaterkritiker.

H., William Holman, * London 2. April 1827, † ebd. 7. Sept. 1910, engl. Maler. - Mitbegr. der präraffelit. Schule; wählte literar., mytholog. und bibl. Motive, u. a. „Der Schatten des Todes" (1870–73; London, Privatsammlung); stilist. Parallelen zum Jugendstil („Die Dame von Shalott", 1886–1905; Hartford [Conn.], Wadsworth Atheneum).

Hunte, größter linker Nebenfluß der Weser, entspringt im Wiehengebirge, durchfließt den Dümmer, ist ab Oldenburg (Oldenburg) kanalisiert, mündet bei Elsfleth in die Weser; 189 km lang.

Hunter, Alberta [engl. 'hʌntə], Pseud. Josephine Beatty, * Memphis (Tenn.) 1. April 1897, † New York 17. Okt. 1984, amerikan. Sängerin. - Machte den Blues in Europa bekannt; Aufnahmen u. a. mit L. Armstrong,

F. Henderson, F. Waller; sang wiederholt in Broadwayshows; wurde 1956 Krankenschwester in New York.

Hunter [engl. 'hʌntə, zu to hunt „jagen"], in Großbrit. und Irland gezüchtetes, sehr robustes Jagdpferd mit festen Gelenken, sehr harten Sehnen und flachen, leichten Gängen; außerordentl. Springvermögen.

Hunter Islands [engl. 'hʌntə 'aɪləndz], unbewohnte austral. Inselgruppe in der Bass-Straße, vor der NW-Spitze Tasmaniens.

Huntingdon and Godmanchester [engl. 'hʌntɪŋdən ənd 'gɔdmənt∫ɛstə], engl. Stadt am Ouse, 25 km nw. von Cambridge, Gft. Cambridge, 17 500 E. Möbelind., Leichtmaschinenbau, Druckereien. - Angelsächs. Gründung, 1086 als Stadt gen. - In Huntingdon herrschen georgian. Bauten vor, in Godmanchester säumen überwiegend Bauernhäuser (16./17. Jh.) die engen Straßen.

Huntington [engl. 'hʌntɪŋtən], Ind.stadt am linken Ufer des Ohio, West-Virginia, 170 m ü. d. M., 64 000 E. Univ. (gegr. 1837); Hafen am Ohio; Verkehrsknotenpunkt, ✈. - Gegr. 1869.

Huntsville [engl. 'hʌntsvɪl], Stadt in N-Alabama, 185–193 m ü. d. M., 143 000 E. Eines der Zentren der amerikan. Raketen- und Weltraumforschung.

Hunyadi, János [ungar. 'hunjɔdi] (Iancu de Hunedoara), * in Siebenbürgen um 1408, † Semlin 11. Aug. 1456, ungar. Reichsverweser und Feldherr. - Stammte aus einer walach. Bojarenfamilie; Vater von Matthias I. Corvinus; schlug 1442 die Türken, eroberte 1443 Niš und Sofia. Seit 1446 Reichsverweser für den minderjährigen Ladislaus V. Posthumus; 1448 auf dem Amselfeld geschlagen, siegte 1456 bei Belgrad über Sultan Muhammad II.

Hunza, Landschaft im Karakorum und NW-Himalaja, Teil der Gilgit Agency, vom H. (rd. 190 km lang) durchflossen.

H., auf der Sonnenseite des H.tals in 1 600–2 500 m Höhe lebendes ismailit. Bergvolk. Auf terrassierten Hängen wird Bewässerungsfeld- und Gartenbau betrieben (u. a. Getreide, Kartoffeln, Aprikosen-, Apfelbäume, Weinreben). In höheren Lagen Almwirtschaft (Ziegen, Schafe). Die H. sind gesuchte Träger bei Bergexpeditionen. Sie selbst führen ihren Ursprung auf Alexander d. Gr. zurück.

Hupe (Horn, Signalhorn), nach der Straßenverkehrs-Zulassungs-Ordnung (StVZO) vorgeschriebene akust. Warnanlage für Kfz. Das **Aufschlaghorn** *(Tellerhorn)* besteht aus einem Elektromagneten, dessen Ankerplatte mit einer Membran und einem Schwingteller verbunden ist. Beim Betätigen der H. schlägt die Ankerplatte auf den Magnetkern auf und öffnet gleichzeitig das Kontaktpaar über den Unterbrechers; infolge des stromlos gewordenen Elektromagneten federt die Membran mit Schwingteller und Ankerplatte zurück, das Kontaktpaar schließt, wodurch das Wechselspiel von neuem beginnt. Bei der **Elektrofanfare** wird eine Membran auf die gleiche Weise in period. Schwingungen versetzt und bringt die Luftsäule eines Trichters zum Schwingen. Bei der **Preßluft-** oder **Kompressorfanfare** wird die Membran der Fanfare durch Preßluft zum Schwingen angeregt. Eine **Tonfolgeanlage** besteht aus Hörnern verschiedener Frequenz, die von einer Schaltanlage automat. betätigt werden (in der BR Deutschland für private Kfz. verboten). Mit der **Lichthupe** werden opt. Warnsignale durch kurzes Einschalten des Fernlichts gegeben.

Hupeh (Hubei) [chin. xubɛi], Prov. im zentralen China, 187 500 km^2, 49 Mill. E (1982), Hauptstadt Wuhan. Kernraum ist die seenreiche Flußniederung am Jangtsekiang und am Hangkiang. Den W nimmt ein Bergland ein, im NO und SO bilden Hwaiyangschan bzw. Mufuschan natürl. Grenzen. H. ist eine der wichtigsten Reiskammern Chinas; bed. Tungölgewinnung; Süßwasserfischerei; Abbau von Gips (rd. 90 % der chin. Gesamtproduktion) und Erzen.

Hüpferlinge (Cyclopidae), artenreiche, weltweit verbreitete Fam. etwa 1 bis 5 mm großer Ruderfußkrebse, v. a. in Süß-, seltener in Meeresgewässern; Kopfbrust meist keulenförmig, Hinterleib schlank; ♀♀ mit zwei (äußerl. sehr auffälligen) Eisäckchen; erste Antennen der ♂♂ zu Greiforganen umgebildet zum Anklammern an die ♀♀ bei der Begattung. H. ernähren sich v. a. auch von zersetzten organ. Resten.

Hüpfmäuse (Zapodidae), Fam. 5–10 cm körperlanger, langschwänziger, mausartiger Nagetiere mit rd. 10 Arten, v. a. in Steppen, buschigen Landschaften (z. T. auch Wäldern) Eurasiens und N-Amerikas; gut kletternde Tiere, die sich Kugelnester am Boden oder im Gebüsch bauen; überstehen ungünstige Witterungsperioden in einem schlafähnl. Zustand; einzige einheim. Art: † Birkenmaus.

Hupp, Otto, * Düsseldorf 21. Mai 1859, † Oberschleißheim bei München 31. Jan. 1949, dt. Maler und Graphiker. - Vielseitiger Kunstgewerbler, entwarf als Buchkünstler mehrere Schriften, schuf als Wappenforscher und -zeichner die Grundlagen der modernen dt. Heraldik.

Huppert, Isabelle [frz. y'pɛ:r], * Paris 16. März 1953, frz. Filmschauspielerin. - Konzentrierte, auf wenige Ausdrucksnuancen beschränkte Art der Darstellung, bes. in den Filmen „Die Spitzenklöpplerin" (1977), „Die Indianer sind noch fern" (1978), „Violette Nozière" (1978), „Die Schwestern Brontë" (1979), „Cactus" (1986).

Hürdenlauf, leichtathlet. Disziplin, bei der in regelmäßigem Abstand aufgestellte Hürden überlaufen werden müssen. H. werden im Wettkampf von Männern (110 m [Hürdenhöhe 1,067 m], 200 m [Hürdenhöhe

Hürdenrennen

0,762 m] und 400 m [Hürdenhöhe 0,914 m]) und Frauen (100 m [Hürdenhöhe 0,840 m] und 200 m [Hürdenhöhe 0,762 m]) ausgetragen. Ein Lauf gilt auch dann, wenn eine oder mehrere Hürden umgestoßen werden.

Hürdenrennen ↑ Hindernisrennen.

Hurdes, Felix, * Bruneck 9. Aug. 1901, † Wien 12. Okt. 1974, östr. Politiker. - Jurist; 1936–38 Landesrat in der Reg. von Kärnten. 1938/39 und 1944/45 im KZ; 1945 Mitbegr. der ÖVP, bis 1951 deren Generalsekretär; 1945–52 Unterrichtsmin., 1953–59 Präs. des Nationalrates.

Hurdy-gurdy [engl. ˈhəːdɪˌɡəːdɪ], engl. Bez. für ↑ Drehleier.

Hure [zu althochdt. huor „außerehel. Beischlaf, Ehebruch"], weibl. Person, die gewerbsmäßig betriebenen Geschlechtsverkehr ausübt; die Bez. ist durch den Begriff Prostituierte weitgehend verdrängt; als Schimpfwort zielt H. nicht unbedingt auf gewerbsmäßige, vielmehr überhaupt auf wahllose sexuelle Beziehungen.

Hurenweibel (Hurenwaibel), Bez. für den Führer des Trosses (mit Frauen und Kindern) des Landsknechtsheeres.

Huri [arab.], Paradiesjungfrau im islam. Glauben, die im Paradies dem Gläubigen zur Frau gegeben wird.

Hürlimann, Hans, * Walchwil (Kt. Zug) 6. April 1918, schweizer. Politiker. - Jurist; seit 1954 Reg.rat im Kt. Zug; 1966 in den Ständerat entsandt; Mgl. des Parteivorstands der Christlichdemokrat. Volkspartei der Schweiz; 1974–82 Bundesrat (Innendepartement); 1979 Bundespräsident.

Hurling [engl. ˈhəːlɪŋ], seit dem 1. Jh. n. Chr. bekanntes, dem Hockey ähnl. Kampfspiel aus Irland (dort heute noch populär); als Spielplatz (120 m lang, 75 m breit) bevorzugte man ebenen und harten Strandboden, im Winter Eisflächen. In Schottland unter dem Namen **Shinty** bekannt, wurde H. um 1600 in Cornwall und Devon im SW Englands unter dem Namen **Kappan** gespielt, das gegen Ende des 17. Jh. die Bez. **Bandy** erhielt.

Huronen, Konföderation von vier Irokesisch sprechenden Indianerstämmen, urspr. seßhafte Bodenbauer an der Georgian Bay des Huronsees. Seit 1615 starke Jesuitenmissionierung; 1648 vom Irokesenbund unterjocht und in diesem aufgegangen.

Huronsee [-ˈ-; engl. ˈhjʊərən], der zweitgrößte der Großen Seen Nordamerikas (USA und Kanada), 400 km lang, bis 160 km breit, 177 m ü. d. M., bis 228 m tief. Zufluß aus dem Michigansee und dem Oberen See sowie aus mehreren Flüssen; Abfluß zum Eriesee. Im NO liegt die etwa 15 000 km² große **Georgian Bay,** die durch einen Kanal mit dem Ontariosee verbunden ist.

Hurrikan [-ˈ--; engl. ˈhʌrɪkən, indian.-span.-engl., zu indian. hura „Wind, wegblasen"], trop. Wirbelsturm im Bereich des Karib. Meeres, der Westind. Inseln und des Golfs von Mexiko. H. entstehen am häufigsten im Sommer und Spätherbst. Der Durchmesser eines H. beträgt einige hundert Kilometer, die Windgeschwindigkeiten erreichen Werte von mehr als 200 km pro Stunde. Ein typ. Merkmal der H. ist das Auge des Sturmes, eine windschwache, niederschlagsfreie und wolkenarme Zone von etwa 20 km Durchmesser im Wirbelzentrum. H. können nur über dem Meer längere Zeit bestehen; beim Übertritt auf das Festland schwächen sie sich rasch ab, richten jedoch durch den von Wolkenbrüchen begleiteten Orkan und durch Sturmfluten verheerende Zerstörungen an. Zur Unterscheidung werden die einzelnen H. eines Jahres mit engl. Vornamen (♂ und ♀) in alphabet. Reihenfolge benannt.

Hurriter ↑ Churriter.

Hurtado de Mendoza, Diego [span. urˈtaðo ðe menˈdoθa], * Granada 1503, † Madrid 14. Aug. 1575, span. Dichter, Geschichtsschreiber und Diplomat. - 1568–74 nach Granada verbannt. Schrieb lyr. Dichtungen und eine „Geschichte der Empörung der Mauren in Granada" (hg. 1627) über den letz-

Hurrikan „Fifi" über dem Golf von Honduras. Satellitenbild vom 18. Sept. 1974

ten Aufstand der Morisken. Seine Verfasserschaft des Schelmenromans „El Lazarillo de Tormes" (1554) ist zweifelhaft.

Hurtado Larrea, Osvaldo [span. ur'taðo la'rrɛa], * Riobamba 1939, ecuadorian. Politiker. - Jurist und Sozialwiss.; 1979-81 Vizepräs., 1981-84 Staatspräsident.

Hürth, Großgemeinde im N der Ville, NRW, 54-137 m ü. d. M., 50 000 E. B.-Sprachenamt, Außeninst. der Biolog. B.-Anstalt für Land- und Forstwirtschaft. Braunkohlenbergbau, Kraftwerk, chem. Ind., Maschinenbau.

Hurufis, schiit.-islam. Sekte, gegr. von Fadl Allah aus Astarabad (* 1340, † 1394 [hingerichtet]), dessen myst. Lehren auf den Buchstaben (arab. „huruf") zugeschriebenen symbol. Bed. beruhen.

Hurwitz, Adolf, * Hildesheim 26. März 1859, † Zürich 18. Nov. 1919, dt. Mathematiker. - Prof. in Königsberg und Zürich; bed. Arbeiten zur Funktionentheorie und zur algebraischen Zahlentheorie.

Hus, Jan (dt. Johannes Huß), * Husinec (Südböhm. Gebiet) um 1370 (?), † Konstanz 6. Juli 1415, tschech. Reformator. - 1400 Priester, 1401 Dekan der Artistenfakultät in Prag, 1405-08 Synodalprediger; Vertreter der Gedanken Wyclifs (Autorität des Gewissens, Kritik an weltl. Besitz der Kirche); durch eine Bulle Alexanders V. (1410) kam es in Prag zum Kampf gegen die Wyclifiten, zu Bücherverbrennung, Predigtverbot und Bann über H., der jedoch, von König und Volk gestützt, seine gegen Ablaß- und Kreuzzugsbulle Johannes' XXIII. gerichtete Predigttätigkeit bis 1412 fortsetzen konnte, als sich die Prager theolog. Fakultät gegen ihn erklärte. H. stellte sich dem Konstanzer Konzil, wo er den Widerruf der am 4. Mai 1415 verurteilten und von ihm in „De ecclesia" vertretenen Wyclifschen Lehre verweigerte; er wurde deshalb durch Verbrennung hingerichtet.
📖 *Friedenthal, R.: J. H. Der Ketzer und das Jh. der Revolutionskriege. Mchn. 1984. - Wehr, G.: J. H. Ketzer u. Reformator. Gütersloh 1979.*

Husa, Karel, * Prag 7. Aug. 1921, amerikan. Komponist tschechoslowak. Herkunft. - Schüler u. a. von N. Boulanger und A. Honegger; komponierte v. a. Konzert- und Kammermusik, u. a. drei Streichquartette, „Fresque" für Orchester (1948), „Portrait" für Streicher (1953), „Mosaïques" (1961).

Husain, Name von Haschimidenherrschern:

H. Ibn Ali, * Mekka um 1853, † Amman 4. Juni 1931, König des Hedschas (1917-25). - 1908 Scherif von Mekka, beteiligte sich auf brit. Seite am 1. Weltkrieg; mußte 1925 abdanken, nachdem er Mekka an Ibn Saud verloren hatte.

H. II. (Hussein), * Amman 14. Nov. 1935, König von Jordanien (seit 1952). - Folgte seinem abgesetzten Vater Talal (Krönung 1953); entmachtete 1957 die linksneutralist. Reg.; ging 1958 die kurzlebige Arab. Föderation mit seinem Vetter Faisal II. ein; sah sich seit 1967 mehrfach palästinens. Aufstandsoder Putschversuchen ausgesetzt, die von der Armee niedergeschlagen wurden.

Husain, Saddam, * Tikrit 1937, irak. Politiker. - Seit 1957 Mgl. der Bath-Partei, viele Jahre im Untergrund; zeitweilig im Exil in Syrien und Ägypten; nach einem versuchten Umsturz 1964 verhaftet, seit 1966 stellv. Sekretär der regionalen Führung der Bath-Partei im Irak; 1968 maßgebl. an der Revolution beteiligt, die die Bath-Partei wieder an die Macht brachte; wurde 1969 stellv. Vors. des Kommandorats der Revolution; seit 1979 Staats-, Partei- und Reg.chef.

H., Taha, * Maghagha (Oberägypten) 14. Nov. 1889, † Kairo 28. Okt. 1973, ägypt. Schriftsteller und Literaturwissenschaftler. - Seit dem 3. Lebensjahr blind; 1934-42 Prof. in Kairo; 1950-52 Erziehungsmin.; verfaßte zahlr. Romane; literaturkrit. Untersuchungen zur altarab., klass. und modernen arab. Literatur; auch Übersetzungen.

H., Zakir, * Hyderabad (Andhra Pradesh) 8. Febr. 1897, † Delhi 3. Mai 1969, ind. Politiker. - Seit 1957 Gouverneur von Bihar; 1962-1967 Vizepräs. und Präs. des Oberhauses, seit 1967 (erster muslim.) Staatspräs. Indiens.

Husaini, Al, Muhammad Amin, * Jerusalem 1895, † Beirut 4. Juli 1974, arab. Politiker. - 1926 Großmufti von Jerusalem und Vors. des Obersten Muslim. Rats; Führer des arab. Widerstands gegen die jüd. Besiedlung Palästinas; 1937 aus Palästina ausgewiesen, suchte seit 1941 in Deutschland Verbindungen mit den Achsenmächten anzuknüpfen; seit 1946 wieder in Ägypten, zog sich nach dem Israel.-Arab. Krieg 1948 aus der Politik zurück.

Husák, Gustav, * Dúbravka bei Preßburg 10. Jan. 1913, tschechoslowak. Politiker. - Jurist; seit 1933 Mgl. der KPČ, im 2. Weltkrieg führender Widerstandskämpfer und Mitorganisator der slowak. Aufstandes von 1944; seit 1945 in höheren Partei- und Reg.ämtern; 1951 verhaftet, 1954 als „slowak. bourgeoiser Nationalist" zu lebenslangem Kerker verurteilt; 1960 begnadigt, 1963 voll rehabilitiert; seit April 1968 stellv. Min.präs. im Kabinett O. Černík; distanzierte sich von der militär. Intervention von Truppen des Warschauer Paktes (21. Aug. 1968) von A. Dubček und wurde 1. Sekretär der slowak. KP; 1969-87 Parteichef und Präsidiumsmgl. der KPČ; 1975-89 Staatspräsident. Im Febr. 1990 aus der KPČ ausgeschlossen.

Husaren [ungar., urspr. „Straßenräuber" (wohl zu italien. corsaro „Seeräuber, Korsar")], ungar. Reiteraufgebot (seit dem 15. Jh.); später Bez. für leichte Reiter in ungar. Nationaltracht (als Rock den Dolman, in Preußen seit 1853 die Attila; enge, mit Platt-

Husarenaffe

Husaren aus dem preußischen Husarenregiment von der Trenck (um 1800). Zeitgenössische Darstellung

schnur besetzte Beinkleider und Wadenstiefel; als Kopfbedeckung den Kalpak oder im 18. Jh. auch Flügelmützen.

Husarenaffe (Erythrocebus patas), bodenbewohnende Art der Meerkatzenartigen in W- und Z-Afrika und in Teilen O-Afrikas; Körperlänge etwa 60–90 cm, Schwanz etwas kürzer, ♀ deutl. kleiner als ♂; Fell rauhhaarig, größtenteils leuchtend rostrot, Schultern und Unterkelgrau oder gelbl., Arme und Unterschenkel weißlich. Der H. lebt in meist kleinen Gruppen in Savannen und Grassteppen. Man unterscheidet zwei Unterarten: **Patas** (*Schwarznasen-H.*, Erythrocebus patas patas) mit rosafarbenem Gesicht und schwarzem Nasenfleck; von Senegal bis Tschad; **Nisnas** (*Weißnasen-H.*, Erythrocebus patas pyrrhonotus) mit grauem Gesicht und weißem Nasenfleck; vom Sudan bis Tansania.

Husarenknopf (Sanvitalie, Sanvitalia), Gatt. der Korbblütler mit acht Arten von Arizona bis M-Amerika. Die Art **Sanvitalia procumbens**, ein einjähriges, bis 12 cm hohes Kraut mit orangegelben Zungenblüten und schwärzl. Scheibenblüten, wird als Sommerblume häufig in Gärten angepflanzt.

Hüsch, Hanns Dieter, * Moers 6. Mai 1925, dt. Kabarettist. - 1956 Gründer und bis 1962 Leiter des Kabaretts „Arche Nova"; seither Solokabarettist, Schauspieler, Synchronsprecher; veröffentlichte u. a. „Carmina Urana" (Vier Gesänge gegen die Bombe, 1964), „Da habt ihr es" (Stücke und Lieder für ein dt. Quartett, 1968; Mitverfasser), „Den möcht' ich sehn..." (1978).

Hu Shih (Hu Schi) [chin. xu ʃi], * Schanghai 17. Dez. 1891, † Taipeh 24. Febr. 1962, chin. Schriftsteller und Literaturhistoriker. - Prof. für Philosophie in Peking (seit 1917) und Schanghai (1928–30); später meist in den USA (1942–45 als chin. Botschafter). Vertreter der literar. Reformbewegung gegen die Nachahmung der Klassiker und für eine leicht verständl. und lebensnahe Volksliteratur; bed. Werke über chin. Philosophie.

Husky [engl. ˈhʌskɪ] (Siberian Husky), mittelgroßer (bis 58 cm Schulterhöhe), spitzähnl., kräftiger, aus Sibirien stammender, heute v. a. in N-Amerika gehaltener Hund; Kopf fuchsartig; Augenfarbe braun oder blau; Rute über dem Rücken gerollt; Fell dick, weich, mit dichter Unterwolle, meist schwarz, silbergrau oder braun mit weißen Abzeichen.

Huß, Johannes ↑ Hus, Jan.

Huss, Al, Salim [alˈhʊs] (Hoss), * Beirut 20. Dez. 1929, libanes. Politiker. - Wirtschaftsmanager; 1976–80 Min.präs. (1976–79 zugleich Wirtschafts-, Handels- und Informationsmin., 1976/77 Ind.- und Erdölmin.); seit 1984 Min. für Arbeit, Erziehung und Kunst.

Hussarek von Heinlein, Max Frhr. (seit 1916), * Preßburg 3. Mai 1865, † Wien 7. März 1935, öst. Politiker und Kirchenrechtler. - Seit 1895 Prof. in Wien. 1911–17 öst. Min. für Kultus und Unterricht; letzter Min.präs. der Donaumonarchie Juli–Okt. 1918; Hauptvertreter der östr. Staatskirchenrechtsschule.

Hussein ↑ Husain II.

Husserl, Edmund, * Proßnitz (= Prostějov bei Olmütz) 8. April 1859, † Freiburg im Breisgau 26. April 1938, dt. Philosoph. - 1901 Prof. in Göttingen, seit 1916 in Freiburg im Breisgau. Begründer der ↑ Phänomenologie; wollte mit ihr (in Überwindung von Psychologismus, Historismus und Szientismus) nicht nur die Philosophie als aprior. „strenge Wissenschaft", sondern auch die Einzelwissenschaften neu begründen. Hierfür konstatierte H. die Existenz eines „reinen Bewußtseins", aus dem sich die objektive Welt ableiten läßt; zu gültigen Aussagen gelangt man durch eine Folge immer radikalerer (irrationaler, intuitiver) Reduktionsschritte: zu den „Phänomenen" durch phänomenolog. Reduktion (Ausklammern der realen Welt), zur Wesensstruktur des Bewußtseins durch „eidet. Reduktion" (Ausklammerung der [bildhaften] Vorstellungen), zur transzendentalen Sphäre durch die „transzendentale Reduktion" (Ausklammerung des Übersinnlichen); sie erschließt die „transzendentale Subjektivität" (das „reine Bewußtsein"), die den Sinn von Welt und Weltinhalt und somit Gegenständlichkeit konstituiert. H. übte bed. Einfluß auf M. Scheler, N. Hartmann und M. Heidegger aus.

Werke: Philosophie als strenge Wiss. (1911), Ideen zu einer reinen Phänomenologie (1913), Formale und transzendentale Logik (1929).
📖 *Sommer, M.: H. u. der frühe Positivismus. Ffm. 1985. - Brauner, H.: Die Phänomenologie E. Husserls u. ihre Bed. f. soziale Theorien. Meisenheim 1978.*

Hussiten, von Jan ↑Hus abgeleiteter Name für mehrere unterschiedl. kirchenreformer. bzw. -revolutionäre Bewegungen in Böhmen unter dem gemeinsamen religiösen Symbol des Laienkelchs; die beiden wichtigsten Gruppen sind: 1. die sog. **Kalixtiner** (bzw. **Utraquisten**), deren von Adligen und Bürgern unterstützte Forderungen die von Jan Rokycana aufgestellten „4 Prager Artikel" von 1420 zusammenfassen (freie Predigt; Laienkelch; Säkularisation des Kirchenguts und Rückkehr zu apostol. Armut; strenge Kirchenzucht im Klerus); 2. die **Taboriten,** die über die Zustimmung zu den Prager Artikeln hinaus chiliast. und sozialrevolutionäre Moti-

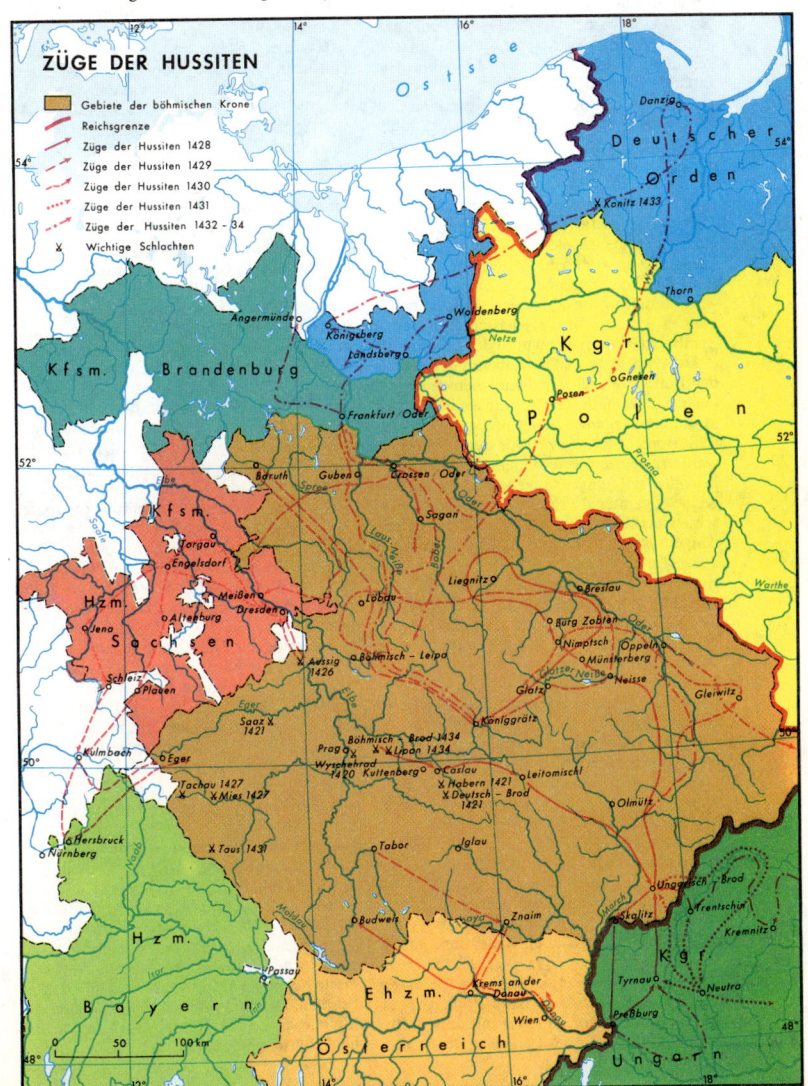

Hussitenkriege

ve zur Geltung bringen (Aufrichtung des Reiches Gottes durch das Schwert, Ablehnung kirchl. Einrichtungen).
📖 *Kalivoda, R.: Revolution u. Ideologie. Der Hussitismus. Köln 1976.*

Hussitenkriege, 1. die 1419–36 aus dem Aufstand der Hussiten resultierenden Feldzüge. Das Heer der Taboriten besiegte unter der Führung J. Žižkas das kaiserl. Kreuzheer und führte seit 1426/27 den Krieg auch offensiv mit Einfällen in die Nachbarländer. Der Abschluß des Prager Friedensvertrages (30. Nov. 1433) wurde von den Taboriten abgelehnt, erst der Sieg des utraquist. (kalixtin.) gesinnten Adels über die Taboriten bei Lipany (30. Mai 1434) leitete den Frieden ein, wie er auf dem Landtag zu Iglau am 15. Jan. 1437 verkündet wurde. - 2. der 1468–71 geführte Krieg um die Wenzelskrone zw. dem seit 1466 gebannten Böhmenkönig Georg (Podiebrad), dem ungar. König Matthias I. Corvinus und Kaiser Friedrich III.

Hussitismus, Sammelbegriff für die ständ.-soziale, tschech.-frühnat. Aufstandsbewegung in Böhmen in der ersten Hälfte des 15. Jh. Sie bestand aus 5 Gruppierungen: Magistern (theolog. Reformer), Nationalisten, kleinen Leuten, Bruderschaften, Hochadel; Symbol der Bewegung wurde der Laienkelch.

Husten (Tussis), Ausstoßen der Luft aus der Luftröhre und den Bronchien mit Hilfe einer plötzl., meist reflektor. ausgelösten Ausatmungsbewegung unter Sprengung der geschlossenen Stimmritze. Mit dem Luftstrom werden gleichzeitig meist kleine Schleimpartikel oder evtl. eingedrungene (in die „falsche Kehle" geratene) Fremdkörper herausgeschleudert. Ursachen des H. sind meist Reizungen der Schleimhaut in den Atemwegen durch Entzündung oder äußere Noxen (z. B. Fremdkörper, Rauch, Staub, Reizgase). Von der Schleimhaut (bes. an der Teilungsstelle des Hauptbronchus) ziehen hirnwärts leitende Nervenfasern, die das für den H.reflex verantwortl. H.zentrum im verlängerten Rückenmark beeinflussen. H. kann ein Anzeichen recht verschiedener Erkrankungen sein, z. B. einer Erkältung († auch Bronchitis), von Lungenkrankheiten (Tuberkulose, Lungentumor, Lungenentzündung) oder von Herzerkrankungen (Stauungslunge). - Zur Linderung von quälendem H. werden † Hustenmittel eingesetzt, die das H.zentrum dämpfen.

Hüsten † Arnsberg (Stadt).

Hustenmittel (Antitussiva), i. w. S. alle Arzneimittel zur Behandlung des Hustens, einschließl. der auswurffördernden Mittel († Expektoranzien); i. e. S. hustenstillende Mittel, die den Hustenreflex entweder ausschalten oder betäuben.

Huston, John [engl. 'hju:stən], * Nevada (Mo.) 5. Aug. 1906, amerikan. Filmregisseur und Drehbuchautor. - Leitete mit seinem Regiedebüt „Die Spur des Falken"/„Der Malteserfalke" (1941) den im amerikan. Gangstermilieu spielenden sog. schwarzen Film ein; danach drehte er u. a. „Der Schatz der Sierra Madre" (1947), „Asphalt-Dschungel"/Raubmord" (1950), „African Queen" (1952), „Misfits - nicht gesellschaftsfähig" (1960), „Die Nacht des Leguan" (1963), „Fat City" (1972). Nach dem Western „Das war Roy Bean" (1972) verfilmte er R. Kiplings „Der Mann, der König sein wollte" (1975), „Flucht oder Sieg" (1981), Malcolm Lowry's „Unter dem Vulkan" (1983) und „Die Ehre der Prizzies" (1985). - † 28. Aug. 1987.

Husum, Stadt an der Mündung der Husumer Au in die Nordsee, Schl.-H., 5 m ü. d. M., 24 200 E. Verwaltungssitz des Landkr. Nordfriesland; Forschungsstelle Westküste, Museen; Außen- und Binnenhafen; Werften, Maschinenbau, chem., Nahrungsmittel- u. a. Ind. - Erstwähnung 1252, seit 1603 Stadt. Nach der Eingliederung in Preußen wurde H. 1867 bed. Fischmarkt. - Klassizist. Marienkirche (1829–33); vom Schloß sind der Hauptbau (1577–82) und das Torhaus (1612) erhalten; Rathaus (1601).

Hut [zu althochdt. huot, eigtl. „der Schützende, Bedeckende"], Kopfbedeckung aus einem geformten Kopfteil meist mit Krempe, die zum Schutz gegen Regen, Wind und Sonne, als Teil einer [Amts]tracht oder als mod. Zubehör getragen wird. Hüte mit breiter Krempe sind seit der Hallstatt- und La-Tène-Zeit nachweisbar. In der Antike (flacher Strohhut und kegelförmiger Filzhut bei den Griechen) und MA ist der H. selten (kegelförmige. H. der Landbevölkerung und als Sonderform der spitze Judenhut). Im späten MA entwickelten sich v. a. in Burgund und Italien phantasievolle Kreationen, Hüte, Hauben, Kappen und Schleier aus kostbarem Stoff mit Perlen und Schleiern, bes. bekannt der hohe spitze Hennin der Damen, die Rundhüte der Herren. Im 16. Jh. entwickelte die span. Mode zur Halskrause einen hohen H. mit Feder, die Niederlande den breitkrempigen weichen Rembrandt- oder Rubens-H., in der in vielen Varianten, auch hochgeschlagen, bes. von Landsknechten, auch von Damen getragen, das 17. Jh. beherrschte und der nach der Perückenmode im 18. Jh. als Dreispitz wieder auftauchte. Bei Frauen überwog nach wie vor die † Haube. In der Herrenmode kamen Ende des 18. Jh. der Zweispitz und der Zylinder auf sowie ein weicher (engl.) Filzhut (Wertherhut). Nach den engl. Damenhüten mit breiter, schwingender Krempe um 1800 kam es im Biedermeier zum Schutenhut, der eigtl. eine steife Haube war. Es folgten geschwungene Hüte und der Kapotthut, gelegentl. traten seit der Jh.wende auch wieder breite Krempen auf sowie zahlr. andere mod. Formen. Die Herrenmode läßt die Wahl zw. Melone, Canotier, Homburger u. a., die bis heute variiert werden.

◆ Bez. für Verwitterungszone von Lagerstätten, z. B. ↑Gipshut.

Hut, svw. ↑Hutung.

Hutcheson, Francis [engl. 'hʌtʃɪsn], * Drumalig 8. Aug. 1694, † Glasgow 1747, ir. Philosoph. - Seit 1730 Prof. in Glasgow; zus. mit T. Reid Begründer der schottischen Schule der Moralphilosophie. Exponent der Theorie des „moral sense", des angeborenen, deshalb jedem Menschen grundsätzl. eigenen „moral. Sinns", der zur Beurteilung von Handlungen, ob formal und material gut, und zur Erkenntnis eth. Normen dient.

Hutchinson, Sir (seit 1908) Jonathan [engl. 'hʌtʃɪnsn], * Selby (Yorkshire) 23. Juli 1828, † Haslemere (Surrey) 23. Juni 1913, brit. Mediziner. - Prof. in London; arbeitete hauptsächl. auf den Gebieten der Unfallchirurgie und der Geschlechtskrankheiten; beschrieb die nach ihm benannte *H.-Trias,* ein angeborene Syphilis kennzeichnendes Syndrom mit Entzündung des Hornhautparenchyms, Labyrinthschwerhörigkeit und *H.-Zähnen* (faßförmig ausgebildete obere mittlere Schneidezähne mit halbmondförmiger Einkerbung der Schneidekante).

Hüte, schwed. Adelspartei, 1731 entstanden. Die für das Bündnis mit Frankr. eintretende Partei verwickelte Schweden in einen Krieg gegen Rußland (1741-43) und in den Siebenjährigen Krieg (1756-63).

Huter, Carl, * Heinde bei Hildesheim 9. Sept. 1861, † Dresden 4. Dez. 1912, dt. Arzt und Naturforscher. - Unternahm den Versuch, konstitutionstypolog. und mim. Merkmale des Menschen systemat. zu interpretieren („Menschenkenntnis durch Körper-, Lebens-, Seelen- und Gesichtsausdruckskunde", 1904-06).

Hutpilze, volkstüml. Bez. für ↑Ständerpilze mit gestieltem, hutförmigem Fruchtkörper.

Hutschlangen, svw. ↑Kobras.

Hütte, einfache Art der festen Behausung; der Form nach unterscheidet man Kuppel-, Kegeldach-, Giebeldach-, Spitzbogen- und Tonnenhütte.

◆ (Hüttenwerk) industrielle Anlage, in der metall. Werkstoffe (z. B. Eisen, Kupfer, Blei oder Zink) oder nichtmetall., insbes. keram. Werkstoffe (Schwefel, Glas, Ziegel u. a.) aus Erzen, Mineralen, Konzentraten u. a. oder aus Alt- und sonstigen Rücklaufmaterialien gewonnen und teilweise weiterverarbeitet werden.

◆ svw. ↑Poop.

Hutten, Philipp von, * Königshofen i. Grabfeld (?) um 1511, † Coro (Venezuela) 1546 (ermordet), dt. Konquistador. - Ging im Auftrag der Welser nach Venezuela und nahm 1535-38 an einer Entdeckungsreise ins Landesinnere teil. Im Juni 1540 wurde H. Generalkapitän und unternahm eine neue Expedition ins Orinocogebiet.

H., Ulrich Reichsritter von, * Burg Steckelberg (bei Schlüchtern) 21. April 1488, † Insel Ufenau im Zürichsee 29. Aug. 1523, dt. Humanist und Publizist. - Floh 1505 aus der Klosterschule Fulda und führte bis 1511 ein unstetes Wanderleben als Student; 1513-18 im Dienst Albrechts II., Kurfürst von Mainz; ein Aufenthalt in Rom (1515-17) ließ ihn zum entschiedenen Gegner des Papsttums werden. Zeugnisse seiner antiröm. Polemik sind u. a. die Neuausgabe der Schrift Lorenzo Vallas über die Fälschung der Konstantin. Schenkung (1519) und der „Vadiscus" (1520), in dem er ein umfassendes antiröm. Reformprogramm entwickelte; Verfasser des 2. Teils der ↑„Epistolae obscurorum virorum". Trat seit 1519 für Luther ein; verband sich mit Franz von Sickingen. Seine Reichsreformpläne zielten auf ein gegenüber den Fürsten starkes, auf die Reichsritterschaft gestütztes Kaisertum; mußte jedoch nach dem gescheiterten Reichsritteraufstand (1521) zu Zwingli in die Schweiz fliehen.

Hüttenberg, östr. Marktgemeinde in NO-Kärnten, 800 m ü. d. M., 2 700 E. Der Eisenerzbergbau am Erzberg von H. wurde 1978 eingestellt, heute Schaubergwerk. - Das Erz wurde bereits durch Kelten und Römer genutzt. - Got. Pfarrkirche (1451).

Hüttenbims (Hochofenschaumschlacke) ↑Bimsbaustoffe.

Hüttener Berge, Endmoränenzug westl. von Eckernförde, Schl.-H., bis 106 m hoch.

Hüttenrauch, Bez. für die mit Flugstaub vermischten Abgase metallurg. Öfen; H. enthält Oxide des Schwefels, des Arsens und anderer leichtflüchtiger Metalle, ist daher

Ulrich von Hutten. Holzschnitt von Erhard Schön (um 1520)

stark umweltgefährdend; er wird heute meist einer Entstaubung und Gasreinigung unterzogen.

Hüttensteine, Mauersteine, die im wesentl. aus Hochofenschlacke, gemischt mit Kalk, Schlackenmehl, Zement oder sonstigen hydraul. Bindemitteln hergestellt sind.

Hüttenwerk, svw. ↑Hütte.

Hüttenwerke Oberhausen AG ↑Thyssen-Gruppe.

Hutter, Wolfgang, * Wien 13. Dez. 1928, östr. Maler und Graphiker. - Gehört der Wiener Schule des phantast. Realismus an; pflanzl. Motive, Gesichter u. a.; buntfarbig, genau im Detail.

Hutterer (Hutterische Brüder), nach ihrem Bischof und Organisator Jakob Huter († 1536) ben. Gruppe der Täufer, die seit etwa 1528 in Gütergemeinschaft lebten; gelangten auf großen Umwegen nach Nordamerika, wo heute noch etwa 170 Bruderhöfe mit rd. 15 000 H. existieren.

Hutton, James [engl. hʌtn], * Edinburgh 3. Juni 1726, † ebd. 26. März 1797, brit. Geologe. - Privatgelehrter; legte der Geologie naturwiss. Prinzipien zugrunde; begr. den Plutonismus (↑Geologie).

Hutu, Bantuvolk in Ostafrika, überwiegend Feldbauern. Die H. stellen heute in Rwanda und Burundi die größte Bev.gruppe; sie übernahmen nach dem Sturz der Tussi-Monarchie 1959 die Macht in Rwanda. In Burundi kam es nach dem gescheiterten Staatsstreich (April 1972) zu Kämpfen, in denen v. a. H. getötet wurden.

Hutung (Hut, Trift), nicht eingezäuntes, unregelmäßig bestocktes Weideland auf geringwertigen Böden.

Hutzelbrot, schwäb. Hefegebäck, ein Früchtebrot mit Hutzeln (Dörrobst), Walnüssen und Kirschwasser.

Huxelrebe, Bez. für Rebsorten, die aus einer Kreuzung der Rebsorten Weißer Gutedel mit Courtillier musqué (Muscat courtillier; südfrz. Tafeltraube) hervorging; ertragreiche, frühreife Rebsorte, deren Trauben rassige Weine mit dezentem Muskatbukett liefern.

Huxley [engl. ˈhʌkslɪ], brit. Gelehrtenfamilie. Bed. Vertreter:

H., Aldous, * Godalming (Surrey) 26. Juli 1894, † Los Angeles-Hollywood 22. Nov. 1963, Schriftsteller, Essayist und Kulturkritiker. - Bruder von Andrew und Sir Julian Sorell H.; lebte seit 1938 in einer myst. Gemeinde in Kalifornien. Verfaßte in äußerst geschliffener und präziser Sprache satir.-realist. Romane, die die Hohlheit und Dekadenz der großbürgerl. Gesellschaft enthüllen, z. B. in „Parallelen der Liebe" (1925), „Kontrapunkt des Lebens" (1928) und den Fortschrittsglauben mit desillusionierenden Bildern einer zukünftigen automatisierten Welt bekämpfen („Schöne neue Welt", 1932; „Affe und Wesen", 1948). In den späteren Werken neigte H. mehr und mehr zu philosoph. Problemen und myst. Kontemplation.

Weitere Werke: Das Lächeln der Gioconda (Nov., 1924), Geblendet in Gaza (R., 1936), Nach vielen Sommern (R., 1939), Die graue Eminenz (R., 1941), Die Teufel von Loudun (R., 1952), Das Genie und die Göttin (R., 1955), 30 Jahre danach oder Wiedersehen mit der „wackeren neuen Welt" (Essays, 1960), Eiland (R., 1962).

H., Andrew [Fielding], * London 22. Nov. 1917, Physiologe. - Bruder von Aldous und Sir Julian Sorell H.; Prof. in London. 1939 gelang H. zus. mit A. L. Hodgkin die Ableitung der Aktionspotentiale von Nervenfasern. Nach dem 2. Weltkrieg entwickelten Hodgkin und H. biophysikal. Meßmethoden, um den Ionenaustausch an den Nervenzellmembranen während der Erregung zu registrieren und mit den dabei gleichzeitig auftretenden Änderungen der elektr. Membraneigenschaften in Beziehung zu bringen. Sie erkannten, daß die Nervenmembranen nur für bestimmte Ionen durchlässig sind. Damit gelang ihnen auch der Nachweis einer Auslö-

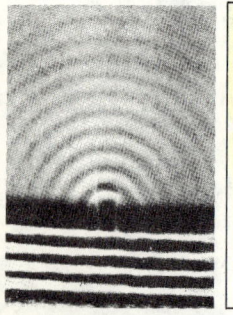

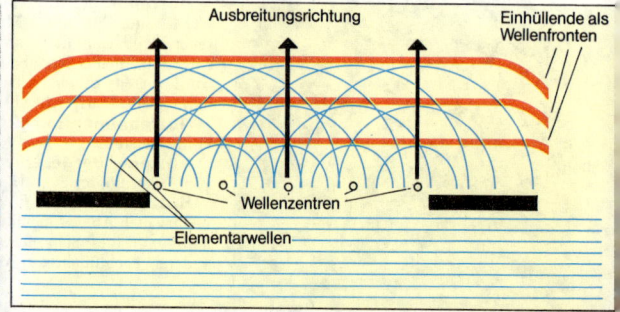

Huygenssches Prinzip. Links: Beugung einer Planwelle an einem engen Spalt, der Ausgangspunkt einer kreisförmigen Elementarwelle wird; rechts: Bildung paralleler Wellenfronten an einem breiten Spalt durch Überlagerung der von mehreren Ausgangspunkten (Wellenzentren) ausgehenden Elementarwellen

sung und Weiterleitung von Aktionspotentialen durch Ionenverschiebung an den Nervenzellmembranen. Für diese Arbeiten erhielt H. (zus. mit Hodgkin und J. C. Eccles) 1963 den Nobelpreis für Physiologie oder Medizin.

H., Sir (seit 1958) Julian Sorell, * London 22. Juni 1887, † London 14. Febr. 1975, Biologe und Schriftsteller. - Bruder von Aldous und Andrew H.; Prof. in London, dann Sekretär der Zoolog. Gesellschaft; 1946-48 Generaldirektor der UNESCO. In seinen wiss. Arbeiten befaßte sich H. hauptsächl. mit Problemen des Bevölkerungswachstums bzw. der Überbevölkerung sowie der Welternährung. Neben populärwiss. Abhandlungen schrieb H. auch Essays und Gedichte. - *Werke:* Der Mensch in der modernen Welt (1947), Die Wüste und die alten Götter (1954), The story of evolution (1958), Der evolutionäre Humanismus (1961).

H., Thomas, * Ealing (= London) 4. Mai 1825, † London 29. Juni 1895, Zoologe, Anatom und Physiologe. - Großvater von Aldous, Andrew und Sir Julian Sorell H.; Prof. in London; bed. Arbeiten zur vergleichenden Anatomie der Wirbellosen und der Wirbeltiere. Er trat als einer der ersten brit. Forscher entschieden für die ↑Deszendenztheorie ein und prägte den Begriff ↑Agnostizismus. Schrieb u. a. „Zeugnisse für die Stellung des Menschen in der Natur" (1863).

Huy, [frz. ɥi] (niederl. Hoei) belg. Stadt an der Maas, 77 m ü. d. M., 18 000 E. Gießereien, Papierind., Zuckerraffinerien. Bei H. Kernkraftwerk Tihange. - Kirchen Notre-Dame (14./15. Jh.) mit roman. Krypta (1066), Saint-Mengold (13.-15. Jh.); Rathaus (1766).

H., [hy:] (Huywald) Höhenzug im nördl. Harzvorland, DDR, bis 314 m hoch; weithin Landschafts- und Naturschutzgebiet.

Hu Yao-pang (Hu Yaobang), * Liuyang (Hunan) 1913, chin. Politiker. - Parteigänger Teng Hsiao-p'ings, wurde 1956 Mgl. des ZK der KPCh; 1966-72 und 1976/77 ausgeschaltet, wurde 1977 Chef der ZK-Organisationsabteilung, 1978 Mgl. des Politbüros und 1979 Generalsekretär des ZK der KPCh; Juni 1981 bis Jan. 1987 Vors. der KPCh. - † 15. April 1989.

Huydecoper, Balthazar [niederl. ˈhœy̆dokoːpər], * Amsterdam 10. April 1695, † ebd. 23. Sept. 1778, niederl. Gelehrter und Dichter. - Bed. Sprachforscher; erster krit. Hg. altniederl. Texte; seine Trauerspiele zeigen frz.-klassizist. Einfluß; auch Gedichte.

Huygens, Christiaan [niederl. ˈhœyxəns] (latinisiert Hugenius), * Den Haag 14. April 1629, † ebd. 8. Juli 1695, niederl. Physiker, Mathematiker und Astronom. - Lebte in Den Haag und 1666-81 (als Mgl. der neugegründeten Académie des sciences) in Paris. H. war einer der bedeutendsten und vielseitigsten Physiker und Mathematiker seiner Epoche. Seine ersten Untersuchungen galten u. a. der

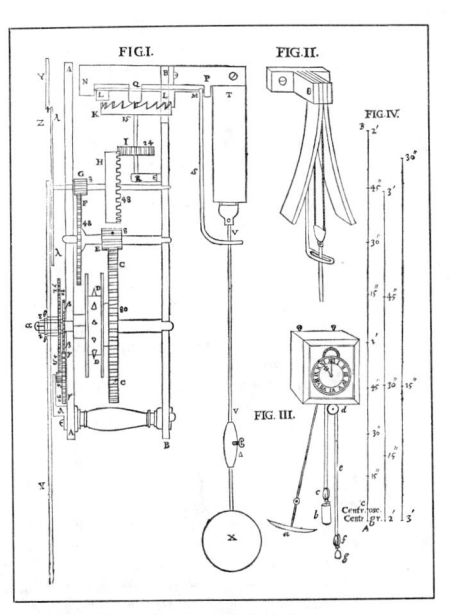

Christiaan Huygens, Pendeluhr mit Zykloidenaufhängung (1673). München, Deutsches Museum

Wahrscheinlichkeitsrechnung (seit 1656) und dem Differential- und Integralkalkül. Im Zusammenhang mit seiner Erfindung der Penduhr (1656/57) entwickelte er u. a. die Theorie des physikal. Pendels. Seine Konstruktion einer Uhr mit Spiralfeder und Unruh (1675) führte zu einem Prioritätsstreit mit R. Hooke. Bei seiner Auffindung der Gesetze des Stoßes erkannte er als Konsequenz des Trägheitsgesetzes die Relativität von Ruhe und Bewegung. - Am bekanntesten sind seine Leistungen in der Optik, insbes. das ↑Huygenssche Prinzip, mit dessen Hilfe er 1676 Reflexion, Brechung und geradlinige Ausbreitung des Lichtes erklärte. Bereits seit 1653 hatte er sich auch mit der Anfertigung opt. Instrumente (Linsen, Fernrohre, Mikroskope) befaßt; entdeckte 1655 den ersten Saturnmond, 1656 den Saturnring und den Orionnebel.

Huygenssches Prinzip [ˈhɔygəns], eine von Christiaan Huygens 1690 formulierte, auf mechan. Grundlage beruhende Theorie der Lichtausbreitung in einem von unvorstellbar kleinen Kügelchen erfüllten Äther. Das Licht breitet sich in Form einer räuml. [Stoß]welle aus, die im Äther durch mechan. Stöße übertragen wird; die eigentl. Wellentheorie des Lichts stammt von Thomas ↑Young. Jeder Punkt einer Welle wird als Ausgangspunkt einer neuen Welle, einer sog.

Elementarwelle, betrachtet. Diese Elementarwellen breiten sich in der Ebene als Kreiswellen, im Raum als Kugelwellen aus. Die Einhüllende dieser Elementarwellen bildet eine neue Wellenfront. Diese ist ident. mit der ursprüngl. Welle. Mit Hilfe des H. P. lassen sich Brechung und Reflexion von Wellen anschaul. deuten. Unter Einbeziehung der †Interferenz modifizierte A. J. Fresnel das H. P. so, daß auch die Huygens noch unbekannten Beugungserscheinungen gedeutet werden können (**Huygens-Fresnelsches Prinzip**).

Huysmans [niederl. 'hœysmɑns, frz. ɥis-'mɑ̃:s], Joris-Karl, eigtl. Georges Charles H., * Paris 5. Febr. 1848, † ebd. 12. Mai 1907, frz. Schriftsteller. - Aus niederl. Malerfamilie; konvertierte 1892 zum Katholizismus, seit 1899 Laienbruder in einem Benediktinerkloster; begann als Naturalist (Freundschaft mit Zola), wandte sich dann einem symbolist. gefärbten Schönheitskult zu und gelangte nach einer okkultist. Phase zu einem ästhetisierenden Katholizismus.
Werke: Der Junggeselle (R., 1881), Stromabwärts (E., 1882), Gegen den Strich (R., 1884), Da unten (R., 1891), Die Kathedrale (R., 1898).

H., Kamiel (Camille), * Bilzen (Prov. Limburg) 26. Mai 1871, † Antwerpen 25. Febr. 1968, belg. Politiker. - 1905–22 Sekretär des Internat. Büros der 2. Internationale, 1910–65 Abg. (Sozialist. Partei); 1925–27 Min. für Künste und Wiss.; ging 1940 ins Exil nach Großbrit.; 1946/47 Min.präs.; 1947–49 Unterrichtsmin.; trat 1965 aus der Sozialist. Partei aus.

Hüyük [türk. hy'jyk], türk. Bez. für Siedlungshügel.

Huzule [nach den †Huzulen] (Huzulenpony, Karpatenpony), hartes und trittsicheres, größeres Gebirgspony der östl. Karpaten (Widerristhöhe 126–135 cm).

Huzulen, ukrain. Volksstamm in den Wald- und Ostkarpaten, UdSSR und Rumänien.

Hvannadalshnúkur [isländ. 'hwanadalshnu:kʏr], mit 2 119 m höchste Erhebung Islands.

Hvar (italien. Lesina), Hauptort der jugoslaw. Insel H., 2 500 E. Kath. Bischofssitz; Fischkonservenfabriken, Fremdenverkehr. - Die ummauerte Altstadt wird vom „Span. Fort" (16. Jh.) beherrscht; Kathedrale (16. Jh.) mit roman. Glockenturm, ehem. Arsenal (17. Jh.; jetzt Rathaus und Theater).

H., mit 289 km² die viertgrößte der jugoslaw. Adriainseln, bis 626 m hoch, z. T. bewaldet, z. T. verkarstet. - Reiche neolith. Funde (sog. *H.-Lisicici-Kultur*). - Im 4. Jh. v. Chr. unter dem Namen **Pharos** als griech. Kolonie erwähnt, im 7. Jh. n. Chr. von Slawen besiedelt, fiel 1358 an Ungarn, 1420 an Venedig; seit 1797 (außer 1805–12) östr.; 1918 von Italien besetzt, dann aber Jugoslawien angegliedert.

Hviezdoslav [slowak. 'hvjɛzdoslau̯], eigtl. Pavol Országh, * Vyšný Kubín 2. Febr. 1849, † Dolný Kubín 8. Nov. 1921, slowak. Dichter. - Bereicherte die slowak. Literatur durch Übersetzungen (Goethe, Schiller, Shakespeare u. a.), neue Formen und neu geprägte Wörter, verfaßte realist. Dramen und Versepen aus dem slowak. Volksleben.

HVL-Syndrom, svw. Hypopituitarismus († Hypophyse).

Hwaiho (Huai He) [chin. χu̯aiχʌ], Fluß in China, entspringt im westl. Hwaiyangschan, durchfließt die Große Ebene im östl. Richtung, endet in den Seen Hungtze Hu und Kaoyu Hu, 1 087 km lang, Einzugsgebiet 210 000 km². Über die Seen Abfluß zum Jangtsekiang bzw. über einen Kanal zum Meer.

Hwainan (Huainan) [chin. χu̯ai̯nan], chin. Stadt am S-Ufer des Hwaiho, 350 000 E (geschätzt). H. ist ein Zentrum des Kohlenbergbaus; Düngemittelindustrie.

Hwaiyangschan (Tapie Shan, Dabieshan [chin. dabjɛʃan]), rd. 500 km langer, NW–SO verlaufender Gebirgszug im mittleren China, Schwelle zw. der Großen Ebene und dem mittel- und südchin. Gebirgsland, bis 1 900 m hoch.

Hwangho ['χvaŋho] (Hoangho, Huangho, Huang He [chin. χu̯aŋχʌ]), Fluß in N-China, mit 5 464 km Länge und einem Einzugsgebiet von über 771 000 km² zweitgrößter Fluß des Landes; er entspringt im NO des Hochlands von Tibet, bildet im Oberlauf auf rd. 700 km Länge 19 tiefe Schluchten; unterhalb von Lantschou beginnt der große Bogen, mit dem H. das Wüstengebiet des Ordosplateaus umfließt, bevor er, unterhalb von Paotow nach S umbiegend, die Lößlandschaften der Prov. Schansi und Schensi, deren Grenzen er hier bildet, in cañonartigen Talstrecken durchfließt; kurz unterhalb der Mündung von Loho und Weiho wendet sich der H. scharf nach O und durchschneidet die Schwelle der westl. Randgebirge der Großen Ebene. Auf Grund der Erosion im Lößgebiet hat er eine starke Lößführung (daher **Gelber Fluß** gen.). Ein Großteil des Löß wird in der Großen Ebene abgelagert, etwa 600 Mill. t gelangen ins Meer. Der H. durchströmt die Große Ebene auf einer Strecke von rd. 800 km als Dammfluß und mündet in den Pohaigolf (Gelbes Meer). Die sommerl. Hochwasser des H. führten vielfach zu katastrophalen Überschwemmungen. Die in den 1950er Jahren eingeleiteten Schutzmaßnahmen waren um so dringlicher, als rd. 40 % der Gesamtackerfläche Chinas im Stromgebiet des H. liegen. Zahlr. Staustufen wurden im H. und seinen Nebenflüssen gebaut, ausgedehnte Bewässerungssysteme angelegt. Das größte chin. Wasserkraftwerk liegt am Oberlauf des H. (1 225 MW). Wegen zahlr. Untiefen ist der H. für die Schiffahrt nur bedingt geeignet; über den Kaiserkanal besteht Verbindung mit dem Jangtsekiang.

Hwangshih (Huangshi) [chin. xuaŋʃi], chin. Ind.stadt am unteren Jangtsekiang, 160 000 E. Abbau von Eisenerz, Hüttenkombinat; Endpunkt einer Bahnlinie von Wuhan.

HWWA, Abk. für: ↑ Hamburgisches Weltwirtschaftsarchiv.

Hyaden [griech.], der um den Stern α Tauri (im Sternbild Stier) gelegene offene Sternhaufen, mit bloßem Auge sichtbar.

Hyakinthos ↑ Hyazinth.

hyalin [griech.], durchsichtig, glashell, glasig; von einer organ. Substanz, einem bestimmten Gewebe (wie dem h. Knorpel) oder (glasig) erstarrten Ergußgesteinen gesagt.

Hyalit [zu griech. hýalos „durchsichtiger Stein"], wasserheller, glasglänzender Opal; traubig, nierig oder stalaktit.; auf vulkan. Gesteinen als krustenartiger Überzug.

Hyalophan [griech.] (Bariumfeldspat), bariumhaltiger Orthoklas; Mischkristallbildung von Adular mit Celsian. - ↑ auch Feldspäte.

Hyaloplasma [griech.] (Grundplasma) ↑ Plasma.

Hyaluronidasen [griech.], Enzyme, die Hyaluronsäure und andere Mukopolysaccharide (v. a. Chondroitinschwefelsäure) hydrolytisch spalten, wodurch das Gewebe leichter durchdringbar wird. Deshalb werden H. als Zusatz zu Medikamenten benutzt. H. finden sich auch in manchen tier. Geweben. Die H. der Spermien ermöglicht die Durchdringung der Eihüllen.

Hyaluronsäure [griech./dt.], ein ↑ Mukopolysaccharid, das sich aus N-Acetylglucosamin- und Glucuronsäure zusammensetzt (Molekulargewicht von 20 000 bis mehrere Mill.); wichtiger Bestandteil des Binde- und Stützgewebes. H. kommt, meist zus. mit Proteinen, in der Gelenkschmiere, im Glaskörper des Auges, in der Haut und in der Nabelschnur vor. Chem. Strukturformel (Formelausschnitt):

Hyänen (Hyaenidae) [griech., zu hŷs „Schwein" (wohl mit Bezug auf den borstigen Rücken), seit dem Pleistozän (↑ Höhlenhyäne) bekannte, mit den Schleichkatzen nahe verwandte Fam. sehr gefräßiger Raubtiere mit drei Arten, v. a. in offenen Landschaften Afrikas, SW-Asiens bis Vorderindiens; Körper etwa 90–160 cm lang, vorn stark überhöht; Gebiß sehr kräftig. - H. sind überwiegend nachtaktiv. Sie ruhen gern in verlassenen Erdhöhlen anderer Tiere (z. B. Erdferkel), ernähren sich vorzugsweise von Aas und Kleintieren oder von (im Rudel erjagten) Großtieren. Arten: **Schabrackenhyäne** (Braune H., Strandwolf, Hyaena brunnea), etwa 1 m Körperlänge, mit zottigem, langem Fell, überwiegend dunkelbraun, mit hell geringelten Beinen und heller Nackenmähne, Einzelgänger; **Streifenhyäne** (Hyaena hyaena), etwa 1 m Körperlänge, mit langem, gelblichgrau bis graubraunem Fell, braunschwarze Querstreifen an den Körperseiten und mähnenartig verlängerte Nacken- und Vorderrückenhaare, Schwanz buschig behaart; **Tüpfelhyäne** (Fleckenhyäne, Crocuta crocuta), bis 1,6 m Körperlänge, mit dunkelbraunen bis schwarzen Flecken auf dem graubraunen bis gelbgrauen Fell; jagt Säugetiere bis Zebragröße; ihre Lautäußerungen sind „lachendes" Bellen, Heulen oder Knurren.

Hyänenhund (Afrikan. Wildhund, Lycaon pictus), 75–100 cm körperlanges Raubtier (Fam. Hundeartige), v. a. in Steppen und Savannen Afrikas südl. der Sahara; mit kräftigem Kopf, sehr großen Ohren und variabler Fellfärbung (schwarz, gelb und weiß gescheckt). H. sind ausdauernde, im Rudel laufende, überwiegend dämmerungsaktive Hetzjäger. Sie erbeuten v. a. mittelgroße Antilopen und Jungtiere.

Hyazinth (Hyakinthos), Gestalt der griech. Mythologie. Aus dem Blut des irrtüml. von Apollon Erschlagenen läßt dieser die nach H. benannte Blume sprießen.

Hyazinth [griech.], durchsichtiges, gelbrotes (hyazinthrotes) Mineral, Varietät des ↑ Zirkons; beliebter Schmuckstein.

Hyazinthe (Hyacinthus) [griech.], Gatt. der Liliengewächse mit rd. 30 Arten im Mittelmeergebiet und Orient; Zwiebelpflanzen mit trichterförmigen bis glockigen Blüten in Trauben und grundständigen, lineal. oder riemenförmigen Blättern. Eine beliebte Zierpflanze mit duftenden Blüten in vielen Farbvarietäten ist die Art **Hyacinthus orientalis.**

hybrid, [griech.] hochmütig, überhebl., vermessen.

◆ [griech.-lat.] gemischt, von zweierlei Herkunft.

Hybridantrieb, Kombination aus verschiedenen Antriebsarten oder Energieträgern. Im *Kfz.-Bereich:* Kombination z. B. aus Verbrennungsmotor, Generator und Elektromotor bei Bussen im öffentl. Nahverkehr. Der Verbrennungsmotor treibt einen Generator an, der je nach Fahrzustand (d. h. Leistungsbedarf) Strom an den elektr. Fahrmotor oder an die Batterien (Akkumulatoren) liefert. Im Stadtbereich kann ohne Verbrennungsmotor nur mit Batteriestrom gefahren werden. Der Verbrennungsmotor kann (z. B. außerhalb des Stadtbereichs) auch direkt zum Fahren dienen. In der *Raketentechnik:* Raketen mit H. *(Fest-Flüssig-Antrieb)* verwenden **Hybridtreibstoffe,** d. h. festen Brennstoff und in getrenntem Tank mitgeführte flüssige Oxidatoren.

Hybride

Hybride [griech.-lat.], in der landw. Tier- und Pflanzenzüchtung Bez. für einen aus einer Hybridzüchtung hervorgegangenen Nachkommen.
♦ svw. ↑Bastard.

hybride Bildung, zusammengesetztes oder abgeleitetes Wort, dessen Teile verschiedenen Sprachen angehören, z. B. *Auto-mobil* (griech./lat.), *Büro-kratie* (frz./griech.).

Hybridisierung [griech.-lat.], (Bastardisierung) ein bei der chem. Bindung eintretender *quantenmechan. Vorgang*, bei dem sich die Orbitale (d. h. die wahrscheinlichsten Aufenthaltsorte) der beteiligten Atome zu neuen, durch ihre bes. räuml. Ausrichtung für die Bindungen in den Molekülen energet. günstigeren Orbitalen, den *Hybridorbitalen*, umordnen.
♦ in der *Molekularbiologie* Bez. für die experimentell herbeigeführte Reaktion zwischen zwei komplementären Nukleinsäureeinzelsträngen unter Bildung eines Nukleinsäuredoppelstrangs für den Nachweis verwandter (komplementärer) Nukleinsäuren.
♦ svw. ↑Hybridzüchtung.

Hybridrechner, elektron. Rechenanlage, die Daten sowohl in analoger als auch in digitaler Form (↑Datenverarbeitung) verarbeiten kann.

Hybridzüchtung (Hybridisierung, Heterosiszüchtung), in der landw. Tier- und Pflanzenzüchtung häufig angewandtes Züchtungsverfahren zur Erzielung einer hohen markt- oder betriebsgerechten tier. oder pflanzl. Produktion durch Bastardwüchsigkeit (Nachkommen der 1. Generation wachsen üppiger als die Eltern [Luxurieren], die folgenden Generationen sind wieder weniger leistungsfähig). Bei der H. werden geeignete, gesondert gezüchtete Inzuchtlinien einmalig miteinander gekreuzt, wodurch gesteigerte Leistungen ausgelöst werden und eine Kombination erwünschter Eigenschaften stattfindet.

Hybris [griech.], Überheblichkeit, frevelhafter Stolz gegenüber Göttern und Gesetzen; zentraler Begriff der griech. Ethik.

hyd..., Hyd... ↑hydro..., Hydro...

Hydantoine [Kw.], Gruppe pharmakolog. wichtiger organ. Verbindungen (z. B. Allantoin und Phenytoin), die sich vom Hydantoin (2,4-Imidazolidindion) ableiten; wirksam bei Krankheiten, die mit Krampfanfällen einhergehen, z. B. bei Epilepsie. Chem. Strukturformel des Hydantoins:

$$O=C\begin{array}{c}\diagup NH-CH_2\\ \diagdown NH-C=O\end{array}$$

Hydarthrose, schmerzhafte Gelenkerkrankung mit seröser Ergußbildung innerhalb der Gelenkkapsel (↑Gelenkerguß) als Folge von Traumen oder Gelenkentzündungen.

Hydathoden [griech.] ↑Drüsen.

Hyde [engl. haɪd], Anna, * Windsor 12. März 1637, † 31. März 1671, Herzogin von York. - Tochter von Edward H., Earl of ↑Clarendon; heiratete 1660 den Herzog von York, den späteren König ↑Jakob II.; sie begünstigte die Restaurationspolitik Jakobs und trat 1670 zum Katholizismus über.

H., Douglas (Dubhglas de h'Ide), Pseudonym An Craoibhin Aoibhinn, * Frenchpark (Grafschaft Roscommon) 17. Jan. 1860, † Dublin 12. Juli 1949, ir. Dichter und Gelehrter. - 1909–32 Prof. in Dublin; bemühte sich um die Wiederbelebung der ir. Sprache; Mitbegr. des Abbey Theatre in Dublin; 1938–45 erster Präs. der Republik Irland. Bed. Beiträge zur ir. Sprach- und Literaturforschung; übersetzte ir. Dichtungen.

H., Edward, Earl of Clarendon, ↑Clarendon, Edward Hyde, Earl of.

Hydepark [engl. 'haɪd'pɑːk], mit den anschließenden **Kensington Gardens** die größte Grünfläche Londons. An der NO-Ecke Speakers Corner as Ort öffentl. Reden und Versammlungen an jedem Sonntag (seit 1866).

Hyderabad ['haɪdərəbɑːd], Hauptstadt des ind. Bundesstaats Andhra Pradesh, auf dem mittleren Dekhan, 521 m ü. d. M., 2,14 Mill. E. Kath. Erzbischofssitz, Univ. (gegr. 1918) mit zahlr. Colleges, Administrative Staff College of India (gegr. 1957), Goethe-Inst.; Museum für Kunst und Archäologie, Staatsmuseum, Staatsbibliothek; botan. Garten, Zoo. Überregionales Kultur-, Verwaltungs- und Dienstleistungszentrum mit vielseitiger Industrie; bed. Emailhandwerk.
Geschichte: 1589 von Muhammad Kutb Schahi gegr.; kam 1687 unter die Herrschaft des Mogulreichs. Der 1713 als Statthalter des Mogulreichs mit dem Titel Nisam Al Mulk zum Gouverneur des Reiches ernannte Asaf Dschah († 1748) erlangte 1724 die Unabhängigkeit und begr. die bis 1947 regierende Nisam-Dyn.; 1948 wurde der Staat H. nach gescheiterten Verhandlungen über den Anschluß an die Union Indien von ind. Truppen besetzt und 1956 aufgeteilt. Der größte Teil fiel an Andhra Pradesh.
Bauten: In der von einer zwölftorigen Mauer umschlossenen Altstadt u. a. die Halle des Tschar Minar („Vier Minarette", 1591), die Dschami Masdschid (1598), die Hauptmoschee Mekka Masdschid (1614–92), der Chaumahallapalast (18. Jh.). Die ehem. brit. Residenz (jetzt Schule) in der Neustadt wurde 1803–08 in klassizist. Stil erbaut.

H., pakistan. Ind.- und Handelsstadt am Unterlauf des Indus, 795 000 E. Kath. Bischofssitz; Univ. (gegr. 1947). H. hat als Brückenort und Knotenpunkt von Straßen und Eisenbahnen überregionale Bed.; auch bekannt durch sein Kunsthandwerk (Gold- und Silberstickerei, Töpferarbeiten).

hydr..., Hydr... ↑hydro..., Hydro...
Hydra ↑Herakles.

Hydra [griech.] ↑Sternbilder (Übersicht).
Hydra [griech.] ↑Süßwasserpolypen.
Hydragoga [griech.], Arzneimittel, die dem Körper Wasser entziehen; ↑schweißtreibende Mittel, ↑Diuretika, ↑Abführmittel.
Hydra-Haufen, eine Ansammlung von Milchstraßen im Sternbild Hydra, Entfernung etwa 2,5 Milliarden Lichtjahre.
Hydrämie [griech.] (Hydroplasmie, Diarrhämie), erhöhter Wassergehalt des Blutplasmas infolge verminderter Wasserausscheidung bei Herz- oder Nierenerkrankungen sowie kurzfristig nach übermäßiger Wasserzufuhr.
Hydramnion [griech.], krankhafte Vermehrung des Fruchtwassers (auf mehr als zwei Liter). Ein *akutes H.* kommt u. a. bei Diabetes mellitus und Syphilis vor. Das *chron. H.* ist häufig mit kindl. Mißbildungen kombiniert (Fehlen des Gehirns, Wasserkopf u. a.).
Hydrant [engl., zu griech. hýdōr „Wasser"], Zapfstelle zur Wasserentnahme aus einem Versorgungsnetz, v. a. für Feuerwehr und Straßenreinigung vorgesehen.
Hydrargyrum [griech., eigtl. „Wassersilber"], svw. ↑Quecksilber.
Hydratasen [griech.], svw. ↑Dehydratasen.
Hydratation (Hydration) [zu griech. hýdōr „Wasser"], Anlagerung der als Dipole wirkenden Wassermoleküle an Ionen oder Moleküle; Bildung von ↑Hydraten; Spezialfall der ↑Solvatation.
Hydrate [zu griech. hýdōr „Wasser"], durch ↑Hydratation gebildete Verbindungen von Wasser mit anderen Ionen oder Molekülen. In festen H. sind die Wassermoleküle koordinativ an die Ionen gebunden (Komplexliganden) oder sie besetzen in Form von Kristallwasser feste Stellen im Kristall, wodurch die **Hydratisomerie** zustande kommt. - Nicht zu den H. gehören die Kohlenhydrate.
Hydration, svw. ↑Hydratation.
Hydratzellulose ↑Zellulose.
Hydraulik [griech., zu ↑Hydraulis], Theorie der Strömung dichtebeständiger (inkompressibler) Stoffe in Rohren, offenen Gerinnen und porösen Stoffen.
◆ Gesamtheit der Steuer-, Regel-, Antriebs- und Bremsvorrichtungen eines Fahrzeugs, Flugzeugs oder Geräts, deren Kräfte mit Hilfe des Drucks einer Flüssigkeit (Hydrauliköl) erzeugt oder übertragen werden.
Hydraulis [griech. „Wasserorgel"] (Hydraulos, Organum hydraulicum), altgriech. Musikinstrument, bei dem (nach Heron) das Gebläse aus einem teilweise wassergefüllten geschlossenen Metallsockel bestand mit einer metallenen Halbkugel auf dessen Boden, die am unteren Rand mit Löchern versehen war und von deren Scheitelpunkt eine Röhre zur Windlade führte. Eine Pumpe drückte Luft von oben in die Halbkugel und dadurch das Wasser aus den Löchern an deren Boden

in das äußere Gefäß. Der Druck des dort aufsteigenden Wassers bewirkte, daß der Winddruck in der Windlade bei ungleichmäßiger Betätigung der Pumpe konstant erhalten wurde. Die Tasten, etwa 2 Oktaven umfassend, bewegten eine mit Löchern versehene Schiene, die die Luft zu den entsprechenden Pfeifen durchließ. Neben mehreren Bruchstücken aus röm. Zeit (z. B. in Aquincum [Budapest]) sind techn. Beschreibungen von Heron von Alexandria und von Vitruv erhalten. - Abb. S. 140.

hydraulisch [griech.], unter Mitwirkung von Wasser erfolgend; mit Wasser- oder anderem Flüssigkeitsdruck arbeitend.

hydraulische Bindemittel ↑Bindemittel.

hydraulische Presse, Vorrichtung zur Erzeugung sehr großer Kräfte, deren Wirkungsweise auf der Erscheinung beruht, daß der Druck in einer Flüssigkeit nach allen Seiten in gleicher Stärke wirkt. Bei der h. P. tauchen zwei Kolben mit unterschiedl. Querschnittsflächen in eine Flüssigkeit. Drückt man den Kolben mit der kleineren Querschnittsfläche mit kleiner Kraft in die Flüssigkeit, so bewegt sich der Kolben mit der größeren Querschnittsfläche mit großer Kraft nach außen. Die Kräfte verhalten sich dabei wie die Querschnittsflächen der beiden Kolben, die Hubhöhen jedoch umgekehrt. Die h. P. gehört zu den kraftumformenden ↑einfachen Maschinen.

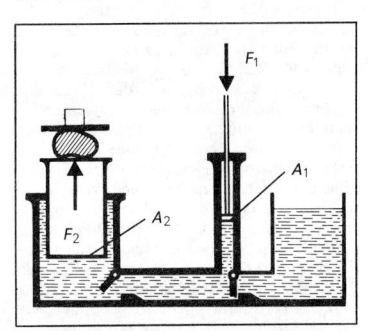

Hydraulische Presse. Schematische Darstellung ihrer Wirkungsweise:
$F_2 = p \cdot A_2 = F_1 A_2/A_1$, wobei $F_2 \gg F_1$.
p der auf die Flüssigkeit ausgeübte Druck, F_1 eingesetzte Kraft, F_2 gewonnene Kraft, A_1 und A_2 Querschnittsflächen der Kolben

hydraulischer Widder (Stoßheber), eine die Bewegungsenergie strömenden Wassers ausnutzende Pumpe. Eine große Wassermenge strömt durch ein mittels Zusatzgewicht offen gehaltenes Absperrventil, bis das hindurchströmende Wasser dieses so plötzl.

Hydraulite

Hydria mit schwarzfiguriger Malerei (um 530 v. Chr.). München, Staatliche Antikensammlung

Hydraulis mit nur einer Kolbenpumpe und Pfeifenreihe

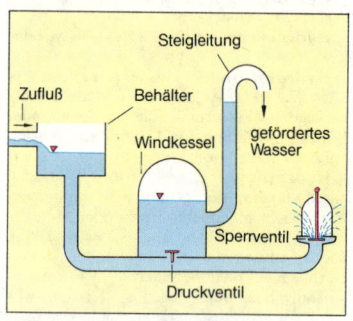

Hydraulischer Widder

schließt, daß durch die rücklaufende Druckwelle Wasser über ein Druckventil in die Förderleitung gedrückt wird; nach Öffnen des Absperrventils (Druckabfall) beginnt ein neues Arbeitsspiel.

Hydraulite [griech.] (hydraulische Zusätze), im *Bauwesen* verwendete kieselsäurereiche Stoffe zur Erhöhung der Bindungsfähigkeit von Beton, Kalk und Mörtel; erhöhen bei Zementbeton die Wasserdichtigkeit und Salzwasserbeständigkeit und lassen Kalkmörtel infolge Bildung von Calciumsilicaten auch unter Wasser erhärten.

Hydrazide, Verbindungen des ↑Hydrazins, die durch Austausch eines Wasserstoffatoms gegen einen organ. Rest oder ein einwertiges Metallatom *(Metall-H.)* entstehen.

Hydrazin (Diamin), H_2N-NH_2, giftige Flüssigkeit (Schmelzpunkt 2°C, Siedepunkt 113,5°C), wird durch Oxidation von Ammoniak mit Natriumhypochlorit gewonnen. Mit Wasser bildet H. das **Hydrazinhydrat** ($N_2H_4 \cdot H_2O$; starkes Reduktionsmittel), mit Säuren die **Hydraziniumsalze** (z. B. Hydraziniumsulfat [N_2H_6]SO_4) und ↑Säurehydrazide, mit Aldehyden und Ketonen die *Hydrazone* (z. B. ↑Phenylhydrazone), mit Metallen und Metallverbindungen die *Metallhydrazide*. H. wird als Reduktions- und Lösungsmittel in der chem. Ind. u. (im Gemisch mit Distickstofftetroxid) als Raketentreibstoff verwendet; außerdem Verwendung bei der Herstellung von Medikamenten und Klebstoffen.

Hydrazobenzol [griech./arab.], $C_6H_5-NH-NH-C_6H_5$, aus Nitrobenzol durch Reduktion hergestellte kristalline chem. Verbindung; sie geht bei Oxidation in ↑Azobenzol, bei Reduktion in ↑Anilin und durch Umlagerung von H. durch Mineralsäuren in ↑Benzidin über.

Hydrazone [griech.] ↑Hydrazin.

Hydria [griech., zu hýdōr „Wasser"], altgriech. bauchiger Wasserkrug mit drei Henkeln, aus Ton, auch aus Metall.

Hydride [griech., zu hýdōr „Wasser"], chem. Verbindung des Wasserstoffs mit Metallen oder Nichtmetallen. Nichtmetalle bilden mit Wasserstoff gasförmige oder flüchtige kovalente H., z. B. Wasser, Halogenwasserstoffe, Kohlenwasserstoffe. Alkali- und Erdalkalimetalle bilden mit Wasserstoff feste salzartige H. (z. B. Calciumhydrid [CaH_2]), deren Ionengitter Hydridionen (H^-) enthalten. Die salzartigen H. sind starke Reduktionsmittel. Übergangsmetalle (alle in den Nebengruppen des Periodensystems der chem. Elemente stehenden Metalle) bilden mit Wasserstoff die metallartigen H. von meist nicht stöchiometr. Zusammensetzung, in denen der Wasserstoff vom Metallgitter legierungsartig aufgenommen wird.

Hydrierbenzin [griech./dt.], durch ↑Kohlehydrierung hergestelltes Benzin.

hydrierende Raffination [griech./frz.] (Druckraffination), Verfahren zur Reinigung von Mineralölprodukten mittels Wasserstoff, ohne daß der Hauptbestandteil des Rohstoffes eine Veränderung erleidet; Schwefel-, Stickstoff- und Sauerstoffverbindungen werden zu den entsprechenden Wasserstoffverbindungen hydriert.

Hydrierstahl [griech./dt.], Stahl, der infolge seines Gehaltes an Chrom (auch Molybdän, Nickel, Vanadin und Wolfram) gegen die [chem.] Einwirkung von Wasserstoff bei höheren Temperaturen und Drücken beständig ist.

Hydrierung [griech.], allg. die Synthese von Stoffen durch Anlagerung (Addition) von Wasserstoff; i. e. S. die Herstellung von Kohlenwasserstoffen, insbes. von Benzin, durch ↑Kohlehydrierung. H. werden meist bei höheren Temperaturen und Drücken sowie in Gegenwart von Katalysatoren durchgeführt *(katalyt. Druck-H.)*; sie sind die Grundlage vieler großtechn. Synthesen.

hydro..., Hydro..., hydr..., Hydr..., hyd..., Hyd... [zu griech. hýdōr „Wasser"], Bestimmungswort von Zusammensetzungen mit der Bed. „Wasser".

Hydrobiologie, Teilgebiet der Biologie, umfaßt die ↑Limnologie und ↑Meeresbiologie.

Hydrochemie (Gewässerchemie), Teilgebiet der ↑Hydrologie; untersucht die in Gewässern (auch in Niederschlags- und Grundwasser) enthaltenen chem. Elemente und Verbindungen. Hydrochem. Analysen spielen, z. T. zus. mit hydrobiolog. Untersuchungen, v. a. für die Wasserversorgung, die Abwasserreinigung, die Limnologie (Gewässerkunde) und die Balneologie (Heilquellenkunde) eine bed. Rolle.

Hydrochinon (1,4-Dihydroxybenzol), ein zweiwertiges Phenol, das wegen seiner Reduktionswirkung als photograph. Entwicklungssubstanz und Oxidationshemmstoff (z. B. in Fetten) verwendet wird.

Hydrochorie [griech.] ↑Allochorie.

Hydrodynamik, Teilgebiet der ↑Strömungslehre, das sich mit den Strömungen dichtebeständiger (inkompressibler) Stoffe befaßt, also v. a. mit den Strömungen von Flüssigkeiten. Die Voraussetzung vernachlässigbar kleiner Dichteänderungen in der Strömung ist bei Flüssigkeiten im allg. erfüllt, bei Gasen jedoch nur unter der Bedingung, daß die Strömungsgeschwindigkeit klein im Vergleich zur Schallgeschwindigkeit ist; Strömungen mit erhebl. Dichteänderungen werden in der ↑Gasdynamik behandelt. Im Grenzfall der Ruhe reduziert sich die H. zur ↑Hydrostatik.

Eine systemat. Ordnung der Strömungsvorgänge beruht auf dem Begriff der mechan. Ähnlichkeit. Zwei Strömungen verschiedener Stoffe sind mechan. ähnl., wenn sich alle charakterist. Längen, Zeiten und Geschwindigkeiten sowie die Kräfte (Trägheitskräfte, Reibungskräfte usw.) der einen Strömung durch Multiplikation mit konstanten (d. h. orts- und zeitunabhängigen) Faktoren aus den entsprechenden Größen der anderen Strömung berechnen lassen (↑Ähnlichkeitsgesetze). Darauf beruht die Untersuchung an Schiffsmodellen im Strömungskanal bzw. an Fahrzeug- oder Flugzeugmodellen im Windkanal.

📖 *Lüst, R.: H. Mhm. 1978. - Rödel, H.: Hydromechanik. Mchn.* ^{8}*1978.*

hydrodynamisches Getriebe ↑Strömungswandler.

hydrodynamisches Paradoxon (d'Alembertsches Paradoxon, Dirichletsches Paradoxon), Bez. für die Erscheinung, daß auf einen von einem reibungsfreien Medium (Flüssigkeit oder Gas) umströmten Körper keine Kraft in Strömungsrichtung wirkt.

hydroelektrisches Kraftwerk, svw. Wasserkraftwerk (↑Kraftwerke).

hydroenergetisch [griech.], vom Wasser [an]getrieben.

Hydroforming [engl. 'haɪdroʊˌfɔːmɪŋ, griech/lat.] ↑Erdöl.

hydrogen..., Hydrogen... [griech.], Hinweiswort der chem. Nomenklatur; kennzeichnend für saure Salze, z. B. Hydrogencarbonate, Hydrogensulfate.

Hydrogenasen, svw. ↑Reduktasen.

Hydrogencarbonate (alte Bez.: Bicarbonate), Salze der Kohlensäure; allg. Formel $Me^I HCO_3$ (Me^I = einwertiges Metall).

Hydrogenium [griech.], svw. ↑Wasserstoff.

Hydrogensulfate (alte Bez.: Bisulfate), saure Salze der Schwefelsäure; allg. Formel: $Me^I HSO_4$ (Me^I = einwertiges Metall).

Hydrogensulfate-(IV) (Hydrogensulfite-(IV), alte Bez.: Bisulfite), saure Salze der schwefligen Säure, allg. Formel: $Me^I HSO_3$ (Me^I = einwertiges Metall).

Hydrographie ↑Hydrologie.

Hydroidea (Hydroiden) [griech.], mit über 2400 Arten vorwiegend im Meer verbreitete Ordnung der Nesseltiere (Klasse Hydrozoen); mit fast stets festsitzenden, meist koloniebildenden (selten einzeln lebenden) Polypen (**Hydroidpolypen**); 1 mm bis wenige cm hoch, bei einigen Tiefseeformen bis über 2 m. Fast alle H. erzeugen ungeschlechtl. durch Knospung Medusen, die entweder am Polypenstock verbleiben oder sich ablösen und frei schwimmen. Die Medusen dienen der geschlechtl. Fortpflanzung.

Hydrokortison (Hydrocortison, Kortisol, Cortisol, 17-Hydroxykortikosteron), zu

Hydrokracken

den Glukokortikoiden gehörendes Hormon der Nebennierenrinde mit entzündungshemmender Wirkung.

Hydrokracken [engl. 'haɪdroʊˌkrækən], katalyt. Kracken hochsiedender Wachsdestillate aus ↑ Erdöl in Gegenwart von Wasserstoff (Druck 150 bar, Temperatur 430 °C); dabei entstehen gesättigte Kohlenwasserstoffe, insbes. (niedrigsiedendes) Benzin.

Hydrokultur (Wasserkultur, Hydroponik), Bez. für Kultivierungsmethoden von Nutz- und Zierpflanzen in Behältern mit Nährlösungen anstelle des natürl. Bodens als Nährstoffträger. Der Vorteil gegenüber der normalen Erdkultur liegt darin, daß das Substrat für die Ernährung der Pflanzen für die jeweiligen Zwecke und Objekte genau dosierbar ist und die Versorgung leicht automatisiert werden kann. - Bei Blumenliebhabern setzt sich die H. immer mehr durch, da fast alle Zimmerpflanzen in H. gehalten werden können. Vierzehntägl. Auffüllen der Gefäße mit kalkarmem Wasser und vierwöchentl. Wechseln der Nährlösung verringern den Pflegeaufwand gegenüber der herkömml. Erdkultur wesentlich. Die zur H. eingesetzten Pflanzen sollten jedoch vorher möglichst nicht mit Erde in Berührung gekommen sein.

Hydrolasen [griech.] ↑ Enzyme.

Hydrologie, die Lehre von den Erscheinungsformen des Wassers über, auf und unter der Erdoberfläche. Umfaßt neben Hydrobiologie und -chemie v. a. die **Hydrographie** (Gewässerkunde) mit den Teilgebieten *Grundwasserkunde, Flußkunde, Seenkunde* und *Gletscherkunde*. i. w. S. auch die *Meereskunde*.

Hydrolyasen [griech.], svw. ↑ Dehydratasen.

Hydrolyse [griech.] (hydrolytische Spaltung), Spaltung (↑ Solvolyse) eines Moleküls durch Reaktion mit Wasser. Techn. oder biolog. Bed. haben z. B. die Fettspaltung, die Rohrzuckerspaltung und die Eiweißspaltung. Die beim Abbau der Nahrungsmittel u. a. im Organismus eine Rolle spielenden hydrolyt. Spaltungen werden von Hydrolasen (↑ Enzyme) katalysiert. Früher auch Bez. für die Reaktionen von Salzen schwacher Säuren und/oder Basen mit Wasser (Salz-H.), wird heute als ↑ Protolyse aufgefaßt:

Salz + Wasser $\underset{\text{Neutralisation}}{\overset{\text{Hydrolyse}}{\rightleftarrows}}$ Base + Säure.

Hydromanie [griech.], krankhaft erhöhtes Durstgefühl, u. a. bei Diabetes insipidus.
◆ der krankhafte Drang, sich zu ertränken.

Hydromechanik, Teilgebiet der *Physik*, das sich mit dem Verhalten von Flüssigkeiten befaßt (↑ Hydrodynamik, ↑ Hydrostatik).

Hydromedusen (Saumquallen, kraspedote Medusen), fast nur bei marinen Arten auftretende, freischwimmende, mit Geschlechtsorganen ausgestattete, meist getrenntgeschlechtl. Medusengeneration der Hydrozoen (nicht bei Staatsquallen); Schirm meist von 1 bis 3 cm Durchmesser, mit dicker, zellfreier Gallertschicht und ringblendenförmigem Randsaum (**Velum**), der bei Schwimmbewegungen die Schirmöffnung verengt. H. leben von plankton. Wirbellosen und Fischen.

Hydromyelozele [griech.] (Myelozytozele), Mißbildung, bei der ein mit Rückenmarkssubstanz und wäßriger Flüssigkeit gefüllter Bruchsack durch einen angeborenen Spalt (Spina bifida) der Wirbelsäule ausgetreten ist.

Hydronephrose (Wassersackniere, Harnstauungsniere), Erweiterung des Nierenbeckens und der Nierenkelche mit Verdrängung und Untergang des Nierengewebes infolge Druckanstiegs bei Behinderung des Harnabflusses durch Steine, seltener Entzündungen, Tumoren oder angeborene Mißbildungen; führt unter Umständen allmähl. zu einer *hydronephrot. Nierenschrumpfung (Schrumpfniere)* und zum Nierenversagen.

Hydronfarbstoffe [griech./dt.], Gruppe von ↑ Schwefelfarbstoffen, die sich vom Carbazol ableiten und zum Färben von Baumwollgeweben verwendet werden, z. B. **Hydronblau**, das Baumwollgewebe grünlichblau bis violett färbt.

Hydroniumionen [griech.] (Hydroxoniumionen) ↑ Oxoniumverbindungen.

Hydronymie [griech.], svw. ↑ Gewässernamen.

Hydropathie [griech.], svw. ↑ Hydrotherapie.

Hydroperoxide, organ. Verbindungen der allg. Formel R – O – OH.

hydrophil, das Wasser bevorzugend, wasserliebend; von Tieren und Pflanzen, die in und am Wasser leben, gesagt.
◆ in Physik, Chemie und Technik svw. wasseranziehend, Feuchtigkeit aufnehmend.

hydrophob [griech.], das Wasser meidend; von Tieren und Pflanzen gesagt, die trockene Lebensräume bevorzugen.
◆ in Physik, Chemie und Technik svw. wasserabstoßend; nicht in Wasser löslich.

Hydrophon [griech.] ↑ Geophon.

Hydrophthalmus [griech.] (Ochsenauge, Buphthalmus), angeborene und erworbene frühkindl. Vergrößerung des Augapfels als Folge einer Steigerung des Augeninnendrucks (↑ Starerkrankungen), infolge Abflußbehinderung und Rückstauung von Kammerwasser.

Hydrophyten [griech.], svw. ↑ Wasserpflanzen.

Hydroplasmie [griech.], svw. ↑ Hydrämie.

hydropneumatische Federung ↑ Federung.

Hydropolypen, die etwa 1 mm bis über 2 m großen Polypen der Hydrozoen; bestehen aus dem stielrunden Rumpf (**Hydrocaulus**) und dem distalen Köpfchen (**Hydranth**) mit Mundöffnung und (dem Nahrungsfang dienenden) Tentakeln; meist stockbildend und festsitzend oder freischwimmend; stellen die ungeschlecht. Generation der Hydrozoen dar, die Medusen, Medusoide oder Gonophoren erzeugt.

Hydroponik [griech.], svw. ↑Hydrokultur.

Hydrops [griech.], svw. ↑Wassersucht.

Hydrosol ↑Sol.

Hydrosphäre, Wasserhülle der Erde (Meere, Grundwasser, Binnengewässer, das in Gletschereis gebundene sowie das in der Atmosphäre vorhandene Wasser).

Hydrostatik, die Lehre von den Gleichgewichtszuständen ruhender dichtebeständiger (inkompressibler) Flüssigkeiten bei Einwirkung äußerer Kräfte, v. a. der Schwerkraft; ihre Hauptaufgabe ist die Ermittlung der Druckverteilung in derartigen Flüssigkeiten. Der im Inneren einer ruhenden, inkompressiblen Flüssigkeit herrschende Druck (↑hydrostatischer Druck) ist in einem Punkte nach allen Richtungen gleich *(Pascalsches Gesetz)* und steht senkrecht auf der Fläche, auf die er wirkt. Daraus folgt, daß bei alleiniger Wirkung der Schwerkraft der Druck auf ein beliebig gerichtetes Flächenstück der Gefäßwandung genau so groß ist wie der auf ein waagrecht gerichtetes Flächenstück in der gleichen Tiefe unter der Flüssigkeitsoberfläche. So erfährt z. B. ein unter Wasser schwimmender Mensch an seiner gesamten Körperoberfläche eine von der Tauchtiefe abhängige Druckkraft und nicht nur an den der Wasseroberfläche zugewandten Teilflächen seines Körpers. Eine weitere Aufgabe der H. ist u. a. auch die Ermittlung der sich unter Einwirkung von inneren oder äußeren Kräften ausbildenden Flüssigkeitsoberflächen.

hydrostatischer Druck, der im Inneren einer ruhenden Flüssigkeit herrschende Druck p; er ist in jeder Richtung gleich groß und wächst im Schwerefeld mit der Höhe h der Flüssigkeit über der betreffenden Stelle: $p = \rho \cdot g \cdot h$ (ρ Dichte der Flüssigkeit, g Fallbeschleunigung). Als **hydrostatisches Paradoxon** wird die Erscheinung bezeichnet, daß der *Bodendruck* in einem mit einer Flüssigkeit gefüllten Gefäß nur von der Dichte der Flüssigkeit und der Höhe der Flüssigkeitsoberfläche über der Bodenfläche abhängt, nicht aber von der Form des Gefäßes und der Masse bzw. Gewichtskraft der darin befindl. Flüssigkeit.

Hydrotherapie (Hydriatrie, Hydropathie), Gesamtheit der ärztl. Behandlungsmethoden mit (äußerer) Anwendung von Wasser in Form von Waschungen, Bädern, Güssen, Wickeln, Dämpfen, Kneippkuren u. a.

hydrothermale Lagerstätten [griech./dt.], Lagerstätten, die sich aus **hydrothermalen Lösungen,** d. h. den wäßrigen, mit Metallen angereicherten Restlösungen eines Magmas, bilden.

Hydrothorax, svw. ↑Pleuraerguß.

♦ svw. Pleuritis exsudativa (↑Rippenfellentzündung).

hydrotrope Verbindungen [griech./dt.], chem. Substanzen, die aus einem ↑hydrophilen und einem ↑hydrophoben Molekülanteil bestehen. Sie vermögen wasserunlösl. Stoffe in Wasser lösl. zu machen *(Hydrotropie)*.

Hydroureter [...o-u...; griech.], durch Harnabflußstauung (u. a. bei Nierensteinen) oder hormonell (in der Schwangerschaft) verursachte Erweiterung der Harnleiter.

Hydroxide, i. e. S. Bez. für chem. Verbindungen mit abdissoziierbaren Hydroxylgruppen (OH-Gruppen), die dadurch in Lösung basisch reagieren (z. B. Natriumhydroxid, NaOH); i. w. S. Bez. für alle chem. Verbindungen mit funktionellen Hydroxylgruppen wie Oxosäuren (z. B. phosphorige Säure, P(OH)$_3$ = H$_3$PO$_3$), Hydroxosalze, Alkohole und Phenole.

Hydroxosalze (Hydroxoverbindungen), ↑Koordinationsverbindungen, in deren Komplexen die negativ geladenen Hydroxidionen (OH$^-$) als Liganden auftreten, z. B. das Natriumtetrahydroxoaluminat, Na[Al(OH)$_4$].

Hydroxy-, Bez. der chem. Nomenklatur; kennzeichnend für organ. Verbindungen, die mindestens eine an ein Kohlenstoffatom gebundene ↑Hydroxylgruppe —OH enthalten.

Hydroxycarbonsäuren, svw. ↑Hydroxysäuren.

Hydroxyessigsäure, svw. ↑Glykolsäure.

Hydroxyl- [griech.], Bez. der chem. Nomenklatur; kennzeichnend für Verbindungen, deren Moleküle mindestens eine Hydroxylgruppe —OH enthalten, wobei diese bei organ. Verbindungen nicht an ein Kohlenstoffatom gebunden sein darf (↑Hydroxy-).

Hydroxylamin, NH$_2$—OH, explosible

Haarhygrometer

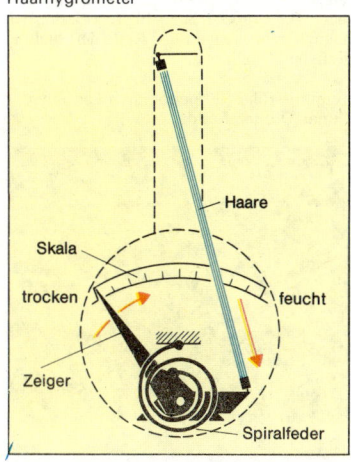

— Haare
Skala
trocken — feucht
Zeiger
Spiralfeder

Hydroxylgruppe

chem. Verbindung, deren stark giftige *Hydroxylammoniumsalze* reduzierend wirken.

Hydroxylgruppe (Hydroxygruppe), Bez. für die einwertige funktionelle Gruppe — OH. Die H. kann als Ganzes an chem. Reaktionen teilnehmen und als elektr. geladenes Hydroxidion (OH^-) abgespalten werden (↑Basen, ↑Hydroxide), oder das Wasserstoffatom der H. ist nur schwach gebunden und kann als Proton (H^+) abgespalten werden (z. B. bei Alkoholen, Phenolen, Carbonsäuren).

Hydroxynaphthaline, svw. ↑Naphthole.

Hydroxysäuren (Hydroxycarbonsäuren), Carbonsäuren mit einer oder mehreren Hydroxylgruppen (Mono-, Di-, ..., Polyhydroxysäuren). Die Mehrzahl der H. zeigt opt. Aktivität (z. B. D- und L-Milchsäure). Weitere wichtige H. sind Salicylsäure, Weinsäure, Zitronensäure.

Hydrozele [griech.], svw. ↑Wasserbruch.

Hydrozephalus (Hydrocephalus) [griech.], svw. ↑Wasserkopf.

Hydrozinkit [griech./dt.], svw. ↑Zinkblüte.

Hydrozoen (Hydrozoa) [griech.], Klasse der Nesseltiere mit rd. 2 700 überwiegend marinen Arten von etwa 1 mm bis über 2 m Länge; meist mit Generationswechsel (Metagenese) zw. ungeschlechtl. Polypengeneration (↑Hydropolypen) und geschlechtl. Medusengeneration (↑Hydromedusen); Larven: ↑Planula, seltener ↑Actinula, die sich meist zu stockbildenden Polypen umwandeln. Die Kolonien können am Untergrund festsitzen oder im Wasser frei umherschwimmen.

Hydruntum, italien. Hafenstadt, ↑Otranto.

Hydrus [griech.] ↑Sternbilder (Übersicht).

Hyères [frz. jɛːr], frz. Stadt in der Provence, Dep. Var, 39 000 E. Zentrum des Obst- und Gemüsebaus; Textilind. - Seit dem 10. Jh. bezeugt. - Kapelle Saint-Blaise (13. Jh.), roman. Kirche Saint-Louis; Reste der Stadtbefestigung (13. Jh.).

Hyères, Îles d' [frz. il'djɛːr], frz. Inselgruppe im Mittelmeer sö. von TOULON.

Hygieia, bei den Griechen Begriff und vergöttlichte Personifikation der Gesundheit.

Hygiene [zu griech. hygieinḗ (téchnē) „der Gesundheit zuträgliche (Kunst)"], Fachgebiet der Medizin; die Lehre von der Gesundheit, einschließl. Gesundheitspflege und Gesundheitsfürsorge sowie die dafür getroffenen Maßnahmen, die sich mit den Wechselbeziehungen zw. Mensch und seiner belebten und unbelebten Umwelt befaßt.

Geschichte: Die ältesten Vorschriften, die dem Bereich der H. zugeordnet werden können (u. a. bei den Indern, Ägyptern, Assyrern und Juden), sind kult. bzw. religiösen Ursprungs. Bei Griechen und Römern standen Körperpflege und -ertüchtigung durch Bäder und Leibesübungen im Vordergrund. Als weitere hygien. Maßnahme kannte das Altertum schon Wasserleitungen (↑Aquädukt), Kanalisation und Lebensmittelüberwachung. Nachdem im MA die Bed. der H. stark unterschätzt worden war, erfuhr sie vom 19. Jh. an, von Großbrit. ausgehend und veranlaßt durch das erste Auftreten der Cholera in M- und W-Europa, einen großen Aufschwung. Die großen Seuchen sind in den Zivilisationsländern dank hygien. Maßnahmen so gut wie ausgerottet. Die H. als Wiss. wurde gegen Ende des 18. Jh. von J. P. Frank, die experimentelle H. von M. von Pettenkofer und die experimentelle Bakteriologie als eines der wichtigsten Teilgebiete der modernen H. von R. Koch begründet.

📖 *Borneff, J.: H. Stg.* ^{4}*1982. - Lehrb. der H. Hg. v. H. Gärtner u. H. Reploh. Stg.* ^{2}*1969.*

Hyginus, Gajus Julius, *wohl um 60 v. Chr., †um 10 n. Chr., röm. Philologe und Polyhistor. - Freigelassener des Augustus aus Spanien; leitete seit 28 v. Chr. dessen Bibliothek (Palatina); verfaßte Werke zur Mythologie, Religion, Landwirtschaft und Geographie Italiens sowie Biographien und philolog. Kommentare.

Hyginus-Rille, Rillensystem in der Nähe des Mondkraters Hyginus, das schon mit einfachen opt. Mitteln auf der Mondoberfläche erkennbar ist.

hygro..., Hygro... [zu griech. hygrós „naß"], Bestimmungswort von Zusammensetzungen mit der Bed. „Feuchtigkeit".

Hygrochasie [griech.], Bez. für den nur nach Befeuchtung (Regen, Tau) einsetzenden Öffnungsvorgang bei Früchten verschiedener Pflanzenarten, der das Ausstreuen der Samen ermöglicht (z. B. bei Mittagsblumengewächsarten).

Hygrograph, Gerät zur Registrierung der Luftfeuchtigkeit. Die Aufzeichnung wird als **Hygrogramm** bezeichnet.

Hygrom [griech.] (Wassergeschwulst), chron. entzündl. oder traumat. bedingte Schwellung von Schleimbeuteln und Sehnen-

Hyginus-Rille (aufgenommen von einer Lunar-Orbiter-Sonde)

Hymne

scheiden infolge Flüssigkeitsansammlung; u. a. bei Tuberkulose, Rheumatismus.

Hygrometer, Geräte zur Messung der Luftfeuchtigkeit. Das **Absorptionshygrometer** beruht auf der Gewichtszunahme wasseranziehender, d. h. hygroskop. Stoffe beim Messen. Die Wirkungsweise des **Haarhygrometers** beruht auf der Längenänderung von Haaren unter Einwirkung von Feuchtigkeit (auch Kunstfasern oder andere quellfähige Stoffe). **Taupunkthygrometer** *(Kondensations-H., Taupunktspiegel):* Eine spiegelnde Metalloberfläche wird so weit unter die Umgebungstemperatur abgekühlt, bis sich Wasserdampf aus der Luft darauf niederschlägt *(Taupunkt)*. Aus der Temperatur am Taupunkt folgt die absolute Feuchtigkeit. **Psychrometer:** Eine Hülle aus Mull um das Vorratsgefäß mit der Meßflüssigkeit eines Thermometers wird befeuchtet. Die Verdunstung erfolgt umso schneller, je trockener die Luft ist. Die Temperaturdifferenz gegenüber einem „trockenen" Vergleichsthermometer ist ein Maß für die Luftfeuchtigkeit. - Abb. S. 143.

hygrophil, feuchtigkeitsliebend; von Pflanzenarten gesagt, die feuchte Standorte bevorzugen.

Hygrophyten [griech.], Landpflanzen, die an Standorten mit dauernd guter Wasserversorgung bei gleichbleibend hoher Boden- und Luftfeuchtigkeit wachsen.

hygroskopische Stoffe [griech./dt.], Stoffe, die die Feuchtigkeit der Luft an sich ziehen und dabei Hydrate bilden; werden als Trockenmittel verwendet. H. S. sind z. B. Alkalihydroxide, Calciumchlorid, Magnesiumchlorid, Phosphorpentoxid, Schwefelsäure, Glycerin; die Hygroskopizität des Kochsalzes ist auf geringe Verunreinigungen durch Magnesiumchlorid zurückzuführen.

Hygroskopizität [griech.], Fähigkeit eines Stoffes, Luftfeuchtigkeit aufzunehmen.

Hyksos [gräzisierte Form des ägypt. Ausdrucks für „Herrscher der Fremdländer"], aus Asien stammende Könige der 15. und 16. ägypt. Dyn. (1650–1540), vielleicht churrit. Herkunft, die mit Hilfe von (z. T. ägypt.) Unterkönigen (16. Dyn.) regierten. Die bedeutendsten Namen sind Chian und Apophis, Residenz war Auaris. - Die H. übernahmen ägypt. Kultur und Verwaltung; ihre Überlegenheit beruhte v. a. auf den pferdebespannten Kampfwagen. Die spätere Überlieferung wertete die H. als Barbaren ab, die jüd. Tradition brachte sie mit Sicherheit unrichtig - mit dem Aufenthalt der Israeliten in Ägypten in Verbindung.

hyl..., Hyl... [zu griech. hýlē „Wald"], Bestimmungswort von Zusammensetzungen mit der Bed. „Holz, Wald, Materie".

Hyla [griech.] ↑ Laubfrösche.

Hyläa [griech.], Bez. für den immergrünen trop. Regenwald.

Hyle, griech. Bez. für Stoff, Materie; eines der Aristotel. Grundprinzipien.

Hylemorphismus [griech.], scholast. Fassung der Aristotel. Lehre von Form und Stoff (Materie), wonach die materiellen Dinge eine begriffl. Einheit von Form und Materie darstellen.

Hylidae [griech.], svw. ↑ Laubfrösche.

Hyllos, Gestalt der griech. Mythologie. Sohn des Herakles und der Deianira, Anführer der Herakliden (Nachkommen des Herakles) im Kampf gegen Eurystheus.

Hylozoismus [zu ↑Hyle und griech. zóein „leben"], Bez. für die kosmolog. Theorien der ion. Naturphilosophen von der belebten Materie.

Hymans, Paul [niederl. 'hɛjmans, frz. i'mã:s], * Brüssel 23. März 1865, † Nizza 8. März 1941, belg. Politiker. - Führer der belg. Liberalen und Gegner der Flamen; seit 1900 Abg. der 2. Kammer; 1918–20, 1924/25 und 1927–35 Außenmin.; 1920–25 Delegierter Belgiens beim Völkerbund.

Hymen [griech.] (Jungfernhäutchen), sichel- bis ringförmige, dünne Schleimhautfalte zw. Scheidenvorhof und Scheideneingang bei der Frau. Das H. reißt im allg. beim ersten Geschlechtsverkehr unter leichter Blutung ein (↑ Defloration) und wird bei der ersten Geburt weitgehend zerstört. - Ein H. ist auch bei den ♀ von höheren Affen, Raubtieren und Huftieren ausgebildet.

Hymenaios, griech. Gott der Hochzeit und der Ehe.

Hymenoptera (Hymenopteren) [griech.], svw. ↑ Hautflügler.

Hymir, Riese der nord. Mythologie, Besitzer eines großen [Bier]kessels, den Thor und [H.s Sohn] Tyr haben möchten, was zu einer Reihe von Kraftproben führt, bei denen Thor die Midgardschlange angelt.

Hymnar [griech.-mittellat.], Hymnensammlung für das Stundengebet der lat. Liturgien.

Hymne (Hymnos) [griech.], feierl., meist religiöser Lob- und Preisgesang. Im antiken Griechenland wurden H. als Preislieder der Heroen und Götter an Götterfesten oder Kultfeiern von einzelnen Sängern zur Kithara, wohl auch von Chören oder im Wechselgesang vorgetragen. Formen und Motive der griech. H.dichtung (v. a. Pindar und Kallimachos) wurden in die röm. Literatur übernommen („Carmina"). Seit dem Urchristentum ist **Hymnus** Bez. für einen Lobgesang in der Art der Psalmen. Während der Begriff H. im Bereich der byzantin. Liturgie nicht eindeutig definiert ist, versteht die lat. Liturgie darunter im allg. das seit dem 4. Jh. entstandene religiöse, streng metr. bzw. rhythm. Strophenlied für das Stundengebet; jedoch erst seit dem 13. Jh. wurde der H.gesang liturg. offiziell zugelassen; um 1400 begann man, den H.gesang auch polyphon zu gestalten (auch Instrumentalsätze; bis zum Ende des

Hymnologie

18. Jh. v. a. in Italien und Deutschland gepflegt). Für die H. in der dt. Dichtung als freie, anfängl. der Ode ähnl. Form, war die griech. H.dichtung vorbildl.; verwendet wurde sie bes. von Klopstock, Goethe („Wanderers Sturmlied", „Prometheus", „Ganymed"), Schiller („An die Freude"), Hölderlin („Friedensfeier", „Patmos"). H. wirkten auf den George-Kreis, auf Rilke, Trakl, Heym, Weinheber; ekstat.-hymn. Dichtungen entstanden auch im Expressionismus, z. B. A. Momberts „Der Denker", T. Däublers „Hymne an Italien", J. R. Bechers „Päan gegen die Zeit".
📖 *A dictionary of hymnology.* Hg. v. J. Julian. London ²1907. Nachdr. New York 1977. 4 Bde.

Hymnologie [griech.], Wissenschaft von der Hymnendichtung; in der prot. Liturgik die Wiss. vom Kirchenlied.

Hymnus [griech.] ↑Hymne.

Hyoid [griech.], svw. ↑Zungenbein.

Hyoscin [griech.], svw. ↑Scopolamin.

Hyoscyamin [griech.], in verschiedenen Nachtschattengewächsen (v. a. Tollkirsche) vorkommendes Alkaloid; opt. aktive Form des ↑Atropins.

hyp..., Hyp... ↑hypo..., Hypo...

Hypatia, * Alexandria um 370, † ebd. um 415 (von Christen gesteinigt), griech. neuplaton. Philosophin und Mathematikerin. - Tochter des Theon von Alexandria; Lehrerin des Synesios von Kyrene, mit dem sie 404–407 wiss. korrespondierte.

Hyperämie [griech.], (arterielle H., aktive H.) Mehrdurchblutung infolge einer Gefäßerweiterung, z. B. bei vermehrter Organtätigkeit oder Histaminausschüttung.
◆ (passive H., venöse H., Stauungs-H., Stauungsblutfülle) ↑Blutstauung.

Hyperbaton [griech.] (Hyperbasis, Trajectio, Transgressio), rhetor. Figur: Trennung syntakt. zusammengehörender Wörter durch eingeschobene Satzteile.

Hyperbel [griech., zu hyperbállein „über ein Ziel hinauswerfen, übertreffen"], in der *Geometrie* eine zu den Kegelschnitten gehörende zweiästige ebene Kurve; der geometr. Ort aller Punkte *P*, für die der Betrag der Differenz ihrer Abstände d_1 und d_2 von zwei gegebenen Punkten F_1 und F_2 (den Brennpunkten) konstant (= $2a$) ist. Der Mittelpunkt *M* der Strecke zw. F_1 und F_2 (Länge $2e$) ist zugleich der Mittelpunkt der Hyperbel. Trägt man auf der Geraden durch F_1 und F_2 von *M* aus die Strecke *a* nach beiden Seiten ab, so erhält man die beiden Hauptscheitel A_1 und A_2; die Strecke $\overline{A_1A_2}$ bezeichnet man als die *reelle Achse (Hauptachse)* der Hyperbel. Errichtet man in *M* die Senkrechte zu $\overline{F_1F_2}$ und schlägt um einen der Hauptscheitel einen Kreis mit dem Radius $\overline{MF_1} = e$, so erhält man als Schnittpunkt die „reellen Vertreter" der *imaginären Nebenscheitel* B_1 und B_2. Die Strecke $\overline{B_1B_2}$ bezeichnet man als die *imaginäre Achse (Nebenachse)* der H. (Länge 2*b*). Als *lineare Exzentrizität* der H. wird die Größe $e = \sqrt{a^2+b^2}$ bezeichnet.

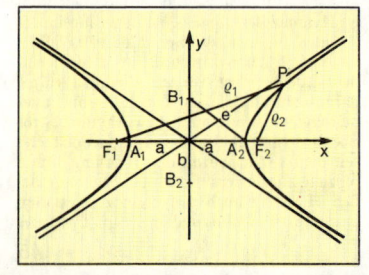

Die H. ist eine algebraische Kurve zweiter Ordnung; liegt der Mittelpunkt im Ursprung eines kartes. Koordinatensystems, so lautet ihre Gleichung

$$\frac{x^2}{a^2} - \frac{y^2}{b^2} = 1$$

◆ *rhetor. Figur:* starke Übertreibung des Ausdrucks, z. B. „zahlreich wie *Sand am Meer*".

Hyperbeldurchmesser ↑Durchmesser.

Hyperbelfunktionen (hyperbolische Funktionen), Sammelbez. für die Funktionen *Hyperbelsinus* (Sinus hyperbolicus, Funktionszeichen sinh), *Hyperbelkosinus* (Cosinus hyperbolicus, Funktionszeichen cosh), *Hyperbeltangens* (Tangens hyperbolicus, Funktionszeichen tanh) und *Hyperbelkotangens* (Cotangens hyperbolicus, Funktionszeichen coth). Sie sind folgendermaßen definiert:

$$\tanh z = \frac{\sinh z}{\cosh z} \quad \text{bzw.} \quad \coth z = \frac{\cosh z}{\sinh z}$$

Hyperbelnavigation ↑Funknavigation.

Hyperbelverfahren ↑Funknavigation.

hyperbolisch [griech.], hyperbelartig, hyperbelförmig; mathemat. mit der ↑Hyperbel in einem Zusammenhang stehend.

hyperbolische Funktionen, svw. ↑Hyperbelfunktionen.

Hyperboloid [griech.], eine Fläche 2. Ordnung bzw. der von ihr begrenzte Körper. In kartes. Koordinaten lautet die Mittelpunktsgleichung eines H., das die *z*-Achse als Symmetrieachse besitzt:

$$\frac{x^2}{a^2} + \frac{y^2}{b^2} - \frac{z^2}{c^2} = 1 \quad (einschaliges\ H.)$$

$$\frac{x^2}{a^2} + \frac{y^2}{b^2} - \frac{z^2}{c^2} = -1 \quad (zweischaliges\ H.)$$

Rotations-H. kann man sich durch Rotation einer ↑Hyperbel um die die Brennpunkte verbindende Achse (zweischaliges H.) oder um die dazu senkrechte Symmetrieachse (einschaliges H.) entstanden denken. - Abb. Bd. 1, S. 323.

Hyperbulie [griech.], übersteigerter Betätigungsdrang.

Hypereides (lat. Hyperides), * Athen 390, † Kleonai (Peloponnes) 5. Okt. 322, athen. Redner. - Bed. Gerichtsredner und kompromißloser Vertreter antimakedon. Politik. Von

77 in der Antike bekannten Reden sind 6 (fragmentar.) überliefert.

Hyperfeinstruktur, Abk. Hfs, Bez. für die zusätzl. zur Feinstruktur (Fs) auftretende, viel feinere Aufspaltung der Spektrallinien in den Atomspektren. Eine Ursache der H. liegt in der Wechselwirkung (d. h. gequantelte Einstellung) des Kernspins mit dem Gesamthüllendrehimpuls. Die Größe der Aufspaltung hängt vom magnet. Dipolmoment des Kerns ab und wird von einem evtl. vorhandenen elektr. Kernquadrupolmoment noch beeinflußt. Beim Übergang eines Elektrons zw. den Hfs-Grundzustandstermen des neutralen Wasserstoffs wird die sog. *21-cm-Linie* emittiert (insbes. beim interstellaren Wasserstoff).

Hyperfiltration, die auf umgekehrter ↑Osmose beruhende Gewinnung eines Lösungsmittels (z. B. Wasser) aus einer Lösung mit Hilfe von [semipermeablen] Membranen: Das Lösungsmittel strömt bei Einwirkung eines den osmot. Druck übersteigenden Gegendrucks in Richtung der verdünnten Lösung. Die H. hat für die Meerwasserentsalzung große Bed. erlangt.

Hyperfragment (Hyperkern), hochangeregter Atomkern, bei dem eines seiner Nukleonen durch ein Hyperon ersetzt oder ein Hyperon zusätzl. gebunden ist. H. können bei hochenerget. Kernreaktionen entstehen.

Hyperfunktion, gesteigerte Tätigkeit, Überfunktion eines Organs oder Gewebes.

Hyperglobulie [griech./lat.], svw. ↑Polyglobulie.

Hyperglykämie [griech.], Erhöhung des in nüchternem Zustand gemessenen Glucosegehaltes („Blutzuckerspiegel") auf Werte über 120 mg pro 100 ml. Blut; Vorkommen v. a. bei Diabetes mellitus, Überfunktion der Nebennieren oder der Hypophyse. - Als **alimentäre Hyperglykämie** bezeichnet man die vorübergehende H. nach einer kohlenhydratreichen Mahlzeit.

hypergolischer Treibstoff [hyp-ɛr...; griech./lat./dt.], Raketentreibstoff, der spontan zündet, wenn er mit einem Sauerstoffträger in Berührung kommt.

Hyperhidrose (Hyperidrose), vermehrte Schweißabsonderung, z. B. bei Störungen des vegetativen Nervensystems oder bei Schilddrüsenüberfunktion.

Hyperinsulinismus (Hyperinsulinie) [griech./lat.], gesteigerte Insulinsekretion der Bauchspeicheldrüse, z. B. bei Hyperplasie, Adenom, Karzinom oder funktionellen Störungen ihres Hormonapparates. Der erhöhte Insulinspiegel bewirkt u. a. eine Verminderung des Blutzuckers (↑Hypoglykämie).

Hyperion [hy'pe:riɔn, hypɛr'i:ɔn], einer der ↑Titanen der griech. Mythologie. - ist der Name der Hauptfigur in F. Hölderlins Briefroman „H. oder der Eremit in Griechenland" (1797–99). Ein Gedichtfragment „H." stammt von J. Keats (1820), eine Erzählung

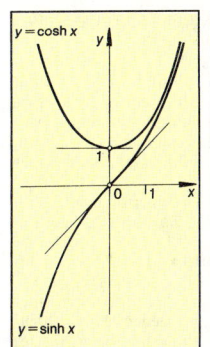

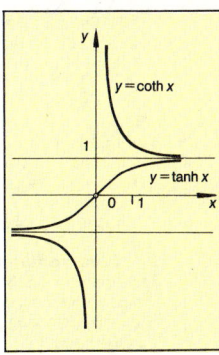

Hyperbelfunktionen

gleichen Titels von H. W. Longfellow (1839).

Hyperion [hy'pe:riɔn, hypɛr'i:ɔn], griech., nach der Gestalt der griech. Mythologie, einer der Monde des ↑Saturn.

Hyperius, Andreas, eigtl. A. Gerhard, * Ypern 16. Mai 1511, † Marburg 1. Febr. 1564, dt. prot. Theologe. - 1542 Prof. in Marburg; H. gilt als Begründer der prakt. Theologie als [wiss.] theolog. Disziplin.

Hyperizin [griech.] (Mykoporphyrin, Hyperikumrot), Wirkstoff des Johanniskrauts, der sich in Chloroform mit tiefroter Farbe löst und dann eine starke Fluoreszenz besitzt. H. ist ein starker Photosensibilisator. In großer Verdünnung (unter 1‰) wirkt es belebend, in größerer Konzentration wirkt H. durch Schädigung von Nervensystem und Haut toxisch.

Hyperkaliämie [griech./arab./griech.], Erhöhung des Kaliumgehaltes im Blutplasma. Ursachen sind entweder eine verminderte Ausscheidung von Kalium im Harn (z. B. bei eingeschränkter Nierenfunktion und bei Nebennierenrindeninsuffizienz) oder eine Ausschwemmung von Kalium aus den Körperzellen in die Blutbahn (z. B. bei Azidose oder bei gesteigertem Organ- bzw. Blutzellzerfall). Anzeichen einer H. sind anormale Körperempfindungen, Verwirrtheitszustände, Halluzinationen, Taubheit, Muskellähmungen, bes. aber Störungen der Herztätigkeit.

Hyperkalzämie [griech./lat./griech.], Erhöhung des Calciumgehaltes im Blutplasma. Ursachen sind meist die erhöhte Produktion von Parathormon in den Nebenschilddrüsen oder ein Überangebot von Vitamin D mit erhöhter Calciumaufnahme aus dem Darm und/oder verminderter Calciumausscheidung durch die Nieren. Anzeichen sind Appetitlosigkeit, Übelkeit, Erbrechen, Magengeschwüre, Entzündungen der Bauchspeicheldrüse, starker Durst, Müdigkeit, Apathie, Verwirrtheitszustände.

hyperkatalektisch, über den letzten re-

Hyperkeratose

gelmäßig gefüllten Versfuß hinaus eine überzählige Silbe enthaltend.

Hyperkeratose (Hyperkeratosis) [griech.], übermäßige Verhornung der Haut mit Verdickung der Hornschicht (vermehrte Bildung oder verminderte Abstoßung von Hornzellen) als Folge einer starken mechan. Belastung (Schwielenbildung) oder einer Hauterkrankung.

Hyperkern, svw. ↑ Hyperfragment.

hyperkomplexe Zahlen ↑ Quaternionen.

Hyperkonjugation (Baker-Nathan-Effekt), eine in den Molekülen ungesättigter organ. Verbindungen zw. den Elektronen einer Mehrfachbindung und denen der Kohlenstoff-Wasserstoff-Bindungen benachbarter Methyl- und Methylengruppen auftretende Kopplung (quantenmechan. Resonanz), die ähnl. wie die ↑ Mesomerie die physikal. und chem. Eigenschaften dieser Moleküle beeinflußt.

Hyperkortizismus [griech./lat.] (Hyperkortikalismus, Hyperkortikoidismus), Überfunktion der Nebennierenrinde durch Hyperplasie oder Tumoren; verursacht u. a. das ↑ adrenogenitale Syndrom.

Hyperlipämie (Lipämie), Vermehrung der Neutralfette im Blut nach fettreichen Mahlzeiten, nach Knochenbrüchen und bei Alkoholismus.

Hypermastie (Polymastie, Hyperthelie, Polythelie), überzählige Brustdrüsen (als Atavismus).

Hypermnestra ↑ Danaiden.

hypermorph, das Merkmal verstärkt ausprägend; von einem mutierten Gen, das - bei gleichem phänotyp. Effekt - von stärkerer Wirkung ist als das ihm entsprechende (allele) Standard- bzw. Normalgen. - Ggs. ↑ hypomorph.

hypernephroider Tumor [griech./lat.] (hypernephroides Karzinom, Hypernephrom, Epinephrom, Grawitz-Tumor), v. a. bei Männern nach dem 45. Lebensjahr auftretende, meist bösartige Geschwulst des Nierengewebes. Anzeichen sind Druckgefühl und Schmerzen in der Nierengegend sowie das Auftreten von Blut im Harn. Die Behandlung besteht in der operativen Entfernung der betroffenen Niere (mit zusätzl. Bestrahlung).

Hyperonen [griech.], zur Gruppe der ↑ Baryonen gehörende Elementarteilchen, deren Ruhemasse größer als die der Nukleonen ist. Sie besitzen den Spin $\frac{1}{2}$, die Strangeness $S \neq 0$, sind instabil und zerfallen mit Halbwertszeiten von etwa 10^{-10} s in einem oder mehreren Schritten in Nukleonen (↑ Elementarteilchen).

Hyperonym [griech.], in der Sprachwiss. Oberbegriff, der einer Gruppe von (mindestens zwei) ↑ Hyponymen übergeordnet ist.

Hyperopie [griech.], svw. ↑ Übersichtigkeit.

Hyperorexie [griech.], svw. ↑ Heißhunger.

Hyperostose [griech.] ↑ Enostose, ↑ Exostose.

Hyperoxide, chem. Verbindungen, die das Hyperoxidion O_2^- enthalten, z. B. KO_2.

Hyperparathyreoidismus [...o-i-...; griech.], svw. Nebenschilddrüsenüberfunktion (↑ Nebenschilddrüse).

Hyperparathyreose [griech.], svw. Nebenschilddrüsenüberfunktion (↑ Nebenschilddrüse).

Hyperpituitarismus [griech./lat.], ↑ Hypophyse.

Hyperplasie [griech.], Vergrößerung eines Organs oder Gewebes durch Vermehrung der organspezif. Zellen.

Hyperpnoe [griech.], verstärkte und vertiefte Atmung (z. B. nach körperl. Anstrengung).

Hyperschall, Bez. für elast. Schwingungen von Materieteilchen; Frequenzen über 1 GHz (Milliarde Hertz). - ↑ auch Schall.

Hyperschallbereich (Hypersonikbereich), in der *Strömungslehre* und *Luftfahrttechnik* der Geschwindigkeitsbereich oberhalb von Mach 5 (↑ Mach-Zahl).

Hyperschallströmung, eine Gasströmung, deren Mach-Zahl größer als 5 ist.

hypersensibilisieren, die Empfindlichkeit photograph. Aufnahmematerialien, durch bestimmte Maßnahmen vor der Belichtung erhöhen.

Hypersiderämie [griech.], erhöhter Eisengehalt des Blutplasmas; z. B. bei Lebererkrankungen oder übermäßiger Eisenaufnahme mit der Nahrung.

Hypersomie [griech.], svw. ↑ Riesenwuchs.

Hypersomnie [griech./lat.], svw. ↑ Schlafsucht.

Hypersonikbereich [griech./lat./dt.], svw. ↑ Hyperschallbereich.

Hypersthen [griech.], derbes, sprödes, pechschwarzes bis schwarzbraunes oder schwarzgrünes Mineral, $(Mg, Fe)_2 [Si_2O_6]$; rhomb. Augit; Vorkommen meist in Gabbros und bas. Ergußgesteinen.

Hypertension, erhöhte Spannung, Hochdruck; bes. in der angloamerikan. Medizin Sammelbez. für jede kurzfristige (Hypertonus) oder anhaltende (Hypertonie) Erhöhung des arteriellen Blutdrucks.

Hyperthermie [griech.], Erhöhung der Körpertemperatur, die im Ggs. zum Fieber durch ein Mißverhältnis zw. Wärmebildung und peripherer Wärmeabgabe des Körpers bedingt ist.

Hyperthyreose [griech.], svw. Schilddrüsenüberfunktion (↑ Schilddrüse).

Hypertonie [griech.], svw. Bluthochdruck (↑ Blutdruck).

hypertonische Lösung ↑ hypotonische Lösung.

Hypertrichose (Hypertrichiasis, Polytrichie, Trichauxis), übermäßige Entwicklung der Körperbehaarung, als Atavismus oder als Krankheitsfolge.

Hypertrophie [griech.], Vergrößerung eines Organs oder Gewebes durch Größenzunahme seiner einzelnen Zellen, deren Anzahl (anders als bei der Hyperplasie) insgesamt nicht zunimmt. Ursache ist gewöhnl. eine vermehrte Inanspruchnahme *(Arbeits-H.)* des betreffenden Organs, z. B. *Muskel-H.* bei körperl. Training, *Herz-H.* bei Bluthochdruck oder *kompensator. H.*, bei der die zweite Niere sich nach Ausfall der ersten vergrößert.

Hypervitaminose [Kw.], durch länger dauernde Einnahme überhöhter Vitaminmengen verursachter Gesundheitsschaden.

Hyphen ['hyfən; zu griech. hyphé „das Gewebte"], fadenförmige, oft zellig gegliederte und verzweigte Grundstrukturen der Pilze, aus denen sich das ↑ Myzel und der Fruchtkörper aufbaut.

Hypnaceae [griech.], svw. ↑Astmoose.

Hypnagoga [griech.], svw. ↑ Schlafmittel.

Hypnos, bei den Griechen Begriff und personifizierter Dämon des Schlafes; Sohn der Nyx („Nacht").

Hypnose [zu griech. hýpnos „Schlaf"], durch Suggestion herbeigeführte, weitgehend auf den sozialen Kontakt (Rapport) mit der Person des Hypnotiseurs verengte Bewußtseinsänderung, die in physiolog. Hinsicht (Gehirnaktivität, Pulsfrequenz, Grundumsatz u. a.) mehr einem partiellen Wachsein als einem Schlafzustand gleicht. Die Hypnotisierbarkeit sowie die erreichbare Intensität der H. hängt jeweils weniger vom Hypnotiseur ab als von der Charakterstruktur - speziell der Beeinflußbarkeit (Suggestibilität) - des zu Hypnotisierenden. Die genaue Natur der H. ist gegenwärtig nicht bekannt. Vieles deutet darauf hin, daß im hypnot. Zustand physiolog. Gegebenheiten (bes. in phylogenet. alten Gehirnteilen) mit psycholog. Bedingungen (etwa der Identifizierung) verzahnt sind. Auf diese Weise kommt es wahrscheinl. zu Blockierungen in der Großhirnrinde, wodurch sensor. wie motor. Umsteuerungen mögl. sind. - Medizin. findet die *H.therapie* v. a. als ↑Autohypnose Anwendung.

Geschichte: In der Antike lagen Kenntnis und Ausübung des Hypnotisierens in den Händen von Priestern. Auch der Tempelschlaf hatte sicher suggestiven Charakter. Durch das MA hielt sich die Vorstellung eines myst. Fluidums, das angebl. durch hypnot. Wirkung übertragen wird. Athanasius Kircher prägte für die H. den Begriff „Magnetismus", den F. A. Mesmer durch seine Lehre vom tier. Magnetismus (Mesmerismus) popularisierte. Der brit. Mediziner J. Braid (* 1795, † 1860) schließl. erkannte weitgehend die physiolog. und psych. Voraussetzungen des künstl. hervorzurufenden „Schlafzustandes", dem er den Namen H. gab und den er bereits therapeutisch bei Nervenstörungen einsetzte.
📖 *Erickson, M. H., u. a.: H.* Dt. Übers. Mchn. [2]*1986. - Schulz, J. H.: H.-Technik.* Stg. [8]*1982. - Stadler, K. F.: H.therapie. Genf 1980.*

Hypnosie [griech.], svw. ↑ Schlafkrankheit.

Hypnotherapie [griech.], svw. Schlaftherapie (↑ Heilschlaf).

Hypnotika [griech.], schlaffördernde Arzneimittel (↑ Schlafmittel).

Hypnotismus [griech.], Sammelbez. für Theorien, Techniken und Erscheinungen der Hypnose.

hypo..., Hypo..., hyp..., Hyp... [griech.], Vorsilbe mit der Bed. „unter, darunter". - In der Chemie zur Kennzeichnung von Verbindungen, in denen sich das zentrale Atom in einem niedrigeren Oxidationsstand befindet, als es normalerweise der Fall ist (z. B. ↑ Hypochlorite).

Hypobromite [griech.], nomenklaturgerecht als *Bromite (I)* bezeichnete Salze der hypobromigen Säure (↑ Bromsauerstoffsäuren).

Hypochlorämie [griech.], Verminderung des Chloridgehaltes im Blutplasma; meist bedingt durch eine [krankhafte] vermehrte Chloridausscheidung, z. B. durch Schwitzen, bei Erbrechen und Durchfällen.

hypochlorige Säure ↑Chlorsauerstoffsäuren.

Hypochlorite, nomenklaturgerecht als *Chlorate (I)* zu bezeichnende Salze der hypochlorigen Säure, allg. Formel Me^{I}OCl (Me^I = einwertiges Metall). Wäßrige Lösungen der H. werden zur Desinfektion sowie als Bleichmittel verwendet (Hypochloritlaugen).

Hypochonder [griech.], jemand, der an Hypochondrie leidet.

Hypochondrie [griech.], Bez. für die gestörte psych. Einstellung eines Menschen zum eigenen Körper, insbes. durch übertriebene Neigung, ständig seinen Gesundheitszustand zu beobachten. H. wird oft von zwanghafter Angst vor Erkrankungen oder der Einbildung des Erkranktseins oder Überbewertung tatsächl. vorhandener Beschwerden begleitet. Hypochondr. Tendenzen finden bes. bei emotional labilen und introvertierten Personen. Symptomat. tritt H. bei Neurosen und endogenen Psychosen auf.

Hypodermis [griech.], bei Sprossen, Wurzeln und Blättern vieler Pflanzen ausgebildete äußere Schicht des unter der Epidermis liegenden Rindenparenchyms.
◆ äußere einschichtige Haut bei Wirbellosen, die eine Kutikula abscheidet (z. B. bei Gliederfüßern und Fadenwürmern).

Hypodermose [griech.] (Dassellarvenbefall, Dasselplage, Myiasis subcutis), Sammelbez. für Krankheiten, die bei Huftieren bes. durch Larven der Hautdasseln hervor-

Hypofunktion

gerufen werden; Folge: Verringerung der Milch- und Fleischproduktion sowie Lähmungen.

Hypofunktion (Unterfunktion), verminderte Tätigkeit bzw. Leistung eines Organs. - Ggs. ↑Hyperfunktion.

hypogäisch [griech.], unterirdisch keimend (↑Keimung).

Hypogastrium [griech.], in der Anatomie Bez. für die Unterbauchregion.

Hypoglykämie (Glukopenie), Verminderung des Blutzuckergehaltes unter 40 bis 70 mg pro 100 ml Blut; z. B. bei Enthaltung von Nahrung, Insulinüberdosierung, Erkrankungen der Leber, der Bauchspeicheldrüse und Schilddrüse oder Funktionsstörungen der Nebennierenrinde. Durch Verminderung des Blutzuckergehaltes kommt es zu Unruhe, Angst, Zittern, Schweißausbruch, Herzklopfen, Muskelschwäche und schließl. tiefer Bewußtlosigkeit *(hypoglykäm. Schock, hypoglykäm. Koma)*. Durch Zuckerzufuhr können derartige Erscheinungen in kurzer Zeit rückgängig gemacht werden.

Hypoidgetriebe [griech./dt.] (Schraubkegelgetriebe, Kegelschraubgetriebe), Kegelradgetriebe, dessen Wellen sich in geringem Abstand kreuzen. Die versetzten Kegelräder *(Hypoidräder)* sind vorwiegend bogenverzahnt und zeichnen sich durch größere Tragfähigkeit und Laufruhe aus. H. werden z. B. beim Hinterradantrieb von Kfz. verwendet. Sie müssen wegen der Gleitbewegung an den Zahnflanken meist mit chem. aktivierten Ölen **(Hypoidöl)** geschmiert werden.

Hypokaliämie [griech./arab./griech.], Verminderung des Kaliumgehaltes im Blutplasma; meist bedingt durch übermäßige Kaliumausscheidung, z. B. bei schwerem Erbrechen und Durchfall. Anzeichen einer H. sind Muskelschwäche, Verminderung der Sehnenreflexe, Brechreiz und Störungen der Herztätigkeit.

Hypokalzämie [griech./lat./griech.], Verminderung des Calciumgehaltes im Blutplasma. Ursachen sind u. a. die verminderte Calciumaufnahme durch den Darm (z. B. bei Vitamin-D-Mangel), erhöhte Calciumausscheidung im Urin und/oder gesteigerter Einbau von Calcium in das Knochensystem.

Hypokaustum (Mrz. Hypokausten) [griech.-lat.], röm. Zentralheizung; zunächst in Badehäusern, später auch in Privathäusern. Von einer Feuerstelle („hypocausis") wurden Rauchgase durch Kanäle im Stein- oder Ziegelfußboden geleitet. In der Kaiserzeit wurden über Hohlziegel oder Tonrohre auch die Wände erwärmt.

Hypokoristikum (Hypokoristikon) [griech.], vertraute Kurzform eines Namens, Koseform, z. B. *Fritz* statt Friedrich, *Änne* statt Anna.

Hypokotyl [griech.], bei Samenpflanzen Bez. für das unterste Sproßglied des Keimlings, das sich zw. Wurzelhals und Keimblättern befindet. Ist das H. knollig verdickt, spricht man von einer **Hypokotylknolle.** Sie dient als Reservestoffspeicherorgan, z. B. beim Radieschen und bei der Roten Rübe.

Hypomanie ↑Manie.

Hypomanikien ↑liturgische Gewänder.

hypomorph, das Merkmal schwächer ausprägend; von einem mutierten Gen, das - bei gleichem phänotyp. Effekt - von schwächerer Wirkung ist als das ihm entsprechende (allele) Standard- bzw. Normalgen. - Ggs. ↑hypermorph.

Hyponyme [griech.], in der Sprachwiss. lexikal. Einheiten, die einem ‚Hyperonym untergeordnet sind, z. B. sind *Rose, Nelke* usw. H. von *Blume*, schließen den Inhalt von *Blume* ein. *Blume* wiederum ist H. des Hyperonyms *Pflanze:*

	Pflanze			Hyperonym
	↑			
	Blume			Hyponym / Hyperonym
	↓			
Rose	Tulpe		Nelke	Syn-Hyponyme

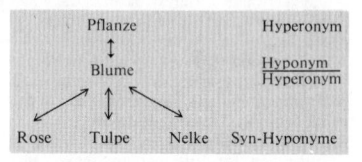

hypoosmotische Lösung, svw. ↑hypotonische Lösung.

Hypoparathyreoidismus [...o-i...; griech.], svw. Nebenschilddrüseninsuffizienz (↑Nebenschilddrüse).

Hypophosphatasie [griech.] (Phosphatasemangelrachitis), rezessiv erbl. Enzymdefekt mit verminderter oder fehlender Synthese der an der Knochenbildung beteiligten alkal. Phosphatase, wodurch es im Verlauf des ersten Lebensjahres zu einer schweren, oft tödl. verlaufenden, auf Vitamin D nicht ansprechenden Rachitis kommt.

hypophosphorige Säure ↑Phosphorsäuren.

Hypophyse [zu griech. hypóphysis „Nachwuchs, Sprößling"] (Hirnanhang[sdrüse], Gehirnanhang[sdrüse], Hypophysis [cerebri]), Hormondrüse der Wirbeltiere, die an der Basis des Zwischenhirns hängt. Sie ist beim Menschen walzenförmig (etwa 14 mm lang) und ragt in eine Höhlung des Keilbeins hinein. Die H. besteht aus zwei histolog. und funktionell verschiedenen Teilen: dem massigeren, aus einer taschenförmigen Ausstülpung des Rachendaches hervorgehenden Vorderlappen und dem eine Ausstülpung des Zwischenhirnbodens darstellenden Hinterlappen. Dazw. liegt als Teil des Vorderlappens der Zwischenlappen (bei Vögeln und Walen fehlend). Der (gefäßreiche) H.*vorderlappen* (*Adeno-H.*, *Lobus anterior*) hat viele verschiedenartige epitheliale Drüsenzellen. Die Hauptzellen (γ-Zellen) machen etwa 50 % aus; ihre Bed. ist nicht voll geklärt. Während der Schwangerschaft gehen aus ihnen die

Schwangerschaftszellen (η-Zellen, LTH-Zellen) hervor, die Prolaktin produzieren. Die acidophilen Zellen synthetisieren (als $α_1$-Zellen) das Wachstumshormon Somatotropin und das adrenokortikotrope Hormon ($α_2$-Zellen, ACTH-Zellen). Basophile Zellen (β-Zellen, TSH-Zellen) produzieren thyreotropes Hormon. Daneben kommen in geringer Zahl noch δ-Zellen (GTH-Zellen), die Prolane bilden, und ε-Zellen noch unbekannter Funktion vor. Der *H.hinterlappen (Neuro-H., Lobus posterior)* enthält keine epithelialen Drüsenzellen, sondern zahlr. (markarme) Nervenfasern, die Neurosekret aus den Nervenzellkörpern im Hypothalamus enthalten sowie spezif., z. T. (v. a. im Alter) pigmenthaltige Gliazellen *(Pituizyten)* ohne Neurosekret. Die Hormone Vasopressin und Oxytozin konnten nachgewiesen werden.

Hypophysenerkrankungen (Tumoren, Degeneration, Nekrosen) bewirken eine vermehrte bzw. verringerte Sekretion der einzelnen Hypophysenhormone und damit bestimmte Krankheitsbilder: 1. *Überfunktion* (**Hyperpituitarismus**) mit vermehrter Produktion von adrenokortikotropem Hormon führt über die Beeinflussung der Nebennierenrinde zum Cushing-Syndrom (↑ Cushing), die von Somatotropin zur ↑ Akromegalie und zum ↑ Gigantismus, von thyreotropem Hormon zu den Symptomen der Schilddrüsenüberfunktion (↑ Schilddrüse) und von Gonadotropinen zur vorzeitig einsetzenden Geschlechtsreife; 2. *Unterfunktion* (**Hypopituitarismus**) verursacht Zwergwuchs (Somatotropinmangel), Schilddrüsenunterfunktion und ↑ Myxödem (Mangel an thyreotropem Hormon) sowie ↑ Amenorrhö, Potenz- und Keimdrüsenstörungen (Gonadotropinmangel); die verringerte Produktion von adrenokortikotropem Hormon wirkt sich nur geringfügig aus. - Abb. S. 152.
📖 *Saeger, W.: Die H.tumoren. Stg. 1977.*

Hypopinealismus [griech./lat.], Unterfunktion der Zirbeldrüse.

Hypopituitarismus [griech./lat.] ↑ Hypophyse.

Hypoplasie [griech.], Unterentwicklung (unvollkommene Ausbildung) von Organen oder Geweben.

Hypoproteinämie [... te-in-æ...; griech.], verminderter Eiweißgehalt des Blutplasmas, z. B. bei Mangelernährung, chron. Infekten, bestimmten Nierenerkrankungen oder nach großen Blutverlusten. Durch Erniedrigung des kolloidosmot. Drucks kann es zu Ödemen kommen. Therapie: Beseitigung des Grundleidens, Gabe von Eiweißlösungen.

hyposalpetrige Säure (untersalpetrige Säure), $H_2N_2O_2$, in trockenem Zustand explosive zweibasige Sauerstoffsäure des Stickstoffs, ihre Salze sind die *Hyponitrite*.

hyposchweflige Säure, svw. dithionige Säure (↑ Schwefelsauerstoffsäuren).

Hypostase [zu griech. hypóstasis, eigtl. „das Unterstellen"], v. a. in Religionswissenschaft und Theologie die Vergegenständlichung oder Personifikation eines Begriffes, bes. einer Eigenschaft oder eines Beinamens einer göttl. Person sowie Bez. für die göttl. Person selbst.

♦ (Hypostasierung) Verselbständigung eines Wortes, z. B. der Übergang eines Substantivs im Genitiv zum Adverb *(des Mittags - mittags)*.

♦ (Hypostasis, Hypostasie) in der *Genetik:* die Unterdrückung der Merkmalsausbildung eines (hypostat.) Gens durch die überlagernde Wirkung eines (im Ggs. zur Dominanz) nichtallelen (epistat.) Gens (↑ Epistase).

♦ in der *Medizin:* vermehrte Blutansammlung in den tiefer liegenden Kreislaufabschnitten des Körpers, v. a. bei Herzinsuffizienz.

hypostatische Union [griech./lat.], in der christl. Theologie Bez. für die Einheit der menschl. Natur Jesu Christi mit der einen göttl. Hypostase (d. h. Person) des Logos.

Hyposthenurie [griech.], Ausscheidung eines nur wenig konzentrierten Harns infolge verminderter Konzentrationsleistung der Niere.

Hyposulfate, svw. Dithionate (↑ Schwefelsauerstoffsäuren).

Hyposulfite, svw. Dithionite (↑ Schwefelsauerstoffsäuren).

Hypotaxe (Hypotaxis) [griech.], grammat. Bez. für die syntakt. Unterordnung von Sätzen, wo also in einem Satzgefüge einem Hauptsatz ein oder mehrere Nebensätze untergeordnet sind, im Ggs. zur syntakt. Beiordnung (↑ Parataxe).

Hypotension, in der Medizin für: 1. Druckerniedrigung, verminderte Spannung; 2. dem angloamerikan. medizin. Sprachgebrauch entsprechend auch Bez. für Hypotonie (niedriger ↑ Blutdruck).

Hypotenuse [zu griech. hypoteínusa (pleurá), eigtl. „(unter dem rechten Winkel) sich erstreckende (Seite)"], in einem rechtwinkligen Dreieck die dem rechten Winkel gegenüberliegende Seite.

Hypothalamus, basaler Wandteil des Zwischenhirns der Wirbeltiere (↑ Gehirn).

Hypothek [zu griech. hypothḗkē, eigtl. „Unterlage", „Unterpfand"], ein zu den ↑ Grundpfandrechten gehörendes beschränktes dingl. Grundstücksrecht zur Sicherung einer Geldforderung. Im Unterschied zur ↑ Grundschuld ist sie in ihrem Bestand, Inhalt und Umfang mit der zu sichernden Forderung verknüpft. Die zu sichernde Geldforderung kann sich gegen den Grundstückseigentümer oder einen Dritten richten. Forderungs- und H.gläubiger sind notwendig identisch. *Arten:* 1. die **Verkehrshypothek**, die Regelform der Hypothek. Sie kommt vor als ledigl. im Grundbuch eingetragene **Buchhypothek** oder als **Briefhypothek**, über die ein Hypothekenbrief ausgestellt ist; 2. die **Sicherungshypothek**,

Hypothekarkredit

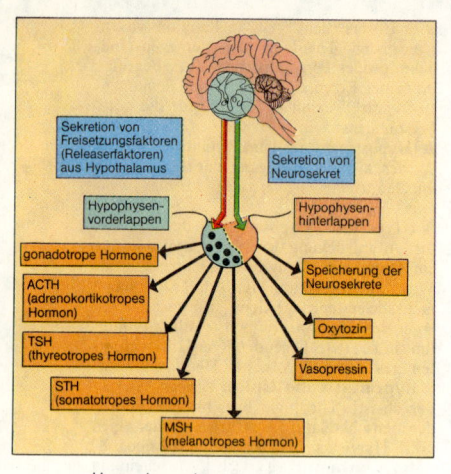

Diagram labels:
- Sekretion von Freisetzungsfaktoren (Releaserfaktoren) aus Hypothalamus
- Sekretion von Neurosekret
- Hypophysenvorderlappen
- Hypophysenhinterlappen
- gonadotrope Hormone
- ACTH (adrenokortikotropes Hormon)
- TSH (thyreotropes Hormon)
- STH (somatotropes Hormon)
- MSH (melanotropes Hormon)
- Speicherung der Neurosekrete
- Oxytozin
- Vasopressin

Hypophysenhormone

eine Buch-H., bei deren Geltendmachung der Gläubiger den Bestand der Forderung nachweisen muß, wozu die Eintragung im Grundbuch nicht genügt; 3. die **Gesamthypothek**, die für die selbe Forderung an mehreren Grundstücken besteht; 4. die **Tilgungshypothek**, deren Rückzahlung durch gleichbleibende ↑Annuität erfolgt u. a.

Inhalt, Umfang: Dem H.gläubiger haftet das belastete Grundstück, das er bei Fälligkeit zur Befriedigung der gesicherten Forderung im Wege der Zwangsvollstreckung verwerten kann.

Begründung, Übertragung: 1. Die rechtsgeschäftl. Begründung einer H. erfordert: a) Einigung zw. dem Gläubiger der zu sichernden Forderung und dem Grundstückseigentümer; b) Eintragung der H. ins Grundbuch; c) bei der Brief-H. Übergabe des H.briefes oder Vereinbarung, daß der Gläubiger berechtigt sein solle, sich den Brief vom Grundbuchamt aushändigen zu lassen, bei der Buch-H. (ausgenommen die Sicherungs-H.) Einigung über den Ausschluß des H.briefes und Eintragung des Briefausschlusses ins Grundbuch; d) Entstehung der zu sichernden Forderung. 2. Wegen ihrer ↑Akzessorietät kann die H. nur gemeinschaftl. mit der Forderung übertragen werden.

Befriedigung des Gläubigers: Bei Fälligkeit der gesicherten Forderung kann der Gläubiger sein Forderungsrecht geltend machen und in das gesamte Schuldnervermögen vollstrecken. Er kann außerdem das der H. innewohnende Grundstücksverwertungsrecht ausüben. Die Vollstreckungsverwertung erfolgt im Wege der Zwangsvollstreckung, der Zwangsverwaltung oder der Pfändung. Mit der Befriedigung des Gläubigers durch Zwangsvollstreckung erlischt die Hypothek. Nach *östr. Recht* ist die H. das grundbücherlich sichergestellte ↑Pfandrecht. In der *Schweiz* entspricht die H. der *Grundpfandverschreibung*, oft auch H. genannt. Ihre Regelung folgt im wesentl. dem dt. Recht.

Hypothekarkredit [griech./dt.], durch Eintragung einer Hypothek gesicherter Kredit, charakterist. Aktivgeschäft der Realkreditinstitute.

Hypothekenbanken, privatrechtl. Kreditinstitute, deren Geschäftsbetrieb darauf gerichtet ist, inländ. Grundstücke zu beleihen und auf Grund der erworbenen Hypotheken Schuldverschreibungen auszugeben sowie Darlehen an inländ. Körperschaften und Anstalten des öffentl. Rechts zu gewähren.

Hypothekendarlehen, Darlehen, das durch Eintragung einer Hypothek gesichert wird.

Hypothekenpfandbriefe, festverzinsl. Schuldverschreibungen der Realkreditinstitute zur Beschaffung des Kapitals für die Vergabe von Hypothekarkrediten; die Ausgabe von H. ist Hauptgegenstand des Passivgeschäfts der Hypothekenbanken.

Hypothekenübernahme, die bei einer Grundstücksveräußerung getroffene Vereinbarung, daß der Erwerber die auf dem Grundstück lastende ↑Hypothek übernehmen (d. h. tilgen) solle, meist „in Anrechnung auf den Kaufpreis". Sie bedeutet in der Regel zugleich eine den Grundstücksverkäufer befreiende ↑Schuldübernahme. Für das *östr. Recht* fehlt es an einer entsprechenden Spezialregelung. In der *Schweiz* besteht eine dem dt. Recht im wesentl. entsprechende Regelung.

Hypothermie [griech.], Erniedrigung der Körpertemperatur durch fehlende physiolog. Wärmeregulation oder durch Dämpfung der Stoffwechselaktivität und der damit verbundenen körpereigenen Wärmeproduktion (z. B. bei großer körperl. Erschöpfung, Schilddrüsenunterfunktion, auch beim künstl. Winterschlaf).

Hypothese [zu griech. hypóthesis „die Grundlage"], eine widerspruchsfreie Aussage, deren Geltung nur vermutet ist und die in den Wiss. als Annahme eingeführt wird, um mit ihrer Hilfe schon bekannte wahre Sachverhalte zu erklären. Hypothet., allg. Geltung beanspruchende Aussagen gelten als empir. begründet, wenn sie durch passende Verallgemeinerung (Generalisierung) endl. vieler singulärer Tatsachen gewonnen sind. Die mit wahrscheinlichkeitstheoret. Methoden beurteilte *Bestätigung* empir. H. schließt die in der Regel experimentelle Überprüfung der Folgerungen aus diesen H. mit ein. Werden H. zur Erklärung von Tatsachen nur versuchsweise eingeführt, so spricht man von **Arbeitshypothesen,** den in der Regel ersten Schritten auf dem Wege zu einer wiss. begründeten empir. Theorie.

Hypsometer

hypothetisch [griech.], auf einer Hypothese beruhend; fraglich, zweifelhaft.

hypothetische Sätze, Sätze, die eine ↑Hypothese zum Inhalt haben oder auf einer solchen beruhen.

Hypothyreose [griech.], svw. Schilddrüsenunterfunktion (↑Schilddrüse).

Hypotonie [griech.], svw. niedriger ↑Blutdruck.

hypotonische Lösung (hypoosmot. Lösung), eine Lösung, die einen geringeren osmot. Druck verursacht als eine durch eine semipermeable Membran von ihr getrennte Vergleichsflüssigkeit. Folge dieser *Hypotonie* ist eine Abgabe von Lösungsmittel (meist Wasser) an die angrenzende, einen stärkeren osmot. Druck besitzende *hyperton. (hyperosmot.) Lösung*, die sich damit zu verdünnen sucht. Der Raum, in dem sich die h. L. befindet, schrumpft infolge dieser Wasserabgabe zus., während sich der Raum, in dem sich die hyperton. Lösung befindet, infolge des Wasserzutritts vergrößert. Dieses Phänomen spielt bei der ↑Osmose in organ. Zellen eine bed. Rolle.

Hypotonus [griech.], svw. niedriger ↑Blutdruck, insbes. (kurzfristiger) Zustand des symptomat. niedrigen Blutdrucks: Verminderung des Blutdrucks infolge Erweiterung der Arteriolen (z. B. bei Fieber).

Hypotrichose, verminderte Körperbehaarung infolge mangelhaften Haarwuchses oder vermehrten Haarausfalls.

Hypotrophie [griech.], svw. ↑Unterernährung.

◆ unterdurchschnittl. Größenwachstum, Schwund von Organen oder Geweben (leichte Form der Atrophie), z. B. infolge Inaktivität.

Hypovitaminosen [Kw.], svw. ↑Vitaminmangelkrankheiten.

Hypoxie [griech.], Verminderung des Sauerstoffgehaltes bzw. der Zellatmung im Organismus infolge Beeinträchtigung der Atmung oder als Folge von Kreislaufstörungen u. a. Den daraus entstehenden krankhaften Zustand mit verminderter oder gestörter Zellatmung nennt man **Hypoxydose.**

Hypozentrum, die Stelle im Erdinnern, von der ein Erdbeben ausgeht.

hypozerk [griech.], eine nach unten gezogene Schwanzflosse aufweisend; von bestimmten Kieferlosen gesagt (z. B. bei Neunaugenlarven), bei denen der untere Teil der Schwanzflosse nach hinten ausgezogen ist.

Hypozykloide, eine Kurve, die von einem Punkt P auf einem Kreis k mit dem Radius r beschrieben wird, wenn dieser auf der Innenseite eines festen Kreises K mit dem Radius R gleitfrei abrollt.

Hyppolite, Hector [frz. ipɔ'lit], * Saint Marc 1894, † Port-au-Prince 1948, haitian. naiver Maler. - Begründer der naiven Malerei auf Haiti. Er malte starkfarbige, phantast. Bilder, Szenen aus dem Wodukult, dessen Priester er war.

Hypsilantis, Alexandros ↑Ipsilantis, Alexandros.

hypso... [zu griech. hýpsos „Höhe"], Vorsilbe mit der Bed. „hoch, Höhen-".

hypsographische Kurve, svw. ↑hypsometrische Kurve.

Hypsometer (Siedebarometer), Gerät zur Bestimmung des Luftdrucks, dessen Wirkungsweise darauf beruht, daß eine Flüssig-

Hypsometrische Kurve

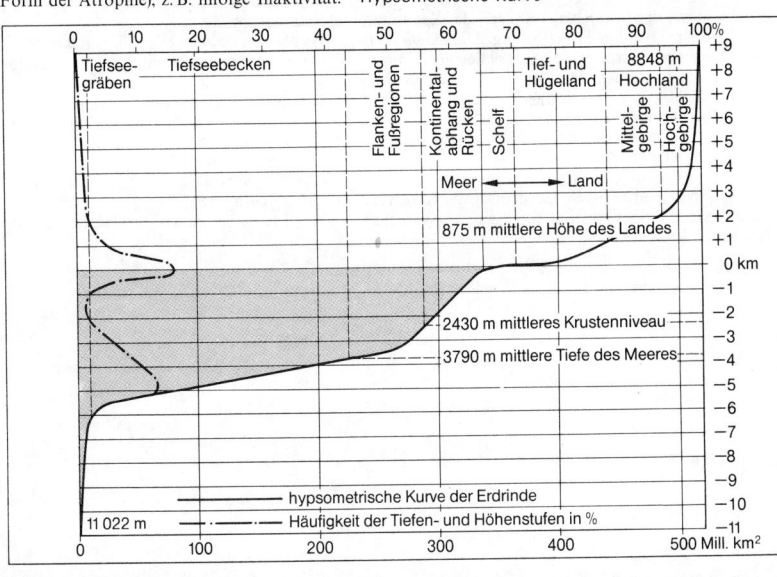

keit zu sieden beginnt, wenn ihr Dampfdruck gleich dem äußeren Luftdruck ist.

hypsometrische Kurve (hypsograph. Kurve), graph. Darstellung des Flächenanteils der verschiedenen Höhen- und Tiefenareale an der Erdoberfläche. - Abb. S. 153.

Hyrkanien, histor. Landschaft am SO-Ufer des Kasp. Meeres, das in der Antike **Hyrkanisches Meer** hieß; Hauptstadt Zadrakarta (= Sari); Teil des Assyrer-, dann des Meder-, darauf des Perserreiches.

Hyrkanos I. (Johannes Hyrkanos I.), †104 v. Chr., jüd. Hoherpriester. - Sohn von Simon dem Makkabäer; Fürst und Hoherpriester seit 134; erreichte seine polit. Anerkennung durch Rom.

H. II. (Johannes Hyrkanos II.), †30 v. Chr., jüd. Hoherpriester. - Sohn von ↑Alexander Jannäus und der Alexandra Salome, Enkel von H. I. War 67 und 63-40 Hoherpriester; durch seinen Neffen Antigonos II. und die Parther gestürzt; Herodes I., der Große, ließ ihn hinrichten.

Hystaspes (gräzisierte Form von altiran. Wischtaspa), Name mehrerer altiran. Personen: 1. H., ostiran. Fürst, Beschützer und Gönner Zarathustras; galt in hellenist. Zeit als Seher und als Verfasser einer Orakelsammlung. 2. H., aus dem Geschlecht der Achämeniden, Vater Darius' I.

Hysterektomie [griech.], operative Entfernung der Gebärmutter.

Hysterese (Hysteresis) [griech. „das Zurückbleiben"], das Zurückbleiben einer Wirkung hinter der sie verursachenden veränderl. physikal. Größe. Die *elast.* H. äußert sich in einer schwächer werdenden Dehnung (Längenänderung) bei stärkerer mechan. Spannung und einer beim Aufheben der Spannung verbleibenden Restdehnung. Die *magnet.* H. tritt bei ferromagnet. Materialien auf (↑Ferromagnetismus); sie äußert sich in einem Zurückbleiben der Magnetisierung gegenüber der erregenden magnet. Feldstärke.

Hysteresisschleife, die graph. Darstellung einer ↑Hysterese.

Hysterie [griech.], Form der ↑Neurose, überspannte psych. Einstellung der Extraversion; früher (heute auch umgangssprachl.) Sammelbez. für abnormes Verhalten (**hyster. Reaktion**), das auf psychot. Grundlage beruhe oder aus Affekten heraus entstehe und mit vielfachen phys. und psych. Symptomen (Lähmungen, Krampfanfällen, Bewußtseinstrübungen u. a.) ohne klar umschriebenes Krankheitsbild einhergehe.

In der Antike (die Bez. H. geht auf Hippokrates zurück) galt die H. als typ. Frauenleiden, das man auf krankhafte Vorgänge in der Gebärmutter (griech. hystéra) zurückführte. Genaue Beschreibung der H. lieferte J. M. Charrot, der sie als Nervenerkrankung ansah. S. Freud („Studien über die H.", 1895) faßte H. als Ausdruck verdrängter Wünsche (v. a. aus dem Sexualbereich) auf.

Hysterographie [griech.], röntgenolog. Darstellung der Gebärmutter mit Hilfe von Kontrastmitteln; das Röntgenbild der Gebärmutter wird als **Hysterogramm** bezeichnet. Die röntgenolog. Darstellung der Gebärmutter und der Eileiter wird **Hysterosalpingographie** genannt; das Röntgenbild heißt **Hysterosalpingogramm.**

Hysteromanie [griech.], svw. ↑Nymphomanie.

Hysteron-Proteron [griech. „das Spätere als Früheres"] (Hysterologie), rhetor. Figur: Umkehrung der zeitl. oder log. Abfolge einer Aussage, z. B. „Laßt uns sterben und uns mitten in die Feinde stürzen" (Vergil, „Äneis").

◆ in der *Logik* der Beweisfehler der Umkehrung, bei dem für den Beweis einer Aussage *B* aus der Hypothese *A* nicht von der Folgerung: „aus *A* folgt *B*", sondern umgekehrt von der: „aus *B* folgt *A*" ausgegangen wird.

Hysterosalpingographie [griech.] ↑Hysterographie.

Hysteroskopie [griech.], Untersuchung der Gebärmutterhöhle mit Hilfe eines Endoskops.

Hysterotomie [griech.], Gebärmutterschnitt, operative Eröffnung der Gebärmutter von der Scheide oder von der Bauchhöhle aus bei der Schnittentbindung.

Hystrizismus [griech.], svw. Ichthyosis hystrix (↑Ichthyose).

Hz, Einheitszeichen für ↑Hertz.

I

I, der 9. Buchstabe des Alphabets, im Griech. ι (↑Jota) im Nordwestsemit. (Phönik.) Z (Jod). Im Semit. bezeichnet Jod den palatalen Halbvokal [j]; der vokal. Lautwert [i] wurde dem Buchstaben erst im Griech. zugelegt; in beiden Schriftsystemen hat das Zeichen den Zahlwert 10, dagegen im röm. Zahlensystem den Wert 1. Der Punkt über der Minuskel i kam erst im Spät-MA (urspr. als „Lesehilfe") auf.
♦ (Münzbuchstabe) ↑Münzstätten.

i, mathemat. Zeichen für die imaginäre Einheit (↑imaginäre Zahlen).

i, in der *Chemie* Abk. für: ↑iso-.

I, chem. Symbol für Iod (↑Jod).

I (*I*), Formelzeichen für die elektr. ↑Stromstärke und für die ↑Lichtstärke.

IA, Abk. für: Intelligenzalter.

i. a., Abk. für: im allgemeinen.

i. A., Abk. für: im Auftrag, im Aufbau.

IAA, Abk.:
für Internat. Arbeiterassoziation, ↑Internationale.
♦ für: Internat. Arbeitsamt (↑Internationale Arbeitsorganisation).

Iacopo della Quercia [italien. ˈjaːkopo dɛla ˈku̯ɛrtʃa], * Quercia grossa bei Siena wahrscheinl. 1374, † Siena 20. Okt. 1438, italien. Bildhauer. - Allmähl. sich von got. Traditionen lösend, wurde I. d. Q. einer der Bahnbrecher der Renaissance in der italien. Plastik: 1414/15-19 Fonte Gaia für die Piazza del Campo in Siena, 1416-22 Ausstattung der Familienkapelle des Lorenzo Trenta in San Frediano in Lucca, 1417-28 Taufbrunnen (Gesamtentwurf und Relief) von San Giovanni in Siena und 1425 ff. plast. Ausschmückung des Hauptportals von San Petronio in Bologna, die er - seit 1435 auch Dombaumeister von Siena - nicht mehr vollenden konnte.

Iacopo da Varazze ↑Jacobus a Voragine.

Iacopo de' Barbari ↑Barbari, Iacopo de'.

Iacopone da Todi, eigtl. Iacopo dei Benedetti, latinisiert Jacobus Tudertinus oder de Benedictis, * Todi um 1230, † San Lorenzo bei Collazzone (Prov. Perugia) 25. Dez. 1306, italien. Dichter und Franziskaner. - Wurde als Vertreter der Spiritualen im Armutsstreit der Franziskaner exkommuniziert und 1298 inhaftiert, 1303 jedoch wieder in die Kirche aufgenommen. Eine der profiliertesten Dichterpersönlichkeiten des 13. Jh.; schrieb bed. Satiren, geistl. Lobgesänge (hg. 1490, dt. 1924 u. d. T. „Lauden"), Bußpredigten, dialog. Marienklagen; unsicher ist seine Verfasserschaft der Sequenz „Stabat mater."

IAEA [engl. ˈaɪ-ɛɪ-iːˈɛɪ], Abk. für engl.: International Atomic Energy Agency, ↑Internationale Atomenergie-Organisation.

Iamblichos, * um 250, † um 330, griech. Philosoph aus Chalkis (Syrien). - Schüler des Porphyrios; Begründer der syr. Schule des Neuplatonismus (Platonauslegung). Vervollständigte das Emanationssystem Plotins durch Annahme weiterer Zwischenstufen zw. dem Absoluten und machte es durch die Hereinnahme spätantiker und oriental. Göttervorstellungen sowie von Elementen der Erlösungsmysterien zur Grundlage eines Polytheismus mit zahlr. Mittlergottheiten. Seine theolog. Konzeption beeinflußte die Versuche Ks. Julians zur Erneuerung der antiken (nichtchristl.) Religion.

Ianiculum ↑Janiculum.

Ianus ↑Janus.

Iapetos, einer der ↑Titanen der griech. Mythologie.

Iacopo della Quercia, Die Erschaffung Adams (1425 ff.). Bologna, San Petronio (Hauptportal)

Iason

Iason ↑Jason.

IATA [i'a:ta; engl. 'aɪ-ɛɪti:'ɛɪ], Abk. für: ↑International Air Transport Association.

Iatrik [griech.], svw. ↑Iatrologie.

iatro... [zu griech. iatrós „Arzt"], Vorsilbe mit der Bed. „ärztl., Arzt ...".

Iatrochemie (Chemiatrie), auf Paracelsus und J. B. van Helmont zurückgehende, v. a. von D. Sennert und F. Sylvius vertretene Richtung der Medizin im 17./18. Jh., nach deren Lehre die Lebensvorgänge und die krankhaften Veränderungen im Organismus auf chem. Vorgänge beruhen und deshalb mit chem. Mitteln beeinflußbar sind.

iatrogen, durch den Arzt hervorgerufen, verursacht, durch ärztl. Einwirkung ausgelöst. Als **iatrogene Krankheiten** bezeichnet man Krankheiten, die entweder unmittelbar durch (notwendige oder überflüssige bzw. fehlerhafte) Untersuchungs- und Behandlungsmaßnahmen oder mittelbar durch unüberlegte Äußerungen oder aber seel. Einflüsse des Arztes bei einem Patienten hervorgerufen werden.

Iatrologie (Iatrik), ärztl. Lehre, die Lehre von der ärztl. Heilkunst.

Iatromathematik, in der Antike geprägte Bez. für die Lehre, in der der Medizin auch Astrologie und Zahlenspekulation zugrunde gelegt wurden. Durch die Konstellation der Gestirne bei der Geburt werde die künftige Krankheitsdisposition festgelegt, durch ihre Konstellation bei Krankheitsbeginn hingegen Diagnose, Prognose sowie Art und Zeitpunkt der therapeut. Maßnahmen.

Iatrophysik (Iatromechanik), v. a. von S. Santorio begründete, von R. Descartes, A. Borelli, F. Glisson, G. Baglivi u. a. vertretene Richtung der Medizin im 17./18. Jh., nach der die Lebensvorgänge und die krankhaften Veränderungen im Organismus (im Ggs. zur Lehre der Iatrochemie) physikal. und mechan. bedingt und daher mit physikal. und mechan. Mitteln zu beeinflussen sind.

ib., Abk. für lat.: ibidem („ebenda").

Ibach, Johannes Adolf, * Lüttringhausen (= Remscheid) 17. Okt. 1766, † Barmen (= Wuppertal) 14. Sept. 1848, dt. Instrumentenbauer. - Gründete 1794 eine Klavierfabrik (und Orgelbauanstalt) in Barmen, die seit 1869 unter dem Namen seines Enkels Rudolf (* 1843, † 1892) als „Rud. Ibach Sohn" geführt wird; Sitz der Firma ist seit 1945 Schwelm.

Ibadan [- - -; - - -], bis vor wenigen Jahren größte rein afrikan. Stadt südl. der Sahara, Hauptstadt des nigerian. B.staats Oyo, 196 m ü. d. M., 847 000 E. Sitz eines anglikan. und eines kath. Bischofs; Univ. (gegr. 1948), Polytechnikum; Nigerian. Akad. der Wissenschaften; Landw.schule; Nationalarchiv, Bibliotheken. Handelszentrum eines Kakaoanbaugebiets; Kunststoff-, Nahrungsmittel- u. a. Ind. An der Bahnlinie Lagos-Kaduna, ⚒. - Im frühen 19. Jh. Zentrum eines Stadtstaates.

Ibagué [span. iβa'ye], Hauptstadt des Dep. Tolima in Z-Kolumbien, 1 250 m ü. d. M., 285 000 E. Kath. Erzbischofssitz; Univ. (gegr. 1945), Konservatorium; Handelszentrum mit Nahrungs- und Genußmittelind.; Eisenbahnendpunkt; an der Fernverkehrsstraße Bogotá-Girardot ⚒. - Gegr. 1550.

Ibaliiden (Ibaliidae), weltweit verbreitete Fam. 8-16 mm langer Gallwespen mit seitl. sehr stark zusammengedrücktem, messerartigem Hinterleib; ♀ mit langem Legebohrer; Larven entwickeln sich (Dauer bis 3 Jahre) parasitisch in Larven der Holzwespen.

Iban, Stamm der Dajak in NW-Borneo, ehem. berüchtigte Seeräuber.

Ibáñez, Vicente Blasco ↑Blasco Ibáñez, Vicente.

Ibáñez del Campo, Carlos [span. i'βaɲez ðɛl 'kampo], * Linares 3. Nov. 1877, † Santiago de Chile 28. April 1960, chilen. General und Politiker. - Seit 1925 Kriegs-, später zugleich Innenmin.; 1927-31 und 1952-58 Staatspräsident.

Ibaraki, jap. Stadt auf Hondo, in der Ebene von Osaka, 234 000 E. Textilindustrie.

Ibarra, Hauptstadt der ecuadorian. Prov. Imbabura, 80 km nö. von Quito, 2 225 m ü. d. M., 60 700 E. Kath. Bischofssitz, Zentrum eines Agrargebiets; Bahnstation an der Strecke Quito-San Lorenzo. - Gegr. 1606.

Ibárruri Gómez, Dolores [span. i'βarruri 'gomes], gen. „La Pasionaria", * Gallarta 9. Dez. 1895, span. Politikerin. - 1920 Mitbegr. der span. KP; 1930 Mgl. des ZK-, 1932 des Politbüros, 1936 Cortes-Abg., emigrierte 1939; 1942-60 Generalsekretärin, 1960-67 Vors. der span. Exil-KP in der UdSSR; kehrte 1977 nach Spanien zurück und wurde als Abg. in den Kongreß gewählt (bis 1979). - † 12. Nov. 1989.

Ibas von Edessa, † 28. Okt. 457, syr. Theologe und Bischof. - Leiter der Schule von Edessa; Teilnehmer des Konzils von Ephesus (431); auf verschiedenen Synoden wegen seiner theolog. Nähe zu Theodor von Mopsuestia der Häresie angeklagt.

Ibbenbüren, Stadt im nw. Teutoburger Wald, am Dortmund-Ems- und Mittellandkanal, NRW, 60-160 m ü. d. M., 42 300 E. Botan. Garten; Steinkohlenbergbau, Großkraftwerk; Abbau von Sandstein und Kalk; elektrochem. Metall- u. a. Ind. - 1721 Stadt. - Spätgot. Stadtpfarrkirche.

IBCG, Abk. für: Internat. Bund Christl. Gewerkschaften, ↑Gewerkschaften.

ibd., Abk. für lat.: ibidem („ebenda").

Iberá, Esteros del, Sumpfgebiet mit Dünen in NO-Argentinien, nördlichster Teil des Zwischenstromlandes.

Iberer (lat. Iberi), Volk in Spanien, das wahrscheinl. während des Neolithikums aus Afrika einwanderte, sich im O und S niederließ (**Iberia**) und eine blühende Stadtkultur entfaltete (u. a. Sagunt). Die I. waren vermutl.

mit den Berbern verwandt; der oft behauptete Zusammenhang mit dem I. des Kaukasus ist kaum zutreffend. Durch die Einwanderung der Kelten kam es zur Entstehung der Mischbev. der **Keltiberer** und zur Herausbildung einer kontinental-kelt. Kulturzone und einer mediterran-iber. Kulturzone mit dem Zentrum im SO Spaniens. Nach dem Kantabr. Krieg des Augustus 26–19 erschlossen sich die I. rasch der Romanisierung.

Iberg ↑ Bad Grund (Harz).

Iberia [lat.] ↑ Iberer.

◆ ↑ Iberien.

Iberia, Líneas Aéreas de España S. A. [span. i'βerja 'lineas a'ereaz ðe es'paɲa 'ese 'a], span. ↑ Luftverkehrsunternehmen, ↑ Luftverkehrsgesellschaften (Übersicht).

Iberien (lat. Iberia), Heimat des nichtindogerman. Volkes der Iberer, das vielleicht als Vorläufer der Mingrelier im W der heutigen Grusin. SSR zu gelten hat. Das Land im S des Kaukasus am Oberlauf des Kyros (= Kura) stand 117–363 vorwiegend unter röm. Einfluß, seit 363 unter dem der pers. Sassaniden. Seine Bewohner wurden seit dem 4. Jh. von Armenien aus christianisiert.

Iberis [i'beːrɪs, 'iːbɛrɪs; griech.], svw. ↑ Schleifenblume.

Iberisch, die nichtindogerman. Sprache des vorröm. Spanien, die die Iberer in Katalonien, Aragonien und der span. Levante sprachen und auf ihren Inschriften in iber. (und vorher seit dem 5. Jh. v. Chr. in griech.) Schrift niederlegten; obwohl die Entzifferung der iberischen Schrift, einer Mischung aus Buchstaben- und Silbenschrift, gelungen ist, sind die iber. Texte bis heute noch wenig verständlich.

Iberische Halbinsel (Pyrenäenhalbinsel; span. und portugies. Península Ibérica), Halbinsel SW-Europas, umfaßt die Staaten ↑ Spanien und ↑ Portugal.

Iberische Landschildkröte ↑ Maurische Landschildkröte.

Iberisches Becken, Tiefseebecken des nö. Atlantiks zw. Azorenschwelle im S und Biskayaschwelle im N, bis 5 834 m tief.

Iberisches Hauptscheidegebirge, Gebirgszug im Zentrum der Iber. Halbinsel, ↑ Kastilisches Scheidegebirge, ↑ Portugiesisches Scheidegebirge.

Iberisches Randgebirge, NW-SO gerichtetes Gebirge in Z-Spanien zw. der Meseta im S und dem Ebrobecken im N, 380 km lang, bis 160 km breit, bis 2 313 m hoch. Das I. R. ist stark gegliedert und besteht z. T. aus weiten Hochflächen. Das Klima ist im NW subozean., wird aber nach SO kontinentaler. In den Talauen Bewässerungsfeldbau, auf unbewässertem Land v. a. Ölbaumhaine; z. T. große Waldgebiete auf den Höhen. Neben Großviehzucht v. a. Schafhaltung. Die Bev.-dichte ist gering; die obere Siedlungsgrenze liegt bei 1 650 m. Zentrale Orte sind Cuenca, Teruel, Morella, Calatayud und Soria.

Iberoamerika, svw. ↑ Lateinamerika.

Iberomaurusien [iberomory'zjɛ̃; frz.] (in der engl. Fachliteratur auch Oranian gen.), vom typ. Capsien zu unterscheidende spät- und epipaläolith. Fundgruppe im Maghreb, meist in Küstennähe, mit verwandten Fundgruppen in der Cyrenaika (Eastern Oranian) und im Niltal; kennzeichnend die Tendenz zur Mikrolithik bei den Steinwerkzeugen.

iberoromanische Sprachen, zusammenfassende Bez. für die Sprachen Spaniens und Portugals.

Ibert, Jacques [frz. i'bɛːr], * Paris 15. Aug. 1890, † ebd. 5. Febr. 1962, frz. Komponist. - Schüler von G. Fauré, wurde mit Opern, u. a. „Angélique", 1927, sinfon. Werken, Kammer- und Klaviermusik bekannt.

Iberus, röm. Bez. des Ebro; seit 226 v. Chr. Grenze zw. dem karthag. und röm. Machtbereich in Spanien.

IBFG, Abk. für: Internat. Bund Freier Gewerkschaften, ↑ Gewerkschaften.

ibid., Abk. für lat. : *ibidem* („ebenda").

Ibisfliege ↑ Schnepfenfliegen.

Ibisse [ägypt.] (Threskiornithidae), Fam. storchähnlicher, gesellig lebender und brütender Vögel mit rd. 30 mittelgroßen bis großen, sumpf-, ufer- oder steppenbewohnenden Arten, v. a. in den wärmeren Gebieten der Alten und Neuen Welt (nördl. der Alpen nur der Gewöhnl. Löffler; Beine, Hals und Schnabel lang, ♂♂ und ♀♀ gleichfarbig; Flug in schräger oder V-förmiger Kette mit gerade nach vorn gestrecktem Hals und gestreckten Beinen. Nach der Form des Schnabels (sichelförmig gebogen oder löffelartig verbreitert) unterscheidet man die beiden Unterfam. ↑ Sichler und ↑ Löffler.

Ibiza [span. i'βiθa], span. Hafenstadt an der SO-Küste der Insel I. und deren Hauptort, 20 000 E. Kath. Bischofssitz; archäolog. Museum. Fischerei, Handel, Fremdenverkehr, ⌘. - Got. Kathedrale (13. Jh., im 18. Jh. umgestaltet), mächtige Befestigungsmauern.

I., Insel der Balearen und größte der Pityusen, Spanien, 572 km² (einschließl. benachbarter Eilande), Hauptstadt I. Das Innere der Insel nehmen Bergländer ein (bis 475 m ü. d. M.). Semiarides Klima, lichte Wälder aus Aleppokiefern und Zypressenwacholder. Ausgedehnte Bewässerungskulturen und Fruchthaine, außerdem Trockenfeldbau, Fischerei und Seesalzgewinnung. Bed. Fremdenverkehr. - Schon in phönik. Zeit war die Insel I. wegen ihrer Bleierzminen bekannt; die Römer nannten sie **Ebusus.** 1235 gelang Aragonien die Rückeroberung der 798 von den Arabern besetzten Insel.

Ibla ↑ Tall Mardich.

Iblis [arab.], im Islam Name des Teufels.

IBM [engl. 'aɪbiː'ɛm], Abk. für: ↑ International Business Machines Corp.

Ibn [arab.], Sohn; häufig Teil arab. Personennamen.

Ibn Abbas

Ibn Abbas Al Madschusi, Ali, † zw. 982 und 995, arab. Autor medizin. Werke. - Stammte aus Persien; berühmt durch ein die Allgemeinmedizin behandelndes Buch (gen. „Das königl. Buch").

Ibn Al Arabi (Ibn Arabi), Muhji Ad Din, * Murcia 28. Juli 1165, † Damaskus 16. Okt. 1240, span.-arab. Mystiker des Islams. - Pantheist; stark beeinflußt vom griech. und ind. Denken; gab in seinem Hauptwerk „Mekkan. Offenbarungen" eine systemat. Darstellung myst. Erkenntnis.

Ibn Al Athir, Iss Ad Din, * Dschasirat Ibn Umar 13. Mai 1160, † Mosul Mai oder Juni 1233 (1234?), arab. Geschichtsschreiber. - Verf. einer Universalgeschichte und eines biograph. Lexikons der Gefährten Mohammeds.

Ibn Al Baitar (Albeitar), Abd Allah Ibn Ahmad, * Málaga Ende 12. Jh., † Damaskus 1248, arab. Botaniker und Pharmakognost span. Herkunft. - Schrieb eine Zusammenfassung der botan. und pharmakognost. Kenntnisse seiner Zeit. Er ordnete und kommentierte darin die Angaben über Heilpflanzen aus rund 260 früheren Werken.

Ibn Al Chatib, Lisan Ad Din Muhammad, * Loja bei Granada 15. Nov. 1313, † Fes 1374, span.-arab. Dichter und Geschichtsschreiber. - Hoher Staatsbeamter, in einen Religionsprozeß verwickelt, zum Tode verurteilt und im Gefängnis ermordet; Verf. zahlr. Schriften aus vielen Wissensgebieten.

Ibn Al Haitham, arab. Naturforscher, ↑ Alhazen.

Ibn An Nadim, Muhammad Ibn Ishak, † 17. Sept. 995, arab. Gelehrter. - Autor u. a. des ältesten und besten Bücherverzeichnisses der arab. Welt. Es enthält Beschreibungen der Sprachen und Schriftarten verschiedener Völker, der islam. Wiss. sowie Angaben über die Autoren (hg. 1871/72; Neuausg. 1971).

Ibn Baddscha, islam. Philosoph, Mathematiker, Arzt und Musiktheoretiker, ↑ Avempace.

Ibn Battuta, Abu Abd Allah Muhammad, * Tanger 25. Febr. 1304, † in Marokko um 1368/69 oder 1377, arab. Forschungsreisender. - Besuchte u. a. S-Rußland, Mesopotamien, Indien, China, Sumatra, S-Spanien und kam in Afrika bis Timbuktu.

Ibn Chaldun, Abd Ar Rahman, * Tunis 27. Mai 1332, † Kairo 19. März 1406, maghrebin.-arab. Geschichtsschreiber. - Hoher Hofbeamter in Spanien und N-Afrika; schrieb eine Weltgeschichte, die bes. Ruf wegen der ausführl. Einleitung genießt, in der aus histor. Ereignissen allg. Gesetze abgeleitet werden.

Ibn Challikan, Schams Ad Din Ahmad, * Arbil 22. Sept. 1211, † Damaskus 30. Okt. 1282, arab. Geschichtsschreiber. - Verf. einer der wichtigsten arab. Biographiensammlungen.

Ibn Dschanah, Abul Walid Marwan, jüd.-span. Sprachforscher, ↑ Jona Ben Ganach.

Ibn Dschubair, Muhammad Ibn Ahmad, * Valencia 1145, † Alexandria 29. Nov. 1217, arab.-andalus. Schriftsteller und Forschungsreisender. - Bereiste die Mittelmeerstaaten und den Vorderen Orient, seine Reiseberichte sind u. a. bed. für die Kenntnis der Kreuzzüge.

Ibn Esra, Abraham Ben Meir ↑ Abraham Ben Meir Ibn Esra.

Ibn Gabirol, Salomon Ben Jehuda ↑ Gabirol, Salomon.

Ibn Haijan Dschabir, arab. Arzt und Alchimist, ↑ Geber.

Ibn Hanbal ↑ Ahmad Ibn Hanbal.

Ibn Ijas, Abul Barakat Muhammad Ibn Ahmad, * 9. Juni 1448, † Kairo um 1524, arab. Geschichtsschreiber. - Seine Chronik Ägyptens ist für die letzten 50 Jahre der Mamelukkenherrschaft die Hauptgeschichtsquelle.

Ibn Junus (Ibn Junis), Abul Hasan Ali As Safadi, * Kairo um 950, † ebd. 31. Mai 1009, arab. Astronom. - Hofastronom des fatimid. Kalifen Al Hakim; verfaßte nach eigenen Beobachtungen Planetentafeln („Große Hakimit. Tafeln").

Ibn Ruschd, arab. Philosoph, Theologe, Jurist und Mediziner, ↑ Averroes.

Ibn Saud ['ɪbən za'u:t], Dyn. in Arabien, begr. von Muhammad I. S., der sich um 1740 der wahhabit. Lehre anschloß.

Ibn Saud, Abd Al Asis ['ɪbən za'u:t], * Ar Rijad 24. Nov. 1880, † At Taif 9. Nov. 1953, König von Saudi-Arabien. - Eroberte vom Exil in Kuwait aus 1902 den Stammsitz Ar Rijad zurück und wurde zum Herrscher im Nedschd und Führer der Wahhabiten proklamiert; vertrieb im 1. Weltkrieg mit brit. Unterstützung die türk. Garnisonen aus Arabien, unterwarf 1921 Hail, 1924/25 Mekka und das Kgr. Hedschas; nahm am 8. Jan. 1926 selbst den Titel König des Hedschas an; gab nach der Annexion des Emirats Asir (1923) und der Regelung der Grenzfragen mit Transjordanien (1925) und Irak (1931) 1932 dem Land den Namen „Saudi-Arabisches Kgr." († Saudi-Arabien); betrieb die Modernisierung und Technisierung des Landes.

Ibn Sina, pers. Philosoph und Arzt, ↑ Avicenna.

Ibn Taimijja, Taki Ad Din Ahmad, * Charran 22. Jan. 1263, † Damaskus 26. Sept. 1328, arab.-islam. Theologe und Rechtsgelehrter. - Anhänger der streng orth. Lehre nach Ahmad Ibn Hanbal; seine Lehre wurde von den Wahhabiten übernommen.

Ibn Tufail, Abu Bakr, arab. Philosoph und Arzt, ↑ Abubacer.

Ibn Tumart, Muhammad, * im Antiatlas um 1080, † bei Marrakesch 1128 oder 1130, religiöser Reformer des Islams. - Gründer der Bewegung der ↑ Almohaden; wurde als der erwartete Mahdi verehrt.

Ibo [portugies. 'iβu], Hafenort in NO-Moçambique, auf der Insel *Ilha do I.*, auf der der größte Teil des in Moçambique angebauten Kaffees erzeugt wird.

Ibo, großes Volk der Sudaniden in SO-Nigeria; spricht eine Kwasprache. Die I. nahmen früh Christentum und europ. Kultur an. Sie rückten daher zur Führungsschicht Nigerias auf, was sie bei den Muslimen im N und den Königskulturen im W unbeliebt machte. Ihr Versuch, 1967 einen eigenen Staat, ↑Biafra, zu gründen, endete 1970 nach einem Bürgerkrieg mit der Kapitulation.

Ibrahim ['i:brahi:m, ibra'hi:m], arab. Form von ↑Abraham.

IBRD [engl. 'aɪbiː a 'diː], Abk. für engl.: International Bank for Reconstruction and Development, ↑Internationale Bank für Wiederaufbau und Entwicklung.

Henrik Ibsen (1895)

Ibsen, Henrik, Pseud. Brynjolf Bjarme, *Skien 20. März 1828, †Kristiania 23. Mai 1906, norweg. Dichter. - Arbeitete 1840-51 als Apotheker; 1851-62 Theaterdichter und -leiter in Bergen und Kristiania; 1864-91 im Ausland (Rom, Dresden, München). Begann mit revolutionären Gedichten und dem Drama „Catilina" (1850). Einflüsse der Nationalromantik, deren konservative Züge I. bekämpfte, zeigten sich u. a. in dem histor. Drama „Kronprätendenten" (1862); den philosoph.-symbol. „Ideendramen" „Brand" (1866) und „Peer Gynt" (1867) zuzurechnen. Mit „Stützen der Gesellschaft" (1877) schuf I. die neue Gattung des „Gesellschaftsstücks", das, mit radikaler Kritik an gesellschaftl. Verhältnissen, den Beginn des modernen Dramas markiert. In diesem Stück und in den nachfolgenden Werken wie „Nora oder Ein Puppenheim" (1879), „Gespenster" (1881) und „Ein Volksfeind" (1882) verband er retrospektive Technik, vollendete Dialogführung und straffe Komposition zu einer krit.-realist. Methode, mit der er an Stoffen aus dem Alltag die Lebenslüge, d. h. die bisher verdeckte Brüchigkeit zwischenmenschl. Beziehungen enthüllte; kennzeichnend ist die hintergründige Symbolik der Leitmotive und die ep.-monolog. Form. In einigen seiner späten symbolist. Dramen nahm er psychoanalyt. Erkenntnisse vorweg, aufgezeigt u. a. an schwierigen Charakteren („Hedda Gabler", 1890) und an der Auseinandersetzung mit sich selbst („Baumeister Solness", 1892). I. hat sowohl dem Naturalismus in Deutschland und Skandinavien den Weg bereitet, als auch das Drama des Symbolismus mitbegründet.

Weitere Werke: Die Wildente (Dr., 1884), Rosmersholm (Dr., 1886), Die Frau vom Meere (Dr., 1888), Wenn wir Toten erwachen (Dr., 1900).

📖 *Rieger, G. H.: H. I. in Selbstzeugnissen u. Bilddokumenten. Rbk. 1981. - Carlsson, A.: I. - Strindberg - Hamsun. Königstein/Ts. 1978.*

Iburg, Bad ↑Bad Iburg.

Ibykos, griech. Dichter des 6. Jh. v. Chr. aus Rhegion (Unteritalien). - Trat in den Städten Unteritaliens und Siziliens als Sänger auf; um 540 ging er an den Hof des Polykrates von Samos; die späthellenist. Anekdote von der Ermordung des I. gestaltete Schiller („Die Kraniche des Ibykus").

IC, Abk. für engl.: Integrated Circuit (↑integrierte Schaltung).

◆ Abk. für ↑Intercity.

Ica [span. 'ika], Hauptstadt des peruan. Dep. I., am Río Ica, 402 m ü. d. M., 111 000 E. Kath. Bischofssitz; Univ. (gegr. 1961); Handelszentrum eines Agrargebiets; Textilind., Weinkellereien. - Gegr. 1563 durch Spanier.

I., Dep. im südl. Peru, am Pazifik, 21 251 km², 434 000 E (1981), Hauptstadt Ica. Angebaut werden Baumwolle, Wein, Obst, im N auch Zuckerrohr und Gemüse. Im S liegt das wichtigste Eisenerzbergbaugebiet Perus.

I-C-Analyse [engl. 'aɪ'siː] (Immediate Constituent Analysis [„Analyse der unmittelbaren Bestandteile"]) ↑Konstituentenanalyse.

ICAO [engl. 'aɪsɪ'əʊ], Abk. für: ↑International Civil Aviation Organization.

Icarus (Ikarus) [griech., nach der Sagengestalt Ikarus], ein Planetoid mit sonnennächstem Bahnpunkt innerhalb der Merkurbahn; schneidet bei seinem Umlauf die Bahnen von Merkur, Venus, Erde und Mars.

ICBM [engl. 'aɪsiːbiː'ɛm], Abk. für engl.: Intercontinental ballistic missile („interkontinentale ballist. Rakete"), ballist. Rakete mit sehr großer Reichweite.

Ich, die Summe dessen, wodurch sich ein Subjekt von der Gesamtheit der außer ihm liegenden Objekte, dem Nicht-Ich, unterscheidet.

◆ in der *Psychoanalyse* die zw. dem (triebhaften) ↑Es und dem (moral.) ↑Über-Ich agierende Substanz (↑Ego).

Ichang (Yichang) [chin. itʃaŋ], chin. Stadt in der Prov. Hupeh, am linken Ufer des Jangtsekiang, 110 000 E. Altes Handelszentrum; Nahrungsmittel- und chem. Industrie.

Ich-Form, literar. Darstellungsform mit einem von sich selbst in der 1. Person Singular sprechenden, aber nicht mit der Person des Autors ident. Ich.

Ichikawa, Kon ↑ Itschikawa, Kon.

I-ching (Yijing) [chin. idzɪŋ „Buch der Wandlungen"], im 7./6. Jh. (?) entstandenes chin. Wahrsage- und Weisheitsbuch; bestand in seiner ältesten Form aus 64 Hexagrammen mit kurzen Erläuterungen. Da die Konfuzianer ihre Gedanken polit. und metaphys.-eth. Art daran anknüpften, wurde es im 2./1. Jh. unter die 5 Kanon. Bücher des Konfuzianismus aufgenommen; Wahrsagegebrauch bis ins 20. Jh. (z. B. wurde nach dem I. der Zeitpunkt des jap. Überfalls auf Pearl Harbour ermittelt).

I Ching (Yi Jing) [chin. idzɪŋ] (I-Tsing), * 635, † 713, chin. buddhist. Mönch und Reisender. - Sein Reisebericht ist eine wichtige Quelle zum buddhist. Klosterleben Indiens im 7. Jh.

Ichneumon [griech., eigtl. „Aufsucher"] (Heiliger I., Pharaonenratte, Herpestes ichneumon), bis 65 cm lange, langhaarige, grünlichgraue Schleichkatze (Unterfam. Mangusten), v. a. in den Steppen und Flußniederungen Spaniens und großer Teile Afrikas; mit etwa 45 cm langem Schwanz und sehr kurzen Beinen; vertilgt Mäuse. - Der I. wurde im alten Ägypten als heilig verehrt.

Ichneumone [griech.], svw. ↑ Mangusten.

Ichthyismus [griech.], svw. ↑ Fischvergiftung.

Ichthyo... [zu griech. ichthýs „Fisch"], Bestimmungswort von Zusammensetzungen mit der Bed. „Fisch".

Ichthyodont [griech.], fossiler Fischzahn.

Ichthyol ⓇⓇ [Kw.], schwarzbraune [als *Leukichthol* ⓇⓇ farblose], in Wasser und Alkohol lösl. Flüssigkeit, die eine antisept., entzündungshemmende und schmerzstillende Wirkung besitzt. I. wird v. a. in Form der *I.salbe* gegen Furunkel u. a. Hauterkrankungen, bei Quetschungen, Frostschäden, Sehnen-, Knochenhaut- und Schleimhautentzündungen, Hämorrhoiden u. a. angewendet.

Ichthyolith [griech.], versteinerter Fisch bzw. versteinerter Teil eines Fisches.

Ichthyologie (Fischkunde), Wiss. und Lehre von den Fischen.

Ichthyolschiefer, bitumenreicher, fossile Fischreste enthaltender Asphaltschiefer der alpinen Trias N-Tirols, bei Seefeld, Grundstoff für die Ichthyolgewinnung.

Ichthyophthirius [griech.], Gatt. bis 1 mm großer, eiförmiger, Wimpertierchen (gefährlichster Vertreter I. multifiliis); parasitieren in der Haut von Süßwasserfischen; äußerl. meist erkennbar an kleinen weißen Knötchen (*Grieskörnchenkrankheit, Weißpünktchenkrankheit*).

Ichthyosauria [griech.], svw. ↑ Fischechsen.

Ichthyose [griech.] (Fischschuppenkrankheit, Ichthyosis), Sammelbez. für erbl. Erkrankungen mit übermäßig starker Verhornung der Haut (Hyperkeratose). Bei der unregelmäßig dominant vererbten *Ichthyosis vulgaris* ist die Haut trocken und mit silberglänzenden oder grauschwarzen Schuppen bedeckt. Bei einer schweren Form (Hystrizismus, Ichthyosis hystrix, Hyperkeratosis monstruosa) treten bis 1 cm hohe Hornhügel und -stachel auf. Sitz der im 1.–3. Lebensjahrzehnt auftretenden Erkrankung sind bes. Knie und Ellbogen, der untere Rumpf und der behaarte Kopf. Zur Behandlung (Ablösen der Schuppen) werden fettende Salben mit Zusatz von 1–2 % Salicylsäure verwendet.

Ichthyotoxin, Sammelbez. für die bei Giftfischen vorkommenden Gifte, die (z. B. von Adlerrochen, Stechrochen, Drachenköpfen) als Nervengifte und blutzersetzende Gifte für den Menschen gefährl. werden können.

Ichthys [griech.], Christussymbol, ↑ Fisch.

Ichwan As Safa [arab. „Brüder der Reinheit"] (lautere Brüder), wohl im 10. Jh. in Kreisen der schiit. Ismailiten entstandene islam. religiös-polit. Sekte (Geheimbund); die von den I. As S. geschaffene Enzyklopädie der Wiss. („Rasail I. As S.") ist ein wichtiges Zeugnis für den Einfluß hellenist. Denkens auf die arab. Theologie und Philosophie.

Ickelsamer, Valentin, * in oder bei Rothenburg ob der Tauber um 1500, † nach 1537, dt. Pädagoge. - Ersetzte in seiner Schrift „Von der rechten weis auffs kürzist lesen zu lernen ..." (1527) die Buchstabiermethode durch die Lautiermethode (↑ Leseunterricht). Schrieb die erste „Teutsche Grammatica" (1534).

Icterus [griech.], svw. ↑ Gelbsucht.

Ictus [lat.] ↑ Iktus.

id., Abk. für lat.: ↑ idem.

Ida, alter dt. weibl. Vorname, Kurzform von nicht mehr gebräuchl. Vornamen, wie z. B. althochdt. Idaberga.

Ida, Gebirgsmassiv in M-Kreta, 2456 m hoch. In der Mythologie Geburtsstätte des Zeus.

I., der ↑ Kybele hl. Gebirge in Mysien, der heutige Kaz Daği nw. von Edremit, Türkei.

Idaho [engl. 'aɪdəhoʊ], B.staat der USA, in den Rocky Mountains, 216412 km², 944 000 E (1980), 4,4 E/km², Hauptstadt Boise.

Landesnatur: Der größte Teil von I. liegt im Bereich der W-Abdachung der nördl. Rocky Mountains mit mittleren Höhen von 1 500–2 400 m. Im N streichen die Gebirgsketten von N nach S mit dazwischen liegenden Senken. In Z-I. liegen die Salmon River Mountains und die Clearwater Mountains. Hier überwiegt Plateaucharakter. Im W und S

Idealismus

greift das Columbia Plateau auf I. über, zu ihm gehört u.a. die Snake River Plain, an deren Rand der z.T. tief eingeschnittene Snake River fließt. An diese Ebene schließen sich nach S wiederum Bergländer an. - I. hat kontinentales, unter dem Einfluß von W-Strömungen sommertrockenes Klima. - Nord- und Mittel-I. sind von großen Nadelwäldern (rd. 41 % des Staatsgebiets) bedeckt. In der Snake River Plain und den Bergländern des SO ist Trockensteppe verbreitet.
Bevölkerung, Wirtschaft, Verkehr: Der Anteil der weißen Bev. beträgt über 97%. Die indian. Minderheit gehört v. a. zu den Stämmen der Shoshone und Nez Percé. I. ist dünn besiedelt. Größere Bev.dichte weist nur der alte Bergbaudistrikt um Coeur d'Alene, Moscow und Lewiston auf sowie die Bewässerungsgebiete um Boise und Idaho Falls/Pocatello. Die Landflucht nimmt zu. Neben Colleges verfügt I. über Univ. in Moscow (gegr. 1889) und Pocatello (gegr. 1901). - Führend ist die Landwirtschaft. Angebaut werden, z.T. in Bewässerungsoasen, Kartoffeln, Zuckerrüben, Weizen, Gemüse, Obst, Luzerne u. a. Die bed. Schaf- und Rinderhaltung basiert auf transhumanter Weidewirtschaft. 73 % der Wälder werden forstwirtsch. genutzt. Der Bergbaudistrikt von Coeur d'Alene, im N von I., besitzt die reichsten Silber-, Zink- und Bleierzlager der USA. Neben der Holzind. spielt die Verarbeitung landw. Produkte eine bed. Rolle, daneben die Herstellung von Wohnwagen, Fertighäusern u. a. Wichtig ist der Fremdenverkehr, u. a. im Wintersportzentrum Sun Valley im SO des B.staats. Das Eisenbahnnetz beträgt rd. 4 800 km, das Highwaynetz rd. 8 000 km. Ab Lewiston ist der Snake River schiffbar, wodurch I. einen Wasserweg zum Pazifik besitzt. I. verfügt über 68 ⚐.
Geschichte: 1805/06 erstmals von Weißen durchquert; bis 1846 gehörte das Gebiet von I. zum neutralen Territorium Oregon, ab 1859 zum Territorium Washington. 1863 wurde das Territorium I. eingerichtet, von dem 1864 die Bundesreg. das Territorium Montana, 1868 das Territorium Wyoming abtrennte. 1890 wurde I. als 43. Staat in die USA aufgenommen.

Idaho Falls [engl. ˈaɪdəhoʊ ˈfɔːlz], Stadt am Snake River, Idaho, 1 496 m ü. d. M., 42 000 E. Nahrungsmittel-, Metall- u. a. Ind., ⚐. - Entstand um 1865.

Idar-Oberstein, Stadt im Saar-Nahe-Bergland, Rhld.-Pf., 250–400 m ü. d. M., 34 700 E. Schmuckfachschule; Dt. Edelsteinmuseum, Heimatmuseum; Diamanten- und Edelsteinbörse, Inst. für Edelsteinforschung der Univ. Mainz. Schmuckwarenind., auf Achatschleifereien des 15.Jh. zurückgehend. - Entstand als Stadt 1933 durch Zusammenlegung der Städte Oberstein und Idar sowie der Orte Algenrodt und Tiefenstein. - Spätgot. Felsenkirche von Oberstein (1482) mit bed. Flügelaltar. Ruinen des Alten und Neuen Schlosses.

Idarwald ↑ Hunsrück.

Ideal [griech.-lat.-frz., zu ↑ Idee], gemeinsprachl. der Inbegriff der Vollkommenheit; Vorbild; Wunschbild; erstrebenswertes Ziel menschl. Handelns. Im philosoph. Sprachgebrauch seit dem 17.Jh. häufig svw. ↑ Idee.
♦ in der *Mathematik* eine Untermenge *I* eines ↑ Ringes *R*, deren Elemente folgende Bedingungen erfüllen: Wenn *a*, *b*∈*I*, dann ist auch *a*−*b*∈*I* [wenn *a* und *b* in *I* enthalten sind, dann ist auch die Differenz *a*−*b* in *I* enthalten].

ideale Flüssigkeit, eine reibungslos strömende, inkompressible (d. h. nicht zusammendrückbare) ↑ Flüssigkeit.

ideale Landschaft ↑ Landschaftsmalerei.

Idealgewicht ↑ Körpergewicht.

Idealgrund ↑ Grund.

Idealisierung, im allg. Sprachgebrauch Verklärung; in der Idee (ein Ideal) aus der Wirklichkeit heraussehen oder in sie hineinlegen, das Unvollkommene darüber vergessen und die idealisierte Wirklichkeit zu einem erstrebenswerten Urbild erheben. - In der traditionellen *Erkenntnistheorie* die Verwendung mathemat. Termini in naturwiss. Zusammenhängen.

Idealismus [griech.-lat.], allg. [auch mit Selbstaufopferung verbundenes] Streben nach Verwirklichung von eth. oder ästhet. Idealen; durch Ideale bestimmte Lebensführung oder Weltanschauung. - In der Philosophie ein seit dem 18.Jh. verwendeter Terminus zur Bez. verschiedener philosoph. Grundpositionen, die im Ggs. zum Materialismus auf der Behauptung gründen, daß alle Dinge, insbes. die materiellen, durch Nichtmaterielles (Ideelles, Geistiges, Psychisches) zur Existenz gebracht worden sind und werden. 1. Der *ontolog.* I. behauptet, daß alle materielle und geistige Wirklichkeit von einem ideellen Prinzip (absoluter Geist, absolutes Ich) abgeleitet sei; Platon und der Platonismus faßten diese Verursachung der Existenz als eine Teilhabebeziehung auf: Die materiellen Dinge existieren, insofern sie an den jeweiligen Ideen teilhaben. Nach dem Grad ihres Anteils an den Ideen richtet sich zudem der Grad ihrer Vollkommenheit. Diese Vorstellung ist insbes. in der christl. Theologie, in der an die Stelle der Ideen Gott bzw. Gottes Gedanken gesetzt werden, aufgenommen worden. - 2. Der *kulturelle* I. behauptet die Autonomie der Kulturentwicklung, die nicht als ein Sonderfall der Naturgeschichte angesehen werden dürfe. Insbes. in der an Hegels Geschichtsphilosophie anknüpfenden Geistesgeschichte werden Weltideen und Deutungsmodelle für die menschl. Welt als treibende Kräfte der Kulturentwicklung gesehen. - 3. Den *epistemolog.* I. kennzeichnet die Annahme,

161

idealistische Geschichtsphilosophie

daß die Wirklichkeit nicht unabhängig von der geistigen Leistung der erkennenden Subjekte, insbes. von den bei der Erkenntnis verwendeten Unterscheidungen, existiert; je nachdem, ob die Unterscheidungsleistungen, die „Kategorien", unter denen man die Wirklichkeit zuerst erfaßt, für angeboren oder erworben, nicht empir. oder empir. erklärbar (transzendentaler bzw. empir. I.), objektiv verbindl. oder bloß subjektiv (objektiver bzw. subjektiver I.) gehalten werden, können verschiedene Arten des epistemolog. I. unterschieden werden.

idealistische Geschichtsphilosophie ↑ Geschichtsphilosophie.

Idealkonkurrenz (Tateinheit), Verletzung mehrerer Strafgesetze (**ungleichartige Idealkonkurrenz**) oder mehrfache Verletzung desselben Strafgesetzes (**gleichartige Idealkurrenz**) durch ein und dieselbe Handlung (deshalb auch **Handlungseinheit**). Die Handlung kann auch aus mehreren Akten bestehen, die nach Tatbestand oder sozialem Sinngehalt eine natürl. Handlungseinheit bilden oder trotz äußerer Trennung in eine rechtl. Handlungseinheit (z. B. fortgesetzte Handlung) zusammengefaßt werden. - In beiden Fällen der I. handelt es sich um eine Konkurrenz von Straftaten; es wird nur auf *eine* Strafe erkannt. Im Unterschied zur Gesetzeskonkurrenz wird der Täter aber wegen Verletzung aller Strafgesetze verurteilt. Bei der ungleichartigen I. wird die Strafe nach demjenigen Gesetz bestimmt, das die schwerste Strafe androht.
Im *östr. Recht* wird I. so behandelt wie Gesetzesverletzungen durch mehrere rechtlich selbständige Handlungen († Realkonkurrenz). In der *Schweiz* ist nur die ungleichartige I. gesetzl. geregelt. Hiernach ist der Täter zur Strafe der schwersten Tat zu verurteilen und deren Dauer angemessen zu erhöhen.

Idealkristall, Kristall ohne Gitterbaufehler.

Idealmünze, im Ggs. zu Kurant und Rechnungsmünze eine Werteinheit im Bankverkehr, die einer jeweils festgelegten Edelmetallmenge entsprach, aber nicht ohne weiteres einer Einheit kursierenden Geldes; z. B. Markenscudo und Mark Banco; verwandt sind heute die Sonderziehungsrechte.

Idealprozeß, thermodyn. Kreisprozeß mit höchstem therm. Wirkungsgrad.

Idealstadt, nach ästhet. und funktionellen Gesichtspunkten durchdachter Plan einer Stadt. Wenn auch schon im Altertum und MA religiöse und gesellschaftl. Konzeptionen das Bild der Stadt mitprägten, ist die Idee der I. eine Leistung der Renaissance, die dabei auf Überlegungen von Platon und Vitruv zurückgreifen konnte. Verwirklicht wurde der Gedanke einer I. z. B. 1593 in Palmanova bei Udine. Dt. Idealpläne stammen u. a. von Dürer (1527). Freudenstadt (1599), Mannheim (1698 ff.) und Karlsruhe (1725 ff.) sind von I.vorstellungen beeinflußt, moderne Beispiele sind ↑ Gartenstadt, die „Città Nuova" von A. Sant'Elia (1914) und Le Corbusiers „Ville Radieuse" (1922), hier kennzeichnend die Trennung von Arbeiten und Wohnen. - Abb. Bd. 7, S. 70.

Idealtypus, von Max Weber eingeführter Terminus, durch den eine für die sozialwiss. Begriffs- und Theoriebildung zentrale Konstruktionsmethode bezeichnet wird. Der I. wird „durch gedankl. einseitige Steigerung bestimmter Elemente der Wirklichkeit gewonnen", die dann „zu einem in sich widerspruchslosen Idealbilde zusammengefügt" werden. Die Bildung des I. ist ein heurist. Schritt der Begriffs- und Theoriebildung, der deutl. von der überprüften Theorie und deren Terminologie zu unterscheiden ist.

Idee [zu griech. idéa, eigtl. „Erscheinung, Form"], allg. plötzl. Einfall, Gedanke, Auffassung; mit unbestimmtem Artikel svw. „ein bißchen". - Von Platon in die *Philosophie* eingeführter Begriff, durch den die den Erscheinungen zugrundeliegenden Urbilder bestimmt werden; die Beziehungen zw. ihnen, die Nachbilder, existieren durch „Teilhabe" an den Urbildern; nach Wert und Rang geordnet, gipfelt diese I.welt in der I. des Guten Wahren und Schönen. In theolog. Umdeutung sind für Augustinus die I. unveränderl., der Schöpfung vorausgehende Gedanken Gottes. Für die Erkenntnistheorie des neuzeitl. Rationalismus und Empirismus wurde der von der platon. Tradition abweichende Wortgebrauch der Stoa und insbes. des Nominalismus maßgebend (I. entstehen im Denkprozeß und sind die Namen menschl. Allgemeinvorstellungen). Bei Descartes, Leibniz, Locke sind sie Bewußtseinsinhalte (Vorstellungen); für Kant sind erkenntniskritisch die I. Begriffe, die die Vernunft bildet, indem sie die Erfahrung überschreitet (reine Vernunftsbegriffe). In prakt. Hinsicht verschafft die Vernunft ihnen, insbes. der I. der Freiheit, Realität. Hegel definiert die I. als Einheit von Begriff und Realität, Subjektivem und Objektivem. Die „absolute I." ist das, was durch seine Selbstverwirklichung das Sein hervorbringt.

⌑ *Berkeley, G.: Eine Abhandlung über die Prinzipien der menschl. Erkenntnis. Dt. Übers. Hg. v. A. Klemmt. Nachdr. Hamb. 1979. - Brands, H.: Unterss. zur Lehre v. den angeborenen I. Meisenheim 1977. - Marten, R.: Platons Theorie der I. Freib. 1975.*

◆ ↑ fixe Idee.

ideeller Schaden [griech.-lat./dt.] ↑ Schaden.

Ideenballade, von Goethe und Schiller 1797 entwickelte Sonderform der neuzeitl. dt. Kunstballade; die I. folgt der Intention der klass. Ästhetik, das Individuelle zur überzeitl. „idealischen Allgemeinheit" (Schiller) und zu einer „reineren Form" (Goethe) zu läutern.

Ideologie

Beispiele: „Die Bürgschaft" (Schiller), „Der Zauberlehrling" (Goethe).

Ideendrama, Drama, in dem Handlung, Charaktere, Stoff und Sprache auf einen übergeordneten Leitgedanken, auf eine Idee oder Weltanschauung bezogen sind, die Allgemeingültigkeit beanspruchen können, z. B. Lessings „Nathan der Weise" (Idee der Toleranz), Goethes „Iphigenie auf Tauris" (Idee der Humanität). Auch neuere Dramen mit philosoph. Tendenz gelten als I., z. B. Hofmannsthals „Jedermann" und „Der Turm", ferner die meisten Stücke von Shaw, T. S. Eliot, Sartre, Camus.

Ideengeschichte, eine Betrachtungsweise geschichtl. Abläufe, die, ohne deren realen sozialen Gehalt zu leugnen, die Bewegungskräfte des Geschichtl. primär in den hinter den geschichtl. Ereignissen wirkenden ideellen Kräften sieht, z. B. in der Idee der Freiheit, der Erlösung, der Gerechtigkeit. Dieser ideengeschichtl. Ansatz der Geschichtswiss. im 19.Jh. erlebte am Höhepunkt seiner wiss. und polit. Geltung mit F. Meinecke, E. Troeltsch, W. Dilthey, O. Spengler und K. Breysig. Die materialist. Geschichtsauffassung des Marxismus-Leninismus wirft der I. vor, sich mit bloßen Epiphänomenen zu beschäftigen (ideolog. Überbau) und damit den objektiven Geschichtsprozeß auf den Kopf zu stellen. I. und moderne Sozialgeschichte werden heute als einander ergänzende Auffassungen von Geschichte angesehen.

Ideenlehre, 1. die Lehre von den Ideen; 2. das geschichtsphilosoph. Konzept, daß in den Ideen die zentralen Wirkkräfte der Geschichte zu sehen seien (Ideengeschichte).

idem [lat.], derselbe (v. a. bei bibliograph. Angaben).

idempotent, Bez. für ein Element a eines ↑Ringes, für das $a^2 = a$ gilt.

Iden (lat. Idus), im altröm. Kalender in den Monaten März, Mai, Juli und Okt. der 15., in den übrigen Monaten der 13. Monatstag.

Identifizierung (Identifikation) [lat.], Gleichsetzung; Feststellung der Identität (Wiedererkennen, z. B. eines Toten).

identisch [lat.], ein und dasselbe [bedeutend], völlig gleich; wesensgleich.

identische Gleichungen ↑Gleichungen.

identische Reduplikation, svw. ↑Autoreduplikation.

identische Zwillinge, svw. eineiige ↑Zwillinge.

Identität [lat., zu idem „(ein und) derselbe, dasselbe"], allg. vollkommene Gleichheit oder Übereinstimmung (in bezug auf Dinge oder Personen); Wesensgleichheit; v. a. durch Schriftstücke nachzuweisende Echtheit einer Person (**Identitätspapiere**).

◆ in der *Psychologie* die als „Selbst" erlebte innere Einheit der Person (**Ich-Identität**).

◆ in der *Logik* eine Beziehung zw. Gegenständen beliebiger Bereiche, in der jeder Gegenstand immer er selbst bleibt.

◆ in der *Mathematik:* 1. eine Gleichung, die für den ganzen Definitionsbereich ihrer Variablen gültig ist, z. B. $(x+1)(x-1) = x^2 - 1$ *(ident. Gleichung);* 2. eine ↑Abbildung, die jedes Element a einer Menge M auf sich abbildet *(ident. Abbildung);* 3. eine zweistellige ↑Relation, die nur für solche Paare $[a, a]$ zutrifft, bei denen an der ersten und der zweiten Stelle dasselbe Element steht (z. B. die Relation „=").

◆ in der *Psychoanalyse* Bez. für emotionales Sichgleichsetzen mit einer anderen Person oder einer Gruppe und Übernahme ihrer Motive und Ideale in das eigene Ich (z. B. **Identifikation mit dem Agressor**).

◆ in der *Quantentheorie* svw. Ununterscheidbarkeit gleichartiger Elementarteilchen.

Identitätsphilosophie, i. e. S. Bez. für philosoph. Systeme, v. a. die Philosophien des Parmenides, Hegels und Spinozas, die die in der traditionellen Ontologie problematisierte Differenz von Denken und Sein (auch: Geist und Natur) aufheben. I. w. S. Bez. für die Philosophie Schellings zw. 1801 und 1806: Subjekt und Objekt kommen im Absoluten, dem Indifferenten, überein und sind als Geist und Natur dessen Auseinanderlegung und Entfaltung.

Identitätstheorie, zum Völkerrecht ↑Deutschland, Völkerrechtsstellung nach dem 2. Weltkrieg.

identitive Relation [lat.], svw. ↑antisymmetrische Relation.

ideo..., Ideo... [zu griech. idéa „Erscheinung"], Bestimmungswort von Zusammensetzungen mit der Bed. „Begriff, Vorstellung", z. B. Ideologie.

Ideogramm, Schriftzeichen, das nicht eine bestimmte Lautung, sondern einen ganzen Begriff repräsentiert (z. B. bei Hieroglyphen oder der chinesischen Schrift).

Ideographie, Schrift, deren Elemente Ideogramme sind. Ideograph. Schriften können von Völkern verschiedener Sprache benutzt werden, da in den Schriftzeichen beim Lesen Begriffe erkannt werden und nicht Lautwerte.

Ideologen ↑französische Philosophie.

Ideologie, 1. in der polit. Sprache meist abwertend gebrauchte Bez. für komplexe Denkgebäude; 2. in den Sozialwiss. theoret. Begriff zur Bez. von Theorien („metatheoret. Begriff"), meist in dem Sinne verstanden, daß die als I. bezeichnete Theorie nicht wahr sei. Wird der Wahrheitsbegriff anderer wiss. Schulen oder eine I. als (bewußte oder unbewußte) Fälschung kritisiert, spricht man von **Ideologiekritik**. Als – zunächst wertneutral gebrauchter – Begriff für die „Wiss. von den Ideen" steht die I. im Zentrum des erkenntnis-

163

ideologisch

theoret. Problems, ob und - wenn ja - wie zu entscheiden sei, was wahr ist, zumal wenn dabei von einer Abhängigkeit des Denkens von sich verändernden histor.-gesellschaftl. Bedingungen ausgegangen wird. - In der Bed. einer positivist. Ideenlehre wird der Begriff I. erstmals von Destutt de Tracy gebraucht, der ein „fortschrittl. Weltbild" als Voraussetzung für „soziale Harmonie" durch ein entsprechendes Erziehungssystem allg. verbreiten wollte. Die Etikettierung der Anhänger dieser Auffassung als „weltfremde Ideologen" durch Napoleon I. begr. die bis heute überwiegend negative Besetzung des Begriffs in der Gemeinsprache.
Einen anderen Inhalt erhielt der Begriff der I. bei Marx und Engels, die - entsprechend der Grundauffassung, daß das gesellschaftl. Sein das Bewußtsein bestimme - davon ausgehen, daß in jeder Produktionsweise jede Klasse eine ihrer gesellschaftl. Lage und ihren gesellschaftl. Interessen entsprechende I. hervorbringe. I. ist damit das (den gesellschaftl. Interessen entsprechende) Bewußtsein verschiedener Klassen, das nur so lange notwendig auch ein „falsches" Bewußtsein ist, als ein Interesse an Aufrechterhaltung von Herrschaft Rechtfertigung auf Kosten der Erkenntnis einer gesellschaftl. Realität verlangt, die - richtig erkannt - die Vergänglichkeit des jeweils bestehenden Herrschaftssystems zeigen würde. Da dies für die Arbeiterklasse nicht mehr zutreffe, sei ihre I. auch zugleich notwendig wahrhafte Erkenntnis.
Dagegen sieht Comte, auf den die Bez. von (als zerstörer. angesehenen) Sozialutopien als I. im Positivismus zurückgeht, im bewußten Einsetzen von I. ein Mittel der Herrschaftserhaltung. Dieser Ansatz wurde von G. Sorel und V. Pareto aufgegriffen. Pareto geht dabei davon aus, daß I. als Scheinbegründung der Menschen für ihre in Wahrheit von instinkthaften Interessen geleiteten Handlungen und zur Verschleierung dieses eigtl. Beweggrundes entstehen. Nach seiner Elitentheorie werden die Gesellschaften stets von starken, Ideologien produzierende Minoritäten beherrscht, die sich aus „unverbrauchten" Schichten des Volkes regenerieren.
Vom Faschismus übernommen wurde die Elitentheorie des Irrationalismus, nach der die Massen der verhaltensstabilisierenden Wirkung von I., des Mythos und der Lebenslüge bedürfen, um nicht der für sie unerträgl. Wahrheit ausgeliefert zu sein. Erneut aufgeworfen wurde die erkenntnistheoret. Frage nach der I.haftigkeit des Denkens von K. Mannheim, der die Aufgabe der von ihm und M. Scheler begr. Wissenssoziologie in der Untersuchung der sozialen Struktur des Denkprozesses sieht. Die unabhängig davon in den USA entstandene Wissenssoziologie untersucht empir. die Wechselwirkungen zw. Realitätsvorstellung und sozialer Realität. Vertreter dieser Schule prognostizierten eine **Entideologisierung** durch den Sieg einer solchen wiss. Weltanschauung. Gegen eine rein empir., um die erkenntniskrit. Dimension verkürzte Wissenschaftstheorie wandte sich in einem „Methodenstreit" die sog. Frankfurter Schule (Horkheimer, Adorno, Habermas; ↑auch kritische Theorie), da in die Sprache einer solchen Theorie soziale Vorurteile einflössen, die durch empir. Untersuchungen nicht zureichend korrigiert, vielmehr nachträgl. (scheinbar) gerechtfertigt würden. Dagegen vertritt die Schule des ↑kritischen Rationalismus einen methodolog. u. wissenschaftstheoret. Pluralismus (↑auch Positivismusstreit) in der Auffassung, daß bei der Rechtfertigung von Zielen und Handlungsregeln letztl. auf nicht mehr begründbare Entscheidungen zurückgegriffen werden müsse.

📖 Kuhn, H.: I. Hydra der Staatenwelt. Köln 1985. - Lemberg, E.: Antrhopologie der ideolog. Systeme. Baden-Baden 1985. - Lieber, H.: I. Paderborn 1985. - Ruzicka, R.: Selbstentfremdung u. I. Bonn 1978. - Mannheim, K.: I. u. Utopie. Ffm. ⁶1978. - I. I.kritik u. Wissenssoziologie. Hg. v. K. Lenk. Neuwied ⁸1978. - Ludz, P. C.: I.begriff u. marxist. Theorie. Wsb. ²1977. - Horowitz, I. L.: Grundl. der polit. Soziologie. Freib. 1975 ff. Auf 5 Bde. berechnet. Bis 1986 sind 2 Bde. erschienen. - Heuß, A.: I.kritik. Bln. 1975. - Barth, H.: Wahrheit u. I. Ffm. 1974. - Lemberg, E.: I. u. Gesellschaft. Stg. ²1974.

ideologisch, gemeinsprachl. im Sinne von doktrinär und antiempir.; im wiss. Sprachgebrauch zur Kennzeichnung der gesellschaftl. Bedingtheit bestimmter Bewußtseinselemente.

Ideomotorik, Bez. für Bewegungen und Handlungen, die nicht absichtl., sondern unwillkürl. (z. B. auf Grund emotional- oder affektgetönter Vorstellungen) zustande kommen. Solche ideomotor. Handlungen können bes. bei Geistesabwesenheit auftreten. Ein Sonderfall der I. ist der ↑Carpenter-Effekt.

Ideorealgesetz, Erweiterung des ↑Carpenter-Effektes auf alle (subjektiven) Erlebnis- und Vorstellungsinhalte, insofern als diese Inhalte nach W. Hellpach auch die Antriebe zu ihrer (objektiven) Verwirklichung einschließen sollen. Das I. ist bedeutsam für die Ausdrucks- und Sozialpsychologie und wird auch zur Erklärung von Phänomenen wie Nachahmung, psych. „Ansteckung", Suggestion und Hypnose herangezogen.

id est, Abk.: i. e.; lat. „das ist, das heißt".

IDFF, Abk. für: ↑Internationale Demokratische Frauenföderation.

Idfu (Edfu), Stadt in Oberägypten, am linken Nilufer, 28 000 E. Zuckerfabriken; Nilbrücke. - I. ist das antike **Appolinopolis Magna.** - Horustempel (237–57 v. Chr.).

Idi-Amin-Dada-See ↑Eduardsee.

idio..., Idio... [zu griech. ídios „eigen"],

Idololatrie

Bestimmungswort von Zusammensetzungen mit der Bed. „eigen[tümlich], selbst", z. B. Idiogamie.

idiochromatisch, eigenfarbig (von Kristallen gesagt, deren Farbe nicht von der Beimengung fremder Substanzen herrührt); Ggs. ↑ allochromatisch.

Idiogamie [griech.], in der *Sexologie* Bez. für die bes. Disposition, den Geschlechtsverkehr nur mit ein und derselben andersgeschlechtl. Person ausüben zu können.

Idiokrasie, svw. ↑ Idiosynkrasie.

Idiolekt [griech.], Sprache eines Individuums; der I. umfaßt sowohl den Sprachbesitz als auch die sprachl. Äußerungen, die das Individuum auf Grund der Kenntnis des Sprachsystems macht.

Idiom [zu griech. idīōma „Eigentümlichkeit"], eigentüml. Sprachgebrauch einer Gruppe, bes. einer regionalen Gruppierung (Mundart).
◆ (idiomat. oder phraseolog. Ausdruck, Wortgruppenlexem) eigentüml. Wortprägung; Wortverbindung oder syntakt. Fügung, deren Gesamtbedeutung sich nicht aus den lexikal. Einzelbedeutungen ableiten läßt, z. B. *Angsthase* („sehr ängstl. Mensch"), *durch und durch* („völlig"), *frieren wie ein Schneider* („sehr frieren").

Idiomatik [griech.] (Phraseologie), Teilgebiet der Lexikologie, das sich mit Idiomen befaßt.

idiomorph, eigengestaltig; gesagt von Mineralen, die aus einer Magmaschmelze zuerst ausgeschieden wurden und daher ihre eigene Kristallform ungehindert ausbilden konnten; Ggs. ↑ allotriomorph.

Idiophone [griech.], Bez. für jene Gruppe von Musikinstrumenten, „deren Material an sich steif und elast. genug ist, um period. zu schwingen" (z. B. Glocke, Xylophon), etwa im Gegensatz zu ↑ Membranophonen. I. können durch Schlagen, Zupfen, Reiben u. ä. zum Schwingen gebracht werden.

idiorrhythmische Klöster, seit Ende des 14. Jh. bestehende ostkirchl. Klöster (z. B. ↑ Athos) mit einer „eigenen Art" des monast. Lebens (demokrat. Verwaltung, Privatbesitz, eigener Haushalt u. a.), oft als Mönchs- bzw. Nonnendörfer organisiert. - ↑ auch Koinobitentum.

Idiosynkrasie (Idiokrasie) [griech.], (Atopie) in der *Medizin:* anlagebedingte Überempfindlichkeit; Form der Allergie.
◆ in der *Psychologie:* hochgradige Abneigung oder Überempfindlichkeit eines Menschen gegenüber bestimmten Personen, Lebewesen, Gegenständen, Reizen, Anschauungen u. a.

Idiotie [zu griech. idiṓtēs „Privatmann, einfacher Mensch"], angeborener oder in frühester Kindheit erworbener hochgradiger Schwachsinn infolge von Chromosomenanomalien, Stoffwechselkrankheit oder Gehirnkrankheiten, so daß jede Art von Bildungsfähigkeit ausgeschlossen ist (IQ unter 25). - ↑ auch Demenz, ↑ Oligophrenie.

Idiotikon [griech.], Wörterbuch einer Mundart, z. B. „Schweizerisches Idiotikon".

Idiotop [griech.], Lebensraum des einzelnen Individuums.

Idiotyp (Erbbild, Erbmasse, Erbgut, Genotyp), Gesamtheit der Vererbungsanlagen eines Individuums. Der I. umfaßt sowohl alle chromosomalen Gene (Genotyp oder Genom) als auch alle extrachromosomalen (zytoplasmat.) Gene (Plasmotyp oder Plasmon).

Idjengebirge, Gebirgsmassiv im äußersten O Javas mit den Vulkanen **Merapi** (2 800 m hoch) und **Raung** (3 332 m hoch).

Ido, künstl., aus dem Esperanto weiterentwickelte Welthilfssprache des Franzosen L. de Beaufort (1907).

Idol [zu griech. eídōlon „Gestalt, Bild"], (Gottesbild, Götterbild) eine durch Menschen gefertigte Repräsentation von Gottheiten. Sie beruht auf dem Verlangen, das Verborgene, Transzendente sichtbar erscheinen zu lassen und damit irdisch zu vergegenwärtigen. - Zur religiösen und kult. Bed. des I. ↑ Bild [in der Religionsgeschichte]. - Aus vorgeschichtl. Zeit (Jungpaläolithikum, Neolithikum) sowie den frühen Hochkulturen stammen zahlr., oft als I. bezeichnete Kleinplastiken in sehr unterschiedl. Stilisierung, z. T. von hoher künstler. Qualität, meist weibl. Figuren aus Knochen, Horn, Stein, Ton u. a. Material. Während die neolith. I. meist mit den späteren weibl. Gottheiten Vorderasiens in Verbindung gebracht werden, ist die Deutung der jungpaläolith. umstritten (Herrin der Tiere?).
◆ [falsches] Leitbild, Trugbild; jemand oder etwas als Gegenstand übermäßiger Verehrung (z. B. Leinwandidol).

Idololatrie (Idolatrie) [griech.], in der Religionswiss. Bez. für die Verehrung von Bil-

Idol. Links: minoisches Idol (um 3000 v. Chr.). Heraklion, Museum; rechts: kykladisches Idol (um 2000 v. Chr.). Athen, Archäologisches Nationalmuseum

dern, in denen Realpräsenz einer Gottheit angenommen wird.

Idomen<u>eu</u>s, Gestalt der griech. Mythologie. Sohn des Deukalion, Enkel des Minos, König von Kreta. - Oper „Idomeneo" von W. A. Mozart (Text von Giambattista Veresco, Uraufführung 1781).

Idra (Hydra), Hauptort der griech. Insel I., an der mittleren W-Küste, 2600 E. Orth. Bischofssitz; Marineschule; Inst. der Athener Kunstschule. Fremdenverkehr.

I., griech. Insel vor der argol. Küste, 18 km lang, bis 5 km breit, bis 592 m hoch. Überwiegend von Macchie überzogen, nur im SW spärl. bewaldet; geringer Ackerbau. - Die Insel hieß in der Antike **Idrea.**

Idrija, jugoslaw. Stadt in Slowenien, 333 m ü. d. M., 5000 E. Fachschule für Spitzenklöppelei; Abbau und Aufbereitung von Zinnobererz, das 1 % Quecksilber enthält.

Idr<u>i</u>s I. El Senussi, Mohammad (arab. Idris As Sanusi, Muhammad), * Al Dschaghbub 12. März 1890, † Kairo 25. März 1983, König von Libyen (1950–69). - 1917 Oberhaupt des Ordens der Senussi, ging 1923 nach Beseitigung der Autonomie der Cyrenaika ins Exil nach Ägypten; 1949 als Emir der Cyrenaika wieder eingesetzt; 1950 zum König von Libyen proklamiert, 1969 durch einen Putsch unter Oberst Kadhdhafi abgesetzt; lebte in Ägypten; 1971 in Abwesenheit zum Tode verurteilt.

Idrisi, Al, Abu Abd Allah Muhammad Ibn Muhammad, * Ceuta 1100, † auf Sizilien um 1165, arab.-maghrebin. Geograph. - Nach Studium und ausgedehnten Reisen verfertigte er am Hof Rogers II. von Sizilien eine große silberne Erdkarte mit ausführl. Beschreibung (1154 vollendet).

Idschma [arab. „Übereinstimmung"], die Übereinstimmung der muslim. Theologen in Fragen des Glaubens und des religiösen Gesetzes; eines der vier Grundprinzipien der islam. Rechtslehre.

Idstein, hess. Stadt 16 km nördl. von Wiesbaden, 250 m ü d. M., 19 600 E. Fachhochschule für Architektur und Ingenieurwesen; Herstellung von Dichtungen und Ventilen, Akkumulatoren, Heimwerkermaschinen u. a.; Fremdenverkehr. - Burg I. 1102 erstmals erwähnt, 1287 Stadtrecht; 1355–1605 und 1629–1721 Residenz der Linie Nassau-Idstein. - Ev. Unionskirche (1655–77) mit Deckenmalerei, ma. Stadtbild, Schloß (17. Jh.).

Idsteiner Senke †Taunus.

Idumäa (Idumaea), hellenist. Bez. für den westl. des Toten Meeres gelegenen Teil von †Edom mit der Hauptstadt Hebron.

Idun (Iduna), nordgerman. Göttin aus dem Geschlecht der Asen, Gattin des Bragi. Sie verwaltet die goldenen Äpfel der ewigen Jugend, durch die sich die Asen verjüngen.

Idus [lat.] †Iden.

Idyll [zu griech. eidýllion, eigtl. „Bild-

chen"], allg. Zustand oder Bild eines einfachen, friedl. Lebens.

Idylle [zu griech. eidýllion, eigtl. „Bildchen", dann „Hirtengedicht"], i. w. S. Bez. für jede Dichtung, die in räuml.-stat. Schilderung friedvoll-glückl., selbstgenügsam-beschaul. Geborgenheit darstellt; i. e. S. ist I. eine zw. Lyrik und Epik schwankende literar. Gattung in der Nachfolge der Gedichte Theokrits; nach diesen und im Anschluß an Vergils „Bucolica" (entstanden 42–39) wurde der Begriff I. seit der Renaissance gleichbedeutend mit Hirtendichtung, Ekloge oder Schäferpoesie. In Deutschland erlebte die I. im 18. Jh. eine bes. Blüte durch S. Geßner („Idyllen", 1756); Goethe gestaltete sie zunehmend als Ausdruck notwendiger Entsagung angesichts der bedrohl. Zerrissenheit der Geschichte („Hermann und Dorothea", 1797); Schiller („Das Ideal und das Leben" 1795) postulierte das Idyllische als Darstellung einer mündigen, mit der Kultur wie mit der Natur versöhnten zukünftigen Menschheit. Demgegenüber führte die Betonung gegenwärtiger Wirklichkeit bei Maler Müller („Die Schafschur", 1775) zu bewußter Irrationalisierung und Entmoralisierung der Natur, bei J. H. Voß zur sozialkrit. Anti-I. („Luise", 1795) und bei J. P. Hebel zur iron. moralisierenden „Verbauerung". In der Romantik lebte die I. nur vereinzelt fort; ihre Möglichkeiten und Grenzen im 20. Jh. zeigt T. Manns selbstparodist. I. „Herr und Hund" (1918).

In der *bildenden Kunst* Bez. für die idealisierte Darstellung harmon. menschl. Existenz in der Natur, bevorzugt als Hirten- und Schäferszenen (besonders in der Malerei des 17. und 18. Jh.).

📖 *Hämmerling, G.: Die I. v. Geßner bis Voß. Bern 1981.*

IE (I. E.), Abk.:
♦ für †Immunisierungseinheit.
♦ für †Internationale Einheit.

i. e., Abk. für lat.: †id est.

Iejasu, Tokugawa, * Okasaki 1542, † Sumpu (= Schisuoka) 1616, jap. Schogun. - Gründer der Dyn. der Tokugawa; errang durch den Sieg bei Sekigahara (1600) die gesamte Macht im Reich und wurde 1603 vom Tenno zum erbl. Schogun ernannt.

Ieper [niederl. 'i:pər] †Ypern.

Iesi, italien. Stadt in den Marken, 25 km sw. von Ancona, 96 m ü. d. M., 41 000 E. Kath. Bischofssitz; Gemäldegalerie, archäolog. Museum; Nahrungsmittelind. - I. geht zurück auf eine umbr. Stadt, die 247 v. Chr. röm. Kolonie (**Aesis**) wurde. 756 fiel I. mit der Pippinschen Schenkung an den Papst; erlebte unter den Staufern eine Blütezeit. - Got. Kirche San Marco (13. Jh.), Renaissancerathaus (1486–98), Dom (18. Jh.). Die Altstadt ist von der ma. Stadtmauer umgeben.

Iesolo, italien. Gemeinde am NO-Ende der Lagune von Venedig, Venetien, 22 100 E.

Der Ortsteil **Lido di Iesolo** ist eines der wichtigsten Seebäder an der Adria.

Idylle. Antoine Watteau, Der Tanz (undatiert). Berlin-Dahlem

Ife, Stadt in SW-Nigeria, 176 000 E. Sitz des Oni (geistl. Oberhaupt der Yoruba); Univ. (gegr. 1962); Kakaoanbau und -verarbeitung; Kunsthandwerk.

I., zur Yorubagruppe gehörender Stamm in W-Nigeria.

Iffezheim, Gem. 8 km nw. von Baden-Baden, Bad.-Württ., 120 m ü. d. M., 3 800 E. Pferderennbahn (seit 1858); nahebei Staustufe im Rhein.

Iffland, August Wilhelm, * Hannover 19. April 1759, † Berlin 22. Sept. 1814, dt. Schauspieler, Dramatiker und Theaterleiter. - Begann 1777 als Schauspieler an Ekhofs Gothaer Hoftheater, kam 1779 ans Mannheimer Nationaltheater; großer Erfolg als Franz Moor in der Uraufführung von Schillers „Räubern" (1782). 1796 Direktor des Berliner Nationaltheaters und 1811 Generaldirektor der Königl. Schauspiele. Vertrat einen Details herausarbeitenden Spielstil mit lebhafter Gestik anstelle statuar. Deklamation („Mannheimer Schule"). In seiner Spielplangestaltung lag der Hauptakzent auf zeitgenöss. Trivialdramatik, wozu auch seine damals sehr erfolgreichen Dramen (über 60 Theaterstücke) zählen (u. a. „Verbrechen aus Ehrsucht", 1784).

Ifflandring, angebl. von Iffland gestifteter Ring für den besten Schauspieler, von T. Döring an F. Haase gegeben. Die folgenden Träger: A. Bassermann, W. Krauss, J. Meinrad.

Ifni, marokkan. Hafenstadt an der Atlantikküste, 13 500 E. U. a. Fisch- und Hummerkonservierung; Herstellung von Teppichen, Möbeln, Lederwaren und Schmuck. - **Sidi Ifni** war bis Ende 1968 Verwaltungssitz der span. Überseeprov. I. und des gesamten Span.-Westafrika.

I., ehem. span. Überseeprov. an der südmarokk. Atlantikküste, 1969 an Marokko abgetreten (jetzt Teil der Prov. Agadir), 1 500 km², 53 000 E (1965), Hauptstadt war Sidi Ifni (= Ifni); überwiegend von Berbern bewohnt; Viehzucht. - Seit 1860 de jure, 1934–1969 de facto von Spanien.

IFO-Institut für Wirtschaftsforschung e. V. (IFO Abk. für: Information und Forschung), gemeinnütziges, unabhängiges wirtschaftswiss. Forschungsinstitut; gegr. 1949, Sitz München.

IG, Abk. für: Industriegewerkschaft. - ↑ auch Deutscher Gewerkschaftsbund.

Igapo [indian.], der alljährl. längere Zeit überschwemmte Sumpfwald im Amazonastiefland.

IGB, Abk. für: Internat. Gewerkschaftsbund (↑ Gewerkschaften).

Igel (Erinaceidae), Fam. 10–45 cm langer, kurzbeiniger, meist nachtaktiver Insektenfresser mit rd. 20 Arten; Körper gedrungen rundl. oder rattenförmig, spitzköpfig; Schwanz stummelförmig oder länger. Weiche

Igeler Säule

dichte Haare hat die vier Arten umfassende Unterfam. **Haarigel** (Ratten-I., Echinosoricinae), die in den Wäldern SO-Asiens, der Sundainseln und Philippinen vorkommt. Die Unterfam. **Stacheligel** (Echte I., Erinaceinae) hat rd. 15 Arten in Europa, Afrika und Asien; Haare zu harten Stacheln umgebildet. Eine bes. Rückenmuskulatur ermöglicht ein Zusammenrollen des Körpers und Aufrichten der kräftigen, spitzen Stachel. Am bekanntesten ist die Gatt. **Kleinohrigel** (Erinaceus) mit rd. 10 Arten in Eurasien und Afrika. Einheim. ist der bis 30 cm lange, kurzschwänzige **Europ. Igel** (Erinaceus europaeus); Oberseite graubraun mit spitzen Stacheln, Unterseite weich und heller behaart; Unterarten sind der **Braunbrustigel** mit graubrauner Brustmitte, in W- und M-Europa und der **Weißbrustigel** mit weißer Brust, in O-Europa. Der Europ. I. kommt v. a. in buschigem Gelände und in Gärten vor; nützl. als Schädlingsvertilger, da er Schnecken, Würmer und Insekten frißt. Das Weibchen wirft nach einer Tragzeit von 5–6 Wochen ein- bis zweimal im Jahr 5–7 blinde Junge. Von Ende Oktober bis Ende März hält er seinen Winterschlaf in einem selbstgebauten Nest aus Moos und Blättern.

Igeler Säule, galloröm. Pfeilergrabmal aus rotem Sandstein in Igel (8 km moselaufwärts von Trier), um 250 errichtet (etwa 23 m hoch); mit Reliefszenen. - Abb. S. 170.

Igelfische (Diodontidae), Fam. 10–50 cm langer Knochenfische mit rd. 15 Arten in trop. und subtrop. Meeren; Körper rundl. dicht mit (in Ruhe angelegten) Stacheln besetzt; füllen bei Bedrohung ihren Magen mit Wasser, wodurch der Körper ballonartig aufgetrieben wird und die Stacheln aufgerichtet werden.

Igelkäfer (Hispinae), mit mehreren 100 Arten weltweit verbreitete Unterfam. der Blattkäfer; Oberseite meist mit dichtstehenden Stacheln; in M-Europa nur der 3–4 mm lange, mattschwarze **Stachelkäfer** (Hispella atra).

Igelkaktus (Kugelkaktus, Echinokaktus, Echinocactus), Gatt. der Kakteen mit 10 Arten in Mexiko; kugelige oder zylindr., oft meterdicke Pflanzen mit kräftig bedornten Längsrippen und gipfelständigen, meist gelben Blüten; bekannteste Art ist der **Goldkugelkaktus** (Echinocactus grusonii), bis 80 cm breit, bis 1,20 m hoch, mit scharfen, dicht mit gelben Dornen besetzten Rippen und gelben Blüten.

Igelkolben (Sparganium), einzige Gatt. der einkeimblättrigen Pflanzenfam. *Igelkolbengewächse (Sparganiaceae)* mit 20 Arten in gemäßigten und kalten Gebieten der Erde; ausdauernde Sumpf- und Wasserpflanzen mit kriechenden Wurzelstöcken, schwertförmigen Blättern und grünl. Blüten in oberen ♂ und unteren ♀, sternartigen, kugeligen Köpfchen; in Europa kommt v. a. der **Einfache Igelkolben** (Sparganium emersum), bis 60 cm hoch, vor.

Igelpolster (Acantholimon), Gatt. der Bleiwurzgewächse mit über 100 Arten in Steppengebieten vom östl. Mittelmeergebiet bis M-Asien; Polsterpflanzen mit grasähnl., stechenden Blättern und weißen bis roten Blüten in Ähren.

Igelsäulenkaktus (Echinocereus), Kakteengatt. mit rd. 70 Arten in Mexiko und in den USA; Sprosse kurz und dick, vielrippig und reich bedornt; Blüten groß, trichterförmig, leuchtend gefärbt, mit grünen Narben.

Igelwürmer (Sternwürmer, Echiurida), den Ringelwürmern nahestehender Stamm der Wirbellosen mit rd. 150 marinen Arten; Körper wurm- bis eiförmig; mit oft außergewöhnl. langem Rüssel, der eine Wimperrinne aufweist; etwa 0,3–185 cm lang; mit ungegliederter sekundärer Leibeshöhle und einem einfachen, geschlossenen Blutgefäßsystem.

I. G. Farbenindustrie AG, ehem. dt. und größter Chemiekonzern der Erde. Die Gründung der wichtigsten Vorläufergesellschaften fällt in die Jahre 1861–63. 1904 kam es zu ersten lockeren Verbindungen: Der sog. *Dreibund* wurde gebildet von den „Farbenfabriken vorm. Friedr. Bayer u. Co", Leverkusen (Farbenfabriken Bayer AG, heute Bayer AG), der „Bad. Anilin- & Soda-Fabrik AG",

I. G. Farbenindustrie AG. Gründergesellschaften und verbundene Gesellschaften

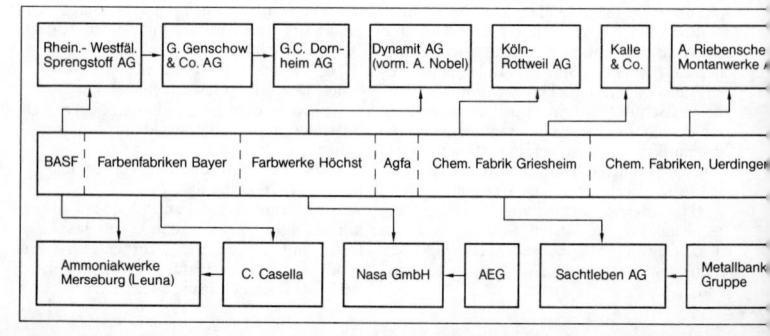

Rhein.-Westfäl. Sprengstoff AG	G. Genschow & Co. AG	G.C. Dornheim AG	Dynamit AG (vorm. A. Nobel)	Köln-Rottweil AG	Kalle & Co.	A. Riebensche Montanwerke
BASF	Farbenfabriken Bayer	Farbwerke Höchst	Agfa	Chem. Fabrik Griesheim		Chem. Fabriken, Uerdingen
Ammoniakwerke Merseburg (Leuna)	C. Casella	Nasa GmbH	AEG	Sachtleben AG		Metallbank Gruppe

Igorot

Ludwigshafen am Rhein (heute BASF AG), und der „AG für Anilinfabrikation", Berlin (Agfa-Gevaert-Gruppe); die zweite Gruppe bildeten die „Farbwerke vorm. Meister, Lucius und Brüning", Höchst (Farbwerke Hoechst AG), die „Leopold Cassella u. Co., GmbH", Frankfurt am Main (Cassella Farbwerke Mainkur AG), 1906 trat auch die „Kalle u. Co., AG", Biebrich (Kalle AG), bei. 1916 formierte sich aus diesen Verbindungen die „Interessengemeinschaft der dt. Teerfarbenfabriken". 1925 folgte die Gründung der I.G. F. AG als Zusammenschluß von BASF, Bayer, Hoechst, Agfa, der „Chem. Fabriken vorm. Weiler-ter-Meer", Uerdingen, und der „Chem. Fabrik Griesheim-Elektron", Frankfurt am Main; nicht einbezogen in die Fusion, wurden Cassella und Kalle, die bereits weitgehend im Besitz der übrigen Gesellschaften waren. Führend bei der Fusion war die BASF. Der stark exportorientierte Konzern gründete 1928/29 Auslandsgesellschaften u. a. in der Schweiz und in den USA.
Der Konzern war durch dezentrale Organisation mit weitgehender Selbständigkeit der einzelnen Werke gekennzeichnet. Für einige Sachgebiete bestanden Zentralverwaltungen (Finanzverwaltung, Buchhaltung, Zentraleinkauf für Rohstoffe u. a.). Die Anzahl der Beschäftigten betrug bei der Fusion 83 719 und erreichte 1928 mit 114 185 ihren Höchststand. Grundlage für die wirtsch. Entwicklung war eine intensive Forschung, die C. Bosch und G. Domagk den Nobelpreis für Chemie und dem Konzern 9 000 dt. und etwa 30 000 ausländ. Patente einbrachten.
Im Sommer 1945 wurde das gesamte Vermögen des Konzerns von den vier Besatzungsmächten beschlagnahmt, das Auslandsvermögen wurde enteignet. Die verschiedenen Einheiten des Konzerns wurden verpflichtet, ihre Geschäfte wieder als selbständige Unternehmen zu führen. 1952 entstanden die IG-Farben-Nachfolgegesellschaften.

Iggesund ↑ Hudiksvall.
Iglau (tschech. Jihlava), Stadt im Südmähr. Gebiet, ČSSR, 516 m ü. d. M., 52 800 E. Sitz einer Bez.verwaltung; Gemäldegalerie. Nahrungsmittel-, Textilind., Herstellung von Kfz-Teilen. - Anfangs des 13. Jh. von dt. Bergleuten gegr.; das *Iglauer Bergrecht* fand internat. Verbreitung. - Die planmäßig angelegte Altstadt hat ma. Gepräge; zahlr. Kirchen, u. a. Sankt Jakob (13./14. Jh.) und die Jesuitenkirche (17./18. Jh.).
Iglesias, italien. Stadt auf Sardinien, 199 m ü. d. M., 30 200 E. Kath. Bischofssitz; Bergbauakad. und -museum; Zentrum des Bergbaugebiets im Iglesiente. - In der Zeit der Sarazeneneinfälle (8. Jh.) entstanden. - Dom (1285 ff., im 16. Jh. erneuert), Reste der ma. Stadtmauer.
Iglesiente, Landschaft im SW von Sardinien; Bergbau auf Blei- und Zinkerze.

Iglu [eskimoisch], aus Schneeblöcken errichtete, kuppelförmige Hütte der Eskimo.
Ignatius ['ɪgnaːtsiʊs] (Ignaz), männl. Vorname, Nebenform von lat. Egnatius (Bed. unklar).
Ignatius (Ignatios) **von Antiochia** [...tsiʊs], hl. † Rom zw. 107 und 117, Bischof, Märtyrer und Kirchenvater. - Seine sieben Briefe an kleinasiat. Gemeinden sind ein wichtiges Zeugnis für die Entwicklung der altkirchl. Glaubenslehre und der Gemeindeverfassung. - Fest: 17. Okt. (früher 1. Februar).
Ignatius von Loyola [...tsiʊs], hl. eigtl. Íñigo López Oñaz y Loyola, * Schloß Loyola bei Azpeitia (Guipúzcoa) 1491, † Rom 31. Juli 1556, kath. Ordensgründer bask. Herkunft. - Zunächst in höf. und militär. Dienst, wandte er sich nach einer Verwundung bei Pamplona 1521 religiöser Literatur zu und wurde durch myst. Erlebnisse (Grundlegung seines „Exerzitienbüchleins") bekehrt; nach einer Palästinawallfahrt 1523/24 Studium in Barcelona, Alcalá, Paris und Venedig; wegen seelsorgl. Tätigkeit (als Laie) mehrfach vor dem Inquisitionsgericht; 1537 Priesterweihe. Sein urspr. Plan, mit seinen Gefährten in Palästina missionar. zu wirken, scheiterte; deshalb stellten sie sich in Rom dem Papst zur Verfügung; dort Aufbau seiner Gemeinschaft († Jesuiten), deren erster Generaloberer I. 1541 wurde. Seine Schriften („Regel", „Satzungen", „Geistl. Tagebuch" und „Lebenserinnerungen") sowie sein pastoraler Einsatz (Exerzitien) und seine Ordensgründung hatten entscheidende Bed. für die kirchl. Erneuerung des 16. Jh. - Fest: 31. Juli.
📖 *König, U.: I. v. L. Bln. 1982.*
Ignaz ['ɪgnaːts] ↑ Ignatius.
Ignimbrit [zu lat. ignis „Feuer" und imber „Regen"], vulkan. Gestein, besteht aus Bimssteinbruchstücken in glasiger Grundmasse; entsteht durch Glutwolken.
ignoramus et ignorabimus [lat.], „wir wissen es nicht und werden es nie wissen" (nach E. Du Bois-Reymonds Schlagwort für die Unlösbarkeit der Welträtsel).
Ignorant [zu lat. ignorare „nicht kennen (wollen)"], unwissender Mensch, Dummkopf.
Igor, aus dem Russ. übernommener männl. Vorname german. Ursprungs (geht auf altnord. Ingvarr (Ingwar) zurück).
Igor, * 877 (?), † 945, Großfürst von Kiew (seit 912). - Sohn Ruriks; unternahm Feldzüge gegen Byzanz, mit dem er 944 einen Handelsvertrag abschloß.
Igorlied, etwa um 1185-87 von einem unbekannten Verfasser geschriebenes Heldenepos, das den mißglückten Feldzug Fürst Igors (* 1150, † 1202; Fürst seit 1178) 1185 gegen die Steppennomaden (Polowzer) besingt. Bedeutendstes Denkmal der altruss. Literatur (1795 als Kopie aus dem 15./16. Jh. in einem Sammelkodex entdeckt).
Igorot, Bez. für die im N der philippin.

Iguaçu

Ikebana. Schodo Hajakawa, Helligkeit (1971)

Igeler Säule

Insel Luzon lebenden altmalaiischen Völker.

Iguaçu, Rio [brasilian. 'rriu iɡu̯a'su] (span. Río Iguazú), linker Nebenfluß des Paraná in S-Brasilien, entspringt in der Serra do Mar, mündet an der argentin. Grenze in den Paraná, 1 320 km lang. Bildet 20 km oberhalb seiner Mündung, an der brasilian.-argentin. Grenze, die **Saltos do Iguaçu**, die aus 21 größeren und 250 kleineren Wasserfällen bestehen, mit Fallhöhen bis 72 m; Nationalpark in beiden Ländern. Wasserkraftwerk im Bau.

Iguanidae [indian.], svw. ↑Leguane.

Iguanodon [indian./griech.], vom oberen Malm bis zur Unterkreide Eurasiens bekannte Gatt. bis 8 m langer, bis 5 m hoher pflanzenfressender Dinosaurier.

Iguvinische Tafeln, sieben Bronzetafeln verschiedener Größe, die 1444 in der umbr. Stadt Gubbio (lat. *Iguvium*) gefunden wurden. Sie sind teilweise in umbrischer Schrift, der Rest in lat. Schrift beschrieben und stellen das Hauptdenkmal der umbrischen Sprache dar (über 4 000 Wörter).

Ihara Saikaku (Ibara Saikaku), eigtl. Hirajama Togo, * Osaka 1642, † ebd. 9. Sept. 1693, jap. Schriftsteller. - Schuf mit „Yonosuke, der dreitausendfache Liebhaber" 1682 den neuen realist. Gesellschafts- und Sittenroman; auch erot. Erzählungen.

IHC, byzantin. Schreibweise für IHS; ↑Christusmonogramm.

Ihering ['je:rɪŋ], (Jhering) Herbert, * Springe 29. Febr. 1888, † Berlin 15. Jan. 1977, dt. Theaterkritiker. - Kritiker an der „Schaubühne", am „Berliner Börsen-Courier", dem „Berliner Tageblatt" u. der „Weltbühne"; auch als Dramaturg tätig (Volksbühne Wien, Dt. Theater in Berlin). Erkannte als einer der ersten die Bedeutung von E. Barlach und B. Brecht.

I., Rudolf von, * Aurich 22. Aug. 1818, † Göttingen 17. Sept. 1892, dt. Jurist. - Prof. in Basel (1845), Rostock (1846), Kiel (1849), Gießen (1852), Wien (1868) und Göttingen (1872). Löste sich von der Begriffsjurisprudenz und wurde zum Vorkämpfer der Interessenjurisprudenz.

Werke: Geist des röm. Rechts auf den verschiedenen Stufen seiner Entwicklung (1852–65), Der Kampf ums Recht (1872), Der Zweck im Recht (1877–83).

IHK, Abk.:
◆ für Industrie- und Handelskammer.
◆ für Internationale Handelskammer.

Ihlenfeld, Kurt, * Colmar 26. Mai 1901, † Berlin 25. Aug. 1972, dt. Schriftsteller. - 1933–43 Hg. der Literaturzeitschrift „Eckart"; begründete als geistiges Widerstandszentrum in der Zeit des NS den „Eckart-Kreis"; verfaßte Erzählungen, Lyrik und Essays aus prot.-christl. Sicht.

Ihne, Ernst von (seit 1906), * Elberfeld (= Wuppertal) 23. Mai 1848, † Berlin 21. April 1917, dt. Architekt. - Seit 1888 Hofarchitekt in Berlin; baute neubarocke wilhelmin. Repräsentativbauten, u. a. Marstall (1899/

Ikonologie

1900), Kaiser-Friedrich-Museum (1897–1903, heute Bode-Museum) und Staatsbibliothek (1908–14).

Ihram [ɪçˈraːm; arab.], der Weihezustand des Mekkapilgers, den er beim Betreten des hl. Bezirks († Haram) annimmt und in dem er ein bes. Gewand (ebenfalls I. genannt) trägt; im I. sind Geschlechtsverkehr, Töten von Tieren und Schneiden von Haupthaar, Bart und Nägeln verboten.

Ihrer, Emma, * Glatz 3. Jan. 1857, † Berlin 8. Jan. 1911, dt. Politikerin. - 1885 Mitbegr. und Vorstands-Mgl. des „Vereins zur Vertretung von Interessen der Arbeiterinnen", seit 1891 Mgl. der Generalkommission der Gewerkschaften Deutschlands. Gab seit 1890 die polit. Frauenzeitschrift „Die Arbeiterin" heraus.

IHS † Christusmonogramm.

Ijjar [hebr.], 8. Monat des jüd. Jahres, im April/Mai, mit 29 Tagen. Am 5. I. wurde 1948 der jüd. Staat proklamiert.

IJmuiden [niederl. ɛjˈmœydə] ↑ Velsen.

IJssel [niederl. ˈɛjsəl], 116 km langer Flußarm im Rheindelta, Hauptzufluß des IJsselmeeres.

IJsselmeer [niederl. ɛjsəlˈmeːr], Restsee der ehem. † Zuidersee, Niederlande.

IJsselmonde [niederl. ɛjsəlˈmɔndə], niederl. Insel im Rhein-Maas-Delta, 24 km lang, bis 8 km breit; Hafenanlagen, Wohngebiete.

Ikakopflaume † Goldpflaume.

Ikaria, griech. Insel westl. von Samos, 40 km lang, 9 km breit, bis 1 033 m hoch; radiumhaltige Thermalquellen.

Ikarisches Meer, antike Bez. für den Teil des Ägäischen Meeres zw. den Kykladen im W und dem Dodekanes im O, Ikaria im N und Astipaläa im S.

Ikarus † Dädalus.

Ikbal † Iqbal.

Ikebana [jap. „lebendige Blumen"], Kunst des Blumensteckens, wird in Japan seit dem 8. Jh. gelehrt. Die im 15. Jh. gegr. *Ikenoboschule* versinnbildlicht durch das Arrangement bes. Himmel (oben), Erde (unten), Mensch (Mittelpunkt).

Ikeda, Hajato, * Präfektur Hiroschima 3. Dez. 1899, † Tokio 13. Aug. 1965, jap. Politiker. - Jurist; 1949–52 Finanz-, 1952/53 Handelsmin.; 1956–60 in verschiedenen Min.ämtern, 1960–64 Min.präs. und zugleich Vors. der Liberal-Demokrat. Partei.

Ikeja [iːˈkɛɪdʒɑː], Hauptstadt des nigerian. Bundesstaats Lagos, 20 km nw. von Lagos, 11 500 E. Nahrungsmittel-, Fahrrad-, Haushaltswarenfabrikation; internat. ✈.

Ikonen [zu griech. eikṓn „Bild"], transportable, meist auf Holz gemalte Kultbilder der Ostkirchen, auf denen Christus, Maria, andere Heilige oder bibl. Szenen wiedergegeben sind. Wie auf dem 2. Konzil von Nizäa 787 in Überwindung des Ikonoklasmus, und endgültig erst 842/843, theolog. definiert, steht den I. Verehrung, nicht Anbetung zu, die sich auf die in ihnen dargestellten Urbilder bezieht, als deren authent. und gnadenhafte Abbilder die I. verstanden werden. Die I.malerei gilt als liturg. Handlung und ist deshalb einer streng vorgeschriebenen, durch Malerbücher weitergegebenen Typisierung unterworfen, die nur eine beschränkte stilist. Entwicklung zuließ. Charakterist. ist die Malerei in Eitemperafarben, die von einer dunklen Grundschicht zu zunehmend hellen und linearen Höhungen fortschreitet. Hintergründe sind meist mit Gold ausgelegt, das ganze Bild wird mit einem Leinöl-Firnis überzogen. Seit dem 13. Jh. sind Metallbeschläge üblich, die manchmal nur Gesicht und Hände der dargestellten Person freilassen. Als Malgrund werden außer Holz noch Metall, Stein und Glas verwendet, auch kommen gestickte, in Email oder Mosaik ausgeführte I. vor. - Die Anfänge der I.malerei liegen in der spätantiken, v. a. ägypt. Sitte, Totenporträts anfertigen zu lassen. Die Existenz von I. ist seit dem 4. Jh. literar. bezeugt, die ältesten tatsächl. erhaltenen Beispiele stammen aus dem 6. Jh. (Katharinenkloster am Sinai). In nachikonoklast. Zeit verbreitete sich die I.malerei von Byzanz aus nach Süditalien, Armenien, über die slaw. Balkanländer, wo sie wie in Griechenland auch unter der Türkenherrschaft fortlebte, und nach Rußland, das in verschiedenen Zentren (Nowgorod, Susdal, Moskau) ihre bes. reiche Tradition hervorbrachte. Vereinzelt hat sich die Produktion von I. bis in die Gegenwart erhalten. - Abb. S. 172.

📖 *Gerhard, H. P.:* Welt der I. Recklinghausen ⁷1980. - *Sommer, K.:* I. Mchn. 1979.

Ikonische Dynastie † Rum-Seldschuken.

Ikonodulie [griech.], Bilderverehrung († Bild); **Ikonodule,** Bilderverehrer.

Ikonographie [zu griech. eikonographía „Abbildung"], in der Kunstwiss. seit dem 19. Jh. die beschreibende Erfassung und Klassifizierung der (religiösen, mytholog., symbol., allegor.) Inhalte der Themen bildl. Darstellungen. In ihrer Bezogenheit auf figürl. und szen. Abbildungen bezieht I. urspr. nur Plastik und Malerei ein, später auch Architektur. Für weite Bereiche bes. religiöser Kunst ist sie notwendige Voraussetzung sinngemäßen Erschließens. Sie untersucht Dinge wie auch Formen, Farben und Zahlen bzw. ihre Symbolik. - † auch Ikonologie.

Ikonoklasmus [griech.], Verfolgung der Ikonodulen († Bild).

Ikonologie [griech.], Bedeutungslehre (Kunstwiss.); fragt v. a. nach Funktion und Ort der einzelnen Kunstwerks innerhalb eines Gesamtkonzepts (z. B. Ikonostase, Flügelaltar, Bildprogramm der Barockkirche, Architekturkomplex). Entwickelt von E. Panofsky, der einen grundsätzl. Unterschied zu ikonograph. Fragestellungen sah.

171

Ikonoskop

Ikonoskop [griech.], Name der ersten (von dem amerikan. Physiker W. K. Zworykin entwickelten) ↑Bildspeicherröhre.

Ikonostase (Ikonostas) [griech.], mit Ikonen besetzte dreitürige Holzwand, die in orthodoxen Kirchen Altar- und Gemeinderaum voneinander trennt. Aus den Chorschranken frühchristl. Kirchen entwickelt, wurde die I. um das 14. Jh. in Rußland zur bisweilen raumhohen, mit Schnitzereien verzierten Wand ausgebildet, an der die Ikonen in mehreren Reihen und nach festgelegten ikonograph. Regeln angebracht wurden.

Ikor, Roger, *Paris 28. Mai 1912, †ebd. 17. Nov. 1986, frz. Schriftsteller. - Sein Roman „Die Söhne Abrahams" (1955) zeichnet den Schicksalsweg einer jüd. Emigrantenfamilie im Frankr. des 20. Jh. nach. Aus einem 6bändigen Romanzyklus liegen in dt. Übers. vor: „Das Dorf ohne Geld" (1960), „Der flüsternde Krieg" (1961), „Regen über dem Meer" (1962), „Glück ohne Wiederkehr" (1964); außerdem „Das Glücksrad der Unschuldigen" (R., 1972).

Ikosaeder [griech.] (Zwanzigflach, Zwanzigflächner), von zwanzig Dreiecken begrenztes ↑Polyeder. Das von zwanzig gleichseitigen, kongruenten Dreiecken begrenzte *regelmäßige I.* (meist kurz I. genannt) ist einer der fünf ↑platonischen Körper.

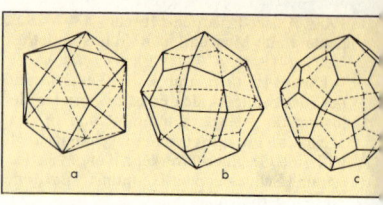

Ikosaeder und Ikositetraeder.
a regelmäßiges Ikosaeder,
b Deltoidikositetraeder,
c Pentagonikositetraeder

Ikositetraeder [griech.] (Vierundzwanzigflach, Vierundzwanzigflächner), von 24 Flächen begrenztes ↑Polyeder; beim *Deltoid-I. (Leuzitoeder)* sind die Begrenzungsflächen Deltoide (Windvogelviereck), beim *Pentagon-I. (Gyroid)* Fünfecke.

Ikterus [griech.], svw. ↑Gelbsucht.

Iktinos, griech. Baumeister der 2. Hälfte des 5. Jh. v. Chr. - Erbaute, beraten von Phidias, zus. mit Kallikrates den ↑Parthenon auf

Ikone. Christus und der heilige Menas (6. Jh.; koptisch)

der Akropolis von Athen, entwarf den Neubau des Telesterions (Mysterienhaus) von Eleusis (nicht erhalten) und errichtete vermutl. auch den Apollontempel von ↑Bassai.

Iktus (Ictus) [lat. „Wurf, Schlag"], Bez. für die durch verstärkten Druckakzent ausgezeichnete Hebung in den nach dem ↑akzentuierenden Versprinzip gebauten Versen.

i. L., Abk. für: in Liquidation als Firmenzusatz (↑Liquidation).

Ilagan, philippin. Stadt auf Luzon, am Cagayan, 48 000 E. Verwaltungssitz der Prov. Isabela; kath. Bischofssitz; Tabakindustrie.

Ilarion (Hilarion von Kiew), russ. Metropolit des 11. Jh. - 1051–54 erster russ. Metropolit von Kiew; seine Predigten und Festreden waren wegweisend für den späteren russ. Predigtstil.

Iława [poln. i'uava] ↑Deutsch Eylau.

Ilebo, Stadt in Zaïre, am Kasai, 634 m ü. d. M., 32 000 E. Umschlagplatz (Bahn/Schiff) zum Beginn der Schiffahrt auf dem Kasai; Eisenbahnendpunkt.

Île de France [frz. ildə'frã:s], histor. Gebiet in Frankr.; geograph. heute die Tertiärplateaus im O-Teil des Pariser Beckens. Das histor. Gebiet griff z. T. beträchtl. über den geograph. definierten Raum hinaus. Seit Anfang des 15. Jh. Bez. des Gebietes um die mittlere Seine. Zur Merowingerzeit gehörte dieses Gebiet als Teil des Hzgt. Franzien zum Kern des Reiches; im 10./11 Jh. Ausgangspunkt für die Herrschaft der Kapetinger und Schwerpunkt der frz. Wirtschaft und Kultur. 1790 reichte die im 17. Jh. gebildete Prov. von der Yonnemündung seineabwärts bis über Mantes, im SW bis zur Eure, im N bis Beauvais und im NO bis Laon.

i-leitend (eigenleitend), Bez. für ein [reines] Halbleitermaterial, das ebenso viele freie Leitungselektronen wie Defektelektronen enthält, so daß seine elektr. Leitfähigkeit auf der unterschiedl. Beweglichkeit seiner Ladungsträger beruht.

Ileozäkalklappe [lat./dt.], svw. ↑Bauhin-Klappe.

Ilerda, span. Stadt, ↑Lérida.

Ilesha [i:'lɛɪʃɑ:], nigerian. Stadt 30 km nö. von Ife, 224 000 E; Handelszentrum eines Kakaoanbaugebietes.

Îles Normandes [frz. ilnɔr'mã:d] ↑Kanalinseln.

Ileum ['i:le-ʊm; lat.], svw. Krummdarm (↑Darm).

Ileus ['i:le-ʊs; griech.-lat.], svw. ↑Darmverschluß.

Ilex [lat.], svw. ↑Stechpalme.

Ilf, Ilja, eigtl. Ilja Arnoldowitsch Fainsilberg, * Odessa 15. Okt. 1897, † Moskau 13. April 1937, russ.-sowjet. Schriftsteller. - Sein Hauptwerk ist der zus. mit J. Petrow verfaßte Roman „Zwölf Stühle" (1928), der den sowjet. Alltag u. v. a. Reste bürgerl. Anschauungen satir. darstellt.

Il Gesù [italien. il dʒe'zu], Jesuitenkirche in Rom, nach den Plänen Vignolas 1568–87 erbaut; die Synthese von Langhausschema und Kuppelraum mit seitl. Kapellen und darüberliegenden niedrigen Logen beeinflußte den Kirchenbau des Barock in Europa.

Ilhéus [brasilian. i'ʎɛʊs], brasilian. Stadt am Atlantik, 59 000 E. Kath. Bischofssitz; wichtigster Hafen für den brasilian. Kakaoexport. - Gegr. 1535.

Ili, Zufluß des Balchaschsees, UdSSR und China, entspringt mit zwei Quellflüssen im Tienschan, durchfließt im Unterlauf das Siebenstromland, 1 001 km lang.

Ilias, Epos ↑Homers von den 51 entscheidenden Tagen des Trojan. Krieges.

Iliescu, Ion, * Olteniţa 3. März 1930, rumän. Politiker. Seit 1953 Mgl. der KP; 1968–84 Mgl. des ZK, Febr.–Juli 1971 ZK-Sekretär für Kultur und Propaganda, 1979–85 Vors. des Rats für nat. Wasserwirtschaft; von Ceauşescu entmachtet. Während der Revolution im Dez. 1989 Sprecher der „Front der nat. Errettung", seit 26. Dez. der Vors. und damit provisor. Staatsoberhaupt.

Iligan [span. i'liɣan], philippin. Hafenstadt an der N-Küste von Mindanao, 118 000 E. Verwaltungssitz der Prov. Lanao del Norte; kath. Bischofssitz; wichtigster moderner Ind.standort der südl. Philippinen.

Ilion (Ilium), svw. ↑Troja.

Ilium [lat.], svw. Darmbein (↑Becken).

Iljuschin, Sergei Wladimirowitsch, * Diljalewo (Gouv. Wologda) 30. März 1894, † Moskau 9. Febr. 1977, sowjet. Flugzeugkonstrukteur. - Ab 1948 Prof. in Moskau; entwickelte u. a. 1936 die *Il 4* (im 2. Weltkrieg in einer Version als Fernbomber), nach dem Krieg die *Il 14* (zweimotoriges Mittelstreckenverkehrsflugzeug), das Turbopropverkehrsflugzeug *Il 18* für Mittel- und Langstrecken und das vierstrahlige Langstreckenverkehrsflugzeug *Il 62*.

Ilk, svw. Waldiltis (↑Iltisse).

Ilkhane (Ilchane), mongol. Herrscher über Persien (1220–1350); standen zeitweilig im Gegensatz zu den Herrschern der ↑Goldenen Horde; lockerten nach 1294 die Bindungen an das Stammland.

Ilkhaniden (Dschelairiden), Nachfolgedyn. der ↑Ilkhane, ihre Herrschaft endete 1424.

Ill, rechter Nebenfluß des Rheins, in Vorarlberg, entspringt am Großen Vermuntgletscher, mündet bei Meiningen, 75 km lang. Am Oberlauf der Silvrettastausee und der Vermuntstausee.

I., linker Nebenfluß des Rheins, im Elsaß, entspringt am N-Abfall des Jura, mündet unterhalb von Straßburg, 208 km lang.

Iłłakowiczówna, Kazimiera [poln. iuuakɔvi'tʃuvna], * Wilna 6. Aug. 1892, † Posen 16. Febr. 1983, poln. Dichterin. - Galt als eine der bedeutendsten poln. Lyrikerinnen (dt.

173

Illampu

Auswahl 1964 u. d. T. „Meine bunte Welt"); übersetzte u. a. Goethe, Schiller, Büchner, Böll.

Illampu [span. i'jampu], vergletscherter Berg in den bolivian. Anden, 6 550 m hoch.

illegal [lat.], gesetzwidrig, ungesetzlich, ohne behördl. Genehmigung.

illegitim [lat.], unrechtmäßig, im Widerspruch zur Rechtsordnung [stehend]; außerehel., nichtehelich.

Ille-et-Vilaine [frz. ilevi'lɛn], Dep. in Frankr.

Iller, rechter Nebenfluß der Donau, in Bayern, entsteht bei Oberstdorf, mündet sw. von Ulm; 165 km lang.

Iller-Lech-Platte, Landschaft im dt. Alpenvorland, zw. der Donau im N, der Iller im W, den würmeiszeitl. Endmoränen im S und dem Lech im O.

Illertissen, Stadt im Illertal, Bay., 513 m ü. d. M., 13 200 E. Maschinenfabriken, Textilind. und Baumaterialherstellung. - 1520–1756 reichsfreie Herrschaft der Memminger Patrizierfamilie Vöhlin. Seit 1954 Stadt. - Pfarrkirche Sankt Martin (1590) mit prunkvollem Hochaltar (1604). Renaissanceschloß (um 1550).

Illía, Arturo Umberto [span. i'jia], * Pergamino 4. Aug. 1900, † Córdoba 18. Jan. 1983, argentin. Politiker. - Mgl. der Unión Cívica Radical (UCR); seit 1956 Mgl. der Unión Cívica Radical del Pueblo; 1963 zum Staatspräs. gewählt; 1966 von der Armee gestürzt.

Illiberis ↑ Granada.

Illich (Ilić), Ivan ['ɪlɪtʃ], * Wien 4. Sept. 1926, amerikan. Sozialreformer östr. Herkunft. - Kath. Theologe, ab 1951 Seelsorger in New Yorker Slums, geriet in scharfen Ggs. zu Papst Paul VI., verzichtete 1969 auf seine priesterl. Funktionen. I. kritisiert sowohl das traditionelle Schulsystem („Entschulung") als auch die Medizin. Schrieb „Almosen und Folter" (1970), „Entschulung der Gesellschaft" (1971), „Die Nemesis der Medizin" (1975).

Illicium [lat.], svw. ↑ Sternanis.

Illimani [span. iji'mani], höchster Berg in den bolivian. Anden, 6 882 m hoch.

Illinois [engl. ɪlɪ'nɔɪ(z)], einer der nördl. Staaten des Mittleren Westens der USA, 146 075 km², 11,45 Mill. E (1982), 78 E/km², Hauptstadt Springfield.
Landesnatur: I. liegt zum größten Teil im Zentralen Tiefland N-Amerikas, das durch Moränen und Flußtäler gegliedert wird. Höchste Erhebung ist der Charles Mound im SW mit 378 m ü. d. M. Im SW greift ein Ausläufer des Ozark Plateaus auf das Gebiet von I. über. Im S, am Zusammenfluß von Mississippi und Ohio, hat I. Anteil an der Golfküstenebene. - Es herrscht kontinentales Klima mit extremen Temperaturen im Sommer und Winter, mit gelegentl. Kälteeinbrüchen von N und Schneestürmen oder sommerl. Zyklonen vom Golf von Mexiko her. - Nur etwa 10 % des Staatsgebiets sind bewaldet.
Bevölkerung, Wirtschaft, Verkehr: Der Anteil der weißen Bev. beträgt rd. 86%, der der schwarzen rd. 13%. Die indian. Minderheit gehört zur Sprachfamilie der Algonkin. Rd. 83 % der Bev. leben in Städten, von denen Chicago die größte ist. I. verfügt über 15 Univ., deren älteste, in Evanston, 1851 gegr. wurde. - Die Landw. ist ein wichtiger Wirtschaftszweig, da I. im ↑ Corn Belt der USA liegt mit Anbau von Mais, Sojabohnen, Getreide, Kartoffeln, Obst und Gemüse. Daneben bed. Viehhaltung. An Bodenschätzen kommen Kohle, Erdöl, Flußspat u. a. vor. I. ist der bedeutendste Ind.staat des Mittleren Westens in günstiger Verkehrslage im ↑ Manufacturing Belt; von Bed. sind v. a. Maschinenbau, Fleischverarbeitung, Konservenind., Möbelind. Etwa 75 % der Ind.betriebe liegen im Raum Chicago. - I. verfügt über ein Eisenbahnnetz von rd. 22 000 km, ein Hauptstraßennetz von rd. 33 000 km. Bed. Wasserstraßen sind sowohl der Mississippi, der durch den I. Waterway mit den Großen Seen verbunden ist, als auch seine Nebenflüsse. Von den über 1 000 Flug- und Landeplätzen ist der internat. ✈ Chicago der verkehrsreichste der Erde.
Geschichte: Die ersten Weißen (1673) im Gebiet des heutigen I. waren Franzosen. 1717 als Distrikt der Kolonie Louisiane eingerichtet; kam 1763 mit Louisiane in brit. Besitz; im nordamerikan. Unabhängigkeitskrieg von den Amerikanern 1778 erobert; kam 1783 in den Besitz der USA, wurde 1809 selbständig, 1818 als 21. Staat in die USA aufgenommen.
▭ *Howard, R. P.: I. A history of the Prairie State.* Grand Rapids (Mich.) 1972.

Illinois [engl. ɪlɪ'nɔɪ(z)], Stamm der Zentralen Algonkin und Algonkinkonföderation v. a. in Illinois und Wisconsin.

Illinois River [engl. ɪlɪ'nɔɪ(z) 'rɪvə], linker Nebenfluß des Mississippi, entsteht durch Zusammenfluß von zwei Quellflüssen 70 km sw. von Chicago, mündet 80 km nw. von Saint Louis, 439 km lang; bildet den größten Teil des **Illinois Waterway,** einer 523 km langen Wasserstraße zw. dem Mississippi und den Großen Seen.

Illiquidität [lat.] ↑ Liquidität.

Illit [nach dem Staat Illinois (USA)], Bez. für: 1. glimmerartige Zwischenprodukte bei der Umbildung von Feldspat zu Kaolin; 2. Hydromuskovite, die sich bei der Diagenese von Tonen zu Tonschiefern bilden; Hauptkomponente vieler mariner Tone.

Illo, Christian Freiherr von ↑ Ilow, Christian Freiherr von.

illoyal [lat.], den Staat oder eine staatl. Instanz nicht respektierend; vertragsbrüchig, gegen Treu und Glauben; (der Gegenseite) übelgesinnt.

Illuminaten [zu lat. illuminatus „erleuchtet"], Anhänger esoter. Vereinigungen, die sich einer höheren Erkenntnis Gottes und eines engen Verkehrs mit der Geisterwelt rühmen.

Illuminatenorden, 1776 von A. Weishaupt in Ingolstadt gegr., über die Freimaurerei hinausgehender Geheimbund mit dem Ziel, die Prinzipien der Aufklärung zu fördern; Mgl. waren u. a. J. G. Herder und Goethe; seit 1785 verfolgt und aufgelöst, 1896 neugegr., 1925 Zusammenschluß zum „Weltbund der Illuminaten", Sitz Berlin.

Illumination [lat.], festl. Beleuchtung; **illuminieren,** festl. erleuchten, kolorieren; Buchmalereien ausführen.

Illuminationstheorie, im Anschluß an Platon insbes. von Augustinus und Dionysius ausgebildete Lehre, nach der die menschl. Erkenntnis durch ein „geistiges Licht" ermöglicht wird.

Illusion [lat.-frz., zu lat. illudere „verspotten, täuschen" (zu ludus „Spiel")], subjektive Verzerrung und Mißdeutung von Sinneseindrücken, denen (im Ggs. zu Halluzinationen) objektive Erscheinungen zugrunde liegen; in übertragenem Sinn die nicht erfüllbare Wunschvorstellung oder Erwartung, die subjektiv als realisierbar erlebt wird.

illusionär (illusionistisch) [lat.-frz.], kennzeichnet allg. (meist polem.) eine Vorstellung als nicht verwirklichbar auf Grund falscher Einschätzung der Istlage.

Illusionismus [lat.], in der bildenden Kunst (v. a. der Malerei) die künstler. Darstellungsweise, die Räumlichkeit vortäuscht; durch künstler. Mittel wie Perspektive, Farbenperspektive, Licht- und Schattenmalerei u. a. werden opt. Wirkungen, v. a. Raumtiefe und Körperlichkeit hervorgerufen.

Illusionist [lat.-frz.], Zauberkünstler. **illusionistisch,** svw. ↑illusionär.
♦ Scheinwirkungen erzeugend.
♦ auf Realität und Identifikation zielend (↑illusionistisches Theater).

illusionistisches Theater, als Ggs. zum ↑epischen Theater ein Aufführungsstil, der auf Identifikation des Zuschauers mit dem Geschehen zielt; als Ggs. zum symbolist. Theater ein mit allen Mitteln Realität vortäuschender Theaterstil, bedient sich v. a. der Kulissenbühne als Illusionsbühne.

illusorisch [lat.-frz.], trügerisch, vergebl., sich erübrigend.

illuster [lat.-frz.], glänzend, vornehm, erlaucht.

Illustration [zu lat. illustratio „Erhellung, anschaul. Darstellung"], allg. svw. Bebilderung eines Druckwerks (Zeitschrift, Buch), z. B. durch Graphiken, Diagramme, Photos, Photomontagen, Bildreproduktionen, im besten Sinn mit informierendem Charakter; i. e. S. die künstler. Zeichnungen bzw. Graphiken zu einem Text (↑auch Buchillustration); eine Sonderform bilden Mappenwerke mit I.folgen zu literar. Werken. In einigen Formen moderner Publizistik steht die I. gleichrangig neben dem Text oder hat auch das Übergewicht (Comic strips, Illustrierte).

Illustrierte [lat.], Form der Publikumszeitschrift. Bieten ihre häufig aktuellen [Unterhaltungs]beiträge mit starker Bebilderung. Die Verkaufspreise decken nur einen Bruchteil der realen Kosten, die Hauptfinanzierung erfolgt über Anzeigen. Die Auflagen der I. liegen an der Spitze der Auflagen period. Druckerzeugnisse.

Illustris [lat. „strahlend"], 1. spätantiker Rangtitel für höchste Würdenträger des Röm. Reiches sowie seit dem 4. Jh. für christl. Bischöfe; 2. im MA den Reichsfürsten vorbehaltene Titulatur.

Illyés, Gyula [ungar. 'ijje:ʃ], * Rácegrespuszta 2. Nov. 1902, † Budapest 15. April 1983, ungar. Schriftsteller. - Bäuerl. Herkunft. In den 1930er Jahren schloß er sich den Populisten an, zu deren bedeutendsten Vertretern er mit seinem soziograph. Prosawerk „Pußtavolk" (1936) gehört. Auch erfolgreicher Dramatiker, Essayist und Übersetzer.

Illyrer (Illyrier), indogerman. Volk, das, in viele Stämme aufgesplittert, nach antiken Zeugnissen und auf Grund archäolog. Monumente spätestens seit dem 8./7. Jh. das Gebiet von der Vjosë (einem Adriazufluß) im S bis zur Save und Donau im N, vom Adriat. Meer bis den Dalmaten. Inseln im W bis zum Ochridsee und Amselfeld im O besiedelte; einzelne illyr. Stämme zogen über das Adriat. Meer nach Unteritalien. Als erste größere illyr. Staatsbildung entstand von etwa 400 bis etwa 260 das Taulantierreich zwischen Mathis (= Mati) und Drilon (= Drin). Zur selben Zeit gerieten die I. in größere Verwicklungen mit Makedonien. 260/250 entstand das südillyr. Reich von Skodra (= Shkodër), das 168 von den Römern im 3. Makedon. Krieg aufgelöst wurde. An seine Stelle trat von 158 v. Chr. bis 9 n. Chr. die Eidgenossenschaft der Dalmater, die seit 155 die röm. Oberhoheit anerkannte.

📖 *Alföldy, G.: Bev. u. Gesellschaft der röm. Prov. Dalmatien. Budapest 1965.*

Illyricum, röm. Prov., ↑Illyrien.

Illyricus, dt. ev. Theologe, ↑Flacius, Matthias.

Illyrien (lat. Illyria, Illyricum), im Altertum der vom Volk der Illyrer abgeleitete Name für die gebirgige Landschaft im O des Adriat. Meeres mit zahlr. Inseln nördl. von Epirus. Die Griechen bezeichneten urspr. damit ein Gebiet an der Mündung des Drilon (= Drin), seit Mitte oder Ende des 2. Jh. v. Chr. das Land von der N-Grenze von Epirus bis zum Adriazufluß Titius (= Krka). Um Christi Geburt röm. Bez. für das Gebiet von Epirus im S bis zur Save und Donau im N und vom Adriat. Meer im W bis zu

Illyrisch

einer stets fließenden Grenze gegenüber den Thrakern im O. Als röm. Prov. Illyricum wurde z. Z. des Augustus das Land von der Arsia (= Raša) bis zum Mathis (= Mati) und im O bis zur Drina verwaltet. - Im 19. Jh. Bez. für die von Österreich im Frieden von Schönbrunn (1809) abgetretenen u. von Napoleon I. als **Illyrische Provinzen** zusammengefaßten Gebiete W-Kärntens, O-Tirol, Teile Kroatiens mit Istrien und Dalmatien. Sie fielen 1814 an Österreich zurück und wurden 1816 ohne Dalmatien und Kroatien zum Kgr. I. umgebildet, das 1849 wieder in einzelne Kronländer aufgelöst wurde.

Illyrisch, die Sprache der antiken Illyrer, die nicht durch authent. Textzeugnisse bekannt ist, die aber seit dem Ende des 19. Jh. aus Personen- und geograph. Namen in griech. und lat. Quellen zu erschließen begonnen wurde. Seit dem 2. Weltkrieg hat man den Gedanken von einem großräumigen Verbreitungsgebiet („Panillyrismus") des I. aufgegeben.

Illyrismus, kroat. Bewegung der Jahre 1830–50; versuchte eine südslaw. Einigungsbewegung zu schaffen; im Vordergrund standen polit., kulturelle und sprachreformer. Ziele; blieb auf den kroat. Raum beschränkt.

Ilmenau, Krst. im Bez. Suhl, DDR, am Austritt der Ilm aus dem Thüringer Wald, 540 m ü. d. M., 29 500 E. TH, Ingenieurschule für techn. Glasverarbeitung; Glas- und Porzellanind., Spielwarenherstellung. - 1341 als Stadt bezeugt. - Renaissancestadtkirche (17./18. Jh.), Amtshaus (ehem. Schloß, 1616), Renaissancerathaus (1625).

I., Landkr. im Bez. Suhl, DDR.

I., linker Nebenfluß der Elbe, entspringt südl. von Uelzen, mündet nw. von Winsen (Luhe); 107 km lang.

Ilmenit [nach den Ilmenbergen des Südl. Urals] (Titaneisen), schwarz[braun]es, metall. glänzendes, muschelig brechendes Mineral der chem. Zusammensetzung $FeTiO_3$; fast immer mit Fe_2O_3 gemischt; Mohshärte 5 bis 6; Dichte 4,5 bis 5,0 g/cm³. Vorkommen in Eruptiv- und pegmatit. Gesteinen und als I.sand an Küsten (z. B. Indien); wichtigstes Titanerz.

Ilmensee, See im W des europ. Teils der UdSSR, unmittelbar südl. von Nowgorod, 610–2 100 km² (je nach Wasserstand), bis 10 m tief, größtenteils sumpfiges Ufergelände.

ILO [engl. ˈaɪ-ɛlˈoʊ], Abk. für engl.: International Labour Organization, ↑ Internationale Arbeitsorganisation.

Iloilo, philippin. Hafenstadt an der SO-Küste der Insel Panay, 245 000 E. Verwaltungssitz der Prov. I.; zwei Univ. (gegr. 1904 bzw. 1905). Textilind., Holzverarbeitung. - Das urspr. span. Stadtbild wurde nach dem Brand von 1899 wiederhergestellt.

Ilona, aus dem Ungar. übernommener weibl. Vorname, ungar. Form von Helene.

Ilorin, Hauptstadt des nigerian. Bundesstaats Kwara, 252 000 E. Landw. Handelszentrum, Bahnstation an der Strecke Lagos–Kaduna.

Ilow (Illo), Christian Freiherr von [...lo], * in der Neumark um 1585, † Eger 25. Febr. 1634, kaiserl. Feldmarschall (seit 1633). - Vertrauter Wallensteins, zus. mit ihm ermordet.

ILS [engl. ˈaɪ-ɛlˈɛs], Abk. für engl.: Instrument Landing System, ↑ Instrumentenlandesystem.

Ilse, weibl. Vorname, Kurzform von Elisabeth.

Ilsenburg/Harz, Stadt an der Ilse, Bez. Magdeburg, DDR, 238 m ü. d. M., 7800 E. Hüttenmuseum; Luftkurort. - Klosterkirche des ehem. Benediktinerklosters (1078–87).

Iltisse, Gruppe bis 45 cm körperlanger nachtaktiver Marder mit vier Arten in Wäldern und offenen Landschaften Eurasiens und N-Amerikas; Körper relativ gedrungen; Schwanz bis 20 cm lang. Zu den I. gehören u. a. **Waldiltis** (Europ. Iltis, Ratz, Ilk, Mustela putorius), Körperlänge 30–45 cm, leicht buschiger Schwanz, Fell oberseits dunkelbraun mit gelbl. Unterwolle, helleren Körperseiten und weißl. Maskenzeichnung im Gesicht; sondert bei Gefahr ein übelriechendes Sekret ab („Stinkmarder"); **Steppeniltis** (Eversmann-Iltis, Mustela eversmanni), von Asien bis in die ČSSR und nach Österreich vorgedrungen, Körperlänge 40 cm, Körperseiten fahlgelb im Winter fast rein weiß), Kehle, Brust und Beine schwarzbraun, Gesicht weißlich.

Ilva, antiker Name von ↑ Elba.

Im, mathemat. Zeichen für den ↑ Imaginärteil einer komplexen Zahl.

I. M., Abk. für: Ihre Majestät.

Imabari, jap. Hafenstadt an der N-Küste Schikokus, 123 000 E. Markt- und Verarbeitungsort für Agrarprodukte.

Image [engl. ˈɪmɪdʒ; zu lat. imago „Bild(nis), Vorstellung"], aus der angloamerikan. Sozialforschung stammender, v. a. im Bereich der Werbepsychologie, Motiv- und Marktforschung verwendeter Begriff, der ein gefühlsbetontes, über den Bereich des Visuellen hinausgehendes Vorstellungsbild bezeichnet, das die Gesamtheit an Einstellungen, Erwartungen und Anmutungserlebnissen umfaßt, die subjektiv mit einem Meinungsgegenstand (z. B. einer Persönlichkeit, einem Markenartikel) verbunden werden. Das von einer Person oder einer Personengruppe über sich selbst entwickelte I. wird als **Selbstimage,** das über andere Personen, Gruppen, soziale Gebilde als **Fremdimage** bezeichnet. I.bildung erleichtert einerseits die soziale Orientierung und die Einordnung von sich selbst und anderen in komplizierte soziale Zusammenhänge (Zuordnungsfunktionen), führt andererseits zu selektiver Wahrnehmung und stereotyper ideolog. Bewertung von Tatsachen (Entlastungsfunktion).

imaginabel [lat.], vorstellbar, erdenkbar.
imaginär [zu lat. imago „Bild"], nur scheinbar, in der Einbildung vorhanden; unwirklich.
imaginäre Achse, die Ordinatenachse (y-Achse) in der ↑Gaußschen Zahlenebene.
imaginäre Zahlen, diejenigen ↑komplexen Zahlen, deren Realteil Null ist und die daher in der Gaußschen Zahlenebene auf der imaginären Achse liegen. Die i. Z. sind die Vielfachen der *imaginären Einheit* i = $\sqrt{-1}$ (in den Ingenieurwissenschaften häufig mit j bezeichnet), z. B. $\sqrt{-5}$ = i$\sqrt{+5}$.
Imaginärteil, mathemat. Zeichen Im, in einer ↑komplexen Zahl $z = x + iy$ die bei i = $\sqrt{-1}$ stehende reelle Zahl: Im $z = y$.
Imagination [zu lat. imago „Bild(nis), Vorstellung"], Einbildungskraft; Fähigkeit, sich abwesende Gegenstände, Personen, Situationen u. a. in Form von Vorstellungen zu vergegenwärtigen.
Imaginisten [zu lat. imago „Bild"], russ. Dichterkreis in Moskau (1919–24); trat v. a. für die Reduzierung der poet. Aussage auf das Bild als wesentlichstes Element der Dichtung ein; bedeutendster Vertreter war S. A. Jessenin.
Imagismus (Imagism) [engl., zu lat. imago „Bild"], angloamerikan. literar. Bewegung (etwa 1912–17); markierte den Beginn der modernen engl. Lyrik; führende Vertreter waren E. Pound, später A. Lowell, daneben v. a. F. S. Flint, H. Doolittle, R. Aldington, die sich gegen eine in den Konventionellen erstarrte lyr. Tradition wandten; charakterist. sind u. a. Konzentration auf ein Bild, Verzicht auf erzählende und reflektierende Elemente, Kürze und Präzision des Ausdrucks, Rückgriff auf die Umgangssprache.
Imago [lat. „Bild(nis), Abbild"], (Mrz. Imagines; Vollinsekt, Vollkerf) in der *Biologie* das fertig ausgebildete, geschlechtsreife Insekt nach Abschluß der Wachstumsphase, d. h. nach der letzten Häutung; Endstadium (Imaginalstadium) der Metamorphose.
◆ in der *Tiefenpsychologie* Bez. für das idealisierte Bild von Personen der sozialen Umwelt, insbes. von Vater und Mutter. Die I. wird v. a. in der frühen Kindheit unbewußt gebildet und kann als Idealbild eines Partners der sozialen Beziehungen des Erwachsenen beeinflussen.
Imago Dei [lat.] ↑Gottebenbildlichkeit.
Imam [arab. „Vorbild, Vorbeter"], 1. Vorbeter in der Moschee, leitet das rituelle Gebet der Gläubigen. 2. Oberhaupt der Gemeinschaft aller Muslime als Nachfolger des Propheten. Über die Frage der Rechtmäßigkeit des I. spaltete sich die muslim. Gemeinschaft früh in die Sunniten und Schiiten.
Imamiten, am weitesten verbreitete Gruppe der ↑Schiiten, auch **Zwölferschiiten** gen.; nach ihrem Glauben hatte Mohammed in seinem Schwiegersohn Ali Ibn Abi Talib und seinen Nachkommen zwölf rechtmäßige Nachfolger (Imame). Der zwölfte Imam sei 873 in den Zustand der Verborgenheit übergegangen und werde am Ende der Zeiten als der ↑Mahdi erscheinen. Die Religion der I. ist seit dem 16. Jh. in Iran Staatsreligion. Das Fehlen des Imams hatte eine Aufteilung seiner Autorität zur Folge: Polit. ist der jeweilige weltl. Herrscher maßgebend, während in Glaubensfragen die schiit. Gelehrten, v. a. die ↑Ajatollahs, den Imam vertreten.

Imamura, Schohei, * Tokio 15. Sept. 1926, jap. Filmregisseur und Drehbuchautor. - In „Das Insektenweib" (1963) schildert er 3 Frauengenerationen parallel zu einer Chronik der jap. Geschichte 1918–62; eine Replik auf diesen Film ist „Die Geschichte Nachkriegsjapans und das zerrissene Leben einer Barfrau" (1970).

Iman, arab. Bez. für den Glauben; der Begriff ist nicht eindeutig, da schon der Koran oft I. mit Islam gleichsetzt.

Imandrasee, 812 km² großer inselreicher See im W der Halbinsel Kola, UdSSR.

Imatra, Stadt in SO-Finnland am ehem. Wasserfall des Vuoksi, 37 000 E. Wasserkraftwerk, Holzindustrie.

Imbabura, Prov. in N-Ecuador. 4 817 km², 246 000 E (1982), Hauptstadt Ibarra. Hauptsiedlungs- und Hauptwirtschaftsgebiet ist das Becken von Ibarra.

I., erloschener Vulkan in N-Ecuador, 4 580 m hoch.

imbezil [frz.], mittelgradig schwachsinnig.

Imbreviatur [lat.] ↑Urkunde.

Imbroglio [m'brɔljo; italien. „Verwirrung"], in der Musik Bez. für die rhythm. Verwirrung durch gleichzeitiges Erklingen verschiedener Taktarten in mehreren Stimmen, v. a. in Opernszenen zur Darstellung verwickelter Situationen (z. B. im 1. Finale von Mozarts Oper „Don Giovanni").

IMF [engl. 'aɪ-ɛm'ɛf], Abk. für engl.: International Monetary Fund, ↑Internationaler Währungsfonds.

Imgur-Enlil, assyr. Stadt, ↑Balawat.

Imhof, Eduard, * Schiers (Graubünden) 25. Jan. 1895, † Erlenbach (ZH) 27. April 1986, schweizer. Kartograph. - Prof. in Zürich; veröffentlichte u. a. zahlr. schweizer. Karten und Schulatlanten; Chefredakteur des „Atlas der Schweiz" (1965–72).

Imhoof-Blumer, Friedrich, * Winterthur 11. Mai 1838, † ebd. 26. April 1920, schweizer. Numismatiker. - Sammler v. a. altgriech. Münzen; veröffentlichte Studien zur griech. Münzprägung.

Imhotep (griech. Imuthes), altägypt. Arzt um 2600 v. Chr. - Baumeister und Berater des Pharao Djoser, baute die Stufenpyramide in Sakkara als erste steinerne Pyramide; in griech. Zeit als Heilgott verehrt und mit Asklepios gleichgesetzt. - Abb. Bd. 1, S. 147.

177

Imidazol

Imidazol [Kw.] (1,3-Diazol, veraltet: Glyoxalin), eine zu den aromat. Basen zählende heterocycl. Verbindung, die in Form von Derivaten wie β-Histidin (Imidazolyl-4-alanin) und Histamin, als Teilstruktur der Purine (und damit der Nukleinsäuren) ein wichtiger Bestandteil von Naturstoffen ist; zu Waschrohstoffen verwendet.

Imide [Kw.] (Imidoverbindungen), chem. Verbindungen, in denen die zweiwertige Gruppe = NH (*Imido-* oder *Iminogruppe*) entweder anionisch an ein Metall gebunden ist *(Metall-I.)*, z. B. Natriumimid (Na$_2$NH), oder die sich durch den Ersatz zweier Hydroxylgruppen einer mehrbasigen Säure oder je einer Hydroxylgruppe zweier Säuren durch die NH-Gruppe ableiten *(Säure-I.)*, z. B. Imidobisschwefelsäure, HN(SO$_3$H)$_2$, oder ↑Succinimid. - ↑ auch Imine.

Imine [Kw.] (Iminoverbindungen), i. w. S. organ. Verbindungen mit einer Kohlenstoff-Stickstoff-Doppelbindung; zu ihnen zählen Ringverbindungen wie z. B. Chinolin, Pyridin und Pyrimidin, die Iminosäuren, die *Aldimine*, R−CH = NH, und die *Ketimine*, $\begin{array}{c}R_1\\R_2\end{array}\!\!>\!\!C = NH$.

Iminosäuren [Kw.], den Aminosäuren nahestehende, z. T. auch zu diesen gezählte organ. Säuren, die die Gruppe = C = NH enthalten, z. B. Prolin.

Imitatio Christi [lat.] ↑ Nachfolge Christi.

Imitation [zu lat. imitatio „Nachahmung"], allg. das [möglichst genaue] Nachahmen bestimmter Erscheinungsformen, z. B. das Herstellen eines Gegenstandes in der Weise, daß er einem anderen, echten (meist höherwertigen) Gegenstand gleicht (z. B. Kunstleder), jedoch ohne die Absicht der Täuschung im Rechtsverkehr (die bei der ↑ Fälschung besteht); aber auch z. B. die musikal. I. [eines Motivs] oder die I. von Tier- oder menschl. Stimmen.

Imkerei [niederdt., zusammengesetzt aus Imme und niederdt. kar „Korb"] (Bienenhaltung, Bienenzucht, Zeidelwesen), Haltung und Zucht von Honigbienen zur Gewinnung von Honig und Wachs. Als Bienenwohnung *(Beute, Bienenstock)* wird heute der doppelwandige *Bienenkasten* mit bewegl. Waben verwendet. Das *Bienenhaus (Bienenstand, Bie-*

Imkerei. Oben (von links): Bienenhaus; Imker in Schutzkleidung; unten (von links): Entdecklungsgeschirr mit Entdecklungsgabel; Honigschleuder

Immenkäfer

nenschuppen, Apiarium) enthält bis zu 30 oder mehr Beuten und den Arbeitsraum für den Imker. Das Bienenjahr beginnt bei Außentemperaturen von 7–8 °C (frühestens im Februar) mit dem sog. *Reinigungsflug*, wobei die Kotblase entleert wird. Mit Beginn der ersten Blüte wird der Sammeleifer durch Reizfütterung (warme Honig- oder Zuckerlösung), die Bruttätigkeit durch Einhängen leerer Wabenrähmchen angeregt, ab Mai wird die Schwarmtätigkeit kontrolliert. Im Juni/Juli wird der Honig entnommen. Ab August wird die Einwinterung vorbereitet. Zur *Einwinterung* wird der Brutraum mit einem Sperrbrett auf 5–6 Waben begrenzt, der Futtervorrat auf 7–10 kg (evtl. Zuckerlösung) ergänzt, Beuten und Stand werden abgedichtet. Die Vermehrung der Bienenvölker (Stärke: 40 000 bis 80 000 Bienen, davon rd. 1 000 Drohnen) vollzieht sich durch Schwärmen während der Schwarmzeit oder durch Bildung von Kunstschwarm, Brut- oder Königinnenableger oder durch Bildung eines *Feglings*, wobei von Waben eines starken Bienenvolkes Bienen mit einer Gänsefeder abgekehrt werden und zus. mit der Altkönigin oder einer neuen Jungkönigin in eine neue Beute gebracht werden. Bei Entnahme der Altkönigin aus dem Altvolk (*Entweiselung*) muß dieses mit einer neuen Königin versehen werden.

1989 wurden in der BR Deutschland rd. 1 Mill. Bienenvölker gezählt. Der Dt. Imkerbund e. V. zählte 1989 82 900 Mitglieder in 13 Landesverbänden.

📖 *Pohl, E.: Die Imkerfibel. Mchn. ⁴1985. - Herold, E./Weiss, R.: Neue Imkerschule. Mchn. ⁷1985. Zander, E./Böttcher, F. K.: Haltung u. Zucht der Biene. Stg. ¹¹1982.*

Immaculata [lat. „die Unbefleckte"], in der kath. Kirche Ehrenname für Maria, die Mutter Jesu (↑Unbefleckte Empfängnis).

Immanenz [zu lat. immanere „in (bei) etwas bleiben"], philosoph. Bez. für das Verbleiben in einem vorgegebenen Bereich: *erkenntnistheoret.* innerhalb der Erfahrung (Kant), in der *Kritik* innerhalb der Voraussetzungen der kritisierten These, Theorie u. a. (*immanente Kritik*) und *metaphys.* das Verbleiben Gottes (als der innewohnenden Ursache) in allen Dingen; diese *metaphys. I.* wurde bes. im Pantheismus vertreten. - Ggs. ↑Transzendenz.

Immanuel, aus der Bibel übernommener männl. Vorname hebr. Ursprungs, eigtl. „Gott mit uns"; griech.-lat. Form: Emanuel.

Immanuel [hebr. „Gott mit uns"] (Emmanuel, Emanuel), symbol. Name des Sohnes einer jungen Frau (bzw. Jungfrau), dessen Geburt Jesaja weissagt (Jes. 7, 14), auf Jesus Christus (oder den erwarteten jüd. Messias) gedeutet.

Immaterialgüterrechte, Rechte an bestimmten unkörperl. Rechtsgegenständen, nämlich an Geisteswerken (↑Urheberrecht), geistigen Leistungen, gewerbl. Mustern und Modellen (sog. Geschmacksmustern), Erfindungen, Gebrauchsmustern und Warenzeichen. Die I. sind absolute Rechte.

Immaterialismus, von G. Berkeley begr. antimaterialist. Lehre, die in ihrer radikalsten Form (Spiritualismus) die Körperlichkeit der Welt insgesamt leugnet und sie auf Wahrnehmungs- und Bewußtseinsinhalte reduziert.

immateriell [lat.-frz.], unkörperlich, unstofflich, auch: geistig.

immaterielle Güter ↑Gut.

Immatrikulation [lat.], Aufnahme als ordentl. Studierender an einer wiss. Hochschule durch Einschreibung in die Matrikel (Liste der Studierenden).

Immediat [lat.], im staatl. Bereich eine der obersten staatl. Instanz ohne Einschaltung von Zwischeninstanzen untergeordnete Person bzw. Behörde oder eine jener unmittelbar zukommende Sache. **Immediateingaben** und **Immediatvorstellungen** werden direkt bei der obersten Instanz vorgebracht; ein **Immediatgesuch** ist ein unmittelbar an das Staatsoberhaupt gerichtetes Schriftstück, ein **Immediatbericht** die direkte Berichterstattung an das Staatsoberhaupt. Das **Immediatvortragsrecht** (heute praktisch bedeutungslos) berechtigt einen Min., unter Umgehung des Reg.-chefs beim Staatsoberhaupt Vortrag zu halten. Im Dt. Reich hießen 1871–1945 diejenigen Zentralbehörden, die keinem Ministerium unterstanden (z. B. Reichsbank, Reichsrechnungshof), **Immediatbehörden**. – ↑auch Mediatisierung.

Immediatstände, im Hl. Röm. Reich Bez. für die Stände mit Reichsunmittelbarkeit.

Immelmann, Max, * Dresden 21. Sept. 1890, ✕ (im Luftkampf) bei Sallaumines (N-Frankr.) 18. Juni 1916, dt. Jagdflieger. - Entwickelte im 1. Weltkrieg neben O. Boelcke die Taktik der dt. Kampfflieger. Der **Immelmann-Turn** aus einem halben Looping und einer halben Rolle ermöglicht eine schnelle Flugrichtungsumkehr.

Immen [zu mittelhochdt. imme „Bienenschwarm, Bienenstand"], volkstüml. Bez. für verschiedene Hautflügler (z. B. Stechimmen), bes. für die wirtsch. genutzten Honigbienen.

Immenblatt (Melittis), Gatt. der Lippenblütler mit der einzigen Art **Melittis melissophyllum**; bis 60 cm hohe, weich behaarte Staude mit 3–4 cm großen, weißen, meist rosa gefleckten Blüten in den Blattachseln; in lichten Wäldern M- und S-Europas.

Immenkäfer (Bienenwolf, Trichodes apiarius), behaarter, 10–16 mm großer Buntkäfer in M-Europa; Flügeldecken rot mit schwarzen Querbinden; meist auf Doldenblüten, von wo er auf Kleininsekten Jagd macht; Larven oft in Wildbienennestern oder in alten Honigbienenstöcken, wo sie Larven, Puppen und kranke Bienen fressen.

immens [lat.], unermeßlich, unendlich (groß).

Immenstadt i. Allgäu, Stadt an der oberen Iller, Bay., 729 m ü. d. M., 13 600 E. Textilind.; Mittelpunkt eines Fremdenverkehrsgebiets im westl. Allgäu. - 1332 erwarben die Grafen von Montfort die Herrschaft Rothenfels mit dem Zentrum Immendorf, das 1360 als Stadt bezeichnet wird (bis 1618 Immendorf). - Schloß (16./17. Jh.), Rathaus (17. Jh.).

Immergrün (Singrün, Vinca), Gatt. der Hundsgiftgewächse mit sechs Arten in Europa, N-Afrika und Vorderasien; Kräuter oder Halbsträucher mit gegenständigen, lederartigen Blättern und einzelnen, blauen, roten oder weißen, trichterförmigen Blüten. Eine häufig als Zierpflanze verwendete Art ist das **Kleine Immergrün** (Vinca minor) mit niederliegenden Stengeln und hellblauen bis blauvioletten Blüten, das in Wäldern M-Europas wächst.

Immergrüne Bärentraube (Echte Bärentraube, Achelkraut, Arctostaphylos uva-ursi), über die ganze Nordhalbkugel verbreitete Art der Heidekrautgewächse; kriechender, 20–60 cm hoher Strauch mit eiförmigen, immergrünen Blättern, kleinen, weißen oder rötl., glockenförmigen Blüten und glänzend roten, mehligen Früchten; verbreitet in Kiefernwäldern und auf Heiden; steigt in den Alpen bis auf 2 800 m Höhe und bildet dort einen wesentl. Bestandteil der Zwergstrauchheiden.

immergrüne Pflanzen, Pflanzen, deren Blätter über mehrere Vegetationsperioden hinweg voll funktionsfähig bleiben; z. B. Rottanne, Immergrün.

Immergrüner Buchsbaum ↑Buchsbaum.

Immergrünes Felsenblümchen ↑Felsenblümchen.

Immergrüngewächse, svw. ↑Hundsgiftgewächse.

Immermann, Karl Leberecht, * Magdeburg 24. April 1796, † Düsseldorf 25. Aug. 1840, dt. Dichter. - Nahm an den Befreiungskriegen teil; seit 1827 Landgerichtsrat in Düsseldorf; 1835–39 Leiter des dortigen Theaters. I. stand als Dichter am Übergang vom Idealismus zum Realismus des 19. Jh., dessen gegensätzl. Tendenzen und Richtungen in seinem Werke bes. Ausdruck fanden. Er empfand sich als Epigone von Klassik und Romantik; dichter. Gestaltung erfuhr das Aufeinandertreffen überkommener idealist. Vorstellungen und neuer Erfahrungen v. a. in dem zeitkrit.-satir. Roman „Münchhausen" (1838/39) mit der später auch selbständig erschienenen realist. Dorfidylle „Der Oberhof"; die Auflösung der alten Gesellschaftsordnung wird in dem Zeitroman „Die Epigonen" (1836) dargestellt; verfaßte auch Dramen wie „Das Trauerspiel in Tirol" (1827, 1834 u. d. T. „Andreas Hofer"), „Merlin" (1832).

📖 *Schwering, M.:* Epochenwandel im spätromant. Roman. Untersuchungen zu Eichendorff, Tieck u. I. Köln 1985. - *Wiese, B. v.:* K. I. Wsb. 1969.

Immersion [zu lat. immersio „Untertauchen"], Einbettung eines Objekts in eine Flüssigkeit mit bestimmten opt. Eigenschaften (insbes. mit bestimmtem Brechungsindex); wird v. a. in der Mikroskopie zur Erhöhung des ↑Auflösungsvermögens vorgenommen.

Immersionsmikroskop, ein Lichtmikroskop, bei dem zur Erhöhung des ↑Auflösungsvermögens eine Immersionsflüssigkeit zw. Deckglas und Objektiv gebracht wird (↑Immersion).

Immersionstaufe ↑Taufe.

Immerwährender Reichstag ↑Reichstag.

Immigrant [lat.], Einwanderer [aus einem anderen Staat].

Immigration [lat.], svw. Einwanderung.

Immingham [engl. 'ɪmɪŋəm], engl. Stadt am S-Ufer des Humber, Gft. Humberside, 4 500 E. Einziger Tiefwasserhafen am Humber; Düngemittelfabrik, Erdölraffinerien, Reparaturwerkstätten für Diesellokomotiven; Fährverkehr nach Göteborg und Amsterdam.

Immission [zu lat. immissio „das Hineinlassen"], das Einleiten verunreinigender Stoffe in ein Luftvolumen. Die *I.konzentration* (häufig auch kurz als I. bezeichnet) ist die Menge eines verunreinigenden Spurenstoffes (in Milligramm), die in der Volumeneinheit (Kubikmeter) Luft enthalten ist (↑MIK).

Immissionsschutz, gesetzl. Schutz vor rechtswidrigen Einwirkungen auf die Person oder das eigene Grundstück durch Zuführung von Luftverunreinigungen, Geräuschen und Erschütterungen.

Der traditionelle I. im *Sachenrecht* des BGB befaßt sich mit den Einwirkungen, die von Nachbargrundstücken auf das eigene Grundstück übergreifen, z. B. durch Gase, Dämpfe oder gefahrdrohende Anlagen. Einen umfassenderen I. sieht das *Bundesimmissionsschutzgesetz* vom 15. 3. 1974 vor. Danach sind Immissionen, die nach Art, Ausmaß und Dauer geeignet sind, Gefahren, erhebl. Nachteile oder erhebl. Belästigungen für die Allgemeinheit oder die Nachbarschaft herbeizuführen, *schädl. Umwelteinwirkungen.* Der I. in der BR Deutschland wird dadurch verwirklicht, daß Anlagen mit umweltschädl. Emissionen genehmigungspflichtig sind, nicht genehmigungspflichtige Anlagen bestimmten Anforderungen genügen müssen, die Emissionen durch Emissionserklärungen der Betreiber von Anlagen offenbart werden müssen, Messungen durchgeführt werden, die Luftverunreinigung im gesamten Bundesgebiet überwacht wird, Unternehmen einen Immissionsschutzbeauftragten zu bestellen haben und die Bundesreg. verpflichtet ist, jeweils ein Jahr nach ihrem ersten Zusammen-

Immunität

treten dem Bundestag einen Bericht über den I. zu erstatten.

Immissionsschutzbeauftragter, vom Betreiber einer im Sinne des Bundesimmissionsschutzgesetzes genehmigungsbedürftigen Anlage bestellter sachkundiger Betriebsbeauftragter für Immissionsschutz. Ihm obliegt insbes. die Überwachung der Einhaltung des Bundesimmissionsschutzgesetzes.

Immobiliarkredit [lat.], durch Immobilien gesicherter Kredit: Hypothekarkredit, Grundschuld- und Rentenkredit.

Immobiliarzwangsvollstreckung [lat./dt.] ↑ Zwangsvollstreckung.

Immobilien [lat.] (unbewegliche Sachen, Liegenschaften), Grundstücke und grundstücksgleiche Rechte im Ggs. zu Mobilien (beweg. Sachen und Forderungen). Den Grundstücken sind hinsichtl. der rechtl. Behandlung (Übereignung, Belastung u. a.) weitestgehend gleichgestellt: im Schiffsregister eingetragene Schiffe, in die Luftfahrzeugrolle eingetragene Luftfahrzeuge, und, nach Landesrecht, das Bergwerkseigentum.

Immobilienfonds [f3] Investmentfonds, die eine Beteiligung an Haus- und Grundbesitz ermöglichen. Die ersten I. entstanden schon vor dem 2. Weltkrieg in der Schweiz. Die rechtl. Gestaltung ist meist zweistufig: Die Anleger beteiligen sich an einer Gesellschaft, die sich an einem oder mehreren Objekten beteiligt oder diese allein finanziert. Es werden offene Fonds („open-end-funds") und geschlossene Fonds („closed-end-funds") unterschieden: Rücknahme- bzw. Verwertungsmöglichkeiten sowie die steuerl. Auswirkungen des I.besitzes sind verschieden. Bei größeren Beträgen wird bei geschlossenen Fonds der Anteil direkt ins Grundbuch eingetragen, sonst über Treuhänder.

Immobilienmakler ↑ Makler.

Immobilisation (Immobilisierung) [zu lat. immobilis „unbeweglich"], Ruhigstellung von Gliedern oder Gelenken; Verlust der Beweglichkeit des Körpers oder einzelner Körperteile.

Immoralismus, mehrdeutiger philosoph. Begriff, der allg. eine negative Abgrenzung von einer moral. Orientierung bezeichnet. - *Relativer I.* lehnt die jeweils herrschenden moral. Grundsätze zugunsten anderer Werte ab; *absoluter I.* bestreitet den Wert jegl. Moral.

Immortellen [zu lat.-frz. immortel „unsterblich"] (Strohblumen), Sammelbez. für verschiedene Korbblütler (v. a. Arten der Gatt. Papierknöpfchen, Katzenpfötchen, Strohblume), deren Blüten strohartig trockene, sehr lang haltbare und oft auffällig gefärbte Hüllblätter besitzen.

immun [lat.], unempfängl. für Krankheiten.

Immunbiologie ↑ Immunologie.
Immunglobuline ↑ Antikörper.

Immunisierung [lat.], die Erzeugung einer ↑ Immunität zum Zwecke der Vorbeugung oder der Behandlung von Krankheiten (oder Vergiftungen). **Aktive Immunisierung** nennt man die Erzeugung einer langdauernden Immunität durch die Anregung der hochspezif. Antikörperbildung im Wirtsorganismus. Dies geschieht durch die Zufuhr der betreffenden Antigene in Form lebender (abgeschwächter) oder abgetöteter Mikroorganismen bzw. abgewandelter Toxine (sog. Toxoide). Als **passive Immunisierung** wird dagegen die Übertragung der fertigen Antikörper aus dem Blutserum (humorale Antikörper) von Menschen und Tieren bezeichnet (aktive und passive ↑ Schutzimpfung).

Immunisierungseinheit, Abk. IE (I. E.), ältere Maßeinheit für den Antitoxingehalt eines Heilserums.

Immunität [zu lat. immunitas „Freisein (von Leistungen)"], im *Staatsrecht*: 1. die materielle I., auch Verantwortungs-I. oder ↑ Indemnität genannt, 2. die **formelle Immunität**. Ihr zufolge dürfen Abg. des Bundestages und der Länderparlamente nur mit deren Genehmigung strafgericht. zur Verantwortung gezogen oder verhaftet werden, außer wenn sie auf frischer Tat oder im Laufe des folgenden Tages festgenommen werden (Art. 46 Abs. 2–4 GG und entsprechende Bestimmungen in den Verfassungen der Länder). Diese Form der I. ist ein Recht des Parlaments und nicht des einzelnen Abg. und daher für diesen unverzichtbar. Die formelle I. endet mit dem Mandat. Im *Völkerrecht* das Recht der diplomat. Vertreter, von der Gerichtsbarkeit und Zwangsgewalt des Empfangsstaates ausgenommen zu sein (↑ Exterritorialität).

Nach *östr. Recht* besteht I. zugunsten: 1. des Bundespräs. gegen zivil- und strafrechtl. Verfolgung (Art. 63 B-VG); 2. der Mgl. des Nationalrates wegen ihrer Stimmabgabe; wegen ihrer in Ausübung ihres Berufes gemachten mündl. Äußerungen sind sie nur dem Nationalrat verantwortl.; in strafrechtl. Hinsicht besteht für sie eine dem I. Recht ähnl. Regelung. - Ähnl. Vorschriften gelten zugunsten der Landtagsmitglieder.

Das *schweizer. Recht* beinhaltet: 1. die im dt. Recht sog. Indemnität; 2. die nur prozessual wirkenden Beschränkungen der Strafverfolgung gegenüber den Mgl. der obersten eidgenöss. und kantonalen Behörden.

◆ seit der Spätantike Sonderrechtsstatus weltl. u. kirchl. Institutionen u. Personen sowie ihrer Güter zur Befreiung von herrschaftl. Gewalt; oft Grundlage eigener Herrschaft. Seit dem 7. Jh. wurde die I. als Befreiung von finanziellen Belastungen und v. a. von der ordentl. Gerichtsbarkeit verliehen, wobei deren Befugnisse auf den Privilegierten übergingen. Bis zum Investiturstreit bildete die Verleihung der I. an kirchl. Institutionen die Grundlage des Reichskirchensystems. I. e. S. war I. auch

Immunoglobuline

die Bez. für den Bezirk, für den eine bes. Privilegierung galt.
♦ Fähigkeit eines Organismus, sich gegen von außen eindringende Noxen (bes. Krankheitserreger und deren Gifte) zur Wehr setzen zu können. *Angeborene I. (natürl. I.)* nennt man die unspezif. Abwehr von Noxen ohne vorausgegangenen Kontakt mit ihnen. Die *erworbene I. (spezif. I.)*, beruht darauf, daß gegen die Noxen hochspezif. Abwehrstoffe gebildet werden (↑Antigen-Antikörper-Reaktion).

Immunoglobuline [lat.], svw. Immunglobuline (↑Antikörper).

Immunologie [lat./griech.], die Lehre von der Immunität, den Immunreaktionen (einschließl. Allergie) und ihren Voraussetzungen innerhalb (Immunbiologie, Allergologie) und außerhalb (Serologie) des lebenden Organismus.

Immunosuppression (Immunsuppression) [lat.], die Ausschaltung (unerwünschter) Immunreaktionen (z. B. bei ↑Autoaggressionskrankheiten, Transplantatabstoßung) mit Hilfe von ↑Immunosuppressiva, durch Röntgenbestrahlung, Lymphdrainage oder Thymektomie, d. h. über die Hemmung der Antikörpersynthese bzw. die Unterdrückung immunspezif. Lymphozytenfunktionen. - ↑auch Antigen-Antikörper-Reaktion.

Immunosuppressiva (Immunsuppressiva) [lat.], Wirkstoffe bzw. Arzneimittel zur Immunosuppression; z. B. Zytostatika, manche Antimetaboliten, einzelne Antibiotika, die Glukokortikoide und im weiteren Sinne auch Antilymphozytenserum.

Immunreaktion, hochspezif. Reaktion zw. Antigen und humoralem Antikörper (*humorale I.;* ↑auch Antigen-Antikörper-Reaktion) oder zw. Antigen und Immunozyten *(zelluläre I.)*. Erstere bedingt Immunität oder Allergie (vom Soforttyp), letztere ruft verzögert eine Allergie vom Spättyp hervor.

Immunsuppression ↑Immunosuppression.

Immunsuppressiva ↑Immunosuppressiva.

Imola, italien. Stadt in der Emilia-Romagna, am Santerno, 47 m ü. d. M., 60 700 E. Kath. Bischofssitz; Musem, Gemäldegalerie; Textilind., Handelszentrum für landw. Produkte. - I. ist das röm. **Forum Corneli[i]**, das in der 1. Hälfte des 8. Jh. durch Liutprand zu einer langobard. Grenzfestung ausgebaut wurde und durch die Schenkung der Karolinger an den Papst fiel; 1503 endgültig dem Kirchenstaat einverleibt. - Zahlr. Kirchen, u. a. San Domenico (14. Jh.), Santa Maria dei Servi (15. Jh.), Dom Sant' Agostino (18. Jh.), Palazzo Comunale (12. Jh.; mehrmals umgebaut) mit Fassade von 1758, bischöfl. Palast (1188 erbaut, im 18. und 19. Jh. umgebaut); Reste der alten Stadtummauerung und eines röm. Amphitheaters.

imp., Abk. für: ↑Imprimatur.

impair [ɛ̃'pɛːr; lat.-frz.], ungerade (Zahlen beim Roulette).

Impakt [lat.], Einschlag eines Meteoriten auf die Erde bzw. den Mond.

Impala [afrikan.] (Pala, Schwarzfersenantilope, Aepyceros melampus), etwa 1,3–1,8 m körperlange, oberseits rotbraune, unterseits weiße Antilope, v. a. in den Steppen O- und S-Afrikas; mit schwarzer Zeichnung an den Fersen und der Oberschenkelhinterseite und (im ♂ Geschlecht) leierförmigen, geringelten Hörnern. Die I. können bis 10 m weit und 3 m hoch springen.

Imparitätsprinzip ↑Bewertung.

Impasto [italien.], in der Malerei dicker Farbauftrag (pastose Malerei).

Impatiens [...i-e...; lat.], svw. ↑Springkraut.

Impeachment [engl. ɪm'piːtʃmənt; zu lat.-frz. empêcher „verhindern"], Antrag einer parlamentar. Körperschaft auf Amtsenthebung oder Bestrafung einer Person, über den eine andere parlamentar. Körperschaft entscheidet. - Die Institution des I. entstand im England des 14. Jh. im Kampf des Parlaments gegen die Krone um die Vorherrschaft; später von anderen Staaten, v. a. den USA, übernommen. - Das *brit.* Unterhaus kann jedermann vor dem Oberhaus wegen einer Straftat oder auch - bei Inhabern öffentl. Ämter - wegen rechtswidriger oder mangelhafter Amtsführung anklagen. - Die Verfassung der *USA* von 1789 sieht vor, daß der Präs., der Vizepräs. und alle Zivilbeamten des Bundes auf Grund eines I. und einer Verurteilung wegen Landesverrats, Bestechung oder anderer schwerer Verbrechen oder Vergehen aus dem Amt entfernt werden. Das ausschließl. Recht, ein I.-verfahren einzuleiten, steht dem Repräsentantenhaus zu; als Gericht fungiert der Senat.

Impedanz [lat.], Gesamtwiderstand eines elektr. Leiters; der Kehrwert der I. wird als **Admittanz** bezeichnet. Der elektr. Widerstand gegenüber einem Gleichstrom wird **Resistanz**, *Wirkwiderstand* oder *Ohmscher Widerstand* genannt. Beim Fließen eines Wechselstroms macht sich ein weiterer Widerstand, die **Reaktanz**, bemerkbar. Diese setzt sich zus. aus **Induktanz** *(induktiver Widerstand)* bes. bei Spulen und **Kapazitanz** *(kapazitiver Widerstand)* bes. bei Kondensatoren. Die Induktanz nimmt mit der Frequenz zu, die Kapazitanz mit der Frequenz ab. Die I. ist die Summe aus Resistanz und Reaktanz; Angabe in Ohm (Ω). Bei Lautsprechern gibt die I. den Widerstand gegenüber der Tonfrequenz-Wechselspannung an; meist 4 Ω. Verstärkerausgang und Lautsprecher müssen aus Gründen der Leistungsanpassung bezügl. der I. übereinstimmen.

Imperativ [lat., zu imperare „anordnen"] (Befehlsform, Heischeform), Modus (Aussageweise) des Verbs, mit dem eine Forderung ausgedrückt wird. Der Sprecher wendet sich dabei direkt an eine Person oder mehrere Personen, und zwar in der zweiten (angesprochenen) Person Singular oder Plural. Im Dt. kann der I. Verschiedenes ausdrücken: einen Befehl *(Komm her!)*, einen Wunsch oder eine Bitte *(Komm doch mit!)*, eine Aufforderung *(Bring mir die Zeitung!)*, einen Rat *(Erkundige dich zuerst nach dem Weg!)*, eine Mahnung *(Tu das nicht noch einmal!)*.

Imperativ, kategorischer ↑ kategorischer Imperativ.

imperatives Mandat ↑ Mandat.

Imperator [lat., zu imperare „anordnen"], 1. röm. Bez. für den Inhaber des Imperiums, zugleich an siegreiche Magistrate verliehener Ehrentitel. I. oder I. Caesar wurde seit Mark Aurel titularisch vor den kaiserl. Namen gesetzt; 2. Titel der Kaiser im MA.

Imperatorrücken, untermeer. Schwelle im nw. Pazifik, bis 11 m u. d. M. ansteigend.

imperfekt [lat.], in der Mensuralnotation des MA gegenüber der als grundsätzl. „perfekt" (vollkommen) geltenden Dreiteiligkeit die Wertverminderung einer Note zur Zweiteiligkeit (Zweizeitigkeit). Als i. gilt dementsprechend auch der Zweiertakt: die den gesamten Takt ausfüllende Note hat eine zweifache Unterteilung.

Imperfekt (Imperfektum) [lat.], in der *Sprachwiss.* Bez. für die Zeitform beim Verb, die Geschehnisse der Vergangenheit ausdrückt, die als von der Gegenwart des Sprechers/Schreibers getrennt berichtet oder erzählt werden. - ↑ auch Präteritum.

Imperia, italien. Stadt an der Riviera di Ponente, Ligurien, 47 m ü. d. M., 41 900 E. Hauptstadt der Prov. I.; Bibliothek. Nahrungsmittelind., Ölhandelszentrum; Häfen; Winterkurort und Seebad. - Der Stadtteil **Porto Maurizio** entstand im Hoch-MA; 1815 fiel es an Savoyen. Der Stadtteil **Oneglia** entstand nach der Zerstörung durch die Sarazenen (935) an der heutigen Stelle neu, gehörte 1298-1576 den Doria, dann (mit kurzen Unterbrechungen) zu Savoyen und war 1801-14 Teil der Ligur. Republik.

Imperial [lat.], 1. kleine italien. Silbermünze des 12.-15. Jh. bes. in Mailand; 2. russ. Goldmünze zu 10 Rubel, geprägt 1755-1805 und 1886-96, ab 1897 mit 15 Rubel bewertet.

Imperial Chemical Industries Ltd. [engl. ɪmˈpɪərɪəl ˈkemɪkəl ˈɪndəstrɪz ˈlɪmɪtɪd], Abk. ICI, einer der größten Chemiekonzerne der Erde, Sitz London; entstanden 1926 durch Fusion; zahlr. Tochtergesellschaften.

Imperial Conferences [engl. ɪmˈpɪərɪəl ˈkɔnfərənsɪz] ↑ Empirekonferenzen.

Imperialgallon ↑ Gallon.

Imperialismus [frz.; zu lat. imperialis „das ↑ Imperium betreffend, kaiserlich"], polit.-ökonom. Herrschaftsverhältnis mit dem Ziel, die Bev. eines fremden Landes mit polit., ökonom., kulturellen und ideolog. Mitteln zu beeinflussen, auszubeuten, abhängig zu machen und direkt oder indirekt zu beherrschen. Histor. wurde die Bez. zuerst auf die Beherrschung von Absatz- und Kapitalmärkten angewandt, dann auch auf die Expansionspolitik der europ. Großmächte, Japans und der USA vom letzten Drittel des 19. Jh. bis zum 1. Weltkrieg, deren Ziel die Bildung von Kolonialreichen oder Interessensphären in unterentwickelten, meist überseeischen Gebieten war.

In Großbrit. führten seit Mitte der 1870er Jahre die große Depression, der Übergang des europ. Kontinents zu Schutzzollsystemen, die handelspolit. Abschließung der USA und kolonialpolit. Rivalitäten mit Frankr. zu einer populären expansionist. Empiregesinnung (↑ Britisches Reich und Commonwealth). Großbrit., das 1882 Ägypten zum Schutzstaat erklärte sowie Sudan und O-Afrika besetzte, hatte zum Hauptrivalen Frankr., das sich in W- und NW-Afrika ein Kolonialreich aufgebaut hatte, 1883/84 Annam als Schutzstaat proklamierte und durch Expansion in Indochina die 1870 verlorene Großmachtrolle wiedergewann; später wurde Rußland in M- und O-Asien der Hauptrivale von Großbritannien. Der Höhepunkt dieser auch durch einen Rüstungswettlauf geprägten imperialist. Politik lag in den 1890er Jahren mit dem Vorstoß sämtl. Großmächte teils nach O-Asien, wo auch Deutschland nach dem Erwerb seiner Besitzung in O- und W-Afrika in den 1880er Jahren mit Kiautschou eine Kolonie errichtete, teils in den pazif. Raum. Die Konflikte zw. den imperialist. Mächten beim Streben nach neuen Rohstoffquellen, Absatzmärkten, Einflußsphären und Militärstützpunkten führten zunächst zu regional begrenzten Kriegen und schließl. zum 1. Weltkrieg.

Die Aufteilung der Erde auf Kosten der vorwiegend nichtweißen Bev. wurde in Europa und in den USA durch pseudowiss. Thesen (u. a. Sozialdarwinismus) und durch Sendungsideologien gestützt und gerechtfertigt. Die Kritik am I. ging von Großbrit. und den USA aus (C. Schurz, A. Carnegie, F. W. Foerster, Fabian Society). Für J. A. Hobson, der an die sozialist. Kritik am Kolonialismus anknüpfte, wurde der Burenkrieg zum Ausgangspunkt einer umfassenden theoret. Interpretation („I.", 1902), die seitdem zur Grundlage krit. Analyse des I. wurde. Hobson sah in diesem Krieg den Ausdruck einer weltweiten Entwicklung des expansiven, aggressiven Kapitalismus und erklärte den imperialist. Politik der Staaten als Umsetzung der Profitinteressen bestimmter Wirtschafts- und Finanzkreise. Auf Hobson fußten R. Hilferding („Das Finanzkapital", 1910) und bes. W. I. Lenin, der in seiner Schrift „Der I. als höchstes Stadium des Kapitalismus" (1916/17) den Expansionismus als notwendigen Bestandteil des I. darstellte, diesen dem Monopolkapitalismus gleichsetzte und als

Imperial Valley

unausweichl. Folge den raschen Zerfall des Kapitalismus voraussagte. Lenin definiert den I. durch fünf Merkmale: Konzentration der Produktion und des Kapitals bis zur Entstehung von Monopolen, die im Wirtschaftsleben die entscheidende Rolle spielen; Verschmelzung des Bankkapitals mit dem Industriekapital; Entstehung einer Finanzoligarchie auf der Basis dieses Finanzkapitals; Kapitalexport; Herausbildung internat. monopolist. Kapitalistenverbände, die die Erde unter sich teilen.

Nach dem 1. Weltkrieg bis 1945 spricht die Forschung von einer Ära des verschleierten I.: In Deutschland versuchte der Nationalsozialismus über die Verwirklichung der imperialist. Zielvorstellungen der Alldeutschen hinaus durch die geplante Unterwerfung Kontinentaleuropas und der Sowjetunion einen europ. „Lebensraum" unter der hegemonialen Führung des Großdt. Reiches zu schaffen und entfesselte den 2. Weltkrieg; die Annexion Äthiopiens durch das faschist. Italien 1936 war Ausdruck des italien. „Super-I."; mit der seit 1941 proklamierten „Großasiat. Wohlstandssphäre" versuchte Japan imperialist. Ziele zu verschleiern.

Seit 1950 erhob im Zuge der beschleunigten ↑Entkolonisation der revolutionäre afrikan. Nationalismus den Vorwurf des I. gegenüber den europ. Industrieländern. Die unterschiedl. ideolog. Ausrichtung der afrikan. Nationalstaaten hat bewirkt, daß die jüngsten Versuche der sowjet. Kommunisten, Einfluß in Afrika zu erlangen, zunehmend auf Widerstand stoßen, ja sogar selbst als imperialist. angeprangert werden. Ähnl. verfährt China, das gegen die als revisionist. bezeichnete UdSSR mit dem Vorwurf des Sozialimperialismus vorgeht. In Lateinamerika richtet sich der Begriff I. gegen die polit. und ökonom. Hegemonie der USA.

Die marxist.-leninist. I.theorie wurde, da entgegen Lenins Prognose der Zusammenbruch des Kapitalismus nicht erfolgte, mehrfach revidiert. Unter N. S. Chruschtschow wurde sie mit der prakt. Notwendigkeit der friedl. Koexistenz in Einklang gebracht: Die unverminderte Gefährlichkeit des I. werde nunmehr durch die Stärke des sozialist. Lagers aufgewogen, Kriege seien nicht mehr unvermeidlich. Expansive Außenhandelsinteressen westl. Industriestaaten an der Dritten Welt werden als Neokolonialismus und damit als Erbteil des I. definiert, die Machtpolitik der UdSSR jedoch als Friedenspolitik dargestellt. - Die heutige westl. wiss. Diskussion knüpft z. T. an die marxist.-leninist. I.theorie an. Auf Grund des empir.-theoret. Doppelcharakters des Begriffs I. und seiner oft polem. Verwendung besteht über die Begriffselemente und Kriterien, den histor. Standort und die polit. Abgrenzung bis heute kein wiss. Konsens, vielmehr muß dieser jeweils in einer Art Vorverständigung über äußere Merkmale hergestellt werden. Während von Neomarxisten die Außenpolitik der nichtsozialist. Industriestaaten in direkte Kontinuität mit dem I. gestellt wird, zeichnet sich bei nichtmarxist. Historikern und Sozialwissenschaftlern die Tendenz ab, den I. als universalhistor. Phänomen zu erfassen und durch Definition und histor. Ortsbestimmung wieder zum Werkzeug wiss. Analyse komplexer gesellschaftl. Prozesse zu machen.

📖 *Mommsen, W. J.: Das Zeitalter des I. Ffm.* [14]*1985. - Mommsen, W. J.: I.theorien. Gött.* [2]*1980. - Mommsen, W. J.: Der europ. I. Gött. 1979. - I. Hg v. H. U. Wehler. Königstein/Ts. 1979. - Schröder, H. C.: I. u. antidemokrat. Denken. Wsb. 1978. - Liberalismus u. imperialist. Staat. Hg. v. K. Holl u. G. List. Gött. 1975. - Schröder, H. C.: Sozialismus u. I. Bonn* [2]*1975.*

Imperial Valley [engl. ɪmˈpɪərɪəl ˈvælɪ], über 400 000 ha großes Bewässerungsfeldbaugebiet im S-Teil der Colorado Desert, Kalifornien, an der mex. Grenze. Das für den Anbau benötigte Wasser wird vom Unterlauf des Colorado abgeleitet.

Imperium [lat., zu imperare „anordnen"], im alten Rom der den höchsten Beamten übertragene unumschränkte Amtsgewalt, die sich auf das Heereskommando erstreckte. Das I. der republikan. Oberbeamten konnte im Bürgergebiet eingeschränkt werden, während die Provinzialstatthalter, die seit Sulla das prokonsular. bzw. proprätor. I. besaßen, keiner Beschränkung unterlagen. Die röm. Kaiser besaßen seit 23 v. Chr. ein erweitertes prokonsular. I., das ihnen Eingriffe in Rechtsprechung und Finanzverwaltung der senator. Provinzen ermöglichte.

◆ seit der sullan.-ciceron. Zeit das Gebiet, in dem das röm. Volk durch seine Beamten die Herrschaft ausübte (**Imperium Romanum**).

◆ im MA die Machtkompetenz des Kaisers, die sakrale Züge trug und zumeist als weit über den realen Machtbereich des Kaisers hinausgehend gedacht wurde. Neben dem durch die fränk. und dt. Röm. Könige errichteten Romanum I. (seit 1157 **Sacrum Romanum Imperium**) wurden die Begriffe I. und Imperator ohne universalist. Bedeutung zeitweilig auch von engl. und span. Herrschern in Anspruch genommen. In den Auseinandersetzungen zw. Kaisertum und Papsttum wurde die Sakralität dieses I. folgenreich in Frage gestellt.

◆ neuzeitl. Bez. für Groß- bzw. Weltreich.

Impermeabilität [zu lat. impermeabilis „undurchdringbar"], eine durch die Staatslehre dem Staaten zuerkannte Eigenschaft, der zufolge es unzulässig ist, daß in einem Staat ohne dessen Zustimmung von einem anderen Staat Hoheitsgewalt ausgeübt wird. - ↑ auch Souveränität.

Impersonale [lat.] (unpersönliches Verb), Verb, das im allg. kein persönl. Subjekt hat, sondern nur mit unpersönl. *es* verbunden werden kann. Das *es* kann eine nicht zu bestimmende Ursache eines Geschehens anzeigen (*Es regnet, Es friert mich*), als Vorläufer eines Satzgliedes (*Es ereignete sich ein Unglück*) oder als bloßes Einleitewort fungieren (*Es war einmal...*).

impertinent [lat.], ungehörig, zudringlich, unverschämt, frech.

Impetigo [lat. „chron. Ausschlag, Schorf"] (Eiterflechte, Krustenflechte, feuchter Grind), durch eiterbildende Bakterien verursachter † Hautausschlag.

impetuoso [italien.], musikal. Vortragsbez.: ungestüm, heftig.

Impetus [lat., eigtl. „das Vorwärtsdrängen"], (innerer) Antrieb, Impuls, Schwung (Kraft), Ungestüm.

Impfkalender, svw. † Impfplan.

Impfpaß, Ausweis mit ärztl. Eintragungen über Impfungen.

Impfpistole, medizin. Gerät, das die Impfstoffe mit hohem Druck in oder unter die Haut „schießt".

Impfplan (Impfkalender), Zeitplan der von der Weltgesundheitsorganisation empfohlenen Schutzimpfungen zum jeweils günstigsten Zeitpunkt hinsichtl. Epidemiologie, Alter des Impflings, Impfschutzdauer usw.

Impfschäden, durch Impfung verursachte Gesundheitsschäden der geimpften oder einer durch Erregerausscheidung eines Geimpften betroffenen Person. Entschädigungsansprüche werden durch das BundesseuchenG geregelt.

Impfstoffe (Vakzine), antigenhaltige Lösungen zur aktiven Immunisierung bei Infektionskrankheiten. Man unterscheidet: **Lebendimpfstoff**, hergestellt aus lebenden Mikroorganismen, deren krankmachende Fähigkeit und Angriffslust jedoch abgeschwächt wird und **Totimpfstoff** aus abgeschwächten (inaktivierten) Erregern.

Impfung, in der *Bakteriologie* Bez. für die Übertragung von Mikroorganismen auf feste oder flüssige Nährmedien zum Zweck ihrer Züchtung.

◆ in der *Medizin* die Vornahme einer Schutzimpfung († Impfstoffe).

◆ in der *Chemie* das Einbringen von geringen Mengen an Kriställchen eines festen Stoffes in unterkühlte Schmelzen oder übersättigte Lösungen dieses Stoffes, um ihn zum raschen Auskristallisieren zu bringen.

Impfzwang, staatl. erzwingbare generelle Impfpflicht. Ein I. bestand nach dem Impfgesetz vom 8. 4. 1874 gegen *Pocken;* das PockenschutzimpfG vom 18. 4. 1976 wurde mit Wirkung vom 24. 11. 1982 aufgehoben. Daneben können auf Grund des BundesseuchenG vom 18. 7. 1961 zur Verhütung *übertragbarer Krankheiten*, wie Pocken, Cholera, Typhus und Diphtherie, für Teile der Bev. in Fällen drohender epidem. Verbreitung Zwangsimpfungen durch die obersten Bundes- bzw. Landesgesundheitsbehörden angeordnet werden. Außer Zwangsimpfungen sieht das Gesetz auch öffentl. unentgeltl. Schutzimpfungen auf freiwilliger Basis vor, die hinsichtl. evtl. Impfschäden den Zwangsimpfungen gleichgestellt sind.

Imphal, Hauptstadt des ind. Bundesstaats Manipur, nördl. des Logtaksees, 782 m ü. d. M., 156 000 E. Colleges; ein Zentrum der Heimind.; ⚒.

Implantation [lat.] (Einpflanzung), Einbringung von biolog. Material oder chem. Substanzen in den Körper eines Individuums, und zwar: I. von Geweben oder Organen (Transplantation), I. von Medikamenten (Depotpräparate), I. des befruchteten Eies (Nidation).

Impfplan für Kinder und Jugendliche

Alter des Impflings	Art der Impfung
Neugeborene	BCG-(Tuberkulose-)Impfung
ab 3. Lebensmonat	DT-(Diphtherie-Wundstarrkrampf-)Impfung zweimal im Abstand von 6–8 Wochen zusammen mit 1. und 2. Polio-(Kinderlähmung-)Schluckimpfung
Anfang des 2. Lebensjahres	Masern-Mumps-Lebendimpfung
im 2. Lebensjahr	DT-Auffrischimpfung 3. Polio-Schluckimpfung
im 6. Lebensjahr	DT-Auffrischimpfung BCG-Impfung (bei Tuberkulinnegativen)
im 10. Lebensjahr	Polio-Auffrischimpfung (danach alle 10 Jahre)
11.–14. Lebensjahr	Röteln-Lebendimpfung (bei Mädchen)
14. Lebensjahr	DT-Auffrischimpfung (danach alle 10 Jahre Wundstarrkrampfimpfung)

Impfplan für den internat. Reiseverkehr
(Beginn einen Monat vor der Abreise):

1. Tag Gelbfieberimpfung
15. Tag 1. Choleraimpfung
22. Tag 2. Choleraimpfung, Typhus- und Paratyphusimpfung
23. Tag Typhus- und Paratyphusimpfung
24. Tag Typhus- und Paratyphusimpfung

Implementierung

Implementierung [lat.], allg. die Ausrüstung einer techn. Anlage mit Zusatzgeräten u. ä; in der *Datenverarbeitung* die Einführung einer neuen Software (einschließl. der erforderlichen Tests in der sog. Implementierungsphase).

Implikation [zu lat. implicatio „Verflechtung"], allg. die Einbeziehung einer Sache in eine andere.

♦ in der *formalen Logik* eine Aussagenbeziehung, die nur dann falsch ist, wenn die erste der beiden miteinander verbundenen Aussagen wahr und die zweite falsch ist; wird in der natürl. Sprache mit „wenn ..., so ..." formuliert (z. B. „wenn es regnet, so ist es naß").

implizit [lat.], [stillschweigend] eingeschlossen, mitenthalten, mitgemeint (Ggs. ↑explizit).

♦ in der *Mathematik* Bez. für Gleichungen (bzw. Funktionen) mit mehreren Variablen, die nicht nach bestimmten Variablen aufgelöst, sondern in der Form $F(x_1..., x_n; y) = 0$ (z. B. $3x+4y-5 = 0$) gegeben sind.

implizite Definition ↑Definition.

Implosion [lat.], schlagartiges Eindrücken oder Zertrümmern eines Hohlkörpers durch äußeren Überdruck, z. B. eines evakuierten Gefäßes durch den von außen wirkenden Luftdruck. Bei der I. zerbrechlicher Hohlkörper können die Splitter [durch die rückläufige Druckwelle] im Anschluß an die eigentl. I. auch nach außen fliegen.

Imponderabilien [lat.], eigtl. svw. unwägbare Stoffe; meist übertragen gebraucht für „Unwägbarkeiten, nicht vorhersehbare Risiken".

Imponiergehabe [lat./dt.], in der Verhaltensforschung Bez. für im Tierreich v. a. bei ♂♂ weit verbreitete Verhaltensweisen, die Drohwirkung (auf einen Rivalen gerichtet) und Werbewirkung (an ein ♀ gerichtet) in sich vereinigen. Bekannte Formen des I. sind das Spreizen der Rückenflosse bei Fischen und das Sträuben der Kopf- und Nackenhaare beim Gorilla. - Auch menschl. Verhaltensweisen, mit denen Rivalen bzw. Gegner eingeschüchtert werden soll, werden z. T. als I. bezeichnet.

Import [engl., zu lat. importare „hineintragen"] (Einfuhr), das Verbringen von Sachgütern und Elektrizität aus fremden Wirtschaftsgebieten in das inländ. Wirtschaftsgebiet. Der I. ist Teil des ↑Außenhandels. Zur Verbesserung der Zahlungsbilanz oder zum Schutz des Binnenmarktes können staatl. Maßnahmen ergriffen werden, um die I. einzuschränken (I.beschränkung, Einfuhrbeschränkung, I.restriktion; ↑auch Zoll).
In der BR Deutschland unterliegen nur einige bestimmte Waren dem Erfordernis einer bes. I.genehmigung. - Ggs. ↑Export.

Importbeschränkung (Einfuhrbeschränkung), Maßnahme des Staates, die Importe aller Waren oder einiger weniger Waren oder der Waren eines bestimmten Landes durch Einfuhrkontingentierung, Zölle oder Devisenbewirtschaftung mit dem Ziele der Verbesserung der Zahlungsbilanz oder zum Schutze des Binnenmarktes einzuschränken.

Importüberschuß, in der Handelsbilanz die positive Differenz zw. dem Wert der Importe und dem der Exporte. Bei einem I. wird die Handelsbilanz (↑auch Zahlungsbilanz) negativ genannt.

imposant [lat.-frz.], Eindruck machend, bedeutsam, überwältigend, großartig.

Impotenz (Impotentia) [lat.], allg. svw. Unvermögen, Unfähigkeit; im *sexuellen Bereich* die Zeugungsunfähigkeit infolge Sterilität *(Impotentia generandi)* oder das Unvermögen des Mannes, den Geschlechtsverkehr auszuüben *(Impotentia coeundi;* insbes. die Unfähigkeit zur Peniserektion: *Impotentia erigendi)*. In der Umgangssprache hat I. meist die Bedeutung des letztgenannten, obgleich sich Vergleichbares auch beim weibl. Geschlecht - z. B. infolge Frigidität - feststellen läßt *(Impotentia concipiendi)*. Darüber hinaus gilt als I. auch die Unfähigkeit, zum Orgasmus zu gelangen.
Die I. kann zugleich phys. und psych. bedingt sein sowie vorübergehend oder auf Dauer bestehen. Phys. Ursachen sind v. a. Penis- oder Hodenmißbildungen, allg. körperl. Schwäche, Rückenmarks- und Stoffwechselerkrankungen oder chron. Vergiftungen (etwa durch Blei, Arsenik oder Opium). Auch Drogenmißbrauch oder starker Alkoholgenuß kann zu I. führen oder zumindest die Potenz beinträchtigen. Höher als der Anteil phys. ist derjenige psych. Ursachen. Letztere sind v. a. in mangelndem Selbstvertrauen, Nervosität, Schüchternheit, Haß, Ekel, Angst oder Depressionen zu suchen. Ebenso führen Überanstrengung und Streß nicht selten (zumindest zeitweise) zu Störungen der sexuellen Potenz.

📖 *Benkert, O.:* Sexuelle I. Bln. u. a. 1977. - *Masters, W. H./Johnson, V. E.:* I. u. Anorgasmie. Dt. Übers. Ffm. 1971.

impr., Abk. für: ↑Imprimatur.

Imprägnation [lat.], allg. svw. Durchtränkung, Durchsetzung.
♦ in der *Geologie* die feine Verteilung von Erz oder Erdöl in Spalten oder Poren eines Gesteins.

Imprägnierung [zu lat. impraegnare „schwängern"], allg. die gründl. Durchtränkung eines porösen Werkstoffes (z. B. Papier, Pappe, Holz) oder von Textilien mit flüssigen I.mitteln zum Schutz gegen Feuer, Wasser, tier. oder pflanzl. Schädlinge u. a.

Impresario [lat.-italien.], Theater- und Konzertagent, der für einen Künstler die Verträge abschließt und die Geschäfte führt.

Impression [lat.], in der *Sinnesphysiologie* der durch einen Reiz ausgelöste elementare Sinneseindruck.

Impressionismus [frz., zu lat. impressio „Eindruck"], eine in der frz. Malerei um 1870 entstandene Kunstrichtung. Der Name wurde von C. Monets Landschaftsbild „Impression, soleil levant" (1872, Paris, Musée Marmottan) abgeleitet, das 1874 in der ersten gemeinsamen Ausstellung der frz. Impressionisten gezeigt wurde. Diese versuchten, einen Gegenstand in seiner augenblickl. Erscheinungsform in einem zufälligen Ausschnitt zu erfassen und nicht in seiner inhaltl. Bedeutung. Geschlossener Bildaufbau und Zentralperspektive wurden fallengelassen. In freier Natur bemühten sie sich um den opt. Eindruck ihrer Motive, um die Erfassung von Licht, Atmosphäre und Bewegung. Sie bevorzugten helle Farben und eine die Konturen auflösende Malweise. Voraussetzungen liegen in der span. (Velázquez, Goya) und engl. Malerei (W. Turner, J. Constable), in Frankr. selbst bei G. Courbet und der Schule von Barbizon. Von großer Bed. für den I. waren die schon vor 1870 gemalten pleinairist. Figurenbilder É. Manets, der meist zum I. gerechnet wird. Außerdem sind bes. C. Pissaro, E. Degas, A. Sisley, B. Morisot und als bekanntester Name A. Renoir zu nennen. G. Seurat und P. Signac vertraten den **Neoimpressionismus**, der die Farbwerte in mosaikartig aneinandergereihte Punkte zerlegt (**Pointillismus**), wobei method. komplementäre Kontrastfarben nebeneinandergesetzt werden (**Divisionismus**). P. Bonnard u. É. Vuillard knüpften an I. und Neo-I. an. - In abgeschwächter Form setzte sich der frz. I. in fast allen europ. Ländern durch. In Deutschland entwickelte er sich aus dem bes. von A. von Menzel vertretenen Realismus. Dt. Impressionisten waren: F. von Uhde, M. Slevogt, M. Liebermann, W. Leibl, L. Corinth, C. Schuch und W. Trübner. Zu den bedeutendsten nichtfrz. Impressionisten gehörte der Amerikaner J. Whistler. - Die Plastik kannte I. nur in eingeschränktem Sinn. A. Rodin erzeugte ein reiches Spiel von Licht und Schatten durch die Unebenheiten auf der Oberfläche seiner Skulpturen, ohne jedoch formauflösend zu wirken. Auch Degas und Renoir schufen Skulpturen. Auf die Architektur blieb der I. ohne Einfluß. - Abb. S. 188 und 189.
Als I. wird auch die *literar. Strömung* 1890–1920 bezeichnet, die (bes. in Lyrik, Prosaskizzen und Einaktern) eine betont subjektive, möglichst naturgetreue Wiedergabe persönl. Umwelteindrücke mit Erfassung der Stimmungen, des Augenblickhaften und Flüchtigen erstrebte. - ↑ auch Symbolismus.
In der *Musik* des ausgehenden 19. und beginnenden 20. Jh. bezeichnet I. eine v. a. durch C. Debussy und M. Ravel vertretene Stilrichtung. Sie ist geprägt durch ihre Tendenz zur formalen Auflösung und zu konturarmem, fließendem Klangfarbenspiel. Wichtige Stilmittel sind Auflösung tonalharmon. Verhältnisse (durch Verwendung tonal freier, schwebender Akkorde, durch Terzenschichtungen, Rückungen, Klangketten und Vermeidung von Leittonbildungen), Verwischen melod. und rhythm. Konturen sowie ein vielfältiges Mischen und Wechseln instrumentaler Klangfarben unter Bevorzugung extremer Lagen. Im Sinne der Romantik ist der musikal. I. angelegt auf die Erzeugung von Naturstimmungen und Empfindungen.
Im *photograph. I.* wurde nach Erfindung des Farbfilms durch Anwendung von Korn- bzw. Linsenrasterverfahren eine dem spätimpressionist. Pointillismus ähnl. Auflösung der Farbfläche in eine Kornstruktur erreicht. Die moderne Photographie kennt weitere techn. Hilfsmittel (Tricklinsen, Farbfilter, Weichzeichner), mit denen sich eine typ. impressionist. Darstellungsweise erreichen läßt; hochentwickelt u. a. bei E. Haas, D. Hamilton und A. Martin.
  Marhold, H.: I. in der dt. *Dichtung. Ffm. 1985.* - *Rewald, J.:* I. Köln 1979.

Impressum [lat. „das Eingedrückte, Aufgedrückte"] (Druckvermerk, Pflichteindruck), Vermerk über Drucker und Verleger (bei Büchern), beim Selbstverlag auch über Verf. oder Hg., bei „period. Druckwerken" (Zeitungen, Zeitschriften) auch über (mindestens) einen verantwortl. Redakteur.

Imprimatur [lat. „es werde gedruckt"], Abk. impr., imp., die vom Autor (wenn vertragl. vereinbart), sonst vom Verleger erteilte Druckerlaubnis.
◆ die nach *kath. Kirchenrecht* erforderl. bischöfl. Druckerlaubnis für Bibelausgaben, religiöse und theolog. Schriften.

Imprimé [ɛ̃pri'me:; lat.-frz. „bedruckt"], v. a. bei Seidengeweben verwendete Bez. für bedruckte Stoffe.

Impromptu [ɛ̃prɔ̃'ty:; frz., zu lat. in promptu „zur Verfügung"], in der Musik Bez. für eine der Improvisation und Fantasie nahestehende Komposition, beliebt v. a. in der Klaviermusik der ersten Hälfte des 19. Jh. (Schubert, Chopin).

Improperien [zu lat. improperia, eigtl. „Beschimpfungen"], während der Karfreitagsliturgie gesungene, vorwurfsvolle Klagelieder, in denen Jesus der Wohltaten Gottes den Übeltaten seines Volkes gegenüber stellt („Mein Volk, was habe ich Dir getan?...").

Improvisation [italien., zu lat. improvisus „unvorhergesehen"], in einer bestimmten Situation geborener Einfall, der in Handlung umgesetzt wird (z. B. eine Ansprache, ein Umdenken), in den Bereichen Theater (↑ auch Stegreifspiel), Musik und Tanz. In der Musik ist die I., vorwiegend an bekannte Gerüstmelodien (weltl. oder geistl. Lieder) oder Grundbässe (Chaconne, Passacaglia) gebunden.
Von dem bei der I. i. e. S. gegebenen Streben nach formaler Gestaltung unterscheidet sich

IMP-Satelliten

Impressionismus. Claude Monet, Impression, soleil levant (1872). Paris, Musée Marmottan (oben); Auguste Renoir, Akt in der Sonne (1876). Paris, Musée de Jeu de Paume (unten)

die improvisierende Fantasie des ausgehenden 18. und des 19. Jh. mit ihrer Darstellung von Gefühls- und Stimmungsgehalten. In gebundener oder freier Form, als Solo-I. oder als kollektive I. einer Musikergruppe, ist die I. wesentl. Bestandteil des Jazz.

IMP-Satelliten [engl. 'aɪ-ɛm'piː, Abk. für engl.: Interplanetary monitoring platform], amerikan. Satelliten vom Typ Explorer, die auf sehr exzentr. Bahnen umliefen und v. a. zur frühzeitigen Feststellung von Sonneneruptionen sowie zur Messung des Sonnenwindes dienten. Der erste der IMP-S. (Explorer 18) wurde 1963 gestartet.

Impuls [lat., zu impellere „stoßend in Bewegung setzen"], allg. die kurzzeitige Wirkung einer physikal. Größe bzw. ihre kurzzeitige Abweichung von einem Normal- oder Grundwert; speziell die kurzzeitige Wirkung einer Kraft (Kraftstoß), definiert als das Produkt aus der konstanten Kraft und der Dauer ihres Wirkens. Wird auf einen Körper ein Kraftstoß ausgeübt, so ändert sich seine **Bewegungsgröße** (= Produkt aus Masse m und Geschwindigkeit v). Dabei gilt für zeitl. konstante Kräfte:

$$F \cdot (t_2 - t_1) = mv_2 - mv_1$$

(t_1, t_2 Zeitpunkt des Beginns bzw. des Aufhörens der Kraftwirkung; v_1, v_2 Geschwindigkeit des betrachteten Körpers vor bzw. nach der Kraftwirkung). Ist die Bewegungsgröße anfangs gleich Null, dann ist der I. gleich der Bewegungsgröße nach

dem Kraftstoß. Daher unterscheidet man nicht mehr zw. I. und Bewegungsgröße und bezeichnet letztere ebenfalls als Impuls.
◆ in der *Schwachstrom-* und *Nachrichtentechnik* sowie in der *elektr. Meßtechnik* ein kurzzeitiger elektr. Strom- oder Spannungsstoß.
◆ in der *Psychologie:* Verhaltensanstoß in Form eines Antriebs oder Auslösers.

Impulserhaltungssatz, svw. ↑Impulssatz.

Impulsgenerator, Gerät zur Erzeugung von elektr. Impulsen wählbarer Breite, d. h. Dauer und Frequenz. Für niedrige Pulsfrequenzen werden meist elektromechan. oder elektromagnet. Impulsgeber verwendet. *Elektron. I.* für höhere Pulsfrequenzen (bis zu einigen 100 MHz) und kleinen Impulsdauern (bis zu wenigen Nanosekunden) sind u. a. der Sägezahngenerator und der Multivibrator; sie sind häufig mit bes. Impulsformern gekoppelt, die dem Impuls die gewünschte Form geben (z. B. Rechteck, Sinus).

Impulshöhenanalysator, in der Kernphysik verwendetes Gerät zur Messung der Energie von [Elementar]teilchen mit [Teilchen]detektoren als Analysier- und Registriergeräte. Dabei werden die elektr. Impulse des Detektors entsprechend ihrer Höhe (= Maß für die Teilchenenergie) in eine Vielzahl von Kanälen *(Vielkanalanalysator)* einsortiert und gezählt. Die Information, d. h. das Energiespektrum, wird gespeichert und kanalweise ausgedruckt.

Impulsivität [lat.], die Neigung einer Person, in ihren Handlungen, Entscheidungen und Entschlüssen unmittelbar und ohne Bedenken der mögl. Konsequenzen plötzl. Impulsen zu folgen.

Impulsmoment, svw. ↑Drehimpuls.

Impulssatz, Satz von der Erhaltung des ↑Impulses. Er besagt, daß in einem System, auf das keine äußeren Kräfte wirken (abgeschlossenes System), die [vektorielle] Summe der Impulse der einzelnen Systemteile (Teilchen) zeitlich konstant ist, der Gesamtimpuls damit nach Größe und Richtung erhalten bleibt. Der I. ist eines der wichtigsten Grundgesetze der Physik, auf dem u. a. der Antrieb eines Körpers durch Rückstoß und der Rückschlag bei Feuerwaffen beruht.

Impulstechnik, Teilgebiet der Elektrotechnik, in dem man sich mit der Erzeugung (↑Impulsgenerator), Übertragung, Verarbeitung und Anwendung bzw. dem Nachweis von elektr. Impulsen befaßt. Die wichtigsten Anwendungsgebiete der I. sind neben dem Fernsehen und dem Radar die Computer- und Datenverarbeitungstechnik sowie Regelungs- und Steuerungssysteme, die in der Physik, Biologie, Medizin u. a. eingesetzt werden. Bes. Bedeutung besitzt die I. für die Kern- und Hochenergiephysik.

Imputation [lat., zu imputare „anrechnen"] ↑Rechtfertigung.

Impressionismus. Edgar Degas, Absinth (1876). Paris, Louvre (oben); Georges Seurat, Studie zu Le Chahut (1889). Buffalo/N. Y., Albright-Knox Art Gallery (unten)

Imre, männl. Vorname, ungar. Form von Emmerich.

Imrédy, Béla, * Budapest 29. Dez. 1891, † ebd. 28. Febr. 1946 (hingerichtet), ungar. Politiker. - 1932–35 Finanzmin.; als Min.präs. (1938/39) Anlehnung an die Achse Berlin–Rom; 1940 Gründer der rechtsautoritären „Partei der ungar. Erneuerung"; 1946 zum Tode verurteilt.

Imroz, vulkan. Insel im Ägäischen Meer, mit 256 km² größte Insel der Türkei.

Imst, östr. Bez.hauptstadt am Ausgang des Gurgltales in das Inntal, Tirol, 828 m ü. d. M., 6700 E. SOS-Kinderdorf; Textil-, Holz- u. a. Ind.; Fremdenverkehr. - I. kam 1266 in den Besitz der Grafen von Tirol. Diese erhoben den Ort zum Markt; 1898 wurde I. Stadt. - Spätgot. sind die Pfarrkirche und die zweigeschossige Michaelskapelle.

Imuschag, Eigenbezeichnung der ↑Tuareg.

Imuthes ↑Imhotep.

in, Einheitenzeichen für ↑Inch.

In, chem. Symbol für ↑Indium.

in..., In... [lat.], Vorsilbe mit den Bed. *ein ... hinein* und *ohne, nicht, un...;* wird vor l zu **il...,** vor r zu **ir...,** vor m, b und p zu **im...,** z. B. illegal, implizit.

Ina, weibl. Vorname, Kurzform von Namen, die auf -„ina" oder -„ine" ausgehen, bes. von Katharina und Karoline.

in absentia [lat.], in Abwesenheit [des Angeklagten].

in abstracto [lat.], rein begrifflich, nur gedacht; ohne Berücksichtigung der bes. Lage betrachtet. - Ggs. ↑in concreto.

inadäquater Reiz, Reiz, dessen physikal. Energie bei Einwirken auf bestimmte Sinneszellen i. d. R. nicht in sinnesspezif. Energie umgewandelt wird. So löst z. B. ein Schlag auf das Auge als i. R. Lichtempfindungen aus.

inaktiv, untätig, ohne Dienst oder Amt. ♦ in der *Medizin* 1. unwirksam (z. B. von chem. Substanzen, Toxinen gesagt); 2. ruhend, vorübergehend keine Krankheitssymptome zeigend.

In-Aménas, ostalger. Ort in der Sahara, nahe der libyschen Grenze; Zentrum eines ertragreichen Erdölgebietes. Pipeline (775 km) zum tunes. Hafen La Skhirra.

Inanna (Innin), sumer. Name der ↑Ischtar.

inäquale Furchung ↑Furchungsteilung.

Inarisee, 1050 km² großer, insel- und buchtenreicher See in Lappland, N-Finnland, 119 m ü. d. M., bis 95 m tief. Am SW-Ufer liegt der Ort *Inari,* 7 700 E, Freilichtmuseum.

Inauguraladresse [lat.], Bez. für die Rede des Präs. der USA, die er am Tage seiner Amtseinführung (20. Jan.) vor dem Kapitol über die Grundsätze seiner Politik hält.

Inauguraldissertation [lat.], svw. ↑Dissertation.

Inauguration [lat.], im antiken Rom Weihezeremonie zur Machtübertragung für die Priestertümer der Auguren, Flamines und des Rex sacrorum.
♦ feierl. Einsetzung in ein akadem. oder polit. Amt oder eine akadem. Würde.

Inbegriff, typ. Beispiel, das das Wesen eines Begriffs zeigt.

Inc., Abk. für: ↑Incorporated Company.

ince, Kap [türk. in'dʒɛ], Kap an der türk. Schwarzmeerküste, nördlichster Punkt Anatoliens.

Inch [engl. ɪntʃ; zu lat. uncia „zwölfter Teil eines Fußes, Zoll"], Einheitenzeichen: in oder ″, in Großbritannien und in den USA verwendete Längeneinheit: 1 in = 1/36 yard. In der Technik gilt für die Umrechnung in das metr. System 1 in = 25,4 mm.

Inchon [korean. intʃhʌn], Stadt am Gelben Meer, Republik Korea, 1,3 Mill. E. Kath. Bischofssitz; TH. Zweitgrößter Hafen Süd-Koreas und wichtiger Industriestandort. - Seit der Koryo-Zeit (918–1392) als Verwaltungsstadt erwähnt. Erhielt 1413 den heutigen Namen. Wegen seiner strateg. Lage (Zugang nach Seoul) im Koreakrieg 1950 Landeplatz der UN-Truppen.

incipit [lat. „es beginnt"], erstes Wort der Anfangsformel, die in Handschriften oder Frühdrucken anstelle des (späteren) Titels den Beginn eines Textes angibt.

incl., Abk. für lat.: **inclusive** [„einschließlich"].

In Coena Domini ['tsoːna; lat.] ↑Abendmahlsbulle.

in concreto [lat.], in Wirklichkeit, tatsächlich.

Incorporated Company [engl. ɪnˈkɔːpəreɪtɪd ˈkæmpənɪ, eigtl. „eingetragene Gesellschaft"], Abk. Inc., Kapitalgesellschaft in den USA, entspricht der AG.

Incoterms [engl. 'ɪŋkoʊtəːmz] ↑Handelsklauseln.

Incus [lat.] ↑Amboß.

I. N. D., Abk. für: in nomine Dei [„im Namen Gottes"]; in nomine Domini [„im Namen des Herrn"].

Indanthren ⓦ [Kw. aus **Ind**igo und **Anthrac**en] ↑Indanthrenfarbstoffe.

Indanthrenblau RS (Indanthron), als erster Indanthrenfarbstoff 1901 von R. Bohn synthetisiert; Küpenfarbstoff auf Anthrachinonbasis.

Indanthrenfarbstoffe, urspr. Bez. für Anthrachinonfarbstoffe; heute ist **Indanthren** ⓦ allg. Warenzeichen für mehr als 100 licht- und waschechte Farbstoffe aller Farbstoffklassen.

Indanthron [Kw.], svw. ↑Indanthrenblau RS.

indefinibel [lat.], begriffl. nicht zu bestimmen, unerklärbar.

indefinit [lat.], unbestimmt.

Indefinitheit [lat.], Ausdruck der mathemat. Grundlagenforschung, gleichbedeutend mit „nicht (nachweislich) entscheidbar".

Indefinitpronomen (Indefinitum, unbestimmtes Fürwort), Pronomen für Lebewesen und Dinge, die nicht näher bezeichnet werden, im Deutschen z. B. *jemand, etwas, alle, kein, man, sämtliche, niemand.*

indeklinabel [lat.], nicht flektierbar (beugbar), z. B. ein *rosa* Kleid.

Indemnität [lat.-frz.; zu lat. indemnis „schadlos, verlustlos"], 1. (Verantwortungsimmunität) neuere Bez. für die Nichtverantwortlichkeit der Abg. wegen einer Abstimmung, Äußerung oder sonstigen Amtshandlung im Parlament, dessen Ausschüssen und in den Fraktionen. Die I. ist unverzichtbar und kann im Unterschied zur Immunität nicht vom Parlament aufgehoben werden. Die I. ist ein persönl. Strafausschließungsgrund und dauert auch nach Beendigung des Mandats fort. Zur I. gehört auch die Verantwortungsfreiheit für wahrheitsgetreue *Berichte* über die öffentl. Sitzungen des Bundestages und seiner Ausschüsse. 2. Nachträgl. parlamentar. Entlastung der Regierung für verfassungswidrige oder im Ausnahmezustand ergriffene Maßnahmen. Die Praxis der I.erklärung - v. a. bei Haushaltsüberschreitungen - wurde nach dem brit. Vorbild der Indemnity-Bill im 19. Jh. auf dem Kontinent übernommen.

Indemnitätsvorlage †preußischer Verfassungskonflikt.

Inden [Kw.] (Indonaphthen, Benzocyclopentadien), aromat. Kohlenwasserstoff, der an der Luft zu dem zu den Kumaronharzen zählenden *I.harz*, polymerisiert.

Independence Day [engl. ɪndɪˈpɛndəns ˈdeɪ], Unabhängigkeitstag der USA (4. Juli [1776]).

Independent Broadcasting Authority [engl. ɪndɪˈpɛndənt ˈbrɔːdkɑːstɪŋ ɔːˈθɒrɪti], Abk. IBA, Dachorganisation des kommerziellen, durch Werbung finanzierten Hörfunks und Fernsehens in Großbrit.; gegr. 1954 als **Independent Television Authority** (Abk. ITA) zur Einrichtung eines öffentl. Fernsehdienstes in Ergänzung zu den Programmen der BBC, 1972 um den Hörfunkbereich erweitert; besteht aus 11 vom Min. für Post und Fernmeldewesen ernannten Mgl.; errichtet, besitzt und betreibt Sendeeinrichtungen, läßt Programmgesellschaften zu (es gibt 19 regionale Hörfunk- und 15 regionale Fernsehprogrammgesellschaften), überwacht Programmplanung sowie Programme und Werbung.

Independenten [zu lat.-engl. independent „unabhängig"], aus den Religionskämpfen des 16. Jh. in England hervorgegangene Benennung der radikalen Puritaner, die gegenüber der anglikan. Kirche völlige Unabhängigkeit und Autonomie der einzelnen Gemeinden forderten; begaben sich nach Verfolgung ins niederl. Exil. Nach ihrer Niederlassung in Neuengland (Überfahrt der „Mayflower" 1620) wurden sie zu Vätern des amerikan. Demokratieverständnisses.

Independent Labour Party [engl. ɪndɪˈpɛndənt ˈleɪbə ˈpɑːtɪ] †Labour Party.

indeterminabel [lat.], unbestimmbar.

Indeterminismus, im Ggs. zum Determinismus allg. die Lehrmeinung, nach der ein (bzw. alles) Geschehen [grundsätzl.] nicht, nur bedingt oder in bestimmten Bereichen nicht durch Kausalität bzw. durch Naturgesetze bestimmt ist und nach dem Prinzip der Kausalität erkannt und vorausgesagt werden kann. I. in der *Ethik* meint, daß Wille und Handlung des Menschen nicht, nicht nur oder nur bedingt durch Umwelt, Erziehung, Motivation usw. determiniert sind, daß zumindest eine bestimmte Spontaneität und Möglichkeit der Freiheit der Entscheidung besteht.

Index [lat., zu indicare „anzeigen"], (Mrz. Indexe, Indizes) alphabet. Verzeichnis (Namen-, Titel-, Schlagwortregister), v. a. bei Büchern.

◆ (Mrz. Indizes) Zahl oder Buchstabe (im allg. tiefgesetzt) zur Unterscheidung bzw. Kennzeichnung [physikal. oder mathemat.] gleichartiger Größen.

◆ (Mrz. Indices) in der *Anatomie* svw. Zeigefinger.

◆ †Preisindex.

Index librorum prohibitorum [lat.], amtl. Verzeichnis der vom Apostol. Stuhl verbotenen Bücher; als Maßnahme der zum kirchl. Lehramt gehörenden Überwachung des Schrifttums von Paul IV. 1559 zum erstenmal förml., dann grundlegend nach dem Tridentinum 1564 erlassen. Durch die Erlasse der Glaubenskongregation vom 14. 6. und 15. 11. 1966 wurden mit Wirkung vom 29. März 1967 der Index und somit Bücherverbot

Robert Indiana, Love (1968).
Privatbesitz

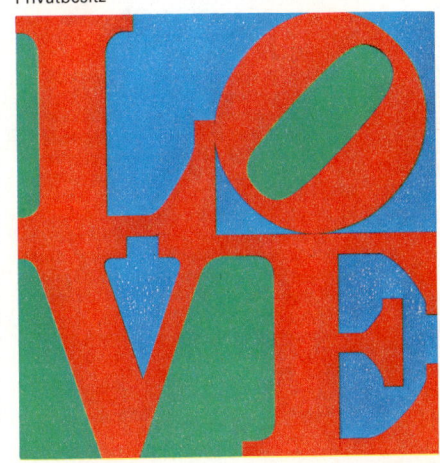

Indexzahlen

und die entsprechenden Strafgesetze außer Kraft gesetzt.

Indexzahlen (Indexziffern), statist. Zahlen, die die relativen Veränderungen bzw. die relativen Unterschiede zusammengesetzter Größen angeben; I. sind Verhältnisse gewogener Mittelwerte von mehreren Meßziffern. Sie werden am häufigsten als Preis-, Mengen- und Umsatzindizes errechnet und geben Niveauveränderungen im Zeitablauf bzw. Niveauunterschiede an.

Indiaca ⓇⓇ, dem Volleyball verwandtes, aus S-Amerika stammendes Rückschlagspiel. Gespielt wird mit einem 23–26 cm langem federballähnl. Spielgerät, das aus einem ledernen Ballkörper, Stabilisierungsgewichten und auswechselbaren Führungsfedern besteht; geschlagen wird mit der Handfläche. Wettkampfmäßig wird I. auf einem Spielfeld wie Volleyball gespielt.

Indiana, Robert [engl. ɪndɪˈænə], * New Castle (Ind.) 13. Sept. 1928, amerikan. Maler und Graphiker. - Vertreter der Pop-art, legt seinen Werken v. a. Zahlen, Buchstaben und Worte zugrunde. - Abb. S. 191.

Indiana [ɪndɪˈɑːna, engl. ɪndɪˈænə], B.-Staat im Mittleren Westen der USA, 93 993 km², 5,48 Mill. E (1983), 58 E/km², Hauptstadt Indianapolis.
Landesnatur: I. liegt im östl. Zentralen Tiefland Nordamerikas und erstreckt sich vom Michigansee im N bis zum Ohio im S. Die glazial überformte, flachwellige Landschaft liegt in 92–381 m Höhe. Sie ist im NO reich an kleinen Seen. – Das Klima ist gemäßigtkontinental; Waldareale v. a. im Süden.
Bevölkerung, Wirtschaft, Verkehr: Der Anteil der weißen Bev. beträgt rd. 91 %, der der schwarzen rd. 8 %. Die Verstädterung ist bes. hoch im ↑Manufacturing Belt im N, d. h. in den Ind.städten am Michigansee östl. von Chicago. I. verfügt über 9 Univ., deren älteste 1801 in Vincennes gegr. wurde. Der größte Teil von I. liegt im ↑Corn Belt. Neben Mais werden v. a. Winterweizen, Hafer, Sojabohnen, Gerste und Roggen angebaut, auch Obst, Tomaten, Wassermelonen und Tabak; daneben Viehwirtschaft. Im SW befinden sich Kohlevorkommen, die zu etwa 70 % über Tage abgebaut werden, sowie bed. Kalksteinbrüche. Mehrere Erdölfelder werden ausgebeutet. Am Michigansee ist v. a. Eisen- und Stahlind. konzentriert. Hier befindet sich auch der wichtigste Binnenhafen des Staates sowie eine der größten Erdölraffinerien der Erde. Das Eisenbahnnetz hat eine Länge von rd. 10 000 km, das Highwaynetz von rd. 15 500 km. Der Ohio ist ein weiterer bed. Verkehrsträger. In I. befinden sich über 100 ✈.
Geschichte: 1679/80 von Franzosen erstmals durchquert; gelangte 1763 in brit. Besitz; fiel 1783 an die USA, wurde Teil des Northwest Territory und durch dessen Teilung (1800) ein eigenes Territorium (umfaßte die heutigen Staaten I., Illinois, Wisconsin und große Teile von Michigan und Minnesota); nach Niederschlagung der letzten großen Indianererhebung im Brit.-Amerikan. Krieg 1812–14 mit seinen heutigen Grenzen 1816 als 19. Staat in die Union aufgenommen.

Indianapolis [engl. ɪndɪəˈnæpəlɪs], Hauptstadt des Bundestaates Indiana, USA, in Z-Indiana, 216 m ü. d. M., 745 000 E. Sitz eines kath. Erzbischofs, eines anglikan. und eines methodist. Bischofs; zwei Univ. (gegr. 1849 bzw. 1902), Colleges, Staatsbibliothek. Vieh- und Getreidehandel; Auto-, Flugzeug-, Nahrungsmittel-, Kautschuk-, Erdöl- u. a. Ind.; Sitz zahlr. Verlage. Verkehrsknotenpunkt, ✈; Automobilrennstrecke. - Gegr. um 1820; Hauptstadt seit 1825.

Indianer [von Kolumbus fälschl. so ben.], Ureinwohner Nord- und Südamerikas; wahrschein. aus Asien eingewandert über die während der pleistozänen Eiszeit z. T. leicht zu überwindende Beringstraße. Sie gehören zur Rassengruppe der Indianiden. Von Alaska bis Feuerland entwickelten die einzelnen Stämme auf Grund der variierenden natürl. Bedingungen und - damit verbunden - unterschiedl. Wirtschaftsgrundlagen eigene Formen der sozialen Ordnung, des Lebensunterhalts, des materiellen Kulturbesitzes und der Religion. Grundlegende Veränderungen (Akkulturation) bewirkten die europ. Kolonisatoren, deren Landnahme bis heute andauert.
Nordamerika: Die subarkt. Stämme *(Athapasken, Algonkin)* waren Jäger; sie entwickelten Rahmenschneeschuh, Tobogganschlitten und Boote (Kanu, Kajak) aus Holz, Rinde, Leder. Die *Cree* sö. der James Bay waren Handelspartner der engl. Hudson's Bay Company (gegr. 1670). Sie waren die ersten, die nicht mehr ausschließl. für den Eigenbedarf jagten. Als Gegenwerte für die Felle erhielten sie Perlen, rote Wolldecken, Äxte, Messer, Kochgeschirr, Gewehre. Der Besitz weißer Zivilisationsgüter machte sie zu Zwischenhändlern und bewirkte ihre Westwanderung im 18. Jh. Heute leben die Cree von Quebec bis Alberta. Man unterscheidet *Plains Cree* und *Woodland Cree.* Die I. der NW-Küste lebten v. a. vom Fischfang (Lachs, Wal). Material für Hausbau, Kochkisten und Kultgegenstände war Zedernholz; bes. Kennzeichen ihrer Kultur ist die geschnitzte Darstellung von Totemtieren (Klanzeichen an aufgerichteten Zedernstämmen und Hausfronten. Zentrales Ereignis ihres zeremoniellen Lebens war das Potlach (Geschenkverteilungsfest), das als soziales Regulativ die gleichzeitige Anhäufung von polit. Macht und materiellem Reichtum verhinderte. Die I. Kaliforniens waren Sammler und Fischer, ihre Korbflechterei war hoch entwickelt; erste Besiedelung ihrer Territorien erfolgte durch die Spanier, die Missionsstationen errichteten. Verheerende Folgen hatte der kaliforn. Goldrausch im

Indianer

19. Jh. Im SW lebten Wildbeuter, die später von den Spaniern die Schafhaltung übernahmen *(Navajo)* und seßhafte Maisbauern *(Pueblo*völker). Ihre mehrstöckigen Terrassenhäuser sind aus gebrannten Lehmziegeln (Adobe) gebaut; Korbflechterei, Weberei und Töpferei werden heute noch ausgeübt; berühmt ist heute ihr Schmuck aus Silber und Türkis. Das nö. Waldland war Lebensraum der Algonkinstämme und der *Irokesen*föderation. Letztere bestand aus 6 Nationen *(Onondaga, Mohawk, Seneca, Cayuga, Oneida, Tuscarora)* und beeinflußte mit ihrem Rätesystem die Verfassung der USA. Sie betrieben Gartenbau in kollektiven Arbeitsgemeinschaften (Mais, Bohnen, Kürbis), jagten von Langhäusern, die zu Dörfern zusammengeschlossen waren. Sie waren wie viele andere mutterrechtl. ausgerichtet; es herrschte das Matriarchat. Die Stämme im SO wurden bekannt als die „Fünf Zivilisierten Nationen" *(Creek, Choctaw, Chickasaw, Seminole, Cherokee)*. Um ihre Bildungs- und Anpassungsfähigkeit zu zeigen, imitierten sie weiße Sozialstrukturen. Sie entwickelten eine eigene Schrift, verheirateten sich mit Weißen, hatten ein radikales, erfolgreiches Resozialisierungssystem und brachten es zu großem kollektivem Reichtum. Die I. der Prärien *(Sioux, Arapaho, Cheyenne)* lebten urspr. von Gartenbau und Saisonjagd; das von den Spaniern eingeführte Pferd machte sie zu Jagdnomaden und stärkte ihre Position gegenüber Nachbarstämmen. Hauptnahrungslieferant war der Bison, der bis Mitte 19. Jh. den Mittleren Westen entlang der Rocky Mountains in riesigen Herden bevölkerte; er deckte den gesamten Lebensbedarf. Der soziale Rang des Mannes war an der Adlerfeder und deren Verzierung zu erkennen. Die Häuptlingsfederhauben der Präriestämme prägten später das Indianerbild in Literatur und Film. Typ. Waffen waren vor Verbreitung der Feuerwaffen das Wurfbeil (Tomahawk), Keule sowie Pfeil und Bogen.

Der Widerstand der Ureinwohner begleitete die Landnahme der Europäer: 1680 verbündeten sich die Pueblos im SW gegen die Spanier. Die erkämpfte Freiheit hielt 12 Jahre. 1754 vereinigte Häuptling Pontiac von den Ottawa mehrere Stämme im Gebiet der Großen Seen gegen die Engländer. Nach dem Frieden von Paris 1763 kämpfte er weiter, mußte 1765 aber Frieden schließen. Tecumseh (Tecumtah) von den *Shawnee* bemühte sich um ein Bündnis aller Stämme im MW und S gegen die nach W fortschreitende Grenze. Im 19. Jh. wurde das Schicksal der indian. Völker besiegelt. Zw. 1830/83 wurden 75 Mill. Büffel abgeschlachtet. Skalpprämien wurden ausgesetzt. Viele Stämme wurden ab 1830 nach Oklahoma umgesiedelt. Letzter Sieg der I. gegen die Armee der USA war die Schlacht der Sioux am Little Big Horn 1876. Mit dem Massaker am Wounded Knee 1890 war der indian. Widerstand gebrochen. Blutige Bilanz der I.kriege: rd. 2 300 tote Soldaten, etwa 400 000 Indianer. Die einzelnen Stämme lebten von nun an in Reservaten, die vom Bureau of Indian Affairs (BIA) verwaltet wurden. In den 1960er Jahren formierte sich ein neuer Widerstand (sog. „Red Power"). Die „Neuen I." forderten die Erneuerung der gebrochenen Verträge bzw. Wiedergutmachung, klagten Fischerei- und Jagdrechte ein und machten mit spektakulären Aktionen auf sich aufmerksam: 1969 Besetzung der Gefängnisinsel Alcatraz bei San Francisco, 1972 „Marsch der gebrochenen Verträge" nach Washington und Besetzung des BIA, 1973 Besetzung der Ortschaft Wounded Knee, 1975 1. Weltkongreß der Eingeborenen, 1978 „Longest Walk" (eine Gruppe der Navajo marschierte über 4 300 km bis nach Washington), im gleichen Jahr bildeten 25 Stämme eine Interessengemeinschaft gegen fremden Abbau der Bodenschätze. Heute leben in Nordamerika rd. 2 Mill. I., bei Beginn der europ. Besiedelung waren es schätzungsweise 5-13 Millionen.

Die I. **Lateinamerikas** kann man grob in hochentwickelte Staaten im W und in Mittelamerika und in Stammesvölker im Tiefland im O und SO gliedern. Von den archäolog. bekannten *Olmeken, Azteken, Zapoteken, Mixteken, Tarasken, Totonaken* als auch den *Maya* leben heute in Mittelamerika nur die Nachfahren der bäuerl. Grundbev.; das gilt auch für die Nachfahren des *Inkareiches* in Peru. Die hochentwickelten Staaten waren durchorganisierte Großreiche mit einer sakralen und profanen Führungsschicht, die von der obersten Klasse einer streng hierarch. gegliederten Gesellschaft gestellt wurde, während die von ihnen auf dem Land errichteten Gemeinschaften regionale Kollektive mit demokrat. Verfassung waren. Die Unterwerfung durch die Spanier (1519 Ankunft Cortés' bei den Azteken) erfolgte durch sog. Staatsstreiche: Mit der Gefangennahme des Herrschers war das Volk besiegt; 1531 gab es rd. 15 Mill. I. im Inkareich (1586: 1 Mill., 1796: rd. 608 000). Der Widerstand der Maya dauerte 165 Jahre, da ihre Staaten nicht so zentralist. geordnet waren wie die der Inka und Azteken; zu Kämpfen mit den Nachfahren kam es noch 1910, als man Chicle, den Grundstoff für Kaugummi, entdeckte. Die an Überschußproduktion und Abgaben gewöhnten Bauern ließen sich leichter in eine Kolonialdiktatur integrieren als die kleinen anarchist.-demokrat. geordneten bewegl. Stammeseinheiten der Tieflandstämme im O. Gold als Rohmaterial war für die I. völlig wertlos; das von den Spaniern begehrte Metall hatte für sie erst Wert, wenn es sakrale Gestalt angenommen hatte. Mais wurde im Hochland von Mexiko 3500 v. Chr. aus einem Wildgras gezüchtet und im Brandrodungsbau

Indianer

Indianer. Rundschild der Aztekenkultur (Mexiko, Museo Nacional de Antropología; oben);
Rundschild der Apachenkultur (New York, Museum of the American Indian-Heye Foundation; unten)

kultiviert. Zahlr. Nutzpflanzen und Drogen wurden z. T. mit ihren aztek. Namen in die Alte Welt eingeführt: Kartoffel, Garten-, Mond-, Feuer- und Schwertbohne, Garten- und Moschuskürbis, Tomate („tomatl"), Chili, Paprika, Ananas, Erdnuß, Kakao („cacauatl"), Tabak, Baumwolle.
Die ökonom. Grundlage der trop. Tieflandkulturen ist bis heute der Maniok- und Bananenanbau; sämtl. Tieflandstämme leben bis heute vom Jagen und Sammeln. Die Haustiere der Inkas und ihrer Nachfahren sind Lama, Alpaka und Meerschweinchen. Gebräuchlichste Waffe der Pampasvölker war die Bola, eine Wurfkugel; sie wurde insbes. von den *Patagoniern* benutzt, die eine Reiterkultur entwickelt hatten. In den Regenwäldern östl. der Anden erfolgte der Kontakt mit den Weißen z. T. erst im 20. Jh. (v. a. über Missionare). Die Nomadenstämme jagen mit Blasrohr und Giftpfeil und treiben Gartenbau. In Peru und Ecuador machen die *Shuara*, eine Untergruppe der *Jívaro*, aus den Köpfen ihrer besiegten Gegner Schrumpftrophäen, was von den Reg. verboten wird. Die weitere Existenz der trop. Stämme ist durch die Gewinnung von Erdöl, Eisenerzen und Edelhölzern sowie durch die zunehmende Verbreitung von Krankheiten gefährdet.

In den meisten Staaten findet man eine indian.-span. Mischkultur, die auf iber. Moralvorstellungen gründet. Heute leben rd. 15 Mill. reinrassige I. in Südamerika (davon 10 Mill. im Zentralandenraum) und 4–5 Mill. in Mittelamerika und Mexiko. Sämtl. Statistiken sind ungenau, da von den Behörden entweder weniger I. angegeben werden, um Dezimierungen zu verschleiern, oder mehr, um staatl. Hilfsgelder zu kassieren. Bis auf einige Stämme im Amazonasgebiet sind sämtl. I. Lateinamerikas unterdrückt und leben in Armut. Ethnologen unterscheiden bei der Ausrottung der I. zw. Ethnozid (kultureller Völkermord) im W und Genozid (phys. Völkermord) im Osten.

Die aus Vertreibung, Entrechtung, Deklassierung und Dezimierung folgenden Probleme der heutigen I. in ganz Amerika werden allg. als **Indianerfrage** bezeichnet. Mit der symbol. Besetzung von Wounded Knee (27. Febr.–8. Mai 1973) in S-Dakota rückte die Situation der nordamerikan. I. in das Bewußtsein der Weltöffentlichkeit: 40% aller I. sind arbeitslos, die durchschnittl. Lebenserwartung beträgt 46 Jahre (US-Durchschnitt: 71 Jahre), die Kindersterblichkeit liegt um 50% höher als bei den Weißen, 25% der männl. Erwachsenen sind alkoholsüchtig, die Selbstmordquote liegt 15mal höher als im US-Durchschnitt. Ziel der Widerstandsbewegung des *American Indian Movement* (AIM) ist v. a. die Abschaffung des Bureau of Indian Affairs (BIA). AIM will die Autonomie der Reservate und die Anerkennung der Stämme als souveräne Nationen erreichen. Erster Erfolg war eine UN-Konferenz in Genf (Sept. 1977) mit indian. Delegationen aus Nord- und Südamerika; beherrschende Themen waren Landraub und Völkermord (55% des US-Urans liegt unter indian. Land; die betroffenen Stämme haben darüber jedoch keine Entscheidungsbefugnis).

In Brasilien werden bei der Urbarmachung des Amazonasbeckens (Straßenbau) und der Gewinnung von Eisenerzen die Tiefland-I.

Indianerbücher

entweder vertrieben oder umgebracht. Die brasilian. I.behörde, die Nationale I.stiftung *Fundação Nacional do Indio* (FUNAI) muß wie das nordamerikan. BIA gleichzeitig Reg.-interessen wahrnehmen. In den meisten lateinamerikan. Staaten macht die „indian. Minderheit" die Mehrheit der Bev. aus (z. B. Bolivien: 80%). In ihrem Widerstand gegen die Weißen übernahmen die lateinamerikan. I. neben ihrer traditionellen Kriegführung europ. Kampf- und Organisationsformen und versuchten, nichtindian. Bündnispartner zu gewinnen; Briten gegen die Spanier, Franzosen gegen die Portugiesen, in Kolumbien z. B. die KP gegen das herrschende diktator. System. Seit den 1960er Jahren organisierten sich die I. in Interessengruppen mit dem Dorf als Grundeinheit, die bes. in Venezuela, Ecuador, Kolumbien, Mexiko, Costa Rica und Panama an Bed. gewinnen. Die polit. Kampfmittel dieser Organisationen (Demonstrationen, Landbesetzungen, Petitionen an die Reg.) ähneln den nordamerikan. Bürgerinitiativen. Ende 1977 erfolgte die Gründung einer gesamtecuadorian. I.vereinigung. Im gleichen Jahr fand ein Kongreß brasilian. I. (Vertreter von 8 Völkern) statt. Eine Verbindung mit gewerkschaftsähnl. Gruppen oder Gewerkschaften entwickelte sich bes. dort, wo I. als gleichwertige Bündnispartner für die Nichtindianer in den sozialen Auseinandersetzungen angesehen werden, mit den kath. Missionaren (v. a. in Brasilien) eher da, wo die I. auf Grund geringer Anzahl, Aufsplitterung, geringen Grades an polit. Information von sich aus nicht in der Lage sind, eine starke Interessenvertretung im modernen nichtindian. Raum aufzubauen. Als neue Bündnispartner gelten die in den I.gebieten oder -reservaten tätigen Anthropologen, die nicht nur die Lebensgewohnheiten der I. untersuchen, sondern sie auch aktiv unterstützen. Die indian. Führer sehen sich nicht als demokrat. legitimierte, durch Wahl be- oder abberufbare Vertreter parlamentar. Parteien, sondern als Sprecher geschlossener indian. Gemeinschaften. - In ihrem Widerstand gegen die Zerstörung ihres Landes und gegen das Wertsystem der dominierenden Gesellschaften begreifen sich die Ureinwohner Nord- und Südamerikas als ein Volk.

Religionen: Eine einheitl. Religion der I. gibt es nicht; die religiösen und mytholog. Vorstellungen der I. sind vielmehr ebenso vielgestaltig wie ihre Stämme und Sprachgruppen, so daß man nur einige wenige gemeinsame Züge nennen kann. - Bei den I. *Nordamerikas* war der Glaube an einen Hochgott (↑ Großer Geist) weit verbreitet; in vielen Stämmen ist daneben die Gestalt eines Heilbringers nachweisbar. Typ. Erscheinungen sind Totemismus und Initiationsriten. Der Kult der I. hatte häufig ekstat. Charakter. Der Seelen- und Unsterblichkeitsglaube verband sich mit der Vorstellung von einem Jenseitsreich, das an unterschied. Orten gedacht wurde und von den Jägerstämmen als „ewige Jagdgründe" angesehen wurde. Die Verbindung zur Geister- und Dämonenwelt wurde vielfach von einem ↑ Medizinmann aufrechterhalten, der oft auch Funktionen eines Priesters oder Schamanen hatte. - Ähnl. Vorstellungen (Hochgottglaube, Kulturheros, Schamanentum, Totengeister, Ahnenkult) lassen sich auch bei den indian. Naturvölkern *Lateinamerikas* und *Westindiens* feststellen (für die Kulturvölker ↑ Inka [Inkareligion], ↑ Mayakultur, ↑ Azteken [Religion]), sowie die Verehrung von Vegetationsgottheiten und der Vollzug von Fruchtbarkeitsriten. Die Vorstellung von einem Weltschöpfer bzw. Stammvater hatte keine das tägl. Leben des Menschen betreffende, also auch keine kult. Bedeutung.

📖 *Läng, H.: Kulturgeschichte der I. Nordamerikas. Freiburg im Breisgau 1981. - Stingl, M.: Die indian. Zivilisationen Mexikos. Hanau 1980. - Höner, U.: Die Versklavung der brasilian. I. Freib. 1980. - Oth, R.: Das große I.-Lex. Würzburg 1979. - Rockstroh, W.: USA - Der Südwesten. I.kulturen zw. Colorado u. Rio Grande. Köln 1979. - Laughlin, W. S./Harper, A. B.: The first Americans: Origins, Affinities and Adaptations. Stg. 1979. - Haberland, W.: Nordamerika. I., Eskimo, Westindien. Baden-Baden 1979. - Stammel, H. J.: Die I. Die Gesch. eines untergegangenen Volkes. Mchn. 1979. - Fagan, B. M.: Die vergrabene Sonne. Die Entdeckung der I.-Kulturen in Nord- u. Südamerika. Mchn. 1979. - Helfritz, H.: Amerika, Inka, Maya u. Azteken. Wien u. Hdbg. 1979. - Disselhoff, H. O.: Das Imperium der Inka. Mchn. 1978. - Lindig, W./Künzel, M.: Die I.kulturen u. Gesch. der I. Nord-, Mittel- u. Südamerikas. Mchn. 1978. - LaFarge, O.: Die Welt der I. Dt. Übers. Ravensburg ⁶1977. - Hagen, C. S.: Die I.kriege. Mchn. 1976. - Müller, Werner: Indian. Welterfahrung. Stg. 1976. - Nowotny, K. A.: Der indian. Ritualismus. Bonn 1976. - Krickeberg, W., u. a.: Die Religionen des alten Amerika. Stg. 1961.*

Indianerbücher, entstanden seit dem 17. Jh., als sich Missionare und Forscher mit den Gebräuchen und Lebensbedingungen der Indianer befaßten. Neben Reiseberichte und wiss. Abhandlungen traten bes. im 18. Jh. pädagog., polit. und philosoph. Romane. Im 19. Jh. sah v. a. die Kulturkritik des Jungen Deutschland in Amerika das Land der Freiheit; bes. seit den „Lederstrumpf"-Romanen (1823-41) J. F. Coopers führte die Anteilnahme am Existenzkampf der Indianer gegen weiße Eroberer zu einer Fülle von I.; humanitäre Ideen gegen brutalen Imperialismus enthalten z. B. die Romane von C. Sealsfield, F. Gerstäcker und B. Möllhausen. Der Großteil der I. tendierte jedoch immer mehr zum unterhaltend-belehrenden Reise- und Abenteuerbuch, z. B. die I. Karl Mays. Im 20. Jh. finden sich

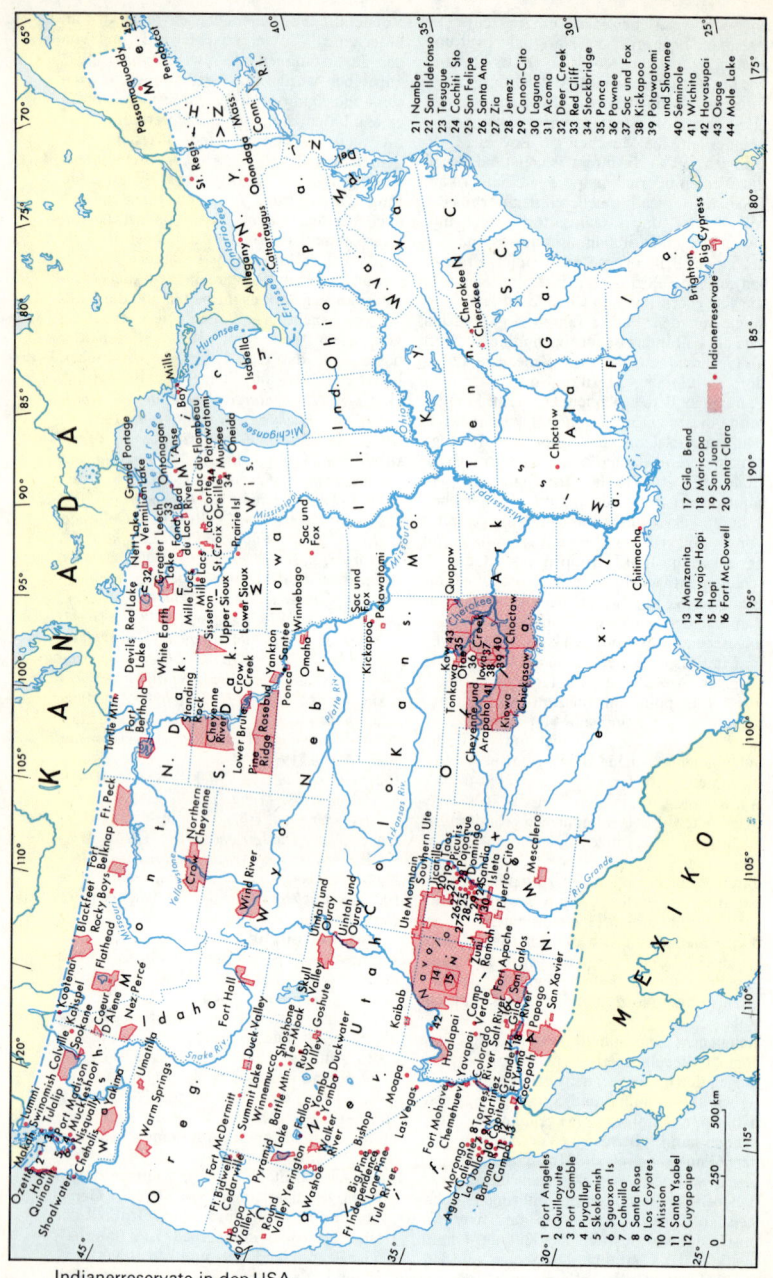

Indianerreservate

Indianerreservate in den USA

indianische Musik

I. vorwiegend mit ethnograph., völkerkundl. und völkerpsycholog. Ausrichtung (z. B. O. La Farges „Die Indianer", 1968), v. a. aber in der Jugendliteratur, wie F. Steubens „Tecumseh"-Serie (1930–51). Moderne I. stellen entweder die Erlebnisse einzelner Weißer im Existenzkampf der Indianer dar oder schildern das Schicksal einzelner Indianerstämme bzw. der nordamerikan. Indianer insges. gegen Ende des 19. Jh., v. a. D. Browns „Begrabt mein Herz an der Biegung des Flusses" (1970), S. von Nostitz' „Die Vernichtung des roten Mannes" (1970). Sozialpsycholog. und polit. Darstellungen sind C.-L. Reicherts „Red Power. Indianisches Sein und Bewußtsein heute" (1974), C. Huffackers „Nur ein toter Indianer ist ein guter Indianer" (1978) und B. Lees „Indian Rebel. Das Leben einer Stadtindianerin aus Kanada" (Autobiogr., 1976).

Indianerbüffel, fälschl. Bez. für den nordamerikan. ↑ Bison.

Indianerfalte, svw. ↑ Mongolenfalte.

Indianerreservate (Reservationen), den Indianern vorbehaltene Siedlungsgebiete, die ihnen vertragl., v. a. bis in die Mitte des 19. Jh., zum großen Teil gegen ihren Willen, meist auf schlechten Böden, von den Weißen aufgezwungen wurden. In den USA gibt es 267 I., die dem Bureau of Indian Affairs unterstehen, in Kanada 2 279 I., die z. T. aber nur aus Einzeldörfern bestehen. Auch in Lateinamerika gibt es ähnl. abgegrenzte Siedlungsgebiete. Ein früher Vorläufer waren hier die von den Jesuiten in Paraguay im 17./18. Jh. gegr. Indianerreduktionen.

Indianersommer, in Nordamerika mit großer Regelmäßigkeit Ende Sept. bis Anfang Okt. auftretende Schönwetterlage, dem ↑ Altweibersommer M-Europas vergleichbar.

Indianersprachen, Sprachen der indian. Bev. Amerikas, deren Verbreitung seit der europ. Entdeckung bes. in N-Amerika stark zurückgegangen ist. In M- und S-Amerika wurden v. a. das Aztek. und das Quechua von den span. Eroberern als Missionssprachen verwendet und so noch über ihren urspr. Bereich hinaus verbreitet. - Der Forschungsstand bei den I. ist sehr unterschiedlich: neben den Sprachen der vorkolumb. Hochkulturen, deren Lautstand und Vokabular bekannt sind und deren grammat. Erfassung weit fortgeschritten ist, stehen Stammessprachen, die z. T. sogar hinsichtl. ihres Wortschatzes nur ungenügend erschlossen sind. Unbestritten ist die zeit große Sprachenreichtum Amerikas; die neuere Forschung rechnet mit etwa 600 Sprachen in 125 Sprachgruppen, wobei eine Anzahl von Sprachen keiner der Gruppen zugewiesen werden kann. Die verschiedenen Einteilungen der I. weichen z. T. erhebl. voneinander ab.

Unter den wichtigsten Sprachgruppen Altamerikas ragt im N das Athapask. (Sprachfamilie: Nadene) hervor; noch bedeutender ist das weitverbreitete Algonkin (Algonkin-Wakash); das Irokes. war im Gebiet des Ontariosees beheimatet, das Sioux oder Dakota im Stromgebiet des Mississippi (beide zur Sprachfamilie Hoka-Sioux). Vom heutigen Staat Utah bis Nicaragua waren die Utoaztekken verbreitet, mit dem Hopi und dem shoshon. Sprachen im N, Pipil und Nicarao im S, dazu im Zentrum Mexikos Toltek. und Aztek., das z. Z. der staatl. Eigenständigkeit der Azteken Nahuatl genannt wurde. Die zweite große Sprachgruppe Mittelamerikas umfaßt die Mayasprachen (Maya-Zoque), die von der pazif. Küste Guatemalas bis nach Yucatán reichten. Zu ihnen gehören auch das Huaxtek. im N der mexikan. Golfküste. Auf den Antillen besaßen das Taino Haitis und die karib. Sprachen vorrangige Bed. Verkehrssprache in Brasilien und Teilen Boliviens und Paraguays war das in mehrere Dialekte aufgespaltene Tupí-Guaraní. In der Andenregion waren das Quechua, das Amtssprache des alten Inkareiches war (heute wieder Amtssprache in Peru), und das Aymará verbreitet, südl. davon das Araukanische. - Die I. sind überwiegend inkorporierende Sprachen. Bes. die Sprachen der alten Hochkulturen verfügen über einen sehr reichen Wortschatz mit nuancenreichen Ausdrucksmöglichkeiten. - Bed. Werke in aztek. Sprache sind die „Historia general de las cosas de Nueva España" (1560) des Franziskaners Bernardino de Sahagún sowie das Geschichtswerk des Azteken Chimalpahin. Aus dem Bereich der Maya ist das „Popol Vuh" als heiliges Buch überliefert sowie mehrere unter dem Titel „Chilam Balam" veröffentlichte prophet. Bücher. In Quechua ist das Drama „Apu Ollántay" verfaßt. - Zahlr. indian. Wörter haben in europ. Sprachen Eingang gefunden, z. B. Tabak, Kanu, Kannibale, Mais, Hängematte.

📖 *Key, M. R.: The Grouping of South American Indian Languages.* Tüb. 1979. - Lanczkowski, G.: *Aztek. Sprache u. Überlieferung.* Bln. u. a. 1970. - Pinnow, H.-J.: *Die nordamerikan. I.* Wsb. 1964.

Indianide, Rassengruppe (amerikan. Zweig) der ↑Mongoliden, die in mehreren Wellen (erstmals wahrscheinl. schon vor 40 000 Jahren) aus dem asiat. Raum in den amerikan. Kontinent einwanderte und sich hier in zahlr. „Lokalrassen" differenzierte.

indianische Musik, wird, soweit noch unberührt von europ. und afrikan. Einflüssen, von der einstimmigen Vokalmusik geprägt. In *Nordamerika* fallen die musikal. Eigentümlichkeiten der einzelnen Gebiete nicht immer mit den durch andere Kulturelemente gegebenen Einteilungen zusammen. Bes. zur Unterscheidung geeignet sind Vortragsstil (gepreßt, gestoßen, mit Akzenten durchsetzt, vibrierend usw.), Umfang und Dichte der Skala und Aufbau der Gesänge (von Rezitationsformen bis zu durchkomponierten Gebilden mit

stroph. Text). Gemeinsam ist die (teilweise terrassenförmig) absteigende Melodik, das Fehlen fester Intervallfolgen und die nur seltene instrumentale Ergänzung, u. a. durch Rahmentrommeln, Flöten, Rasseln, Schraper. Fast immer ist die Musik kultgebunden. Gegen den Norden zu nimmt der Vorrang des Textes ab, der kürzer als die Melodiezeile sein kann oder auch ganz fehlt (Silbensingen ohne sprachl. Sinn).
Bei den *mittel- und südamerikan. schriftlosen Indianerkulturen* ist das Alte fast vollständig in Mischformen mit iber. und negroider Musik aufgegangen. Ursprünglich hielt sich in den großen Urwäldern, vereinzelt in den Anden und in Feuerland. Die Fünftonleiter überwiegt, im Amazonasgebiet gibt es daneben engschrittige Melodik, bei der mit Halbtonabstand im Hauptton umspielt wird. Zuweilen begegnet Parallelbewegung der Stimmen in Quinten und Quarten, selten echte Zweistimmigkeit. Begleitende und autonome Instrumentalmusik spielt hier eine etwas wichtigere Rolle: Neben den erwähnten Instrumenten kommen Musikbogen, Zungenschlitztrommel, Muschelhorn, verschiedene Gefäßflöten und -pfeifen und insbes. die Panflöte (vom handtellergroßen bis zum klafterlangen Exemplar) häufiger vor; bei den Aymará wird die Panflöte im Orchesterverband gespielt.
Die *Musik der höf. Hochkulturen* ist vollständig zerstört und nur durch archäolog., literar. und bildl. Denkmäler faßbar. Neben den Priestern, die das heilige Melodierepertoire überlieferten und lehrten, gab es Dichterkomponisten, die im Auftrag von Herrschern für religiöse Feste Werke schufen und musikal. choreograph. einstudierten. Entsprechend dem zeremoniellen Aufwand konnte die Ausstattung mit Sängern und Instrumentalisten reich sein.

📖 Martí, S.: *Alt-Amerika. Musik der Indianer in präkolumb. Zeit.* Lpz. 1974. - Nettl, B.: *North American Indian musical styles.* Austin (Tex.) 1954.

Indian National Congress [engl. ˈɪndɪən ˈnæʃənəl ˈkɒŋgrɛs „Ind. Nationalkongreß"], Abk. INC, größte ind. Partei; 1885 von Angehörigen der neu entstehenden Bildungselite und Briten als Organ zur Vertretung eigenständiger ind. Interessen gegr.; wurde unter Führung M. K. Gandhis zu einer Massenbewegung, die seit 1920 zunehmend Einfluß auf die polit. Entwicklung Indiens nahm und deren polit. Führer, Gandhi, J. Nehru, V. J. Patel und S. C. Bose, zu zentralen Figuren des ind. Unabhängigkeitskampfes wurden; nach der Unabhängigkeit Indiens 1947 von J. Nehru zu einer modernen Massenpartei ausgebaut; Sammelbecken heterogener sozialer und ideolog. Gruppierungen, wobei ihre verbal-radikalen sozialist. Programme durch den Einfluß einer dominanten Großbauernschicht neutralisiert werden; nach vernichtenden Wahlniederlagen schied der INC 1977–80 und 1989 als Regierungspartei aus.

Indices ↑ Index.

Indide, Unterrasse der ↑ Europiden mit zahlr. Untertypen, hauptsächl. in den Schwemmlandschaften und Hochebenen Vorderindiens verbreitet; mittelgroßer, schlanker Körperbau, langer Kopf, längl. ovales Gesicht mit steiler Stirn, große Lidspalte, schwarzbraunes Haar, dunkelbraune Augen und hellbraune Haut.

Indien

(amtl. Bharat Juktarashtra), föderative Republik in Südasien, zw. 8° 04′ und 37° 06′ n. Br. sowie 68° 07′ und 97° 25′ ö. L. **Staatsgebiet:** Umfaßt den größten Teil Vorderindiens; grenzt im NW an Pakistan, im N an China, Nepal und Bhutan, im O an Birma und an Bangladesch, im SW an das Arab. Meer, im SO an den Golf von Bengalen; zu I. gehören außerdem die Lakkadiven, Andamanen und Nikobaren. **Fläche:** 3,288 Mill. km². **Bevölkerung:** 746,7 Mill. E (1984), 227 E/km². **Hauptstadt:** Delhi (Neu-Delhi). **Verwaltungsgliederung:** 25 Bundesstaaten, 7 Unionsterritorien. **Amtssprache:** Hindi (nach der Verfassung sind 15 Haupt- und Regionssprachen zugelassen). **Nationalfeiertage:** 26. Jan. (Tag der Republik) und 15. Aug. (Unabhängigkeitstag). **Währung:** Ind. Rupie (iR) = 100 Paise (P). **Internat. Mitgliedschaften:** UN, Commonwealth, Colombo-Plan, GATT. **Zeitzone:** Ind. Zeit, d. i. MEZ $+4\frac{1}{2}$ Std.

Landesnatur: I. ist von N nach S in drei große Landschaftsräume gegliedert: Hochgebirge (Himalaja und Karakorum), Tiefland (Ganges-Brahmaputra-Tiefland und ind. Anteil am Pandschab) sowie das dreiecksförmige Halbinsel-I. (Hochland von Dekhan). Das Hochgebirge nimmt etwa 10 % der Gesamtfläche ein. Es erreicht im K 2 (Karakorum) 8 611 m, im östl. Himalaja im Kangchenjunga 8 598 m Höhe. Quer durch Nord-I. zieht sich am S-Fuß des Himalaja in einer Breite von 300–500 km das Ganges-Brahmaputra-Tiefland entlang. Den Übergang zum N–S verlaufenden Industriefland bildet die sog. Pforte von Delhi, eine flache Aufschüttungsebene westl. der Stadt. Ein in 150–500 m hoch liegende Pandschab geht nach S in die Wüstensteppe Thar über. Im N des Hochlands von Dekhan ragen einzelne Gebirgshorste auf, u. a. die Vindhjakette bis 1 350 m ü. d. M. Ein von der Narmada durchflossener tekton. Graben trennt Nord- und Süd-I., von altersher eine wichtige Verkehrsleitlinie zw. dem Arab. Meer und der Gangesebene. Das Hochland von Dekhan wird überwiegend von Hochflächen mit z. T. vulkan. Decken eingenommen.

Indien

VERWALTUNGSGLIEDERUNG

Bundesstaaten	Fläche km²	E (in 1000) Mitte 1981	Hauptstadt
Andhra Pradesh	276 814	53 550	Hyderabad
Assam	78 523	19 897*	Dispur (früher Shillong)
Bihar	173 876	69 915	Patna
Gujarat	195 984	34 086	Gandhinagar
Haryana	44 222	12 923	Chandigarh
Himachal Pradesh	55 673	4 281	Simla
Jammu and Kashmir**	138 995	5 987	Srinagar
Karnataka	191 773	37 136	Bangalore
Kerala	38 864	25 454	Trivandrum
Madhya Pradesh	442 841	52 179	Bhopal
Maharashtra	307 762	62 784	Bombay
Manipur	22 356	1 421	Imphal
Meghalaya	22 489	1 336	Shillong
Nagaland	16 527	775	Kohima
Orissa	155 782	26 370	Bhubaneswar
Punjab	50 362	16 789	Chandigarh
Rajasthan	342 214	34 262	Jaipur
Sikkim	7 299	316	Gangtok
Tamil Nadu	130 069	48 408	Madras
Tripura	10 477	2 053	Agartala
Uttar Pradesh	294 413	110 862	Lucknow
West Bengal	87 853	54 581	Kalkutta
Unionsterritorien			
Andaman and Nicobar Islands	8 293	189	Port Blair
Arunachal Pradesh	83 578	632	Itanagar (früher Ziro)
Chandigarh	114	452	Chandigarh
Dadra and Nagar Haveli	491	104	Silvassa
Delhi	1 485	6 220	Delhi
Goa, Daman and Diu	3 813	1 087	Panaji
Lakshadweep	32	40	Kavaratti
Mizoram	21 087	494	Aizawl
Pondicherry	480	604	Pondicherry

* einschließl. Mizoram
** ohne den pakistan. Teil

Seine Ränder wölben sich auf in den küstenparallelen Gebirgen der Westghats (bis 2 695 m) und der Ostghats (bis 1 640 m). Beide Gebirge fallen steil zum Arab. Meer bzw. zum Golf von Bengalen ab, nur an der Ostküste konnte sich ein breiterer Tieflandssaum ausbilden.

Klima: I. besitzt subtrop. bis trop., vom Monsun geprägtes Klima. Im Sommer erreichen feuchtwarme Luftmassen aus SW das Land, im Winter herrschen kühle und trockene NO-Strömungen vor. Abgesehen von Südost-I. bringt der Südwestmonsun dem Land 80–90% der Jahresniederschlagsmengen. Die höchsten Niederschläge fallen in den Gebirgen im NO und an der W-Abdachung der Westghats. Das trop. Süd-I. ausgenommen, treten im Jahresverlauf mit wachsender nördl. Breite und zunehmender Meeresferne größere Temperaturschwankungen auf.

Vegetation: Je nach Lage und Klima kommen verschiedene Waldtypen vor, vom trop. immergrünen Regenwald an der südl. Malabarküste über regengrüne Monsunwälder im nordind. Tiefland bis zu den Trockenwäldern des Dekhan. Hier finden sich auch Trocken- und Dornsavannen sowie Halbwüstenvegetation. Halbimmergrüne Regenwälder nehmen die unteren Hanglagen des östl. Himalaja ein, hangaufwärts schließen sich immergrüne Saisonregenwälder und Gebirgsregenwälder an, in etwa 3 000–4 000 m Höhe folgen Lorbeernebelwald, subalpine Gebüsche und Matten.

Tierwelt: Tiger, Leoparden und Ind. Elefan-

Indien

ten sind charakterist.; daneben gibt es mehrere Arten von Bären, Antilopen, Gazellen, Zibetkatzen, Wölfen, Schakalen u. a.; überaus zahlr. ist die Vogelwelt.

Bevölkerung: Sie besteht aus zahlr. verschiedenen Gruppen. Ethn. wird der N und Mittel-I. von den hellhäutigen Indoariern geprägt. Im NO und S bilden die Melaniden eine große Gruppe. Die Mongoliden leben v. a. im Himalaja, die Weddiden wurden in die Dschungel und Bergländer abgedrängt. Rd. 83 % der Bev. sind Hindus, 11 % Muslime, 2,5 % Christen, 2 % Sikhs und 0,7 % Buddhisten. I. ist einer der volkreichsten Staaten der Erde (rd. 15 % der Weltbev.). Jährl. nimmt seine Bev. um 13–14 Mill. zu. Als Folge mangelnder Hygiene, unzureichender Wasserversorgung und Nahrungsmittelknappheit befinden sich große Teile der Bev. noch in schlechtem gesundheitl. Zustand. Die mittlere Lebenserwartung erhöhte sich aber von 27 (1930) auf 55 Jahre (1983). Insgesamt stieg die Einwohnerzahl zw. 1951 und 1984 um rd. 60 %. Familienplanung gibt es seit Mitte der 1960er Jahre; das Heiratsalter wurde heraufgesetzt. Eine weitere Maßnahme gegen das Bev.-wachstum ist die freiwillige Sterilisation. Trotz Industrialisierung und Landflucht ist I. ein Agrarland. 1981 waren 63 % der Erwerbstätigen in der Landw. beschäftigt. Es herrscht hohe Arbeitslosigkeit und Verarmung. Vermutl. haben etwa 40 % aller Einwohner ein Einkommen unterhalb der Armutsgrenze, die mit einem Verdienst von monatl. 40 iR angesetzt wird. $^2/_3$ der Bev. sind Analphabeten, die Schulpflicht, die von 6–14 Jahren besteht, kann nur unzureichend durchgeführt werden. Etwa 80 % der Kinder besuchen die Schule nur bis zum 10. Lebensjahr. 1975 wurde in 2 400 Dörfern versuchsweise das Schulfernsehen eingeführt. 1978 wurde ein Fünf-Jahresplan verkündet, durch den 100 Mill. Analphabeten zw. 15 und 35 Jahren unterrichtet werden sollen. I. verfügt über 124 Univ. und zahlr. Colleges.

Wirtschaft: Auf etwa 80 % der landw. Nutzfläche werden Reis, Weizen, Hirse, Mais und Hülsenfrüchte angebaut, doch hält die Ernte nicht Schritt mit der Bev.wachstum, v. a. Getreide muß eingeführt werden. Nachteilig wirkt sich die große Abhängigkeit der Ernteergebnisse von Monsunregen und Kunstdüngereinfuhr aus. 19,8 Mill. meist verschuldeter Kleinbauern haben weniger als 1 ha Land. Im Rahmen der Landschenkungsbewegung wurden 1951–57 rd. 2,5 Mill. ha Land neu verteilt, weitere 800 000 ha zw. 1960 und 1970 enteignet und verteilt. Rd. 20 % des landw. genutzten Bodens verbleiben für die Erzeugung der für den Export wichtigen Produkte wie Baumwolle, Jute, Kautschuk, Tee, Tabak, Kaffee, Zuckerrohr und Gewürze. I. besitzt etwa $^1/_5$ der Rinderbestände der Erde, doch in weiten Gebieten dürfen die Rinder aus religiösen Gründen nicht geschlachtet werden. Die Schafzucht deckt den Eigenbedarf an Wolle. In der Fischereiwirtschaft läßt sich eine Steigerung beobachten. Die ehem. reichen Waldbestände sind durch Raubbau stark zurückgegangen, wodurch Dürre- und Flutkatastrophen begünstigt werden. I. verfügt mit Braun- und Steinkohlen- sowie Eisenerzvorkommen über eine gute Rohstoffbasis, außerdem wird rd. $^1/_3$ des Erdölbedarfs im Lande gefördert, u. a. im Offshore-Bereich vor Bombay. Wasserkraftwerke haben eine geringe Kapazitätsausnutzung, verursacht durch die stark schwankenden Wasserstände der Flüsse. Auch die Wärmekraftwerke arbeiten nicht wirtsch. genug. I. verfügt über mehrere Kernkraftwerke. Trotz der stark agrar. geprägten Erwerbsstruktur zählt I. zu den 15 größten Ind.mächten der Erde. Verschiedene Ind.zweige sind heute verstaatlicht. Die Eisen- und Stahlind. basiert auf den mit Hilfe der BR Deutschland, von Großbrit. und der UdSSR errichteten Werken. Ausgebaut wurden auch die chem., insbes. die petrochem. Ind., der Maschinenbau, die Kfz.-, Elektro- und Elektronikind. Die Gummiproduktion wird zu über 50 % in der einheim. Reifenind. verwertet. In der Nahrungs- und Genußmittelind. ist die Baumwollverarbeitung der älteste und bedeutendste Ind.zweig. Hinzu kommen Woll-, Jute- und Seidenerzeugung. Der Fremdenverkehr ist ein wichtiger Devisenbringer.

Außenhandel: Von den EG-Staaten ist Großbrit. der wichtigste Handelspartner, daneben die USA, UdSSR, Japan, Bangladesch, Iran und Kanada. Ausgeführt werden Jutegewebe, Leder, Tee, Baumwollgewebe, Bekleidung, Eisenerze, Schmucksteine, Ölkuchen, Rohtabak, Eisen und Stahl, Gewürze u. a., eingeführt Eisen und Stahl, Erdöl und Erdölprodukte, NE-Metalle, Getreideprodukte, Pflanzenfette, Kunstdünger, elektr. Maschinen, Flugzeuge, Kfz., landw. Maschinen u. a.

Verkehr: Wichtigster Verkehrsträger ist die bis auf einige Schmalspurstrecken verstaatlichte Eisenbahn (4 Spurweiten). Ihr Streckennetz ist über 61 000 km lang. Eine große Rolle im Massengutverkehr spielen außerdem die rd. 9 500 km langen Binnenwasserstraßen. Die wichtigsten Häfen für die See- und Küstenschiffahrt sind Bombay, Kalkutta, Madras, Cochin, Visakhapatnam, Marmagao und Kandla. Daneben gibt es noch rd. 160 kleinere Häfen. Das Straßennetz ist rd. 1,675 Mill. km lang, davon sind 794 000 km mit fester Decke versehen. V. a. in der Regenzeit ist der Straßenzustand unzureichend. Zwei Fluggesellschaften bedienen den In- und Auslandsflugverkehr. Internat. ⚓ besitzen Bombay, Kalkutta, Madras und Delhi. Für den Inlandsverkehr bestehen 85 ⚓.

Geschichte: Die wedische Periode: Mit der systemat. Ausgrabung der Städte Mo-

Indien

hendscho Daro und Harappa seit den 1920er Jahren hat sich das Bild von der Geschichte des alten I. tiefgreifend gewandelt. Bereits vor der Einwanderung der Arier gab es in der Harappakultur große Städte auf hohem zivilisator. Niveau. Mit der Ankunft der Arier (wohl Mitte des 2. Jt. v. Chr.), die eine literar. Überlieferung hinterließen, ist die Vorgeschichte in N-I. beendet. Mehr als vereinzelte Namen von Königen, die oft kaum mehr als die Führer des Trecks der sich immer weiter nach O ausbreitenden Arier gewesen sein mögen, und Hinweise auf Kämpfe der Arier untereinander und gegen die Urbev. sind nicht bekannt. Die ind. Geschichte bis um 500 v. Chr. ist daher mehr als Kulturgeschichte denn als polit. Geschichte rekonstruierbar. Nur langsam begannen die Arier seßhaft zu werden und Ackerbau zu treiben. Etwa um 1000 v. Chr. wird das Kastensystem erwähnt. Beendet wird die wed. Periode mit dem Auftreten des Buddha, der ersten belegten bed. Persönlichkeit aus I.; Buddhismus, Dschainismus und zahlr. weitere religiöse Systeme entstanden um die Mitte des 1. Jt. v. Chr. in einer hochentwickelten Stadtkultur im O. Ein Zeitgenosse des Buddha war Bimbisara (* um 540, † um 490), der Gründer des Reiches von Ma-

Indien. Wirtschaftskarte

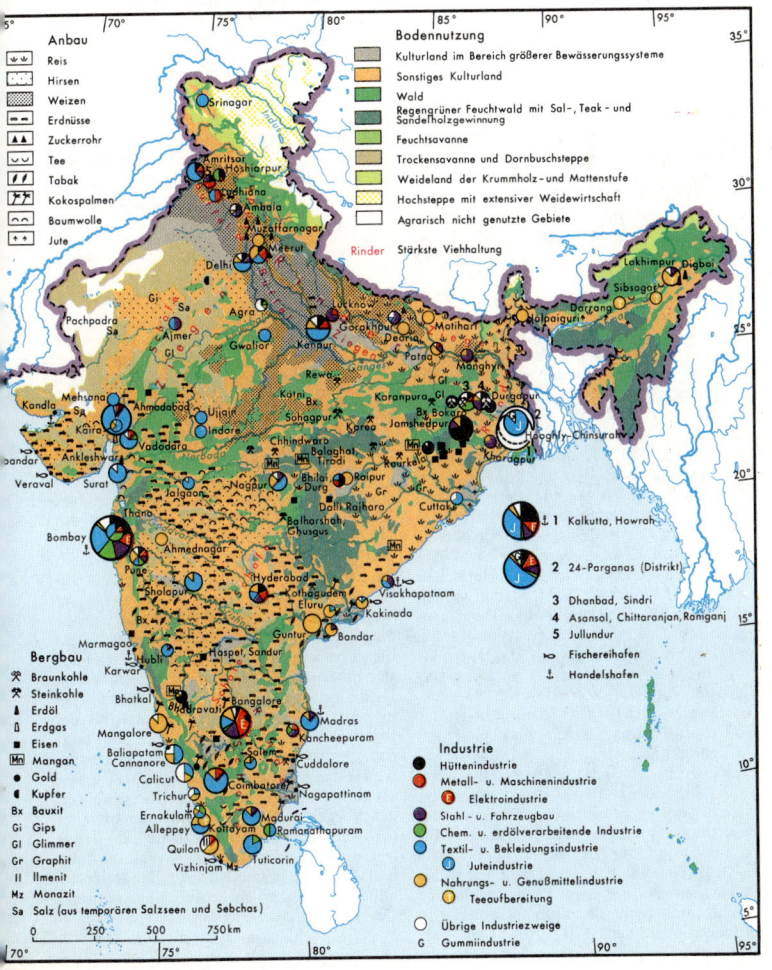

Indien

gadha im heutigen Bihar, der seine Macht auf Kosten zahlr. Kleinstaaten erweiterte. Von Pataliputra (heute Patna) aus übte die Nanda-Dyn. (360–322 v.Chr.) ihre Macht weit über Magadha hinaus aus.
Das Reich der Maurja und die Fremdherrschaft: Von Magadha aus nahm auch das erste fast ganz I. umfassende Reich der Maurja-Dyn. seinen Ausgang, das Tschandragupta Maurja (⚭ um 322– um 300) begründete. Das Reich des Enkels Tschandraguptas, Aschoka, umfaßte den größten Teil von I. und griff im NW über I. hinaus. Der danach schnell einsetzende Verfall wurde begünstigt durch die Einteilung des Reiches in 4 Prov. unter Vizekönigen, die rasch an Unabhängigkeit gewannen. Von NW her begannen seit etwa 100 v.Chr. die Skythen, I. zu erobern. Ihnen folgten die Kuschan. Sie versetzten den indogriech. Kgr., die sich als Folge der Invasion Alexanders d.Gr. in NW-I. gebildet hatten, den Todesstoß. Nach einer kurzen Periode parth. Herrschaft begann um 50 n.Chr. die Bildung eines Großreichs der Kuschan, das unter seinem bedeutendsten König, Kanischka, von Z-Asien bis Benares reichte und entweder durch die Sassaniden im 3.Jh. oder die Guptas im 4.Jh. zerstört wurde.
Vom Guptareich bis zum Einbruch des Islams: Auch das Guptareich nahm von Magadha aus seinen Anfang; es erstreckte sich unter Samudragupta (⚭ um 325–380) über ganz N-I. Unter Skandagupta (⚭ um 455–467) setzte vom NW her der Hunnensturm ein, der, zunächst abgewehrt, um 500 dem Guptareich ein Ende bereitete. Während der Guptaherrschaft kam es zu einer Hochblüte der Sanskritliteratur. Mit ihrem Ende zerfiel N-I. bis zum Beginn der islam. Herrschaft in eine Fülle kleiner Kgr., die in andauernde Kriege miteinander verstrickt waren. Harschawardhana, dem letzten großen Schirmherrn des Buddhismus (*606, †647), gelang es von Kanauj aus noch einmal, den größten Teil von N-I. unter seiner Herrschaft zu vereinen. Träger der polit. Macht wurden Ende des 8.Jh. die Radschputen. Dem Klan der Gurdschara-Pratihara gelang von Kanauj aus eine Machtkonzentration, die lange das Vordringen des Islams nach I. wirksam verhinderte. Nur die Prov. Sind wurde 712 islam. In ständige Kriege verwickelt, zerfiel das Gudschara-Pratihara-Reich und ging um 1000 endgültig unter.
Der Islam in Nordindien: Nach wiederholten Vorstößen (1001–27) des Mahmud von Ghazni kam es zu einer dauerhaften islam. Besetzung des Landes erst 1192 unter Muhammad von Ghur (⚭ 1173–1206). Er setzte in Delhi General Kutub Ad Din Aibak als Statthalter ein, der 1206 unabhängig machte und damit das Sultanat von Delhi gründete. Kurz nach 1200 erfolgte ein Vorstoß nach Bengalen, wo die Sena-Dyn. gestürzt und der Buddhismus vernichtet wurde. Aibaks Nachfolger Iletmisch (⚭ 1211–36) und Balban (⚭ 1266–87) bauten das Reich weiter aus. Mit Kaikubad (†1290) endete die Sklavendynastie (stets gelangte ein Sklave des vorhergehenden Sultans auf den Thron), die nur auf einer kleinen Schicht von Muslimen ruhte und nur durch Gewaltherrschaft von Zwingburgen aus das Land unter Kontrolle halten konnte. Der Gründer der nachfolgenden Childschi-Dyn., Dschalal Ad Din Firus Schah (⚭ 1290–97), wurde von seinem Neffen Ala Ad Din (⚭ 1296–1316) ermordet. Ala Ad Din unternahm mehrere Eroberungszüge nach S.; im Innern führte er anstelle des Lehnswesens, das zu ständigen Rebellionen der Großen des Reiches geführt hatte, eine Besoldung aus der Staatskasse ein. Nach dem Ende dieser Dyn. (1318) begann der Zerfall des Sultanats, das 1398 unter dem Ansturm Timur-Lengs endgültig zusammenbrach. Für mehr als ein halbes Jh. entglitten der Reg. in Delhi die Zügel. Erst unter der Dyn. der Lodi (1451–1526) begann eine erneute Festigung der Herrschaft von Delhi aus über N-I. Die Macht der Scharki-Sultane von Dschaunpur (1394–1479) im O und des Reiches von Malwa (1401–1531) im W wurde gebrochen. Als es innerhalb der Lodi-Dyn. zu Streitigkeiten kam, rief eine Partei den Timuriden Babur zu Hilfe, der 1526 zum Begründer des Mogulreiches wurde. Das nur lose zusammengefaßte Reich Baburs mußte von seinem Sohn Humajun (*1508, †1556) erneut erobert werden. Unter Akbar wurden die Grenzen des Reiches ausgedehnt: Radschputana kam 1568/69, Gujarat 1572 und Bengalen 1576 zum Mogulreich, wodurch diesem der Handelsweg nach Europa geöffnet wurde. Durch eine tolerante Politik gegenüber den Hindus entstand unter Akbar eine hinduist.-muslim. Mischkultur. Unter Akbars Nachfolgern Dschahangir, Schah Dschahan und Aurangsib dehnte sich das Reich durch die Eroberung der Sultanate im Dekhan immer weiter nach S aus, verlor aber an innerer Stabilität und konnte nicht wirksam gegen die seit Mitte des 17.Jh. unabhängigen Marathen verteidigt werden. Das Mogulreich löste sich im Laufe des 18.Jh. nach der Eroberung Delhis durch den Perser Nadir Schah 1739 in einen lockeren Staatenbund auf, bis die Briten 1858 ihm auch formal durch die Absetzung des letzten Moguls ein Ende bereiteten.
Südindien bis zur Kolonialzeit: Später als im N erfolgte im S der Übergang von der Vorgeschichte zur Geschichte. Bis zum 6.Jh. n.Chr. ist der Geschichte des S nur in Umrissen bekannt. Zum Mittelmeerraum und zu China bestanden rege Handelsbeziehungen. Die Tamilen beherrschten zeitweise Ceylon. Seit etwa 570 regierte von Badami aus die Tschalukja-Dyn., die um 750 von Dantidurga Raschtrakuta (um 735–757) ge-

Indien

stürzt wurde. Für die nächsten 200 Jahre beherrschten die Raschtrakutas den Dekhan von Malkhed aus, bis noch einmal die Tschalukja-Dyn. von Kaljani aus vom 10.–12. Jh. die Oberhand gewann. Ihr Erbe traten im N die Jadawas von Devagiri und Danturabad und im S die Hoysalas von Dwarasumudra (Halebid) an. Bereits die erste Tschalukja-Dyn. sah sich in vielfache Kriege mit den Pallawas verwickelt. Nach einem Verfall ihrer Macht um 500 gewannen die Pallawas von Kantschi aus ihre alte Machtfülle zurück und eroberten 642 Badami unter der Führung von Narasimhawarman I. Mahamalla (⚭ um 625–660). Während der Pallawazeit griff die ind. Kultur nach SO-Asien über und drang tief in den Malaiischen Archipel ein. Unter Radschradscha I. (⚭ 985–1012) und Radschendra I. (⚭ 1012–42) unterwarfen die Tscholas von Uraiyur bei Tiruchirapalli aus nicht nur S-I., sondern dehnten ihre Macht bis nach Bengalen und nach Indonesien aus. Das bis zur Mitte des 13. Jh. immer weiter geschrumpfte Reichsgebiet wurde von der Pandja-Dyn. von Madurai übernommen, die so im 13. Jh. zur führenden Macht des S wurde. Mit der Invasion Malik Kafurs 1311, die alle Reiche des S erschütterte, erloschen die Jadawa- und die Hoysala-Dyn., während die Pandja-Dyn. zu einer Lokaldyn. herabsank. Auf den Trümmern dieser Reiche errichteten die Brüder Bukka, Hakka und Kampa 1336 das hinduist. Großreich von Widschajanagara im südl. Dekhan, das mit den islam. Reichen des nördl. Dekhan zusammenstieß. Bereits unter Muhammad Bin Tughluk (⚭ 1325–51) war im Dekhan die Bahmani-Dyn. mit der Hauptstadt Gulbarga entstanden, die sich 1347–1527 halten konnte. Ständige Kämpfe mit dem Reich von Widschajanagara führten zu einem Zerfall des Reiches in kleinere Staaten. Diese Sultanate des Dekhan wurden bis 1687 vom Mogulreich erobert.

Kolonialzeit und Unabhängigkeit: Mit der Entdeckung des Seeweges nach I. durch Vasco da Gama 1498 entstand ein portugies. Seereich, dessen ind. Stützpunkte Daman, Diu und Goa bis 1961 portugies. Besitz blieben. Nach dem Niedergang der portugies. Macht rückten seit 1600 die Holländer nach; sie wurden ihrerseits von den Kaufleuten der 1600 gegr. engl. Ostind. Kompanie verdrängt, die in Surat 1612, Madras 1639, Kalkutta 1690 und Bombay 1661 Niederlassungen gründeten. Die 1664 gegr. frz. Ostind. Kompanie ließ sich 1674 in Pondicherry und 1688 in Chandernagore nieder, die bis 1954 bzw. 1951 frz. waren. Seit etwa 1740 begannen zw. Franzosen und Briten in S-I. bewaffnete Auseinandersetzungen, als sich die Kompanien in Thronfolgestreitigkeiten lokaler Dyn. einmischten. Nach den Niederlagen im Siebenjährigen Krieg (Schlachten bei Vandivash 1760 und Pondicherry 1761) verlor Frankr. durch den Frieden von Paris 1763 seinen polit. Einfluß in I. Im N führten Spannungen zw. den Briten und dem Nabob von Bengalen, Sirasch-ud-Daula, zum Krieg, der die brit. Ostind. Kompanie um Herrn Bengalens machte. Damit erlangte sie über die bisherigen Faktoreien hinaus Territorialbesitz und wurde 1765 zum Nabob des Mogulkaisers. Innerhalb der Kompanie kam es zu schweren Mißständen, die zu mehrfachem Eingreifen des brit. Parlaments und zu Reformen unter dem ersten Generalgouverneur von Ostindien, W. Hastings (1773–85), führten, der die gesamte Verwaltung Bengalens in die Hand der Kompanie überführte. Weitere Kriege brachten der Kompanie beträchtl. Gebietsgewinn. So wurden in drei Kriegen zw. 1775 und 1819 die durch ihre Uneinigkeit geschwächten Marathen besiegt. Die 1818–57 herrschende „Pax Britannica" führte nach fast 150 Jahren andauernder Kriege zu einer Periode innerer Erholung Indiens. Gebietsgewinne erzielten die Briten nur noch in den Randgebieten: 1843 wurde Sind annektiert, 1849 das Reich der Sikh im Pandschab erobert, 1886 nach drei Kriegen Birma endgültig (bis 1935) Brit.-I. angegliedert. So kamen etwa $^3/_5$ des Gebiets von I. unter die Herrschaft der Kompanie, während $^2/_5$ weiterhin durch ind. Fürsten, die jedoch in Verträgen ihre Hoheitsrechte auf den Gebieten Außen- und Verteidigungspolitik an die Briten abgetreten hatten, regiert wurden. Die Briten führten eine Reihe von Reformen durch. Unter Lord W. H. Cavendish-Bentinck (1833–35) löste das Engl. das Pers. als Verwaltungssprache ab, die Witwenverbrennung wurde untersagt. Unter dem Generalgouverneur J. A. B. R. Dalhousie (1848–56) fanden Telegraf und Eisenbahn in I. Eingang. Die Furcht vor einer westl. Überfremdung des Landes war letztl. die Ursache des großen Aufstandes (Mutiny) von 1857/58, in dessen Verlauf sich nach der Annexion des Fürstentums von Oudh 1856 verschiedene ind. Regimenter in N-I. gegen die Briten erhoben. Mit der Niederwerfung des Aufstandes wurde zugleich das Mogulreich auch formal aufgehoben. Die Kompanie wurde aufgelöst und I. direkt der brit. Krone unterstellt, die durch den „Governor General in Council" (meist Vizekönig gen.) vertreten war. In London wurde ein I.ministerium geschaffen und damit die Kontrolle des Parlaments über I. sichergestellt. Die ind. Unabhängigkeitsbewegung nahm ihren Anfang mit der Konstituierung des Indian National Congress 1885. Die unter G. N. Curzon (1898–1905) durchgeführten Reformen, bes. die Teilung Bengalens 1905, führten zu weit verbreiteter Unruhe im Lande. Daraufhin räumten die Morley-Minto-Reformen (1909) den Indern eine bescheidene Mitwirkung an der Reg. des Landes ein. Die Verfassungsrefor-

Indien

men wurden in Anerkennung der von I. während des 1. Weltkriegs getragenen Lasten durch die Montagu-Chelmsford-Reformen (Montford-Reformen) weitergeführt, durch die den Indern in den Prov. eine Teilverantwortung an der Reg. gewährt wurde (Dyarchie). Die Ausführung der Reformen wurde jedoch durch die Rowlatt-Gesetze hinausgezögert, die eine Verlängerung des während des Krieges eingeführten Ausnahmerechts erlaubten. Der Protest gegen diese Gesetze ist mit dem ersten Auftreten M. K. Gandhis in I. verbunden. Nachdem in Amritsar eine Protestversammlung im April 1919 blutig aufgelöst worden war, kam es 1920–22 zu einer von Kongreß und Muslimliga gemeinsam getragenen Satjagraha-Kampagne, die jedoch in blutigen Ausschreitungen ohne Ergebnis endete. Ein Teil des Kongresses hatte bereits seit 1921 die Mitarbeit in den nach den Montford-Reformen gebildeten Parlamenten aufgenommen. Da die zur Überprüfung der Funktionsfähigkeit der Montford-Reformen 1927 gebildete Kommission nur aus Briten bestand, bildete sich eine ind. Gegenkommission, die bis zum Jahresende 1929 den Dominionstatus für I. forderte. Nach der Ablehnung dieser Forderung kam es erneut unter Gandhis Führung zu einem Satjagraha-Feldzug („Salzmarsch"), der zu den ergebnislosen Round-table-Konferenzen von 1930–32 führte. Die letzte Verfassungsreform von 1935 kam ohne eigentliche indische Beteiligung zustande.

Die Muslimliga forderte unter M. A. Dschinnah einen eigenen muslimischen Staat. Nach dem 2. Weltkrieg sah sich daher der letzte Vizekönig Lord Mountbatten (1947) gezwungen, durch eine rasche Teilung des Landes in I. und Pakistan den seit Aug. 1946 andauernden Bürgerkriegsähnl. Unruhen ein Ende zu setzen. Nachdem beide Staaten am 15. Aug. 1947 unabhängig geworden waren - I. bis 1950, Pakistan bis 1956 als Dominion -, wurden die 562 Fürstenstaaten in die Union eingegliedert; nur die Kaschmirfrage blieb offen. Eine Verfassung trat am 26. Jan. 1950 in Kraft. Seit den ersten Wahlen 1951/52 regierte die Kongreßpartei, 1952–64 unter J. Nehru, 1964–66 unter L. B. Shastri, 1966–77 unter I. Gandhi. Die ind. Innenpolitik wurde unter Nehru und in verstärktem Maße unter seiner Tochter I. Gandhi von einer Hinwendung zum Sozialismus und zu einer säkularen Politik gekennzeichnet. Bed. Anstrengungen galten der Industrialisierung des Landes und der Verbesserung der Ernährungsgrundlage („grüne Revolution"). Die Außenpolitik Nehrus machte I. zu einem führenden Mitglied der blockfreien Staaten. Eine erstrebte Annäherung an China scheiterte an der Tibetfrage, die 1962 zusammen mit Streitigkeiten über den Grenzverlauf (McMahonlinie) zu einem für China erfolgreichen ind.-chin. Krieg führte. Der Konflikt mit Pakistan 1965 wurde im Jan. 1966 unter sowjet. Vermittlung beigelegt. Im Dez. 1971 kam es zu einem weiteren ind.-pakistan. Krieg, der mit der Bildung von Bangladesch endete. Vorausgegangen war ein Freundschaftsvertrag I. mit der UdSSR am 9. Aug. 1971, dem ein weiterer Vertrag über wirtsch. Zusammenarbeit am 29. Nov. 1973 folgte. 1975 wurde das frühere ind. Schutzgebiet Sikkim 22. Bundesstaat der Ind. Union. Im Juni 1975 wurde über das ganze Land der Ausnahmezustand verhängt, was von Premiermin. I. Gandhi mit einer Verschwörung gegen ihre progressive Politik begründet wurde. Grundrechte wurden außer Kraft gesetzt, die Pressefreiheit aufgehoben, zahlr. Oppositionspolitiker verhaftet. Im Jan. 1977 kündigte I. Gandhi Parlamentsneuwahlen an und lockerte den Ausnahmezustand; die meisten polit. Häftlinge wurden entlassen. Bei den Wahlen im März 1977 siegte die neu gegr. Janata-Party. Ihr Führer M. Desai wurde Premiermin. Er ließ den Ausnahmezustand vollends aufheben. Anhaltende wirtsch. und soziale Probleme brachten jedoch der Kongreßpartei bei vorgezogenen Wahlen im Jan. 1980 wieder eine $2/3$-Mehrheit, I. Gandhi wurde erneut Premiermin. Durch Auflösung und Neuwahlen der Parlamente in 9 Bundesstaaten gelang es ihr bis Juni 1980, sich auch im Oberhaus eine Mehrheit zu verschaffen. In den nachfolgenden Regionalwahlen zeichneten sich bereits wieder starke Niederlagen für die Kongreßpartei ab. Der innenpolit. labile Zustand des Landes hielt auch in den folgenden Jahren an. V. a. im Punjab kam es immer wieder zu gewalttätigen Auseinandersetzungen mit separatist. Sikhs. Ihren Höhepunkt erreichten die Auseinandersetzungen dort mit der Besetzung des Goldenen Tempels von Amritsar, dem Nationalheiligtum der Sikhs, im Juni 1984 und im Jan. 1986. Am 31. Okt. 1984 wurde, als Folge der Tempelbesetzung, Min.präs. I. Gandhi von zwei ihrer Sikh-Leibwächter ermordet. Ihr Nachfolger wurde ihr Sohn R. Gandhi, der bei den Parlamentswahlen im Dez 1984 eine klare Mehrheit (über 50 % der Stimmen) erhielt. Bei den Wahlen im Nov. 1989 verlor die Kongreßpartei ihre absolute Mehrheit; R. Gandhi trat zurück; im Dez. 1989 bildete V. P. Singh, Parteiführer des Janata Dal, eine Minderheitsregierung.

Zu einer Giftgaskatastrophe kam es in Bophal, der Hauptstadt des ind. Bundesstaates Madhya Pradesh, im Dez. 1984, als aus einem Tank des amerikan. Konzerns Union Carbide das Gas Methylisocyanid austrat. Rund 3 000 Menschen kamen ums Leben, über 200 000 wurden schwer verletzt.

Außenpolit. suchte I. die Beziehungen zu seinen Nachbarn, v. a. VR China und Pakistan (Nichtangriffspakt 1988), zu verbessern. Der Versuch, die Parteien im Nationalitätenstreit zw. tamil. und singhales. Gruppen in Sri

indifferentes Gleichgewicht

Lanka an den Verhandlungstisch zu bringen, scheiterte im Aug. 1985.

Politisches System: Nach der am 26. Jan. 1950 in Kraft getretenen Verfassung ist die Rep. I. eine parlamentar. Demokratie mit bundesstaatl. Ordnung. *Staatsoberhaupt* ist der Staatspräs. (seit 1987 R. Venkataraman), der von einem aus Mgl. des Zentralparlaments und der Landtage gebildeten Wahlmännerkollegium für eine Amtszeit von 5 Jahren gewählt wird; Wiederwahl ist möglich. Der Vizepräs. wird gemeinsam von beiden Häusern des Parlaments gewählt und ist kraft Amtes Vors. des Oberhauses. Der Staatspräs. ist Oberbefehlshaber der Streitkräfte, er hat u. a. das Notverordnungsrecht, das aufschiebende Vetorecht gegen verabschiedete Gesetze, er ernennt die Gouverneure, die höheren Beamten und Richter und kann das Unterhaus auflösen. Er ernennt als oberster Träger der *Exekutive* den Führer der stärksten Unterhausfraktion zum Premiermin. (seit 1989 V. P. Singh) und auf dessen Vorschlag die übrigen Min., die einem der beiden Häuser des Parlaments angehören müssen. Die *Legislative* liegt beim Parlament, bestehend aus dem Staatspräs., dem Oberhaus und dem Unterhaus. Während 236 Mgl. des Oberhauses (Rajya Sabha) von den Landtagen entsandt (alle 2 Jahre wird ein Drittel der Abg. für jeweils 6 Jahre gewählt) und 8 weitere Abg. vom Staatspräs. bestimmt werden, werden die 542 Abg. des polit. wesentl. bedeutenderen Unterhauses (Lok Sabha) auf 5 Jahre direkt nach dem Mehrheitswahlrecht in Wahlkreisen gewählt. Die jeweiligen Zuständigkeiten des Gesamtstaats und der Bundesstaaten sind in der Verfassung festgelegt. Für Verteidigung, Auswärtiges, Währung und Kredit, Verkehrswesen, Zölle und Steuern u. a. ist die Zentralreg. zuständig; die Bereiche Polizei, Gesundheitswesen, Bildungswesen, Landwirtschaft u. a. sind Angelegenheiten der Bundesstaaten, für einige Bereiche (u. a. Planung, Sozialgesetzgebung, Justiz, Handel und Industrie) haben sowohl die Zentralreg. als auch die Reg. der Bundesstaaten Kompetenzen, im Zweifelsfall genießt der Gesamtstaat Priorität.

Im Unterhaus blieb nach den Wahlen vom Nov. 1989 der Indian National Congress unter R. Gandhi (Congress [I]) mit 192 Sitzen stärkste *Partei;* Reg.partei aber wurde der Janata Dal (144 Sitze); die Bharatija-Janata-Partei errang 90 Sitze. Im Oberhaus hat der Congress (I) 158 Sitze, die CPM-Marxist 13 und die All India Drawida Munnetra Kazhagan (ADMK) 11 Sitze.

Die bedeutendsten *Gewerkschaftsdachverbände* sind der Indian National Trade Union Congress (INTUC, 3,7 Mill. Mgl.) und Hind Mazdoor Sabha (HMS; 2,1 Mill. Mgl.), die beide dem Internat. Bund Freier Gewerkschaften angehören, sowie der dem Weltgewerkschaftsbund angeschlossene All-India Trade Union Congress (AITUC; 3,0 Mill. Mgl.).

Verwaltung: Der bundesstaatl. Aufbau der Ind. Union trägt der außergewöhnl. soziokulturellen und ökonom. Heterogenität des Landes Rechnung. Heute bestehen 25 Bundesstaaten und 7 Unionsterritorien. An der Spitze eines jeden Bundesstaates steht der von der Zentralreg. ernannte Gouverneur. Entsprechend den Mehrheitsverhältnissen in den direkt gewählten Landtagen ernennt er den Chefmin. und auf dessen Vorschlag die übrigen Min. Einige Bundesstaaten verfügen zusätzl. über ein Oberhaus. Für Ausnahmefälle ist die Übernahme der Exekutivgewalt durch die Zentralreg. vorgesehen. Die Unionsterritorien werden direkt von der Zentralreg. verwaltet. Die untere Verwaltungsgliederung fällt in die Zuständigkeit der einzelnen Staaten und ist regional verschieden. An der Spitze des *Gerichtswesens* steht der Oberste Gerichtshof in Neu-Delhi. Jeder Bundesstaat verfügt über einen Hohen Gerichtshof sowie über die Gerichte der nachfolgenden Ebenen: Distriktgerichte, Magistratsgerichte, und der Dorfebene Laiengerichte. Von diesen Gerichten werden auf den jeweiligen Ebenen sämtl. Rechtsfälle behandelt; eine eigene Verfassungs-, Arbeits-, Verwaltungsgerichtsbarkeit gibt es nicht.

I. unterhält reguläre *Streitkräfte* in einer Gesamtstärke von 1,26 Mill. Mann, davon im Heer 1 100 000, in der Luftwaffe 113 000 und in der Marine 47 000 Mann. Die paramilitär. Kräfte umfassen 300 000 Mann, davon 200 000 Mann in den Grenzsicherungstruppen.

📖 *Balasubramanyam, V. N.: The economy of India.* London 1985. - *Rothermund, D., u. a.: I. Mchn. u. Luzern 1984.* - *Singh, G.: A geography of India.* Delhi 1983. - *Fürer-Heimendorf, C. von: Tribes of India.* Berkeley 1983. - *Rothermund, D.: 5mal I.* Mchn. 1979. - *Nusser, H. G.: I. - Ceylon. Gesch. - Kultur - Kunst - Geographie - Wirtschaft - Religion - Gesellschaft - Politik. Von den Anfängen bis zur Gegenwart.* Mchn. 1979. - *Ruben, W.: Kulturgesch. Indiens.* Bln. 1978. - *Rüland, J.: Politik u. Verwaltung in ind. Städten.* Ffm. 1978. - *Beyer, H.: Indiens postkoloniales Bildungssystem zw. Reform u. struktureller Stagnation.* Tüb. 1977. - *Dumont, L. M.: Gesellschaft in I. Die Soziologie des Kastenwesens.* Dt. Übers. Wien 1976. - *Grundzüge der ind. Gesch. Hg. v. D. Rothermund.* Darmst. 1976. - *Thapar, R./Spear, P.: I. Von den Anfängen bis zum Kolonialismus.* Dt. Übers. Essen 1976. - *Ecology and biogeography in India. Hg. v. M. S. Mani.* Den Haag 1974. - *Pochhammer, W. v.: Indiens Weg zur Nation.* Bremen 1973.

indifferent [zu lat. indifferens, eigtl. „keinen Unterschied habend"], unbestimmt, teilnahmslos, gleichgültig.

indifferentes Gleichgewicht ↑Gleichgewicht.

Indische Kunst

Indische Kunst. Oben (von links): Frauenfigur aus Mohendscho Daro (um 2000 v. Chr.). Delhi, National Museum of India; Löwenkapitell der Aschoka-Säule in Sarnath (240 v. Chr.). Sarnath, Archaeological Museum; unten (von links): Wolkenmädchen (6. Jh. n. Chr.). Felsbild von Sigirija auf der Insel Ceylon; Buddha mit Stifterfiguren. Fragment eines Weihreliefs aus Gandhara (2. Jh. n. Chr.). Rom, Museo Nazionale d'Arte Orientale

indifferente Stoffe (indifferente oder inerte Materialien), Substanzen, die entweder gar nicht oder unter extremen Bedingungen nur sehr geringfügig mit Chemikalien reagieren; spielen in der Technik als Materialien für Reaktionsgefäße, Rohrleitungen, Vorratsbehälter usw. eine große Rolle, z. B. Porzellan, Glas, Quarz, Platin, Graphit.

Indifferenz [lat.], Ununterschiedenheit, Ununterscheidbarkeit; insbes. Gleichgültigkeit gegen bestimmte (religiöse, eth., polit.) Wertvorstellungen und Normen (**Indifferentismus**).

Indifferenzkurve, in der Haushaltstheorie der geometr. Ort aller Mengenkombinationen zweier Güter, denen ein Haushalt gleichen Nutzen beimißt.

Indifferenztemperatur, Bereich der Umgebungstemperatur bei warmblütigen Lebewesen, in dem die Temperatur des Körperinnern im ruhenden und nüchternen Zustand konstant bleibt. Für den unbekleideten Menschen liegt die I. zw. 28 und 30 °C.

Indigenat [zu lat. indigena „Eingeborener, Inländer"], urspr. Bez. für Zugehörigkeit zu einem höheren Stand, später zum Rechtsverband eines bestimmten Gebiets. Das I. berechtigte in den Territorialstaaten der frühen Neuzeit u. a. zur Bekleidung von Ämtern und zum Erwerb von Grundbesitz.

Indigenismo [span. indixe'nizmo, zu lat. indigena „Eingeborener, Inländer"], Bewegung in Lateinamerika, mit dem Ziel der Rückbesinnung auf die indian. Vergangenheit (v. a. auf dem Gebiet der Kultur), der Integration der indian. Bev. und der Hebung ihres Lebensstandards; bes. in Mexiko ausgeprägt.

Indigirka, Fluß in NO-Sibirien, UdSSR, entspringt am O-Rand des Oimjakonberglands, mündet mit einem Delta in die Ostsibir. See, 1790 km lang; 1 086 km schiffbar, Juni–Sept. eisfrei.

indigniert [zu lat. indignus „unwürdig"], peinl. berührt, unwillig, entrüstet; **Indignation**, Unwille, Entrüstung, Abscheu.

Indigo [span., zu lat. indicum (griech. indikón), eigtl. „das Indische" (zur Bez. der Herkunft)] (Indigoblau), der älteste und früher wichtigste pflanzl. Farbstoff (ein Küpenfarbstoff); chem. ein Derivat des Indols. In reinem Zustand ist I. ein dunkelblaues, kupfern schimmerndes Pulver, das sich in konzentrierter Schwefelsäure mit grüner, beim Erwärmen mit blauer Farbe auflöst. I. kommt u. a. in Indigostraucharten in Form des farblosen Glucosids *Indikan* vor, das bei der Extraktion mit Wasser von einem in der Pflanze enthaltenen Enzym in Glucose und Indoxyl gespalten wird; letzteres wird durch den Luftsauerstoff in I. über. Zum Färben wird I. in alkal. Medium gelöst, wobei das farblose **Indigoweiß** (Leukindigo, Dihydroindigo) entsteht, mit dem das Gewebe getränkt wird. Beim Trocknen an der Luft bildet sich der blaue Farbstoff auf der Faser oxidativ zurück. I. wurde erstmals 1878 von A. von Baeyer synthetisiert. Der synthetische I., seit 1897 im Handel, verdrängte rasch den Naturfarbstoff, verlor aber seit den 1930er Jahren an Bedeutung.

Indigofarbstoffe (Indigoide), strukturell dem Indigo ähnl. Küpenfarbstoffe.

Indigostrauch (Indigofera), Gatt. der Schmetterlingsblütler mit rd. 300 Arten (einige davon Hauptlieferanten von Indigo) in den Tropen und Subtropen; meist behaarte, sommergrüne Sträucher, Halbsträucher oder Stauden; Blätter meist unpaarig gefiedert; Blüten in achselständigen Trauben, rosafarben bis purpurfarben.

Indik ↑ Indischer Ozean.

Indikan [Kw.] (Harn-I., Indoxylschwefelsäure), der Schwefelsäureester des Indoxyls; wird in der Leber aus Abbauprodukten der Aminosäure Tryptophan gebildet.

Indikation [zu lat. indicatio „Anzeige"], (Heilanzeige) aus ärztl. Sicht Grund zur Anwendung eines bestimmten Heilverfahrens.
◆ im *Strafrecht:* das Angezeigtsein eines Schwangerschaftsabbruchs.

Indikator [zu lat. indicare „anzeigen"], in der Chemie Sammelbez. für Substanzen, mit deren Hilfe der Verlauf einer chem. Reaktion verfolgt werden kann. *pH-Indikatoren* ändern ihre Farbe in Abhängigkeit vom pH-Wert der Lösung (z. B. Lackmus, Methylorange, Phenolphthalein); *Universal-I.* sind ein Gemisch verschiedener pH-I.; *Fluoreszenz-I.* zeigen bei Bestrahlung mit ultraviolettem Licht bes. Farben (z. B. Eosin, Fluorescin); *Metall-I.* dienen zur Bestimmung von Metallionenkonzentrationen, wobei farbige Komplexe gebildet werden (z. B. Eriochromschwarz, Murexid); *Redox-I.* werden zur Bestimmung des ↑Redoxpotentials verwendet (z. B. Methylenblau).

Indikatormethode (Leitisotopenmethode, Tracer-Methode), Methode zur Untersuchung eines biolog., physikal. oder chem. Prozesses, insbes. eines Stofftransportes im atomaren und molekulären Bereich, wobei ein stabiles oder radioaktives Isotop als Indikator *(Leitisotop, Indikatorsubstanz, Tracer-Isotop)* einer Substanz oder einem Organ zugeführt wird und durch seine Anwesenheit den Ablauf der Reaktion markiert. Das Isotop kann direkt zugegeben (z. B. mittels Verbindungen, in denen Wasserstoff durch Deuterium oder Kohlenstoff durch radioaktiven Kohlenstoff ^{14}C ersetzt wurde) oder durch Bestrahlen der Substanz *(Indikator-Aktivierungsanalyse)* erzeugt werden. Da alle Isotope eines Elements chem. gleich reagieren, nimmt das zugesetzte Isotop genau anteilsmäßig am Reaktionsweg teil, den das Element durchläuft; der Nachweis des Indikators erfolgt anhand der radioaktiven Strahlung oder, bei stabilen Isotopen, durch massenspektrometr. Analyse.

Indikatorpapier

Indikatorpapier, poröse Papierstreifen, die mit geeigneten Indikatoren oder Indikatorengemischen getränkt und getrocknet worden sind. Beim Eintauchen in eine chem. Reaktionslösung nehmen die I. eine dem pH-Wert entsprechende Farbe an, aus der sich auf den Säure- oder Basengehalt der Lösung schließen läßt.

Indikatorpflanzen, svw. ↑ Bodenanzeiger.

Indiktion [zu lat. indictio „Ansagung, Auferlegung"], Bez. für zusätzl. Steuern in der röm. Kaiserzeit; ab 297 gültiger Steuerzyklus von fünf (ab 313 von 15) Jahren zur Festsetzung der Grundsteuer. Im MA zur Präzisierung der Datierung verwendet.

Indio, span. Bez. für ↑ Indianer.

Indirect Rule [engl. ɪndɪˈrɛkt ˈruːl „indirekte Herrschaft"], von der brit. Kolonialmacht v. a. in Afrika und Asien angewandtes Herrschaftsprinzip, das die Struktur der bestehenden Gesellschaft grundsätzl. unangetastet ließ und nur im Konfliktfall die brit. Macht hervortreten ließ; erschwerte z. T. die Entwicklung zur Unabhängigkeit, da überkommene regionale und ethn. Konflikte konserviert wurden.

indirekt [lat.], nicht geradewegs, mittelbar, abhängig.

Indirektblendung (Umfeldblendung), eine Blendung, die auftritt, wenn die Helligkeit des Umfeldes wesentl. höher liegt als diejenige des betrachteten Objektes.

indirekte Kernteilung, svw. ↑ Mitose.

indirekter Beweis (lat. reductio ad absurdum „das Ad-absurdum-Führen"), als wichtige Form des deduktiven ↑ Beweises das Beweisverfahren, bei dem die gegenteilige Annahme zum Widerspruch geführt wird.

indirekte Rede (Oratio obliqua), mittelbare, berichtete, nicht wörtl. Wiedergabe von Aussagen oder Gedanken, z. B. „Er sagte, er komme morgen". Das Gesagte wird im Dt. durch einen Nebensatz ausgedrückt, dessen Verb meist im Konjunktiv steht.

indirekte Reduktion ↑ Eisen.

indirekter Freistoß, im Fußball ↑ Freistoß.

indirektes Sehen ↑ Sehen.

indirekte Steuern, Steuern, die von Wirtschaftssubjekten erhoben werden, welche sie nicht unbedingt selbst tragen, aber vorschieben sollen (Vorschußsteuern); die Steuerlast soll nach dem Willen des Gesetzgebers auf andere abgewälzt werden können. Als i. S. gelten die Umsatz- und die Verbrauchsteuern.

indirekte Wahl ↑ Wahl.

Indisch-Antarktischer Rücken, untermeer. Schwelle im südl. Ind. Ozean, bis 1 922 m u. d. M. ansteigend.

Indische Erdbeere ↑ Duchesnea.

indische Kunst, vorwiegend aus eigenen Überlieferungen und gelegentl. bereichert durch fremde Anregungen schufen ind. Künstler Zweckbauten und Kultstätten mit Götterbildern für die Religionsgemeinschaften der Hindus, Buddhisten und Dschainas. Die i. K. entwickelte einen bes. Reichtum an menschengestaltigen Götterbildern, die in Gemeinschaftsarbeiten von abendländ. und einheim. Kunsthistorikern im Lichte des Sanskrit-Schrifttums interpretiert wurden.

Harappakultur: Aus dem 4.–2. Jt. stammende Ruinenhügel in den Tälern des Indus und seiner Zuflüsse in Pakistan und Indien, aber auch an der Küste westl. und sö. der Mündung werden nach einem wichtigen Fundort als Harappakultur bezeichnet. Insbes. in der Anlage eines kult. Badeplatzes in Mohendscho Daro, in weibl. Bronzefigurinen, in männl. Speckssteinbüsten von priesterl. Habitus und in verschiedenen Fruchtbarkeitssymbolen sieht man Vorläufer der späteren religiösen Kunst des Hinduismus.

Frühe histor. Reiche: Das erste geschichtl. ind. Großreich entstand im 3. Jh. v. Chr. unter Aschoka, der religiöse Edikte in Felswände und Steinsäulen meißeln ließ. Eine führende Gesellschaftsschicht im iran.-ind. Grenzgebiet hatte in dieser Zeit teil an der hellenist. Kultur. In den folgenden zwei Jh. entstand eine mittelmeerländ.-asiat. Mischkunst in Baktrien und Indien (Ausgrabungen in Ay Chanum in NO-Afghanistan, Balkh in N-Afghanistan, Bagram nördl. von Kabul, Taxila in NW-Pakistan). Kunstgegenstände gelangten im 1.–3. Jh. mit Handelskarawanen aus den hellenisierten Ostprovinzen Roms nach Asien und trugen zur Entstehung der Kunst im südafghan.-nordpakistan. Grenzland Gandhara bei. Zum Gedächtnis an Buddha wurden ↑ Stupas errichtet. Stifter dieser Kultstätten gehören zur Kuschana-Dyn., die gleichzeitig in ihrer Hauptstadt Mathura auf der Grundlage einheim. Bildkunst Götterbilder des Hinduismus und Dschainismus in Auftrag gaben.

Guptakunst: Unter den hinduist. Guptaherrschern um 325 bis zum 7. Jh. erreichte mit der gesamten ind. Kultur auch die Bau- und Bildkunst einen Höhepunkt. Eine Terrasse trägt den Tempel mit der Versammlungshalle (Mandapa) und der Allerheiligsten (Garbhagriha, wörtl. „Schoßhaus"), in dem sich das Götterbild als Symbol für die geistige Wiedergeburt und Inkarnation der Gottheit befindet.

Rechte Seite: Indische Kunst.
Oben: Sonnentempel Konarak
(sogenannte „Schwarze Pagode";
um 1250); Mitte links: Räder am Sockel
des Sonnentempels Konarak (um 1250;
Durchmesser 300 cm); Mitte rechts:
Tanzender Schiwa (11./12. Jh.). Zürich,
Museum Rietberg; unten:
Skulpturen am Matangeswaratempel
(um 1000). Khajuraho

Indische Kunst

Diesen kult. Mittelpunkt betonen Tempeltürme, die den gestuften Bau des Kosmos und den myth. Weltberg Meru bedeuten. Im N sind es hochaufstrebende Schikhara-, im S gedrungenere Wimana-Formen. Während dieser Zeit des frühen Tempelbaus von Deogarh (nördl. von Bhopal) im 5. Jh. oder Pattadakal (südl. von Bijapur) im 7. Jh. werden auch noch nach altbuddhist. Vorbild von Karla (bei Poona) und ↑Ajanta Kulthöhlen für hinduist. Gottheiten errichtet (↑ Elephanta, ↑ Ellora), während in Ajanta selbst Reliefs im Guptastil gearbeitet werden (4.–6. Jh.).

Frühes und hohes MA: Vor der islam. Eroberung etwa zw. 700 und 1300 entstanden die großen Hindutempel in trockenem Verband, waagerechtem Sturz und Kragebau. Ausgedehnte, noch heute erhaltene Wallfahrtsmittelpunkte sind im N z. B. in Konarak und Khajuraho, im S in Chidambaram und Thanjavur (Tanjore) erhalten. Lehrbücher für Handwerkerkasten hielten techn. Einzelheiten fest, priesterl. Vorschriften entwarfen ikonograph. Bildprogramme.

Frühislam. Epoche: Als sich die Muslime Ende des 12. Jh. in Delhi niederließen, erbauten sie zunächst aus Hindu- und Dschaina-Heiligtümern ihre Moscheen. Als Minarett für den Kultbezirk am Kuwwat Al Islam errichteten sie den mehrgeschossigen Kutub Minar auf dem Grundriß eines Zackensterns. Ind. Steinmetzschulen übernahmen die vorderorientalische Technik, im Mörtelbau Tonnengewölbe und Kuppeln zu errichten. Dabei kam es in den einzelnen Provinzen bei der Verbindung von iran. Raumwirkung und einheim. Massenbau und Schmuckkunst zu indo-islam. Sonderformen: Backsteinbauten von Bengalen, Moscheen und Gräber in Gulbarga und Bidar, Paläste von Mandu.

Mogulreich: Im 16. Jh. brachte die Zeit der ersten beiden Mogul-Herrscher Babur und Humajun für die Baukunst (Fatehpur-Sikri) und Miniaturmalerei Anregungen aus Z-Asien und Persien. Akbar suchte eine geistige Durchdringung von ind. Überlieferung und islam. Formenwelt auf allen Gebieten der Kunst. Dabei entstanden Illustrationen zu Geschichtswerken in einem pers.-ind. Mischstil. Sein Sohn Dschahangir ließ Akbars Grab in Sikandra als Synthese zw. altind. Halle und islam. Raum vollenden. Auf Schah Dschahan gehen die schmuckreichsten Beispiele der Marmorbaukunst zurück, insbes. das Tadsch Mahal von Agra (1630–48).

Kunst des Wischnuismus: Seit dem 16. Jh. bis ins 19. Jh. hinein schufen einheim. Miniaturisten v. a. in der nordind. Staaten religiöse Bilder bes. des Wischnuismus. Uralte ind. Symbole der erot. Kunst wurden jetzt in Szenen der myst. Liebe zw. der Hirtin Radha und dem Gott und Geliebten Krischna wieder aufgenommen. Bauten in hinduist.-islam. Mischstil entstanden u. a. in Widschajanagara und Bijapur in S-Indien.

Ende 18.–20. Jahrhundert: Nach 200 Jahren Kolonialarchitektur faßte Mitte des 20. Jh. auch die funktionalist. Architektur Fuß. Bed. Bauten entstanden in Chandigarh, Ahmadabad und Bangalore, u. a. von Le Corbusier und L. I. Kahn. Zeitgenöss. ind. Bildhauer und Maler haben in Künstlervereinigungen sich zunächst an H. Moore und P. Picasso angeschlossen und verbanden deren Anregungen mit einheim. Überlieferungen (z. B. J. Roy in Kalkutta). - ↑ auch Tafel S. 206.

📖 *Plaeschke, H./Plaeschke, I.:* Ind. Felsentempel und Höhlenklöster. Wien 1983. - *Propyläen Kunstgesch.* Bd. 16: *Härtel, H./Auboyer, J.:* Indien u. Südostasien. Bln. 1971. - *Franz, H. G.:* Buddhist. Kunst Indiens. Lpz. 1965.

indische Literaturen, die älteste ind. Literatur, die in altertüml. Sanskrit verfaßten Verse des Weda, wurde mündl. konzipiert und tradiert. Am Ende der **wed. Periode** (um (um 1200–500), in der auch die Upanischaden entstanden, legte die Grammatik des Panini die Grundlage für das **klass. Sanskrit.** Älteste erhaltene Zeugen dieser Literatur, der eine Periode vorausging, in der vorwiegend in Pali und Prakrit geschrieben wurde, und in die die Ursprünge der Epen Mahabharata und Ramajana reichen, bilden die Fragmente der buddhist. Dramen des Aschwaghoscha. Neben einer reichen Belletristik (Kunstepen, Kunstprosa, Dramen), die im Schaffen Kalidasas um 400 n. Chr. ihren Höhepunkt erreichte, stand eine ausgedehnte wiss. Literatur (Philosophie, Medizin, Poetik, Astronomie, Mathematik). Letzter Vertreter der klass. Sanskrit-Literatur ist der Dramatiker Bhawabhuti im 7./8. Jh. Seit etwa 1000 wurde Sanskrit als Literatursprache allmähl. von den neuind. Sprachen zurückgedrängt. Die älteste ist die um 1000 mit buddhist. Versen einsetzende **Bengali-Literatur.** In ihr entstand unter westl. Einfluß im Werk B. C. Chatterjees (* 1838, † 1894) der moderne ind. Roman. Seit 1800 durch die Engländer gefördert, gewann erst in der Mitte des 20. Jh. die **Hindi-Literatur** eine Vorrangstellung, die durch Premcand (* 1880, † 1936) wesentl. mitbegründet wurde. Die Literatur der drawid. Sprachen in S-Indien beginnt mit dem Wirken der „Akademien" („Sangam-Literatur") im 1. Jh. n. Chr. in Tamil. Durch S. Bharati (* 1892, † 1921) fand eine schlichte Sprache und westl. Gedankengut Eingang in die **Tamil-Literatur.** - Neben der hohen Literatur besteht in Indien eine reiche, schriftlose Volksliteratur.

📖 *Mylius, K.:* Gesch. der Lit. im alten Indien. Lpz. 1983. - *Glasenapp, H. v.:* Die Literaturen Indiens. Stg. 1961. - *Winternitz, M.:* Gesch. der ind. Literatur. Lpz. $^{1-2}$1909–22. 2 in 3 Bden. Nachdr. 1968.

indische Musik, die i. M. erlaubt eine Einteilung in musikal. Hochkunst, Volksmusik und Stammesmusik. Bei der Hochkunst -

meist als i. M. i. e. S. aufgefaßt - unterscheidet man nach Stilkriterien die Hindustanimusik N-Indiens und Pakistans von der altind. Musik im S des Subkontinents. Ähnlichkeiten von Hochkunst und Volksmusik sind auf die Benutzung gleicher Vorbilder oder auf Übernahmen aus der einen Schicht in die andere zurückzuführen. Dagegen hat jeder Stamm sein eigenes Musikrepertoire. - Die musikal. Hochkunst geht zurück v. a. auf den „Rigweda" und den „Samaweda", Sammlungen religiös-kult. Dichtungen. Die Musiklehre im „Natjaschastra" von Bharata aus den letzten vorchristl. Jh. kennt zwei siebenstufige Tonskalen im Oktavumfang, die nach ihrem Anfangston „Sagrama" und „Magrama" heißen. Jede dieser Skalen besteht aus Halbtönen und großen und kleinen Ganztönen, die sich wiederum aus 22 „Schruti" pro Skala zusammensetzen. Indem man auf jedem Ton der Skala eine siebenstufige Modalleiter errichtete, erhielt man sieben „Murtschana", aus denen durch Hinzutreten weiterer Merkmale (z. B. Anfangston, Zentralton, Finalis) 18 (sieben reine, 11 gemischte), als „Dschati" bezeichnete Melodietypen gewonnen wurden. Die Haupttöne verliehen der Melodie ihre bes. „Stimmung" oder „Farbe" („Raga"). Später entstandene Melodien mit neuen Tonkombinationen wurden als eigenständige „Raga" erfaßt. - Die fünf rhythm. Werte der i. M. („laghu", „guru", „pluta"; später zusätzl. „druta" und „anadruta") wurden zu Takteinheiten („Tala") zusammengefaßt. Die rhythm. Gestaltung der meist gesungenen Melodie, bei der Improvisation eine überragende Rolle spielt, ist dagegen vom Tala-Metrum weitgehend unabhängig. Sie wird meist von der Bordunlaute Tambura gestützt, von einem Streichinstrument (Sarangi in Nord-, Violine in Südindien) umspielt und von der Trommel (Tabla in Nord-, Mirdanga in Südindien) begleitet. Ferner sind beliebt: gezupfte Lauteninstrumente wie Sitar und Sarod in Nord- und die Wina in Südindien, die Oboen Schahnai in Nord- und Nagaswara in Südindien und überall Flöten. - Die Eigenart der beiden Stilbereiche der i. M. zeigt sich auch in den gegenwärtig geläufigen Skalensystemen. Das System Südindiens umfaßt 72 Grundtonleitern („Melakarta"), die einer 12stufigen chromat. Skala entwachsen sind. Im Anschluß an das „Melakarta"-System wurde Anfang des 20. Jh. die Systematisierung der nordind. „Raga" das „That"-System entwickelt, das die 10 für die Musikpraxis bes. wichtigen Skalen enthält. Schließl. sind viele Stücke der altind. Musik textierte und musikal. weitgehend festgelegte Schöpfungen bekannter Komponisten, bes. des Dichter-Musikers Tyagaraja (* 1767, † 1847). - Abb. S. 212.

Daniélou, A.: Einf. in die i. M. Wilhelmshaven ²1982. - *Kuckertz, J.:* Musik in Asien. Bd. 1: Indien u. der Vordere Orient. Kassel u. a. 1981. - *Joshi, N. N.:* Understanding Indian music. New York 1963, Nachdr. 1974.

indische Philosophie, das philosoph. Denken auf der vorderind. Halbinsel entwickelte sich bis in die Gegenwart in engem Zusammenhang mit religiösen Vorstellungen, insbes. unter Einfluß der *Weden* († Weda) und Upanischaden. Zentrales Thema ist das Problem der Erlösung; ihm sind die Fragen der Ethik, Metaphysik und Kosmologie zugeordnet. Kennzeichnend ist ein Götterpluralismus, doch werden erste Ansätze sichtbar, die Vielheit der Phänomene auf einen einheitl. Urgrund zurückzuführen. In den *Brahmanas* (entstanden zw. 1000 und 750) verstärkte sich diese monist. Tendenz zu einem einheitl. Urprinzip des Kosmos. Die älteren *Upanischaden* (entstanden zw. 750 und 550) bezeichnen die Wende vom myth. zum philosoph. Denken. Sie sind bereits eindeutig monist. orientiert: Brahman, das All-Eine, das absolute, nur durch Intuition erfaßbare Sein, und Atman, das individuelle Selbst der menschl. Persönlichkeit, werden in eins gesetzt. Die Lehre von der Seelenwanderung wird entfaltet; Erkenntnis der Einheit von Brahman und Atman bringt Erlösung aus dem Kreislauf der Geburten (Samsara). Der orthodoxe Brahmanismus entwickelte - unterschieden nach den Methoden der Erkenntnis der Wirklichkeit - einerseits die vornehml. praxisorientierten Systeme der *Mimansa,* des *Samkhja* und des *Njaja* und andererseits die metaphys. Systeme des *Wedanta, Joga* und *Waischeschika.* Die größte Wirkung ging von Schankara aus, dem Hauptvertreter der *Adwaita.* Zw. 500 und 1000 standen neben an in Auseinandersetzung mit den Systemen des Brahmanismus, die nicht nur einen Materialismus vertreten, v. a. die Erlösungslehren des *Dschainismus* und *Buddhismus* mit ihren philosoph. Implikationen. Danach wurden bis 1600 Ansätze altind. Philosophie aufgegriffen; erst im 19. und 20. Jh. kam es zur Auseinandersetzung mit der europ. Philosophie, z. B. bei R. Tagore, S. Radhakrischnan, S. Aurobindo.

Zimmer, H.: Philosophie u. Religion Indiens. Dt. Übers. Ffm. 1976. - *Challaye, F.:* Les philosophes de l'inde. Paris 1957. - *Radhakrishnan, Sir S.:* I. P. Dt. Übers. Baden-Baden 1955-56. 2 Bde. - *Ruben, W.:* Gesch. der i. P. Bln. 1954.

Indischer Breitschwanz ↑ Indisch Lamm.

Indischer Büffel ↑ Wasserbüffel.

Indischer Dornschwanz ↑ Dornschwanzagamen.

Indischer Elefant ↑ Elefanten.

Indischer Elfenblauvogel ↑ Elfenblauvögel.

Indischer Hanf ↑ Hanf.

Indischer Korallenbaum, svw. ↑ Condoribaum.

Indischer Mungo (Herpestes edwardsi), bis 45 cm körperlange Schleichkatzenart in

Indischer Nationalkongress

Arabien, Indien und auf Ceylon; Färbung überwiegend bräunl. mit silbergrauer Sprenkelung; flinker Räuber; tötet auch Giftschlangen und kann relativ hohe Giftdosen überleben.

Indischer Nationalkongreß ↑ Indian National Congress.

Indischer Ozean (Indik), mit 73,43 Mill. km² (ohne Nebenmeere) kleinster der drei Ozeane der Erde. Die mittlere Tiefe beträgt 3872 m, die größte bisher gemessene Tiefe liegt bei 7455 m u. d. M. im Sundagraben. Seine Grenzen sind im W der Meridian 20° ö. L. zw. Kap Agulhas und der Antarktis, im O der Meridian 147° ö. L. zw. Tasmanien und der Antarktis. Im NO verläuft die Grenze zum Pazifik durch die Singapurstraße, die Sundastraße, entlang den Kleinen Sundainseln nach Neuguinea und durch die Torresstraße nach Australien. Nebenmeere des I. O. sind das Rote Meer und der Pers. Golf. Vorderindien teilt den nördl. I. O. in Arab. Meer im W und Golf von Bengalen im O. Der I. O. wird im Zentrum vom **Zentralind. Rücken** von N nach S durchzogen in Form eines umgekehrten Y; außerdem erstreckt sich der **Ostind. Rücken** von den Andamanen über 4000 km nach S. Diese untermeer. Rücken gliedern den I. O. in 11 Tiefseebecken. Entlang des Zentralind. Rückens verlaufen (entsprechend dem Mittelatlant. Rücken im Atlantik) bis über 1000 m tiefe Zentralspalten. Der Meeresboden zu beiden Seiten bewegt sich mit einer Geschwindigkeit von einigen cm/Jahr zu den Seiten. Im I. O. liegen u. a. die Inselgruppen der Lakkadiven, Malediven, Seychellen und Amiranten, Maskarenen sowie Madagaskar und Ceylon. Östl. des Zentralind. Rückens bestehen die Sedimente überwiegend aus Rotem Tiefseeton, westl. des Rückens aus Globigerinenschlamm, in der Antarktis aus Diatomeenschlamm. Entlang der Kontinente und großen Inseln werden von diesen stammende Sedimente abgelagert. Auf Grund des unterschiedl. Klimas sind Salzgehalt und Temperatur des Wassers sehr ungleichmäßig. Verdunstungsüberschuß und daher hohen Salzgehalt haben das Arab. Meer, v. a. aber der Pers. Golf und das Rote Meer. Nur in dem antarkt. Teil des I. O.

Indische Musik.
Typische Musikinstrumente (1 Wina, 2 Sitar, 3 Tabla, 4 Sarangi, 5 Tambura)

kommt Eis vor in Form riesiger Eisberge und von Treibeis, das sich im Winter an der Meeresoberfläche bildet.
Im äquatorialen und nördl. I. O. bewirken die jahreszeitl. wechselnden Winde eine nahezu völlige Umkehr der Oberflächenströmungen. So fließt z. B. der etwa 100 km breite Somalistrom im Winter nach S, im Sommer nach N mit Geschwindigkeiten bis zu 150 cm/s. Entlang der afrikan. Küste, im Golf von Bengalen und entlang der NW-Küste von Australien herrschen halbtägige Gezeiten vor, die zwei Hoch- und zwei Niedrigwasser am Tage haben. Gemischte Gezeiten, deren zwei tägl. Hochwasser sehr verschieden hoch sind, findet man im Arab. Meer und entlang der Küste von Sumatra und Java. Eintägige Gezeiten mit nur einem Hoch- und Niedrigwasser pro Tag herrschen nur an der SW-Küste von Australien.
Die Fischerei der Anliegerstaaten des I. O. beschränkt sich auf küstennahe Gewässer. Nur an der W-Küste Australiens besteht eine ertragreiche Hummerfischerei. Jap. Trawler fischen im äquatorialen I. O. v. a. Thunfische. In den antarkt. Gewässern werden Wale gefangen. An Bodenschätzen wird im Pers. Golf Erdöl gefördert.
In den küstennahen Gewässern wurde schon von den Ägyptern, Griechen und Römern, Arabern und Malaien Seefahrt und Handel betrieben. Vasco da Gama segelte 1497 um die S-Spitze Afrikas und durch den I. O. nach Indien; er eröffnete damit ein neues Zeitalter der Entdeckungen und des Handels. Die erste wiss. Expedition erfolgte 1873–76 durch das brit. Forschungsschiff „Challenger". Die dt. Schiffe „Valdivia" und „Gauss" folgten 1898/99 bzw. 1901–03. 1949–65 fand die Internat. I.-O.-Expedition statt, an der sich 40 Forschungsschiffe aus 20 Ländern beteiligten.
☐ *The biology of the Indian Ocean.* Hg. v. B. *Zeitzschel u. S. A. Gerlach. Bln. u. a. 1973.* - *The Indian Ocean: Its political, economic, and military importance.* Hg. v. A. J. *Cottrell u.* R. M. *Burrell. New York 1972. - Toussaint, A.: History of the Indian Ocean. Engl. Übers. Chicago (Ill.) 1966.*

Indischer Pfeffer ↑ Paprika (Gewürz).

Indischer Senf (Sareptasenf, Junceasenf, Brassica juncea ssp. juncea), Kreuzblütler der Gatt. Kohl aus S-, Z- und O-Asien; bis 1,50 m hohe Pflanze mit dunklen Samen; v. a. in Indien als Öl- und Senfpflanze kultiviert, in China auch als Gemüse.

Indischer Subkontinent ↑ Vorderindien.

indischer Tanz, als myth. Schöpfer des Tanzes, dessen älteste Quelle das „Natjaschastra" (nach dem 1. Jh. n. Chr.) ist, gilt der Gott Schiwa. Typ. für die vier großen, heute in eigenen Akademien gelehrten Tanzformen ist eine symbol. Gestensprache der Hände („mudra"). In Tamil Nadu wurde v. a. durch die Tempeltänzerinnen das klass. „Bharata Natjam" gepflegt. Um 1657 soll in Kerala das „Kathakali", in dem Stoffe der Sanskritepen tänzer. dargestellt werden, entstanden sein. Unter islam. Einfluß entwickelte sich in N-Indien der „Kathak-Tanz", während der „Manipuri-Tanz" durch R. Tagore 1917 in Indien heim. wurde.

indische Schriften, mit Ausnahme der ältesten i. S., der noch nicht entzifferten Indusschrift, und der Kharoschthischrift gehen alle i. S. auf die Mitte des 1. Jt. v. Chr. aus einem semit. Alphabet entstandene Brahmischrift zurück; diese Schriften sind rechtsläufige Silbenschriften, jede Schrift kennt Zeichen für Vokale und Konsonanten sowie Zusatzzeichen z. B. für Vokallosigkeit oder Nasalierung. Bereits in vorchristl. Zeit haben die ind. Grammatiker das Alphabet nach phonet. Prinzipien geordnet: in der Reihe der Vokale wurde der Öffnungsgrad, bei den Konsonanten die Artikulationsstelle zugrunde gelegt. Innerhalb einer Konsonantenreihe wurden die Laute nach den Kriterien stimmlos/stimmhaft, unaspiriert/aspiriert und nasaliert angeordnet. - Die etwa 200 aus der Brahmischrift entstandenen Alphabete werden in eine nördl. und eine südl. Gruppe aufgeteilt. Zur nördl. Gruppe mit dem Guptaalphabet (4.–6. Jh.) als Grundlage gehört u. a. die Dewanagari (entstanden seit etwa 700 n. Chr.), in der u. a. Hindi und Marathi geschrieben werden, das Bengali- und das Orijaalphabet, die für das Pandschabi verwendete Gurmukhischrift und die Schrift des Gudscharati. Zur südl. Gruppe, ausgehend von der Granthaschrift, gehören die kanares. Schrift, die Telugu- und die Malajalamschrift. Der Ursprung der Tamilschrift ist umstritten. - Schriften ind. Ursprungs außerhalb Indiens sind u. a. die singhales., birman. u. kambodschan. Schrift und die in Teilen Indonesiens gebrauchte Kawischrift; auch die tibet. Schrift hat sich im 7. Jh. n. Chr. aus einem nordind. Alphabet entwickelt. - Abb. S. 214.
☐ *Nowotny, F.: Schriftsysteme in Indien. In: Studium Generale 20 (1967).*

Indisches Nashorn ↑ Nashörner.

indische Sprachen, auf dem Ind. Subkontinent zählt man etwa 150 Sprachen, von denen die meisten jedoch weniger als 100 000 Sprecher haben. Nach Anzahl der Sprecher stehen die indoar. und die drawid. Sprachen an der Spitze.
Die Träger der zu den indogerman. Sprachen gehörenden **indoarischen Sprachen** sind die um die Mitte des 2. Jt. v. Chr. nach Indien eingewanderten Arier. Über die Sprache der Urbevölkerung kann keine sichere Aussage gemacht werden. Die Sprache der ältesten erhaltenen Texte ist das *Wedische* oder *wed. Sanskrit,* das sich von dem späteren klass. Sanskrit durch größeren Reichtum an grammat. Formen unterscheidet. Gegen Ende der

indische Sprachen

Brahmi	𑀅𑀲𑀻𑀤𑁆𑀭𑀸𑀚𑀸
Dewanagari	आसीद्राजा नलो नाम वीरसेनसुतो बली
Bengali	অতিকায়। কি বললি, রুক্ষ,
Orija	ସୋତେ ନଚ୍ଛି
Gurmukhi	ਇਸ ਕਰਕੇ ਧਾਤੂ ਦਸਾਂ ਟੋਲੀਆਂ ਜਾਂ
Gudscharati	તે વેળાએ કુંદન
Kanaresisch	ನಿಫಂಟನ ಇಂಗ್ಲಿಷ್ ಭಾಗವನ್ನು
Telugu	నుండి విదేశ భాష
Malajalam	ഭൂമിശാസ്ത്ര പേരുകൾ
Tamil	அணங்குகொலாய்மயில்கொல்
Singhalesisch	කඩ්කාරසිංඤේ
Birmanisch	အဂၤလိပ် တက္ကသိုလ်
Thailändisch	ปากฎเมฆาติ ยถา นาม
Kambodschanisch	ឧទហរណ៍ បឋមេក្ខុ
Tibetisch	ཤུང་རུབ་སེམས་དཔའ་

Indische Schriften

wed. Periode (etwa 1200–500) beschreibt der Grammatiker Panini das Sanskrit. Als Litertursprache wird das Wed. abgelöst durch einen altertüml. Prakritdialekt, das *Pali;* die in verschiedenen altertüml. Prakritdialekten gehaltenen Inschriften Aschokas geben über die Dialektgeographie N-Indiens im 3. Jh. v. Chr. Auskunft. Im 1. Jh. n. Chr. beginnt eine Renaissance des Sanskrit, das nun als tote Sprache unter der Bez. *klass. Sanskrit* zur beherrschenden Literatursprache wird; noch heute Sprache der religiösen Überlieferung. Um 1000 n. Chr. kann man den Beginn der *neuindoar. Sprachen* ansetzen. Während die sprachl. Entwicklung bisher durch einen Zerfall des flektierenden Systems gekennzeichnet ist, bildet sich nun im Neuindoar. ein agglutinierendes System heraus (gramm. Funktionen werden durch an den Wortstamm angefügte Bildungselemente ausgeübt). Die neuindoar. Sprachen lassen sich in sechs Gruppen teilen: 1. nördl. Gruppe: Sindhi, Pandschabi; 2. westl. Gruppe: Gudscharati, Radschasthani; 3. zentrale Gruppe: Westhindi; 4. östl. Gruppe: Osthindi, Bihari, Orija, Bengali, Assami; 5. südl. Gruppe: Marathi; 6. dardische Sprachen (u. a. mit Kaschmiri). Zu den neuindoar. Sprachen zählen ferner die Zigeunersprachen, Singhalesisch sowie das erst kürzl. in Z-Asien (UdSSR) entdeckte Afghon. - Seit dem 13. Jh. beginnt sich das Urdu auf der grammat. Grundlage des Hindi mit arab.-pers. Wortschatz und als Träger arab.-pers. Literaturtraditionen herauszubilden. Hof- und Verwaltungssprache der Herrscher in Delhi und im Dekhan wird das Persische, als allg. Verkehrssprache (Lingua franca) entsteht das Hindustani. Erst nach Beginn der Kolonialzeit rückt das Englische, nun aber als gesamtind. Lingua franca, nach. Die ind. Bundesstaaten sind seit 1956 nach sprachl. Gesichtspunkten gegliedert, was zu einer Stärkung der Regionalsprachen geführt hat. Von den 15 in der Verfassung anerkannten offiziellen Sprachen sind 11 indoar. Sprachen: Assami, Bengali, Gudscharati, Hindi, Kaschmiri, Marathi, Orija, Pandschabi, Sanskrit, Sindhi, Urdu.

Die **drawidischen Sprachen**, die zu den agglutinierenden Sprachen zählen, werden v. a. im S Indiens und in Sri Lanka gesprochen. Von den etwa 30 Sprachen zählen vier (Kanares.,

Individualismus

Malajalam, Tamil und Telugu) zu den offiziellen ind. Sprachen. Die drawid. Sprachen wurden im Laufe der Zeit von den indoar. Sprachen nach S zurückgedrängt. Ob das Brahui ein nördl. Rest des ehem. Sprachgebietes ist, bleibt unklar.

Neben diesen beiden großen Sprachfamilien stehen die literaturlosen *Munda-Sprachen*, die zu den austroasiatischen Sprachen gehören; sie werden von einigen Stämmen gesprochen, die jedoch in wachsendem Maße indoar. Sprachen annehmen. Im Gebiet von Assam, Tripura, Manipur, Mizoram und in Bangladesch werden rd. 80 *tibetobirman. Dialekte* gesprochen. Zu den ebenfalls der austroasiat. Familie angehörenden *Mon-Khmer-Sprachen* zählen das in Assam gesprochene Khasi und die Sprache der Nikobaren. Isoliert steht das in Pakistan gesprochene *Buruschaski* sowie die Sprache auf den Andamanen. Im heutigen Pakistan werden ferner die iran. Sprachen *Paschtu* und *Belutschisch* gesprochen.
📖 *Die Sprache der ältesten buddhist. Überlieferung. Hg. v. H. Bechert. Gött. 1980. - Bloch, J.: Indo-Aryan, from the Vedas to modern times. Engl. Übers. Hg. v. A. Master. Paris 1965.*

indisches Theater, schon in seiner frühesten Form haben sich Dichtung, Musik, Gesang und Tanz sowie Elemente aus Schattenspiel und Pantomime verbunden. Lehrbuch des *klass. i. T.* ist das in den ältesten Teilen wohl aus dem 1. Jh. n. Chr. stammende „Natjaschastra" des Bharata; danach sind die Haupttypen des i. T., das keine Tragödien kennt, das **Nataka** („Tanzspiel") mit Stoffen aus den Epen Mahabharata und Ramajana bzw. das **Prakarana** mit nicht-traditionellen Stoffen, das **Prahasana** („Komödie") und das monolog. **Bhana.** Die ältesten erhaltenen Dramen sind die Fragmente des Buddhisten Aschwaghoscha (1. Jh. n. Chr.). Bed. Dramatiker in der Folgezeit sind Bhasa, Schudraka und Kalidasa. Die klass. Periode endet mit den Dramen des Bhawabhuti im 7./8. Jh. Das klass. i. T., dessen Sprache Sanskrit und für bestimmte Personen auch Prakrit ist, ist bis heute lebendig. Das volkstüml. und das westl. beeinflußte Theater in neuind. Sprachen zeigt eine große regionale Vielfalt.

indische Zahlen, die ind. Zählweise war seit alters her dezimal aufgebaut. Etwa ab dem 3. Jh. v. Chr. waren die Brahmiziffern in Gebrauch mit bes. Zeichen für die Zahlen 1 bis 9, für 10, 100 und 1000. Aus ihnen entwickelte sich bereits im 6. Jh. n. Chr. das dekadische Stellenwertsystem (↑ Dezimalsystem), das schließl. über die Araber nach Europa gelangte.

Indischgelb, Bez. für: 1. Kobaltgelb (↑ Kobaltfarbstoffe); 2. einen früher in Indien aus dem Harn von mit Mangoblättern gefütterten Kühen gewonnenen Farbstoff.

Indisch Lamm (Ind. Lamm, Pakistan. Lamm), Bez. für persianerähnl. Pelze von (bis 14 Tage alten) Lämmern des Fettsteißschafes aus Indien, Pakistan und der UdSSR. Pelze von totgeborenen Lämmern werden als **Indisch Breitschwanz** (Indischer Breitschwanz) bezeichnet.

indiskret, taktlos, zudringl., nicht verschwiegen; **Indiskretion,** Mangel an Verschwiegenheit, Weitergeben einer geheimen (oder vertraul.) Nachricht; Taktlosigkeit.

indiskutabel [lat.], nicht erörternswert.

indisponiert [lat.], nicht aufgelegt zu etwas, unpäßlich; **Indisposition,** schlechte körperl.-seel. Verfassung, Unpäßlichkeit.

Indium [zu lat. indicum „Indigo"], chem. Symbol In; metall. Element aus der III. Hauptgruppe des Periodensystems der chem. Elemente. Ordnungszahl 49; mittlere Atommasse 114,82, Schmelzpunkt 156,61 °C, Siedepunkt 2080 °C, Dichte 7,31 g/cm^3. Das silberglänzende Metall tritt in seinen Verbindungen meist dreiwertig auf. I. kommt spurenweise in Zink- und Bleierzen vor; es wird durch Elektrolyse gewonnen. Verwendet wird es als korrosionsmindernder Legierungszusatz und in Form von Indiumantimonit und Indiumarsenid als Halbleitermaterial. Es erhielt seinen Namen wegen der indigoblauen Spektrallinie in seinem Flammenspektrum.

Individual... [lat.], Bestimmungswort von Zusammensetzungen mit der Bed. „das Einzelwesen betreffend, Einzel...".

Individualabstand ↑ Distanztiere.

Individualentwicklung ↑ Entwicklung (in der Biologie).

Individualethik ↑ Ethik.

Individualismus [lat.-frz.], allg. eine Betrachtungsweise, in der das Individuum - meist unter Betonung der individuellen Selbständigkeit und Freiheit - zum Ausgangspunkt des Denkens und Handelns, der (eth., religiösen, gesellschaftl.) Wertvorstellungen und Normen gemacht wird; im bes. die Forschungsrichtungen v. a. in den Sozialwissenschaften, in denen diese Betrachtungsweise methodolog. bestimmend ist (*methodolog. I.*; vertreten u. a. von Popper, Hayek, Watkins). Individualist. in ihrer Grundtendenz sind Subjektivismus, Nominalismus, Eudämonismus, Utilitarismus, Liberalismus und Anarchismus.

In der *Soziologie* Gegenstand von Theorien sozialen Handelns, die das Individuum und seine natürl. Antriebskräfte zum zentralen Ansatzpunkt der Erklärung sowohl von Ursache-Wirkungs-Verhältnissen zw. einzelnen Handlungseinheiten als auch von Ursprung und Aufrechterhaltung sozialer „Ordnung" (Regelmäßigkeit von integrierten Handlungsabläufen) machen. Soziolog. I. führt auch soziale Vorgänge in Organisationen und größeren Gebilden auf bloße Wechselwirkungen von aufeinander einwirkenden Individuen zurück und leugnet im Prinzip die Existenz von sozialen „Tatsachen".

Individualist

📖 *Heine, W.: Methodolog. I.* Würzburg 1983. - *Zintl, R.: Individualist. Theorien u. Ordnung der Gesellschaft.* Bln. 1983. - *Raub, W./Voss, T.: Individuelles Handeln u. gesellschaftl. Folgen.* Neuwied 1981. - *Denker, R.: I. u. mündige Gesellschaft.* Stg. 1967. - *Weippert, G.: Jenseits v. I. u. Kollektivismus.* Düss. 1964.

Individualist [lat.-frz.], 1. Vertreter des Individualismus; 2. jemand, der einen eigenen Lebensstil entwickelt hat und von der Gemeinschaft unabhängig sein möchte; **individualistisch**, nur die eigenen Interessen berücksichtigend; eigenbrötlerisch.

Individualität [lat.-frz.], 1. Eigenartigkeit, Einzigartigkeit [einer Person]; auch Bez. für die unterschiedenen Merkmale einer Sache; 2. die einzelne Persönlichkeit.

Individualpsychologie, i. w. S. Bez. für die mit dem Einzelwesen sich befassende Psychologie (im Ggs. etwa zur Völkerpsychologie); i. e. S. die Psychologie A. Adlers in Abhebung gegen die Psychoanalyse S. Freuds und seiner Nachfolger und gegen die analyt. Psychologie C. G. Jungs.

Individualversicherung (Privatversicherung, Vertragsversicherung), im Ggs. zur Sozialversicherung durch Versicherungsbedingungen und Versicherungsvertragsgesetz geregeltes, meist auf freiwilliger Vereinbarung beruhendes Vertragsverhältnis zw. Versicherungsnehmer einerseits und privaten bzw. öffentl.-rechtl. Versicherungsunternehmen andererseits.

Individuation [lat.], in der *Philosophie* die Heraussonderung des Einzelnen aus dem Allgemeinen; v. a. seit der Scholastik als **Individuationsprinzip** das die Individualität und Konkretheit des Seienden Ermöglichende und Bedingende; z. B. gilt für Thomas von Aquin im Anschluß an Aristoteles die Materie als „Ursache" für die Vervielfachung einer Form, etwa „des" Menschen in viele Einzelmenschen.

♦ in der *Psychologie* Prozeß der „Selbstwerdung", in dessen Verlauf sich das Bewußtsein der eigenen Individualität bzw. der Unterschiedenheit von anderen zunehmend verfestigt.

individuell [lat.-frz.], dem einzelnen zugehörig, die persönl. Eigenart betonend.

Individuendichte ↑Abundanz.

Individuum [lat.„das Unteilbare"], (Mrz. Individuen) urspr. svw. Atom, später zunächst auf den einzelnen Menschen im Ggs. zur Gesellschaft eingeschränkte Bez., dann wieder auf einzelnes Lebewesen erweitert, wobei für niedere Lebewesen (z. B. Korallen) nicht immer eindeutig ist, was als biolog. Einheit gelten soll.

♦ (Mrz. Individua) in der *Logik*, speziell in formalen Systemen, werden die Gegenstände der Grundstufe im Ggs. zu Gegenständen höherer Stufen (z. B. den Klassen, Begriffen, Relationen oder Aussagen) als Individua bezeichnet und durch Kennzeichnung charakterisiert.

Indivisibeln (Indivisibilien) [zu lat. indivisibilis „unteilbar"], in der *Mathematik* des 17. Jh. Bez. für gedachte, in einer Querdimension unendl. dünne mathemat. Gebilde, aus denen sich Flächen und Körper zusammensetzen sollten (als unendl. Summe ihrer I.). Die Verwendung derartiger I. ermöglichte die Flächen- bzw. Volumenbestimmung krummlinig begrenzter Flächen und Körper. I.geometrie war eine Vorstufe der Integralrechnung.

Indizes [lat.], in der *Kristallographie* ein Tripel $\{hkl\}$ bzw. (hkl) ganzer, teilerfremder Zahlen zur Kennzeichnung von Kristallflächen bzw. Netzebenenscharen und deren Lage *(Millersche I.).*

Indizien [lat., zu index „Anzeiger"], Umstände, aus denen das Vorliegen eines bestimmten Sachverhalts geschlossen werden kann, so z. B. beim Indizienbeweis (↑Beweis).

indizieren [lat.], in den Index librorum prohibitorum aufnehmen; danach allg. für „verbieten".

indizierte Leistung ↑Motorleistung.

indoarische Sprachen, Bez. für die indogerm. Sprachen der Völker Vorderindiens, ↑indische Sprachen.

Indochina (Frz.-I.), Bez. für die 1887 von Frankr. zur „Indochin. Union" vereinigten Protektorate Annam, Tonkin, Kambodscha und die Kolonie Kotschinchina; 1893 um Laos erweitert. 1908 und 1930 brachen in Tonkin Aufstände aus. Durch die Gründung der KP I. 1930 verstärkten sich die oppositionellen Kräfte. Während des 2. Weltkriegs verlor Frankr. seinen Einfluß in I. weitgehend an Japan, das am 10. März 1945 ein unabhängiges Vietnam (Tonkin, Annam und Kotschinchina) proklamierte. Nach der Kapitulation Japans und seinem Rückzug aus I. rief Ho Chi Minh am 2. Sept. 1945 die „Demokrat. Republik Vietnam" (DRV) aus. Das Scheitern der Verhandlungen mit Frankr. über die Eingliederung der DRV als selbständiger Staat in die „Indochines. Union" führte zur 1. Phase des Vietnamkrieges (**Indochinakrieg**). 1949 erkannte Frankr. die Unabhängigkeit von Vietnam, Laos und Kambodscha innerhalb der Frz. Union an, mußte sich jedoch nach der Niederlage bei Diên Biên Phu 1954 und gemäß dem Genfer I.abkommen von 1954 ganz aus I. zurückziehen.

Indochina-Konferenz ↑Genfer Konferenzen.

Indochinakrieg ↑Vietnamkrieg.

indoeuropäisch, vornehml. außerhalb des dt. Sprachgebiets übl. für indogermanisch; **Indoeuropäer,** svw. Indogermanen.

Indogermanen, Bez. für die Träger der aus den indogermanischen Einzelsprachen rekonstruierten Grundsprache. Der Name, 1823 von H. J. Klaproth geprägt, umfaßt die äußer-

Indogermanistik

sten Glieder der Gruppe im SO (Ceylon) und NW (Island). Bei der Erschließung des Herkunftsgebietes (der fälschl. sog. „Urheimat") der I. versucht man u. a. die Ergebnisse von Paläobotanik und -zoologie mit der aus dem rekonstruierten Wortschatz ermittelten Charakterisierung des Lebensraumes der I. zu vereinen. Im 19. Jh. wurde Z-Asien, später das südruss. Steppengebiet und das nördl. M-Europa für das Ausgangsgebiet der I. gehalten. Eine allg. anerkannte Lösung des Problems ist noch nicht gefunden. - „I." war von Anfang an ein sprachwiss. Begriff. Die Frage nach der Bedingtheit und Entstehung der indogerman. Sprach- (und Kultur-) Gemeinschaft, also etwa nach einer „indogerman. Rasse", ist sprachwiss. nicht zu lösen.

📖 *Schlerath, B.: Die I. Das Problem der Expansion eines Volkes im Lichte seiner sozialen Struktur. Innsb. 1973. - Die Urheimat der I. Hg. v. A. Scherer. Darmst. 1968.*

indogermanische Sprachen, eine Gruppe von Sprachen, die in Laut- und Formenstruktur, in Syntax und Wortschatz so viele Übereinstimmungen zeigen, daß sie sich alle als genet. verwandt und als Fortsetzer einer gemeinsamen, rekonstruierten Grundsprache („Indogermanisch") erweisen. Im einzelnen umfaßt die Familie folgende Sprachgruppen bzw. Einzelsprachen: 1. die indoarischen Sprachen in Indien (↑ indische Sprachen); 2. die iranischen Sprachen im Iran und dessen weiterem Umkreis; 3. die Kafirsprachen in einigen Tälern des Hindukusch; diese drei Gruppen werden zusammen häufig als indoiranische oder arische Sprachen bezeichnet; 4. die armenische Sprache im südl. Kaukasusgebiet; 5. das sog. Tocharische, das bis ins 7./8. Jh. in Chin.-Turkestan gesprochen wurde; 6. die hethit.-luw. Sprachen (↑ anatolische Sprachen) in Kleinasien; 7. das Phrygische in Zentralanatolien; 8. das Thrakische und das Dakische im NO-Balkanraum; 9. das Makedonische; 10. die griechische Sprache, die älteste überlieferte indogerman. Sprache Europas; 11. die albanische Sprache im W-Balkanraum; 12. das Illyrische in demselben Gebiet; 13. das Messapische in Kalabrien und Apulien; 14. das Venetische im östl. Oberitalien; 15. die italischen Sprachen, die im Altertum über fast die gesamte Apenninenhalbinsel verbreitet waren; 16. die keltischen Sprachen; 17. die germanischen Sprachen; 18. die slawischen Sprachen, die heute weite Teile O- und SO-Europas einnehmen.

Die i. S. waren schon in alter Zeit über ganz Europa und Vorderasien bis Indien verbreitet; sie sind dies trotz des Untergangs einer Reihe von ihnen noch heute. Neben der bed. Kultursprache Indiens (dem Sanskrit), den beiden Weltsprachen des Altertums (Griech., Lat.) und den großen Sprachen des Abendlandes stehen andere, die nur aus schriftl. Aufzeichnungen oder aus Namen bekannt sind oder nur durch indirekte Bezeugung (aus Lehnwörtern) rekonstruiert werden. - Daß diese Sprachen untereinander verwandt sind, ergibt sich aus ihrer Übereinstimmung nicht nur im Wortschatz, sondern v. a. im Lautstand und in der grammat. Struktur. Die Beobachtung der Gemeinsamkeiten von möglichst vielen histor. bezeugten Einzelsprachen und die Erkenntnis von regelmäßigen Lautentsprechungen (Lautgesetzen) ermöglichen zugleich die teilweise Rekonstruktion von Wörtern der zugrunde liegenden gemeinsamen indogerman. Grundsprache. Diese Grundsprache ist flektierend (und demzufolge sind alle i. S. flektierend, soweit sie nicht sekundär durch äußere Einwirkung umgebildet wurden) und zeigt als auffälliges Charakteristikum das System des Ablauts.

Für die Gliederung des gesamten indogerman. Sprachgebiets spielte in der Forschung die Trennung der i. S. in ↑ Kentumsprachen und ↑ Satemsprachen eine gewisse Rolle; sie verliert jedoch immer mehr an Bed. gegenüber der Gliederung in westindogerman. (Kelt., Ital., German.) und ostindogerman. Sprachen (Indoiran., Balt., Slaw., Griech., Armen.), deren Gruppen jeweils durch gemeinsame Neuerungen untereinander enger verbunden sind.

📖 *Lockwood, W. B.: Überblick über die i. S. Dt. Übers. Tüb. 1979. - Porzig, W.: Die Gliederung des indogerman. Sprachgebiets. Hdbg.* ²*1974. - Krahe, H.: Indogerman. Sprachwiss. Bln.* ⁶*1969. Nachdr. 1985.*

Indogermanistik, die Wiss. von den indogerman. Sprachen, die sich als histor.-vergleichende Sprachwiss. mit deren Erforschung beschäftigt; Hauptaufgaben: einerseits die vorauszusetzende, aus den histor. Einzelsprachen erschließbare indogerman. Grundsprache, soweit dies möglich ist, zu rekonstruieren und andererseits ihre Entwicklung in die verschiedenen Einzelsprachen nachzuzeichnen. Die Geschichte der I. reicht zurück bis auf F. Bopp, der 1816 den method. exakten Beweis für die Verwandtschaft des Sanskrit und einiger anderer indogerman. Sprachen lieferte. Die Grundlagen der neuen Disziplin schufen neben Bopp der Däne R. Rask und J. Grimm v. a. dadurch, daß sie die Erscheinungen der german. Lautverschiebung und damit zum ersten Mal Regelmäßigkeiten des Lautwandels erkannten. Eine weitere Aufgabe sah die I. schon früh darin, ein Bild von dem geistig-kulturellen und materiellen Besitz jenes Indogermanenvolkes zu entwerfen, das die rekonstruierte Grundsprache gesprochen hat, und zu versuchen, prähistor. wesentl. Fragen mit sprachwiss. Mitteln zu lösen. Im Mittelpunkt all dieser Bemühungen stand das Bestreben, genauer festzulegen, wann bzw. wo diese rekonstruierte indogerman. Grundsprache gesprochen wurde (noch keine allg. anerkannte Lösung).

217

indoiranische Sprachen, svw. ↑ arische Sprachen.

Indoktrination [lat.], psychotechn., alle Formen der Propaganda und psych. Beeinflussung nutzendes Verfahren zur Regulierung des Denkens und Handelns von Gesellschaftsgruppen und Einzelpersonen zur Durchsetzung einer Ideologie (Doktrin) unter möglichst weitgehender Ausschaltung der individuellen Freiheit, insbes. der freien Meinungsbildung; **indoktrinieren,** durch Indoktrination beeinflussen, in eine bestimmte Richtung drängen.

Indol [Kw. aus **In**digo und Benz**ol**] (Benzopyrrol), eine heterocycl. schwache organ. Base, die in farblosen, glänzenden Blättchen kristallisiert. I. riecht in starker Verdünnung angenehm blumig, konzentriert jedoch fäkalienartig. Es entsteht bei der Fäulnis von Eiweißstoffen aus der Aminosäure Tryptophan und kommt in vielen äther. Ölen vor (u. a. bestimmt es den Geruch in Jasmin- und Orangenblütenöl) und wird daher in der Kosmetikind. verwendet. Das durch Reduktion von Indoxyl gewonnene I. dient außerdem zur Synthese von Arzneimitteln und Indigofarbstoffen. Chem. Strukturformeln:

Indol, Indoxyl (Indol: $R = H$; Indoxyl: $R = OH$).

Indole, vom Indol bzw. Indolenin abstammende Verbindungen, die als Grundkörper von zahlr. Naturstoffen auftreten, z. B. Tryptophan, Skatol und Indolylessigsäure. I. sind außerdem Grundkörper vieler Alkaloide (u. a. des Reserpins, Strychnins, Yohimbins).

Indolenz [zu lat. dolor „Schmerz"], allg. svw. Trägheit, Lässigkeit, Unempfindlichkeit gegenüber Eindrücken. In der Medizin Bez. für: Schmerzlosigkeit, Schmerzfreiheit, Gleichgültigkeit gegenüber Schmerzen.

Indologie [griech.], Wiss. von Kunst, Kultur, Literaturen, Sprachen und Religion Indiens. Den ersten Lehrstuhl für Sanskrit in Europa hatte in Paris A. L. Chézy ab 1815, in Deutschland (Bonn) folgte A. W. von Schlegel 1818. Zu den ersten Forschungsschwerpunkten zählten u. a. der „Weda", Buddhismus, Epigraphik, Philosophie, Dschainismus, hinzu kamen die Archäologie und bes. die neuind. Sprachen.

Indolylessigsäure (Auxin), Abk. IES, zu den Wuchsstoffen zählendes, weit verbreitetes Pflanzenhormon, das aus der Aminosäure Tryptophan entsteht. Chem. Strukturformel:

Indonaphthen, svw. ↑ Inden.

Indonesien

(amtl. Vollform: Republik Indonesia), präsidiale Republik in Südostasien, zw. 6° 08′ n. Br. und 11° 15′ s. Br. sowie 94° 15′ und 141° 05′ ö. L. **Staatsgebiet:** Umfaßt den Hauptteil des Malaiischen Archipels mit den Großen Sundainseln (Borneo nur z. T.), den Kleinen Sundainseln sowie den Großen Osten (Molukken, Irian Jaya); insgesamt 13 677 Inseln, davon 6 044 bewohnt. Landgrenzen bestehen auf Borneo gegen Malaysia und auf Neuguinea gegen Papua-Neuguinea. **Fläche:** 1 919 493 km^2 (Landfläche: 1 811 350 km^2). **Bevölkerung:** 173 Mill. E (1985), 90,1 E/km^2. **Hauptstadt:** Jakarta (auf Java). **Verwaltungsgliederung:** 27 Prov., darunter die beiden Städte Jakarta und Yogyakarta im Prov.rang. **Amtssprache:** Bahasa Indonesia. **Nationalfeiertag:** 17. Aug. (Unabhängigkeitstag). **Währung:** Rupiah (Rp.) = 100 Sen (S). **Internationale Mitgliedschaften:** UN, ASEAN, Colombo-Plan, OPEC, CIPEC, GATT. **Zeitzonen:** von W nach O MEZ +6 Std., +7 Std. bzw. +7½ Std.

Landesnatur: Die indones. Inseln liegen beiderseits des Äquators mit einer W-O-Erstreckung von 5 110 km und einer N-S-Erstreckung bis zu 1 888 km; sie nehmen eine Brückenstellung zw. dem asiat. und austral. Kontinent ein. In Fortsetzung der hinterind. Gebirgsketten durchziehen stark aufgelöste Faltengebirge in zwei Bögen den W und S der Inselwelt. Im SO biegen sie vor der starren alten Masse Australiens und seiner Schelfmeere nach N ab. Dem austral. Schelf sitzt Neuguinea auf; hier liegt die höchste Erhebung von I. mit 5 033 m ü. d. M. (Puncak Jaya). Der Inselsaum, der die alte, nahezu stabile zentrale Landmasse Borneos umgibt, gehört einer tekton. labilen, den Pazifik säumenden Schwächezone an (häufige Erdbeben). Eine Vulkankette zieht sich durch das westl. Sumatra, Java und die Kleinen Sundainseln, die N-Spitze von Celebes und die Molukken. Zahlr. Vulkane sind noch aktiv. Gegen den Ind. Ozean schließen die Inseln vielfach mit Steilküsten ab. Junge Aufschüttungstiefländer und Küstenebenen haben sich im Bereich gegen die Flachmeere im östl. Sumatra, am N-Saum Javas, in den Deltagebieten Borneos, auf Celebes und anderen Inseln sowie im nw. Neuguinea gebildet.

Klima: Auf Sumatra, W-Java, Borneo, Celebes, den Molukken und Irian Jaya herrscht trop. immerfeuchtes Klima. Die jährl. Niederschlagsmenge beträgt 3 000–4 000 mm, in Gebirgen z. T. über 6 000 mm. Auf M- und O-Java, den Kleinen Sundainseln sowie im Gebiet bis zu den Aruinseln herrscht trop.-monsunales Klima mit einer feuchtschwülen Regenzeit, einer Nachmonsunzeit und einer heißen Trockenzeit. Die Niederschläge betragen im

Indonesien

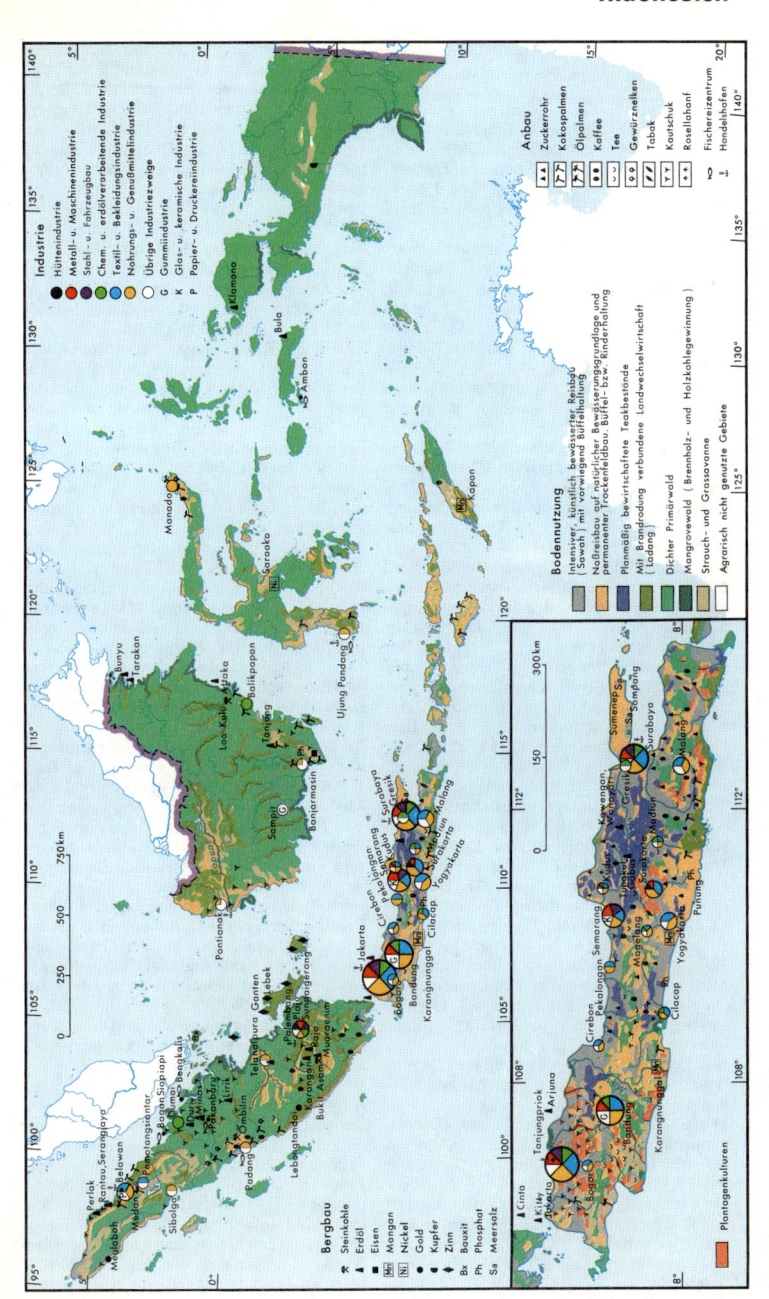

Industrie
- ● Hüttenindustrie
- ● Metall- u. Maschinenindustrie
- ● Stahl- u. Fahrzeugbau
- ● Chem. u. erdölverarbeitende Industrie
- ● Textil- u. Bekleidungsindustrie
- ● Nahrungs- u. Genußmittelindustrie
- ○ Übrige Industriezweige
- G Gummiindustrie
- K Glas- u. keramische Industrie
- P Papier- u. Druckereiindustrie

Anbau
- ▲▲ Zuckerrohr
- ⁊⁊ Kokospalmen
- ⁊⁊ Ölpalmen
- ⌣⌣ Kaffee
- ♀♀ Tee
- ¤¤ Gewürznelken
- ⊤⊤ Tabak
- ⊤⊤ Kautschuk
- ++ Rosellahanf
- ⚓ Fischereizentrum
- ⚓ Handelshafen

Bergbau
- ⚒ Steinkohle
- ▲ Erdöl
- Fe Eisen
- Mn Mangan
- Ni Nickel
- ● Gold
- ● Kupfer
- ▲ Zinn
- Bx Bauxit
- Ph Phosphat
- Sa Meersalz

Bodennutzung
- Intensiver, künstlich bewässerter Reisbau (Sawah) mit vorwiegend Büffelhaltung
- Naßreisbau auf natürlicher Bewässerungsgrundlage und permanenter Trockenfeldbau, Büffel- bzw. Rinderhaltung
- Planmäßig bewirtschaftete Teakbestände
- Mit Brandrodung verbundene Landwechselwirtschaft (Ladang)
- Dichter Primärwald
- Mangrovewald (Brennholz- und Holzkohlegewinnung)
- Strauch- und Grassavanne
- Agrarisch nicht genutzte Gebiete

Plantagenkulturen

Indonesien. Wirtschaftskarte

Indonesien

Jahresmittel 2000–3000 mm. Die Schneegrenze liegt in Irian Jaya bei etwa 4300 m ü. d. M.

Vegetation: 67% von I. sind mit Wald bedeckt; immergrüne trop. Tieflands- und submontane sowie montane Regenwälder, die in höheren Lagen in Nebelwälder übergehen, herrschen auf Sumatra, Borneo, N- und Z-Celebes, auf den Molukken und in Irian Jaya. In den Tiefebenen O-Sumatras sowie S- und W-Borneos sind auch ausgedehnte Moor- und Süßwassersumpfwälder (mit Sagopalmen) verbreitet. An den Küstensäumen häufig Mangroven. Für die Gebiete mit längeren Trockenzeiten sind Monsunwälder (mit Teakbaumbeständen) mit laubabwerfenden Arten bestimmend.

Tierwelt: Während der W des Archipels dem asiat. Faunenbereich zuzuordnen ist, nimmt dessen Artenzahl östl. der Lombok- und Makassarstraße (Wallace-Linie) ab, und australische Tierarten treten in größerer Verbreitung auf.

Bevölkerung: I. ist gekennzeichnet durch seine ethn. und kulturelle Vielfalt. Altmalaien (u. a. Dayak auf Borneo, Batak auf Sumatra) und v. a. Jungmalaien (u. a. Javaner, Sundanesen, Maduresen, Balinesen) stellen die größte Bev.-gruppen. Im Großen Osten überwiegen Angehörige der melanesiden Rasse und Papua. In Rückzugsgebieten leben u. a. Negritos. Die größte ausländ. Bev.gruppe stellen die Chinesen. Neben der offiziellen Landessprache werden in I. über 250 Regionalsprachen und zahlr. Dialekte gesprochen. Rd. 91% der Bev. bekennen sich zum Islam, rd. 6% zum Christentum (v. a. prot.), rd. 1,5% zum Hinduismus. Es besteht sechsjährige Schulpflicht, doch ist die Einschulungsquote unterschiedl. hoch. Neben 28 staatl. bestehen 23 private Univ. sowie zahlr. Fachhochschulen. Die größten Univ. befinden sich auf Java in Jakarta (gegr. 1950) und Yogyakarta (gegr. 1947). Die Bev. ist sehr ungleich verteilt: auf Java und Madura, die zus. nicht einmal 7% der Staatsfläche einnehmen, leben 64%, in Irian Jaya, das 22,2% der Staatsfläche einnimmt, dagegen nur 0,76% der Gesamtbev. Die Überbevölkerung v. a. auf Java hat bereits seit 1905 zu staatl. gelenkter Umsiedlung geführt; im Rahmen des gegenwärtigen Entwicklungsplans sollen etwa 250000 Familien von Java, Madura und Bali nach Sumatra, Celebes und Borneo umgesiedelt werden.

Wirtschaft: Über 80% der bäuerl. Betriebe verfügen über weniger als 1,5 ha, in Gebieten des arbeitsintensiven Naßreisanbaus häufig unter 0,5 ha Land. Der Anbau von Reis, dem Hauptnahrungsmittel, deckt den Bedarf nicht, er muß zusätzl. eingeführt werden. Getreide, Sojabohnen, Gewürzpflanzen und Erdnüsse werden v. a. auf Trockenfeldern kultiviert. Bei den Bergvölkern wird Brandrodungswanderfeldbau betrieben. In den Plantagen werden v. a. Kautschuk, Tee, Kaffee, Ölpalmprodukte und Chinarinde erzeugt. Die Viehzucht spielt eine geringe Rolle im Ggs. zur Fischerei. - Hauptfördergebiete von Erdöl und Erdgas sind Sumatra, Borneo und Irian Jaya. Etwa $1/3$ der Produktion stammt aus Off-shore-Feldern. Auf Sumatra verbinden Pipelines die Ölfelder mit den Häfen und den Raffinerien von Palembang. Erdgas wird auch auf Java gefördert. Der Steinkohlenbergbau auf Sumatra soll ausgebaut werden. In Irian Jaya und auf Timor werden Kupfererze abgebaut, Zinnerze auf Bangka, Billiton und Sinkep. - Wichtigster Ind.zweig ist die Nahrungs- und Genußmittelind., gefolgt von Textilind., Kfz.montage, Reifenproduktion, Kunstdünger-, Zement-, Holz-, Papier-, Leder- u. a. Ind. Die Ind.betriebe liegen überwiegend auf Java. Ende 1978 wurde zw. I. und der BR Deutschland ein Vertrag geschlossen über technolog.-wiss. Zusammenarbeit auf verschiedenen Gebieten wie Nutzung der Sonnenenergie, Prospektieren von Bodenschätzen (z. B. Uran), Gewinnung von Düngemitteln aus Reisstroh u. a.

Außenhandel: Die wichtigsten Partner sind Japan, die USA, die EG-Länder, Singapur, Australien u. a. Die BR Deutschland kauft in I. v. a. Rohzinn, Kupfererz und -konzentrat, Rohkautschuk, Palmöl, Ölkuchen, Tabak und liefert nach I. elektr. und nichtelektr. Maschinen, Apparate, Geräte, Kraftfahrzeuge, Eisen- und Stahlprodukte, chem. Grundstoffe und Verbindungen, Metallwaren, Kunstdünger u. a.

Verkehr: Verkehrsmäßig gut erschlossen sind nur Java und Teile von Sumatra und Bali. Das Eisenbahnnetz ist 6877 km lang (auf Java, Madura und Sumatra). Das Straßennetz hat eine Länge von 154181 km, davon sind 62741 km asphaltiert. Der Schiffsverkehr zw. den Inseln wird von einheim. Gesellschaften mit einer überalterten Flotte und mit Prauen, die nur z. T. motorisiert sind, durchgeführt. Wichtige Überseehäfen sind Tanjungpriok bei Jakarta, Surabaya. Neben privaten Gesellschaften versehen staatl. Luftverkehrsgesellschaften den Inlandsdienst, dem bes. Bed. zukommt. Im Auslandsdienst werden von Garuda Indonesian Airways europ. und asiat. ✈ angeflogen. I. verfügt über je einen internat. ✈ auf Java, Bali und Sumatra.

Geschichte: Vor- und Frühgeschichte: Aus I. stammen mit die ältesten Zeugnisse menschl. Lebens: Java war im älteren und mittleren Pleistozän der Lebensraum der Frühmenschen *Pithecanthropus erectus* von Trinil (1891/92 entdeckt) und des *Pithecanthropus modjokertensis* (1936 entdeckt). Während des Neolithikums wurde der indones. Archipel von mehreren Einwanderungswellen protomalaiischer Stämme aus dem asiat. Festland überflutet. Deuteromalaien waren Träger der hochstehenden, in S-China und

Indonesien

Tonkin beheimateten Dongsonkultur (2. Hälfte des 1. Jt. v. Chr. bis 1. Jh. n. Chr.), die die Technik der Bronze- und Eisenbearbeitung sowie den Naßfeldbau in I. einführten und bereits über ein entwickeltes Gesellschaftssystem verfügten.

Indisierung und muslim. Königreiche: In den ersten Jh. n. Chr. entstanden unter dem Einfluß der ind. Kultur auf Sumatra, Java, Borneo und Celebes kleine Kgr., die mit Schiwakult und Buddhismus sowie Reisbau- und Bewässerungsmethoden sowie Verwaltungsverfahren aus Indien übernahmen. Das bedeutendste Staatsgebilde war das im 7. Jh. in O-Sumatra (Palembang) gegr. Reich von Sriwijaya, dessen Dyn. der Shailendra ihre Residenz nach Java verlegte. Im Zuge ihrer Expansionspolitik brachten sie die wichtigsten indones. Seestraßen unter ihre Kontrolle und dehnten ihre Herrschaft fast über den gesamten Archipel einschließl. der Halbinsel Malakka aus. Unter den buddhist. Shailendra entstanden zahlr. Kultbauten, u. a. der Tempel von Borobudur. Als mit dem allmähl. Niedergang seiner Vormachtstellung Sriwijaya Java aufgab (gegen 832) und die Hauptstadt nach Palembang zurückverlegte, verschob sich der polit. und wirtsch. Schwerpunkt auf Java immer weiter nach O. Einheim. Elemente durchdrangen mehr und mehr das ind. Kulturgut. Im 13. Jh. entstanden in O-Java die Reiche von Kediri und Tumapel, in W-Java das Reich Pajajaran. Diesen folgte Majapahit als mächtigstes Reich (1293–1520) in M- und O-Java sowie Madura. Nach der Zerschlagung von Pajajaran (1350) und der Eroberung Sriwijayas (1377) erstreckte sich der Einfluß Majapahits über sein ostjavan. Stammland hinaus auf die Halbinsel Malakka und den gesamten indones. Archipel. Zwei histor. Ereignisse besiegelten den Untergang dieses ausgedehnten Staatsgebildes: Malakkas rascher Aufstieg zum bedeutendsten Handelszentrum SO-Asiens und der durch pers. und ind. Kaufleute vermittelte Islam, der Ende des 13. Jh. in N-Sumatra Fuß faßte und allmähl. ganz I. mit Ausnahme Balis durchdrang. Gegen Ende des 15. Jh. bekannten sich die meisten javan. Fürsten zum Islam und gründeten islam. Sultanate: Demak (1518), Banten (1552) und Mataram (1586).

Die niederl. Kolonialisierung: Mit der Entdeckung des Seeweges nach Indien (1498) stießen auch die Europäer in den südostasiat. Raum vor, um den bisher von Orientalen unterhaltenen ertragreichen Gewürzhandel zu übernehmen. Damit wurde I. Schauplatz heftigster Konkurrenz- und Machtkämpfe westl. Kaufleute, gegen deren rücksichtslose Ausbeutung sich die einheim. Machthaber und die dortigen fest eingeführten muslim. Händler energ. zur Wehr setzten. Nach der Eroberung Malakkas durch die Portugiesen (1511) und der Gründung von Handelsniederlassungen auf Sumatra, Timor und den Molukken folgten Spanier und Engländer, die sich indessen gegen die Niederländer nicht behaupten konnten. 1602 erfolgte die Gründung der niederl. Vereinigten Ostind. Kompanie mit allen Vollmachten über neue und bereits bestehende Handelsfaktoreien. V. a. der Generalgouverneur und Begründer Batavias (heute Jakarta) J. P. Coen baute ständig die Einflußsphäre der Kompanie aus und legte damit die Grundlage für das niederl. Kolonialreich in Indonesien. 1800 wurde die durch Mißwirtschaft und Korruption stark verschuldete Kompanie aufgelöst. Ihre Besitzungen übernahm die niederl. Reg., die nur nach langwierigen Kämpfen gegen aufständ. Fürsten ihre Herrschaft in I. (Niederl.-Indien) konsolidieren konnte. Die Besetzung der Molukken und Javas durch die Briten (1811–16) während der Napoleon. Kriege blieb eine Episode.

Freiheitskampf und Aufbau des modernen indones. Staates: Versuche einsichtiger niederl. Politiker, wie z. B. A. Kuypers, die niederl. Monopolstellung in I. durch die sog. „eth. Politik" (Förderung des Gesundheits- und Unterrichtswesens 1901) und durch die Entwicklung lokaler Selbstverwaltungsorgane zu durchbrechen, konnten die antikolonialen, nationalist. Freiheitsbewegungen nicht auffangen. 1908 nahm mit dem zunächst kulturellen Zusammenschluß indones. Intellektueller in der Vereinigung „Budi Utomo" („Edles Streben") die indones. Nationalbewegung ihren Anfang. Aus der 1911 gegr. religiös-nationalist. „Sarekat Islam Indonesia" wurde die erste indones. antikoloniale Partei. 1920 entstand die Kommunist. Partei (PKI), 1927 gründete A. Sukarno die Indones. Nationalpartei (PNI), die 1931 in den Indones. Partei aufging. Die niederl. Reg. bekämpfte die nationalist. Bewegungen aller Schattierungen mit äußerster Härte (Kommunistenaufstand 1926). Sukarno, der jegl. Kollaboration mit der zu gewissen Zugeständnissen bereiten Kolonialreg. ablehnte, war mit Unterbrechungen 1929–42 inhaftiert. Während des 2. Weltkrieges beendete die jap. Invasion 1942 die niederl. Herrschaft. Während Sukarno und M. Hatta sich für eine Zusammenarbeit mit den Japanern entschieden, gingen die Sozialisten und Kommunisten in den Untergrund.

Am 17. Aug. 1945, zwei Tage nach der Kapitulation Japans, riefen Sukarno und Hatta die Unabhängigkeit der freien Republik I. aus. Die Niederländer, die im Gefolge brit. Truppen nach I. zurückgekehrt waren, sicherten sich durch zwei „Polizeiaktionen" 1947/48 gegen die indones. Truppen die Herrschaft über große Teile des Landes, dessen staatl. Zusammenhalt durch die 1948 in O-Java proklamierte „Sowjetrepublik I." weiterhin gefähr-

Indonesien

det wurde. Auf der Konferenz von Den Haag 1949 verpflichteten sich die Niederlande, am 27. Dez. 1949 bedingungslos ihre Souveränitätsrechte an I. zu übergeben, außer W-Neuguinea (Irian Jaya), das weiterhin in niederl. Besitz blieb und erst am 1. Mai 1963 administrativ, 1969 offiziell dem indones. Staat einverleibt wurde. Sukarno wurde zum Staatspräs. gewählt, und eine zentralist. Republik errichtet. Die auf Grund der vorläufigen Verfassung von 1950 abgehaltenen Wahlen brachten 1955 der Nationalpartei Sukarnos den Sieg. Das parlamentar. System erwies sich angesichts der verwickelten polit. Verhältnisse als wenig funktionsfähig. Sukarno überschritt bedenkenlos seine Befugnisse. 1959 löste er die Verfassunggebende Versammlung auf und setzte die Verfassung von 1945 wieder in Kraft. Nach dem Verbot der Oppositionsparteien ersetzte Sukarno, mittlerweile Präs. auf Lebenszeit und Oberbefehlshaber der Armee, das parlamentar. System durch die „gelenkte Demokratie". Die selbstherrl. Amtsführung des Präs. erregte den Unwillen der Bev. weiter Landesteile, die sich von der Zentralreg. hintergangen fühlte. Auf Celebes und Sumatra kam es zu Aufstandsbewegungen, die nur unter Einsatz starker militär. Kräfte niedergeschlagen werden konnten. Außenpolit. verfolgte Sukarno bei Annäherung an China und an die UdSSR einen immer härteren antiwestl. Kurs, der 1963 mit der polit., wirtsch. und auch militär. Konfrontation gegen Malaysia und mit dem Austritt aus den UN (1965) seinen Höhepunkt erreichte. Innenpolit. stützte sich die von Sukarno propagierte „linke Nasakomrevolution" auf die von Kommunisten gebildete Volksfront. Die schwelende Rivalität zwischen der konservativen Armee und den Kommunisten entlud sich 1965 in einem kommunist. Putschversuch, der von der Armee unter General Suharto niedergeschlagen wurde. Die Kommunisten waren als polit. Faktor ausgeschaltet worden, zugleich wurden viele Angehörige der angebl. kommunistenfreundl. chin. Minderheit niedergemetzelt. Sukarno, dessen wahre Rolle nie ganz aufgedeckt werden konnte und der scharf angegriffen wurde, blieb zwar noch nominell Staatspräs., mußte aber allmähl. seine Machtbefugnisse als Reg.chef (1966) und als Präs. (1967) an Suharto abtreten. Suharto, 1966 vom Volkskongreß zum provisor. Präs. und 1968 zum Präs. der Republik I. gewählt, verfolgte eine antikommunist. und bündnisfreie Außenpolitik gutnachbarl. Beziehungen zu Malaysia, Singapur, Thailand und den Philippinen, mit denen I. in der Vereinigung südostasiat. Nationen (ASEAN) verbunden ist. Seit dem Wiedereintritt in die UN (1966) ist die indones. Reg. um engere Kontakte zum Westen bemüht. Indones. Truppen griffen im Dez. 1975 in den Bürgerkrieg in Portugies.-Timor ein und entschieden bis März 1976 den Kampf für die Anhänger eines Anschlusses an Indonesien. Obgleich vom UN-Entkolonialisierungsausschuß und vom UN-Sicherheitsrat verurteilt, wurde bis Juni 1976 der formelle Anschluß Portugies.-Timors an I. durchgeführt. Im Gefolge des Bürgerkriegs wurde Portugies.-Timor von einer Hungersnot heimgesucht. Vor neue Probleme wurde I. durch den Flüchtlingsstrom aus Indochina gestellt. Der Rückgang der Erdölexporte seit 1981 leitete wirtsch. Rückschläge ein. Außenpolit. ist I. weiterhin um Blockfreiheit bemüht, innenpolit. Konfliktstoff bietet das Wirken islam.-fundamentalist. Gruppen.

Politisches System: Nach der seit 1959 wieder geltenden provisor. Verfassung vom 18. Aug. 1945 ist I. ein Einheitsstaat mit Präsidialsystem. *Staatsoberhaupt* und *Reg.chef* mit umfassenden Befugnissen ist der Präs. Er wirkt bei der Gesetzgebung mit, hat den Oberbefehl über die Streitkräfte, er ernennt die Min., die ihm allein verantwortl. sind, sowie die Vertreter der Streitkräfte und der „funktionalen Gruppen" für die Volksvertretungsorgane auf allen Ebenen.
Formell höchstes Verfassungsorgan ist der Beratende Volkskongreß (1 000 Abg.), der sich zur Hälfte aus den 500 Abg. des Repräsentantenhauses, zur anderen aus gewählten bzw. vom Präs. ernannten Vertretern der Parteien der Berufsstände („funktionale Gruppen"), der Streitkräfte und der Prov. zusammensetzt. Die Zuständigkeiten dieser Versammlung, die mindestens alle 5 Jahre zusammentreten muß, umfassen die Wahl des Präs. und eines Stellvertreters, die Formulierung der Richtlinien der Politik sowie Verfassungsänderungen. Das Repräsentantenhaus bildet zusammen mit dem Präs. das eigtl. *Legislativorgan*. Seine Kompetenzen sind beschränkt. Gesetzesvorlagen der Reg. kann es nur annehmen oder ablehnen. Gegen die Gesetzesbeschlüsse des Repräsentantenhauses kann der Präs. ein absolutes Veto einlegen. Von 500 Abg. werden 100 vom Präs. ernannt, die übrigen 400 Abg. werden auf 5 Jahre nach dem Verhältniswahlrecht gewählt. Die polit. Willensbildung erfolgt nicht nach Mehrheitsprinzipien, sondern auf der Basis einer allg. Übereinstimmung. Stärkste *Partei* ist die die Reg. stützende Sekber Golongan Karya („Sekretariat der funktionalen Gruppen"; Abk. Golkar), in der sich 1971 rund 200 Berufsverbände, Gewerkschaften und andere Gruppen zusammenschlossen. Ihr gehören 299 der 400 gewählten Abg. des Repräsentantenhauses an. Konservativ-islam. orientiert ist die Vereinigte Entwicklungspartei (63 Sitze). Die Indones. Demokrat. Partei (38 Sitze) entstand 1973 durch den Zusammenschluß von 5 nationalist. und christl. Parteien.

Verwaltung: I. ist in 27 Prov. gegliedert, darunter die Städte Jakarta und Yogyakarta mit

indonesische Musik

Prov.status. An der Spitze des *Gerichtswesens* steht der Oberste Gerichtshof, 14 Hohe Gerichtshöfe sind den Distriktgerichten übergeordnet. Die *Streitkräfte* haben entscheidenden polit. Einfluß und nehmen zahlr. zivile Aufgaben wahr. Bei einer Gesamtstärke von 281 000 Mann umfaßt das Heer 210 000, die Luftwaffe 29 000 und die Marine 42 000. Daneben gibt es paramilitär. Kräfte von 82 000 Mann.

📖 *Röll, W.: I. Entwicklungsprobleme einer trop. Inselwelt. Stg.* ²*1981. - I. Natur, Gesellschaft, Gesch., Kultur, Wirtschaft. Hg. v. K. H. Junghans u.a. Tüb. 1979. - Fryer, D. W./Jackson, J. L.: Indonesia. London 1977. - Hellfritz, H.: I. Köln 1977. - Wawer, W.: Muslims u. Christen in der Republik Indonesia. Wsb. 1974. - Dahm, B.: History of Indonesia in the 20th century. London u. New York 1971.*

Indonesier, Staatsangehörige der Republik Indonesien.
◆ Bev. des Malaiischen Archipels.

indonesische Kunst, die ältesten Spuren künstler. Schaffens in Indonesien sind Erzeugnisse der Dongsonkultur. Mit dem Aufkommen indisierter Königreiche seit dem 5. Jh. n. Chr. entfaltete sich v. a. auf Java im 8.–15. Jh. eine Blütezeit religiöser Kunst.
Mitteljavanische Periode (8.–Anfang 10. Jh.): Die Hauptorte der indojavan. Kunst Mitteljavas sind das Hochplateau von Dieng im N, die Ebene von Kedu im S und östl. davon die Prambananregion. Das bedeutendste Bauwerk der Shailendraperiode, der um 800 erbaute ↑Borobudur, ist wie auch der fast völlig zerfallene Tempelkomplex des Candi Sewu bei Prambanan (9. Jh.) als Mandala angelegt und symbolisiert den Heilsweg des Mahajana-Buddhismus. Nahebei der Candi Sari. Die graziösen Relieffiguren stellen Schutzgottheiten (Taras) dar. Dem Dieng-Typ nahe steht der frühe (778 datierte) Candi Kalasan. Der Regierungsübernahme der javan. Herrscher von Mataram um 850 verdankt das schiwaitische Heiligtum Candi Lara Jonggrang von Prambanan seine Entstehung (um 850–915). Dieser Tempelkomplex ist das größte erhaltene Hindumonument Javas. Bed. sind die Reliefs und Kleinbronzen.
Ostjavanische Periode (930–1525): Die ostjavan. Periode, die mit dem Zerfall des Reiches von Majapahit zu Ende geht, wurde von neuen religiösen Vorstellungen, der Synthese von prähinduist. Ahnenkult und Hinduismus, geprägt. Haupttheiligtum war die unregelmäßige Anlage des Candi Panataran (14. Jh.). Die Candi waren jetzt reich betonte Grabmonumente. Die Reliefs waren betont flach-silhouettenhaft, Vorbilder für die Figuren des javan. Schattenspiels (Wayang). Die ostjavan. Skulptur tendierte zunehmend zu ornamentaler Überladenheit und Erstarrung. Der Einbruch des Islams setzte der hindujavan. Kunst ein Ende. Ihre Traditionen leben noch heute auf Bali und im Kunsthandwerk fort. - Abb. S. 224.

📖 *Bodrogi, T.: Art of Indonesia. Engl. Übers. Greenwich (Conn.) 1972. - Le Bonheur, A.: La sculpture indonésienne. Paris 1971.*

indonesische Literatur, umfaßt i. e. S. die schriftl. fixierten Literaturen der indones. Hochkulturen, i. w. S. die mündl. überlieferte Volksliteratur. Den nach Indonesien (und der Halbinsel Malakka) einströmenden kulturschöpfer. Impulsen des Hinduismus und Buddhismus Indiens, des Islams und des Abendlandes entsprechen 3 literar. Epochen:
Hinduist.-javan. Literatur: Die eigtl. altjavan. Literatur erreichte ihre höchste Blüte zur Zeit der Königreiche von Kediri und Majapahit mit ihren Nachschöpfungen der großen Epen „Mahabharata" und „Ramajana". In der Übergangsphase zur neujavan. Literatur entstand 1365 das „Nagara Kertagama", ein Lobgedicht auf König Hayam Wuruk.
Islam.-malaiische Literatur: Durch den Islam wurde der Archipel mit der Märchen-, Sagen- und Fabelliteratur der arab.-pers. Kulturkreises bekannt gemacht. Überaus zahlr. waren religiöse Schriften. Ihren Höhepunkt erreichte die malaiische Prosa mit der Historiographie und dem histor. Roman. Die in ihren Ursprüngen auf mag. Beschwörungen zurückgehende malaiische Dichtung kannte 2 Gedichtformen, das „syair" und das „pantun".
Moderne indones. Literatur: Sie setzt die malaiische Literatur fort mit dem vordringl. Anliegen ihrer Erneuerung. Im sozialen Bereich fordern die Schriftsteller die Befreiung des Individuums aus den Banden überalterten Brauchtums. Einen ungebundenen revolutionären Stil vertrat die Literatengruppe „Angkatan 45" („Die Generation von 45"), die von der „Angkatan 66" („Die Generation von 66") mit ihrem Kampf für den von Sukarno unterdrückten Menschenrechte abgelöst wurde.

📖 *Teeuw, A.: Modern Indonesian literature. Den Haag 1967. - Windstedt, R. O.: A history of classical Malay literature. Singapur* ²*1961. Neudr. 1969.*

indonesische Musik, im 1. Jt. n. Chr. haben ind. und chines., danach arab. Einflüsse die Musikkulturen Indonesiens in unterschiedl. Maße bestimmt. Unterschiedl. wirkte sich auch der abendländ. Einfluß aus, der sich seit dem 16. Jh. v. a. in portugies. und niederländ. Ausprägung geltend machte. Als gemeinschaftl. Basis für weite Regionen Indonesiens sind insbes. die ↑Gamelan genannten Ensembles javan. Ursprungs charakteristisch. In Java selbst wie v. a. auf Bali ist im Laufe der Jh. ein kostbares fürstl. bzw. rituales Repertoire an orchestralen Stücken entstanden und bewahrt worden. Verschiedene Gattungen der Gamelanmusik erklingen auf Bali noch heute im Rahmen der großen Tempelfeste, als Begleitung ritueller und dramat. Tänze sowie des Schattenspiels. Während Bali sich dem Islam gänzl. verschlossen hat, sind Suma-

indonesischer Tanz

Neben Xylophonen und Gongs gelten in Indonesien als autochthone Musikinstrumente verschiedene Arten von zweifelligen Membranophonen (Trommeln mannigfacher Bauart, häufig „kendang" genannt), Maultrommeln („genggong"), Rasseln, Schwirrhölzer, Bambusflöten und -schalmeien, Bambuszithern, Stampfrohre, Klangstäbe u. a.

Kunst, J.: Music in Java. Den Haag ³1973. 2 Bde.

indonesischer Tanz, aus mag. und kult. Ursprüngen der Frühzeit indones. Völker hat sich unter der Einwirkung fremder Kulturen (Hinduismus und Islam) v. a. auf Java und Bali eine hohe Tanzkunst entwickelt, die in Verbindung mit dem Gamelanorchester (↑ Gamelan) ihre Ausprägung als klass. indones. Tanz erfahren hat. Die in Tanzschulen (bereits Kindern) gelehrten mannigfachen Tanzformen zeichnen sich durch stereotypstilisierte Gestik von großer Eleganz und Ausdruckskraft aus, wobei z. B. jede Fingerhaltung und Beinstellung ihren festgelegten Sinngehalt hat. Jegl. individuelle dramat. Gestaltung des Tanzes tritt zurück.

indonesisch-malaiische Sprachen, zum westl. Zweig der austronesischen Sprachen gehörende Sprachengruppe, deren Verbreitungsgebiet außer Indonesien und Malaysia Madagaskar sowie die Philippinen, Taiwan und Mikronesien umfaßt und die sich in folgende Hauptgruppen gliedert. 1. Malagassi auf Madagaskar; 2. NW-Gruppe auf den Philippinen (u. a. die philippin. Staatssprache Tagalog), auf Taiwan und in Mikronesien; 3. SW-Gruppe mit der Sumatragruppe (zu der u. a. Malaiisch [↑ auch Bahasa Indonésia] gehört) sowie den Sprachen auf Java, Borneo (Dajaksprachen), Bali und Celebes; 4. O-Gruppe mit den Untergruppen Ambon-Timor, Sula-Batjan, Süd-Halmahera und West-Neuguinea. - Die i. S. haben als gemeinsame Merkmale vorwiegend zweisilbige Grundwörter, Nasalierung von Anlauten, sowie Prä-, In- und Suffigierung zur Nominal- und Verbbildung (isolierender Sprachtyp). Der Wortschatz enthält Lehngut aus ind. Sprachen und den jeweiligen Kolonialsprachen.

Indophenol, der Grundkörper der Indophenolfarbstoffe; er entsteht aus p-Phenylendiamin und Phenol durch Oxidation und bildet rote Nadeln. Chem. Strukturformel:

$$O=\!\!\!\!\bigcirc\!\!\!\!=\!\!\text{N}\!\!-\!\!\bigcirc\!\!-\!\!\text{OH}$$

Indonesische Kunst. Haupttempel des schiwaitischen Heiligtums Candi Lara Jonggrang. Prambanan (um 850–915; oben) und Relief am buddhistischen Heiligtum Borobudur

tra und die umliegenden kleinen Inseln stark vom Islam und von der pers.-arab. Musik beeinflußt worden. Dies zeigt sich an manchen hier gebräuchlichen Instrumenten wie Zupflaute („gambus"), Rahmentrommel („rebana"), Holzschalmei („serunai") oder der auf Nias gestrichenen Spießlaute („lagiya").

Indore, ind. Stadt in der Vindhya Range, Bundesstaat Madhya Pradesh, 550 m ü. d. M., 827 000 E. Univ. (gegr. 1964); Markt- und Handelszentrum des westl. Madhya Pradesh mit Baumwoll-, Papier-, Nahrungsmittel- und Zementind. - 1715 gegr., 1818–1948 Hauptstadt des gleichnamigen Staates, der in dem

Bundesstaat Madhya Pradesh aufging. - Neben Tempeln und Palästen prächtige Häuser mit holzgeschnitzten Fassaden.

indoskythische Reiche, von Skythen aus Z-Asien (von den Indern Schaka gen.), die von NW nach Indien einfielen, um 20 v. Chr. gegr. Reiche; brachen unter dem Ansturm der Kuschan zusammen.

Indossament [italien., zu lat. dorsum „Rücken"] (Giro), die Anweisung auf einem ↑ Orderpapier, daß der Schuldner der verbrieften Forderung nicht an den bisherigen Gläubiger (**Indossant**), sondern an einen Dritten (**Indossatar**) leisten solle. Das I. wird meist auf die Rückseite (italien. in dosso) des Papiers, kann aber auch auf die Vorderseite oder auf einen mit dem Papier verbundenen Anhang (↑ Allonge) gesetzt und muß vom Indossanten unterschrieben werden. Bedingungen gelten als nicht geschrieben; ein *Teilindossament* (über einen Teil der verbrieften Forderung) ist nichtig. Durch I. und *Begebung* (meist Übereignung) des Orderpapiers werden die Rechte aus dem Papier auf den Indossator übertragen (*Transportfunktion* des I.). Der Indossatar gilt als rechtmäßiger Inhaber der verbrieften Forderung, sofern er das Papier besitzt und durch eine *ununterbrochene Reihe von I.* ausgewiesen wird (*Legitimationsfunktion* des I.). Der Indossant andererseits übernimmt durch das I. die Haftung für die Zahlung (*Garantiefunktion* des I.). - Arten des I.: 1. *Namens-I.* (das den Indossatar namentl. benennt); 2. *Blanko-I.* (ohne namentl. Bez. des Indossatars, z. B. „an den Inhaber"); 3. *Voll-I.* (überträgt sämtl. Rechte); 4. *I. mit beschränkter Wirkung*, nämlich a) *Pfand-I.* (der Verpfändung des Papiers dient), b) *Prokura-, Inkasso-* und *Vollmachts-I.* (ermächtigen den Indossatar, die Rechte aus dem Papier im Namen des Indossanten geltend zu machen).

Indoxyl, Derivat des ↑ Indols.

Indra, ind. Gott; in der wed. Religion spielt der krieger. Gott I. eine bed. Rolle, während er im Hinduismus zum Regengott und Schützer des östl. Himmels absinkt.

Indra, Alois, * Medzev (bei Košice) 17. März 1921, tschech. Politiker. - Seit 1945 Mgl. der KPČ; seit 1962 Mgl. des ZK der KPČ; 1963-68 Min. für Verkehr; seit 1964 Mgl. der Nat.versammlung; seit 1971 Mgl. des Präsidiums des ZK der KPČ und Präs. der Bundesversammlung; gehörte zu den Unterzeichnern des Rufes nach „internat. Hilfe" an die Sowjetunion, der den Einmarsch von Truppen der UdSSR, der DDR, Polens, Bulgariens und Ungarns in die ČSSR zur Folge hatte.

Indre [frz. ɛ̃:dr], Dep. in Frankreich.

I., linker Nebenfluß der Loire, Frankr., entspringt im nw. Zentralmassiv, mündet 40 km wsw. von Tours, 265 km lang.

Indre-et-Loire [frz. ɛ̃dre'lwa:r], Dep. in Frankreich.

Indris [Malagassi] (Indriartige, Indriidae), Fam. 30-90 cm körperlanger (mit Schwanz bis 1,4 m messender), schlanker Halbaffen mit vier Arten, v. a. in den Wäldern Madagaskars. Zu den I. gehört die Gatt. **Sifakas** (Propithecus; 2 Arten), Körperlänge 45-55 cm, Fellfärbung variabel (weiß, braun und schwärzl.), der **Wollmaki** (Avahi, Avahi laniger), Körperlänge 30-40 cm, Kopf rundl. mit großen Augen und sehr kleinen Ohren, Fell überwiegend braungrau, und der bis 90 cm lange **Eigentl. Indri** (Indri indri), meist schwarzbraun und weiß.

in dubio pro reo [lat.], „im Zweifel für den Angeklagten", Grundsatz des Strafverfahrens, wonach nicht behebbare Zweifel bei der *Tatsachenfeststellung* sich zugunsten des Angeklagten auswirken. Hegt der Richter Zweifel an der Schuld des Angeklagten, so muß er ihn - auch bei dringendem Tatverdacht - freisprechen. Dieser Grundsatz, der ein Hauptmerkmal eines rechtsstaatl. Verfahrens bildet, ist im Art. 6 Abs. 2 der Konvention zum Schutze der ↑ Menschenrechte und Grundfreiheiten.

Induktanz [lat.], svw. ↑ induktiver Widerstand. - ↑ auch Impedanz.

Induktion [zu lat. inductio, eigtl. „das Hineinführen"], in der *Wissenschaftslehre* Sammelbez. für Verfahren zur Gewinnung bzw. für den Beweis allg. Aussagen auf nicht rein log. Wege, d. h. vom bes. Einzelfall auf das Allgemeine, Gesetzmäßige zu schließen. Die wohl geläufigste Anwendungsform der **induktiven Methode** liegt vor bei dem Schluß von einer Anzahl begründeter Einzelaussagen über Objekte aus einem Bereich auf eine generelle Aussage. Das Prinzip der **vollständigen Induktion** (im Unendlichkeitsbereich **transfinite** oder **unendl. Induktion** gen.) ist ein wichtiges Definitions- und Beweismittel für die mathemat. Grundlagenforschung. - Ggs. ↑ Deduktion.

◆ (elektromagnet. I.) Erzeugung einer elektr. Spannung in einem Leiter bei Änderung des ihn durchsetzenden magnet. Kraftflusses. Die induzierte Spannung (I.spannung) ist die Ursache des dann fließenden sog. I.stromes. Eine I.spannung wird erzeugt, wenn eine Leiterschleife im Magnetfeld oder ein Magnet relativ zur Leiterschleife so bewegt wird, daß die Zahl der sie durchsetzenden Feldlinien sich ändert oder sie den magnet. Feldstärke bei ruhendem Magnet und Leiter geändert wird (z. B. durch Stromänderung in einer Spule). Als **Selbstinduktion** bezeichnet man die Erscheinung, daß in einem stromdurchflossenen Leiter bei Änderung der Stromstärke eine I.spannung erzeugt wird; diese wirkt nach der ↑ Lenzschen Regel der Ursache der I. entgegen. Auf der I. beruht heute prakt. die gesamte Spannungserzeugung in elektr. Maschinen (Generatoren) und die Funktionsweise des Transformators.

Induktionsapparat

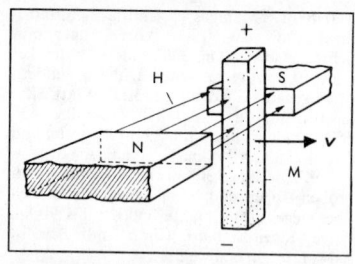

Induktion. Entstehung einer Induktionsspannung. N Nordpol und S Südpol eines Magneten, H magnetische Feldlinien, M Leiter, in dem die Spannung bei Bewegung in Richtung v induziert wird

◆ ↑magnetische Induktion.
◆ in der *Biologie* die Auslösung eines Differenzierungsvorgangs an einem Teil eines Organismus während einer bestimmten Zeitspanne im Verlauf der Keimentwicklung; bei Genen Vorgang der Genregulation durch bestimmte Induktoren *(Enzyminduktion)*.

Induktionsapparat, svw. ↑Funkeninduktor.

Induktionsfluß (magnetischer Fluß), Formelzeichen Φ, das Integral der ↑magnetischen Induktion über eine beliebige Fläche.

Induktionsgeber ↑Zündanlage.
Induktionshärten ↑Wärmebehandlung.
Induktionsmotor ↑Wechselstrommaschinen.
Induktionsofen ↑Schmelzöfen.
Induktionszähler, Elektrizitätszähler

Induktionszähler (schematisch)

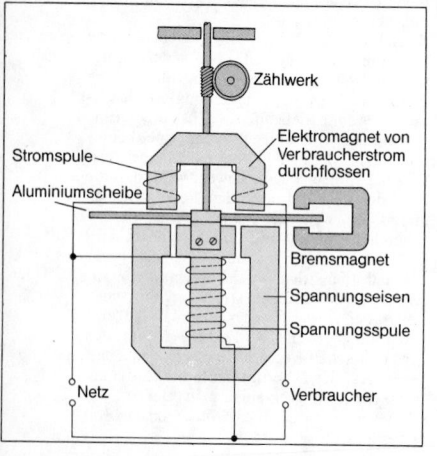

für Wechsel- oder Drehstrom, dessen Wirkungsweise auf dem Induktionsprinzip beruht. Der I. besteht aus der Spannungsspule, der Stromspule, einer zw. beiden gelagerten Aluminiumscheibe (Läufer) und dem Bremsmagneten. Ist die Belastung induktionsfrei, so haben die Ströme und damit die magnet. Flüsse der beiden Spulen eine Phasenverschiebung von 90°; die beiden magnet. Flüsse üben auf die Scheibe ein zur Belastung proportionales Drehmoment aus. Ein mechan. Zählwerk zählt die Läuferumdrehungen; durch geeignete Übersetzung erfolgt Anzeige in kWh. Die Drehzahl des Läufers wird durch einen Bremsmagneten, der in der sich drehenden Scheibe Wirbelströme induziert, entsprechend dem Stromverbrauch geregelt.

Induktionszünder, Magnetzünder für Minen, der auf Veränderungen des magnet. Erdfeldes z. B. durch ein vorbeifahrendes Schiff anspricht.

induktiv [lat.], in der *Philosophie* nach Art der ↑Induktion vom Einzelnen zum Allgemeinen hinführend.
◆ in der *Elektrotechnik* durch ↑Induktion wirkend oder entstehend.

induktive Definition ↑Definition.
induktive Erwärmung ↑Hochfrequenzerwärmung.
induktive Logik ↑Logik.
induktive Methode ↑Induktion.
induktiver Widerstand (Induktanz), Bez. für einen Blindwiderstand in einem Wechselstromkreis (mit Spule = Induktivität), der bewirkt, daß die Stromstärke der Spannung um 90° in der Phase nacheilt.

induktive Zugbeeinflussung, svw. induktive Zugsicherung, ↑Eisenbahn.

Induktivität [lat.], (Induktionskoeffizient, Selbstinduktion[skoeffizient], Selbstinduktivität) das Verhältnis der durch eine Änderung der magnet. Feldstärke in einem Leiter induzierten Spannung zur zeitl. Änderung der Stromstärke. Einheit der I. ist das ↑Henry (H). Ein Leiter (z. B. Spule) hat die Selbstinduktion 1 H, wenn bei der Änderung der Stromstärke von 1 A pro Sekunde eine Spannung von 1 V induziert wird.
◆ Bez. für einen elektr. Leiter (z. B. Spule) mit frequenzabhängigem *induktivem Widerstand* und frequenzunabhängigem *ohmschen Widerstand*.

Induktor [lat.] ↑Funkeninduktor.
◆ (Erd-I.) drehbare Spule zur Bestimmung der erdmagnet. Inklination; wird die Spule parallel zur Richtung des erdmagnet. Feldes justiert, so wird (im Ggs. zu allen anderen Stellungen) bei einer Drehung keine Spannung induziert.

Indulgenz [lat.], Nachsicht, Straferlaß; **indulgent,** Schonung gewährend, nachsichtig.

Induline [Kw.] (Indulinfarbstoffe), zu den ↑Azinfarbstoffen gehörende Gruppe grauer bis blauschwarzer oder violetter Farbstoffe;

werden u. a. zur Herstellung von schwarzen Spirituslacken und als Indigoersatz im Kattundruck verwendet.

Indult [zu lat. indulgere „Nachsicht haben, erlauben"], im Völkerrecht das Recht feindl. Handelsschiffe, bei Ausbruch eines Krieges innerhalb einer bestimmten Frist den Hafen des Gegners ohne Behelligung zu verlassen.

Induration [lat.], in der Medizin Gewebeverhärtung infolge Bindegewebsvermehrung.

Indus ↑Sternbilder (Übersicht).

Indus, größter Strom des Ind. Subkontinents, entspringt im Transhimalaja, fließt zunächst nach NW, biegt dann nach S um und durchbricht den Vorderhimalaja und die Siwalikketten, passiert die Salt Range und tritt in das Pandschab ein. Der I. nimmt oberhalb von Mithankot den Panjnad auf, der ihm das Wasser der fünf Flüsse des Pandschab zuführt. Ab Tatta baut er ein 7 800 km² großes Delta auf und mündet südl. von Karatschi in das Arab. Meer; 3 200 km lang, Einzugsgebiet rd. 1,16 Mill. km², jahreszeitl. stark schwankende Wasserführung. Der I. ist die Lebensader Pakistans; zahlr. große Stauwerke, verbunden mit Energiegewinnung, ermöglichen die Bewässerung von 8 Mill. ha Land. Die Nutzung des I.wassers und des Wassers der Pandschabflüsse ist vertragl. zw. Indien und Pakistan geregelt.

Indusi [Kw. aus: **indu**ktive Zug**si**cherung] (induktive Zugbeeinflussung) ↑Eisenbahn.

Induskultur ↑Harappakultur.

Indusschrift (protoindische Schrift), die

Industriebau. Von oben:
Peter Behrens, AEG-Turbinenfabrik
(1908/09). Berlin; Matte Trucco, Fiat-Werke mit Autorampe (1919–26). Turin;
Frank Lloyd Wright, Fabrikgebäude
der Johnson Wax Company (1949–51).
Racine/Wisconsin

noch nicht entzifferte, bildhafte Schrift, die auf Inschriften an den Hauptfundplätzen der Harappakultur und in Mesopotamien gefunden wurde (2. Hälfte des 3. Jt. v. Chr.). Vermutl. ist die I. eine Mischung aus Wort- und Silbenzeichen; welche Sprache sich hinter ihr verbirgt, ist noch offen; wahrscheinl. ist es die Sprache einer nichtindogerman. Bev. des Pandschab; vermutet wird ein Zusammenhang mit den drawidischen Sprachen.

Industrial design [engl. ɪnˈdʌstrɪəl dɪˈzaɪn] ↑ Industriedesign.

Industrialisierung [lat.-frz.], i. e. S. die Errichtung von Ind.betrieben. I. w. S. umfaßt der Begriff auch außerökonom. Tatbestände, die sich auf die Entwicklung der Ind. beziehen, ihre Wirkung auf die soziale Struktur der Bev., auf das Verhalten der Individuen und gesellschaftl. Gruppen zueinander und auf die geistige Verfassung der Menschen schlechthin. Im volkswirtschaftl. Sinn ist I. ein Prozeß, durch den eine Volkswirtschaft so umgestaltet wird, daß der industrielle Sektor relativ zur Landw. zunehmende Bed. gewinnt. Der I.prozeß setzte gegen Ende des 18. Jh. in Großbrit. ein und griff Anfang des 19. Jh. auf Deutschland über. Er verlief unter sozialen Krisen und Umwälzungen (↑ industrielle Revolution) und führte zur ↑ Industriegesellschaft.

Industrie [frz., zu lat. industria „Fleiß, Betriebsamkeit"], die gewerbl. Gewinnung von Rohstoffen sowie die Be- bzw. Verarbeitung von Rohstoffen und Halbfabrikaten. Merkmale der I. sind Arbeitsteilung und Spezialisierung, Mechanisierung und Rationalisierung der Produktion. Vom Handwerk unterscheidet sich die I. durch eine stärkere Trennung von Leitung und Produktion, größere Betriebsstätten und die Möglichkeit, verschiedene Arten der Produktion in einem Unternehmen zu betreiben. Die *Industriestatistik* untergliedert die gesamte Industrie in: 1. Bergbau, 2. verarbeitende Industrie, 3. Energiewirtschaft, 4. Bauindustrie.

◆ in der *Vorgeschichtswiss.* Bez. für eine Gruppe zusammengehöriger Artefakte, deren Typen begrenzt sind; Ggs.: die Kultur mit vielfältig ausgeprägten Artefakten.

Industrieanleihen, svw. ↑ Industrieobligationen.

Industriearchäologie, svw. ↑ industrielle Archäologie.

Industriebau, in Großbrit. seit dem 18. Jh., im übrigen Europa und den USA seit dem 19. Jh., weltweit seit dem 20. Jh. erstellte Gebäude, die unmittelbar oder mittelbar der maschinell betriebenen Produktion dienen. Die frühen I. sind von Formen des städt. Bürgerhauses, des Landsitzes oder des Schloßbaus beeinflußt, im Laufe des 19. Jh. siegte der kastenförmige Geschoßbau, z. T. mit eklektizist. Fassadenverkleidung. Für die Schwerind. entstanden auch Hallenbauten. Erst allmähl. begann man, die Bauten dem Produktionsablauf anzupassen, in den USA in verglasten Stahlbetonbauten in Skelettbauweise, in Europa, bes. Deutschland, in aufgegliederten Flachbauten (mit Oberlicht). In diesem Sinne einer künstler. und formalen Bewältigung des I. als Funktionseinheit stehen am Beginn des modernen I. die AEG-Turbinenhalle in Berlin (1908/09) von P. Behrens und - im Zusammenhang mit der Gründung des ↑ Deutschen Werkbundes in Köln 1907 - die Dt. Werkstätten in Hellerau (1909) von R. Riemerschmid, das „Faguswerk" in Alfeld (Leine) von W. Gropius (1911–18), der Wasserturm in Posen (1911) und die Chem. Fabrik Luban (1911/12) von H. Poelzig. Hier einzuordnen ist der 1917 veröffentlichte Entwurf einer „Cité industrielle" von T. Garnier in Lyon. Wichtig wurde der Beitrag des ↑ Bauhauses, bes. im Hinblick auf seine grundsätzl. Öffnung gegenüber den modernen techn. Möglichkeiten und ihrer Einbeziehung in das künstler. Denken. Nach dem 2. Weltkrieg setzte sich im I. die „Kompaktbauweise" durch: große Flachbauten mit möglichst wenigen Stützen, vollklimatisiert, fenster- und oberlichtlos, z. T. als Schalenbauten. Als weitere Beispiele seien genannt: Tabakfabrik Van Nelle in Rotterdam (1928/29, J. A. Brinkman u. a.), Chem. Fabrik Meers. Boots in Beeston (Nottinghamshire) von E. O. Williams (1930–32), Olivetti-Werke in Mailand (1954/55, A. Fiocchi u. a.), General Motors in Detroit (1951–56, E. Saarinen u. a.), Laboratorien des Richards Institute of the Univ. von Pennsylvania in Philadelphia (1957–61, L. I. Kahn), Laboratorien der Univ. Leicester (1959–63, J. Stirling u. a.), Thomaswerk-Glashütte in Amberg (1969, W. Gropius), Energiezentrale und Betriebsgebäude der BFG, Berlin (1974, M. von Gerkan). - Abb. S. 227.

📖 Ackermann, K.: *I. Stg. 1985.* - Schmalor, R.: *I.planung. Entwurf u. Konstruktion.* Düss. 1971.

Industriebetrieb, Betriebstyp innerhalb der Produktionswirtschaft, der zur Gruppe der Sachleistungsbetriebe zählt und der Stoffgewinnung und -verarbeitung (z. B. Bergbau, Metall-, Holz-, Textilverarbeitung) dient.

Industriebetriebslehre ↑ Betriebswirtschaftslehre.

Industriedesign [...dɪzaɪn] (Industrial design, industrielle Formgebung, technische Gestaltung, Produktdesign), die bewußte Gestaltung von Geräten aller Art, Maschinen, Werkzeugen, Fahrzeugen, Fertigteilen u. a. Das Bestimmungswort „Industrie..." ist insofern irreführend, als es nicht auf die Organisationsform des Herstellers ankommt, techn. Gestaltung ist ebenso ein Problem von Handwerksbetrieben. Das Urteil „gutes modernes Design" entspringt der Auffassung, daß die ästhet. Gestalt eines Produkts von seinem Material und von seiner Funktion her gestal-

industrielle Revolution

tet sein soll und daß funktionsgerechte Gestalt wiederum auf die Eignung des Erzeugnisses für seine Zwecke zurückwirkt. - Am Beginn moderner Formgebung steht in Großbrit. die ↑Arts and Crafts Exhibition Society, in Deutschland der Jugendstil, der ↑Deutsche Werkbund und das ↑Bauhaus. Außer in den skandinav. Ländern verbreitete sich das moderne I. bes. auch in den USA und wirkte von hier bes. nach dem 2. Weltkrieg wieder auf die europ. u. a. Industrienationen zurück.

Industrieforschung ↑Forschung.

Industriegesellschaft, zunächst jede Gesellschaft, in der der sekundäre Sektor (Ind.) gegenüber dem primären (Landw.) und tertiären (Handel, Transport, Dienstleistungen) überwiegt. Mit dieser dominierenden Bed. des sekundären Sektors verbundene Merkmale einer I. sind u. a. eine hochgradige Akkumulation und Konzentration des Produktivkapitals, ein hohes Niveau in der Anwendung wiss. Erkenntnisse auf die Produktion und eine ausgeprägte Arbeitsteilung zw. den Produktionsstätten. Folgeerscheinungen dieser Kennzeichen sind eine Verstädterung durch die Konzentration der Arbeitskräfte an großen Produktionszentren, eine stark differenzierte Berufsstruktur und ein an Leistungsvorstellungen orientiertes Wertsystem. - Hinsichtl. der Lebenslage der Bev. ist mit dem Begriff der I. meist die Vorstellung einer Wohlfahrtsgesellschaft verbunden.

Industriegewerkschaft, Abk. IG, Gewerkschaft, die nach dem Industrieverbandsprinzip alle in einem Wirtschaftszweig oder in einem Bereich des öffentl. Dienstes beschäftigten Arbeitnehmer erfaßt. - ↑auch Gewerkschaften, ↑Deutscher Gewerkschaftsbund.

industriell [lat.-frz.], die Industrie betreffend, in der Industrie hergestellt.

industrielle Archäologie (Industriearchäologie), Ausdehnung der Ziele und Methoden von Archäologie und Denkmalschutz auf Objekte der Industrie (Bauwerke wie Maschinen und Produkte industrieller Fertigung). Als Arbeitsgebiet 1959 in Großbrit. im Rahmen des Council for British Archaeology entstanden. Zusammenarbeit von staatl. Stellen, Industrien und den Hochschulen und Privatpersonen. Hauptaufgaben: Erhaltung beispielhafter (techn. veralteter) Industrieanlagen und deren Registrierung.

industrielle Formgebung ↑Industriedesign.

industrielle Revolution, Bez. für den durch wiss.-techn. Fortschritt bewirkten Übergang von der Agrar- zur Ind.gesellschaft. Heute wird als i. R. insbes. jene Phase beschleunigter technolog., ökonom. und gesellschaftl. Veränderungen verstanden, die etwa seit 1760 Großbrit. und seitdem fast alle europ. Staaten, die nordamerikan. Staaten und Japan den Schritt aus einer stat.-agrar. Gesellschaft zur Ind.gesellschaft getan haben.

Industriedesign. Von oben:
Straßenlaternen (1906 und 1908);
Marcello Nizolli, Olivetti-Schreibmaschine (1948)

I. e. S. Bez. für die Periode des „großen Spurts" (W. W. Rostow: „Take-off") im Verlauf der Industrialisierung (in Großbrit. etwa seit 1820, in Deutschland seit 1850), der eine rasche quantitative Veränderung der Gesellschaftsstruktur herbeiführte, die subjektiv als qualitativer Wandel empfunden wurde und zu dem die Ind.gesellschaft kennzeichnenden, permanent expandierenden, ungleichmäßig verlaufenden Wachstum führte. Der Begriff der i. R. begegnet seit dem frühen 19. Jh. (L. A. Blanqui, F. Engels), gewann aber erst seit A. Toynbee Ende des 19. Jh. seine heutige Bedeutung als universalhistorischer Schlüsselbegriff.

Zu den wichtigsten Resultaten der i. R. in

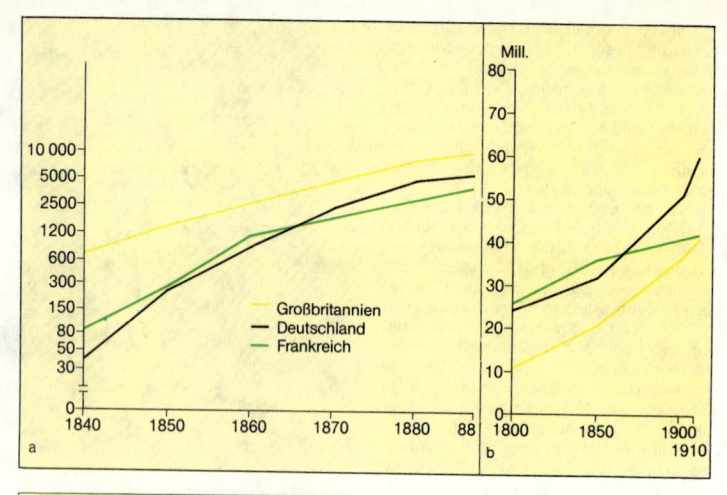

industrielles Zeitalter

Industrielle Revolution. a Steigerung der Dampfmaschinenkapazität in Großbritannien, Deutschland und Frankreich (der gewählte Maßstab zeigt gleich hohe relative Veränderungen gleich groß an); b Bevölkerungswachstum im 19. Jh.

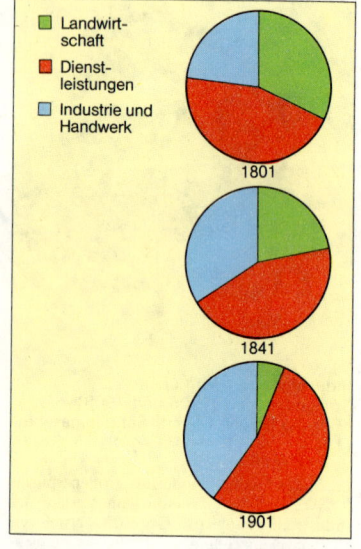

Industrielle Revolution. Veränderung der Verteilung des Sozialprodukts in Großbritannien

Europa gehörten die Beseitigung der Massenarmut, die auf der agrarrevolutionären Vorstufe der Industrialisierung durch Bev.wachstum und Bauernbefreiung entstanden war, die sprunghafte Vergrößerung des realen Sozialprodukts insgesamt und pro Kopf, die Entstehung neuer, aus dem industriell-kapitalist. Produktionsprozeß folgender Klassengegensätze, eine Erosion traditioneller Wert- und Gesellschaftssysteme, langfristig schließl. die Verfestigung der ungleichmäßigen Entwicklung industrieller Sektoren sowie der Ind.länder und der Entwicklungsländer. Die moderne Diskussion geht v.a. von der makroökonom. Betrachtung des Kapitalbildungs- und Wachstumsprozesses aus. Die i.R. kann jedoch nicht allein als ökonom. Wachstumsphase begriffen werden, sondern muß nach ihren kulturellen und gesellschaftl. Voraussetzungen wie auch nach ihren sozial- und geistesgeschichtl. Begleitumständen und Folgeerscheinungen als unabdingbare histor. Kategorie für die Standortbestimmung der Gegenwart gesehen werden.

Als *2.i.R.* bezeichnet man (seit Mitte des 20.Jh.) die durch zunehmende Automatisierung bestimmte Entwicklung, als *3.i.R.* die großen Veränderungen, die die Einführung der Mikroelektronik (Prozeßrechner, Computer, Industrieroboter u.a.) in Industrie und Wirtschaft mit sich brachte.

📖 *Balkhausen, D.:* Elektronikangst ... u. die Chancen der Dritten I. R. Düss. 1983. - *Köllmann, W.:* Bevölkerung in der i. R. Gött. 1974.

industrielles Zeitalter, bes. auf das „Leitmotiv" der Industrialisierung bezogene, auch wiss. eingeführte Bez. für die um die Wende des 18. zum 19. Jh. beginnende Periode der neuesten Geschichte, deren jüngste Phase, das Atomzeitalter, in die Gegenwart reicht.

Industriemeister, nicht geschützter Titel für einen Facharbeiter, der nach einem Vorbereitungslehrgang eine I.prüfung für eine bestimmte Fachrichtung vor der Industrie- und Handelskammer abgelegt hat. Der I. ersetzt zunehmend den „Werkmeister."

Industriemelanismus ↑ Melanismus.

Industriemüll ↑ Müll.

Industrieobligationen (Industrieanleihen), Anleihen privater Unternehmen, insbes. der Industrie, gelegentl. auch von Handelsunternehmen oder Banken; bes. Formen der I. sind **Gewinnobligationen**, die außer der Verzinsung auch eine Gewinnbeteiligung gewähren, sowie **Wandelobligationen** mit dem Recht auf Umtausch in Aktien, und **Optionsanleihen**, die mit einem Bezugsrecht auf neue Aktien ausgestattet sind.

Industrieroboter ↑ Roboter.

Industrieschulen, seit dem letzten Drittel des 18. Jh. eingerichtete Armenschulen, die Fertigkeiten insbes. der Hausindustrie (v. a. Textil- und Spielwarenherstellung) und Landarbeit vermittelten. Urspr. humanitäre Einrichtungen mit dem Ziel, die Kinder zu befähigen, Lohnarbeiten auszuführen; vielfach allerdings wurden diese ausgebeutet, bes. dann in den Handwerker- und Fabrikschulen des 19. Jh.

Industriesoziologie, spezielle Soziologie, die sich mit den Institutionen, Organisationen, Verhaltens- und Einstellungsmustern in Ind.gesellschaften befaßt (enge Verbindung zu Arbeits-, Berufs-, Betriebs- und Wirtschaftssoziologie) und die v. a. die Folgen der verschiedenen Stadien der Industrialisierung für die Gesellschaft und für die verschiedenen Gruppen und Schichten arbeitender Menschen erforscht.

Industriestatistik, Teil der amtl. Statistik der BR Deutschland, durchgeführt von den Statist. Landesämtern; verfolgt eine koordinierte Erfassung wesentl. Struktur- und Strömungsdaten des produzierenden Gewerbes. Einbezogen werden alle Betriebe mit mehr als zehn Beschäftigten; meldepflichtig ist jeder Betrieb, der durch Übersendung der Fragebogen zur Berichterstattung aufgefordert wird.

Industrie- und Handelskammer, Abk. IHK, regionale Selbstverwaltungsorganisation aller gewerbl. Unternehmen mit Ausnahme des Handwerks. Körperschaft des öffentl. Rechts mit Zwangsmitgliedschaft. Aufgaben: Interessenvertretung der gewerbl. Wirtschaft nach außen, Mitgliederberatung, Errichtung eigener Schulen, Organisierung von Messen, Auskunftsstelle, Errichtung von Schiedsgerichten, Förderung des Verkehrs, Erstellung von Gutachten, Die IHK führen die *Lehrlingsrollen* für kaufmänn. und gewerbl. Lehrlinge und nehmen in diesem Bereich die Lehrabschlußprüfungen ab. **Organe:** Die *Vollversammlung* sowie ein *Präsident*, bestellt durch die Vollversammlung. Der Präs. ist Vors. der Vollversammlung und des *Präsidiums.* Die Vollversammlung bestellt den *Hauptgeschäftsführer.* Dieser und der Präsident vertreten die IHK. - Die IHK sind im Deutschen Industrie- und Handelstag (DIHT) zusammengeschlossen.

In *Österreich* bestehen Kammern der gewerbl. Wirtschaft, deren Dachorganisation die Bundeswirtschaftskammer ist.

induzierter Widerstand [lat./dt.], im Zusammenhang mit der Auftriebserzeugung entstehender Widerstand an Flugzeugtragflächen. Der Druckunterschied zw. Ober- und Unterseite bewirkt neben dem Auftrieb eine Strömung über die Enden der Tragflächen; dadurch entstehen an den Flügelspitzen entgegen der Flugrichtung energieerzeugende **Wirbelzöpfe,** die zu starker Verwirbelung der Luft insbes. hinter Großflugzeugen führen.

Indy, Vincent d' [frz. dɛ̃'di], * Paris 27. März 1851, † ebd. 2. Dez. 1931, frz. Komponist. - Schüler von C. Franck; von R. Wagner angeregtes, stark sinfon. bestimmtes Werk: Orchester-, Kammer-, Klaviermusik, Bühnenwerke, geistl. und weltl. Lieder und Chorwerke. Schrieb eine Kompositionslehre (1903–05), Biographien über C. Franck (1906), Beethoven (1911) sowie „R. Wagner et son influence sur l'art musical français" (1930).

Inedita [lat.], unveröffentlichte Schriften.

in effigie [...-ie; lat.], „im Bild", bildlich; **Hinrichtung in effigie,** „Scheinhinrichtung durch Hängen oder Verbrennen des Bildes eines abwesenden Verbrechers.

ineffizient [lat.], unwirksam, nicht leistungsfähig; unwirtschaftlich; **Ineffizienz,** Unwirksamkeit; Unwirtschaftlichkeit.

inert [lat.], untätig, träge.

Inertgase, reaktionsträge Gase, wie die Edelgase, Stickstoff u. a., die sich an chem. Vorgängen gar nicht oder nur unter extremen Bedingungen beteiligen.

Inertialnavigation [lat.], svw. ↑ Trägheitsnavigation.

Inertialsystem [lat./griech.] ↑ Bezugssystem.

Ines, aus dem Span. übernommener weibl. Vorname, span. Form von Agnes.

in extenso [lat.], in aller Ausführlichkeit, vollständig.

inf, mathemat. Zeichen für untere ↑ Grenze.

INF [engl. aiɛnɛf], Abk. für: ↑ Intermediate Range Nuclear Forces.

Infallibilität [lat.] ↑ Unfehlbarkeit.

Infamie [lat.], allg. svw. Ehrlosigkeit, Niedertracht; Unverschämtheit; **infam,** ehrlos, niederträchtig, unverschämt.

◆ nach röm.-kath. *Kirchenrecht* die Kirchenstrafe für rechtl. und fakt. Ehrverlust.

Infant [span., zu lat. infans „kleines Kind"], Titel der königl. Prinzen und Prinzes-

Infanterie

sinnen (**Infantin**) in Spanien und Portugal seit dem 13. Jh.

Infanterie [italien., zu infante in einer früheren Bed. „Knabe, Fußsoldat" (eigtl. [wie lat. infans] „kleines Kind")], Bez. für die Gesamtheit der Fußtruppen der Streitkräfte eines Landes. Seit dem Ende des 1. Weltkriegs zunächst teilweise (Radfahrabteilungen, Kradschützen, Transport von I.truppen auf Kraftwagen) schnell bewegl. gemacht; heute meist voll mechanisiert oder motorisiert. Mit wenigen Ausnahmen (Reitervölker; Rittertum) war und ist das Fußvolk, seit dem 17. Jh. allg. I. gen., Hauptbestandteil und Kern der Heere bzw. Streitkräfte. Zunächst noch nach der jeweiligen Bewaffnung unterschieden (Pikeniere, Schützen bzw. Musketiere oder Füsiliere, Grenadiere, Jäger) bzw. nach der takt. Verwendung (Linien-I. für den geschlossenen Kampf; leichte I. für kleinere, aufgelockertere Gefechte; im 19. Jh. vereinheitlicht (Einheits-I.), wobei die Benennung nach der urspr. Bewaffnung oft aus Traditionsgründen erhalten blieb. - In der Bundeswehr im Rahmen der Kampftruppen aufgegliedert in Jäger, Gebirgsjäger, Fallschirmjäger sowie Panzergrenadiere und Panzerjäger. - Zur I. werden auch die Marineinfanterie und Teile der Luftlandetruppen gerechnet.

Infanteriegeschütz, leichtes Feldgeschütz zur Unterstützung der Infanterie.

infantil [lat.], kindlich, unentwickelt; auch: kindisch.

Infantilismus (Infantilität) [zu lat. infans „Kind"], Kindlichkeit, Zurückbleiben eines Erwachsenen auf der phys. und/oder psych. Entwicklungsstufe eines Kindes.

Infantin ↑ Infant.

Infarkt [zu lat. infarcire „hineinstopfen"], Absterben eines Organs oder eines Organteils infolge mangelhafter Durchblutung.

Infektion [lat., zu inficere „anstecken"], (Infekt, Ansteckung) in der *Medizin* und *Biologie* Bez. für das aktive oder passive Eindringen lebender Krankheitserreger in den menschl., tier. oder pflanzl. Organismus und deren Vermehrung in diesem († auch Invasion). Je nach Abwehrbereitschaft des Organismus durch natürl. Resistenz oder erworbene Immunität und je nach Virulenz und Anzahl der Erreger kommt es im Anschluß an die I. entweder zu einer manifesten Infektionskrankheit, oder die I. verläuft als stumme Infektion.

◆ in der *Mikrobiologie* Bez. für die Verunreinigung einer Mikroorganismenkultur durch Fremdorganismen.

Infektionsabteilung, Abteilung eines Krankenhauses zur Isolierung und Behandlung Infektionskranker.

Infektionskrankheiten (ansteckende Krankheiten), durch ↑ Infektion verursachte akute oder chron. verlaufende Krankheiten. Neben *manifesten I.* gibt es *inapparente* (klin. nicht erkennbare) sowie *abortive I.* (sehr rasch, untyp., klin. unterschwellig und harmlos verlaufend). Von einer *latenten I.* spricht man, wenn sich der Erreger dauernd im Wirtsorganismus vermehrt, ohne Krankheitszeichen hervorzurufen. - Nach der Art der Erreger werden unterschieden: ↑ Virosen, ↑ Rikkettsiosen, ↑ Bakteriosen, ↑ Protozoonosen, ↑ Mykosen. - Erkrankungen durch mehrzellige Parasiten zählen zu den Invasionskrankheiten (↑ Invasion). - Je nach Infektionsträger unterscheidet man ↑ Anthroponosen, ↑ Anthropozoonosen, ↑ Zoonosen; *Vektorkrankheiten* werden von tier. Überträgern (Vektoren) verursacht (z. B. Malaria).

Die Eintrittspforten für die Erreger sind die Körperöffnungen und die (verletzte oder intakte) Haut. - Bei den *lokalen I.* verbleiben die Erreger im Bereich ihrer Eintrittspforte (z. B. bei verschiedenen Darm-I.) und beeinflussen den Körper vorwiegend durch ihre Toxine. - Bei den *zykl. I.* gelangen die Erreger von der Eintrittspforte über die Lymph- und Blutbahnen in die Gewebe und Organe. Die zykl. I. zeigen charakterist. Phasen: 1. das symptomlose *Inkubationsstadium;* 2. das *Prodromal-* oder *Ausbreitungsstadium* mit klin. uncharakterist. Allgemeinerscheinungen wie Abgeschlagenheit, Kopf- und Gliederschmerzen, Fieberanstieg, Kreislaufstörungen sowie Blutbildveränderungen; 3. das Stadium der *Organmanifestationen* mit für die einzelne Infektionskrankheit typ. Organsymptomen; 4. die *Heilung* der Infektionskrankheit, bei der die klin. Symptome verschwinden. - Nach Überstehen einer Infektionskrankheit bleibt bei zykl. I. erworbene, aktive Immunität zurück, bei lokalen I. keine oder nur geringe.

Geschichte: Das MA sah die Ursachen für bestimmte Krankheiten (Lepra, Pest) in krankmachenden Stoffen der Luft („Miasma") oder menschl. Ausdünstungen („Contagium"). 1856 prägte R. Virchow den Begriff der Infektion, den J. v. Liebig als chem. Fermentationsprozeß, L. Pasteur, R. Koch u. a. Bakteriologen als den Befall und das Eindringen von Bakterien in den Organismus definierten. R. Koch entdeckte dann die spezif. Erreger für Milzbrand (1876), Tuberkulose (1882) und Cholera (1883).

📖 *Alexander, M./Raettig, H.: Infektions-Fibel. Stg. ²1981. - Die I. des Menschen u. ihre Erreger. Begr. v. A. Grumbach u. W. Kikuth. Hg. v. A. Grumbach u. O. Bonin. Stg. ²1969. 2 Bde. - I. Hg. v. O. Gsell u. W. Mohr. Bln. u. a. 1967 - 72. 4 Bde. in 6 Tlen. - Ackerknecht, E. H.: Gesch. u. Geographie der wichtigsten Krankheiten. Stg. 1963.*

infektiös [lat.-frz.], ansteckend.

Infeld, Leopold, * Krakau 20. Aug. 1898, † Warschau 15. Jan. 1968, poln. Physiker. - 1933 Emigration nach Großbrit. bzw. in die USA; 1936-38 Mitarbeiter von A. Einstein. 1939-50 Prof. in Toronto, ab 1950 in Warschau. I. lieferte mit B. L. van der Waerden eine Verallgemeinerung des Spinorkalküls und der Dirac-Gleichung; er arbeitete mit M. Born eine nichtlineare Elektrodynamik (Born-Infeld-Theorie) aus und untersuchte mit A. Einstein und B. Hoffmann das Problem der Bewegungsgleichungen in der allg. Relativitätstheorie, die sein Hauptarbeitsgebiet blieb.

inferior [lat. „niedriger"], untergeordnet; minderwertig; **Inferiorität,** untergeordnete Stellung, Unterlegenheit; Minderwertigkeit.

inferiore Güter, Güter, die bei steigender Konsumsumme eines Haushalts in geringerer Menge nachgefragt werden, weil sie durch höherwertige Güter (**superiore Güter**) ersetzt werden (Beispiel: Fleisch statt Kartoffeln).

infernale [italien.], musikal. Vortragsbez.: höllisch, teuflisch.

infernalisch (infernal) [zu lat. infernalis „unterirdisch"], höllisch, teuflisch.

Inferno [lat.-italien., eigtl. „das Untere"], Unterwelt, Hölle; Ort eines unheilvollen Geschehens, entsetzl. Geschehen.

infertil [lat.], unfruchtbar. - ↑auch steril.

Infight ['ɪnfaɪt; engl.] (Infighting), Nahkampf (Boxen).

Infiltration [mittellat.], allg. svw. Eindringen, Einsickern.
♦ in der *Petrographie:* Bez. für das Eindringen oder Einsickern von Gasen oder Lösungen in Spalten, Klüfte und Poren von Gesteinen; kann zur Bildung von Erzlagerstätten führen.
♦ in der *Medizin:* das Eindringen fremdartiger Zellen, Flüssigkeiten, Gewebe u. a. (insbes. krankheitserregender) Substanzen (*Infiltrate*) in normales Körpergewebe.
♦ *im polit. Sprachgebrauch:* 1. Einschleusen von Personen in polit., militär. und wirtsch. Schlüsselstellungen durch Organisationen, die an einer Veränderung bestehender Verhältnisse interessiert sind; 2. stetige, allmähl. durchdringende ideolog. Beeinflussung von Personen und Gruppen.

Infiltrationsanästhesie ↑Anästhesie.

Infimum [lat.], svw. untere ↑Grenze.

infinite Form [lat.] (Nominalform), Verbform, die nicht nach Person, Numerus usw. bestimmt ist; zu den i. F. gehören im Dt. der Infinitiv und das 1. und 2. Partizip.

infinitesimal [lat.], beliebig („unendl.") klein; gegen Null strebend; in der Differential- und Integralrechnung oft als Beiwort benutzt, z. B. infinitesimale Größe.

Infinitesimalrechnung, zusammenfassende Bez. für Differential- und Integralrechnung, allgemeiner für diejenigen Teilgebiete der Mathematik, die auf dem Grenzwertbegriff aufbauen.

Infinitiv [lat., zu infinitus „unbegrenzt"] (Nennform, Grundform), Form des Verbs, die ein Geschehen oder Sein einfach nennt, ohne weitere Angaben über Person, Numerus, Modus und Tempus zu enthalten. Im Dt. wird der I. mit der Endung *-en (grünen)* oder *-n (ärgern)* gebildet und kann substantiviert werden (*das Singen*). In Verbindung mit *zu* oder *um zu* kann er verschiedene syntakt. Funktionen (als Objekt, Attribut usw.) erfüllen; erweitert durch abhängige Satzglieder erhält er den Wert eines Nebensatzes (**Infinitivsatz, satzwertiger Infinitiv**), z. B. *Er hoffte, die Stelle zu bekommen.*

Infinitivsatz, svw. satzwertiger ↑Infinitiv.

Infix [lat., zu infigere „hineinheften"], Bildungselement, das in den Wortstamm eingefügt ist, z. B. das *n* in lat. *fu-n-do* gegenüber der Perfektform *fudi.*

infizieren [zu lat. inficere, eigtl. „hineintun"] (anstecken), eine Infektion verursachen.

in flagranti (in f. crimine) [lat. „in brennendem (Verbrechen)"], auf frischer Tat [betroffen werden].

inflammabel [lat.], entzündbar (v. a. von Gasen und Dämpfen gesagt).

Inflammatio [lat.], svw. ↑Entzündung.

Inflation [zu lat. inflatio „das Sichaufblasen, das Aufschwellen"], urspr. Bez. für eine über das als normal betrachtete Maß hinausgehende Versorgung mit Zahlungsmitteln. Heute wird unter I. meist eine anhaltende signifikante Zunahme des Preisniveaus verstanden, wobei nach dem Ausmaß der Zunahme unterschieden wird zwischen *schleichender, trabender* und *galoppierender I.* Ein Sonderfall ist die (durch staatl. Zwangsmaßnahmen) *zurückgestaute I.,* bei der offene Preissteigerungen zwar verhindert werden, dies jedoch zum einen nur vorübergehend gelingen kann, zum anderen zur Bildung eines schwarzen Marktes führt.
Die *Ursachen* für I. werden von der Quantitätstheorie in einer im Vergleich zur Gütermenge übermäßigen Ausweitung der Geldmenge durch die Geldschöpfung des Staates und des Bankensystems gesehen. Nach der Einkommenstheorie des Geldes resultiert I. aus einer Ausweitung der effektiven Nachfrage über das verfügbare Angebot. Dabei wird weiter unterschieden in die von der Nachfrageseite ausgehende *Nachfrage-I.,* die von der Angebotsseite ausgehende Angebots- oder *Kosten-I.* und die - durch einen Verteilungskampf der Einkommensgruppen verursachte - *Einkommens-I.* - Von großer Bedeutung ist auch die *importierte I.,* die durch die internat. wirtschaftl. Verflechtung über den direkten internat. Preiszusammenhang und die internat. Kapitalbewegungen zustandekommt. Neben den generell schädl. Auswirkungen einer I. auf das Wirtschaftsleben wegen des schwindenden Vertrauens in das Geld bis hin zum Rückfall in Formen des Naturaltauschs hat eine I. v. a. auch negative Folgen für die Einkommens- und Vermögensverteilung, da zum einen i. d. R. die Konsumgüter von Preis-

Inflationsrate

steigerungen am stärksten betroffen sind, zum andern Besitzer von Sachwerten (Grundstükken, Produktionsmitteln) im Unterschied zu kleinen Sparern nicht betroffen werden.
Geschichte: Die Erscheinung der I. ist bereits seit der Antike (im 2./3. Jh. n. Chr. im Röm. Reich) bekannt. Auch das Spät-MA hatte mehrere I. zu verzeichnen (z. B. ↑ Kipper und Wipper, John ↑ Law). In der Folgezeit traten I. im Zusammenhang mit Revolutionen und Kriegen auf, so nach der Frz. Revolution und den Napoleon. Kriegen, in den USA beim Unabhängigkeitskrieg und beim Sezessionskrieg. Die bislang schwerste I. trat im Gefolge des 1. Weltkriegs auf. Die nach dem 2. Weltkrieg in allen westl. Industrieländern auftretende schleichende I. hat bisher - v. a. bei gleichzeitiger wirtsch. Stagnation (↑ auch Stagflation) - keine befriedigende theoret. Erklärung gefunden und konnte mit nat. Maßnahmen nicht bekämpft werden.
⟐ *Kloten, N., u. a.: Zur Entwicklung des Geldwertes in Deutschland. Tüb. 1980. - I. Definitionen, Ursachen, Wirkungen u. Bekämpfungsmöglichkeiten. Hg. v. A. Woll. Mchn. 1979. - Steinmann, G.: I.theorie. Paderborn 1976. - Laidler, D.: Information, Geld u. die makroökonom. Theorie der I. Dt. Übers. Tüb. 1975.*

Inflationsrate, Prozentsatz, der den Anstieg des Preisniveaus in einem bestimmten Zeitraum (meist einem Jahr) ausdrückt.

Influenz [lat., zu influere „hineinfließen"] (elektrostat. Induktion, elektr. Verteilung), Bez. für die Ladungstrennung auf der Oberfläche eines urspr. elektr. neutralen Leiters unter dem Einfluß eines elektr. Feldes. Früher zur Erzeugung von Hochspannung in *I.maschinen* (↑ Elektrisiermaschine) ausgenutzt, dient die I. heute dem gleichen Zweck bei ↑ Bandgeneratoren.

Influenza [lat.-italien., eigtl. „Einfluß" (der Sterne auf die Krankheit)] ↑ Grippe.
◆ svw. ↑ Pferdestaupe.

Influenzaviren, RNS-Viren aus der Gruppe der Myxoviren, Erreger der Grippe. Nach den Antigeneigenschaften unterscheidet man drei Typen (A, B, C) mit zahlr. Untergruppen.

informal, nicht auf vorgeplanten, organisierten Regeln und Richtlinien beruhend, sondern spontan, aus dem tatsächl., nicht in allem vorausberechenbaren Geschehen sich ergebend.

Informatik [lat.] (engl. computer science), die Wiss. von den elektron. Datenverarbeitungsanlagen (EDV-Anlagen) und den Grundlagen ihrer Anwendung. Die I. verdankt ihre Entstehung der immer stärker zunehmenden Verwendung von EDV-Anlagen in Technik, Wiss. und Verwaltung.
Die **technische Informatik** umfaßt die Technik der EDV-Anlage, d. h. die sog. *Hardware* (Ein- und Ausgabeeinheiten, Hauptspeicher, Steuerwerk, Arithmetik und Logik) und ihre Funktion, sowie die verschiedenen *Programmiersprachen* (↑ Datenverarbeitung). Hochleistungsdatenverarbeitungssysteme und -komponenten, oft unter Verwendung neuartiger Technologien entwickelt, stellen einen Schwerpunkt der techn. I. dar. Entwickelt wurden u. a. Feldrechner, die durch den Einsatz vieler parallel arbeitender Rechenwerke mehr als 100 Mill. Operationen je Sekunde ausführen können, Großspeicher, in denen bis zu 10^{11} Bit im direkten Zugriff liegen, sowie auf der Lasertechnik beruhende Hochleistungsdrucksysteme (Laserdrucker). Große Bed. hat die Dezentralisierung der „Intelligenz" erlangt, insbes. durch den Einsatz von Mikroprozessoren und Mikrocomputern. Neue Rechenheinheiten werden (bei gleicher Leistung) kleiner und billiger; Mini- bzw. Mikrocomputer, die leistungsmäßig den Großrechnern der 60er Jahre entsprechen, sind z. Z. für etwa 1 000 DM erhältlich. Diese Einheiten sind sowohl selbständig einsetzbar als auch als Komponenten von Computernetzen (Informationssystemen), in denen Computer verschiedener Typen zur Last- und Aufgabenteilung zusammengeschlossen sind.
Informatik als Ingenieurwissenschaft: Ausgehend von grundsätzl. Arbeiten über strukturierte Programmierung, hat sich die Disziplin des Software-engineering entwickelt, die sich mit der Definition und den Erstellungsmethoden von Programmbausteinen befaßt, die leistungsfähig und sicher sind. Neben der rationelleren Erstellung von Rechnerprogrammen ist auch die „Portabilität" von Programmen allgemein möglich geworden. Sie gestattet es, ein Problem auf verschiedenen Rechnern mit dem gleichen Programm zu lösen. In dieses Gebiet gehört die Einführung problembezogener maschinenunabhängiger Programmiersysteme in Anwendungsbereichen, die nicht mit den Standarsystemen techn.-wissenschaftlichen oder kommerzieller Programmierung abzudecken sind.
In der **theoretischen Informatik** ist der zentrale Begriff der Algorithmus, ein allg. Verfahren zur Lösung einer Klasse von Problemen, das durch eine eindeutige Vorschrift bis in alle Einzelheiten festgelegt ist. Die *Theorie der Berechenbarkeit* untersucht Präzisierungen dieses so vorgegebenen Begriffs, die notwendig sind für den Nachweis der Unlösbarkeit gewisser Probleme, d. h. der Aussage, daß es keinen Algorithmus zu ihrer Lösung gibt.
Die ↑ Automatentheorie untersucht abstrakte mathemat. Modelle für den Aufbau und das Verhalten informationsverarbeitender Maschinen (Automaten, sequentielle Maschinen). Am Anfang standen die Arbeiten von A. M. Turing, der zur Präzisierung des Algorithmusbegriffs bzw. des Begriffs der Berechenbarkeit (einer Funktion) das Konzept der nach ihm benannten Turing-Maschine entwickelte. Die heutige Forschung ist gekenn-

Information

zeichnet durch die Entwicklung von Automaten und durch die Entwicklung neuer Anwendungsmöglichkeiten, z. B. in der Nachrichtentechnik, in der Programmierung von Rechenanlagen, in der Biologie und Soziologie (Verhaltensmodelle), in der Pädagogik (Erfassung von Lernprozessen) und in der Linguistik (Analyse und Synthese von Sprachen). - In engem Zusammenhang mit der Automatentheorie steht die von N. Chomsky (ab 1955) begr. *Theorie der formalen Sprachen.* Diese geht von Untersuchungen über die Struktur natürl. Sprachen aus und entwickelt den Begriff der formalen Sprache als abstraktes mathemat. Modell möglicher natürl. Sprachen. Hauptgebiet der Forschung war und ist die Untersuchung verschiedener Grammatiken zur Erzeugung formaler Sprachen und ihrer Zusammenhänge mit verschiedenen Automatentypen. Aktuelle Anwendungen liegen u. a. bei Untersuchungen natürl. Sprachen auch im Hinblick auf automat. Sprachübersetzung sowie in der Entwicklung von Programmiersprachen für Datenverarbeitungsanlagen. Das Betätigungsfeld der angewandten Informatik liegt allg. in der Erstellung der sog. *Software* (Anwendersysteme, insbes. [Rechen]programme); spezielle Anwendungen sind z. B. das kaufmänn. Rechnungswesen, Methoden der Produktions-, Transport-, Absatz- und Projektplanung. Untersuchungen über die Komplexität von Berechnungsverfahren haben zu einer Einteilung von Algorithmen in verschiedene Klassen geführt. Eine Theorie der Betriebssysteme, insbes. bezogen auf parallele Prozesse (zeitl. simultan ablaufende Berechnungen) und ihre Wechselwirkungen (Synchronisation) sowie auf die Strategie der Verwaltung von Betriebsmitteln, wurde entwickelt. Ihre Anwendung erlaubt den strukturierten Aufbau großer Programmsysteme, die dabei überschaubar, zuverlässig und effizient sind. Ein zentralen Begriff ist neben dem Algorithmus die Datenstruktur geworden. Anordnungsweisen von Daten spielen bei der Konstruktion effizienter Berechnungsverfahren eine wesentl. Rolle (Listen, Bäume, Felder u. a.)

📖 *Schüler-Duden. Die I.* Hg. v. den Fachred. *des Bibliograph. Inst. Mhm. u. a. 1986.* - *Schefe, P.: I. Eine konstruktive Einf. Mhm. u. a. 1985.* - *Goldschlager, L./Lister, A.: I. Eine moderne Einf. Mchn. 1984.*

Information [zu lat. informatio „Bildung, Belehrung"], 1. Unterrichtung, Benachrichtigung, Aufklärung (z. B. durch die Presse); 2. Nachricht, Mitteilung, auch Bez. für Daten, bes. wenn diese eine log. in sich abgeschlossene Einheit bilden. - Im *journalist.* Bereich ist I. für die Massenmedien öffentl. Aufgabe und in der BR Deutschland aus dem Grundrecht der I.- und Meinungsfreiheit (Art. 5 GG) abgeleitete, grundlegende Verfassungspflicht.

I. als Funktionswissen wird von den Sozialwiss. untersucht. Ausschluß von oder Beteiligung an I.prozessen entscheidet weitgehend über die soziale Position von Menschen in organisierten Herrschaftsstrukturen. Informiertheit ist Voraussetzung für funktionsadäquate Mitwirkung und Mitbestimmung. I. bestimmen andererseits auch Bedürfnisse und Interessen und werden als Herrschaftsmittel genutzt. Die Aufgabe, den I.bedarf mit dem I.angebot in Übereinstimmung zu bringen, erfüllt die allg. noch so bezeichnete *Dokumentation*, eine Einrichtung, die Sachverhalte dokumentiert (Archive, Bibliotheken, Museen) und gegebenenfalls über sie bedarfsgerecht informiert; funktional der Teilbereich „Input". Für die (fachl.) *Kommunikation* muß die Dokumentation um den Teilbereich I., funktional „Output", erweitert werden. Tätigkeit und wiss. Gegenstandsbereich der beiden Funktionen Input und Output werden heute mit der Doppelbez. **Information und Dokumentation** (Abk. IuD) benannt.

Die das *Informationsangebot* bereitstellenden IuD-Einrichtungen lassen sich unterscheiden in *fachbereichsbezogene Einrichtungen, funktionsbezogene IuD-Einrichtungen, interdisziplinäre Einrichtungen* und *organisationsbezogene Einrichtungen* (IuD-Stellen bei Organisationen, die spezif. für deren Bedürfnisse I.dienste leisten). Auf das Dokument oder auf Daten bezogene Einrichtungen sind v. a. in der Namen- und Patentdokumentation sowie bei Institutionen, die Statistiken erstellen bzw. verarbeiten, zu finden.

Die Informationsleistungen sind prinzipiell in allen Typen von IuD-Einrichtungen die gleichen: Bei der *indirekten I.* werden entweder die Dokumente selbst oder deren bibliograph. Daten für die Beschaffung dem I.nachfrager zur Verfügung gestellt. Die *direkte I.* stellt die aus den Dokumenten gewonnenen Daten und Fakten zu einem jeweiligen Thema unmittelbar zur Verfügung. Sie wird daher auch als Daten-I., die entsprechende dokumentar. Tätigkeit als Datendokumentation bezeichnet.

Das Dokumentieren und die Erstellung der I.leistungen erfolgt im Verlaufe des sog. IuD-Prozesses mit den drei Hauptfaktoren: I.ermittlung, Auswertung, I.vermittlung. Die *Informationsermittlung* i. w. S. umfaßt die Überwachung des Angebots, die Auswahl und gegebenenfalls die Beschaffung der I.quellen sowie die Prüfung der Dokumentationswürdigkeit des Inhalts. Die *Auswertung* von Dokumenten gliedert sich in die (formale) *Erfassung* (Aufnahme der bibliograph. Angaben des Dokuments) und die (inhaltl.) *Erschließung* [Inhaltsangaben (Auszug, Zusammenfassung, Annotation, Kurzreferat, Rezension, Literaturbericht] informieren den I.nutzer direkt über die Sachaussagen des Dokuments, Inhaltskennzeichnung dient dem Wiederauffin-

Informationsästhetik

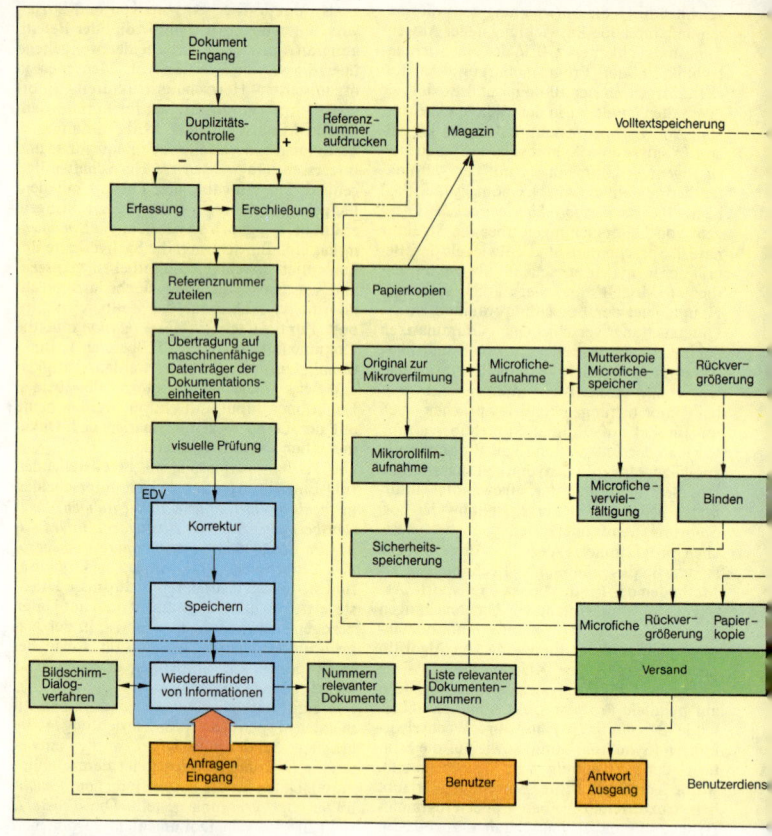

Information. Schema eines Dokumentationsprozesses mit Volltextspeicherung

den der Dokumente im Dokumentationsprozeß). Werden die innerhalb eines bestimmten Dokumentationssystems für die Erschließung verwendeten Bez. (Schlagwörter, Deskriptoren, Notationen) auf geeignete Weise geordnet, erhält man eine *Dokumentationssprache*. Das Ergebnis der dokumentar. Auswertung, die *Dokumentationseinheit* (DE), geht stellv. für das Dokument in den Dokumentationsprozeß ein. Die Speicherorganisation für die DE wird von dem verwendeten Ordnungssystem der Auswertung beeinflußt: 1. Die dokumentbezogene Speicherung ordnet die DE linear (Speichermittel: konventionelle und maschinelle Träger); 2. die begriffsbezogene Speicherung ordnet die mit den Adressen der betreffenden Dokumente verknüpften Suchmerkmale (Speichermittel: Merkmalskarten, Sichtloch- und Maschinenkarten, zunehmend jedoch magnet. Datenspeicher elektronischer Datenverarbeitungsanlagen.

I. u. Ordnung. Hg. v. G. Schäfer. Köln 1984. - Stock, W. G.: *Wiss. Informationen - metawiss. betrachtet*. Mchn. 1980. - Schmidt, Herbert: *Das Sozialinformationssystem der BR Deutschland*. Eutin 1977. - *I. u. Gesellschaft*. hg. v. F. H. Philipp. Stg. 1977.

Informationsästhetik, v. a. von M. Bense, A. A. Moles und W. Meyer-Eppler entwickelte moderne Ästhetik, die die traditionelle philosoph. orientierte Ästhetik durch ein mathemat.-informationstheoret. Beschreiben sowie semiot., statist. und kybernet. Untersuchungen der Strukturen ästhet. Produkte ersetzen soll.

Informationsbank, svw. ↑Datenbank.

Informationsdienst, gedruckte oder vervielfältigte, für bestimmte Personengruppen in Politik und Wirtschaft oft zur vertraul. und persönl. Unterrichtung period. herausge-

gebene Korrespondenz (im Abonnement).
Informationsfreiheit, das Grundrecht, sich aus allg. zugängl. Quellen ungehindert zu unterrichten. Die I. ist Voraussetzung der ↑Meinungsfreiheit. Sie wurde in das Grundgesetz und einige Länderverfassungen aufgenommen. Die I. wird nur nach Maßgabe der allg. Gesetze gewährleistet und kann zum Schutze der Jugend und der persönl. Ehre gesetzl. beschränkt werden.
Im östr. und *schweizer. Verfassungsrecht* ist I. nicht verankert.
Informationssystem der Polizei, Abk. Inpol, ↑Polizei.
Informationstheorie, von O. Shannon 1948 begründete mathemat. Theorie, die sich mit den (statist.) Gesetzmäßigkeiten der Übermittlung und Verarbeitung von Informationen (Nachrichten) befaßt. Aufgabe der I. ist es, die Kommunikation der Menschen untereinander, die durch Informationen erfolgt, strukturell und quantitativ zu erfassen. Man geht davon aus, daß in allen Informationssystemen (z. B. Fernschreiber, Telefon, Fernsehen) Nachrichten (Worte, Meßdaten), die von einer Informationsquelle produziert werden, mit Hilfe eines (nicht voll zuverlässigen) Übertragungskanals, bei dem im statist. Weise Störungen auftreten können, an einen Bestimmungsort übermittelt werden; dabei sind die Nachrichten vorher in Signale zu übersetzen, zu codieren (z. B. Buchstabenfolgen, Morsecode, Binärcode). Eine Decodierung ist trotz Störung mögl., da sich in rein quantitativen Sachverhalten wie Buchstabenhäufigkeiten und Zeichenfolgen eine bestimmte Sprache erkennen läßt. Von *Redundanz* spricht man, wenn eine Nachricht überflüssige Informationen enthält. Diese Redundanz ist jedoch wichtig zum Erkennen von Fehlern *(prüfbarer Code),* und es kann durch eine geeignete Codierung erkannt werden, wie das Zeichen verstanden werden muß *(korrigierbarer Code).* Im Ggs. zur I. versucht die *Kybernetik* Vorgänge in äußerst komplexen Systemen (z. B. Lebewesen) mit mathemat. Methoden zu erfassen.
📖 *Heise, W./Quattrocchi, P.: Informations- u. Codierungstheorie. Hdbg. u.a. 1983. - Fritzsche, G.: Informationsübertragung. Hdbg. 1977. - Shannon, C. E./Weaver, W.: Mathematische Grundll. der I. Dt. Übers. Mchn. 1976.*
Informationsverarbeitung, Auswertung von Informationen, die durch Rezeptoren (Sensoren) aufgenommen und an eine zentrale Speicher- und Verarbeitungseinrichtung (bei Lebewesen Gehirn) weitergeleitet werden. Ein derartiger Vorgang mit techn. Hilfsmitteln ist die Datenverarbeitung. Auf den Menschen bezogen spricht man von Denken.
Informativprozeß [lat.], im röm.-kath. Kirchenrecht das Verfahren, in dem vor Entscheidungen des Apostol. Stuhles Informationen erhoben werden.

Informator (Informant) [lat.], jemand, der andere informiert, von dem man Informationen bezieht; **informatorisch,** einen ersten Überblick gebend.
Informel, svw. ↑abstrakter Expressionismus.
informell [lat.-frz.], 1. belehrend, aufklärend; 2. ohne Formalitäten.
informelle Kunst (Informel), svw. ↑abstrakter Expressionismus.
informieren [lat.], in Kenntnis setzen, Auskunft geben; **sich informieren,** Erkundigungen einholen.
infra..., Infra... [lat.], Vorsilbe mit der Bed. „unter[halb]".
Infraktion [lat.], unvollständiger Knochenbruch, wobei der Riß nur durch einen Teil des Knochens verläuft.
Infrarot, Kurzbez. für ↑Infrarotstrahlung.
Infrarot-Astronomie, modernes Teilgebiet der ↑Astronomie. Photometr. Messungen erfolgen in den Wellenlängenbereichen von 1–3 μm und um 11 μm, in denen die Erdatmosphäre für Infrarotstrahlung durchlässig ist. Hauptgegenstand der I.-A. ist die Milchstraße, die in der Infrarotstrahlung durch interstellare Materie weniger stark absorbiert wird als sichtbares Licht. Weitere Aufgaben sind die Erforschung von Infrarotsternen und von praktisch nur im Infrarotbereich strahlenden interstellaren Wolken. Eine neue Ära der I.-A. wurde 1983 mit dem Start des Infrarotsatelliten IRAS eingeleitet, der mit einem Spezialteleskop Infrarotquellen im Wellenlängenbereich von 8 μm bis 119 μm untersuchte und dabei etwa 180 000 neue Infrarotquellen identifizierte.
Infrarotblitzlampe (Dunkelblitz), infrarotes Licht abstrahlende Blitzlampe (mit schwarzem Glaskolben) zum Photographieren auf Infrarotfilm in der Dunkelheit.
Infrarotfarbfilm (Falschfarbenfilm) Dreischichtenfarbfilm (Umkehrfilm), der Infrarot reflektierende Gegenstände in tiefroter Farbe, rote und orangefarbene in gelber, gelbe in weißer und grüne in bläul. Farbe wiedergibt. - ↑auch Infrarotphotographie.
Infrarotheizung, die Infrarotstrahlung glühender Körper ausnutzende Strahlungsheizung. Man unterscheidet *Dunkelstrahler* (Temperatur etwa 700 °C) und *Hellstrahler* (Temperatur etwa 2 000 °C).
Infrarotlenkung, Eigenlenkverfahren (im Ggs. zur Fernlenkung) bes. bei militär. Raketen. Bordseitige Infrarotsensoren bestimmen die Richtung maximaler Einfallsstärke von Infrarot- bzw. Wärmestrahlung (ausgehend z. B. vom Triebwerk von Raketen und Flugzeugen) und steuern damit automat. den Kurs.
Infrarotphotographie, photograph. Aufnahmetechnik, die sich der bes. physikal. Eigenschaften infraroter Strahlung bedient

Infrarotspektroskopie

(z. B. Unsichtbarkeit, die Fähigkeit, Dunst und atmosphär. Trübungen zu durchdringen, die Möglichkeit, erwärmte Körper mittels der Wärmestrahlung opt. abzubilden). Die Aufnahmen werden auf zusätzl. für den Infrarotbereich sensibilisiertem Photomaterial gemacht, wobei sichtbares Licht durch Filter (Schwarzfilter) ausgeschaltet werden muß. Als Infrarotlichtquelle dient die Sonnenstrahlung, die Wärmestrahlung der Objekte oder künstl. Beleuchtung (Infrarotstrahler, für Aufnahmen in der Dunkelheit besondere Infrarotblitzlampen).

Infrarotspektroskopie, Verfahren zur Strukturaufklärung in der organ. Chemie (↑ Spektroskopie).

Infrarotstern ↑ Stern.

Infrarotstrahlung (IR-Strahlung, Ultrarotstrahlung, Wärmestrahlung), vom menschl. Auge im allg. nicht wahrnehmbare elektromagnet. Strahlung, die an die langwellige Grenze (Rot) des sichtbaren Lichts bei 760 nm Wellenlänge anschließt und sich bis ins Mikrowellengebiet bei 1 mm Wellenlänge erstreckt. I. erkennt man u. a. an einer Wärmewirkung. Diese wird beim *Infrarotstrahler* und beim *Infrarotgrill* für Heizzwecke ausgenutzt. I. durchdringt fast ungehindert Nebel und Wolken. Die ↑ Infrarotphotographie verwendet Filmmaterial, das für I. empfindl. ist. Damit kann sowohl durch Dunst und Wolken als auch bei Nacht photographiert werden. Für ähnl. Zwecke werden auch *Infrarotsichtgeräte* verwendet. Sie enthalten als Hauptbestandteil eine Vorrichtung, durch die das auf das Gerät treffende I. in sichtbares Licht umgewandelt wird.

Infraschall, Schwingungen mit Frequenzen unter 16 Hz, d. h. unterhalb der menschl. Hörschwelle. Zum I. zählen auch Boden- oder Gebäudeschwingungen, die als Erschütterungen wahrgenommen werden. I. hoher Intensität schadet dem Organismus. - ↑ auch Schall.

Infrastruktur, die Gesamtheit aller durch Gebietskörperschaften des öffentl. Rechts getragenen Einrichtungen der sog. Vorsorgeverwaltung (z. B. die der Allgemeinheit dienenden Einrichtungen für Verkehr und Beförderung, Fernsprech- und Fernmeldewesen, Gas-, Wasser- und Elektrizitätsversorgung, Bildung und Kultur, Krankheitsvorsorge und Krankenbehandlung).

Inful [lat.], kath. geistl. Würdezeichen, svw. ↑ Mitra.

Infusion [zu lat. infusio „das Eingießen"], die (meist langsame) Einführung größerer Flüssigkeitsmengen (z. B. physiolog. Kochsalzlösung, Blut oder Blutersatz) in den Organismus, bes. über den Blutweg (intravenös, seltener intraarteriell), über das Unterhautgewebe (subkutan) oder durch den After (rektal).

Infusorien [lat.] (Aufgußtierchen), Sammelbez. für kleine, meist einzellige, im Aufguß von pflanzl. Material sich entwickelnde Organismen (bes. Flagellaten, Wimpertierchen).

Infusum [lat.] ↑ Aufguß.

Inga, Ort in Zaïre, an den Livingstonefällen des Kongo, 6 900 E. Großkraftwerk.

Ingarden, Roman, * Krakau 5. Febr. 1893, † ebd. 14. Juni 1970, poln. Philosoph. - 1945–63 Prof. in Krakau, 1950–56 wegen „Idealismus" suspendiert. I. verwirft den transzendentalen Idealismus seines Lehrers Husserl und entwirft mit Hilfe der phänomenolog. Methode eine realist. Ontologie. Seine in bed. Werken zur Ästhetik entwickelte Ontologie der Kunst, insbes. der Literatur, beschränkt sich auf die Analyse der Schichten und Strukturen des Kunstwerks.

Werke: Das literar. Kunstwerk (1931), Vom Erkennen des literar. Kunstwerks (1937), Der Streit um die Existenz der Welt (1947/48).

Ingäwonen ↑ Ingwäonen.

Ingbert, Nebenform des männl. Vornamens Ingobert.

Ingeborg, aus dem Nord. übernommener weibl. Vorname (altisländ. Ingibjorg zu Yngvi, Name eines Gottes, und bjorg „Schutz, Hilfe"); Kurzform Inge.

Ingeborg-Bachmann-Preis, von der Stadt Klagenfurt (Geburtsstadt I. Bachmanns) und dem Östr. Rundfunk gestifteter Literaturpreis, der seit 1977 jährlich verliehen wird. Bisherige Preisträger: G. F. Jonke (1977), U. Plenzdorf (1978), G. Hofmann (1979), S. Nadolny (1980), U. Jaeggi (1981), J. Amann (1982), F. Roth (1983), E. Pedretti (1984), H. Burger (1985), K. Lange-Müller (1986).

Ingelfingen, Stadt im Kochertal, Bad.-Württ., 217 m ü. d. M., 5 400 E. Heilbad; Nahrungsmittel- u. a. Ind. - 1080 erstmals gen.; 1334 Stadt. Seit dem 13. Jh. im Besitz der Grafen von Hohenlohe (seit 1701 Residenz eines Seitenzweiges). - Pfarrkirche (1490–1502) mit roman. Turm, barockes Schloß.

Ingelheim am Rhein, Stadt 12 km östl. von Bingen, Rhld.-Pf., 110 m ü. d. M., 20 800 E. U. a. chem.-pharmazeut. Ind., Metallverarbeitung. - I. a. R. wurde 1939 durch den Zusammenschluß der Gem. Ober-Ingelheim, Nieder-Ingelheim und Frei-Weinheim gebildet. Der ehem. fränk. Königshof Ingelheim wurde von Karl d. Gr. als einer seiner Lieblingsaufenthalte zur Pfalz ausgebaut, die bis ins 12. Jh. Schauplatz von Hoftagen, Reichstagen und Synoden war. Im 14./15. Jh. war sie dann Sitz des Ingelheimer Oberhofs (Oberrgericht). - Von der Kaiserpfalz sind nur geringe Reste vorhanden; spätgot. Burgkirche (15. Jh.) mit roman. Turm.

Ingemar, schwed. Form des männl. Vornamens Ingomar.

Ingenhousz (Ingen-Housz), Jan [niederl. 'ɪŋənhu:s], * Breda 8. Dez. 1730, † Bowood (Wiltshire) 7. Sept. 1799, niederl. Arzt und Naturforscher. - Arzt in London und Wien; entdeckte 1779 die Assimilation bei Pflanzen

Ingenieurwissenschaften

durch Einwirkung von Sonnenlicht (Photosynthese).

Ingenieur [ɪnʒənj'øːr; frz., zu ↑Ingenium], in der BR Deutschland eine durch die I.gesetze der Länder, in Östr. durch ein Bundesgesetz geschützte Berufsbez. für wiss. oder auf wiss. Grundlage ausgebildete Fachleute der Technik. Ausgebildet werden Diplom-I. an den techn. Univ. (TU) und techn. Hochschulen (TH), graduierte I. an Fachhochschulen, beide auch an Gesamthochschulen. Zusammenschlüsse: Verein Deutscher Ingenieure e. V. (VDI), Verband Deutscher Elektrotechniker (VDE) u. a.; Dachverbände: Deutscher Verband techn.-wissenschaftl. Vereine, Zentralverband der Ingenieurvereine (ZBI e. V.).
In *Österreich* gibt es die Standesbez. Ziviltechniker, untergliedert in Architekt, Zivil-I. und I.konsulent, Voraussetzung ist im allg. eine abgeschlossene Ausbildung an einer östr. höheren techn. Lehranstalt und Berufspraxis. In der *Schweiz* können Ingenieurwiss. auf Hochschulebene an der Eidgenöss. Techn. Hochschule in Zürich und der École Polytechnique in Lausanne studiert werden (Dipl.-Ing.). Ingenieur-Techniker haben eine höhere techn. Lehranstalt absolviert.

Ingenieurbauten [ɪnʒənj'øːr], Bauwerke, die zu ihrer Errichtung die Lösung techn.-konstruktiver und stat. Aufgaben sowie bodenmechan. Probleme erfordern; z. B. Brücken, Stahl- und Stahlbetonskelettbauten, Hallenbauten, Industriebauten, Talsperren und Wasserkraftwerke.

Ingenieurbiologie [ɪnʒənj'øːr] (techn. Biologie), die Wiss. von den biolog. Auswirkungen, die durch baul. Veränderungen im Landschaftsgefüge hervorgerufen werden, sowie von der Nutzbarmachung biolog. Erkenntnisse bei notwendigen techn. Eingriffen in die Landschaft. Aufgaben der I. sind u. a. die Erforschung der Verwendbarkeit von Pflanzen als lebende Baumaterialien (zur Befestigung und Sicherung von Böschungen, Bodeneinschnitten, Ufern, Deichen und Dünen) sowie als Bodenerschließer und lebende Wasserpumpen in der Land-, Forst- und Wasserwirtschaft.

Ingenieurgeologie [ɪnʒənj'øːr] ↑Geologie.

Ingenieurpsychologie [ɪnʒənj'øːr], svw. Human engineering (↑Anthropotechnik).

Ingenieurschulen [ɪnʒənj'øːr], auf Grund des Länderabkommens zur Vereinheitlichung des Fachhochschulwesens vom 31. Okt. 1968 sind die I. in ↑Fachhochschulen umgewandelt worden.

Ingenieurwesen [ɪnʒənj'øːr] (Geniewesen), Bez. für die Gesamtheit der militärtechn. Tätigkeit der Ingenieurtruppen (Genietruppen): z. B. Lager-, Wege-, Brückenbau, Belagerungs- und Festungsbau. Nach Anfängen in den Heeren der Antike wurden bes. Ingenieurkorps seit dem 17. Jh. gebildet. Im 19. Jh. wurden in Deutschland die Bez. Ingenieurkorps, -truppen, -offiziere im Festungskrieg, Festungsbau und für die Behörden der Landesbefestigung übl., während Feldbefestigung, Brücken-, Straßen- und Lagerbau den Pionieren zufielen. In anderen Staaten (z. B. Frankr., Italien) verstand man unter Genietruppen die Gesamtheit aller techn. Truppen, unter Einschluß der Eisenbahn- und Nachrichtentruppen.

Ingenieurwissenschaften [ɪnʒənj'øːr], zusammenfassende Bez. aller techn. Fachrichtungen, die sich heute zu eigenen Wiss.bereichen entwickelt haben, z. B. Hoch- und Tiefbau, Bergbau, Hüttenwesen, Maschinenbau, Elektrotechnik, Produktionstechnik, Verfahrenstechnik, Wirtschaftsingenieurwesen und zahlr. andere.

Jean Auguste Dominique Ingres, Die große Odaliske (1814). Paris, Louvre

ingeniös [lat.-frz.], erfinderisch, scharfsinnig, kunstvoll erdacht; **Ingeniosität**, Erfindungsgabe.

Ingenium [lat.], Begabung, Scharfsinn, Erfindungsgeist.

Inger (Schleimfische, Schleimaale, Myxini), Unterklasse der Rundmäuler mit rund 20 Arten, v. a. in den gemäßigten Meeren; Körper aalförmig mit unpaarem, nicht unterbrochenem Flossensaum, 4–6 Barteln am Kopf und rückgebildeten, von Haut überwachsenen Augen; leben im Sand oder Schlamm eingegraben, ernähren sich von Wirbellosen sowie toten oder verletzten Fischen; Entwicklung direkt (ohne bes. Larvenstadium).

Ingermanland, Landschaft in der UdSSR (RSFSR), zw. Finn. Meerbusen, Newa, Ilmensee und Peipussee. - Das vom westfinn. Stamm der **Ingrier** (nach ihnen ben.) bewohnte Land gehörte im MA zu Nowgorod, kam 1478 zum Groß-Ft. Moskau, 1617 an Schweden; seit 1721 in russ. Besitz.

Ingestion [lat.], die Aufnahme von Stoffen und Flüssigkeiten in den Körper über Öffnungen (z. B. die Dermalporen der Schwämme). - Ggs. ↑ Egestion.

Inglewood [engl. 'ɪŋglwʊd], Stadt im sw. Vorortbereich von Los Angeles, Kalifornien, USA, 94 000 E. Univ.; Maschinen- und Flugzeugbau, Herstellung von Raketenteilen, elektron. Ind.; nahebei der internat. ✈ von Los Angeles. - Seit 1908 City.

Inglin, Meinrad, * Schwyz 28. Juli 1893, † ebd. 4. Dez. 1971, schweizer. Schriftsteller. - Verfasser realist., hintergründiger Romane aus dem schweizer. Volksleben, u. a. „Schweizerspiegel" (1938), „Erlenbüel" (1965); auch Erzählungen („Die Lawine", 1947).

Ingmar, Nebenform und schwed. Form des männl. Vornamens Ingomar.

Ingo, alter dt. männl. Vorname, Kurzform von Namen, die mit „Ingo" gebildet sind, wie z. B. Ingobert und Ingomar.

Ingobert, alter dt. männl. Vorname (zu althochdt. Ing[wio], Name einer german. Stammesgöttin, und beraht „glänzend").

Ingold, Sir (seit 1958) Christopher [engl. 'ɪŋgəld], * Ilford (= London) 28. Okt. 1893, † London 8. Dez. 1970, brit. Chemiker. - Prof. in Leeds und London. Beschäftigte sich u. a. mit den Reaktionsmechanismen organ. Verbindungen und untersuchte die Struktur aromat. Verbindungen; einer der Begründer der physikal. organ. Chemie.

Ingolstadt, kreisfreie Stadt a. d. Donau, Bay., 374 m ü. d. M., 90 400 E. Bayer. Armeemuseum, Dt. Medizinhistor. Museum; Theater. U. a. Automobilind., Maschinenfabriken, Erdölraffinerien (Pipelines vom Mittelmeer), Wärmekraftwerke. - 806 erstmals erwähnter fränk. Königshof; um 1250 Stadtgründung; 1392–1447 Residenz des Teilhzgt. Bay.-I.; 1472 Gründung der Univ., die ein Zentrum des Humanismus, später der Gegenreformation wurde (1802 nach Landshut verlegt). - Zahlr. Kirchen, u. a. spätgot. Pfarrkirche Zu Unserer Lieben Frau (1425 ff.), Pfarrkirche Sankt Moritz (14. Jh.), got. Minoritenkirche (1275 ff.), barocker Betsaal Sankt Maria Victoria (1732–36). Vom alten Schloß (13. Jh.) ist der sog. Herzogskasten erhalten; spätgot. neues Schloß (15. Jh.). Die Stadtummauerung (14. und 16. Jh.) ist z. T. erhalten sowie Teile der klassizist. Festung (1828–40). Bed. Theaterbau (1966).

Ingomar, alter dt. männl. Vorname (zu althochdt. Ing[wio], Name einer german. Stammesgöttin, und -mar „groß, berühmt").

Ingredienz (Ingrediens) [lat. „das Hineinkommende"], Zutat (z. B. Gewürz bei Speisen), Bestandteil [eines Medikaments].

Ingres, Jean Auguste Dominique [frz. ɛ̃:gr], * Montauban 29. Aug. 1780, † Paris 14. Jan. 1867, frz. Maler und Zeichner. - 1806–24 und 1835–40 in Italien (Rom). Trat, geschult bei J. L. David, zunächst mit Porträts hervor (Ehepaar und Tochter Rivière, alle drei 1805; Paris, Louvre). 1808 schuf I. mit der „Badenden von Valpençon" (Louvre) den ersten seiner typ. weibl. Rückenakte. Berühmt wurde er mit religiösen und histor. Kolossalgemälden („Apotheose Homers", 1827; Louvre). Characterist. ist sein dünnes, glattes emailleartiges Kolorit und der ausgewogene Aufbau. Schuf auch v. a. sensible Porträtzeichnungen.

Weitere Werke: Cécile Pankkoucke (1811), Die große Odaliske (1814; beide Louvre), Madame de Senonnes (1814; Nantes, Musée des Beaux-Arts), Pius VII. bei einer Messe in der Sixtin. Kapelle (1820), Louis-François Bertin (1832; Paris, Louvre), Die kleine Odaliske (1842; Baltimore, Walters Art Gallery), Die Quelle (1856), Das türk. Bad (1862; beide Louvre). - Abb. S. 239.

Ingression [lat.], Eindringen des Meeres in festländ. Senkungsgebiete.

Ingressionsküste, Küste, die durch „ertrunkene" Flußmündungen gekennzeichnet ist, z. B. Fjord-, Fjärd- und Riasküste auf Grund von Meeresspiegelanstieg.

Ingrid, im 20. Jh. aus dem Nord. übernommener weibl. Vorname (zu altisländ. Yngvi, Name eines Gottes, und fríðr „schön").

Ingrid Marie ↑ Äpfel (Übersicht).

Ingrier [...i-ɛr] ↑ Ingermanland.

Ingrisch, Lotte, * Wien 20. Juli 1930, östr. Schriftstellerin. - ∞ mit Gottfried von Einem; v. a. bekannt durch skurrile Theaterstücke und Fernsehspiele voll schwarzen Humors.

Ingroup [engl. 'ɪngruːp] (Eigengruppe), Gruppe, der sich ein Individuum zugehörig und innerl. stark verbunden fühlt und die seine Wert- und Verhaltensorientierung prägt. Die Mgl. der I. grenzen sich von den **Outgroups** (Fremdgruppen) als den „anderen" ab.

Inguiomer, Cheruskerfürst der 1. Hälfte des 1. Jh. n. Chr. - Onkel des Arminius; hatte an dessen Kämpfen gegen Rom 9 und 15 n. Chr. wesentl. Anteil, trat bei den Auseinandersetzungen zw. Arminius und Marbod auf dessen Seite.

Inguschen, Volk im N des Großen Kaukasus, in der ASSR der Tschetschenen und Inguschen.

Inguschisch ↑ kaukasische Sprachen.

Ingwäonen (lat. Ingaevones; Ingäwonen), Kultverband der an der Nordseeküste siedelnden Stämme der westgerman. Kimbern, Teutonen, Chauken, Angeln, Warnen, Sachsen, Friesen und Ampsivarier.

Ingwer [Sanskrit-griech.-lat., eigtl. „der Hornförmige" (nach der Form der Wurzel)] (Ginger, Zingiber officinale), Art der Ingwergewächse; urspr. verbreitet in O-Asien, heute überall in den Tropen und Subtropen kultiviert; schilfartige Staude mit knolligem, kriechendem Wurzelstock; Blüten grünlichgelb, in bis 5 cm langen, eiförmigen Blütenähren. - ↑ auch Gewürze (Übersicht).

Ingwergewächse (Zingiberaceae, Curcumaceae), Fam. der Einkeimblättrigen mit 49 Gatt. und rd. 1 500 Arten, darunter viele Nutzpflanzen, in den Tropen und Subtropen; ausdauernde Kräuter oder Stauden mit Wurzelstöcken, oft stark verdickten Wurzeln; zwittrige Blüten mit einem Staubblatt, die in endständigen Ähren, Köpfchen oder Wickeln stehen.

INH, Abk. für: Isonikotinsäurehydrazid (↑ Isoniazid).

Inhaberaktie ↑ Aktie.

Inhaberpapiere, Wertpapiere, die nicht eine namentl. bestimmte Person, sondern den Inhaber der Urkunde als Gläubiger des beurkundeten Rechts ausweisen. Der Inhaber (Besitzer) wird vermutet, daß er der Eigentümer des Papiers, also der wahre Berechtigte aus dem Papier ist.

Inhalation [zu lat. inhalare „anhauchen"], die Einatmung von Gasen, Dämpfen bzw. Aerosolen zur Therapie von Erkrankungen der Atemwege (v. a. bei Bronchitis und Bronchialasthma).

Inhalt, in der *Logik* svw. ↑ Intension im Ggs. zu Umfang oder Extension.
◆ in der *Sprachwiss.* die ↑ Bedeutung oder begriffl. Seite im Gegensatz zur Lautgestalt sprachl. Zeichen.
◆ in der *Mathematik* als ↑ Flächeninhalt bzw. Rauminhalt oder ↑ Volumen ein Maß für die Größe eines zwei- bzw. dreidimensionalen räuml. Gebildes (Fläche bzw. geometr. Körper).

Inhaltsanalyse (Aussageanalyse), Sammelbez. für ein anwendungs- und formenreiches Untersuchungsverfahren, das inhaltl. und/oder formalen Charakteristika von Texten - v. a. der Massenmedien - herausarbeitet. Die I. unterscheidet sich von hermeneut. Verfahren der Textinterpretation durch das systemat., i. d. R. quantifizierende Vorgehen, das auf das Auftreten oder Ausbleiben bestimmter Zeichen (Schlüsselworte, bildl. Symbole) bezogen ist. Ausgehend von der amerikan. Propagandaforschung im 2. Weltkrieg ist die I. heute (teils unter Einsatz der Datenverarbeitung) in den Sozialwiss. gebräuchl., um neben der Ermittlung inhaltl. bzw. formaler Strukturen die Aussage auch Ansatzpunkte für Hypothesen über andere Untersuchungsfelder der Massenkommunikation zu ermöglichen.

inhaltsbezogene Sprachbetrachtung (inhaltsbezogene Grammatik, Sprachinhaltsforschung), v. a. von L. Weisgerber begründete Richtung der Sprachwiss., die den geistigen Anverwandlungsprozeß der außersprachl. Wirklichkeit mit den Mitteln der Sprache und damit das Weltbild einer Sprache zu erschließen versucht. Die i. S. gründet in der Sprachauffassung W. von Humboldts. Sprache wird nicht nach ihren Verwendungszwecken als Mittel der Verständigung, der Mitteilung und des Ausdrucks verstanden, sondern ihrem Wesen nach bestimmt als „Energeia", als eine Kraft geistigen Gestaltens, deren Entfaltungsformen die einzelnen natürl. Sprachen (Muttersprachen) sind. Die i. S. zielt sehr stark auf pädagog. Anwendung und hat den muttersprachl. Unterricht in der BR Deutschland in den 1950er und 60er Jahren beeinflußt.

Inhaltsirrtum ↑ Anfechtung.

Inhaltslogik ↑ Logik.

Inhaltsnormen ↑ Tarifvertrag.

Inhaltssatz, Nebensatz, der den wesentl. Inhalt der Gesamtaussage enthält, z. B.: Es stellte sich heraus, *daß er die Banknoten gefunden hatte.*

Inhambane [portugies. iɲɐm'bɐnə], Hafenstadt in S-Moçambique, 27 000 E. Distr.- hauptstadt, kath. Bischofssitz. Nahrungsmittelind., Hafen für Küstenschiffahrt. ⚓.

inhärent [lat.], anhaftend, innewohnend.

Inhärenz [zu lat. inhaerere „anhaften"], in der philosoph. Tradition Bez. zur Charakterisierung des Zusammenhanges der Eigenschaften eines Gegenstandes (Akzidenzien) mit diesem Gegenstand (Substanz), um die Unselbständigkeit der Eigenschaften im Unterschied zur Selbständigkeit der Substanzen, ihrer **Subsistenz** auszudrücken.

Inhibition [lat.], Hemmung oder Unterdrückung der spezif. Wirkung eines Stoffes (z. B. eines Enzyms) durch einen anderen Stoff.

Inhibitoren [zu lat. inhibere „hemmen"] (Hemmstoffe), i. w. S. alle Substanzen, die im Ggs. zu den Katalysatoren chem. oder elektrochem. Vorgänge einschränken oder verhindern (z. B. Antienzyme und Antivitamine, Antioxidantien, Korrosions-I. und Alterungsschutzmittel). Bei der Elektrolyse können I. bestimmte Reaktionsabläufe an den Elektroden durch Blockierung der aktiven Bezirke infolge Adsorption oder elektrostat. Wirkung erschweren. In der Biochemie, Physiologie und Medizin sind I. natürl. oder synthet. Substanzen, die insbes. auf bestimmte Stoffwechselprozesse in Zellen, Organen und ganzen Organismen hemmend wirken und sie u. U. sogar blockieren. Zu diesen I. zählen die Zytostatika, die die natürl. Antikörperbildung der Zellen herabsetzen und als sog. *Immun-I.* bei Organtransplantationen verwendet werden, die natürl. oder synthet. Antiwuchsstoffe, die als Gegenspieler der Pflanzenhormone in das Pflanzenwachstum eingreifen sowie die Sulfonamide und zahlr. Antibiotika als I. des Bakterienwachstums. I. e. S. sind I. Substanzen, deren Moleküle sich mit der Wirkgruppe eines Enzymmoleküls verbinden und es dadurch unwirksam machen.

inhomogen, an verschiedenen Punkten unterschiedl. [physikal.] Eigenschaften aufweisend.

inhomogenes Feld ↑Feld.

in honorem [lat.], zu Ehren.

inhuman, menschenunwürdig, unmenschlich: **Inhumanität,** unmenschl. Wesen, unmenschl. Handlung.

Inia [indian.], ↑Flußdelphine.

Inisheer [engl. ınɪˈʃɪə] ↑Aran Islands.

Inishmaan [engl. ınɪʃˈmæn] ↑Aran Islands.

Inishmore [engl. ınɪʃˈmɔː] ↑Aran Islands.

Inishowen [engl. ınɪˈʃoʊın], bergige Halbinsel an der ir. N-Küste mit **Malin Head,** dem nördlichsten Punkt Irlands.

Initial... [zu lat. initium „Anfang"], Bestimmungswort von Zusammensetzungen mit der Bed. „Anfangs...", z. B. Initialzündung, Initialzellen.

Initialen [zu lat. initialis „am Anfang stehend"], in Handschriften und Büchern oft am Kapitelanfang durch Größe, Farbe und Dekor ausgezeichnete Anfangsbuchstaben. In der ma. Buchmalerei kostbare Ausführungen. - Abb. Bd. 4, S. 95.

Initialsprengstoff ↑Initialzündung, ↑Sprengstoffe.

Initialwort, Kurzwort, das meist aus Anfangsbuchstaben mehrerer Wörter gebildet ist, z. B. *Radar (Radio detecting and ranging).*

Initialzellen, unbegrenzt teilungs- und wachstumsfähige Zellgruppe am Scheitel des Vegetationspunktes pflanzl. Sprosse und Wurzeln.

Initialzündung, Zündung eines schwer entzündl. Sprengstoffs durch einen leicht entzündl. hohe Temperatur liefernden Sprengstoff **(Initialsprengstoff),** z. B. in Granaten durch die Zündladung, in Wasserstoffbomben durch eine vorgeschaltete Atombombe.

Initiation [zu lat. initiare „den Anfang machen, einführen, einweihen"], Einführung, Einweihung, die am Beginn eines neuen Lebensstandes steht. Sie trägt religiösen Charakter und wird mit Riten begangen, die häufig Tod und Auferstehung (Wiedergeburt) zu neuem Leben symbolisieren (z. B. die christl. Taufe). In spezif. Weise ist der Vollzug von I.riten charakterist. für den Eintritt in Geheimbünde, in Mysteriengemeinschaften und in totemist. Gruppen. Bei Naturvölkern ist die I. meist mit der Erlangung der Geschlechtsreife verbunden, bei der der Jugend „Übergangsriten", sog. ↑Rites de Passage, auferlegt werden wie Absonderung, Fastenübungen, Mutproben und Enthaltung von Schlaf. Religiöse, kult. und sexuelle Unterweisungen sowie die Überprüfung des erworbenen Wissens gehören ebenfalls zu dieser Vorbereitungszeit. Die darauffolgende I.feier wird häufig mit Beschneidung, Maskierung, Zahnverstümmelung oder Tatauierung begangen. - In industriell entwickelten Gesellschaften finden sich Merkmale von I.riten nur noch bei traditionellen Gruppen (z. B. Äquatortaufe), im Bereich der jugendl. Subkultur (z. B. Mutprobe, Einstand) und in einigen Volks-, v. a. Hochzeitsbräuchen.

📖 *Lindenberg, W.:* Riten u. Stufen der Einweihung. Freib. 1978. - I. Hg. v. *V. Popp.* Ffm. 1969. - I. Hg. v. *C. J. Bleeker.* Leiden 1965.

Initiative [frz., zu lat. initiare „den Anfang machen"], Anstoß, Anregung zu einer Handlung; Entschlußkraft, Unternehmungsgeist.

Initiativrecht, das Recht, den zuständigen Organen Vorlagen für Gesetze zuzuleiten. In der BR Deutschland steht der Bundesreg. das ausschließl. I. für die Einbringung von Haushaltsvorlagen, Ratifikationsgesetzentwürfen zu völkerrechtl. Verträgen und Anträgen auf Feststellung des Verteidigungsfalles zu, während das I. der Einbringung normaler Gesetzentwürfe, die sog. *Gesetzesinitiative,* auch dem Bundesrat und einzelnen Mitgliedern des Bundestages in Fraktionsstärke eingeräumt ist.

In *Österreich* steht das I. der Bundesreg. sowie den einzelnen Mitgliedern des Nationalrats zu. Durch Vermittlung der Bundesreg. sind dem Nationalrat ferner Gesetzesanträge des Bundesrates sowie Volksbegehren vorzulegen. In der *Schweiz* steht das I. dem Bundesrat, dem Nationalrat und dem Ständerat, den Mitgliedern der beiden Räte und den Kantonen zu. Das Verfahren der Verfassungsänderung kann auch durch Volksinitiative in Gang gesetzt werden.

Initiator [lat. „Beginner"], Anreger, Anstifter; Urheber.

♦ in der *Chemie* eine Substanz, die eine Kettenreaktion auslöst.

initiieren [lat.], den Anstoß zu etwas geben, anregen; in ein Amt oder eine Gemeinschaft einführen (↑Initiation).

in iure cessio [lat. „Abtretung vor Gericht"], im römischen Recht Form der Über-

Inka

tragung eines Herrschaftsrechts durch eine prozeßähnl. Handlung.

Injektion [zu lat. iniectio, eigtl. „das Hineinwerfen"], das Einspritzen von (sterilen) Flüssigkeiten in den Körper, und zwar unterschiedl. tief in das Körpergewebe (intrakutan [in die Haut], subkutan [unter die Haut], intramuskulär [ins Muskelgewebe]), ins Blut oder in Körperhöhlen mit einer I.spritze und einer I.nadel (Kanüle).

◆ in der *Mathematik* svw. injektive ↑Abbildung.

◆ in der *Raumfahrt* Bez. für die Einsteuerung eines Raumflugsystems in eine Raumflugbahn (auch „Einschuß").

injektive Abbildung [lat./dt.] (Injektion) ↑ Abbildung.

Injektor [lat.], svw. Dampfstrahlpumpe (↑ Pumpen).

Injunktion [lat.] (Negatkonjunktion), in der Logik die Zusammensetzung zweier Aussagen mit der log. Partikel „weder-noch" (Zeichen: ⊻). Als *unendl.* oder *große I.* (Zeichen: ⩔) wird die Zusammensetzung aller Aussagen mit der log. Partikel „kein" bezeichnet.

Injurie [...i-ɛ; lat.], Beleidigung durch Worte, Schläge o. ä.

Inka, Herrschertitel des I.reiches und Name der Großfam., die die höchsten Beamten und Priester stellte. Erbberechtigt waren Söhne der aus der gleichen Großfam. stammenden Hauptfrau des Inka.

Das **Inkareich** im westl. S-Amerika bestand (etwa 1200–1532) zunächst nur aus der Stadt Cuzco, erreichte aber bis 1438 die Vorherrschaft im Hochtal von Cuzco. Unter Huaina Cápac (1493–1527) erreichte es seine größte Ausdehnung zw. der N-Grenze Ecuadors und dem Río Maule in M-Chile. 1532 landeten die Spanier und eroberten das Reich. – Der polit. Aufbau des I.reichs war pyramidenförmig; unter dem I. verwalteten 4 „Vizekönige" die 4 Reichsviertel. Weitere Unterteilungen waren Provinzen, Sektionen, Gebiete und Dorfgemeinschaften. Von den Erträgen des Landes floß ein Drittel dem Staat, ein weiteres den Göttern zu. Es bestanden deutl. Vereinheitlichungsbestrebungen, die sich u. a. in Zwangsumsiedlungen, einheitl. Staatssprache und Staatsreligion ebenso wie in der **Inkakultur** ausdrückten: Die öffentl. Bauten waren aus gut behauenen Steinblöcken ohne Mörtel errichtet. Im „Reichsstil" der Keramik herrschen kleinformatige, geometr. Muster vor; typ. Form ist eine spitzbodige, bauchige Am-

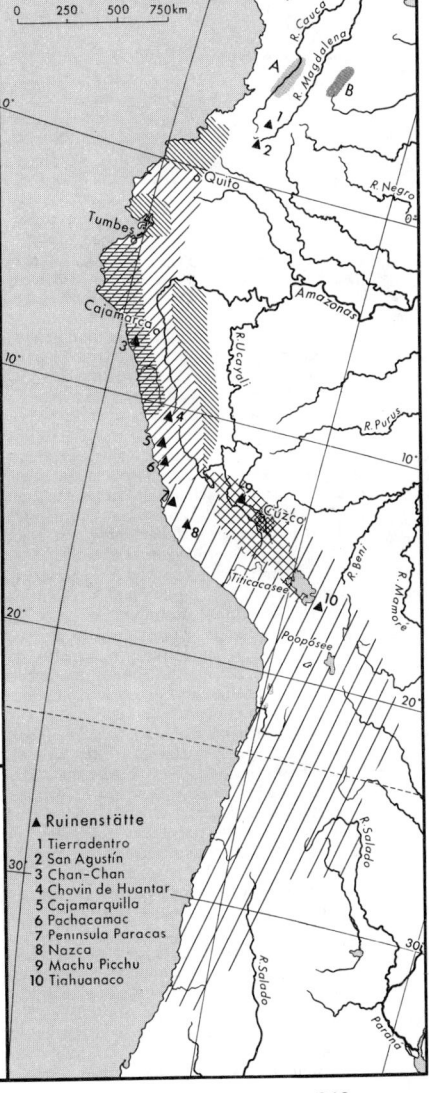

Entwicklung des Inkareichs
- ▨ Kerngebiet der Inka
- ⊠ Eroberungen unter Pachacuti Yupanqui (1438–63)
- ▨ Eroberungen unter Pachacuti Yupanqui u. Topa Inca Yupanqui (1463–71)
- ▨ Eroberungen unter Topa Inca Yupanqui (1471–93)
- ▨ Eroberungen unter Huaina Capac (1493–1527)
- ≡ Größte Ausdehnung des Chimúreiches (um 1450)
- A Kulturen im Tal des Rio Cauca (Quimbaya, Calima)
- B Gebiet der Chibcha (Muisca)-Kultur

▲ Ruinenstätte
1 Tierradentro
2 San Agustín
3 Chan-Chan
4 Chavin de Huantar
5 Cajamarquilla
6 Pachacamac
7 Peninsula Paracas
8 Nazca
9 Machu Picchu
10 Tiahuanaco

Inkabein

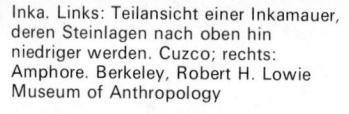

Inka. Links: Teilansicht einer Inkamauer, deren Steinlagen nach oben hin niedriger werden. Cuzco; rechts: Amphore. Berkeley, Robert H. Lowie Museum of Anthropology

phore mit langem Hals und 2 Henkeln; Gerätschaften bestehen z. T. aus Bronze. Außer den u. a. statist. Zwecken dienenden Quipuschnüren (Knotenschrift) gab es keine Schrift. – Die Staatsreligion der I. (**Inkareligion**) war urspr. die Religion der Quechua. Der zunächst an der Spitze stehende Schöpfergott ↑ Viracocha wurde in der Spätzeit durch die als Gott gedachte Sonne (Inti) verdrängt. Der nach dem Tod vergöttlichte Herrscher galt als sein Sohn; dessen Hauptfrau verkörperte die Mondgöttin. Bei der Ausdehnung des Reiches wurden auch fremde Götter und numinose Kräfte in die I.religion übernommen.
⌑ *Stingl, M.: Das Reich der I. Mchn. 1984. – Engl, L./Engl, T.: Glanz u. Untergang des I.reichs. Mchn. 1981.* – ↑ *auch Indianer.*

Inkabein (Inkaknochen), Bez. für eine bes. Ausprägung des ↑ Interparietale, bei der etwa die obere Hälfte der Hinterhauptsschuppe durch eine Quernaht abgetrennt ist; erstmals an Schädeln von Inkas entdeckt.

Inkakakadu ↑ Kakadus.

Inkaknochen, svw. ↑ Inkabein.

Inkakultur ↑ Inka.

Inkardination [mittellat.], die Eingliederung eines Geistlichen in einen Klerikerverband; erfolgt seit der Neuregelung ab 1. Jan. 1973 durch die Ordination zum Diakon.

Inkarnat [lat.-frz.], in der Malerei der (rosige) Farbton der Haut.

Inkarnation [zu lat. incarnatio „Fleischwerdung"], in zahlr. Religionen die Vorstellung vom Eingehen eines göttl., himml. oder jenseitigen Wesens in menschl. Gestalt. – Im christl. Sprachgebrauch, v. a. in der kath. Theologie, bezeichnet I. „Fleischwerdung des Logos" (nach Joh. 1, 14), das Geheimnis der Menschwerdung Jesu Christi.

Inkasso [lat.-italien.], Einzug fälliger Forderungen. Von I. wird i. d. R. dann gesprochen, wenn die Einziehung nicht vom Gläubiger selbst, sondern von einem Dritten ausgeführt wird. Voraussetzung hierfür ist die Erteilung einer I.vollmacht oder die Abtretung der Forderung (Zession). Im Massenzahlungsverkehr haben sich die verschiedenen Formen des Bankeinzugsverfahrens und die postal. I.verfahren durchgesetzt.

Inkassogeschäft, Bankgeschäft, das von Kreditinstituten, von eigens zu diesem Zweck gegründeten Unternehmen (Inkassobüros) und ähnl. Einrichtungen betrieben wird. Gegenstand des I. können alle Forderungen sein, die unter Inkasso genannt sind.

Inkassoindossament ↑ Indossament.

inkl., Abk. für: ↑ **inklusive.**

Inklination [zu lat. inclinatio „Neigung"], Neigung einer Gesteinsschicht oder tekton. Fläche gegenüber der Horizontalen.
◆ Neigung der Feldlinien des Erdmagnetfeldes gegen die Horizontale.
◆ Winkel, den eine Planeten- oder Kometenbahn mit der durch die Erdbahn festgelegten Ebene (Ekliptik) bildet.

Inklusen [zu lat. inclusi „die Eingeschlossenen"] (Reklusen, Klausner), Männer oder Frauen, die sich zu Askese und Gebet einschließen oder einmauern ließen.

Inklusion [zu lat. inclusio „Einschließung"], Einschluß kleiner Stoffmengen in anderen Substanzen.

inklusive (inclusive) [lat.], Abk. inkl., incl., einschließl., inbegriffen.

inkognito [lat.-italien.], unerkannt, unter fremdem Namen.

inkohärent [lat.], unzusammenhängend.

Inkohärenz [lat.], in der *Psychologie* Bez. für: Gedankenverwirrung; tritt v. a. bei Psychosen auf.

Inkohlung, Umbildung pflanzl. Substanz (bes. Zellulose, Lignin) über die Stadien Torf, Braunkohle, Steinkohle zu Anthrazit (u. U. Graphit im Verlauf langdauernder geolog. Prozesse. Voraussetzung für I. ist die Entwicklung großer Pflanzenmassen auf feuchten Standorten in möglichst warmem Klima und anschließende rasche Überlagerung mit dikken Schichten mineral. Sedimente (z. B. bei Landsenkungen). Die I. erfolgt unter Luftabschluß bei Hitze und hohem Druck, wobei der Gehalt des Materials an Wasserstoff und Sauerstoff abnimmt, der relative Kohlenstoffgehalt dagegen ansteigt. Stufen der *I.reihe* sind:

	Anteil (in %) an			
	Kohlenstoff	Wasserstoff	Sauerstoff	Stickstoff
Zellulose	50	6	43	1
Torf	60	6	32	2
Braunkohle	70	5	24	1
Steinkohle	82	5	12	1
Anthrazit	94	3	3	–
Graphit	99	–	–	–

inkommensurabel [lat.], allg. svw. nicht meßbar, nicht vergleichbar. In der *Mathematik* bezeichnet man zwei Größen als i., wenn ihr Verhältnis eine irrationale Zahl ergibt, z. B. Seite und Diagonale eines Quadrats (Verhältnis 1 : $\sqrt{2}$). - In der *Quantentheorie* bezeichnet man ein Paar von beobachtbaren Größen als i., wenn prinzipiell nicht beide gleichzeitig gemessen werden können, d. h., wenn es nicht möglich ist, eine dieser Größen zu messen, ohne den Zustand des Objekts durch den Meßprozeß derart zu verändern, daß die zweite weitgehend unbestimmt wird.

inkommodieren [lat.-frz.], Unbequemlichkeiten bereiten; belästigen.

Inkompatibilität, Unverträglichkeit, Unvereinbarkeit.

◆ im *Recht* die Unvereinbarkeit der gleichzeitigen Ausübung mehrerer öffentl. Funktionen in verschiedenen Staatsgewalten durch ein und dieselbe Person. Die I. folgt aus dem Grundsatz der †Gewaltentrennung.

◆ in der *Genetik* eine (nicht durch etwaige Kerndefekte hervorgerufene) Verhinderung einer Selbstvereinigung innerhalb eines Fortpflanzungssystems, wobei bestimmte Gene *(I.faktoren)* die Befruchtung hemmen.

inkompetent, unfähig; nicht zuständig;

Inkompetenz, Unfähigkeit; Unzuständigkeit.

inkomplette Antikörper (Glutinine, hyperimmune Antikörper), Antikörper, die an antigenhaltige rote Blutkörperchen gebunden sind oder auch frei im Blut vorkommen, jedoch nur in Gegenwart bestimmter Zusätze vollständige und noch sichtbare Antigen-Antikörper-Reaktionen verursachen.

inkompressibel, nicht zusammendrückbar; von nahezu konstanter Dichte.

Inkompressibilität, Bez. für den idealen Grenzfall eines Mediums bzw. Materials, das bei beliebigen Druckänderungen keine Volumenänderung erleidet, d. h. eine konstantbleibende Dichte besitzt.

Inkongruenz, Nichtübereinstimmung, Nichtdeckung (bei geometr. Figuren) im Ggs. zur †Kongruenz.

Inkontinenz [lat.], Unfähigkeit zur willkürl. Regulierung von Stuhl- bzw. Harnentleerung.

inkonziliant, nicht umgänglich; unverbindlich.

Inkoordination (Koordinationsstörung), gestörtes oder fehlendes Zusammenwirken der einzelnen Muskeln einer Muskelgruppe, z. B. bei †Ataxie.

Inkorporation [lat. „Einverleibung"] †Klosterpfarrei.

inkorporierende Sprachen [lat./dt.] (holophrast. Sprachen, polysynthet. Sprachen), in der Sprachtypologie Bez. für solche Sprachen, die einen ganzen Satz prakt. in einem Wort ausdrücken: Ein Satzteil (normalerweise das Verbum) nimmt die übrigen (Nominalobjekte oder pronominale Elemente) in sich auf. Zu den i. S. gehören z. B. das Eskimoische, viele amerikan. Indianersprachen, vielleicht auch die westkaukas. Sprachen.

Inkreis, im Innern eines Vielecks liegender Kreis, der sämtl. Seiten berührt.

Inkrete [lat.], Stoffe, die vom körpereigenen Stoffwechsel gebildet und ins Blut abgegeben werden (z. B. Harnstoff, Blutzucker der Leber). Überwiegend wird der Begriff jedoch in eingeschränkter Form gebraucht, d. h. nur auf die Hormone als die Ausscheidungen endokriner Drüsen bezogen.

inkriminieren [lat.], (eines Verbrechens oder Vergehens) beschuldigen.

Inkrustation [zu lat. incrustatio „das Überziehen mit Marmor"], Verkleidung von Wand- und Bodenflächen mit farbigen, polierten Steinplatten (meist aus Marmor und Porphyr), die zu Mustern gefügt sind. I. waren v. a. in der hellenist. Epoche, in der byzantin. Zeit (Hagia Sophia in Istanbul) und seit dem 12. Jh. in Italien verbreitet (Fassade von San Miniato al Monte, Florenz, 1018 ff.; zahlr. Arbeiten der †Cosmaten).

◆ im *Kunstgewerbe* Dekoration durch Einlegen von Glas, Stein, Keramik u. a., z. B. bei Keramik, Möbeln. In altamerikan. Kulturen verbreitet, berühmt ist der Jade-inkrustierte

Inkrustierung

Inkunabeln. Seite aus der ersten Ausgabe des 1485 bei Guy Marchant in Paris gedruckten Werkes „La Danse Macabre". Grenoble, Bibliothèque Municipale

Thron von Chichén Itzá.
♦ Verkrustung von Gewebefasern durch Ablagerung von chem. Umsetzungsprodukten der im Wasser enthaltenen Calcium- und Magnesiumsalze mit Waschmittelbestandteilen.
♦ mineral. Überzug um Gesteine, Fossilien u. a., entstanden durch chem. Ausscheidungen.

Inkrustierung [lat.], in der *Botanik* Bez. für die nachträgl. Einlagerung von Stoffen in das Zellulosegerüst pflanzl. Zellwände. Wichtigste Formen der I. sind: Verholzung (Lignineinbau), Verkernung (Gerbstoffeinlagerung unter Dunkelfärbung in Hölzern, Borken, Samenschalen; Fäulnisschutz), Mineraleinlagerungen (Calciumcarbonat bei zahlr. Algen; Kieselsäure bei Kieselalgen, Schachtelhalmen, Gräsern und Riedgräsern).

Inkubation [zu lat. incubatio „das Liegen (auf etwas), das Brüten"], Bebrütung, entwicklungsfördernde Erwärmung, z. B. von Bakterienkulturen und Vogeleiern.
♦ svw. ↑Inkubationszeit.
♦ in der *Religionsgeschichte* ist I. die Bez. für die [aus den Megalithkulturen stammende] v. a. in der Antike, aber auch später in der christl. Volksfrömmigkeit geübte Sitte, am Tempel (**Tempelschlaf**) bzw. an Kultstätten (Wallfahrtskirchen) zu schlafen, um im Schlaf ein Gebot (oder Orakel), Heilung von Krankheiten u. a. zu erlangen.

Inkubationszeit (Inkubation, Latenzzeit, Latenzperiode), Zeitspanne zw. dem Eindringen von Erregern in den Organismus und dem Auftreten der ersten Symptome einer Infektionskrankheit.

Inkubator [lat.], svw. ↑Brutkasten.

Inkubus (Incubus) [lat., eigtl. „der Auflieger"], Bez. des Alpdrucks und des ihn verursachenden Dämons. Der ma. Dämonenglaube verstand darunter vornehml. den Buhlteufel einer Hexe; bed. Anklagepunkt in den Hexenprozessen (Geschlechtsverkehr mit dem Teufel).

Inkunabeln [zu lat. incunabula „Windeln, Wiege" (weil der Buchdruck zu jener Zeit sozusagen noch in den Windeln lag)] (Wiegendrucke), die ältesten (etwa 1450 bis 1500) mit metallenen Einzellettern gedruckten Bücher und Einblattdrucke. Die Drucke des frühen 16. Jh. werden heute als **Post-Inkunabeln** bezeichnet.
♦ erste Erzeugnisse neuer druckgraph. Techniken (z. B. die Lithographien bis 1821).

inkurabel [lat.], unheilbar.

Inland, staatsrechtl. das Gebiet innerhalb der Grenzen eines Staates; im *Steuerrecht:* Bei der Einkommen-, Körperschaft- und Vermögensteuer ist I. die BR Deutschland und Berlin (West), bei der Umsatzsteuer ist I. das Gebiet des Dt. Reiches in den Grenzen von 31. 12. 1937 (ohne Zollausschlüsse und Zollfreigebiete).

Inlandeis, weite Gebiete bedeckende Eismasse, die sich unabhängig vom Relief des darunterliegenden Landes entwickelt.

Inländerbehandlung, Gewährung der den Inländern zustehenden Rechte an Ausländer oder Staatenlose. Innerhalb der EG wird für deren Staatsangehörige eine pauschale I. zunehmend realisiert.

Inlandsee, Binnenmeer zw. den jap. Inseln Hondo, Schikoku und Kiuschu.

Inlaut, Laut oder Laute im Innern eines Wortes. - ↑auch Anlaut, ↑Auslaut.

Inlett, [niederdt., zu lat. inlatum „einlassen"], köperbindiges, feinfädiges, sehr dichtes Hüllgewebe für Federn und Daunen, meist aus Baumwolle.

In-Line-Röhre [engl. 'ɪnlaɪn] ↑Fernsehen.

in Liquidation, Abk. i. L., Firmenzusatz, der bei ↑Liquidation geführt wird.

INMARSAT [engl. 'ɪnmarsæt], Abk. für International Maritime Satellite Organization, 1979 gegr. internat. Organisation, die sich die Entwicklung eines weltweiten Satellitenkommunikationssystems für die Schiffahrt zum Ziel setzte. Das System wurde ab 1982 aufgebaut (Kommunikationssatelliten Mareca, Marisat, INTELSAT V) und ermöglicht einen weltweiten Fernsprech-, Fernschreib- und Fernkopierverkehr, die Datenübertragung

innerdeutscher Handel

und den Seenotfunk unabhängig von der Entfernung zu einer Küstenfunkstelle und von Wettereinflüssen.

in medias res [lat. „mitten in die Dinge"], unmittelbar zur Sache kommen (nach Horaz' „Ars poetica").

in memoriam [lat.], zum Gedächtnis, zum Andenken.

Inn, rechter Nebenfluß der Donau, entspringt in den Rät. Alpen, Schweiz, fließt durch das Engadin, trennt ab Landeck die Zentralalpen von den Nördl. Kalkalpen, die er bei Kufstein durchbricht, mündet als Grenzfluß zw. Österreich und der BR Deutschland in Passau, 510 km lang.

in natura [lat. „in der Natur"], leibhaftig, persönlich; auch: in Sachwerten [bezahlen].

Innenarchitektur, i. e. S. Gestaltung von Innenräumen durch architekton. Mittel (Höhe, Grundriß, Wandgliederung, Säulen, Pfeiler, Treppen, Balustraden, Fenster, Türen u. a.), dann auch unmittelbar zugehöriger Ausstattungen (z. B. Deckengestaltungen, Fußbodenverkleidungen, Kamine); i. w. S. Innenausstattung, Innendekoration, die Ausschmückung von Innenräumen mit Bodenbelägen, Wand- und Deckenverkleidungen (Tapeten, Holztäfelungen, Stuckverzierungen), Möbeln, Lampen, Vorhängen, Bildern usw. Für gelungene Gesamtkonzeptionen wird auch die Bez. **Raumkunst** verwendet.

Innenfeuerung ↑ Dampfkessel.

Innengesellschaft, eine ↑ Gesellschaft des bürgerl. Rechts, bei deren Geschäften mit Dritten nur einer der Gesellschafter in Erscheinung tritt und auch nur allein verpflichtet wird.

Innenohr ↑ Gehörorgan.

Innenohrentzündung ↑ Ohrenkrankheiten.

Innenpolitik, Gesamtheit der polit. Maßnahmen in einem Staat, die im Ggs. zur Außenpolitik auf seine inneren, gesellschaftl. Verhältnisse gerichtet sind. Zur I. im weitesten Sinn zählen außer Verwaltung, Polizei, Verfassungspolitik auch Wirtschafts-, Rechts-, Finanz-, Handels- und Kulturpolitik. Im bürgerl.-liberalen Rechtsstaat des 19. Jh. konnten die Aufgaben der I. auf wenige „klass." Ministerien (Inneres, Justiz, Finanzen) beschränkt bleiben. Mit der Ausweitung der staatl. Aufgaben im modernen Ind.staat in Richtung auf Daseinsvorsorge wurden neue Ressorts geschaffen (Agrar- und Verkehrspolitik, Soziales, Arbeit, Umweltschutz usw.). Als Hauptprobleme der I. erscheinen heute die Verteilung des Sozialprodukts, soziale Chancenungleichheit, nat. und rass. Minderheiten, Bildung, Umweltschutz, Energie- und Rohstoffversorgung. Bei zunehmender internat. wirtsch. und finanzieller Verflechtung ist autonome I. heute nicht mehr mögl. - Bezügl. des Verhältnisses von I. und Außenpolitik hatte die dt. Geschichtsschreibung ebenso wie die Politik der bürgerl. Nationalstaaten seit dem 19. Jh. den „Primat der Außenpolitik" betont. So wurden im Sinne nat. Machtentfaltung Wirtschaftspolitik und Erziehungswesen nach militär. Erfordernissen ausgerichtet. Die v. a. marxist. beeinflußte Gegenposition des „Primats der I." vertritt die Abhängigkeit der Außenpolitik eines Staates von seinen inneren Klassenverhältnissen. Beide Auffassungen sind in einseitiger Ausprägung nicht haltbar und übergehen die gegenseitige Abhängigkeit von I. und Außenpolitik.

 Böhret, C., u. a.: I. u. polit. Theorie. Wsb. ²*1983. - Demokrat. System u. polit. Praxis in der Bundesrepublik. Hg. v. G. Lehmbruch u. a. Mchn. 1971. - Kehr, E.: Der Primat der I. Gesammelte Aufsätze zur preuß.-dt. Sozialgesch. im 19. u. 20. Jh. Hg. u. eingel. v. H.-U. Wehler. Bln. 1965.*

Innenreim, svw. ↑ Inreim.

Innenschmarotzer, svw. ↑ Endoparasit.

Innentaster, svw. ↑ Lochzirkel.

Innenumsätze, alle zw. einem *Organträger* (Obergesellschaft) und seinem *Organ* (abhängige Gesellschaft) und bei Vorhandensein mehrerer Organe zw. den Organgesellschaften getätigten Umsätze. Nach dem Umsatzsteuergesetz werden sie steuerrechtl. als innerbetriebl. Vorgänge anerkannt.

Innenwelt, auf die idealist. Trennung von Subjekt und Objekt zurückgehender Begriff für den von der physikal. und sozialen Umwelt (**Außenwelt**) getrennten und nur dem Ich zugehörigen Bereich des Subjektiv-Psychischen (Erleben, Denken, Wollen usw.).

Innenwiderstand, elektr. Widerstand eines Meßgerätes oder einer Spannungsquelle (z. B. Batterie). Bei Spannungsquellen bewirkt der I. ein Absinken der elektr. Spannung unter Belastung, bei Meßgeräten beeinflußt der I. die zu messende Größe.

Innenwinkel, der durch zwei benachbarte Seiten gebildete Winkel im Innern einer geometr. Figur.

Innenwirkungsgrad ↑ Motorleistung.

innerdeutsche Beziehungen, in der BR Deutschland seit 1969 Bez. für die Gesamtheit der Beziehungen mit der DDR; löste im Zuge der Entspannungspolitik und der Preisgabe des Alleinvertretungsanspruchs der BR Deutschland den Terminus „gesamtdt. Fragen" ab.

innerdeutscher Handel (Interzonenhandel), der Austausch von Waren und Dienstleistungen und der Zahlungsverkehr zw. der BR Deutschland einschl. Berlin (West) und der DDR. Da seitens der BR Deutschland die DDR nicht als fremdes Wirtschaftsgebiet gilt, ist der i. H. kein Teil des Außenhandels. Da er jedoch selbständige Währungsgebiete betrifft, muß er nach bes. Regeln abgewickelt werden. Rechtl. Grundlage ist das **Interzonenhandelsabkommen (Berliner Abkommen)**

innere Absorption

Jahr	Bezüge aus der DDR	Lieferungen in die DDR	Umsatz
1978	4 066,0	4 754,0	8 821,0
1979	4 791,8	5 092,8	9 884,6
1980	5 855,0	5 875,0	11 730,0
1981	6 349,5	6 128,8	12 478,3
1982	6 988,2	7 079,8	14 068,0
1983	7 561,5	7 680,7	15 242,2
1984	8 240,8	7 250,8	15 491,6
1985	8 157,6	8 585,5	16 743,1
1986	7 343,6	7 836,8	15 180,4
1987	7 118,5	7 366,0	14 484,5
1988	7 332,7	6 838,3	14 171,0

Waren- und Dienstleistungsverkehr im innerdeutschen Handel in den Jahren 1978 bis 1988 (in Mill. VE = DM)

vom 20. 9. 1951. Jährlich werden Listen der handelbaren Warengruppen zusammengestellt. Alle Zahlungen werden über zentrale Verrechnungskonten bei der Dt. Bundesbank bzw. der Staatsbank der DDR abgewickelt, die in *Verrechnungseinheiten* (VE) geführt werden, wobei eine VE einer DM entspricht. Entstehende Verrechnungsspitzen können außer durch Lieferantenkredite v. a. durch zinslose Überziehungskredite (**Swing**) gedeckt werden. Dieser Swing wird von der DDR in großem Maß in Anspruch genommen, da die Lieferungen der BR Deutschland die der DDR deutlich übersteigen. Die wichtigsten Warengruppen innerhalb der Lieferungen der BR Deutschland sind Maschinenbau, elektrotechn. und chem. Erzeugnisse, bei den Bezügen aus der DDR überwiegen Textilien und Bekleidung, Mineralölerzeugnisse und land- und forstwirtsch. Produkte.
Der innerdeutsche Warenverkehr hat sich seit seinem Bestehen kontinuierlich ausgeweitet und erreichte 1988 einen Gesamtumsatz von 14,171 Mrd. VE; der Gesamtsaldo der gegenseitigen Verbindlichkeiten betrug zu dieser Zeit einschließlich der Inanspruchnahme des Swing (sog. kumulierter Aktivsaldo) 3,5 Mrd. VE. Die Struktur des Warenverkehrs blieb nahezu konstant.

innere Absorption, svw. ↑Auger-Effekt.

innere Angelegenheiten, Angelegenheiten eines Staates, die keinen Bezug zu anderen Staaten haben; für ihre Regelung ist jeder Staat allein zuständig (↑Souveränität), ohne daß Völkerrecht zu beachten wäre. Die Einmischung eines Staates in die i. A. eines anderen ist völkerrechtswidrig.

innere Atmung. ↑Atmung.

innere Besamung. ↑Besamung.

innere Blutung ↑Blutung.

innere Emigration, von F. Thieß 1933 geprägte Bez. für die polit.-geistige Haltung derjenigen Schriftsteller, die während der nat.-soz. Herrschaft in Deutschland blieben und mit den ihnen verbliebenen literar. Möglichkeiten bewußt gegen den NS Widerstand leisteten. Die Anwendung der Bez. auf die Haltung solcher Schriftsteller, die in dieser Zeit verstummten („Rückzug ins Schweigen"), sich in unverbindl.-ästhet. Bereiche flüchteten oder gar auf grundsätzl. unpolit.-bürgerl.-restaurative Schriftsteller ist problematisch.

innere Energie, die allein durch den inneren Zustand bestimmte Energie eines thermodynam. Systems bei konstantem Volumen; sie setzt sich aus der kinet. Energie der Systemteilchen, die diese auf Grund ihrer Wärmebewegung besitzen, und ihrer gesamten Wechselwirkungsenergie sowie aus innermolekularen Anteilen (z. B. Schwingungsenergien) zusammen. Die i. E. ist wie die ↑Enthalpie ein Maß für den Wärmeinhalt des Systems.

innere Form, auf Plotin zurückgehender Begriff für die geistige Bedingtheit der Welt der Erscheinungen; weiterentwickelt von Shaftesbury zur Kennzeichnung der bildenden Kräfte, welche die Gestaltwerdung in Natur und Kunst bewirken; fand über Herder Eingang in die dt. geistesgeschichtl. Terminologie. Der Begriff wird in zweifachem Sinne verwendet: 1. autorbezogen für das geistige Urbild, das der Künstler von der Gestalt des Kunstwerkes entwickelt hat, umfassender und vollkommener als das ästhet. Gebilde, das bei der Umsetzung in die äußere Gestaltsphäre Reduktionen unterliegt; 2. objektbezogen für die einem ästhet. Material innewohnende gesetz- oder naturgemäß vorgegebene geistige Formstruktur, die seine äußere Gestalt vorbestimmt.

innere Führung, in der Bundeswehr Bez. für das Konzept der Führungsaufgaben: geistige Rüstung und zeitgemäße Menschenführung; mit dem Namen W. S. T. Graf von Baudissins eng verknüpft und schon vor der Aufstellung der Bundeswehr 1956 konzipiert; geht von der Notwendigkeit der gesellschaftl. Integration der Streitkräfte in einer freiheitl. Demokratie aus, im Leitbild vom (Staats-)Bürger in Uniform auf den einzelnen Soldaten übertragen.

Innere Hebriden, ↑ Hebriden.

Innereien, innere Organe (z. B. Herz, Leber, Lunge, Niere) von Schlachtvieh, Geflügel oder Wild.

innere Kolonisation, Bez. 1. für die Urbarmachung bisher ungenutzten Landes innerhalb eines bereits besiedelten Gebiets; 2. für das durch das preuß. Ansiedlungsgesetz vom 26. 4. 1886 geförderte bäuerl. Siedlungswerk mit dem Ziel, poln. Besitzungen in den Prov. Posen und Westpreußen zu erwerben.

innere Medizin (interne Medizin), Fachgebiet der Medizin, das die Pathophysiologie, Diagnostik, Therapie, Prophylaxe und Rehabilitation im Bereich der Erkrankungen fast sämtl. **Organe und Organsysteme** (innere **Krankheiten**) umfaßt, sofern diese ohne chirurg. Heilmethoden beeinflußt werden können. Spezielle Fachgebiete der i. M. sind Gastroenterologie, Kardiologie und Pulmonologie.

Innere Mission ↑ Diakonisches Werk – Innere Mission und Hilfswerk der Evangelischen Kirche in Deutschland.

Innere Mongolei, Autonome Region in N-China, an der Grenze gegen die Mongol. VR, 1 200 000 km^2, 19,3 Mill. E (1982). Hauptstadt Huhehot. Das Gebiet der I. M. ist Teil des mongol. Plateaus (durchschnittl. 800–1 000 m ü. d. M.) und erstreckt sich von der Wüste Ala Shan im W zum Großen Chingan im O. An den W–O verlaufenden Yinschan schließt sich im S das vom Hwangho umflossene Wüstengebiet der Ordosplateaus an. Das Klima zeichnet sich durch extreme Kontinentalität aus. Entsprechend der feuchteren O- und der trockenen W-Hälfte gehen die Grassteppen am Fuß des Großen Chingan und Yinschan allmähl. in die Wüstengebiete der Gobi über. Urspr. Weideland von mongol. Nomaden, wurden die Steppen seit dem 19. Jh. im Zuge der chin. Durchsiedlung immer mehr in Kultur genommen. Ein Großteil der Nomaden ist heute seßhaft; wandernde Viehzüchter leben kollektiviert v. a. auf Weideländereien in den nördl. Grenzgebieten. Die beiden Ind.zentren der Region, die seit den 1950er Jahren auf Grund der Erschließung von Bodenschätzen und der verstärkten landw. Produktion aufgebaut wurden, sind Paotow (Eisen-, Stahl-, Aluminiumind., Zuckerfabriken) und Huhehot (chem. Ind., Zuckerfabriken). Drittgrößte Stadt ist das Eisenbahnzentrum Tsining.

Geschichte: 1947 Gründung der Autonomen Region I. M. auf dem seit 1635 von China beanspruchten Territorium der I. M. Nach Gebietsvergrößerungen 1949 und 1952 umfaßte die Region 647 500 km^2 und wies eine Gesamtbev. von 2,5 Mill. E auf, darunter 800 000 Mongolen. Infolge der Gebietserweiterungen von 1954, 1955 und 1956 sowie der starken Zuwanderung von Chinesen sank der mongol. Bev.anteil zunehmend ab. 1969 wurden Teile der I. M. abgetrennt und den mandschur. Prov. sowie Kansu und Ningsia zugeteilt.

innere Pressefreiheit ↑ Pressefreiheit.

innere Quantenzahl, die Quantenzahl j des Gesamtdrehimpulses eines Elektrons aus der Elektronenhülle eines Atoms.

innerer Monolog, Erzähltechnik in Roman, Erzählung und Hörspiel, die den Bewußtseinsstand einer Person unmittelbar wiederzugeben versucht. Der i. M. als stummer Monolog ohne Hörer verwendet Ich-Form und Präsens. Sein bes. Gepräge erhält er in der Wiedergabe des „Bewußtseinsstromes", des **Stream of consciousness,** einer komplexen, amorphen Folge von Bewußtseinsinhalten, in denen Wahrnehmung, Empfindung und subjektive Reaktion noch ungeschieden und vor ihrer gedankl. Fixierung vorliegen. Diese versucht der i. M. zu gestalten durch lückenlose Darstellung (Erzählzeit länger als erzählte Zeit) sowie Lockerung der Syntax (einfachste, unverbundene Aussagesätze) bis hin zu deren Auflösung (in- und übereinandergeblendete Satzfragmente). Erstmals experimentell eingesetzt von W. M. Garschin, É. Dujardin, H. Conradi, A. Schnitzler („Lieutenant Gustl", 1901), dann als Bestandteil oder Gesamtstruktur der großen Romane bei J. Joyce, W. Faulkner, V. Woolf, M. Proust, T. Mann, H. Broch, A. Döblin u. a.

innerer Notstand, ein Zustand drohender Gefahr für den Bestand oder die freiheitl. demokrat. Grundordnung der BR Deutschland oder eines ihrer Länder, bei dem unter bestimmten Voraussetzungen Bundesgrenzschutz zur Unterstützung der Polizei eingesetzt werden, die Bundesreg. Polizeikräfte der Länder ihren Weisungen unterstellen und gegebenenfalls auch die Bundeswehr einsetzen kann. - ↑ auch Ausnahmezustand, ↑ Katastrophennotstand.

Für *Österreich* bestimmt Art. 79 B-VG, daß das Bundesheer zum Schutz der verfassungsmäßigen Einrichtungen sowie zur Aufrechterhaltung der Ordnung und Sicherheit im Innern und zu Hilfeleistungen bei Elementarereignissen und Unglücksfällen außergewöhnl. Umfangs herangezogen werden kann.

In der *Schweiz* sind Maßnahmen bei gestörter

Ordnung im Innern zunächst Aufgabe der Kantone, jedoch ist auch der Bund (Bundesrat oder Bundesversammlung) zum Eingreifen befugt.

innerer Punkt, ein Punkt x einer Teilmenge M eines topolog. Raumes (z. B. der reellen Zahlengeraden), der eine ganz in M enthaltene Umgebung besitzt. Die Menge aller i. P. von M heißt das *Innere* oder der *[offene] Kern* von M.

innere Sekretion, ↑Sekretion.

inneres Ersticken ↑Ersticken.

inneres Produkt, svw. ↑Skalarprodukt.

innere Uhr, svw. ↑physiologische Uhr.

Innerhofer, Franz, * Krimml bei Salzburg 2. Mai 1944, östr. Schriftsteller. - Bauernsohn; Lehre als Schmied. Beschreibt in seiner autobiograph. getönten Romantrilogie „Schöne Tage" (1974), „Schattseite" (1975), „Die großen Wörter" (1977) den Entwicklungsprozeß eines Bergbauernjungen, der sich aus seinen von jahrhundertealten Traditionen und Tabus bestimmten Verhältnissen befreit. *Weiteres Werk:* Der Emporkömmling (E. 1982).

Innerkrain, Teil der ↑Krain.

Innerösterreich, Bez. für die ehem. östr. Hzgt. Steiermark, Kärnten, Krain und die Gft. Görz im Unterschied zu Vorderöstr.; in Tirol und Vorarlberg auch Bez. für das ganze übrige Österreich.

Innerste, rechter Nebenfluß der Leine, entspringt im Harz, mündet bei Sarstedt; 99 km lang. Am Ausgang aus dem Harz liegt der I.stausee.

innertherapeutische Mittel, svw. ↑systemische Mittel.

innertropische Konvergenz (intertropische Konvergenz; engl. intertropical convergence [ITC]), die Zone der äquatorialen Tiefdruckrinne zw. den Passatgürteln der Nord- und der Südhalbkugel. In der i. K. steigt die Luft auf, es kommt zu starker Wolkenbildung sowie zu heftigen Niederschlägen und schweren trop. Wirbelstürmen. Die i. K. fällt nicht mit dem geograph. Äquator zusammen; sie wandert, dem Sonnenhöchststand folgend, auf den Festländern weit nach N und S.

Innertropische Konvergenz. Mittlere Lage im Juli (durchgezogene Linie) und im Januar (gestrichelte Linie)

Innervation [lat.], 1. die (natürl.) Versorgung der Gewebe und Organe mit motor., sensiblen oder vegetativen Nerven; 2. Leitung der von den Nerven aufgenommenen Reize an Gewebe und Organe.

Innes, Hammond [engl. 'ɪnɪs], * Horsham bei London 15. Juli 1913, engl. Schriftsteller. - Verf. zahlr. populärer Abenteuerromane wie „Das Schiff im Felsen" (1948), „Der weiße Süden" (1949), „Es begann in Tanger" (1954), „Die weißen Wasser" (1965), „Das Gold der Wüste" (1973), „Nordstern" (1974), „Die schwarze Flut" (1984).

Innitzer, Theodor, * Weipert (= Vejprty, Nordböhm. Gebiet) 25. Dez. 1875, † Wien 9. Okt. 1955, östr. kath. Theologe. - 1929/30 Bundesmin. für soziale Verwaltung; 1932 Erzbischof von Wien, 1933 Kardinal. Befürwortete zunächst den Anschluß Österreichs an das nationalsozialist. Deutschland, wandte sich später gegen den Nationalsozialismus; gründete 1945 die Wiener Kath. Akademie.

innocente [ino'tʃente; italien.], musikal. Vortragsbez.: unschuldig, ungekünstelt.

Innovation [zu lat. innovatio „Erneuerung"], in der *Soziologie* Neuerung, geplante und kontrollierte Veränderung eines Systems von Funktionsbeziehungen, mit der unter Anwendung neuer Ideen und Techniken vorher nicht praktizierte Möglichkeiten verwirklicht werden sollen. Ziel ist hierbei eine Optimierung des bestehenden Systems in einzelnen Bereichen oder seine Überwindung durch ein neues leistungsfähigeres System.

◆ in der *Wirtschaft* die Realisierung einer neuartigen Lösung für ein bestimmtes Problem, insbes. die Einführung eines neuen Produkts oder die Anwendung neuer Verfahren, z. B. neue Marktkonzeptionen, neue Vertriebs- und Finanzierungsformen, Einführung von Planungs- und Informationssystemen oder neuer Techniken der Kostenerfassung und -senkung, Umgestaltung der betriebl. Organisationsstruktur, auch innerbetriebl. Weiterbildung u. a.

Innozentia, weibl. Vorname lat. Ursprungs, weibl. Form von Innozenz.

Innozenz, männl. Vorname lat. Ursprungs (zu lat. innocens „unschuldig").

Innozenz, Name von Päpsten:

I. II., * Rom, † ebd. 24. Sept. 1143, vorher Gregor Papareschi, Papst (seit 14. Febr. 1130). - Formal unrechtmäßig gegen Anaklet

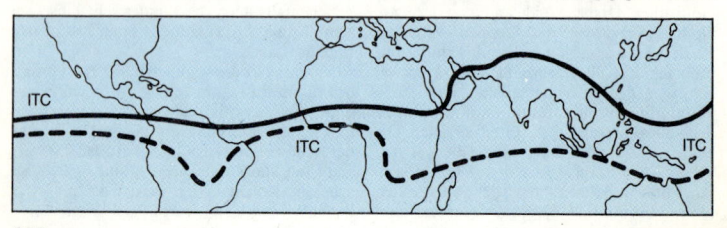

Innsbruck

II. gewählt, gegen den er sich nur durch die Agitation Bernhards von Clairvaux durchsetzen konnte; erst der Tod von Anaklet II. (1138) beendete endgültig das Schisma.

I. III., *Anagni 1160 oder 1161, †Perugia 16. Juli 1216, vorher Lothar Graf von Segni, Papst (seit 8. Jan. 1198). - Erstrebte durch kluge Diplomatie (v. a. im dt. Thronstreit) Unabhängigkeit der päpstl. Hauptstadt Rom und des (unter ihm erweiterten) Kirchenstaates, Oberhoheit über Sizilien, Sicherung der Christenheit gegen Ketzer und Heiden (4. Kreuzzug). Innerkirchl. behauptete I. die päpstl. Führerstellung durch berühmte Rechtsentscheide (Dekretalen), durch Reform der Kurie, des Welt- und Ordensklerus, Einführung der Inquisition, durch Bestätigung und Förderung neuer Orden. Höhepunkt und Ausklang seines Pontifikates wurde das 4. Laterankonzil (1215).

I. X., *Rom 6. Mai 1574, †ebd. 7. Jan. 1655, vorher Giambattista Pamfili, Papst (seit 15. Sept. 1644). - Zwielichtige Papstgestalt; protestierte 1648 gegen die die kirchl. Rechte verletzenden Bestimmungen des Westfäl. Friedens und verurteilte 1653 fünf Sätze des C. Jansen; Förderer der Künste.

I. XI., sel., *Como 19. Mai 1611, †Rom 12. Aug. 1689, vorher Benedetto Odescalchi, Papst (seit 21. Sept. 1676). - I. verurteilte den Laxismus verschiedener Jesuiten, den Quietismus des M. de Molinos und mißbilligte die Hugenottenverfolgung durch Ludwig XIV. nach Aufhebung des Ediktes von Nantes 1685.

I. XII., *bei Spinazzola (Region Basilicata) 13. März 1615, †Rom 27. Sept. 1700, vorher Antonio Pignatelli, Papst (seit 12. Juli 1691). - Streng geistl. gesinnt und reformeifrig; in den Gnadenstreitigkeiten wandte er sich gegen Quietismus, Jansenismus und Probabilismus.

Innsbruck, Hauptstadt des östr. Bundeslandes Tirol, im Inntal zw. Karwendelgebirge und den Zentralalpen, 574 m ü. d. M.,

Innsbruck. Blick auf den Stadtteil Wilten mit der Pfarrkirche (links) und der Stiftskirche (rechts)

117 300 E. Verwaltungs-, Kultur- und Wirtschaftszentrum Nordtirols, Kongreß- und Messestadt; kath. Bischofssitz; Univ. (gegr. 1669), Theolog. Konvikt, B.-Anstalt für Leibeserziehung, Hotelfachschule; zahlr. Museen, u. a. Tiroler Landesmuseum Ferdinandeum, Tiroler Volkskunstmuseum; Landestheater, Alpenzoo, botan. Garten, Textil-, Nahrungsmittel-, metallverarbeitende u. a. Ind., Fremdenverkehr.

Geschichte: Die niedrigeren Höhen um I. waren schon in der Bronzezeit besiedelt; im Inntal sind Siedlungen seit röm. Zeit nachgewiesen. 1187 wird **Inspruke** erstmals gen., 1239 bestätigte Herzog Otto II. von Andechs-Meraniern das seit etwa 1200 geltende Stadtrecht. Mit der Gft. Tirol gelangte I. 1363 in den Besitz der Habsburger; der Leopoldiner Friedrich IV. verlegte um 1420 seine Residenz von Schloß Tirol (bei Meran) nach Innsbruck. Unter Kaiser Maximilian I. und den habsburg. Erzherzögen der jüngeren Tiroler Linie (ab 1564) erfreute sich I. bes. Förderung. Nach deren Aussterben (1665) verlor die Stadt die Residenzfunktion, dafür erhielt sie 1669 die Univ., und 1725 übersiedelten die Tiroler Landstände von Bozen hierher. 1805-14 gehörte I. zu Bay.; 1809 war es während des Tiroler Freiheitskampfes das Hauptquartier A. Hofers.

Bauten: Zahlr. Kirchen, u. a. Hofkirche (1553-63) mit dem Renaissancegrabmal Maximilians, barocke Stadtpfarrkirche Sankt Jakob (1717-24); Univ.- oder Jesuitenkirche (1627-46). In der Hofburg (15. und 18. Jh.) der sog. Riesensaal mit Deckenfresken. Das Goldene Dachl (15. Jh.) ist ein Erker, der als Zuschauerloge des Hofes bei öffentl. Veranstaltungen auf dem Stadtplatz diente. In der Altstadt Häuser mit Laubengängen; am S-Ende der Maria-Theresien-Straße Triumphpforte (1716), weiter nördl. die Annasäule (1706). Im Stadtteil Wilten Rokokopfarrkirche (18. Jh.) und barocke Stiftskirche mit angrenzendem Stift.

Sonnewend, G./Hye, F. H.: I. 800jährige Stadt. Innsb. ²1980. - Forcher, M.: I. in Gesch. u. Gegenwart. Innsb. u. a. 1973.

Innsbruck

I., Bistum, 1968 für das Bundesland Tirol gegr.; Suffragan von Salzburg. - ↑ auch katholische Kirche (Übersicht).

in nuce [lat., eigtl. „in der Nuß"], kurzgefaßt, im Kern, in Kürze.

Innungen [zu althochdt. innōn „in einen Verband aufnehmen"], freiwilliger Zusammenschluß der selbständigen Handwerker des gleichen Handwerks. I. sind in der BR Deutschland fachlich gegliederte Verbände, die die unterste Stufe der Handwerksorganisation bilden. Zwangsmitgliedschaften sind ausgeschlossen; es besteht jedoch der Zwang zur Aufnahme aller beitrittswilligen selbständigen Handwerker. **Aufgaben:** Förderung gemeinsamer gewerbl. Interessen und der beruff. Fortbildung der Mgl., Unterstützung von Behörden durch Bereitstellung von Informationen, Überwachung der Lehrlingsausbildung und - mit Ermächtigung der Handwerkskammer - Abnahme von Gesellenprüfungen. - **Organe:** Innungsversammlung, Vorstand und Ausschüsse. - **Zusammenschlüsse:** Die I. sind regelmäßig zu Innungsverbänden auf Landes- und Bundesebene zusammengeschlossen, die ihre Mitglieder bei der Erfüllung ihrer Aufgaben fördern.
Geschichte: Seit dem 11. Jh. in Mittel- und Niederdeutschland als freiwillige Vereinigungen freier Handwerker bekannt, die im 14./15. Jh. im städt. Bereich Einfluß hatten. Unter der Bez. I. entstanden erst zu Beginn des 19. Jh. gewerbl. Vereinigungen, die durch die preuß. Gesetzgebung zw. 1845 und 1849 zugelassen, durch die allg. Gewerbeordnung von 1869 jedoch ihrer öffentl.-rechtl. Funktionen entledigt wurden. Ab 1879 entwickelten sie sich zunehmend zu Organen der gewerbl. Selbstverwaltung.

📖 *Sagaster, A.: Organisationsb. des dt. Handwerks. Alfeld (Leine)* ^{9}1983. - *Chesi, V.: Struktur u. Funktionen der Handwerksorganisation in Deutschland seit 1933. Bln. 1966.*

Innungskrankenkassen, Krankenkassen, die von einer oder mehreren Handwerkerinnungen gemeinsam unter Zustimmung der Gesellenausschüsse als gesetzl. Krankenkassen errichtet werden können, wenn die der Innung angehörenden Betriebe insgesamt mindestens 450 versicherungspflichtige Arbeitnehmer beschäftigen (§ 250 Reichsversicherungsordnung).

Innviertel, Hügel- und Riedellandschaft des östr. Alpenvorlandes, im O von Inn und Salzach, im S vom Hausruck begrenzt, im NO bis zur Donau reichend. - Das seit dem Früh-MA zu Bay. gehörende I. war v. a. in der Neuzeit Gegenstand bayr.-östr. Auseinandersetzungen. Es wurde 1779 Österreich zugesprochen (Friede von Teschen) und gehörte 1809–16 nochmals zu Bayern.

inoffiziell, nicht amtlich, außerdienstlich; nicht von einer amtl. Stelle ausgehend.

İnönü, İsmet, eigtl. Mustafa İsmet, * İzmir 24. Sept. 1884, † Ankara 25. Dez. 1973, türk. Politiker. - Berufsoffizier, 1908 Teilnehmer am Aufstand der Jungtürken, Generalstabsoffizier im 1. Weltkrieg; ab 1920 einer der engsten Mitkämpfer Kemal Atatürks; siegte als Generalstabschef im Griech.-Türk. Krieg 1921 bei İnönü; 1922–24 Außenmin., 1923/24 und 1925–37 Min.präs.; 1938–50 Staatspräs.; setzte die türk. Neutralität im 2. Weltkrieg bis Febr. 1945 durch und förderte die Demokratisierung; 1946–72 Vors. der Republikan. Volkspartei (RVP); 1961–65 erneut Min.-präs., 1965–72 Oppositionsführer.

inoperabel [lat.], nicht operierbar.

inopportun, nicht angebracht, unpassend; **Inopportunität,** Unzweckmäßigkeit.

Inosinsäure [zu griech. ís (Genitiv: inós) „Muskel, Gewebefaser"], Phosphorsäureester des *Inosins* (Hypoxanthinribosid). Das Purinnukleotid ist Zwischenprodukt im Nukleinsäurestoffwechsel der Muskeln. Chem. Strukturformel (Ⓟ Phosphorsäurerest, Rib Riboserest):

Inosinsäure Rib–Ⓟ   Inosin Rib

Inosite [griech. († Inosinsäure)] (Cyclohexite, Hexahydroxycyclohexane), in der Natur vorkommende Gruppe von cycl. Alkoholen, die in acht verschiedenen geometr. Isomeren vorkommen. Der wichtigste I., der sog. *Myo*- oder *Mesoinosit,* auch *Bios I* genannt, ist ein Wuchsstoff und gehört zur Gruppe der B-Vitamine; sein Hexaphosphorsäureester ist die *Phytinsäure.* Myoinosit kommt als *Phytin* (Ca-Mg-Salz der Phytinsäure) in Getreide und Sojabohnen vor. Chem. Strukturformel des Myoinosits:

Inotropie [griech.], Änderung *(positive I.* = Zunahme, *negative I.* = Abnahme) der Kraftentwicklung (Kontraktilität) eines Muskels (bes. des Herzmuskels) durch Veränderung der muskelinneren Voraussetzungen für die Kontraktion. Eine positive I. des Herzmuskels kommt durch Erregung des Sympathikus, durch die Wirkung von Adrenalin, Noradrenalin, ionisiertem Calcium oder von Digitalisglykosiden zustande.

Inoue [jap. i'noue], Jasuschi, * Kamigawa (Hokkaido) 6. Mai 1907, jap. Schriftsteller. - Schrieb u. a. „Das Jagdgewehr" (R., 1949), „Der Stierkampf" (R., 1949), „Das Tempeldach" (R., 1958) „Eroberungszüge" (Ged., dt. Auswahl 1979).

Inquisition

I., Kaoru, Marquis (seit 1907), * Juda (Präfektur Jamagutschi) 16. Jan. 1836, † Tokio 1. Sept. 1915, jap. Politiker. - Setzte sich für die Modernisierung Japans ein; einer der führenden Männer der Meidschi-Reformen.

Inowrocław [poln. inɔˈvrɔtsu̯af] (dt. Hohensalza), Stadt in Polen', an der oberen Netze, 90 m ü. d. M., 69 300 E. Hauptort des fruchtbaren Kujawien; Kurort mit jod- und bromhaltigen Solquellen; metallverarbeitende und chem. Ind. - 1185 erstmals erwähnt; 1240 Magdeburger Stadtrecht; Anfang des 15. Jh. zu Polen, ab 1772 zu Preußen (1807–15 zum Hzgt. Warschau), ab 1919 zu Polen. - Spätgot. Nicolaikirche (15. Jh.).

Inoxidationsverfahren, Verfahren zur Erzielung einer haltbaren Rostschutzschicht auf Eisenwerkstücken: Die Werkstücke werden auf Rotglut (800–900 °C) erhitzt und langsam abgekühlt, wobei sich eine Fe_3O_4-Schicht auf der Oberfläche bildet.

in perpetuum [...u-ōm; lat.], auf immer, für ewige Zeiten.

in persona [lat. „in Person"], persönlich, selbst.

in petto [lat.-italien., eigtl. „in der Brust"], beabsichtigt, geplant, im Sinne [haben].

Inpol, Abk. für: Informationssystem der Polizei, ↑ Polizei.

in praxi [lat.], tatsächlich, im wirklichen Leben.

in puncto [lat. „in dem Punkt"], hinsichtlich, betreffs.

Input [engl. ˈɪnpʊt], in den Wirtschaftswiss. der Einsatz der Produktionsfaktoren Arbeit, Kapital, Boden, Unternehmerleistungen (= primäre I.), aber auch von sachl. Vorleistungen (= sekundäre I.) im Produktionsprozeß; von daher auch im allg. Sprachgebrauch Bez. für Einsatz bzw. Aufwand zur Erzielung eines bestimmten Ergebnisses (Output).

Input-Output-Analyse [engl. ˈɪnpʊt ˈaʊtpʊt], von W. W. Leontief entwickelte Theorie der interindustriellen Verflechtung; versucht über die Beziehungen zw. dem Einsatz von Leistungen (Input) und dem Produktionsergebnis (Output) Aussagen darüber zu machen, wie sich Änderungen der Endnachfrage auf die Produktion der einzelnen Wirtschaftszweige und andere volkswirtschaftl. Größen auswirken. Ausgangspunkt ist die **Input-Output-Tabelle**, in der die Verflechtung aller Sektoren der Volkswirtschaft dargestellt ist. Die Input-Output-Tabelle ist so aufgebaut, daß Zeilensummen (Lieferungen) und Spaltensummen (Empfänge) übereinstimmen. Der Teilbereich der Liefer-/Empfangsbeziehungen zwischen den produzierenden Sektoren beschreibt die interindustrielle Marktverflechtung, sie besitzt für die I.-O.-A. bes. Bedeutung. Spezielle produktionstheoret. Annahmen über die Beziehungen in diesem Teilbereich liefern die Matrix der Input-Output-Koeffizienten (Produktions- bzw. Vorleistungskoeffizienten), die angeben, welche Inputs in der beobachteten Periode ein Wirtschaftszweig brauchte, um eine Einheit des Outputs zu erstellen.

inquirieren [lat.], nachforschen, gerichtl. untersuchen; verhören.

Inquisition [zu lat. inquisitio „gerichtl. Untersuchung"], nach dem Verfahren des ↑ Inquisitionsprozesses ben., von kirchl. Institutionen durchgeführte Untersuchung und staatl. betriebene Verfolgung der Häretiker zur Reinerhaltung des Glaubens (**Ketzerverfolgung**). Nach Anfängen einer Strafandrohung durch weltl. Gewalten im frühen MA wurde im hohen MA im Zusammenhang mit der vermeintl. Gefährdung der Kirche durch die sog. Ketzer (Waldenser, Albigenser) die I. als bes. bischöfl. Einrichtung ausgebildet, neben die unter Papst Innozenz III. Sonderbeauftragte des Papstes traten. 1215 forderte das 4. Laterankonzil die Auslieferung der verurteilten Ketzer an die weltl. Gewalt, und das Konzil von Toulouse regelte 1229 das Verfahren und die Bestrafung. Gregor IX. zentralisierte 1231/32 die I. zu einer päpstl. Behörde, die von den **Inquisitoren** (vornehml. Dominikaner) verwaltet wurde und folgendes Verfahren durchsetzte: Aufforderung an die Häretiker zur Selbstanzeige, an die Gläubigen zur Denunziation, Vorladung, evtl. Verhaftung zur Vorführung, Untersuchung mit dem Ziel des Schuldbekenntnisses, wobei weder die Namen von Denunzianten und Zeugen genannt noch Verteidiger zugestanden wurden; 1252 wurde von Innozenz IV. die Anwendung der Folter gestattet. Die Strafen reichten von harmlosen Kirchenstrafen bis zum Tod durch Verbrennen. Während die I. v. a. in Spanien, Italien und Frankr. zur Geltung kam, trat sie in Deutschland bis zu den Hexenprozessen in den Hintergrund (Mitte des 15. Jh.). Von Anfang an verquickten sich mit der Ketzerverfolgung auch polit. und wirtsch. Interessen, so daß ganze mißliebige Gruppen vernichtet wurden (z. B. der Templerorden). In Spanien wurde die I. seit 1478 eine staatl. Einrichtung unter einem **Großinquisitor** und ein wichtiges Instrument zur Verfolgung der Marranen, Morisken und Protestanten; charakterist. für die span. I. waren die ↑ Autodafés. In einigen Ländern bestand die I. bis ins 19. Jh. fort. Die im Zuge der Gegenreformation 1542 von Paul III. errichtete oberste Instanz für Glaubensgerichte, die „Congregatio Romanae et universalis inquisitionis" (= Kongregation für röm. und weltweite I.; kurz Sanctum Officium [= Hl. Offizium] gen.), wurde erst auf dem 2. Vatikan. Konzil (1965) zur Glaubenskongregation umgewandelt, womit stillschweigend auf die I. verzichtet wurde.

📖 *Hroch, M./Skybová, A.: Die I. im Zeitalter der Gegenreformation. Dt. Übers. Stg. 1985. -*

Inquisitionsprinzip

Kamen, H.: Die span. I. Dt. Übers. Mchn. 1980. - Kneubühler, H. P.: Die Überwindung v. Hexenwahn u. Hexenprozeß. Diessenhofen 1977. - Leiber, R.: Die ma. I. Kevelaer 1963.

Inquisitionsprinzip (Instruktionsprinzip), im Prozeßrecht das Prinzip der materiellen Wahrheitserforschung durch das Gericht (selbständig und ohne Bindung an die von den Prozeßbeteiligten gestellten Anträge). Dem I. entspricht im Zivilprozeß die **Untersuchungsmaxime:** Einschränkung des ↑Verhandlungsgrundsatzes durch Pflicht zur Erforschung der für die Entscheidung des Rechtsstreits erforderl. Tatsachen von Amts wegen.

Inquisitionsprozeß, im Spät-MA aufgekommene Form des Strafprozesses, wobei die Verfolgung von Straftaten von Amts wegen geschah. Das Gericht untersuchte in einem schriftl. geführten Prozeß, ob eine Straftat begangen worden war und ob (mit dem durch Folter erpreßten Geständnis als wichtigstem Beweismittel) ein Verdächtiger der Täter gewesen ist. Der I. erhielt sich in Deutschland bis ins 19. Jahrhundert.

Inquisitor [lat.] ↑Inquisition.

Inquisitori di stato [lat.-italien.], die jährl. wechselnden 3 höchsten Richter Venedigs an dem 1539 zur Verfolgung von Staatsverbrechen errichteten Gerichtshof (Staatsinquisition).

Inreim (Innenreim), Reim eines Wortes im Versinnern mit dem Wort am Versende: z. B. *„O Sonne der Wonne"* (P. Fleming).

I. N. R. I., Abk.:
für: **I**esus **N**azarenus **R**ex **I**udaeorum (lat. „Jesus von Nazareth, König der Juden"), lat. Form der nach Joh. 19, 19 von Pilatus gesetzten Inschrift am Kreuz Christi.
♦ für: **I**ustum **n**ecare **r**eges **I**taliae (lat. „Es ist gerecht, Italiens Könige zu töten"), Erkennungszeichen der italien. ↑Karbonari.

In-Salah (arab. Ain Salih), Oasenstadt im Zentrum der alger. Sahara, 275 m ü. d. M., 6000 E. Bed. Handelsplatz; ⌘.

inschallah [arab. „wenn Gott will"], Redensart der Muslime, die häufig dann benutzt wird, wenn von einem zukünftigen Ereignis die Rede ist.

Inschriftenkunde ↑Epigraphik.

Inscriptio [lat. „Aufschrift"] ↑Urkunde.

Insecta [lat.] ↑Insekten.

Insectivora [lat.], svw. ↑Insektenfresser.

Insekten [zu lat. insectum, eigtl. „eingeschnittenes (Tier)"] (Kerbtiere, Kerfe, Hexapoda, Insecta), seit dem Devon bekannte, heute mit rd. 775 000 Arten in allen Biotopen verbreitete Klasse 0,02–33 cm langer Glieder-

Insekten: Körperbauschemata (links Nerven- und Tracheensystem mit Ausschnitt aus dem Bauchmark). A Fühler (Antennen), B Brust, Bg Bauchganglien, Bm Bauchmark (Strickleiternervensystem), E Eierschläuche, Ed Enddarm, F Fuß (Tarsus; mit Krallen), Fa Facettenauge, Fe Schenkel (Femur), G Gehirn (Oberschlundganglion), Gö Geschlechtsöffnung, H Herz (mit Ostien), Hf Hinterflügel, Hl Hinterleib, Hü Hüfte (Coxa), K Kopf, Kom Kommissur, Kon Konnektiv, M Oberkiefer (Mandibeln), Md Mitteldarm, Mg Malpighi-Gefäße, Mö Mundöffnung, O Oberlippe (Labrum), P Punktaugen (Ozellen), Sch Schwanzborsten (Cerci), Sp Speicheldrüse, St Stigmen (Atemöffnungen), Tb Tracheenblase (bei guten Fliegern), Ti Schiene (Tibia), Tr Schenkelring (Trochanter), Uk Unterkiefer (1. Maxillen), Ul Unterlippe (2. Maxillen), Usch Unterschlundganglion, V Vorderflügel, Vd Vorderdarm

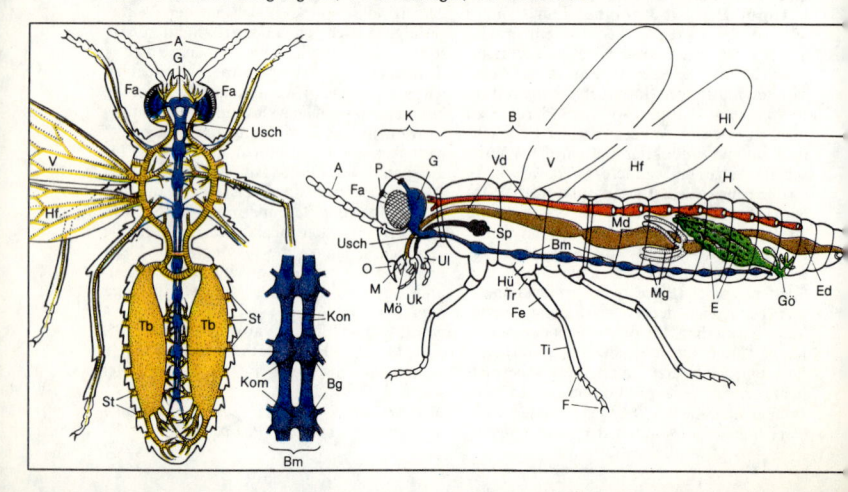

Insekten

Diagram: Stammesentwicklung der Insekten

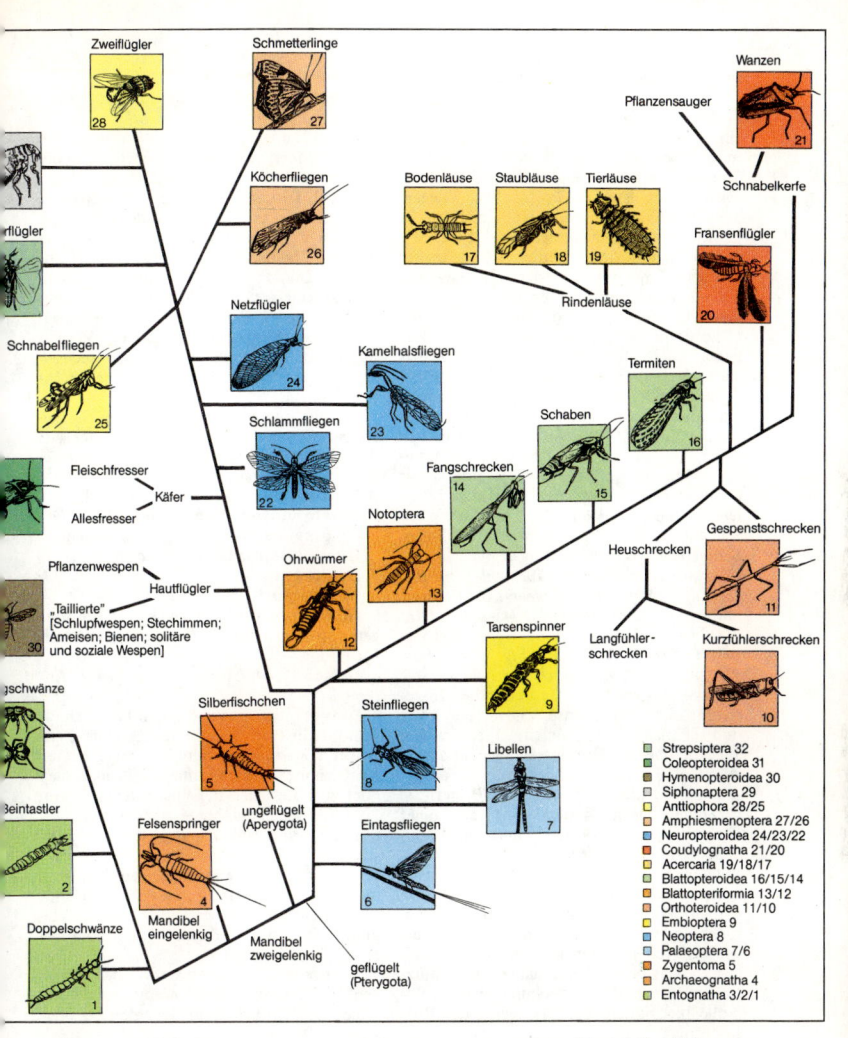

Labels in diagram:
- Zweiflügler 28
- Schmetterlinge 27
- Köcherfliegen 26
- Bodenläuse 17
- Staubläuse 18
- Tierläuse 19
- Wanzen 21
- Pflanzensauger
- Schnabelkerfe
- Fransenflügler 20
- Rindenläuse
- Netzflügler 24
- Kamelhalsfliegen 23
- Termiten 16
- Schaben 15
- Schnabelfliegen 25
- Schlammfliegen 22
- Fangschrecken 14
- Gespenstschrecken 11
- Fleischfresser
- Käfer
- Allesfresser
- Notoptera 13
- Heuschrecken
- Ohrwürmer 12
- Tarsenspinner 9
- Kurzfühlerschrecken 10
- Pflanzenwespen
- Hautflügler
- Ameisen; Bienen; solitäre und soziale Wespen]
- „Taillierte" [Schlupfwespen; Stechimmen; 30
- Langfühlerschrecken
- Silberfischchen 5
- Steinfliegen 8
- Libellen 7
- ungeflügelt (Apterygota)
- Felsenspringer 4
- Eintagsfliegen 6
- Beintastler 2
- Mandibel eingelenkig
- Mandibel zweigelenkig
- geflügelt (Pterygota)
- Doppelschwänze 1

Legend:
- ▪ Strepsiptera 32
- ▪ Coleopteroidea 31
- ▪ Hymenopteroidea 30
- ▫ Siphonaptera 29
- ▪ Antliophora 28/25
- ▪ Amphiesmenoptera 27/26
- ▪ Neuropteroidea 24/23/22
- ▪ Coudylognatha 21/20
- ▪ Acercaria 19/18/17
- ▪ Blattopteroidea 16/15/14
- ▪ Blattopteriformia 13/12
- ▪ Orthoteroidea 11/10
- ▫ Embioptera 9
- ▪ Neoptera 8
- ▪ Palaeoptera 7/6
- ▪ Zygentoma 5
- ▪ Archaeognatha 4
- ▪ Entognatha 3/2/1

Stammesentwicklung
der Insekten nach der Großgliederung in 32 Ordnungen nach Michael Chinery (1976)

füßer, davon in M-Europa rd. 28 000 Arten; Körper mit starrem, aus Chitin bestehendem, segmentiertem Außenskelett (muß bei wachsenden Tieren öfter durch Häutung gewechselt werden). Der Körper gliedert sich in drei Abschnitte, den Kopf (aus sechs miteinander verschmolzenen Körpersegmenten), die Brust (Thorax; mit den Segmenten Pro-, Meso- und Metathorax) und den Hinterleib (Abdomen; aus bis zu elf Segmenten). Meist sind zwei Flügelpaare, je eines am Meso- und Metathorax ausgebildet. Bei manchen I. ist ein Flügelpaar zu †Halteren umgebildet, bei anderen sind, v. a. bei den Weibchen, alle Flügel mehr oder weniger stark rückgebildet. Jedes der drei Brustsegmente trägt ein Beinpaar. - Am Kopf liegen die oft sehr großen †Facettenaugen. Daneben können noch auf der Stirn bzw. auf dem Scheitel Nebenaugen († Punktaugen) vorkommen. Außerdem trägt der Kopf als umgebildete Gliedmaßen ein Paar Fühler und

Insektenfresser

drei Paar Mundgliedmaßen. - Die Atmung erfolgt über Tracheen. - Der Darm gliedert sich in Vorder-, Mittel- und Enddarm. Als Exkretionsorgane fungieren die Malpighi-Gefäße. Unter dem Darm liegt als Bauchmark ein Strickleiternervensystem. Die Entwicklung verläuft über eine ↑ Metamorphose. Die Sinnesleistungen der I. sind hoch entwickelt; Farbensehen ist u. a. für Libellen, Fliegen, Schmetterlinge und für die Honigbiene nachgewiesen. Auch der Geruchssinn ist gut entwickelt (so vermögen die ♂♂ mancher Schmetterlinge mit Hilfe der Antennen ihre ♀♀ aus kilometerweiter Entfernung geruchlich aufzuspüren). Bes. Sinnesorgane sind die ↑ Chordotonalorgane und die ↑ Tympanalorgane. - Bei staatenbildenden I. haben sich artspezif. Verhaltensweisen ausgebildet, die andere Nestgenossinnen über neue Futterquellen unterrichten (z. B. Bienensprache). Sehr mannigfaltig ist das Anpassungsvermögen vieler I. an die Umwelt (↑ Mimikry, ↑ Mimese). - Man unterteilt die I. in 35 Ordnungen; davon sind am wichtigsten Urinsekten, Libellen, Schaben, Termiten, Heuschrecken, Wanzen, Gleichflügler, Käfer, Hautflügler, Schmetterlinge und Zweiflügler.

📖 *Jacobs, W./Renner, M.: Taschenlex. zur Biologie der I. Stg.* ²1987. - *Chinery, M.: I. Mitteleuropas. Dt. Übers. Hamb.* ³1984. - *Fabre, J. H.: I. Dt. Übers. Dortmund 1979.* - *Weber, H./Weidner, H.: Grundr. der I.kunde. Stg.* ⁵1974. - *Hennig, W.: Die Stammesgesch. der I. Ffm. 1969.*

Insektenfresser (Insektivoren, Insectivora), allg. Bez. für insektenfressende Tiere und Pflanzen; z. B. Meisen, Fledermäuse, auch die meisten fleischfressenden Pflanzen.
♦ mit rd. 375 Arten nahezu weltweit (ausgenommen Australien, große Teile S-Amerikas) verbreitete Ordnung etwa 3,5–45 cm langer Säugetiere; vorwiegend dämmerungs- und nachtaktive Tiere mit meist längl., vorn zugespitztem Kopf, zahlr. spitzen Zähnen (dienen zum Durchlöchern des chitinigen Insektenpanzers) und sehr gut ausgebildetem Geruchs- und Gehörsinn. - I. ernähren sich überwiegend von Insekten und anderen Wirbellosen. - Man unterscheidet acht Fam.: Schlitzrüßler, Borstenigel, Otterspitzmäuse, Goldmulle, Igel, Spitzmäuse, Maulwürfe und Rüsselspringer.

Insektenpulverpflanze (Insektenblume), Bez. für verschiedene Arten der Gatt. Wucherblume, aus deren Blütenkörbchen ein Insektenpulver hergestellt wird.

Insektenstiche, durch Stiche bes. von weibl. Insekten (v. a. Bienen, Wespen, Stechmücken) werden örtl. oder allg. krankhafte Veränderungen infolge Einwirkung von Giftstoffen in den Organismus verursacht. Die Giftwirkung kann sich in allerg. Reaktionen (u. a. Juckreiz, Rötung, Quaddelbildung, Asthmaanfälle, Gesichtsödem, u. U. auch Schocksymptome) oder sonst in örtl. umschriebenen oder in allg. Reaktionen (z. B. Übelkeit, Schwindel, Erbrechen, Blutdruckabfall, Kollaps) äußern.

Insektizide [lat.] ↑ Schädlingsbekämpfungsmittel.

Insel [zu lat. insula „Insel"], allseitig von Wasser (Meer, See, Fluß) umgebener Teil des Festlandes, außer den ↑ Kontinenten.

Insel, Die, seit 1899 von O. J. Bierbaum, A. W. Heymel und R. A. Schröder hg. Literaturzeitschrift; aus ihr ging der **Insel-Verlag** hervor (↑ Verlage, Übersicht), der 1905–50 unter der Leitung von A. Kippenberg stand.

Inselberg, i. w. S. alle inselartig über kaum gegliederte Flächen aufragende Einzelberge bzw. Berggruppen. I. e. S. durch Verwitterung entstandene Bergform in den wechselfeuchten Tropen mit steilen (bis fast senkrechten) Flanken.

Inseln der Seligen, antike Bez. für den Aufenthaltsort frommer Seelen im Jenseits (↑ auch Elysium); häufig mit der myth. Insel Atlantis identifiziert.

Inseln über dem Winde ↑ Antillen.

Inseln unter dem Winde ↑ Antillen.

Inselorgan, svw. ↑ Langerhans-Inseln.

Inselphosphate ↑ Phosphorit.

Inselt ↑ Feist.

Inseltiger ↑ Tiger.

Insemination [lat.], das künstl. Einbringen von Samen in die Gebärmutter; ↑ auch Besamung.

Inserat [zu lat. inserere „einfügen"] ↑ Anzeige.

Insert [engl. 'ɪnsə:t, zu lat. inserere „einfügen"], 1. Inserat, Anzeige, bes. in einer Zeitschrift in Verbindung mit einer beigehefteten Karte zum Anfordern weiterer Informationen oder zum Bestellen der angebotenen Ware; 2. im Fernsehen graph. Darstellung, Schautafel mit informierendem Charakter für den Zuschauer, die in das Fernsehbild oder zw. zwei Programmbestandteile eingeblendet wird; 3. im Film Großaufnahme eines für die Handlung wichtigen Gegenstandes (Brief, Telegramm, Zeitung); wird separat aufgenommen und später einmontiert.

Insertion [zu lat. insertio „das Einfügen"], Aufgeben eines Inserats (Anzeige), seine Veröffentlichung in einer Zeitung oder Zeitschrift.
♦ (Transsumierung) ↑ Urkunde.
♦ (Insertio) in der *Anatomie* die Ansatzstelle eines Muskels (meist über eine Sehne) an Knochen, Knorpel, Bindegewebe, Haut oder an einem anderen Muskel.

Insichgeschäft, Rechtsgeschäft, das ein Stellvertreter im Namen des Vertretenen entweder mit sich selbst im eigenen Namen *(Selbstkontrahieren)* oder mit sich als Vertreter eines Dritten *(Mehrvertretung)* vornimmt. Beispiel: Der Vormund vermietet eine dem Mündel gehörende Wohnung an sich selbst. Wegen der Gefahr einer Interessenkollision

DIE GRÖSSTEN INSELN DER ERDE

Name	Fläche (km²)	Lage	Staat
Grönland	2 130 800	Nordatlantik	Dänemark
Neuguinea	771 900	Pazifik	Indonesien/Papua-Neuguinea
Borneo (Kalimantan)	746 951	Australasiat. Mittelmeer	Indonesien/Malaysia/Brunei
Madagaskar	~586 500	Ind. Ozean	Madagaskar
Baffinland	507 451	Nordatlantik	Kanada
Sumatra	443 550	Australasiat. Mittelmeer	Indonesien
Hondo	227 414	Pazifik	Japan
Großbrit. (brit. Hauptinsel)	219 805	Atlantik	Großbritannien
Victoria Island	217 290	Nordpolarmeer	Kanada
Ellesmere Island	196 236	Nordpolarmeer	Kanada
Celebes (Sulawesi)	189 035	Australasiat. Mittelmeer	Indonesien
Neuseeland, Südinsel	150 718	Pazifik	Neuseeland
Java	127 624	Australasiat. Mittelmeer	Indonesien
Neuseeland, Nordinsel	114 453	Pazifik	Neuseeland
Neufundland	108 860	Atlantik	Kanada
Kuba	105 007	Karib. Meer	Kuba
Luzon	104 688	Australasiat. Mittelmeer	Philippinen
Island	102 269	Atlantik	Island
Mindanao	94 630	Australasiat. Mittelmeer	Philippinen
Irland	84 426	Atlantik	Großbrit./Irland
Hokkaido	78 073	Pazifik	Japan
Sachalin	76 400	Ochotsk. Meer	UdSSR
Hispaniola (Haiti)	76 192	Karib. Meer	Haiti/Dominikan. Republik
Banks Island	70 028	Nordpolarmeer	Kanada
Ceylon	65 610	Ind. Ozean	Sri Lanka
Tasmanien	64 880	Pazifik	Australien
Devon Island	55 247	Nordpolarmeer	Kanada
Nowaja Semlja, Nordinsel	48 904	Nordpolarmeer	UdSSR
Feuerland	~47 000	Atlantik	Argentinien/Chile
Axel Heiberg Island	43 178	Nordpolarmeer	Kanada
Melville Island	42 149	Nordpolarmeer	Kanada
Southampton Island	41 214	Hudsonbai	Kanada
Spitzbergen	39 043	Nordpolarmeer	Norwegen
Neubritannien	36 519	Pazifik	Papua-Neuguinea
Taiwan (Formosa)	35 854	Pazifik	Taiwan
Kiuschu	35 660	Pazifik	Japan
Hainan	34 000	Südchin. Meer	China
Prince of Wales Island	33 338	Nordpolarmeer	Kanada
Nowaja Semlja, Südinsel	33 275	Nordpolarmeer	UdSSR
Timor	32 300	Australasiat. Mittelmeer	Indonesien
Vancouver Island	31 284	Pazifik	Kanada
Sizilien	25 462	Mittelmeer	Italien
Somerset Island	24 786	Nordpolarmeer	Kanada
Sardinien	23 813	Mittelmeer	Italien
Schikoku	18 256	Pazifik	Japan

ist das I. verboten, es sei denn, daß es dem Vertreter durch Gesetz, Satzung oder Vollmacht gestattet ist, daß es in der Erfüllung einer Verbindlichkeit besteht oder dem Vertretenen ledigl. einen rechtl. Vorteil bringt.

Insider [engl. 'ɪnsaɪdə], jemand, der bestimmte Dinge als Eingeweihter genau kennt.

Insignien [...i-ɛ; lat.], Abzeichen der Macht, des Standes und der Würde. - ↑auch Herrschaft, ↑Reichsinsignien.

insinu̱ieren [lat.], unterstellen, durchblicken lassen.

insistieren [lat.], auf etwas bestehen, beharren; **Insistenz,** Hartnäckigkeit.

in si̱tu [lat. „in der Lage"], in der *Medizin* Bez. für: in natürl. Lage.
◆ archäolog. Bez. für: in originaler Lage.

Insolation [lat.], in der *Klimatologie* svw. [Dauer der] Sonneneinstrahlung.

Insolatio̱nsverwitterung, durch starke Sonneneinstrahlung hervorgerufene mechan. Verwitterung von Gesteinen.

insolvent [lat.], zahlungsunfähig; **Insolvenz,** Zahlungsunfähigkeit.

in spe [lat. „in der Hoffnung"], zukünftig, erwartet, bevorstehend, z. B. „Bürgermeister in spe" = der Bürgermeister, dessen Wahl [so gut wie] sicher ist.

Inspekteur

Inspekteur [...'tø:r; frz. (zu ↑Inspektor)], in der Bundeswehr Bez. für die Dienststellung des jeweils ranghöchsten Soldaten jeder Teilstreitkraft (Heer, Luftwaffe, Marine) und des Sanitäts- und Gesundheitswesens.

Inspektion [zu lat. inspectio „das Betrachten"], allg. svw. Prüfung, Besichtigung, Kontrolle (z. B. eines Autos); bei der *Bundeswehr* Bez. 1. für ein militär. Organisationselement; 2. für die prüfende Besichtigung v. a. durch den Generalinspekteur der Bundeswehr und die Inspekteure der einzelnen Teilstreitkräfte.

Inspektor [zu lat. inspector „Betrachter"], Beamter des gehobenen mittleren Dienstes bei Bund, Ländern und Gemeinden.

Inspiration [lat., zu inspirare „einhauchen"], svw. Einatmung (↑Atmung).
◆ plötzl. Anregung, spontanes Entstehen von Gefühlen und Intentionen, die eine unmittelbare schöpfer. Ausführung auslösen. Diese I. wird im allg. vorbereitet durch intensive Beschäftigung mit einem Thema.
◆ *religionswiss.* Begriff für eine Form der Offenbarung göttl. Geistes, die von ihrem menschl. Verkünder unabhängig ist. Man unterscheidet zw. *Schrift-I.* (absolut normativer Charakter hl. Schriften) und *Verbal-I.* (göttl. Eingebung Wort für Wort).

Inspirationsgemeinden, ekstat. christliche Gemeinschaften, um 1710 unter dem Einfluß der ↑Kamisarden in Deutschland, der Schweiz und im Elsaß entstanden; Mitte des 19. Jh. Auswanderung in die USA; verwerfen die christl. Lehre von der Hölle, Eid und Kriegsdienst, kennen fast keine Sakramentenlehre und leben in Gütergemeinschaft.

Inspizient [lat.], Person mit kontrollierender Funktion; beim Theater sowie beim Rundfunk und Fernsehen verantwortl. für den Ablauf der Aufführungen.

inspizieren [zu lat. inspicere „hineinsehen"], be[auf]sichtigen, prüfen.

instabil, allg. svw. unbeständig, schwankend; in der *Kern-* und *Elementarteilchenphysik* Bez. für ein Teilchen[system] (z. B. Atomkern eines radioaktiven Elements), das ohne äußere Einwirkung spontan in andere Teilchen zerfallen kann.

Instabilität, in der *Physik* Bez. für den Zustand eines Systems, bei dem bereits geringe Veränderungen entweder zum Übergang des Systems in einen anderen, dann stabilen Zustand führen oder es immer weiter vom urspr. Zustand entfernen.

Installateur [...'tø:r; mittellat.], Handwerker, der Rohre (Gas- und Wasserinstallateur, Rohrinstallateur und Klempner) oder elektr. Leitungen (Elektroinstallateur) verlegt, instandhält und repariert.

Installation [zu mittellat. installare „in eine Stelle, in ein (geistl.) Amt einsetzen", eigtl. „in einen Chorstuhl (mittellat. stallus) setzen"], im *röm.-kath. Kirchenrecht* ↑Investitur.

◆ das fachmänn. Einbauen und Instandhalten (bzw. Instandsetzen) von Gas-, Wasser-, Abwasser-, Lüftungs-, Heizungs- sowie elektr. Anlagen, insbes. Rohr- und Drahtleitungen.

Instandsetzungstruppe, im Heer der Bundeswehr Teil der Logistik mit der Aufgabe der Materialerhaltung.

Instantgetränke [engl. 'ɪnstənt; lat.] ↑Instantisieren.

Instantisieren [lat.-engl.], in der *Lebensmitteltechnik* Bez. für das Herstellen eines meist pulverförmigen Extraktes durch physikal. oder chem. Behandlung eines Lebensmittelproduktes während oder nach der Trocknung. Durch Hinzufügen von Wasser zu den so erhaltenen und vertriebenen Pulverextrakten entsteht in kürzester Zeit (engl.: instant „sofort") ein Produkt, das in geschmackl. Hinsicht dem Ausgangsprodukt vor der Trocknung gleichkommt. Die wichtigsten Instantprodukte sind leichtlösl. Pulver von Kaffee, Tee, Kakao, Milch (**Instantgetränke**). Durch Gefriertrocknung sind Lebensmittel jeglicher Art (pulverförmiges und stückiges Gut, auch Früchte, Fertiggerichte) instantisierbar.

Instanz [zu lat. instantia „Gegenwart", „inständiges Bitten"], 1. Bez. der Gerichtssprache für den Verfahrensabschnitt, den ein Prozeß bei einem Gericht durchläuft. Wird er durch ein Rechtsmittel in eine höhere I. gehoben, so spricht man von *Berufungs-* oder *Revisionsinstanz;* 2. die für eine Entscheidung zuständige Stelle.

Instanzenzug ↑Gerichtsbarkeit.

in statu nascendi [lat. „im Zustand des Entstehens"], im Werden begriffen, nur als Konzept vorhanden.

in statu quo [lat.], im gegenwärtigen Zustand; **in statu quo ante,** im früheren Zustand.

Insterburg (russ. Tschernjachowsk), Stadt in Ostpreußen, UdSSR', an der Angerapp, unmittelbar oberhalb deren Vereinigung mit der Inster zum Pregel, 35 m ü. d. M., 33 000 E. - 1336 Burggründung; 1541 zum Flecken, 1583 zur Stadt erhoben. - Burg des Dt. Ordens (1336 gegr.; 1881 zur Kaserne umgebaut); Lutherkirche (1610-12).

Insterburg & Co. 1967 in Berlin (West) gegr. dt. Popmusikgruppe; I. Insterburg (*1934), P. Ehlebracht (*1940), K. Dall (*1941), J. Barz (*1944); sog. Blödelbarden; verbinden in ihren Songs kabarett.-satir. und kalauerhaft-witzige Elemente und erzeugen auch durch die verwendeten Instrumente (u. a. Säge, Mini-Instrumente)' Heiterkeit. 1979 aufgelöst.

Instillation [lat.] (Einträufelung), tropfenweise Verabreichung von Flüssigkeiten (v. a. Arzneimitteln) unter die Haut, in die Blutbahn oder in Körperhöhlen.

Instinkt [Lehnübers. von mittellat. instinctus naturae „Naturtrieb" (zu lat. instinguere „anstacheln, antreiben")], die Fähigkeit

von Tieren und Menschen, mittels ererbter Koordinationssysteme des Zentralnervensystems bestimmte vorwarnende, auslösende und richtende Impulse mit wohlkoordiniertem Lebens- und arterhaltendem Verhalten zu beantworten. I.verhalten ist angeboren. Es kann jedoch, bes. bei höheren Tieren, durch Erfahrung modifiziert werden. - Das I.verhalten ist hierarch. organisiert; durch Stimulation übergeordneter Zentren können untergeordnete erregt oder gehemmt werden, wobei die jeweils auslösende Reizsituation die entscheidende Rolle spielt. Bei gleichberechtigten Verhaltensweisen hemmt oft die Ausführung der einen die übrigen. Vielfach ist eine gewisse Stimmung (Bereitschaft, Trieb) Voraussetzung für den Ablauf des I.verhaltens (z. B. Hunger, Brunst); die ein Appetenzverhalten zur Folge hat, in dessen Verlauf es zur triebbefriedigenden Endhandlung (z. B. Schlagen einer Beute) kommen kann. Die I.handlungen werden durch spezif. Schlüsselreize über einen angeborenen ↑Auslösemechanismus ausgelöst.
📖 *Lorenz, K.: Über die Bildung des I.begriffes. In: Lorenz, K.: Über tier. u. menschl. Verhalten. Mchn. 1984. 2 Bde. - Eibl-Eibesfeldt, I.: Grundr. der vergleichenden Verhaltensforschung. Mchn.* ⁶*1980. - Tinbergen, N.: I.lehre. Dt. Übers. Bln.* ⁶*1979.*

Institoris, Heinrich, eigtl. H. Krämer, * um 1430, † in Mähren 1505, dt. Dominikaner und Inquisitor. - I. betätigte sich v. a. bei der Hexenverfolgung in Süddeutschland. Mit dem Dominikaner J. Sprenger verfaßte er 1487 den berüchtigten „Hexenhammer".

Institut [zu lat. institutum „Einrichtung"], [häufig öffentl.] Einrichtung, Anstalt, die wiss. Arbeit und Forschung, auch kulturellen Aktivitäten oder dem Unterricht dient.
◆ im Sinne von *Rechts-I.* eine Einrichtung des materiellen oder formellen Rechts, z. B. das I. des Eigentums.

Institut catholique [frz. ɛ̃stitykatɔ'lik], Bez. der kirchl. (kath.) Hochschulen in Paris, Angers, Lille, Lyon und Toulouse.

Institut de droit international [frz. ɛ̃stitydə'drwaɛtɛrnasjɔ'nal], 1873 begr. internat. privater Zusammenschluß von Völkerrechtsgelehrten mit dem Ziel, den Fortschritt des Völkerrechts zu fördern.

Institut de France [frz. ɛ̃stityd'frã:s], 1795 begr. Körperschaft zur Förderung der Wiss. und Künste mit Sitz in Paris (nachdem verschiedene im 17.Jh. begr. Akad. 1793 aufgelöst worden waren). Besteht seit 1832 aus folgenden fünf Akad.: 1. ↑ Académie française; 2. *Académie des inscriptions et belles-lettres;* ediert heute v. a. Quellen und Inschriften und inventarisiert Kunstdenkmäler; 3. ↑ Académie des sciences; 4. *Académie des beaux-arts;* sie besteht aus fünf Sektionen (Malerei, Bildhauerei, Architektur, Graphik und Musik); 5. *Académie des sciences morales et politiques;* gliedert sich in sechs Sektionen (Philosophie, polit. Wissenschaften, Jurisprudenz, Wirtschaftswissenschaften, Geschichte und Geographie).

Institut für Auslandsbeziehungen, Abk. IfA, 1951 in Stuttgart gegr. gemeinnützige Anstalt zur Förderung internat. Kulturaustausches. Nachfolgeorganisation des 1917 gegr. Dt. Ausland-Instituts.

Institut für Demoskopie Allensbach, Abk. IfD, 1947 in Allensbach von E. Noelle-Neumann und E. P. Neumann (*1912, †1973) gegr. „Gesellschaft zum Studium der öffentl. Meinung mbH." (v. a. in den Bereichen Politik, Wirtschaft, Massenkommunikation).

Institut für den wissenschaftlichen Film, Abk. IWF, 1949 gegr. GmbH, Sitz Göttingen. Das IWF produziert Hochschulunterrichtsfilme und Filme, die bestimmten Disziplinen als Forschungsunterlagen dienen.

Institut für deutsche Sprache, Abk. IdS, gegr. 1964; dient der Erforschung der dt. Sprache, bes. in ihrer gegenwärtigen Form, und der Koordinierung aller auf dieses Ziel gerichteten Bestrebungen im In- und Ausland; Sitz Mannheim, weitere Forschungsstellen bestehen in Bonn, Freiburg im Breisgau und Innsbruck. Neben Grundlagenforschung werden anwendungsbezogene Arbeiten in Hinblick auf die Didaktik des Unterrichts in Deutsch als Zielsprache, auf wiss. begründete Empfehlungen zum Sprachgebrauch und auf die Förderung von Informationssystemen durchgeführt.

Institut für Film und Bild in Wissenschaft und Unterricht, Abk. FWU, 1935 gegr., 1950 wiederbegr., Sitz Grünwald (bei München); gemeinnütziges Institut, das audiovisuelle Lehr- und Lernmittel an Schulen u. a. öffentl. oder staatl. anerkannte Bildungseinrichtungen über Landes-, Kreis- und Stadtbildstellen verleiht.

Institut für Gesellschaftswissenschaften beim ZK der SED, 1951 in Berlin (Ost) gegr. Forschungs- und Ausbildungsstätte der DDR mit den Fachgebieten Philosophie, polit. Ökonomie, Geschichte der Arbeiterbewegung, Theorie der Kultur, Imperialismusforschung, soziolog. Forschung; dient der Aus- und Weiterbildung leitender SED-Kader.

Institut für Marxismus-Leninismus beim ZK der SED, 1949 in Berlin (Ost) gegr. zentrales Forschungsinstitut; koordiniert in der DDR Forschung und Edition auf den Gebieten Marxismus-Leninismus und Arbeiterbewegung.

Institut für Österreichische Geschichtsforschung, 1854 gegr. Zentralinstitut in Wien; Forschungs- und Ausbildungsstätte v. a. für östr. Geschichte und histor. Hilfswiss., für den Archiv- und Bibliotheksdienst.

Institut für Wasser-, Boden- und Lufthygiene, Forschungsstätte des Bundesgesundheitsamtes für allg. Hygiene und Gesundheitstechnik in Berlin (West); betreibt angewandte Forschung auf den Gebieten der Wasserversorgung, Abfall- und Abwasserbeseitigung, Reinhaltung der Gewässer, der Luft und des Bodens sowie Hygiene des Bau-, Wohnungs- und Siedlungswesens.

Institut für Weltwirtschaft der Universität Kiel, 1911 gegr.; Ziel: Pflege und Förderung der wiss. Erforschung der weltwirtsch. Beziehungen in ihrem gesamten Umfang. Wichtige Publikationen: „Weltwirtsch. Archiv", „Die Weltwirtschaft".

Institut für Zeitgeschichte, seit 1952 Name des 1950 gegr. „Dt. Instituts für Geschichte der nat.-soz. Zeit"; Sitz München; seit 1961 in der Rechtsform einer Stiftung, getragen von Bund und Ländern; Forschungs- und Editionstätigkeit, Ermittlung, Sammlung und Nachweis von Quellen zur Zeitgeschichte; zahlr. Veröffentlichungen (u. a. „Vierteljahrshefte für Zeitgeschichte").

Institution [zu lat. institutio „Einrichtung"], Einrichtung (insbes. staatl. oder bürgerl.), öffentl. oder privates Unternehmen (z. B. eine Körperschaft, Stiftung).
♦ in *Anthropologie* und *Soziologie* Bez. 1. für ein stabiles, relativ dauerhaftes Muster strukturierter menschl. Beziehungsgeflechte und/oder 2. für die tatsächl. gelebten Formen solcher Muster. I. als wiederkehrende Regelmäßigkeiten und abgrenzbare Gleichförmigkeiten gegenseitigen Verhaltens von Menschen, Gruppen, Organisationen sind dem kulturellen und sozialen Wandel unterworfen. I. werden untersucht als Ersatz für fehlende Instinkte, die das menschl. Zusammenleben (wie bei den Tieren) stabilisieren und die Menschen von Entscheidungsdruck entlasten sowie als Quelle der Unterdrückung und Fremdbestimmung, sofern I. als „äußerl." bleibende, nicht in der Antriebs- und Bedürfnisstruktur der Gesellschafts-Mgl. verankerte Ordnungs-, Herrschafts- und Sanktionsmechanismen wirken. Die Prozesse, durch die zunächst vereinzelt und spontan auftretende Bedürfnisse und Interessen sich zu allg. Werten und diese wiederum sich zu bestimmten Handlungsmustern und -zielen (zur Realisierung solcher Werte) „verfestigen", d. h. zu I. werden, bezeichnet der Begriff **Institutionalisierung.**
📖 Schülein, J. A.: Theorie der I. Wsb. 1986. - Lau, E. E.: Interaktion u. I. Bln. 1978. - Gehlen, A.: Urmensch u. Spätkultur. Wsb. ⁴1977. - Zur Theorie der I. Hg. v. H. Schelsky. Wsb. ²1974.

Institutionalismus [lat.], auf den sog. Institutionen als der Gesamtheit der in einer Gesellschaft gegebenen Organisationsformen menschl. Handelns aufbauende, um 1900 begr. Richtung in der Nationalökonomie, die die wirtsch. Verhaltensweisen aus dem Gesamtzusammenhang histor., rechtl., soziolog. und physiolog. Faktoren heraus zu erklären, damit auch die Wirtschaftstheorie mit den anderen Sozialwiss. zu verbinden sucht.

institutionelle Garantie [lat./frz.], verfassungsrechtl. Gewährleistung bestimmter *Einrichtungen* des öffentl. Rechts (z. B. Berufsbeamtentum) oder des Privatrechts (auch **Institutsgarantie** genannt, z. B. Eigentum) als solcher, ohne daß dabei auf die Gewährung individueller Rechte abgezielt wird.

Institutionen [lat.], in der röm. (und ma.) Literatur Bez. für systemat., für den Anfänger gedachte Einführungen in verschiedene Wissensgebiete.
♦ Teil des †Corpus Juris Civilis.

Institut Pasteur [frz. ɛ̃stitypas'tœr], von L. Pasteur 1888 in Paris zunächst für die Bekämpfung der Tollwut und die Erforschung der Infektionskrankheiten gegr. Institut. Heute v. a. mikrobiolog. Forschung, Herstellung von Seren und Impfstoffen, Entwicklung neuer Arzneimittel.

Institutum Judaicum, christl. Einrichtung zur Vertiefung der Kenntnis vom Judentum, von H. L. Strack 1883 in Berlin und F. Delitzsch 1886 in Leipzig gegr.; seit 1948 Neugründungen in Münster (Westf.), Tübingen und Erlangen.

Instruktion [zu lat. instructio, eigtl. „das Aufschichten"], Anleitung, Vorschrift, Dienstanweisung; **Instrukteur,** Unterrichtender, Anweisungen Gebender; **instruktiv,** aufschlußreich, lehrreich.

Instruktionsdienst, in der schweizer. Armee Dienst zur Ausbildung, im Ggs. zum aktiven Dienst; umfaßt insbes. die Rekrutenschule, verschiedene Arten von Kursen und die weitere Ausbildung für höhere Grade; auf Grund der allg. Wehrpflicht von jedem diensttaugl. Bürger zu leisten.

Instrument [zu lat. instrumentum, eigtl. „Ausrüstung"], Mittel oder Gerät zur Ausführung bestimmter wiss. oder techn. Arbeiten, z. B. Meß-I., Registrier-I., astronom. I.
♦ †Musikinstrumente.

Instrumental (Instrumentalis) [lat.], u. a. in indogerman. Sprachen vorkommender Kasus, der das Mittel oder Werkzeug bezeichnet; im Lat. im Ablativ aufgegangen, im Dt. durch den Präpositionalfall ersetzt (z. B. mit dem Messer).

Instrumentalismus [lat.], eine von J. Dewey in seiner Auseinandersetzung mit dem amerikan. Pragmatismus entwickelte philosoph. Theorie der Begriffe, des log. Schließens und der Wahrheit; Ausgangspunkt ist dabei, daß alle Vorstellungen (auch Gedanken) ledigl. Mittel zum Zweck, Instrumente zur Beherrschung der Wirklichkeit sind; sie unterscheiden sich nach ihrer Brauchbarkeit, jedoch nicht nach ihrer Übereinstimmung mit der Realität.

Insulin

Instrumentalmusik, die ausschließl. mit Musikinstrumenten auszuführende Musik im Ggs. zur ↑Vokalmusik.

Instrumentalsatz, Nebensatz, der das Mittel nennt, durch das der im Hauptsatz genannte Sachverhalt eintritt, z. B. „Er rettete sich dadurch, daß er...".

Instrumentarium [lat.], 1. Gesamtheit der für eine bestimmte Aufführung vorgesehenen Musikinstrumente; 2. Gesamtheit aller innerhalb eines Bereichs zur Verfügung stehenden Einrichtungen und [Hilfs]mittel.

Instrumentation [lat.] (Instrumentierung, Orchestration), die klangl. Ausweitung eines musikal. Satzes für die Instrumente eines Orchesters. - *Instrumentationslehren* gibt es ansatzweise schon um 1600 (M. Praetorius), die erste eigtl. und zugleich grundlegende I.lehre stammt von H. Berlioz (1844) mit zahlr. späteren Bearbeitungen (u. a. von R. Strauss, 1905); weitere I.lehren von N. Rimski-Korsakow (1913), E. Wellesz (1928/29), H. Kunitz (1956–61) u. a. - Erste eigtl. *Besetzungsvorschriften* stammen aus dem 17. Jahrhundert.

Instrumentativ (Instrumentativum) [lat.], Verb des Benutzens, z. B. hämmern.

Instrumentenanflug, svw. ↑Blindanflug.

Instrumentenflug (Blindflug), Flug ohne Bodensicht, unter alleiniger Verwendung von Instrumenten wie Fahrtmesser, Höhenmesser, Kreiselhorizont, Kompaß und Wendezeiger sowie Einrichtungen und Geräten der Funknavigation, Astronavigation und Trägheitsnavigation. Ein Flug kann und darf nur nach vorgeschriebenen *Instrumentenflugregeln* (Abk. IFR) durchgeführt werden, wenn das Flugzeug über eine Mindestausrüstung an Fluginstrumenten, Navigationsinstrumenten, Funksprechanlagen usw. verfügt und der Flugzeugführer eine IFR-Lizenz besitzt.

Instrumentenlandesystem (engl. instrument landing system), Abk. ILS, ein als Hilfsmittel bei der Landung von Flugzeugen dienendes Funknavigationsverfahren. *Prinzip:* Ein Landekurssender strahlt ein vertikal stehendes Funkfeld (vertikale Sollflugebene) aus. Bei Abweichung von dieser Ebene nach links ertönt ein Punktsignal, bei einer Abweichung nach rechts ein Strichsignal, bei genauem Kurs ein Dauersignal. Durch den **Gleitwegsender** wird die Höhenführung des anfliegenden Flugzeuges gewährleistet. Er sendet eine schräge (2,5°) Funkebene von der Landebahnschwelle aus. Die Schnittlinie der beiden Funkebenen stellt den idealen Anflugkurs dar. Einflugzeichensender in bestimmten Abständen vor der Landebahn geben dem Piloten Information über die Entfernung zur Landebahn. Das erste UKW-Landefunkfeuer, Vorläufer der ILS-Anlagen, war bereits 1932 auf dem Flughafen Berlin-Tempelhof errichtet worden. Heute sind alle größeren Verkehrsflughäfen mit ILS ausgerüstet. - Da bei ungünstigen topograph. Verhältnissen das ILS nicht einsetzbar ist, werden bereits neue Verfahren auf der Grundlage von Mikrowellen erprobt, die gekrümmte Anflüge erlauben.

Insubrer, kelt. Volksstamm, um 400 v. Chr. nach Italien eingewandert, ließ sich um Mailand nieder, 199–194 von Rom unterworfen.

Insuffizienz [zu lat. insufficientia „Unzulänglichkeit"], Funktionsschwäche, ungenügende Arbeitsleistung eines Organs (z. B. Herzinsuffizienz) oder eines Organsystems (z. B. Kreislaufversagen).

Insulin [zu lat. insula „Insel" (mit Bezug auf die Langerhans-Inseln)], in den β-Zellen der Langerhans-Inseln der Bauchspeicheldrüse gebildetes Proteohormon, das aus zwei Polypeptidketten mit 21 bzw. 30 Aminosäureresten besteht, die durch zwei für die Funktion unerläßl. Disulfidbrücken miteinander verbunden sind. Bei der Biosynthese wird zunächst das aus einer zusammenhängenden Kette von 84 Aminosäuren bestehende **Proinsulin** hergestellt; durch Abspaltung eines Polypeptids mit 33 Aminosäureresten (des C-Peptids) geht daraus das aktive Hormon hervor, das durch die Leber inaktiviert wird. Die wichtigste physiolog. Wirkung ist eine drast. Senkung des Blutzuckergehaltes, daneben eine Steigerung des Kohlenhydratabbaus und im Leber- und Fettgewebe eine vermehrte Fettsynthese. Der molekulare Wirkungsmechanismus von I. ist nur z. T. bekannt. Dagegen kennt man die Stoffwechseländerungen, die dann auftreten, wenn nicht genügend I. zur Verfügung steht. Durch I.mangel entsteht die Zuckerkrankheit (↑Diabetes). I. findet sich bei allen Wirbeltieren von den Fischen bis zu den Säugern.

Instrumentenlandesystem. Schematische Darstellung der Leitebenen

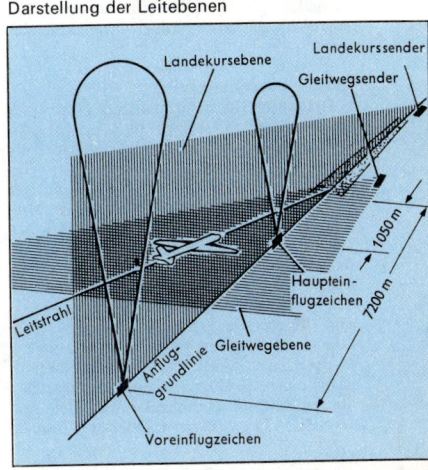

Geschichte: I. wurde erstmals 1921 von F. G. Banting und C. H. Best isoliert und ein Jahr später bereits in größeren Mengen und in klin. brauchbarer Form dargestellt. In den 40er Jahren gelang F. Sanger die vollständige Klärung der I.struktur; Mitte der 60er Jahre gelang H. Zahn und zwei anderen Forschergruppen gleichzeitig die Totalsynthese. - Versuche, die zunächst zwei- bis dreimal tägl. notwendigen I.injektionen bei Zuckerkranken durch orale Applikation zu ersetzen, scheiterten bis heute. Durch Verzögerungspräparate konnte jedoch das Zeitintervall zw. den einzelnen Injektionen vergrößert werden.
📖 *I.* Hg. v. D. Brandenburg u. A. Wollmer. Bln. 1980. - Wassermann, C.: *I. Der Kampf um eine Entdeckung.* Mchn. 1978. - Schatz, H.: *I. Biosynthese u. Sekretion.* Stg. 1976.

Insulinde, vom niederl. Schriftsteller Multatuli geprägter Name für den Malaiischen Archipel.

Insulinschock, durch Abfall des Blutzuckerspiegels bedingter hypogäm. Schock durch übersteigerte Insulingaben oder überhöhte Insulinfreisetzung nach Verabreichung bestimmter oraler Antidiabetika († Diabetes). - In der Psychiatrie werden künstl. erzeugte I. zur Behandlung von Geisteskrankheiten, bes. Schizophrenie, angewandt.

Insult [lat.], [schwere] Beleidigung, Belästigung.
◆ in der *Medizin* svw. Anfall.

in summa [lat.], im ganzen, insgesamt.

Insurgenten [lat.], veraltete Bez. für Aufständische, Rebellen.

Insurrektion [lat.], Erhebung, Aufstand.

Inszenierung [zu lat. in „hinein" und ↑Szene], eine Aufführung als Ergebnis der Regie, Einstudierung (eines Bühnenstückes).

Intaglio [in'taljo; mittellat.-italien.], mit vertieft eingeschnittenem Bildwerk versehener Schmuckstein. - ↑auch Steinschneidekunst.

intakt [zu lat. intactus, eigtl. „unberührt"], unversehrt, heil.

Intarsien (Intarsia) [italien., zu arab. tarsi „das Auslegen, Besetzen (mit Edelsteinen, Gold oder ähnl. Materialien)"], Einlegearbeiten in Holz, v. a. aus Holz, auch aus Elfenbein, Perlmutt, Schildpatt, Metall, Verzierung von Möbeln, Wandverkleidungen u. a. Die Muster werden entweder aus dem Holzkörper ausgehoben und mit anderem Material gefüllt oder, aus kleinen Stücken zusammengefügt, aufgeleimt (**Holzmosaik**). Seit dem 16. Jh. werden in Schichten aufgeleimte Furniere ausgesägt (**Marketerie**). - I. sind schon im Alten Orient seit dem 2. Jt. v. Chr. bekannt, beliebt in der islam. Kunst, Blütezeit der Intarsie ist die italien. Frührenaissance (Raumvertäfelungen, Sakristeischränke, Chorgestühle mit perspektiv. Darstellungen; Palazzo Ducale in Urbino). Im 16. bis ins 18. Jh. liebte man v. a. I. aus Ebenholz und Elfenbein, daneben wurden in Frankr. Schildpatt, Messing und Zinn verwendet. Führender Meister war in Frankr. neben F. Oeben und J. H. Riesner A. C. Boulle, in Deutschland D. Roentgen.

integer [lat. „unberührt"], unbescholten, unbestechlich, unversehrt.

integral [mittellat.], vollständig, für sich bestehend.

Integral [mittellat., zu lat. integrare „wiederherstellen, ergänzen"] ↑Integralrechnung.
◆ (I. einer Differentialgleichung) Bez. für die Lösung einer ↑Differentialgleichung.

Integralbauweise, Bauweise des Metallbaus, insbes. des Metallflugzeugbaus, bei der ein größeres Bauteil nicht aus einzelnen Bauelementen zusammengesetzt, sondern aus einem Stück hergestellt wird; dadurch können die durch Niete oder Bolzen verursachten örtl. Spannungserhöhungen und das Zusatzgewicht der Verbindungselemente vermieden werden.

Integralgleichung, eine Gleichung, in der die gesuchte Funktion im Integranden eines Integrals enthalten ist. Die einfachste Art der I., die sog. *lineare I.* hat die Form

$$p(x) \cdot y(x) + \lambda \int_a^b K(x,t)\, y(t)\, dt = f(x),$$

Darin sind $p(x)$, $f(x)$ und $K(x,t)$ gegebene Funktionen, λ ein Parameter und $y(x)$ die gesuchte Funktion.

Integralismus [mittellat.], Bez. für die totalitäre Richtung im Katholizismus, die die Wirklichkeit nur aus dem Glauben erklärt; der unter Pius X. bes. starke I. wurde unter dem Pontifikat Benedikts XV. zurückgedrängt, kommt aber gegenwärtig (↑ Ecône) zu neuer Blüte.

Integralkurve, die graph. Darstellung der Lösung einer Differentialgleichung.

Integraloperator, ein mit Hilfe eines von den reellen Variablen x und y abhängigen [Integral]kerns $K(x, y)$ durch die Beziehung

$$Kf(y) = \int_a^b K(x, y) f(x)\, dx$$

definierter, auf beliebige Funktionen $f(x)$ wirkender Operator K.

Integralprinzipien ↑Extremalprinzipien.

Integralrechnung, zusammen mit der ↑Differentialrechnung im 17. Jh. entstandenes Teilgebiet der *höheren Mathematik,* das sich mit einer als *Integration* bezeichneten Rechenoperation befaßt, die einer vorgegebenen Funktion entweder einen festen Zahlenwert (ihr sog. bestimmtes Integral) oder eine andere Funktion (ihre Stammfunktion oder ihr unbestimmtes Integral) zuordnet. Bei der I. einer Veränderlichen wird das bestimmte Integral von der Flächenberechnung her eingeführt. Man versteht unter dem **bestimmten Integral**

Integration

$I = \int_a^b f(x)\,dx$ den Inhalt der Fläche, die von der x-Achse, den beiden Ordinaten $x = a$ und $x = b$ und der Kurve $y = f(x)$ begrenzt wird und bezeichnet $f(x)$ als den **Integranden** des Integrals I, das Intervall $[a, b]$ als **Integrationsbereich** und die Variable x als **Integrationsvariable**.

Wählt man statt der festen Integrationsgrenzen a und b des Integrals I eine variable obere Grenze *(unbestimmte Integration)*, dann ist das **unbestimmte Integral** $\int_a^x f(t)\,dt$ oder einfach $\int f(x)\,dx$ eine Funktion von x, die sog. *Stammfunktion* von f, und es gilt der **Hauptsatz der Differential- und Integralrechnung:**

$$\frac{d}{dx}\int_a^x f(t)\,dt = f(x).$$

Der Hauptsatz macht deutlich, daß in gewissem Sinn die Integration als Umkehroperation der Differentiation aufgefaßt werden kann. Mit ihm verschafft man sich leicht einige **Integrationsregeln:**

$\int [\alpha f(x) + \beta g(x)]\,dx =$
$= \alpha \int f(x)\,dx + \beta \int g(x)\,dx \quad (\alpha, \beta = \text{const});$

$\int x^n\,dx = \dfrac{x^{n+1}}{n+1} + C, \quad n \neq -1;$

$\int x^{-1}\,dx = \ln |x| + C;$

$\int \sin x\,dx = -\cos x + C,$

$\int \cos x\,dx = \sin x + C.$

Die Berechnung von Integralen ist nicht immer durch direkte Integration (z. B. mit Hilfe des Hauptsatzes oder der Integrationsregeln) möglich. Man verschafft sich dann Näherungswerte für diese Integrale bzw. Näherungsausdrücke für die Stammfunktionen mit Hilfe numer. oder graph. Verfahren oder unter Verwendung von ↑ Integriergeräten.

Intarsien. Fra Giovanni da Verona, Holzmosaik am Chorgestühl in Santa Maria in Organo (Ausschnitt; um 1495). Verona

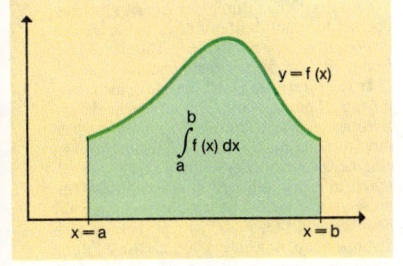

Geschichte: Die Grundlagen der I. wurden bereits in der Antike u. a. von Archimedes geschaffen. Der systemat. Ausbau begann allerdings erst im 17. Jh., insbes. durch G. W. Leibniz und I. Newton. Die in den folgenden Jahrzehnten erzielten Fortschritte faßte L. Euler in den „Institutiones calculi integralis" (1768–70) zusammen; die endgültige Systematisierung der geschlossen auswertbaren algebraischen Integrale führte J. Liouville 1834/35 durch. Die strengere Grundlegung der Mathematik im 19. Jh. führte schließl. zu einer Verallgemeinerung des klass. Integralbegriffs.

📖 *Günzler, H.:* Integration. Mhm. u. a. 1985. - *Forster, O.:* Analysis 1. Wsb. ³1980. - *Körber, K. H./Pforr, E. A.:* I. für Funktionen mit mehreren Variablen. Ffm. 1980.

Integrand [lat.] ↑ Integralrechnung.

Integration [lat.], *allg.* [Wieder]herstellung eines Ganzen, einer Einheit, durch Einbeziehung außenstehender Elemente; Vervollständigung.

◆ in der *Soziologie* Bez. 1. für einen gesellschaftl. Prozeß, der durch einen hohen Grad harmon., konfliktfreier Zueinanderordnung der verschiedenen Elemente (Rollen, Gruppen, Organisationen) sowohl in horizontaler (arbeitsteiliger, funktionsspezialisierter) als auch vertikaler (herrschafts-, schichtenmäßiger) Hinsicht gekennzeichnet ist, sowie 2. für Prozesse der bewußtseinsmäßigen bzw. erzieher. Eingliederung von Personen und Gruppen in bzw. ihre Anpassung an allg. verbindl. Wert- und Handlungsmuster. Der Grad der I. bestimmt das Ausmaß der Übereinstimmung der Gesellschaftsmitglieder über die gemeinsamen Ordnungsprinzipien und damit die gesellschaftl. Stabilität. Totale I. bedeutet „Einfrieren" des gesellschaftl. Status quo und Unfähigkeit zu Wandel und Anpassung.

◆ in der *Psychologie* das (einheitl.) Zusammenwirken verschiedener psych. Prozesse (z. B. Wahrnehmen, Denken, Fühlen und Wollen); darüber hinaus auch Bez. für solche

Integrationist

Prozesse, in denen phys., psych. und soziale Komponenten zu einem Ganzen bzw. einer Gestalt oder einer übergreifenden Organisationsform (etwa einem Typus) zusammengefaßt werden.

♦ im *Verfassungsrecht* der Prozeß der Schaffung eines einheitl. Ganzen aus einzelnen Elementen. Entsprechend versteht die I.lehre den Staat als Einheitsgefüge individueller einzelner, die sich in dauernder Auseinandersetzung miteinander zusammenfinden. Die Staatsverfassung wird als Lebensordnung angesehen, die durch die ständige fließende Einbeziehung der einzelnen erst wirkl. wird.

♦ im *Völkerrecht* bezeichnet I. den Zusammenschluß von Staaten in polit., wirtsch. und/oder militär. Hinsicht.

♦ in der *Wirtschaft* Bez. für einen Zusammenschluß wirtsch. Subjekte, insbes. für die Entstehung von umfassenden Zusammenschlüssen auf übernat. Basis.

♦ in der *Physiologie* die vollwertige Übernahme von Teilen eines Organismus (z. B. eines Transplantats) in die Gesamtorganisation eines Lebewesens.

♦ in der *Mathematik* das Berechnen eines Integrals (↑Integralrechnung), auch die Bestimmung der Lösung einer ↑Differentialgleichung.

Integrationist, Anhänger der Bewegung zur Aufhebung der Rassentrennung in den USA.

integrieren [zu lat. integrare „wiederherstellen"], in ein größeres Ganzes einbeziehen; ein ↑Integral berechnen; **integrierend,** unerläßlich, notwendig, wesentlich.

Integriergeräte [lat./dt.], Geräte zur Integration im allgemeinsten mathemat. Sinn, d. h. zur Bestimmung von Stammfunktionen, Flächeninhalten und Lösungen von Differentialgleichungen. Die I. werden in zwei Grundtypen unterteilt: die **Integralmesser** und die **Integraphen** oder Integralzeichner. Die I. der ersten Gruppe geben, während die Kurve $f(x)$ mit einem Fahrstift be- oder umfahren wird, den Wert des Integrals $\int u[f(x)] dx$ an, arbeiten also numerisch. Die I. der zweiten Gruppe arbeiten graphisch und zeichnen das Integral einer Differentialgleichung, im einfachsten Fall von $y' = f(x)$, also eine Stammfunktion. Die Zusammenfassung verschiedener I. mit Addiergeräten, Funktionserzeugern und Multipliziergeräten zu einer Gesamtheit bezeichnet man als **Integrieranlage**.

Integrierte Gemeinde, innerhalb der kath. Kirche 1968 in München entstandene Gemeinschaft aus Priestern und Laien, die ihre Mgl. in einzelnen Wohngemeinschaften „integriert", die sich um ein Gemeindezentrum gruppieren, um so finanziell unabhängig von Kirche und Staat neue Formen christl. Lebensgestaltung zu eröffnen.

integrierte Gesamtschule ↑Gesamtschule.

integrierter Pflanzenschutz ↑Pflanzenschutz.

integrierte Schaltung (IC, IS), Bez. für die im Rahmen der Miniaturisierung elektron. Bauteile entwickelten „Funktionsblökke" (sog. „ICs"). Auf ein ca. 2 mm² großes Siliciumplättchen (sog. *Chip*) sind oft über 1 000 aktive (Transistoren) und passive (Widerstände, Kondensatoren) Bauelemente aufgebracht, die eine betriebsbereite Schaltung darstellen (z. B. Verstärker, Zähler, Frequenzteiler, log. Bausteine, Volladdierer). Prakt. Ausführung: Plastikgehäuse mit zweireihigen Anschlüssen (sog. Dual-in-line-Gehäuse).
📖 Widmann, D. u. a.: *Technologie hochintegrierter Schaltungen.* Bln. 1988. - Lorenz, C.: *IC-Hdb.* Mchn. 1980.

Integriertes Transportsteuersystem (ITS) ↑Eisenbahn.

Integrität [lat.], Makellosigkeit, Unbescholtenheit, Unversehrtheit.

Integument (Integumentum) [lat. „Bedeckung, Hülle"], in der Anatomie und Morphologie Bez. für die Gesamtheit aller Hautschichten der Körperoberfläche bei Tier und Mensch, einschließl. der Haare, Federn, Stacheln, Schuppen, Kalkpanzer usw.; bei Pflanzen für die Hülle um den Nucellus der Samenanlage.

Intellekt [zu lat. intellectus „das Erkennen"], im Unterschied zur meßbaren Intelligenz das generelle Vermögen, durch krit. Analyse und Synthese von Wahrnehmungselementen Erfahrungen, Einsichten und Erkenntnisse (unter Einsatz von Gedächtnis und Denken) zu erlangen.

Intellektualismus [lat.-frz.], i. w. S. gleichbedeutend mit Rationalismus; i. e. S. die Lehre, daß das Gute durch die Vernunft bestimmt werden solle *(eth. I.).* Daneben gibt es Formen eines *metaphys. I.,* nach dem das Wesen der Dinge durch die (meist göttl. gedachte) Vernunft bestimmt ist, und eines *psycholog. I.,* nach dem alle seel. Tätigkeiten auf Verstandestätigkeiten zurückzuführen sind.

Intellektuelle [lat.], Bez. für eine Gruppe von Menschen, die - bei unterschiedl. akzentuierter Definition im einzelnen - wegen ihrer Ausbildung und ihrer geistigen Tätigkeit eine herausgehobene Stellung in der Gesellschaft innehat, teils geistig führend oder Impulse gebend, teils krit. regulierend oder nur beobachtend, teils aber auch betont sich distanzierend. Soweit v. a. auf die Ausbildung abgehoben wird, synonym mit Akademiker gebraucht; schichtspezif. wird vorzugsweise von Intelligenz gesprochen. Als polit. Schlagwort während der Dreyfusaffäre entstanden.

Intelligenz [zu lat. intelligentia „Vorstellung, Einsicht, Verstand"], im allg. Verständnis die übergeordnete Fähigkeit (bzw. eine Gruppe von Fähigkeiten), die sich in der Erfassung und Herstellung anschaulicher und abstrakter Beziehungen äußert, dadurch die

Intelligenzalter

Bewältigung neuartiger Situationen durch problemlösendes Verhalten ermöglicht und somit Versuch-und-Irrtum-Verhalten und Lernen an Erfolgen, die sich zufällig einstellen, entbehrlich macht. In der streng wiss. Psychologie ist I. die aus I.leistungen erschlossene und durch I.tests meßbare Dimension der Persönlichkeit. Die im Rahmen der Psychologie entwickelten Strukturmodelle der I. unterscheiden sich im Hinblick auf die Zahl und den Allgemeinheitsgrad der angenommenen **Intelligenzfaktoren** sowie auf die Beziehungen zw. diesen. Als geeignet erwiesen sich hierbei Strukturmodelle der I., die von der Annahme mehrerer I.faktoren eines mittleren Allgemeinheitsgrades ausgehen. Auf der Grundlage dieser Annahme wurden verschiedene miteinander konkurrierende Faktorenmodelle der I.struktur entwickelt. Am bekanntesten ist dasjenige von L. L. Thurstone („Primary mental abilities", 1938), das folgende (als **Primärfähigkeiten** bezeichnete) I.faktoren umfaßt: sprachl. Verständnis, Assoziationsflüssigkeit, Rechengewandtheit, räuml. Denken, Gedächtnis, Auffassungsgeschwindigkeit und schlußfolgerndes Denken. Im Rahmen dieses mehrdimensionalen Strukturmodells der I. ist jede Primärfähigkeit für je eine Klasse von I.leistungen bestimmend, z. B. der I.faktor Rechengewandtheit für alle I.leistungen, die numer. Operationen einschließen. Angeregt durch das Faktorenmodell von Thurstone identifizierte die I.forschung im Verlauf der Zeit eine über die Primärfähigkeiten Thurstones weit hinausgehende Zahl von I.faktoren, die in „hierarch." Strukturmodellen geordnet werden. Ein anderer Versuch zur Systematisierung von I.faktoren stammt von dem amerikan. Psychologen J. P. Guilford („Nature of human intelligence", 1967). Die analyt. Unterscheidung von Operationen, Produkten und Inhalten des Denkens führte Guilford zur Konstruktion eines dreidimensional geordneten Modells von insgesamt 120 I.faktoren. Von diesen konnten bisher allerdings nur rund 80 empir. nachgewiesen werden.
Die **Intelligenzentwicklung** wird durch eine Wechselwirkung von Erbanlagen und Umweltbedingungen bestimmt; beim *Menschen* handelt es sich dabei um soziale und kulturelle Einflüsse, die durch erzieher. Anregungen, systemat. Schulung und Bildung u. a. vermittelt werden. Solche sind nach Befunden neuerer Untersuchungen v. a. in der frühesten Kindheit von Bedeutung. Fehlen sie in dieser Entwicklungsphase, kann die I.entwicklung erhebl. beeinträchtigt werden († auch Milieutheorie). Die zw. verschiedenen Individuen feststellbaren **Intelligenzunterschiede** sind dementsprechend bis zu einem gewissen Grade auf sozioökonom. bedingte Chancenungleichheiten zurückzuführen.
Faßt man die I. als Funktion des Lebensalters auf, läßt sich über die Bestimmung des **Intelligenzquotienten** folgender Verlauf der I.entwicklung feststellen: Nach einer Periode starker positiver Beschleunigung in der frühen und mittleren Kindheit verlangsamt sich die I.entwicklung ab dem 10. Lebensjahr bis zum Erreichen des Erwachsenenalters. Zw. dem 20. und 30. Lebensjahr setzt allmähl. ein Abfall der I.leistungen ein. Der Zeitpunkt dieses (altersbedingten) Leistungsabfalls ist jedoch für verschiedene Fähigkeiten unterschiedl. und auch nicht für jedes Individuum gleich. Neben diesem quantitativen ist nach der Differenzierungshypothese auch ein qualitativer Aspekt der I.entwicklung zu beachten.
Bei *Tieren* ist I. im Sinne von einsichtigem Verhalten zu verstehen. Intelligentes Verhalten ist z. B. bei Schimpansen der spontane Einsatz körperfremder Gegenstände (Kisten, Stöcke), um außerhalb der eigentl. Reichweite liegendes Futter zu erreichen.
◆ *soziolog.* die Gesamtheit der aus Intellektuellen bestehenden gesellschaftl. Gruppen. Die Zugehörigkeit zur I. wird, uneinheitl., nach verschiedenen Kriterien bestimmt: Absolventen höherer (akadem.) Ausbildungsstufen; Angehörige bestimmter („freier") Berufsgruppen; Inhaber sozial relativ ungebundener („freischwebender") und sozioökonom. unabhängiger Stellungen. Als geistig-dynam. soziales Element hat sich die I. erst mit dem aufklärer. Fortschrittsglauben der bürgerl. Gesellschaft entwickelt. Infolge zunehmender Professionalisierung und Bürokratisierung haben sich spezialisierte (polit., kulturell-künstler., techn., ökonom.) I.gruppen herausgebildet, deren Verhältnis zur gesellschaftl. und polit. Praxis und Herrschaft ambivalent ist: Sie stehen in Spannung und Distanz zu bestehenden Strukturen, bemühen sich jedoch zugleich um deren Nutzung und Eroberung zur prakt. Umsetzung ihrer Ideen. Mit der zunehmenden Aufteilung von geistig-dispositiver und körperl.-exekutiver Arbeit in modernen Gesellschaften gerät die I. mit ihrem eigenen allg. Aufklärungsanspruch in Konflikt, d. h. in Gefahr, Funktionselite zu werden und sich korrumpieren zu lassen.

📖 *Piaget, J.*: Psychologie der I. Dt. Übers. Freib. ⁸1984. - *Eysenck, H. J.*: I. Struktur u. Messung. Bln. u. a. 1980. - *Kamin, L.*: Der I.-Quotient in Wiss. u. Politik. Dt. Übers. Darmst. 1979. - *Rosemann, H.*: I.theorien. Rbk. 1979. - *Schön-Gaedike, A. K.*: I. u. I.diagnostik. Weinheim 1978. - *Mandl, H./Zimmermann, A.*: I.differenzierung. Stg. 1976. - *Heller, K.*: I. u. Begabung. Basel 1976. - *Scholl, R.*: Eine empir. Unters. zur Faktorenstruktur der I. Hamb. 1976. - *Klauer, K. J.*: I.training im Kindesalter. Weinheim ²1975.

Intelligenzalter, Abk. IA, im Unterschied zum Lebensalter (LA) psychol. Bez. für jene Altersstufe, die den in einem Intelligenztest gezeigten Leistungen äquivalent ist

265

Intelligenzblätter

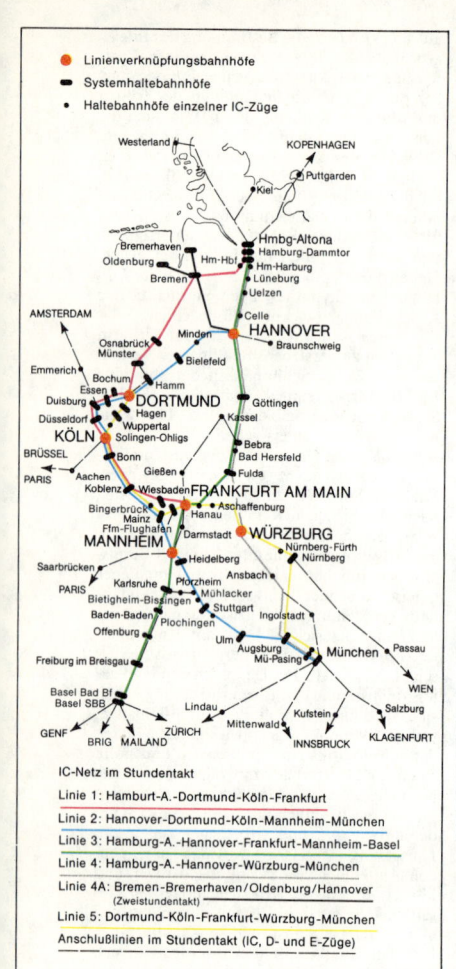

- 🔴 Linienverknüpfungsbahnhöfe
- ⬛ Systemhaltebahnhöfe
- ⚫ Haltebahnhöfe einzelner IC-Züge

IC-Netz im Stundentakt

Linie 1: Hamburt-A.-Dortmund-Köln-Frankfurt
Linie 2: Hannover-Dortmund-Köln-Mannheim-München
Linie 3: Hamburg-A.-Hannover-Frankfurt-Mannheim-Basel
Linie 4: Hamburg-A.-Hannover-Würzburg-München
Linie 4A: Bremen-Bremerhaven/Oldenburg/Hannover (Zweistundentakt)
Linie 5: Dortmund-Köln-Frankfurt-Würzburg-München
Anschlußlinien im Stundentakt (IC, D- und E-Züge)

Intercity-Zug. IC-Streckennetz der Deutschen Bundesbahn im Jahre 1986

(Bezugsmaßstab ist die durchschnittl. Entwicklung der Intelligenz innerhalb verschiedener Altersgruppen). Der Begriff I. wurde von A. Binet bei der Entwicklung von Testserien zur Prüfung des Intelligenzstandes von Kindern errechnet und eingeführt.

Intelligenzblätter [zu lat.-engl. intelligence „Nachricht, Auskunft"], urspr. wöchentl. erscheinende Periodika mit den von Anzeigenkontoren zusammengestellten Listen der Verkaufs- und Kaufangebote; in der 1. Hälfte des 18. Jh. nach frz. Vorbild in Deutschland begr.; gerieten rasch unter staatl. Einfluß; durch Insertionszwang („Intelligenzzwang") bes. privilegiert (andere Periodika durften keine Anzeigen aufnehmen); als amtl. Bekanntmachungsorgane Vorläufer der Amtsblätter; nach 1848 abgeschafft oder als freie Anzeigenblätter bzw. Tageszeitungen weitergeführt.

Intelligenzija [lat.-russ.], um 1860 entstandene Bez. für die radikale, revolutionäre geistige Elite der russ. Bildungsschicht; seit 1936 offiziell als „Zwischenschicht" definiert, die mit den Arbeitern und Bauern die nichtantagonist. sowjet. Klassengesellschaft bilde.

Intelligenzquotient, Abk. IQ, Maß für die allg. intellektuelle Leistungsfähigkeit, das sich aus dem Verhältnis von Intelligenzalter (IA) zum Lebensalter (LA) nach der Formel IQ = (IA/LA) 100 ergibt. Hierbei bedeutet ein Ergebnis von rund 100 durchschnittl. Intelligenz (**Intelligenznorm**). Nach L. M. Terman, C. Spearman und anderen läßt sich folgende Übersicht geben:

IQ	Intelligenzgrad	Bevölkerungsanteil
über 140	hervorragend („genial")	1,5 %
120–139	sehr gut („talentiert")	11,0 %
110–119	gut („intelligent")	18,0 %
90–109	mittelmäßig („normal begabt")	48,0 %
80–89	gering („lernbehindert", „dumm")	14,0 %
70–79	sehr gering („geistig behindert")	5,0 %
unter 69	äußerst gering („schwachsinnig")	2,5 %

Der I. wurde 1912 von W. Stern vorgeschlagen und gründet sich auf Testserien A. Binets.

Intelligenztest, aus mehreren Aufgaben oder Aufgabengruppen bestehender psycholog. Test zur Messung der Intelligenz. Die Aufgaben stellen im Idealfall eine repräsentative Stichprobe von Problemsituationen dar, deren Lösung den Einsatz intellektueller Fähigkeiten erfordert. Über die Bearbeitung der Aufgaben eines I. kann die allg. intellektuelle Leistungsfähigkeit in den von der Intelligenzforschung identifizierten Dimensionen der Intelligenz quantitativ erfaßt werden. Als Maß der in standardisierter und objektiver Weise erfolgenden Intelligenzmessung dient im allgemeinen der Intelligenzquotient. Die prognost. Aussagefähigkeit von I. ist relativ gering.

intelligibel [lat.], in der Philosophie allg. Begriff für nur gedankl., nicht mit den Sinnen wahrnehmbar, nur durch Denken erfaßbar.

INTELSAT [engl. 'ɪntɛlsæt; Kw. aus

engl.: International Telecommunications Satellite Organization (Internationale Fernmeldesatellitenorganisation)], 1964 gegr. Konsortium zur Schaffung eines globalen Kommunikationssatellitennetzes; Sitz Washington (D.C.); 110 Mitgliedstaaten (1985). Nach Vorversuchen mit dem Satelliten „Early Bird" (1965) wurde eine Vielzahl von Kommunikationssatelliten in eine geostationäre Umlaufbahn gebracht. Das ab 1980 aufgebaute INTELSAT-V-Satellitennetz umfaßt 15 Kommunikationssatelliten.

Intendant [frz., zu lat. intendere „sein Streben auf etwas richten"], Leiter eines Theaters, einer Rundfunk- bzw. Fernsehanstalt: **Generalintendant**, Leiter eines Theaterbetriebs mit mehreren Gattungen der darstellenden Kunst (Oper, Ballett, Schauspiel).
◆ im Frankr. des Ancien régime wichtigster Verwaltungsbeamter in den Provinzen. Der I. stand an der Spitze einer der (im 18.Jh.) 33 Generalitäten, in der er die gesamte Verwaltung leitete und die Gouverneure als ständ. Repräsentanten der Krone verdrängte.

Intendantur [lat.-frz.], früher militär. Wirtschaftsverwaltungsbehörde.

intendieren [lat.], auf etwas hinzielen, etwas beabsichtigen, planen.

Intension [lat.], allg. svw. Anspannung, Eifer, Kraft.
◆ in der *modernen Logik* Sinn, Inhalt einer Aussage.
◆ in der *log. Semantik* das Bedeutungsmerkmal eines Ausdrucks oder Begriffs.

intensional [lat.], in der *modernen Logik* nennt man eine Aussagenverbindung i., wenn ihre Wahrheit oder Falschheit nicht ausschließl. von der Wahrheit oder Falschheit der verknüpften Aussagen, sondern auch von deren spezif. Inhalt abhängt.
◆ in der *log. Semantik* kommt eine i. Definition durch Angabe bzw. Aufzählung der Eigenschaften bzw. Merkmale, die auf einen Begriff zutreffen, zustande.

Intensität [zu lat. intensus „gespannt, aufmerksam, heftig"], *allg.* svw. Stärke, Kraft, Gewalt. In der *Physik* ein Maß für den Energiefluß, d. h. für die je Zeiteinheit durch eine Einheitsfläche (meist 1 cm^2) ein- bzw. ausgestrahlte Energie, z. B. einer elektromagnet. Strahlung (Licht, Röntgenstrahlen) oder einer Teilchenstrahlung.

intensiv [frz., zu lat. intensus „gespannt, aufmerksam, heftig"], eindringlich, stark, gründlich.

Intensivhaltung, Formen der Nutztierhaltung, bei denen die Tiere ohne Auslauf in einem Stall oder in Käfigen gehalten werden; z. B. die Batteriehaltung von Hühnern.

Intensivstation (Intensivpflegestation, Intensivbehandlungseinheit), relativ kleine, personell, räuml. und techn. optimal ausgestattete Krankenstation zur raschen Diagnosestellung, intensiven Behandlung und ständigen Überwachung akut bedrohl. Krankheitsfälle (z. B. Herzinfarkt, Nierenversagen).

Intensivum [lat.], Verb, das ausdrückt, daß eine Handlung in stärkerem oder geringerem Grad vor sich geht, z. B. *schnitzen* „kräftig schneiden".

Intention [lat., zu intendere „sein Streben auf etwas richten"], Absicht, Vorhaben; Anspannung [geistiger Kräfte] auf ein bestimmtes Ziel hin.
◆ in der *kath. Sakramententheologie* ist die Gültigkeit der Sakramente von der I., das zu tun, was die Kirche tut, bei Spender und Empfänger abhängig.

intentional (intentionell) [lat.], zielgerichtet, zweckbestimmt, absichtlich.

Intentionsbewegung, Andeutung der ersten Glieder einer Bewegungskette (wie sie z. B. beim Vogelflug abläuft), die jedoch nicht vollendet wird.

Intentionstremor (Intentionszittern, Zielwackeln), bei Durchführung einer gezielten willkürl. Bewegung auftretendes unwillkürl. grobes Zittern der Hände oder Finger; u. a. bei multipler Sklerose und Kleinhirnerkrankungen.

inter..., Inter... [lat.], Vorsilbe mit der Bed. „zwischen", z. B. interplanetarisch.

Interaktion, Begriff soziolog. Theorien für das aufeinander bezogene Handeln zweier oder mehrerer Personen in dem Sinne, daß entweder 1. die Handelnden ihr Handeln wechselseitig an einander komplementären Erwartungen (Rollenvorstellungen, Situationsdefinitionen) orientieren oder 2. das Handeln einer Person (Reiz) dasjenige der anderen (Reaktion) auslöst.

Interaktionsanalyse, von R. F. Bales erstelltes sozialpsycholog. Bezugssystem zur Erfassung des Verhaltens kleiner Gruppen. Die von den zu beobachtenden Gruppen räuml. getrennten Analytiker klassifizieren dieses Verhalten.

Interamerikanische Entwicklungsbank (Inter-American Development Bank), internat. Institution, deren Mgl. 24 Regierungen amerikan. Staaten sind; Sitz Washington, gegr. 1959. Zweck ist die Förderung und Beschleunigung der wirtsch. Entwicklung und Zusammenarbeit.

interamerikanische Konferenzen ↑panamerikanische Konferenzen.

Interceptor [engl. ɪntəˈsɛptə; lat.], svw. ↑Abfangjäger.

Intercity [...'siti], Abk. IC, Netz von bes. schnellen Zugverbindungen zw. den Großstädten der BR Deutschland. 5 Hauptlinien werden im Ein-Stunden-Takt befahren, zusätzl. Linien im Zwei-Stunden-Takt oder durch einzelne IC-Züge. 1986 wurde mit der Erprobung eines neuen Hochgeschwindigkeitszuges, des I.-Experimental (ICE) begonnen (Geschwindigkeiten bis 350 km/h).

Intercontinental Ballistic Missile

Interdependenz

[engl. 'ɪntəkɔntɪ'nɛntl bə'lɪstɪk 'mɪsaɪl], Abk. ICBM, militär. Raketen mit einer Reichweite bis zu 20 000 km.

Interdependẹnz [lat.], wechselseitige Abhängigkeitsbeziehungen einzelner Teile in einem System.

Interdikt [zu lat. interdictum „Verbot"], bes. Verfahrensart im röm. Recht, bei der der Prätor ein Gebot oder Verbot ohne gerichtl. Verfahren erließ.
◆ *Kirchenstrafe*, die v. a. im MA häufig über Personen *(Personal-I.)* und Orte *(Lokal-.I.)* verhängt wurde und Vollzug von bzw. Teilnahme an gottesdienstl. Handlungen für bestimmte Personen bzw. bestimmte Orte (Gebiete) untersagte.

interdisziplinär [lat.], mehrere Fachgebiete (Disziplinen) umfassend; die Zusammenarbeit mehrerer Fachgebiete betreffend.

Interẹsse [lat. „dabeisein, teilnehmen, von Wichtigkeit sein"], *allg.* svw. Bereitschaft zur Beschäftigung mit einer Sache; Vorteil, Nutzen.
◆ in der *Psychologie* Einstellung, durch die das Verhalten eines Individuums mit erhöhter Aufmerksamkeit auf bestimmte Ziele gerichtet wird, die subjektiv als bes. wichtig empfunden werden.
◆ in der *Soziologie* die für bestimmte Personen oder Gruppen, Schichten, Klassen, ganze Gesellschaften einer histor.-spezif. Entwicklungsstufe gemeinsame, ihnen mehr oder weniger deutl. bewußte Gesamtheit der Einstellungen und Erwartungen zu den Bedingungen, Möglichkeiten und Zielsetzungen des individuellen wie sozialen Daseins.

Interẹssengemeinschaft, 1. i. w. S. jede †Gemeinschaft, die ohne einen auf ihre Entstehung gerichteten Willen der Beteiligten zustande gekommen ist, z. B. durch letztwillige Verfügung, also nicht auf einer Verbindung von Personen zur Verfolgung eines gemeinsamen Zwecks beruht; 2. i. e. S. der Zusammenschluß rechtl. selbständig bleibender Unternehmungen zur Gewinnerzielung.

Interẹssenjurisprudenz †Begriffsjurisprudenz.

Interẹssensphäre (Einflußzone), im Völkerrecht ein Gebiet, an dem ein Staat von dritten Staaten anerkannte polit. Interessen hat. Gegenstand der I. kann auch das Staatsgebiet eines anderen Staates sein. Die I. wurden vielfach durch völkerrechtl. Verträge abgesichert. Auch heute noch sind I. von Bedeutung, wenn auch vertragl. Vereinbarungen dieser Art nicht mehr getroffen werden.

Interẹssenverbände, Zusammenschlüsse von Personengruppen mit dem Ziel, in organisierter Form gemeinsame Interessen zu vertreten und durchzusetzen (**Pressuregroups,** oft in negativer Bed.: **Lobby**). Zu unterscheiden: polit. I. (Parteien, Landsmannschaften), kulturelle und gesellige I., wirtsch. I. (Berufsverbände, Kammern, Gewerkschaften, Unternehmerverbände, Sparer-, Verbraucher-, Steuerzahler-, Mietervereinigungen u. a.). Mißtrauen besteht gegen das Übergewicht von Sonderinteressen, nicht aber gegen I. als solche. Im Gesetzgebungsverfahren gelten sie auf Grund ihrer Fachkompetenz (†auch Hearing) als unentbehrlich.

Interface [engl. 'ɪntəfeɪs], svw. Schnittstelle (†Mikrocomputer).

Interferẹnz [zu lat. inter „zwischen" und ferire „schlagen, treffen"], in der *Physik* Bez. für die Gesamtheit der charakterist. Überlagerungserscheinungen, die beim Zusammentreffen zweier oder mehrerer Wellenzüge (elast., elektromagnet. Wellen, Materiewellen, Oberflächenwellen) mit fester Phasenbeziehung untereinander am gleichen Raumpunkt beobachtbar sind. Erregt man z. B. zwei benachbarte Punkte einer Wasseroberfläche mit gleicher Frequenz und Phase, so gehen von den Erregungszentren zwei Systeme von kreisförmigen Oberflächenwellen aus; in der Umgebung beobachtet man auf Hyperbelscharen, deren Brennpunkte in den Erregungszentren liegen, Verstärkung oder Auslöschung: Die Teilwellen *interferieren* miteinander. Die I. beruht auf dem Superpositionsprinzip, nach dem die momentane Stärke der resultierenden Welle in jedem Punkt gleich der Summe der jeweiligen Stärken der sich überlagernden Einzelwellen ist. Sie bedeutet keine Wechselwirkung der Einzelwellen, sondern ist eine Folge ihres gleichzeitigen Vorhandenseins in einem Raumpunkt. Nach Verlassen des I.gebietes weisen die Einzelwellen keine Spuren des Zusammentreffens auf. Die *I. des Lichts* genügt prinzipiell dem allg. I.prinzip, beobachtbare I. erhält man jedoch nur unter bes. Bedingungen. Natürl. Licht therm. Strahler entsteht fast ausschließlich durch spontane Emission untereinander unabhängiger angeregter Atome mit einer Emissionszeit von etwa 10^{-8} s. Phase und Amplitude der dieser Emissionszeit entsprechenden Wellenzüge der gleichen oder verschiedener Lichtquellen sind statist. völlig ungeordnet. Die I.erscheinung ist deshalb nicht stationär, sondern ändert sich sprunghaft in Intervallen von etwa 10^{-8} s; dieser schnelle Wechsel ist nicht beobachtbar, es erscheint als Mittelung eine gleichmäßige Helligkeit, die der Addition der Intensitäten der einzelnen Strahlenbündel entspricht. Eine räuml. feststehende I.erscheinung wird nur dann beobachtet, wenn das Licht einer (punktförmigen) Lichtquelle in Teilbündel aufgespalten wird und die Teilbündel nach Durchlaufen verschiedener, aber [nahezu] gleich langer Lichtwege zur I. gebracht werden. Die Phasenbeziehungen der Wellenzüge jedes Teilbündels für sich sind ungeordnet, aber zw. entsprechenden Wellenzügen der verschiedenen Bündel besteht eine zeitl. konstante Phasenbeziehung. Nur Wellenzüge, die derartigen

Interferometrie

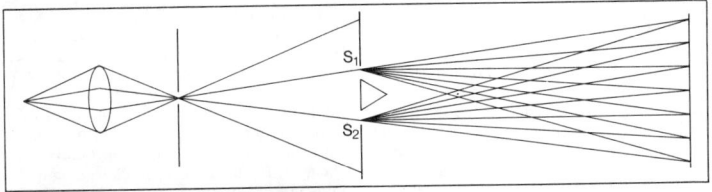

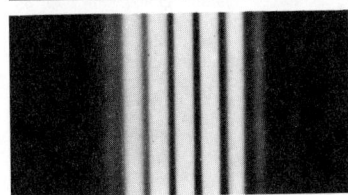

Interferenz durch Spalte S_1 und S_2 (oben) und Photographie der Interferenzstreifen, die bei dieser Versuchsanordnung entstehen

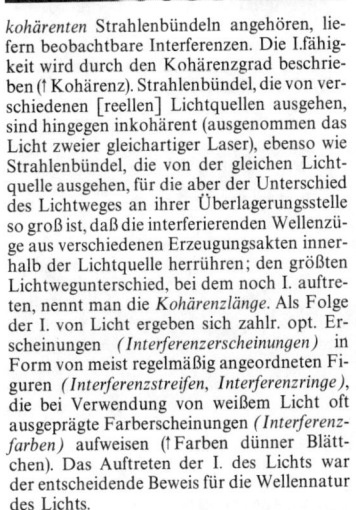

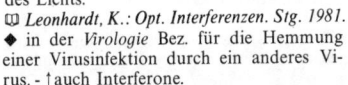

kohärenten Strahlenbündeln angehören, liefern beobachtbare Interferenzen. Die I.fähigkeit wird durch den Kohärenzgrad beschrieben (↑ Kohärenz). Strahlenbündel, die von verschiedenen [reellen] Lichtquellen ausgehen, sind hingegen inkohärent (ausgenommen das Licht zweier gleichartiger Laser), ebenso wie Strahlenbündel, die von der gleichen Lichtquelle ausgehen, für die aber der Unterschied des Lichtweges an ihrer Überlagerungsstelle so groß ist, daß die interferierenden Wellenzüge aus verschiedenen Erzeugungsakten innerhalb der Lichtquelle herrühren; den größten Lichtwegunterschied, bei dem noch I. auftreten, nennt man die *Kohärenzlänge*. Als Folge der I. von Licht ergeben sich zahlr. opt. Erscheinungen *(Interferenzerscheinungen)* in Form von meist regelmäßig angeordneten Figuren *(Interferenzstreifen, Interferenzringe)*, die bei Verwendung von weißem Licht oft ausgeprägte Farberscheinungen *(Interferenzfarben)* aufweisen (↑ Farben dünner Blättchen). Das Auftreten der I. des Lichts war der entscheidende Beweis für die Wellennatur des Lichts.

📖 *Leonhardt, K.: Opt. Interferenzen.* Stg. 1981.

◆ in der *Virologie* Bez. für die Hemmung einer Virusinfektion durch ein anderes Virus. - ↑ auch Interferone.

◆ in der *Lernpsychologie* Bez. für die Beeinflussung (Hemmung, Löschung, Störung oder Förderung) des Lernens durch vorangegangene Lernprozesse.

Interferenzfilter ↑ Filter.

Interferenzwiderstand, in der Strömungslehre Bez. für die Differenz aus der Summe der Einzelströmungswiderstände und dem tatsächl. Gesamtwiderstand eines zusammengesetzten umströmten Körpers. Der I. ist meist positiv.

Interferogramm [lat./griech.], die mit Hilfe eines Interferometers gewonnene [photo]graph. Darstellung einer Interferenzerscheinung zur Ermittlung und Prüfung der

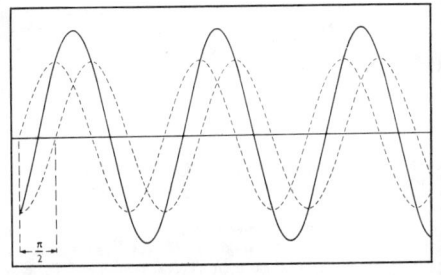

Interferenz zweier Wellenzüge (gestrichelt) gleicher Amplitude mit einer Phasendifferenz $\pi/2$

Interferenz der von zwei Erregungszentren ausgehenden kreisförmigen Oberflächenwellen

beim Zustandekommen der Interferenzen beteiligten opt. Flächen oder Medien.

Interferometer [lat./griech.], Sammelbez. für alle opt. Geräte, mit denen unter Ausnutzung von Interferenzerscheinungen des Lichtes z. B. äußerst genaue Längenmessungen, Winkelmessungen oder Messungen der Brechzahl eines Stoffes vorgenommen werden können.

Interferometrie [lat./griech.], Bez. für die Gesamtheit der Meßverfahren, die auf

Interferone

der ↑ Interferenz des Lichtes beruhen. Derartige interferometr. Meßmethoden beruhen auf der Bestimmung von Weglängen (Gangunterschieden), Wellenlängen, Brechungszahlen und Phasensprüngen (den vier Größen, von denen die Phasendifferenz miteinander interferierender Lichtwellen und damit die Lichtintensität an Interferenzort abhängt). Zum einen ermöglichen sie die Aufklärung der Natur des Lichtes selbst, zum andern erlauben sie sehr genaue Messungen von physikal. Größen und an physikal. Objekten, wie Längenmessungen und Bestimmung der Brechungszahlen von Stoffen.

Interferone [lat.], Virusinhibitoren; säure- und hitzeresistente Proteine, die von Zellen der verschiedensten Wirbeltiere bei Virusinfektionen gebildet werden und nichtinfizierte Zellen (oft nur) der gleichen Tierart vor demselben Virus wie auch vor vielen anderen Viren (einschließl. Tumorviren) schützen. Die Bildung von I. bei einer Virusinfektion verhindert daher meist die Infektion mit einem zweiten Virus, was das Phänomen der Interferenz von Infektionen erklären könnte. Da die I. innerhalb weniger Stunden nach Virusinfektion erscheinen (Antikörper erst nach mehreren Tagen), haben sie wohl die Funktion einer ersten und raschen Verteidigung des Körpers gegen eine Virusüberschwemmung. - Die therapeut. Verwendung wird dadurch eingeschränkt, daß I. vor der Infektion anwesend sein müssen und schwer in größerer Menge zu gewinnen sind. - Die I. wurden 1957 durch A. Isaacs und J. Lindenmann entdeckt.

interfraktionell [lat.], zw. Fraktionen bestehend, (allen) Fraktionen gemeinsam.

intergalaktisch, zw. den Sternsystemen (Galaxien) [gelegen].

Interglazial, svw. ↑ Zwischeneiszeit.

Interieur [ɛ̃ter'jø:r; lat.-frz. „das Innere"], Innenausstattung eines Raumes; Ansätze zur Darstellung des I. sind in der europ. Malerei seit dem 15. Jh. festzustellen (J. van Eyck, R. Campin; Dürer); selbständige Bildgattung seit dem 17. Jh., v. a. bei den Niederländern J. Vermeer, P. de Hooch und G. Terborch (bürgerl. I.), P. Saenredam (Kircheninnenräume). Das Bildthema ist im 18. und 19. Jh. allg. beliebt (J.-B. S. Chardin, W. Hogarth, D. Chodowiecki, F. Kersting). Das 19. Jh. entdeckt das menschenleere I. (A. von Menzel, V. van Gogh), auch häufig im 20. Jh. (H. Matisse), wo es eine neue Dimension als mag. Raum (G. de Chirico) erhalten kann. Bei Impressionisten und Neoimpressionisten (P. Bonnard) ist das I. noch Ort der Geborgenheit. - Abb. S. 272.

Interim [lat. „inzwischen, einstweilen"], Zwischenzeit, vorläufige Regelung, Übergangslösung.

Interim (1548) ↑ Augsburger Interim.

Interior Plains [engl. ɪnˈtɪərɪə ˈpleɪnz], Großlandschaft in Nordamerika zw. den Rocky Mountains im W und dem Kanad. Schild im O; besteht aus einer Schichtstufenlandschaft mit niedrigen Stufen und breiten Landterrassen und ist z. T. glazial überformt. Der westl. Teil, die bis zu 700 km breiten **Great Plains,** senkt sich von 1 200–1 500 m Höhe auf 400–500 m ab zum **Zentralen Tiefland,** das im S teils an die Golfküstenebene, teils an das Ozark Plateau und die Ouachita Mountains grenzt. Im NO, im Grenzbereich zum Kanad. Schild, liegen die Großen Seen. - Das Klima ist kühlgemäßigt, nach N zunehmend kontinental. Die Niederschläge verringern sich von O nach W. Im S geht die Vegetation von sommergrünen Laubwäldern im O in die Prärie im W über. Im kanad. Anteil geht die Vegetation von reinem Laubwald in Misch- und borealen Nadelwald über.

Interjektion [zu lat. interiectio, eigtl. „das Dazwischenwerfen"], Ausrufewort, Empfindungswort; syntakt. oft isolierte wortähnl. Lautäußerung, mit der Empfindungen oder Aufforderungen ausgedrückt werden, z. B. *pfui, oh.*

interkalares Wachstum [lat./dt.], bei Pflanzen Streckungswachstum von Organteilen (Stengel, Blattstiel), die zw. schon ausdifferenzierten, nicht mehr streckungsfähigen Zonen liegen; i. W. wird durch eingeschobene Wachstumszonen *(interkalare Meristeme),* die über längere Zeit undifferenziertes, meristematisches Gewebe enthalten, ermöglicht.

Interkinese, in der Genetik das kurze „Ruhestadium" zw. der ersten und der zweiten meiot. Teilung. Im Ggs. zur mitot. Interphase findet während der I. keine Chromosomenreduplikation statt.

Interkombination, Elektronenübergang zw. zwei oder mehreren Energieniveaus verschiedener Termsysteme eines Atoms. Die zugehörige Spektrallinie wird als *I.linie* bezeichnet. I.linien werden v. a. im Sternenlicht beobachtet.

Interkommunion, Bez. für die Vereinbarung zw. Kirchen unterschiedl. Bekenntnisses, ihren Mgl. zu gestatten, in einer jeden von ihnen das Abendmahl zu empfangen.

Interkonfessionalismus, das Streben nach Zusammenarbeit der christl. Konfessionen über bestehende dogmat. Gegensätze hinweg; v. a. in der ↑ ökumenischen Bewegung wirksam.

interkonsonantisch, Laut, der zw. zwei Konsonanten (Mitlauten) steht.

Interkontinentalrakete ↑ Raketen.

interkostal, in der *Anatomie* für: zw. den Rippen liegend, verlaufend.

Interlaken, schweizer. Gemeinde an der Aare zw. Thuner und Brienzer See, Kt. Bern, 567–575 m ü. d. M., 4900 E. Alljährl. Tell-Festspiele. Bed. Fremdenverkehrszentrum. - Augustiner-Chorherren-Stift (1133 erstmals erwähnt); 1528 aufgehoben; danach Sitz einer Landvogtei. - Von der Kloster-(Schloß-)kirche sind der hochgot. Chor (14. Jh.) und Reste des Kreuzgangs (um 1445) erhalten.

interlinear, zw. den Zeilen (geschrieben), bes. bei Glossen, Interlinearversionen und Kommentaren in Handschriften.

Interlinearglosse ↑Glosse.

Interlinearversion, zw. die Zeilen eines fremdsprachigen Textes geschriebene Wort-für-Wort-Übersetzung.

Interlingua [lat.], 1. 1903 von dem italien. Mathematiker G. Peano geschaffene Welthilfssprache (auch „Latino sine flexione" genannt); 2. von der International Auxillary Language Association 1950 vorgeschlagene Welthilfssprache.

Interlockware [engl./dt.], feinmaschige, beiderseits gleichartige [Rund]strickware (Kulierware, d. h. aus einem einzigen Faden bestehend); glatt oder gemustert, für Unterwäsche und Oberbekleidung.

Interludium [lat.], in der Oper ein instrumentales oder szen. Zwischenspiel (↑Intermedium); in der Orgelmusik ein meist improvisiertes Zwischenspiel.

Interlunium [lat.], Mondumlauf von Neumond zu Neumond.

Intermaxillarknochen, svw. ↑Zwischenkieferknochen.

intermediär [lat.], *allg.* dazwischen befindlich, in der Mitte liegend; ein Zwischenglied bildend.

intermediäre Gesteine, ↑Gesteine mit einem Gesamt-SiO_2-Gehalt von 52–65 %.

intermediäre Phasen, svw. ↑intermetallische Verbindungen.

Intermediate Range Ballistic Missile [engl. ɪntəˈmiːdjət ˈreɪndʒ bəˈlɪstɪk ˈmɪsaɪl], Abk. IRBM, militär. Mittelstreckenrakete; Reichweite 4 000 km.

Intermediate Range Nuclear Forces [engl. ɪntəˈmiːdjət ˈreɪndʒ ˈnjuːklɪə ˈfɔːsɪz „Nuklearstreitkräfte mittlerer Reichweite"], Abk. INF, Bez. für mit nuklearen Sprengköpfen versehene Mittelstreckenraketen.

Intermedin [lat.], svw. ↑Melanotropin.

Intermedium [lat.] (italien. intermedio, frz. intermède), eine im 15. Jh. in Italien aufgekommene szen., vokalinstrumentale oder rein instrumentale Zwischenaktunterhaltung, die urspr. die für die Szenenwechsel notwendigen Pausen zu überbrücken hatte. Das später inhaltl. mehr und mehr verselbständigende I. und bes. das berühmte Intermezzo „La serva padrona" von Pergolesi hatten auf die Entwicklung der Opera buffa entscheidenden Einfluß. - ↑auch Intermezzo.

intermetallische Verbindungen (intermediäre Phasen, intermetall. Phasen), chem. Verbindungen zweier oder mehrerer Metalle, die in einem von Kristallgittern der sie bildenden Elemente wesentl. verschiedenen Gitter kristallisieren (im Ggs. zu den Mischkristallen, bei denen sich das Gitter durch Änderung der chem. Zusammensetzung stetig in das eines der Elemente überführen läßt). Die chem. Bindungen ihrer Atome können vorwiegend metall. sein (verbunden mit metall. Eigenschaften) bei den Laves-Phasen (AB_2-Verbindungen), oder starke Atombindungs- bzw. Ionenbindungsanteile haben (verbunden mit Halbleitereigenschaften) bei den Hume-Rothery-Phasen, Zintl-Phasen sowie i. V. mit Einlagerungsstrukturen (Einlagerungsmischkristalle; ↑Mischkristalle).

Intermezzo [italien., zu lat. intermedius „in der Mitte befindlich"], in der Musik 1. svw. ↑Intermedium; [der Plural] Intermezzi wird seit dem 18. Jh. auch für mehrere zwischen den Akten einer Opera seria aufzuführende, inhaltl. zusammengehörende Intermedien verwendet; 2. seit dem 19. Jh. Bez. für ein ↑Charakterstück für Klavier, gelegentl. auch für den Mittelteil eines dreiteiligen Satzes oder für einen [Mittel]satz im Sonaten-Satzzyklus. - Übertragen auch für kleine, unbed. Begebenheiten am Rande eines Geschehens.

intermittierendes Hinken (Claudicatio intermittens, anfallsweises Hinken), Auftreten heftiger, krampfartiger Schmerzen in der Wade nach Zurücklegen einer bestimmten Gehstrecke, die zum Stehenbleiben zwingen („Schaufensterkrankheit") infolge einer arteriellen Durchblutungsstörung der Beine; kann ein- oder doppelseitig auftreten.

Intermodulation ↑Verzerrung.

intermolekular, Vorgänge zw. zwei oder mehreren Molekülen betreffend.

intern [lat.], 1. innerlich, inwendig; 2. innerhalb [einer Fraktion], im engsten Kreis; 3. vertraulich; 4. im Internat wohnend.

internalisieren [lat.], verinnerlichen, meist im Sinne der Übernahme von geltenden Normen (Wertungen); in das Innere des Subjekts verlagern (Konflikte internalisieren).

Internat [zu lat. internus „inwendig"], Schülerheim, meist mit einer Schule verbunden. *Interne,* die im I. wohnenden Schüler. Das (höhere) Schulwesen war früher weitgehend mit **Internatserziehung** gekoppelt, es wurde v. a. von Kirche bzw. Klöstern getragen (Klosterschule, Domschule), mit Entwicklung der Städte auch von diesen (Rats-, Lateinschulen), denen nicht selten ebenfalls ein I. für Schüler aus dem weiteren Einzugsbereich angeschlossen war. Daneben entstanden elitäre Landes- oder ↑Fürstenschulen (für den ev. Adel sowie Stipendiaten) für Militär und Beamtenschaft des absolutist. Staates, außerdem Kadettenanstalten ausschließl. für den Offiziersnachwuchs. Heute sind I. meist Einrichtungen recht exklusiver privater ↑Landerziehungsheime oder kirchl. Schulen, bei sozialen Einrichtungen spricht man meist von Heimen (↑auch Heimerziehung). Die moderne I.erziehung bemüht sich um Gemeinschafts-

international

Interieur. Pieter de Hooch, Interieur mit einer Frau, die zwei Männern zutrinkt, und einer Magd (um 1660). London, National Gallery

und Gruppenerziehung, um geordnete familiäre Verhältnisse möglichst zu ersetzen und zu Verantwortung für die (staatl.-gesellschaftl.) Gemeinschaft zu erziehen. Oft bildet sich ein ausgesprochenes Standesbewußtsein.

international, zwischenstaatlich, nicht national begrenzt.

International Air Transport Association [engl. ɪntəˈnæʃənəl ˈɛə ˈtrænspɔːt əsoʊsɪˈeɪʃən], Abk. IATA, internat. Vereinigung von Luftfahrtgesellschaften, Sitz Montreal (2. Hauptsitz Genf); Mitglieder (1985): 137 Luftfahrtgesellschaften mit internat. Luftverkehr (ordentl. Mitglieder) sowie Inlandfluggesellschaften (assoziierte Mitglieder). Ziel ist v. a. die Förderung des sicheren, planmäßigen und wirtsch. Lufttransports (u. a. Regelung der Flugpreise und Gebühren). Zusammenarbeit mit der ↑International Civil Aviation Organization. - Gegr. 1919 als International Air Traffic Association in Den Haag, Neugründung 1945 in Havanna.

International Alliance of Women [engl. ɪntəˈnæʃənəl əˈlaɪəns əv ˈwɪmɪn] ↑Internationaler Frauenbund.

International Atomic Energy Agency [engl. ɪntəˈnæʃənəl əˈtɔmɪk ˈɛnədʒɪ ˈeɪdʒənsɪ], Abk. IAEA, ↑Internationale Atomenergie-Organisation.

International Bank for Reconstruction and Development [engl. ɪntəˈnæʃənəl ˈbæŋk fə ˈriːkənˈstrʌkʃən ənd dɪˈvɛləpmənt], Abk. IBRD, ↑Internationale Bank für Wiederaufbau und Entwicklung.

International Business Machines Corp. [engl. ɪntəˈnæʃənəl ˈbɪznɪs məˈʃiːnz kɔːpəˈreɪʃən], Abk. IBM, größter Hersteller der Welt von EDV-Anlagen, Sitz Armonk (N. Y.), gegr. 1911. Größte und älteste Tochtergesellschaft ist die 1910 als Dt. Hollerith Maschinen GmbH gegründete IBM Deutschland GmbH, Stuttgart.

International Civil Aviation Organization [engl. ɪntəˈnæʃənəl ˈsɪvl ɛɪvɪˈeɪʃən ɔːgənarˈzeɪʃən], Abk. ICAO, Internat. Zivilluftfahrtorganisation, Sitz Montreal; Zusammenschluß von 156 Staaten (1985) zur Regelung der den Luftverkehr betreffenden Fragen, v. a. durch Schaffung einheitl., für die Mitgliedsstaaten verbindl. Normen, die die Sicherheit, Regelmäßigkeit und Wirtschaftlichkeit des internat. Luftverkehrs gewährleisten sollen. Die ICAO, gegr. 1944, nahm im April 1947 ihre offizielle Arbeit auf; seit Okt. 1947 Spezialorganisation der UN.

International Confederation of Free Trade Unions [engl. ɪntəˈnæʃənəl kɔnfɛdəˈreɪʃən əv ˈfriː ˈtreɪd ˈjuːnjənz], Abk. ICFTU, Internat. Bund Freier Gewerkschaften, ↑Gewerkschaften.

International Council of Christian Churches [engl. ɪntəˈnæʃənəl ˈkaʊnsl əv ˈkrɪstjən ˈtʃəːtʃɪz] (Internat. Rat christl. Kirchen), 1948 in den USA von Anhängern des Fundamentalismus als Gegenorganisation zum Ökumenischen Rat der Kirchen gegr. zentraler Kirchenrat; Sitz Amsterdam.

International Council of Monuments and Sites [engl. ɪntəˈnæʃənəl ˈkaʊnsl əv ˈmɔnjʊmənts ənd ˈsaɪts], Abk. ICOMOS, Internat. Rat für Baudenkmäler und Kunststätten, 1965 in Warschau gegr., von der UNESCO betreute Organisation, Sitz Paris, die die wiss. Erforschung und Konservierung von wichtigen Baudenkmälern und Kunststätten in der ganzen Welt fördert. Organ: „Monumentum" (1967 ff.).

International Council of Women [engl. ɪntəˈnæʃənəl ˈkaʊnsl əv ˈwɪmɪn] ↑Internationaler Frauenrat.

International Court of Justice [engl. ɪntəˈnæʃənəl ˈkɔːt əv ˈdʒʌstɪs] ↑Internationaler Gerichtshof.

International Development Association [engl. ɪntəˈnæʃənəl dɪˈvɛləpmənt əsoʊsɪˈeɪʃən] ↑Internationale Entwicklungs-Organisation.

Internationale [lat.], allg. Bez. für eine internat. Vereinigung von Parteien und Gewerkschaften; i. e. S. Bez. für verschiedene internat. sozialist. Vereinigungen im Rahmen der Arbeiterbewegung, die sich i. d. R. auf den **proletar. Internationalismus** berufen, der als Prinzip der internat. Solidarität der Arbeiterklasse (↑Proletariat) mit dem gemeinsamen Ziel des weltweiten Sturzes des Kapitalismus verstanden wird, v. a. im Hinblick auf die

Internationale

Thesen von Marx, daß eine proletar. Revolution nur als Weltrevolution erfolgreich sei und das Proletariat „in allen Ländern ein und dasselbe Interesse, einen und denselben Feind, einen und denselben Kampf" vor sich habe, die im Aufruf des Kommunist. Manifests „Proletarier aller Länder, vereinigt Euch!" Ausdruck fanden.
Die **Erste Internationale** war die am 28. Sept. 1864 auf Initiative brit. und frz. Gruppen gegr. **Internat. Arbeiterassoziation (IAA)** als lockerer Zusammenschluß verschiedener sozialist. Gruppen aus 13 europ. Ländern sowie den USA (alle polit. und ideolog. Ausrichtungen der Linken). Ständige Leitung war der Generalrat (bis 1872 Sitz London, danach New York), der vom jährl. abgehaltenen Kongreß gewählt wurde. Die von Marx vorgelegten Grundsatzpapiere („Inauguraladresse" sowie die provisor. Statuten) verwiesen auf die Notwendigkeit „der Vernichtung aller Klassenherrschaft" und der „Emanzipation der Arbeiterklasse durch die Arbeiterklasse selbst". Der Versuch von Marx, in der Londoner Konferenz (1871) der IAA als zentralist. Organisation zu begründender nat. Arbeiterparteien aufzubauen, traf auf erbitterten Widerstand einer von Bakunin beeinflußten antiautoritären Opposition und führte auf der Haager Konferenz (1872) zur Spaltung. Nach der Verlegung des Generalrats bedeutungslos geworden, löste sich die IAA 1876 auf.
Auf einem internat. Kongreß von nat. sozialist. Parteien aus 20 Ländern wurde im Juli 1889 in Paris als lockerer Zusammenschluß die marxist. ausgerichtete **Zweite Internationale** gegr., die v. a. die anarchist. Arbeiterbewegung (seit 1896) ausschloß. Der Gründungskongreß forderte den Achtstundentag und erklärte den 1. Mai zum Kampftag für diese Forderung. Der Sozialismus sollte „von dem als Klasse und internat. organisierten Proletariat" erkämpft werden, das die „polit. Macht" erringen und dann „die gesellschaftl. Besitzergreifung der Produktionsmittel" durchführen sollte („Resolution Bebel", 1889). Das Erfurter Programm (1891) und die Organisation der SPD hatten für die Zweite I. Vorbildcharakter, deren Organisationen Ende des 19. Jh. 300 000 Mgl. und 4,4 Mill. Wähler zählten. Erst der Pariser Kongreß (1900) schuf ein Koordinierungsorgan, das Internat. Sozialist. Büro (ISB); die einzelnen Parteien blieben jedoch in Strategie und Taktik selbständig. Die Kongresse seit 1900 waren von den Auseinandersetzungen zwischen Radikalen und Reformisten († auch Reformismus) und der Generalstreikdebatte († auch Streik) bestimmt. Entgegen radikalen Kongreßbeschlüssen setzte sich in den Massenparteien eine reformist. Politik durch. Obwohl ein drohender Krieg von der Zweiten I. bekämpft wurde, vertraten bei Ausbruch des 1. Weltkriegs fast alle Parteien die Position der „Vaterlandsverteidigung" und des „Burgfriedens" mit den jeweiligen Reg., was zum Zusammenbruch der Zweiten I. führte.
1919 wurde die Zweite I. von reformist. Sozialisten neugegr.; im Febr. 1921 wurde in Wien als Zusammenschluß mehrerer linker sozialist. Parteien (aus Deutschland die USPD), die polit. zw. der Zweiten und Dritten I. standen, die **Internat. Arbeitsgemeinschaft Sozialist. Parteien** (Zweieinhalbte I., Wiener I.) mit dem Ziel gegr., eine die Spaltung der internat. Arbeiterbewegung überwindende I. aufzubauen. Nachdem zw. diesen drei I. kein Konsens gefunden worden war und die USPD 1922 überwiegend wieder in der SPD aufgegangen war, kam es im Mai 1923 in Hamburg zum Zusammenschluß der Zweiten und Zweieinhalbten I. zur **Sozialist. Arbeiter-Internationalen (SAI)**, die sich von der kommunist. Dritten I. abgrenzte, aber mit dieser ein Verbindungskomitee zur Durchführung gemeinsamer polit. Aktionen unterhielt. Nach Ausbruch des 2. Weltkriegs löste sich die SAI 1940 auf. - Nach gescheiterten Aufbauversuchen einer Nachfolgeorganisation der SAI (Stockholm 1943, London 1944) wurde 1947 in London das **Committee of International Socialist Conferences (COMISCO)** gegr., das im Juni/Juli 1951 in Frankfurt am Main in die **Sozialist. Internationale (SI)** umgewandelt wurde, einer lockeren Vereinigung sozialdemokrat. bzw. sozialist. Parteien, die sich in ihrer Grundsatzerklärung zu einem demokrat. Sozialismus bekannte und sich gegen das v. a. in osteurop. Staaten praktizierte kommunist. Einparteiensystem wandte. Die SI umfaßte 1977 55 Parteien (assoziierte und Voll-Mgl.) mit insges. 17 Mill. Einzel-Mgl.; Mgl.partei der BR Deutschland ist die SPD, deren Vors. W. Brandt seit 1976 Präs. der SI ist.
Als weitere Nachfolgeorganisation der 1914 aufgelösten Zweiten I. wurde im März 1919 in Moskau die **Kommunist. Internationale (KI, Komintern)** oder **Dritte Internationale** als nach dem von Lenin eingebrachten Prinzip des demokrat. Zentralismus straff organisierte kommunist. Weltpartei mit nat. Sektionen gegr.; die Führung der KI lag beim Exekutivkomitee (EKKI) in Moskau. Ziel der KI war die Weltrevolution zur Errichtung der Diktatur des Proletariats und der Rätemacht. Mit den Kongressen 1921 und 1922 begann die KI unter Lenin und Trotzki eine gemäßigtere Politik der Einheitsfront mit anderen Arbeiterorganisationen. Nach Lenins Tod (1924) wandte sich Stalin (und seine Nachfolger) vom marxist. Prinzip der proletar. Internationalismus ab, setzte ihn mit der Anerkennung der „führenden Rolle" der UdSSR durch den Weltkommunismus gleich und benutzte ihn als Rechtfertigungsideologie für sowjet. Hegemonialbestrebungen. Nach Hitlers Machtergreifung ging die KI zur Volksfrontpolitik

Internationale

über, die auf dem letzten Kongreß im Juli/Aug. 1935 verkündet wurde; im Interesse des Bündnisses der UdSSR mit den Westmächten wurde die KI am 15. Mai 1943 aufgelöst. - Auf Initiative Stalins wurde im Sept. 1947 in Schreiberhau (Schlesien) das **Informationsbüro der kommunist. und Arbeiterparteien (Kominform)** gegr., dem die kommunist. Parteien Jugoslawiens (bis 1948), Bulgariens, Polens, Rumäniens, Ungarns der ČSR, Frankr. und Italiens angehörten. Das Kominform demonstrierte zwar nach außen formelle Gleichheit aller Parteien, wurde von Stalin jedoch als Kontrollinstrument benutzt; im Zuge der Entstalinisierung im April 1956 aufgelöst.

Seit 1924 bekämpfte Trotzki mit seinem Programm der permanenten Revolution den von Stalin proklamierten und dem proletar. Internationalismus entgegenstehenden Sozialismus in einem Land (↑ auch Stalinismus). Erst 1930 gründeten die unter seinem Einfluß stehenden Bolschewiki-Leninisten in Paris ein internat. Zentrum, das sich zum *Internat. Sekretariat* entwickelte. Im Sept. 1938 wurde bei Paris die **Vierte Internationale** mit einem orth. leninist. Programm gegr., blieb aber, obwohl in fast allen Ländern mit nat. Sektionen vertreten, insgesamt unbedeutend und war v. a. nach Trotzkis Ermordung (1940) von zahlr. Spaltungen betroffen; nat. Sektionen der Vierten I. in der BR Deutschland ist die „Gruppe Internat. Marxisten" (GIM).

ⵣ *Die Zweite I. 1918/19.* Hg. v. G. A. Ritter. Bonn 1980. 2 Bde. - Blänsdorf, A.: *Die Zweite I. u. der Krieg.* Stg. 1979. - Fougeyrollas, P., u. a.: *Vierzig Jahre IV. I.* - *Mehr als ein Jh. Kampf f. d. Arbeiter-I.* Dt. Übers. Dortmund 1979. 2 Bde. - Braunthal, J.: *Gesch. der I.* Bonn ²⁻³1978. 3 Bde. - Paul, H. H.: *Marx, Engels u. die Imperialismustheorie der II. I.* Hamb. 1978. - Trotzki, L.: *Die III. I. nach Lenin.* Dt. Übers. Neuausg. Dortmund 1977. - Bartsch, G.: *Trotzkismus als eigtl. Sowjetkommunismus? Die IV. I. u. ihre Konkurrenzverbände.* Bonn 1977. - Brupbacher, F.: *Marx u. Bakunin.* Bln. 1976.

Internationale, Die, Kampflied der sozialist. Arbeiterbewegung, komponiert von P. Degeyter (1888), frz. Text von E. Pottier (1871), dt. Übers. von E. Luckhardt („Wacht auf, Verdammte dieser Erde"); bis 1943 Nationalhymne der Sowjetunion.

Internationale Arbeiterhilfe, Abk. IAH, 1921 entstandene kommunist. Hilfsorganisation; 1933 verboten.

Internationale Arbeitgeberorganisation (engl. International Organization of Employers, frz. Organisation Internationale des Employeurs) ↑ Arbeitgeberverbände.

Internationale Arbeitsorganisation (engl. International Labour Organization [Abk. ILO], frz. Organisation Internationale du Travail), Abk. IAO, 1919 mit dem Völkerbund entstandene Organisation; seit 1946 Spezialorganisation der UN; 150 Mgl. (1985), Sitz Genf. Aufgaben: Abstimmung und Verbesserung der Arbeitsbedingungen der einzelnen Länder. Organe: 1. *Internat. Arbeiterkonferenz* aus zwei Regierungsvertretern und je einem Vertreter der Arbeitnehmer- und Arbeitgeberorganisationen der beteiligten Länder; berät über die Empfehlungen und Verträge; 2. *Verwaltungsrat;* er führt die Weisungen der Konferenz durch und besteht aus 28 Regierungsvertretern und je 14 Arbeitnehmer- und Arbeitgebervertretern; 3. *Internat. Arbeitsamt,* Abk. IAA, Sekretariat der Konferenz; mit Verwaltungsaufgaben betraut. An der Spitze des Sekretariats steht ein *Generalsekretär.*

Internationale Ärztebewegung zur Verhütung eines Nuklearkriegs (engl. International Physicians for the Prevention of Nuclear War, Abk. IPPNW), 1981 von den Kardiologen Bernhard Lown (USA) und Jewgeni Tschasow (Sowjetunion) gegr. Vereinigung, der ca. 150 000 Ärzte in 51 nat. Sektionen angehören, die aus einem umfassenden Verständnis ihrer ärztl. Bewahrungspflicht für menschl. Leben aktiv auch gegen die „schwerwiegende Gefährdung für Leben und Gesundheit aller Völker" wirken wollen. Für ihre Aufklärungsarbeit wurde die IPPNW im Okt. 1985 mit dem Friedensnobelpreis ausgezeichnet.

Internationale Atomenergie-Organisation (Internationale Atomenergie-Behörde, engl. International Atomic Energy Agency [Abk. IAEA]), internat. Organisation zur Förderung der friedl. Anwendung und Nutzung der Atomenergie; gegr. 1956 in New York, Sitz in Wien. Die IAEA bildet innerhalb der UN eine eigenständige Organisation, der (1985) 112 Staaten als Mgl. angehören. Als UN-Institution ist die IAEA Kontrollinstanz für die Einhaltung internat. Verträge auf dem Gebiet der Kernenergie, z. B. für den Atomwaffensperrvertrag.

Internationale Bank für Wiederaufbau und Entwicklung (Weltbank; engl. International Bank for Reconstruction and Development [Abk. IBRD]), Sonderorganisation der UN; gegr. auf der Wirtschaftskonferenz von Bretton Woods 1944, Aufnahme der Geschäftstätigkeit 1946; 149 Mgl. (1985). *Ziel:* Förderung der wirtsch. Entwicklung ihrer Mitgliedsstaaten und des Lebensstandards der Völker. - *Mittel:* Vergabe von Anleihen an Mitgliedsregierungen oder Privatunternehmen und Kreditaufnahme zur Finanzierung. - *Organisation:* Die Mitgliedsländer sind Anteilseigner des Kapitals der Weltbank; jedes Mgl. entsendet einen Gouverneur für den Rat der Bank; das Direktorium besteht aus 21 Mgl. (fünf ernannte aus den Ländern mit den größten Anteilen, 16 von den anderen Ländern gewählte); das Stimmrecht

Internationaler Frauenbund

entspricht dem gezeichneten Kapital. Die BR Deutschland ist seit 1952 Mgl. der Weltbank.

Internationale Bank für wirtschaftliche Zusammenarbeit (COMECON-Bank) ↑COMECON.

internationale Brigaden, militär. Freiwilligenverbände im Spanischen Bürgerkrieg, auf republikan. Seite 1936–39 als Eliteformationen eingesetzt (5 i. B.); zunächst aus Ausländern zahlr. Nationen gebildet (insgesamt rd. 40 000), ergänzten sich im Kriegsverlauf auch aus Spaniern; v. a. bei den Kämpfen um Madrid eingesetzt.

Internationale Demokratische Frauenföderation, Abk. IDFF, 1945 gegr. Vereinigung vorwiegend kommunist. Frauenverbände, der über 100 Organisationen angehören; Sitz Berlin (Ost).

internationale Einheit, svw. SI-Einheit (↑Internationales Einheitensystem).
◆ Abk. I. E. oder IE (engl. IU), internat. festgelegte Maßeinheit für die Menge bzw. Wirkungsintensität bestimmter biolog. Wirkstoffe wie Hormone, Vitamine u. a.

Internationale Energie-Agentur, Abk. IEA, im Rahmen der OECD 1974 gegr. Organisation, Sitz Paris, 21 Mgl. (1985). Aufgabe der IEA ist es, die Erdölversorgung der Mitgliedsländer in Notlagen sicherzustellen, eine größere Transparenz des Erdölmarktes zu ermöglichen und langfristig die Abhängigkeit von Erdöl zu verringern.

Internationale Entwicklungs-Organisation (engl. International Development Association; Abk. IDA), 1960 gegründete Tochtergesellschaft der Internationalen Bank für Wiederaufbau und Entwicklung, deren finanziell schwächste Mitgliedsländer von der IDA als Mittel der Entwicklungshilfe Kredite zu bes. günstigen Konditionen v. a. für Verbesserungen der Infrastruktur erhalten. Von 1975 bis 1985 vergab die IDA 968 Kredite an jeweils bis zu 45 Länder, insgesamt 28,248 Mrd. $.

Internationale Fernmelde-Union (frz. Union Internationale des Télécommunications [Abk. UIT], engl. International Telecommunication Union [Abk. ITU]), internat. zwischenstaatl. Organisation mit 160 Mgl. (1985) zur Regelung des internat. Fernmelde- und Nachrichtenverkehrs und der zweckmäßigen Benutzung der Fernmeldeeinrichtungen sowie zur Förderung der Entwicklung der techn. Nachrichtenmittel und der Zusammenarbeit der Staaten auf dem Gebiet der Telegraphie, der Telephonie und des Funkwesens; Sitz Genf. 1932 in Madrid durch Zusammenschluß des 1865 gegr. Welttelegraphenvereins mit dem seit 1906 bestehenden sog. Weltfunkverein gegr.; seit 1967 Sonderorganisation der UN. Der 1947 gegr. *Internat. Ausschuß für Frequenzregistrierung* (IFRB) registriert die von den einzelnen Ländern vorgenommene Frequenzzuteilung; nach seinen Vorschlägen erfolgt die internat. abgestimmte Vergabe von Funkfrequenzen an die einzelnen Mgl.länder.

Internationale Finanz-Corporation (engl. International Finance Corporation [Abk. IFC]), Sonderorganisation der UN, Schwesterinstitut der Weltbank; Mitgliedschaft nur für Mgl. der Weltbank möglich; die IFC ergänzt die Tätigkeit der Weltbank und leistet Beiträge zur Förderung produktiver *privater* Unternehmen in ihren Mitgliedsstaaten, insbes. in Entwicklungsländern.

Internationale Flüchtlingsorganisation (engl. International Refugee Organization [IRO]), 1946 von den UN geschaffene Organisation, die seit 1. Juli 1948 die Betreuung der Flüchtlinge und Verschleppten übernahm; zum 1. März 1952 aufgelöst.

Internationale Frauenliga für Frieden und Freiheit, Abk. IFLFF (engl. Women's International League for Peace and Freedom [Abk. WILPF]), 1915 in Den Haag gegr. pazifist. Frauenorganisation (45 Landessektionen); Sitz Genf.

Internationale Gesellschaft für Musikwissenschaft, 1927 als Nachfolgeorganisation der Internat. Musikgesellschaft (1899–1914) gegr. Gesellschaft zum Zwecke internat. Zusammenarbeit auf allen Gebieten der Musikwiss.; Sitz Basel.

Internationale Gesellschaft für Neue Musik, Abk. IGNM, 1922 in Salzburg gegr. Gesellschaft zur Förderung des zeitgenöss. Musikschaffens; Sitz London.

Internationale Handelskammer, Abk. IHK, 1920 in Paris gegr. Zusammenschluß der hauptsächl. Wirtschaftskräfte in den angeschlossenen Ländern. Sitz ist Paris. *Ordentl. Mitglieder* der Kammer sind Vereinigungen mit [nicht eigenem] Erwerbszweck, *außerordentl. Mitglieder* sind Firmen und Einzelpersonen. Die Mgl. sind in Landesgruppen zusammengeschlossen.

Internationale Lautschrift ↑Association Phonétique Internationale.

Internationale Priesterbruderschaft des Heiligen Pius X., 1970 in Freiburg (Schweiz) von M. Lefebvre gegr. traditionalist. Bruderschaft, die bis zum 2. Vatikan. Konzil gültige Liturgie und Theologie pflegt. Zentrum war 1970–79 Ecône (Kt. Wallis), seit 1979 ist es Rickenbach (Kt. Solothurn). Die seit 1975 bestehenden Konflikte mit dem Papst führten 1988 zum Schisma.

Internationaler Bauorden, kath. Laienorganisation, gegr. 1953 von Werenfried van Straaten zur unentgeltl. Mithilfe beim Bau v. a. von Kirchen.

Internationaler Bund Christlicher Gewerkschaften ↑Gewerkschaften.

Internationaler Bund Freier Gewerkschaften ↑Gewerkschaften.

Internationaler Frauenbund (engl. International Alliance of Women [Abk.

Internationaler Frauenrat

IAW]), 1904 in Berlin gegr. Frauenorganisation (bis 1926 „International Women Suffrage Alliance"); Sitz Washington; umfaßt über 70 Verbände.

Internationaler Frauenrat (engl. International Council of Women [Abk. ICW]), Abk. IFR, 1888 in den USA gegr. Dachverband von Frauenverbänden; Sitz Paris; Mgl. des IFR in der BR Deutschland ist der Dt. Frauenring.

internationaler Führerschein, mehrsprachige [Fahrerlaubnis]urkunde für den grenzüberschreitenden Kraftfahrzeugverkehr. Die Ausstellung eines i. F. für Deutsche erfolgt prüfungsfrei gegen Vorlage einer gültigen Fahrerlaubnis.

Internationaler Gerichtshof (engl. International Court of Justice, frz. Cour internationale de Justice), Abk. IGH, Rechtsprechungsorgan der UN, Sitz Den Haag, Funktionsnachfolger des Ständigen Internat. Gerichtshofs des Völkerbundes. Der IGH besteht aus 15 hauptamtl. Richtern, die auf 9 Jahre von der Generalversammlung und dem Sicherheitsrat der UN gewählt werden; sie müssen verschiedenen Staaten angehören und die Vertretung der wichtigsten Rechtssysteme der Welt gewährleisten. Ein an einem Streit beteiligter Staat kann zusätzlich einen Adhoc-Richter benennen. Der IGH ist nur *zuständig*, wenn die beteiligten Staaten sich seiner Gerichtsbarkeit generell oder für den konkreten Fall unterwerfen.

Internationaler Gewerkschaftsbund ↑Gewerkschaften.

Internationaler Großmeister (Großmeister), erstmals 1907, regelmäßig seit 1914 inoffiziell verwendeter Ehrentitel für die jeweils bedeutendsten Schachspieler ihrer Zeit; seit 1950 vom Weltschachbund offiziell als höchster Titel verliehen.

Internationaler Rat christlicher Kirchen ↑International Council of Christian Churches.

internationaler Stil, in der Architektur des 20. Jh. Begriff, der ihre Entwicklungsstufe der 20er Jahre zusammenfaßt, die gekennzeichnet ist durch Elemente wie asymmetr. Komposition aus stereometr. Grundformen, rationale Funktionsfähigkeit, serienmäßige Bauelemente, Ornamentlosigkeit, Anordnung der Fensterzonen in horizontalen Streifenzonen und weißer Oberflächenverputz (ausgebildet durch T. Garnier, A. Loos, W. Gropius u. a.). In dieser Form faßte die moderne Architektur seit den 30er Jahren fast in ganz Europa, USA und Lateinamerika Fuß.

♦ Bez. der got. Malerei um 1400 (↑Weicher Stil).

Internationaler Währungsfonds [...fɔ] (engl. International Monetary Fund [Abk. IMF]), Abk. IWF, Weltwährungsfonds, Sonderorganisation der UN; gegr. 1944 auf der internat. Wirtschaftskonferenz von Bretton Woods; das Abkommen über den IWF trat am 27. Dez. 1945 in Kraft. Die BR Deutschland ist seit 1952 Mitglied. - *Ziele:* 1. Förderung der internat. Zusammenarbeit auf dem Gebiet der Währungspolitik; 2. Erleichterung des Welthandels, Entwicklung der Produktivkraft der Mitglieder; 3. Sicherung geordneter Währungsbeziehungen; 4. Schaffung eines multilateralen Zahlungssystems und Beseitigung von Beschränkungen im Devisenverkehr; 5. Kreditgewährung an Mitgliedsländer zur Erleichterung des Zahlungsbilanzausgleichs; 6. Verkürzung und Verringerung von Störungen des Zahlungsbilanzgleichgewichts. - Die Mitgliedsländer des IWF (1985: 149) verpflichten sich, die Preise ihrer Währungen nicht willkürlich zu ändern; der Fonds gewährt Unterstützung durch kurzfristige Kredite, wenn ein Mitglied in Zahlungsbilanzschwierigkeiten gerät. Jedes Mitgliedsland entsendet einen Gouverneur in das oberste Gremium des IWF, den Rat der Gouverneure; die laufenden Geschäfte führt das Direktorium. Das Stimmrecht der Mitglieder bei Abstimmungen richtet sich nach ihrem Anteil am Fonds. Der Fonds erhält seine Währungsreserven dadurch, daß jedes Land in der Regel ein Viertel seiner Quote in Gold, den Rest in eigener Währung einzahlt. Um die internat. Währungsordnung flexibler zu gestalten, die Mittel des IWF zu vergrößern und nach und nach eine stärkere Unabhängigkeit des Währungssystems vom Gold und vom $ zu erreichen, wurde eine neue internat. Reserveeinheit geschaffen, die **Sonderziehungsrechte** (SZR). Das sind Gutschriften des IWF zugunsten der Mitgliedsländer, deren Höhe sich nach den Quoten richtet; die SZR können dazu benutzt werden, über die normalen Ziehungsrechte hinaus fremde Währungen zu erwerben oder Verbindlichkeiten bei anderen Zentralbanken zu begleichen.

📖 *Ferber, M./Winkelmann, G.: I. W. - Weltbank/IFC/IDA. Ffm.* ³*1985. - Hauptmann, R.: Das Geld der Welt. Köln 1977. - Ith, H.: Die Sonderziehungsrechte u. die internat. Währungsreform. Diessenhofen 1975. - Hexner, E. P.: Das Verfassungs- und Rechtssystem des i. W. Ffm. 1961.*

Internationales Arbeitsamt ↑Internationale Arbeitsorganisation.

Internationales Einheitensystem (SI-System), 1954 von der X. Generalkonferenz für Maße und Gewichte eingeführtes Einheitensystem. In der BR Deutschland durch das „Gesetz über Einheiten im Meßwesen" vom 2. 7. 1969 für den amtl. und geschäftl. Verkehr als verbindl. erklärt.

Internationales Fernmeldesatellitenkonsortium ↑INTELSAT.

Internationales Komitee vom Roten Kreuz ↑Rotes Kreuz.

Internationales Olympisches Komitee (frz. Comité International Olympique [Abk. CIO]; engl. International Olympic Committee [Abk. IOC]), Abk. IOK, höchste Instanz, die für die Durchführung der Olymp. Spiele zuständig ist; gegr. 1894 von Pierre Baron de Coubertin; Sitz Lausanne.

Internationales Presseinstitut, Abk. IPI, 1951 als private Vereinigung westl. Journalisten und Verleger begr., um v. a. die Pressefreiheit gegen staatl. Eingriffe und die Bedrohung durch totalitäre Systeme zu schützen; Sitz Zürich.

internationales Privatrecht (zwischenstaatliches Privatrecht, Grenzrecht, Außenprivatrecht), diejenigen Rechtssätze, die bei privatrechtl. Tatbeständen mit Auslandsberührung (z. B. Eheschließung von Ausländern im Inland) darüber bestimmen, ob inländ. oder ausländ. Privatrecht anzuwenden ist. Hauptquellen des dt. internat. P.: Art. 7–31 Einführungsgesetz zum BGB (EGBGB) und Staatsverträge.
Einzelgrundsätze. 1. Rechtsstellung, Rechtsfähigkeit und Geschäftsfähigkeit richten sich grundsätzl. nach dem Heimatrecht. 2. Für vertragl. Schuldverhältnisse maßgebend ist das ausdrückl. oder stillschweigend vereinbarte Recht, hilfsweise das Recht am Erfüllungsort. 3. Unerlaubte Handlungen unterliegen dem Recht des Tatorts. 4. Rechtsverhältnisse an Sachen bestimmen sich nach dem Recht des Lageorts. 5. Im Familienrecht entscheidet das Personalstatut jedes Ehegatten über Ehemündigkeit und ↑Ehehindernisse, das Personalstatut des Ehemanns über die persönl. Beziehungen der Ehegatten, das ehel. Güterrecht und die Ehescheidung. 6. Für die Beerbung gilt das Personalstatut des Erblassers z. Zt. seines Todes.
In der *Schweiz* gilt die persönl. Ehewirkungen nach dem Recht am Wohnort der Ehegatten. Im übrigen gilt im wesentl. für *Österreich* und die *Schweiz* das gleiche wie im dt. Recht.

Internationale Standardisierungsorganisation ↑International Organization for Standardization.

Internationale Union für Naturschutz ↑International Union for Conservation of Nature and Natural Resources.

Internationale Union für Reine und Angewandte Chemie (engl. International Union of Pure and Applied Chemistry [Abk. IUPAC], 1919 gegr. internat. Verband chem. Gesellschaften aus 44 Ländern. Er befaßt sich insbes. mit der chem. Nomenklatur, der Festlegung von Atommassen, chem. Symbolen und Konstanten, mit der Vereinheitlichung von Analysenmethoden u. a. Die BR Deutschland wird in der IUPAC durch das aus 13 Mitgliederorganisationen bestehenden *Dt. Zentralausschuß für Chemie* vertreten, dessen Geschäftsführung bei der ↑Gesellschaft Deutscher Chemiker e. V. liegt.

Internationale Vereinigung für Sozialen Fortschritt (frz. Association Internationale pour le Progrès Social [Abk. AIPS], Sitz Basel (Generalsekretariat in Lüttich), gegr. 1925 in Bern als Nachfolgeorganisation der „Internat. Vereinigung für gesetzl. Arbeiterschutz" (gegr. 1900), der „Internat. Vereinigung zur Bekämpfung der Arbeitslosigkeit" (gegr. 1910) und des „Internat. Komitees für Sozialversicherung" (gegr. 1899). Aufgaben: u. a. objektives Studium sozialer Fragen, Einflußnahme auf die öffentl. Meinung im Sinne sozialer Reformen, Werbung für die Ratifizierung und Anwendung internat. Übereinkommen auf dem Gebiet der Arbeit und aller internat. Abkommen, die der Verbesserung sozialer Verhältnisse dienen. Westdt. Sektion ist die „Gesellschaft für Sozialen Fortschritt e. V." (Sitz Bonn).

Internationale Vereinigung für Soziale Sicherheit, Abk. IVSS, internat. Zusammenschluß von Reg.behörden, Zentralanstalten und Spitzenverbänden der Sozialversicherung, dem Institutionen aus mehr als 90 Ländern angehören; 1927 in Brüssel als „Internat. Zentralstelle der Krankenkassen und Hilfsvereine" gegr.; Sitz Genf.

Internationale Weltkarte, Abk. IWK, topograph. internat. Übersichtskarte der Erde im Maßstab 1 : 1 Mill.

Internationalisierung [lat.], nach Völkerrecht die Beschränkung der Gebietshoheit über ein bestimmtes Staatsgebiet zugunsten mehrerer anderer Staaten oder überhaupt der gesamten Völkerrechtsgemeinschaft. Beispiele für I. sind z. B. das Saargebiet (1919–35), Tanger (1924–56) und Triest (1947, nicht vollzogen).

International Monetary Fund [engl. ɪntəˈnæʃənəl ˈmʌnɪtərɪ ˈfʌnd], Abk. IMF, ↑Internationaler Währungsfonds.

International Organization for Standardization [engl. ɪntəˈnæʃənəl ɔːgənaɪˈzeɪʃən fə stændədaɪˈzeɪʃən], Internat. Standardisierungs-Organisation, Abk. ISO, 1946 gegr. internat. Vereinigung von nat. Normenausschüssen und Standardisierungsorganen, Sitz Genf; die BR Deutschland ist durch den Dt. Normenausschuß vertreten. Die ISO fördert die Entwicklung und Angleichung von Normen in der Welt, um den internat. Austausch von Gütern und die Zusammenarbeit auf wiss., techn. und wirtsch. Gebiet zu erleichtern.

International Phonetic Association [engl. ɪntəˈnæʃənəl fəˈnɛtɪk əsoʊsɪˈeɪʃən] ↑Association Phonétique Internationale.

International Publishing Corporation Limited [engl. ɪntəˈnæʃənəl ˈpʌblɪʃɪŋ kɔːpəˈreɪʃən ˈlɪmɪtɪd], Abk. IPC, ↑Verlage (Übersicht).

International Telecommunications Satellite Consortium [engl. ɪntəˈnæʃənəl

International Telecommunication Union

'tɛlɪkəmjuːnɪ'keɪʃənz 'sætəlaɪt kən'sɔː:tjəm] ↑INTELSAT.

International Telecommunication Union [engl. ɪntə'næʃənəl 'tɛlɪkəmjuːnɪ-'keɪʃən 'juːnjən], Abk. ITU, ↑Internationale Fernmelde-Union.

International Telephone and Telegraph Corporation [engl. ɪntə'næʃənəl 'tɛlɪfoʊn ənd 'tɛlɪɡrɑːf kɔːpə'reɪʃən], Abk. ITT, einer der größten Industriekonzerne der Welt, Sitz New York, gegr. 1920; gehört seit dem 30. Dez. 1986 zu der durch Zusammenschluß des frz. Elektro- und Elektronikkonzerns CGE mit ITT neu gegr. Telekommunikationsgruppe **Alcatel N. V.** mit Sitz in Amsterdam.

International Union for Conservation of Nature and Natural Resources [engl. ɪntə'næʃənəl 'juːnjən fə kɒnsə'veɪʃən əv 'neɪtʃə ənd 'nætʃərəl rɪ'sɔːsɪz] (frz. Union internationale pour la conservation de la nature et de ses ressources; dt. Kurzbez.: Internationale Union für Naturschutz), Abk. IUCN, 1948 in Fontainebleau durch die UNESCO und die frz. Regierung gegr. internat. Organisation, die sich um den Schutz der Natur und der natürl. Rohstoffe bemüht; Sitz Gland (Schweiz).

International Union of Pure and Applied Chemistry [engl. ɪntə'næʃənəl 'juːnjən əv 'pjʊə ənd ə'plaɪd 'kɛmɪstrɪ], Abk. IUPAC, ↑Internationale Union für Reine und Angewandte Chemie.

Inter Nationes e. V., 1952 in Bad Godesberg (= Bonn) gegr. dt. Vereinigung zur Förderung zwischenstaatl. Beziehungen; informiert Ausländer über die BR Deutschland; verleiht seit 1969 den Inter-Nationes-Preis für Leistungen im Sinne der Völkerverständigung.

Internegativ, für die Herstellung von Vergrößerungen oder Duplikaten von Diapositiven gewonnenes Negativ auf Film bes. weicher Gradation; vermeidet die bei der Direktkopie auf Umkehrmaterial auftretende Kontraststeigerung.

Internierung [frz., zu lat. internus „inwendig"], nach Völkerrecht die zwangsweise Festhaltung von Personen oder Sachen durch eine kriegführende Partei oder einen Neutralen auf deren (dessen) Staatsgebiet. Betreten ↑Kombattanten neutrales Gebiet, so hat der neutrale Staat sie durch Entwaffnung und I. an der weiteren Teilnahme am Krieg zu hindern. Bei Kriegsschiffen ist eine I. dann vorzunehmen, wenn das Schiff sich ohne Berechtigung im neutralen Hafen aufhält und die Aufforderung zum Verlassen des Hafens nicht befolgt. Durch eine kriegführende Partei können feindl. Zivilpersonen Kontrollmaßnahmen unterworfen werden, von denen die I. die strengste ist. I. darf aber nur dann angeordnet werden, wenn es die Sicherheit des internierenden Staates unbedingt verlangt.

Internist [lat.], Facharzt für ↑innere Medizin.

Internodium [lat.] (Stammglied, Stengelglied), der zw. zwei Blattansatzstellen (Knoten) liegende, blattfreie Sproßabschnitt einer Pflanze.

Internum [lat.], Gebiet, das einer bestimmten Person oder Gruppe vorbehalten ist; **Interna**, interne Angelegenheit.

Interozeptoren [lat.], svw. ↑Propriorezeptoren.

Interparietale [...ri-e..., lat.] (Os interparietale), Deckknochen im Schädelskelett der Säugetiere (einschließl. Mensch) zw. beiden Scheitelbeinen, der im allg. (Ausnahme ↑Inkabein) mit dem Hinterhauptsbein verschmilzt und dann dessen obersten Teil bildet.

Interparlamentarische Union, Abk. IPU, nichtstaatl. internat. Vereinigung zur Förderung der persönl. Kontakte zw. den Abg. der Parlamente aller Länder zur Fortentwicklung demokrat.-parlamentar. Institutionen und internat. Zusammenarbeit; 1888 in Paris gegr., Teil der internat. Friedensbewegung; Sitz Genf; jährl. Vollkonferenzen mit Delegierten von mehr als 70 nat. Gruppen.

Interpellation [lat.], im Verfassungsrecht das an die Regierung gerichtete Verlangen des Parlaments zum Auskunft in einer bestimmten Angelegenheit. Das Recht zur I. *(Interpellationsrecht)* ist im GG nicht ausdrückl. geregelt, gehört aber zur Kontrollfunktion eines jeden Parlaments. Die I. ist als ↑parlamentarische Anfrage in der Geschäftsordnung des Dt. Bundestages geregelt.

Interphase, in der Genetik das Stadium des Zellkerns *(I.kern)* zw. zwei Zellteilungen. Während der I. ist der Kern als ↑Arbeitskern bes. aktiv.

interplanetar [lat./griech.], zw. den Planeten [gelegen]; im Raum des Sonnensystems [befindlich].

interplanetare Materie [...i-ɛ], die zw. Sonne u. Planeten vorhandene Materie in Form von Staub u. mikrometeorit. Kleinkörpern sowie einem in der Hauptsache aus Wasserstoffatomen u. -ionen sowie aus Elektronen bestehenden Gas (Plasma). Der **interplanetare Staub** zeigt sich in der F-Korona, im Zodiakallicht und im Gegenschein. Staubdichte zw. 10^{-19} und 10^{-22} g/cm³. Das **interplanetare Gas** geht von der Sonnenkorona aus und wurde durch Raumsonden als Sonnenwind beobachtet; seine Dichte beträgt (in Erdnähe) etwa 1 bis 10 Teilchen je cm³.

Interpluvial, regenärmere Zeit in den heutigen Tropen und Subtropen während den ↑Zwischeneiszeiten.

Interpol [...poːl], Abk. für: Internat. kriminalpolizeil. Organisation (frz. Organisation internationale de police criminelle, engl. International Criminal Police Organization), die im Jahre 1956 aus der seit 1923 bestehenden, in Wien gegr. Internat. kriminalpolizeil.

Kommission entstanden ist. - Es handelt sich um eine zwischenstaatl. Organisation, der (1977) 120 Staaten angehören und deren Aufgabe die wechselseitige Unterstützung bei der Verfolgung von Verbrechen ist. Die Zuständigkeit von I. ist dann gegeben, wenn der einzelne Staat allein den Täter nicht verfolgen bzw. die Tat nicht aufklären kann (z. B. bei Flucht ins Ausland oder strafbaren Handlungen in mehreren Staaten). Polit., militär. oder religiöse Delikte scheiden aus der Kompetenz von I. aus. - *Organe:* Die [alljährl. zusammentretende] *Generalversammlung* entscheidet über die Neuaufnahme von Mgl. und legt die Arbeitsgrundsätze fest. Der auf fünf Jahre gewählte *Generalsekretär* leitet das *Generalsekretariat.* Dieses, mit dem Sitz in Saint-Cloud (bei Paris), ab 1988 in Lyon, koordiniert die Arbeit der nat. *Zentralbüros* der I. (BR Deutschland: Bundeskriminalamt).

Interpolation [lat., zu interpolare „zurichten"], in der Philologie: nachträgl., von fremder Hand vorgenommen und nicht als solche kenntl. gemachte Einfügung oder Änderung in Texten.
♦ in der *Mathematik* und *Meßtechnik* die Bestimmung eines zw. zwei bekannten (z. B. gemessenen) Werten liegenden Zwischenwerts.

Interpret [zu lat. interpres „Erklärer"], jemand, der eine ↑Interpretation durchführt; reproduzierender Künstler (bes. Musiker).

Interpretament [lat.], literaturwiss. Bez. für eine erläuternde Zwischenbemerkung im Text; theolog. Bez. für ein Deutungs- bzw. Verständigungsmittel.

Interpretatio Graeca [ˈgrɛːka; lat. „griech. Übersetzung"], Begriff für die Benennung fremder Gottheiten mit Namen griech. Götter (bzw. mit Namen röm. Götter bei der **Interpretatio Romana**).

Interpretation [zu lat. interpretatio „Erklärung, Deutung, Übersetzung"], Akt und Ergebnis des Verstehens, i. w. S. aller sinnhaltigen Strukturen, i. e. S. von theolog., histor., jurist. usw. Quellen, von Kunstwerken allg. und Dichtung im besonderen.
In der *Literaturwiss.* ändern sich Rang und Bed. der Fragestellungen der I. je nach dem intendierten Erkenntnisgegenstand; dieser kann 1. außerhalb des engeren Gebiets der Literaturwiss. liegen (Dichtung z. B. als histor., soziolog. Quelle); es können 2. anthropolog. Konstanten (z. B. Weltanschauungstypen) oder umfassende Prinzipien wie Gattung, Stil, Idee, eines zeitl. und räuml. begrenzten Kollektivs sein (Epoche, Nation), aber auch 3. der Autor und 4. das einzelne Werk. In scharfer Abgrenzung von allen determinist. und ideengeschichtl. orientierten Richtungen der I. versucht die **immanente Interpretation,** die weitestgehend voraussetzungsfreie, nicht über den Text hinausgehende I. des einzelnen Werkes in den Mittelpunkt der literaturwiss. Tätigkeit zu stellen; ihr Ziel ist die Darstellung der strukturellen Elemente der Dichtung in ihrer funktionalen Bezogenheit aufeinander, die Erhellung ihres Sinngehalts und ästhet. Eigenwerts. Als Reaktion auf diese, v. a. durch B. von Wiese- und Kaiserswaldau nach dem 2. Weltkrieg dominierende und als einseitig, method. unzulängl. kritisierte Position entstanden stark inhaltl. orientierte, oft marxist. beeinflußte soziolog. Richtungen sowie der Methodenpluralismus, der das Werk unter verschiedenen Fragestellungen deutet. In *Logik und Mathematik* ist I. die eindeutige Zuordnung der Ausdrücke eines Kalküls zu Aussagen einer Theorie.
⊞ *Thiel, M.:* I. Hdbg. 1980. - *Leibfried, E.:* Literar. Hermeneutik. Tüb. 1980. - *Haas, R.:* Theorie u. Praxis der I. Bln. 1977. - *Meggle, G./Beetz, M.:* I.theorie u. I.praxis. Ffm. 1976. - *Staiger, E.:* Die Kunst der I. Mchn 1971.

Interpunktion [zu lat. interpunctio „Trennung (der Wörter) durch Punkte"], Gliederung eines geschriebenen Textes mit graph. Zeichen, die z. T. Betonung, Pausen usw. des gesprochenen Textes ersetzen. Punkt, Komma und Kolon gab es schon bei den Griechen. Das MA kannte nur wenige, ohne verbindl. Regeln verwendete Satzzeichen. Das Ausrufezeichen tauchte im 16. Jh. auf, ebenso das Komma, das die sog. Virgel verdrängte. Der Doppelpunkt (Kolon), zunächst Begrenzung größerer Satzabschnitte, wurde erst im 18. Jh. endgültig als Ankündigungszeichen (der wörtl. Rede) gebraucht. Das Semikolon wurde gegen Ende des 15. Jh. eingeführt, der Gedankenstrich in der 2. Hälfte des 17. Jh.; einschließende Klammern gab es bereits im 15. Jh., Anführungszeichen finden sich seit dem 18. Jh. bei wörtl. Rede.

Interregnum [lat. „Zwischenherrschaft"], Bez. 1. für die Zeit zw. Tod, Absetzung oder Abdankung eines Herrschers und der Inthronisation seines Nachfolgers; 2. im Hl. Röm. Reich v. a. für die Zeit zw. dem Tod Konrads IV. und der Wahl Rudolfs I. (1254-73). Während dieser Periode konnten die Reichsfürsten ihre Position stärken. Durch die Goldene Bulle von 1356 wurde die Kontinuität der Reichsverwaltung während eines I. geregelt.

Interrenalismus [lat.], svw. ↑adrenogenitales Syndrom.

Interrogativpronomen [lat.] (Fragepronomen) ↑Pronomen.

Interrogativsatz [lat./dt.], 1. Satz, der eine Frage ausdrückt (Fragesatz), z. B. „Kommst du?", „Wo bist du?"; 2. Nebensatz, der durch ein Fragepronomen oder Frageadverb (z. B. wo, wohin) eingeleitet ist (abhängiger I.), z. B. „Sie fragte, wem das gehöre".

Interruption [lat.], svw. ↑Schwangerschaftsabbruch.

Interserie, im Automobilsport seit 1970 ausgetragene europ. Wettbewerbsveranstaltungen mit Rundstreckenrennen für Sportwagen, Sportprototypen und zweisitzige Rennwagen ohne Hubraumbeschränkung.

Intersex (Scheinzwitter, Pseudohermaphrodit), Individuum mit (krankhafter) Mischung ♂ und ♀ Merkmale bei einer Art, die normalerweise getrenntgeschlechtlich ist.

Intersexualität (Pseudohermaphroditismus, Scheinzwittrigkeit, Scheinzwittertum), das Vorkommen ♂ und ♀ Merkmale bei den Intersexen infolge endogener oder exogener Faktoren, wobei im allg. auch der Gesamthabitus durch mehr oder weniger starke Verwischung der Geschlechtsunterschiede betroffen ist, während die chromosomal bedingte Geschlechtsanlage entweder nur ♂ oder nur ♀ sein kann.

Interstadial [lat.], im Ggs. zur Zwischeneiszeit nur kurzfristige Erwärmung innerhalb einer Eiszeit.

interstellar [lat.], zw. den Sternen [gelegen].

interstellare Materie [...i-ε], den Raum zw. den Sternen unregelmäßig erfüllende Materie sehr geringer Dichte. Die i. M. macht sich bemerkbar in leuchtenden, unregelmäßig gestalteten, diffusen Materieansammlungen (**galakt. Nebel**), aber auch durch mehr oder weniger starke Absorption des Sternenlichts der hinter nichtleuchtender i. M. stehenden Sterne, wodurch sie stark wolkige Strukturen (**Dunkelwolken**), aber auch Sternleeren vortäuschen kann. Die im sichtbaren Wellenlängenbereich nicht leuchtenden Dunkelwolken emittieren im Radiofrequenzbereich einzelne Spektrallinien. Die i. M. ist eine allg. Erscheinung in [jungen] Sternsystemen. - Chem. Zusammensetzung: 60 % Wasserstoff, 38 % Helium, 2 % alle anderen Elemente (die einzelnen Elementhäufigkeiten entsprechen der allg. kosm. Häufigkeit). 99 % der i. M. bestehen aus **interstellarem Gas**, das wiederum zu 90 % neutrales Wasserstoffgas ist (HI-Gebiete; Temperaturen um 50 K); 10 % des Wasserstoffgases sind ionisiert (HII-Gebiete; Temperaturen um 10 000 K). Etwa 1 % der gesamten i. M. besteht aus **interstellarem Staub** (vermutl. schwere Elemente in kleinen Körnchen von 0,0001 bis 0,001 mm ø); interstellares Gas und Staub kommen immer zusammen vor. Die i. M. ist in einer Schicht von etwa 250 bis 300 pc Dicke (senkrecht zur Grundebene des Milchstraßensystems) anzutreffen.

Die **interstellare Absorption** oder **Extinktion** durch den interstellaren Staub ist wellenlängenabhängig; langwelliges Licht (Rot) wird weniger stark geschwächt als kurzwelliges (Blau). Deshalb erscheint das Sternenlicht nach Durchgang durch eine interstellare Wolke nicht nur geschwächt, sondern auch in seiner Intensitätsverteilung nach Rot verschoben. Die Absorption durch das interstellare Gas erfolgt nur in bestimmten Spektrallinien. Die HI-Gebiete senden Linien im Radiofrequenzbereich aus, u. a. die Einundzwanzig-Zentimeter-Linie des neutralen Wasserstoffs. Die Beobachtungen im Radiofrequenzbereich haben wesentl. Kenntnisse über die Verteilung des neutralen Wasserstoffs im Sternsystem erbracht.

📖 *Hachenberg, O./Mebold, U.: Die Struktur u. der physikal. Zustand des interstellaren Gases aus Beobachtungen der 21 cm HI-Linie.* Wsb. 1976.

Interstitium [lat. „Zwischenraum"], in der Anatomie und Histologie der Raum zw. den organtyp. Gewebsstrukturen, in den ner-

Interstellare Materie. Beim Lagunennebel im Sternbild Sagittarius durchschneidet eine breite Dunkelwolke die leuchtende Gaswolke

Intervention

ven- und gefäßführendes (*interstitielles Gewebe, Zwischengewebe*; z. B. in der Niere um die Harnkanälchen herum) oder Stützgewebe eingelagert ist.

Intersubjektivität, in der Wissenschaftstheorie Bez. für die Forderung, eine jede wiss. Behauptung erst dann für („objektiv") gültig oder wahr anzusehen, wenn sie von einem jeden nachgeprüft werden kann.

Intertrigo [lat.] ↑Wundsein.

Intertype ⓦ [engl. ˈɪntətaɪp], Kurzbez. für Intertype-Setzmaschine und Intertype-Fotosetter ⓦ (↑Setzerei).

Intervall [zu lat. intervallum, eigtl. „Raum zwischen zwei Schanzpfählen"], Zeitabstand, Zeitspanne, Frist, Pause.

◆ in der *Mathematik* Bez. für eine zusammenhängende Teilmenge der reellen Zahlen. Sind a und b zwei reelle Zahlen, so bezeichnet man die Menge der reellen Zahlen x, für die $a<x<b$ gilt, als *offenes I.*, Schreibweise $]a, b[$ oder (a, b), die Menge aller x, für die $a \leq x \leq b$ gilt, als *abgeschlossenes I.*, Schreibweise $[a, b]$ oder $\langle a, b \rangle$.

◆ in der *Musik* Bez. sowohl für den Tonhöhenabstand als auch für das Schwingungsverhältnis zweier nacheinander (sukzessiv) oder gleichzeitig (simultan) erklingender Töne. I. können quantitativ nach der Distanz oder dem Schwingungsverhältnis gemessen oder nach dem Grad ihrer ↑Konsonanz oder ↑Dissonanz vom Gehör bewertet werden. Die I. gen. Prime, Sekunde, Terz usw. bezeichnen den Abstand der Töne innerhalb des in der abendländ. Musik geltenden diaton. Tonsystems, d. h. sie berücksichtigen nicht den Wechsel von Ganz- und Halbtönen; so ist z. B. die große Terz als 3. Stufe zwei Ganztöne, die Quarte als 4. Stufe 2 ½ Ganztöne über der 1. Stufe. Prime, Quarte, Quinte und Oktave haben je eine sog. reine, Sekunde, Terz, Sext und Septime je eine große und kleine Grundform. Die Grundformen können um einen Halbton erweitert (*übermäßiges I.*) oder verengt (*vermindertes I.*) werden. Für die I.messung wird heute neben dem Verhältnis der Schwingungszahlen meist die **Cent-Rechnung** benutzt, die jeden gleichschwebend temperierten Halbton in 100 gleiche Teile zerlegt.

In der Musikpraxis hängt die tonverwandtschaftl. richtige Auffassung der I. nicht von ihrer mathemat. exakten Intonation, sondern vom musikal. Kontext und den Hörerfahrungen ab.

🕮 *Husmann, H.: Einf. in die Musikwiss. Wilhelmshaven 1975.*

Intervallalgebra (Intervallrechnung), die Lehre vom Rechnen mit ↑Intervallen. Die I. spielt eine bed. Rolle in der numer. Mathematik, insbes. beim Erfassen der unvermeidbaren Rundungsfehler beim numer. Rechnen und ermöglicht es u. a., physikal. Probleme zu behandeln, deren Anfangsdaten selbst nur

Intervalltöne und -bezeichnungen	Schwingungsverhältnis	Cent (temperiertes Intervall)
c–c, reine Prime	1 : 1	0,0 (0)
c–des, kleine Sekunde	16 : 15	111,7 (100)
c–d, große Sekunde	9 : 8	203,9 (200)
c–es, kleine Terz	6 : 5	315,6 (300)
c–e, große Terz	5 : 4	386,3 (400)
c–f, reine Quarte	4 : 3	498,0 (500)
c–fis, übermäßige Quarte	45 : 32	590,2 (600)
c–g, reine Quinte	3 : 2	702,0 (700)
c–as, kleine Sexte	8 : 5	813,7 (800)
c–a, große Sexte	5 : 3	884,4 (900)
c–b, kleine Septime	9 : 5	1 017,6 (1 000)
c–h, große Septime	15 : 8	1 088,3 (1 100)
c–c', reine Oktave	2 : 1	1 200,0 (1 200)

in Intervalle eingeschlossen werden können (z. B. durch Meßungenauigkeiten).

Intervallschachtelung, Bez. für eine Folge von ↑Intervallen $[a_n, b_n]$ derart, daß $a_n \leq a_{n+1} < b_{n+1} \leq b_n$ und $\lim(a_n - b_n) = 0$ gilt. Jede reelle Zahl kann durch eine I. (z. B. von Intervallen mit rationalen Endpunkten) eindeutig definiert werden.

Intervalltraining ↑Training.

intervenieren [lat.], sich einschalten, sich einmischen.

Intervention [lat., zu intervenire „dazwischentreten, sich einschalten"], im *Völkerrecht* die (angeblich) uneigennützige, gewöhnl. jedoch zur Festigung der eigenen polit. Macht erfolgende Einmischung eines Staates in eine für ihn fremde Angelegenheit mit der Absicht der ↑Annexion (z. B. Einmarsch von Truppen des Warschauer Pakts in die ČSSR 1968). Die nicht vom Sicherheitsrat der ↑UN beschlossene oder gebilligte militär. I. ist völkerrechtswidrig.

◆ im *schweizer. Bundesstaatsrecht* Maßnahme, die der Bund bei gestörter Ordnung im Innern oder bei Gefährdung eines Kantons durch einen andern ergreift. I. erfolgt durch Entsendung von Bundeskommissaren, wenn nötig auch durch Einsatz von Militär.

◆ in der *Wirtschaft* 1. das Eingreifen des Staates in eine Marktwirtschaft (↑Interventionismus); 2. das Eingreifen der Notenbank zur

Interventionismus

Regulierung von Wechselkursen und Goldpreisen († Wechselkurs).

Interventionismus [lat.], in einer Wirtschaftsordnung mit Privateigentum an Produktionsmitteln und grundsätzl. freier Marktpreisbildung fallweises, punktuelles Eingreifen des Staates zur Verfolgung bestimmter Zwecke, z. B. Vollbeschäftigung, gerechte Einkommensverteilung. Der Staat versucht, unerwünschte Folgen einer freien Marktwirtschaft auszugleichen, um eine soziale Marktwirtschaft zu erreichen.

Interventionisten, svw. † Interventisten.

Interventionsklage, svw. † Drittwiderspruchsklage.

Interventionspunkte † Wechselkurs.

Interventisten (Interventionisten) [lat.], Bez. für die Anhänger des Eintritts eines neutralen Staates in einen Krieg, insbes. für die Vertreter einer Teilnahme Italiens am 1. Weltkrieg (auf seiten der Entente): nationalist. Irredentisten, auch Demokraten und Liberale, Persönlichkeiten wie G. D'Annunzio, B. Mussolini.

Interview [...vju:; engl., zu frz. entrevue „verabredete Zusammenkunft" (von entrevoir „einander (kurz) sehen")], im *Journalismus* meist in der Form eines Dialogs von **Interviewern** durchgeführte Befragung von Personen zur Darstellung dieser Persönlichkeiten und/oder zur Mitteilung oder Interpretation eines (oft umstrittenen) Sachverhalts.
◆ Methode der *empir. Sozialforschung* zur Erhebung von sozialwiss. auswertbaren Daten (Merkmalen, Eigenschaften, Meinungen), bei der ein bes. geschulter **Interviewer** die zu interviewende Person durch gezielte Fragen oder verbale Anreize zu Antworten oder verbalen Reaktionen veranlassen will († auch Fragebogen).
◆ (psychodiagnost. Gespräch) Bez. für eine method. angelegte, nicht an die Lösung bestimmter Aufgaben gebundene Unterredung zw. Proband und Untersucher als zusätzl. Mittel einer psycholog. Diagnose.

Intervision [Kw. aus Inter**national** und Tele**vision**], im Rahmen der Internat. Rundfunk- und Fernsehorganisation 1960 in Budapest gegr. Zentrale für den Programmaustausch von Fernsehgesellschaften, der die Staaten des Ostblocks (mit Ausnahme Jugoslawiens) angehören; Sitz Prag. Seit 1961 auch Programmaustausch mit der Eurovision.

intervokalisch [lat.], Konsonant, der zw. zwei Vokalen (Selbstlauten) steht.

interzellulär (interzellular) [lat.], in der Biologie für: zw. den Zellen gelegen (z. B. in bezug auf die Interzellularsubstanz, die Interzellularflüssigkeit); zw. den Zellen sich abspielend (z. B. von bestimmten physiolog. bzw. biochem. Prozessen).

Interzellularen [lat.] (Zwischenzellräume, Interzellularräume), meist mit Luft erfüllte Räume zw. den Zellen pflanzl. Gewebe. I. entstehen durch Auflösung der Mittellamellen und bilden ein die ganze Pflanze durchziehendes Gangsystem, das über die Spaltöffnungen und Lentizellen mit der Außenluft in Verbindung steht und die Durchlüftung des Pflanzenkörpers ermöglicht. I. sind bes. in Wurzeln und Sprossen von Wasser- und Sumpfpflanzen († Durchlüftungsgewebe) ausgebildet.

Interzellularflüssigkeit (interstitielle Flüssigkeit), die zw. den Zellen der tier. und menschl. Gewebe befindl. Gewebsflüssigkeit, die niedermolekulare Substanzen aus dem Blut in die Zellen und umgekehrt transportiert. Aus der I. wird auch die Lymphe gebildet.

Interzellularsubstanz, zw. den Zellen eines Gewebes liegende Substanz, die meist von diesen Zellen abgeschieden wurde. Zu den I. gehören auch Blutplasma und Lymphflüssigkeit.

Interzession [lat., zu intercedere „dazwischentreten"], das Eingehen einer Verbindlichkeit für einen anderen durch Freistellung des anderen von einer Verbindlichkeit (*privative* [befreiende] *I.*, Hauptfall: † Schuldübernahme) oder durch Übernahme einer Verbindlichkeit neben dem anderen (*kumulative* [verstärkende] *I.*), z. B. † Bürgschaft.

Interzonenhandel, svw. † innerdeutscher Handel.

Interzonenturnier, seit 1948 in Abständen von drei bis vier Jahren vom Weltschachbund veranstaltetes internat. Schachturnier, an dem die jeweils Bestplazierten aus den einzelnen **Zonenturnieren** teilnahmeberechtigt sind. Die Erstplazierten des I. sind für das **Kandidatenturnier** zur Ermittlung des Herausforderers des Schachweltmeisters qualifiziert.

intestinal [lat.], in der Anatomie für: zum Darmkanal gehörend, vom Verdauungskanal ausgehend, die Eingeweide betreffend.

Intestinaldialyse (Intestinalspülung, Darmdialyse), Blutdialyse zur Entschlackung mittels einer in den Dünndarm eingeführten Sonde; heute von der † künstlichen Niere verdrängte Methode.

Intestinum [lat.], svw. † Darm.

Inthronisation [mittellat.], allg. svw. Thronerhebung; im Kirchenrecht die feierl. Besteigung des bischöfl. oder päpstl. Stuhles (Cathedra) nach der Bischofsweihe bzw. Papstkrönung.

Inti [Quechua], Sonnengott der Inkareligion.

Intifada [arab.], Aufstand der palästinens. Araber im Gasastreifen und im Westjordanland gegen die israel. Besatzungsmacht, begann im Dez. 1987.

intim [zu lat. intimus „innerst"], 1. vertraut, eng befreundet, privat (z. B. Intimsphäre); 2. die Geschlechtsorgane, das Geschlechtsleben betreffend; 3. anheimelnd, gemütlich, z. B. in der Landschaftsmalerei. **Intimität**, Vertrautheit, Vertraulichkeit, intime Beziehung. **Intimus**, Vertrauter, Busenfreund.

Intima [lat., eigtl. „die Innerste"] (Tunica intima), bei Wirbeltieren (einschließl. Mensch) die innerste Schicht der Blutgefäßwand.

Intimpflegemittel, zur Reinigung und Pflege des äußeren Genitalbereichs verwendete spezielle Körperpflegemittel (u. a. Lotionen, Sprays).

Intimsphäre, der zur Sicherung eines Freiraums für die Entfaltung der Persönlichkeit strafrechtl. geschützte persönl. Lebens- und *Geheimbereich*. Im einzelnen ist mit Strafe bedroht die Verletzung der Vertraulichkeit des Wortes, die Verletzung des Briefgeheimnisses, die Verletzung von Privatgeheimnissen und die Verwertung fremder Geheimnisse.

intolerant, unduldsam, keine andere Meinung oder Weltanschauung gelten lassend. **Intoleranz** ↑ Toleranz.

Intonation [zu lat. intonare „losdonnern, erdröhnen"], in der *Musik:* 1. das Anstimmen eines Gesanges, um dessen Tonart und Tonhöhe anzugeben. 2. das Treffen und Einhalten einer Tonhöhe, auch das Einstimmen und die Ansprache eines Instruments sowie die Regulierung des Klanges durch den Instrumentenbauer bzw. den Intonateur, z. B. bei Orgel und Klavier.
♦ (Sprachmelodie, musikal. Akzent) in der *Sprachwiss.* Bez. für die Veränderung der Tonhöhe beim Sprechen, u. a. zur Unterscheidung verschiedener Satzfunktionen wie Abgeschlossensein, Bejahung, Frage. In Tonsprachen dient die I. der Unterscheidung von lexikal. und grammatikal. Bedeutungen.

in toto [lat.], im ganzen.

Intoxikation [lat./griech.], svw. ↑ Vergiftung.

intra... [lat.], Vorsilbe von Adjektiven mit der Bed. „innerhalb; während".

intraarteriell [lat./griech.], Abk. i. a.; in einer Arterie befindl., in eine Arterie hinein.

intraaurikulärer Herzblock ↑ Herzblock.

Intrabilität [lat.], Eigenschaft der Zellmembran, Stoffe aus der Umgebung ins Zellinnere eintreten zu lassen.

Intracoastal Waterway [engl. ɪntrəˈkoʊstəl ˈwɔːtəweɪ], Schiffahrtsstraße in den USA, entlang der Atlantik- und der Golfküste, zw. Boston (Mass.) und Brownsville (Tex.), etwa 5 000 km lang. Der I. W. folgt Kanälen, Flüssen, Seen und Lagunen; er dient v. a. der Küstenschiffahrt.

Intrada [italien., zu lat. intrare „eintreten"] (italien. entrata, span. entrada, frz. entrée), eine seit dem 16. Jh. verwendete Bez. für Einleitungs- oder Eröffnungsmusik, als Fanfare, Marsch und als Einleitung zu Vokal- oder Instrumentalstücken.

intradural, in der Medizin für: in bzw. an der harten Hirnhaut lokalisiert (z. B. von einem Bluterguß).

intraglutäal [lat./griech.], in der Medizin für: innerhalb des großen Gesäßmuskels; in den großen Gesäßmuskel hinein [injizieren].

intraintestinal [...s-ɪn...], in der Biologie und Medizin für: innerhalb des Darms.

intrakardial, in der Medizin für: innerhalb des Herzens, ins Herz hinein erfolgend.

intrakorporal [lat.], in der Medizin für: im Körper, ins Körperinnere bzw. in einen Organkörper hinein erfolgend.

intrakraniell [lat./griech.], in der Medizin für: in der Schädelhöhle lokalisiert (z. B. von Tumoren).

intrakutan (intracutan) [lat.], Abk. i. c., in der Medizin für: in bzw. in die Haut.

Intrakutantest (Intrakutanprobe) ↑ Hauttest.

intramedullär [lat.], in der Medizin für: innerhalb des Rücken- oder Knochenmarks.

intramolekular (innermolekular), Erscheinungen innerhalb eines Moleküls betreffend.

intramontanes Becken, innerhalb eines Gebirges auftretende, beckenartige Verebnung.

intra muros [lat. „innerhalb der Mauern"], nicht öffentlich, geheim.

intramuskulär [lat.], Abk. i. m., in der Medizin für: innerhalb des Muskels, in den Muskel hinein.

Intransigenz [lat.], Unversöhnlichkeit, mangelnde Bereitschaft zu Konzessionen; **intransigent**, unnachgiebig.

intransitiv [zu spätlat. intransitivus, eigtl. „nicht hinübergehend"], von Verben gesagt, die normalerweise kein Akkusativobjekt nach sich ziehen und kein persönl. Passiv bilden können, z. B. laufen, rennen, lachen.

intraokulär (intraokular) [lat.], in der Medizin für: innerhalb des Auges.

intraperitonäal (intraperitoneal) [lat./griech.], in der Medizin für: innerhalb des Bauchfellraums.

intrapulmonal [lat.], in der Medizin für: in der Lunge.

intrathorakal [lat./griech.], in der Medizin für: in der Brusthöhle.

intratracheal [lat./griech.], in der Medizin für: in der Luftröhre.

intrauterin [...a-u...], in der Medizin für: in der Gebärmutter.

Intrauterinpessar [...a-u...] ↑ Empfängnisverhütung.

intravenös [lat.], Abk. i. v., in der Medizin für: in einer Vene bzw. in eine Vene hinein.

intraventrikulärer Herzblock ↑ Herzblock.

intrazelluläre Bewegungen ↑ Bewegung.

Intrigant [frz. (↑ Intrige)], Ränkeschmied; einer, der Intrigen stiftet; **intrigieren**, auf hin-

Intrige

terlistige Weise gegen jemanden arbeiten, Intrigen anzetteln.

Intrige [frz., zu lat.-italien. intrigare „verwickeln, verwirren"], Verstrickung, Ränkespiel; hinterlistige Machenschaften. - Im Drama Bez. für das eine Handlung begründende Komplott, mit dem sich ein Teil der Dramenfiguren zur Durchsetzung seiner Ziele gegen einen anderen verschwört.

Intrinsic factor [engl. ınˈtrınsık ˈfæktə], zur Resorption von Vitamin B_{12} notwendiges sialinsäurehaltiges Glykoproteid im Magensaft; ↑auch Anämie.

intrinsisch [lat.], in der Motivationspsychologie für: aus reiner Funktionslust (Funktionsspiele) erfolgend; auf Verhaltensweisen bezogen (↑Spiel).

intro..., Intro... [lat.], Vorsilbe mit der Bed. „hinein, nach innen".

Introduktion [zu lat. introductio „das Einführen"] (italien. introduzione), meist langsame Einleitung zu Sonatensätzen, Suiten, Sinfonien, Opern, Arien oder Ensemblestücken.

Introitus [lat. „Eingang, Einzug"], Eröffnungsgesang der röm. Messe, der in die Tagesliturgie einführt und den Einzug des Klerus begleitet.

introspektiv [lat.], in sich hineinschauend, auf sich selbst hörend.

Introversion [lat.], von C. G. Jung eingeführte Bez. zur Charakterisierung der Grundeinstellung von Menschen, deren psych. Energie nach innen gerichtet ist und deren Denken, Fühlen und Handeln durch die Innenwelt bestimmt wird (Ggs. Extraversion). Der **introvertierte** Typ ist verschlossen, kontaktarm, mißtrauisch und reserviert.

introvertiert [lat.], nach innen gerichtet.

Intrusion [lat.], Eindringen und Erstarren von Magma in Gesteine der Erdkruste.

Intrusivgesteine [lat./dt.], svw. Tiefengesteine (↑Gesteine).

Intubation [lat.], die Einführung eines Rohrs oder Schlauches in eine Körperhöhle oder ein Hohlorgan; bes. über Mund- oder Nasenhöhle in die Atemwege, z. B. zur Durchführung einer Narkose *(Intubationsnarkose)*, (künstl.) Beatmung und zu diagnost. bzw. therapeut. Zwecken.

Intuition [mittellat., zu lat. intueri „betrachten"], spontanes geistiges Erfassen, eine auf Wissen und Erfahrung beruhende plötzl. Erkenntnis, ein Moment wiss. Forschens und künstler. Gestaltens. - In irrationalist. Erkenntnistheorien (bes. der Lebensphilosophie) ist I. eine nicht auf Erfahrung beruhende Erkenntnis, sondern wird gefühlsmäßig, durch „innere Eingebung" erzeugt. In der phänomenolog. Philosophie bilden I. („Anschauung") und Evidenz („Einsicht") den Anfang der Begründung von Wissenschaft.

Intuitionismus [lat.], in der *Mathematik* die von L. E. J. Brouwer 1907 begr. Auffassung, daß die mathemat. Existenz als Konstruierbarkeit und das mathemat. Beweisen als Angabe der Konstruierbarkeit zu verstehen sind.
♦ in der *Philosophie* idealist. Lehre, die einer auf Intuition beruhenden Erkenntnis den prinzipiellen Vorrang gibt; bed. Vertreter: A. Bergson.

intuitiv [lat.], Bez. für ein auf Intuition beruhendes Denken; Ggs.: diskursiv.

Intumeszenz (Intumescentia) [lat.], in der *Anatomie:* normale anatom. Größenzunahme (z. B. Intumescentia lumbalis: die Verdickung des Rückenmarks im Lendenbereich); auch die krankhafte Anschwellung eines Organs oder Gewebes.

intus [lat. „innen"], etwas i. haben, svw. etwas im Bauch haben, oder übertragen: etwas begriffen haben.

Intussuszeption [lat.], in der *Biologie* die Einlagerung neuer Substanzen zw. schon verhandenen Strukturen. I. spielt beim Flächenwachstum der pflanzl. Zellwand durch Einlagerung zellulosehaltiger Substanzen eine entscheidende Rolle *(I.wachstum)*.

Inula [lat.], svw. ↑Alant.

Inulin [lat.] (Alantstärke), aus etwa 27 bis 30 glykosid. verbundenen D-Fructoseresten aufgebautes Polysaccharid, das auch etwa 5 % D-Glucose enthält. Das I. ist ein weitverbreitetes pflanzl. Reservekohlenhydrat (bes. reichl. in den Wurzeln des Alants, des Löwenzahns, der Dahlie und der Zichorie), das chem. der Stärke gleicht. Das durch Extraktion gewonnene I. wird als Diätzucker bei Diabetes mellitus und zur Nierenfunktionsprüfung verwendet.

Inupik ↑Eskimoischen.

in usum Delphini [lat.], svw. ↑ad usum Delphini.

Inuvik, größte kanad. Siedlung nördl. des Polarkreises, am östl. Deltaarm des Mackenzie River, 2900 E. Anglikan. Bischofssitz; Rundfunk- und Wetterstation, Internate für Indianer- und Eskimokinder. - 1955 gegr. (Holzhäuser auf Pfahlrosten im Dauerfrostboden).

Invagination [lat.] (Einstülpung, embol. Gastrulation), in der *Biologie:* bei vielen Tiergruppen (z. B. Schädellose, Stachelhäuter, viele Weichtiere, manche Hohltiere, v. a. Schirmquallen) auftretende Form der ↑Gastrulation, bei der sich das Blastoderm am vegetativen Pol in das Blastozöl der [Zölo]blastula einstülpt und die innen liegenden Keimblätter (Ento-, Mesoderm) bildet.

invalide [zu lat. invalidus „kraftlos, schwach"], arbeits-, dienst- oder erwerbsunfähig (infolge Unfalls, Verwundung oder Krankheit); krank.

Invalidenversicherung ↑Sozialversicherung (Schweiz).

Invalidität [lat.] ↑Erwerbsunfähigkeit.

Invar ® [engl., gekürzt aus lat.-engl. inva-

284

inverse Funktion

riable „unveränderlich"], Eisen-Nickel-Legierung (36 % Ni, 64 % Fe) mit extrem niedrigem Wärmeausdehnungskoeffizienten im Bereich von 0 bis 200 °C; wird v. a. in Meßgeräten verwendet, die möglichst unempfindl. gegen Temperaturschwankungen sein müssen.

invariabel [lat.], unveränderlich.

invariant [lat.], bei einer Transformation oder Abbildung unverändert bleibend.

Invarianz, die Unveränderlichkeit bestimmter physikal. oder mathemat. Größen oder bestimmter Eigenschaften physikal. Systeme gegenüber einer Gruppe von [Koordinaten]transformationen. Eine invariante, d. h. bei derartigen Transformationen nicht ihren Zahlenwert ändernde physikal. Größe *(Invariante)* muß eine skalare Größe sein. Eine derartige I. hat i. d. R. einen Erhaltungssatz für eine bestimmte physikal. Größe zur Folge. Umgekehrt entspricht jedem Erhaltungssatz für eine physikal. Größe anscheinend eine I.eigenschaft der physikal. Gesetze. So sind z. B. die mechan. Bewegungsgleichungen von Massenpunkten, deren Wechselwirkung nur von ihrem Relativabstand abhängt, invariant gegenüber Translationen des Ortes (woraus der *Impulserhaltungssatz* folgt) und der Zeit (woraus der *Energieerhaltungssatz* folgt). Allg. hängt die I. der Naturgesetze gegenüber diesen beiden Transformationen, der sog. Translationsgruppe, mit der fundamentalen Tatsache zusammen, daß Experimente an verschiedenen Orten und zu verschiedenen Zeiten reproduzierbar sind. Wichtig ist auch die I. gegenüber der Gruppe der Drehungen im dreidimensionalen Raum, deren zugehörige Erhaltungsgröße der *Gesamtdrehimpuls* ist. Sämtl. physikal. Theorien für abgeschlossene physikal. Systeme sind *drehinvariant*, d. h., sie ändern ihre Form nicht bei Drehungen des Koordinatensystems um eine beliebige feste Achse und um einen beliebigen festen Winkel.

Invasion [lat., zu invadere „eindringen, angreifen"], militär. Operation einer kriegführenden Partei zur Einnahme (auch Rückeroberung) feindl. bzw. vom militär. Gegner besetzten Gebietes.

◆ in *Medizin* und *Schädlingskunde* der Befall eines Organismus durch Endo- oder Ektoparasiten, die sich (im Ggs. zur †Infektion) nicht vermehren, da Eier bzw. Larven den Wirt wieder verlassen. - Auch Bez. für das Einwachsen von Krebszellen in die Nachbarschaft.

◆ in *der Biologie* das Eindringen von Lebewesen (in großer Zahl) in Gebiete, in denen sie sonst nicht leben; häufig infolge Nahrungsmangels im Heimatgebiet, was zu Massenwanderungen führen kann. I. sind z. B. bekannt von den Lemmingen.

Invektive [lat.], Schmährede, Schmähschrift, beleidigende Äußerung.

Inventar [lat., zu invenire „auf etwas stoßen, finden, entdecken"], 1. sämtl. bewegl. Sachen, die der Führung eines Betriebes dienen; 2. das Verzeichnis derjenigen Vermögensgegenstände und Verbindlichkeiten, aus denen ein Nachlaß besteht (†auch Inventarerrichtung); 3. das bei Geschäftsbeginn und für den Schluß eines jeden Geschäftsjahres vom Kaufmann aufzustellende Verzeichnis seiner Vermögensgegenstände und seiner Schulden. Wegen der Errichtung des I. †Inventur.

Inventarerrichtung, die Einreichung eines Nachlaßverzeichnisses (Inventars) durch den Erben beim Nachlaßgericht. Inhalt des Inventars: die beim Erbfall vorhandenen Vermögensgegenstände des Erblassers und deren Werte, ferner die Nachlaßverbindlichkeiten.

Inventarisation [lat.], in der Denkmalpflege Bez. für: Verzeichnis von †Kulturdenkmälern. In der BR Deutschland durchgeführt von den Ämtern für Denkmalpflege der Bundesländer. Man unterscheidet die großen, jeweils einen Stadt- oder Landkreis umfassenden Inventarbände und die nach 1950 entstandenen Kurzinventare. Fortgeschrittene I. gibt es v. a. auch in der Schweiz, in Österreich, den Niederlanden, in Großbrit. und den skandinav. Ländern.

Inventionen [zu lat. inventiones („Erfindungen"], in der *Musiklehre* seit dem 16. Jh. verwendete Bez. für Stücke, die durch eine (meist im Titel mitgeteilte) bes. Art der musikal. Erfindung (oft als Findung eines musikal. Themas) gekennzeichnet sind. In diesem Sinne verwendet J. S. Bach den Begriff Invention für seine zweistimmigen I. und dreistimmigen Sinfonien. Im 20. Jh. begegnen I. u. a. bei A. Berg, A. N. Tscherepnin, E. Pepping, B. Blacher, W. Fortner und G. Klebe.

Inventur [mittellat., zu lat. invenire „auf etwas stoßen, finden, entdecken"], Bestandsaufnahme, Tätigkeit des Kaufmanns, der seine Vermögensgegenstände mengenmäßig genau in ein Verzeichnis aufnimmt. Die Gegenstände sind sowohl beim Beginn eines Handelsgewerbes als auch regelmäßig für den Schluß eines Geschäftsjahres aufzunehmen. Unter bestimmten Bedingungen ist es erlaubt, den Aufnahmestichtag vor den Abschlußtag eines Geschäftsjahres zu legen oder die I. zeitl. auf das gesamte Geschäftsjahr zu verteilen.

Inverness [engl. ɪnvəˈnɛs], schott. Hafenstadt an der Mündung von Ness und Caledonian Canal in den Firth of I., 39 700 E. Anglikan. Bischofssitz; Garnison, Markt- und Handelszentrum der Highlands. - I. an der Nessmündung (gäl. Inver Ness) war eine alte pikt. Festung; wurde 1214 Burgh. 1233 gründete König Alexander II. ein Dominikanerkloster. 1427 versammelte sich dort das schott. Parlament. - Bed. Bauten sind u. a. Dunbar's Hospital (1686) und die Kathedrale (1866–71).

invers [lat.], umgekehrt.

inverse Funktion, svw. †Umkehrfunktion.

285

INVESTITIONEN IN DER BR DEUTSCHLAND
(aufgeschlüsselt nach Wirtschaftsbereichen)

Wirtschaftsgliederung	1980	Millionen DM 1981	1982	1983
Land- und Forstwirtschaft, Fischerei	9 280	8 710	9 030	10 430
Energie- und Wasserversorgung, Bergbau	18 990	20 000	22 840	22 570
Verarbeitendes Gewerbe	59 680	59 410	56 190	58 520
Baugewerbe	6 250	4 990	4 250	4 790
Handel	14 500	13 350	13 170	14 410
Verkehr, Nachrichtenübermittlung	26 160	27 910	27 340	29 790
Dienstleistungsunternehmen	148 920	152 860	149 930	162 910
Staat	50 450	47 590	43 350	40 210
private Organisationen ohne Erwerbszweck	5 180	5 480	5 470	5 380
alle Wirtschaftsbereiche	339 410	340 300	331 570	349 010

Quelle: Statist. Jahrbuch für die BR Deutschland 1986

inverses Element, einem Element a einer algebraischen Struktur A mit Einselement e (bezüglich einer in A definierten zweistelligen Verknüpfung °) zugeordnetes Element $a^{-1} \in A$, für das $a^{-1} \circ a = a \circ a^{-1} = e$ gilt. Speziell in der Menge der rationalen Zahlen gilt: Bezügl. der Addition (Einselement 0) ist $-a$ das i. E. von $+a$, da $(+a) + (-a) = 0$; bezügl. der Multiplikation (Einselement 1) ist $\frac{1}{a}$ das i. E. von a da $a \cdot \frac{1}{a} = 1$.

Inversion [zu lat. inversio „Umkehrung"], in der *Sprachwiss.* Bez. für die Umkehrung der als „normal" angesehenen Wortstellung Subjekt – Prädikat, z. B. in Fragesatz und bei satzeinleitenden Adverbien, z. B. *Er kommt: Kommt er? Sie war gestern im Theater: Gestern war sie im Theater.*
◆ *rhetor. Figur:* emphat. Veränderung der übl. Wortfolge, bes. des Subjekts, am Satzgang, so daß das zu betonende Wort an die erste (oder letzte) Stelle kommt: „Unendlich ist die jugendl. Trauer ..." (Novalis, „Heinrich von Ofterdingen"). Das Gegenteil dieser Hervorhebung bezweckt die sog. „Kaufmannsinversion" zur Vermeidung des „ich" am Satzanfang, bes. nach „und": „... und habe ich mich bemüht ...".
◆ in der *Musik* svw. ↑ Umkehrung.
◆ (Temperaturumkehr) in der *Meteorologie* Bez. für die Zunahme der Lufttemperatur mit der Höhe in einer mehr oder weniger dicken Schicht der Atmosphäre (im Normalfall nimmt die Temperatur mit der Höhe ab). I. wirken als Sperrschichten in der Atmosphäre, die den Vertikalbewegungen abbremsen und an denen es zur Anreicherung von Staub und Dunst kommt. Sie verhindern, wenn sie stark ausgebildet sind, bei kräftiger Einstrahlung das Aufsteigen der erhitzten Luft und damit Wolkenbildung und Niederschläge. I. in Bodennähe, die häufig von Nebel begleitet sind, bilden sich bes. in klaren Nächten und im Winter aus.
◆ bei der *chem. Reaktion* gewisser opt. aktiver Verbindungen auftretende Änderung der Konfiguration; speziell der Vorzeichenwechsel der opt. Aktivität bei der hydrolyt. Spaltung des rechtsdrehenden Rohrzuckers in das linksdrehende Fructose-Glucose-Gemisch (*Invertzucker*).
◆ (Besetzungs-I., Besetzungszahlumkehr) in der *Quantenmechanik* Bez. für eine Situation, in der energet. höhere Zustände eines Systems (z. B. Elektronen der Atomhülle) stärker besetzt sind als die tiefer liegenden. Eine Besetzungs-I. ist Voraussetzung für den Betrieb von ↑ Lasern.
◆ (opt. I.) in der *Psychologie* das spontane oder durch Verlagerung der perspektiv. Betrachtungsweise zustandekommende raumbildl. „Umspringen" („Kippen") wahrgenommener Gestalten (Kippfiguren).
◆ (sexuelle I.) in der *Sexologie* die Ausrichtung oder Verlagerung des Geschlechtstriebes auf Partner des eigenen Geschlechts (↑ Homosexualität).

Invertase [lat.] (Saccharase), zu den Hydrolasen gehörendes Enzym, das in allen höheren Pflanzen, vielen Pilzen und Bakterien sowie in der Hefe vorkommt und Rohr- bzw. Rübenzucker hydrolyt. in Invertzucker spaltet.

Invertebrata [lat.], svw. ↑ Wirbellose.
invertieren [lat.], umkehren, umstellen.
Invertseifen [lat./dt.] ↑ Seifen.
Invertzucker [lat./dt.] ↑ Inversion.
investieren [zu lat. investire, eigtl. „einkleiden"], 1. in ein Amt einführen; 2. etwas zweckgerichtet einsetzen (Zeit, Mühe, Geduld; ↑ auch Investition).

investigieren [lat.], Nachforschungen anstellen, befragen; **Investigation,** Untersuchung, Nachforschung.

Investition [lat. (↑ investieren)], langfristige Anlagen von Kapital in Sachgütern. Die Gesamtheit der I. einer Periode wird Brutto-I. genannt, der lediglich dem Ersatz verbrauchter Teile des Produktionsapparates dienende

Teil Ersatz- oder Re-I., der darüber hinausgehende Teil Erweiterungs- oder Netto-I. Die auf Erhöhung der Produktivität abzielenden (Rationalisierungs-) I. sind in der Praxis meist mit Ersatz- und/oder Erweiterungs-I. verbunden. Eine weitere Unterscheidung ist die nach I. in Beständen (Lager- oder Vorrats-I.) und I. in Anlagen, wobei diese Anlagen-I. wiederum unterschieden werden können in Ausrüstungs-I. (z. B. Maschinen, Fahrzeuge) und Bau-I. (z. B. Verwaltungsbauten, Verkehrswege). Volkswirtschaftl. ist I. die Summe aller Netto-I. einer Periode, die definitionsgemäß am Ende der Periode („ex post") gleich der Ersparnis ist. Da jedoch die Pläne der Wirtschaftssubjekte für die Ersparnis und die I. der nächsten Periode keineswegs von vornherein („ex ante") mengenmäßig übereinstimmen müssen, ergibt sich die Übereinstimmung „ex post" entweder durch Zwangs-I. (z. B. ungeplante Lager-I.), wenn die Sparsumme größer (und damit die Konsumsumme kleiner) ist, oder im umgekehrten Fall durch Zwangs-Sparen. I., die nicht zu dem erwarteten Erfolg führen, heißen Fehlinvestitionen. Wegen der zentralen volkswirtschaftl. Bedeutung der I. ist die Frage der Entscheidungsgewalt über I. immer wieder Gegenstand ordnungspolit. Diskussionen. Während von der einen Seite die Notwendigkeit einer (staatl.) I.planung zur Vermeidung von Fehl-I. sowie von über das in einem bestimmten Wirtschaftszweig notwendige Maß hinausgehenden (Über-)I. hervorgehoben wird, verweist die andere Seite auf eine höhere Flexibilität und Effektivität privater I.entscheidungen. In der wirtschaftl. Wirklichkeit bestehen verschieden ausgestattete Kombinationen zwischen staatl. und einzelner I.entscheidung. So sucht z. B. in der BR Deutschland der Staat die privaten I.entscheidungen durch v. a. steuerl. Maßnahmen zu beeinflussen.
 Schneider, Dieter: I. u. Finanzierung. Wsb. [5]*1983. - Veit, T./Straub, W.: I.- u. Finanzplanung. Hdbg.* [2]*1983. - Rockel, K.: Fehl-I. u. ihre Prüfung. Ffm. 1979.*

Investitionshilfeabgabe, Bez. für die vom 1. Jan. 1983 bis zum 31. Dez. 1985 vorgesehene Abgabeverpflichtung für Besserverdienende (Alleinverdiener ab 50 000 DM, Verheiratete ab 100 000 DM zu versteuerndes Jahreseinkommen sowie körperschaftsteuerpflichtige Unternehmen) in Höhe von 5 % der zu zahlenden Steuer entsprechend dem Haushaltsbegleitgesetz Art. 10 *(Investitionshilfegesetz)* vom 20. Dez. 1982 (geändert 1983). Die Mittel der Zwangsabgabe waren als gezielte Hilfe für den Wohnungsbau gedacht. 1984 vom Bundesverfassungsgericht für verfassungswidrig erklärt.

Investitur [mittellat., zu lat. investire, eigtl. „einkleiden"], nach röm.-kath. Kirchenrecht die förml. Einweisung in ein Kirchenamt (Benefizium, beim Kanonikat ↑ Installation genannt).

♦ weltl.-lehnsrechtl. der aus german. Rechtsvorstellungen kommende symbol. Akt der Übertragung von Besitz, Amt, Regalien und bes. von Lehen.

Investiturstreit, Bez. für den Konflikt zw. Reformpapsttum und engl., frz. und dt. Königtum in der 2. Hälfte des 11. Jh. um die Einsetzung der Bischöfe und Äbte in ihre Ämter; er wurde zur grundsätzl. Auseinandersetzung um das Verhältnis von weltl. und geistl. Gewalt. Bes. im Hl. Röm. Reich hatten sich die Könige auf der Basis des Eigenkirchenrechts († Eigenkirche) mit dem ↑ Reichskirchensystem ein Herrschafts- und Verwaltungsinstrument geschaffen, bei dem die kirchl. Amtsträger ein Gegengewicht zu den Eigeninteressen der Stammesgewalten bilden konnten. In der kirchl. Reformbewegung gewann eine Richtung die Führung die, nicht nur die Vergabe von kirchl. Ämtern gegen Geld als Simonie ansah, sondern auch die gleichfalls als simonist. verurteilte Investitur durch Laien erstmals auch auf den König bezog. Der nun ausbrechende offene Machtkampf zw. Papsttum und Königtum (Canossa 1077) konnte durch einen Kompromiß beigelegt werden. Der König verzichtete auf die Investitur mit Ring und Stab, belehnte den Gewählten aber mit dem Kirchenbesitz. Diese Übereinkunft wurde 1104 vom frz., 1107 vom engl. König akzeptiert und bildete auch die Grundlage des Wormser Konkordats (1122). Zwar war am Ende des I. die Stellung des Königs äußerl. kaum beeinträchtigt, doch existierte das Reichskirchensystem nicht mehr.
 Blumenthal, K. R.: Der I. Stg. 1981. - Tellenbach, G.: Libertas. Kirche u. Weltordnung im Zeitalter des I. Stg. 1936.

Investivlohn [lat./dt.] ↑ Vermögensbildung.

Investmentfonds [...fɔ̃; lat.-engl./frz.], das von einer ↑ Investmentgesellschaft gebildete Sondervermögen; der I. stellt den Gegenwert der ausgegebenen Investmentzertifikate dar. Es wird unterschieden zw. Einkommensfonds, bei denen die Erzielung und Ausschüttung hoher Erträge im Vordergrund steht und Wachstums- oder Thesaurierungsfonds, bei denen alle Erträge wieder angelegt werden.

Investmentgesellschaften [lat.-engl./dt.] (Investment-Trusts), Kapitalanlagegesellschaften; Unternehmen, die Kapitalwertsicherung durch Risikostreuung im Wege der Fondsbildung betreiben. Die I. bilden meist mehrere verschiedenartig zusammengesetzte Fonds, die unterschiedl. Zielsetzungen der Anleger gerecht werden sollen.

Investmentzertifikat [lat.-engl./dt.], Wertpapierkunde, die einen Anteil am Wertpapierfonds einer ↑ Investmentgesellschaft repräsentiert.

in vino veritas [lat.], „im Wein [ist] Wahrheit".

in vitro [lat.], im Reagenzglas ablaufend

in vivo

oder durchgeführt; bezogen auf biolog. Vorgänge bzw. wiss. Experimente. - Ggs.: ↑ in vivo.

in vivo [lat.], an oder im lebenden Objekt ablaufend oder durchgeführt; bezogen auf biolog. Vorgänge bzw. wiss. Experimente. - Ggs.: ↑ in vitro.

Invokation (lat. invocatio) ↑ Urkunde.

Invokavit [lat. „er hat (mich) angerufen"], Name des ersten Sonntags der Fastenzeit (nach Ps. 91,15 [Vulgata 30,15]).

Involution [lat.], die normale Rückbildung von Organen (z. B. des Thymus während der Pubertät) bzw. des gesamten Organismus im Greisenalter *(Altersinvolution)*.

involvieren [lat.], einschließen, beinhalten.

Inyangani, höchster Berg von Simbabwe nahe der Grenze gegen Moçambique, 2596 m ü. d. M.

Inzell, Luftkurort 14 km sö. von Traunstein, Bay., 693 m ü. d. M., 3600 E. Kunsteisstadion mit Eisschnellaufbahn, Skilifte, Gletschergarten.

Inzens (Inzensation) [lat.], kult. Beräucherung von Personen und Sachen mit Weihrauch.

Inzest [zu lat. incestus „unrein, frevelhaft, blutschänderisch"], sexuelle Beziehungen (insbes. Geschlechtsverkehr) zw. Eltern und Kindern oder zw. Geschwistern (↑ Beischlaf zwischen Verwandten). Bei Naturvölkern ist das **Inzesttabu** offenbar nicht biologisch definiert, z. B. erstreckt es sich auf Angehörige desselben Totems, ist also sozial bestimmt.

inzidentiell [lat.-frz.], v. a. auf Details einer Sache bezogen.

Inzidenz [zu lat. incidere „auf etwas fallen"], in der *Mathematik* Bez. für das Vorliegen eines nicht leeren Durchschnitts zweier Punktmengen. Die ihnen entsprechenden geometr. Gebilde haben mindestens einen gemeinsamen Punkt.

♦ Bez. für den Umstand, daß öffentl. Subventionen oder Steuern nicht die Wirtschaftssubjekte begünstigen oder belasten, denen sie vom Gesetzgeber zugedacht sind, sondern im Marktprozeß umverteilt werden (↑ Steuerüberwälzung).

Inzision [lat.], (Einschnitt) in der *Medizin* das Einschneiden von Epithel, Abszessen u. a. mit einem scharfen Instrument.

♦ Bez. für einen Verseinschnitt.

Inzisivi [lat.], svw. Schneidezähne (↑ Zähne).

Inzucht, Paarung von Individuen, die näher verwandt sind, als dies im Durchschnitt bei einem zufallsmäßig aus einer Population entnommenen Individuenpaar der Fall wäre. I. beschleunigt auf Grund der Zunahme der Reinerbigkeit die Bildung erbreiner Stämme und ist daher bei der Zucht von Nutztieren und Kulturpflanzen von großer Bedeutung. Sie birgt jedoch die Gefahr von I.schäden in sich, d. h., daß unerwünschte, erbl. rezessive Anlagen erbrein werden und in Erscheinung treten. Fortgesetzte I. führt zur I.degeneration, die sich durch Leistungs- und Vitalitätsminderung bemerkbar macht. Sie tritt bes. in der ersten I.generation auf und nimmt in den nachfolgenden Generationen ab, bis ein konstantes I.minimum erreicht ist.

Inzuchtlinie, Gruppe von Tieren einer Rasse, die durch ↑ Inzucht wesentlich enger miteinander verwandt sind als mit anderen Tieren derselben Rasse.

Io, Gestalt der griech. Mythologie. Priesterin der Hera und Geliebte des Zeus, der sie in eine Kuh verwandelt; Hera läßt diese von dem hundertäugigen Argus bewachen. Von Hermes befreit, flieht I. über den Bosporus („Rinderfurt") nach Ägypten, wo sie ihre menschl. Gestalt wiedererhält.

Io [nach des gleichnamigen Geliebten des Zeus (lat. Jupiter)], ein Jupitermond; mittlere Entfernung vom Planeten 422000 km; Umlaufzeit 1 d 18 h 28 min; Durchmesser 3638 km; Dichte 3,53 g/cm³.

Io, chem. Symbol für ↑ Ionium.

Ioannina, griech. Stadt in Epirus, am W-Ufer des Sees von I., 44800 E. Griech.-orth. Bischofssitz; Univ. (gegr. 1964); Museum. Wirtsch. Mittelpunkt des Epirus. - Zu Beginn des 13. Jh. Hauptstadt des Epirus; Mitte des 14. Jh. Sitz eines serb. Teil-Ft.; 1430 von den Türken erobert; ab 1788 als **Janina** Sitz eines Paschas; 1913 an Griechenland. - Über der Stadt das Kastell (11. Jh.; im 18. Jh. Sitz des Paschas) mit Moschee (17. Jh.). Auf der im See gelegenen Insel mehrere, z. T. byzantin. Klöster (12., 13./14. und 16. Jh.).

IOC [engl. 'aɪ-oʊ'si:], Abk. für: International Olympic Committee, ↑ Internationales Olympisches Komitee.

Iod, nach der neueren chem. Nomenklatur Bez. für ↑ Jod.

Ioffe, Abraham Fjodorowitsch (Joffe, Joffé), * Romny bei Sumy (Ukraine) 29. Okt. 1880, † Leningrad 14. Okt. 1960, sowjet. Physiker. - Gehört zu den Pionieren der Halbleiterphysik. Er trug zur Klärung des Leitungsmechanismus in Ionenkristallen bei und untersuchte die Rolle der Verunreinigungen in Halbleitern und die Gleichrichterwirkung von Halbleitergrenzschichten. 1924 entdeckte er die Erhöhung der Festigkeit und Plastizität von Ionenkristallen bei Einwirkung eines Lösungsmittels (**Ioffe-Effekt**).

IOK, Abk. für: ↑ Internationales Olympisches Komitee.

Iokaste, Gestalt der griech. Mythologie, Mutter des ↑ Ödipus.

Iolkos, altgriech. Stadt bei Wolos. Heimat des Jason (↑ auch Argonauten).

I. O. M., Abk. für lat.: ↑ Iupiter optimus maximus.

Ion, Heros der griech. Mythologie und Stammvater der Ionier.

Ionenquelle

Ion [engl., zu griech. ión „Wanderndes"], ein Atom (oder eine Atomgruppe), das eine oder mehrere entweder negative (bei Elektronenüberschuß) oder positive (bei Elektronenmangel) elektr. Elementarladungen besitzt. Nach der Art des zugrundeliegenden neutralen Teilchensystems unterscheidet man Atomionen, Molekülionen, Radikalionen und Clusterionen. Nach Anzahl der Ladungen unterscheidet man einfach, zweifach, dreifach usw. geladene I. (in der Chemie auch einwertige, zweiwertige, dreiwertige usw. I.). Positive I. werden *Kationen* genannt, da sie im elektr. Feld zur Kathode wandern, negative I. *Anionen* (Wanderung zur Anode). - Ionen werden durch ↑Ionisation aus neutralen Bestandteilen gebildet. Sie können in allen Aggregatzuständen der Materie vorliegen (Metallgitter, Ionengitter in Ionenkristallen, Elektrolyte, Plasma). Auch können sie zur elektrischen Leitfähigkeit durch Ionenleitung beitragen.

Ionenaustauscher, anorgan. oder organ., meist in Körnerform vorliegende Feststoffe, die aus Elektrolytlösungen positive oder negative Ionen aufnehmen und dafür eine äquivalente Menge Ionen gleichen Vorzeichens abgeben; dementsprechend gibt es *Kationen-* und *Anionenaustauscher.* Die wichtigsten I. sind die in der Natur vorkommenden anorgan. ↑Zeolithe und die synthet. organ. Kunststoffionenaustauscher. I. werden benutzt zur Wasserenthärtung (als sog. Basenaustauscher, die Natriumionen gegen Calcium- bzw. Magnesiumionen austauschen), Wasseraufbereitung, Reinigung von Lösungen (Rübenzucker, Molke), Trennung und Isolierung von Metallen (radioaktive Isotope, Urananreicherung), in der analyt. Chemie (z. B. beim Nachweis von Spurenelementen) und für katalyt. Zwecke.
Da der Ionenaustausch umkehrbar ist, kann der I. mit überschüssiger Lösung regeneriert werden, wenn seine Kapazität erschöpft ist.

Ionenbindung ↑chemische Bindung.
Ionendosis ↑Dosis.
Ionenfalle, Vorrichtung in der Bildröhre eines Fernsehgerätes, die durch Auffangen von Ionen vor dem Bildschirm die Zerstörung der Leuchtsubstanz verhindert.
Ionengitter ↑Ionenkristall.
Ionenhalbleiter ↑Halbleiter.
Ionenimplantation (Ionenstrahldotierung), modernes Verfahren der Dotierung von Halbleitermaterial durch Beschuß mit einem gebündelten Strahl stark beschleunigter Ionen. Nach der Bestrahlung werden dabei entstandene Defektstellen im Kristall durch 15–30 min lange Erwärmung auf 700–900 °C ausgeheilt.
Ionenkristall, ein Kristall, dessen Gitterbausteine entgegengesetzt geladene Ionen sind, die durch überwiegend heteropolare chem. Bindung (Ionenbindung) zusammengehalten werden und die in regelmäßiger Weise (abwechselnd positive und negative Ionen) zu einem Koordinationsgitter angeordnet sind (sog. *Ionengitter*). Derartige I. liegen bei den meisten festen anorgan. Verbindungen, insbes. bei den Salzkristallen vor, z. B. beim Kochsalz (NaCl), in dessen Gitter jedes Na^+-Ion von sechs gleichberechtigten Cl^--Ionen und jedes Cl^--Ion von sechs gleichberechtigten Na^+-Ionen umgeben ist. Die Bindungsenergie (Gitterenergie) der I. beträgt 6 bis 10 eV/Molekül, d. h. 580–960 kJ/mol.

Ionenleitung, der durch die Wanderung von Ionen eines Festkörpers, Elektrolyten oder Gases in einem elektr. Feld bewirkte Transport elektr. Ladung, im Ggs. zur Elektronenleitung in sog. Leitern erster Klasse (Metalle und n-leitende Halbleiter). Stoffe, bei denen I. vorliegt, werden als **Ionenleiter** bezeichnet (Leiter zweiter Klasse). Die I. tritt v. a. bei Elektrolyten und Salzschmelzen auf.

Ionenmolekül, ein aus entgegengesetzt geladenen Atom- oder Radikalionen aufgebautes Molekül, dessen Zusammenhalt durch Ionenbindung bewirkt wird.

Ionenoptik ↑Elektronenoptik.
Ionenpaare ↑Ionisation.
Ionenpumpe, Hochvakuumpumpe für Drücke unter 10^{-13} bar.

Ionenquelle (Ionenstrahlquelle), Anordnung zur Erzeugung eines Ionenstrahles. Die verschiedenen Typen von I. benutzen zur Ionisation neutraler Atome oder Moleküle meist eine Form der Gasentladung. In einer *Hochfrequenz-I.* werden die Ionen durch eine Hochfrequenzgasentladung bei etwa 10^{-2} bar erzeugt, die zw. zwei bes. geformten Elektroden brennt oder von einer äußeren Spule erzeugt wird; die Ionen werden mit Hilfe einer

Ionenkristall. Elementarzelle eines Kochsalzkristalls mit hervorgehobenen Koordinationsoktaedern (● Natriumionen; ○ Chlorionen)

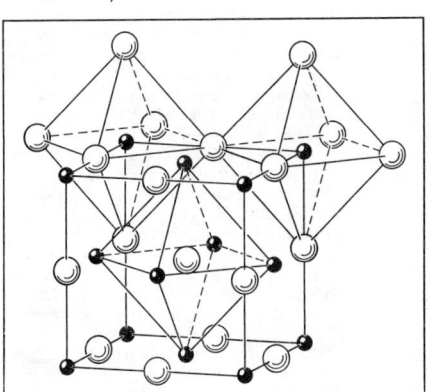

Ionenspektrum

bes. [Extraktions]elektrode aus dem Plasma herausgezogen und fokussiert.

Ionenspektrum, svw. ↑Funkenspektrum.

Ionenstrahlen, aus Ionen bestehende Teilchenstrahlen. I. erfahren durch magnet. oder elektr. Felder eine Ablenkung, durch deren Messung sich ihre spezif. Ladung (bzw. ihre Masse) und die Geschwindigkeit bestimmen lassen (ausgenutzt bei der Massenspektroskopie).

Ionentheorie der Erregung (Hodgkin-Huxley-Theorie), von A. L. Hodgkin und A. F. Huxley 1952 entwickelte, experimentell weitgehend gesicherte Theorie zur Erklärung der bei der Erregung und Erregungsfortleitung ablaufenden Vorgänge in Nerven- bzw. Muskelfasern, die auf der selektiven Änderung der Durchlässigkeit der Zellmembran für bestimmte Ionen, bes. Kalium-, Natrium- und Chlorionen, beruht (↑Aktionspotential, ↑Membranpotential) und mit einem energieverbrauchenden, selbsttätigen autoregenerativen Prozeß gekoppelt ist (Natrium-Kalium-Pumpe). Durch von außen aufgezwungene elektr. Spannungen und Änderungen des Ionenmilieus konnte die Beteiligung der einzelnen Ionen (Spannungsanteil [mV], zeitl. Ablauf [ms]) an den einzelnen an der Erregung beteiligten Prozessen nachgewiesen, gemessen und nach der Nernstschen Gleichung vorausberechnet werden. - ↑auch Donnan, Frederick George.

Ionesco, Eugène (rumän. Eugen Ionescu), *Slatina (Kreis Olt) 26. Nov. 1909, frz. Dramatiker rumän. Herkunft. - Verbrachte seine Kindheit 1914–25 in Paris; seit 1938 in Frankr.; Mgl. der Académie française seit 1970; einer der Hauptvertreter des absurden Theaters. Seine surrealist.-absurden und grotesken Dramen sind meist sketschhafte Einakter, die unter Verzicht auf herkömml. szen. und sprachl. Formen (Auflösung der Sprache in rhythm. Lautgebilde) den provozierenden und bewußt schockierenden „Bürgerschreck" des Antitheaters mit der Absicht verbinden, die philisterhafte Selbstgefälligkeit des gedanken- und seelenlosen kleinbürgerl. Lebens durch Karikatur aufzudecken; v. a. in den frühen Stücken „Die kahle Sängerin" (Uraufführung 1950), „Die Unterrichtsstunde" (1954), „Die Stühle" (1954). Hauptthemen der späteren Stücke sind Vergänglichkeit, Tod, Absurdität. I. schrieb außerdem Tagebücher, Erzählungen, Essays, Theaterkritiken, Kinderbücher und den Roman „Der Einzelgänger" (1973, dramatisiert 1974 u. d. T. „Ce formidable bordel").

Weitere Dramen: Die Nashörner (1960), Der König stirbt (1963), Das große Massakerspiel (1970, auch u. d. T. Der Triumph des Todes oder...), Macbett (nach Shakespeare, Uraufführung 1972), Welch ein gigant. Schwindel (Uraufführung 1973), Der Mann mit den Koffern (1975, Uraufführung 1976), Gegengifte (Artikel, 1977), Reise zu den Toten (Dr., 1981), Das groteske und das trag. Leben des Victor Hugo (1982).

Ionescu, Dumitru (Take), *Ploieşti 13. Okt. 1858, † Rom 21. Juni 1922, rumän. Politiker. - Begr. 1908 die konservativ-demokrat. Partei, als Außenmin. (1912, 1916/17, 1920) Gegner der Mittelmächte. 1921/22 Min.präsident.

Ionien, Bez. für die Küstengebiete Westkleinasiens südl. von Äolien zw. Phokäa und Iasos einschließl. der vorgelagerten Inseln, in der **ion. Wanderung** (etwa 11.–9. Jh.) von Griechenland aus besiedelt. Die **Ionier** sind der älteste der vier Bestandteile des griech. Volkes. Die günstige Lage am Ende der Handelswege ins Innere Asiens führte früh zur Blüte ion. Städte sowie der Insel Chios; ebenso entstanden intensive Handelsbeziehungen ins westl. Mittelmeer, freilich auch soziale Konflikte, deren Folge die Kolonisation bes. der nördl. Schwarzmeerküste (v. a. durch Milet im 7./6. Jh.) war. Zur polit. Einigung unter den stets sich befehdenden Stadtstaaten, anfangs von Stadtkönigen, später von Tyrannen beherrscht, kam es nicht. Nach Eingliederung I. 546 v. Chr. in das Perserreich zahlten die Städte Tribut, behielten aber weitgehend innere Autonomie. Mißbehagen über die pers. Herrschaft und über die pers. Bevorzugung des phönik. Handels führten zum **Ion. Aufstand** (500–494), der trotz Unterstützung durch Athen und Eretria zusammenbrach. Nach 480 befreit, erscheinen die ion. Städte als Beitrag zahlende Mgl. des Att.-Del. Seebundes, die Grenzen gegen Persien wurden durch den Kalliasfrieden 449/448 festgelegt; seit 413 waren die Städte wieder unter pers. Botmäßigkeit. Die Befreiung durch Alexander d. Gr. 334 führte zur Erneuerung des Ion. Bundes. Einzelne Städte gerieten zeitweilig in ägypt. Abhängigkeit. Im Frieden von Apameia (188) erhielten die ion. Städte ihre Selbständigkeit zurück.

⌑ *Berve, H.: I. u. die griech. Gesch. In: Berve: Gestaltende Kräfte der Antike. Mchn. ²1966.*

Ionikus [griech.], antikes Metrum der Form ◡◡ – –; nach den Ioniern, die es in Kultliedern zuerst gebraucht haben sollen, benannt; als Metrum ganzer Gedichte seit Alkman (2. Hälfte des 7. Jh. v. Chr.) belegt.

Ionisation (Ionisierung) [griech.] der Vorgang der Ionenbildung durch Abtrennen mindestens eines Elektrons aus einem neutralen Atom oder Molekül bzw. durch Anlagerung eines oder mehrerer Elektronen an ein neutrales Atom oder Molekül. Im Fall der Abtrennung ist das gebildete Ion *positiv,* im Fall der Anlagerung *negativ* geladen. Die Bildung positiver Ionen wird v. a. bewirkt durch die bei hohen Temperaturen in stärkerem Maße auftretenden inelast. Zusammenstöße neutraler Teilchen mit hinreichend hoher

Energieübertragung *(therm. I.)*, durch Elektronen- oder Ionenstoß *(Stoß-I.)*, durch elektromagnet. Strahlung *(Strahlungs-I., Photo-I.)* sowie beim Auftreffen neutraler Atome auf Metalloberflächen, für die die Austrittsarbeit der Elektronen kleiner als die Energie der auftreffenden Atome ist *(Oberflächen-I.)*. Die freigesetzten Elektronen lagern sich gewöhnl. an neutrale Atome oder Moleküle an, so daß neben den entstandenen positiven Ionen sich negative Ionen bilden und **Ionenpaare** entstehen, die sich nach einiger Zeit durch Ladungsaustausch wieder neutralisieren.

Ionisationsdosimeter ↑Dosimeter.
Ionisationsfeuermelder ↑Alarmanlagen.
Ionisationskammer, kernphysikal. Gerät zum Nachweis und zur Intensitätsmessung ionisierender Strahlen. In einem mit Luft oder einem anderen Gas gefüllten Gefäß befinden sich zwei voneinander isolierte Elektroden, an die eine elektr. Gleichspannung gelegt wird. In dem so entstandenen elektr. Feld bewegen sich die von der nachzuweisenden Strahlung in der Kammer erzeugten Ionen zu den Elektroden, wodurch ein registrierbarer Spannungs- bzw. Stromstoß hervorgerufen wird.

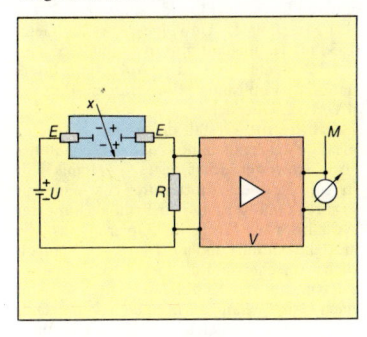

Ionisationskammer. Funktionsschema (*E* Elektroden, *U* Spannung, *x* Teilchen, *R* Widerstand, *V* Verstärker, *M* Spannungsmeßgerät)

Ionisationsmanometer (Ionisationsvakuummeter), Gerät zur Messung kleinster Gasdrücke ($<10^{-10}$ bar); im Prinzip eine Triode. Der bei negativer Gittervorspannung zum Gitter fließende Strom positiver Ionen, die durch Stoßionisation im Gasvolumen gebildet werden, wird als Gitterstrom gemessen; das Verhältnis des Gitterstroms zum Anodenstrom ist dem Druck proportional.

Ionisator [griech.], Gerät zur ↑Ionisation der Luft, verwendet zur Beseitigung elektrostat. Aufladungen und zur Schaffung günstigerer bioklimat. Verhältnisse in geschlossenen Räumen.

Ionische Inseln, griech. Inselgruppe im Ion. Meer, Hauptinseln sind Korfu, Lefkas, Kefallinia, Ithaka und Sakinthos.
Geschichte: Im 8. Jh. v. Chr. von korinth. Kolonisten besiedelt, standen bis zum Peloponnes. Krieg (431 v. Chr.) unter korinth. Kontrolle. Die Beziehungen zu den festländ. Staaten waren bestimmend wegen der Brückenfunktion der I. I. zw. Süditalien und Griechenland. - Ab 800 n. Chr. unter byzantin. Herrschaft, gerieten 1209 unter venezian. Oberhoheit, kamen 1799 an Rußland, das 1800 durch Vertrag mit dem Osman. Reich die *Republik der Sieben vereinigten Inseln* gründete. 1809 besetzte Großbrit. die I. I., die 1815 von den Alliierten als *Vereinigter Staat der Sieben I. I.* unter brit. Protektorat gestellt wurden; 1864 an Griechenland abgetreten.

ionische Ordnung, antike ↑Säulenordnung.
Ionischer Aufstand ↑Ionien.
ionischer Dialekt, auf Euböa, den Kykladeninseln und an der kleinasiat. W-Küste gesprochene altgriech. Dialektgruppe, die schon früh im att. Dialekt aufging. Das Ion. war Sprache des Epos (seit Homer) und der ältesten griech. Kunstprosa. - ↑auch griechische Sprache.
ionischer Kirchenton, auf dem Grundton c stehende ↑Kirchentonart.
Ionisches Meer, Teil des Mittelmeers zw. Griechenland, Sizilien und Unteritalien.
ionische Wanderung ↑Ionien.
ionisierende Strahlen [griech./dt.], Sammelbez. für Strahlen aus geladenen Teilchen (z. B. Alphastrahlen, Betastrahlen, Protonenstrahlen sowie energiereiche Ionenstrahlen) oder hochenerget. Photonen (z. B. Röntgenstrahlen, Gammastrahlen), die beim Zusammentreffen mit Materie eine ↑Ionisation bewirken.
Ionisierung, svw. ↑Ionisation.
Ionisierungsdichte (Ionisationsdichte), die Anzahl der pro Flächen-, Raum- oder Längeneinheit durch eine Strahlung erzeugten Ionen[paare]. Die I. ist von der Art und Energie der Strahlung abhängig. In Luft unter Normalbedingungen werden bei einer Energie von 1 MeV von Elektronen 40, von Protonen 8 000 und von Alphateilchen 60 000 Ionenpaare pro Zentimeter erzeugt.
Ionisierungsenergie (Ionisierungsarbeit), die zur Ionisierung eines Atoms oder Moleküls notwendige Energie; sie wird meist in Elektronenvolt (eV) angegeben.
Ionium [griech.], Zeichen Io, alte Bez. für das Thoriumisotop der Massenzahl 230.
Ionometer [griech.], Meßgerät für die Strahlungsstärke radioaktiver Substanzen. Infolge ionisierenden Strahlungseinfalls fließt ein Strom im Dielektrikum eines Plattenkondensators, dessen eine Platte über einen Widerstand mit der Erde und dessen andere Platte mit einer Spannungsquelle verbunden

Ionophorese

ist; der Ausschlag eines angeschlossenen Elektrometers dient als Maß für die Intensität der Strahlung.

Ionophorese [griech.], die Elektrophorese molekulardisperser Teilchen; auch svw. ↑Iontophorese.

Ionosphäre [griech.], durch Ionisation der atmosphär. Gase charakterisierter Teilbereich der oberen Erdatmosphäre. Ihrem unterschiedl. Verhalten entsprechend unterscheidet man in der I. die folgenden Schichten: D-Schicht (etwa 80–100 km), E-Schicht (um 100 km), F_1-Schicht (etwa 150–250 km) und F_2-Schicht (etwa 250–500 km). - ↑auch Atmosphäre.

Iontophorese [griech.], Einführung von Ionen mit Hilfe eines galvan. Stroms durch die [Schleim]haut in den Körper zu therapeut. Zwecken; z. B. bei Schleimhauterkrankungen, bestimmten Augen- oder Gelenkerkrankungen.

Iorga, Nicolae, * Botoşani 7. Juni 1871, † im Strejnicul-Wald bei Ploieşti in der Nacht vom 27. zum 28. Nov. 1940, rumän. Historiker, Schriftsteller und Politiker. - Seit 1895 Prof. für Geschichte in Bukarest; Mitbegr. der demokrat. Partei (1910), Präs. der Nationalversammlung nach der Bildung Großrumäniens (1918), 1931/32 Min.präs.; entschiedener Vertreter des Sămănătorismus und des Dakoromanismus; von Mgl. der Eisernen Garde ermordet; einer der bedeutendsten europ. Historiker; gleichfalls als Literarhistoriker bekannt; schrieb auch zahlr. Dramen sowie Lyrik; in dt. Sprache erschienen u. a. „Geschichte des rumän. Volkes im Rahmen seiner Staatsbildungen" (1905), „Geschichte des Osman. Reiches nach den Quellen dargestellt" (1908–13).

Ios, griech. Insel im Ägäischen Meer, 108 km² groß, Hauptort I. an einer Bucht der W-Küste. Extensive Weidewirtschaft. - Im 5. Jh. v. Chr. Mgl. des Att.-Del. Seebundes. - Aus byzantin. Besitz kam I. 1204 an Venedig, im 15. und 17. Jh. wurden Albaner angesiedelt.

Iosif Volockij (Iossif Wolozki) ↑Joseph von Wolokalamsk.

Iota ↑Jota.

Iowa [engl. 'aɪəwə], Siouxstamm im Gebiet des heutigen Bundesstaats I., urspr. Feldbauern, später Bisonjäger.

Iowa [engl. 'aɪəwə], Bundesstaat im Mittleren Westen der USA, 145 791 km², 2,84 Mill. E (1984), Hauptstadt Des Moines.
Landesnatur: I. liegt im Zentralen Tiefland Nordamerikas zw. Missouri im W und Mississippi im O. Die zum großen Teil glazial überformte Landschaft dacht sich vom NW (hier liegt mit 510 m der höchste Punkt) nach SO bis auf 157 m ü. d. M. ab. I. besitzt die besten Böden der USA. - Das Klima ist typ. kontinental mit extremen Sommer- und Wintertemperaturen.
Bevölkerung, Wirtschaft, Verkehr: Der Anteil der weißen Bev. beträgt rd. 98 %; Neger leben v. a. in den Städten, eine indian. Minderheit in einer kleinen Reservation. Neben zahlr. Colleges verfügt I. über Univ., deren älteste 1847 in Iowa City gegr. wurde. - I. ist der wohlhabendste Agrarstaat der USA. Angebaut werden, v. a. als Viehfutter für die bed. Schweine- und Rinderhaltung, Mais, Sojabohnen, Hafer u. a. - Bed. Gips- und geringere Kohlenvorkommen werden überwiegend im Tagebau abgebaut. Die Ind. ist, abgesehen vom größten Aluminiumwalzwerk der USA, fast ganz auf die Landw. ausgerichtet mit Landmaschinenbau und Nahrungsmittelind. - Das Eisenbahnnetz ist rd. 13 000 km lang, das Straßennetz über 180 000 km. Ein wichtiger Verkehrsträger ist der Mississippi. 350 öffentl. und private ⚐.
Geschichte: 1673 von Franzosen erstmals betreten, die das Gebiet für Frankr. in Besitz nahmen, 1762 als Teil des westl. Louisiane in span. Besitz. Wurde 1834 Teil des neugeschaffenen Territoriums Michigan, 1836 Teil des von diesem abgespaltenen Territoriums Wisconsin. 1838 wurde dieses geteilt, und I. als eigenes Territorium eingerichtet, 1846 als 29. Staat in die Union aufgenommen.

Iowa City [engl. 'aɪəwə 'sɪtɪ], Stadt am unteren Iowa River, Bundesstaat Iowa, 209 m ü. d. M., 50 500 E. Univ. (gegr. 1847). - Gegr. 1839 als Hauptstadt von Iowa (bis 1857).

IPC [engl. 'aɪ-piː'siː], Abk. für: International Publishing Corporation Limited (↑Verlage, Übersicht).

Iphigenie, Gestalt der griech. Mythologie, Tochter Agamemnons und der Klytämnestra, Schwester des Orestes. - Artemis hält in Aulis die griech. Flotte durch eine Windstille zurück und verlangt zur Ermöglichung der Ausfahrt nach Troja die Opferung I., die sie dann entführt und auf Tauris den Tempeldienst versehen läßt. Bei der Ausführung seines Auftrags, das Kultbild der Artemis wieder nach Griechenland zu bringen, erkennt Orestes seine Schwester und flieht mit ihr nach Attika. - Dramat. Bearbeitungen u. a. von Euripides, Racine, Goethe, G. Hauptmann. In der Malerei sind bes. die I.bilder A. Feuerbachs bekannt.

Iphofen, Stadt am Fuße des südl. Steigerwalds, Bay., 252 m ü. d. M., 3 900 E. Mittelpunkt des Weinbaus am Steigerwald; Schwerpunkt der dt. Gipsindustrie. - Ersterwähnung um 750, 1293 als Stadt bezeichnet. - Spätgot. Pfarrkirche Sankt Veit, barockes Rathaus, Stadtmauer mit drei Tortürmen.

Ipin (Yibin) [chin. ibɪn], chin. Stadt an der Mündung des Minkiang in den Jangtsekiang, 220 000 E. Binnenschiffahrtszentrum.

Ipoh, Hauptstadt des Gliedstaats Perak, Malaysia, im W der Halbinsel Malakka, 300 700 E. Polytechnikum, geolog. Landesamt, Bibliothek. Zentrum des wichtigsten Zinnerzbergbaugebietes Malaysias, Marktort für Kautschuk. - Die Stadt entstand Ende des 19. Jh. - 5 km außerhalb liegen zu Tempeln umgestaltete Höhlen.

Ipsilantis (Ipsilandis, Hypsilantis), Alexandros, * Konstantinopel 12. Dez. 1792, † Wien 31. Jan. 1828, griech. Freiheitskämpfer. - 1809 russ. Offizier, leitete seit 1820 die Hetärie der Freunde. Mit dem Einfall der von I. geführten Heiligen Schar in die Moldau (6. März 1821) begann der griech. Befreiungskampf.

Ipsismus (Ipsation) [zu lat. ipse „selbst"], svw. ↑ Masturbation.

ipso facto [lat. „durch die Tat selbst"], in der Rechtssprache Formel, die besagt, daß die Folgen einer Tat von selbst eintreten.

ipso iure [lat. „durch das Recht selbst"], eine bestimmte Rechtswirkung tritt von selbst ein, ohne daß dazu eine Rechtshandlung erforderl. ist.

Ipsos, phryg. Stadt am N-Abhang des Sultan dağları (Türkei), vielleicht das heutige Çay; berühmt durch die Niederlage Antigonos' I. 301 v. Chr. gegen Seleukos I. und Lysimachos, die das Ende des asiat. Antigonidenreiches besiegelte.

Ipswich [engl. ˈɪpswɪtʃ], Stadt in O-England, 19 km von der Nordsee entfernt, 120 400 E. Verwaltungssitz der Gft. Suffolk; anglikan. Bischofssitz. Bedeutendste Hafen-, Markt- und Ind.stadt des sö. East Anglia. - 1200 Stadtrecht. - Saint Lawrence, Saint Mary at the Elms und Saint Stephen sind Kirchen im Perpendicular style (14./15. Jh.).

IPU, Abk. für: ↑ Interparlamentarische Union.

IQ, Abk. für: ↑ Intelligenzquotient.

Iqbal, Sir (seit 1922) Mohammed (arab.

Irak. Übersichtskarte

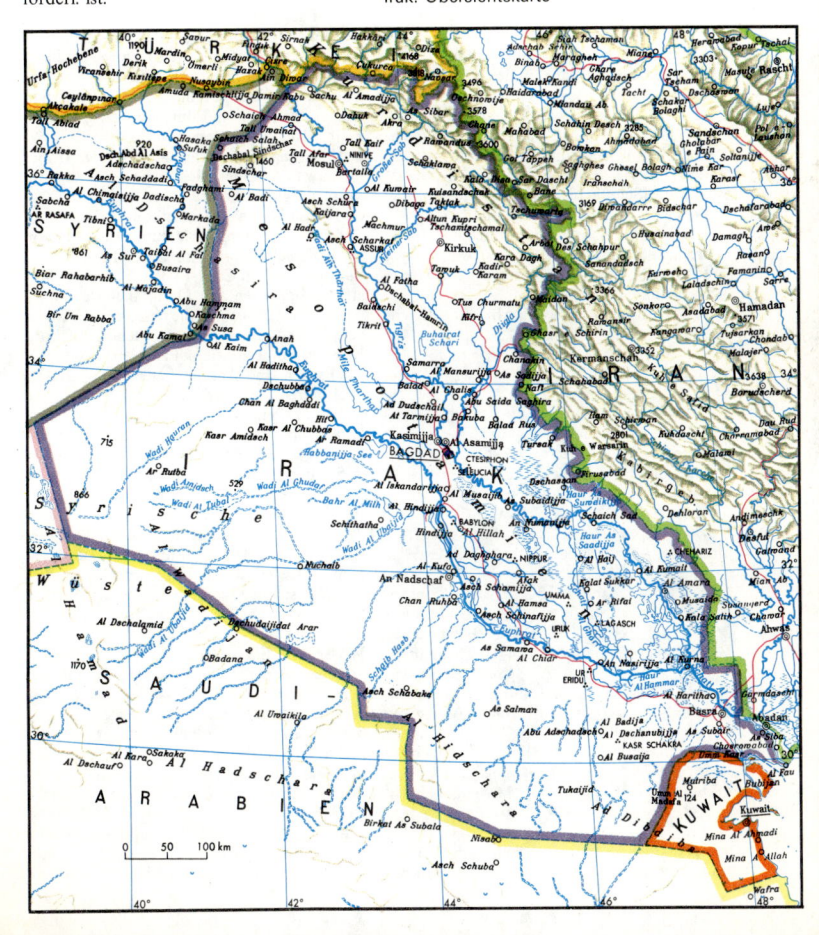

Iquique

Ikbal, Muhammad), * Sialkot 22. Febr. 1873, † Lahore 21. April 1938, ind. Politiker und Dichter. - Studierte in Großbrit. und Deutschland Philosophie und Jura; sprach sich 1930 erstmals für die Schaffung eines selbständigen, islam. ausgerichteten Staates aus; „geistiger Vater" Pakistans gen.; in seinem dichter. Werk in pers. Sprache und in Urdu bestrebt, den Islam in seiner Glanzzeit zu preisen und seinen Wiederaufstieg zur einstigen Größe zu propagieren; in dt. Sprache erschienen „Das Buch der Ewigkeit" (Ged., 1957), „Botschaft des Ostens" (1963) und „Pers. Psalter" (1968).

Iquique [span. i'kike], chilen. Prov.-hauptstadt im Großen Norden, Hafen an der Bahia Chiquinata, 112 900 E. Bischofsitz, archäolog.-ethnolog. Museum; Fischfang und Fischverarbeitung; Werft. - Im 16. Jh. gegr.; bis 1879 zu Peru gehörend, 1879 im Pazif. Krieg von Chile erobert und 1883 endgültig Chile zugesprochen. - 1868 und 1877 durch Erdbeben z. T. zerstört; zahlr. bemalte Holzhäuser aus dem 19. Jahrhundert.

Iquitos [span. i'kitɔs], Hauptstadt des Dep. Loreto in NO-Peru, Hafen am Amazonas, 106 m ü. d. M., 173 600 E. Univ. (gegr. 1961); Sammelzentrum für Waldprodukte, Erdölraffinerie. Endpunkt der Amazonasschiffahrt (Schiffe bis 3 000 t). - Gegr. 1863.

Ir, chem. Symbol für ↑ Iridium.
i. R., Abk. für: im Ruhestand.
ir..., Ir... ↑ in..., In...
Ira, weibl. Vorname, Kurzform von ↑ Irene bzw. ↑ Irina.
IRA ['iːra, engl. 'aɪ-ɑː'ɛɪ], Abk. für: ↑ Irisch-Republikanische Armee.

Irak

['iːrak, i'raːk] (amtl. Al Dschumhurijja Al Irakijja; dt. Republik Irak), Republik in Vorderasien, zw. 29° und 37° n. Br. sowie 39° und 48° 30′ ö. L. **Staatsgebiet:** I. grenzt im SO an Kuwait, im S an Saudi-Arabien, im W an Jordanien, im NW an Syrien, im N an die Türkei, im O an Iran. Die ehem. Neutrale Zone zw. I. und Saudi-Arabien wurde 1975 zu gleichen Teilen unter beide Staaten aufgeteilt. **Fläche:** etwa 437 500 km², außerdem 924 km² Territorialgewässer. **Bevölkerung:** 15,4 Mill. E (1985), 35,2 E/km². **Hauptstadt:** Bagdad. **Verwaltungsgliederung:** 15 Muhafasa und 3 autonome (kurdische) Regionen. **Amtssprache:** Arabisch. In den kurd. Gebieten ist Kurdisch gleichberechtigt. **Nationalfeiertag:** 14. Juli. **Währung:** Irak-Dinar (ID) = 1 000 Fils. **Internationale Mitgliedschaften:** UN, Arab. Liga, Gemeinsamer Arabischer Markt, OPEC, OAPEC. **Zeitzone:** Moskauer Zeit; d. i. MEZ +2 Std.

Landesnatur: I. erstreckt sich vom Taurus und kurd. Bergland (bis 3 600 m ü. d. M.) bis zum inneren Ende des Pers. Golfs. Es umfaßt somit den größten Teil von Mesopotamien mit den Flüssen Euphrat und Tigris, deren ebene Schwemmflächen durch Terrassen gegliedert werden. Westl. des Euphrat sowie im Zwischenstrombereich nördl. von Bagdad erstreckt sich ein weitgespanntes Schichtstufenland, das z. T. aus Kieswüste besteht. Im W und SW hat I. großen Anteil an der Syr. Wüste. Im Raum Bagdad liegt die Grenze zw. Unter-I. im S (das antike Babylon) und Ober-I. im N (das antike Assyrien).
Klima: Es ist sommerheiß (mit Temperaturen bis zu 52 °C) und wintermild. Niederschläge fallen fast nur im Winterhalbjahr; sie nehmen von 1 200 mm/Jahr in den Gebirgen nach SW bis auf 100 mm/Jahr ab.
Vegetation: Gebüsch- und Gehölzformationen, gelegentl. auch noch Trockenwälder kommen im NO vor. Das Gebirgsvorland ist weitgehend Kulturland; an den Flüssen Dattelpalmbestände, im Überschwemmungsbereich von Unter-I. weitflächige Schilfstände. Die übrigen Landesteile, v. a. das zentrale obere Mesopotamien, der W und SW tragen Wüsten- und im Übergangsbereich Halbwüstenvegetation.
Bevölkerung: Staatstragend sind die Araber mit etwa 76 % der Gesamtbevölkerung. Im kurd. Bergland wohnen v. a. Kurden (22 %), an Minderheiten Chaldäer und Türken. 93 % der Bev. bekennen sich zum Islam, davon rd. 70 % Schiiten (v. a. in Unter-I.) und 30 % Sunniten (v. a. in Ober-I.). Rd. 5 % sind Christen; sie gehören den Oriental. Kirchen an, deren stärkste Gruppe die chaldäische Kirche ist. 1 % sind Jesiden, die abwertend Teufelsanbeter genannt werden. Etwa 40 % der Erwachsenen sind Analphabeten. Die Schulen, auch christl., werden vom Staat unterstützt. Neben 62 Lehrerseminaren verfügt I. über 6 Univ., darunter eine für Kurden in As Sulaimanijja. Rd. 64 % der Gesamtbev. leben in Städten. Das Bev.problem des Landes ist die Integration der Kurden, die einen selbständigen Staat Kurdistan anstreben. 1961–70 und 1974/75 wurde in Nord-I. von den Kurden erbittert gegen die Regierung gekämpft. Viele Kurden mußten nach Iran fliehen. Wie schon zuvor die Türkei, schloß aber Iran am 1. Mai 1975 endgültig die Grenze für Flüchtlinge.
Wirtschaft: Etwa 60 % der Erwerbstätigen arbeiten in der Landwirtschaft. In Ober-I. herrscht Regenfeldbau vor, in Unter-I. Bewässerungsfeldbau, der von der Wasserführung der großen Ströme abhängig ist. Da sowohl in der Türkei als auch in Syrien Staudämme im Euphrat angelegt wurden, sanken die Wasserreserven in I. von 30,4 Mill. m³ im Jahre 1972 auf 15,2 Mill. m³ 1973 (nach nicht. Angaben), was zu polit. Spannungen führte. Angebaut werden Weizen, Gerste, Baumwolle, Hülsenfrüchte, Sesam, Mais, in Unter-I.

Irak

auch Reis. Intensiv bewirtschaftete Bewässerungskulturen mit Baumhainen und Gemüseanbau finden sich in einem schmalen Saum entlang der Ströme und Hauptkanäle. Hier wachsen neben Dattelpalmen Granatäpfel, Zitrusfrüchte und Obst. Viele Gebiete können nur weidewirtsch. genutzt werden, z. T. durch Nomaden. Es werden Schafe, Ziegen, Rinder, Esel und Maultiere, Büffel, Kamele, Pferde und Geflügel gehalten. Zw. 1968 und 1973 wurde im Rahmen einer Agrarreform 1,3 Mill. ha Land, das bisher Großgrundbesitzern gehörte, an 142 675 besitzlose Bauern vergeben, die sich z. T. zu Genossenschaften zusammenschlossen. Wichtigster Wirtschaftsfaktor ist die Erdölförderung. Nur ein kleiner Teil des Rohöls wird im Land selbst verarbeitet. Daneben verarbeitet die überwiegend verstaatlichte Ind. landw. Produkte. Neben Baustoff- und Textilind. hat die Zigarettenherstellung Bedeutung. Chem. Ind. ist im Aufbau.
Außenhandel: In den Export gehen v. a. Rohöl, Datteln, Häute und Felle, Zement und Wolle. Eingeführt werden u. a. Maschinen und Geräte, Kfz, Metalle und Metallwaren, Getreide und Arzneimittel. Die wichtigsten Partner sind u. a. die EG-Länder, die UdSSR, Griechenland, die ČSSR. Hauptabnehmer des irak. Erdöls sind Frankr. und Italien.
Verkehr: Das Eisenbahnnetz hat eine Länge von 2 035 km, das Straßennetz von 25 265 km. Die Länge der Erdölpipelines beträgt rd. 2 800 km, die einen von ihnen sind infolge des irak.-iran Krieges stillgelegt. Auf Euphrat und Tigris sowie verbindenden Flußarmen wird Binnenschiffahrt betrieben. Überseehäfen sind Basra und Umm Kasr. Die staatl. Luftverkehrsgesellschaft Iraqi Airways bedient den Flugverkehr im In- und Ausland; internat. ✈ in Bagdad.
Geschichte: Seit der Eroberung Babyloniens 539 v. Chr. bildete das Zweistromland einen Teil des pers. Reiches (↑Assyrien, ↑Babylonien, ↑persische Geschichte); 635 n. Chr. von den Arabern erobert und I. gen., während der Abbasidenzeit (749–1258) war es Mittelpunkt des islam. Kultur und gehörte ab 1638 bis zum 1. Weltkrieg zum Osman. Reich. Nachdem es von angloind. Truppen besetzt worden war, setzte Großbrit. am 23. Aug. 1921 Faisal I. aus der Dyn. der Haschimiden zum König des I. ein. 1924 wurden das Gebiet von Kirkuk und die Prov. Mosul angegliedert. Die auf enge Bindung an brit. Interessen ausgerichtete Politik Faisals erreichte 1932 die Anerkennung der Unabhängigkeit und die Beendigung des brit. Mandats. Während des 2. Weltkrieges versuchten nationalist. Offiziere mit Min.präs. Raschid Al Gailani im April 1941 die Bindungen an Großbrit. durch einen Staatsstreich abzuschütteln, die brit. Truppen jedoch vereitelten. 1945 wurde I. Gründungs-Mgl. der Arab. Liga, 1948 nahmen irak. Truppen am Israel.-Arab. Krieg teil, zogen sich jedoch 1949 ohne Abschluß eines Waffenstillstands zurück. In der Nachkriegszeit begann das Erdöl ein wichtiger Faktor der irak. Politik zu werden. Die am 14. Febr. 1958 als Gegengewicht gegen die Union zw. Ägypten und Syrien mit Jordanien gegr. arab. Föderation wurde nach der Revolution vom 14. Juli 1958 aufgelöst, bei der auch die Monarchie gestürzt wurde. 1959 verließ der I. den 1955 geschlossenen Bagdadpakt; die brit. Truppen räumten ihre letzten Basen. Um von innenpolit. und wirtschaftl. Problemen abzulenken, provozierte der Vors. des Revolutionsrates, General Kasim, Spannungen am Pers. Golf, indem er 1961 Ansprüche auf Kuwait erhob. 1962 brach ein schwerer Kurdenaufstand aus. Am 8. Febr. 1963 wurde Kasim durch Abd As Salam Mumammad Arif gestürzt. Ein Staatsstreich der nationalist. Bath-Partei am 17. Juli 1968 brachte als Folge des verlorenen Sechstagekrieges im Juni 1967 Ahmad Hasan Al Bakr an die Macht, der die Kooperation mit Syrien und Ägypten abbrach und eine Politik enger Anlehnung an die UdSSR betrieb. Mit mehrfach öff. durchgeführten Exekutionen und Massenverhaftungen setzte das Regime 1969 nach innen durch.
Am 1. Dez. 1971 brach die Reg. des I. ihre diplomat. Beziehungen zu Großbrit. und Iran ab, weil die iran. Reg. drei am Ausgang des Pers. Golfs gelegene Inseln besetzt hatte. Mitte April 1972 wurde der irak.-sowjet. Freundschaftsvertrag unterzeichnet. Als Folge der Nationalisierung (1972) der Iraq Petroleum Co (IPC) befindet sich (mehr als 50 % der Erdölproduktion sind damit in staatl. Hand) die Wirtschaft des I. in starker Expansion (Erweiterung der Petrolchemie, Ausbau der Kupfer- und Stahlproduktion). Die Erlöse der Ölproduktion (7,5 Mrd. $ 1974) erlaubten die Teilnahme am 4. Israel.-Arab. Krieg (Okt. 1973), ohne die Wirtschaftskraft zu beeinträchtigen. 1977 wurden Bath-Partei und Reg. durch die Ernennung der Mgl. der obersten Parteiführung zu Min. und zu Mgl. des Revolutionären Kommandorates verzahnt. Der Konflikt mit den Kurden wurde zwar offiziell im Zuge des irak.-iran. Abkommens (5. März 1975) durch die Gewährung der Autonomie gelöst, doch gingen die Auseinandersetzungen weiter. Die Reg. des I. erließ im Dez. 1977 eine Amnestie für polit. Flüchtlinge, die im Zusammenhang mit der kurd. Rebellion das Land verlassen hatten.
Auf arab. Ebene übernahm I. insbes. im Anschluß an die Rahmenabkommen von Camp David zw. Israel, Ägypten und den USA im Sept. 1978 eine führende polit. Rolle bei der Formierung des arab. Widerstandes. Ebenso ist die „Nat. Aktionscharta" mit Syrien (die zw. beiden Staaten bestehende Differenzen zunächst ausräumte) zur Bildung eines gemeinsamen Staates sowohl als das Ergebnis

Iraklion

grundsätzl. panarab. Orientierung als auch der aktuellen Situation nach Camp David zu sehen.
Im Juli 1979 trat Staatsoberhaupt und Reg.-chef Ahmad Hasan Al Bakr zurück. Nachfolger wurde sein bisheriger Stellvertreter Saddam Husain. Wegen der angebl. Vorbereitung eines Staatsstreichs wurden Ende Juli eine Reihe hochrangiger Mgl. der Bath-Partei und zahlr. weitere Personen verhaftet, z. T. hingerichtet, teils zu Freiheitsstrafen verurteilt. Der angebl. Verschwörung, deren Hintergründe unklar blieben, lagen vermutl. neben internen Machtkämpfen Meinungsverschiedenheiten über die geplante Vereinigung mit Syrien zugrunde.
Eine klare Mehrheit gewann die seit 1968 regierende sozialist. Bath-Partei in den ersten Parlamentswahlen (gesamtirak. Nationalversammlung sowie kurd. Regionalparlament) seit 1958 Mitte Juni 1980.
Die Beziehungen zur neuen Staatsführung in Iran verschlechterten sich seit Ende 1979, da l. die in der iran. Prov. Chusestan nach Autonomie strebende arab. Bev. unterstützte und Iran die auf beiden Seiten der Grenze lebenden Kurden nicht mehr unter Kontrolle hielt.
Zur traditionellen Rivalität zw. beiden Staaten, verschärft durch den religiösen Ggs. von Schiiten und Sunniten, trat nun das Ringen um Vorherrschaft am Pers. Golf. Grenzscharmützel ab April 1980 weiteten sich im Aug. und v. a. im Sept. zu heftiger werdenden Kämpfen aus, in denen I. doppelt soviel Truppen wie Iran eingesetzt haben soll. Im Verlauf des Krieges, der hohe Verluste unter der Zivilbev. anrichtete und zur Zerstörung der Erdölanlagen beider Staaten am Schatt Al Arab führte (u. a. Bombardierung von Bagdad, Basra, Teheran) drangen irak. Truppen in das iran. Verw.-Geb. Chusestan vor, wurden aber im Mai 1982 auf irak. Gebiet zurückgedrängt. Vermittlungsversuche seit Sept. 1980 von verschiedenen Seiten (Blockfreie, Islam. Konferenz, UN) scheiterten. Im Verlauf des Golfkriegs geriet I. an den Rand des wirtsch. Ruins. Erst im Sommer 1988 erreichte I. durch Vermittlung von UN-Generalsekretär Perez de Cuellar eine Waffenruhe und direkte Gespräche mit Iran. Da beide Seiten auf ihren Forderungen bezüglich des Grenzflusses Schatt-al Arab beharren, kommen die Gespräche nur schleppend voran.
Politisches System: Nach der Verfassung von 1968 (mit Zusätzen 1969 und 1970) ist I. eine volksdemokrat. Republik mit panarab. und arab.-sozialist. Ausrichtung. Der 17 Mgl. umfassende Revolutionäre Kommandorat ist wichtigstes Gremium im Staat. Er wählt aus seiner Mitte mit Zweidrittelmehrheit seinen Vorsitzenden, der zugleich *Staatspräs.* ist, sowie den Vizepräs. Die Min. der *Regierung* sind dem Staatspräs. verantwortl., der sie ernennt. Als *Legislative* fungiert der im Juni 1980 erstmals gewählte Nationalrat mit 250 Mgl. (mehr als 75% gehören der Bath-Partei an). Der Nationalrat soll eine endgültige Verfassung erarbeiten. Außerdem wurde im Sept. 1980 ein kurd. Regionalparlament mit 50 Mgl. gewählt, das von der Kurd. Demokrat. Partei dominiert wird.

Das polit. Leben wird v. a. von 3 *Parteien* geprägt: der regierenden Bath-Partei, die die Interessen der Arbeiter, Bauern und des Bürgertums vertritt; der 1934 gegr. und v. a. in den Städten verbreitete prosowjet. Irak. Kommunist. Partei (IKP); der 1946 gegr. Kurd. Demokrat. Partei, die für die innere Autonomie der Kurden eintritt. IKP und kleinere panarab. Gruppen bilden unter Führung der Bath-Partei eine Nationale Fortschrittl. Front. Dachorganisation der *Gewerkschaften* mit rd. 1 Mill. Mgl. ist der Allg. Gewerkschaftsbund des Irak. *Verwaltungsmäßig* ist I. untergliedert in 15 Prov. (Muhafasa) und 3 autonome Regionen, die auf Grund des Abkommens mit der Kurd. Demokrat. Partei 1970 gebildet wurden. Für das irak. *Rechtswesen* (bes. öffentl. Recht und Zivilrecht) ist seit 1951 das v. a. von frz. Regelungen beeinflußte ägypt. Recht Vorbild. Die einzelnen Religionsgemeinschaften besitzen für Fragen des Familienrechts eigene, vom Staat kontrollierte Gerichtshöfe, für deren Rechtsprechung die unterschiedl. Rechtsnormen der jeweiligen Religionsgemeinschaft gelten. Die *Streitkräfte* umfassen rd. 642 500 Mann (Heer 600 000, Luftwaffe 38 000, Marine 4 500). Paramilitär. Kräfte sind rd. 650 000 Mann stark (Sicherheitstruppen und Volksarmee). - Karte S. 293.

📖 Abdulrahman, A. J.: *Iraq.* Oxford u. Santa Barbara 1984. - Roth, J., u.a.: *Geographie der Unterdrückten. Die Kurden.* Rbk. 1978. - Sandt, R. van de: I.: *Land im Aufbruch.* Krefeld 1977. - Al-Wardi, A.: *Soziologie des Nomadentums: Studie über die irak. Gesellschaft.* Darmst. 1972. - Foster, H. A.: *The making of modern Iraq.* New York 1972. - *Economic development and population growth in the Middle East.* Hg. v. C. A. Cooper u. S. S. Alexander. New York 1971.

Iraklion (Herakleion), griech. Stadt an der N-Küste Kretas, 101 600 E. Sitz eines griech.-orth. Metropoliten; Museen, u. a. archäolog., Museum mit Funden von ↑ Knossos. Hafen, ⚓; wirtsch. Mittelpunkt eines agrar. geprägten Umlandes; bed. Fremdenverkehr. - Nach der Eroberung Kretas errichteten die Araber um 828 als Hauptort der Insel eine befestigte Stadt namens **Chandax**, die mit der Rückeroberung Kretas 961 byzantin. wurde. Nach 1204 kam die Stadt an Venedig und hieß nun **Candia.** In der Türkenzeit (bis 1908/13) war die Stadt, die die Griechen **Megalokastron** nannten, v. a. von Türken und Juden bewohnt. - Erhalten sind Bastionen und Tore der venezian. Befestigungsanlagen. Die Kirche San Marco (1239) war 1669-1915 Moschee.

Iran

Iran

Republik in Vorderasien, zw. 25° und 39°45' n. Br. sowie 44° und 63°30' ö. L. **Staatsgebiet:** I. grenzt im N an die UdSSR (z. T. ans Kasp. Meer), im O an Afghanistan und Pakistan, im S an den Pers. Golf und den Golf von Oman, im W an Irak, im NW an die Türkei. **Fläche:** 1648 000 km². **Bevölkerung:** 45,2 Mill. E (1985), 27,4 E/km². **Hauptstadt:** Teheran. **Verwaltungsgliederung:** 14 Ostan und 9 Farmandarikol. **Amtssprache:** Persisch. **Staatsreligion:** schiit. Richtung des Islams. **Nationalfeiertag:** 11. Februar und 1. April. **Währung:** Rial (Rl.) = 100 Dinars (D.). **Internat. Mitgliedschaften:** UN, OPEC. Handelsabkommen mit der EWG. **Zeitzone:** MEZ +2½ Std.

Landesnatur: Kernraum ist das iran. Hochland zw. Kasp. Meer im zentralen N und dem Pers. Golf, das von Gebirgen umrahmt wird. Dazu gehören im N Koppe Dagh (bis 3117 m hoch) und Elbursgebirge, das im Demawend, dem höchsten Berg des Landes, 5601 m erreicht. Im SW und W trennt das Kuhrud- und Sagrosgebirge I. vom arab. Kulturraum. Das Sagrosgebirge setzt sich nach SO fort in den Bergländern von Mokran und Belutschistan. Im NW liegt ein weitläufiges Berg- und Gebirgsland, in dem der Urmiasee, der größte See von I., liegt. Nur südl. des Kasp. Meeres, am inneren Ende des Pers. Golfes und südl. des Berglandes von Mokran treten Küstentiefländer auf. Das Hochland

Iran. Wirtschaftskarte

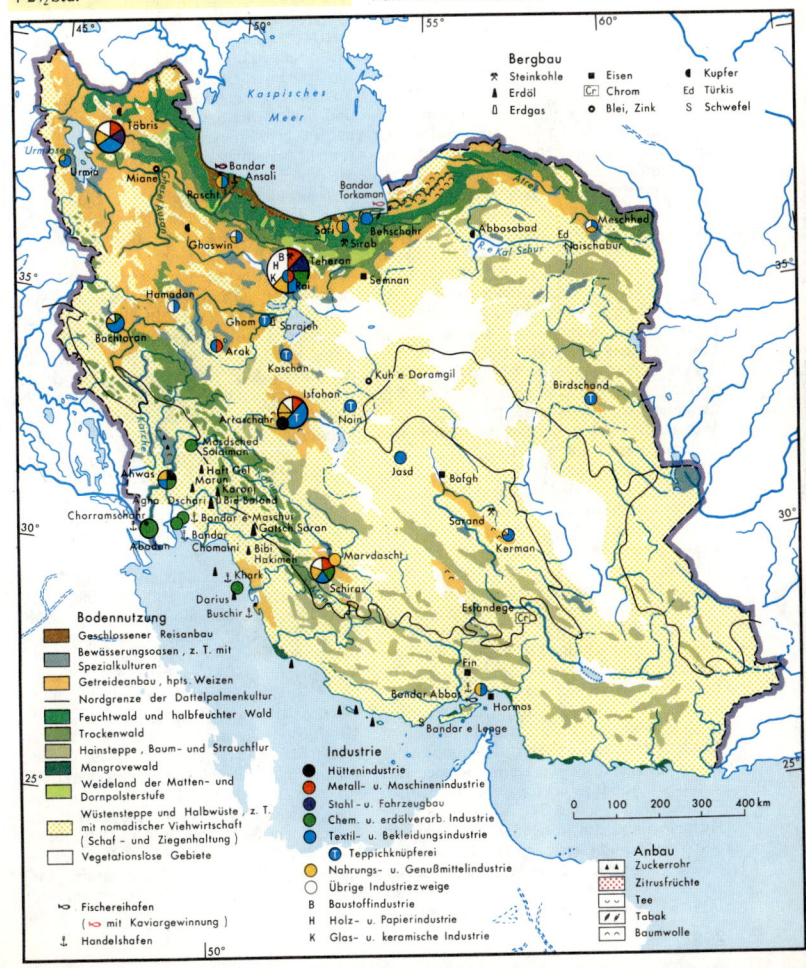

Iran

ist im Zentrum und O weitgehend Wüste.
Klima: I. hat im wesentl. kontinentales Klima im Übergangsbereich vom Trockengürtel der Passatzone zum zentralasiat. Wüstenbereich. Im NW und W machen sich mediterrane Einflüsse mit Winterregen, im S monsunale Einflüsse bemerkbar. Ganzjährig humid ist nur das südkasp. Küstentiefland. In den Wüstengebieten fallen weniger als 100 mm Niederschlag/Jahr, manche Jahre bleibt er völlig aus.
Vegetation: Entsprechend den Niederschlagsverhältnissen dominieren Halbwüsten und Wüsten, im W und NW tritt Trockenwaldflora auf, im südkasp. Raum Feuchtwald. In den Gebirgsräumen ist eine Höhenstufung typ.: auf frostempfindl. Pflanzen folgt eine Mittelstufe mit Kulturpflanzen einschließl. Weinreben und Granatapfel, darüber Getreideanbau und Waldareale, als oberste Stufe alpine Grasflächen mit Weidewirtschaft.
Bevölkerung: 54% sind Perser, 8% Kurden, 7,8% Luren, 5,6% Gilaner, daneben einige Minderheiten, u. a. Masandaraner und Belutschen. Sie alle sprechen iran. Sprachen. Turksprachen sprechen die 3,3 Mill. Aserbaidschaner sowie die Turkmenen u. a. Minderheiten. 98% sind Muslime, v. a. Schiiten, etwa 15% sind Sunniten (meist Nomaden). Daneben gibt es Christen, Juden, Mazdaisten, Jesiden, Hindu u. a. Dicht besiedelt sind das südkasp. Küstentiefland sowie der Großraum Teheran, am dünnsten besiedelt ist Belutschistan (2,8 E/km²). Die Zahl der Nomaden wurde 1965 auf 3 Mill. geschätzt, heute ist sie niedriger. I. verfügt über mehr als 200 hochschulähnl. Einrichtungen, darunter 17 Univ. 1963 wurde das sog. Bildungskorps aufgestellt: Wehrpflichtige mit Oberschulbildung sind auf dem Lande als Grundschullehrer tätig.
Wirtschaft: Etwa ⅔ der Bev. bestreiten ihren Lebensunterhalt aus der Landw., z. T. ausschließl. aus der Viehwirtschaft. 1962–72 wurde eine Bodenreform durchgeführt, die die alte Agrarstruktur mit Vorherrschen extrem großen Grundbesitzes, der z. T. verpachtet wurde, grundlegend änderte. Der maximal für eine Fam. zugelassene Landbesitz richtet sich nach der Bodengüte, er liegt zw. 20 ha im Reisland von Gilan und Masandaran und 150 ha in Belutschistan, Sistan und Chusestan. Die durchschnittl. Größe der neuen Ländereien ehem. Pächter liegt bei 2–10 ha. Die Bauern schlossen sich zu landw. Genossenschaften bzw. Produktionsgesellschaften zusammen. Für den Ackerbau sind nur die nw. Landesteile sowie die Gebirgstäler und -randzonen bei künstl. Bewässerung geeignet. Das wichtigste Anbaugebiet für Reis, Zitrusfrüchte, Baumwolle sowie Tee ist das südkasp. Küstentiefland. Im übrigen Land beginnt mit der Weizen- und Gerstenanbau. Tabakanbau ist Staatsmonopol. Bei der Fischerei ist bes. der Störfang (Kaviargewinnung) im Kasp. Meer wichtig. Rückgrat der iran. Wirtschaft und Ind. ist das Erdöl. I. stand an 4. Stelle der Weltförderung. Man schätzt die Erdölvorräte auf 7,75 Mrd. t, das sind 9,2% der Weltvorräte. Die meisten Erdölfelder liegen am SW-Fuß des Sagrosgebirges; das Rohöl wird zum größten Teil mittels Rohrleitungen auf die Insel Charg gepumpt und von dort exportiert, ein kleinerer Teil wird in den Raffinerien des Landes verarbeitet. I. verfügt über die drittgrößten Erdgasvorkommen der Welt. Erdgas wird z. T. als Energiequelle der Ind. im Lande verbraucht, z. T. in die UdSSR geliefert (Pipeline). Weitere bed. Bodenschätze sind Eisen- und Kupfererz sowie Steinkohlevorkommen. Zentren der Eisen- und Stahlind. sind Ahwas und Isfahan. Ein wichtiger Wirtschaftsfaktor ist die Textilindustrie. Um eine weitere Ind.ansiedlung im Großraum Teheran, in dem 65% aller Ind.erzeugnisse produziert werden, zu vermeiden, wurde das Gebiet mit einem Radius von 120 km um Teheran für Neuansiedlung von Ind. gesperrt. Der Touristenverkehr (früher v. a. nach Isfahan und Schiras) ist nach Ausbruch des Krieges mit Irak zum Erliegen gekommen. Bed. Pilgerverkehr besteht zu den Moscheen von Ghom, Meschhed und Schiras.
Außenhandel: Durch die polit. Ereignisse Anfang 1979 ist er z. Z. praktisch zusammengebrochen. An das Ausland vergebene Aufträge werden z. T. rückgängig gemacht. Die Erdölexporte wurden in verringertem Umfang wieder aufgenommen. Israel und Südafrika werden von Erdöllieferungen ausgeschlossen. Erdöl, Erdgas und Erdölderivate waren vor dem Umsturz die wichtigsten Exportgüter, gefolgt von Teppichen, Baumwolle, Nüssen, Häuten und Fellen. Die BR Deutschland lieferte früher nichtelektr. und elektr. Maschinen und Geräte, Kfz. und -zubehör, Eisen und Stahl, Kunststoffe, Kunstharze, Farb- und Gerbstoffe, Arzneimittel u. a.
Verkehr: Die Eisenbahn verfügt über ein Streckennetz von 5802 km, das Straßennetz über 110927 km, davon 457 km Autobahnen. Binnenschiffahrt ist nur im Schatt Al Arab und auf dem Karun flußaufwärts bis Ahwas mögl. Wichtigste Überseehäfen sind Chorramschahr, Bandar Chomaini und Bandar Abbas am Pers. Golf, Bandar e Ansali und Nau Schahr am Kasp. Meer. Die nat. Iran Air bedient den In- und Auslandsflugdienst. Der internat. ✈ von Teheran wird von 23 ausländ. Gesellschaften angeflogen.
Geschichte: Die moderne Entwicklung Persiens († persische Geschichte), seit 1934 I. gen., begann unter der Dyn. der Pahlawiden (1925–79), begr. von dem pers. Kosakenkommandeur und Kriegsmin. (1921) Resa Khan, der - nach dem Staatsstreich von 1921 - 1923 zum Min.präs. ernannt und 1925 (nach der Absetzung von Ahmad Schah) von der Nat.-versammlung als Resa Pahlawi zum erbl. Schah ausgerufen wurde. Bei seinem Vorha-

Iran

ben, die umfassende technolog. und administrative Modernisierung - bei gleichzeitiger Mißachtung und Unterdrückung der demokrat. (parlamentar.) Traditionen, die seit der Jh.wende bestanden - durchzusetzen, stützte sich Schah Resa v. a. auf seine gut organisierte, moderne Armee. Trotz gewisser Erfolge (Reform des Wirtschafts-, Straf- und Zivilrechts, Ausbau des Bildungswesens) unterblieben jedoch grundlegende Maßnahmen. Im Gegenteil, der Prozeß der Enteignung der Kleinbauern, der schon im 19.Jh. durch jurist. Manipulationen seitens der Großgrundbesitzer und infolge Überschuldung der Kleinbauern eingesetzt hatte, wurde noch beschleunigt; durch rechtl. Diskriminierung, staatl. Durchsetzung von Forderungen der Großgrundbesitzer, hohe indirekte Besteuerung des Massenkonsums und Landenteignungen zugunsten des Militärs oder des Schahs selbst (der bald größter Grundbesitzer im Land war) wurde der Lebensstandard der Kleinbauern noch weiter heruntergesetzt. Außenpolit. gelang es Schah Resa nicht, sich von der wirtsch. Vorherrschaft Großbrit. (Erdöl, Finanzen) zu lösen. Der Versuch einer Annäherung an das nat.-soz. Deutschland brachte 1941 die von den Alliierten erzwungene Abdankung des Schahs und dessen Verbannung zugunsten seines Sohnes Schah Mohammad Resa Pahlawi. Während des 2. Weltkrieges, in dem I. von brit. und sowjet. Truppen besetzt war, nahm der Einfluß der USA in I. zu; nach der Niederschlagung separatist. Reg., die sich unter sowjet. Einfluß in Aserbaidschan und Kurdistan konstituiert hatten, durch die Truppen der Zentralreg. (1946) verlor die UdSSR wesentl. Positionen in I. Die Erdölfrage ließ 1950 eine mächtige antibrit. Unabhängigkeitsbewegung unter Premiermin. Mossadegh entstehen, die sich auch gegen den Schah richtete, und ihn zum Verlassen des Landes noch im gleichen Jahr zwang. 1951 beschloß die Reg. Mossadegh die Verstaatlichung der von ausländ. Firmen kontrollierten Erdölindustrie. 1953 stürzte die von den Amerikanern ausgebildete Armee Mossadegh, dessen Nachfolger General Zahedi dem Schah die Rückkehr ermöglichte. Mit der Unterzeichnung des Erdölabkommens (1954) wurde zwar die Nationalisierung theoret. aufrechterhalten, die tatsächl. Kontrolle jedoch an ein Konsortium aus Gesellschaften der USA, Frankr. und der Niederlande übertragen. Auf Grund anhaltender Streikbewegungen v. a. in der Erdölind. (1956–61) wurden wirtsch. und soziale Reformen eingeleitet; die sog. *weiße Revolution* umfaßten sie: Bodenreform, Bildung landw. Genossenschaften, Nationalisierung der Wälder und Wasservorkommen, teilweise Beteiligung der Arbeiter am Betriebsgewinn, Gewährung polit. Rechte für die Frau, Ausbau des Gesundheitswesens. Dennoch fanden 1963 erste regierungsfeindl. Unruhen und Demonstrationen statt, die mit Waffengewalt unterdrückt wurden (über 4000 Tote).

Im Rahmen einer dem Westen zugeneigten Außenpolitik trat I. 1955 dem Bagdadpakt (später CENTO-Pakt) bei, schloß ein Verteidigungsabkommen mit den USA (1959) und intensivierte seine polit. und wirtsch. Beziehungen zur BR Deutschland, zu Großbrit. und zu den USA. Um eine einseitige Bindung an die Westmächte zu vermeiden und um den Gegnern seiner Herrschaft Agitationsmöglichkeiten zu nehmen, wurde ein gutes Verhältnis zur UdSSR und anderen kommunist. Staaten angestrebt (1970 Verwirklichung eines Erdgasabkommens mit der UdSSR; 1971 Aufnahme diplomat. Beziehungen zur VR China, Wirtschaftsabsprachen mit Rumänien und Jugoslawien). Die intensiven wirtsch. Kontakte zur BR Deutschland wurden 1974 und 1976 an den Abkommen zur iran. Beteiligung am Krupp-Konzern bes. deutl., wonach der I. 25,04 % bzw. 25,01 % des Aktienkapitals dieses Schwerindustriekonzerns erhielt. Innenpolit. bedeutsam wurde der 1975 verfügte Zusammenschluß sämtl. zugelassener Parteien zu einer Einheitspartei („Rastachis", „Partei der nat. Wiederauferstehung"); die weitergeltende Verordnung, daß iran. Staatsbürger automat. Mgl. dieser Partei sind, wurde auf Grund ständig anwachsenden Widerstands der Bev. 1978 zurückgenommen, nachdem es bereits seit Anfang 1977 zu blutigen Zusammenstößen zw. Regimegegnern und der Armee gekommen war. Für 1977 wurden von „Amnesty International" etwa 25000–100000 polit. Gefangene in I. genannt, der Schah selbst sprach von 3000–5000; mit zahlr. internat. Protesten wurde auf die systemat. Foltermethoden und Spitzelpraktiken des von der amerikan. CIA ausgebildeten iran. Geheimdienstes SAVAK reagiert. Zw. Aug. 1978 und Febr. 1979 erreichte der inzwischen v. a. von der liberalen, nationalist., geistl., sozialist. und kommunist. Opposition organisierte Widerstand gegen die als Diktatur empfundene Herrschaft der Pahlawis im Generalstreik und der folgenden revolutionären Erhebung der Massen ihren Höhepunkt. Der Schah wurde zum Verlassen des Landes gezwungen; eine von ihm noch eingesetzte Übergangsreg. unter S. Bachtiar, zunächst vom Militär unterstützt, konnte sich jedoch nicht lange gegen die revolutionären Kräfte und ihren Kopf, den Schiitenführer Ajatollah Chomaini, behaupten. Als dieser nach 15 Jahren Exil im Febr. 1979 nach I. zurückkehrte, sah sich die Armee zur Neutralität verpflichtet; der von Chomaini ernannte Premiermin. Basargan und seine Reg. wurden beauftragt, die Ergebnisse der iran. Revolution zu sichern: u. a. fakt. Nationalisierung der Erdölind., Bestrafung (z. T. Hinrichtungen) der verantwortl. Befehlshaber in Ar-

Iran

mee und Geheimdienst, der aufgelöst wurde, und Ausarbeitung einer Verfassung für eine „Islam. Republik". Am 30. März 1979 wurde in einer Volksabstimmung die von Chomaini verkündete Islam. Republik angenommen. Die Wahl eines Gremiums von Verfassungsexperten, die einen endgültigen Entwurf der Verfassung der Islam. Republik I. erarbeiten sollen, endete Anfang Aug. mit einem Sieg des Islam.-Republikan. Partei (Abk. IRP) von Chomaini, die 60 von 73 Sitzen erhielt. Am 5. Nov. trat Min.präs. Basargan wegen anhaltender Einmischungsversuche verschiedener Revolutionsorgane zurück. Der Revolutionsrat setzte für die Fortführung der Amtsgeschäfte 17 Minister, jedoch keinen Ministerpräsidenten ein.

Der Separatismus der nichtpers. Völkerschaften, die etwa 40% der Bev. ausmachen, lebte wieder auf. V. a. zw. der kurd. Minderheit und den Reg.streitkräften kam es trotz eines am 29. Aug. abgeschlossenen Abkommens wiederholt zu bewaffneten Auseinandersetzungen.

Bei den Präsidentschaftswahlen am 25. Jan. 1980 erhielt A. H. Banisadr über 75% der Stimmen. Er wurde am 4. März von Chomaini vereidigt. Mitte Febr. übernahm er außerdem den Befehl über die Streitkräfte. Die Parlamentswahlen brachten in zwei Wahlgängen (März und Mai 1980) der IRP eine $2/3$-Mehrheit gegenüber nur etwa $1/6$ Abg., die Anhänger Banisadrs sind.

Der vorherrschende Einfluß der Mollas machte sich auch in der Entwicklung der Justiz bemerkbar. Es gab zahlr. Hinrichtungen wegen Rauschgifthandels, Sabotage, „konterrevolutionärer Handlungen", Unzucht oder Prostitution und wegen anderer Vorwürfe.

Die Beziehungen des I. zu den USA verschlechterten sich seit der Machtübernahme Chomainis rapide. Nachdem die USA dem erkrankten Schah die Einreise zur ärztl. Behandlung gestattet hatten, besetzte am 4. Nov. 1979 eine Gruppe offensichtl. von Chomaini unterstützter iran. Studenten die amerikan. Botschaft und nahm die Botschaftsangehörigen als Geiseln. Sie forderten die Auslieferung des Schahs. Die amerikan. Reg. verhängte daraufhin Wirtschaftssanktionen gegen I. Die staatl. iran. Guthaben bei amerikan. Banken wurden blockiert. Am 7. April 1980 brachen schließl. die USA offiziell die diplomat. Beziehungen ab. Die zwischendurch ausgesetzten Wirtschaftssanktionen wurden verschärft. Am 25. April scheiterte ein Versuch der USA, die Geiseln durch ein Kommandounternehmen zu befreien. Unter alger. Vermittlung kam es nach langwierigen Verhandlungen schließl. Mitte Jan. 1981 zur Rückkehr der Geiseln in die USA.

Die seit Ende 1979 zunehmende Verschärfung der irak.-iran. Beziehungen mündeten im Sept. 1980 in den irak.-iran. Krieg, in dessen Verlauf irak. Truppen Teile des iran. Verw.-Geb. Chusestan besetzten (↑ auch Irak, Geschichte).

Der sich Anfang 1981 zunehmend verschärfende Konflikt zw. Staatspräs. Banisadr mit seinen gemäßigten Anhängern und Chomaini und der islam.-fundamentalist. IRP führte im Juni zu dessen Absetzung. Ein Anschlag auf die IRP-Zentrale Ende Juni forderte 74 Todesopfer, darunter den Vors. der IRP. Bei der Präs.wahl vom 24. Juli 1981, an der sich die liberale und linke Opposition nicht beteiligte, siegte der bisherige Min.präs. M. A. Radschai. Er und sein Nachfolger im Amt der Min.präs. starben jedoch am 30. Aug. bei einem Bombenattentat. Neuer Staatspräs. wurde im Okt. H. A. Chamenei, neuer Min.präs. H. Musavi.

Die latente Bürgerkriegssituation kennzeichneten zahlr. Anschläge auch gegen hohe Repräsentanten des Staates, Verhaftungen und Hinrichtungen (rd. 20 000 von Mitte 1981 bis Nov. 1982). Vor dem Hintergrund des Krieges mit Irak traten die innenpolit. Ggs. in I. zurück. Im Golfkrieg nahm I. erhebl. Spannungen mit den übrigen Anrainerstaaten des Pers. Golfes und den USA wegen seiner Taktik in Kauf, ausländ. Tankschiffe anzugreifen. Erst nach irak. Erfolgen und dem versehentl. Abschuß eines zivilen iran. Verkehrsflugzeugs durch ein amerikan. Kriegsschiff stimmte I. einem Waffenstillstand im Sommer 1988 zu. Nachdem Staatsgründer Ajatollah Chomaini im Juni 1989 verstorben war, wurde Staatspräs. H. H. Chamenei zum neuen „Führer der Nation" gewählt; neues religiöses Oberhaupt der iran. Schiiten wurde Ajatollah Mohammed Ali Araki; neuer Staatspräs. und damit Regierungschef wurde Parlamentspräs. Rafsandschani.

Politisches System: Die 1925 errichtete Monarchie wurde am 30. März 1979 abgeschafft, und am 2. April der I. zur Islam. Republik erklärt. Nach der durch Referendum im Dez. 1979 gebilligten Verfassung müssen alle polit., sozialen und wirtsch. Angelegenheiten in der Ethik des Islams begründet sein; der Islam schiitischer Richtung ist Staatsreligion. *Staatsoberhaupt* ist ein vom Volk auf 4 Jahre gewählter Präs. mit *exekutiven* Vollmachten. Er ernennt den Min.präs., der jedoch des Vertrauens des Parlaments bedarf; er kann das Parlament in seiner Amtszeit einmal auflösen und sich in Zeiten einer nat. Krise durch Referendum direkt an das Volk wenden. Funktionen und Machtbefugnisse des Staatsoberhaupts sind jedoch eingeschränkt durch eine religiöse höchste Instanz, den „Führer der Nation" (seit 1989 H. A. Chamenei), dessen Kompetenzen nur z. T. verfassungsmäßig festgelegt sind (u. a. Oberbefehl über die Streitkräfte, der delegiert werden kann). Die *Legislative* liegt beim Einkammerparlament, der Nationalversammlung (270 vom Volk auf 6 Jahre gewählte Abg.), jedoch bedürfen Gesetze und Verordnungen der Zustimmung

iranische Sprachen

eines „Rates der Wächter des Islams" (6 vom „Führer der Nation" ernannte islam. Rechtsgelehrte und 6 vom Parlament gewählte Juristen) mit gleichfalls 6jähriger Legislaturperiode.
Parteien durften sich an den Parlamentswahlen 1988 nicht beteiligen. Die Islam.-Republikan. Partei, die 2/3 der Abg. gestellt hatte, wurde im April 1987 aufgelöst.
Die *Gewerkschaften* waren 1963 verboten und in von der Reg. genehmigte und registrierte Syndikate umgewandelt worden. Gegenwärtig gibt es als bed. Interessengruppen v. a. rd. 2 900 Bauerngenossenschaften mit 2,9 Mill. Mitgliedern.
Die *Verwaltung* der 23 Prov. erfolgt durch ernannte Gouverneure im Auftrag des Innenministeriums; die Prov. sind weiter in Reg.bez. und Landkr. untergliedert. Die Regelung der *Autonomie* der Kurden, Turkmenen, Araber und anderer Minderheitsvölker entspricht laut Verfassungsentwurf der zulässigen Dezentralisation aller Prov.; sie können Provinzialräte einsetzen, die das regionale Gesundheitswesen, das kulturelle Leben, den Unterricht in regionalen Sprachen und die lokalen Wirtschaftsfragen regeln.
Die *Rechtsprechung* fußt auf islam. Recht und auf Präzedenzfällen. An der Spitze des Gerichtswesens steht der Oberste Gerichtshof, dessen Präs. ebenso wie der Generalstaatsanwalt vom „Führer der Nation" ernannt wird. Nach der Revolution von 1979 wurden neben den bestehenden Gerichten Islam. Revolutionsgerichte geschaffen.
Die *Streitkräfte* umfassen rd. 604 500 aktive Soldaten (Heer 305 000, Luftwaffe 35 000, Marine 14 500, dazu die Revolutionsgarde Pasdaran 250 000).
📖 *Ehlers, E.: I. Darmst. 1980. - Ehlers, E.: I. Ein bibliograph. Forschungsber. Mchn. 1980. - Revolution in I. u. Afghanistan. Hg. vom Berliner Inst. f. Vgl. Sozialforschung. Ffm. 1980. - Behrawan, A. H.: I. Die programmierte Katastrophe. Ffm. 1980. - Graham, R.: I. Die Illusion der Macht. Dt. Übers. Bln. 1979. - Konzelmann, G.: Die Schiiten u. die islam. Republik. Mchn. 1979. - Nasser, K.: Savak. Münster (Westf.) 1979. - Ritter, W.: Der I. unter der Diktatur des Schah-Regimes. Ffm. 1979. - Umbruch in I. Hg. v. U. Tilgner. Rbk. 1979. - Nussbaumer, H.: Khomeini. Mchn. 1979. - Imhoff, C. v.: I., Persien. Heroldsberg 1977. - Korby, W.: Probleme der industriellen Entwicklung u. Konzentration im I. Wsb. 1977. - Kortum, G.: Die iran. Landwirtschaft zw. Tradition u. Erneuerung. Paderborn 1977. - I. Past, present, and future. Hg. v. J. W. Jacqz. New York 1976. - I.: Natur, Bev., Gesch., Kultur, Staat, Wirtschaft. Hg. v. U. Gehrke u. H. Mehner. Tüb. u. Basel 1975. - Panahi, B.: Erdöl. Gegenwart u. Zukunft des I. Köln u. Wien 1975. - Gabriel, A.: Die religiöse Welt des I. Köln u. Wien 1974.*

Irangebirge, Teil des zentralen Gebirgszuges der Insel Borneo, an der Grenze Sarawaks gegen das indones. Staatsgebiet, bis etwa 3 000 m hoch.

Iraniden, geolog. Bez. für die westl. und sw. Randgebirge des Hochlands von Iran.

Iranier (Iraner), Sammelname für die Völker und Stämme in Iran, Afghanistan und Turkestan, die eine der iran. Sprachen sprechen; sprachl. begründet ist die Gliederung in die drei Gruppen der *West-I.* (Meder, Perser), *Ost-I.* (v. a.) Parther) und *Nord-I.* (u. a. Saken, Skythen). Erste Nachrichten über I. finden sich in assyr. Quellen des 9. Jh. v. Chr.

iranische Kunst ↑ persische Kunst.

iranische Literatur ↑ persische Literatur.

iranische Sprachen, Gruppe indogerman. Sprachen, die im Iran und seiner Umgebung gesprochen wurden bzw. noch heute gesprochen werden. - Die *altiran. Periode* (bis ins 4./3. Jh.) ist in zwei mundartl. verschiedenen Formen belegt: das südwestiran. Altpersische und das ostiran. awest. Awestische. Hinzu kommen die Reste zweier nur indirekt bezeugter Dialekte, des Medischen u. des Skythischen. - Vom 4./3. Jh. bis ins 8./9. Jh. reicht die *mitteliran. Periode;* das Mittelpersische war urspr. der Dialekt von Fars (Farsi = Name für Neupers.), wurde dann aber die Amtssprache der Sassaniden; sie ist u. a. auf Inschriften und Papyri reich bezeugt. Daneben steht das nordwestiran. Parthische. Zur nordostiran. Gruppe gehört das Sogdische, urspr. in der Sogdiana um Samarkand und Buchara heim., das südl. des Aralsees beheimatete Chwaresmische (bis ins 14. Jh. reichend) und das sehr dürftig bezeugte Sarmatische (nördl. Großer Kaukasus und S-Rußland). Südostiranisch ist dagegen das Sakische und das Baktrische. Die *neuiran. Periode* (setzt etwa 8./9. Jh.), in der das Verbreitungsgebiet der i. S. allmähl. eingeengt wird, ist äußerlich erkennbar an der Verwendung der arab. Schrift. Überliefert sind aus älterer Zeit nur das Neupersische und das Paschtu, daneben viele noch heute gesprochene Mundarten. Das Neupers. wird seit dem 9. Jh. als Literatursprache verwendet; es ist heute im gesamten Iran und in leicht abweichenden Formen (Kabulisch, Tadschikisch) über Teile Afghanistans, M-Asiens und Pakistans verbreitet. Ihm nahe stehen die kurd. Dialekte, hinzu kommen die Farsdialekte, die kasp.-iran., die lurischen und zentraliran. Dialekte, dann die Talyschische und Tatische. - Ostiran. Herkunft ist das Paschtu in O- und S-Afghanistan und angrenzenden Gebieten Pakistans, es ist seit 1936 neben Staatssprache Afghanistans. Das Jaghnobische und die übrigen Pamirdialekte haben in ihrer isolierten Lage teilweise Archaismen sonst nicht erhaltenes Sprachgut bewahrt. Das Ossetische im Kaukasus ist die archaischste der iran. Sprachen.

📖 *Hdb. der Orientalistik. Hg. v. B. Spuler.*

301

Abt. 1, Bd. 4, 1: Iranistik, Linguistik. Köln. Neuaufl. 1967.

Irapuato, mex. Stadt auf der S-Abdachung der Sierra Madre Occidental, 1800 m ü. d. M., 246 300 E; Zentrum eines Bewässerungsfeldbaugebiets. - Gegr. 1547.

Irawadi (Irrawaddy), verkehrsmäßig der bedeutendste Fluß in Birma, entspringt mit zwei Quellflüssen im sö. Assamhimalaja und mündet mit einem Delta, in das sich der I. unterhalb von Prome auffächert, in den Golf von Martaban (Andamanensee), rd. 2 000 km lang; Einzugsgebiet 404 000 km². Über 1 730 km von der Mündung bis Myitkyina sind schiffbar. Das Delta schiebt sich jährl. etwa 60 m ins Meer vor. Es ist das wichtigste Reisanbaugebiet des Landes.

Irbid, jordan. Stadt 30 km sö. des Sees von Genezareth, 136 200 E. Verwaltungssitz und Handelszentrum des Bez. Irbid; Univ. (gegr. 1976); Straßenknotenpunkt.

IRBM [engl. 'aɪ-ɑːbiː'ɛm], Abk. für engl.: Intermediate Range Ballistic Missile („Flugkörper mittlerer Reichweite"), Mittelstreckenrakete (Reichweite bis 4000 km) mit konventionellem oder atomarem Sprengkopf († Raketen).

Ireland, John [engl. 'aɪələnd], * Bowdon (Cheshire) 13. Aug. 1879, † Washington (Sussex) 12. Juni 1962, engl. Komponist. - Seine Kompositionen, v. a. Klavier-, Kammer- und Orchestermusik, Chorwerke und Lieder, vertreten bei starker Anlehnung an Spätromantik und Impressionismus einen typ. engl. Stil.

Irenäus von Lyon, hl., * in Kleinasien etwa 140/150, † in Gallien nach 200, Bischof und griech. schreibender Kirchenlehrer. - Verteidigte den Glauben der frühchristl. Großkirche („Vater der kath. Dogmatik") gegen die gnost. Glaubensinterpretation und wirkte als Vermittler in kirchl. Streitfragen. - Fest: 28. Juni.

Irene, weibl. Vorname griech. Ursprungs (zu griech. eirēnē „Frieden" († Eirene]); engl., italien., span., niederl. Form Irene, frz. Form Irène, russ., poln. Form Irina.

Irene, * Athen 752, † auf Lesbos 9. Aug. 803, byzantin. Kaiserin (797–802). - Seit dem 8. Sept. 780 Regentin für ihren Sohn Konstantin VI., den sie 797 blenden ließ und entthronte; berief 787 das 7. ökumen. Konzil in Nizäa ein, das die Bilderverehrung erlaubte. I. wurde 802 gestürzt und verbannt.

Irgun Zwai Leumi [hebr. „Militär. Nat. Organisation"], jüd. rechtsradikale Untergrundorganisation in Palästina; gegr. 1931, verübte seit 1943 unter der Führung von M. Begin zahlr. Terroranschläge; nach ihrer Auflösung bei Gründung des Staates Israel wurde die Cherut-Partei polit. Nachfolgerin.

IRI, Abk. für italien.: Istituto per la Ricostruzione Industriale („Einrichtung für industriellen Wiederaufbau"), Holdinggesellschaft des italien. Staates, gegr. 1933, Sitz Rom. IRI hält wichtige Beteiligungen an Ind.- und Verkehrsunternehmen.

Irian Jaya [indones. i'rian 'dʒaja] (Westirian), indones. Prov., umfaßt den W-Teil der Insel Neuguinea westl. des 141. Längengrads sowie vorgelagerte Inseln, 421 981 km², 1,17 Mill. E (1980), Verwaltungssitz Jayapura. Der vom zentralen Gebirgszug Neuguineas (im Puncak Jaya 5 033 m hoch) durchzogene Inselteil setzt sich nach NW, durch tief eingreifende Buchten gegliedert, in der Bomberai- und Vogelkophalbinsel fort. Im S ist dem Gebirge eine breite, versumpfte Tiefebene vorgelagert. Das Klima ist trop. mit hohen Niederschlägen. Die Schneegrenze liegt bei etwa 4 300 m. Der größte Teil der Prov. ist bewaldet. Auf trop. Regenwald folgt bei 1 500–2 000 m Nebelwald, oberhalb 2 500–3 000 m alpine Stufe. Die Bev. besteht überwiegend aus Papua. An den Küsten leben indones. Einwanderer; die Europäer sind nach 1963 meist ausgewandert. In Brandrodungsfeldbau werden Jams, Taro, Süßkartoffeln, Maniok, Bananen, Zuckerrohr und etwas Reis angebaut. Neben der Schweine- und Geflügelhaltung wird Fischerei und Waldsammelwirtschaft betrieben. Ausgeführt werden v. a. Holz, Kopalharz, Krokodilhäute sowie Erdöl und Kupfererze. Die Ind. verarbeitet landw. Produkte. Da nur wenige Straßen vorhanden sind, ist der Verkehr auf Boote und Flugzeuge angewiesen. I. J. verfügt über sechs ✈.

Geschichte: Seit 1828 gehörte I. J. zum niederl. Kolonialreich. 1963 unter indones. Verwaltung gestellt, wurde es 1969 nach einem Referendum offiziell Bestandteil Indonesiens.

Iridektomie [griech.], operative Entfernung der Regenbogenhaut; u. a. beim grünen Star.

Iridium [zu griech. Iris „Regenbogen" (wegen der verschiedenen Farben seiner Komplexsalze)], chem. Symbol Ir; metall. Element aus der VIII. Nebengruppe des Periodensystems der chem. Elemente; Ordnungszahl 77, mittlere Atommasse 192,22, Schmelzpunkt 2410 °C, Siedepunkt 4130 °C, Dichte 22,42 g/cm³. Das silberglänzende, sehr harte Edelmetall gehört zur Gruppe der Platinmetalle und ist chem. noch widerstandsfähiger als das Platin selbst. I. kommt nur als Legierung mit anderen Edelmetallen († Iridosmium) vor. Verwendet wird es als Legierungszusatz zu Platin.

Iridoplegie [griech.] (Iridoparalyse), Lähmung der Irismuskeln durch Verletzungen, Gifte oder Arzneimittel (z. B. Atropin).

Iridosmium [griech.], in tafeligen Kristallen mit hexagonal dichtester Gitterstruktur auftretendes, sehr schweres Mineral; isomorphe Mischung von Iridium und Osmium, auch mit Beimengungen anderer Platinmetalle. Dichte 19–21 g/cm³, Mohshärte 6–7. Varietäten sind der fast bleigraue **Syssertskit** (mit über 50% Os) und der lichtere, zinnweiße

Newjanskit (mit 32–50% Os); beide kommen auf Gold- und Platinseifen vor und sind Grundstoffe der Iridiumgewinnung.

Iridotomie [griech.], operativer Einschnitt in die Regenbogenhaut.

Irigoyen, Hipólito [span. iri'yojen], *Buenos Aires 13. Juli 1850, †ebd. 3. Juli 1933, argentin. Politiker. - Urspr. Anwalt; seit 1893 Führer der Radikalen; 1916–22 und 1928–30 Präs.; suchte gegen die USA wirtsch. Unterstützung bei Großbrit.; nach der Revolution 1930 bis kurz vor seinem Tod gefangengehalten.

Irina, aus dem Russ. und Poln. übernommener weibl. Vorname, slaw. Form von †Irene.

Iringa, Regionshauptstadt im Iringahochland, Tansania, 1 600 m ü.d.M., 57 200 E. Kath. Bischofssitz, Zentrum des größten tansan. Teeanbaugebietes.

Iringahochland, Hochland in S-Tansania, Teil der Ostafrikan. Schwelle, 1 500 m – 2 400 m hoch.

Iris, weibl. Vorname griech. Ursprung (nach der Götterbotin Iris).

Iris, Götterbotin der griech. Mythologie.

Iris [griech.], svw. †Schwertlilie.

Iris [griech.], die Regenbogenhaut des †Auges.

Irisablösung (Iridodialyse), verletzungsbedingtes Abreißen bzw. operatives Lösen der Regenbogenhaut vom Ziliarkörper.

Irisblende †Blende.

Irisch, zur goidel. Gruppe der keltischen Sprachen gehörende Sprache, im W der Republik Irland (v.a. im W der Gft. Galway) von etwa 35 000 Menschen gesprochen. Irisch wird z.T. noch heute in einer eigenen Schrift, die auf die lat. Halbunziale ma. Handschriften zurückgeht, geschrieben. Ist offiziell erste Landessprache und Pflichtfach in Schulen; in der Praxis wird jedoch fast nur Engl. gesprochen. I. ist die altertümlichste der kelt. Sprachen und hat eine noch reich entwickelte Nominal- und Verbalflexion. Weitere Charakteristika: komplizierte Phonetik, hohe Phonemzahl, flektierte Präpositionen, verschiedene Konjugationen je nach syntakt. Verwendung des Verbs, Satzstellung Verb-Subjekt-Objekt, Fehlen von Wörtern für „ja" und „nein".

irische Kunst †keltische Kunst.

irische Literatur (ir.-gäl. Literatur), Hauptwerke der **frühen Epoche** (600–1200) sind die in Zyklen eingeteilte *Heldensagen,* die die Form von Prosaepen mit eingeschobenen lyr. Gedichten haben und eine vom Christentum nicht gänzl. unberührte heidn. Welt spiegeln; der *Ulsterzyklus* umfaßt u.a. die Erzählungen um den jugendl. Helden Cúchulainn und um die trag. liebende Deirdre; der *mytholog. Zyklus* schildert den Kampf eines Geschlechts übernatürl. Wesen und ihres Königs Dagdá mit einem Dämonengeschlecht, den Fomoriern; im *Königszyklus* (auch *histor. Zyklus*) sind Sagen und Erzählungen um je einen histor. oder prähistor. König gruppiert. Die nur in Bruchstücken erhaltene *Lyrik* wurde von den „filid", im Dienst eines Königs stehenden professionellen Dichtern, verfaßt. Neben religiöser Dichtung gab es auch wiss. *Prosa.* - Die Literatur der **mittleren Epoche** (1200–1650) umfaßt einerseits die Bardendichtung, die sich durch eine bes. komplizierte metr. Technik auszeichnet, andererseits die Prosadichtung, die größtenteils dem *Finn-Zyklus,* dem 4. ir. Sagenzyklus, angehört; er behandelt märchenhafte, abenteuerl. Themen und gilt in seiner Verschmelzung von Prosa und *Ballade* als Beginn der volkstüml. i. L. - Die **späte Epoche** (1650–1850) stand im Zeichen der Unterdrückung der Iren und ihrer Sprache durch die Engländer. An die Stelle der professionellen Dichtung trat eine v.a. von Bauern und Handwerkern getragene Volksdichtung; sie entfaltete sich bes. in der Prov. Munster (S-Irland), daher auch „Munster-Dichtung" genannt. - Die **moderne Epoche** (seit Ende des 19. Jh.) brachte mit der Gründung der Gaelic League (1893) durch D. Hyde eine Erneuerung der ir. Sprache und Literatur (kelt. Renaissance). 1904 erfolgte die Gründung des ir. Nationaltheaters in Dublin, für das u.a. W.B. Yeates und J.M. Synge schrieben. Zur bevorzugten Gattung wurde jedoch die Kurzgeschichte, zu deren bedeutendsten Vertretern P. O'Leary und P.H. Pearse gehören; wichtig für den Roman wurde L. O'Flaherty, für das Drama M.M. Liammóir. - Zur i. L. in engl. Sprache †englische Literatur.

📖 *Lambert, T.: Les littératures celtiques. Paris 1981. - Hyde, D.: A literary history of Ireland. New York 1980. - Dillon, M.: Early Irish literature. Chicago ⁵1972. - Meid, M.: Dichter u. Dichtkunst im alten Irland. Innsb. 1971.*

irische Musik, die Fertigkeit ir. Musikanten auf Dudelsack und Harfe wurde schon im MA gerühmt. Seit der Reformation wurde die ir. Kunstmusik der engl. Musik angeglichen; sie führt aber noch heute ein Eigenleben im Bereich einer (seit dem 18. Jh. gesammelten) Volksmusik alter Tradition, deren Melodik wohl vom Dur-Moll-System, aber auch von Pentatonik geprägt ist.

Irischer Setter †Setter.

Irische See, Flachmeer auf dem brit. Schelf zw. den Inseln Großbrit. und Irland, über den Sankt-Georgs-Kanal und den Nordkanal mit dem Atlantik verbunden.

Irisch-Republikanische Armee, Abk. IRA, radikalnationalist. und sozialrevolutionäre illegale Terrororganisation in der Republik Irland und in Nordirland mit dem Ziel eines gesamtir. Einheitsstaates; gegr. 1919, um den Krieg gegen Großbrit. weiterzuführen; 1921 z.T. in der Armee aufgegangen, z.T. im Untergrund tätig, um gegen die ir.

irisch-römisches Bad

Reg. Widerstand zu leisten und in Nordirland Guerillakrieg zu führen; 1962 vorübergehend kompromißbereit. Der abgespaltene militante „provisor. Flügel" gehört neben den prot. Extremisten zu den Hauptverantwortl. für die bis heute anhaltende Eskalation des Terrors in Nordirland.

Irisch-römisches Bad ↑Sauna.

Irisdiagnose, svw. ↑Augendiagnose.

Irisdruck, Variante des Farbdrucks, bei der mehrere verschiedene Farben mit ineinanderlaufenden Rändern in einem Druckgang gedruckt werden.

Irisé [iri'ze:; griech.-frz.], perlmutterähnl. Schillern von Stoffen durch Einweben cellophanartiger Bändchen oder durch Prägeeffekte.

Irish Coffee [engl. 'aɪərɪʃ 'kɒfɪ], Getränk aus heißem Kaffee, Whisky (Irish Whiskey), Zucker, Gewürzen und Schlagsahne.

Irish-Stew [engl. 'aɪərɪʃ 'stju:, eigtl. „ir. Schmorgericht"], Eintopfgericht aus Hammelfleisch, Kartoffeln, Zwiebeln und Gewürzen; in Deutschland auch mit Weißkohl.

irisieren [griech.], in Regenbogenfarben schillern.

Irisöl (Veilchenwurzelöl), ein gelbl. äther. Öl von starkem veilchenähnl. Duft, das aus den Wurzelstöcken von drei Schwertlilienarten durch Wasserdampfdestillation und anschließendes Entfernen der festen Myristinsäure gewonnen wird.

Iriswurzel (Veilchenwurzel), Bez. für den getrockneten, äther. Öl und das Glykosid Iridin enthaltenden Wurzelstock verschiedener Schwertlilienarten. Die I. ist schon seit der Antike bekannt und wurde lange Zeit als Droge gegen Husten verwendet. Heute wird daraus Irisöl gewonnen.

Iritis [griech.], svw. ↑Regenbogenhautentzündung.

Irkutsk, sowjet. Gebietshauptstadt in S-Sibirien, RSFSR, 467 m ü. d. M., 589 000 E. Univ. (gegr. 1918), sechs Hochschulen, u. a. PH; Zweigstelle der Akad. der Wiss. der UdSSR; Kunstmuseum; Planetarium, Empfangsstation für Fernmeldesatelliten. U. a. Maschinenbau, Glimmerverarbeitung, Bekleidungsind.; Bahnstation an der Transsib, Passagierschiffahrt nach Bratsk und zum Baikalsee, ✈. - 1652 gegr., wurde Garnison und Verwaltungszentrum Ostsibiriens; seit 1686 Stadt; seit 1803 Hauptstadt des Generalgouvernements Sibirien.

Irkutsker Kohlenbecken, Kohlenvorkommen im südl. Mittelsibirien, UdSSR, erstreckt sich auf etwa 500 km zw. Nischneudinsk und dem Baikalsee, in günstiger Verkehrslage beiderseits der Transsibirischen Eisenbahn.

Irland. Übersichtskarte

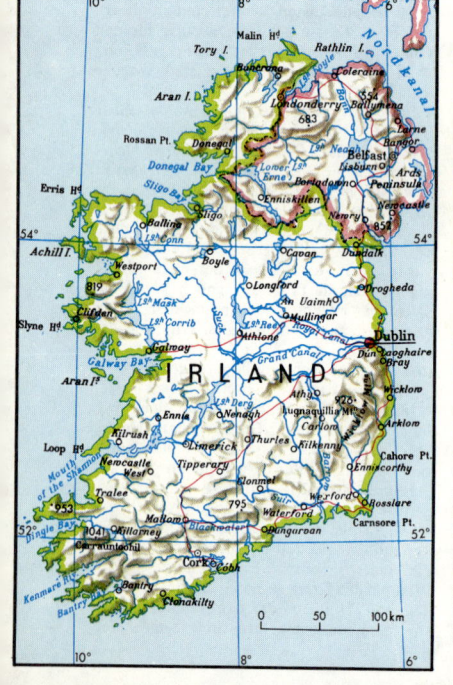

Irland

(amtl. Republic of Ireland; irisch: Éire), Republik in Nordwesteuropa, zw. 51°05' und 55°23' n. Br. sowie 6° und 11° w. L. **Staatsgebiet:** Umfaßt den größten, südl. Teil der im Atlant. Ozean westl. von Großbrit. gelegenen Insel Irland; grenzt im N und NO an Nordirland (Großbrit. und Nordirland). **Fläche:** 70 283 km² (Landfläche: 68 891 km²). **Bevölkerung:** 3,56 Mill. E (1985), 51 E/km². **Hauptstadt:** Dublin. **Verwaltungsgliederung:** 27 Gft., 4 grafschaftsfreie Städte. **Amtssprachen:** Irisch, Englisch. **Nationalfeiertag:** 17. März (Saint-Patricks-Tag). **Währung:** Irisches Pfund (Ir£) = 100 New Pence (p). **Internationale Mitgliedschaften:** UN, OECD, EG, Europarat, GATT. **Zeitzone:** Greenwich Mean Time, d. i. MEZ −1 Std. (mit Sommerzeit).

Landesnatur: I. besteht aus einem von der Eiszeit geprägten, an Seen und Mooren reichem zentralen Tiefland, das von Bergländern umrahmt wird, die v. a. an der Atlantikseite reich gegliedert sind. Die höchste Erhebung liegt im SW mit 1 041 m ü. d. M. (Carrauntoohill). Nur im NO ist das vom Shannon entwässerte Tiefland zur Irischen See hin geöffnet. **Klima:** Es ist extrem ozean. mit milden Wintern, kühlen Sommern und gemäßigten Übergangszeiten. Niederschläge fallen das ganze Jahr über, im W 3 000 mm/Jahr, in

Irland

Dublin an der O-Küste 750 mm/Jahr. Der Golfstrom heizt im Winter das Januarmittel im SW auf 7 °C auf.
Vegetation: Weit verbreitet sind Moore, Heiden und Grasflächen. Der Anteil an Wald ist gering, doch wird seit 1951 v. a. im W der Insel aufgeforstet (v. a. mit Fichten). Die Waldgrenze liegt in 350–600 m Höhe. Dank des Golfstroms gedeihen im SW subtrop. Pflanzen (z. B. Bambus, Palmen).
Bevölkerung: Die Iren sind überwiegend kelt. Abstammung, wenn auch die irische Sprache nur noch von 28,3 % der Bevölkerung gesprochen wird. In den letzten 100 Jahren zwangen die schlechten Lebensbedingungen, Mißernten, Hungersnöte und ein ausbeuter. brit. Pachtsystem zahlr. Iren zur Auswanderung. Erst seit den 1960er Jahren zeichnet sich wieder ein Bev.wachstum auf Grund v. a. eines Industrialisierungsprogramms ab. 94 % der Bev. gehören der röm.-kath. Kirche an. Schulpflicht besteht von 6–15 Jahren. Neben 6 Lehrerseminaren verfügt I. über 5 Hochschulen, u. a. die 1592 gegr. Univ. in Dublin. Für untere Einkommensgruppen (rd. 35 % der Bev.) ist die medizin. Versorgung kostenlos.
Wirtschaft: Von der Gesamtfläche des Landes werden rd. 70 % landw. genutzt, davon ³/₄ als Grünland. An erster Stelle steht die Rinderhaltung (Fleischerzeugung und Milchwirtschaft), gefolgt von der Schafhaltung. Daneben werden Schweine, Ziegen und Geflügel gehalten sowie Pferde (v. a. Reitpferde) gezüchtet. Angebaut wird Futter-, Brauerei- und Brotgetreide, Hackfrüchte u. a. Weder Forst- noch Fischereiwirtschaft decken den Eigenbedarf. I. ist arm an Bodenschätzen, abgesehen von den Zink- und Bleierzvorkommen in der Gft. Galway in W-Irland. Der Energiebedarf wird durch Kohle-, Wasser- und Torfkraftwerke gedeckt. Führend ist die Nahrungs- und Genußmittelindustrie. Die Textilind. geht auf die traditionelle Tweedherstellung und Stickerei zurück. Die Regierung fördert seit den 60er Jahren die Ansiedlung ausländ. Ind.betriebe. Seither haben rund 700 ausländ. Firmen die Produktion aufgenommen. Jeder dritte Arbeitsplatz in der verarbeitenden Industrie ist von der Ausfuhr abhängig. In ausländ. Firmen werden v. a. Konsum- und Investitionsgüter erzeugt (Montage von Kraftfahrzeugen und Maschinen, chem. Industrie, Herstellung von Elektrogeräten, Transistorradios u. a.). Der Fremdenverkehr zeigt eine steigende Tendenz.
Außenhandel: Führende Partner sind die EG-Länder (v. a. Großbrit.), die USA, Schweden und Kanada. I. führt v. a. Fleisch und Fleischprodukte, Molkereiprodukte, Garne, Gewebe und Textilien, nichtelektr. und elektr. Maschinen und Geräte, feinmechan. und opt. Erzeugnisse, Bleierze und -konzentrate aus. Die BR Deutschland liefert nach I. v. a. Maschinen u. Geräte, Stahl und Eisen, Garne und Gewebe, Kunststoffe und -harze, Kfz., Metallwaren, chem. Grundstoffe und Verbindungen.
Verkehr: Das Eisenbahnnetz, überwiegend Breitspur, ist 1944 km lang, das Straßennetz 92 302 km, davon 15 981 km Hauptstraßen. Der Seeschiffahrt und dem Luftverkehr kommen auf Grund der Insellage große Bed. zu. Die wichtigsten Häfen sind Dublin, Cork und Waterford, internat. ✈ sind Dublin, Shannon Airport bei Limerick und Cork. Die nat. Aer Lingus bedient die Europa- und Transatlantikrouten.
Geschichte: Zur Vorgeschichte † Europa. Altertum und Mittelalter (bis 1534): Bereits lange vor der kelt. Einwanderung (wohl in der 2. Hälfte des 1. Jt. v. Chr.) war I. besiedelt. Z. Z. der Missionierung durch den hl. Patrick (432–465) war die kelt. (gäl.) Durchdringung des Landes abgeschlossen. Fortan bildete I. eine kulturelle, religiöse und rechtl. Einheit, blieb aber polit. in viele kleine Herrschaftsbez. zersplittert. Seit dem 7. Jh. spielten die Klöster eine bed. Rolle (iroschott. Kirche, iroschott. Mission). Die seit 795 (bis ins 11. Jh.) einfallenden Wikinger plünderten die reichen Klöster, gründeten aber auch Militär- und Handelsniederlassungen (Dublin, Cork, Limerick, Wexford), aus denen sich kleinere Kgr. entwickelten; sie bestanden auch nach der Niederlage der Wikinger fort.
Im 12. Jh. begann die Kirchenreform. 1171/72 griff der engl. König Heinrich II. in I. ein, u. a. auch, um die Etablierung von ihm unabhängiger ir. Fürstentümer durch seine Barone zu verhindern. Er begründete mit Zustimmung der geistl. und weltl. Großen die Lordschaft I. Unter seinem Sohn Johann I. und unter Heinrich III. begann der Aufbau einer Zentralverwaltung. Der anglogerman. Adel nahm bis zur Mitte des 13. Jh. unter Zurückdrängung des gäl. Einflusses immer weitere Gebiete in Besitz, wurde jedoch zunehmend selbst angligiert. Dagegen waren die Statuten von Kilkenny (1366) gerichtet, die eine strenge Schranke zw. Gälen und Angloiren aufrichten und damit die Macht der engl. Krone festigen sollten. Dennoch wurde im 15. Jh. der Machtbereich der Dubliner Verwaltung auf einen schmalen Streifen an der Ostküste eingeschränkt. Unter den Tudors begann dann die Reorganisation der engl. Macht (Poynings'-Law 1494: Zusammentritt eines ir. Parlaments nur mit Zustimmung des Königs), obwohl zunächst die Grafen von Kildare, auch in ihrer Eigenschaft als Vertreter des Königs („Lord deputy"), die ir. Politik noch zu bestimmen vermochten (1471–1534).
Unterwerfung durch England und Festigung der brit. Herrschaft (1534–1801): Die eigtl. Unterwerfung I. begann 1534, als Heinrich VIII. den Grafen von Kildare als „deputy" absetzte. 1541 ließ er sich vom ir. Parlament, das seit 1297 als Ständeversammlung der Angloiren bestand, den Titel

305

Irland

eines Königs von I. übertragen. Gleichzeitig nahmen die ir. Großen ihr Land vom König zu Lehen und erhielten engl. Adelstitel. Die Versuche, die Reformation in I. durchzusetzen, schlugen fehl; sogar die Angloiren blieben kath.; zahlr. Aufstände (1559, 1568–83 und 1594–1603) waren Ausdruck der auch religiös bedingten Spannungen. Die Förderung engl. und schott. Siedler zeitigte ledigl. in Ulster nach 1607 dauerhafte Erfolge. Dort führte die Niederschlagung eines Aufstands der enteigneten kath. Landbesitzer in Ulster durch Cromwell (1649/50) zu einer völligen Umstrukturierung der Besitz- und Herrschaftsverhältnisse. Die meisten der immer noch überwiegend kath. Landbesitzer wurden enteignet. An ihre Stelle traten Protestanten (u. a. zahlr. republikan. Offiziere). Während der Restauration wurde diese neue Ordnung nicht angetastet, erst Jakob II. betrieb nach seiner Vertreibung aus England eine prokath. Politik. Nach seiner Niederlage gegen Wilhelm III. von Oranien am Boyne (1690) jedoch war die Niederlage der Katholiken endgültig besiegelt und die „prot. Nation" fest etabliert. Der Landbesitz von Katholiken sank während des 18. Jh. noch weiter (Erbgesetze, Verkaufsverbote). Ohne Spannungen war freilich auch das engl.-ir. Verhältnis auch jetzt nicht, v. a. wegen der Ansprüche des brit. Parlaments, I. in den Geltungsbereich seiner Gesetze einzubeziehen (Deklarationsakte von 1719) und die Budgethoheit des ir. Parlaments einzuschränken, sowie wegen der zahlr. Handelsbeschränkungen. Die patriot. prot. Partei forderte für I. und sein Parlament die volle Gleichberechtigung, die 1782 fakt. erreicht wurde (Aufhebung der Deklarationsakte, Abschwächung des Poynings'-Law). Auch setzte ein gewisser wirtsch. Aufschwung ein, nachdem 1779 die meisten der Handelsbeschränkungen aufgehoben worden waren. Doch die drängenden sozialen Probleme, die sich durch rasches Bev.wachstum und Landverknappung stetig verschärften und sich in der drückenden Armut (Hungerkatastrophen 1727–29, 1740/41) und der Abhängigkeit der kleinen Pächter äußerten, blieben ebenso ungelöst wie die Frage der Katholikenemanzipation. So kam es im Gefolge der Frz. Revolution zu einer Verschärfung des polit. Klimas und zu einem Aufstand (1798), der rasch niedergeschlagen wurde, die prot. Herrschaft jedoch erschütterte. Auch in Reaktion darauf wurde 1801 die Union Großbrit. und I. vollzogen: Aufhebung des ir. Parlaments, gemeinsames Parlament in Westminster mit 100 ir. - bis 1829 ausschließl. prot. - Abg. und 32 ir. Peers, Vereinigung der Staatskirchen.
Ir. Nationalismus und Homerule-Bestrebungen (1801–1921): Der ir. Nationalismus, in dem der Widerstand gegen die lange Unterdrückung, frz.-bürgerl. Revolutionsdenken und militanter Katholizismus eine explosive Mischung eingingen, errang einen ersten Sieg mit der Katholikenemanzipation 1829. Seitdem verstärkte sich (D. O'Connell) die Massenbewegung für die Aufhebung („repeal") der Union. Der massive Einsatz von Truppen gegen Massenversammlungen bezeichnete 1843 das Ende der friedl. Agitation, doch scheiterte der Aufstand des Jungen Irland 1848 in blutiger Unterdrückung. Zu dem Aufflammen des bewaffneten Widerstands hatten jahrelange Mißernten beigetragen, die unter dem herrschenden Pachtsystem bei explosivem Bev.wachstum zu Massenhunger, dauernder Gewalttätigkeit und schließl. zu millionenfacher Auswanderung v. a. nach den USA, führte (Bev. 1843: 8,5 Mill., 1851: 6,55 Mill.). In Großbrit. setzte sich v. a. Gladstone erfolgreich für die wirtsch. Reform in I. ein. Nach 1870 befand sich der Reformismus der Liberalen, die bis zum Vorabend des 1. Weltkriegs die ir. Frage nicht zu lösen vermochten, im ständigen Wettlauf mit den halbrevolutionären Loslösungsbestrebungen des ir. Nationalismus. Die 1879 gegr. Irish Land League zielte wie die Land Act Gladstones von 1881 auf die wirtsch. Grundprobleme der Landbev.: Sicherheit der Pacht, angemessene Pachthöhe. Im Unterhaus benutzte die ir. Fraktion unter geschickter Führung Parnells ihre Schlüsselstellung, um Tories oder Liberale auf Homerule für I. zu verpflichten. Dabei wurde jedes Mittel der Obstruktion angewandt. 1886 zerbrach an Gladstones erster Homerule Bill die liberale Partei. Die zweite Vorlage von 1893 scheiterte am Oberhaus. Die Folge war in I. eine Stärkung der radikalnationalist. Strömung (Gründung des Sinn Féin, 1900). Die Land Purchase Act von 1903 erleichterte den Pächtern den günstigen Erwerb ihres Landes. 1911 unterstützten die ir. Nationalisten in der Steuerpolitik gegen das Oberhaus die Liberalen, die dafür 1912 die Homerule Bill einbrachten (1914 bis Kriegsende suspendiert). Gegen das Gesetz drohte ein Aufstand der prot. Unionisten in Ulster, dem die Konservativen und Teile des Offizierkorps mit Sympathie begegneten. In der Armee mehrten sich Anzeichen drohender Meuterei, in I. rüstete man für den Bürgerkrieg, als der 1. Weltkrieg ausbrach. Nach anfängl. Loyalitätsbekundungen der ir.-nationalist. Organisationen sah die Irish Republican Brotherhood im Krieg die Chance für den bewaffneten Aufstand, der aber bereits nach einer Woche zusammenbrach (Ostern 1916). Nach einer neuen Welle von Gewalttätigkeiten entstand im Kriegskabinett Lloyd Georges die Bereitschaft zu einer Verhandlungslösung; 1921 erhielt Ulster ein eigenes Parlament (Stormont). Lloyd George und E. de Valera schlossen am 6. Dez. 1921 einen Vertrag ab, der die Trennung des restl. I. als Freistaat von Großbrit., jedoch seinen Verbleib im Commonwealth sicherte.

Irland

Freistaat und Unabhängigkeit (ab 1921): Der Vertrag von 1921, dessen Annahme die brit. Seite schließl. mit Kriegsdrohung durchgesetzt hatte, blieb in I. heftig umstritten. So wie wirtsch. die Rückständigkeit des Landes das Hauptproblem blieb (trotz langfristiger monetärer und wirtsch. Bindung an Großbrit.), überschattet das Ulster-Problem bis heute die ir. Innen- und Außenpolitik. Die Annahme des Vertrags am 8. Jan. 1922 löste in I. eine jahrelange innere Krise und einen Bürgerkrieg aus. Die Verfassung von 1922 entstand in dem erst die Reg. W. T. Cosgrave (1923–1932) sich durchsetzte. Die Jahre nach 1923 dienten dem Wiederaufbau und der Industrialisierung des Landes. Die Weltwirtschaftskrise ab 1929 traf das Land schwer und rief erneut polit. Unruhen hervor. Neuwahlen führten 1932 zur Bildung der ersten Regierung de Valera (bis 1948), die sich mit dem Ausbau des Sozialstaats und dem kontrollierten Konflikt mit Großbrit. die Unterstützung der ländl. Mittel- und Unterschichten sicherte. Der Wirtschaftskrieg mit Großbrit. schädigte zwar die Landwirte, wurde von de Valera aber für die Errringung voller Unabhängigkeit genutzt, die ihren Ausdruck in der Verfassung von 1937 fand. Erst 1938 kam es angesichts der europ. Kriegsgefahr zum ir.-brit. Ausgleich (Beendigung des Handelskriegs; Rückzug der brit. Truppen aus ihren Stützpunkten, Regelung der Ablösungszahlungen; endgültige Regelung aller finanziellen Verbindlichkeiten). Im 2. Weltkrieg blieb I. neutral.
1948–51 und 1954–57 regierte eine Koalition unter J. A. Costello, 1951–54 und 1957–59 war de Valera Premierminister. Die formelle Proklamation der Republik I. („Éire") 1949 hatte verschärfte Spannungen mit Ulster zur Folge. S. Lermass (Premiermin. 1959–66) sicherte zu, daß eine Vereinigung beider Teile Irlands allein unter Zustimmung beider Seiten erfolgen könne, und eröffnete 1965 Konsultationen mit dem nordir. Premier. Das brit.-ir. Freihandelsabkommen von 1965 sollte der wirtsch. Entwicklung und dem Anschluß an das westeurop. Industrialisierungsniveau dienen. Ab 1966 war J. Lynch Premierminister, der am 14. März 1973 von L. T. Cosgrave abgelöst wurde. Ab 1969 führte eine neue - vermindert bis heute anhaltende - Welle organisierter Gewalttätigkeit zu massivem Einsatz brit. Truppen in Nordirland, zur Auflösung des Stormont und zur vorübergehenden Übernahme direkter Kontrolle durch die brit. Reg. in Nordirland. Auch die ir. Innenpolitik wurde durch Terrorakte kath.-republikan. Extremisten der IRA schwer belastet. 1973 trat I. den EG bei. Hauptprobleme sind die hohe Arbeitslosigkeit und die anhaltende Inflation. 1977 war J. Lynch erneut Premiermin. Ihm folgte im Dez. 1979 C. J. Haughey, der Führer der Fianna Fáil, abgelöst im Juni 1981 von G. FitzGerald, dem Vors. der Fine Gael. Das Scheitern des Sparhaushalts brachte C. J. Haughey im März 1982 erneut an die Reg. Der anhaltende wirtsch. Niedergang führte jedoch bereits im Nov. zu Neuwahlen, nach denen FitzGerald mit der Labour Party eine Koalitionsreg. bildete. Diese versuchte, der wirtsch. Probleme Herr zu werden und wichtige innere Reformen (u. a. Abschaffung des Scheidungsverbots 1986) durchzusetzen. Mit Großbrit. schloß I. 1985 ein Abkommen, das der ir. Reg. eine konsultative Rolle in der Verwaltung Nordirlands gibt. Neuwahlen im Febr. 1987 brachten die Fianna Fáil unter C. J. Haughey an die Reg. (Minderheitenreg.), die bei den Neuwahlen im Juni 1986 bestätigt wurde. Seit Juli 1989 Koalitionsreg. mit den Progressive Democrates.

Politisches System: Nach der Verfassung von 1937 ist I. eine Republik mit parlamentar. Demokratie. *Staatsoberhaupt* ist der Präs. (seit 1976 J. P. Hillery). Er wird vom Volk direkt auf 7 Jahre gewählt; einmalige Wiederwahl ist zulässig. Der Präs. ernennt auf Vorschlag des Unterhauses den Premiermin. und auf dessen Vorschlag der Min.; er beruft das Unterhaus ein und löst es auf. Beratend steht dem Präs. ein Staatsrat zur Seite. Die *Exekutive* wird von der Reg. ausgeübt, gebildet aus Premierminister und Kabinett. Sie ist dem Unterhaus verantwortl. und bedarf des Vertrauens von dessen Mehrheit. Mit Ausnahme von 2, die dem Senat angehören dürfen, müssen die Reg.-Mgl. Unterhausabg. sein. Die *Legislative* liegt beim Parlament, das vom Präs., dem Unterhaus und dem Senat gebildet wird. Wichtigste Kammer des Parlaments ist das Unterhaus. Es setzt sich aus 166 Abg. zusammen, die für 5 Jahre nach dem Verhältniswahlrecht vom Volk gewählt werden. Die zweite Kammer, der Senat, besteht aus 60 Mgl.; 11 werden vom Premiermin. ernannt, 6 von den Universitäten u. 43 von den Standesvertretungen für 5 Jahre gewählt. Gesetzesentwürfe durchlaufen beide Häuser, doch hat der Senat kein Vetorecht. Verfassungsändernde Gesetzentwürfe werden im Unterhaus eingebracht, bedürfen der Billigung durch beide Kammern und durch Volksentscheid.

Das ir. *Parteiensystem* wird von zwei großen Parteien geprägt, ↑Fianna Fáil und ↑Fine Gael, die miteinander um die Macht konkurrieren, und einer Anzahl kleinerer Parteien, v. a. der Labour Party und der Progressive Democrates, die öfter in Koalitionsreg. eintreten.

Das irische *Gewerkschaftswesen* weist eine ähnl. Vielfalt auf wie das brit; der Dachverband Irish Congress of Trade Unions umfaßt 82 Einzelgewerkschaften mit etwa 652 000 Mitgliedern.

Zur *Verwaltung* ist I. in 27 Gft. und 4 grafschaftsfreie Städte gegliedert.

Das ir. *Recht* steht in der engl. Tradition (Common Law) und wurde seit 1922 durch

Irländisches Moos

Einzelgesetze ergänzt. Untere Gerichte sind die Schnell-, Distrikt- und Kreisgerichte. Berufungen von diesen Gerichten kommen vor das Hohe Gericht, das zugleich 1. Instanz mit unbeschränkter Zivil- und Strafgerichtsbarkeit ist. Für schwere Strafsachen ist der Zentrale Kriminalgerichtshof zuständig. Letzte Berufungsinstanz ist der Oberste Gerichtshof.

I. unterhält *Streitkräfte* (Berufsarmee) in einer Gesamtstärke von 13 950 Mann (Heer 12 200, Marine 900, Luftwaffe 850).

📖 *Tieger, M. P.: I. Mchn. 1984. - I. Eine Landeskunde. Hg. v. Department of Foreign Affairs Dublin. Stg. 1983. - Gray, T.: 5mal I. Dt. Übers. Mchn.* ³*1981. - Atlas of Ireland. Prepared under the direction of the Irish National Committee for Geography. Dublin 1979. - Großmann, A. J. J.: Ir. Nationalbewegungen 1888–1915. Mchn. 1979. - Wöste, K.: Englands Staats- u. Kirchenpolitik in I. 1795–1869. Ffm. 1979. - A new history of Ireland. Hg. v. T. W. Moody u. a. London 1976ff. Auf 8 Bde. berechnet. - Ziegler, W.: I.: Kunst, Kultur u. Landschaft. Köln 1974. - Beckett, J. C.: Gesch. Irlands. Dt. Übers. Stg. 1971. - Younger, C.: Ireland's civil war. New York 1969. - Freeman, T. W.: Ireland. A general and regional geography. London* ⁴*1969. - Encyclopaedia of Ireland. Dublin 1968.*

Irländisches Moos (Karrageen, Carrageen, Gallertmoos, Knorpeltang), getrocknete, gebleichte Thalli der Rotalgen Chondrus crispus, Gigartina stellata und Gigartina mamillosa, die an den Küsten des Atlantiks vorkommen; enthält 80 % Schleimstoffe (Karrageenin, Polygalaktoside), Eiweiß, Jod und Bromverbindungen. I. M. wird medizin. als Mittel gegen Husten und Darmkatarrh eingesetzt, in der Nahrungsmittel- und Kosmetikind. als Stabilisator und Geliermittel.

Irma, alter dt. weibl. Vorname, Kurzform von Vornamen, die mit „Irm-" gebildet sind, wie z. B. ↑Irmgard und ↑Irmtraud.

Irmgard, alter dt. weibl. Vorname (nach den Herminonen [Irminonen] oder zu althochdt. irmin- „groß"; Bed. von -gard ist ungeklärt).

Irmingerstrom, warme Meeresströmung im N-Atlantik, Zweig des Nordatlant. Stromes sw. von Island.

Irminonen ↑Herminonen.

Irminsul, Heiligtum der heidn. Sachsen; auf dem Feldzug Karls d. Gr. gegen die Sachsen 772 nach der Einnahme von Eresburg zerstört. Die I. hatte die Form eines säulenähnl. Holzstammes und stellte wohl die Weltsäule dar, die das Himmelsgewölbe trägt.

Irmtraut, alter dt. weibl. Vorname (zu ↑Irmgard und althochdt. -trud „Kraft, Stärke").

Irokesen, urspr. im nö. Waldland N-Amerikas lebende Indianerstämme, v. a. der Mohawk, Oneida, Onondaga, Cayuga und Seneca, die sich um 1575 zum I.bund zusammengeschlossen hatten; 1722 kamen noch die Tuscarora zu dem nun auch „Sechs Nationen" gen. I.bund. Die I. lebten in Großfam. in Langhäusern, die Bewohner mehrerer Langhäuser bildeten einen Klan. Polit. Einheit war der Stamm; der aus Vertretern der Klans gebildete Stammesrat unterstand wiederum dem Bundesrat, der höchsten Instanz des I.bundes. Der mächtige I.bund, der ein stehendes Heer unterhielt, unterwarf alle benachbarten kleineren Stämme und adoptierte die Gefangenen. Heute noch bestehende Geheimbünde der I. bewahren traditionelles Gedankengut und Brauchtum, ebenso die sog. Neue Religion, eine indian. Form des Christentums, die um 1800 von dem Indianer Handsome Lake gelehrt wurde. Die I. leben heute v. a. in Reservaten in den Staaten Ontario (Kanada), Oklahoma und New York (USA).

Irone [Kw. aus Iris und Ketone], Gruppe isomerer Terpenketone der chem. Zusammensetzung $C_{14}H_{22}O$; Bestandteil des Irisöls; Verwendung bei der Parfümherstellung. Synthet. gewonnen werden I. durch Kondensation von Methylcyclozitral und Aceton.

Ironie [zu griech. eirōneía „Verstellung, Scheinheiligkeit, Vorwand"], bedeutet eine *Redeweise,* bei der das Gegenteil des eigtl. Wortlauts gemeint ist; wurde dann zu einer (fast immer aggressiven) *rhetor. Figur,* durch die der Hörererwartung gemäße, vielfach nicht beweisbare negative Werturteile in der Form eines iron. Lobs vorgetragen wurden; hierin ähnl. ist ihr urspr. von Sokrates eingeführter Gebrauch als *Vehikel didakt. Kommunikation,* wo durch bewußt falsche oder fragwürdige Wertvorstellungen, log. Fehlschlüsse oder fragende Unwissenheit zu positiver Erkenntnisanstrengung provoziert werden soll (**sokrat. Ironie**). - I. wurde v. a. in der dt. Frühromantik als *poetolog. Terminus* bedeutsam; die **romant.** Ironie wie sie von F. und A. W. Schlegel diskutiert wurde, bezeichnet allg. einen Schwebezustand, eine iron. distanzierte Haltung, die, im Hinblick auf das eigene Schaffen, ein künstler. Experimentieren, ein Spiel mit dem (literar.) Gegenstand seitens eines sich als autonom begreifenden (dichter.) Subjekts erlaubt. In ihren Werken verfuhren so u. a. L. Tieck, E. T. A. Hoffmann, C. Brentano, C. D. Grabbe, K. L. Immermann; dagegen versuchte H. Heine die romant. I. ad absurdum zu führen. - I. als *Bewußtseinshaltung* kennzeichnet u. a. auch Werke von T. Mann und R. Musil. Wie sich I. als *Verhaltensweise* vielfach kaum mehr abgrenzen läßt von fatalist. Relativierung aller Werte, so hat sie sich literar. bis zur konsequenten Ironisierung menschl. Verhaltens im absurden Theater gesteigert.

📖 *Japp, U.: Theorie der I. Ffm. 1983. - Prang, H.: Die Romant. I. Darmst.* ²*1980. -*

Kierkegaard, S.: Über den Begriff der I. Dt. Übers. Ffm. 1976. - I. als literar. Phänomen. Hg. v. H. E. Hass u. G. A. Mohrlüder. Köln 1973. - Behler, E.: Klass. I.: Romant. I. - Trag. I. Darmst. 1972.

Ironsides [engl. 'aıənsaɪdz „Eisenseiten"], gepanzerte Reitertruppen O. Cromwells.

iroschottische Kirche, Bez. für die weitgehend eigenständige Kirche der von den Kelten besiedelten Insel Irland, um 400 von Britannien aus missioniert. Als erster Missionar gilt Palladius, eigtl. Apostel ist ↑Patrick. Die Klöster bildeten die kirchl. Zentren („Mönchskirche"), deren Äbte stellten die höchste Autorität in der kirchl. Organisation dar. Die eigenständige Kirchenform Irlands schwand vom 7. Jh. an durch die Romanisierung der Insel.

iroschottische Mission, die ir. Mönche knüpften an das frühmönch. Ideal der asket. Heimatlosigkeit an; die „peregrinatio propter Christum" (= Pilgerschaft um Christi willen) führte sie an die W-Küste Schottlands und aufs europ. Festland, wo sie ihre heimatl. Tradition (Klosterregel, Mönchstonsur, Ostertermin, Praxis der Privatbeichte) einführten.

Irradiation [zu lat. irradiare „strahlen, bestrahlen"], in der *Nervenphysiologie* und *Medizin* die Ausbreitung bzw. Ausstrahlung einer Nervenerregung oder von Schmerzen über den normalen Bereich hinaus.

◆ (Überstrahlung) in der *physiolog. Optik* und *Wahrnehmungspsychologie* Bez. für alle Kontrasterscheinungen, die auf Abweichungen von der punktförmigen Vereinigung der Lichtstrahlen auf der Netzhaut des Auges, auf mehrfacher Reflexion der Strahlen an innerokularen Flächen sowie ihrer Streuung im Glaskörper und in hornhautnahen Netzhautschichten beruhen. Die bekannteste I.erscheinung ist die opt. Täuschung, daß helle Objekte auf dunklem Hintergrund größer erscheinen als gleich große dunkle Gegenstände auf hellem Grund.

irrational, allg. das, was mit dem Verstand nicht erfaßbar ist.

irrationale Zahlen (Irrationalzahlen), Zahlen, die weder ganze Zahlen sind noch sich durch Brüche ganzer Zahlen darstellen lassen; i. Z. sind nur durch unendl., nichtperiod. Dezimalzahlen darstellbar; man unterscheidet *algebraisch-i. Z.* (z. B. $\sqrt{2}$), die einer algebraischen Gleichung mit rationalen Koeffizienten genügen ($x^2 = 2$), und *transzendent-i. Z.* (z. B. die Zahl π), bei denen dies nicht zutrifft.

Irrationalismus, in der Philosophie eine i. d. R. nicht eigenständige Position, sondern häufig die auf Aufklärung und Rationalismus folgende Gegenströmungen (z. B. „Sturm und Drang"), die Instinkt, Intuition, Innerlichkeit, Liebe oder Gefühl als vorrationale Erkenntnisquellen ansehen. Ebenso spricht man von I., wenn „Wesen" und „Ursprung" der Welt als der Erkenntnis durch die Ratio nicht zugängl. gedacht werden.

irreal, unwirklich. - Ggs. ↑real.

Irrealis (Irreal) [lat.], Modus (Aussageweise) des Verbs, der ausdrückt, daß ein Geschehen oder Sein nicht gegeben, sondern nur gedacht oder vorgestellt ist, z. B. „Wenn du dich beeilt *hättest,* *könntest* du jetzt mitfahren".

Irredentismus (auch Irredenta) [lat.-italien., zu irredenta „unerlöstes (Italien)"], 1. 1877 geprägter Begriff für die nach der Einigung Italiens 1861/66 entstandene, von den Linksparteien (Republikaner, Radikale) und kulturpolit. Organisationen getragene Bewegung, die die Gewinnung der „terre irredente", d. h. der „unerlösten" (nach 1918 im östr.-ungar. Besitz verbliebenen, z. T. italienischsprachigen) Gebiete („Irredenta": Trient, [im Rahmen der **adriat. Frage:**] Triest, Istrien, dalmatin. Küste) anstrebte. Ab 1900 bemächtigte sich der aufkommende Nationalismus des I. und übersteigerte ihn. Die Bed. des I. lag weniger in seiner organisator. Stärke als in seinem Einfluß auf die öffentl. Meinung. - 2. Verallgemeinert Bez. für das Bestreben ethn. Minderheiten, sich mit einem benachbarten Nationalstaat gleicher Sprache zu vereinigen.

Irredentisten, Bez. für Anhänger des Irredentismus.

irreduzibel [lat.], nicht zurückführbar, nicht ableitbar, nicht weiter zerlegbar.

irregulär, nicht der Regel entsprechend.

Irregularität [lat.], allg. Regellosigkeit, Unordnung, mangelnde Gesetzmäßigkeit. Im *kath. Kirchenrecht* Weihehindernis, von dem befreit werden kann.

irrelevant, unerheblich, ohne Bedeutung; **Irrelevanz,** Unwichtigkeit, unwichtige Äußerung. - Ggs. ↑relevant.

Irreligiosität [lat.] (Religionslosigkeit), Ablehnung aller bestehenden Religionen und theoret. Bestreitung einer transzendenten Wirklichkeit.

irreparabel [lat.], nicht wiederherstellbar, unersetzlich.

Irresein ↑Psychose.

irreversibel, nicht umkehrbar; z. B. von bestimmten physikal. Vorgängen (↑irreversibler Prozeß), biolog. Veränderungen, entwicklungsgeschichtl. Prozessen oder physiolog. Reaktionen sagt. - Ggs. ↑reversibel.

irreversibler Prozeß, natürl., nicht umkehrbare physikal. oder chem. Zustandsänderung eines [thermodynam.] Systems; sie kann nicht rückgängig gemacht werden, ohne daß anderweitige Veränderungen im System oder in seiner Umgebung zurückbleiben. Beispiele für i. P. sind die Erzeugung von Wärme durch Reibung oder durch elektr. Strom, die Diffusion zweier Gase ineinander und die Lösung eines Stoffes in einem Lösungsmittel.

Irrgäste

Irrgäste (Alieni), in der Zoologie Tiere aus völlig anders gearteten Lebensräumen, die zufällig in ein ihnen fremdes Gebiet geraten bzw. dieses zufällig durchqueren (**Durchzügler**).

Irrigation [lat.], Ausspülung von Körperhöhlen mittels eines Irrigators.

Irrigator [lat.], Gefäß mit angesetztem Schlauch für Einläufe.

Irritabilität [lat.], die Fähigkeit organ. Strukturen, auf Einwirkungen der Umwelt (in bestimmter Weise) zu reagieren; eine allen lebenden Organismen eigentüml. Eigenschaft.

irritieren [zu lat. irritare „reizen, erregen"], unsicher machen, verwirren; stören; **Irritation**, Reizung, Erregtsein, Verärgerung.

Irrlehre, Bez. für eine objektiv falsche oder subjektiv für falsch gehaltene Lehre. - ↑auch Häresie.

Irrlicht (Irrwisch), nächtens sichtbare Leuchterscheinung in sumpfigem Gelände; entsteht durch Selbstentzündung von Methan (Sumpfgas) oder Phosphorwasserstoff.

Irrströme (Fehl[er]ströme), von elektr. Anlagen (z. B. infolge eines Isolationsfehlers) ausgehende elektr. Ströme.

Irrtum, die unbewußte Unkenntnis des wirkl. Sachverhalts. 1. Im *Zivilrecht* werden unterschieden: a) der **Erklärungsirrtum** (sog. Abirrung), bei dem der Erklärende die Erklärung schon ihrer äußeren Gestalt nach nicht abgeben will (z. verschreibt, verspricht oder vergreift sich z. B.); b) die **unrichtige Übermittlung** der Erklärung durch die hierfür verwendete Person (Bote); c) der **Inhaltsirrtum** (Geschäfts-I.), d. h. der I. über die Bedeutung der abgegebenen Erklärung; d) I. über **verkehrswesentl. Eigenschaften** der Person (z. B. Alter, Kreditwürdigkeit) oder der Sache (z. B. Qualität, Farbe; Echtheit eines Kunstwerks). In allen Fällen ist der Irrende zur Anfechtung seiner Erklärung berechtigt, unabhängig davon, ob ihn an dem I. ein Verschulden trifft; er hat dem Erklärungsgegner jedoch das ↑Vertrauensinteresse zu ersetzen. Bes. Regeln unterliegt der I. über die Geschäftsgrundlage sowie der I. bei Selbsthilfe, Vergleich und Testament. 2. Im *Strafrecht* unterscheidet man v. a. den I. in bezug auf den Tatbestand (**Tatbestandsirrtum**) von dem I. in bezug auf die Rechtswidrigkeit eines Tuns (**Verbotsirrtum**). Beim Tatbestands-I. entfällt der Vorsatz. War der I. fahrlässig, so kann der Täter wegen entsprechender fahrlässiger Tatbegehung bestraft werden. Ist ein Verbots-I. dem Täter nicht vorwerfbar, so entfällt die Strafe.

Irtysch, linker und Hauptnebenfluß des Ob, UdSSR und China; entspringt im Mongol. Altai, mündet 15 km nw. von Chanty-Mansisk, 4 248 km lang.

Irún, span. Ind.stadt im Baskenland, 51 000 E. Grenzbahnhof an der Strecke Madrid–Bordeaux–Paris. - Erstmals 1203 erwähnt; 1913 Stadt.

Irving, David [engl. 'ə:vɪŋ], * Hutton bei Brentwood (Essex) 24. März 1938, brit. Schriftsteller und Historiker. - Journalist; beschäftigte sich v. a. mit der Geschichte des Dritten Reiches und des Zweiten Weltkriegs. In seinem Buch „Der Untergang Dresdens" (1963) kam er zu dem Ergebnis, daß die Zerstörung der Stadt die Position der Westalliierten auf der Konferenz von Jalta stärken sollte. Die These, Hitler habe die Judenvernichtung nicht befohlen, stellte I. in seinem Buch „Hitler's war" (1977) auf und rief damit den heftigen Widerspruch der Historiker hervor, ebenso wie durch seine Biographie „Rommel" (1978). Schrieb auch „Aufstand in Ungarn. Die Tragödie eines Volkes" (dt. Übers. 1981), „Der Morgenthau-Plan 1944/45" (dt. Übers. 1986). Unter den Fachhistorikern gilt I. wegen seiner Thesen als Außenseiter.

I., Sir (seit 1895) Henry, eigtl. John Henry Brodribb, * Keinton Mandeville (Somerset) 6. Febr. 1838, † Bradford 13. Okt. 1905, engl. Schauspieler und Regisseur. - Ab 1878 Leiter des Lyceum Theatre, das er mit Ellen Terry zum Mittelpunkt des zeitgenöss. engl. Theaterlebens machte.

I., Washington, Pseudonyme Geoffrey Crayon, Diedrich Knickerbocker, * New York 3. April 1783, † bei Tarrytown (N. Y.) 28. Nov. 1859, amerikan. Schriftsteller. - 1842–45 Gesandter in Spanien; berühmt durch die parodist. Darstellung „Die Handschrift Diedrich Knickerbockers des Jüngeren" (1809, 1829 u. d. T. „Humorist. Geschichte von New York"). War mit seinem Werk „Gottfried Crayon's Skizzenbuch" (1819/20) der erste amerikan. Schriftsteller, der internat. Bed. erreichte; es umfaßt neben eleg. Familienerzählungen umgeformte, ins amerikan. Milieu transponierte dt. Sagenstoffe, von denen „Rip Van Winkle" und „Die Sage von der schläfrigen Schlucht" als frühe Muster der Kurzgeschichte gelten. In Stoffauswahl und -durchdringung der Romantik verpflichtet; verfaßte ferner histor. Darstellungen und Biographien über Goldsmith und Washington; daneben Erzählungen und Essays.

IS, Abk. für: ↑integrierte Schaltung.

is..., Is... ↑iso..., Iso...

Isa, weibl. Vorname, Kurzform von Isabella, Isolde und Luise.

Isa, arab.-muslim. Namensform für Jesus.

ISA, Abk. für: Informationssystem Arbeitseinsatz und Arbeitsplatzplanung (↑Personalplanung).

Isaac (Ysa[a]c), Heinrich, * wahrsch. in Flandern um 1450, † Florenz 26. März 1517, fläm. Komponist. - Um 1480 Organist in Florenz, seit 1497 Hofkomponist Maximilians I., lebte seit 1514 wieder in Florenz; einer der bedeutendsten Komponisten seiner Zeit. Kompositionen: u. a. der von seinem Schüler L. Senfl abgeschlossene „Choralis Constantinus" (Propriumsmotetten für das ganze Kirchenjahr, 1550–55, 3 Bde.), Messen (u. a. „Missa carminum"), Motetten, dt. Liedsätze (u. a. „Innsbruck, ich muß dich lassen"), niederl. Chansons, italien. Frottolen, Instrumentalsätze.

Isaak ['iːzak, 'iːzaːk, 'iːza-ak], aus der Bibel übernommener Vorname hebr. Ursprungs.

Isaak, bibl. Gestalt, zweiter der Erzväter, erscheint als der verheißene Sohn Abrahams; die paradigmat. zu verstehende Erzählung von I. Opferung wurde später christolog. gedeutet und stellt ein beliebtes Motiv der Kunst dar.

Isaak II. Angelos, † Konstantinopel 28. Jan. 1204, Kaiser von Byzanz (1185–95 und 1203/04). - Kämpfte mit Erfolg gegen die Normannen und mußte 1189/90 den Durchzug Friedrichs I. Barbarossa (3. Kreuzzug) erlauben. Am 8. April 1195 von seinem Bruder, Alexios III., abgesetzt und geblendet, wurde I. am 18. Juli 1203 nochmals Kaiser, sein Sohn Alexios IV. Mitkaiser.

Isaak Ben Jehuda Ibn Gajjat, * Lucena 1038, † ebd. 1089, jüd. Gelehrter und Dichter. - Schrieb Werke zur Halacha, Kommentare zum Talmud und zum Prediger Salomo, den er auch ins Arab. übersetzte.

Isabeau [frz. iza'bo], eigtl. Isabelle von Bayern, * München 1371, † Paris Sept. 1435, Königin von Frankr. - Seit 1385 ∞ mit Karl VI. von Frankr.; schloß 1420 den Vertrag von Troyes mit Heinrich V. von England, den sie gegen ihren Sohn Karl (VII.) als Erben des frz. Thrones anerkannte.

Isabela, Isla ↑Galapagosinseln.

Isabela, Kap, Kap an der N-Küste der Insel Hispaniola, Dominikan. Republik; nahebei gründete Kolumbus 1493 die Niederlassung Isabela, die zweitälteste span. Gründung in Amerika.

Isabella, weibl. Vorname, italien. Form des span. Vornamens Isabel (vermutl. eine span. Form von ↑Elisabeth); frz. Form Isabelle; engl., span., portugies. Form Isabel.

Isabella, Name von Herrscherinnen:
Kastilien-León:
I. I., die Katholische, * Madrigal de las Altas Torres 22. April 1451, † Medina del Campo 26. Nov. 1504, Königin von Kastilien-León (seit 1474) und Aragonien (seit 1479). - Seit 1469 ∞ mit Ferdinand II. von Aragonien, schuf durch diese Verbindung wichtige Voraussetzungen für die Entstehung des Kgr. Spanien. Sie entmachtete den Adel mit Hilfe der Städte, konsolidierte Kastilien nach bürgerkriegsähnl. Zuständen und baute eine zentralist. Verwaltung auf. Die Eroberung des maur. Kgr. Granada 1492 schloß die Reconquista ab. I. unterstützte die Entdeckungsfahrten des Kolumbus (1492).

Spanien:
I. II., * Madrid 10. Okt. 1830, † Paris 9. April 1904, Königin. - Wurde gemäß der Pragmat. Sanktion von 1830 am 24. Okt. 1833

Isis. Teilansicht eines Reliefs aus dem Grab der Königin Nofretari im „Tal der Königinnen" bei Theben

zur Königin proklamiert. 1843 für mündig erklärt, regierte I. bis zu ihrem Sturz am 26. Sept. 1868 im Zeichen heftiger Parteikämpfe und häufiger Kabinettswechsel. Seit 1846 ∞ mit Francisco de Asís, verzichtete am 25. Juni 1870 auf die Krone zugunsten ihres Sohnes Alfons XII., nachdem sie bereits seit 1868 im Exil in Frankr. lebte.

Isabella (d'Este), * Ferrara 1474, † ebd. 1539, Markgräfin von Mantua (seit 1490). - Seit 1490 ∞ mit Francesco II. Gonzaga; ihr Hof war Mittelpunkt für viele Künstler und Gelehrte.

Isabellbär (Ursus arctos isabellinus), relativ kleine, fahl bräunlichgelbe Unterart des Braunbären im Himalaja.

Isabelle [frz. iza'bɛl], frz. Form des weibl. Vornamens Isabella.

Isabelle, Pferd mit gelblich-cremefarbenem Fell und gleichfarbenem oder hellerem bis weißem (**Palomino**) Mähnen- und Schweifhaar.

isabellfarben, hell milchkaffeefarben; ein Farbton, der angebl. nach Isabella, der Tochter Philipps II. von Spanien, benannt wurde, die gelobt haben soll, das Hemd nicht zu wechseln, bevor ihr Gemahl, Herzog Albrecht von Österreich, Ostende, das er belagerte, erobert hätte. Die Belagerung dauerte drei Jahre (1601–04).

Isabey, Jean-Baptiste [frz. iza'bɛ], * Nancy 11. April 1767, † Paris 18. April 1855, frz.

Isai

Maler. - Schüler J. L. Davids; zahlr. Miniaturenporträts von feinem Farbschmelz, auch auf Porzellan und Elfenbein, auch Zeichnungen, Lithos. Seit 1807 „Chefdekorateur" (Krönungsfestlichkeiten Napoleons I. u. a.).

Isai (Vulgata: Jesse), bibl. Gestalt. Nach 1. Sam. 16, 10–13 Vater ↑ Davids; daher taucht er im Stammbaum Jesu auf (Matth. 1, 5).

Isaias ↑ Jesaja.

Isanomalen [griech.] (Isametralen), Linien (v. a. auf Karten) gleich großer Abweichungen von einem Normalwert.

Isar, rechter Nebenfluß der Donau in Bayern, entspringt im Karwendelgebirge (Östr.), tritt zw. Lenggries und Bad Tölz ins Alpenvorland ein, mündet bei Plattling, 295 km lang. Wichtig ist die I. v. a. für die Energiegewinnung: nördl. von Mittenwald wird ein großer Teil des Wassers dem Walchensee zugeleitet, erst über die Loisach wird es ihr wieder zugeführt. Am nördl. Stadtrand von München zweigt der etwa 50 km lange Mittlere Isarkanal ab, der mehrere im Erdinger Moos gelegene Speicherseen versorgt und bei Landshut wieder in die I. mündet.

Isarco [italien. i'zarko] ↑ Eisack.

Isarithmen [griech.], svw. ↑ Isolinien.

Isaura [griech.] (Estheria), seit dem Devon bis heute weltweit verbreitete Gatt. bis etwa 12 mm großer (meist kleinerer) Blattfußkrebse (Unterordnung Muschelschaler) mit gewölbten, konzentr. gestreiften Schalenklappen; rezent nur in kleinen, stehenden Süßgewässern, im Keuper gesteinsbildend (Estherienschichten).

Isaurier (lat. Isauri; Isaurer), antikes Volk im Bergland SO-Kleinasiens, südl. des von den Galatern bewohnten Gebietes.

Isawijja, Derwisch-Orden, gegr. zu Beginn des 16. Jh. von Ibn Isa As Sulfjani (* 1467, † um 1525) in Meknès, wurde zum bedeutendsten myst. Orden in Nordafrika.

ISBN, Abk. für: Internat. Standard-Buchnummer, eine aus 4 Zahlengruppen (Landesbzw. Gruppennummer, Verlags-, Titelnummer und Prüfzahl) bestehende 10stellige Kennzahl, die jedes neu erscheinende Buch nach internat. Vereinbarung erhält; dient v. a. der Rationalisierung des Bestellwesens.

Ischarioth ↑ Judas Ischarioth.

Ischewsk, alter Name der sowjet. Stadt ↑ Ustinow.

Ischia [italien. 'iskja], Hauptort der italien. Insel I., an der NO-Küste, 16 400 E. Kath. Bischofssitz, Museum, Thermen. Besteht aus den Ortsteilen I. Porto, dessen Hafen in einem ehem. Vulkankrater liegt und I. Ponte. Hier verbindet eine Brücke I. mit der Felseninsel, auf der sich das Kastell (v. a. 15. Jh.) erhebt.

I., italien. Insel im NW des Golfes von Neapel, 46,4 km², bis 788 m hoch, Hauptort I. Gebirgig mit buchtenreicher Küste, v. a. aus vulkan. Laven und Tuffen aufgebaut. Das Innere wird von Macchien, Kastanien- und Pinienwäldern bedeckt. Ölbaumhaine und Rebgärten kennzeichnen die dichtbesiedelten Küstensäume. Dank berühmter Thermalquelle bed. Fremdenverkehr. - I. wurde von Chalkis aus kolonisiert; um 470 v. Chr. von den Syrakusanern besetzt, gegen Ende des 5. Jh. in neapolitan. und vermutl. zur Zeit Sullas in röm. Hand. Im MA wiederholt von den Sarazenen verwüstet.

Ischiadikus [ɪsçi..., ɪʃi...; griech.], svw. ↑ Hüftnerv.

Ischias [griech., zu ischíon „Hüftgelenk, Hüfte"] (Ischialgie, Ischiassyndrom, Hüftweh, Ischiodynie), Neuralgie im Bereich des Hüftnervs (Ischiadikus). Die *radikuläre I.* wird meist durch einen Bandscheibenvorfall ausgelöst. Die *periphere I.* kann neben einem Bandscheibenvorfall auch auf arteriellen Durchblutungsstörungen im Bereich der großen Beckenarterie (Arteria iliaca), seltener auf einer Schädigung des Ischiasnervs infolge von Diabetes mellitus beruhen. - Die Behandlung der I. besteht u. a. in Ruhigstellung des betroffenen Beins.

Ischiasnerv, svw. ↑ Hüftnerv.

Ischim, sowjet. Stadt am I., Gebiet Tjumen, RSFSR, 62 000 E. PH, Landw.technikum; Bahnstation an der Transsib. - Bekannt seit dem Jahre 1631.

I., linker Nebenfluß des Irtysch, UdSSR, entspringt im N der Kasach. Schwelle, durchfließt die I.steppe, mündet 200 km nö. der Stadt I., 2 450 km lang, im Unterlauf schiffbar.

Ischimbai, sowjet. Stadt am W-Fuß der Südl. Ural, Baschkir. ASSR, 58 000 E. Erdöltechnikum; Erdöl- und Erdgasförderung. - 1932 Entdeckung des Erdölfeldes.

Ischium ['ɪsçiʊm, 'ɪʃiʊm; griech.], svw. Sitzbein (↑ Becken).

Ischl, Bad ↑ Bad Ischl.

Ischtar (Eschtar), die babylon.-assyr. Hauptgöttin (entspricht kanaanäisch Astarte, sumer. Inanna), galt als Tochter des Himmelsgotts Anu (später auch als dessen Gemahlin) oder des Mondgotts Nanna, als Schwester des Sonnengotts Utu und der Ereschkigal. I. war v. a. Göttin der Liebe und des Geschlechtslebens, sie war die göttl. Geliebte schlechthin (z. B. im „Gilgamesch-Epos"), galt aber zugleich als Jungfrau.

ISDN, Abk. für engl.: Integrated Services Digital Network, im Aufbau befindl. diensteintegrierendes digitales Fernmeldenetz, das zur Übertragung von Sprache, Text, Daten und Bildern dient und die unterschiedl. Fernmeldenetze ersetzen soll. Erste Ausbaustufe ist das *schmalbandige ISDN,* das Kupferkabel verwendet; hieraus soll schrittweise ein *Breitband-ISDN* aufgebaut werden, das mit Glasfaserkabeln arbeitet und auch für Fernsehübertragungen geeignet ist (Pilotprojekt ↑ BIGFON).

Ise, jap. Stadt auf Hondo, an der Mündung des Mija in die I.bucht, 106 000 E.

Markt- und Verarbeitungsort für Agrarprodukte der I.ebene. Als ein Zentrum des Schintoismus bed. Fremdenverkehr. - Gebildet 1955 aus der Stadt **Jamada** und umliegenden Dörfern. In Jamada seit frühgeschichtl. Zeit das höchste Heiligtum des Schintoismus, der **Iseschrein,** eine aus zwei Schintoschreinen aus Zypressenholz bestehende Anlage, die alle 20 Jahre im urspr. Stil völlig erneuert wird.

Iselin, Isaak [...li:n], * Basel 7. März 1728, † ebd. 17. Juli 1782, schweizer. Philanthrop. - Von der Aufklärung bestimmt, Mitbegr. der Helvetischen Gesellschaft (1761), Gründer einer Gesellschaft mit sozialfürsorger. Aufgaben (1777). - *Werke:* [Philosoph. und patriot.] Träume eines Menschenfreunds (1755 und 1776), Geschichte der Menschheit (1764).

Ise-monogatari [jap. „Erzählungen aus Ise"], Verserzählung eines unbekannten Autors wohl aus der 1. Hälfte des 10. Jh. Das Werk ist eines der höchstgeschätzten und meistgelesenen der klass. jap. Literatur, sein Einfluß auf die spätere Literatur war groß.

Isenbrant, Adriaen, † Brügge im Juli 1551, fläm. Maler. - Seit 1510 in Brügge nachweisbar. Malte, stilist. in der Nachfolge von G. David, v. a. zahlr. Madonnen.

Isenburg (Ysenburg), rhein.-hess. Dyn., ben. nach der Burg I. bei Neuwied; aufgespalten in zahlr. Linien, von denen Büdingen, Birstein und Offenbach die wichtigsten waren. Die Linie **Isenburg-Birstein** wurde 1442 in den Reichsgrafenstand und 1744 in den Reichsfürstenstand, die Linie **Isenburg-Büdingen** erst 1840 in den großherzogl.-hess. Fürstenstand erhoben.

Isenburg, Wilhelm Karl Prinz von, * Darmstadt 16. Jan. 1903, † Mülheim a. d. Ruhr 23. Nov. 1956, dt. Historiker. - 1937-47 Prof. in München; verfaßte u. a. genealog. Stammtafeln zur dt. und europ. Geschichte.

Isenheimer Altar, Hauptwerk des M. † Grünewald.

isentrop (isentropisch) [griech.], bei gleichbleibender Entropie verlaufend.

Iseosee, italien. Alpenrandsee, 185 m ü. d. M., 25 km lang, 2-5 km breit, bis zu 251 m tief. Etwa in der Mitte liegt die gebirgige Insel Montisola (bis 599 m ü. d. M.).

Iseran, Col de l' [frz. kɔldalɪˈzrɑ̃] † Alpenpässe (Übersicht).

Isère [frz. iˈzɛːr], Dep. in Frankreich.

I., linker Nebenfluß der Rhone, Frankr., entsteht als Gletscherfluß nahe dem Col de l'Iseran in den frz. Alpen, mündet oberhalb von Valence, 290 km lang, 155 km schiffbar.

Isergebirge, Gebirge der Westsudeten zw. Riesengebirge und Lausitzer Neiße, ČSSR und Polen▼, bis 1127 m hoch.

Iserloh, Erwin, * Duisburg 15. Mai 1915, dt. kath. Theologe und Kirchenhistoriker. - Bed. Kenner des Reformationszeitalters; trat mit der Behauptung hervor, Luthers Thesenanschlag sei Legende („Luthers Thesanschlag. Tatsache oder Legende" [1962]). - *Weitere Werke:* Gesch. u. Theologie der Reformation im Grundriß (1980), Kirche (1985).

Iserlohn, Stadt im unteren Sauerland, NRW, 180-300 m ü. d. M., 91 300 E. Fachhochschule Hagen, Abteilung I., Goethe-Inst., Ev. Akad. Westfalen; Theater; v. a. Metallind., daneben Textil- und elektrotechn. Ind. - Nach 1230 Errichtung einer fünfeckigen befestigten Stadt mit radialen Straßenzügen. - Bed. sind u. a. die spätgot. Marienkirche mit Schnitzaltar (um 1420) und die urspr. roman. Pankratiuskirche (spätgot. umgebaut). - Im Gebiet der 1975 eingemeindeten Stadt **Letmathe** liegt die **Dechenhöhle.**

Iseyin, Stadt in Nigeria, 30 km wnw. von Oyo, 129 000 E. Zentrum der Baumwollweberei, bed. Tuchmarkt.

Isfahan (pers. Esfahan), zweitgrößte Stadt Irans, Oase in einem weiten Becken zw. Sagros- und Kuhrudgebirge, 1430 m ü. d. M., 926 600 E. Hauptstadt des Verw.-Geb. I., Kultur- und Handelszentrum; Univ. (gegr. 1954); Bibliotheken, Museen; bed. traditionelles Handwerk; nahebei Stahlwerk. Fremdenverkehr; Straßenknotenpunkt, Bahnstation, ✈. - In der Antike **Aspadana** gen.; gegen Ende des 11. Jh. Hauptstadt der Seldschuken und bedeutendste Stadt des östl. Kalifats. Im 13./14. Jh. unter Mongolenherrschaft (1387 Einnahme durch Timur-Leng. Von Abbas I., d. Gr., zur pers. Hauptstadt erhoben (bis 1722). - Zentrum von I. ist der Schahplatz (Maidan e Schah, 1598), an dem die Königsmoschee (1612-37), die Frauenmoschee (Lotfollah-Moschee; vollendet 1619), der Palast Ali Kapu (15. Jh.) und der Basar liegen. Bed. sind u. a. noch der Palast der vierzig Säulen, die Freitagsmoschee (im Kern 11. Jh.), die Medrese Madar e Schah (1706-14) und die über den Sajande Rud führenden alten Brücken.

Isherwood, Christopher [William Bradshaw] [engl. ˈɪʃəwʊd], * Disley (Cheshire) 26. Aug. 1904, † Santa Monica (Calif.) 4. Jan. 1986, angloamerikan. Schriftsteller. - 1930-33 in Berlin als Lehrer tätig, lebte dann in London, wo er bald zur frühen Oxforder Literatengruppe um W. H. Auden stieß, mit dem er u. a. das Bühnenstück „On the frontier" (1938) verfaßte, in dem ihre Teilnahme am span. Bürgerkrieg literar. Niederschlag fand; 1938 Chinareise mit Auden („Journey to a war", 1939; mit Auden); 1940 Emigration nach den USA; wurde 1946 naturalisiert. Bes. bekannt wurde sein photograph. genauer Bericht über das Berlin vor 1933 „Leb' wohl, Berlin" (1939, Bühnenbearbeitung von J. W. Van Druten u. d. T. „Ich bin eine Kamera", dt. 1953). I. verfaßte ferner zahlr. Romane.

Isidien [griech.], der vegetativen Vermehrung dienende, stift- oder korallenförmige Auswüchse verschiedener Flechten.

Isidor, männl. Vorname (zu griech. Isidōros „Geschenk der Göttin Isis").

VERBREITUNG DES ISLAMS

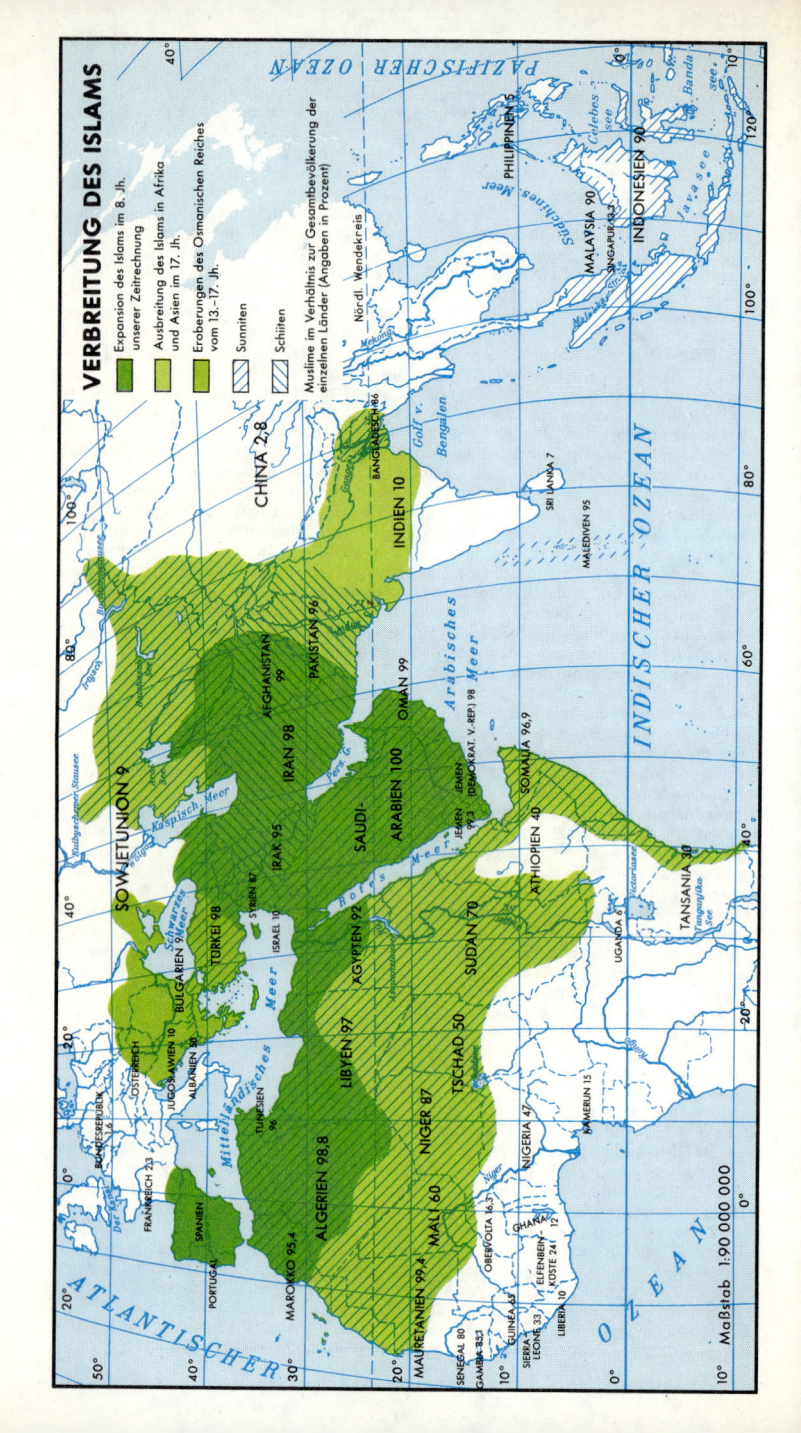

- Expansion des Islams im 8. Jh. unserer Zeitrechnung
- Ausbreitung des Islams in Afrika und Asien im 17. Jh.
- Eroberungen des Osmanischen Reiches vom 13.–17. Jh.
- Sunniten
- Schiiten

Muslime im Verhältnis zur Gesamtbevölkerung der einzelnen Länder (Angaben in Prozent)

Maßstab 1:90 000 000

Länderangaben (Muslime in %):

- PORTUGAL
- SPANIEN
- MAROKKO 95,4
- ALGERIEN 98,8
- TUNESIEN 96
- LIBYEN 97
- ÄGYPTEN 92
- MAURETANIEN 99,4
- SENEGAL 80
- GAMBIA 35,1
- GUINEA 65
- SIERRA LEONE 33
- LIBERIA 10
- ELFENBEINKÜSTE 24
- GHANA 12
- OBERVOLTA 16,3
- MALI 60
- NIGER 87
- NIGERIA 47
- KAMERUN 15
- TSCHAD 50
- SUDAN 70
- ÄTHIOPIEN 40
- SOMALIA 96,9
- UGANDA 6,5
- TANSANIA 30
- FRANKREICH 2,3
- BUNDESREPUBLIK
- ÖSTERREICH
- JUGOSLAWIEN 10
- BULGARIEN 9
- ALBANIEN 50
- TÜRKEI 98
- SYRIEN 87
- ISRAEL 10
- IRAK 95
- SAUDI-ARABIEN 100
- JEMEN 99,3
- JEMEN (DEMOKRAT. V.-REP.) 98
- OMAN 99
- IRAN 98
- SOWJETUNION 9
- AFGHANISTAN 99
- PAKISTAN 96
- INDIEN 10
- BANGLADESCH 86
- CHINA 2,8
- SRI LANKA 7
- MALEDIVEN 95
- MALAYSIA 90
- SINGAPUR 9,3
- INDONESIEN 90
- PHILIPPINEN 5

Isidor von Kiew, * Saloniki zw. 1380 und 1390, † Rom 1463, griech. Theologe. - Ab 1436 Metropolit von Kiew und ganz Rußland, Teilnehmer an den Unionskonzilen von Basel (1434) und Ferrara-Florenz (1438/39), vertrat dort den Gedanken der Union mit der lat. Kirche und wurde deshalb 1439 zum Kardinal erhoben und päpstl. Legat; 1441 in Moskau abgesetzt.

Isidor von Sevilla, hl., * Cartagena um 560, † Sevilla 636, Bischof und Kirchenlehrer. - I. gilt als der letzte abendländ. Kirchenvater. Seine bes. Leistung liegt im Sammeln und Vermitteln antiken Geistesgutes und der älteren theolog. Werke der Väterzeit. Er setzte sich v. a. für die kirchl. Disziplin und die Ausbildung des Klerus ein. - Fest: 4. April.

Isidora, weibl. Form von † Isidor.

Isin, altoriental. Stadt, heute Ruinenhügel Ischan Bahrijjat in S-Irak, etwa 100 km nw. von Larsa, das sich neben der 1. Dyn. von I. (etwa 1955–1730 v.Chr.), die von der 3. Dyn. von Ur die Oberherrschaft Babyloniens übernahm, behauptete. Bedeutendster Herrscher der sog. 2. Dyn. von I. (1155–1023) war † Nebukadnezar I. Zur I.-Larsa-Epoche der altbabylon. Kunst † Larsa.

Isis, ägypt. Göttin, meist in Gestalt einer Frau mit dem Schriftzeichen des Thronsitzes auf dem Kopf, aber auch mit Kuhgehörn und Sonnenscheibe, Schwestergemahlin des † Osiris, Mutter des † Horus; verehrt wegen ihrer Gattentreue. - In der hellenist. Welt des Mittelmeerraums (später sogar bis Köln) wurde sie hoch verehrt. - Abb. S. 311.

Iskander, Mirza † Mirza, Iskander.

Iskariot † Judas Ischarioth.

Iskenderun (früher Alexandrette), türk. Hafenstadt an der O-Küste des Golfes von I. (Mittelmeer), 121 000 E. Hütten-, Superphosphatwerk, Export- und Marinehafen, Erdölverladehafen in Dörtyol; Eisenbahnendpunkt. - I. ist das Kleine Alexandria, **Alexandrette**, der Antike; im MA sehr umkämpft.

Iskenderun, Golf von, Bucht des Mittelländ. Meeres an der S-Küste der Türkei.

Isker, rechter Nebenfluß der Donau in Bulgarien, entspringt in der Rila, durchbricht den Balkan, mündet 150 km nö. von Sofia, 373 km lang. Im Oberlauf zahlr. Stauwerke.

Iskra [russ. „Funke"], von Lenin in Leipzig 1900–03 hg. illegale, erste gesamtruss. Zeitschrift: gilt als erstes Beispiel der „Presse neuen Typs"; 1905 eingestellt.

Islam [arab. „Ergebung (in Gottes Willen)"], die jüngste der großen Weltreligionen, gestiftet von † Mohammed; die Anhänger des I. nennen sich selbst Muslime, werden aber von Andersgläubigen oft Mohammedaner genannt. - Mohammed glaubte sich auf Grund visionärer religiöser Erlebnisse zum Propheten berufen und beauftragt, die Offenbarung in „reiner arab. Sprache" zu verkünden und alle Menschen zum Glauben an den einzigen Gott (Allah) aufzurufen. Er verkündete - unter dem Einfluß von Judentum und Christentum - einen unverfälschten Monotheismus, der jedoch von den „Schriftbesitzern" († Ahl Al Kitab) entstellt worden sei. Mit seiner Auswanderung nach Medina 622 (Hedschra), von der die islam. Zeitrechnung datiert, wurde Mohammed Oberhaupt eines sich rasch über Arabien ausdehnenden Staatswesens. Seine Nachfolger, die Kalifen, unterwarfen in wenigen Jahrzehnten den Vorderen Orient von Marokko bis Transoxanien und eroberten im 8. Jh. Spanien. Nach dem Niedergang des † Kalifenreichs begann im 10. Jh. die Islamisierung der Türken Z-Asiens, im 11. Jh. die muslim. Herrschaft in Indien. Das Osman. Reich trug den I. weit nach Europa; im 16. Jh. kam der I. nach Indonesien und dringt im 20. Jh. zunehmend in Afrika vor. Fast in allen Ländern mit überwiegend muslim. Bevölkerung ist der I. Staatsreligion.

Glaube und Gesetz: Der Muslim ist zum strengen Monotheismus verpflichtet. Nach dem † Koran, der hl. Schrift des I., duldet Gott keinen Partner neben sich, hat keinen Sohn, ist der Schöpfer aller Wesen und Dinge und allmächtig. Am Jüngsten Tag richtet er die Menschen: Ungläubigen droht das Höllenfeuer, den Gläubigen winkt das schattige Paradies mit seinen Paradiesjungfrauen (Huris). - Der I. ist wesentl. Gesetzesreligion. Dem Gläubigen sind fünf Hauptpflichten („Säulen des I.") vorgeschrieben: **Schahada** (das Glaubensbekenntnis „Es gibt keinen Gott außer Allah, und Mohammed ist der Gesandte Gottes"), **Salat** (das fünfmal tägl. stattfindende Gebet), **Sakat** (Almosengeben), **Saum** (das Fasten während des Monats Ramadan) und die † Hadsch, die einmal im Leben ausgeführt werden soll. Wein, Schweinefleisch und Glücksspiel sind im I. verboten. Der Koran beschränkt die Polygamie auf vier Ehefrauen. Die islam. Glaubensgemeinschaft ist zum Glaubenskrieg († Dschihad) verpflichtet, nicht um zu missionieren, sondern um die territoriale Herrschaft des I. (Dar Al I.) auf das Gebiet der Ungläubigen auszudehnen. - Schon der Koran versucht, alle Bereiche des Lebens in gesetzl. Vorschriften zu erfassen. Das islam. Recht († Fikh) führt diese Entwicklung vom 7.–9. Jh. weiter und beruft sich dabei neben dem Koran v. a. auf das im Hadith überlieferte exemplar. Handeln des Propheten († Sunna). Auf dieser Grundlage entwarfen die islam. Rechtsgelehrten eine umfassende religiöse Pflichtenlehre († Scharia). Der sunnit. I. (dem heute etwa 90 % der Muslime angehören) kennt vier Gesetzesschulen: † Hanbaliten, † Hanefiten, † Malikiten und † Schafiiten, die sich nur in Detailvorschriften unterscheiden und deren Systeme seit dem 9. Jh. als abgeschlossen gelten. Neu auftretende Fälle werden mittels Rechtsgutachten (Fetwas) gelöst, deren Ausfertigung Aufgabe des † Mufti ist. -

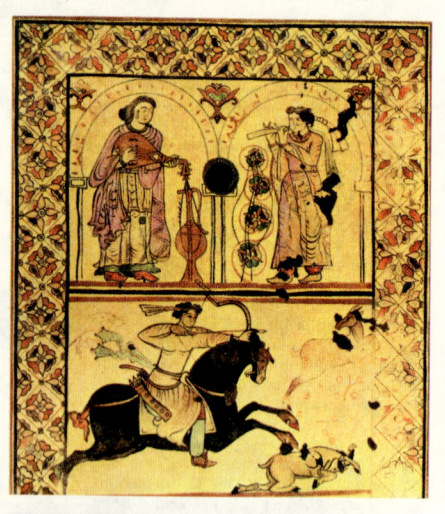

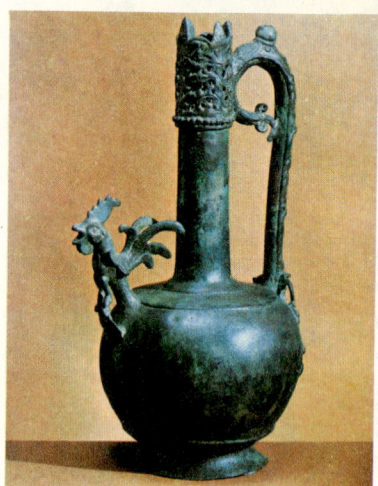

Islam

Der I. kennt weder Priesterschaft noch Kult noch oberste Autorität. Die wichtigste Gruppe von Repräsentanten der Religion sind die Gelehrten (**Ulama**; im schiit. I. v. a. die **Ajatollahs**). Die Moschee ist Stätte des Gebets und der Lehre. Charakterist. für die islam. Gesellschaftsordnung ist, daß sie Gruppenbildung nur nach religiöser Zusammengehörigkeit zuläßt. Aus altorient. Brauchtum übernahm der I. die Beschneidung und den Frauenschleier. Einflüsse aus dem Hellenismus und aus Indien flossen in der islam. Mystik zus., die sich vom 9. Jh. an ausbreitete (↑Sufismus). Al ↑Ghassali gelang es, myst. Frömmigkeit und Gesetzesreligion zu verbinden.

Sektenbildung: Schon früh spaltete sich der I. in mehrere Richtungen, v. a. wegen verschiedener Auffassungen über die Leitung der Glaubensgemeinschaft. Die wichtigsten sind die ↑Sunniten, die ↑Charidschiten und die ↑Schiiten, die selbst wieder in ↑Zaiditen, ↑Ismailiten und ↑Imamiten zerfallen. Elemente vorislam. Religionen überlebten bei den Ghulat („Extremisten"), die mit der Vergottung Alis den Boden des orth. I. verlassen haben. Zu ihnen zählen u. a. die ↑Nusairier und ↑Ahl e Haghgh. Puritan. und streng konservative Gruppen sind die ↑Almoraviden, die ↑Almohaden, die ↑Wahhabiten und die Bruderschaft der ↑Senussi.

Der I. ist heute die herrschende Religion im Vorderen Orient, N-Afrika, Pakistan, Irak, Iran und Indonesien. Starke muslim. Gemeinschaften leben in Albanien, Jugoslawien, Z-Asien, Indien, China, auf den Philippinen und in vielen Ländern Afrikas. Die Zahl der Muslime wird auf etwa 550 Mill. geschätzt.

📖 *Büttner, F.: I. u. Entwicklung im Nahen Osten. Bln. 1987. - Rodinson, M.: I. u. Kapita-*

Islamische Kunst. Oben (von links): jagender Bogenschütze und Musikantinnen (um 740). Bodenmalerei aus dem Omaijaden-Schloß Kasr Al Kair Al Gharbi (Syrien). Damaskus, Nationalmuseum; Prunkkanne mit Hahnenfigur als Hals (um 750). Kairo, Museum für islamische Kunst; unten: Moscheeampel mit Schriftdekor (1286). New York, Metropolitan Museum of Art

islamische Kunst

lismus. Dt. Übers. Stg. 1986. - Gellner, E.: Leben im I. Dt. Übers. Stg. 1985. - Watt, W. M./ Welch, A. T.: Der I. Stg. 1980-85. 2 Bde. - Ende, W./Steinbach, U.: Der I. in der Gegenwart. Mchn. 1983. - Antes, P.: Ethik u. Politik im I. Stg. 1982. - Endress, G.: Einf. in die islam. Gesch. Mchn. 1982. - Walther, W.: Die Frau im I. Stg. 1980. - Im Namen Allahs. Der I. - eine Religion im Aufbruch. Hg. v. A. Buchholz u. M. Geiling. Bln. 1980. - The Cambridge History of I. Hg. v. P.-M. Holt u. a. Cambridge 1970. 2 Bde.

Islamabad, Hauptstadt von Pakistan, 15 km nördl. von Rawalpindi, etwa 500 m ü. d. M., 77 500 E. Univ. (gegr. 1965); Pakistan. Akad. der Wiss., Islamic Research Institute, Pakistan Institute of Nuclear Science and Technology; Nationalbibliothek. - Seit 1961 erbaute, moderne Hauptstadt mit gitterförmigem Straßennetz und quadrat. Sektoren, in verschiedene funktionale Zonen gegliedert: Verwaltung, Wohnsiedlungen, Ind., Handel, Grünflächen u. a. - Größte Moschee der Welt (Baubeginn 1976).

islamische Kunst, Kunst der durch die Religion des Islam verbundenen, vorwiegend arab. Völker in N-Afrika, Kleinasien, dem Vorderen und Mittleren Orient (für diesen Bereich als **arab. Kunst** bezeichnet) und der islam. Bevölkerungsanteile von Z-Asien, Pakistan und Indien. - Aufgabe der religiösen Baukunst waren die Moscheen, Medresen, Klöster und Grabbauten, im Profanbau die Befestigungen, Stadt- und Wüstenschlösser, Zisternen, Bäder, Hospitäler, Basarbauten und Karawansereien. Da man figürl. Darstellungen aus religiösen Gründen vermied, fehlt die große Plastik, doch waren Mosaikkunst, Wand- und Buchmalerei hoch entwickelt. Dominierende Schmuckformen wurden das Flächenornament aus Linien-, Stern- und Flechtwerkmustern, Zierschriften und die aus der Blattranke entwickelte Arabeske. Die Ausstattung der Moscheen beschränkte sich auf Mimbar, Koranständer, Kerzenhalter, Ampeln und Teppiche. Auch im Wohnhaus dominierte der Teppich, ergänzt durch kleine, bewegl. Möbelstücke. Kunstvolle Metall-, Glas- und Keramikarbeiten, Elfenbeinschnitzereien und Seidengewebe waren begehrte Exportartikel für Europa. Entsprechend der Bed. des Korans für das gesamte Leben entstanden reiche kalligraph. Zierformen und eine hochentwickelte Buchkunst. Auftraggeber waren vorwiegend die Herrscher, die polit. und religiöse Gewalt in sich vereinten. Stilprägende Dynastien und führende ethn. Gruppen haben den Epochen der i. K. ihren Namen gegeben.

Omaijadenstil (661-750): Erste einfache Moscheen nahmen den Bautypus des Arab. Wohnhofes auf. Nach der Verlegung der Kalifenresidenz nach Damaskus entstanden Prachtbauten in Auseinandersetzung mit den vorgefundenen nichtchristl. und christl. Kultbauten (Felsendom in Jerusalem, 691; Große Moschee in Damaskus, 705-715). Der in Damaskus entwickelte Typ der *Hofmoschee* mit mehrschiffigem Betsaal und Arkadenhof wurde verbindl. für alle späteren omaijad. Moscheen (Basra und Al Kufa in Mesopotamien, Al-Fustat [= Kairo] in Ägypten, Tunis und Kairuan in N-Afrika). Höhepunkt ist die 785 begonnene Moschee von Córdoba. Mosaiken und Inkrustationen nahmen hellenist. Stilformen auf. Erst in den Wüstenschlössern von Mschatta und Kasr Amra (Mitte 8.Jh.) entwickelte sich ein eigener Ornamentstil.

Abbasidenstil (749-1258): Die Übersiedlung der Kalifen nach Bagdad (762) brachte die Aufnahme von mesopotam. Ziegelbauweise und Dekoration und sassanid. Bauformen: Große Moschee von Samarra, 838-852; Moschee des Achmed Ibn Tulun in Kairo, 876/877-879; Palastbauten mit offener sassanid. Halle (Iwan) und Freskenschmuck (Ruinen von Uchaidir bei Karbala und Balkuwara bei Samarra, 9. Jh.). Im Kunsthandwerk dominierten Keramik mit Lüsterglasur, Seidenweberei und Metalltauschierung.

Fatimidenstil (909-1171) in Ägypten und Syrien: In Kairo entstanden Befestigungen, Paläste und Hofmoscheen im omaijad. Stil. Neu waren die farbige Hausteintechnik und erste Stalaktit- und Arabeskenformen (Al-Akmar-Moschee, vor 1125). Elfenbein-, Glas- und Bergkristallarbeiten beeinflußten die europ. Kunst.

Seldschukenstil (11.-13. Jh.) in Iran, Kleinasien und Mesopotamien: Die schiit. Medrese als neuer Bautyp mit kreuzförmig angeordneten Hörsälen veränderte, verbunden mit den aufkommenden Kuppelkonstruktionen, auch den Moscheebau (sog. *Iwanmoschee*, z. B. Freitagsmoschee in Isfahan, Ende 11.Jh.). Das Kuppelgrab trat neben die Grabturm. In Bagdad entstand eine erste Miniaturistenschule; in Anatolien und Persien entfaltete sich die Kunst des Teppichknüpfens.

Pers.-mongol. Stil (13.-15. Jh.) in Iran und Transoxanien (Buchara): Die Medresen, Moscheen und Grabbauten der Ilkhane (1258-1336, u. a. Hulagu) in Persien bzw. der Timuriden (seit 1369) in Samarkand verbanden seldschuk. Bauformen mit reichem Stuckdekor (z. B. Mihrab in der Freitagsmoschee in Isfahan, 1310) bzw. Fayencedekor (Gur-i-Mir in Samarkand, 1404-05; Blaue Moschee in Täbris, 1465/66). Ostasiat. Motive bereicherten Miniaturmalerei und Teppichkunst.

Mameluckenstil (1250-1517) in Ägypten und Syrien: Die (seldschuk.) Zentralbauten mit Kuppeln (Grabmäler oder Grabmoscheen) verbanden sich auch mit der neu eingeführten Medrese (Sultan-Hasan-Moschee, 1356-63), die (Grab)moschee verband sich nicht selten mit einem Kloster (Faradsch Ibn Barkuk-Moschee, 1400-1410; beide in Kairo).

islamische Philosophie

Sie erhielten reich gegliederte Minaretts und ornamentierte Kuppeln und Portale. Im Kunsthandwerk entstanden Prachthandschriften und Gläser mit Emailmalerei.
Maurischer Stil (12.–15. Jh.) in Spanien und N-Afrika: Hier wurde die alte Hofmoschee, ergänzt durch reiche Minaretts auf quadrat. Grundriß, beibehalten (Giralda in Sevilla, 1184–98; Minarett der Hasan-Moschee in Rabat, 1195/96). Die Alhambra von Granada (13.–14. Jh.) beeinflußte als bedeutendster erhaltener Profanbau mit ihrer Ornamentik und Stalaktitenkunst die i. K. in ganz N-Afrika.
Safawidenstil (1500–1722) in Persien: Der Palastbau löste sich in Pavillonsysteme und Gärten auf. Die Moscheen erhielten vollständige Mosaikverkleidungen (Lotfollah-Moschee in Isfahan, 1602–19). In Isfahan entstand auch die bed. Miniaturistenschule des Resa Abbasi.
Mogulstil (16.–18. Jh.) in Hindustan: Die Verbindung von ind. und islam. Formen im Grabbau (Tadsch Mahal in Agra, 1632–54) und im Palastbau führte zu reich dekorierten luftigen Kuppelbauten (Fatehpur-Sikri, 16. Jh.).
Osman. Stil (14.–19. Jh.) in der Türkei: Das Thema der Moschee mit Zentralkuppel wurde durch den Architekten Sinan in immer neuen Varianten gestaltet (Prinzenmoschee, 1544–48; Sulaiman-Moschee, 1550–57, beide Istanbul; Selimiye-Moschee in Edirne, 1567–75). Es beeinflußte auch die städt. Profanbauten bis ins 19. Jh. Farbige Fliesen und Teppiche bildeten den Hauptgegenstand des Kunstgewerbes.
📖 *Kunst u. Kunsthandwerk unter den Osmanen.* Hg. v. Y. Petsopoulos. Mchn. 1982. - Stirlin, H.: *Architektur des Islam.* Herrsching 1979. - *Propyläen-Kunstgesch.* Bd. 4: Sourdel-Thomine, J./Spuler, B.: *Die Kunst des Islam.* Bln. 1973.

islamische Philosophie (arabische Philosophie), die Anfänge der i. P. (9.–12. Jh.), die zunächst ganz im Zeichen der hellenist. Medizin und Naturwiss. stehen, gehen v. a. auf umfangreiche Übersetzungen des Aristoteles und Porphyrios durch Ḥunain Ibn Isḥak und dessen Sohn Isḥak zurück. Neben einer anfängl. stark von religiösem und myst. Vorstellungen geprägten Strömung mit ihrem Hauptvertreter Al Kindī entwickelte sich mit Ar Rasi eine mehr polit.-aufklärer. Schule. Mit Al Farabi und dessen Schüler Avicenna begann die Blütezeit der i. P.; ihr aristotel.-neuplaton. Synkretismus gewann entscheidenden Einfluß auf die platon. Metaphysik des MA. Im W des islam. Reiches, in Spanien, führte bes. Avempace die Lehre Al Farabis fort. Von hier aus beeinflußte v. a. Averroes mit seinem Aristoteles-Kommentar die scholast. Philosophie des christl. Abendlandes († Averroismus).
📖 *Hofmann, M. W.: Zur Rolle der i. P.* Köln 1984. - Rescher, N.: *Studies in Arabic philosophy.* Pittsburgh (Pa.) 1968. - Corbin, H.: *Histoire de la philosophie islamique.* Paris 1964. - *A history of Muslim philosophy.* Hg. v. M. M. Sharif. Wsb. 1963–66. 2 Bde.

islamische Republik, vom Ajatollah Chomaini angestrebte Staatsform für Iran; verstanden als konstitutioneller Staat, in dem Verfassung und Gesetze auf dem Koran basieren, in dem die Legislative aus Theologen und Spezialisten für islam. Recht bestehen und die Exekutive durch verschiedene Fachleute gebildet werden soll, die sich durch Fähigkeit und Frömmigkeit ausgezeichnet haben.

islamische Revolution, inhaltl. und histor. nicht genau konkretisierbare Bez. für Bewegungen im modernen Islam und einigen islam. Staaten mit dem Ziel, dem (meist traditionalist. verstandenen) islam. Glauben und Recht im religiösen und v. a. im polit. Bereich einen allein maßgebl. Einfluß zu verschaffen. Gegenwärtig wird die Bez. meist auf die Revolution in Iran unter Chomaini eingeschränkt.
📖 *Taheri, A.: Chomeini u. die Islam. Revolution.* Hamb. 1985. - Fischer-Barnicol, H. A.: *Die Islam. Revolution.* Stg. ²1981.

islamisieren, zum Islam bekehren bzw. dem islam. Herrschaftsbereich einverleiben. - ↑ auch Dschihad.

Islamkunde (Islamwissenschaft), Teilgebiet der Orientalistik, das die Erforschung der Kultur der islam. Völker in ihrer Geschichte, Religion, Wirtschaft sowie in ihren Literaturen, Sprachen und sozialen Verhältnissen umfaßt. Mit Hilfe der I. gelang es, die europ. Ansichten über die Kultur der islam. Völker, bis ins 19. Jh. im wesentl. polem. bestimmt und durch religiöse und polit. Abwehrstellung geprägt, zu entzerren und die kulturelle Eigenständigkeit der islamischen Welt und deren historische Bedingtheit aufzuzeigen.

Island

(amtl.: Lýðveldið Ísland [= Republik Island]), Staat im Europ. Nordmeer südl. des Polarkreises, zw. 63° 17′ 30″ (Surtsey) und 67° 09′ n. Br. (Kolbeinsey) sowie 13° 17′ (Hvalbakur) und 24° 32′ w. L. (Kap Bjargtangar). **Staatsgebiet:** I. besteht aus der gleichnamigen Insel sowie ihr vorgelagerten kleineren Inseln. **Fläche:** 103 000 km², davon 100 270 km² Landfläche. **Bevölkerung:** 240 400 E (1984), 2,3 E/km². **Hauptstadt:** Reykjavík. **Verwaltungsgliederung:** 7 Distr. **Amtssprache:** Isländisch. **Staatskirche:** Ev.-luth. Landeskirche. **Nationalfeiertag:** 17. Juni. **Währung:** Isländ. Krone (ikr) = 100 Aurar (aur.). **Internationale Mitgliedschaften:** UN, GATT, NATO, Nordischer Rat, Europarat, OECD, EFTA, Freihandelsabkommen mit der EWG. **Zeitzone:** Greenwich Mean Time, d. i. MEZ −1 Std.

Island

Landesnatur: I., die zweitgrößte Insel Europas, ist der einzige Teil des nördl. Mittelatlant. Rückens, der über den Meeresspiegel ragt. Aufgebaut wird I. aus vulkan. Material, das hier, im Bereich des Zentralisländ. Grabens, an einer sog. konstruktiven Plattengrenze aufquillt (nach der Theorie der ↑ Plattentektonik). Diese Grabenzone verläuft im S der Insel von SW nach NO und schwenkt im nördl. Teil nach N um. Ihre westl. Begrenzung zeigt sich bes. deutl. in einer Geländestufe von 600–700 m Höhe. 27 der über 140 nacheiszeitl. Vulkane sind noch tätig. 1963/67 entstand vor den Westmännerinseln die Vulkaninsel Surtsey. 1973 mußte die Stadt Vestmannaeyjar auf Heimaey wegen eines Vulkanausbruchs evakuiert werden. Der Vulkanismus schuf eine Landschaft mit Schildvulkanen, Spalteneruptionsformen, Explosionskratern, Lavafeldern und -strömen. Erdbeben, heiße Quellen, Geysire, Schlammtöpfe, Solfataren, Fumarolen sind weitere typ. Anzeichen der vulkan. Tätigkeit. Das zweite die Insel prägende Element ist das Eis. Vulkan. Tafelberge und Rücken entstanden unter Eisbedeckung. Bei Ausbrüchen schmilzt das Eis; es bilden sich sog. Gletscherläufe mit oft verheerender Wirkung. Heute sind noch rd. 11 % von I. von Gletschern bedeckt. Der Vatnajökull ist mit 8 460 km² der größte Plateaugletscher Europas. Hier wird im Hvannadalshnúkur mit 2 119 m ü. d. M. die höchste Erhebung der Insel erreicht. Die Küsten sind v. a. im W, N und O durch Fjorde stark gegliedert. Im S erstreckt sich ein Küstenflachland, das von Sandern bedeckt ist und dessen Saum von Haffen und Nehrungen begleitet wird.

Klima: I. liegt in einer Übergangszone zw. kühl-gemäßigtem und subpolarem Klima, zum größten Teil des Jahres im Bereich des Islandtiefs mit heftigen Winden und Stürmen. Lange Winter wechseln mit kurzen, kühlen Sommern, doch ist das Klima für die Breitenlage direkt südl. des Polarkreises ausgesprochen mild. Die mittlere Jan.temperatur von Reykjavík beträgt 0,4 °C, die mittlere Julitemperatur 11,2 °C. Der S der Insel erhält sehr hohe Niederschläge, z. T. über 1 700 mm/Jahr, während das zentrale Hochland weniger als 500 mm erhält. Die Niederschläge fallen von Okt.–März als Schnee. Die S- und W-Küste bleiben eisfrei unter dem Einfluß des warmen Irmingerstroms im Ggs. zur N- und O-Küste, die von Ausläufern des kalten Ostgrönlandstroms beeinflußt werden.

Vegetation: I. gehört zur subpolaren Tundrenzone. Über die Hälfte der Insel ist vegetationslos und deshalb der Frostverwitterung und abtragenden Wirkung des Windes bes. ausgesetzt. Bis 300 m ü. d. M. kommen Waldbestände aus Birken und Weiden vor neben Niedermoorwiesen und -sümpfen. Bis rd. 700 m herrschen Zwergstrauchheiden vor, darüber folgen Moos- und Flechtenheiden.

Islamische Kunst.
Oben: Sinan, Prinzenmoschee in Istanbul (1544–48);
unten: Südarkade der Kapelle Villaviciosa in der Omaijaden-Moschee „La Mezquita" in Córdoba (961–66)

Island

Tierwelt: Bes. reich ist die Vogelwelt. Neben Alpenschneehuhn und Wildenten kommen seltene Arten wie Papageientaucher, Tölpel, Islandfalke und Seeadler vor. Vogelfelsen finden sich v. a. auf den Klippen der Westmännerinseln. Einzige einheim. Landsäugetiere sind Hase und Polarfuchs.

Bevölkerung: Die Bev. lebt v. a. an den Küsten und im sw. Flachland, das Innere ist fast unbewohnt. 46 % der Gesamtbev. wohnen in der Hauptstadt. Es besteht allg. Schulpflicht. Neben berufsbildenden Schulen verfügt I. über eine Univ. und eine TH.

Wirtschaft: In der Landw. überwiegt die Weidewirtschaft; von Mai-Sept. werden die Rauhweiden des Hochlands mit Vieh beschickt. Neben der traditionellen Schafhaltung hat sich die Rinderhaltung zu einer wichtigen Einnahmequelle entwickelt. Große Teile des Kulturlandes dienen der Heugewinnung für die Winterfütterung; angebaut werden u. a. Kartoffeln und Rüben. In Treibhäusern, mit natürl. Heißwasser beheizt, werden Gemüse sowie Blumen gezogen. Lebenswichtige wirtsch. Grundlage des Landes ist jedoch die Seefischerei. Um der Überfischung isländ. Gewässer durch ausländ. Fischereiflotten zu begegnen, hat I. seine Hoheitsgewässer zw. 1958 und 1975 von urspr. 4 auf 12, dann 50, danach auf 200 Seemeilen ausgedehnt. Unter den exportorientierten Ind.zweigen nimmt die Fischverarbeitung den ersten Platz ein. Wichtig ist auch die Textilind., die v. a. Schafwolle verarbeitet. Große Energiereserven (Wasserkraft, Heißwasser) sind vorhanden.

Außenhandel: Der Bedarf an Importwaren ist groß; eingeführt werden Erdöl und -produkte, Wasserfahrzeuge und Kfz., elektr. und nichtelektr. Maschinen und Geräte, Nahrungsmittel, chem. Grundstoffe, Bauxit u. a. Wichtigste Handelspartner sind die EG- und EFTA-Länder, die USA, UdSSR und Japan. Hauptausfuhrprodukt ist Fisch, sowohl frisch als auch konserviert, gefolgt von Aluminium, Fischmehl, Krebs- und Weichtieren, Fischöl, Wolle und Wollprodukte u. a.

Verkehr: Das Straßennetz ist rd. 12 700 km lang (überwiegend Schotterstraßen). Wichtigster Seehafen ist Reykjavík, daneben bestehen noch 71 kleinere, v. a. der Küstenschiffahrt dienende Häfen. Ein wichtiger Verkehrsträger ist das Flugzeug. Neben dem internat. ✈ Keflavík (24 km wsw. von Reykjavík) gibt es 94 Flug- und Landeplätze.

Geschichte: Existenz und ungefähre Lage von I. waren etwa seit dem 4. Jh. n. Chr. bekannt; Anfang des 9. Jh. erfolgte durch iroschott. Mönche, um 875 v. a. durch die Wikinger, die Besiedlung. Von etwa 1100 bis ins 19. Jh. besaß I. 70 000–80 000 E. Gesetzgebung und Rechtsprechung organisierten sich zunächst in lokalen Körperschaften unter der Leitung örtl. Häuptlinge. 930 trat erstmals das Althing als zentrale Institution der Rechtsprechung und Gesetzgebung zusammen; es verfügte 1000 die Annahme des Christentums. Seit dem 13. Jh. geriet der isländ. Handel in norweg. Hände, und nach inneren Wirren wurde 1262 dem norweg. König durch Vertrag die Oberhoheit über I. übertragen. Zus. mit Norwegen kam I. 1380 an Dänemark und war seit 1397 als eines der Nebenländer der Kalmarer Union verbunden. Nachdem sich seit dem Spät-MA die wirtsch. Lage (v. a. durch Vulkanausbrüche) ständig verschlechtert hatte, konnte Christian III. von Dänemark I. 1541 unterwerfen und 1550 die Reformation durchsetzen. Im Zuge der von J. Sigurðsson geführten Unabhängigkeitsbewegung wurde das 1800 aufgehobene Althing 1843 als beratende Versammlung wiederhergestellt und 1875 mit gesetzgebender Befugnis ausgestattet. Die Aufhebung des dän. Handelsmonopols 1854 erbrachte einen langsamen wirtsch. Aufschwung; 1918 erreichte die isländ. Unabhängigkeitsbewegung die Anerkennung des Landes als selbständigen Staat, der mit Dänemark durch Personalunion verbunden blieb. Eine Volksabstimmung sanktionierte 1944 die Ausrufung der Republik, deren erster Präs. S. Björnsson wurde. Nachdem I. wegen seiner strateg. wichtigen Lage 1940 von Großbrit., 1941 von den USA besetzt und zum militär. Stützpunkt ausgebaut worden war, trat die Republik 1946 der UN, 1949 der NATO bei. 1951 wurde ein Schutzabkommen mit den USA unterzeichnet, die weiterhin militär. Stützpunkte auf I. unterhalten. Die militär. Abhängigkeit von den USA, die NATO-Mitgliedschaft und die lebenswichtige Frage der Fischereigrenzen sind bis heute die innen- wie außenpolit. bedeutsamsten Probleme Islands. Durch die von I. verkündete mehrmalige Ausdehnung der Fischereihoheit seit 1958 kam es wiederholt zu Fischereikriegen („Kabeljaukriege"), zuletzt 1975/76 u. a. mit der BR Deutschland und mit Großbrit. (1976 vorübergehender Abbruch der diplomat. Beziehungen). Die im Sept. 1978 zustande gekommene Linkskoalition (Fortschrittspartei, Kommunisten, Sozialdemokraten) unter Premiermin. O. Johannesson (* 1913) brach im Okt. 1979 wegen der zunehmenden wirtsch. Probleme, insbes. wegen der rasch ansteigenden Inflation, wieder auseinander. Nach den Wahlen vom Dez. 1979 kam eine Reg. erst im Febr. 1980 zustande, als 3 Abg. der Unabhängigkeitspartei (gegen den Willen ihrer Partei) mit der Fortschrittspartei und der Volksallianz eine Koalition unter dem konservativen Min.präs. G. Thoroddsen (* 1929) bildeten. Im Aug. 1980 wurde Frau V. Finnbogadottir Staatspräs. Die Regierungskoalition erlitt im April 1983 eine Wahlniederlage. Aufgrund der schwierigen wirtsch. Situation mußten seit 1983 mehrfach Reg. zurücktreten und vorzeitig Neuwahlen angesetzt werden.

Politisches System: Nach der durch Volksabstimmung vom 17. Juni 1944 angenommenen Verfassung ist I. eine unabhängige, parlamentar. Republik. *Staatsoberhaupt* und - nach der Verfassung - oberster Träger der *Exekutive* ist der für 4 Jahre vom Volk gewählte Präs. (Wiederwahl unbegrenzt zulässig, seit 1980 Frau V. Finnbogadottir [*1930]); ihm obliegen die Außenvertretung des Landes, die Ernennung bzw. Entlassung von Reg. (Premiermin., Ressortmin.) u. Beamten, er kann das Parlament auflösen, provisor. Verordnungen erlassen und hat ein beschränktes Vetorecht bei der Legislative. Tatsächl. hat sich die Exekutive auf das Kabinett verlagert, das insgesamt bzw. mit den Einzelmgl. dem Parlament verantwortl. ist. Die *Legislative* liegt beim Präs. und beim Parlament (Althing) mit 60 Abg., die für 4 Jahre gewählt werden und aus ihrer Mitte 20 Mgl. in die obere Kammer wählen; die anderen 40 bilden die untere Kammer. Die im Althing vertretenen größeren *Parteien:* (nach den Wahlen vom April 1987) die liberalkonservative Unabhängigkeitspartei (18 Sitze), Sozialdemokraten (10), kommunist. Volksallianz (9), Fortschrittspartei (13). Mehr als 90 % der isländ. Arbeitnehmer sind gewerkschaftl. organisiert; größte *Gewerkschaft* ist die Isländ. Arbeiterföderation mit rd. 59000 Mgl. *Verwaltung:* I. ist in 7 Distrikte untergliedert. Die Rechtsprechung basiert auf altisländ. *Recht* und ist der skandinav. Rechtsprechung angeglichen; die Gerichte sind zweistufig aufgebaut (in der unteren Instanz entsprechend der Verwaltungsgliederung). Berufung gegen Urteile dieser Instanz ist beim Obersten Gerichtshof als Appellationsgericht mögl.; für Min.anklagen ist ein bes. Staatsgerichtshof vorgesehen. I. verfügt (abgesehen von 5 Fischereischutzbooten und einer rd. 125 Mann starken Küstenwache) über keine *Streitkräfte;* es wird nach einem bilateralen Vertrag von 1951 von den USA verteidigt.

📖 *Gläßer, E./Schnütgen, A.: I. Darmst. 1986. - Schutzbach, W.: I. Feuerinsel am Polarkreis. Bonn ³1985. - Iceland 874-1974. Hg. v. J. Nordal u. V. Kristinsson. Reykjavík 1975. - Imhof, A. E.: Grundzüge der nord. Gesch. Darmst. 1970. - Griffith, J. C.: Modern Iceland. London 1969.*

Isländisch, zur german. Gruppe (Nordgerman.) der indogerman. Sprachen gehörende Sprache auf Island; ihr Ursprung reicht in die Zeit der Besiedlung Islands zurück; wichtig wurde v. a. die Sprache der Siedler aus dem westl. Norwegen. Eigenheiten des sozialen und polit. Lebens des ma. Island haben wohl schon früh zu einer sprachl. Uniformität geführt. In ursächl. Zusammenhang mit der polit. Abhängigkeit steht eine bewußte Pflege der sprachl. Selbständigkeit, die sich an einer großen Literatur orientieren konnte. Charakterist. für das I. ist außer einer konservativen und purist. Grundhaltung ein großer Reichtum an Flexionsformen, dem eine relative Freiheit im Satzbau entspricht. In der für das I. gebräuchl. Form der Lateinschrift dient das dem Runenalphabet entnommene Zeichen Þ, þ („Þorn") zur Wiedergabe des stimmlosen dentalen Reibelauts [θ].

isländische Literatur, nach der Blütezeit der altisländ. Literatur (↑altnordische Literatur) lebten manche ihrer Stoffe und Formen durch Kompilationen und Sammelhandschriften noch weiter. Seit dem 14. Jh. wurden zahlr. Stoffe, insbes. *Sagas*, unter Verwendung von Kunstmitteln der Skaldendichtung in erzählende Lieder (Rímur) umgedichtet; durch sie sind alte literar. Stoffe teilweise bis in die Gegenwart erhalten. Höhepunkte einer sich anschließenden *geistl. Dichtung* sind das 100 Strophen umfassende Mariengedicht „Lilja" („Lilie") sowie die Werke des letzten kath. Bischofs auf Island, J. Arason. Nach der Reformation entwickelte sich eine reiche *theolog. Gebrauchsliteratur;* bed. die vollständige Bibelübersetzung von G. Thorláksson (1584). Angeregt durch das neue Interesse an der eigenen Geschichte in Dänemark und Schweden, begann auch der Auffindung des „Codex regius" und der Lieder-Edda (1643) eine systemat. *Sammeltätigkeit*, v. a. durch A. Magnússon. Seit der 2. Hälfte des 18. Jh. setzte eine starke *Übersetzertätigkeit* ein; der internat. orientierte Hauptvertreter der Aufklärung in Island, M. Stephensen, versuchte, durch Übersetzungen und lehrhafte Abhandlungen Wissen und literar. Geschmack des Volkes zu heben. In der isländ. Romantik (ab 1835), mit dem Erstarken des Nationalbewußtseins bes. verbunden, entstand die grundlegende Sammlung isländ. Volkssagen und Märchen. Im 19. und 20. Jh. begannen viele Autoren als Realisten, wurden jedoch später von Neuromantik und Nationalromantik beeinflußt, u. a. G. Gunnarsson und G. Kamban. Nach dem 1. Weltkrieg wurde einerseits in einer neuromant., nat.-konservativen und dem Traditionalismus verpflichteten Haltung weitergeschrieben, andererseits eine bewußte Abkehr davon und eine Zuwendung zu sozialist. Vorstellungen vollzogen. Diese Tendenz setzte sich auch nach dem 2. Weltkrieg fort: zunehmendes Interesse an histor. Themen, stärkere Berücksichtigung der Form, Anwendung von freien Rhythmen oder einer komplizierten Metaphorik, wie z. B. durch die „atomskáld" („Atomdichter"); internat. Bekanntheit erlangte H. K. Laxness.

📖 *Nord. Literaturgeschichte. Hg. v. M. Brønstedt u. a. Mchn. 1982-84. 2 Bde.*

Isländischer Doppelspat ↑Calcit.

Isländisch Moos (Isländisches Moos, Brockenmoos, Cetraria islandica), Art der Schüsselflechten, verbreitet auf moorigen Böden und in lichten Wäldern von der arkt. Tundra bis M-Europa; laubartig wachsende Flechte mit geweihartig verzweigtem, oberseits braunem, unterseits hellgrauem Thallus;

Islandmuschel

am Ende der Thalluslappen befinden sich schüsselförmige Fruchtkörper. I. M. wird in getrockneter Form auf Grund seines Gehaltes an Lichenin und einem Bitterstoff (Cetrarsäure) als Schleim- und Bitterdroge verwendet.

Islandmuschel (Cyprina islandica), bis etwa 10 cm lange Muschel (Ordnung Blattkiemer), v. a. auf sandigen und schlammigen Böden des Atlantiks (einschließ. Nordsee) und der westl. Ostsee; Schale schwarz, rundlich, stark gewölbt, dickwandig, mit feiner konzentr. Streifung.

Islandpony ↑Ponys.

Islay [engl. 'aɪlɛɪ], südlichste Insel der Inneren Hebriden. 40 km lang, bis 30 km breit, bis 490 m hoch; Hauptort Bowmore.

Ismael ['ɪsmaɛl], bibl. Männername. Nach 1. Mos. 16, 15 war I. Sohn Abrahams und seiner Nebenfrau Hagar.

Ismaeliten [...ma-e...], Nachkommenschaft ↑Ismaels; Zwölfstämmeverband, der in alttestamentl. Zeit im arab. Wüstengebiet sw. von Israel siedelte.

Ismail (I. Pascha), * Kairo 31. Dez. 1830, † Konstantinopel 2. März 1895, Khedive von Ägypten (1863–79). - Eröffnete den Sueskanal; wegen Verschwendungssucht 1879 abgesetzt.

Ismail, sowjet. Stadt im nördl. Donaudelta, Ukrain. SSR, 84 000 E. Landw.technikum, PH; Schiffsreparatur, Fleischkombinat, Konserven-, Fischfabrik u. a.; Weinbau; Heimathafen der sowjet. Donauflotte, Eisenbahnendstation. - I. war im 16. Jh. osman. Festung und ein wichtiger strateg. Punkt im Türkenkrieg 1787–91; 1809–56, 1877/78–1917 russ.; 1917 durch Rumänien besetzt und erst 1940 an die UdSSR abgetreten.

Ismailijja, Gouvernementshauptstadt im NO von Ägypten, am N-Ufer des Timsahsees und am Ismailijjakanal, 190 000 E. Koordinationszentrum für den Wiederaufbau des Sueskanalzone, VW-Montagewerk. - 1863 als Sitz der Sueskanal-Bauleitung gegründet.

Ismailijjakanal, Süßwasserkanal zw. Kairo und Ismailijja, Ägypten; 130 km lang, schiffbar. 1858–63 zur Trinkwasserversorgung während des Baues des Sueskanals angelegt; dient heute v. a. der Bewässerung.

Ismailiten, schiit. Sekte. Die I. werden auch *Siebener-Schiiten* genannt, weil sie als 7. Imam nicht wie die ↑Imamiten Musa Al Kasim, sondern Ismail († 760), den Sohn des 6. Imams Dschafar As Sadik († 765), anerkennen. Die I. bildeten esoter. Geheimgesellschaften und kamen im 10. Jh. zu polit. Macht. Die letzten I. wurden erst von den Mongolen besiegt. Reste leben in den in Indien und in O-Afrika verbreiteten Hodschas und Nisaris fort, die den Aga Khan als ihr Oberhaupt anerkennen.

Ismay, Lord (seit 1947) Hastings Lionel [engl. 'ɪzmɛɪ], * Naini Tal (Uttar Pradesh, Indien) 21. Juni 1887, † Broadway bei Worcester 17. Dez. 1965, brit. General und Politiker. - 1940–45 Stabschef im Kriegsministerium und Berater Churchills, 1951/52 Min. für Commonwealthangelegenheiten, 1952–57 1. Generalsekretär der NATO.

Isna, ägypt. Stadt am Nil, 50 km ssw. von Luxor, 27 000 E. Landw. Anbau- und Verarbeitungszentrum, Eisenbahnendpunkt. - I. ist das alte **Tesnet** bzw. griech. **Latopolis.** - Reste eines Tempels des Chnum aus griech.-röm. Zeit mit Inschriften kult., mytholog. und theolog. Inhalts (jüngste Sammlung hieroglyph. Inschriften, bis 250 n. Chr.).

Isny im Allgäu [...ni], Stadt im westl. Allgäu, Bad.-Württ., 704 m ü. d. M., 12 900 E. Naturwiss.-techn. Akad., Caravanmuseum; heilklimat. Kurort, Wintersportplatz. Textilind., Wohnwagenwerk. - 1171 als Marktsiedlung gegr., erhielt 1238 Stadtrecht. Seit 1365 Reichsstadt; 1806 fiel I. an Württemberg. - Got. ev. Stadtpfarrkirche (1284 ff.), barocke kath. Stadtpfarrkirche (1661 ff.).

ISO, Abk. für: ↑International Organization for Standardization.

iso..., Iso..., is..., Is... [zu griech. ísos „gleich"], Bestimmungswort von Zusammensetzungen mit der Bed. „gleich". - In der Nomenklatur der organ. Chemie ein Bestimmungswort (Abk. i-), mit dem ein Isomeres (↑Isomerie) einer Stammverbindung gekennzeichnet wird.

isobar [zu griech. ísos „gleich" und báros „Schwere"], gleiche Massen aufweisend (↑Isobare).

◆ gleichen Druck aufweisend, bei gleichem Druck verlaufend.

Isobare, in der *Kernphysik* Bez. für ↑Nuklide, deren Atomkerne gleiche Massenzahl, aber verschiedene Ordnungszahl, d. h. gleiche Nukleonenzahl bei verschiedener Protonen- und Neutronenzahl, besitzen, z. B. $^{16}_7N$, $^{16}_8O$ und $^{16}_9F$; auch Bez. für die zugehörigen Atomkerne selbst. Wegen der Ladungsunabhängigkeit der Kernkräfte zeigen die I. kernphysikal. untereinander größere Ähnlichkeit als die Isotope.

Als **Mattauchsche Isobarenregeln** bezeichnet man die folgenden Beziehungen für das Vorkommen stabiler I.: 1. Stabile I. unterscheiden sich um mindestens zwei Einheiten in der Ordnungszahl. 2. Alle stabilen I. gerader Massenzahl besitzen eine gerade Ordnungszahl. 3. Es gibt keine stabilen I. ungerader Massenzahl und gleichzeitig ungerader Ordnungszahl. 4. Bei I. mit ungerader Massenzahl ist jeweils nur ein Kern stabil.

Isobaren ↑Isolinien.

ISO-7-Bit-Code ['ko:t], von den Internat. Standardisierungs-Organisation (ISO) genormter Übertragungscode der Datentechnik mit $2^7 = 128$ Bitkombinationen für Buchstaben, Ziffern und Sonderzeichen.

Isobutan ↑Butane.

Isobutanol (2-Methylpropanol-(1), Iso-

Isolationshaft

butylalkohol, Isopropylcarbinol), $CH_3-CH(CH_3)-CH_2OH$, das wichtigste der ↑Butanole; eine farblose Flüssigkeit, die bei der Kartoffelvergärung als Nebenprodukt anfällt und aus Fuselöl oder aus Kohlenmonoxid und Wasserstoff gewonnen wird. I. und verschiedene seiner Ester werden als Lösungsmittel für Lacke, in der Duftstoffind. und Pharmazie sowie als Weichmacher für Kunststoffe verwendet.

Isochinolin, eine zum ↑Chinolin isomere Verbindung; Grundkörper vieler Alkaloide.

isochorer Prozeß [griech./lat.], eine bei konstantem Volumen erfolgende thermodynam. ↑Zustandsänderung.

Isochromasie [griech.], gleichmäßige Empfindlichkeit von photograph. Material im sichtbaren Spektralbereich.

isochron [griech.], von gleicher Zeitdauer, zu gleichen Zeitpunkten erfolgend.

Isochronismus [griech.], die Eigenschaft eines schwingenden Körpers, die Schwingungsdauer bei Einwirkung von Störungen nicht zu verändern.

Isocyanate, Salze und Ester der Isocyansäure (HCNO). Verwendung zur Herstellung von Polyurethanen, Waschmitteln, Bleichmitteln, Pharmazeutika, Farbstoffen, Herbiziden und Klebstoffen.

isocyclische Verbindungen ↑cyclische Verbindungen.

isoelektrischer Punkt, bei amphoteren Elektrolyten (Ampholyten) derjenige pH-Wert, bei dem die Zahl der positiv geladenen Ionen gleich der Zahl der negativen Ionen ist; in diesem *isoelektr. Zustand* hat z. B. die Löslichkeit und die Viskosität des Ampholyten ein Minimum; häufig tritt Ausflockung ein. - ↑auch Aminosäuren, ↑Zwitterionen.

isoelektronisch, in der *Chemie* Bez. für Ionen und Atome verschiedener Elemente, wenn sie die gleiche Zahl und Anordnung von Elektronen haben.

Isogameten ↑Geschlechtszellen.

Isogamie [griech.] ↑Befruchtung.

isogenetisch ↑Paragenese.

Isohypsen [griech.], svw. ↑Höhenlinien. - ↑auch Isolinien.

Isokephalie [griech.], gleiche Kopfhöhe aller Gestalten eines Gemäldes oder eines Reliefs, meist mit dem Prinzip der Reihung verbunden. I. findet sich z. B. in der frühen griech. Kunst, in der röm. Kunst der Kaiserzeit, in der byzantin., roman. und got. Kunst.

Isokolon ↑Kolon.

Isokrates, *Athen 436, †ebd. 338, griech. Rhetor und Schriftsteller. - Gründete um 390 eine Rhetorschule, die die meistbesuchte und bedeutendste in Athen wurde. Erhalten sind je 7 Schul-, Gerichts- und polit. Reden und 9 nur z. T. echte Briefe; von bes. Wirkung auf die Vollendung der att. Kunstprosa. Als polit. Schriftsteller formulierte I. den panhellen. Gedanken.

Isolani, Johann Ludwig Hektor Graf von (seit 1634), *Gorizia 1586, †Wien März 1640, kaiserl. General zypr. Herkunft. - Im Dreißigjährigen Krieg Führer der Kroaten. Sein Abfall von Wallenstein brachte ihm einen Teil von dessen Besitzungen und den Grafentitel ein.

Isolation [roman., zu lat. insula „Insel"], in der *Technik* svw. ↑Isolierung; i. e. S. die dabei verwendeten isolierenden Materialien.
◆ in der *Biologie* die teilweise oder vollständige Unterbindung der Paarung und damit des Genaustausches zw. Individuen einer Art oder zw. verschiedenen Populationen einer Art. Die I. wirkt dadurch als wichtiger Evolutionsfaktor. Die räuml. I. ist eine wesentl. Voraussetzung der Rassenbildung. Man unterscheidet zwei verschiedene Formen der I.: Die **biolog. Isolation** (generative I., reproduktive I.) wird durch unüberwindl., genotyp. bedingte Unterschiede bewirkt und führt zu einer Paarungseinschränkung, wie z. B. morpholog. oder verhaltensbedingte Besonderheiten zw. den Geschlechtern, Befruchtungssperren zw. den Keimzellen, Unfruchtbarkeit der Bastarde. - Die **geograph. Isolation** (räuml. I.) ist durch ungleichmäßige, unzusammenhängende Verteilung der Individuen bedingt, wobei u. a. geograph. Hindernisse wie Gewässer, Gebirge, Wüsten u. a. eine Rolle spielen. Alle eine I. bewirkenden Faktoren werden als *Isolationsmechanismus* bezeichnet.
◆ in der *Psychologie* und *Soziologie* die Absonderung bzw. Abkapselung, Getrennthaltung, Vereinzelung von Menschen - entweder Individuen (Einzelgänger oder Außenseiter, phys. oder psych. Kranke, Kriminelle) oder Gruppen (Angehörige bestimmter Rassen oder Religionen oder Anhänger bestimmter polit. Überzeugungen). Dabei ist zw. frei gewählter und erzwungener I. (z. B. Vertreibung, Internierung, Ghettozwang, Apartheid) zu unterscheiden. Begleit- und Folgeerscheinungen der I. können Frustration und Aggression, Opposition, Aufstand und sogar Revolution sein. - Aus der Sicht der Verhaltensforschung liegt der I. der dem Bindungstrieb entgegengesetzte Distanzierungstrieb zugrunde, auslösbar durch die von der Norm abweichenden Merkmale davon Betroffener (etwa durch die Hautfarbe Dunkelhäutiger zw. mehrheitl. Hellhäutigen).

Isolationismus [lat.-roman.], allg. die Tendenz, sich vom Ausland abzuschließen und staatl. Eigeninteresse zu betonen; insbes. seit der Monroedoktrin Politik der USA, die den Vormachtanspruch in einer Hemisphäre abdecken sollte; vorübergehend im 1. Weltkrieg unterbrochen, gilt erst in der Phase der unbestrittenen Weltmachtstellung seit 1945 als überwunden.

Isolationshaft (Isolierhaft), Haft, bei der die Kontakte des Häftlings zur Außenwelt (bei Unterbringung in einer **Isolierzelle** auch

Isolationsmechanismus

zu anderen Häftlingen) aus Sicherheitsgründen eingeschränkt oder ganz unterbunden werden; von polit. Freunden oder Sympathisanten eines durch die I. betroffenen Häftlings auch als **Isolationsfolter** bezeichnet; im Zusammenhang mit der Untersuchungshaft von des Terrorismus Angeklagten aufgekommen.

Isolationsmechanismus ↑ Isolation.

Isolator [lat.-roman.], allg. svw. Isolierstoff; i. e. S. svw. elektr. Nichtleiter.

Isolde, weibl. Vorname, dessen Herkunft und Bed. ungeklärt ist.

Isolde, ma. Sagengestalt, ↑ Tristan.

isolieren [roman., zu lat. insula „Insel"], absondern, vereinzeln.

◆ mit Hilfe von ↑ Isolierstoffen Wärme-, Kälte-, Feuchtigkeits- oder Schallschutzmaßnahmen treffen oder spannungsführende elektr. Leiter ummanteln.

isolierende Sprachen, Sprachen, bei denen im Gegensatz zu den ↑ agglutinierenden Sprachen die Gestalt der Wörter nicht geändert wird; grammat. Beziehungen werden v. a. durch die Wortstellung und sparsamsten Gebrauch gewisser Formwörter ausgedrückt. Zu den i. S. gehören u. a. viele südostasiat. Sprachen.

Isolierglas, wärme- und schalldämmende Verglasungselemente aus zwei oder mehreren durch Stege oder Profile auf Abstand gehaltenen Glastafeln mit luft- und wasserdicht abgeschlossenen Zwischenräumen. Beim Sonnenschutzglas besteht eine der Scheiben aus metallbedampftem Spiegelglas.

Isolierschnur (Asbestschnur), Geflecht aus Asbestfäden und einer Seele aus Glas- oder Schlackenwolle oder Asbest; für Dichtungs- und Isolierzwecke.

Isolierstation, Abteilung eines Krankenhauses zur Isolierung, Behandlung und Beobachtung psychisch Kranker, Infektionskranker bzw. von Verdachtsfällen.

Isolierstoffe, Materialien mit geringer elektr. Leitfähigkeit, mit feuchtigkeitsabweisenden Eigenschaften, mit schalldämmender Wirkung oder geringer Wärmeleitfähigkeit. **Elektroisolierstoffe:** In der *Elektrotechnik* werden anorgan. oder organ. Stoffe mit geringer elektr. Leitfähigkeit bzw. hohem elektr. Widerstand verwendet, um unter Spannung stehende Teile einer elektr. Anlage gegeneinander und/oder gegen Erde zu isolieren sowie vor Berührung zu schützen. *Gasförmige I.* (z. B. Luft, Schwefelhexafluorid SF_6) werden in Schaltanlagen und Schaltgeräten verwendet, *flüssige I.* (v. a. Isolieröle) für Transformatoren und Kabel, *feste I.* (z. B. Papier, Glas, Porzellan, Hartpapier und Hartgewebe, härtbare und nicht härtbare Kunststoffe) für Isolatoren, Sicherungskörper, Schalter. *Isolierband* zum Umwickeln blanker Leitungen besteht aus selbstklebendem Kunststoff- oder Gewebeband. Drähte für Spulen- und Transformatorenwicklungen werden meist mit wärme- und alterungsbeständigen *Isolier-* oder *Drahtlacken* auf Kunstharzbasis überzogen.

Isolierstoffe gegen Feuchtigkeit: Zum Schutz gegen Bodenfeuchtigkeit dienen teergetränkte bzw. bitumenhaltige Pappen (als waagrechte Sperrschichten in den Grundmauern) oder Bitumenanstriche bes. an Keller[außen]wänden. Gegen Regenwasser sowie Luftfeuchtigkeit schützen Silikon- oder Kunstharzsperranstriche oder aufgeklebte oder fest eingebaute Metall- oder Kunststoffolien.

Wärmeisolierstoffe: Stoffe mit geringer Wärmeleitfähigkeit, die entsprechend ihrer Temperaturbeständigkeit dem Kälte- oder Wärmeschutz dienen (z. B. in Kühlschränken oder zur Ummantelung von Heizungsrohren). Geeignet sind faserige oder schwammartige Stoffe mit zahlr. Einschlüssen von Luft (= schlechter Wärmeleiter). Häufige I. für den *Kälteschutz* sind Korkerzeugnisse, Schaumstoffe (Styropor ⓦ, Exporit ⓦ u. a.) und Mineralfasern (Glas-, Steinwolle). Als I. für den *Wärmeschutz* eignen sich Glas- und Steinwolle (lose, in Bahnen oder Matten), Filze, kunstharzgebundene Platten, Kieselgur (als Füllmasse in Pulverform oder als hartgebrannter Stein).

Zur Schalldämmung ↑ Schalldämmstoffe.

⌑ Wrycza, W.: *Wärmeschutz im Hochbau. Bln. 1984.* - Kind, D./Kärner, H.: *Hochspannungs-Isoliertechnik. Wsb. 1982.* - Brinkmann, C.: *Die I. der Elektrotechnik. Bln. u. a. 1975.*

Isolierung, allg. Bez. für Maßnahmen und Vorrichtungen, mit Hilfe von ↑ Isolierstoffen Energiezufuhr oder -verluste (an Wärme-, Schall- und elektr. Energie) einzudämmen oder Feuchtigkeitszutritt zu verhindern.

Isolinien (Isarithmen), Linien, die v. a. auf Karten benachbarte Punkte oder Orte mit gleichen Merkmalen oder gleichen Werten einer bestimmten Größe (z. B. Luftdruck, Meereistiefe) miteinander verbinden. I. werden insbes. in der Geographie, Geophysik und Meteorologie zur übersichtl. Darstellung von solchen Größen verwendet, die sich von Ort zu Ort stetig ändern. Voraussetzung für die Konstruktion von I. ist ein möglichst dichtes Netz von Beobachtungsdaten. Pseudo-I. (**Isoplethen**) dienen zur analogen Darstellung von Gegebenheiten und Sachverhalten, deren Merkmalgrößen sich sprunghaft ändern.

isomer [zu griech. isomerḗs „von gleichen Teilen"], in der *Chemie* svw. die gleiche Bruttozusammensetzung (bei unterschiedl. Struktur der Moleküle) besitzend; gesagt von chem. Verbindungen, die *Isomerie* zeigen.

Isomerasen [griech.] ↑ Enzyme.

Isomere, chem. Verbindungen, die zwar in ihrer Bruttozusammensetzung gleich, in ihrer Struktur aber verschieden sind (↑ Isomerie).

◆ (Kernisomere) Atomkerne mit gleicher Protonenzahl Z und gleicher Neutronenzahl N,

Isomerisierung

ISOLINIEN (in Auswahl)	
Bezeichnung	bezogen auf:

Allgemeines, Physik

Isochoren	konstantes Volumen (Zustandsdiagramm)
Isochronen	Zeitdauer bzw. Zeitpunkt des Eintreffens best. Erscheinungen
Isodynen	Kraft
Isophoten	Energiestrahlung, Helligkeit oder Leuchtdichte (von Strahlungsgrößen)

Meteorologie

Isobaren	Luftdruck
Isogonen	Windrichtung
Isohumiden	relative Luftfeuchtigkeit
Isohyeten	Niederschlagsmenge
Isotachen	Windgeschwindigkeit
Isothalpen	Maximaltemperatur
Isothermen	Temperatur
Isovaporen	Dampfdruck (Luftfeuchtigkeit)

Geographie, Geologie, Geophysik

Isobasen	Hebung (tekton. Karten)
Isobaten	Wassertiefe
Isodynamen	erdmagnet. Feld
Isohypsen	Höhe (tekton. Karten)
Isokatabasen	Senkung (tekton. Karten)
Isoseisten	Erdbebenstärke

Sprachwissenschaft

Isoglossen	sprachl. Erscheinungen (allg.)
Isolexen	Wörter
Isomorphen	grammat. Erscheinungen
Isophonen	Laute

die sich in verschiedenen Energiezuständen befinden und daher unterschiedl. kernphysikal. Eigenschaften besitzen.

isomerer Übergang, svw. ↑Gammaübergang.

Isomerie [griech.], in der *Chemie* das Auftreten von zwei oder mehreren Verbindungen (isomere Verbindungen, Isomere) mit derselben Bruttoformel, jedoch mit unterschiedl. Anordnung der Atome innerhalb der Moleküle (= verschiedenen Strukturformeln) und unterschiedl. physikal. und (mit Ausnahme der opt. I.) chem. Eigenschaften. I. tritt v. a. in der organ. Chemie auf, in der anorgan. Chemie hauptsächl. bei Koordinationsverbindungen. - Man unterscheidet zwei I.arten: 1. **Konstitutionsisomerie** (Struktur-I.), bei der die Atome in unterschiedl. Reihenfolge im Molekül angeordnet sind. Konstitutionsisomer zueinander sind u. a. Alkohole und Äther, Aldehyde und Ketone.

Beispiel:

$$\text{Äthanol: } H-\underset{\underset{H}{|}}{\overset{\overset{H}{|}}{C}}-\underset{\underset{H}{|}}{\overset{\overset{H}{|}}{C}}-OH \qquad \text{Dimethyläther: } H-\underset{\underset{H}{|}}{\overset{\overset{H}{|}}{C}}-O-\underset{\underset{H}{|}}{\overset{\overset{H}{|}}{C}}-H$$

I. tritt bes. bei höheren Gliedern homologer Reihen auf, und die Zahl der konstitutionsisomeren Verbindungen nimmt mit steigender C-Zahl der Verbindungen zu. Eine Abart ist die *Kettenisomerie*, bei der Isomere durch Verzweigungen in der Kohlenstoffkette entstehen.

Beispiel:

$$CH_3-CH_2-CH_2-CH_3 \qquad CH_3-\underset{CH_3}{\overset{|}{CH}}-CH_3$$
n-Butan $\qquad$ i-Butan

Außerdem gehören dazu: *Stellungsisomerie* (Substitutions-I.), die durch Platzwechsel funktioneller Gruppen entsteht.

Beispiel:

$$CH_3-CH_2-CH_2-CH_2-OH \qquad CH_3-CH_2-\underset{OH}{\overset{|}{CH}}-CH_3$$
Butanol-(1) $\qquad$ Butanol-(2)

Bei der *Doppelbindungsisomerie* entstehen Isomere durch unterschiedl. Lage der Doppelbindung im Molekül.

Beispiel:
$$CH_3-CH_2-CH_2-CH=CH-CH_3$$
Hexen-(2)
$$CH_3-CH_2-CH=CH-CH_2-CH_3$$
Hexen-(3)

Eine Sonderform der Konstitutions-I. ist die ↑Tautomerie. - 2. **Stereoisomerie** (räuml. I.) entsteht durch unterschiedl. räuml. Anordnung der in gleicher Anzahl vorhandenen Atome im Molekül. Hierzu gehört die ↑cistrans-Isomerie und die *opt. Isomerie* (Spiegelbild-I., Enantiomerie), bei der sich die opt. Isomeren (oder opt. Antipoden) wie ein nicht deckungsgleiches Bild und Spiegelbild verhalten. Voraussetzung dafür ist meist ein ↑asymmetrisches Kohlenstoffatom.

Beispiel:

$$H-\underset{\underset{CH_3}{|}}{\overset{\overset{COOH}{|}}{C}}-OH \qquad HO-\underset{\underset{CH_3}{|}}{\overset{\overset{COOH}{|}}{C}}-H$$

Weitere Formen der Stereo-I. sind die Rotations-I. (↑Stereochemie), die ↑Taktizität und die ↑Valenzisomerie.

◆ in der *Kernphysik* svw. Kernisomerie (↑Kern).

Isomerisierung [griech.] (Umlagerung), die unter der Wirkung eines Katalysators *(katalyt. I.)* oder bei hohen Temperaturen und meist hohen Drücken *(therm. I.)* erfolgende Überführung einer organ. Verbindung in eine zu ihr isomere Verbindung. Wichtig sind v. a. die I. von Kohlenwasserstoffen: Bei der Erdölverarbeitung z. B. werden geradkettige Alkene in die entsprechenden verzweigten Verbindungen umgewandelt (↑ auch Erdöl), die als klopffeste Treibstoffe wichtig sind.

Isometrie [griech.], allg. svw. Längengleichheit, Längentreue.

♦ in der *Verslehre* Bez. der gleichen, auf derselben Silbenzahl beruhenden Länge der Verse einer Strophe (isometr. Strophe).

♦ (isometr.) *Wachstum*) in der *Biologie* das gleichmäßige Wachstum der Teile eines Körpers in Relation zum Gesamtwachstum. - Ggs. ↑Allometrie.

♦ in der *Mathematik* Bez. für die ↑Abbildung zweier metr. Räume ineinander, bei der der Abstand je zweier Elemente unverändert bleibt.

isometrisch, in der *Kristallographie* Bez. für den Habitus eines Kristalls, wenn er nach allen Richtungen ganz gleichmäßig, also nicht tafelig (planarer Habitus) oder säulig bis nadelig (prismat. oder axialer Habitus) entwickelt ist.

Isomorphie [griech.] (Homöomorphie, Isomorphismus), in der *Kristallographie*, *Kristallchemie* und *Mineralogie* das Vorliegen gleicher Kristallformen (gleiche Kristallklasse bzw. Raumgruppe, nahezu gleiche Gitterkonstanten, Flächen- und Kantenwinkel) bei verschiedenen, meist verwandten chem. Verbindungen, wobei diese Mischkristalle bilden können.

Isomyaria [griech.] (Homomyaria), Bez. für Muschelarten, bei denen (im Ggs. zu den Anisomyaria) beide Schalenschließmuskeln gleich oder annähernd gleich stark entwickelt sind.

Isoniazid [Kw. aus Isonikotinsäurehydrazid], Abk. INH, wichtiges Chemotherapeutikum zur Bekämpfung der Tuberkulose. INH wirkt ausschließl. bakterizid auf extra- wie intrazelluläre Tuberkelbazillen.

Isonitrile (Isocyanide), Gruppe von chem. Verbindungen der allgemeinen Formel R−N≡C|, wobei R in den meisten Fällen einen organ. Rest symbolisiert. I. sind farblose, sehr giftige Flüssigkeiten, die man aus primären Aminen durch Umsetzung mit Chloroform und Alkalilauge erhält.

Isonzo (slowen. Soča), Zufluß zum Adriat. Meer, entspringt in den Jul. Alpen, Jugoslawien, mündet in den Golf von Triest, Italien, 138 km lang. Das Tal des Oberlaufs, der **Trenta**, ist ein bed. Fremdenverkehrsgebiet.

Isonzoschlachten, die nach dem Isonzo benannten elf bzw. zwölf Schlachten am Ostabschnitt der östr.-italien. Front 1915–17.

Isopathie [griech.], in der ersten Hälfte des 19. Jh. in Anlehnung an die Homöopathie entwickelte Lehre, nicht nur Ähnliches mit Ähnlichem ("similia similibus"), sondern Gleiches mit Gleichem ("aequalia aequalibus") zu behandeln, d. h. die Krankheit wird mit Stoffen behandelt, die durch das Krankheitsgeschehen im Körper gebildet werden. Die I. wurde anfangs bei Infektionskrankheiten, später auch bei anderen Leiden angewandt.

isoperimetrisch [griech.], umfangsgleich. Als *i. Kurven, Figuren* bzw. *Körper* werden geschlossene Kurven gleicher Kurvenlänge, ebene Flächenstücke gleichen Umfangs bzw. Körper mit gleichem Oberflächeninhalt bezeichnet.

Isophyllie [griech.] (Gleichblättrigkeit), in der Botanik Bez. für das Vorkommen von form- und größengleichen Blattorganen (Laubblätter, Blütenhüllblätter) an einem Sproßabschnitt bzw. an einem Wirtel. - Ggs. ↑Anisophyllie.

Isopoda [griech.], svw. ↑Asseln.

Isopren [Kw.] (Methylbutadien), C_5H_8, der monomere Baustein des Rohkautschuks und vieler anderer Naturstoffe (z. B. des Karotins und der Terpene). Monomeres I. ist eine farblose, ölige Flüssigkeit, die allmähl. (infolge Polymerisation) immer zähflüssiger wird. Man gewinnt es bei der Raffination des Erdöls oder synthet. aus Acetylen und Aceton bzw. aus Pentanol. I. wird v. a. zu synthet. Kautschuk polymerisiert und als Kopolymeres bei der Herstellung z. B. von Butylkautschuk verwendet. Chem. Strukturformel:

$$H_2C=C-C=CH_2$$
$$\underset{H_3C}{|}\underset{H}{|}$$

Isopropyl-, Bez. der chem. Nomenklatur für den einwertigen Kohlenwasserstoffrest −CH(CH$_3$)$_2$.

Isoptera [griech.], svw. ↑Termiten.

Isosaki, Arata, * Oita 23. Juli 1917, japan. Architekt. - 1954–61 Zusammenarbeit mit Kenzo Tange, u. a. Plan für Tokio (1960), Festplatz Expo 70 in Osaka. Schwere Dachbalken bestimmen seine Präfektur-Bücherei in Oita (1964–66), Pop-Charakter gab er der Fukuoka Mutual Bank ebd. (1966/67). Entwarf neuartige Hochhaus-Stadtviertel (Spatial City, 1960, City in the Air, 1962). - *Weitere Bauten:* Kunstmuseum (1972–74) und Ausstellungszentrum (1975–78) in Kitakiuschu.

Isospin [...spin], in der Kern- und Elementarteilchenphysik verwendete physikal. Größe, die v. a. die Formulierung der beobachteten Ladungsunabhängigkeit der starken Wechselwirkungen (insbes. der Kernkräfte) ermöglicht.

Isostasie [griech.], der Vorgang des Einspielens auf einen Gleichgewichtszustand zw. der Schwere und der Dichte einzelner Krustenstücke der Erdrinde und des darunter befindl. ↑Sima; äußert sich in Hebungen und Senkungen. Bei der **Glazialisostasie** wird durch Abschmelzen des Eises der Untergrund entlastet, er steigt langsam auf (z. B. Skandinavien seit Abklingen der Eiszeit).

Isosterie [griech.], in der *Chemie* Bez. für den isoelektron. Zustand († isoelektronisch) von Molekülen oder Ionen mit gleicher Anzahl von Atomen. Isoster zueinander (Isostere, isostere Verbindungen) sind z. B. das Stickstoffmolekül (:N:::N:) und das Kohlenmonoxidmolekül (:C:::O:).

isosyllabisch [griech.] (gleichsilbig), von Morphemen, Wörtern, Sätzen usw. gesagt, die gleich viele Silben besitzen.

isotherm [griech.], bei konstanter Temperatur erfolgend.

Isothermen [griech.], allg. Kurven oder Flächen *(I.flächen)*, die benachbarte Punkte gleicher Temperatur z. B. in einem Körper verbinden. Der Temperaturgradient steht auf einer I.fläche senkrecht und gibt in homogenen Stoffen die Richtung des Wärmestroms an. - ↑ auch Isolinien.
◆ die sich bei Messungen der Temperaturstrahlung für jede Temperatur ergebenden Kurven der spektralen Energieverteilung.
◆ in der *Thermodynamik* Bez. für die Kurven konstanter Temperatur in einem Zustandsdiagramm.

Isothermie [griech.], allg. Gleichheit der Temperatur an allen Stellen eines Körpers oder eines Raumes. In der *Meteorologie* Gleichbleiben der Temperatur trotz Zunahme der Höhe, das insbes. in der unteren Stratosphäre beobachtet wird.

Isotomidae [griech.] (Gleichringler), weltweit verbreitete Fam. der Springschwänze mit rd. 300 0,8–8 mm großen Arten, davon 40 in Deutschland; Körper meist behaart, aber ohne Schuppen; Fühler knapp körperlang.

Isotone [griech.], Atomkerne mit gleicher Neutronenzahl.

Isotonie [griech.], Konstanz des osmot. Drucks der Körperflüssigkeiten (z. B. des Blutplasmas) im gesunden Organismus.

isotonisch, von gleichem Druck; entweder *(als isoosmotisch)* bezogen auf Lösungen von gleichem osmot. Druck (z. B. bei Blutersatzflüssigkeiten und bei der normalen Blutflüssigkeit; im Ggs. zu anisotonischen Lösungen) oder von einer Muskelkontraktion gesagt, bei der (im Ggs. zur isometrischen Kontraktion) die Kraftentwicklung bzw. Muskelspannung unverändert bleibt, während sich die Muskellänge ändert.

Isotope [zu griech. *ísos* „gleich" und *tópos* „Platz" (mit Bezug auf die gleiche Stelle im Periodensystem der chem. Elemente)], Bez. für verschiedene Atomarten eines chem. Elements, für ↑ Nuklide, deren Atomkerne die gleiche Ordnungszahl (Protonenzahl), aber verschiedene Neutronenzahlen und somit auch verschiedene Massenzahlen haben. I. sind prakt. nicht mit chem., sondern nur mit physikal. Methoden zu trennen (↑ Isotopentrennung). Sie werden durch die Angabe der Massenzahl ihrer Kerne am chem. Symbol unterschieden, z. B. ^{12}C, ^{13}C und ^{14}C bei den I. des Kohlenstoffs. Neben den stabilen natürl. I. gibt es instabile natürl. sowie künstl. hergestellte I. (Radionuklide, Radioisotope). Mit Ausnahme von wenigen *Reinelementen (Rein-I.)* kommen die chem. Elemente als *natürl. I.gemische* vor, deren *relative I.häufigkeit* konstant ist.

Isotopenbatterie (Atombatterie, Kernbatterie, Radionuklidbatterie), Gerät zur Erzeugung elektr. Energie durch [direkte] Umwandlung (Wirkungsgrad unter 10 %) der Energie radioaktiver Strahlung von Radionukliden. Hauptvorteile: Wartungsfreiheit und durch die Halbwertszeit der verwendeten Radionuklide bedingte lange Lebensdauer. Häufig verwendete Radionuklide: ^{90}Sr (Halbwertszeit 28,1 Jahre = 28,1 a), ^{60}Co (5,26 a), ^{238}Pu (86,4 a). *Direkte I.* wandeln die Zerfalls- bzw. Strahlenenergie unmittelbar in elektr. Energie um. In *indirekten I.* wird aus der Zerfallsenergie zunächst Licht- oder Wärmeenergie erzeugt, z. B. in photoelektr. I. und in den techn. fast ausschließl. verwendeten therm. I., bei denen die durch Absorption der Strahlung erzeugte Wärme entweder mit Wärmekraftmaschinen (z. B. Quecksilberdampfturbine), mit Thermoelementen oder mit Thermionikelementen in elektr. Energie umgesetzt wird. Bei den mit Thermoelementen arbeitenden sog. thermoelektr. I. (RTG = Radioisotope Thermoelectric Generator) werden die früher (bis maximal 600 °C) verwendeten Blei-Tellurid- und Wismut-Tellurid-Halbleiter jetzt durch Germanium-Lithium-Systeme (bis 1 000 °C) ersetzt. Bei sehr großen Aktivitäten werden Leistungen über 10 kW erreicht. Verwendung von I. für Bojen, Funkverstärkersender und Satelliten.

Thermoelektrische Isotopenbatterie mit 20 Thermoelementen für eine elektrische Leistung von 5 Watt

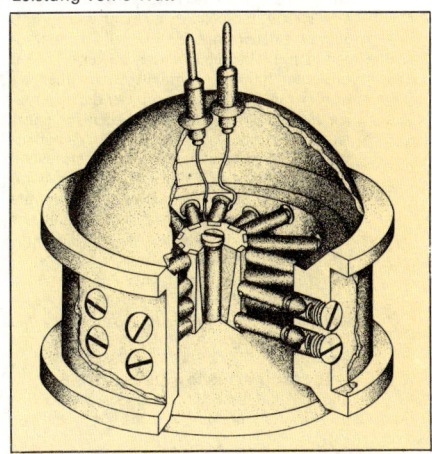

Isotopendiagnostik

Isotopendiagnostik, svw. ↑Radioisotopendiagnostik.

Isotopengeologie, Zweig der Geologie, der sich mit der Verteilung der Isotope der chem. Elemente beschäftigt und mit ihrer Hilfe u. a. Entstehung und Alter von Gesteinen und Lagerstätten untersucht.

Isotopenindikator, svw. Leitisotop (↑Indikatormethode).

Isotopentrennung, Verfahren zur Abtrennung oder Anreicherung einzelner Isotope aus einem [natürl.] Isotopengemisch. Da die Isotope eines Elements sich chem. prakt. vollkommen gleich verhalten, werden zur I. hauptsächl. die physikal. Isotopieeffekte ausgenutzt; diese sind aber sehr klein, so daß meist erst eine häufige Wiederholung des Verfahrens ein hoch angereichertes Isotop ergibt. Dieses *Vervielfachungsprinzip* wird u. a. angewendet bei der I. durch Diffusion, Elektromigration, Gegenstromelektrolyse, Thermodiffusion und im Trenndüsenverfahren. Techn. Bedeutung haben v. a. die Thermodiffusion von Gasen im ↑Clusius-Dickelschen Trennrohr und das Hertzsche Diffusionsverfahren gewonnen, das die verschiedenen Diffusionsgeschwindigkeiten der Isotope durch poröse Schichten ausnutzt. Bei den nach dem *Restprinzip* arbeitenden Methoden der I. wird das Ausgangsvolumen des Isotopengemischs auf ein Restvolumen eingeengt, in dem sich das gewünschte Isotop anreichert; dieses Prinzip kann u. a. bei der Destillation, Elektrolyse und in der Gaszentrifuge angewandt werden. Großtechn. ausgenutzt wird die Elektrolyse zur Herstellung schweren Wasserstoffs (Deuterium) und die ↑Gaszentrifuge zur I. bei schweren Elementen. Eine vollständige I. ist durch elektr. oder magnet. Ablenkung eines Ionenstrahls im Massenseparator möglich und wurde großtechn. zur Anreicherung der Uranisotope für Kernwaffen angewendet. Mit Hilfe der äußerst scharfen Spektrallinien bzw. dem streng monochromat. Licht von Lasern gelingt es neuerdings, Isotope selektiv anzuregen (d. h. Elektronen werden in weiter außen gelegene Bahnen gebracht). Anschließend werden mit einem weiteren Laser die angeregten Isotope ionisiert (Ablösearbeit für angeregte Elektronen geringer als im Grundzustand) und „abgesaugt" oder mittels chem. Reaktionen, die erst im angeregten Zustand der Atome mögl. sind, abgetrennt. - Getrennte oder angereicherte Isotope werden z. B. als Kernbrennstoffe in Reaktoren, als Indikatoren bei der Indikatormethode, für Isotopenbatterien sowie bei vielen physikal. und chem. Untersuchungsverfahren benötigt.

⌀ *Uranium enrichment.* Hg. v. S. Villani. Bln. u. a. 1979. - Villani, S.: *Isotope separation.* New York ²1976.

Isotopieeffekte [griech./lat.], Bez. für alle physikal. Erscheinungen, deren Ursachen im Auftreten und unterschiedl. Verhalten von ↑Isotopen eines chem. Elements liegen. Beispiele sind u. a. die verschiedene Diffusionsgeschwindigkeit der einzelnen Isotope (infolge unterschiedl. Masse).

Isotropie [griech.], die Richtungsunabhängigkeit der physikal. und chem. Eigenschaften von Stoffen (v. a. von Kristallen).

Isotypie [griech.], in der *Kristallographie* das Vorliegen kristallgeometr. Ähnlichkeiten. *Isotype Kristalle* sind solche, die bei unterschiedl. chem. Zusammensetzung zum gleichen Strukturtypus gehören und dieselbe Raumgruppe haben, aber keine Mischkristalle bilden.

Isozaki, Arata ↑Isosaki, Arata.

isozerk [griech.] (gephyrozerk), eine in zwei gleiche Hälften geteilte Schwanzflosse aufweisend, z. B. beim Schellfisch.

Isperich ↑Asparuch.

Israel, im A. T. zweiter Name des Erzvaters ↑Jakob. Die Bed. des Namens ist nicht sicher, mögl. Übersetzungen sind „Gott möge sich als Herrscher erweisen" oder „Gott strahlt". Die Umbenennung (durch einen Engel [1. Mos. 32, 23–33] oder durch Jahwe selbst [1. Mos. 35, 9–13] machte Jakob zum Stammvater aller Israeliten, da seine Söhne als die Ahnherren der zwölf Stämme gelten. I. bezeichnet urspr. (älteste Erwähnung auf der Siegesstele [„I.stele"] des Pharao Merenptah [1224–14 v. Chr.]) die Gesamtheit der im Gebiet westl. und östl. des Jordans seßhaft gewordenen Stämme (13. Jh. v. Chr.). Trotz ihrer Selbständigkeit war den Stämmen I. der Jahweglaube gemeinsam. Saul konnte durch Zusammenschluß der Stämme ein Königtum errichten, das unter seinem Nachfolger David zum Großreich I. wurde, das auch die Territorien der kanaanäischen Stadtstaaten umfaßte. Nach dem Tod Salomos (926) zerfiel das Reich auf Grund von Gegensätzen zw. den Nord- und Südstämmen in das Südreich [„Juda" und das Nordreich „I.", das nun allein den Namen I. führte. Hauptstadt war zunächst Sichem, dann Penuel und Tirza, bis Omri Samaria als Residenz gründete und ausbaute. Während im Reich Juda die david. Dynastie festen Bestand hatte, wechselten in I. Herrscher und Usurpatoren ständig in der Macht, ebenso zeigte wie in der zunehmenden Kanaanisierung des Kults. Gegen beides traten die großen Propheten des Nordreichs I. wie Elia, Elisa, Amos und Hosea mit ihren Droh- und Gerichtsreden auf. Die polit. unkluge Beteiligung Israels an der antiassyr. Koalition der syr. Kleinstaaten führte schließl. unter den assyr. Königen Tiglatpileser III. und Salmanassar V. zur Zerstörung I. und 722/21 mit der Eroberung Samarias zur endgültigen Auslöschung des Reichs I. Die Bev. wurde größtenteils deportiert, der Rest ging in den neu angesiedelten fremden Völkerschaften auf.

Die Könige von Israel und Juda[1]

bis 1004	Saul (etwa 20 Jahre)
1004–965	David
965–926	Salomo

Israel	Juda
926–907 Jerobeam I.	926–910 Rehabeam
	910–908 Abija
907/906 Nadab	908–868 Asa
906–883 Baesa	
883/882 Ela	
882 Simri	
(882–878) Tibni	
(882) 878–871 Omri	
871–852 Achab	868–847 Josaphat
852/851 Achasja	
851–845 Joram	(852) 847–845 Joram
	845 Achasja
845–818 Jehu	(845–840 Athalia)
818–802 Joahas	840–801 Joas
802–787 Joas	801–773 Amazja
787–747 Jerobeam II.	(787) 773–736 Asarja (Usija)
747 Sacharja	(756–741) Jotham
747 Sallum	
747–738 Menachem	(741) 736–726 Achas
737/736 Pekachja	
735–732 Pekach	
731–723 Hosea	725–697 Hiskia
	696–642 Manasse
	641/640 Amon
	639–609 Josia
	609 Joahas
	608–598 Jojakim
	598/597 Jojachin
	597–587 Sedekias

[1] Datierung nach A. Jepsen/R. Hanhart, Untersuchungen zur israelit.-jüd. Chronologie, Berlin 1964. Die Zahlen in Klammern bezeichnen die Mitregentschaft, ein waagerechter Strich kennzeichnet das Ende der Dynastie. Infolge der oft nicht eindeutigen Angaben in den Quellen und von Kalenderänderungen geben die Daten z. T. nur Annäherungswerte wieder.

📖 *Ehrlich, E. L.:* Gesch. Israels von den Anfängen bis zur Zerstörung des Tempels (70 n. Chr.). Bln. ²1980. - *Herrmann, S.:* Gesch. Israels in alttestamentl. Zeit. Mchn. ²1979. - *Gunneweg, A. H. J.:* Gesch. Israels bis Bar Kochba. Stg. ³1979. - *Danner, H.:* Herrschergestalten in I. Bln. u. a. 1970.

Israel

(amtl. Vollform: Medinat Israel), Republik in Vorderasien, zw. 29° 30′ und 33° 20′ n. Br. sowie 34° 20′ und 35° 40′ ö. L. **Staatsgebiet:** I. grenzt im W an das Mittelländische Meer, im N an Libanon, im äußersten NO an Syrien, im O an Jordanien und im SW an Ägypten; die Südspitze reicht bis an den Golf von Akaba des Roten Meeres. **Fläche:** 20 700 km^2 (nach dem Waffenstillstand von 1949), ohne die besetzten Gebiete (einschließl. Ost-Jerusalem 20770 km^2). **Bevölkerung:** 4,23 Mill. E (1985), 203,8 E/km^2. **Hauptstadt:** Jerusalem. **Verwaltungsgliederung:** 6 Distr. **Amtssprache:** Hebräisch (Iwrit); Araber dürfen die arab. Sprache auch amtl. gebrauchen. **Staatsreligion:** Der jüd. Glaube. **Nationalfeiertag:** Ijär 5 (zw. Mitte April und Mitte Mai). **Währung:** Schekel (IS) = 100 New Agorot. **Internat. Mitgliedschaften:** UN, GATT; mit der EWG besteht seit 1. Juli 1975 ein Freihandelsabkommen. **Zeitzone:** Osteurop. Zeit, d. i. MEZ + 1 Std. (mit Sommerzeit).

Landesnatur: I. erstreckt sich rd. 420 km lang von N nach S, die Breite beträgt nur knapp 20–116 km. Der N-Teil ist ein von der Küstenebene aus ansteigendes Hügel-, Berg- und Hochland. Es erreicht im Hare Meron, dem höchsten Berg des Landes, der im Hochland von Galiläa liegt, 1 208 m ü. d. M. Das Hochland fällt steil ab zum Jordangraben, in dem der See von Genezareth liegt. Der S des Landes wird vom Trockengebiet des Negev eingenommen, der ebenfalls steil abfällt zum Jordangraben. Hier hat I. Anteil am Toten Meer, dessen ständig sinkender Wasserspiegel bei rund 400 m u. d. M. liegt.
Klima: Es ist mediterran, doch sind der Negev sowie südl. Teile des Jordangrabens heiße Trockengebiete mit Jahresniederschlägen unter 250 mm. Nach N nehmen die Niederschläge auf 500–900 mm zu, sie fallen in den höchsten Lagen oft als Schnee.
Vegetation: Mediterrane Pflanzengemeinschaften sind im Küstengebiet und Bergland nördl. des Negev vertreten. In der im nördl. Negev gelegenen Senke von Beer Sheva tritt niedrige Buschvegetation auf. Der größte Teil des Negev und der südl. Jordangrabens gehören der saharo-arab. Vegetationszone an mit einer Wuchsdichte von einer Pflanze pro Quadratmeter. In der Hulaebene, dem nördlichsten Teil des Jordangrabens, findet sich eine europ.-afrikan. Mischflora.
Tierwelt: Verbreitet sind Wildschweine, Springmäuse, Gazellen und Reptilien. Die Hulaebene ist bes. reich an Vogelarten.
Bevölkerung: Staatstragendes Volk sind die Juden, die sich in Vatiqim (vor der Staatsgründung eingewandert), Olim (nach der Staatsgründung eingewandert) und Sabra (im Lande Geborene) gliedern. Die in I. lebenden

Israel

Araber haben eine höhere Geburtenrate als die Juden. So sind z. B. in Galiläa inzwischen die Araber gegenüber den Juden in der Mehrzahl. An Religionen sind Judentum (rd. 84%), Islam (12%) und Christentum (2,5%) vertreten, daneben gibt es noch Drusen, Samaritaner und Bahai. 1983 lebten 90% der jüd., aber nur 71% der arab. Bev. in Städten. Die größten städt. Ballungsgebiete sind Tel Aviv-Jaffa und Haifa. Es besteht Schulpflicht zw. 5 und 14 Jahren. Der Anteil der Analphabeten liegt bei der nichtjüd. Bev. mit rd. 36% höher als bei der jüd. (rd. 9%). Neben 43 Lehrerseminaren verfügt I. über 5 Univ. und 2 Hochschulen.

Wirtschaft: Hauptproblem der Landw. ist die Wasserversorgung, v. a. im S des Landes. Regenwasser wird nach dem alten System der Nabatäer verteilt, die Tropfbewässerung, bei der sogar Brack- und Salzwasser verwendet werden kann, wurde entwickelt, vom See Genezareth wird Wasser v. a. in den nördl. Negev geleitet. Ein Teil des Anbaus erfolgt unter Plastikfolien, um die Verdunstung zu verringern. Windschutzgürtel, v. a. aus Tamarisken, Eukalypten und Akazien wurden im Negev und südl. Jordangraben angepflanzt. Die Landw. deckt 78 % des Eigenbedarfs und arbeitet außerdem für den Export. Angebaut werden Getreide, Kartoffeln, Gemüse, Erdnüsse, Sesam, Zuckerrüben, Zitrusfrüchte, Bananen, Kern- und Steinobst, Oliven, Baumwolle, Tabak u. a. Gehalten werden Rinder, Schafe, Ziegen, Esel und Maultiere, Pferde, Kamele und Geflügel. An Bodenschätzen werden verschiedene Salze aus dem Toten Meer gewonnen. Kupfererze werden bei Elat abgebaut, ebenso der Schmuckstein Malachit. Die Energieversorgung erfolgt durch Wärmekraftwerke und Sonnenenergie. Neben der Baustoffind. ist die chem., metallverarbeitende, feinmechan. und elektrotechn. Ind. von Bed. sowie rd. 650 Diamantenschleifereien. Ziele des Fremdenverkehrs sind antike Kulturdenkmäler, Stätten der Bibel, ma. Kreuzfahrerburgen und Badeorte.

Außenhandel: Ausgeführt werden Schmuckdiamanten, Obst und Gemüse (frisch und konserviert), chem. Düngemittel, Bekleidung u. a., eingeführt Erdöl, Rohdiamanten, Eisen und Stahl, elektr. und nichtelektr. Maschinen und Geräte, Kfz., Hirse, Sojabohnen, Zucker, Honig u. a. Wichtigste Partner sind die EG-Länder, USA, Schweiz, Japan u. a.

Verkehr: Das Eisenbahnnetz hat eine Länge von 858 km, das Straßennetz von 12 482 km, davon 3 715 km Fernstraßen. Rohölleitungen führen von Elat nach Ashqelon und Haifa. Wichtigste Seehäfen sind Haifa und Ashdod am Mittelmeer, Elat am Roten Meer. I. verfügt über 11 Binnenflughäfen, die von der staatl. ARKIA bedient werden. Die EL AL bedient den Auslandsflugverkehr. Der internat. ✈ in Lod wird von 15 ausländ. Gesellschaften angeflogen.

Geschichte: Die Entstehung des Staates: Die jüd. Gemeinschaft in Palästina, die aus dem Zionismus erwachsen war, forderte während des 2. Weltkrieges einen selbständigen Staat. Großbrit., das sich mit der Balfour-Deklaration 1917 für die „Errichtung der jüd. nat. Heimstätte" ausgesprochen hatte, hatte seit 1920/23 das Völkerbundsmandat über Palästina inne. Brit. Erwägungen (1937), das Land in einen jüd. und einen arab. Staat zu teilen, waren 1939 einer antizionist. Politik gewichen, die den Landankauf und die jüd. Einwanderung überhaupt einschränkte und die nach 1945 fortgesetzt wurde. Hunderttausende von Juden forderten Zugang nach Palästina. Dabei wurden sie von den jüd. Widerstandsbewegungen wie Hagana und Irgun Zwai Leumi unterstützt, die nicht nur die illegale Einwanderung organisierten, sondern auch bewaffnete Auseinandersetzungen mit den brit. Truppen im Lande führten. Der Teilungsplan der UN von 29. Nov. 1947 wurde von der Jewish Agency angenommen, jedoch von den Arabern abgelehnt. Nach Erlöschen des brit. Mandats und dem vollständigen Abzug der brit. Truppen am 15. Mai 1948 rief der Nationalrat der Juden in Palästina den unabhängigen Staat I. aus, der 77 % Palästinas umfaßte und darauf von den USA sowie der UdSSR anerkannt wurde (O-Palästina wurde am 24. April 1950 Jordanien angegliedert). Der am 15. Mai 1948 begonnene 1. Israel.-Arab. Krieg hatte 1949 ein Waffenstillstandsabkommen zum Ergebnis, die v. a. den Gasastreifen unter ägypt. Kontrolle beließen, Transjordanien einen Teil des Gebiets westl. des Jordan zugestanden und die Teilung Jerusalems bestätigten. Durch die Flucht von 852 000 Arabern (im Land blieben nur 156 000) aus I. entstanden in den angrenzenden arab. Staaten große Flüchtlingslager. Am 11. Mai 1949 wurde I. Mitglied der UN. Innenpolit. Entwicklung: Noch während der Kampfhandlungen fand eine Masseneinwanderung von Juden statt, wodurch die jüd. Bev. (1947 ungefähr 600 000) auf mehr als das Doppelte stieg. Das unterschiedl. zivilisator. Niveau der Einwanderer aus Asien und Afrika einerseits, aus Europa andererseits führte wiederholt zu Spannungen zw. den verschiedenen Bev.gruppen. Auf Grund streng dirigist. Wirtschaftsführung, der finanziellen Unterstützung des Staates v. a. von ausländ. Juden sowie westl. Kapitalanleihen und Zahlungen aus der BR Deutschland (Wiedergutmachungsabkommen von 1952 über 3,45 Mrd. DM bis 1965) konnte der wirtsch. Ausbau des Landes verwirklicht und der Lebensstandard der Bev. entschieden verbessert werden.

Die größte Partei, die sozialdemokrat. Mapai, die durch Zusammenschluß mit den Gruppen Achdut, Avoda und Rafi (1968) und der Mapam (1969) die Vereinigte Arbeiterpartei

Israel

(Maarach) bildete, war seit den ersten Wahlen (1949) bis 1977 ständig führende Reg.partei (Premiermin.: D. Ben Gurion, M. Scharett L. Eschkol, G. Meir, Y. Rabin). Zur Machtstellung der Vereinigten Arbeiterpartei trug auch ihr beherrschender Einfluß auf den starken Gewerkschaftsverband Histadrut bei. Die Opposition wurde gebildet durch die nationalist. Cherut unter M. Begin und die sehr kleinen kommunist. Parteien; die liberale Partei war abwechselnd in der Reg. oder in der Opposition, bis sie sich mit Cherut in einer Arbeitsgemeinschaft verband (1965). 1973 schlossen sich Staatsliste, Freies Zentrum, Cherut und Liberale zum Likud-Block zusammen, der nach den Wahlen von 1977 unter Premiermin. Begin zur führenden Reg.partei wurde.

In der Außenpolitik blieben das Verhältnis zu den arab. Staaten und das Problem der arab. Flüchtlinge die vorherrschenden Themen. Dem Waffenstillstand von 1949 folgte kein Friede. Die arab. Kampfbereitschaft gegenüber I. und der arab. Nationalismus steigerten sich seit der ägypt. Revolution 1952/54 unter Nasser. Die Intensivierung des arab.-palästinens. Guerillakrieges ab 1955 und die Blockade der Straße von Tiran veranlaßten I. Ende Okt. 1956, zugleich mit der frz.-brit. militär. Intervention in der ↑Sueskrise 1956 den 2. Israel.-Arab. Krieg zu eröffnen. Die danach getroffene Regelung (Stationierung von UN-Truppen im Gasastreifen und in Charm Asch Schaich) verbürgte einige Jahre lang ein gewisses Maß von Entspannung, führte aber zu keinem Friedensschluß. Die palästinens. Befreiungsbewegungen begannen sich massiv zu organisieren. Der zugleich mit dem systemat. Truppenaufmarsch in Sinai und der Blockierung der Straße von Tiran offen verkündete Wille Ägyptens, I. in einem weiteren Waffengang zu vernichten, führte 1967 zum 3. Israel.-Arab. Krieg (Sechstagekrieg). Nach der Niederlage Ägyptens, Jordaniens und Syriens hatte I. Territorium besetzt, das dreifach größer als das eigene Staatsgebiet war. Dem Waffenstillstand folgte jedoch auch diesmal kein Friede, da I. nicht bereit war, der Aufforderung der UN nach Rückzug aus den besetzten Gebieten zu entsprechen. Unter der arab. Bev. dieser Gebiete blieb der polit. Widerstand gegen die israel. Herrschaft bestehen. Die palästinens. Befreiungsbewegungen setzten seit Sept. 1967 von den arab. Nachbarstaaten aus, ihre terrorist. eskalierenden, von I. mit massiven Gegenaktionen beantworteten Guerillaaktionen. Dabei wurden sie finanziell und diplomat. von den arab. Staaten unterstützt. Der Sechstagekrieg hatte großen Einfluß auf Israels außenpolit. Position. Die meisten asiat. und afrikan. Staaten erklärten sich solidar. mit den Arabern. Die UdSSR und fast alle anderen kommunist. Staaten brachen die diplomat. Beziehungen zu I. ab. Ausgedehnte Hilfe hingegen erhielt I. von den USA, v. a. hinsichtl. moderner Bewaffnung und Anleihen. Hierdurch sowie durch eine schnelle Entwicklung von Industrie, Handel und Tourismus erlebte das Land einen bis dahin ungekannten wirtsch. Fortschritt. Mit einem ägypt.-syr. Überraschungsangriff begann am 6. Okt. 1973 der 4. Israel.-Arab. Krieg („Jom-Kippur-Krieg"), dessen unentschiedener Ausgang das arab. Selbstbewußtsein stärkte. Waffenstillstand und Truppenentflechtung zw. I. sowie Ägypten und Syrien kamen durch den diplomat. Einsatz der Supermächte, v. a. der USA, zustande. Ungelöst blieb die Frage der von I. besetzten arab. Gebiete und der Rechte der Palästinenser. Infolge der ständigen militär. Anstrengungen nahmen die wirtsch. und sozialen Probleme Israels zu. Der Besuch des ägypt. Staatspräs. A. As Sadat in I. im Nov. 1977 leitete eine Phase intensiver israel.-ägypt. Friedensgespräche (wiederholt unter direkter Beteiligung der USA) ein, die am 26. März 1979 in einen Friedensvertrag mündeten. Der Vertrag sieht vor: Den Abzug der israel. Streitkräfte von der Halbinsel Sinai, die Aufnahme diplomat. Beziehungen zum Jahresende 1979, die Anerkennung der internat. Grenzen zw. Ägypten und dem ehemaligen brit. Mandat Palästina und v. a. die Verpflichtung zu Verhandlungen über die Zukunft der Palästinenser mit dem Ziel einer palästinensischen Autonomie. Diese Verhandlungen zw. I. und Ägypten unter zeitweiser Beteiligung der USA blieben bisher ohne Ergebnis, während I. seine Siedlungspolitik in den besetzten Gebieten gegen den Protest u. a. des UN-Sicherheitsrats fortsetzte. Ende Juli 1980 erklärte das israel. Parlament durch Gesetz ganz Jerusalem zur Hauptstadt Israels. Neuwahlen zur Knesset im Juni 1981 brachten der Maarach große Stimmengewinne, ermöglichten aber Begin wieder die Bildung einer Koalitionsreg. Im Dez. 1981 annektierte I. die seit 1967 besetzten Golanhöhen. Die vollständige Rückgabe der Halbinsel Sinai an Ägypten erfolgte im April 1982. Bei der am 6. Juni begonnenen Besetzung des Südlibanons unter großen Opfern der libanes. Zivilbev. schlossen israel. Truppen rd. 6 000 PLO-Kämpfer in W-Beirut ein. Erst Mitte Aug. gelang dem amerikan. Sonderbeauftragten P. Habib die Vermittlung eines Waffenstillstands. Bis zum 1. Sept. verließen rd. 11 000 PLO-Kämpfer unter Aufsicht einer multinat. Friedenstruppe den Libanon, die syr. Truppen zogen sich aus W-Beirut zurück. Nach der Besetzung W-Beiruts durch israel. Truppen am 15. Sept. kam es in 2 palästinens. Flüchtlingslagern zu einem Massaker von seiten phalangist. Milizen. Auf Empfehlung einer daraufhin eingesetzten Untersuchungskommission mußte Verteidigungmin. A. Scharon im Febr. 1983 zurücktreten. Am 28. Dez. 1982 begannen unter amerikan. Beteiligung is-

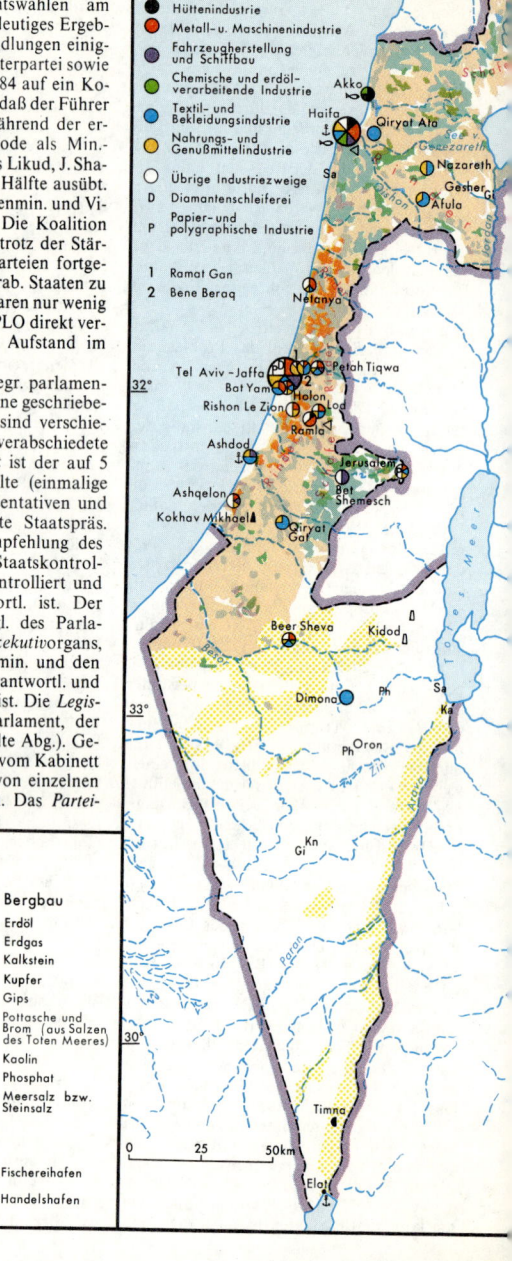

Israel

rael.-libanes. Verhandlungen über eine Normalisierung der beiderseitigen Beziehungen. Die vorgezogenen Parlamentswahlen am 23. Juli 1984 brachten kein eindeutiges Ergebnis. Nach langwierigen Verhandlungen einigten sich Likud-Block und Arbeiterpartei sowie 7 kleinere Parteien im Sept. 1984 auf ein Koalitionsabkommen, das vorsah, daß der Führer der Arbeiterpartei, S. Peres, während der ersten Hälfte der Legislaturperiode als Min.-präs. amtiert und der Führer des Likud, J. Shamir, dieses Amt in der zweiten Hälfte ausübt. Bis dahin sollte Shamir als Außenmin. und Vizeministerpräsident fungieren. Die Koalition wurde nach den Wahlen 1988 trotz der Stärkung der ultrakonservativen Parteien fortgesetzt. – Die Versuche, mit den arab. Staaten zu einem Ausgleich zu kommen, waren nur wenig erfolgreich, da I. nicht mit der PLO direkt verhandeln will. Seit Dez. 1987 Aufstand im Gasastreifen (↑ Intifada).

Politisches System: Die 1948 gegr. parlamentar. Republik I. besitzt noch keine geschriebene Verfassung. Reg.grundlage sind verschiedene 1958 vom Parlament verabschiedete Grundgesetze. *Staatsoberhaupt* ist der auf 5 Jahre vom Parlament gewählte (einmalige Wiederwahl mögl.), mit repräsentativen und formellen Funktionen betraute Staatspräs. (seit 1983 C. Herzog). Auf Empfehlung des Parlaments bestellt er einen Staatskontrolleur, der alle staatl. Organe kontrolliert und nur dem Parlament verantwortl. ist. Der Staatspräs. beauftragt ein Mgl. des Parlaments mit der Bildung des *Exekutiv*organs, der Reg., die aus dem Premiermin. und den Min. besteht, dem Parlament verantwortl. und von dessen Vertrauen abhängig ist. Die *Legislative* liegt beim Einkammerparlament, der Knesset (120 auf 4 Jahre gewählte Abg.). Gesetzesvorlagen werden gewöhnl. vom Kabinett eingereicht, können aber auch von einzelnen Abg. oder Fraktionen ausgehen. Das *Partei-*

Israelisch-Arabischer Krieg

ensystem spiegelt die ethn., kulturelle und ideolog. Vielfalt der israel. Gesellschaft wider. Das Wahlrecht ermöglicht auch kleinen polit. Gruppen eine parlamentar. Vertretung. Seit 1988 wird die Reg.-Koalition gebildet vom nat.-konservativen Likud-Block (40 Sitze in der Knesset), der Arbeiterpartei (39) und der orth. jüd. Shahs (6). Bed. orth. jüd. Parteien sind u.a. Nationalreligiöse Partei und Agudat Israel. Auf Ausgleich mit den Arabern bedacht sind Yahad und Ratz. Die 1984 gegr. Progressive List for Peace tritt für die Anerkennung der PLO und die Schaffung eines palästinens. Staates ein. Wichtigster *Interessenverband* ist der 1920 gegr. Allg. Gewerkschaftsverband Histadrut. *Verwaltungs*mäßig ist I. in 6 Distrikte eingeteilt, die in Bezirke untergliedert sind. Die Gemeindeverwaltungen unterstehen Bezirkskomissaren, die die Durchführung der zentralist. Politik überwachen. Die besetzten Gebiete stehen unter Militärverwaltung. Grundlagen der *Rechts*prechung sind mosaisches Recht, übernommenes brit. und neugeschaffenes Recht. Höchste Instanz ist das Oberste Gericht in Jerusalem, bei Berufungen der unteren Instanzen behandelt. Jeder Distrikt hat ein Distriktgericht, das für alle Straf- und Zivilsachen zuständig ist, die nicht von den Amtsgerichten der ersten Instanz behandelt werden können. In Personenstandsangelegenheiten hat jede Religionsgruppe ihr eigenes Gericht. Die *Streitkräfte* umfassen rd. 142 000 Mann; es besteht allgemeine Wehrpflicht. Die Dienstzeit für Männer beträgt 36 Monate, die Dienstzeit für Frauen 24 Monate. Außerdem gibt es rd. 9 500 Mann paramilitär. Kräfte.

📖 *Karmon, Y.: I. Eine geograph. Landeskunde. Darmst. 1983. - Wolffsohn, M.: Politik in I. Entwicklung u. Struktur des polit. Systems des Staates I. Leverkusen 1982. - Oettinger, S.: Ägypten u. I. Gesch. einer viertausendjährigen Beziehung. Köln 1980. - Bethell, N.: Das Palästina-Dreieck. Juden u. Araber im Kampf um das brit. Mandat 1935–1945. Bln. 1979. - Richter, W.: I. u. seine Nachbarräume: ländl. Siedlungen u. Landnutzung. seit dem 19. Jh. Wsb. 1979. - Ansprenger, F.: Juden u. Araber in einem Land. Mchn. u. Mainz ²1979. - Liegle, L.: Familie u. Kollektiv im Kibbutz. Weinheim ⁵1979. - Reichert, P. C.: Industrialisierungspolitik u. Außenwirtschaftsentwicklung in I. 1958–1970. Stg. 1978. - Fleischhauer, I./Klein, H.: Über die jüd. Identität. Königstein/Ts. 1978. - Luft, G.: Heimkehr ins Unbekannte. Eine Darst. der Einwanderung v. Juden aus Deutschland nach Palästina ... Wuppertal 1977.*

Israelisch-Arabischer Krieg, ununterbrochener, mit unterschiedl. Schärfe ausgetragener Konflikt zw. Arabern und Israelis seit der schrittweisen Besiedlung Palästinas durch Juden, bes. seit der Ausrufung des Staates Israel (1948):

1. Israel.-Arab. Krieg (15. Mai 1948–15. Jan. 1949): Unmittelbar nach Gründung des Staates Israel von Transjordanien, Ägypten, Irak, Syrien und Libanon begonnen, um die Errichtung eines Staates Israel zu verhindern. Die Waffenstillstandsabkommen basierten auf dem Provisorium der militär. erkämpften Grenzen.

2. Israel.-Arab. Krieg (Sinaifeldzug) (29. Okt.–8. Nov. 1956): Israel. Präventivkrieg in Koordination mit der brit.-frz. militär. Intervention in der Suezkrise gegen Ägypten angesichts der aggressiven polit.-militär. Haltung der arab. Staaten. Israel besetzte den Gasastreifen und die Halbinsel Sinai, aus denen es sich nach dem von der UdSSR und den USA erzwungenen Waffenstillstand 1956/57 gegen die Garantie freier Schiffahrt im Golf von Akaba zurückzog.

3. Israel.-Arab. Krieg (Sechstagekrieg) (5.–11. Juni 1967): Israel. Präventivkrieg nach Mobilisierung des arab. Kriegswillens durch Ägypten und Syrien seit Herbst 1966, Aktionen der palästinens. Befreiungsbewegungen, nach von Ägypten erzwungener Räumung des Gasastreifens von den UN-Sicherheitstruppen, der Sperrung des Golfs von Akaba und dem Aufmarsch ägypt., syr., saudiarab. und jordan. Truppen. Nach der Vernichtung der ägypt. Luftwaffe eroberte Israel den Gasastreifen, die Sinaihalbinsel, die Golanhöhen und W-Jordanien bis zum Jordan.

4. Israel.-Arab. Krieg (Jom-Kippur-Krieg) (6.–22./25. Okt. 1973): Nach Unterstützung durch die UdSSR überraschend von Ägypten und Syrien begonnen. Die Ägypter besetzten das O-Ufer des Sueskanals, wogegen Israel erst in den letzten Kriegstagen mit einer Brückenkopfbildung am ägypt. W-Ufer und gegenüber der syr. Offensive konnte I. erst nach erbitterten Kämpfen seine Frontlinie über die Golanfront nach O vorschieben. Nach dem Waffenstillstand gelang es den USA, 1974 die Unterzeichnung von ägypt.-israel. Truppenentflechtungsabkommen am Sueskanal bzw. am Sinai (1975) und ein entsprechendes israel.-syr. Abkommen an der Golanfront zu vermitteln, als Grundlage für eine Nahost-Friedenskonferenz in Genf mit unter sowjet.-amerikan. Vorsitz und bei Teilnahme von Ägypten, Syrien, Jordanien und Israel bisher zu keinem Ergebnis führte. Die unter starker Vermittlung der USA zw. Israel und Ägypten geführten, von den anderen arab. Staaten und den Palästinensern boykottierten bzw. bekämpften Friedensverhandlungen führten im März 1979 zu einem Friedensvertrag, in dem sich u.a. Israel zum Abzug aller bewaffneten Kräfte und des Zivilpersonals aus der Halbinsel Sinai in mehreren Etappen bis zum März 1982 verpflichtete. - Karte S. 335.

📖 *Herzog, C.: Entscheidung in der Wüste. Dt. Übers. Bln. 1975. - Documents of the Arab-*

Israeliten

Israel Conflict. Hg. v. W. Wengler u. J. Tittel. Bln. 1971–79. 2 Bde. - *Wagner, Heinz:* Der arab.-israel. Konflikt im Völkerrecht. Bln. 1971.

Israeliten […ra-e…] (Hebräer, Kinder Israel), Angehörige der semit. Stämme, die vom 15. bis 13.Jh. in Palästina eindrangen. Sie gehen nach 1. Mos. auf den Erzvater Israel zurück.

Issa, Stamm der ↑Somal im Gebiet der Republik Dschibuti.

Isselburg, Stadt im Niederrhein. Tiefland, NRW, 16 m ü. d. M., 9 500 E. Eisenverarbeitung, Textilind., Gartenbaubetriebe. - Im 14.Jh. erwähnt, Stadtrecht 1441. 1624 gelangte I. an Pfalz-Neuburg. - Im Ortsteil **Anholt** Wasserschloß (v. a. 17.Jh.) mit Schloßgarten.

ISSN, Abk. für engl.: International standard serial number; Identifikationsnummer für Zeitschriften, zeitschriftenartige Reihen, Schriftenreihen und Zeitungen.

Issoire [frz. iˈswaːr], frz. Stadt im Zentralmassiv, Dep. Puy-de-Dôme, 387 m ü. d. M., 13 700 E. Aluminiumschmelzwerk, Maschinenbau, Flugzeugind. Internat. Segelflugzentrum. - Bis Ende des 13.Jh. Hauptstadt der Dauphiné d'Auvergne; Stadtrecht 1281 von König Philipp III. bestätigt; 1576 hugenott. Sicherheitsplatz. - Roman. ehem. Kirche der Benediktinerabtei (12.Jh.).

Issos, antike kilik. Stadt am Golf von İskenderun; berühmt durch die Entscheidungsschlacht zw. Alexander d. Gr. und Darius III. (im Herbst 333 v. Chr.).

Issykkul [russ. isˈsikkulj], größter See im Tienschan, Kirgis. SSR, 1 608 m ü. d. M., 178 km lang, bis 60 km breit, bis 702 m tief, abflußlos. Der im Winter nicht zufrierende I. (heiße Quellen) wirkt ausgleichend auf die Temperatur der Umgebung. Er ist eine wichtige Binnenwasserstraße.

Istanbul [ˈistambuːl] (türk. İstanbul; bis 1930 **Konstantinopel**), größte Stadt der Türkei, beiderseits des Bosporus, dessen Ufer durch Fähren und eine Straßenbrücke verbunden sind, 2,8 Mill. E. Wirtschafts- und Kulturzentrum des Landes, Hauptstadt des Verw.-Geb. I.; Sitz eines orth. Patriarchen und eines armen. Erzbischofs; Univ. (gegr. 1453, neu gegr. 1927), TU, Handelsakad., mehrere Fachhochschulen, Konservatorium; Zweigstelle des Dt. Archäolog. Inst.; Östr. Kulturinst. Viele Museen, u. a. Topkapı-Serail-Museum, Antikenmuseum, archäolog. Museum. Sitz zahlr. Banken, von Im- und Exportgesellschaften sowie handwerkl. und industrieller Betriebe. I. ist Endpunkt des Eisenbahnnetzes in der europ. Türkei mit Eisenbahnfähre (Eisenbahntunnel geplant) zum asiat. Bosporusufer. Die Hafenanlagen befinden sich im Goldenen Horn, im Bosporus und am N-Ende des Marmarameers. Internat. ✈ im SW der Stadt.

Geschichte: Das heutige I. geht zurück auf die um 658 v. Chr. gegr. griech. Kolonie **Byzantion** (Byzantium, Byzanz), die durch den Schwarzmeerhandel beträchtl. Wohlstand gewann, obgleich sie wegen ihrer wichtigen strateg. Lage häufig unter Eroberungen und Zerstörungen litt (196 n. Chr. durch Septimius Severus). Die geograph. Lage und die wachsende Bed. der Osthälfte des Röm. Reiches veranlaßten Konstantin I., d. Gr. (✠ 306 bis 337), die Stadt unter dem Namen **Konstantinopolis** zur Reichshauptstadt zu erheben (330). 413–439 wurde Konstantinopel in Verbindung mit einer umfassenden Stadterweiterung durch eine starke Mauer gesichert. Unter Justinian I. (✠ 527–565) erlebte es eine Glanzzeit (wohl über 500 000 E, im 14./15. Jh. etwa 50 000), die durch die nachfolgende Krise des Reichs beendet wurde (626 Belagerungen und Angriffe durch die Perser und Awaren, 674–678 und 717/718 durch die Araber, 813, 913 und 924 durch die Bulgaren, 860, 907, 941 und 1043 durch die Waräger bzw. Rus, 1090/91 durch die Petschenegen). Die Initiative des venezian. Dogen Enrico Dandolo führte zur 1. und 2. Eroberung der Stadt durch das abendländ. Heer des 4. Kreuzzugs (1203/04) und zur Errichtung des Lat. Kaiserreichs (1204), das jedoch 1261 durch die Wiederherstellung des Byzantin. Reichs beseitigt wurde. Die Osmanen belagerten die Hauptstadt 1392 und 1422 und eroberten sie am 29. Mai 1453. Der siegreiche Sultan Muhammad II. (✠ 1451–81) machte sie zur Hauptstadt des Osman. Reichs. Im 19.Jh. wurde sie mit den Meerengen Bosporus und Dardanellen Streitobjekt der europ. Großmächte und Ziel großgriech.-nat. Strebens. Nach dem 1. Weltkrieg 1918–23 von den Alliierten besetzt, verlor I. seine Hauptstadtrolle 1923 an Ankara.

Bauten: In I. befinden sich noch zahlr. byzantin. Kirchen, deren bedeutendste die ↑Hagia Sophia ist. Zu den byzantin. Bauten gehören auch die Ruinen des Hippodroms (203; nach 324 vergrößert), die fast 7 km lange Theodosian. Stadtmauer (v. a. von 414), der Valensaquädukt (368 vollendet), die Ruine des sog. Palastes des Konstantin VII. Porphyrogennetos (Tekfur Serail; 13.–15.Jh.) und zahlr. unterird. Zisternen. Unter den türk. Bauten sind zahlr. Moscheen hervorzuheben, u. a. drei Moscheen von Sinan: die Prinzenmoschee (1544–48), die Sulaiman-Moschee (1550–57) und die Rüstem-Paşa-Moschee (vollendet 1561). Die heutige Hauptmoschee ist die Sultan-Ahmad- oder Blaue Moschee (1609–16; alle Wände mit blaugrünen Fayencen verkleidet). Der ehem. Sultanspalast Topkapı-Serail wurde 1462 begonnen, der Große Basar 1461 angelegt (nach Bränden und Erdbeben wieder aufgebaut). Im Stadtteil Eyüp befindet sich die Eyüpmoschee (Neubau 1800, Wallfahrtsziel).

Barisch, K./Barisch, L.: I. Köln ⁵1985. - *Gallwitz, E.: I.* Ffm. 1981. - *Hotz, W.:* Byzanz. Bildhdb. der Kunstdenkmäler. Mchn. ²1978. - *I.*

Gesch. u. Entwicklung der Stadt. Hg. v. K. Bachteler. Ludwigsburg 1967.

Istäwonen ↑ Istwäonen.

Isthmische Spiele, im antiken Griechenland auf dem Isthmus von Korinth zu Ehren des Gottes Poseidon alle zwei Jahre gefeierte Spiele.

Isthmus [griech.], vom Isthmus von Korinth übernommene Bez. für eine natürl. schmale Landenge.

◆ in der *Anatomie* Bez. für einen Durchgang, eine verengte Stelle bzw. eine schmale Verbindung zw. zwei Hohlräumen im Körper.

Istiklal-Partei [arab. „Unabhängigkeit"], Name mehrerer Parteien:

◆ 1944 im Kampf gegen das frz. bzw. span. Protektorat für die Unabhängigkeit Marokkos als konstitutionelle Monarchie gegr. marokkan. Partei; bis zur Unabhängigkeit 1956 treibende polit. Kraft; gemäßigt sozialist.; seit 1970 in Opposition.

◆ nationalist. konservative Partei[gruppierung] in Irak; 1946 gegr.; 1954 verboten; beteiligte sich am Sturz der Monarchie 1958, blieb aber einflußlos.

Istmaß, am fertigen Werkstück festgestelltes Maß.

Istomina, Awdotja Iljinitschna, * Petersburg 6. Jan. 1799, †ebd. 16. Jan. 1848, russ. Tänzerin. - Wurde in Petersburg als die bedeutendste russ. Tänzerin der Romantik gefeiert; zeigte als eine der ersten den Spitzentanz.

Istrati, Panait, * Brăila 10. Aug. 1884, † Bukarest 16. April 1935, rumän. Schriftsteller. - Wurde von R. Rolland entdeckt, schrieb in frz. Sprache und gewann daher mit seinen realist. Romanen leichter Zugang zum westeurop. Publikum, z. B.: „Kyra Kyralina" (1924), „Die Heiduken" (1925), „Freundschaft oder ein Tabakladen" (1930).

Istrien [...i-ɛn], Halbinsel an der Küste des

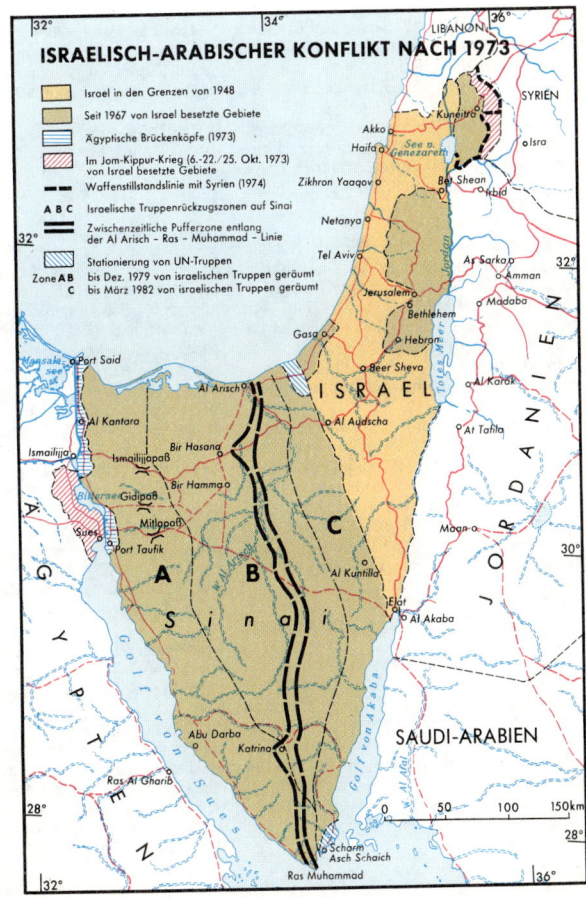

Adriat. Meeres, Jugoslawien, in N-S-Erstreckkung 100 km lang, bis 75 km breit, bis 1396 m hoch. Im Binnenland ist Weidewirtschaft verbreitet, im Küstenbereich sind Landw., Fischerei und Fremdenverkehr die wichtigsten Wirtschaftszweige. Größte Stadt ist Pula. **Geschichte:** Um 300 v. Chr. von einer illyr.-kelt. Mischbev. bewohnt; röm. Eroberung etwa 178–50; früh christianisiert; kam nach dem Zerfall des Weström. Reiches 538 an Byzanz (Exarchat Ravenna), 788 zum Fränk. Reich; wurde 952 Bayern, 976 Kärnten angegliedert; die 1040 errichtete Markgrafschaft I. würde 1077 dem Patriarchen von Aquileja, dann dt. Adelsgeschlechtern, 1209–1420 wieder Aquileja übertragen. Inzwischen waren die istr. Städte in Abhängigkeit von Venedig geraten. 1374 fiel die Gft. I., die sich von der Mark I. abgespalten hatte, an Österreich, das 1382 auch Triest erhielt. Nach dem Ende des Patriarchenstaats von Aquileja, dessen Anteil an I. weitgehend an Venedig kam, blieb I. geteilt, bis es 1797/1815 ganz an Österreich fiel. Kam 1919/20 an Italien, 1947/54 ohne Triest in jugoslaw. Besitz.

István [ungar. 'iʃtvaːn], ungar. Form des männl. Vornamens Stephan.

Istwäonen (Istäwonen), westgerman. Kultverband neben Ingwäonen und Herminonen; umfaßte die Marser, Attuarier, Usipeter, Tenkterer, Tubanten, Brukterer, Chamaven und Ubier.

Istwert ↑Sollwert.

Isuhalbinsel, Halbinsel an der Pazifikküste Z-Hondos, Japan, zw. der Sagamibucht im O und der Suguraboucht im W, etwa 60 km lang, bis 30 km breit, bis 1 407 m hoch. Zahlr. Thermalquellen, bed. Fremdenverkehr.

Iswestija [russ. iz'vjestijɘ „Nachrichten"], sowjet. Zeitung, ↑Zeitungen (Übersicht).

Iswolski, Alexandr Petrowitsch, * Moskau 18. März 1856, † Paris 16. Aug. 1919, russ. Politiker. - 1906–10 Außenmin., scheiterte 1908/09 in der bosn. Annexionskrise an seinem östr. Gegenspieler Aehrenthal. 1907 gelang ihm der weltpolit. Interessenausgleich mit Großbrit. und ab 1910 als Botschafter die Festigung der Allianz mit Frankreich.

it., Abk. für lat.: ↑item.

i. T. (i. Tr.), Abk. für: in der Trockenmasse; v. a. zur Kennzeichnung des Fettgehaltes bei Käse.

Itabira, brasilian. Stadt 50 km onö. von Belo Horizonte, 763 m ü. d. M., 40 000 E. Kath. Bischofssitz; bedeutendstes Zentrum des brasilian. Eisenerzbergbaus.

Itabirit [nach der brasilian. Stadt Itabirito], wichtiges Eisenerz in Form gebänderter *Eisenquarzite* und *Eisenglimmerschiefer* (mit lagenweisem Wechsel von Magnetit, Eisenglanz, pseudomorphem Eisenglanz und Quarz).

Itai-Itai-Krankheit [jap./dt.], sehr schmerzhafte Knochenerweichung mit Calcium- und Phosphatverarmung infolge Einbaus von Cadmium in die Knochensubstanz bei chron. Cadmiumvergiftung; erstes Auftreten 1940 in Tojama (Japan) infolge des Genusses von cadmiumverseuchtem Flußwasser.

Itala [lat.], wichtige Gruppe unter den ältesten, der Vulgata vorausgehenden lat. Bibelübersetzungen (↑Bibel).

Italia ↑Italien (Geschichte).

Italiaander, Rolf [itali'andər], * Leipzig 20. Febr. 1913, dt. Schriftsteller niederl. Herkunft. - Seit 1933 zahlr. Reisen durch Afrika, Asien und Südamerika; veröffentlichte v. a. problemorientierte Werke wie „Der ruhelose Kontinent" (1958), „Die neuen Männer Asiens" (1963), „Terra dolorosa. Wandlungen in Lateinamerika" (1969), „Harmonie mit dem Universum" (1978). Schrieb ferner Essays (Schwarze Magie, 1983), Monographien, Jugendbücher, Lyrik und Dramatik.

Italica [lat.], 206 v. Chr. von Scipio Africanus d. Ä. am Guadalquivir (S-Spanien) gegr. Kolonie (Colonia Victrix Italicensis), später umben. in Colonia Aelia Augusta Italica.

Italicus, röm. Epiker, ↑Silius Italicus, Tiberius Catius Asconius.

Italien

(amtl. Vollform: Repubblica Italiana), demokrat. Republik in S-Europa zw. 47° 05′ und 35° 47′ n. Br. sowie 6° 33′ und 18° 31′ ö. L. **Staatsgebiet:** I. grenzt im nördl. Alpenraum an Frankr., Schweiz, Österreich und Jugoslawien und ragt als Halbinsel ins Mittelländ. Meer; zu I. gehören Sardinien und Sizilien sowie eine Anzahl kleinerer Inseln. **Fläche:** 301 278 km², davon Landfläche 294 050 km². **Bevölkerung:** 57,08 Mill. E (1985), 189 E/km². **Hauptstadt:** Rom. **Verwaltungsgliederung:** 20 Regionen und 94 Prov. **Amtssprache:** Italienisch; in Südtirol ist Deutsch, im Aostatal Französisch zweite Amtssprache. **Staatskirche:** Röm.-kath. Kirche. **Nationalfeiertag:** 2. Juni. **Währung:** Italien. Lira (Lit) = 100 Centesimi (Cent.). **Internationale Mitgliedschaften:** UN, NATO, EG, Europarat, WEU, GATT, OECD. **Zeitzone:** MEZ mit Sommerzeit.

Landesnatur: Der italien. Anteil am Alpenbogen umfaßt rd. ein Viertel. Die höchsten Berge liegen in den Westalpen mit Höhen von über 4 000 m im italien.-frz. und italien.-schweizer. Grenzgebiet (Gran Paradiso 4 061 m ü. d. M.). In den Südalpen werden in den Dolomiten 3 342 m ü. d. M. erreicht (Marmolada). Langgestreckte Seen liegen am S-Fuß der Alpen; sie verdanken ihre Entstehung der Eiszeit. Zw. Alpen und Apennin liegt die Poebene, eine bis 150 km breite, nach O zum

Italien

Adriat. Meer hin geöffnete Senke, die vom Po und seinen Nebenflüssen durchflossen wird. Rückgrat der Halbinsel ist der Apennin; er erreicht 2912 m ü. d. M. in den Abruzzen (Gran Sasso d'Italia). Längstäler und Becken trennen die einzelnen Gebirgsteile. Der hafenarmen, kaum gegliederten adriat. Flachküste steht die buchtenreiche tyrrhen. Kliff- und Gebirgsküste gegenüber. Erdbebenhäufigkeit und aktiver Vulkanismus, der außer im Vesuv in den Lipar. Inseln noch einmal wirksam wird, sind Folgen junger tekton. Vorgänge. Sizilien wird vom italien. Festland durch die Straße von Messina getrennt. Dem gebirgigen N folgen Hügel- und Tafelland, an der O-Küste liegt der Vulkan Ätna. Sardinien, am W-Rand des Tyrrhen. Meeres, wird von Gebirgsmassiven bis 1834 m ü. d. M. und Hochflächen eingenommen.

Klima: Entsprechend der Längserstreckung und Höhenunterschiede ändert sich das Klima auf kurze Entfernungen. Der Alpenanteil gehört zum mitteleurop. Klimagebiet. Die Südalpentäler, bes. die Umgebung der Seen, weisen mildes Klima auf. In der Poebene herrscht Binnenklima mit heißen Sommern und kalten Wintern, mit Herbst- und Frühjahrsregen. Das Gebirgsklima des nördl. Apennin ähnelt dem mitteleurop., in Süd- und Insel-I. ist es typ. mediterran mit feuchten, milden Wintern und heißen, trockenen Sommern. Im allg. fallen auf der W-Seite der Halbinsel höhere Niederschläge als im O.

Vegetation: Nord-I. mit dem nördl. Apennin gehört zur mitteleurop. Florenregion mit sommergrünen Laubwäldern. Wo sie gerodet sind, treten außerhalb der Kulturlandschaft Heiden auf. Die mediterrane Vegetationsstufe ist im übrigen I. verbreitet und reicht in Mittel-I. bis 400 m Höhe, in Süd-I. bis über 800 m Höhe. Hier wachsen immergrüne Gehölze mit Steineichen und Arten der Strauchformation der Macchie mit Baumheide, Erdbeerbaum, Lorbeer, Myrthe, Zistrosenarten, wildwachsenden Ölbäumen. Fremde Florenelemente sind Agaven, Opuntien, Zedern, Zypressen und Eukalypten.

Tierwelt: Die einheim. Wildsäugetiere sind fast nur noch in den Naturparks erhalten, so in den Alpen Gemsen, Hirsche, auch Bären, in den Abruzzen Steinböcke, Gemsen und Bären, auf Sardinien Mufflons. Die Vogelwelt ist durch die freie Jagd stark dezimiert.

Bevölkerung: In der ethn. Zusammensetzung überwiegen die Italiener. Neben den rd. 280 000 dt.sprachigen Südtirolern gibt es rätoroman. (ladin.), slowen., alban., griech., katalan. und frz. Minderheiten. Rund 99 % der Bev. sind kath. Es besteht allg. Schulpflicht von 6–14 Jahre, doch beläuft sich die Zahl der Analphabeten auf schätzungsweise 1 Mill. Das Unterrichtswesen ist kommunal, kirchl. oder privat. Neben rd. 30 staatl. Univ., PH, polytechn. Hochschulen, Kunstschulen und Konservatorien bestehen private, meist kirchl. Univ. Die für I. kennzeichnende hohe Geburtenrate hat seit jeher wegen der ungünstigen Beschäftigungsmöglichkeiten zu einer starken Auswanderung von Arbeitskräften geführt. Die Mehrzahl der Auswanderer ist heute nur vorübergehend in den europ. Nachbarländern erwerbstätig. Das stärkste Kontingent der Auswanderer stellen die wirtsch. schwachen, industriearmen Regionen Süd-I., insbes. Kalabrien. Auf Grund der starken Industrialisierung nach dem 2. Weltkrieg wurde diese Emigration größtenteils in eine Binnenwanderung zum Ind.dreieck Mailand-Turin-Genua hin umgelenkt. Diese Wanderbewegung verschärft aber noch die regionalen Unterschiede zw. Nord- und Süd-I.; sie zeigen sich v. a. in der gegensätzl. Beschäftigungsstruktur, in der hohen Arbeitslosigkeit im S und in der Bev.dichte. Der industrialisierte N hat Bev.-dichten von bis zu 371 E/km^2, ähnl. Werte haben nur noch die Ballungsgebiete Rom und Neapel. Dünn besiedelt sind die Alpengebiete, Umbrien, die süditalien. Region Basilicata und Sardinien. Mehr als 50 % der Gesamtbev. leben in Städten.

Wirtschaft: Knapp 14% der Beschäftigten arbeiten in der Landw.; die Durchschnittsgröße der landw. Betriebe liegt bei 8 ha, 67 % aller Betriebe bewirtschaften weniger als 5 ha Nutzfläche. In Süd-I. herrscht z. T. noch Großgrundbesitz vor, der mit Lohnarbeitern oder in Halbpacht bewirtschaftet wird. Haupterzeugnisse sind Weizen, Reis, Mais, Kartoffeln, Gemüse, Oliven, Zitrusfrüchte, Tabak, Tafelobst, Wein. Die Forstwirtschaft kann den Bedarf an Holz, die Küstenfischerei den an Fisch nicht decken. I. ist relativ arm an Bodenschätzen. Abgebaut werden Quecksilber, Antimon, Schwefel, Marmor, Blei-, Zink-, Mangan-, Kupfererze u. a., Erdöl- und Erdgasvorkommen decken nur einen Teil des Eigenbedarfs, neben Erdöl- und Erdgasimporten tragen Wasser- und Kernkraftwerke zur Energieversorgung bei. Hauptstandorte der verarbeitenden Ind. sind Nord- und Mittel-I. Seit 1950 werden Versuche unternommen, auch den wirtsch. rückständigen S (Mezzogiorno) zu industrialisieren, bisher aber ohne durchgreifenden Erfolg. Die wichtigsten Ind.zweige sind die Metallurgie, im Bereich der Metallverarbeitung der Kfz.- und Schiffbau, der Maschinenbau und die Herstellung elektrotechn. Erzeugnisse, ferner des chem. Ind., die Reifenproduktion, die Nahrungs- und Genußmittelind., die Zementind. sowie die Textil- und Bekleidungs-, insbes. die Schuhind. Eine alte Tradition besitzt die Seidenind. mit dem Zentrum Como. Eine der Grundlagen der italien. Wirtschaft ist der Fremdenverkehr.

Außenhandel: Ausgeführt werden Maschinen, Kfz., chem. Erzeugnisse, Eisen und Stahl,

Italien

Schuhe, Strick- und Wirkwaren, Obst und Gemüse, Wein u.a., eingeführt Rohöl, Maschinen, Kfz., Fleisch, Kohle, Weizen u.a. Von den EG-Handelspartnern steht die BR Deutschland an erster Stelle, gefolgt von Frankr., den Niederlanden und Großbrit. Der Warenaustausch mit den Ländern des COMECON nimmt zu. Wichtigste Partner sind hier die UdSSR, Polen und Rumänien.
Verkehr: Von den 19 782 km des Schienennetzes sind 10 156 km elektrifiziert. Das Straßennetz hat eine Länge von rd. 298 000 km mit durchgehender Autobahnverbindung vom Brenner bis Reggio di Calabria im S. Die wichtigsten Seehäfen sind Genua, Triest, Tarent, Augusta und Venedig. Von Triest und Genua führen Rohölpipelines nach Ingolstadt. Die nat. Luftverkehrsgesellschaft Alitalia unterhält Fluglinien zu allen Erdteilen, im Inlandsverkehr sind vier weitere Gesellschaften tätig. Von den 20 internat. ✈ sind Rom und Mailand die verkehrsreichsten.
Geschichte: Vorgeschichte und Altertum (↑ auch Europa, Vorgeschichte): Etwa 1200–1000 wanderten die Italiker in das Land ein, ferner Illyrier, um 900 und 800 Etrusker,

Italien

seit dem 8. Jh. Griechen. Von den Griechen wurde der Name **Italia** im 6./5. Jh. für die Kalabr. Halbinsel geschaffen, im 4. Jh. wurde die Bez. auf ganz S-I. ausgedehnt, im 3. Jh. v. Chr. von den Römern übernommen und zunächst auf das Gebiet bis zum nördl. Apennin, dann bis zu den Alpen übertragen. Mit dem Erstarken Roms (seit dem 5. Jh. v. Chr.) begann die allmähl. Eingliederung I. in das Röm. Reich (↑ römische Geschichte).
Auflösung des Weström. Reiches (450–800): Kennzeichen der Geschichte Italiens im MA ist die polit. Zerrissenheit und die entsprechend verschiedenartige Fortentwicklung der einzelnen Landschaften und Bev.-gruppen. Schon im 1. Jh. nach dem Untergang des Weström. Reiches (476) zeigten sich trotz der noch räuml.-administrativen Einheit Ansätze hierzu. Die neuen Herren von I., der Skire Odoaker (476–493), und der Ostgote Theoderich d. Gr. (493–526), waren Könige ihrer german. Völker, für die roman. Bev. jedoch Stellvertreter der oström.-byzantin. Kaiser, die diesen staatsrechtl. unklaren Zustand seit 497 offiziell anerkannten. Trotz konfessioneller Unterschiede war die Zeit Theoderichs für I. eine Epoche der Ruhe: die beibehaltene röm. Verwaltung funktionierte, Kultur- und Geistesleben blühten. Jedoch ergaben sich aus dem dogmat. Ausgleich zw. der röm. Kirche und Byzanz 519 innere Konflikte mit dem röm. Senatsadel, in die Kaiser Justinian eingriff. Die fast 20 Jahre dauernden Kriege führten zur Auflösung des Ostgotenreiches (Niederlage König Tejas am Vesuv 552/553). Justinian ordnete 554 die Verwaltung, doch ließen die byzantin. Steuerlast und theolog. Differenzen das Land nicht zur Ruhe kommen. Mit dem Einbruch der Langobarden zerbrach 568 die Einheit Italiens auch äußerl.; die Küstenlandschaften (Genua, Rom, Ravenna, Venedig, die Inseln und Unter-I.) blieben in den Händen der byzantin. Exarchen; der Vorstöße langobard. Herzöge nach Mittel- und Süd-I. führten zur Errichtung fast selbständiger Kleinreiche. Dritte Kraft in I. neben den Langobardenkönigen und den byzantin. Exarchen wurden seit Gregor I. (590–604) die Päpste in Rom, die sich jedoch gegenüber den anderen beiden Mächten nicht ohne auswärtige Unterstützung behaupten konnten. Gregor III. erbat 739 erstmals die Hilfe des fränk. Königs, aber erst 754/756 kam eine polit. Verbindung zwischen Rom und dem Frankenreich zustande, als Pippin III., von Papst Stephan II. zum „Patricius Romanorum" ernannt, den Langobardenkönig Aistulf besiegte und mit den ihm entrissenen Gebieten den Grund zum späteren Kirchenstaat legte.
Fränk.-dt. Vorherrschaft (800–1260): Karl d. Gr. unterwarf 774 die Langobarden und nahm deren Königstitel an, band das „Regnum Italicum" 781 aber nur als Unterkönigtum seines Sohnes Pippin I. an das Fränk. Reich. Byzantin. blieben Süd- und Insel-I., seit 812 auch Venedig und Istrien. Der päpstl. Besitz stand unter dem Schutz Karls als Patricius und Defensor, womit seit 800 das erneuerte abendländ. Kaisertum verbunden war. In Reichs-I. verursachten fränk. feudalist. Verfassungspraktiken (Gft., kirchl. Immunität, Grundherrschaft) und der Zustrom fränk. Adliger eine Veränderung der sozialen und wirtsch. Struktur. Im 9. Jh. konsolidierten sich in den Randzonen neue Mark-Gft. und Hzgt., deren Bed. seit 827 die Abwehr der Sarazenen unterstrich. Nach dem Erlöschen der italien. Karolinger 875 verfügten zunächst die Päpste über die Kaiserwürde zugunsten west- und ostfränk. Karolinger, ohne jedoch ausreichenden Schutz gegen Sarazenen und röm. Adelsparteien zu gewinnen. Die polit. Anarchie der Vielzahl selbständiger Gewalten zog eine kulturelle und sittl. Verwilderung nach sich. Doch blieb trotz polit. Ohnmacht des Papsttum in I. die einzige überregionale Autorität. Otto d. Gr. übernahm 951 die Königsgewalt in I. und beließ 952 Berengar II. als vasallit. Unterkönig, bis dessen Zwist mit Papst Johannes XII. zur Absetzung Berengars und zur Kaiserkrönung Ottos I. 962 führte. Wegen der nur in Rom zu erwerbenden Kaiserwürde wurde Reichs-I. zu einem wichtigen Nebenland.
Als Folge der schwachen kaiserl. Machtbasis in Reichs-I. verfolgten die Lehnsträger des hohen Adels Ausbau und Erblichkeit eigener Herrschaft, in Rivalität mit der einheim. niederen Ministerialität und mit dem reichskirchl. geprägten Episkopat, gegen dessen Macht im 11. Jh. erste emanzipator. Bestrebungen des alten Stadtadels und des aufstrebenden Bürgertums in der lombard. und toskan. kommunalen Bewegung einsetzten. Süd-I. in ihre Herrschaft einzubeziehen, gelang den Röm. Kaisern nicht; die Lehnsoberhoheit über die langobard. Fürsten war wenig wirksam. Im Lauf des 11. Jh. trat mit der Inbesitznahme Unter-I. durch die Normannen ein neuer Machtfaktor auf, dem das Papsttum Rechnung tragen mußte, das im Anschluß an die monast. Reformen und in Kontakt mit religiös-sozialen Erneuerungsbewegungen die kirchl. gregorian. Reform Mitte des 11. Jh. einleitete. 1059 vom Papst mit Unter-I. und Sizilien belehnt, wurden die Normannenfürsten nicht immer gefügige Helfer der Päpste im ausbrechenden Kampf mit dem Kaisertum. Sein Ausgang leitete die Lösung Italiens vom Hl. Röm. Reich ein, während das Papsttum zunächst stärkste polit. Macht in I. wurde. Eigtl. Gewinner aber waren die großen Städte, die sich aus der Herrschaft ihrer kaisertreuen Bischöfe lösten und in verstärktem Selbstbewußtsein reine Kommunen bildeten. Die Seehandelsstädte konnten überdies im Zeitalter der Kreuzzüge ihre wirtsch. Führungsposition ausbauen. Im

Italien

12. Jh. betrieben die Städte selbständige pro- oder antikaiserl. Politik und übten Druck auf die Päpste aus. Das erleichterte den Versuch Friedrichs I. Barbarossa, die Reichsgewalt wiederherzustellen, ließ ihn aber trotz des Friedens von 1183 fakt. an dem mit Papst Alexander III. verbündeten Lombardenbund scheitern, der im Besitz der finanziell einträgl. Regalien blieb. Die bis zu Kaiser Heinrich VII. dauernde Neuorganisation von Reichs-I. förderte über die Einrichtung des Podestà und des Reichsvikariats die spätere Ausbildung der Stadtstaaten. Im S hatte 1127 Roger II. Sizilien und Unter-I. vereinigt und vom Papst die Königswürde erhalten, sein Reich zu einem straff organisierten Machtfaktor ausgebaut, das 1156 den letzten byzantin. Restaurationsversuchen trotzen konnte und zu expansiver Mittelmeerpolitik überging. Der Ausgleich Kaiser Friedrichs mit dem Normannenkönig und die Heirat des Kaisersohns Heinrich (VI.) 1186 mit der norman. Erbtochter Konstanze änderten die Situation völlig. Den Kirchenstaat umklammernd, verfügte Heinrich VI. durch die Verbindung stauf. Kaisermacht mit dem Normannenstaat über eine ganz I. beherrschende Macht, was im 13. Jh. zur entscheidenden Kraftprobe zw. stauf. Kaiser und Papst führte. Mit dem frühen Tod Heinrichs VI. 1197, dem dt. Thronstreit und der Minderjährigkeit Friedrichs (II.) verlor das Kaisertum in I. bereits die reale Machtbasis; Papst Innozenz III. (1198–1216) dagegen führte mit der Vollendung des Kirchenstaats das Papsttum auf die Höhe polit. Macht. Friedrich schuf in Sizilien ein zentralisiertes „modernes" Staatswesen und wandte das gleiche System in Reichs-I. an. Nach seinem Tod (1250) jedoch konnten seine Söhne und Enkel die kaiserl. Herrschaft in I. nicht aufrechterhalten.

Zeit der frz. Vorherrschaft (1260–1380): Karl I. von Anjou, 1265 durch Papst Klemens IV. mit dem Kgr. Sizilien belehnt, erstrebte die frz. Hegemonie in Italien. In Rom versuchte Bonifatius VIII. in der wachsenden Rivalität zw. frz.-angiovin. und aragones. Mächten den frz. Einfluß abzuwehren, scheiterte aber. Das Avignonische Exil (1309–76) beendete in der Krise des Kirchenstaats die nat.-italien. Führungsrolle der Päpste. Bis 1367 konnte der Kardinal Albornoz den Kirchenstaat reorganisieren; nach Rückkehr des Papsttums gelang es Martin V., den Kirchenstaat als weitere Macht in das erstrebte Mächtegleichgewicht in I. einzubringen. In Reichs-I. verhinderten Kämpfe zw. Ghibellinen und Guelfen jeden mögl. Aufbau einer übergreifenden polit. Ordnung. In den freien Kommunen wurde die demokrat.-patriz. Verfassung fast überall durch die Erblichwerden der Podestà-Würde verfälscht, andererseits wurde durch die Herrschaftsausweitung der Stadtstaaten auf das Umland ein 2 Jh. dauernder Territorialisierungsprozeß eingeleitet. Die Seestadtrepubliken behielten ihre oligarch. Verfassungen, Pisa und Genua traten seit etwa 1380 hinter der Flottenmacht Venedigs zurück, das etwa 1390–1430 die Terra ferma eroberte.

Zeit der Renaissance (1380–1559): Nach dem Abschluß jahrzehntelanger Hegemoniekämpfe entstand in I. durch den Frieden von Lodi 1454 und den Abschluß der Lega Italica (1455) mit den Hauptmächten Florenz, Kirchenstaat, Mailand, Neapel und Venedig das labile Gleichgewicht eines italien. Staatensystems, Konsequenz des Aufstiegs von Handel und Gewerbe, Geld- und Bankwesen und Unternehmertum seit dem 13./14. Jh. zu frühkapitalist. europ. Führungsfunktion. Durch den Reichtum seiner merkantilen Zentren, die erhebl. Agrarproduktion in Ober- und Mittel-I., die Beherrschung der europ. Handelswege, v. a. des Levantehandels, war I. zum begehrten Ziel der Expansionspolitik der aufsteigenden Großmächte Europas geworden. Dem Ziel außenpolit. Konsolidierung des italien. Staatensystems durch seine hochentwickelte Diplomatie standen die Verbindung italien. Staaten mit der Krone Aragoniens, die ganz Ober- und Mittel-I. umfassenden Reichsrechte und frz. Interventionswille entgegen. Nur die Friedenspolitik der Medici-Republik Florenz sicherte bis 1493 den Status quo der italien. Staatenwelt.

Der Italienzug Karls VIII. von Frankr. 1494/95 leitete eine neue Epoche der Geschichte in I. ein. An ihm entzündete sich die Auseinandersetzung zw. Frankr. und dem Haus Habsburg, die bis ins 19. Jh. zum Objekt von Hegemonialkämpfen werden ließ, die italien. Staaten zunächst zu wechselnden Allianzen mit Frankr. oder dem Haus Österreich zwang bzw. sie versuchen ließ, gegeneinander ihren Territorialbesitz auszudehnen. Mit der erfolgreichen Gegenoffensive seit 1502 gegen den 1499 erneut in I. eingefallenen Ludwig XII. von Frankr. erreichte Ferdinand II. von Aragonien 1504 die Vereinigung Neapels und Siziliens (bis 1713) unter der span.-aragones. Krone. Mit der Mobilisierung der antifrz. Heiligen Liga 1511 durch Papst Julius II., der jedoch nicht die Vertreibung der Franzosen aus Ober-I. gelang, endete die Phase der Auflösung des italien. Staatensystems (1494–1516).

Span. Vorherrschaft (1559–1706): Das Ringen um die Vorherrschaft in I. entschied sich in den 4 Kriegen zw. Franz I. von Frankr. und Kaiser Karl V. Bereits der 2. Krieg 1527/28 brachte im Frieden von Cambrai 1529 die Vorentscheidung zugunsten der Habsburger. Der Friede von Cateau-Cambrésis 1559 nach der Machtentwicklung gegen Frankr. und der Teilung des Hauses Österreich führte zu einer Wiedereinsetzung von Dynastien, die den Habsburgern genehm wa-

Italien

ren. Die Machtstellung der Renaissancepäpste hatte durch ihre schwankende Allianzpolitik, den übersteigerten Nepotismus, den Siegeszug der Reformation und die Konfessionalisierung der Kirche schwerste Einbußen erlitten. Zur Neukonsolidierung des Papsttums trugen v. a. das Tridentinum, die Erfolge der Gegenreformation, die Ausgleichsbemühungen der päpstl. den kath. Mächten und die Eingliederung der Hzgt. Ferrara (1598) sowie Urbino (1631) in den inzwischen zentralist. organisierten Kirchenstaat bei. Die außerordentl. Wirtschaftsblüte in I. bis ins 16. Jh. geriet durch die Verlagerung der Welthandelswege und das Aufkommen der großen Wirtschaftszentren in W-Europa seit Anfang 17. Jh. in eine Krise, die bei relativer Überbev. zu einer gesamtwirtsch. Rezession führte und I. auch kulturell hinter W-Europa zurücktreten ließ, nachdem es noch führend die modernen Prinzipienfragen der Staatsräson erarbeitet hatte. Versorgungsschwierigkeiten, Steuerdruck und Widerstand gegen die aristokrat. Umstrukturierung der stadtbürgerl.-kapitalist. Erwerbsgesellschaft bzw. die fiskal. Ausbeutung der span.-italien. Staaten lösten Volksaufstände aus (1647/48 in Neapel, 1674 und 1678 in Messina). Die wachsende Bedrohung durch die Osmanen veranlaßte die engere Zusammenarbeit zw. dem Papsttum und Venedig, das in seinem Türkenkrieg (1645–71 bzw. 1684–99) 1669 Kreta verlor, im Frieden von Karlowitz aber (bis 1718) Morea, die Ion. Inseln und Teile Dalmatiens behaupten konnte.

Neuverteilung der Macht (1706–1796): Das bourbon.-habsburg. Ringen um das span. Erbe in I. leitete 1700–48 zugleich mit dem Aussterben aller einheim. Dynastien (außer Savoyen) einen tiefgreifenden territorialen Herrschaftswechsel ein. Nach dem Span. Erbfolgekrieg, der Österreich zunächst im Frieden von Rastatt 1714 mit Neapel, Sardinien, Mailand und Mantua in den Besitz des span. Erbes bestätigte, wurde I. als Objekt der Politik des Gleichgewichts der europ. Mächte Kampfplatz der span.-bourbon., von der Königin Elisabeth (E. Farnese) verfolgten I.politik, des Poln. Thronfolgekriegs und des Östr. Erbfolgekriegs. Nach mehrfachem Ländertausch und Friedensregelungen (1718/20, 1735) wurden 1748 im Aachener Frieden abschließend die Territorialverhältnisse bestätigt. Die Habsburger waren mit Mailand und Toskana auf N- und Mittel-I. beschränkt, span. Nebenlinien der Bourbonen regierten im wiedervereinigten Kgr. Neapel-Sizilien sowie in Parma, Piacenza und Guastalla, das Haus Savoyen war im Kgr. Sardinien mit erweitertem savoyisch-piemontes. Besitz in dynast. Machtstreben zu europ. Rang aufgerückt; unberührt von diesen Gebietsveränderungen behaupteten sich nur die Republiken Venedig, Genua und Lucca sowie der zu polit. Einflußlosigkeit abgesunkene Kirchenstaat. In der Friedenszeit 1748–92 erlebten v. a. die habsburg. und bourbon. Staaten in den Zielsetzungen des aufgeklärten Absolutismus mit Zentren in Mailand, Florenz und Neapel und in Zusammenarbeit mit den einheim. Führungsschichten eine Periode bed. Rechts-, Sozial-, Wirtschafts-, Schul- und Verwaltungsreformen; insgesamt erfolgte mit dem Aufbruch einer nicht nur bürgerl. Elite die Erneuerung des italien. Geisteslebens als wesentl. Vorstufe des folgenden Risorgimento.

Zeit der Revolution (1796–1815): In den Koalitionskriegen gegen das revolutionäre und Napoleon. Frankr. brach seit 1792/93 die italien. Staatenwelt des dynast. Ancien régime zusammen. Mit Ausnahme v. a. der Inseln wurde bis zum Frieden von Lunéville 1801 ganz I. von der frz. Vorherrschaft erfaßt; zunächst 1796–99/1802 durch die Gründung demokrat. Republiken sowie des Kgr. Etrurien; nach der Bildung des frz. Kaiserreichs und der Dyn. Bonaparte folgten 1805 der Schaffung eines Kgr. I., 1806 des Kgr. Neapel und die frz. Annexion Restitaliens 1805–09. Bis zum Zusammenbruch der Napoleon. Hegemonie in I. 1814 wurden v. a. die Kgr. I. und Neapel durch die leistungsfähige zentralist. Bürokratie, die Gleichheitsprinzipien (Code Napoléon) und den Wirtschaftsaufschwung der frz. Herrschaft einem innenpolit. Strukturwandel unterworfen, der trotz wachsender Unzufriedenheit infolge despot. Unterwerfung unter frz. Interesse bzw. auch infolge enttäuschter revolutionärer Erwartungen v. a. im italien. Bürgertum staatsbürgerl. Bewußtsein sowie den Gedanken an die nat. Einheit und die Forderung nach Freiheit Italiens als gemäßigt liberale und demokrat. Ansätze des Risorgimento entstehen ließ.

Zeit des Risorgimento (1815–70): Ausgehend vom Legitimitätsprinzip erneuerte der Wiener Kongreß in I. die vornapoleon. Ordnung; I. blieb ein „geograph. Begriff". Die Hoffnung auf nat. Selbstbestimmung und Einheit blieb in Intellektuellenkreisen jedoch lebendig. Die Restauration der alten Rechts-, Verfassungs- und Gesellschaftsordnung (Abschaffung des Code Napoléon) stieß auf den Protest des aufsteigenden handel- und gewerbetreibenden Bürgertums. Erster Widerstand formierte sich in den freimaurerähnl. Geheimgesellschaften u. a. der Karbonari, die an den durch östr. bzw. frz. Intervention besiegten Aufständen 1820/21 (Neapel, Piemont) und 1830/31 (Modena, Romagna) führend beteiligt waren. 1831 gründete G. Mazzini die „Giovine Italia" mit dem Programm eines republikan.-unitar. I., zu erreichen über revolutionäre Aktion und Mobilisierung der öffentl. Meinung. Die von Mazzini organisierten Aufstände (1833/34 Piemont, 1843 Bologna, 1844 Kalabrien, 1845 Rimini) schlugen

341

Italien

sämtl. fehl, machten jedoch die drängende Frage nach der Zukunft Italiens zum Gegenstand breiter publizist. Erörterungen, u. a. V. Giobertis (Papst als Haupt einer konstitutionellen italien. Staatenkonföderation), C. Balbos (Sardinien als Führer der Einigungsbewegung) und M. T. Marchese d'Azeglios. Die mit dem Pontifikat Pius' IX. (1846) einsetzende liberale Reformpolitik (Amnestie, Staatsrat, Bürgerwehr, Vorschlag einer Zollunion) und die von ihr geweckten Hoffnungen zwangen die übrigen italien. Staaten zu schrittweisen Konzessionen; unter dem Druck liberaler und demokrat. Forderungen erhielten das Kgr. beider Sizilien, der Kirchenstaat, die Toskana und Sardinien Verfassungen. Mit der Kriegserklärung an Österreich setzte sich Karl Albert von Sardinien an die Spitze der italien. Nat.bewegung. Nach anfängl. günstigem Kriegsverlauf bei Custoza im Juli 1848 geschlagen, wurde er zur Räumung Mailands und zum Waffenstillstand gezwungen. Die Wiederaufnahme der Kämpfe im März 1849 endete mit der Niederlage von Novara und der Abdankung Karl Alberts. Sein Nachfolger Viktor Emanuel II. schloß mit Österreich auf der Basis des Status quo Frieden. Die nach der Flucht des Papstes im Febr. 1849 ausgerufene Röm. Republik verteidigte sich unter Mazzini und Garibaldi bis Juli 1849 gegen frz. und bourbon. Truppen; die toskan. und die venetian. Republik wurden durch östr. Intervention beseitigt. Die Jahre 1848/49 zeigten die Vergeblichkeit aller Hoffnungen auf ein „l'Italia farà sé" („I. schafft es allein") und bewiesen die Unvereinbarkeit von Kirchenstaat und liberaler Nat.bewegung. Sardinien als einzigem lebenskräftigem Glied innerhalb des italien. Staatensystems mußte eine Führungsrolle im Kampf um die italien. Einheit zufallen, hier allein blieb die Verfassung in Kraft und fanden etwa 30 000 Patrioten Zuflucht und Möglichkeit zur polit. Betätigung. Mit einer Politik der Reformen (Freihandel, Wirtschaftsförderung, Reorganisation des Heeres, Kirchengesetzgebung) wußte die Reg. Sardiniens unter d'Azeglio und Cavour (ab 1852) Krone und gemäßigte Rechte und Linke im Parlament zu vereinen. Rückhalt fand dieser Kurs in dem v. a. in Sardinien-Piemont und in Mittel-I. verbreiteten, von D. Manin 1857 begr. Italien. Nat.verein, der eine intensive organisator. und publizist. Tätigkeit entfaltete und, mit Ausnahme Mazzinis und seiner Anhänger, auch die Republikaner für eine Führerstellung der sardin. Monarchie gewann. Für den als unvermeidbar angesehenen Kampf gegen Österreich konnte Cavour v. a. auf die Hilfe Napoleons III. zählen, der Hoffnungen auf die Erneuerung der frz. Vormachtstellung in Europa mit Sympathien für die nat.staatl. Bewegungen verband. Der nachfolgende Sardin.-Frz.-Östr. Krieg 1859 endete nach östr. Niederlagen mit dem von Napoleon III. vorzeitig geschlossenen Vorfrieden von Villafranca di Verona und dem Frieden von Zürich, der Sardinien zwar den Erwerb der Lombardei brachte, Österreich jedoch den Besitz von Venetien ließ. Erst im Frühjahr 1860 erreichte Cavour den durch Volksabstimmungen legitimierten Anschluß von Parma-Piacenza, Modena, der Toskana und den päpstl. Legationen von Ferrara und Bologna. Die frz. Zustimmung wurde durch die schon 1858 vereinbarte Abtretung Nizzas und Savoyens erkauft. Im Mai 1860 landete Garibaldi mit einem Freiwilligenkorps auf Sizilien und eroberte die Insel im Bündnis mit aufständ. Bauernbewegungen. Plebiszite in den bis 1860 an das neue I. angeschlossenen Gebieten bestätigten die staatl. Neuordnung, aus der unter dem Druck des vatikanfreundl. Frankr. der Restkirchenstaat (Latium) ausgespart blieb. Nach ersten Parlamentswahlen im Jan. 1861 wurde am 17. März 1861 das Kgr. I. offiziell proklamiert. Entgegen den Hoffnungen der für eine verfassunggebende Versammlung plädierenden Linken vollzog sich diese Einigung letztl. doch als „königl. Eroberung", d. h. als schrittweise Übertragung der sardin. Verfassungs- und Verwaltungsordnung - letztere nach frz. Vorbild zentralisiert, in Prov. gegliedert, von Präfekten geleitet - auf das übrige I. (gültig bis 1946). Ein hohes Zensuswahlrecht (1861: wahlberechtigt 1,9 % der Bev., durchschnittl. 540 Stimmen für 1 Abg.mandat) beschränkte die polit. Repräsentation auf eine schmale liberal-konservative Oberschicht. Bes. schwer lastete die Neuordnung auf Süd-I., wo die Treue zur vertriebenen, vom Vatikan unterstützten Bourbonen-Dyn. und der durch den Übergang zum Freihandel hervorgerufene Wandel der Wirtschaftsstruktur ein polit. motiviertes Brigantenwesen hervorriefen. Hier lagen die Anfänge der durch die heterogene Wirtschafts- und Sozialstruktur Italiens hervorgerufenen Südfrage, die als Problem bis heute aktuell geblieben ist. Durch die Leistung Cavours wurde I. zu einem parlamentar. Staat mit begrenzten Rechten der Monarchen und Verantwortlichkeit der Min. vor dem Zweikammerparlament.

Die Einigung 1859/60 ließ 2 territoriale Probleme ungelöst. Der Erwerb Venetiens gelang durch die Teilnahme am Dt. Krieg 1866 an der Seite Preußens. Schwieriger war die Röm. Frage, da dieses mit der europ. Politik verknüpfte Problem nicht per Handstreich zu lösen war. Die in der Septemberkonvention 1864 mit Frankr. vereinbarte Verlegung der Hauptstadt nach Florenz (bis 1871) deutete auf eine längere Übergangszeit. Der Abzug der frz. Truppen aus Rom nach Ausbruch des Dt.-Frz. Krieges (1870/71) erlaubte die Einnahme der Stadt (20. Sept. 1870). Der Restkirchenstaat wurde annektiert und Rom zur Hauptstadt erklärt.

Italien

Der liberale Einheitsstaat (1870–1914): Der zunächst unlösbare Konflikt mit der Kirche belastete den jungen Einheitsstaat im Innern durch die Entfremdung breiter kath. Schichten, nach außen durch die Bestrebungen des Vatikans zur Wiederherstellung des Kirchenstaats. Die von Sardinien-Piemont geprägte polit. Elite der „Rechten", in der der adlige (oder geadelte) Grundbesitz stark vertreten war, wurde 1876 durch die „Linke" abgelöst, die unter A. Depretis die die ärmeren Bev.teile besonders belastende Mahlsteuer abschaffte, die Schulpflicht einführte und mit der Wahlreform von 1882 die Zahl der Wahlberechtigten von 2,2 % auf 6,9 % erhöhte. Sie stützte sich auf eine Koalition norditalien. industrieller und süditalien. agrar. Interessen, die mit den Schutzzolltarifen von 1878 und 1887 den Übergang zur protektionist. Außenhandelspolitik erzwang. Außenpolit. schloß sich I. v. a. nach der frz. Besetzung von Tunis 1881 dem zum Dreibund erweiterten dt.-östr. Zweibund an, diese Bindung bestand bis zum 1. Weltkrieg. Der Erwerb von Eritrea und Italien.-Somaliland bedeutete den Beginn der italien. Kolonialpolitik. Die 1889 vorbereitete Eroberung Äthiopiens scheiterte. Parallel zu dieser expansiven Außenpolitik ging der Versuch, die entstehende sozialist. und kath. Arbeiterbewegung (erste Arbeiterkammern in Mailand, Turin 1891, Gründung des „Partito Socialista Italiano" [PSI] 1892, erster Generalstreik 1900 in Genua) durch Einschränkung der Presse-, Organisations- und Versammlungsfreiheit abzublocken und soziale Unruhen zu unterdrücken. Dieser autoritäre Kurs stieß innerhalb des Parlaments auf wachsenden Widerstand und führte zum Sturz der Reg. Pelloux und zum Machtantritt G. Giolittis, der eine konsequente Reformpolitik einleitete. Sein Ziel war es, durch den Abbau des Antiklerikalismus den polit. Katholizismus zu gewinnen und die Arbeiterbewegung durch Zugeständnisse (Arbeits- und Streikrecht, Steuerreform, Sozialgesetzgebung, Wahlreform mit Anstieg der Wahlberechtigten von 8,3 % auf 23,2 %) eine Preisgabe der Hegemonie des Bürgertums in die monarch. Staatsordnung zu integrieren. Diese Strategie wurde begünstigt durch eine Periode raschen Wirtschaftswachstums (1896–1914: Zuwachs des Nat.einkommens 50 %), stieß jedoch auf den Widerstand der Liberalkonservativen unter A. Salandra und G. S. Sonnino, die auf die Unterstützung der Großindustrie und der neuen nationalist. Rechten zählen konnten. Rückwirkungen des Italien.-Türk. Krieges 1911/12, der I. den Erwerb der afrikan. Gegenküste (Cyrenaika, Tripolis) und des Dodekanes brachte, führte zur Spaltung des PSI und zu einer Stärkung der extremen Rechten und Linken.

1. Weltkrieg und Faschismus (1914–44/45): Die durch Verträge mit Frankr. 1900/02 und Rußland 1909 geschaffene Bewegungsfreiheit innerhalb des Dreibunds erlaubte es I., bei Kriegsausbruch 1914 neutral zu bleiben. Die Agitation einer das Land tief spaltenden heterogenen Koalition aus Radikaldemokraten, revolutionären Sozialisten, Rechtsliberalen und Nationalisten führte zum Kriegseintritt gegen Österreich-Ungarn (23. Mai 1915), dem unter dem Druck der Alliierten am 28. Aug. 1916 die Kriegserklärung an das Dt. Reich folgte. Die Erwartungen von Min.präs. Salandra, durch einen kurzen siegreichen Krieg die Vorherrschaft der Konservativen zu festigen, wurden durch den vergebl. Ansturm auf die östr. Alpenfront widerlegt. Mit den Friedensverträgen von Versailles und Saint-Germain-en-Laye erhielt I. die Brennergrenze, Julisch-Venetien, Triest, Istrien und damit dt. und slaw. Minderheiten, nicht aber, wie erhofft, Fiume (= Rijeka), Dalmatien, S-Albanien. Bei der Verteilung der dt. Kolonien ging I. leer aus. Die Enttäuschung breiter bürgerl.-nationalist. Kreise über den „verlorenen Sieg" führte 1919/20 zur Besetzung Fiumes durch die Freischaren G. D'Annunzios, mit schwerem Vertrauensverlust für die staatl. Autorität. Das polit.-soziale Gefüge des noch jungen Einheitsstaates war durch den Weltkrieg überbeansprucht. Wirtsch. Nöte (defizitäre Zahlungsbilanz,

STAATSOBERHÄUPTER UND PRÄSIDENTEN

Könige:

Viktor Emmanuel II.	1861–1878
Humbert I.	1878–1900
Viktor Emmanuel III.	1900–1946
Humbert II.	1946

Staatspräsidenten:

Luigi Einaudi	1948–1955
Giovanni Gronchi	1955–1962
Antonio Segni	1962–1964
Giuseppe Saragat	1964–1971
Giovanni Leone	1971–1978
Sandro Pertini	1978–1985
Francesco Cossiga	seit 1985

Geldentwertung, Arbeitslosigkeit, Umstellungskrise der nach 1914 aufgebauten Rüstungsind.) trafen sich mit einer Krise des polit. Systems. Die Wahlen 1919 und 1921, bei denen die von L. Sturzo neu gegr. „Kath. Volkspartei" 100 (108), die PSI 156 (123) Sitze erzielten, bei starken Verlusten für die in sich gespaltenen Liberalen, führten zu einer Art Wechsellähmung dieser miteinander koalitionsunfähigen Parteien. Die vom russ. Vorbild genährten Hoffnungen der Linken auf eine Revolution in I., verbunden mit agrar. Unruhen und Landbesetzungen, schufen das psycholog. Klima für eine gewaltsame Reaktion, die seit Ende 1920 in Form der von B. Mussolini geführten faschist. Bewegung

Italien

mit Duldung oder Unterstützung von Militär, Polizei, staatl. Bürokratie und Justiz in wenigen Jahren zur Macht aufstieg (Marsch auf Rom, Okt. 1922) und in I. ein diktator. Einparteiensystem schuf.
Machtpolit. Schwäche und der Aufbau des faschist. Regimes im Innern nötigten I. außenpolit. trotz weitreichender Absichten auf Vorherrschaft im Mittelmeer (Besetzung Korfus 1923) zur Mitarbeit an der von den Westmächten bestimmten Nachkriegsordnung, die es indes nach 1927 mit der Forderung nach Vertragsrevision in Frage stellte. Anders als das traditionell gute Verhältnis zu Großbrit. blieben die Beziehungen zu Frankr. durch unerfüllte Kolonialforderungen, Emigrantenfrage, Tunisproblem und die Rivalität in SO-Europa belastet, wo I. die Einkreisung Jugoslawiens und den Aufbau einer eigenen Einflußzone betrieb. Das Ende der dt.-frz. Verständigungspolitik und die Machtergreifung Hitlers gaben I. eine Mittlerstellung, die ihren Ausdruck im Viererpakt (15. Juli 1933) fand. Ideolog. Affinität und machtpolit. Rivalität, v. a. in SO-Europa und in Österreich, bestimmten das Verhältnis zw. dem faschist. I. und dem nat.-soz. Deutschland. Die Ermordung des östr. Bundeskanzlers E. Dollfuß (Juli 1934) und die seit 1932 geplante Eroberung Äthiopiens zwangen zur Annäherung an Frankr. (Mussolini-Laval-Abkommen Jan. 1935) und zum Einscheren in die Gruppe der Status-quo-Mächte. Der Angriff auf Äthiopien jedoch führte nach dem Scheitern eines brit.-frz. Vermittlungsversuchs, der Wiederbesetzung der entmilitarisierten Rheinlande 1936 und der Schaffung des „Impero" 1936 zu einem dt.-italien. Zusammengehen (Achse Berlin–Rom). Der Beitritt zum Antikominternpakt, der Rückzug aus dem Völkerbund und der Abschluß eines Militärpakts mit Deutschland (Stahlpakt, 1939) betonten den Verzicht auf die traditionelle Gleichgewichtspolitik Italiens. Die erfolgreiche Vermittlung Mussolinis beim Münchner Abkommen 1938 ließ sich in der Augustkrise 1939 nicht mehr wiederholen. Zunächst „nichtkriegführend", trat I. unter dem Eindruck der dt. Siege am 10. Juni 1940 in den als „Parallelkrieg" geplanten Konflikt ein. Die Niederlagen gegen Griechenland und Großbrit. in N-Afrika 1940/41 und die Fortdauer des Krieges zeigten bald die geringe militär. Leistungskraft Italiens im 2. Weltkrieg und die Schwächen seiner völlig importabhängigen Volkswirtschaft. Die Unfähigkeit Mussolinis, I. angesichts schwerer Niederlagen aus dem Bündnis mit Deutschland zu lösen, führte am 24./25. Juli 1943 im Zusammenspiel von faschist. Großrat und Krone zu seinem Sturz. Die von Viktor Emanuel III. ernannte Reg. P. Badoglio löste die faschist. Partei auf und begann unter formeller Beibehaltung der dt. Kriegsallianz Geheimverhandlungen mit den Alliierten. Der am 3. Sept. abgeschlossene (am 8. Sept. verkündete) Waffenstillstand führte zur Entwaffnung und Gefangennahme der italien. Truppen in S-Frankr., I. und auf dem Balkan durch dt. Kräfte und zur Flucht des Königs und der Reg. nach Bari, wo auf einem Restteil des nat. Territoriums (sog. Regno del Sud) die staatl. Kontinuität erhalten blieb. Der von dt. Fallschirmjägern befreite Mussolini gründete in N-I. die Italien. Soziale Republik (Republik von Salò). Hinter der langsam nach N rückenden Front operierte seit Ende 1943 die italien. Widerstandsbewegung (Resistenza, April 1945: etwa 250 000 Mann). Die seit 1942 im Untergrund neu gegr. Parteien (Kommunisten [Partito Comunista Italiano, Abk. PCI], Sozialisten [Partito Socialista Italiano di Unità Proletaria, Abk. PSIUP], Aktionspartei, Christl. Demokraten [Democrazia Cristiana, Abk. DC], Liberale und Demokraten) bildeten im Sept. 1943 ein Nat. Befreiungskomitee (CLN), das nach der Befreiung Roms (4. Juni 1944) den durch seine Verbindung mit dem Faschismus belasteten König zur Einsetzung seines Sohnes Humbert als Statthalter zwang und die Reg. Badoglio durch ein Sechs-Parteien-Kabinett unter I. Bonomi ersetzte.

Nachkriegszeit und Republik Italien (seit 1944): Die Frage der Staatsform wurde in der Volksabstimmung vom 2. Juni 1946 trotz monarchist. Stimmenmehrheiten in Süd- und Insel-I. zugunsten der Republik (12,7 : 10,7 Mill. Stimmen) entschieden; der seit der Abdankung seines Vaters (9. Mai 1946) regierende König Humbert II. ging ins Exil. Aus den Beratungen der ebenfalls am 2. Juni gewählten verfassungsgebenden Versammlung (DC 35,2 %, PSIUP 20,7 %, PCI 18,9 %) ging eine im Geist des Antifaschismus von fast allen Parteien getragene Verfassung hervor (Schlußabstimmung 22. Dez. 1947, 453 : 62), die mit der Übernahme der Lateranverträge die Stellung der kath. Kirche akzeptierte und mit Grundrechts-, Verfassungsgerichts- (realisiert 1955) und Föderalisierungsartikeln (Schaffung der Regionen mit Normalstatut 1970) Entwicklungslinien festlegte. Die von den Resistenza-Gruppen geforderte tiefgreifende Demokratisierung und Modernisierung von Staat und Gesellschaft ließ sich nicht gegen innenpolit. und angloamerikan. Widerstand durchsetzen. Der gemäßigte Reformkurs des Führers der DC, A. De Gasperi (Min.präs. in 8 Kabinetten 1945–53), führte im Mai 1947 zum Ausscheiden von Kommunisten und Sozialisten aus der Reg. und nach der im Zeichen des kalten Krieges stehenden Konfrontation zw. Volksfront und Bürgerblock in den Aprilwahlen 1948 (DC, 48,5 %, PCI + PSI 31,0 %) zu einer die kleineren Mittelparteien umfassenden „zentrist." Orientierung. Die durch die Teilnahme an der Marschallplanhilfe begünstigte Wiedereingliede-

Italien

rung Italiens in das weltwirtsch. System führte zu einer Periode raschen Wachstums. 1949 wurde in den meisten Produktionszweigen das Vorkriegsniveau erreicht und in der Folgezeit weit überschritten. Das in der Nachkriegszeit entstandene Parteiensystem hat große Konstanz bewiesen. Es ist bestimmt durch die hegemoniale Stellung der DC, die seit 1946 fast ununterbrochen den Regierungschef stellt und zugleich durch die Existenz wachsender Flügelparteien (MSI 1948: 2,0 %, 1972: 8,7 %; PCI 1946: 18,9 %, 1972: 27,2 %), die bislang keinen Wechsel der Reg.parteien zuließen. Infolge mehrfacher Umstrukturierung der sozialist. Bewegung haben die Kommunisten eine ähnl. hegemoniale Stellung auf der Linken erlangt, so daß man von einem „unvollendeten Zweiparteiensystem" sprechen kann. Bei einem Stimmenanteil von je etwa 40 % ist die DC auf die Mitarbeit der Mittelparteien und/oder der Sozialisten angewiesen. Die Reg.instabilität (durchschnittl. Amtszeit nach 1945: 10 Monate) beruht neben den Schwierigkeiten der Koalitionsbildung auch auf der Existenz eigenständiger Fraktionen in der DC. Die Auflösung des Bündnisses zw. PCI und PSI und die Neuorientierung der kath. Kirche im Zuge des 2. Vatikan. Konzils erlaubten ab 1962 die Öffnung nach links, d. h. die Reg.beteiligung der Sozialisten, die den 3 Kabinetten Moro (1963–68) eine beträchtl. Kontinuität sicherte. Nach der Wahlniederlage der Vereinigten Sozialist. Partei 1968 (14,5 % gegenüber PSI und PSDI 1963: 19 %) und ihrer erneuten Spaltung geriet das Konzept der Mitte-Links-Reg. in die Krise. Das zw. klerikalen (DC und MSI) und laizist. Kräften ausgetragene Ehescheidungsplebiszit vom 12. Mai 1974 (Sieg der Befürworter mit 59,1 : 40,9 %) hat den Gedanken einer bisher polit. nicht mögl. Linkskoalition aufkommen lassen. Zahlr. Kabinette zerbrachen an der schweren Wirtschaftskrise Italiens, doch konnte die DC ihre polit. beherrschende Stellung wahren, da eine Linkskoalition nicht zustandekam. Die Sozialisten und Kommunisten stützten die Minderheitenkabinette Moro und Andreotti durch „Nicht-Mißtrauen" im Parlament. Der hohe Wahlsieg der PCI bei den Regionalwahlen 1975 löste in den Mitgliedsländern der NATO und der EG heftige Diskussionen um eine Reg.beteiligung von Kommunisten in einem westeurop. Land aus. Teile der DC befürworteten den „histor. Kompromiß" zw. DC und PCI, den jedoch der Flügel um Parteisekretär Zaccagnini ablehnte. Die Wirtschaftskrise hatte ein energ. Eingreifen der EG zur Folge, in Vereinbarungen mit den EG durfte das Haushaltsdefizit 37,3 Mrd. DM nicht überschreiten. 1976 sank das Wirtschaftswachstum unter eine Rate von 2 %, die Preissteigerungsrate stieg dagegen um 18 %. Zur Stützung der Reg. Andreotti beschloß die DC im April 1977 zwar eine programmat. Absprache mit den 5 Parteien des sog. Verfassungsbogens (PCI, PSI, PSDI, PLI [Liberale], PRI [Republikaner]), dem die italien. Abg.kammer ein gemeinsames Aktionsprogramm zur wirtsch., sozialen und staatl. Sanierung hinzufügte, doch entzog die PCI, die eine direkte Reg.beteiligung anstrebt, Anfang 1979 der Reg. die Unterstützung und löste damit eine Reg.krise aus, die zu Neuwahlen im Juni 1979 führte. Die Wahlen brachten der PCI Verluste, der Radikalen Partei Gewinne, ansonsten wenig Verschiebungen im Kräfteverhältnis der Parteien. Unter F. Cossiga (DC) bildeten

VERWALTUNGSGLIEDERUNG

Regionen	Fläche km²	E (in 1 000) 1985	Hauptstadt
Abruzzen	10 794	1 244	L'Aquila
Aostatal	3 262	114	Aosta
Apulien	19 348	3 978	Bari
Basilicata	9 992	617	Potenza
Emilia-Romagna	22 123	3 947	Bologna
Friaul–Julisch-Venetien	7 847	1 224	Triest
Kalabrien	15 080	2 117	Catanzaro
Kampanien	13 595	5 608	Neapel
Latium	17 203	5 080	Rom
Ligurien	5 416	1 778	Genua
Lombardei	23 857	8 885	Mailand
Marken	9 694	1 424	Ancona
Molise	4 438	333	Campobasso
Piemont	25 399	4 412	Turin
Sardinien	24 090	1 629	Cagliari
Sizilien	25 708	5 051	Palermo
Toskana	22 992	3 581	Florenz
Trentino-Südtirol	13 620	877	Trient
Umbrien	8 456	815	Perugia
Venetien	18 364	4 366	Venedig

Italien

Christdemokraten, Sozialdemokraten und Liberale im Aug. 1979 eine Minderheitsreg., die von der Duldung durch Sozialisten und Republikaner abhängig war. Im April 1980 bildete Cossiga eine Mehrheitskoalitionsreg. aus Christdemokraten, Sozialisten und Republikanern, die jedoch Ende Sept. 1980 in der Parlamentsabstimmung über ihr restriktives Wirtschaftsprogramm scheiterte. Auch die neue Reg. unter Min.präs. A. Forlani, eine Koalition aus DC, PSI, PSDI und PRI, trat im Okt. 1980 mit einem Sparprogramm an. Im Vordergrund der innenpolit. Probleme steht neben der Lösung der wirtsch. Schwierigkeiten v. a. der Kampf gegen den Terrorismus. - Im polit. System haben die 80er Jahre wichtige Änderungen bewirkt. Die über fast vier Jahrzehnte tonangebende DC hat durch die fortschreitende Urbanisierung und Säkularisierung Teile ihres traditionellen Wählerpotentials verloren. Die PCI, die nach dem Verzicht auf die Strategie des „histor. Kompromisses" 1979/80 zum Konzept der „linken Alternative" zurückkehrte, konnte von dieser Krise nicht profitieren. Der Sozialist. Partei fiel angesichts dieser „blockierten Demokratie" trotz ihrer geringen Stärke eine Schlüsselrolle bei der Reg.bildung zu. Nachdem der Republikaner G. Spadolini die erste nicht von der DC geführte Reg.koalition gebildet hatte (Juni 1981–Nov. 1982), übernahm der Sozialist B. Craxi nach den Juniwahlen 1983 die Reg.bildung. Sein Fünfparteienkabinett scheiterte im März 1987 und konnte auf Grund seiner heterogenen Zusammensetzung die erforderl. unpopulären Sachentscheidungen nicht durchsetzen. Seither wechselnde Regierungen unter Führung der DC. - Im Juni 1985 wurde der Christdemokrat. F. Cossiga zum Staatspräs. gewählt.

I. mußte im Frieden von Paris (10. Febr. 1947) auf fast seinen ganzen Kolonialbesitz verzichten (Triest wurde 1954 rückgegliedert, Südtirol und das Aostatal erhielten Minderheitsrechte; 1975 wurden die Grenzfragen im Raum Triest durch ein Abkommen mit Jugoslawien endgültig gelöst). Die italien. Außenpolitik unter C. Graf Sforza und De Gasperi suchte seit 1947 den Anschluß an das westl. Bündnissystem und die europ. Integration: I. war Mitbegr. der NATO (1949), des Europarats (1949), der Montanunion (1951), der WEU (1955), der EWG sowie der Euratom (1957) und am Projekt der EVG beteiligt. Seit 1955 gehört I. den UN an.

Politisches System: Nach der Verfassung vom 1. Jan. 1948 ist I. eine parlamentar.-demokrat. Republik. Nur in einem erschwerten Verfahren kann die Verfassung geändert werden, die republikan. Staatsform kann auch durch Verfassungsänderung nicht beseitigt werden. *Staatsoberhaupt* ist der für 7 Jahre von einer Wahlversammlung (beide Kammern des Parlaments und je 3 Vertreter der Regionen) gewählte Staatspräs.; seine Funktionen gehen über die der reinen Repräsentation hinaus: Durch aufschiebendes Veto kann er die Gesetzgebung beeinflussen, Gesetzentwürfe der Reg. können nur mit seiner Zustimmung im Parlament eingebracht werden; er hat das Recht, Botschaften an die Kammern zu richten und kann so seine polit. Vorstellungen unabhängig von der Reg. äußern; er kann das Parlament oder eine der beiden Kammern auflösen (nicht jedoch in den letzten 6 Monaten seiner Amtszeit); er hat erhebl. Einfluß auf die Reg.bildung, da er den Min.präs. und auf dessen Vorschlag die Min. ernennt; er hat den Vorsitz im Höheren Richterrat inne und ernennt 5 von 15 Mgl. des Verfassungsgerichtshofs, ist Oberbefehlshaber der Streitkräfte und Vors. des Obersten Verteidigungsrates. Die *Exekutive* besteht aus dem Min.-präs. und den Min., die gemeinsam den Min.rat bilden. Der Min.präs. bestimmt die Richtlinien der Politik; die Min. leiten in diesem Rahmen ihre Ministerien selbständig. Trotz der Richtlinienkompetenz ist die fakt. Machtstellung des Min.präs. schwierig, da er abhängig ist von den häufig wechselnden Kräfteverhältnissen in Parlament und Parteien, die eine große Instabilität der Reg. zur Folge haben. Obwohl die Reg.chefs bisher v. a. von der größten Partei, der Democrazia Cristiana, gestellt wurden, scheiterten die meisten Reg. an parteiinternen Gegensätzen bzw. am Koalitionszerfall. Die *Legislative* wie die Kontrolle der Reg. liegt beim Zweikammerparlament (Senat und der Kammer der Abg.). Der Senat gilt als Vertretungsorgan der Regionen, die 315 Senatoren werden für 5 Jahre nach dem Verhältniswahlrecht gewählt, wobei jeder Region eine Mindestzahl von Senatoren zusteht; dem Senat gehören ferner 5 vom Staatspräs. auf Lebenszeit ernannte Bürger sowie alle ehem. Staatspräs. an. In der Verfassungswirklichkeit hat der Senat nicht die Bed. erlangt, die einer 2. Kammer in Bundesstaaten zukommt, da I. weitgehend zentralist. regiert wird. Die 630 Mgl. der Kammer der Abg. werden ebenfalls für 5 Jahre nach dem Verhältniswahlrecht gewählt. Das normale Gesetzgebungsverfahren erfordert übereinstimmende Beschlüsse beider Kammern; die Gesetzesinitiative steht der Reg. sowie jedem einzelnen Parlaments-Mgl. zu; für bes. dringl. erklärte Gesetze können von den Ausschüssen der Kammern allein beschlossen werden. Die Fraktionsdisziplin wird häufig durchbrochen.

Das italien. Vielparteiensystem ist institutioneller Ausdruck tiefer sozialer und ideolog. Gegensätze; als *Parteien* der Mitte gelten die Christdemokraten (Democrazia Cristiana, Abk. DC), die Liberalen (Partito Liberale Italiano, Abk. PLI), die Republikaner (Partito Repubblicano Italiano, Abk. PRI) und die Sozialdemokraten (Partito Socialista Democratico Italiano, Abk. PSDI); zu den halb integrierten Parteien, die die Koalitionsbildungen bes. erschweren, zählen die Sozialisten (Partito Socialista Italiano, Abk. PSI) und die Radikale Partei (Partito Radicale, Abk. PR), die u. a. mit Bürgerrechtskampagnen beachtl. Erfolge hatte. Am Rande des Systems stehen, weithin als nicht koalitionsfähig betrachtet, die Kommunisten (Partito Comunista Italiano, Abk. PCI) und die Neofaschisten (Movimento Sociale Italiano - Destra Nazionale, Abk. MSI - DN). Die Binnenstruktur der Parteien ist charakterisiert durch die Flügelbildung, die auf Grund ideolog. Gegensätze, ihrer Bindung an bestimmte Interessengruppen und personalist. Faktionen entsteht. Eine wichtige Rolle im polit. Willensbildungsprozeß spielen die *Interessengruppen*, die ihre Aktionen auf Reg., Parlament, Parteien und Bürokratie richten. Bes. eng ist die Verfilzung zw. Verbänden und Bürokratie sowie zw. Parteien und bestimmten korrespondierenden Interessengruppen. Zu den einflußreichsten Interessengruppen zählen kath. Aktion (Interessen der kath. Kirche), Confindustria (Interessen der Großind.) und die 3 großen Gewerkschaften der Arbeiter und Angestellten: die PCI und PSI nahestehende Confederazione Generale Italiana del Lavoro (CGIL, 4,5 Mill. Mgl.), die der DC nahestehende Confederazione Italiana Sindacati Lavoratori (CISL, 2,9 Mill. Mgl.), die PSI, PRI und PSDI nahestehende Unione Italiana del Lavoro (UIL, 1,3 Mill. Mgl.). Vertreter der wirtsch. Interessengruppen sitzen im Nat. Rat der Wirtschaft und der Arbeit, einem Beratungsorgan der Kammern und der Regierung.

Die *Verwaltung* ist von Parteipatronage und Klientelgruppen stark beeinflußt. Die Verfassung bekennt sich zum Prinzip des Einheitsstaates, will jedoch die „lokalen Autonomien" fördern und die Verwaltung dezentralisieren. Organe der in einer Verwaltungsreform geschaffenen 20 Regionen sind die beratende Versammlung, ein Exekutivorgan und ein Präs.; jede Region hat eine eigene Verfassung; ein Reg.kommissar hat die zentrale und die regionale Verwaltung zu koordinieren. Der mangelnde Erfolg des Regionalismus liegt in der finanziellen Schwäche der Regionen, die zu einer Abhängigkeit von der Zentralverwaltung geführt hat. Neben den Regionen bestehen weiter die 94 Prov., die von Präfekten und dem Provinzialrat und Provinzialausschuß als Selbstverwaltungskörperschaften geleitet werden. Organe der Gemeinde sind Gemeinderat, Gemeindeausschuß und Bürgermeister.

I. hat ein einheitl. *Gerichts*system. Die Richter der untersten Instanz sind die „pretori", nächste Instanz sind die rd. 150 „tribunali" mit je 3 Richtern, über ihnen gibt es 23 Appellationsgerichte mit je 5 Richtern. Für Kapitalverbrechen ist der „corte d'Assise" zuständig. Der Verfassungsgerichtshof, der nicht die polit. Funktionen des Bundesverfassungsgerichts der BR Deutschland hat, entscheidet in Streitfragen über die Verfassungsmäßigkeit von staatl. und regionalen Gesetzen, in Zuständigkeitskonflikten zw. den Organen der Staatsgewalt sowie zw. dem Staat und den Regionen, über Anklagen gegen den Präs. und die Min. Die 15 Richter werden zu je $1/3$ vom Staatspräs., vom Parlament und von den obersten Gerichten der ordentl. und der Verwaltungsgerichte ernannt.

Die *Streitkräfte* umfassen rd. 373 100 Mann (Heer 258 000, Luftwaffe 70 600, Marine 44 500); die Wehrpflicht beträgt in Heer und Luftwaffe 12 Monate, in der Marine 18 Monate. Die paramilitär. Kräfte sind rd. 196 500 Mann stark (davon 84 500 Mann Karabinieri). ⌑ *Tichy, F.*: I. Darmst. 1985. - *Bethemont, J./ Pelletier, J.*: Italy. A geographical introduction. London 1983. - *Chiellino, C., u.a.*: I. Mchn. 1981–83. 2 Bde. - *Fazio, M.*: Histor. Stadtzentren Italiens. Dt. Übers. Köln 1980. - *Schröder, J.*: I. im Zweiten Weltkrieg. Eine Bibliographie. Mchn. 1978. - Demokratie u. Sozialismus in I. Herausgegeben v. D. Albers. Ffm. 1978. - *Rosenbaum, P.*: Neofaschismus in Italien. Köln 1975.

Italiener, weit verbreitete Haushuhnrasse mit hoher Legeleistung; schlanke, kräftige Tiere mit gelbem Schnabel, gelben Läufen und rotem, gezacktem Stehkamm. I. werden in vielen Farbschlägen gezüchtet, z. B.: **Rebhuhnfarbige Italiener** mit graubrauner Grundfärbung; **Goldfarbige Italiener** mit v. a. beim Hahn auffallender Goldfärbung des Hals-, Schulter- und Rückengefieders; **Kennfarbige Italiener (Gesperberte Italiener,** aus Rebhuhnfarbigen I. und gesperberten Hühnerarten gezüchtet), bei denen die Eintagsküken auf Grund der Farbzeichnung schon nach Geschlecht unterschieden werden können.

Italienisch, zu den romanischen Sprachen innerhalb der indogerman. Sprachfamilie gehörende, aus dem Latein. hervorgegangene Sprache, die sich in eine Vielzahl stark voneinander abweichender Mundarten gliedert, die jedoch gegenüber den benachbarten roman. Sprachtypen sprachwiss. deutl. abgrenzbar sind. Die italien. Schriftsprache hat sich im wesentl. aus der toskan. Mundart entwickelt. Die Bez. „I." ist verhältnismäßig neu; das Adjektiv „italiano" ist in Italien mit Bezug auf die Sprache zuerst in einer Handschrift des ausgehenden 13. Jh. belegt. Dante sagt dafür „volgare" (eigtl. „Volkssprache") bzw. „volgare italico".

Verbreitung: Außerhalb der Grenzen Italiens ist das I. eine der offiziellen Landessprachen der Schweiz; italien. Mundarten werden im schweizer. Kt. Tessin und in den südl. Talschaften Graubündens gesprochen sowie auf Korsika, in Teilen Istriens, in Dalmatien, im Gebiet um Nizza und im Ft. Monaco.

Mundarten: Keine andere roman. Sprache

Italienisch-Äthiopischer Krieg

weist so viele und voneinander so stark abweichende Mundarten auf wie das I., die zugleich eine so starke Selbständigkeit gegenüber der Schriftsprache gezeigt haben. Die Unterschiede zw. den italien. Mundarten lassen sich auf histor., geograph. und polit. Umstände zurückführen: 1. auf die Verschiedenheit der vor der röm. Herrschaft in den einzelnen Landesteilen gesprochenen nichtlat. Sprachen, die bei der Übernahme des Latein. auf dieses in der Aussprache und im Wortschatz einwirkten; 2. auf die geograph. Gliederung: das unwirtl. Waldgebiet des Apennins trennte die Poebene von Inselitalien ab; 3. auf die z. T. auch durch die geograph. Gegebenheiten bedingte und durch die Jh. anhaltende polit. Zerrissenheit des Landes. Aus den genannten Umständen erklärt sich die Dreigliederung der italien. Mundarten: 1. Im N die galloitalien. Mundarten in Piemont, der Lombardei, in der Emilia-Romagna, in Ligurien und Venetien; die Südgrenze verläuft auf dem Kamm des Apennin etwa auf der Linie Sarzana-Ancona; 2. das Toskan. (mit den kors. Dialekten) und das Umbrische; 3. die Mundarten S-Italiens südl. der Linie Ancona-Rom.

Schriftsprache: Von den nördl. wie den südl. Mundarten Italiens unterscheiden sich die der Toskana durch ihren Konservatismus bes. in lautl. Hinsicht. Sie haben ihren Lautstand gegenüber dem Latein. am wenigsten verändert und nehmen daher eine Mittelstellung ein, wodurch sie den Nord- wie den Süditalienern leichter verständl. sind als den Norditalienern das Süd-I. und umgekehrt. Dies schuf eine gute Vorbedingung für den Aufstieg des Toskan. zur Standardsprache.

Charakteristik: Der Lautstand des I. hat sich seit dem MA kaum verändert; deswegen ist das Altitalien. dem modernen Italiener unmittelbar zugängl.; kennzeichnend sind: *Vokalismus:* Keine Nasalvokale, keine Mittelzungenvokale, keine gerundete Vorderzungenvokale und keine Umlautwirkung; Bewahrung des vierstufigen Vokalismus des Vulgärlatein., von dessen Vokalsystem sich das I. nur durch die Diphthongierung von offenem *o* und offenem *e* unterscheidet. Alle Vokale der unbetonten Silben behalten ihren Lautwert, alle wortschließenden Nachtonvokale bleiben erhalten. - *Konsonantismus:* Eine einschneidende Neuerung gegenüber dem Latein. ist die Beseitigung aller Auslautkonsonanten; zus. mit der Bewahrung der Auslautvokale hat dies zur Folge, daß das italien. Wort gewöhnl. auf einen Vokal endet. Seinen typ. Sprachklang gewinnt das I. auch aus der Bewahrung der Doppelkonsonanten und deren Vermehrung durch Beseitigung von Konsonantengruppen durch lautl. Angleichung. - Für die *Flexion* ist charakterist., daß sich im Plural der lat. Nominativ durchgesetzt hat und daß sich in der Verbalflexion sehr viele unregelmäßige Formen erhalten haben. - In der *Wortbildung* verfügt das I. über sehr viele Vergrößerungs- und Verkleinerungssuffixe sowie über solche Suffixe, die eine Herabwürdigung enthalten (*libro* „Buch", *libraccio* „schlechtes Buch", *libruccio* „kleines, armseliges Buch"); außerdem dient ein reicher Bestand an Suffixen der modernen Sprache zur Bildung von Adjektiven für wiss., techn., wirtsch. und polit. Begriffe. - Im Bereich des *Satzbaus* ist die relative Freiheit der Wortstellung auffällig, die durch die gute Erhaltung der Flexionsendungen ermöglicht wird. - Der *Wortschatz* ist gekennzeichnet durch die Erhaltung solchen lat. Wortguts, das in anderen roman. Sprachen untergegangen ist, sowie durch german., provenzal. und französ. Elemente.

📖 Lepschy, A. L./Lepschy, G.: *Die italien. Sprache*. Tüb. 1985. - *Italien. Sprachwiss.* Hg. v. C. Schwarze. Tüb. 1981.

Italienisch-Äthiopischer Krieg, Bez. für 2 Kriege, die Italien gegen Äthiopien begann: Febr. 1895–März 1896: Durch den Entscheidungssieg Kaiser Menileks II. bei Adua (1. März 1896) scheiterte der italien. Plan der Eroberung Äthiopiens.
Okt. 1935–Mai 1936: Nach brutalen italien. Kampfmaßnahmen erfolgte am 9. Mai 1936 die italien. Okkupation Äthiopiens (bis 1941).

italienische Gewerkschaften ↑ Gewerkschaften (Übersicht).

italienische Kunst, die Kunst der italien. Halbinsel nach dem Niedergang des Röm. Imperiums ist wegen fehlender polit. Einheit bis zum 19. Jh. einerseits gekennzeichnet durch die individuelle Ausbildung lokaler Schulen, zeigt andererseits seit ihren Anfängen übergreifende Gemeinsamkeiten in der Bewahrung mittelmeer. Traditionen. Die i. K. wirkte für Jh. impulsgebend auf die abendländ. Kunst.

Mittelalter: Vorromanik: In der **Baukunst** dominieren bis zum 11. Jh. spätantik-frühchristl. Typen: die dünnwandige, querschifflose, flachgedeckte Basilika sowie Zentralbauten (meist als Baptisterien). In der Lombardei setzt sich der Chorabschluß mit 3 Apsiden durch sowie eine erste Strukturierung des Raumes (durch Arkaden; u. a. Kernbau der Basilika Sant'Ambrogio (Mailand, 824–859) sowie San Satiro, Oratorium des Ansperto (Mailand, 861–881). Während der Außenbau oft schmucklos ist, erwacht in Rom die **Mosaikkunst** (Santa Prassede) sowie die **Wandmalerei** (San Clemente, um 850) zu neuem Leben in hierat. Stil, in den ma. Gebärdensprache eindringt. Aus gleicher Zeit ist **Skulptur** in der Kirchenausstattung (Ambo, Ziborium) in der Tradition röm. und langobard. Dreibänderornamentik erhalten, sowie als Hauptwerk karoling. höf. Goldschmiedekunst der Goldaltar von Sant'Ambrogio, Mailand (Meister Volvinus, um 835).

Romanik: Weiterhin klass. Tradition verpflichtet, gelangte die Architektur nur in der

italienische Kunst

Lombardei zu einer dem Norden vergleichbaren Wandgliederung (Wölbung mit Stützen) und zwar bei der Wiederherstellung von Sant' Ambrogio (Mailand, Anfang 12. Jh.). Die Toskana, Süditalien und Sizilien bilden mit antikisierender geometr. Marmorinkrustation (toskan. „Protorenaissance" [San Miniato al Monte, 1018 ff. und 1070 ff.]) bzw. B. mit einer Vermischung byzantin., arab. und normann. Einflüsse dekorative Sonderformen aus. Ebenfalls in der Lombardei entsteht die bedeutendste roman. **Bauplastik** (Comasken), überwiegend flach ornamental als integrierender Bestandteil der Architektur gestaltet (Pavia, San Michele, 1. Hälfte des 12. Jh.). Meist byzantin. Einfluß zeigen die in ganz Italien verbreiteten Bronzetüren († Bonanus von Pisa) sowie die repräsentative monumentale **Wandmalerei** und die **Mosaiken**, als deren bed. Träger die benediktin. Klöster wirken. Sog. Exultet-Rollen und Riesenbibeln sind Sonderformen italien. roman. **Buchmalerei.** In Rom erneuern die Cosmaten die spätröm. **Inkrustationstechnik**, das „opus sectile", den musivischen Dekor von Böden, Portalen usw. Übernahme der Gotik: In der **Baukunst** wird die im 13. Jh. von den Zisterziensern und danach von den Bettelorden der Franziskaner und Dominikaner rezipierte frz. got. Architektur nur teilweise und abgewandelt aufgenommen, denn beibehalten werden die Kontinuität der Wand (San Francesco, Assisi, 1228 ff.), die Körperhaftigkeit der Stützen, die Betonung der Horizontalen. Die Gewölbebauten zeichnet eine oft hallenartige Weite mit hohen, weitgespannten Arkaden und niedrigen Obergaden aus (Arnolfo di Cambio, Florenz, Dom, 14. Jh.). Teilweise hält man auch an Flachdeckenbau fest. Eine Ausnahme bildet der spätgot. Mailänder Dom. Roman. Formen im Norden, byzantin. im Süden verhindern die Durchsetzung got. Bauens, das jedoch Sonderformen ausbildet, z. B. den Zierstil venezian. Paläste. In der **Plastik** zeigt sich got. Anregung bereits im 12. Jh. im Werk B. Antelamis (Parma, Dom), in dessen Formensprache sich roman. Blockhaftigkeit und antike Zitate verbinden. An der Antike geschult sind auch N. Pisano und Arnolfo di Cambio, während der Auseinandersetzung G. Pisanos mit der frz. Gotik zur lebendigen, bewegten, realist. Figur führt, die er aus dem architekton. Verband löst (Siena, Dom, um 1285). Die einer strengen „maniera greca" verpflichtete **Malerei** empfängt um 1300 erneuernde Impulse, im Werk Duccios und S. Martinis sowohl stilmitnehmend durch Einflüsse aus Byzanz, als durch Aufnahme got. Formen, im Werk Cimabues durch Rückgriffe auf die Früh-MA und in der röm. Wandmalerei und Mosaikkunst P. Cavallinis durch erneute Begegnung mit frühchristl. Kunst. Mit Giottos Fresken in der Arena-Kapelle, Padua (1305 f.), Zusammenfassung der unterschiedl. Tendenzen, wird das Bild im modernen Sinne geschaffen: die durch Rahmen abgegrenzte, durch einheitl. Sicht und dramat. Aktion monumentaler Figuren konstituierte autonome Wirklichkeit. Dieser Realismus verbindet sich um 1400 mit dem linearen und farbl. Ästhetizismus der internat. Gotik († Weicher Stil) und wirkt bei Gentile da Fabriano und Pisanello gleichzeitig mit der beginnenden Renaissance.

Renaissance und Manierismus: Abbildung der Natur nach mathemat., opt. und perspektiv. Regeln gilt der Renaissance als ästhet. Vollkommenheit, die man vorbildl. in Werken der Antike verwirklicht sieht, die man als nat. Erbe wiederentdeckt in bewußter Abkehr vom „barbar. MA". In der **Baukunst** bildet ein christl. interpretierter Neuplatonismus Grundlage neuer Sakralbauten: in der abstrakten Ordnung von Zahlen und geometr. Figuren, im quadrat. Schematismus der Basiliken F. Brunelleschis (Santo Spirito, Florenz, 1436 ff.), in der Symmetrie seiner Zentralbauten (Pazzi-Kapelle, Florenz, um 1430) sieht man den Ausdruck göttl. Weltordnung. Antike Schmuckformen, Betonung der Funktionen von Lasten und Tragen, doch ohne röm. „gravitas" (Schwere) kennzeichnet die Architektur der Frührenaissance in Florenz. Am Palazzo Rucellai (1446 ff.) zitiert L. B. Alberti die kanon. Pilasterordnung des Colosseums noch reliefhaft flach, mit der Kirche Sant'Andrea in Mantua (1470 f.) greift er die Mächtigkeit röm. Gewölbebaus auf und wirkt damit auf die Architektur der Hochrenaissance, die seit 1500 in Rom entsteht. Im Streben nach heroischen Ausdrucksformen sucht diese in der Architektur Rationalität - verwirklicht im Zentralbaugedanken - mit athlet. Wirkung zu vereinen. Beispielhaft wird in Bramantes Tempietto (San Pietro in Montorio, 1502), in A. da Sangallos Palazzo Farnese (Rom, 1541 ff.), in Michelangelos Entwürfen für Sankt Peter die europ. Architektursprache entwickelt, die z. T. bis ins 19. Jh. gültig blieb. Seit 1520 zeigen sich manierist. Störungen des Gleichgewichts: Übersteigerung der Form- und Richtungskontraste, Durchbrechung der architekton. Logik (Michelangelo, Florenz, Biblioteca Laurenziana, 1530 ff.), doch fordern sie eine „klassizist." Reaktion heraus: A. Palladios Villen im Veneto. **Plastik:** Antikes Menschenbild, die Vorstellung der großen Persönlichkeit, verwirklicht in der klass. Idee der freistehenden Statue, trennt im 15. Jh. Florentiner Plastik von der im übrigen Europa. Entsprechend werden antike Aufgaben von Denkmal, Grabmal, Porträtbüste (B. und A. Rossellino) und Bildnismedaille (Pisanello) neu formuliert. Donatellos Aktstatue des Bronzedavid (um 1430, Florenz, Bargello), sein Reiterdenkmal des Gattamelata (Padua, 1447) ebenso wie sein maler. Reliefstil stellen Neuschöpfungen in

italienische Kunst

antikem Geiste dar. Der Schönlinigkeit (Ghiberti) und drast. Realismus (die Brüder Pollaiuolo, Verrocchio) umfassende Stil Florentiner Frührenaissance breitet sich in der 2. Hälfte des 15. Jh. in ganz Italien aus, nicht zuletzt popularisiert durch die Terrakotten L. Della Robbias, unter Verstärkung idealisierender Tendenzen (Auffindung des Apoll von Belvedere). Das Non finito, das unvollendete Werk bei Leonardo und Michelangelo ist charakterist. für die Suche der röm. Hochrenaissance nach der vollkommenen Form, die im Werk der junge Michelangelo erreicht (David, Florenz, Akad., 1501), im Spätwerk manierist. in Frage gestellt wird (Pietà, Florenz, Dom 1448–55). Expressivität anstelle der Harmonie (B. Cellini), Übersteigerung der Bewegungsmotive in der Figura Serpentinata (G. Bologna) lassen um 1560 die Vorbildlichkeit Michelangelos verblassen (Manierismus). Die **Malerei** rückt mit der Renaissance mehr als andere Gattungen ins Zentrum, v. a. in der Form des Tafelbildes, das sich neben religiösen neuen profanen Inhalten öffnet: Porträt (Raffael), Landschaft (Leonardo), Stilleben (I. de'Barbari) und mytholog. Szenen (Botticelli). Die rationale Grundhaltung der Renaissance verdeutlicht die Bewertung der Linearperspektive als „symbol. Form", als Darstellungsbasis einer mathemat. geordneten Idealwelt, in der Mensch und Natur harmon. aufeinander bezogen sind. Zuerst konsequent angewandt in der Frührenaissance durch Masaccio (Zinsgroschen-Fresko, Brancacci-Kapelle, Florenz, Santa Maria del Carmine, 1427), spielt sie eine zentrale Rolle bei P. Uccello, F. Lippi und A. Castagno, ergänzt durch anatom. Studien, die die Richtigkeit der Modellierung und Bewegung sichern sollen. Die Antike, seit der Mitte des 15. Jh. von wachsendem Einfluß auch in anderen Zentren Italiens, führt bei A. Mantegna zu fast harter Plastizität. Licht und Farbe geben der anfangs linearen naturalist. Malerei atmosphär. Leben und werden bei Piero della Francesca und Leonardo, im Sinne korrekter Farb- und Luftperspektive angewandt, zu idealisierenden Medien; in der venezian. Malerei werden sie Vermittler einer leuchtenden Vision Arkadiens (Giorgione, Tizian). Für kurze Zeit bringt die Hochrenaissance antike Idealisierung und empir. Wissen zur Übereinstimmung, wird dramat. Aktion (Leonardo, Raffael) und gigant. Form (Michelangelo), Nähe und Ferne in formale, farbl. und geistige Ordnung eingebunden. Der Manierismus neigt zu einseitiger Übersteigerung der Darstellungsmittel: des Malerischen (Tizian, Tintoretto), des Plastischen (G. Romano), zur perspektiv. und proportionalen Verzerrung (Parmigianino, Bronzino), worin er sich z. T. als Überleitung zum Barock zeigt. So bildet die Deckenmalerei Correggios die Brücke zw. Renaissance und Barock.

Barock: Als Fortsetzung klass. Tradition der Hochrenaissance wird die Entstehung barokker Kunst um 1600 in Rom verstanden. In Opposition zum Manierismus nutzt sie doch dessen Mittel zur Ausdruckssteigerung. **Architektur:** Die konstante Bauaufgabe des Petersdomes, an der - nach Bramante, Michelangelo, Maderno - Borromini und Bernini arbeiten, wird wie auch die Synthese von Langhausschema und Kuppelraum bei Il Gesù von Vignola (1568–87) zum stilgeschichtl. Leitthema: im Langhausbau behauptet sich doch die Kuppel (Michelangelos) als zentralisierendes Motiv, wird Massenwirkung und deren Verlebendigung durch plast. Kontraste demonstriert. Kontraste von Säule und Pilaster, von rund und flach, konvex und konkav, von Licht und Schatten, doch stets im Gleichgewicht überführt, zeigen die Fassaden von P. Cortona (Santa Maria della Pace, 1656) bis zu Borromini (Santo Carlo alle Quattro Fontane, 1667 ff.). Der als Synthese von Längs- und Zentralbau formulierte ovale Grundriß Berninis (Sant'Andrea al Quirinale, 1658 ff.) oder der als Durchdringung verschiedener Formen konzipierte Borrominis (Sant'Ivo della Sapienza, 1642–50) sind die ersten genialen Raumlösungen des Barock. Neben Rom sind Turin (Guarini, Iuvarra) und Venedig (Longhena) Zentren des Barock. Röm. **Plastik** ist durch G. L. Bernini geprägt: die barocken Kontraste von Naturalismus und Idealität, von Schwere und Bewegung sind ihm Mittel suggestiver Vergegenwärtigung, die durch maler. Modellierung harmonisiert wird. Sie vermag sich harmon. mit Architektur und Malerei zu verbinden. Die **Malerei** entfaltet sich in Rom zw. den polaren Temperamenten Caracci, der Klassizität mit höchster Lebendigkeit verbindet, und Caravaggio, bei dem große Form sich in naturalist. Einfachheit darbietet. Die Deckenmalerei erlebt von Domenichino über Lanfranco bis zu P. da Cortona und Pozzo ständige Steigerung räuml. Illusion und Farbqualität.

18. und 19. Jahrhundert: Klassizist. Ideale prägen die **Architektur** Roms (C. Fontana), Rokoko spielt, abgesehen von der Span. Treppe in Rom, nur in Piemont eine gewisse Rolle (Iuvarra, Vittone, Turin). Venezian. **Malerei,** dem lichten Rokoko wesensverwandt, erlebt eine Blüte in den Gattungen Vedute, Landschaft und Genrebild (Canaletto, Bellotto, F. Guardi) wie im religiösen Altarbild (Piazzetta); die Hauptwerke der Deckenmalerei entstehen jedoch im Ausland (Tiepolo, Würzburger Residenz, 1750–53). Das 19. Jh. verharrt in klassizist. Tendenzen, die sich in Stadtplanung und Restaurierung bewähren, sowie in der Skulptur A. Canovas, der sie mit einer gewissen Lebendigkeit erfüllt. Die Malerei der sog. Macchiaioli in Florenz schließt an den Frühimpressionismus Corots an.

italienische Literatur

20. Jahrhundert: Aus Protest gegen den Traditionalismus tritt der Futurismus um 1910 mit aggressiver modernist. Kunstsprache hervor. In der **Architektur** werden Sant'Elias Entwürfe mit komplizierten Verkehrsbauten nie realisiert, auch die rationalist. Gruppo 7 (G. Terragni) oder M. Trucco (Fiatwerke Turin, 1927) haben nur wenige Bauten errichtet, die meisten Aufträge während des Faschismus gehen an neoklassizist. Architekten. Erst nach 1945 entfaltet sich phantasievolle moderne Architektur in Stahlbeton und Fertigelementen (F. Albini, INA-Gebäude, Parma, 1954; P. L. Nervi, Sportpalast, Rom, 1958–60; G. Ponti, Pirelliturm, Mailand, 1956–59; G. Michelucci, Autobahnkirche bei Florenz, 1964). Futurist. **Plastik** (U. Boccioni) findet keine Nachfolge; M. Marini und G. Manzù arbeiten traditionell figurativ. Nach 1945 sorgen bed. Künstler sowohl zu Abstraktion und Konstruktion (L. Minguzzi, P. Consagra) wie zu Experimenten an der Grenze von Plastik und Malerei bei (L. Fontana). In der **Malerei** stehen sich um 1910 zukunftsgläubige Dynamik der Futuristen (U. Boccioni, C. Carrà) und symbolist. Kontemplation der Pittura metafisica (de Chirico, Morandi) gegenüber, letztere mit Wirkung auf den Surrealismus. Nach traditionalist. Reaktion (Zusammenschluß „Novecento") und neben bewußtem Realismus (R. Guttuso) wendet sich auch Italien internat. Formen von Abstraktion (A. Corpora, A. Magnelli), von Pop- und Op-art und neuem Realismus (G. Baruchello) zu. - Tafeln S. 352 und 353.

📖 Chastel, A.: *Die Kunst Italiens. Mchn. 1985.* - Gombrich, E.: *Ideal u. Typus in der italien. Renaissance. Wsb. 1983.* - Lessing, E./Arretin, O., u. a.: *Die italien. Renaissance.* Gütersloh 1983. - Burckhardt, J.: *Die Kultur der Renaissance in Italien. Stg.* [10]1976. - Heydenreich, L. H.: *Italien. Renaissance ... Mchn. 1972.* - Waterhouse, E.: *Italien Baroque painting.* London Neuaufl. 1970. - Oertel, R.: *Die Frühzeit der italien. Malerei. Stg.* [2]1966. - Keller, H. *Die Kunstlandschaften Italiens. Mchn. 1960.*

italienische Literatur, obwohl die Eigenständigkeit des Italien. gegenüber dem Latein. zumindest seit dem 10. Jh. allg. bekannt war, bildeten sich die **Anfänge (Le origini)** einer selbständigen i. L. erst im 13. Jh. heraus. Zum einen existierte ein umfangreiches mittellat. Schrifttum, bes. in den Klöstern Bobbio und Monte Cassino, zum anderen war Italien jahrhundertelang Invasionen ausgesetzt, was die Entwicklung einer zentralist. orientierten Sozialstruktur wie z. B. in Frankr. verhinderte; dadurch wurde zwar die Herausbildung der italien. Stadtstaaten begünstigt und das mehrsprachige Schrifttum gefördert, eine bes. Herausbildung der nat. Literatur zunächst jedoch erhebl. behindert. Erste schriftl. überlieferte Zeugnisse der literar. Verwendung italien. Dialekte sind in dem „Toskan. Spielmannslied" aus dem 12. Jh. und bei dem provenzal. Troubadour Raimbaut de Vaqueiras nachweisbar; er war einer der ersten, der vor einem italien. Publikum auftrat; durch ihn wurde im der 1. Hälfte des 13. Jh. das Provenzal. zur Literatursprache in Italien, dessen Vorherrschaft jedoch später durch die *Sizilian. Dichterschule* und die *umbr. Laudendichtung* († Laudi) beendet wurde. Neben dieser einerseits imitator. und andererseits volkstüml. geprägten Dichtung entwickelte sich zw. 1250 und 1260 der † *Dolce stil nuovo.*

14. Jh. (Trecento): Den noch unsicheren Versuchen der Gestaltung einer Literatur in italien. Sprache folgte Dante Alighieri, der mit seinem Hauptwerk „Göttl. Komödie" (Divina Commedia", vollendet 1321; gedruckt 1472) eine umfassende literar. Deutung der Stellung von Individuum und Gesellschaft, privater Passion und öffentl. Engagement im geistigen Kosmos des MA gab, die zur Weltliteratur wurde; sein Traktat „Über die Volkssprache" (entstanden 1304–08) ist ein Lehrbuch der Poetik, handelt vom Ursprung und Wesen der Sprache, von Stil und Metrik einer literar. Hochsprache, deren Würde und Kraft bei entsprechender Behandlung auch das Toskan. erreichen könne. Obwohl damit auch theoret. eine sichere Basis für die Verwendung der Volkssprache in der Literatur gegeben war, schätzte F. Petrarca sein umfangreiches Werk in lat. Sprache selbst stets höher ein als sein in italien. Sprache geschriebenes Liederbuch mit Gedichten an die Geliebte Laura, das seine Nachwirkung begründete („Il canzoniere", hg. 1470; dt. 1818/19 u. d. T. „Italien. Gedichte"). Darüber hinaus schuf er die Grundlagen zu einer neuen Erforschung der Antike; systemat. sammelte er antike Handschriften und sorgte durch Abschriften für ihre Verbreitung. Auch G. Boccaccio gehörte mit seiner Dantebiographie, seinem Dantekommentar und seinen mytholog.-histor. Schriften zu den italien. Frühhumanisten. Sein Hauptwerk jedoch, das „Decamerone" (entstanden 1348–53, gedruckt 1470), das auf der Tradition der didakt.-exemplar. und burlesken Kurzerzählungen des lat. und des volkssprachl. europ. MA aufbaut, bereitete den Weg der Kurzerzählung nicht nur in Italien, sondern in allen westeurop. Literaturen, denen es zugleich ein unerschöpfl. Stoffreservoir wurde.

15. und 16. Jh. (Quattrocento und Cinquecento): Die philolog. Wiederentdeckung der Antike prägte die geistesgeschichtl. Entwicklung des 15. Jh., den Humanismus. Der neuen Hochschätzung des klass. Lateins folgte die zunehmende Ablehnung der ma. Latinität und darüber hinaus wieder verstärkt die Infragestellung der literar. Eignung der Volkssprache. In der Bemühung um die Versöhnung von antiker Philosophie und Christentum kam der „Platon. Akademie" in Florenz

351

italienische Kunst

italienische Kunst

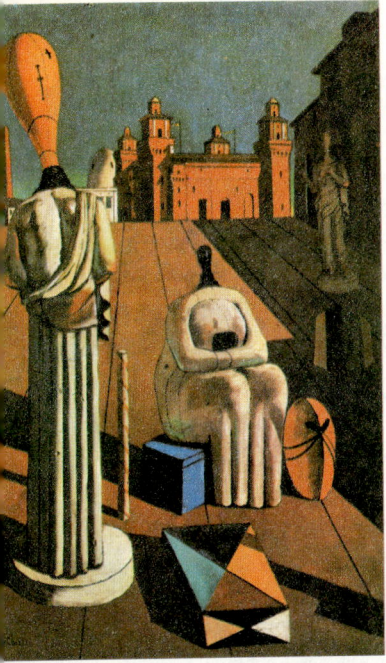

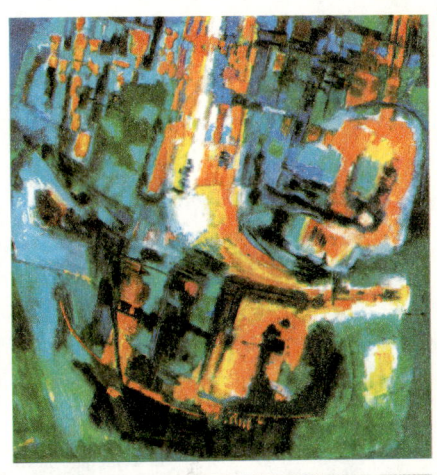

Italienische Kunst. Linke Seite, oben (von links): Raffael, Die Schule von Athen (Ausschnitt; 1509–12). Fresko in der Stanza delle Segnatura. Vatikan; Duccio di Buoninsegna, Madonna mit Kind und Heiligen (Ausschnitt; undatiert). Siena, Pinacoteca Nazionale; Mitte: Tizian, Venus von Urbino (um 1538). Florenz, Uffizien; unten (von links): Peterskirche (1506 ff.). Rom; Guido Reni, Himmelfahrt Marias (1617). Genua, San Ambrosio.

Rechte Seite, oben (von links): Giorgio De Chirico, Die beunruhigenden Musen (1916). Privatbesitz; Renato Birolli, Feuersbrunst in quinque terre (1955). Privatbesitz; unten (von links): Marino Marini, Reiter und Pferd (1953/54). Privatbesitz; Giorgio Morandi, Stilleben (1942). Privatbesitz

italienische Literatur

(seit 1459) und ihrem geistigen Haupt M. Ficino bes. Bed. zu. Nicht zuletzt durch die Aktivitäten L. B. Albertis, der als Begründer eines volkssprachl. Humanismus gilt, gewann die Volkssprache, das Italien., in der 2. Hälfte des 15. Jh. ihr früheres Ansehen zurück. Seit dem 15. Jh. entwickelten sich die italien. Städte zu immer bedeutenderen kulturellen Zentren der Renaissance; Literatur und bildende Künste wurden zum zentralen Anliegen großbürgerl. und aristokrat. Mäzene und waren im weiteren Verlauf vorbildl. für andere westeurop. Nationalliteraturen. Dies gilt für die literaturtheoret. Dikussionen um die „Poetik" des Aristoteles ebenso wie für die histor.-staatspolit. Schriften N. Machiavellis und F. Guicciardinis, die burlesk-parodist. Verarbeitung der nordfrz. Epik bei L. Pulci, M. M. Boiardo, L. Ariosto und sogar T. Tasso, die Erneuerung der arkad. Traditionen durch I. Sannazaro oder die Commedia dell'arte, die Stegreifkomödie mit ihrem typisierten Personeninventar. Literar. Niederschlag fand dieser Prozeß in der ↑makkaronischen Dichtung, deren Grundlage das Latein. war, durchsetzt mit Elementen der westeurop. Volkssprachen. Die streng-pedant. Normierung der Literatursprache begann mit der Gründung der Accademia della Crusca (1582).

17. Jh. (Seicento): Die polit. und geistige Unterdrückung seit der 2. Hälfte des 16. Jh. durch Verlust der nat. Unabhängigkeit an die Spanier (1559–1713) und erneutes Aufkommen der Inquisition hatte im literar. Schaffen zu Unsicherheit und Resignation geführt. So wurde die barocke Dichtung v. a. durch die phantast. Inhaltswelten des G. Marino bestimmt und den nach ihm benannten schwülstigen Stil seiner Nachahmer *(Marinismus)*. Wiss. Prosa verfaßten G. Galilei, die Philosophen G. Bruno und T. Campanella sowie der Historiker R. Sarpi. Eine für Italien typ., für das damalige Europa jedoch einzigartige Erscheinung war die Verbreitung einer umfangreichen Mundartdichtung.

18. Jh. (Settecento): Um die Wende zum 18. Jh. brachte die 1690 in Rom gegr. Accademia dell'Arcadia zwar keine Überwindung der barocken Formen, jedoch ihre Abmilderung und Wendung ins Spielerische, zur *Rokokolyrik*, z. B. bei C. I. Frugoni und den Opernlibrettisten und Oratoriendichter P. Metastasio. Neben wirkungsvollen Dichtungen wie z. B. die Komödien C. Goldonis, die Märchenspiele C. Gozzis, die klass. Tragödien V. Alfieris und die satir.-didakt. Gedichte G. Parinis stand in diesem Jh. v. a. die wiss. Literatur der Philosophie und Geschichtswiss. der Aufklärung (bes. G. B. Vico), deren Gedankengut auch in zahlr. Zeitschriften verbreitet wurde.

19. Jh. (Ottocento): Die Romantik in Italien war noch enger als in anderen europ. Ländern mit polit. Zielen verbunden (Kampf gegen die östr. Besetzung, nat. Befreiung und Einigung Italiens) und von ihnen inspiriert. Ihren Beginn markierte ein Artikel Madame de Staëls 1816, der den Italienern nahelegt, fremde Literaturen durch Übersetzungen kennenzulernen und pedant. Gelehrsamkeit, Mythologie und Rhetorik aus der Dichtung zu verbannen. Diese Tendenz vertraten in der 1. Hälfte des 19. Jh. die histor. Romane von F. D. Guerrazzi, M. d'Azeglio, T. Grossi; der eigtl. Bahnbrecher der italien. Romantik, A. Manzoni, bes. mit seinem histor. Roman „Die Verlobten" (1827), und der Lyriker G. Leopardi hielten sich jedoch polit. zurück. Dem romant. Ideal einer volksnahen, polit. engagierten Dichtung kam der Mundartdichter C. Porta am nächsten. Eine 2. Generation romant. Dichter versuchte nach 1848 die Intentionen der ersten neu zu fassen, zu modernisieren, v. a. die Mailänder Gruppe ↑*Scapigliatura*, die dazu Anregungen Baudelaires und der Dekadenzdichtung verarbeitete. Die Entwicklungen in der frz. Literatur prägten die italien. auch gegen Ende des Jh.: G. Verga verarbeitete Elemente von Realismus (Balzac) und Naturalismus (Zola) in seinen Gegenwartsromanen, die die typ. italien. Variante des Realismus, den *Verismus*, verkörpern. G. D'Annunzio ließ sich von den Symbolisten und von Nietzsches Übermenschenideologie anregen, die seinen literar. und polit. Weg im wesentl. festlegte. Dem nat. Engagement entsprach die idealist. Literaturkritik F. De Sanctis', dessen Gedanken mit Neigung zu rigoroser Ablehnung einer jegl. außerästhet. Bestimmung und Beziehung der Literatur B. Croce im 20. Jh. fortführte.

20. Jh. (Novecento): Künstler. Reaktionen auf Rhetorik und Bombast D'Annunzios sowie industrielle und damit verbundene soziale Veränderungen von zuvor nicht gekannten Ausmaßen in Italien erfolgten durch die am frz. Symbolismus orientierten ↑*Crepuscolari* und den eine völlige Revolutionierung der Dichtung verkündenden Begründer des europ. Futurismus, F. T. Marinetti; die angestrebte Integration der neuen Zeit in die futurist. Literatur und ihre Theorie führte ihn jedoch konsequent zum Faschismus; 1924 erschien seine Prosaschrift „Futurismo e fascismo". Dem polit. Umbruch und Engagement gegenüber reagierten die Lyriker, z. B. G. Ungaretti und E. Montale, mit der „reinen Dichtung" („poesia pura") in einer dem Uneingeweihten schwer zugängl. Symbolik („poesia ermetica"). An den Verismus anknüpfend, verarbeitete L. Pirandello in seinem dramat. und erzähler. Werk individuelle Erfahrungen mit psych. Grenzsituationen und deren psychoanalyt. und existentielle Durchdringung. Andere literar. Gruppierungen, klassizist. oder antiklassizist. orientiert, bestimmten das Bild der i. L. bis zum Ende des Faschismus. Hatte schon vor dem 2. Weltkrieg A. Moravia

italienische Musik

mit sozialkrit. Romanen, v. a. „Die Gleichgültige" (1929), den Auftakt zum *Neorealismus* gegeben, so setzte sich dieser nach Kriegsende v. a. mit der Gestaltung des antifaschist. Widerstandkampfes und der sozialen Verhältnisse in Stadt und Land als relativ geschlossene Literatur durch; auf diese Poetik sozialer Wirklichkeit, bes. vertreten durch E. Vittorini, C. Pavese, V.,Pratolini, C. Levi, P. P. Pasolini und I. Silone, psycholog. thematisiert bei C. E. Gadda, folgten Introversion und Melancholie (z. B. bei G. Piovene) oder Experiment, Allegorie und Zerstörung vertrauter Romanstrukturen (z. B. bei D. Buzzati, I. Calvino), Auch Lyrik und Drama bewegen sich seither zw. diesen Polen; mit ihren Problemstücken auch internat. Erfolg haben U. Betti, D. Fabbri und D. Fo. In den 1960er und 70er Jahren erfolgte (parallel zu frz. Entwicklungen) einerseits die intensive Aufnahme von literar. und literaturtheoret. Diskussionen und andererseits die Auseinandersetzung mit Aspekten sozialer Probleme der Gegenwart (z. B. Schulmisere, Emigration ins Ausland, Abwanderung von Arbeitskräften in den industrialisierten N Italiens, Entfremdung und Ausbeutung am Arbeitsplatz) v. a. in bestimmten literar. Gruppierungen wie z. B. dem „Gruppo '63" (1963–69) oder in Zeitschriften wie die 1973 gegr. „Quaderni Critici"; argumentiert wurde auf der Basis von Hegel, Marx, W. Benjamin, T. Adorno und A. Robbe-Grillet. Ziel war die Befreiung der Literatur von der Enge bürgerl. Normvorstellungen. Eine Reihe von Autoren reflektierte diese Absicht in ihrem Werk, z. B. E. Pagliarani, E. Barilli, E. Sanguineti, G. Lombardo, A. Giuliani. Der von G. Scalia entworfenen Theorie des „Industrieromans" wurde in unterschiedl. Weise von G. Testori und P. Volponi oder als „Arbeiterroman" von N. Balestrini („Wir wollen alles! Roman der Fiatkämpfe", 1971) Gestalt gegeben.

📖 *Wittschier, H. W.: Die i. L. Von den Anfängen bis zur Gegenwart. Tüb. ³1984. - Hösle, J.: Grundzüge der i. L. des 19. u. 20.Jh. Darmst. 1979. - Carsaniga, G.: Gesch. der i. L. Von der Renaissance bis zur Gegenwart. Dt. Übers. Stg. u. a. 1970.*

italienische Musik, im frühen **Mittelalter** kam es auf italien. Boden zur Ausbildung der maßgebl. liturg. Musik der Kirche (Zentren: Rom, Mailand, Benevent). Die röm. liturg. Musik († Gregorianischer Gesang) verdrängte die einheim. Sondertraditionen. Frühe Mehrstimmigkeit, deren Weiterentwicklung sich allerdings vorrangig im nördl. Frankr. vollzog, ist in Mailand (997) und Rom (12.Jh.) belegt. Aus Guido von Arezzos System der musikal. Aufzeichnung (1. Hälfte des 11.Jh.) ging die heutige Notenschrift hervor. - Erst in dem weltl. Musik des **14. Jh.** (**Trecento**) entstand in Oberitalien in der Entwicklung des Italien. zur Literatursprache (Dante, Petrarca, Boccaccio) auch eine eigenständige, sprachverbundene, aristokrat. Musik (Komponisten sind u. a. Iacopo da Bologna, Giovanni da Cascia, Bartolino da Padua, Francesco Landini), die als Gattungen volkssprachl. Dichtungsformen bevorzugte. Diese urspr. zweistimmige Trecento-Musik geriet zunehmend in Abhängigkeit von der frz. Arsnova-Musik († Ars nova). Im **15.Jh. und in der 1. Hälfte des 16.Jh.** wirkten an den aufstrebenden Fürstenhöfen Italiens v. a. niederländ. Komponisten: J. Ciconia, G. Dufay, Josquin Desprez, H. Isaac, A. Willaert, J. Arcadelt u. a. Der Konstruktivismus des Satzgefüges in ihrer Musik wich Anfang des 16.Jh. zugunsten des Dreiklangs und des vollen vier- bzw. fünfstimmigen Satzes. Gebräuchl. Gattungen waren Madrigal, Motette, Messe, daneben die volkstüml. Gattungen der Frottola, Villanelle, Villota, Lauda und die Canti carnascialeschi. Vom 16. bis ins 18.Jh. behauptete die i. M. ihre europ. Vorrangstellung, z. B. durch die „klass. Vokalpolyphonie" G. P. da Palestrinas oder die Madrigalmusik von C. de Rore, L. Marenzio, Don C. Gesualdo, A. Willaert u. a. Ihre Verbreitung verdankte die i. M. des 16.Jh. auch dem Notendruck mit bewegl. Typen (O. Petrucci). Ende des 16.Jh. entstand in Venedig die neuartige, vielstimmige und monumentale Musik der „venezian. Schule". - Während des 16.Jh. vollzog sich in Italien die Emanzipation der Instrumentalmusik. Diese und die Musik für Tasteninstrumente traten als selbständiger Zweig neben die sprachgebundene Musik.

17. und 18.Jh.: Aus den Bemühungen eines „Camerata" genannten Kreises von Gelehrten und Künstlern in Florenz um ein von Musik getragenes, auf der Monodie basierendes Drama entstand um 1600 die Oper („Dafne", 1598 von I. Peri; „Euridice", 1600 von Peri und G. Caccini; „Orfeo", 1607 von C. Monteverdi). Vorläufer waren höf. Festveranstaltungen und das Pastoraldrama. Um 1600 wurde in Italien das Concertoprinzip und der Generalbaßsatz entwickelt (L. Viadana, „Cento concerti ecclesiastici", 1602). Die Concertomusik kulminierte in dem weltl. und geistl. Musik gleichermaßen umfassenden Werk Monteverdis. - Seit etwa 1650 erlebte die instrumentale Ensemblemusik in Oberitalien, bes. in Bologna, einen Höhepunkt. Die „Bolognese Schule" (A. Corelli, G. Torelli u. a.) entwickelte die Gattungen Triosonate, Concerto grosso und Solokonzert. Diese Musik wurde (v. a. in Deutschland) ebenso führend wie der italien. Geigenbau (Cremona) und die italien. Geigenvirtuosität. Ähnliches gilt für die venezian. (F. Cavalli, P. A. Cesti u.a.) und um 1700 für die neapolitan. Oper (A. Scarlatti). Zu Beginn des 18.Jh. lösten Opernarie und -sinfonia Concerto grosso und Triosonate als musikal. „Leitformen" ab. Neben die italien. Opernzentren traten Wien,

355

italienische Philosophie

später auch Berlin, Dresden, München, London u. a. als Stätten der italien. Oper. Die von dem Dichter P. Metastasio wesentl. geformte Gattung der Opera seria beherrschte bis gegen Ende des 18. Jh. die europ. Bühnen. An Komponisten sind zu nennen: L. Vinci, F. Feo, L. Leo, G. B. Pergolesi und der Deutsche J. A. Hasse. C. W. Gluck, N. Jommelli und T. Traetta wiesen der Opera seria neue Wege. Um 1730 trat neben diese die Opera buffa (G. B. Pergolesi, „La serva padrona", 1733), in der erstmals das Generalbaßprinzip verlassen wurde. Die italien. Buffokomponisten (B. Galuppi, G. Paisiello, D. Cimarosa u. a.) wirkten in allen europ. Opernzentren. **19. und 20. Jh.**: Trotz des Absterbens der höf. Opera seria und der Schematisierung der musikal. Komödie (buffa) um 1800 behielt die italien. Oper durch Werke von G. Rossini, V. Bellini und G. Donizetti auch in der Folgezeit ihre Weltgeltung, obwohl nicht mehr mit der früheren Ausschließlichkeit. Durch die seit Mitte des 19. Jh. beherrschende Erscheinung G. Verdis nahm das italien. Operntheater eine Schlüsselstellung in der Musik des 19. Jh. ein. An den späten Verdi („Don Carlos", 1867–84; „Otello", 1887; „Falstaff", 1893) knüpften die Hauptvertreter des sog. „Verismo", R. Leoncavallo („I pagliacci" [„Der Bajazzo"], 1892), P. Mascagni („Cavalleria rusticana", 1890) und G. Puccini („La Bohème", 1896; „Tosca", 1900) z. T. an.
An der Entfaltung der modernen Musik bis heute sind italien. Komponisten wesentl. beteiligt, etwa im Rahmen des Futurismus der Jahre 1909–21 (F. B. Pratella, L. Russolo). Die Zeitgenossen (L. Dallapiccola, G. Petrassi, L. Nono, L. Berio) benutzen Zwölftontechnik und serielle Methoden.
📖 *Strohm, R.: Die italien. Oper im 18. Jh. Wilhelmshaven 1979. - Bridgman, N.: La musique italienne. Paris 1973. - Analecta musicologica. Veröff. der Musikabt. des Dt. Histor. Inst. in Rom. Bd. 1, Köln u. Graz 1963 ff. - Martinez, M. L.: Die Musik des frühen Trecento. Tutzing 1963. - Italia sacra musica. Hg. v. K. Jeppesen. Kopenhagen 1962. 3 Bde.*

italienische Philosophie, nachdem seit der Spätantike Philosophen wie Boethius, Petrus Lombardus, Bonaventura, Thomas von Aquin im Rahmen der Gesamtentwicklung abendländ. Philosophie richtungweisend wirksam gewesen waren, setzte mit dem Humanismus (etwa seit Dante) eine eigenständigere Entwicklung italien. philosoph. Denkens ein. Zur Zeit des Humanismus und der Renaissance standen sich Positionen eines christl. Neuplatonismus (u. a. M. Ficino, Pico della Mirandola) und eines von scholast. Traditionen weitgehend freien Aristotelismus (bes. P. Pomponazzi) gegenüber; Machiavelli baute seine an antike Staatsauffassungen anschließende polit. Philosophie auf. Die Wende zu modernem [natur]wiss. Denken wurde unter Einfluß des Ockhamismus, Terminismus und Nominalismus vorbereitet; Exponenten waren Leonardo da Vinci und B. Telesio. Der Hylozoismus G. Gardanos und der Pantheismus G. Brunos standen unter Einfluß von Nikolaus von Kues. Überragender Vertreter der Aufklärung war G. B. Vico, der Begründer der Geschichtsphilosophie. Innerhalb der Philosophie des Risorgimento entwickelte P. Galluppi seine Philosophie der Erfahrung, G. Mazzini seine polit. Philosophie und G. Ferrari eine von Vico ausgehende Geschichtsphilosophie. In der Folgezeit gewann der Positivismus A. Comtes bed. Einfluß, daneben auch der Hegelianismus (z. B. bei A. Vera, B. Spaventa). Die marxist. Philosophie fand in A. Labriola und A. Gramsci bed. Vertreter; G. Peano trug zur Entwicklung der mathemat. Logik, G. Vailati zur Herausbildung der Wissenschaftstheorie bei. Die Philosophie des 20. Jh. steht im Zeichen neuidealist. Strömungen, die in B. Croce und G. Gentile ihren Kulminationspunkt haben. Die Existenzphilosophie findet v. a. durch N. Abbagnano Eingang in das italien. philosoph. Denken.
📖 *Stackelberg, J. v.: Italien. Geisteswelt. Von Dante bis Croce. Darmst. u. Genf 1954.*

italienische Riviera ↑ Riviera.

italienische Weine, als größtes Weinbauland der Erde erzeugt Italien jährl. rd. 70 Mill. hl. Wein (75 % Rotweine). Weinbaugebiete: Piemont (beste i. W., bes. aus der roten Nebbiolotraube); Südtirol (mehr als 50 % des italien. Weinexports, z. B. Kalterer See); Venetien (z. B. Valpolicella); Toskana (z. B. Chianti); Umbrien (z. a. Weißweine); Latium (z. B. Frascati); Kampanien (z. B. Falerner, Lacrimae Christi); Sizilien (z. B. Marsala).

Italiker, Bez. für mehrere indogerman. Stämme, die etwa von 1200 bis 1000 v. Chr. aus M-Europa über die Alpen nach Italien einwanderten und im Ggs. zur italischen Urbevölkerung ihre Toten nicht bestatteten, sondern verbrannten (Urnenfelderkultur). Die eine Gruppe bezeichnet man als *Latino-Falisker*, die zweite, jüngere, als *Osko-Umbrer* oder *Umbro-Sabeller*. Die I. waren Bauern und Hirten, siedelten in Einzelhöfen und Dörfern, hatten tempellose Heiligtümer und verehrten Totemtiere (Wolf, Specht, Stier). Unter etrusk. und griech. Einfluß gingen sie zur Stadtzivilisation über.

Italiotenbund (Italikerbund), griech. Städtebund des 6. Jh. in Unteritalien zur Abwehr unteritalischer Stämme.

italisch, das antike [röm. oder vorröm.] Italien betreffend.

italische Schriften, zusammenfassende Bez. für die von den italischen Stämmen verwendeten Schriftsysteme, Ableger der griech. Schrift; das griech. Alphabet wurde zunächst unverändert übernommen und für den prakt. Gebrauch den Bedürfnissen der eigenen Sprache angenähert. Von den Etruskern († etruskische Schrift) übernahmen dann die Osker und Umbrer die Schrift ebenso wie die Falisker und Latiner, deren Schrift dann die anderen i. S. völlig verdrängt hat († lateinische Schrift).

italische Sprachen, Zweig der indogerman. Sprachen, der im Altertum über weite Teile Italiens verbreitet war und infolge der Ausbreitung des Lat. bis auf dieses völlig untergegangen ist. Die i. S. werden in zwei Gruppen eingeteilt: Zur **latino-faliskischen Gruppe** gehören die lat. Sprache und die Mundarten anderer Orte Latiums sowie das etwas archaischere Faliskische. Die **oskisch-umbrische Gruppe** umfaßt neben dem Oskischen und Umbrischen eine Reihe dürftig bezeugter sog. sabell. Mundarten M-Italiens: die der Vestiner, Marrukiner und Päligner im Abruzz. Apennin sowie die der Volsker (in SO-Latium), Marser (um Marruvium) und Äquikuler (westl. des Fucinersees), die enger zum Umbr. gehören. Die osk.-umbr. Dialekte haben das Lat. v. a. im Wortschatz stark beeinflußt. Es ist eine Reihe von Übereinstimmungen mit den kelt. und (in geringerem Maße) german. Sprachen festzustellen.

Itazismus [nach der Aussprache des griech. Buchstabens Eta wie „ita"], Bez. für die byzantin./neugriech. Aussprache des Altgriech., im Ggs. zum sog. † Etazismus.

item, Abk. it., lat. für: ebenso, desgleichen, ferner.

Item [engl. 'aɪtəm; lat.], allg. etwas einzeln Aufgeführtes, Einzelaufgabe, Bestandteil, Element; i. e. S. eine einzelne Aufgabe innerhalb eines Tests, bes. eines psycholog. Tests. Mit mathemat.-statist. Verfahren kann geprüft werden, ob die Auswahl der I. für den Zweck des Tests geeignet ist, also z. B. die Aufgaben den angemessenen Schwierigkeitsgrad haben.

Iteration [zu lat. iteratio „Wiederholung"], in der *Psychologie* und *Psychiatrie* das zwanghafte und gleichförmige ständige Wiederholen von Wörtern, Sätzen und einfachen Bewegungen; bes. bei bestimmten Geistes- und Nervenkrankheiten.

◆ Wortverdoppelung; in der Rhetorik svw. † Epanalepse.

◆ (schrittweise Näherung) Bez. für ein *mathemat.* Verfahren, dessen unbegrenzt wiederholte Anwendung es ermöglicht, sich von einer Näherungslösung her der exakten Lösung beliebig genau anzunähern.

iterativ [lat.], Aktionsart des Verbs, die die häufige Wiederholung eines Vorgangs ausdrückt; **Iterativum**, Verb, das eine häufige Wiederholung des genannten Vorgangs ausdrückt, z. B. *tröpfeln* (tropfen), *blinkern* (blinken).

Ith, NW–SO verlaufender Höhenzug im nördl. Weserbergland, Nds., westl. der Leine, bis 439 m hoch.

Ithaka, eine der Ion. Inseln vor der W-Küste Griechenlands. 96 km². bis 806 m ü. d. M. I. ist trotz hoher Niederschläge waldlos und nur z. T. von Macchie bedeckt. Landw. nur im östl. Küstenbereich; im Inneren der Insel Weidewirtschaft. Wichtigster Ort ist **Ithaki**. - Die Insel ist seit der Bronzezeit besiedelt und teilte später die Geschichte der Ion. Inseln. - Im griech. Mythos ist I. die Heimat des Odysseus, in die dieser nach zwanzigjähriger Abwesenheit zurückkehrt.

Itinerarium [lat., zu iter „Weg, Fahrt"], röm. Bez. für Wegekarten und Stationsverzeichnisse, in offiziellem Gebrauch seit dem 1. Jh. v. Chr. nachweisbar und mehrfach auf Steinmonumenten erhalten. Die Itinerarien als Listen enthielten Angaben über Straßenetappen und Wegstrecken, z. T. auch über Beschaffenheit einzelner Orte, oder es sind Karten mit entsprechenden Eintragungen.

◆ (Itinerar) in der *Geschichtswiss.* Bez. für den aus den Quellen rekonstruierten Reiseweg der noch ohne Residenz von Pfalz zu Pfalz ziehenden ma. Herrscher.

Itio in partes [lat.], Trennung einer Versammlung in die auf ihr anwesenden Parteien bzw. Stände. Denen Einzelbeschlüsse übereinstimmen müssen, soll ein Gesamtbeschluß gültig werden. Von Bed. war die konfessionsbedingte I. in p. im dt. Reichstag nach 1648.

Ito, Hirobumi, Fürst (seit 1907), * im Distrikt Kumage (Präfektur Jamaguchi) 16. Okt. 1841, † Harbin 26. Okt. 1909, jap. Politiker. - Setzte sich für die Modernisierung Japans ein; führender Politiker der Meidschi-Reform (Schöpfer der Verfassung von 1889); erreichte die Großmachtstellung für Japan; 1906–09 Generalgouverneur von Korea; fiel kurz nach seinem Rücktritt einem Attentat zum Opfer.

Itschikawa, Kon, * Udschijamada (= Ise) 20. Nov. 1915, jap. Filmregisseur. - Versucht, in seinen oft brutalen und exzessiven Filmen die extremen Widersprüche der jap. Gesellschaft aufzuzeigen; u. a. „Herr Pu" (1953), „Nobi" (1959), „Der Fluch" (1962), „Tokio" (1964, Olympiafilm), „Seishun" (1970), „Matatabi" (1973), „Die Schwestern Makioka" (1983).

Itschikawa, jap. Stadt auf Hondo, im östl. Vorortbereich von Tokio. 364 000 E. Metallverarbeitung und Textilindustrie.

Itschinomija, jap. Stadt auf Hondo, 25 km nördl. von Nagoja, 255 000 E. Zentrum der jap. Textilindustrie.

I-Tsing † I Ching.

ITT [engl. 'aɪti:'ti:], Abk. für: † International Telephone and Telegraph Corporation.

Itten, Johannes, * Thun 11. Nov. 1888, † Zürich 25. März 1967, schweizer. Maler und Kunstpädagoge. - Schüler von A. Hoelzel; als Lehrer (1919–23) am Bauhaus entwickelte er systemat. Farblehrgänge. - Abb. S. 358.

ITU [engl. 'aɪti:'ju:], Abk. für engl.: International Telecommunication Union, † Internationale Fernmelde-Union.

Ituräa

Johannes Itten, Farbkugel. Farbdruck im Jahrbuch „Utopia" (Weimar 1921)

Ituräa, histor. Landschaft N-Palästinas, antike Hauptstadt Chalkis (Andschar); ben. nach den **Ituräern** (bibl. Stammvater Jetur), die aus dem Ostjordanland eingedrungen waren und im 2. Jh. v. Chr. einen Staat gründeten, dessen Macht Pompejus 63 v. Chr. entscheidend einschränkte.

Itúrbide, Augustín de [span. i'turβiðe], * Valladolid (= Morelia) 27. Sept. 1783, † Padilla 19. Juli 1824, span.-mex. General, als Augustín I. Kaiser von Mexiko (1822/23). - Bekämpfte als span. Offizier die mex. Aufständischen, bis er selbst zur Revolution überging; am 19. Mai 1822 ließ er sich zum Kaiser ausrufen, mußte aber am 20. März 1823 abdanken; nach der Rückkehr aus dem Exil erschossen.

Ituri, Oberlauf des ↑Aruwimi.

Iturup, größte Insel der ↑Kurilen, 6725 km², bis 1634 m ü. d. M. Hauptort **Kurilsk,** an der W-Küste.

Itzamná, Himmelsgott der Maya; Beschützer der Wiss., Erfinder der Schrift.

Itzehoe [...'ho:], Stadt 60 km nw. von Hamburg, Schl.-H., 1–7 m ü. d. M., 32 600 E. Verwaltungssitz des Landkr. Steinburg; Marschenbauamt; Zementfabriken, Großdruckerei, Kornbrennerei u. a. Ind.betriebe. Der Hafen ist über die Stör für Küstenmotorschiffe erreichbar. - Aus dem 810 errichteten fränk. Kastell **Esesfeld** entwickelte sich eine Siedlung, die 1238 Stadtrecht erhielt. - Barocke Laurentiuskirche (1718) mit Orgel von A. Schnitger; Prinzeßhof (1744).

Itzenplitz, Eberhard, * Holzminden 8. Nov. 1926, dt. Regisseur und Drehbuchautor. - Inszeniert (v. a. für das Fernsehen) aufklärer. literar. Stoffe, z. B. „Das imaginäre Leben des Straßenkehrers Auguste G." (1967, nach A. Gatti), „Bambule" (1970, nach U. Meinhof), „Die neuen Leiden des jungen W." (1975, nach U. Plenzdorf), „Das tausendunderste Jahr" (1979).

Itzig [nach dem hebr. Vornamen Isaak], umgangssprachl. abwertende Bez. für Jude.

Iugurtha ↑Jugurtha.

Iulia ↑Julia.

Iulus ↑Äneas.

Iupiter optimus maximus [lat. „Jupiter, der beste und größte"], Abk. I. O. M., in röm. Weihinschriften meist im Dativ (Iovi optimo maximo).

Ius ↑Jus.

Iustinianus ↑Justinian.

Iustitia et Pax ↑Justitia et Pax.

Iuvara (Juvara, Juvarra), Filippo [italien. ju'va:ra, ju'varra], * Messina 1678, † Madrid 31. Jan. 1736, italien. Baumeister. - In Rom ausgebildet. Seit 1714 Hofarchitekt in Turin, schuf er u. a. die spätbarocke, mit klassizist. Tendenzen durchsetzte Kirche „La Superga" (1717–31) und das königl. Jagdschloß „Stupinigi" (1729–36). Bed. Zeichenwerk, u. a. Entwurf für den neuen königl. Palast in Madrid (1735).

Iuvavum ↑Salzburg.

Ivanšcica [serbokroat. 'ivanʃtʃitsa], Gebirgszug im nördl. Kroatien, Jugoslawien, östl. Ausläufer der Alpen, bis 1061 m hoch.

Ivar (Iwar), aus dem Nord. übernommener männl. Vorname (altisländ. Ívarr).

Iveragh Peninsula [engl. 'aɪvərə pɪ'nɪnsjʊlə], größte Halbinsel an der SW-Küste Irlands, zw. Dingle Bay und Kenmare River, über 58 km lang, durchschnittl. 24 km breit, bis 1041 m hoch.

Ives, Charles [engl. aɪvz], * Danbury (Conn.) 20. Okt. 1874, † New York 19. Mai 1954, amerikan. Komponist. - Experimentierte bereits um 1900 mit atonalen Klängen, Mikrointervallen und bewegten Klanggruppen; verwendet in seinen oft aus nat. Anlässen entstandenen Werken Elemente der populären amerikan. Musik; vier Sinfonien, Kammer-, Klaviermusik, Chorwerke und Lieder.

Ivo (Iwo), alter dt. männl. Vorname, wahrscheinl. ident. mit dem Namen der Eibe; auch in Jugoslawien beliebt.

Ivo von Chartres, hl., * bei Beauvais (Dep. Oise) um 1040, † Chartres 23. Dez. 1116, frz. Bischof. - Ab 1090 Bischof von Chartres; wurde zur Autorität im Investiturstreit und in Fragen der Kirchenreform.

Ivogün, Maria (Name seit 1915, gebildet aus dem Namen ihrer Mutter, Ida **von Günther**), geb. Kempner, * Budapest 18. Nov. 1891, dt. Sängerin (Koloratursopran). - Sang 1913–25 an der Münchner Staatsoper, 1925–34 an der Städt. Oper und als Gast an der Staatsoper Berlin. - † 3. Okt. 1987.

Ivonne ↑Yvonne.

Ivrea, italien. Stadt in Piemont, 45 km

nnö. von Turin, 267 m ü. d. M., 27 600 E. Kath. Bischofssitz; Priesterseminar; Bibliothek; Büromaschinenind. - Das antike **Eporedia** wurde 100 v. Chr. im Gebiet der Salasser als röm. Kolonie gegr.; es war später Sitz eines langobard. Herzogs, dann eines fränk. Grafen. 1238 bemächtigte sich Kaiser Friedrich II. der Stadt, die nach mehrfachen Herrschaftswechsel 1313 an Savoyen fiel. - Der Dom wurde um 1100 erneuert, im 18. Jh. umgebaut, die Fassade ist spätklassizist. (1854); Kastell mit drei Rundtürmen (1358); Reste eines röm. Theaters (2. Jh. v. Chr.) und eines Aquädukts.

Iwaki, jap. Stadt an der O-Küste Hondos, 342 000 E. Zentrum des Dschoban-Kohlenfeldes mit bed. chem. Industrie.

Iwakuni, jap. Stadt auf Hondo, an der Bucht von Hiroschima, 113 000 E. Erdölraffinerien, petrochem. u. a. Ind. - Schloß (1603–08); Brücke von 1673.

Iwan ['iːvan, russ. i'van], russ. Form von Johannes.

Iwan, Name russ. Herrscher:
I. I. Danilowitsch, gen. Kalita („Geldbeutel"), *1304, †Moskau 31. März 1340, Fürst von Moskau (seit 1325) und Großfürst von Wladimir (seit 1328). - Schuf die Grundlage für den Aufstieg Moskaus, an das nach der Übersiedlung des Metropoliten (1326) auch die kirchl. Oberhoheit überging. Begann mit der Wiedervereinigung der Gebiete des Kiewer Reiches.

I. III. Wassiljewitsch, gen. I. d. Gr., * Moskau 22. Jan. 1440, †ebd. 27. Okt. 1505, Großfürst von Moskau (seit 1462). - Vollendete die polit. Vereinigung der großruss. Territorien durch den Moskauer Staat und erreichte 1480 die formelle Beendigung der tatar. Oberherrschaft. Hauptmerkmale seiner Innenpolitik sind die Stärkung der Zentralverwaltung, die Verbesserung der Thronfolgeordnung, eine Verschlechterung der bäuerl. Lage zugunsten des neuen Dienstadels, dessen Stellung im Gesetzbuch von 1497 verankert wurde.

I. IV. Wassiljewitsch, gen. I. der Schreckliche, * Moskau (?) 25. Aug. 1530, †ebd. 18. März 1584, Großfürst (seit 1533) und Zar (seit 1547). - Ließ sich 1547 als erster russ. Herrscher zum Zaren krönen. Seine Innenpolitik ist gekennzeichnet durch wichtige Reformen, die Kirche (Synode ab 1551) und Rechtswesen (Gesetzbuch 1550) ebenso betrafen wie Verwaltung und Armee; ab 1565 folgte die brutale Willkürherrschaft der Opritschnina, die v. a. eine Stärkung des niederen Dienstadels herbeiführte. Nach außen betrieb I. erstmals eine „imperiale" Machtpolitik (Einverleibung von Kasan [1552] und Astrachan [1556]); hinzu kamen erste intensive Handelskontakte mit England und Holland. Sein Einfall nach Livland (1558) zur Gewinnung eines Ostseezugangs und die Zerschlagung des dortigen Ordensstaates bewirkten einen bis 1582/83 währenden Krieg mit Polen-Litauen und Schweden, der das wirtsch. und soziale Gefüge des Reiches ruinierte. - Die Persönlichkeit Iwans IV. ist gekennzeichnet durch bis zum Verfolgungswahn gehendes Mißtrauen, maßlosen Jähzorn (1581 erschlug er seinen ältesten Sohn) und brutale Grausamkeit einerseits und hohe - auch theolog. - Bildung andererseits.
📖 *Hellmann, M.: I. IV. der Schreckliche. Moskau an der Schwelle der Neuzeit.* Gött. u. a. 1966.

I. VI. Antonowitsch, * Petersburg 23. Aug. 1740, †Schlüsselburg (= Petrokrepost) 16. Juli 1764, (nominell) russ. Kaiser (1740/41). - Nachfolger der Kaiserin Anna Iwanowna; wurde durch den Staatsstreich der Elisabeth Petrowna im Dez. 1741 abgesetzt und bis zu seinem gewaltsamen Ende (bei einem Befreiungsversuch) gefangengehalten.

Iwan (Liwan) [pers.-arab.], in der oriental. Baukunst gewölbte Halle, die sich auf einen Innenhof öffnet. Charakterist. für die sassanid. Palastarchitektur des 3.–7. Jh. (Firusabad, Ktesiphon). Der I. wurde von der islam. Baukunst übernommen (bes. in Iran).

Iwano-Frankowsk, sowjet. Gebietshauptstadt im nördl. Vorland der Waldkarpaten, Ukrain. SSR, 200 000 E. Medizin., erdöltechnolog. Hochschule; Theater; Nahrungsmittel-, Textil- und Lederind., Zementwerk; ⚒. - I.-F. gehörte bis 1939 (Anschluß der Westukraine an die UdSSR) zu Polen.

Iwanow [russ. i'vanɐf], Wjatscheslaw Iwanowitsch, * Moskau 28. Febr. 1866, † Rom 16. Juli 1949, russ. Dichter. - Emigrierte 1924 nach Italien, von wo aus er zur kath. Kirche übertrat; gilt als Theoretiker der 2. Generation der russ. Symbolisten und neben A. A. Blok und A. Bely als deren bedeutendster Vertreter; bed. auch seine literatur- und kulturgeschichtl. Abhandlungen.

Iwanowo [russ. i'vanɐvɐ], sowjet. Gebietshauptstadt am Uwod, RSFSR, 476 000 E. Univ., 5 Hochschulen, Kunstmuseum; Zentrum der Baumwollind. Rußlands, u. a. Kammgarnkombinat; ⚒. - Seit 1871 Stadt.

Iwanowski, Dmitri Iossifowitsch, * Nisi (Gebiet Leningrad) 28. Okt. 1864, † Rostow am Don 20. Juni 1920, russ. Botaniker und Mikrobiologe. - Prof. in Warschau; wurde durch seine Forschungen über Tabakmosaik zum Pionier der Virusforschung; 1892 isolierte er das Tabakmosaikvirus.

Iwar † Ivar.

Iwaszkiewicz, Jarosław [poln. ivaʃ'kjevitʃ], Pseudonym Eleuter, * Kalnik (Gebiet Winniza) 20. Febr. 1894, † Warschau 2. März 1980, polnischer Schriftsteller. - 1920 Mitbegründer der Dichtergruppe „Skamander"; Diplomat in Dänemark und Belgien; 1945–48 Präs. des Schriftstellerverbandes; seit 1952 parteiloser Abg. des Sejm. Begann mit Lyrik, später Hinwendung zur Erzählung, u. a. „Die Mädchen vom Wilkohof"

Iwein

(1933), „Mutter Joanna von den Engeln" (1946) und zum histor. Roman wie „Die roten Schilde" (1934) und „Ruhm und Ehre" (1956–62); auch Übersetzungen, Musikermonographien, Essays und literar. Skizzen, z. B. „Petersburg" (1976).

Iwein, Held der Artussage (↑Artus) und Hauptgestalt höf. Romane von Chrétien de Troyes und Hartmann von Aue. Nach der Hochzeit mit Laudine zieht I. aus, um Abenteuer zu bestehen. Als er die zur Rückkehr gesetzte Frist nicht einhält, verstößt ihn Laudine, I. verfällt dem Wahnsinn. Wieder geheilt, besteht er neue Abenteuer, in deren Verlauf er einen Löwen rettet, der zu seinem ständigen Begleiter wird. Schließl. erlangt er seine Ehre und Laudines Gunst zurück. - I. ist der Gegentyp zu ↑Erec.

IWF, Abk.:
♦ für ↑Internationaler Währungsfonds.
♦ für ↑Institut für den wissenschaftlichen Film.

IWK, Abk. für: ↑Internationale Weltkarte.

Iwo, männl. Vorname, ↑Ivo.

Iwrith ↑hebräische Sprache.

Ixelles [frz. ikˈsɛl] (niederl. Elsene), belg. Gemeinde in der Agglomeration Brüssel, 76 m ü. d. M., 77 000 E. Belg. Rundfunk- und Fernsehanstalt; Hochschule für Verwaltung und Handel; militärgeograph. Inst.; Museen. - Ehem. Zisterzienserabtei La Cambre (gegr. 1201; 1796 aufgehoben) mit got. Kirche (14. Jh.) und Klostergebäuden (18. Jh.).

Ixion, neben Sisyphus und Tantalos bekanntester Frevler und Büßer der griech. Mythologie, der wegen Mordes an seinem Schwiegervater und weil er sich Hera genähert hatte, seither für diesen Frevel, an ein Feuerrad gefesselt, in der Unterwelt büßt.

Ixnard, Michel d' [frz. diksˈnaːr], * Nîmes 1723, † Straßburg 21. Aug. 1795, frz. Baumeister. - Schuf bed. frühklassizist. Bauten, v. a. in SW-Deutschland, u. a. die ehem. Abteikirche (heute Pfarrkirche) Sankt Blasien im Schwarzwald (1768 ff.) und das kurfürstl. Schloß in Koblenz (1777 ff., ab Ende 1779 vereinfachend von A. F. Peyre weitergeführt).

Izabal, Lago de [span. ˈlayo ðe isaˈβal], größter See Guatemalas, im O des Landes, 45 km lang. 20 km breit, 0,8 m ü. d. M.

Izamal [span. isaˈmal], mex. Stadt auf der Halbinsel Yucatán, 8 600 E; Zentrum eines Agrargebiets. - Ehem. Kultzentrum der Maya mit 12 Pyramiden, die heute nur noch als kleine Erdhügel vorhanden sind.

Izegem [niederl. ˈiːzəxəm], belg. Ind.stadt 8 km sö. von Roeselare, 19 m ü. d. M., 26 000 E. Wichtigstes Zentrum der belg. Schuhindustrie, ferner u. a. Textil-, Maschinenbau-, Nahrungsmittelindustrie.

İzmir [türk. ˈizmir], türk. Stadt am inneren Ende des **Golfes von İzmir,** einer 65 km langen Bucht des Ägäischen Meeres.

758 000 E. Hauptstadt des Verw.-Geb. İ.; Sitz eines kath. Erzbischofs, des NATO-Kommandos Europa-Südost; Univ. (gegr. 1955) im Wohnvorort Bornova; Konservatorium, Bibliotheken; archäolog Museum, Atatürk-Museum, Kunstgalerie. I. ist das zweite Wirtschaftszentrum des Landes mit internat. Handelsmesse und zahlr. Ind.betrieben, u. a. Stahlwerk, Lkw- und Omnibusmontagewerk, Tabak- und Zigarettenfabrik, Teppichherstellung, Großkelterei, Bierbrauerei. Der Hafen dient v. a. dem Export landw. Produkte. ⚓

Geschichte: Beim heutigen Stadtteil Bayrakli lag das griech. **Smyrna,** eine äol. Gründung (um 1000 v. Chr.), etwa seit dem ausgehenden 7. Jh. v. Chr. zu Ionien gezählt und um 600 v. Chr. zerstört. Ende 4., Anfang 3. Jh. v. Chr. wurde an der Stelle des heutigen İ. „Neu-Smyrna" gegr., das auch unter röm. Herrschaft eine bed. Handelsstadt war, in spätröm.-byzantin. Zeit der bedeutendste Hafenplatz des westl. Kleinasien. Ende des 11. Jh. n. Chr. vorübergehend in osman. Hand, im 14. Jh. beim Ft. Aydınoğlu, 1344–1403 zu Byzanz, anschließend von den Mongolen geplündert und besetzt gehalten, seit 1415 zum osman. Reich; 1919–22 griech. besetzt.

Bauten: Außer der hellenist. Agora sind vom antiken Smyrna nur spärl. Reste (Theater) erhalten; Moscheen aus osman. Zeit (16. Jh.).

İzmit [türk. ˈizmit], türk. Ind.stadt am inneren Ende des **Golfes von İzmit,** einer etwa 70 km langen Bucht des Marmarameeres, 190 000 E. Hauptstadt des Verw.Geb. Kocaeli, Fischereihafen. İ. liegt an der Bahnlinie Istanbul–Ankara. - Geht auf das antike **Nikomedeia (Nikomedia)** zurück, um 264 v. Chr. durch König Nikomedes I. an der Stelle des älteren **Astakos** gegr., Hauptstadt von Bithynien und ab 74 v. Chr. der röm. Prov. Bithynia war; um 300 n. Chr. unter Diokletian zeitweilige Residenz des Röm. Reiches; bereits nach vernichtenden Erdbeben im 4. Jh. nur noch geringe Bed.; 1326 Einnahme durch die Osmanen.

İznik [türk. ˈizmik], türk. Ort am O-Ufer des Sees **İznik gölü,** 60 km onö. von Bursa, 80 m ü. d. M., 10 000 E. Archäolog. Museum; Herstellung von Kacheln und Fliesen. - İ. ist das antike **Nizäa,** in dem das 1. und 7. ökumen. Konzil stattfanden (↑Nizäa, Konzile von). - Guterhaltene Stadtmauer mit Toren (1., 2. und 3. Jh. n. Chr.; verstärkt im 8., 11. und 13. Jh.); Reste des Theaters (2. Jh.), und der Hagia Sophia (6. Jh.; wiederaufgebaut im 11. Jh.); Grüne Moschee (14. Jh.).

i-Zone, Halbleiterzone bzw. -schicht mit Eigenleitfähigkeit (Intrinsic- oder i-Leitfähigkeit).

Iztacíhuatl [span. istaˈsiɣatl], Vulkan im zentralen Hochland von Mexiko, nördl. des Popocatépetl, 5 258 m hoch, z. T. Nationalpark.